统计学精品译丛

高维统计学

非渐近视角

High-Dimensional Statistics

A Non-Asymptotic Viewpoint

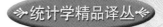

[美] 马丁 · J. 温赖特（Martin J. Wainwright）著

王成 刘卫东 译

机械工业出版社
CHINA MACHINE PRESS

图书在版编目（CIP）数据

高维统计学：非渐近视角 /（美）马丁 · J. 温赖特（Martin J. Wainwright）著；王成，刘卫东译 .
—北京：机械工业出版社，2022.9
（统计学精品译丛）
书名原文：High-Dimensional Statistics：A Non-Asymptotic Viewpoint
ISBN 978-7-111-71676-1

Ⅰ. ①高… Ⅱ. ①马… ②王… ③刘… Ⅲ. ①统计学 - 研究 Ⅳ. ① C8

中国版本图书馆 CIP 数据核字（2022）第 196046 号

北京市版权局著作权合同登记 图字：01-2020-3822 号 .

本书对高维统计学进行了详尽介绍，重点介绍了核心方法论和理论，包括尾部概率界、集中不等式、一致定律和经验过程，以及随机矩阵．此外还深入探索了特定的模型类，包括稀疏线性模型、秩约束矩阵模型、图模型和各种类型的非参数模型．本书提供了数百个工作示例和练习，既适合统计学高年级本科生使用，也适合统计学、机器学习和相关领域的研究生与研究人员自学.

出版发行：机械工业出版社（北京市西城区百万庄大街 22 号 邮政编码：100037）

责任编辑：刘 慧	责任校对：贾海霞 张 薇
印 刷：北京铭成印刷有限公司	版 次：2023 年 2 月第 1 版第 1 次印刷
开 本：186mm × 240mm 1/16	印 张：30
书 号：ISBN 978-7-111-71676-1	定 价：149.00 元

客服电话：（010）88361066 68326294

本书赞誉

“非渐近、高维统计理论对现代统计和机器学习至关重要. 本书很独特，用非常清晰、完善且统一的方式介绍了这一领域. 作者将概率论及其在统计中的应用组合到了一起，涵盖从测度集中度到图模型的内容. 对研究生和科研工作者来说这是非常完美的. 本书在接下来很多年里一定会成为这个领域的标准参考书.”

——Larry Wasserman，卡耐基梅隆大学

“Martin 将他大量强大的分析方法用在了当前的问题——对大数据模型的分析中. 这个新领域的海量知识结合他强大的分析技巧，使得本书成为令人印象深刻并为之倾倒的杰作，这势必会成为所有敢于尝试这一领域的科研工作者的重要参考书.”

——Trevor Hastie，斯坦福大学

“本书很好地介绍了高维理论统计中一个可能发展最快的领域——研究基于样本大小和数据维度给出估计概率界的非渐近理论. 本书给出了这个领域至今最全面、清晰、专业的介绍，势必将成为该领域最权威的参考文献和教材.”

——Genevera Allen，莱斯大学

“伴随着对高维数据分析的大量研究，过去二十年里统计理论和应用经历了一场复兴. 没有人比 Martin 对高维统计有更加深刻的理解. 本书将他的研究成果以书的形式展现出来. 随着高维统计这个领域持续产生突破性的研究成果，本书对于刚入门的学生和经验丰富的学者都将是非常棒的参考资料.”

——John Lafferty，耶鲁大学

“这本有关高维统计的杰出图书由这个领域富有创造力的知名学者所著，全面介绍了统计机器学习中的很多重要内容，而且从基础内容到很多前沿领域的最新成果都是自封闭的. 对于想要学习和研究现代统计机器学习理论、方法和算法的人来说，这是一本必须要读的书.”

——范剑青，普林斯顿大学

“本书对高维统计中的数学技巧和方法给出了深入、直观的理解. 书中非常详细地介绍

了概率论中的主要技术工具，并且用清晰明了的方式展示了高维统计问题中统计方法和算法的构造及分析. 这是一本杰出的、发人深省的大师级著作!”

——Peter Bühlmann，苏黎世联邦理工学院

“Martin 的这本新书包含了高维统计推断中的前沿内容，主要关注稀疏和非参数估计相关的精确非渐近结果. 无论是从它所包含的最前沿结果的广度还是从它所展现的结果的深度来说，这都是所有数理统计和理论机器学习的研究生的必读图书. 书中的阐述极其清晰，从关于必要的概率工具的简介性章节开始，涵盖了高维统计中最前沿的进展，并且非常巧妙地做到了重要性和数学深度之间的完美结合.”

——Francis Bach，法国国家信息与自动化研究所

“Wainwright 的这本书主要介绍了概率理论和数理统计中对于理解高维统计所遇新现象至关重要的部分，讲述得非常清晰、深刻. 每章都用直观的例子或者模拟来开篇，并将它们系统地延伸成强大的数学工具或者推断中基本问题的完整答案. 不管是用来系统阅读还是作为一本参考书，这本书都不容易，但却相当精致，值得一读.”

——Peter Bickel，加州大学伯克利分校

译者序

非常荣幸有机会翻译 Martin J. Wainwright 教授的著作 *High-Dimensional Statistics: A Non-Asymptotic Viewpoint*.

高维数据的统计分析是过去三十年统计及相关领域最热门的研究领域之一，Wainwright 教授的这本书从最基础的概率不等式出发，介绍了高维数据中的理论工具，如测度的集中度、一致大数定律以及度量熵等，基于这些概率工具系统分析了高维数据中随机矩阵、稀疏线性模型、稀疏主成分分析、一般的正则化 M 估计、秩约束的矩阵估计、高维图模型、再生核希尔伯特空间、非参数最小二乘以及 minimax 最优速度等核心问题. 整本书的知识体系是自封闭的，几乎所有的定理都附有证明或者推导过程. 作者从高维数据理论分析出发引入各种概率工具，基于这些工具详细推导出很多经典高维方法的理论性质，逻辑非常清晰，所述内容既照顾到了简洁性，又具有深刻的理论认知. 除了概率论与数理统计的相关理论和方法，作者还穿插介绍和运用了信息论、凸优化以及机器学习等统计相关领域的概念和工具，整本书反映出作者渊博的学识和广博的知识.

Wainwright 教授从非常基础的概率工具开始，层层递进阐述了高维统计很多领域最前沿的成果以及背后的数学原理. 在每一章最后作者还精心设计了很多有趣的习题，其中很多习题本身就是一些经典统计方法的核心思想. 这些习题极具研究价值，当然有些也非常具有挑战性，可以帮助读者很好地掌握高维数据的核心思想. 本书非常适合刚刚步入高维数据领域的研究生或者博士生阅读，精读每一章，尽最大努力完成每一道习题，会非常有利于基本功的培养. 对于统计专业的学生，学习本书还可以提高学术视野，扩大知识面，增强对统计相关领域知识的了解.

博士生武泽宇参与翻译了第 3、4、5、8、11、14 章，博士生陈昊哲参与翻译了第 1、2、7、9、12、15 章，博士生王瑶参与翻译了第 6、10、13 章. 翻译整本书花了整整一年，团队每周都保持高效协作，尤其是赶上新冠肺炎疫情，整个翻译过程非常不易. 现在看到本书即将出版，非常欣慰，也非常希望能够借此为中国统计学的发展做一点贡献. 因为译者的水平有限，对书中一些内容的理解可能不到位，没有很好地表达出原文本意，书中难免会有一些错漏，恳请同行专家以及广大读者批评指正!

向引领我们走上学术之路的老师、学术路上合作讨论交流过的同行以及我们指导的学生一并表示感谢，大家共同努力营造了一个积极向上的学术氛围. 最后，我们要特别感谢家人的支持，尤其是孩子，他们让整本书的翻译进度慢了下来，却增添了很多新的认知和乐趣.

致 谢

如果没有我生命中的很多人的帮助，这本书将无法面世. 我要感谢我的父母 John 和 Patricia，感谢他们多年来的养育和支持. 感谢家人 Haruko、Hana、Mina 和 Kento 每天给我带来很多欢乐. 在建立对高维统计这一广阔领域的理解和认知的过程中，我有幸与伯克利以及其他地方的许多优秀同行进行了交流和学习. 关于重要的讨论、见解和反馈，我要特别感谢 Bryon Aragam、Alex d'Asprémont、Francis Bach、Peter Bickel、Peter Bühlmann、Tony Cai、Emmanuel Candès、Constantine Caramanis、David Donoho、Noureddine El Karoui、Jianqing Fan、Aditya Guntuboyina、Trevor Hastie、Iain Johnstone、Michael Jordan、John Lafferty、Eliza Levina、Zongming Ma、Nicolai Meinshausen、Andrea Montanari、Axel Munk、Richard Nickl、Eric Price、Philippe Rigollet、Alessandro Rinaldo、Richard Samworth、Robert Tibshirani、Ryan Tibshirani、Alexander Tsybakov、Sara Van de Geer、Larry Wasserman、Frank Werner、Bin Yu、Ming Yuan 和 Harry Zhou 等. 加州大学伯克利分校的统计和电子工程与计算机科学系的职员、教员以及学生为这项工作提供了很棒的学术环境；我同样感谢苏黎世理工学院的统计团队以及麻省理工学院的信息与决策科学实验室（Laboratory for Information and Decision Sciences，LIDS）在我做访问教授期间给予支持.

这么多年来，我也非常高兴与很多优秀的学生和博士后一起工作. 我们的讨论和研究以及他们的反馈影响并提升了这本书. 我要感谢我现在以及之前的学生、博士后和访问学者——其中的许多人现在成了同事，包括 Alekh Agarwal、Arash Amini、Sivaraman Balakrishan、Merle Behr、Joseph Bradley、Yudong Chen、Alex Dimakis、John Duchi、Reinhard Heckel、Nhat Ho、Johannes Lederer、Po-Ling Loh、Sahand Negahban、Xuanlong Nguyen、Nima Noorshams、Jonas Peters、Mert Pilanci、Aaditya Ramdas、Garvesh Raskutti、Pradeep Ravikumar、Prasad Santhanam、Nihar Shah、Yuting Wei、Fanny Yang、Yun Yang 和 Yuchen Zhang. Yuting Wei 在设计本书封面时出色地展现了她的艺术才华. 最后，我要感谢剑桥大学出版社，特别是资深编辑 Diana Gillooly 在整个过程中给予的支持和鼓励. 向任何给予过帮助而我可能无意中没有感谢到的人表示歉意.

目　录

第1章 简　介

本书的关注点是高维统计中的非渐近理论. 作为一个研究领域，高维统计并不是全新的：其根源可以追溯到 Rao、Wigner、Kolmogorov、Huber 等人 20 世纪 50 年代的开创性工作. 在过去的 20 年里，对高维数据分析的浓厚兴趣和需求是新颖且令人激动的. 这些研究工作源自现代科学和工程领域中产生的各种数据集：其中很多数据集都非常大，维度往往具有和样本大小同一数量级甚至更大的数量级. 在这种情形下，经典的渐近理论通常无法得到有效的结果，传统的统计方法可能会崩溃. 这些现象促使人们发展新的理论，提出新的方法. 高维统计的发展与应用数学的许多分支有着密切的联系——其中包括机器学习、优化、数值分析、泛函和几何分析、信息论、渐近理论和概率论. 本书的目的是系统性地介绍这些研究工作.

1.1　经典理论和高维理论

什么是“高维”? 为什么研究高维问题是如此重要和有意义呢? 为了回答这些问题，我们首先需要理解经典理论和高维理论之间的区别.

概率统计中的经典理论适用于一个固定的统计模型类，可以用一个能够增大的指标 n 来参数化. 在统计中，这个取整数值的参数 n 可以理解为一个样本大小. 这其中具有代表性的理论结果就是*大数定律*. 在最简单形式下，大数定律刻画了独立同分布的 d 维随机向量 $\{\boldsymbol{X}_i\}_{i=1}^n$ 的样本均值的极限性质，其中随机变量具有均值 $\boldsymbol{\mu}=\mathbb{E}[\boldsymbol{X}_1]$和有限的方差. 大数定律保证了样本均值 $\hat{\boldsymbol{\mu}}_n:=\frac{1}{n}\sum_{i=1}^n\boldsymbol{X}_i$ 依概率收敛到 $\boldsymbol{\mu}$. 因此，样本均值 $\hat{\boldsymbol{\mu}}_n$ 是未知总体均值的一个相合估计. 一个更加精细的结论是*中心极限定理*，它保证了重尺度化后的偏差 $\sqrt{n}(\hat{\boldsymbol{\mu}}_n-\boldsymbol{\mu})$依分布收敛到一个均值为零. 协方差矩阵为 $\boldsymbol{\Sigma}=\mathrm{cov}(\boldsymbol{X}_1)$的高斯分布. 这两个理论结果可以引出非常多的经典统计估计量的分析结果——特别地，确保了这些估计的相合性和渐近正态性.

在经典的理论框架下，数据空间的维数 d 通常视为固定的. 为了理解高维统计的动机，值得思考下面的问题：

> **问题**　假设我们从一个维数 $d=500$ 的统计模型中得到 $n=1000$ 个样本. 要求 $n\rightarrow+\infty$和 d 固定的统计理论是否还能给出有效的预测呢?

当然，在没有所考虑的模型的更多细节情况下，这个问题是无法确切回答的. 下面几个重要的客观事实阐述了本书的动机：

1. 现代科学和工程中很多时候产生的数据都具有一个“高维的属性”，数据维度 d 往往和样本大小 n 是同一数量级，甚至大于后者.

2. 对于很多实际问题，经典的“大 n，固定 d”的理论无法给出有效的预测.

3. 经典方法在高维情形下会崩溃.

这些事实驱动了高维统计模型的研究，以及相关的方法和这些模型中的估计、检验以及统计推断理论.

1.2 高维会产生什么问题

为了理解高维统计问题带来的挑战和困难，我们考虑一些简单的统计问题，其中经典结果会失效. 相应地，这一节展示三个尝试对高维现象进行分析的例子.

1.2.1 线性判别分析

在二元假设检验问题中，目标是确定一个观察到的向量 $\boldsymbol{x}\in\mathbb{R}^d$ 来自两个分布中的哪一个，即 $\mathbb{P}_1$ 还是 $\mathbb{P}_2$. 当这两个分布是已知的时候，那么一个自然的判别准则是基于对数似然比 $\log\dfrac{\mathbb{P}_1[x]}{\mathbb{P}_2[x]}$的阈值设置；变化阈值的大小可以体现出两类错误率之间的平衡，即把实际上来自 $\mathbb{P}_2$ 的向量分到 $\mathbb{P}_1$ 中，反之亦然. 著名的 Neyman-Pearson 引理保证了这类判别准则，可能还需要随机化试验，在平衡两类错误率意义下是最优的.

作为一种特殊情形，假设两个分布类都是多元正态分布，仅仅均值不同，分别记作 $\mathcal{N}(\boldsymbol{\mu}_1,\boldsymbol{\Sigma})$和 $\mathcal{N}(\boldsymbol{\mu}_2,\boldsymbol{\Sigma})$. 在这种情况下，二者的对数似然比可以化简成线性统计量：

$$\Psi(\boldsymbol{x}):=\left\langle \boldsymbol{\mu}_1-\boldsymbol{\mu}_2,\boldsymbol{\Sigma}^{-1}\left(\boldsymbol{x}-\frac{\boldsymbol{\mu}_1+\boldsymbol{\mu}_2}{2}\right)\right\rangle \tag{1.1}$$

其中$\langle\cdot,\cdot\rangle$表示 $\mathbb{R}^d$ 空间中的欧氏内积. 最优判别准则是基于对这个统计量设定阈值来确定的. 我们可以通过计算错分率来评估判别准则的优劣. 具体而言，如果落在两类中的可能性一样，这个错误概率可以表示成

$$\mathrm{Err}(\Psi):=\frac{1}{2}\mathbb{P}_1[\Psi(\boldsymbol{X}')\leqslant 0]+\frac{1}{2}\mathbb{P}_2[\Psi(\boldsymbol{X}'')>0]$$

其中 $\boldsymbol{X}'$和 $\boldsymbol{X}''$是分别来自分布 $\mathbb{P}_1$ 和 $\mathbb{P}_2$ 的随机向量. 在正态假设下，经过一些代数运算，错误率可以通过标准正态分布函数 Φ 表示成：

$$\mathrm{Err}(\Psi)=\underbrace{\frac{1}{\sqrt{2\pi}}\int_{-\infty}^{-\gamma/2}\mathrm{e}^{-t^2/2}\mathrm{d}t}_{\Phi(-\gamma/2)},\quad 其中\ \gamma=\sqrt{(\boldsymbol{\mu}_1-\boldsymbol{\mu}_2)^{\mathrm{T}}\boldsymbol{\Sigma}^{-1}(\boldsymbol{\mu}_1-\boldsymbol{\mu}_2)} \tag{1.2}$$

在实际应用中，每类的分布是未知的，我们可以观察得到一系列带有标签的样本，记$\{\boldsymbol{x}_1,\cdots,\boldsymbol{x}_{n_1}\}$是独立来自 $\mathbb{P}_1$，而$\{\boldsymbol{x}_{n_1+1},\cdots,\boldsymbol{x}_{n_1+n_2}\}$是独立来自 $\mathbb{P}_2$. 一个自然的做法是利用这些样本估计每一类的分布，然后把这些估计量“代入”对数似然比中. 在正态条件下，估计分布函数等价于估计均值向量 $\boldsymbol{\mu}_1$ 和 $\boldsymbol{\mu}_2$，以及协方差矩阵 $\boldsymbol{\Sigma}$，而标准的估计方式是样本均值

$$\hat{\boldsymbol{\mu}}_1:=\frac{1}{n_1}\sum_{i=1}^{n_1}\boldsymbol{x}_i\ 和\ \hat{\boldsymbol{\mu}}_2:=\frac{1}{n_2}\sum_{i=n_1+1}^{n_1+n_2}\boldsymbol{x}_i \tag{1.3a}$$

以及联合的样本协方差矩阵

$$\hat{\boldsymbol{\Sigma}}:=\frac{1}{n_1-1}\sum_{i=1}^{n_1}(\boldsymbol{x}_i-\hat{\boldsymbol{\mu}}_1)(\boldsymbol{x}_i-\hat{\boldsymbol{\mu}}_1)^{\mathrm{T}}+\frac{1}{n_2-1}\sum_{i=n_1+1}^{n_1+n_2}(\boldsymbol{x}_i-\hat{\boldsymbol{\mu}}_2)(\boldsymbol{x}_i-\hat{\boldsymbol{\mu}}_2)^{\mathrm{T}} \tag{1.3b}$$

把这些估计值代入对数似然比(1.1)中，就得到了 Fisher 线性判别函数

$$\hat{\Psi}(\boldsymbol{x})=\left\langle \hat{\boldsymbol{\mu}}_1-\hat{\boldsymbol{\mu}}_2,\hat{\boldsymbol{\Sigma}}^{-1}\left(\boldsymbol{x}-\frac{\hat{\boldsymbol{\mu}}_1+\hat{\boldsymbol{\mu}}_2}{2}\right)\right\rangle \tag{1.4}$$

这里我们已经假设了样本协方差矩阵是可逆的，即间接假定了 $n_i>d$.

假设两个类具有等可能的先验. 那么，以零为阈值的错误率表达式为：

$$\operatorname{Err}(\hat{\Psi}):=\frac{1}{2}\mathbb{P}_1[\hat{\Psi}(\boldsymbol{X}')\leqslant 0]+\frac{1}{2}\mathbb{P}_2[\hat{\Psi}(\boldsymbol{X}'')>0]$$

其中 $\boldsymbol{X}'$ 和 $\boldsymbol{X}''$ 是分别来自分布 $\mathbb{P}_1$ 和 $\mathbb{P}_2$ 的独立随机变量. 注意此时错误率本身是个随机变量，这是因为判别函数 $\hat{\Psi}$ 是关于样本 $\{X_i\}_{i=1}^{n_1+n_2}$ 的函数.

在 20 世纪 60 年代，Kolmogorov 分析了一个简单情形下的 Fisher 线性判别函数，其中假定协方差矩阵 $\boldsymbol{\Sigma}$ 已知先验为单位矩阵，此时线性判别统计量(1.4)可简化成

$$\hat{\Psi}_{\mathrm{id}}(\boldsymbol{x})=\left\langle \hat{\boldsymbol{\mu}}_1-\hat{\boldsymbol{\mu}}_2,\boldsymbol{x}-\frac{\hat{\boldsymbol{\mu}}_1+\hat{\boldsymbol{\mu}}_2}{2}\right\rangle \tag{1.5}$$

在假设数据是正态的情形下，从高维渐近的角度分析了这种方法，其中要求 (n_1,n_2,d) 同时趋于无穷，并且比值 $d/n_i(i=1,2)$ 收敛到某个非负分数 $\alpha>0$，同时均值向量的欧氏距离[⊖] $\|\mu_1-\mu_2\|_2$ 收敛到常数 $\gamma>0$. 在这种高维条件下，发现错误率 $\operatorname{Err}(\hat{\Psi}_{\mathrm{id}})$ 依概率收敛到一个常数，具体地，

$$\operatorname{Err}(\hat{\Psi}_{\mathrm{id}})\xrightarrow{\text{prob}}\Phi\left(-\frac{\gamma^2}{2\sqrt{\gamma^2+2\alpha}}\right) \tag{1.6}$$

其中 $\Phi(t):=\mathbb{P}[Z\leqslant t]$ 是标准正态分布的累积分布函数. 因此，若 $d/n_i\to 0$，那么渐近错误率可以简单表示成 $\Phi(-\gamma/2)$，这正是经典情形下(1.2)展示的结果. 但是，当 d/n_i 收敛到一个严格大于零的数 $\alpha>0$ 时，渐近错误率就会严格大于经典的预测值，这是因为 $\frac{\gamma^2}{2\sqrt{\gamma^2+2\alpha}}$ 会更向零靠近.

回顾我们在 1.1 节中作为研究动机提出的问题，很自然地就会问对于某组确定的 (d,n_1,n_2)，经典理论预测(1.2)还是高维预测(1.6)更好地刻画了估计错误率 $\hat{\Psi}_{\mathrm{id}}$. 在图 1.1 中，我们展示了在不同的均值偏差参数 γ 和极限比例参数 α 情况下，实际结果和理论结果之间的对比图. 图 1.1a 给出了错误率 $\hat{\Psi}_{\mathrm{id}}$ 对应均值偏差参数 γ 的变化图，其中数据维数 $d=400$，极限比例 $\alpha=0.5$，对应 $n_1=n_2=800$. 灰色圆圈对应了 50 次试验平均的经验错误率，实线和虚线分别对应高维和经典情况下的理论预测值. 可以看到 $\alpha=0.5$ 的高维理论结果(1.6)给出的预测值和实际结果完美重合，而经典的预测值 $\Phi(-\gamma)$ 远远低估了错误率.

⊖ 注意，(1.2)中的马氏距离在 $\boldsymbol{\Sigma}=\boldsymbol{I}_d$ 的情况下退化成欧氏距离.

图 1.1b 展示了类似的图，数据维度还是 $d=400$，而 $\gamma=2$，极限比例 α 在区间[0.05，1]中变化. 这种情况下，经典预测值因为与 α 无关，所以是一条水平线. 我们可以再次看到高维理论给出的预测值和实际结果重合得非常好.

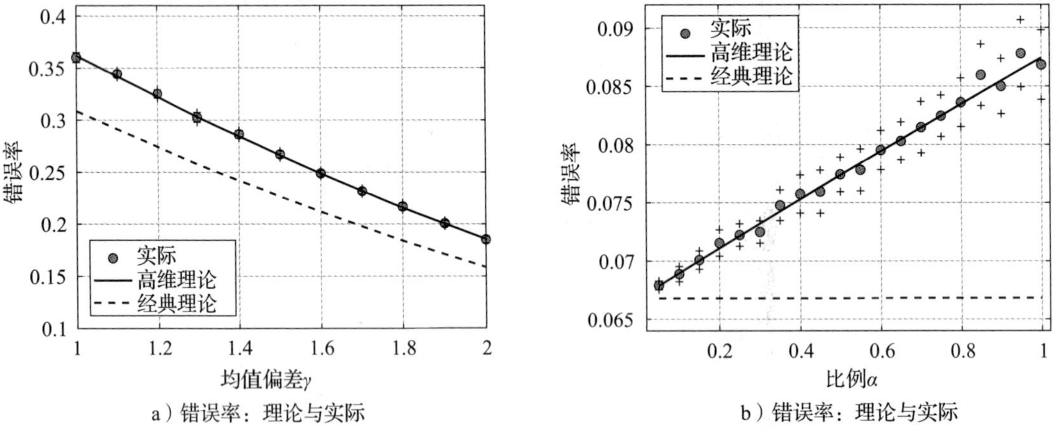

图 1.1　a）错误率 $\mathrm{Err}(\hat{\Psi}_{\mathrm{id}})$ 随着均值偏差参数 $\gamma\in[1,2]$ 的变化图，其中 $d=400$，比例参数 $\alpha=0.5$，对应 $n_1=n_2=800$. 灰色圆圈对应基于 50 次试验的平均错误率，加号表示置信带，定义为三倍的标准差. 实线给出的是高维预测(1.6)的结果，虚线则表示经典理论(1.2)的预测结果. b）错误率 $\mathrm{Err}(\hat{\Psi}_{\mathrm{id}})$ 随着参数 $\alpha\in[0,1]$ 的变化图，其中 $d=400$，$\gamma=2$. 此时，经典预测结果 $\Phi(-\gamma/2)$ 与 α 的取值无关，所以输出结果为一条水平线

不考虑高维效应还会导致次优性. 当两个比例 $d/n_i(i=1,2)$ 收敛到不同的数值 $\alpha_i(i=1,2)$ 时，这种现象就会出现. 此时，自然可以考虑一般阈值 $t\in\mathbb{R}$ 下判别函数 $\hat{\Psi}_{\mathrm{id}}$ 的表现，对应的错误率表达式为

$$\mathrm{Err}_t(\hat{\Psi}_{\mathrm{id}}):=\frac{1}{2}\mathbb{P}_1[\hat{\Psi}_{\mathrm{id}}(X')\leqslant t]+\frac{1}{2}\mathbb{P}_2[\hat{\Psi}_{\mathrm{id}}(X'')>t] \tag{1.7}$$

其中 X' 和 X'' 同样分别为来自 $\mathbb{P}_1$ 和 $\mathbb{P}_2$ 的独立随机变量. 在这个设置下，可以证明

$$\mathrm{Err}_t(\hat{\Psi}_{\mathrm{id}})\xrightarrow{\text{prob}}\frac{1}{2}\Phi\left(-\frac{\gamma^2+2t+(\alpha_1-\alpha_2)}{2\sqrt{\gamma^2+\alpha_1+\alpha_2}}\right)+\frac{1}{2}\Phi\left(-\frac{\gamma^2-2t-(\alpha_1-\alpha_2)}{2\sqrt{\gamma^2+\alpha_1+\alpha_2}}\right)$$

在 $\alpha_1=\alpha_2=\alpha$ 和 $t=0$ 的特别情况下，上式退化成(1.6)的结果. 由于额外项 $\alpha_1-\alpha_2$ 的存在，其在表达式的两项中具有相反的符号，尽管我们假设了两类总体的先验分布是等概率的，$t=0$ 不再是渐近最佳的取值. 此时，这里的最佳阈值为 $t=\frac{\alpha_2-\alpha_1}{2}$，其中考虑到了两个类中样本个数的不同.

1.2.2　协方差估计

我们现在探究一下协方差估计问题中的高维效应. 具体地，假设给定一组随机向量 $\{\boldsymbol{x}_1,\cdots,\boldsymbol{x}_n\}$，其中 $\boldsymbol{x}_i$ 是独立同分布的(independent and identically distributed，i. i. d.)，来自 $\mathbb{R}^d$ 中一个均值为零的分布，我们的目标是估计未知的协方差矩阵 $\boldsymbol{\Sigma}=\mathrm{cov}(\boldsymbol{X})$. 一个自

然的估计是样本协方差矩阵

$$\hat{\boldsymbol{\Sigma}} := \frac{1}{n} \sum_{i=1}^{n} \boldsymbol{x}_i \boldsymbol{x}_i^{\mathrm{T}} \tag{1.8}$$

这是一个 $d \times d$ 的随机矩阵, 对应的是外积 $\boldsymbol{x}_i \boldsymbol{x}_i^{\mathrm{T}} \in \mathbb{R}^{d \times d}$ 的样本平均. 由定义可知, 样本协方差 $\hat{\boldsymbol{\Sigma}}$ 是一个无偏估计, 即 $\mathbb{E}[\hat{\boldsymbol{\Sigma}}] = \boldsymbol{\Sigma}$.

经典的统计分析是在假定样本个数 n 增加而数据维度 d 固定的情形下, 研究样本协方差矩阵 $\hat{\boldsymbol{\Sigma}}$ 的性质. 为了刻画随机矩阵 $\hat{\boldsymbol{\Sigma}}$ 和总体协方差矩阵 $\boldsymbol{\Sigma}$ 之间的距离, 有很多种不同的方式, 但不论哪种矩阵范数, 样本协方差矩阵都是一个相合估计. 一个重要的矩阵范数是 ℓ_2 算子范数, 表达式为

$$\|\hat{\boldsymbol{\Sigma}} - \boldsymbol{\Sigma}\|_2 := \sup_{\boldsymbol{u} \neq 0} \frac{\|(\hat{\boldsymbol{\Sigma}} - \boldsymbol{\Sigma})\boldsymbol{u}\|_2}{\|\boldsymbol{u}\|_2} \tag{1.9}$$

在较为宽泛的矩条件下, 当 $n \to \infty$ 时, 经典大数定理可以保证误差 $\|\hat{\boldsymbol{\Sigma}} - \boldsymbol{\Sigma}\|_2$ 几乎处处收敛到 0. 因此, 在经典理论框架下, 样本协方差矩阵是总体协方差矩阵的一个强相合估计.

如果我们让维数 d 也同时趋向于无穷, 这个相合的结论还成立吗? 为了使问题的表述更为干脆, 我们考虑基于指标 (n, d) 的 $(\hat{\boldsymbol{\Sigma}}, \boldsymbol{\Sigma})$ 序列问题, 并假设 n 和 d 同时增大但保持固定的比例——特别地, 令 $d/n = \alpha \in (0, 1)$. 在图 1.2 中, 我们展示了一个随机总体 $\boldsymbol{\Sigma} = \boldsymbol{I}_d$ 以及每个 $X_i \sim N(0, \boldsymbol{I}_d), i = 1, \cdots, n$ 情形下的模拟结果. 基于 n 个样本, 我们得到样本协方差矩阵 (1.8), 并且计算其特征值向量 $\gamma(\hat{\boldsymbol{\Sigma}}) \in \mathbb{R}^d$, 将特征值从大到小排列如下:

$$\gamma_{\max}(\hat{\boldsymbol{\Sigma}}) = \gamma_1(\hat{\boldsymbol{\Sigma}}) \geqslant \gamma_2(\hat{\boldsymbol{\Sigma}}) \geqslant \cdots \geqslant \gamma_d(\hat{\boldsymbol{\Sigma}}) = \gamma_{\min}(\hat{\boldsymbol{\Sigma}}) \geqslant 0$$

每一张图都展示了特征值序列 $\gamma(\hat{\boldsymbol{\Sigma}}) \in \mathbb{R}^d$ 的直方图: 图 1.2a 对应了 $(n, d) = (4000, 800), \alpha = 0.2$ 的结果, 而图 1.2b 对应了 $(n, d) = (4000, 2000), \alpha = 0.5$ 的结果. 如果样本

a) $(n, d) = (4000, 800), \alpha = 0.2$

b) $(n, d) = (4000, 2000), \alpha = 0.5$

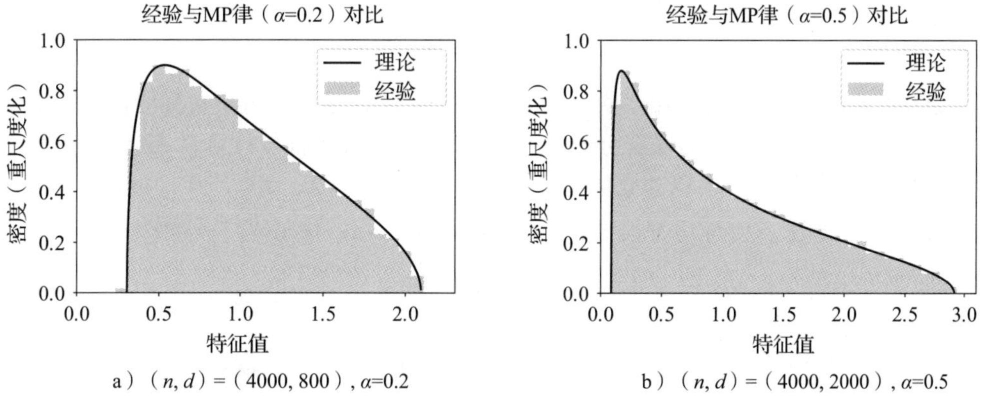

图 1.2 一个样本协方差矩阵 $\hat{\boldsymbol{\Sigma}}$ 的特征值的经验分布和 Marčenko-Pastur 定律得到的渐近理论结果关系图. 理论密度函数形式为 $f_{\mathrm{MP}}(\gamma) \propto \dfrac{\sqrt{(t_{\max}(\alpha) - \gamma)(\gamma - t_{\min}(\alpha))}}{\gamma}$, 其支撑集为区间 $[t_{\min}(\alpha), t_{\max}(\alpha)] = [(1 - \sqrt{\alpha})^2, (1 + \sqrt{\alpha})^2]$. 在两种情形下, 最大特征值 $\gamma_{\max}(\hat{\boldsymbol{\Sigma}})$ 都很接近于 $(1 + \sqrt{\alpha})^2$, 与理论相符

协方差矩阵真的收敛到单位阵，那么对应的特征值向量 $\gamma(\hat{\boldsymbol{\Sigma}}) \in \mathbb{R}^d$ 应该收敛到全为 1 的向量，对应的直方图应该集中在 1 周围. 然而事实上，两幅图中的直方图都非常偏离 1，图形形状依赖于比例参数.

当样本大小和数据维数按 $d/n \to \alpha \in (0,1)$ 的方式增长，那么 Marčenko-Pastur 定律刻画了这些渐近分布. 在一些较为宽泛的矩条件下，这个定理表明渐近分布收敛到支撑区间 $[t_{\min}(\alpha), t_{\max}(\alpha)]$ 上的一个严格正的密度函数，其中

$$t_{\min}(\alpha) := (1-\sqrt{\alpha})^2, \quad t_{\max}(\alpha) := (1+\sqrt{\alpha})^2 \tag{1.10}$$

更多细节请参考图 1.2 的标题.

Marčenko-Pastur 定律是一个渐近结果，与经典的渐近结果有所不同，这里的样本个数和数据维数同时发散. 与此相反，本书主要关注的结果本质上是非渐近的，即在当前问题中，我们希望建立对所有(n,d)都成立的结论，并给出其中感兴趣随机事件的精确概率界. 例如，就像我们在第 6 章中展开讨论的那样，对于图 1.2 中的情形，可以证明最大特征值 $\gamma_{\max}(\hat{\boldsymbol{\Sigma}})$满足上偏差不等式：

$$\mathbb{P}[\gamma_{\max}(\hat{\boldsymbol{\Sigma}}) \geqslant (1+\sqrt{d/n}+\delta)^2] \leqslant \mathrm{e}^{-n\delta^2/2} \quad \text{对所有的 } \delta \geqslant 0 \tag{1.11}$$

以及 $n \geqslant d$ 时最小特征值 $\gamma_{\min}(\hat{\boldsymbol{\Sigma}})$也有一个类似的下偏差不等式. 这个结果告诉我们关于最大特征值的更加精细的结论，表明其超过$(1+\sqrt{d/n})^2$ 的概率是关于样本大小 n 指数级衰减的. 另外，这个不等式(及相关的结果)可以用来证明只要 $d/n \to 0$，样本协方差矩阵 $\hat{\boldsymbol{\Sigma}}$ 是总体协方差 $\boldsymbol{\Sigma}$ 的一个算子范数下的相合估计.

1.2.3　非参数回归

高维效应在回归问题中会变得更加复杂. 例如，在一个熟知的*非参数回归*的问题中，我们感兴趣的是一个把单位超立方体$[0, 1]^d$ 映射到实轴 $\mathbb{R}$ 上的函数；这个函数可以视为把协变量向量 $x \in [0,1]^d$ 映射到了一元响应变量 $y \in \mathbb{R}$ 上. 如果把(X,Y)看成随机变量，那么我们可以找一个函数 f，使得最小二乘预测误差 $\mathbb{E}[(Y-f(X))^2]$最小. 简单的计算告诉我们，最优的这种函数应该是条件期望 $f(x)=\mathbb{E}[Y|x]$，这个函数又被称为回归函数.

在实际问题中，(X,Y)的联合分布 $\mathbb{P}_{X,Y}$ 是未知的，因此直接计算 f 是不可能的. 作为替代，我们有从总体 $\mathbb{P}_{X,Y}$ 中以独立同分布方式生成的样本$(X_i,Y_i), i=1,\cdots,n$，而我们的目标是找到一个函数 $\hat{f}$ 使得均方误差(mean-squared error，MSE)

$$\|\hat{f}-f\|_{L^2}^2 := \mathbb{E}_X[(\hat{f}(X)-f(X))^2] \tag{1.12}$$

尽可能小.

这个问题在高维情况下会变得极其困难，对应的现象被称为*维数灾难*. 这个概念我们会在第 13 章中进行更为详细的讨论. 在这里，我们对下面的问题进行一些简单的模拟：对于 d 维函数问题需要的样本量 n 是多少？具体地，我们假设协变量 X 均匀地来自于$[0,1]^d$，也就是说 $\mathbb{P}_X$ 是一个均匀分布函数，记作 $\mathrm{Uni}([0,1]^d)$. 如果基于样本 $X_1,\cdots,X_n$ 我们可以得到一个 $\hat{f}$ 的好的估计，那么任意的向量 $X' \in [0,1]^d$ 都应该至少和一个当前样本非常接近. 为了研究这个问题，我们可以考虑下面的量

$$\rho_\infty(n,d) := \mathbb{E}_{X',X}\left[\min_{i=1,\cdots,n} \|X'-X_i\|_\infty\right] \tag{1.13}$$

它度量了来自均匀分布 Uni($[0,\ 1]^d$)的一个独立随机变量 X'和我们原始样本$\{X_1,\cdots,X_n\}$之间的平均距离.

为了保证 $\rho_\infty(n,d)$小于某个阈值 δ，对于维数 d 我们需要多大的样本数 n 呢？为了阐述这个问题，我们在后续模拟中取 $\delta=1/3$. 像上一节的分析一样，我们首先考虑比值 d/n 收敛到某个常数 $\alpha>0$ 的情形，例如我们可以取 $\alpha=0.5$ 即 $n=2d$. 图 1.3a 展示了基于 20 次试验得到的 $\rho_\infty(2d,d)$的估计值. 如灰色圆圈所示，实际上，基于 $n=2d$ 个样本对应的平均最小距离随着维数的增加而增加，并明显高于 1/3 的界. 那么如果我们尝试一个更加激进的样本数量级会如何呢？图 1.3b 给出了 $n=d^2$ 情形下同样实验的结果. 再一次，最小距离随着维数的增加而增加，并明显高于 1/3.

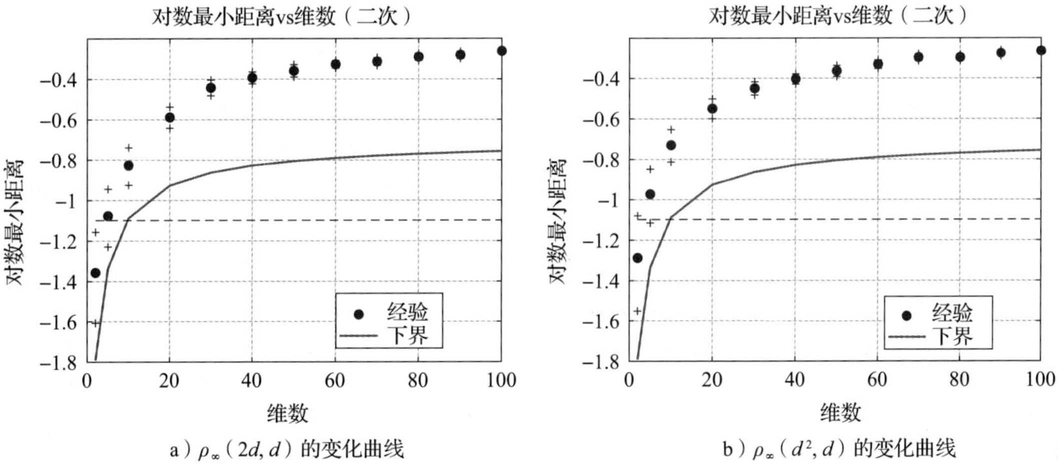

图 1.3　对不同的(n,d)数量关系，$\rho_\infty(n,d)$对应维数 d 的变化曲线图. 实心圆表示 20 次试验的平均值，加号表示置信带，实线曲线则表示式(1.14)给出的理论下界. 在两种情况中，所预期的最小距离仍然高于 1/3 的界，对应的取对数之后 $\log(1/3)\approx-1.1$(图中的水平虚线)

事实上，我们需要取指数阶大小的样本量才能保证维数增加时 $\rho_\infty(n,d)$小于阈值 δ. 这个结果可以通过证明下面的下界来验证：

$$\log\rho_\infty(n,d) \geqslant \log\frac{d}{2(d+1)} - \frac{\log n}{d} \tag{1.14}$$

上式表明需要 $n>(1/\delta)^d$ 的样本大小来保证上界 $\rho_\infty(n,d)<\delta$ 成立. 我们把(1.14)的证明留给读者作为练习.

我们采用了随机的方式来阐述指数爆炸，这里的协变量 X 均匀地来自超立方体$[0,1]^d$. 维数灾难对于非随机的情形同样也会出现，例如可以随意地给定超立方体$[0,1]^d$ 上的一组向量$\{\boldsymbol{x}_i\}_{i=1}^n$. 我们研究所需的最小数量 n 使得任意向量 $\boldsymbol{x}'\in[0,1]^d$ 到给定向量集合中某个向量的 ℓ_∞范数至多 δ，即使得

$$\sup_{\boldsymbol{x}'\in[0,1]^d} \min_{i=1,\cdots,n} \|\boldsymbol{x}'-\boldsymbol{x}_i\|_\infty \leqslant \delta \tag{1.15}$$

保证这个逼近量的最直接方式是通过单位超立方体上的一个均匀网格：特别地，若我们把超立方体的 d 个边的每一个边都划分成$\lceil 1/(2\delta)\rceil$个小区间[⊖]，每一个小区间的长度是 2δ. 取小区间的笛卡儿乘积，可以得到一共$\lceil 1/(2\delta)\rceil^d$ 个小盒子. 把每一个 $\boldsymbol{x}_i$ 放到这些小盒子的中心就可以得到式(1.15)的逼近结果.

这个构造方式正是在 ℓ_∞ 范数下单位超立方体的 δ 覆盖的一个例子，我们看到盒子的数量一定随着维数的增长指数阶增长. 通过考察一个相关的被称为 δ 填装的量，可以证明这个指数数量级是不可避免的，即没有比这个阶更低数量级的覆盖集. 在第 5 章中有关于填装和覆盖概念的更加详细的讨论.

1.3 高维中什么能帮助我们

一个重要的事实是，之前讨论的所有高维现象*都是无法回避的*. 具体而言，对于 1.2.1 节中讨论的分类问题，如果比值 d/n 有严格大于 0 的下界，那么就不可能达到式(1.2)中给出的最优错分率. 对 1.2.2 节中讨论的协方差估计问题，当 d/n 有严格大于 0 的下界时，在 ℓ_2 算子范数下不存在协方差矩阵的相合估计. 最后，对 1.2.3 节中的非参数回归问题，如果目标是找一个可微的回归函数 f，除非样本大小 n 随着数据维度 d 指数阶增长，否则找不到相合的估计方法. 所有这些结论都可以通过度量熵和 minimax 下界的概念来严格阐述，这些将分别在第 5 章和第 15 章中介绍.

鉴于“没有免费的午餐”的现实，高维情形下什么能够给我们带来帮助呢？事实上，我们唯一的希望是数据具有一定的*低维结构*，这使我们能够简化高维问题. 很多高维统计研究致力于建立具有一定低维结构的模型，然后利用这些结构来分析高维情形下模型的统计和计算性质. 为了阐述这个思想，我们回顾之前讨论的三个问题，看看低维结构是如何给模型的表现带来显著的变化的.

1.3.1 向量的稀疏性

回顾 1.2.1 节中的简单分类问题，其中，对 $j=1,2$，我们得到 n_j 个来自均值为 $\boldsymbol{\mu}_j\in\mathbb{R}^d$，协方差矩阵为 $\boldsymbol{I}_d$ 的多元正态分布总体的样本. 令 $n=n_1=n_2$，我们回忆数量关系中比值 d/n_j 固定为某个数 $\alpha\in(0,\infty)$. 图 1.1 中传统理论估计结果不准确的本质原因是什么？记 $\hat{\mu}_j$ 为 n_j 个样本的样本均值，均方欧氏误差 $\|\hat{\boldsymbol{\mu}}_j-\boldsymbol{\mu}_j\|_2^2$ 会在$\dfrac{d}{n_j}=\alpha$ 处集中. 这个结论是第 2 章中即将介绍的卡方(χ^2)尾部概率界的一个直接推论——特别地，参见例 2.11. 当 $\alpha>0$ 时，会存在一个常数阶的误差，正是这个误差导致错误率的传统预测结果(1.2)过于乐观了.

但是样本均值并不是估计真实均值的唯一方法：当真实均值向量满足一定的低维结构时，会有比样本均值更好的估计. 其中可能最简单的结构形式就是稀疏：假设我们知道每个均值向量 $\boldsymbol{\mu}_j$ 是相对比较稀疏的，d 个元素中只有 s 个是非 0 元素，其中稀疏参数 $s\ll d$. 在这种情形下，我们可以通过在样本均值上使用某种阈值的方式得到一个好得多的估计.

⊖ $\lceil a\rceil$表示大于等于 a 的最小整数.

例如，对于给定的阈值 $\lambda>0$，硬阈值估计为

$$H_{\lambda}(x)=x\mathbb{I}[|x|>\lambda]=\begin{cases}x & 如果|x|>\lambda\\0 & 其他\end{cases} \tag{1.16}$$

其中 $\mathbb{I}[|x|>\lambda]$是事件$\{|x|>\lambda\}$的 0-1 示性函数. 如图 1.4a 的实线所示，这是一个保留所有大于阈值λ 的x，而把所有小于阈值的 x 都变成 0 的“保留或去除”函数. 一个密切相关的函数是软阈值算子

$$T_{\lambda}(x)=\mathbb{I}[|x|>\lambda](x-\lambda\operatorname{sign}(x))=\begin{cases}x-\lambda\operatorname{sign}(x) & 如果|x|>\lambda\\0 & 其他\end{cases} \tag{1.17}$$

如图 1.4a 中的虚线所示，与硬阈值函数不同，它对 x 的值进行了平移从而得到的函数是连续的.

在我们的分类问题中，如果不用样本均值 $\hat{\boldsymbol{\mu}}_j$ 代入分类准则(1.5)，而是用硬阈值形式的样本均值，即

$$\widetilde{\mu}_j=H_{\lambda_n}(\hat{\mu}_j)\quad 其中\ j=1,2,\quad \lambda_n:=\sqrt{\frac{2\log d}{n}} \tag{1.18}$$

在第 2 章中即将介绍的标准尾概率界——具体可以参看练习 2.12——会解释为什么这里选取的阈值 λ_n 是合理的. 用这些带阈值的估计，我们可以基于线性判别得到分类器

$$\widetilde{\Psi}(x):=\left\langle \widetilde{\mu}_1-\widetilde{\mu}_2, x-\frac{\widetilde{\mu}_1+\widetilde{\mu}_2}{2}\right\rangle \tag{1.19}$$

为了研究这个分类器的表现，我们用和图 1.1a 中一样的参数进行模拟. 图 1.4b 给出了误差

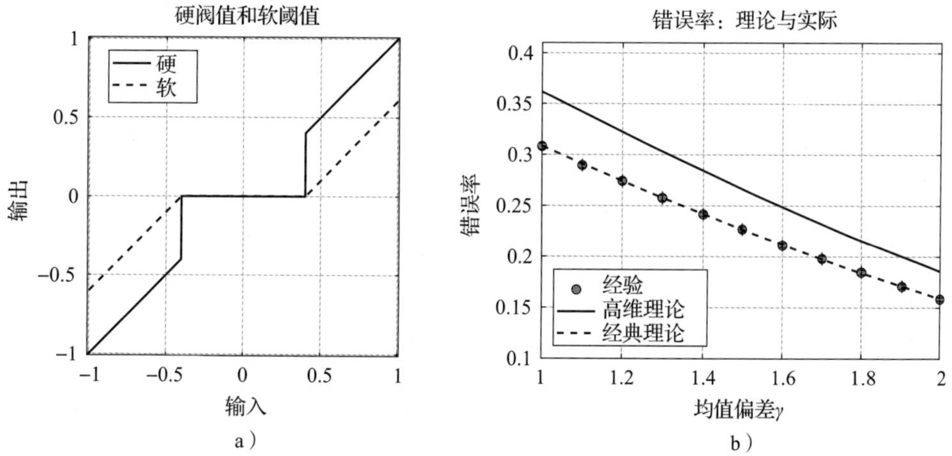

图 1.4 a)是给定阈值水平 λ，硬阈值和软阈值函数的示意图. b)是错误率 $\mathrm{Err}(\widetilde{\Psi})$随着均值偏差参数 $\gamma\in[1,2]$的变化图，这里的参数和图 1.1 是一样的：维数 $d=400$，样本大小 $n=n_1=n_2=800$. 在这种情况下，每个均值向量 μ_1 和 μ_2 都有 5 个不为 0 的分量，分类器是基于硬阈值给出的样本均值，其中阈值取 $\lambda_n=\sqrt{\frac{2\log d}{n}}$. 灰色圆圈对应了基于 50 次试验的经验误差，置信区间取三倍标准差. 实线给出的是高维理论下的预测结果(1.6)，虚线则给出了传统预测结果(1.2). 与图 1.1 不同，此时传统预测结果是准确的

$\mathrm{Err}(\widetilde{\Psi})$随着均值偏差参数 γ 的变化图. 同一图给出经典理论(1.2)和高维理论(1.6)给出的预测结果以比较. 与图 1.1a 有所不同，此时传统理论的预测结果与观察结果一致. 事实上，只要比值 $\log\binom{d}{s}\Big/n$ 趋于 0，传统的极限预测结果就是精确的. 在第 7 章中，对稀疏向量估计的理论可以用来严格证明这一点.

1.3.2　协方差矩阵中的结构

在 1.2.2 节中，基于来自总体协方差矩阵 $\boldsymbol{I}$ 的 n 个 d 维随机向量，我们分析了样本协方差矩阵 $\hat{\boldsymbol{\Sigma}}$ 的特征值性质. 如图 1.2 所示，当 d/n 有严格大于 0 的界时，样本特征谱 $\gamma(\hat{\boldsymbol{\Sigma}})$ 与 1 有较大的偏离，这表明 $\hat{\boldsymbol{\Sigma}}$ 不是总体协方差矩阵 $\boldsymbol{\Sigma}=\boldsymbol{I}_d$ 的一个好估计. 再一次，我们可以问类似的问题：什么样的低维结构适合协方差矩阵模型？如何利用这种结构得到更好的估计？

作为一个很简单的例子，假设我们的目标是估计一个对角型的协方差矩阵. 那么很显然，我们可以把样本协方差矩阵的所有非对角线元素都变成 0，从而得到一个对角的协方差矩阵估计 $\hat{\boldsymbol{D}}$. 一个更加符合实际的情况是，如果协方差矩阵 $\boldsymbol{\Sigma}$ 是稀疏的但不知道非 0 元素的位置，那么一个合理的估计值是样本协方差的硬阈值形式 $\widetilde{\boldsymbol{\Sigma}}:=T_{\lambda_n}(\widetilde{\boldsymbol{\Sigma}})$，和之前一样取 $\lambda_n=\sqrt{\dfrac{2\log d}{n}}$. 图 1.5a 展示了估计结果的特征谱 $\gamma(\widetilde{\boldsymbol{\Sigma}})$，这里的设置和图 1.2a 中一样，即 $\alpha=0.2$ 和$(n,d)=(4000,800)$. 和之前图中的 Marčenko-Pastur 律有所不同，可以看到特征谱 $\gamma(\widetilde{\boldsymbol{\Sigma}})$高度聚集在 1 附近. 第 2 章和第 6 章关于尾部概率界的理论可以用来证明在很大概率上 $\|\widetilde{\boldsymbol{\Sigma}}-\boldsymbol{\Sigma}\|_2\lesssim\sqrt{\dfrac{\log d}{n}}$ 成立.

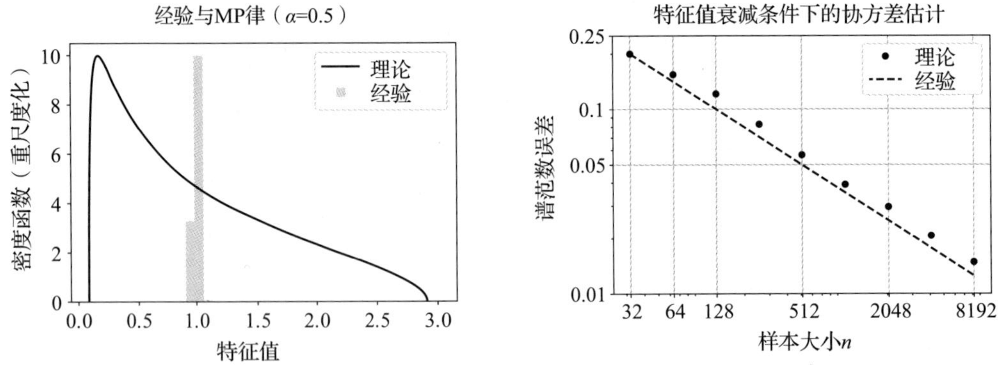

a)　　　　b)

图 1.5　a) 样本协方差矩阵的一个硬阈值形式的特征谱 $\gamma(\widetilde{\boldsymbol{\Sigma}})$. 与样本协方差矩阵本身不同，即使在 $d/n=\alpha>0$ 的条件下，它也可以是一个稀疏协方差矩阵的相合估计. b) 样本协方差矩阵估计一系列维数逐渐增大的协方差矩阵时的表现，其中都满足约束条件 $\mathrm{tr}(\boldsymbol{\Sigma})\leqslant 20$. 就像实线的 log-log 图展示的，谱范数误差 $\|\widetilde{\boldsymbol{\Sigma}}-\boldsymbol{\Sigma}\|_2$ 以 $1/\sqrt{n}$ 的速度衰减，这与理论分析结果是相吻合的

对称矩阵的另一种低维结构是矩阵的特征谱有很快的衰减. 如果我们还是考虑指标为 (n,d) 的一系列估计问题，假定协方差矩阵序列有一个有界的迹，即 $\mathrm{tr}(\boldsymbol{\Sigma})\leqslant R$，$R$ 是与 d 无关的常数. 这个约束条件意味着，特征值 $\gamma_j(\boldsymbol{\Sigma})$ 一定会有比 j^{-1} 略快的衰减. 如我们在第 10 章中将要讨论的，在许多实际情况下这样的特征值衰减条件都是成立的. 图 1.5b 给出了当固定比例 $d/n=0.2$ 时，对于一系列满足约束条件 $\mathrm{tr}(\boldsymbol{\Sigma})\leqslant 20$ 的总体协方差矩阵，矩阵谱范数 $\|\hat{\boldsymbol{\Sigma}}-\boldsymbol{\Sigma}\|_2$ 在一列 (n,d) 变化下的 log-log 图. 第 6 章将介绍的理论结果表明对这样的一系列协方差矩阵，即使维数 d 和样本大小 n 同比例增长，误差 $\|\hat{\boldsymbol{\Sigma}}-\boldsymbol{\Sigma}\|_2$ 也会以 $n^{-1/2}$ 的速度衰减. 同样在第 8 章和第 10 章中讨论的其他形式的矩阵估计问题中，这种矩阵的秩或者特征值衰减形式的约束也将起到重要作用.

1.3.3 回归形式的结构

如 1.2.3 节中所讨论的，传统的回归问题在高维情况下会出现严重的维数灾难. 什么样的结构能避免这种维数灾难呢？在过去和当前的高维回归问题研究中，学者们探讨了许多不同形式的低维结构.

其中一种结构是回归函数具有加性分解的形式，即

$$f(x_1,\cdots,x_d)=\sum_{j=1}^{d}g_j(x_j) \tag{1.20}$$

其中每一个单变量函数 g_j：$\mathbb{R}\to\mathbb{R}$ 来自某个基函数类. 对这样的函数，原本的回归问题会转化成 d 个单独的单变量函数估计问题. 第 13 章和第 14 章将介绍的一般性理论可以说明加性约束(1.20)是如何大幅规避[1]维数灾难的. 加性分解(1.20)的一个特殊形式是传统线性模型，即对 $j=1,\cdots,d$，单变量函数 $g_j(x_j)=\theta_j x_j$，系数 $\theta_j\in\mathbb{R}$. 更一般地，我们可以假设每个 g_j 来自于一个再生核希尔伯特空间，第 12 章将详细介绍这类函数空间.

在回归问题中，稀疏性假设同样起到重要的作用. 稀疏加性模型(sparse additive model，SPAM)假设存在指标集 $S\subset\{1,2,\cdots,d\}$，其中指标集的基数 $s=|S|$，使得回归函数可以分解成

$$f(x_1,\cdots,x_d)=\sum_{j\in S}g_j(x_j) \tag{1.21}$$

在这个模型中，有两类不同的项需要估计：(1)具有 $\binom{d}{s}$ 种可能组合的未知指标集 S，其中基数为 s；(2)与指标集对应的单变量函数集 $\{g_j,j\in S\}$. SPAM 分解(1.21)的一种特殊形式是稀疏线性模型，其中 $f(x)=\sum_{j=1}^{d}\theta_j x_j$，向量 $\boldsymbol{\theta}\in\mathbb{R}^d$ 是 s 稀疏的. 第 7 章中有关于这类模型的详细讨论，在 $d\gg n$ 的情况下仍然可以得到准确的估计.

除此之外，还有许多其他不同结构的回归模型可以用本书中的方法和理论来分析. 例如多指标模型，其回归函数具有形式

$$f(x_1,\cdots,x_d)=h(\mathbf{A}x) \tag{1.22}$$

---

[1] 具体情形请看习题 13.9 和例 14.11 以及例 14.14.

其中矩阵 $\mathbf{A}\in\mathbb{R}^{s\times d}$，函数 h：$\mathbb{R}^s\to\mathbb{R}$. 单指标模型是这个模型的一个特例，即 $s=1$，所以 $f(x)=h(\langle \boldsymbol{a},\boldsymbol{x}\rangle)$，其中向量 $\boldsymbol{a}\in\mathbb{R}^d$. 这个更加一般类的另一种特殊的情形是 SPAM 类(1.21)：可以通过设定 $\mathbf{A}$ 的行为标准基向量$\{\boldsymbol{e}_j, j\in S\}$，函数 h 属于加性函数类(1.20)来得到.

对单指标模型求和可以得到一个被称为投影寻踪回归的方法，其函数形式为

$$f(x_1,\cdots,x_d)=\sum_{j=1}^{M}g_j(\langle \boldsymbol{a}_j,\boldsymbol{x}\rangle) \tag{1.23}$$

其中$\{g_j\}_{j=1}^M$ 是单变量函数集，$\{\boldsymbol{a}_j\}_{j=1}^M$ 是 d 维向量集. 只要回归项数量 M 相对很小同时还能很好地逼近回归函数时，这类模型同样可以用来规避维数灾难.

1.4　什么是非渐近的观点

如节题所言，本节的重点在于高维统计中的非渐近结果. 为了强调这一点，根据样本数相对数据维数的大小以及其他问题中的参数，至少可得到三种不同类型的统计分析方法：

- 经典渐近理论. 样本大小 $n\to\infty$，而数据维数 d 和问题中的参数数量都是保持不变的. 标准大数定律和中心极限定理是这类理论中的两个典型例子.
- 高维渐近理论. 此时(n,d)同时趋向于无穷，但对于某个约束函数 Ψ，序列 $\Psi(n,d)$ 是保持不变或者收敛到某个值 $\alpha\in[0,\infty]$的. 例如，在我们关于线性判别分析(1.2.1 节)和协方差矩阵(1.2.2 节)的讨论中，我们考虑了 $\Psi(n,d)=d/n$ 的情况. 更一般地，除了(n,d)，这个约束函数还可能依赖于模型中的参数. 例如，向量估计问题中涉及稀疏参数 s，就可以使用 $\Psi(n,d,s)=\log\binom{d}{s}\Big/n$ 作为约束函数. 这里分子表示集合$\{1,2,\cdots,d\}$中基数大小为 s 的子集有$\binom{d}{s}$种可能性.
- 非渐近界. 此时(n,d)和其他参数都被视为固定的，高维概率的结论是它们的函数. 之前提到的样本协方差矩阵的最大特征值的界(1.11)就是其中一个例子. 这类有关统计估计值的尾部概率界和集中不等式的结果是本书的重点.

准确来说，这些统计分析模式之间是密切相关的. 尾部概率界和集中不等式是经典渐近理论的基础，例如随机变量序列的几乎处处收敛. 非渐近理论可以用来展示一些高维渐近现象中的结果，例如它可以用来导出线性判别分析中误差概率的极限形式(1.6). 在随机矩阵理论中，它可以用来证明当(n,d)都增长而 $d/n=\alpha$ 的情况下，样本协方差矩阵的样本特征值依概率 1 落在区间$[(1-\sqrt{\alpha})^2, (1+\sqrt{\alpha})^2]$中[⊖]——见图 1.2. 最后，非渐近分析中所得的函数结果可以帮助我们设置高维渐近理论中合适的约束函数 Ψ，这样可以深入刻画出极限分布性质.

由于篇幅所限，本书中并没有涉及的主题是一个给定的高维估计的低维函数所对应的渐近性质，可参看 1.6 节中的相关文献部分. 例如，在稀疏向量估计中，给定一个 d 维向

⊖ 准确来说，非渐近理论无法刻画区间上 Marčenko-Pastur 律那样的准确分布形状.

量，一个自然的目标是构造对应的置信区间. 这类分析问题的核心是非渐近尾部概率界不等式，它们可以用来控制残差的渐近表现. 所以，如果读者精通本书中所涉及的技巧和内容，那么解决这类分析问题将会十分得心应手.

1.5 全书概述

了解了这些动机，我们现在给出全书结构的简要说明，并给出一些建议以使读者能更好地使用这本书.

1.5.1 各章内容

本书各章可以大致分成两类：*工具和方法*(tools and techniques，TT)以及*模型和估计*(models and estimators，ME). TT 类的章是基础部分，给出了高维统计中广泛使用的各种技巧和理论；ME 类的章则可以看成补充部分，每章都会重点讨论统计估计中的某一类问题，并利用基础部分中给出的各种方法.

工具和方法

- 第 2 章：这一章介绍了一些推导尾部概率界和集中不等式的标准方法，是所有其他章节的基础.
- 第 3 章：紧接第 2 章，介绍了分析集中度的更高级的方法，包括熵方法、log-Sobolev 不等式和传输成本不等式. 该章是为那些想对集中现象有更深入了解的读者准备的，并不是阅读其他章节所必需的. 3.4 节中经验过程的集中不等式会在之后的非参数模型分析中用到.
- 第 4 章：这一章同样是阅读其他大部分章节所需要的，其中介绍了一致大数定律的基本概念，以及对称化的技巧，并由此自然引出了集合的 Rademacher 复杂度. 这一章还包含了用 Vapnik-Chervonenkis(VC)维来给出 Rademacher 复杂度界的相关记号和内容.
- 第 5 章：这一章介绍了在度量空间中覆盖和填装的几何概念，以及用于证明熵的一致定律和熵性质的离散化以及链方法. 这些方法诸如 Dudley 的熵积分，会在第 13 章和第 14 章中分析非参数模型时用到. 该章中同样包含了一些高斯过程相关的理论，其中有 Sudakov-Fernique 和 Gordon-Slepian 界，以及 Sudakov 下界.
- 第 12 章：这一章单独完整地介绍了再生核希尔伯特空间，包括核函数、Mercer 定理和特征值、表示定理，以及在核岭回归函数插值和估计中的应用. 该章并不是阅读第 13 章和第 14 章所必需的，但为了理解这些章中所叙述的非参数问题中基于核函数的例子，需要了解本章的内容.
- 第 14 章：这一章接着第 4 章和第 13 章中所讨论的话题，讲述了更高级的一致定律，包括对总体和经验 L^2 范数的单侧和双侧一致定律的深入分析. 该章还讨论了关于特定 Lipschitz 损失函数的延伸以及在非参数密度估计问题中的应用.
- 第 15 章：该章单独完整地介绍了证明 minimax 下界的方法，包括对 Le Cam 方法简单形式和特殊形式的深入讨论，局部和 Yang-Barron 形式的 Fano 方法，以及各种例子. 该章可以单独阅读，但所介绍的内容为其他章节中的上界证明提供了参考.

模型和估计

- 第 6 章：该章的侧重点是协方差矩阵估计问题. 这一章给出很多随机矩阵的奇异值和特征值的非渐近界，所用方法包括正态矩阵的比较不等式，次高斯和次指数随机变量的离散化方法，以及 Ahlswede-Winter 型的尾部概率界. 该章还包含基于阈值法和其他方法估计稀疏的和具有特定结构的协方差矩阵的内容. 为了完全理解该章中所叙述的内容，需要阅读本书的第 2 章、第 4 章和第 5 章.
- 第 7 章：稀疏线性模型差不多是高维统计模型中研究最多、应用最广泛的模型. 该章主要研究 ℓ_1 正则化估计稀疏向量的理论结果和性质，包括无噪模型的还原结果，含噪模型的 ℓ_2 范数和预测半范数下的估计性质，以及参数选择的相关结果. 该章会大量用到第 2 章中所得的各种尾部概率界.
- 第 8 章：主成分分析是多元统计分析中的一个标准方法，在高维情形中会产生许多有趣的现象. 该章给出了主成分分析的非渐近结果和性质，包括无结构的和稀疏的两种不同情况下的结果. 该章所叙述的定理会用到第 2 章和第 6 章中的技巧.
- 第 9 章：该章给出了基于可分解正则项的估计在一般情形下的性质，例如 ℓ_1 范数以及核范数. 该章是在第 7 章中提到的稀疏线性回归基础上进行的深入讨论，还会用到第 2 章和第 4 章中的技巧.
- 第 10 章：高维低秩矩阵的估计有着非常广泛的应用，该章主要研究把其中的低秩约束换成核范数惩罚所得估计的性质. 该章是第 9 章内容的直接延伸，还会用到第 2 章和第 6 章中的尾部概率界和随机矩阵理论.
- 第 11 章：图模型结合了概率论和图论的想法，在高维数据建模中有着广泛的应用. 该章讨论了在图模型中遇到的估计问题和模型选择问题. 阅读该章内容需要第 2 章和第 7 章作为基础.
- 第 13 章：该章深入探讨了一般非参数模型中的最小二乘估计，并介绍了大量的例子. 使用到的技巧包括第 2、4、5 章的内容以及第 3 章中一些关于经验过程的集中不等式.

1.5.2 阅读背景要求

本书的目标读者是对应用数学有浓厚兴趣的研究生，包括统计学、计算机科学、电气工程学与经济学的数学相关分支. 因此，本书需要读者在基础数学知识方面有很强的本科背景，包括：

- 一门线性代数课程，包括矩阵、特征值、特征值分解、奇异值等相关内容.
- 一门基础的实分析课程，要达到 Rudin 的基础教程(Rudin，1964)那个水平，包括序列的收敛性、度量空间和广义积分.
- 一门概率论课程，包括离散和连续随机变量、大数定律和中心极限定理. 阅读本书并不需要了解测度论，但是如果有这方面的相关知识会有所帮助. 下面是几本参考书目：Breiman(1992)、Chung(1991)、Durrett(2010)和 Williams(1991).

- 一门经典数理统计课程，包括决策理论、估计和检验的基础知识、极大似然估计以及一些渐近理论知识. 一些可供参考的标准教材包括：Keener(2010)、Bickel 和 Doksum(2015)、Shao(2007).

对于阅读本书的读者而言，最重要的要求就是要有一定水准的数学功底. 本书是为那些对高维统计分析核心内容感兴趣的人准备的. 和人生中任何其他值得去做的事情一样，这需要付出辛苦的努力. 在学习贯穿本书的证明、例子和练习的过程中，这一点需要牢记于心.

与此同时，本书还可以用来自学或教学. 为了证明的简洁性，我们在叙述定理结论时会牺牲掉部分普适性或更好的结论. 我们的侧重点在介绍可以用于许多不同问题上的方法，而不是繁复的证明过程. 为此，在每章中我们都给了许多例子，这些例子会更具体地阐述一些抽象的结论. 深入思考这些例子，以及仔细研究每章末尾的各种练习，是理解本书内容的最好途径. 作为给读者的一个提醒：本书中的练习有的很简单，也有一部分相当具有挑战性. 读者不要因为某一个练习太有挑战性而感到气馁，因为有些练习原本就是这么设计的.

1.5.3　教学建议和流程图

本书已经在几所不同大学被用作一学期的高维统计课程的研究生教材，其中包括加州大学伯克利分校、卡耐基梅隆大学、麻省理工学院和耶鲁大学等. 本书的素材包括远远不止一个学期的课程内容，可以选出其中一些章节进行为期五到十五周的教学. 图 1.6 展示了几种不同的阅读全书的方式.

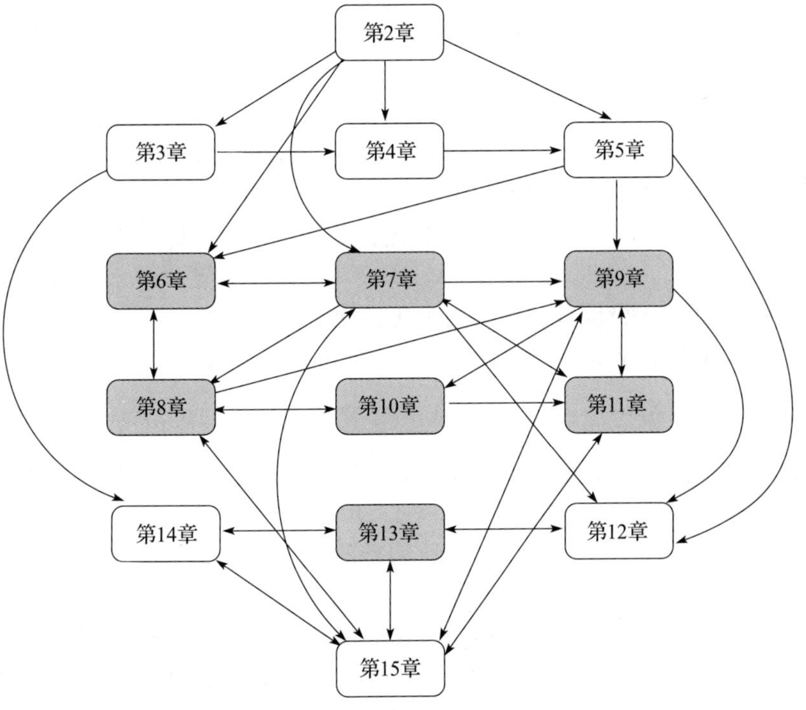

图 1.6　第 2～15 章的流程图以及彼此之间的结构关系. 有几种不同的章节组合方式可以选择，细节详见正文

- 简短的介绍. 如果大约几周的较短时间，那么比较合理的方式是：首先学习第 2 章，然后学习第 7 章中的稀疏线性回归部分，再然后学习第 6 章中协方差矩阵估计的内容. 其他从第 2 章出发的简短方式也是可行的.
- 较长时间的学习. 如果在之前的基础上再多几周时间，那么一个时间较长的学习方式可以包括第 5 章中关于度量熵的介绍和 Dudley 熵积分，再加上第 13 章中非参数最小均方的相关内容. 这样可以展示出本书非参数这一部分的内容. 除此之外，其他基于兴趣的选择也是可以的.
- 一整个学期的课程. 如果有一个学期用来学习这本书，那么可以包含第 2 章中尾部概率界的相关内容，第 4 章中介绍的全局定律，从 5.1 节到 5.3.3 节关于度量熵和 Dudley 熵积分的内容，以及第 6 章关于协方差矩阵的估计，第 7 章稀疏线性回归和第 8 章主成分分析. 课程的第二部分可以包含第 12 章关于再生核希尔伯特空间以及第 13 章非参数最小均方的相关内容. 根据学期的长短不同，还可以包括第 15 章中 minimax 下界的相关内容.

1.6 参考文献和背景

Rao(1949)是最早一批在两样本检验问题中考虑高维效应的作者之一. 1.2.1 节中讨论的高维线性判别问题最早是由 Kolmogorov 在 20 世纪 60 年代提出和研究的. Kolmogorov 组中的一位成员 Deev，在比值为 $\alpha_i \in [0,1)$ 条件下研究了一般的 Fisher 线性判别分析的高维渐近性质. 更多有关高维分类中的俄罗斯研究工作，请参看 Serdobolskii(2000)、Raudys 和 Young(2004).

1.2.2 节中简单讨论的高维随机矩阵问题的研究也有很久远的历史，可以追溯到 20 世纪 50 年代的开创性工作(Wigner，1955，1958；Marčenko 和 Pastur，1967；Pastur，1972；Geman，1980). 图 1.2 中的样本协方差矩阵特征值的高维渐近分布定律来自 Marčenko 和 Pastur(1967)；这个渐近的预测结果被证实是一个非常稳健的现象，只要有宽松的矩条件即可(Silverstein，1995；Bai 和 Silverstein，2010). 除此之外，还可以参看 Götze 和 Tikhomirov(2004)的关于极限分布距离的量化界的工作.

Huber(1973)在他的 Wald 纪念讲座中，在固定 d/n 为常数的高维条件下，讨论了稳健回归的渐近性质. Portnoy(1984，1985)研究了高维线性回归模型的 M 估计，在 $\frac{d\log d}{n} \rightarrow 0$ 的情况下证明了相合性，以及在更严格条件下的渐近正态性. 还可以参看 Portnoy(1988)延伸到了更一般的指数族模型. 近年来，El Karoui 和其合作者(Bean 等，2013；EL Karoui，2013；El Karoui 等，2013)对各种类型的稳健回归估计的高维性质进行了研究，也可以参看 Donoho 和 Montanari(2013).

阈值估计在统计问题中是广泛使用的，其中要求估计对象是稀疏的. 具体可参考 Johnstone(2015)一书关于正态序列模型中阈值估计的深入讨论，以及它在非参数估计和密度估计中的一些应用. 还可以参看第 6 章和第 7 章中关于阈值估计的相关讨论. 软阈值算子和 ℓ_1 正则化之间有非常紧密的联系，ℓ_1 正则化方法有很长的历史(Levy 和 Fullagar，1981；

Santosa 和 Symes，1986；Tibshirani，1996；Chen 等，1998；Juditsky 和 Nemirovski，2000；Donoho 和 Huo，2001；Elad 和 Bruckstein，2002；Candés 和 Tao，2005；Donoho，2006b；Bickel 等，2009)；关于这部分的深入讨论见第 7 章.

非参数回归的加性模型类(1.20)最早由 Stone(1985)提出；更详细的讨论参看 Hastie 和 Tibshirani(1990)一书. 对 SPAM 类(1.21)已经有很多学者进行过研究(Meier 等，2009；Ravikumar 等，2009；Koltchinskii 和 Yuan，2010；Raskutti 等，2012)等. 作为半参数模型的一个特例，单指标模型(1.22)同样也被广泛研究过，参见很多文献(Härdle 和 Stoker，1989；Härdle 等，1993；Ichimura，1993；Hristache 等，2001)以及文献中的更多细节内容. Friedman 和 Stuetzle(1981)提出了投影追踪回归(1.23)的思想. 从广义上讲，投影追踪法是基于寻找高维数据的“重要的”投影(Kruskal，1969；Huber，1985；Friedman 和 Tukey，1974)，而投影追踪回归则是基于这一想法的回归.

第 2 章 基本尾部概率界和集中不等式

在很多统计问题中，一个重要的目标是得到一个随机变量的尾部概率界不等式，或者保证一个随机变量与其均值或中位数很接近的双侧集中不等式. 在本章中，我们探究很多可以得到偏差和集中不等式的基本方法. 这章可以作为更高级的大偏差界和测度集中理论的入门知识.

2.1 经典的界

为了控制尾部概率 $\mathbb{P}[X \geqslant t]$，一种常用的方法是控制随机变量 X 的各阶矩. 随着矩的阶数升高，我们可以得到从马尔可夫不等式(只要求一阶矩存在)到 Chernoff 界(要求矩母函数存在)对应的越来越精细的尾部概率界.

2.1.1 从马尔可夫不等式到 Chernoff 界

最为基本的尾部概率界是马尔可夫不等式：对任意一个有有限均值的非负随机变量 X，我们有

$$\mathbb{P}[X \geqslant t] \leqslant \frac{\mathbb{E}[X]}{t} \quad \text{对于所有 } t>0 \tag{2.1}$$

这是一个简单的尾部概率上界的例子. 如果这个随机变量 X 还有有限的方差，那么我们就有 Chebyshev 不等式：

$$\mathbb{P}[|X-\mu| \geqslant t] \leqslant \frac{\operatorname{var}(X)}{t^2} \quad \text{对于所有 } t>0 \tag{2.2}$$

这是一个简单形式的集中不等式，只要方差较小，它就保证了 X 与其均值 $\mu=\mathbb{E}[X]$很接近. 注意在马尔可夫不等式中取非负随机变量 $Y=(X-\mu)^2$，就得到了 Chebyshev 不等式. 马尔可夫不等式和 Chebyshev 不等式所给的界是最优的，意味着在一般情形下它们没有办法再提高了(见习题 2.1).

在高阶矩的条件下，马尔可夫不等式可以做不同形式的推广. 例如，只要随机变量 X 的 k 阶中心矩存在，对随机变量 $|X-\mu|^k$ 使用马尔可夫不等式，可以得到

$$\mathbb{P}[|X-\mu| \geqslant t] \leqslant \frac{\mathbb{E}[|X-\mu|^k]}{t^k} \quad \text{对于所有 } t>0 \tag{2.3}$$

当然，同样的方法也可以用在其他不同于多项式 $|X-\mu|^k$ 形式的函数上. 例如，若随机变量 X 在 0 的邻域内有矩母函数，即存在常数 $b>0$，使得函数 $\varphi(\lambda)=\mathbb{E}[\mathrm{e}^{\lambda(X-\mu)}]$对任意的 $\lambda \leqslant |b|$ 存在. 在这种情况下，对任意的 $\lambda \in [0,b]$，我们可以对随机变量 $Y=\mathrm{e}^{\lambda(X-\mu)}$ 运用马尔可夫不等式，由此可以得到一个上界

$$\mathbb{P}[(X-\mu)\geqslant t]=\mathbb{P}[\mathrm{e}^{\lambda(X-\mu)}\geqslant \mathrm{e}^{\lambda t}]\leqslant\frac{\mathbb{E}[\mathrm{e}^{\lambda(X-\mu)}]}{\mathrm{e}^{\lambda t}} \tag{2.4}$$

选取最优的 λ，我们就可以得到最优的界，也就是 Chernoff 界，即不等式

$$\log\mathbb{P}[(X-\mu)\geqslant t]\leqslant\inf_{\lambda\in[0,b]}\{\log\mathbb{E}[\mathrm{e}^{\lambda(X-\mu)}]-\lambda t\} \tag{2.5}$$

如习题 2.3 中所说，在最优的 k 下，矩条件得到的界(2.3)不会比(2.5)中基于矩母函数获得的界更差. 尽管如此，在实际应用中，由于矩母函数计算的便利性，Chernoff 界仍有着广泛的应用. 事实上，正如下面的例子中所说，一大类非常重要的尾部概率界都可以由(2.5)的特定情形得到.

2.1.2　次高斯随机变量和 Hoeffding 界

Chernoff 界所得尾部概率界的形式依赖于矩母函数的增长速度. 相应地，在研究尾部概率界时，很自然地就会根据随机变量矩母函数的不同而对随机变量进行分类. 接下来为了方便说明，我们介绍一类最简单的被熟知为次高斯尾部界的类型. 为了引入这个概念，我们通过推导正态随机变量尾部概率界来阐述 Chernoff 界(2.5)的作用.

例 2.1(次高斯尾部界)　令 $X\sim\mathcal{N}(\mu,\sigma^2)$为一个服从均值为 μ，方差为 σ^2 的正态随机变量. 通过简单的计算，我们可得 X 的矩母函数

$$\mathbb{E}[\mathrm{e}^{\lambda X}]=\mathrm{e}^{\mu\lambda+\frac{\sigma^2\lambda^2}{2}}\quad 对于所有\ \lambda\in\mathbb{R} \tag{2.6}$$

把上式代入最优 Chernoff 界(2.5)中，我们得到

$$\inf_{\lambda\geqslant 0}\{\log\mathbb{E}[\mathrm{e}^{\lambda(X-\mu)}]-\lambda t\}=\inf_{\lambda\geqslant 0}\left\{\frac{\lambda^2\sigma^2}{2}-\lambda t\right\}=-\frac{t^2}{2\sigma^2}$$

这里我们使用求导的方式找到上述二次函数的最优值点. 由此我们知道，任意随机变量 $\mathcal{N}(\mu,\sigma^2)$都满足上偏差不等式：

$$\mathbb{P}[X\geqslant\mu+t]\leqslant\mathrm{e}^{-\frac{t^2}{2\sigma^2}}\quad 对于所有\ t\geqslant 0 \tag{2.7}$$

事实上，根据习题 2.2 中对 Mills 比的探究，这个界是除了多项式修正项之外最优的. ♣

受例 2.1 的启发，我们给出下面的定义.

定义 2.2　若存在正实数 σ 使得

$$\mathbb{E}[\mathrm{e}^{\lambda(X-\mu)}]\leqslant\mathrm{e}^{\sigma^2\lambda^2/2}\quad 对于所有\ \lambda\in\mathbb{R} \tag{2.8}$$

那么我们称这个均值为 $\mu=\mathbb{E}[X]$的随机变量 X 是次高斯的.

常数 σ 称作次高斯参数，即我们称满足条件(2.8)的随机变量 X 是参数为 σ 的次高斯随机变量. 显然，如例 2.1 中的计算所示，任意方差为 σ^2 的正态随机变量都是参数为 σ 的次高斯随机变量. 此外，在下面的例子和习题中我们还能看到许多满足条件(2.8)的非正态随机变量.

结合例 2.1 中的 Chernoff 界，条件(2.8)表明，若 X 是参数为 σ 的次高斯随机变量，那么它满足上偏差不等式(2.7). 不仅如此，由次高斯定义的对称性，随机变量 $-X$ 是次高

斯的当且仅当 X 是次高斯的. 因此，我们同样有下偏差不等式 $\mathbb{P}[X\leqslant\mu-t]\leqslant e^{-\frac{t^2}{2\sigma^2}}$ 对任意的 $t\geqslant 0$ 成立. 将二者结合，我们可以得到对任意次高斯随机变量 X 的集中不等式

$$\mathbb{P}[|X-\mu|\geqslant t]\leqslant 2e^{-\frac{t^2}{2\sigma^2}} \quad 对于所有 t>0 \tag{2.9}$$

下面，我们列举一些非正态的次高斯随机变量.

例 2.3(Rademacher 随机变量) 一个 Rademacher 随机变量 ε 是指等概率地取 $\{-1,1\}$ 的随机变量. 我们断言它是一个参数为 $\sigma=1$ 的次高斯随机变量. 对其取期望以及利用指数函数的级数展开，我们可以得到

$$\begin{aligned}E[e^{\lambda\varepsilon}]&=\frac{1}{2}\{e^{-\lambda}+e^{\lambda}\}=\frac{1}{2}\left\{\sum_{k=0}^{\infty}\frac{(-\lambda)^k}{k!}+\sum_{k=0}^{\infty}\frac{(\lambda)^k}{k!}\right\}\\&=\sum_{k=0}^{\infty}\frac{\lambda^{2k}}{(2k)!}\\&\leqslant 1+\sum_{k=1}^{\infty}\frac{\lambda^{2k}}{2^k k!}\\&=e^{\lambda^2/2}\end{aligned}$$

这便说明了 ε 是一个参数 $\sigma=1$ 的次高斯随机变量. ♣

作为上例的推广，我们现在说明所有有界随机变量都是次高斯的.

例 2.4(有界随机变量) 设 X 是均值为 0，支撑集为某个区间 $[a,b]$ 的随机变量. 设 X' 为与 X 独立同分布的随机变量，对任意 $\lambda\in\mathbb{R}$，我们有

$$\mathbb{E}_X[e^{\lambda X}]=\mathbb{E}_X\left[e^{\lambda(X-\mathbb{E}_{X'}[X'])}\right]\leqslant\mathbb{E}_{X,X'}[e^{\lambda(X-X')}]$$

其中不等号成立是基于指数函数的凸性及 Jensen 不等式. 令 ε 是一个独立的 Rademacher 随机变量. 注意 $(X-X')$ 和 $\varepsilon(X-X')$ 是同分布的，因此我们有

$$\mathbb{E}_{X,X'}[e^{\lambda(X-X')}]=\mathbb{E}_{X,X'}[\mathbb{E}_\varepsilon[e^{\lambda\varepsilon(X-X')}]]\overset{(i)}{\leqslant}\mathbb{E}_{X,X'}\left[e^{\frac{\lambda^2(X-X')^2}{2}}\right]$$

其中步骤(i)是先固定 (X,X') 取条件期望，再用例 2.3 的结果得到. 因为 $|X-X'|\leqslant b-a$，所以可以保证

$$\mathbb{E}_{X,X'}\left[e^{\frac{\lambda^2(X-X')^2}{2}}\right]\leqslant e^{\frac{\lambda^2(b-a)^2}{2}}$$

综上所述，我们已经证明了 X 是一个次高斯随机变量，其中参数 σ 至多为 $b-a$. 这个结果很重要，但还可以进一步提升. 在例 2.4 中，通过更复杂的推导可以知道 X 是参数为 $\sigma\leqslant\frac{b-a}{2}$ 的次高斯随机变量. ♣

注：例 2.4 中所用的是对称化技巧的一个简单例子，先引入一个和 X 独立同分布的 X'，然后用一个 Rademacher 随机变量把问题对称化. 在之后的章节中，我们还会再次用到这种对称化技巧.

就像正态随机变量在线性运算下还是正态随机变量一样，次高斯随机变量同样有类似的性质. 例如，X_1 和 X_2 是独立的次高斯随机变量，对应的参数分别为 σ_1 和 σ_2，那么

X_1+X_2 则是参数为$\sqrt{\sigma_1^2+\sigma_2^2}$的次高斯随机变量. 习题 2.13 会验证这一点以及其他相关性质. 结合次高斯尾部概率界(2.7)，对于独立的次高斯随机变量的和，我们可以得到一个重要的结果，也就是 Hoeffding 界.

命题 2.5(Hoeffding 界) 假定次高斯随机变量 $X_i(i=1,\cdots,n)$相互独立，其对应的均值和次高斯参数分别为 μ_i 及σ_i. 那么，对任意的 $t\geqslant 0$，我们有

$$\mathbb{P}\left[\sum_{i=1}^{n}(X_i-\mu_i)\geqslant t\right]\leqslant\exp\left\{-\frac{t^2}{2\sum_{i=1}^{n}\sigma_i^2}\right\} \tag{2.10}$$

Hoeffding 界常用于随机变量为有界时的特殊情形. 事实上，若 $X_i\in[a,b]$，$i=1,2,\cdots,n$，那么根据习题 2.4 的结果，X_i 是参数为$\sigma=\frac{b-a}{2}$的次高斯随机变量，由此可得

$$\mathbb{P}\left[\sum_{i=1}^{n}(X_i-\mu_i)\geqslant t\right]\leqslant \mathrm{e}^{-\frac{2t^2}{n(b-a)^2}} \tag{2.11}$$

尽管 Hoeffding 界通常是以这种形式来阐述的，正如这里所展示的，基本想法也适用于一般的次高斯随机变量.

通过对次高斯随机变量三种不同形式的刻画，我们对次高斯做一个总结. 第一种，最直接验证次高斯性的方法是例 2.1 所展示的，通过计算矩母函数或者得到矩母函数的界. 第二种，直观的形式是任意的次高斯随机变量在某种意义下会被一个正态随机变量控制. 第三种，次高斯性可以通过控制随机变量的矩来得到. 下面的结果表明这三种定义方式是等价的.

定理 2.6(次高斯随机变量定义的等价性) 对任意均值为 0 的随机变量 X，下面的性质是等价的：

(Ⅰ) 存在常数 $\sigma\geqslant 0$ 使得

$$\mathbb{E}[\mathrm{e}^{\lambda X}]\leqslant \mathrm{e}^{\frac{\lambda^2\sigma^2}{2}}\quad \text{对于所有 } \lambda\in\mathbb{R} \tag{2.12a}$$

(Ⅱ) 存在常数 $c\geqslant 0$ 和正态随机变量 $Z\sim\mathcal{N}(0,\tau^2)$使得

$$\mathbb{P}[|X|\geqslant s]\leqslant c\,\mathbb{P}[|Z|\geqslant s]\quad \text{对于所有 } s\geqslant 0 \tag{2.12b}$$

(Ⅲ) 存在常数 $\theta\geqslant 0$ 使得

$$\mathbb{E}[X^{2k}]\leqslant\frac{(2k)!}{2^k k!}\theta^{2k}\quad \text{对于所有 } k=1,2,\cdots \tag{2.12c}$$

(Ⅳ) 存在常数 $\sigma\geqslant 0$ 使得

$$\mathbb{E}[\mathrm{e}^{\frac{\lambda X^2}{2\sigma^2}}]\leqslant\frac{1}{\sqrt{1-\lambda}}\quad \text{对于所有 } \lambda\in[0,1) \tag{2.12d}$$

这些等价性的证明详见附录 A(2.4 节).

2.1.3　次指数随机变量和 Bernstein 界

由于次高斯的定义相对比较严格，自然地要考虑一些更为宽泛的情形. 相应地，我们接下来研究次指数随机变量，其对矩母函数的要求相对更加宽松.

定义 2.7　对一个均值为 $\mu=\mathbb{E}[X]$的随机变量 X，如果存在非负参数对(ν,α)满足

$$\mathbb{E}[e^{\lambda(X-\mu)}]\leqslant e^{\frac{\nu^2\lambda^2}{2}}\quad 对于所有|\lambda|<\frac{1}{\alpha}\tag{2.13}$$

那么称该随机变量是次指数的.

由此定义可知，所有的次高斯随机变量都是次指数的，对应于 $\nu=\sigma$，$\alpha=0$，这里把 $1/0$ 看作$+\infty$. 然而，次指数随机变量并不一定是次高斯的，下面就是一个例子.

例 2.8(非次高斯的次指数随机变量)　令 $Z\sim\mathcal{N}(0,1)$，考虑随机变量 $X=Z^2$. 对 $\lambda<\frac{1}{2}$，我们有

$$\begin{aligned}\mathbb{E}[e^{\lambda(X-1)}]&=\frac{1}{\sqrt{2\pi}}\int_{-\infty}^{+\infty}e^{\lambda(z^2-1)}e^{-z^2/2}dz\\&=\frac{e^{-\lambda}}{\sqrt{1-2\lambda}}\end{aligned}$$

对 $\lambda>\frac{1}{2}$，矩母函数是发散的，即说明 X 不是次高斯的.

可以直接看出，在 0 的一个邻域中矩母函数的存在性同样可以作为次指数随机变量的一个等价定义. 我们来直接验证条件(2.13). 通过简单的计算得知：

$$\frac{e^{-\lambda}}{\sqrt{1-2\lambda}}\leqslant e^{2\lambda^2}=e^{4\lambda^2/2},\quad 对于所有|\lambda|<\frac{1}{4}\tag{2.14}$$

这表明 X 是一个参数为$(\nu,\alpha)=(2,4)$的次指数随机变量.　♣

同次高斯性类似，条件(2.13)结合 Chernoff 界的技巧，就可以得到次指数随机变量对应的偏差和集中不等式. 当 t 充分小的时候，这些界本质上是次高斯的(即指数部分为 t^2 阶)；而当 t 较大的时候，这个界的指数部分会与 t 呈线性关系. 对此我们总结如下.

命题 2.9(次指数尾部不等式)　假设 X 是满足参数为(ν,α)的次指数随机变量. 那么

$$\mathbb{P}[X-\mu\geqslant t]\leqslant\begin{cases}e^{-\frac{t^2}{2\nu^2}} & 如果\ 0\leqslant t\leqslant\frac{\nu^2}{\alpha},\\ e^{-\frac{t}{2\alpha}} & 如果\ t>\frac{\nu^2}{\alpha}\end{cases}$$

就像 Hoeffding 不等式一样，类似可以得到左端$\{X-\mu\leqslant -t\}$的不等式以及双侧$\{|X-\mu|\geqslant t\}$的不等式，后者会多一个常数项 2.

证明　通过中心化，不失一般性，我们假设均值 $\mu=0$. 沿用 Chernoff 型的方法，根据次指数随机变量的定义(2.13)可以得到上界

$$\mathbb{P}[X\geqslant t]\leqslant \mathrm{e}^{-\lambda t}\mathbb{E}[\mathrm{e}^{\lambda X}]\leqslant \exp\underbrace{\left(-\lambda t+\frac{\lambda^2\nu^2}{2}\right)}_{g(\lambda,t)},\quad \text{对于所有 } \lambda\in[0,\alpha^{-1})\text{ 成立}$$

为了完成证明，我们只需要计算在固定的 $t\geqslant 0$ 下，等式 $g^*(t):=\inf_{\lambda\in[0,\alpha^{-1})}g(\lambda,t)$的值. 注意在没有约束的情形下，函数 $g(\cdot,t)$的最小值在$\lambda^*=t/\nu^2$ 处取到. 如果 $0\leqslant t<\frac{\nu^2}{\alpha}$，那么这个没有约束的 λ 同样也是加上约束条件后的最小值点，即 $g^*(t)=-\frac{t^2}{2\nu^2}$.

否则，我们可以假设 $t\geqslant\frac{\nu^2}{\alpha}$. 此时，函数 $g(\cdot,t)$在区间$[0,\lambda^*)$上单调递减. 因此，函数 $g(\cdot,t)$在约束条件下的最小值在边界 $\lambda^\dagger=\alpha^{-1}$ 处取到，我们可得

$$g^*(t)=g(\lambda^\dagger,t)=-\frac{t}{\alpha}+\frac{1}{2\alpha}\frac{\nu^2}{\alpha}\overset{\text{(i)}}{\leqslant}-\frac{t}{2\alpha}$$

其中(i)是根据条件$\frac{\nu^2}{\alpha}\leqslant t$ 得到的. □

如例 2.8 所示，次指数性可以通过计算矩母函数或者得到矩母函数的界来验证. 在许多情形下，这种直接计算的方法是不可行的，所以我们需要寻找替代方法. 其中一种方法是控制 X 的多项式形式的矩. 给定均值为 $\mu=\mathbb{E}[X]$，方差为 $\sigma^2=\mathbb{E}[X^2]-\mu^2$ 的随机变量 X，我们称参数为 b 的 Bernstein 条件成立，如果

$$|\mathbb{E}[(X-\mu)^k]|\leqslant\frac{1}{2}k!\sigma^2b^{k-2}\quad \text{对于 } k=2,3,4,\cdots \tag{2.15}$$

Bernstein 条件的一个充分条件是 X 有界；特别地，如果$|X-\mu|\leqslant b$，那么可以直接验证条件(2.15)成立. 就算是对有界的随机变量，稍后的结果表明 Bernstein 条件可以得到可能比 Hoeffding 界更紧的尾部概率界. 不仅如此，也有许多无界的随机变量满足 Bernstein 条件，这一性质也让 Bernstein 条件有着广泛的应用.

当 X 满足 Bernstein 条件时，那它就是次指数的，对应的参数由 σ^2 和 b 决定. 事实上，由指数函数的幂级数展开可得，

$$\begin{aligned}\mathbb{E}[\mathrm{e}^{\lambda(X-\mu)}]&=1+\frac{\lambda^2\sigma^2}{2}+\sum_{k=3}^{\infty}\lambda^k\frac{\mathbb{E}[(X-\mu)^k]}{k!}\\&\overset{\text{(i)}}{\leqslant}1+\frac{\lambda^2\sigma^2}{2}+\frac{\lambda^2\sigma^2}{2}\sum_{k=3}^{\infty}(|\lambda|b)^{k-2}\end{aligned}$$

其中(i)用到了 Bernstein 条件(2.15). 对任意的$|\lambda|<1/b$，我们对几何级数求和得到

$$\mathbb{E}[\mathrm{e}^{\lambda(X-\mu)}]\leqslant 1+\frac{\lambda^2\sigma^2/2}{1-b|\lambda|}\overset{\text{(ii)}}{\leqslant}\mathrm{e}^{\frac{\lambda^2\sigma^2/2}{1-b|\lambda|}} \tag{2.16}$$

其中(ii)由不等式 $1+t\leqslant e^t$ 得到. 由此，我们可以得到结论

$$\mathbb{E}[e^{\lambda(X-\mu)}]\leqslant e^{\frac{\lambda^2\sqrt{2}\sigma^2}{2}}\quad 对于所有 |\lambda|<\frac{1}{2b}$$

这表明 X 是参数为$(\sqrt{2}\sigma,\ 2b)$的次指数随机变量.

由上面的讨论，命题 2.9 的一个直接应用可以得到满足 Bernstein 条件(2.15)的随机变量的尾部概率界. 但是如果直接应用(2.16)，至少可以得到常数项更紧的尾部概率界. 下面是相应的结论.

命题 2.10(Bernstein 型界)　对任意满足 Bernstein 条件(2.15)的随机变量，我们有

$$\mathbb{E}[e^{\lambda(X-\mu)}]\leqslant e^{\frac{\lambda^2\sigma^2/2}{1-b|\lambda|}}\quad 对于所有 |\lambda|<\frac{1}{b} \tag{2.17a}$$

以及集中不等式

$$\mathbb{P}[|X-\mu|\geqslant t]\leqslant 2e^{-\frac{t^2}{2(\sigma^2+bt)}}\quad 对于所有 t\geqslant 0 \tag{2.17b}$$

在这个命题之前的讨论中我们证明了(2.17a). 运用这个矩母函数的界，在 Chernoff 界中取 $\lambda=\frac{t}{bt+\sigma^2}\in\left[0,\frac{1}{b}\right)$，并将式子化简可以得到尾部概率界(2.17b).

注：就算是对有界随机变量(即满足 $|X-\mu|\leqslant b$)来说，命题 2.10 都有一个重要的结果. 控制有界随机变量最直接的方法是首先验证 $X-\mu$ 是参数为 b 的次高斯随机变量(见习题 2.4)，再运用 Hoeffding 型不等式(见命题 2.5). 或者，由于有界随机变量满足 Bernstein 条件(2.16)，我们也可以运用命题 2.10 中的尾部概率界(2.17b)，这一结果同时依赖于方差 σ^2 和界 b. 这个尾部不等式表明，对充分小的 t，随机变量 X 的表现和参数为 σ 的次高斯随机变量一致，而不是经由 Hoeffding 不等式所得的参数 b. 由 $\sigma^2=\mathbb{E}[(X-\mu)^2]\leqslant b^2$ 知，这个界不会比原来更差. 进一步，对那些方差较小但是可能取到较大值的随机变量，此时 $\sigma^2\ll b^2$，因此所得结果会显著地变好. 这种基于方差来控制随机变量界的方法在统计问题中推导最优速度时非常重要，这一点在后面的章节中也会看到. 对有界随机变量而言，Bennett 不等式可以用来给出更精细的尾部概率界(见习题 2.7).

就像次高斯性一样，独立次指数随机变量的和同样保持次指数性，只需要相应地变换一下参数(ν,α)即可. 特别地，考虑一个独立随机变量序列$\{X_k\}_{k=1}^n$，其中每一个随机变量 X_k 的均值为 μ_k，是参数为(ν_k,α_k)的次指数随机变量. 我们计算其矩母函数

$$\mathbb{E}\left[e^{\lambda\sum_{k=1}^n(X_k-\mu_k)}\right]\overset{(i)}{=}\prod_{k=1}^n\mathbb{E}[e^{\lambda(X_k-\mu_k)}]\overset{(ii)}{\leqslant}\prod_{k=1}^n e^{\lambda^2\nu_k^2/2}$$

对任意的 $|\lambda|<(\max_{k=1,\cdots,n}\alpha_k)^{-1}$ 成立，其中等式(i)由独立性得到，不等式(ii)则是因为 X_k 是参数为(ν_k,α_k)的次指数随机变量. 由此可得随机变量 $\sum_{k=1}^n(X_k-\mu_k)$是参数为(ν_*,α_*)的次指数随机变量，其中

$$\alpha_* := \max_{k=1,\cdots,n} \alpha_k \quad 和 \quad \nu_* := \sqrt{\sum_{k=1}^{n} \nu_k^2}$$

使用和命题 2.9 中同样的方法，我们可以得到上尾部界：

$$\mathbb{P}\left[\frac{1}{n}\sum_{i=1}^{n}(X_k - \mu_k) \geqslant t\right] \leqslant \begin{cases} e^{-\frac{nt^2}{2(\nu_*^2/n)}} & 对于 0 \leqslant t \leqslant \frac{\nu_*^2}{n\alpha_*} \\ e^{-\frac{nt}{2\alpha_*}} & 对于 t > \frac{\nu_*^2}{n\alpha_*} \end{cases} \tag{2.18}$$

以及对应的双侧尾部界. 接下来我们来看一些例子.

例 2.11（χ^2 随机变量）　一个自由度为 n 的卡方（χ^2）随机变量，记作 $Y \sim \chi_n^2$，可以表示成独立同分布的标准正态随机变量平方和的形式，即 $Y = \sum_{k=1}^{n} Z_k^2$，其中 $Z_k \sim \mathcal{N}(0,1)$ 是独立同分布的. 如例 2.8 所示，随机变量 Z_k^2 是参数为 $(2,4)$ 的次指数随机变量. 由于随机变量 $\{Z_k\}_{k=1}^{n}$ 相互独立，那么 χ^2 随机变量 Y 是参数为 $(2\sqrt{n},4)$ 的次指数随机变量，可得双侧尾部概率界

$$\mathbb{P}\left[\left|\frac{1}{n}\sum_{k=1}^{n} Z_k^2 - 1\right| \geqslant t\right] \leqslant 2e^{-nt^2/8}, \quad 对于所有 t \in (0,1) \tag{2.19}$$

♣

χ^2 随机变量的集中度在分析基于随机投影的统计方法中是非常重要的. 一个经典的随机投影方法是 Johnson-Lindenstrauss 度量嵌入.

例 2.12（Johnson-Lindenstrauss 嵌入）　作为 χ^2 随机变量集中不等式的一个应用，考虑如下问题. 假定有 $N \geqslant 2$ 个不同的向量 $\{\boldsymbol{u}^1,\cdots,\boldsymbol{u}^N\}$，其中每个向量都来自 $\mathbb{R}^d$ 空间. 如果数据维数 d 很大，那么储存和操作这些数据就非常麻烦. 降维的思想是构造一个映射 F：$\mathbb{R}^d \to \mathbb{R}^m$（投影维数 m 相对 d 而言非常小），保留数据集中一些"非常重要"的特征. 哪些特征是我们需要保留的？这个问题并没有唯一的答案，但是作为其中一种重要的方法，我们可以考虑保留每一对数据点之间的距离，或等价地保留范数和内积. 很多算法都是基于"保留每对数据点之间的度量"这一想法，例如线性回归、主成分分析方法、聚类中的 k 均值算法、密度估计中的近邻算法等. 基于这些应用的出发点，给出一定的容许误差 $\delta \in (0,1)$，我们可以考虑具有下述性质的映射 F：

$$(1-\delta) \leqslant \frac{\|F(\boldsymbol{u}^i) - F(\boldsymbol{u}^j)\|_2^2}{\|\boldsymbol{u}^i - \boldsymbol{u}^j\|_2^2} \leqslant (1+\delta) \quad 对于所有对 \boldsymbol{u}^i \neq \boldsymbol{u}^j \tag{2.20}$$

也就是在容许误差 δ 下，投影后的数据集 $\{F(\boldsymbol{u}^1),\cdots,F(\boldsymbol{u}^N)\}$ 尽可能保留了每一对数据之间的均方距离. 当然，如果投影维数 m 足够大，这是可行的，但是我们的目标是找到相对较小的维数 m.

在很高概率下，只要所投影的维数 m 有下界 $m \gtrsim \frac{1}{\delta^2}\log N$，构造一个满足条件 (2.20) 的映射是非常直接的. 注意这里的投影维数与原始数据维数 d 无关，而与数据点个数 N 取对

数后成比例.

这个映射的构造方法是随机的：首先构造一个随机矩阵 $\boldsymbol{X}\in\mathbb{R}^{m\times d}$，其元素都是独立的 $\mathcal{N}(0,1)$随机变量，并用它通过 $\boldsymbol{u}\mapsto\boldsymbol{X}\boldsymbol{u}/\sqrt{m}$ 定义一个线性映射 $F:\mathbb{R}^d\to\mathbb{R}^m$. 我们验证映射 F 在很高概率下满足条件(2.20). 记 $\boldsymbol{x}_i\in\mathbb{R}^d$ 为 $\boldsymbol{X}$ 的第 i 行，并考虑某个固定的 $\boldsymbol{u}\neq 0$. 由于 $\boldsymbol{x}_i$ 是标准正态向量，因此随机变量$\langle\boldsymbol{x}_i, \boldsymbol{u}/\|\boldsymbol{u}\|_2\rangle$服从标准正态分布，以及

$$Y:=\frac{\|\boldsymbol{X}\boldsymbol{u}\|_2^2}{\|\boldsymbol{u}\|_2^2}=\sum_{i=1}^m\langle\boldsymbol{x}_i,\boldsymbol{u}/\|\boldsymbol{u}\|_2\rangle^2$$

服从一个自由度为 m 的 χ^2 分布，这里利用了 X 行的独立性. 因此，应用尾部概率界(2.19)，我们可以得到

$$\mathbb{P}\left[\left|\frac{\|\boldsymbol{X}\boldsymbol{u}\|_2^2}{m\|\boldsymbol{u}\|_2^2}-1\right|\geqslant\delta\right]\leqslant 2\mathrm{e}^{-m\delta^2/8}\quad 对于所有\ \delta\in(0,1)$$

再根据 F 的定义，有

$$\mathbb{P}\left[\frac{\|F(\boldsymbol{u})\|_2^2}{\|\boldsymbol{u}\|_2^2}\notin[(1-\delta),(1+\delta)]\right]\leqslant 2\mathrm{e}^{-m\delta^2/8},\quad 对任意固定\ 0\neq\boldsymbol{u}\in\mathbb{R}^d$$

注意到一共有$\binom{N}{2}$种不同的点对取法，由此可得

$$\mathbb{P}\left[\frac{\|F(\boldsymbol{u}^i-\boldsymbol{u}^j)\|_2^2}{\|\boldsymbol{u}^i-\boldsymbol{u}^j\|_2^2}\notin[(1-\delta),(1+\delta)]对某个\ \boldsymbol{u}^i\neq\boldsymbol{u}^j\right]\leqslant 2\binom{N}{2}\mathrm{e}^{-m\delta^2/8}$$

对任意的 $\epsilon\in(0,1)$，令 $m>\frac{16}{\delta^2}\log(N/\epsilon)$可使得这个概率小于 ϵ. ♣

类似于定理 2.6，对次指数随机变量，同样也有很多等价的描述方式. 下面的定理给出了一个总结.

定理 2.13(次指数随机变量的等价描述)　对一个均值为 0 的随机变量 X，下面的几个定义等价：

(Ⅰ) 存在非负的参数(ν,α)使得

$$\mathbb{E}[\mathrm{e}^{\lambda X}]\leqslant\mathrm{e}^{\frac{\nu^2\lambda^2}{2}}\quad 对于所有\ |\lambda|<\frac{1}{\alpha}\tag{2.21a}$$

(Ⅱ) 存在一个正常数 $c_0>0$，使得对任意 $|\lambda|\leqslant c_0$，都有 $\mathbb{E}[\mathrm{e}^{\lambda X}]<\infty$.

(Ⅲ) 存在常数 c_1，$c_2>0$，使得

$$\mathbb{P}[|X|\geqslant t]\leqslant c_1\mathrm{e}^{-c_2 t}\quad 对于所有\ t>0\tag{2.21b}$$

(Ⅳ) 量 $\gamma:=\sup_{k\geqslant 2}\left[\frac{E[X^k]}{k!}\right]^{1/k}$ 是有限的.

对此定理的证明详见附录 B(2.5 节).

2.1.4　一些单边结果

到目前为止，我们着重考虑了双侧的 Bernstein 条件，并由此导出了上、下双侧的尾部

界. 就像我们所看到的，Bernstein 条件成立的一个充分条件是随机变量绝对值有界，即 $|X|\leqslant b$，a. s.. 当然，如果这个界只对某一侧成立，那么同样能推导出单边的尾部不等式界. 本节中，我们会阐述和证明其中一个这样的结果.

命题 2.14(单侧 Bernstein 不等式)　如果 $X\leqslant b$，a. s.，那么

$$\mathbb{E}[\mathrm{e}^{\lambda(X-\mathbb{E}[X])}]\leqslant\exp\left(\frac{\frac{\lambda^2}{2}\mathbb{E}[X^2]}{1-\frac{b\lambda}{3}}\right)\quad 对于所有\ \lambda\in[0,3/b) \tag{2.22a}$$

相对应地，给定 n 个满足条件 $X_i\leqslant b$，a. s. 的独立随机变量，我们有

$$\mathbb{P}\Big[\sum_{i=1}^{n}(X_i-\mathbb{E}[X_i])\geqslant n\delta\Big]\leqslant\exp\left(-\frac{n\delta^2}{2\left(\frac{1}{n}\sum_{i=1}^{n}\mathbb{E}[X_i^2]+\frac{b\delta}{3}\right)}\right) \tag{2.22b}$$

当然，如果一个随机变量有下界，那么同样的结论可以用来得到它的下尾部不等式；对此，我们只需要把结果(2.22b)应用到随机变量 $-X$ 上即可. 对独立非负随机变量 $Y_i\geqslant 0$ 的特殊情形，我们可以得到

$$\mathbb{P}\Big[\sum_{i=1}^{n}(Y_i-\mathbb{E}[Y_i])\leqslant -n\delta\Big]\leqslant\exp\left(-\frac{n\delta^2}{\frac{2}{n}\sum_{i=1}^{n}\mathbb{E}[Y_i^2]}\right) \tag{2.23}$$

因此，我们可以看到任意非负随机变量都有一个次高斯形式的下界，只不过分母不再是其方差而是二阶矩.

基于之前介绍的各种工具，命题 2.14 的证明是直接的.

证明　定义函数

$$h(u):=2\,\frac{\mathrm{e}^u-u-1}{u^2}=2\sum_{k=2}^{\infty}\frac{u^{k-2}}{k!}$$

我们可以得到展开式

$$\mathbb{E}[\mathrm{e}^{\lambda X}]=1+\lambda\mathbb{E}[X]+\frac{1}{2}\lambda^2\mathbb{E}[X^2h(\lambda X)]$$

注意到对任意的 $x<0$，$x'\in[0,b]$和 $\lambda>0$，我们有

$$h(\lambda x)\leqslant h(0)\leqslant h(\lambda x')\leqslant h(\lambda b)$$

根据条件 $X\leqslant b$，a. s.，我们可以得到 $\mathbb{E}[X^2h(\lambda X)]\leqslant\mathbb{E}[X^2]h(\lambda b)$，因此

$$\begin{aligned}\mathbb{E}[\mathrm{e}^{\lambda(X-\mathbb{E}[X])}]&\leqslant\mathrm{e}^{-\lambda\mathbb{E}[X]}\left\{1+\lambda\mathbb{E}[X]+\frac{1}{2}\lambda^2\mathbb{E}[X^2]h(\lambda b)\right\}\\&\leqslant\exp\left\{\frac{\lambda^2\mathbb{E}[X^2]}{2}h(\lambda b)\right\}\end{aligned}$$

因此，只要证明 $\lambda b<3$ 时，$h(\lambda b)<\left(1-\frac{\lambda b}{3}\right)^{-1}$ 成立，我们就能得到(2.22a)的结果. 注意

$k \geqslant 2$ 时，$k! \geqslant 2(3^{k-2})$，由此可得

$$h(\lambda b) = 2\sum_{k=2}^{\infty} \frac{(\lambda b)^{k-2}}{k!} \leqslant \sum_{k=2}^{\infty} \left(\frac{\lambda b}{3}\right)^{k-2} = \frac{1}{1-\frac{\lambda b}{3}}$$

其中条件$\frac{\lambda b}{3} \in [0, 1)$保证了级数的收敛性.

为了证明上尾部界(2.22b)，我们应用 Chernoff 界，利用独立性分别得到矩母函数界(2.22a)，我们就能得到

$$\mathbb{P}\left[\sum_{i=1}^{n}(X_i - \mathbb{E}[X_i]) \geqslant n\delta\right] \leqslant \exp\left(-\lambda n\delta + \frac{\frac{\lambda^2}{2}\sum_{i=1}^{n}\mathbb{E}[X_i^2]}{1-\frac{b\lambda}{3}}\right), \quad \text{对于 } b\lambda \in [0, 3) \text{成立.}$$

再令

$$\lambda = \frac{n\delta}{\sum_{i=1}^{n}\mathbb{E}[X_i^2] + \frac{n\delta b}{3}} \in [0, 3/b)$$

化简即得结论. □

2.2　基于鞅的方法

到目前为止，我们使用的技巧可以得到独立随机变量和的很多不同类型的概率界. 在许多问题中，所需要的是随机变量的更一般函数的不等式界，而解决这类问题的一种经典技巧是鞅的分解. 在本节中，我们会给出一些方法和例子. 我们的叙述会很简洁，因此如果读者需要深入了解这一方面的内容，可以参考本文列举的参考文献.

2.2.1　背景

我们从一个与推导尾部概率界尤为相关的特别鞅序列开始. 令$\{X_k\}_{k=1}^{n}$为一列独立随机变量，对于函数 f：$\mathbb{R}^n \to \mathbb{R}$，考虑随机变量 $f(X) = f(X_1, \cdots, X_n)$. 假设我们的目标是研究函数 f 与其均值之间偏差的概率界. 为此我们考虑随机变量序列 $Y_0 = \mathbb{E}[f(X)]$，$Y_n = f(X)$以及

$$Y_k = \mathbb{E}[f(X) \mid X_1, \cdots, X_k] \quad \text{对于 } k = 1, \cdots, n-1 \tag{2.24}$$

这里我们假定上式中的所有条件期望都是存在的. 注意到 Y_0 是常数，随机变量 Y_k 随着 k 的增大波动性会越来越大. 基于这种直观印象，通过鞅方法来得到尾部概率不等式是基于下面的伸缩分解：

$$f(X) - \mathbb{E}[f(X)] = Y_n - Y_0 = \sum_{k=1}^{n}\underbrace{(Y_k - Y_{k-1})}_{D_k}$$

将偏差 $f(X) - \mathbb{E}[f(X)]$表示成了一串增量$\{D_k\}_{k=1}^{n}$的和. 我们可以看到，序列$\{Y_k\}_{k=1}^{n}$是一个鞅序列，称为 Doob 鞅，而$\{D_k\}_{k=1}^{n}$则是一个鞅差序列.

以此为例，我们给出鞅序列的一般定义. 令$\{\mathcal{F}_k\}_{k=1}^{\infty}$为一列非降的 σ 域，即对于所有

$k \geqslant 1$ 有 $\mathcal{F}_k \subseteq \mathcal{F}_{k+1}$；这样的序列称为域流. 在上面所说的 Doob 鞅中，由前 k 个随机变量生成的 σ 代数 $\sigma(X_1, \cdots, X_k)$ 就是 $\mathcal{F}_k$. 令 $\{Y_k\}_{k=1}^{\infty}$ 为一随机变量序列，其中 Y_k 在 σ 代数 $\mathcal{F}_k$ 上可测. 在这种情形下，我们称 $\{Y_k\}_{k=1}^{\infty}$ 适应于域流 $\{\mathcal{F}_k\}_{k=1}^{\infty}$. 在 Doob 鞅中，随机变量 Y_k 是 $(X_1, \cdots, X_k)$ 的可测函数，适应于 σ 代数对应的域流. 现在我们可以来定义一般的鞅.

定义 2.15　给定一个适应于域流 $\{\mathcal{F}_k\}_{k=1}^{\infty}$ 的随机变量序列 $\{Y_k\}_{k=1}^{\infty}$，如果对任意的 $k \geqslant 1$，下式

$$\mathbb{E}[|Y_k|] < \infty \text{ 和 } \mathbb{E}[Y_{k+1} \mid \mathcal{F}_k] = Y_k \tag{2.25}$$

成立，那么称 $\{(Y_k, \mathcal{F}_k)\}_{k=1}^{\infty}$ 是一个鞅.

常见的情形是域流由随机变量序列 $\{X_k\}_{k=1}^{\infty}$ 对应的 σ 代数 $\mathcal{F}_k := \sigma(X_1, \cdots, X_k)$ 所定义. 此时，我们称 $\{Y_k\}_{k=1}^{\infty}$ 是关于 $\{X_k\}_{k=1}^{\infty}$ 的鞅序列. Doob 构造就是一个这样的鞅序列. 如果一个序列是关于自身的鞅序列(即 $\mathcal{F}_k = \sigma(Y_1, \cdots, Y_k)$)，我们可以简单地称 $\{Y_k\}_{k=1}^{\infty}$ 是一个鞅序列.

下面我们来给出几个例子.

例 2.16(部分和构成的鞅)　最简单的鞅例子可能就是考虑独立同分布随机变量序列的部分和. 令 $\{X_k\}_{k=1}^{\infty}$ 为均值为 μ 的独立同分布随机变量序列，并定义部分和 $S_k := \sum_{j=1}^{k} X_j$. 令 $\mathcal{F}_k = \sigma(X_1, \cdots, X_k)$，那么随机变量 S_k 在 $\mathcal{F}_k$ 上可测，此外

$$\begin{aligned}\mathbb{E}[S_{k+1} \mid \mathcal{F}_k] &= \mathbb{E}[X_{k+1} + S_k \mid X_1, \cdots, X_k] \\ &= \mathbb{E}[X_{k+1}] + S_k \\ &= \mu + S_k\end{aligned}$$

这里我们用到了 X_{k+1} 与 $X_1^k := (X_1, \cdots, X_k)$ 独立的事实，并且 S_k 是 X_1^k 的函数. 因此，除非 $\mu = 0$，否则，$\{S_k\}_{k=1}^{\infty}$ 本身不是鞅，中心化后的随机变量 $Y_k := S_k - k\mu\,(k \geqslant 1)$ 定义了一个关于 $\{X_k\}_{k=1}^{\infty}$ 的鞅. ♣

下面我们来验证 Doob 构造确实是一个鞅，只要函数 f 是绝对可积的.

例 2.17(Doob 构造)　给定一列独立随机变量 $\{X_k\}_{k=1}^{n}$，假设 $\mathbb{E}[|f(X)|] < \infty$，并沿用之前的定义 $Y_k = \mathbb{E}[f(X) \mid X_1, \cdots, X_k]$. 我们断言 $\{Y_k\}_{k=0}^{n}$ 是一个关于 $\{X_k\}_{k=1}^{n}$ 的鞅. 事实上，若记 $X_1^k = (X_1, X_2, \cdots, X_k)$，我们有

$$\mathbb{E}[|Y_k|] = \mathbb{E}[|\mathbb{E}[f(X) \mid X_1^k]|] \leqslant \mathbb{E}[|f(X)|] < \infty$$

其中的不等号是基于 Jensen 不等式. 对于第二个性质，我们有

$$\mathbb{E}[Y_{k+1} \mid X_1^k] = \mathbb{E}[\mathbb{E}[f(X) \mid X_1^{k+1}] \mid X_1^k] \overset{\text{(i)}}{=} \mathbb{E}[f(X) \mid X_1^k] = Y_k$$

其中步骤(i)是条件期望的性质. ♣

下面的鞅在分析序贯假设检验的停止准则时非常重要.

例 2.18(似然比)　令 f 和 g 为两个绝对连续的密度函数，并令 $\{X_k\}_{k=1}^{\infty}$ 为一列来自密

度函数 f 的独立同分布随机变量. 对每一个 $k\geqslant 1$，令 $Y_k:=\prod_{\ell=1}^{k}\frac{g(X_\ell)}{f(X_\ell)}$ 为前 k 个样本的似然比. 那么序列 $\{Y_k\}_{k=1}^{\infty}$ 是关于 $\{X_k\}_{k=1}^{\infty}$ 的鞅. 事实上，我们有

$$\mathbb{E}[Y_{n+1}\mid X_1,\cdots,X_n]=\mathbb{E}\left[\frac{g(X_{n+1})}{f(X_{n+1})}\right]\prod_{k=1}^{n}\frac{g(X_k)}{f(X_k)}=Y_n$$

其中利用了 $\mathbb{E}\left[\frac{g(X_{n+1})}{f(X_{n+1})}\right]=1$ 这一事实. ♣

一个密切相关的概念是*鞅差序列*，表示一个适应序列 $\{(D_k,\mathcal{F}_k)\}_{k=1}^{\infty}$ 对任意的 $k\geqslant 1$ 满足

$$\mathbb{E}[|D_k|]<\infty \quad 和 \quad \mathbb{E}[D_{k+1}\mid\mathcal{F}_k]=0 \tag{2.26}$$

顾名思义，这样的差分序列可以很自然地由一个鞅得到. 事实上，给定一个鞅 $\{(Y_k,\mathcal{F}_k)\}_{k=0}^{\infty}$，并对 $k\geqslant 1$ 定义 $D_k=Y_k-Y_{k-1}$. 我们就有

$$\begin{aligned}\mathbb{E}[D_{k+1}\mid\mathcal{F}_k]&=\mathbb{E}[Y_{k+1}\mid\mathcal{F}_k]-\mathbb{E}[Y_k\mid\mathcal{F}_k]\\&=\mathbb{E}[Y_{k+1}\mid\mathcal{F}_k]-Y_k=0\end{aligned}$$

这里利用了鞅的性质(2.25)和 Y_k 关于 $\mathcal{F}_k$ 可测的事实. 那么，对任意的鞅序列 $\{Y_k\}_{k=0}^{\infty}$，我们就有其伸缩分解

$$Y_n-Y_0=\sum_{k=1}^{n}D_k \tag{2.27}$$

其中 $\{D_k\}_{k=1}^{\infty}$ 是一个鞅差序列. 这个分解在我们后续对集中不等式的推导中起关键作用.

2.2.2 鞅差序列的集中度界

现在我们来讨论鞅的集中不等式. 这些不等式可以用两种形式来看：或者看成差 Y_n-Y_0 的形式，或者看成对应的鞅差序列的和 $\sum_{k=1}^{n}D_k$ 的形式. 在本节中，我们主要给出有关鞅差的不等式结果，而这些界在鞅序列上能得到直接的结论. 我们尤其关注的是例 2.17 中所讨论的 Doob 鞅，可以用它来控制一个函数与其期望之间的偏差.

我们首先通过在鞅差系列上加上次指数条件，给出并证明一个一般的鞅差序列的 Bernstein 型不等式界.

定理 2.19 令 $\{(D_k,\mathcal{F}_k)\}_{k=1}^{\infty}$ 为一个鞅差序列，并假设对任意的 $|\lambda|<1/\alpha_k$，a.s. 地有 $\mathbb{E}[e^{\lambda D_k}\mid\mathcal{F}_{k-1}]\leqslant e^{\lambda^2\nu_k^2/2}$. 那么下面的结论成立：

(a) 和式 $\sum_{k=1}^{n}D_k$ 是参数为 $\left(\sqrt{\sum_{k=1}^{n}\nu_k^2},\ \alpha_*\right)$ 的次指数随机变量，其中

$$\alpha_*:=\max_{k=1,\cdots,n}\alpha_k$$

(b) 和式满足集中不等式

$$\mathbb{P}\left[\left|\sum_{k=1}^{n} D_k\right| \geqslant t\right] \leqslant \begin{cases} 2\mathrm{e}^{-\frac{t^2}{2\sum_{k=1}^{n}\nu_k^2}} & \text{如果 } 0 \leqslant t \leqslant \dfrac{\sum_{k=1}^{n}\nu_k^2}{\alpha_*} \\ 2\mathrm{e}^{-\frac{t}{2\alpha_*}} & \text{如果 } t > \dfrac{\sum_{k=1}^{n}\nu_k^2}{\alpha_*} \end{cases} \tag{2.28}$$

证明 我们还是沿用控制 $\sum_{k=1}^{n} D_k$ 矩母函数的标准方法，然后再运用 Chernoff 界来证明结论. 对任意满足条件 $|\lambda| < \frac{1}{\alpha_*}$ 的标量 λ，在 $\mathcal{F}_{n-1}$ 下求条件期望，可得

$$\begin{aligned} \mathbb{E}\left[\mathrm{e}^{\lambda\left(\sum_{k=1}^{n} D_k\right)}\right] &= \mathbb{E}\left[\mathrm{e}^{\lambda\left(\sum_{k=1}^{n-1} D_k\right)} \mathbb{E}[\mathrm{e}^{\lambda D_n} \mid \mathcal{F}_{n-1}]\right] \\ &\leqslant \mathbb{E}\left[\mathrm{e}^{\lambda\sum_{k=1}^{n-1} D_k}\right]\mathrm{e}^{\lambda^2\nu_n^2/2} \end{aligned} \tag{2.29}$$

其中不等式的成立由条件中对 D_n 的假设所得. 循环迭代这一个过程，我们就能得到对任意的 $|\lambda| < \frac{1}{\alpha_*}$，$\mathbb{E}\left[\mathrm{e}^{\lambda\sum_{k=1}^{n} D_k}\right] \leqslant \mathrm{e}^{\lambda^2\sum_{k=1}^{n}\nu_k^2/2}$. 根据定义，我们就能得到和式 $\sum_{k=1}^{n} D_k$ 是参数为 $\left(\sqrt{\sum_{k=1}^{n}\nu_k^2},\ \alpha_*\right)$ 的次指数随机变量. 其中的集中不等式(2.28)则是由命题 2.9 得到的. □

为了使定理 2.19 能在实际中应用，我们需要给出一些充分且容易验证的条件来保证差 D_k 几乎必然是次指数的(或是次高斯的，若 $\alpha=0$). 如之前所讨论的，有界随机变量是次高斯的，因此我们可以得到下面的推论.

推论 2.20(Azuma-Hoeffding) 令$(\{(D_k,\mathcal{F}_k)\}_{k=1}^{\infty})$为一个鞅差序列，满足对所有的 $k=1,\cdots,n$，存在常数$\{(a_k,b_k)\}_{k=1}^{n}$，使得 $D_k\in[a_k,b_k]$a. s.. 那么，对任意的 $t\geqslant 0$，

$$\mathbb{P}\left[\left|\sum_{k=1}^{n} D_k\right| \geqslant t\right] \leqslant 2\mathrm{e}^{-\frac{2t^2}{\sum_{k=1}^{n}(b_k-a_k)^2}} \tag{2.30}$$

证明 回忆定理 2.19 证明中的分解式(2.29)，从证明思路上来看，只需证明对所有的 $k=1,\cdots,n$，$\mathbb{E}[\mathrm{e}^{\lambda D_k} \mid \mathcal{F}_{k-1}] \leqslant \mathrm{e}^{\lambda^2(b_k-a_k)^2/8}$，a. s.. 由于 $D_k\in[a_k,b_k]$，a. s.，那么条件随机变量$(D_k \mid \mathcal{F}_{k-1})$同样几乎必然落在这个区间里，因此根据习题 2.4 的结论，它是参数为 $\sigma=(b_k-a_k)/2$ 的次高斯随机变量. □

推论 2.20 的一个重要应用是研究那些满足差有界性质的函数. 为了方便起见，我们引

入下面的记号. 给定向量 $\boldsymbol{x}$，$\boldsymbol{x}'\in\mathbb{R}^n$ 和一个指标 $k\in\{1,2,\cdots,n\}$，定义新的向量 $\boldsymbol{x}^{\setminus k}\in\mathbb{R}^n$

$$x_j^{\setminus k}:=\begin{cases}x_j & \text{如果 } j\neq k\\ x_k' & \text{如果 } j=k\end{cases} \tag{2.31}$$

基于这个记号，我们称 f：$\mathbb{R}^n\to\mathbb{R}$ 满足参数为 $(L_1,\cdots,L_n)$ 的有界差不等式，如果对任意的指标 $k=1,2,\cdots,n$

$$|f(\boldsymbol{x})-f(\boldsymbol{x}^{\setminus k})|\leqslant L_k \quad \text{对于所有 } \boldsymbol{x},\boldsymbol{x}'\in\mathbb{R}^n \tag{2.32}$$

例如，如果函数 f 是对应于 Hamming 范数 $d_{\mathrm{H}}(\boldsymbol{x},\boldsymbol{y})=\sum_{i=1}^n\mathbb{I}[x_i\neq y_i]$（即 $\boldsymbol{x}$ 和 $\boldsymbol{y}$ 不相等的位置数）的 L-Lipschitz 函数，那么对所有的坐标分量一致有参数为 L 的有界差不等式.

推论 2.21（有界差不等式） 假设 f 满足差的有界性(2.32)，其中参数为 $(L_1,\cdots,L_n)$. 同时假设随机向量 $\boldsymbol{X}=(X_1,X_2,\cdots,X_n)$ 有独立的分量. 那么

$$\mathbb{P}[|f(\boldsymbol{X})-\mathbb{E}[f(\boldsymbol{X})]|\geqslant t]\leqslant 2\mathrm{e}^{-\frac{2t^2}{\sum_{k=1}^n L_k^2}} \quad \text{对于所有 } t\geqslant 0 \tag{2.33}$$

证明 回顾在例 2.17 中介绍的 Doob 鞅，考虑与之对应的鞅差序列

$$D_k=\mathbb{E}[f(\boldsymbol{X})\mid X_1,\cdots,X_k]-\mathbb{E}[f(\boldsymbol{X})\mid X_1,\cdots,X_{k-1}] \tag{2.34}$$

我们断言 D_k 几乎必然落在一个长度至多为 L_k 的区间里. 为了证明这一点，定义随机变量

$$A_k:=\inf_x\mathbb{E}[f(\boldsymbol{X})\mid X_1,\cdots,X_{k-1},x]-\mathbb{E}[f(\boldsymbol{X})\mid X_1,\cdots,X_{k-1}]$$

和

$$B_k:=\sup_x\mathbb{E}[f(\boldsymbol{X})\mid X_1,\cdots,X_{k-1},x]-\mathbb{E}[f(\boldsymbol{X})\mid X_1,\cdots,X_{k-1}]$$

我们有

$$D_k-A_k=\mathbb{E}[f(\boldsymbol{X})\mid X_1,\cdots,X_k]-\inf_x\mathbb{E}[f(\boldsymbol{X})\mid X_1,\cdots,X_{k-1},x]$$

那么 $D_k\geqslant A_k$，a. s.. 同理可得 $D_k\leqslant B_k$，a. s..

我们现在需要证明 $B_k-A_k\leqslant L_k$，a. s.. 注意到由 $\{X_k\}_{k=1}^n$ 的独立性，有

$$\mathbb{E}[f(X)\mid x_1,\cdots,x_k]=\mathbb{E}_{k+1}[f(x_1,\cdots,x_k,X_{k+1}^n)] \quad \text{对于任意向量}(x_1,\cdots,x_k),$$

其中 $\mathbb{E}_{k+1}$ 表示对 $X_{k+1}^n:=(X_{k+1},\cdots,X_n)$ 求期望. 由此我们可以得到

$$\begin{aligned}B_k-A_k&=\sup_x\mathbb{E}_{k+1}[f(X_1,\cdots,X_{k-1},x,X_{k+1}^n)]-\inf_x\mathbb{E}_{k+1}[f(X_1,\cdots,X_{k-1},x,X_{k+1}^n)]\\&\leqslant\sup_{x,y}|\mathbb{E}_{k+1}[f(X_1,\cdots,X_{k-1},x,X_{k+1}^n)-f(X_1,\cdots,X_{k-1},y,X_{k+1}^n)]|\\&\leqslant L_k\end{aligned}$$

其中的不等号用到了有界差的假设条件. 因此，随机变量 D_k 几乎必然落在一个长度为 L_k 的区间内. 因此由 Azuma-Hoeffding 不等式的结论，推论成立. □

注：在 f 是基于 Hamming 范数的 L-Lipschitz 函数的特殊情形下，推论 2.21 可以推出

$$\mathbb{P}[|f(X)-\mathbb{E}[f(X)]|\geqslant t]\leqslant 2\mathrm{e}^{-\frac{2t^2}{nL^2}} \quad 对于所有\ t\geqslant 0 \tag{2.35}$$

下面我们来考虑一些例子.

例 2.22(有界差经典 Hoeffding)　作为一个热身，我们先来看看对有界随机变量(即 $X_i\in[a,b]$ a.s.)的经典 Hoeffding 界(2.11)，这也是界(2.35)的直接推论. 考虑函数 $f(x_1,\cdots,x_n)=\sum_{i=1}^{n}(x_i-\mu_i)$，其中 $\mu_i=\mathbb{E}[X_i]$为第 i 个随机变量的均值. 对任意的指标 $k\in\{1,\cdots,n\}$，我们有

$$\begin{aligned}|f(\boldsymbol{x})-f(\boldsymbol{x}^{\backslash k})|&=|(x_k-\mu_k)-(x_k'-\mu_k)|\\&=|x_k-x_k'|\leqslant b-a\end{aligned}$$

这说明 f 满足有界差不等式，在每个分量上对应的参数为 $L=b-a$. 因此，它满足有界差不等式给出的界(2.35)

$$\mathbb{P}\left[\left|\sum_{i=1}^{n}(X_i-\mu_i)\right|\geqslant t\right]\leqslant 2\mathrm{e}^{-\frac{2t^2}{n(b-a)^2}}$$

这就是独立随机变量的经典 Hoeffding 不等式界.　♣

U 统计量经常出现在各种统计问题中，下面我们来讨论这类统计量的集中度性质.

例 2.23(U 统计量)　令 $g:\mathbb{R}^2\to\mathbb{R}$ 为一个关于两个自变量对称的函数. 给定一列独立同分布的随机变量 $X_k(k\geqslant 1)$，统计量

$$U:=\frac{1}{\binom{n}{2}}\sum_{j<k}g(X_j,X_k) \tag{2.36}$$

被称为 U 统计量. 例如，如果 $g(s,t)=|s-t|$，那么 U 就是绝对偏差期望 $\mathbb{E}[|X_1-X_2|]$ 的无偏估计. 注意，当 U 不是一个独立随机变量的和时，U 统计量中变量之间相关性相对较弱，这可由鞅分析得出. 如果 g 有界(即 $\|g\|_\infty\leqslant b$)，那么推论 2.21 就可以用来导出 U 在其均值附近的集中不等式. 把 U 看成一个函数 $f(\boldsymbol{x})=f(x_1,\cdots,x_n)$，对任意给定的 k，我们有

$$\begin{aligned}|f(\boldsymbol{x})-f(\boldsymbol{x}^{\backslash k})|&\leqslant\frac{1}{\binom{n}{2}}\sum_{j\neq k}|g(x_j,x_k)-g(x_j,x_k')|\\&\leqslant\frac{(n-1)(2b)}{\binom{n}{2}}=\frac{4b}{n}\end{aligned}$$

有界差性质成立，其中每个坐标对应参数为 $L_k=\frac{4b}{n}$. 因此，我们有

$$\mathbb{P}[|U-\mathbb{E}[U]|\geqslant t]\leqslant 2\mathrm{e}^{-\frac{nt^2}{8b^2}}$$

这个尾部不等式保证了 U 是 $\mathbb{E}[U]$的相合估计，而且给出了有限样本作为估计量的误差界. 类似地，如果求和对象是 k 元函数，同样的技术可以得到高阶 U 统计量的尾部不等式.　♣

鞅和有界差性质在随机图以及其他随机组合结构的分析中同样有重要作用.

例 2.24(随机图中的集团数)　无向图 $G=(V,E)$ 由顶点集 $V=\{1,\cdots,d\}$ 和边集 E 组成，其中每条边 $e=(i,j)$ 表示两个不同顶点 $(i\neq j)$ 之间的一条无序边. 一个图的集团 C 是顶点集的子集，其中对于任意 i，$j\in C$ 都有 $(i,j)\in E$. 图 G 的集团数 $C(G)$ 是指图 G 最大集团中所包含的顶点数(注意 $C(G)\in[1,d]$). 当图的边集 E 是由一些随机过程生成时，集团数 $C(G)$ 也是一个随机变量，我们就可以研究其在均值 $\mathbb{E}[C(G)]$ 附近的集中度.

Erdös-Rényi 总体是随机图中最常用的一个模型. 它由一个参数 $p\in(0,1)$ 定义，所有 $\binom{d}{2}$ 条边中每条边 (i,j) 被包含在图 G 里的概率都是 p. 对每一对 $i<j$，引入参数为 p 的 Bernoulli 边示性随机变量 X_{ij}，其中 $X_{ij}=1$ 表示边 (i,j) 包含在图内，$X_{ij}=0$ 表示边不在图内.

注意 $\binom{d}{2}$ 维随机向量 $\boldsymbol{Z}:=\{X_{ij}\}_{i<j}$ 定义了边集，因此，我们可以把集团数 $C(G)$ 看成一个函数 $\boldsymbol{Z}\mapsto f(\boldsymbol{Z})$. 记 $\boldsymbol{Z}'$ 为改变 $\boldsymbol{Z}$ 的其中一个分量之后的向量，令 G' 和 G 为对应的图. 注意到 $C(G')$ 和 $C(G)$ 至多差 1，因此 $|f(\boldsymbol{Z}')-f(\boldsymbol{Z})|\leqslant 1$. 因此，函数 $C(G)=f(\boldsymbol{Z})$ 满足参数为 $L=1$ 的有界差条件，所以有

$$\mathbb{P}\left[\frac{1}{n}|C(G)-\mathbb{E}[C(G)]|\geqslant\delta\right]\leqslant 2\mathrm{e}^{-2n\delta^2}.$$

因此，我们可以看到 Erdös-Rényi 随机图的集团数是在其均值附近高度集中的. ♣

最后，我们来看看 Rademacher 复杂度的集中度，这个定义将在第 4 章和第 5 章中起关键作用.

例 2.25(Rademacher 复杂度)　令 $\{\varepsilon_k\}_{k=1}^n$ 为一个独立同分布的 Rademacher 随机变量序列(即如例 2.3 所示，等概率取值为 $\{-1,+1\}$ 的随机变量). 给定一个向量集合 $\mathcal{A}\subset\mathbb{R}^n$，定义随机变量[⊖]

$$Z:=\sup_{a\in\mathcal{A}}\left[\sum_{k=1}^n a_k\varepsilon_k\right]=\sup_{a\in\mathcal{A}}[\langle\boldsymbol{a},\boldsymbol{\varepsilon}\rangle] \tag{2.37}$$

这个随机变量 Z 从某种意义上度量了 $\mathcal{A}$ 的大小，而其期望 $\mathcal{R}(\mathcal{A}):=\mathbb{E}[Z(\mathcal{A})]$ 被称为集合 $\mathcal{A}$ 的 Rademacher 复杂度.

推论 2.21 可以用来说明 $Z(\mathcal{A})$ 是次高斯的. 把 $Z(\mathcal{A})$ 看成一个函数 $(\varepsilon_1,\cdots,\varepsilon_n)\mapsto f(\varepsilon_1,\cdots,\varepsilon_n)$，我们需要控制第 k 个分量变化时函数的最大变化值. 给定两个 Rademacher 向量 $\boldsymbol{\varepsilon}$，$\boldsymbol{\varepsilon}'\in\{-1,+1\}^n$，回顾 2.31 中定义的向量 $\boldsymbol{\varepsilon}^{\backslash k}$. 由于 $f(\boldsymbol{\varepsilon}^{\backslash k})\geqslant\langle\boldsymbol{a},\boldsymbol{\varepsilon}^{\backslash k}\rangle$，$\forall\boldsymbol{a}\in\mathcal{A}$，我们有

$$\langle\boldsymbol{a},\boldsymbol{\varepsilon}\rangle-f(\boldsymbol{\varepsilon}^{\backslash k})\leqslant\langle\boldsymbol{a},\boldsymbol{\varepsilon}-\boldsymbol{\varepsilon}^{\backslash k}\rangle=a_k(\varepsilon_k-\varepsilon_k')\leqslant 2|a_k|$$

两边同时在 $\mathcal{A}$ 上取最大值，得到不等式

$$f(\boldsymbol{\varepsilon})-f(\boldsymbol{\varepsilon}^{\backslash k})\leqslant 2\sup_{a\in\mathcal{A}}|a_k|$$

⊖　如果读者要考察其可测性，参见第 4 章参考文献.

交换 $\boldsymbol{\varepsilon}$ 和 $\boldsymbol{\varepsilon}^{\backslash k}$ 可得同样的结论，因此我们证明了 f 满足有界差不等式，其第 k 个分量对应的参数为 $2\sup_{a\in\mathcal{A}}|a_k|$. 相应地，推论 2.21 可以保证随机变量 $Z(\mathcal{A})$是次高斯的，其参数至多为 $2\sqrt{\sum_{k=1}^{n}\sup_{a\in\mathcal{A}}a_k^2}$. 如果用其他技巧的话，这个次高斯参数可以缩小(可能非常小)到 $\sqrt{\sup_{a\in\mathcal{A}}\sum_{k=1}^{n}a_k^2}$ ；详情可见第 3 章的例 3.5. ♣

2.3　高斯随机变量的 Lipschitz 函数

我们用经典的高斯随机变量的 Lipschitz 函数的集中不等式来结束本章. 这些函数有一个非常有用的性质：集中度与维数无关. 我们说一个函数 f：$\mathbb{R}^n\to\mathbb{R}$ 在欧几里得范数 $\|\cdot\|_2$ 意义下是 L-Lipschitz 的，如果

$$|f(\boldsymbol{x})-f(\boldsymbol{y})|\leqslant L\|\boldsymbol{x}-\boldsymbol{y}\|_2 \quad \text{对于所有 } \boldsymbol{x},\boldsymbol{y}\in\mathbb{R}^n \tag{2.38}$$

下面的结果保证了所有这样的函数都是次高斯的，且参数最大为 L.

定理 2.26　令$(X_1,\cdots,X_n)$是由独立同分布的标准正态随机变量生成的向量，函数 f：$\mathbb{R}^n\to\mathbb{R}$ 是一个在欧几里得范数意义下的 L-Lipschitz 函数. 那么随机变量 $f(\boldsymbol{X})-\mathbb{E}[f(\boldsymbol{X})]$是参数至多为 L 的次高斯随机变量，而且

$$\mathbb{P}[|f(\boldsymbol{X})-\mathbb{E}[f(\boldsymbol{X})]|\geqslant t]\leqslant 2\mathrm{e}^{-\frac{t^2}{2L^2}} \quad \text{对于所有 } t\geqslant 0 \tag{2.39}$$

注意这个结果是非常有意义的：它保证了对一个标准正态随机向量的任意 L-Lipschitz 函数，无论其维数如何，其集中度的表现跟一元的方差为 L^2 的正态随机变量相似.

证明　为了使证明尽可能简洁，我们这里证明一个相对较弱的版本，放宽了(2.39)中指数上的常数(更好界的理论证明见参考文献). 同样地，我们只证明了函数是 Lipschitz 且可微时的情形；由于任意的 Lipschitz 函数都是几乎处处可微的[⊖]，这一结论可以很容易推广到一般情形. 对一个可微函数，Lipschitz 性质保证了 $\|\nabla f(\boldsymbol{x})\|_2\leqslant L$， $\forall\,\boldsymbol{x}\in\mathbb{R}^n$. 为了证明这种情形下的定理，我们首先给出一个辅助性的引理.

引理 2.27　假设函数 f：$\mathbb{R}^n\to\mathbb{R}$ 可微. 那么对任意凸函数 ϕ：$\mathbb{R}\to\mathbb{R}$，有

$$\mathbb{E}[\phi(f(\boldsymbol{X})-\mathbb{E}[f(\boldsymbol{X})])]\leqslant\mathbb{E}\left[\phi\left(\frac{\pi}{2}\langle\nabla f(\boldsymbol{X}),\boldsymbol{Y}\rangle\right)\right] \tag{2.40}$$

其中 $\boldsymbol{X}$，$\boldsymbol{Y}\sim\mathcal{N}(0,\boldsymbol{I}_n)$是独立的标准多元正态向量.

下面用这个引理来证明定理. 对任意固定的$\lambda\in\mathbb{R}$，对凸函数 $t\mapsto\mathrm{e}^{\lambda t}$ 运用不等式(2.40)可得

⊖ 这个事实是 Rademacher 定理的结论.

$$\mathbb{E}_{\boldsymbol{X}}[\exp(\lambda\{f(\boldsymbol{X})-\mathbb{E}[f(\boldsymbol{X})]\})]\leqslant\mathbb{E}_{\boldsymbol{X},\boldsymbol{Y}}\left[\exp\left(\frac{\lambda\pi}{2}\langle\boldsymbol{Y},\nabla f(\boldsymbol{X})\rangle\right)\right]$$
$$=\mathbb{E}_{\boldsymbol{X}}\left[\exp\left(\frac{\lambda^2\pi^2}{8}\|\nabla f(\boldsymbol{X})\|_2^2\right)\right]$$

这里我们利用了 $\boldsymbol{X}$ 和 $\boldsymbol{Y}$ 的独立性，先计算对 $\boldsymbol{Y}$ 的期望，这时 $\langle\boldsymbol{Y},\nabla f(\boldsymbol{x})\rangle$ 是均值为 0，方差为 $\|\nabla f(\boldsymbol{x})\|_2^2$ 的正态随机变量. 再由 f 满足的 Lipschitz 条件，我们有 $\|\nabla f(\boldsymbol{x})\|_2\leqslant L$，$\forall\boldsymbol{x}\in\mathbb{R}^n$，由此可得

$$\mathbb{E}[\exp(\lambda\{f(\boldsymbol{X})-\mathbb{E}[f(\boldsymbol{X})]\})]\leqslant e^{\frac{1}{8}\lambda^2\pi^2L^2}$$

这表明 $f(\boldsymbol{X})-\mathbb{E}[f(\boldsymbol{X})]$ 是参数至多为 $\frac{\pi L}{2}$ 的次高斯随机变量. 因此直接由命题 2.5 可得尾部不等式：

$$\mathbb{P}[|f(\boldsymbol{X})-\mathbb{E}[f(\boldsymbol{X})]|\geqslant t]\leqslant 2\exp\left(-\frac{2t^2}{\pi^2L^2}\right)\quad\text{对于所有 } t\geqslant 0$$

剩下的还需要证明引理 2.27，为此我们这里使用一个经典的插值方法，这一方法充分利用了正态分布的旋转不变性. 对任意的 $\theta\in[0,\pi/2]$，考虑随机向量 $\boldsymbol{Z}(\theta)\in\mathbb{R}^n$，其中每个分量为

$$Z_k(\theta):=X_k\sin\theta+Y_k\cos\theta\quad\text{对于 } k=1,2,\cdots,n$$

根据 ϕ 的凸性，有

$$\mathbb{E}_X[\phi(f(\boldsymbol{X})-\mathbb{E}_Y[f(\boldsymbol{Y})])]\leqslant\mathbb{E}_{\boldsymbol{X},\boldsymbol{Y}}[\phi(f(\boldsymbol{X})-f(\boldsymbol{Y}))]\tag{2.41}$$

由于 $Z_k(0)=Y_k$ 和 $Z_k(\pi/2)=X_k$ 对任意的 $k=1,\cdots,n$ 成立，我们有

$$f(\boldsymbol{X})-f(\boldsymbol{Y})=\int_0^{\pi/2}\frac{\mathrm{d}}{\mathrm{d}\theta}f(\boldsymbol{Z}(\theta))\mathrm{d}\theta=\int_0^{\pi/2}\langle\nabla f(\boldsymbol{Z}(\theta)),\boldsymbol{Z}'(\theta)\rangle\mathrm{d}\theta\tag{2.42}$$

其中 $\boldsymbol{Z}'(\theta)\in\mathbb{R}^n$ 表示对向量的每个元素求导，即 $Z'_k(\theta)=X_k\cos\theta-Y_k\sin\theta$. 把积分式(2.42)代入之前的不等式(2.41)中可得

$$\begin{aligned}\mathbb{E}_{\boldsymbol{X}}[\phi(f(\boldsymbol{X})-\mathbb{E}_Y[f(\boldsymbol{Y})])]&\leqslant\mathbb{E}_{\boldsymbol{X},\boldsymbol{Y}}\left[\phi\left(\int_0^{\pi/2}\langle\nabla f(\boldsymbol{Z}(\theta)),\boldsymbol{Z}'(\theta)\rangle\mathrm{d}\theta\right)\right]\\&=\mathbb{E}_{\boldsymbol{X},\boldsymbol{Y}}\left[\phi\left(\frac{1}{\pi/2}\int_0^{\pi/2}\frac{\pi}{2}\langle\nabla f(\boldsymbol{Z}(\theta)),\boldsymbol{Z}'(\theta)\rangle\mathrm{d}\theta\right)\right]\\&\leqslant\frac{1}{\pi/2}\int_0^{\pi/2}\mathbb{E}_{\boldsymbol{X},\boldsymbol{Y}}\left[\phi\left(\frac{\pi}{2}\langle\nabla f(\boldsymbol{Z}(\theta)),\boldsymbol{Z}'(\theta)\rangle\right)\right]\mathrm{d}\theta\end{aligned}\tag{2.43}$$

其中最后一步再次运用了 ϕ 的凸性. 根据正态分布的旋转不变性，对任意的 $\theta\in[0,\pi/2]$，二元随机变量 $(Z_k(\theta),Z'_k(\theta))$ 满足均值为 $\boldsymbol{0}$，协方差为 $\boldsymbol{I}_2$ 的多元正态分布. 因此，式(2.43)积分中的期望值不依赖于 θ，由此可得

$$\frac{1}{\pi/2}\int_0^{\pi/2}\mathbb{E}_{\boldsymbol{X},\boldsymbol{Y}}\left[\phi\left(\frac{\pi}{2}\langle\nabla f(\boldsymbol{Z}(\theta)),\boldsymbol{Z}'(\theta)\rangle\right)\right]\mathrm{d}\theta=\mathbb{E}\left[\phi\left(\frac{\pi}{2}\langle\nabla f(\widetilde{\boldsymbol{X}}),\widetilde{\boldsymbol{Y}}\rangle\right)\right]$$

其中 $(\widetilde{\boldsymbol{X}},\widetilde{\boldsymbol{Y}})$ 是独立的 n 维标准正态随机变量. 这样就完成了(2.40)的证明. □

注意在证明过程中，标准正态分布的各种性质起到了关键作用. 尽管如此，类似的集

中度结果对其他非高斯分布同样成立，包括球面上的均匀分布和任意严格对数凹的分布(关于这些分布的详细讨论见第 3 章). 然而如果没有关于函数 f 的结构性质(例如凸性)，Lipschitz 函数的不依赖于维数集中度的结论对任意的次高斯分布未必成立；对于这一点，详见参考文献.

定理 2.26 对许多问题都十分重要，我们下面给出一些例子来进行阐述.

例 2.28(χ^2 集中度)　对任意给定的独立同分布的标准正态变量序列 $\{Z_k\}_{k=1}^n$，随机变量 $Y:=\sum_{k=1}^n Z_k^2$ 服从自由度为 n 的 χ^2 分布. 最直接的获得 Y 的尾部不等式的方式是注意 Z_k^2 是次指数的且相互独立(见例 2.11). 在本例中，我们给出另一种推导方式——基于正态分布 Lipschitz 函数的集中不等式. 事实上，定义随机变量 $V=\sqrt{Y}/\sqrt{n}$，可得 $V=\|(Z_1,\cdots,Z_n)\|_2/\sqrt{n}$，由于欧几里得范数是一个 1-Lipschitz 函数，由定理 2.26 可以得到

$$\mathbb{P}[V\geqslant\mathbb{E}[V]+\delta]\leqslant \mathrm{e}^{-n\delta^2/2}\quad 对于所有\ \delta\geqslant 0$$

再运用平方根函数的凹性和 Jensen 不等式，可得

$$\mathbb{E}[V]\leqslant\sqrt{\mathbb{E}[V^2]}=\left\{\frac{1}{n}\sum_{i=1}^n\mathbb{E}[Z_k^2]\right\}^{1/2}=1$$

注意 $V=\sqrt{Y}/\sqrt{n}$ 并综上所述可得

$$\mathbb{P}[Y/n\geqslant(1+\delta)^2]\leqslant\mathrm{e}^{-n\delta^2/2}\quad 对于所有\ \delta\geqslant 0$$

对任意的 $\delta\in[0,1]$，都有 $(1+\delta)^2=1+2\delta+\delta^2\leqslant 1+3\delta$，因此得到

$$\mathbb{P}[Y\geqslant n(1+t)]\leqslant\mathrm{e}^{-nt^2/18}\quad 对于所有\ t\in[0,3]\tag{2.44}$$

其中做了替换 $t=3\delta$. 将这个结果与例 2.11 中基于 Z_k^2 的次指数性所得结论进行比较是值得的. ♣

例 2.29(次序统计量)　给定随机向量 $(X_1,X_2,\cdots,X_n)$，其次序统计量是由把每个元素按非降方式排序所得，即

$$X_{(1)}\leqslant X_{(2)}\leqslant\cdots\leqslant X_{(n-1)}\leqslant X_{(n)}\tag{2.45}$$

特别地，我们有 $X_{(n)}=\max\limits_{k=1,\cdots,n}X_k$ 和 $X_{(1)}=\min\limits_{k=1,\cdots,n}X_k$. 对另一随机向量 $(Y_1,\cdots,Y_n)$，可得 $|X_{(k)}-Y_{(k)}|\leqslant\|\boldsymbol{X}-\boldsymbol{Y}\|_2$，$\forall k=1,\cdots,n$，因此每一个次序统计量都是 1-Lipschitz 函数(这里的验证留给读者作为练习). 因此，当 $\boldsymbol{X}$ 是一个正态随机向量时，定理 2.26 可以保证

$$\mathbb{P}[|X_{(k)}-\mathbb{E}[X_{(k)}]|\geqslant\delta]\leqslant 2\mathrm{e}^{-\frac{\delta^2}{2}},\quad\forall\delta\geqslant 0$$

♣

例 2.30(高斯复杂度)　这个例子和我们之前在例 2.25 中讨论的 Rademacher 复杂度非常相似. 令 $\{W_k\}_{k=1}^n$ 为独立同分布的标准正态随机变量序列. 给定一个向量集合 $\mathcal{A}\subset\mathbb{R}^n$，定义随机变量[㊀]

$$Z:=\sup_{a\in\mathcal{A}}\left[\sum_{k=1}^n a_kW_k\right]=\sup_{a\in\mathcal{A}}\langle\boldsymbol{a},\boldsymbol{W}\rangle\tag{2.46}$$

㊀ 如果读者要考察其可测性，可见第 4 章参考文献.

和 Rademacher 复杂度一样，随机变量 $Z=Z(\mathcal{A})$也是刻画 $\mathcal{A}$ 大小的一种方式，在之后的章节中会有重要的作用. 把 Z 看成函数$(w_1,\cdots,w_n)\mapsto f(w_1,\cdots,w_n)$，我们来验证 f 是参数为$\sup_{a\in\mathcal{A}}\|\boldsymbol{a}\|_2$ 的 Lipschitz 函数(基于欧几里得范数). 令 $\boldsymbol{w}$，$\boldsymbol{w}'\in\mathbb{R}^n$ 为任意的向量，令 $\boldsymbol{a}^*\in\mathcal{A}$ 为使 $f(\boldsymbol{w})$达到最大值的向量. 与例 2.25 中的思路一样，我们可以得到上界

$$f(\boldsymbol{w})-f(\boldsymbol{w}')\leqslant\langle\boldsymbol{a}^*,\boldsymbol{w}-\boldsymbol{w}'\rangle\leqslant D(\mathcal{A})\|\boldsymbol{w}-\boldsymbol{w}'\|_2$$

其中 $D(\mathcal{A})=\sup_{a\in\mathcal{A}}\|\boldsymbol{a}\|_2$ 为集合的欧几里得宽度. 交换 $\boldsymbol{w}$ 和 $\boldsymbol{w}'$位置，结论仍成立，因此有

$$|f(\boldsymbol{w})-f(\boldsymbol{w}')|\leqslant D(\mathcal{A})\|\boldsymbol{w}-\boldsymbol{w}'\|_2$$

再运用定理 2.26，我们就能得到

$$\mathbb{P}[|Z-\mathbb{E}[Z]|\geqslant\delta]\leqslant 2\exp\left(-\frac{\delta^2}{2D^2(\mathcal{A})}\right) \tag{2.47}$$

♣

例 2.31(高斯混沌变量) 作为上一个例子的推广，令 $\boldsymbol{Q}\in\mathbb{R}^{n\times n}$ 为一个对称矩阵，$\boldsymbol{w}$，$\widetilde{\boldsymbol{w}}$ 为独立的均值为 0，方差为 $\boldsymbol{I}_n$ 的正态随机向量. 随机变量

$$Z:=\sum_{i,j=1}^{n}Q_{ij}w_i\widetilde{w}_j=\boldsymbol{w}^{\mathrm{T}}\boldsymbol{Q}\widetilde{\boldsymbol{w}}$$

称为一个高斯混沌变量. 由 $\boldsymbol{w}$ 和 $\widetilde{\boldsymbol{w}}$ 的独立性，我们有 $\mathbb{E}[Z]=0$，由此自然考察 Z 的尾部性质.

给定 $\widetilde{\boldsymbol{w}}$，随机变量 Z 是一个均值为 0，方差为$\|\boldsymbol{Q}\widetilde{\boldsymbol{w}}\|_2^2=\widetilde{\boldsymbol{w}}^{\mathrm{T}}\boldsymbol{Q}^2\widetilde{\boldsymbol{w}}$ 的正态随机变量，因此

$$\mathbb{P}[|Z|\geqslant\delta\mid\widetilde{\boldsymbol{w}}]\leqslant 2\mathrm{e}^{-\frac{\delta^2}{2\|\boldsymbol{Q}\widetilde{\boldsymbol{w}}\|_2^2}} \tag{2.48}$$

现在再来控制随机变量 $Y:=\|\boldsymbol{Q}\widetilde{\boldsymbol{w}}\|_2$. 作为高斯向量 $\widetilde{\boldsymbol{w}}$ 的函数，它是 Lipschitz 的，常数为

$$|||\boldsymbol{Q}|||_2:=\sup_{\|\boldsymbol{u}\|_2=1}\|\boldsymbol{Q}\boldsymbol{u}\|_2 \tag{2.49}$$

对应的是矩阵 $\boldsymbol{Q}$ 的 ℓ_2 算子范数. 进一步地，由 Jensen 不等式，有 $\mathbb{E}[Y]\leqslant\sqrt{\mathbb{E}[\widetilde{\boldsymbol{w}}^{\mathrm{T}}\boldsymbol{Q}^2\widetilde{\boldsymbol{w}}]}=|||\boldsymbol{Q}|||_{\mathrm{F}}$，其中

$$|||\boldsymbol{Q}|||_{\mathrm{F}}:=\sqrt{\sum_{i=1}^{n}\sum_{j=1}^{n}Q_{ij}^2} \tag{2.50}$$

是矩阵 $\boldsymbol{Q}$ 的 Frobenius 范数. 综上所述可得尾部不等式

$$\mathbb{P}[\|\boldsymbol{Q}\widetilde{\boldsymbol{w}}\|_2\geqslant|||\boldsymbol{Q}|||_{\mathrm{F}}+t]\leqslant 2\exp\left(-\frac{t^2}{2|||\boldsymbol{Q}|||_2^2}\right)$$

注意$(|||\boldsymbol{Q}|||_{\mathrm{F}}+t)^2\leqslant 2|||\boldsymbol{Q}|||_{\mathrm{F}}^2+2t^2$. 令 $t^2=\delta|||\boldsymbol{Q}|||_2$ 并化简就有

$$\mathbb{P}[\widetilde{\boldsymbol{w}}^{\mathrm{T}}\boldsymbol{Q}^2\widetilde{\boldsymbol{w}}\geqslant 2|||\boldsymbol{Q}|||_{\mathrm{F}}^2+2\delta|||\boldsymbol{Q}|||_2]\leqslant 2\exp\left(-\frac{\delta}{2|||\boldsymbol{Q}|||_2}\right)$$

综上所述，我们有

$$\begin{aligned}\mathbb{P}[|Z|\geqslant\delta]&\leqslant 2\exp\left(-\frac{\delta^2}{4|||\boldsymbol{Q}|||_{\mathrm{F}}^2+4\delta|||\boldsymbol{Q}|||_2}\right)+2\exp\left(-\frac{\delta}{2|||\boldsymbol{Q}|||_2}\right)\\&\leqslant 4\exp\left(-\frac{\delta^2}{4|||\boldsymbol{Q}|||_{\mathrm{F}}^2+4\delta|||\boldsymbol{Q}|||_2}\right)\end{aligned}$$

因此我们证明了高斯混沌变量满足次指数尾部条件. ♣

例 2.32(高斯随机矩阵的奇异值) 对整数 $n>d$，令 $\boldsymbol{X}\in\mathbb{R}^{n\times d}$ 为一个随机矩阵，其元素为独立同分布的 $\mathcal{N}(0,1)$ 随机变量，并记

$$\sigma_1(\boldsymbol{X})\geqslant\sigma_2(\boldsymbol{X})\geqslant\cdots\geqslant\sigma_d(\boldsymbol{X})\geqslant 0$$

为其按顺序排列的奇异值. 由 Weyl 定理(见习题 8.3)，给定另一个矩阵 $\boldsymbol{Y}\in\mathbb{R}^{n\times d}$，我们有

$$\max_{k=1,\cdots,d}|\sigma_k(\boldsymbol{X})-\sigma_k(\boldsymbol{Y})|\leqslant|||\boldsymbol{X}-\boldsymbol{Y}|||_2\leqslant|||\boldsymbol{X}-\boldsymbol{Y}|||_{\mathrm{F}} \tag{2.51}$$

其中 $|||\cdot|||_{\mathrm{F}}$ 为 Frobenius 范数. 不等式(2.51)告诉我们，每一个奇异值 σ_k 都是随机矩阵的 1-Lipschitz 函数，因此定理 2.26 表明对任意的 $k=1,\cdots,d$ 有

$$\mathbb{P}[|\sigma_k(\boldsymbol{X})-\mathbb{E}[\sigma_k(\boldsymbol{X})]|\geqslant\delta]\leqslant 2\mathrm{e}^{-\frac{\delta^2}{2}}\quad 对于所有\ \delta\geqslant 0 \tag{2.52}$$

因此，尽管现在的方法并不足以确定这些随机奇异值的期望，但说明了期望能用来刻画随机奇异值. 关于随机矩阵奇异值的详细讨论见第 6 章. ♣

2.4 附录 A：次高斯随机变量的等价性

在这个附录中，我们给出定理 2.6 的证明. 通过证明(Ⅰ)⇒(Ⅱ)⇒(Ⅲ)⇒(Ⅰ)以及(Ⅰ)⇔(Ⅳ)循环，给出四个条件的等价性.

(Ⅰ)⇒(Ⅱ)：

若 X 是均值为 0，参数为 σ 的次高斯随机变量，那么我们断言，对 $Z\sim\mathcal{N}(0,2\sigma^2)$，有

$$\frac{\mathbb{P}[X\geqslant t]}{\mathbb{P}[Z\geqslant t]}\leqslant\sqrt{8}\,\mathrm{e}\quad 对于所有\ t\geqslant 0$$

这表明 X 的尾概率可以被 Z 控制，常数为 $c=\sqrt{8}\,\mathrm{e}$. 一方面，根据 X 的次高斯性，对于所有 $t\geqslant 0$，都有 $\mathbb{P}[X\geqslant t]\leqslant\exp\left(-\frac{t^2}{2\sigma^2}\right)$；而另一方面，根据正态尾概率的 Mills 比，如果 $Z\sim\mathcal{N}(0,2\sigma^2)$，那么

$$\mathbb{P}[Z\geqslant t]\geqslant\left(\frac{\sqrt{2}\sigma}{t}-\frac{(\sqrt{2}\sigma)^3}{t^3}\right)\mathrm{e}^{-\frac{t^2}{4\sigma^2}}\quad 对于所有\ t>0 \tag{2.53}$$

(具体推导见习题 2.2)我们分两种情况来讨论.

情形 1：首先，假设 $t\in[0,2\sigma]$. 由于函数 $\Phi(t)=\mathbb{P}[Z\geqslant t]$ 是递减的，所以对区间内的任意 t，

$$\mathbb{P}[Z\geqslant t]\geqslant\mathbb{P}[Z\geqslant 2\sigma]\geqslant\left(\frac{1}{\sqrt{2}}-\frac{1}{2\sqrt{2}}\right)\mathrm{e}^{-1}=\frac{1}{\sqrt{8}\,\mathrm{e}}$$

又 $\mathbb{P}[X\geqslant t]\leqslant 1$，故对任意的 $t\in[0,2\sigma]$，可得结论 $\frac{\mathbb{P}[X\geqslant t]}{\mathbb{P}[Z\geqslant t]}\leqslant\sqrt{8}\,\mathrm{e}$.

情形 2：否则，我们可以假定 $t>2\sigma$. 在这种情形下，结合 Mills 比(2.53)和次高斯尾部条件，并做变量代换 $s=t/\sigma$，我们可以得到

$$\sup_{t>2\sigma}\frac{\mathbb{P}[X\geqslant t]}{\mathbb{P}[Z\geqslant t]}\leqslant\sup_{s>2}\frac{\mathrm{e}^{-\frac{s^2}{4}}}{\left(\frac{\sqrt{2}}{s}-\frac{(\sqrt{2})^3}{s^3}\right)}$$

$$\leqslant\sup_{s>2}s^3\mathrm{e}^{-\frac{s^2}{4}}$$

$$\leqslant\sqrt{8}\,\mathrm{e}$$

其中最后一步由计算而得.

(Ⅱ)⇒(Ⅲ)：

假设 X 的尾概率被一个均值为 0，方差为 τ^2 的正态分布所控制. 由于 X^{2k} 非负，我们有：

$$\mathbb{E}[X^{2k}]=\int_0^{\infty}\mathbb{P}[X^{2k}>s]\mathrm{d}s=\int_0^{\infty}\mathbb{P}[|X|>s^{1/(2k)}]\mathrm{d}s$$

根据控制条件(Ⅱ)，存在常数 $c\geqslant 1$ 使得

$$\int_0^{\infty}\mathbb{P}[|X|>s^{1/(2k)}]\mathrm{d}s\leqslant c\int_0^{\infty}\mathbb{P}[|Z|>s^{1/(2k)}]\mathrm{d}s=c\,\mathbb{E}[Z^{2k}]$$

其中 $Z\sim\mathcal{N}(0,\tau^2)$. 又由 Z 的多项式矩可以写成

$$\mathbb{E}[Z^{2k}]=\frac{(2k)!}{2^k k!}\tau^{2k},\quad 对于\ k=1,2,\cdots \tag{2.54}$$

因此，

$$\mathbb{E}[X^{2k}]\leqslant c\,\mathbb{E}[Z^{2k}]=c\,\frac{(2k)!}{2^k k!}\tau^{2k}\leqslant\frac{(2k)!}{2^k k!}(c\tau)^{2k},\quad 对于所有\ k=1,2,\cdots$$

故只需取 $\theta=c\tau$ 可得(2.12c)成立.

(Ⅲ)⇒(Ⅰ)：

对任意的 $\lambda\in\mathbb{R}$，我们有

$$\mathbb{E}[\mathrm{e}^{\lambda X}]\leqslant 1+\sum_{k=2}^{\infty}\frac{|\lambda|^k\mathbb{E}[|X|^k]}{k!} \tag{2.55}$$

这里由于 $\mathbb{E}[X]=0$，所以 $k=1$ 对应的项被消去了. 如果 X 是关于 0 对称的，那么所有的奇数阶矩都为 0，根据对 $\theta(X)$ 的假设条件，我们有

$$\mathbb{E}[\mathrm{e}^{\lambda X}]\leqslant 1+\sum_{k=1}^{\infty}\frac{\lambda^{2k}}{(2k)!}\frac{(2k)!\theta^{2k}}{2^k k!}=\mathrm{e}^{\frac{\lambda^2\theta^2}{2}}$$

表明 X 是参数为 θ 的次高斯分布.

当 X 不是对称的时候，我们可以用偶数阶矩来控制奇数阶矩，即

$$\mathbb{E}[|\lambda X|^{2k+1}]\overset{\text{(i)}}{\leqslant}(\mathbb{E}[|\lambda X|^{2k}]\mathbb{E}[|\lambda X|^{2k+2}])^{1/2}\overset{\text{(ii)}}{\leqslant}\frac{1}{2}(\lambda^{2k}\mathbb{E}[X^{2k}]+\lambda^{2k+2}\mathbb{E}[X^{2k+2}]) \tag{2.56}$$

其中步骤(i)是依据柯西-施瓦茨不等式；步骤(ii)则是根据代数-几何平均不等式. 把上式代入展开式(2.55)，我们可以得到

$$
\begin{aligned}
\mathbb{E}[e^{\lambda X}] &\leqslant 1+\left(\frac{1}{2}+\frac{1}{2\cdot 3!}\right)\lambda^2\mathbb{E}[X^2]+\sum_{k=2}^{\infty}\left(\frac{1}{(2k)!}+\frac{1}{2}\left[\frac{1}{(2k-1)!}+\frac{1}{(2k+1)!}\right]\right)\lambda^{2k}\mathbb{E}[X^{2k}] \\
&\leqslant \sum_{k=0}^{\infty}2^k\frac{\lambda^{2k}\mathbb{E}[X^{2k}]}{(2k)!} \\
&\leqslant e^{\frac{(\sqrt{2}\lambda\theta)^2}{2}}
\end{aligned}
$$

即得到了结论.

(Ⅰ)⇒(Ⅳ):

对 $s=0$，结论显然成立. 对 $s\in(0,1)$，我们从次高斯不等式 $\mathbb{E}[e^{\lambda X}]\leqslant e^{\frac{\lambda^2\sigma^2}{2}}$ 出发，两边同乘 $e^{-\frac{\lambda^2\sigma^2}{2s}}$，即得

$$
\mathbb{E}\left[e^{\lambda X-\frac{\lambda^2\sigma^2}{2s}}\right]\leqslant e^{\frac{\lambda^2\sigma^2(s-1)}{2s}}
$$

由于上面这个不等式对任意的 $\lambda\in\mathbb{R}$ 都成立，故可以在两边对 λ 在 $\mathbb{R}$ 上进行积分，Fubini 定理可以保证积分的可交换性. 对于右端项，我们有

$$
\int_{-\infty}^{\infty}\exp\left(\frac{\lambda^2\sigma^2(s-1)}{2s}\right)d\lambda=\frac{1}{\sigma}\sqrt{\frac{2\pi s}{1-s}}
$$

对不等式左端，对任意固定的 $x\in\mathbb{R}$，我们有

$$
\int_{-\infty}^{\infty}\exp\left(\lambda x-\frac{\lambda^2\sigma^2}{2s}\right)d\lambda=\frac{\sqrt{2\pi s}}{\sigma}e^{\frac{sx^2}{2\sigma^2}}
$$

对上式关于 X 求期望，我们就能得到如下的结论：

$$
\mathbb{E}\left[e^{\frac{sX^2}{2\sigma^2}}\right]\leqslant\frac{\sigma}{\sqrt{2\pi s}}\frac{1}{\sigma}\sqrt{\frac{2\pi s}{1-s}}=\frac{1}{\sqrt{1-s}}
$$

即得到了结论.

(Ⅳ)⇒(Ⅰ):

利用不等式 $e^u\leqslant u+e^{9u^2/16}$ 并令 $u=\lambda X$，然后不等式两端取期望可得

$$
\mathbb{E}[e^{\lambda X}]\leqslant\mathbb{E}[\lambda X]+\mathbb{E}\left[e^{\frac{9\lambda^2X^2}{16}}\right]=\mathbb{E}\left[e^{\frac{sX^2}{2\sigma^2}}\right]\leqslant\frac{1}{\sqrt{1-s}}
$$

这里 $s=\frac{9}{8}\lambda^2\sigma^2$ 是严格小于 1 的. 注意对任意 $s\in\left[0,\frac{1}{2}\right]$，有 $\frac{1}{\sqrt{1-s}}\leqslant e^s$，且当 $|\lambda|<\frac{2}{3\sigma}$ 时 $s<\frac{1}{2}$ 成立，所以

$$
\mathbb{E}[e^{\lambda X}]\leqslant e^{\frac{9}{8}\lambda^2\sigma^2}\quad 对于所有 |\lambda|<\frac{2}{3\sigma} \tag{2.57a}
$$

余下只需要对 $|\lambda|>\frac{2}{3\sigma}$ 建立一个类似的上界. 注意，对任意的 $\alpha>0$，$f(u)=\frac{u^2}{2\alpha}$ 和 $f^*(v)=\frac{\alpha v^2}{2}$ 是共轭对偶. 所以，根据 Fenchel-Young 不等式，对任意的 u，$v\in\mathbb{R}$ 和 $\alpha>0$，$uv\leqslant$

$\frac{u^2}{2\alpha}+\frac{\alpha v^2}{2}$. 取 $u=\lambda$，$v=X$ 以及 $\alpha=c/\sigma^2$，$c>0$ 为合适的常数；由此可得

$$\mathbb{E}[\mathrm{e}^{\lambda X}]\leqslant\mathbb{E}[\mathrm{e}^{\frac{\lambda^2\sigma^2}{2c}+\frac{cX^2}{2\sigma^2}}]=\mathrm{e}^{\frac{\lambda^2\sigma^2}{2c}}\mathbb{E}[\mathrm{e}^{\frac{cX^2}{2\sigma^2}}]\overset{\text{(ii)}}{\leqslant}\mathrm{e}^{\frac{\lambda^2\sigma^2}{2c}}\mathrm{e}^c$$

类似于(2.57a)，步骤(ii)要求 $c\in(0,1/2)$. 特别地取 $c=1/4$ 可得 $\mathbb{E}[\mathrm{e}^{\lambda X}]<\mathrm{e}^{2\lambda^2\sigma^2}\mathrm{e}^{1/4}$. 最后，当 $|\lambda|\geqslant\frac{2}{3\sigma}$时，我们有$\frac{1}{4}\leqslant\frac{9}{16}\lambda^2\sigma^2$，由此可得

$$\mathbb{E}[\mathrm{e}^{\lambda X}]\leqslant\mathrm{e}^{2\lambda^2\sigma^2+\frac{9}{16}\lambda^2\sigma^2}\leqslant\mathrm{e}^{3\lambda^2\sigma^2}\tag{2.57b}$$

这个不等式结合界(2.57a)，就完成了证明.

2.5 附录 B：次指数随机变量的等价性

本节是对定理 2.13 的证明. 特别地，我们通过证明 Ⅰ$\Leftrightarrow$Ⅱ$\Leftrightarrow$Ⅲ 和 Ⅱ$\Leftrightarrow$Ⅳ 得到四个条件的等价性.

(Ⅱ)$\Rightarrow$(Ⅰ)：

对于 $|\lambda|<c_0$，矩母函数的存在意味着当 $\lambda\to 0$ 时，$\mathbb{E}[\mathrm{e}^{\lambda X}]=1+\frac{\lambda^2\mathbb{E}[X^2]}{2}+o(\lambda^2)$. 与此同时，一个通常的泰勒展开保证了当 $\lambda\to 0$ 时，$\mathrm{e}^{\frac{\sigma^2\lambda^2}{2}}=1+\frac{\sigma^2\lambda^2}{2}+o(\lambda^2)$. 因此，只要 $\sigma^2>\mathbb{E}[X^2]$，存在常数 $b\geqslant 0$ 使得对所有的 $|\lambda|\leqslant\frac{1}{b}$，都有 $\mathbb{E}[\mathrm{e}^{\lambda X}]\leqslant\mathrm{e}^{\frac{\sigma^2\lambda^2}{2}}$.

(Ⅰ)$\Rightarrow$(Ⅱ)：

这一点是显然的.

(Ⅲ)$\Rightarrow$(Ⅱ)：

对待定的系数 $a>0$ 和截断水平 $T>0$，我们有

$$\mathbb{E}[\mathrm{e}^{a|X|}\mathbb{I}[\mathrm{e}^{a|X|}\leqslant\mathrm{e}^{aT}]]\leqslant\int_0^{\mathrm{e}^{aT}}\mathbb{P}[\mathrm{e}^{a|X|}\geqslant t]\mathrm{d}t\leqslant 1+\int_1^{\mathrm{e}^{aT}}\mathbb{P}\left[|X|\geqslant\frac{\log t}{a}\right]\mathrm{d}t$$

运用尾部不等式，我们可以得到

$$\mathbb{E}[\mathrm{e}^{a|X|}\mathbb{I}[\mathrm{e}^{a|X|}\leqslant\mathrm{e}^{aT}]]\leqslant 1+c_1\int_1^{\mathrm{e}^{aT}}\mathrm{e}^{-\frac{c_2\log t}{a}}\mathrm{d}t=1+c_1\int_1^{\mathrm{e}^{aT}}t^{-c_2/a}\mathrm{d}t$$

因此，对任意 $a\in\left[0,\frac{c_2}{2}\right]$，我们可以得到

$$\mathbb{E}[\mathrm{e}^{a|X|}\mathbb{I}[\mathrm{e}^{a|X|}\leqslant\mathrm{e}^{aT}]]\leqslant 1+\frac{c_1}{2}(1-\mathrm{e}^{-aT})\leqslant 1+\frac{c_1}{2}$$

通过对 T 取极限 $T\to\infty$，对任意的 $a\in\left[0,\frac{c_2}{2}\right]$可得 $\mathbb{E}[\mathrm{e}^{a|X|}]$是有限的. 因为 e^{aX} 和 e^{-aX} 都被 $\mathrm{e}^{|a||X|}$ 控制，所以 $\mathbb{E}[\mathrm{e}^{aX}]$对于所有的 $|a|\leqslant\frac{c_2}{2}$都有界.

(Ⅱ)⇒(Ⅲ):

对于 Chernoff 界取 $\lambda=c_0/2$，可得

$$\mathbb{P}[X\geqslant t]\leqslant\mathbb{E}[\mathrm{e}^{\frac{c_0x}{2}}]\mathrm{e}^{-\frac{c_0t}{2}}$$

类似地对 $-X$ 也有同样的不等式，我们就可以得到 $\mathbb{P}[|X|\geqslant t]\leqslant c_1\mathrm{e}^{-c_2t}$，其中 $c_1=\mathbb{E}[\mathrm{e}^{c_0X/2}]+\mathbb{E}[\mathrm{e}^{-c_0X/2}]$以及 $c_2=c_0/2$.

(Ⅱ)⇒(Ⅳ):

由于矩母函数在 0 附近的开区间上存在，我们可以考虑其幂级数展开

$$\mathbb{E}[\mathrm{e}^{\lambda X}]=1+\sum_{k=2}^{\infty}\frac{\lambda^k\mathbb{E}[X^k]}{k!}\quad 对于所有|\lambda|<a \tag{2.58}$$

根据定义，度量 $\gamma(X)$是这个幂级数的收敛半径，由此可得条件(Ⅱ)和(Ⅳ)的等价性.

2.6　参考文献和背景

有关尾部概率界的更多背景和细节我们可参考很多书(例如 Saulis 和 Statulevicius，1991；Petrov，1995；Buldygin 和 Kozachenko，2000；Boucheron 等，2013). 关于尾部概率界的经典文章包括 Bernstein(1937)、Chernoff(1952)、Bahadur 和 Ranga Rao(1960)、Bennett(1962)、Hoeffding(1963)和 Azuma(1967). 通过累积分布函数来控制一个随机变量的尾部概率的想法最早由 Bernstein(1937)提出，Chernoff(1952)对此进行了发展和推广，Chernoff 这个名字现在经常与这个方法对应. Saulis 和 Statulevicius(1991)一书中给出了很多基于累积分布函数方法得到的更加精细的结果. Hoeffding(1963)的原创性工作给出了独立有上界随机变量和以及特定类型的相依随机变量包括 U 统计量的结果. Azuma(1967)的工作则给出了在条件期望意义下一般鞅的次高斯性质，正如定理 2.19 中所给出的.

Buldygin 和 Kozachenko(2000)一书中给出了许多关于次高斯和次指数随机变量的结果. 特别地，定理 2.6 和 2.13 正是基于这本书中的结果. 习题 2.18 和习题 2.19 中简单介绍的 Orlicz 范数则是对次高斯和次指数随机变量族的一个很优美的推广. 关于 Orlicz 范数的详细内容和背景，见 5.6 节以及其他文献(Ledoux 和 Talagrand(1991)；Buldygin 和 Kozachenko(2000)).

例 2.12 中讨论的 Johnson-Lindenstrauss 引理，作为一个更一般的 Lipschitz 嵌入的结果证明的中间步骤，最初在 Johnson 和 Lindenstrauss(1984)一文中得到证明. 这个引理的最初证明是基于行是标准正交基的随机矩阵，而不是本文中用到的标准高斯随机矩阵. 在降维和算法加速中，随机投影有着广泛的应用，更多细节参看有关文献(Vempala，2004；Mahoney，2011；Cormode，2012；Kane 和 Nelson，2014；Woodruff，2014；Bourgain 等，2015；Pilanci 和 Wainwright，2015).

例 2.23 中概述的 U 统计量的尾部概率界，是由 Hoeffding(1963)推导出的. De la Peña 和 Giné(1999)一书中则提供了更多进一步的结论，包括 U 过程的一致定律以及解耦的结果. 有界差不等式(推论 2.21)及其延伸结论在随机化算法以及随机图和其他组合问题中有着广泛的应用. 很多这样的应用可以在 McDiarmid(1989)的综述以及 Boucheron 等(2013)

中找到.

Milman 和 Schechtman(1986)给出了 Lipschitz 函数的高斯集中结果的简单证明，定理 2.26 正是基于此结果. Ledoux(2001)则给出了一个一列独立同分布的 Rademacher 随机变量(即等概率取值为{−1, +1}的随机变量)的 Lipschitz 函数的例子，其中次高斯集中度不成立(见此书第 128 页). 尽管如此，在额外的凸性条件下，对有界随机变量的 Lipschitz 函数而言，次高斯集中度还是成立的；详见 3.3.5 节.

在习题 2.15 中提到的核密度估计问题是一类典型的非参数估计问题；我们会在第 13 章和第 14 章中回到这类问题. 尽管我们只考虑了实值随机变量的尾部概率界，如习题 2.16 所言，还有很多针对希尔伯特空间或者其他函数空间中取值的随机变量的一般性推广.(Ledoux 和 Talagrand, 1991; Yurinsky, 1995)许多书中包含了更多这类结果的背景. 我们同样会在第 14 章中讨论这些界的一些形式. 习题 2.17 中讨论的 Hanson-Wright 不等式在论文 Hanson 和 Wright(1971)、Wright(1973)中有所证明；更新的结果参看其他论文(Hsu 等, 2012b; Rudelson 和 Vershynin, 2013). 习题 2.20 中叙述的基于矩的尾部概率界依赖于 Rosenthal(1970)一文中的一个经典的不等式. 习题 2.21 概述了 Bernoulli 随机变量的速率失真定理的证明. 这是一个运用概率方法证明的更一般的信息论结果的例子；更多的结果可以参考 Cover 和 Thomas(1991)一书. 习题 2.22 中讨论的 Ising 模型(2.74)则有着漫长的历史，可以追溯到 Ising(1925). Talagrand(2003)一书中包括了自旋玻璃模型及其数学性质的丰富内容.

2.7　习　题

2.1 (不等式的紧性)　一般而言，马尔可夫和 Chebyshev 不等式的结果无法再提升了.

(a) 给出一个非负随机变量 X，使得马尔可夫不等式(2.1)的等号成立.

(b) 给出一个随机变量 Y，使得 Chebyshev 不等式(2.2)的等号成立.

2.2 (Mills 比)　令 $\phi(z)=\frac{1}{\sqrt{2\pi}}e^{-z^2/2}$ 为标准正态分布 $Z\sim\mathcal{N}(0,1)$的密度函数.

(a) 证明 $\phi'(z)+z\phi(z)=0$.

(b) 运用(a)证明

$$\phi(z)\left(\frac{1}{z}-\frac{1}{z^3}\right)\leqslant\mathbb{P}[Z\geqslant z]\leqslant\phi(z)\left(\frac{1}{z}-\frac{1}{z^3}+\frac{3}{z^5}\right)\quad \text{对所有的 } z>0 \tag{2.59}$$

2.3 (多项式型马尔可夫对比 Chernoff 不等式)　假设 $X\geqslant 0$，X 的矩母函数在 0 附近的邻域内存在. 给定 $\delta>0$ 和整数 $k=1,2,\cdots$，证明

$$\inf_{k=0,1,2,\cdots}\frac{\mathbb{E}[|X|^k]}{\delta^k}\leqslant\inf_{\lambda\geqslant 0}\frac{\mathbb{E}[e^{\lambda X}]}{e^{\lambda\delta}} \tag{2.60}$$

因此，由多项式矩得出的最优界至少和 Chernoff 上界一样好.

2.4 (有界随机变量紧的次高斯参数)　考虑一个均值为 $\mu=\mathbb{E}[X]$的随机变量 X，且满足对常数 $b>a$，$X\in[a,b]$, a. s..

(a) 定义函数 $\psi(\lambda)=\log\mathbb{E}[e^{\lambda X}]$，证明 $\psi(0)=0$ 以及 $\psi'(0)=\mu$.

(b) 证明 $\psi''(\lambda)=\mathbb{E}_\lambda[X^2]-(\mathbb{E}_\lambda[X])^2$，其中 $\mathbb{E}_\lambda[f(X)]:=\frac{\mathbb{E}[f(X)e^{\lambda X}]}{\mathbb{E}[e^{\lambda X}]}$. 由此得到一个 $\sup_{\lambda\in\mathbb{R}}|\psi''(\lambda)|$ 的上界.

(c) 用(a)和(b)证明 X 是次高斯的，且参数至多为 $\sigma=\frac{b-a}{2}$.

2.5 (次高斯界和均值/方差)　考虑满足下面条件的随机变量 X

$$\mathbb{E}[e^{\lambda X}]\leqslant e^{\frac{\lambda^2\sigma^2}{2}+\lambda\mu}\quad 对于所有\ \lambda\in\mathbb{R} \tag{2.61}$$

(a) 证明 $\mathbb{E}[X]=\mu$.

(b) 证明 $\mathrm{var}(X)\leqslant\sigma^2$.

(c) 假设 σ 的取值是使得不等式(2.61)成立的最小 σ. 那么 $\mathrm{var}(X)=\sigma^2$ 是否成立？给出证明或者给出反例.

2.6 (次高斯随机变量平方的下界)　令 $\{X_i\}_{i=1}^n$ 为独立同分布的均值为 0，参数为 σ 的次高斯随机变量序列，考虑正规化之后的平方和 $Z_n:=\frac{1}{n}\sum_{i=1}^n X_i^2$. 证明

$$\mathbb{P}[Z_n\leqslant\mathbb{E}[Z_n]-\sigma^2\delta]\leqslant e^{-n\delta^2/16}\quad 对于所有\ \delta\geqslant 0$$

这个结果告诉我们，次高斯随机变量平方和下尾部概率具有次高斯型的结果.

2.7 (Bennett 不等式)　这个习题的目的是给出一个加强的 Bernstein 不等式结论的证明，即 Bennett 不等式.

(a) 考虑一个均值为 0，满足 $|X_i|\leqslant b$，$b>0$ 的随机变量. 证明

$$\log\mathbb{E}[e^{\lambda X_i}]\leqslant\sigma_i^2\lambda^2\left\{\frac{e^{\lambda b}-1-\lambda b}{(\lambda b)^2}\right\}\quad 对于所有\ \lambda\in\mathbb{R}$$

其中 $\sigma_i^2=\mathrm{var}(X_i)$.

(b) 对于满足条件(a)的独立随机变量 $X_1,\cdots,X_n$，令 $\sigma^2:=\frac{1}{n}\sum_{i=1}^n\sigma_i^2$ 为平均方差. 证明 Bennett 不等式：

$$\mathbb{P}\left[\sum_{i=1}^n X_i\geqslant n\delta\right]\leqslant\exp\left\{-\frac{n\sigma^2}{b^2}h\left(\frac{b\delta}{\sigma^2}\right)\right\} \tag{2.62}$$

其中 $h(t):=(1+t)\log(1+t)-t$，$t\geqslant 0$.

(c) 说明 Bennett 不等式至少和 Bernstein 不等式一样好.

2.8 (Bernstein 和期望)　考虑满足如下集中不等式的非负随机变量

$$\mathbb{P}[Z\geqslant t]\leqslant Ce^{-\frac{t^2}{2(\nu^2+bt)}} \tag{2.63}$$

其中常数(ν,b)为正的，$C\geqslant 1$.

(a) 证明 $\mathbb{E}[Z]\leqslant 2\nu(\sqrt{\pi}+\sqrt{\log C})+4b(1+\log C)$.

(b) 令 $\{X_i\}_{i=1}^n$ 为均值为 0，满足 Bernstein 条件(2.15)的独立同分布随机变量序列. 用(a)部分的结论证明

$$\mathbb{E}\left[\left|\frac{1}{n}\sum_{i=1}^{n}X_i\right|\right]\leqslant\frac{2\sigma}{\sqrt{n}}(\sqrt{\pi}+\sqrt{\log 2})+\frac{4b}{n}(1+\log 2)$$

2.9（严格的二项式分布尾部上界）　令$\{X_i\}_{i=1}^n$为独立同分布参数为$\alpha\in(0,1/2]$的Bernoulli随机变量序列，并考虑服从二项式分布的随机变量$Z_n=\sum_{i=1}^{n}X_i$．这道习题的目标是证明对任意的$\delta\in(0,\alpha)$，尾部概率$\mathbb{P}[Z_n\leqslant\delta n]$的严格不等式上界.

(a) 证明$\mathbb{P}[Z_n\leqslant\delta n]\leqslant e^{-nD(\delta\|\alpha)}$，其中

$$D(\delta\|\alpha):=\delta\log\frac{\delta}{\alpha}+(1-\delta)\log\frac{(1-\delta)}{(1-\alpha)}\tag{2.64}$$

是参数分别为δ和α的Bernoulli分布之间的Kullback-Leibler散度.

(b) 证明对任意$\delta\in(0,\alpha)$，由(a)得到的界要严格好于Hoeffding界.

2.10（二项式分布的尾部概率下界）　令$\{X_i\}_{i=1}^n$为一列独立同分布的Bernoulli随机变量序列，参数为$\alpha\in(0,1/2]$，并考虑服从二项式分布的随机变量$Z_n=\sum_{i=1}^{n}X_i$．在这个练习中，对任意固定的$\delta\in(0,\alpha)$，我们对于尾部概率$\mathbb{P}[Z_n\leqslant\delta n]$建立一个下界，由此说明习题2.9中得到的上界除了一个多项式前置项是紧的. 整个分析中，定义$m=\lfloor n\delta\rfloor$表示小于等于$n\delta$的最大整数，并令$\widetilde{\delta}=\frac{m}{n}$.

(a) 证明$\frac{1}{n}\log\mathbb{P}[Z_n\leqslant\delta n]\geqslant\frac{1}{n}\log\binom{n}{m}+\widetilde{\delta}\log\alpha+(1-\widetilde{\delta})\log(1-\alpha)$.

(b) 证明

$$\frac{1}{n}\log\binom{n}{m}\geqslant\phi(\widetilde{\delta})-\frac{\log(n+1)}{n}\tag{2.65a}$$

其中$\phi(\widetilde{\delta})=-\widetilde{\delta}\log(\widetilde{\delta})-(1-\widetilde{\delta})\log(1-\widetilde{\delta})$是二元熵.（提示：令$Y$为一个参数为$(n,\widetilde{\delta})$的二项式随机变量，证明$\mathbb{P}[Y=\ell]$在$\ell=m=\widetilde{\delta}n$时取到最大值.）

(c) 证明

$$\mathbb{P}[Z_n\leqslant\delta n]\geqslant\frac{1}{n+1}e^{-nD(\delta\|\alpha)}\tag{2.65b}$$

其中Kullback-Leibler散度$D(\delta\|\alpha)$的定义见(2.64).

2.11（正态随机变量最大值的上、下界）　令$\{X_i\}_{i=1}^n$为独立同分布的$\mathcal{N}(0,\sigma^2)$随机变量序列，并考虑随机变量$Z_n:=\max_{i=1,\cdots,n}|X_i|$.

(a) 证明

$$\mathbb{E}[Z_n]\leqslant\sqrt{2\sigma^2\log n}+\frac{4\sigma}{\sqrt{2\log n}}\quad\text{对于所有 } n\geqslant 2$$

（提示：可能会用到尾部概率不等式$\mathbb{P}[U\geqslant\delta]\leqslant\sqrt{\frac{2}{\pi}}\frac{1}{\delta}e^{-\delta^2/2}$，这个不等式对所有标准正态随机变量都成立.）

(b) 证明

$$\mathbb{E}[Z_n] \geqslant (1-1/\mathrm{e})\sqrt{2\sigma^2 \log n} \quad 对于所有\ n \geqslant 5$$

(c) 证明 $\frac{\mathbb{E}[Z_n]}{\sqrt{2\sigma^2 \log n}} \to 1$ 当 $n \to +\infty$.

2.12 (次高斯随机变量最大值的上界) 令 $\{X_i\}_{i=1}^n$ 为均值为 0，参数为 σ 的次高斯随机变量序列(不要求独立性).

(a) 证明

$$\mathbb{E}|\max_{i=1,\cdots,n} X_i| \leqslant \sqrt{2\sigma^2 \log n} \quad 对于所有\ n \geqslant 1 \tag{2.66}$$

(提示：指数函数是一个凸函数.)

(b) 证明随机变量 $Z = \max_{i=1,\cdots,n} |X_i|$ 满足

$$\mathbb{E}[Z] \leqslant \sqrt{2\sigma^2 \log(2n)} \leqslant 2\sqrt{\sigma^2 \log n} \tag{2.67}$$

对所有 $n \geqslant 2$.

2.13 (次高斯随机变量的代数运算) 假设 X_1 和 X_2 是均值为 0，参数分别为 σ_1 和 σ_2 的次高斯随机变量.

(a) 如果 X_1 和 X_2 独立，证明 X_1+X_2 是参数为 $\sqrt{\sigma_1^2+\sigma_2^2}$ 的次高斯随机变量.

(b) 证明，在一般情况下(没有独立性假设)，随机变量 X_1+X_2 是参数至多为 $\sqrt{2}\sqrt{\sigma_1^2+\sigma_2^2}$ 的次高斯随机变量.

(c) 在和(b)一样的条件下，说明 X_1+X_2 是参数至多为 $\sigma_1+\sigma_2$ 的次高斯随机变量.

(d) 如果 X_1 和 X_2 独立，说明 X_1X_2 是次指数的，其参数为 $(v,b)=(\sqrt{2}\sigma_1\sigma_2, \sqrt{2}\sigma_1\sigma_2)$.

2.14 (中位数和均值的集中不等式) 给定一个一元随机变量 X，假设存在正常数 c_1，c_2 满足

$$\mathbb{P}[|X-\mathbb{E}[X]| \geqslant t] \leqslant c_1 \mathrm{e}^{-c_2 t^2} \quad 对于所有\ t \geqslant 0 \tag{2.68}$$

(a) 证明 $\operatorname{var}(X) \leqslant \frac{c_1}{c_2}$.

(b) 一个中位数 m_X 是指任意满足条件 $\mathbb{P}[X \geqslant m_X] \geqslant 1/2$ 和 $\mathbb{P}[X \leqslant m_X] \geqslant 1/2$ 的数. 给出一个中位数不唯一的例子.

(c) 证明只要均值的集中不等式(2.68)成立，那么对任意的中位数 m_X，我们有

$$\mathbb{P}[|X-m_X| \geqslant t] \leqslant c_3 \mathrm{e}^{-c_4 t^2} \quad 对于所有\ t \geqslant 0 \tag{2.69}$$

其中 $c_3 := 4c_1$ 以及 $c_4 := \frac{c_2}{8}$.

(d) 反过来，证明只要中位数的集中不等式(2.69)成立，那么均值的集中不等式(2.68)也成立，对应参数为 $c_1 = 2c_3$，$c_2 = \frac{c_4}{4}$.

2.15 (集中度和核密度估计) 令 $\{X_i\}_{i=1}^n$ 是实轴上的一个密度函数为 f 的独立同分布随机

变量序列. 密度函数 f 的一个标准估计是核密度估计

$$\widehat{f}_n(x) := \frac{1}{nh}\sum_{i=1}^{n} K\left(\frac{x-X_i}{h}\right)$$

其中 $K: \mathbb{R}\to[0,\infty)$ 是一个满足 $\int_{-\infty}^{\infty} K(t)\mathrm{d}t = 1$ 的核函数，$h>0$ 为窗宽参数. 假设我们用 L^1 范数 $\|\widehat{f}_n - f\|_1 := \int_{-\infty}^{\infty} |\widehat{f}_n(t) - f(t)|\mathrm{d}t$ 来评估统计量 $\widehat{f}_n$. 证明

$$\mathbb{P}[\|\widehat{f}_n - f\|_1 \geqslant \mathbb{E}[\|\widehat{f}_n - f\|_1] + \delta] \leqslant \mathrm{e}^{-\frac{n\delta^2}{8}}$$

2.16 **(希尔伯特空间中的偏差不等式)** 令 $\{X_i\}_{i=1}^n$ 是希尔伯特空间 $\mathbb{H}$ 中的一列独立随机变量，并假设 $\|X_i\|_{\mathbb{H}} \leqslant b_i$ a. s.. 考虑实值随机变量 $S_n = \left\| \sum_{i=1}^{n} X_i \right\|_{\mathbb{H}}$.

(a) 证明，对任意 $\delta \geqslant 0$，

$$\mathbb{P}[|S_n - \mathbb{E}[S_n]| \geqslant n\delta] \leqslant 2\mathrm{e}^{-\frac{n\delta^2}{8b^2}}，\quad 其中\ b^2 = \frac{1}{n}\sum_{i=1}^{n} b_i^2$$

(b) 证明 $\mathbb{P}\left[\frac{S_n}{n} \geqslant a + \delta\right] \leqslant \mathrm{e}^{-\frac{n\delta^2}{8b^2}}$，其中 $a := \sqrt{\frac{1}{n^2}\sum_{i=1}^{n}\mathbb{E}[\|X_i\|_{\mathbb{H}}^2]}$.

（注：关于希尔伯特空间的基本背景见第 12 章.）

2.17 **(Hanson-Wright 不等式)** 给定随机变量 $\{X_i\}_{i=1}^n$ 和一个半正定矩阵 $\boldsymbol{Q} \in \mathcal{S}_+^{n\times n}$，考虑随机二次型

$$Z = \sum_{i=1}^{n}\sum_{j=1}^{n} \boldsymbol{Q}_{ij} X_i X_j \tag{2.70}$$

Hanson-Wright 不等式保证了只要随机变量 $\{X_i\}_{i=1}^n$ 是独立同分布的均值为 0，方差为 1，参数为 σ 的高斯随机变量序列时，那么存在统一的常数 (c_1, c_2) 使得

$$\mathbb{P}[Z \geqslant \mathrm{trace}(\boldsymbol{Q}) + \sigma t] \leqslant 2\exp\left\{-\min\left(\frac{c_1 t}{\|\boldsymbol{Q}\|_2}, \frac{c_2 t^2}{\|\boldsymbol{Q}\|_{\mathrm{F}}^2}\right)\right\} \tag{2.71}$$

其中 $\|\boldsymbol{Q}\|_2$ 和 $\|\boldsymbol{Q}\|_{\mathrm{F}}$ 分别表示算子范数和 Frobenius 范数. 在 $X_i \sim \mathcal{N}(0,1)$ 特殊情形下证明这个不等式.（提示：正态分布的旋转不变性以及 χ^2 随机变量的次指数性质可能有用.）

2.18 **(Orlicz 范数)** 令 $\psi: \mathbb{R}_+ \to \mathbb{R}_+$ 为一个严格单调递增的凸函数，且满足 $\psi(0)=0$. 随机变量的 ψ-Orlicz 范数定义如下：

$$\|X\|_{\psi} := \inf\{t>0 \mid \mathbb{E}[\psi(t^{-1}|X|)] \leqslant 1\} \tag{2.72}$$

若没有有限的 t 使得 $\mathbb{E}[\psi(t^{-1}|X|)]$ 存在，则记 $\|X\|_{\psi}$ 为无穷. 对于函数 $u \mapsto u^q$，$q \in [1,\infty]$，Orlicz 范数就是通常的 ℓ_q 范数 $\|X\|_q = (\mathbb{E}[|X|^q])^{1/q}$. 在本例中，我们考虑基于凸函数 $\psi_q(u) = \exp(u^q) - 1$，$q \geqslant 1$ 定义的 Orlicz 范数 $\|\cdot\|_{\psi_q}$.

(a) 若 $\|X\|_{\psi_q} < +\infty$，证明存在正常数 c_1，c_2 使得

$$\mathbb{P}[|X| > t] \leqslant c_1 \exp(-c_2 t^q) \quad 对于所有\ t>0 \tag{2.73}$$

（特别地，可以证明这个不等式在 $c_1 = 2$，$c_2 = \|X\|_{\psi_q}^{-q}$ 时成立.）

(b) 假设随机变量 Z 满足尾部不等式(2.73)，证明$\|Z\|_{\psi_q}$ 有界.

2.19 (Orlicz 随机变量的最大值) 回忆例 2.18 中 Orlicz 范数的定义. 令$\{X_i\}_{i=1}^n$ 为均值为 0，Orlicz 范数 $\sigma=\|X_i\|_\psi$ 有限的独立同分布随机变量序列. 证明

$$\mathbb{E}[\max_{i=1,\cdots,n}|X_i|]\leqslant\sigma\psi^{-1}(n)$$

2.20 (矩条件下的尾部不等式) 假设$\{X_i\}_{i=1}^n$ 是均值为 0 的独立随机变量，对固定的整数 $m\geqslant 1$，满足$\|X_i\|_{2m}:=(\mathbb{E}[X_i^{2m}])^{\frac{1}{2m}}\leqslant C_m$. 证明

$$\mathbb{P}\left[\left|\frac{1}{n}\sum_{i=1}^n X_i\right|\geqslant\delta\right]\leqslant B_m\left(\frac{1}{\sqrt{n}\delta}\right)^{2m}\quad 对于所有\ \delta>0$$

其中 B_m 为一个只依赖于 C_m 和 m 的常数.

提示：下面形式的 Rosenthal 不等式可能有用. 在给定的条件下，存在一个常数 R_m 使得

$$\mathbb{E}\left[\left(\sum_{i=1}^n X_i\right)^{2m}\right]\leqslant R_m\left\{\sum_{i=1}^n\mathbb{E}[X_i^{2m}]+\left(\sum_{i=1}^n\mathbb{E}[X_i^2]\right)^m\right\}$$

2.21 (集中度和数据压缩) 令 $X=(X_1,X_2,\cdots,X_n)$为一个向量，其元素为独立同分布参数为 1/2 的 Bernoulli 随机变量. 数据压缩的目的是用一些二元向量集合$\{z^1,\cdots,z^N\}$表示出 X，并使得重尺度化后的 Hamming 失真

$$d(X):=\min_{j=1,\cdots,N}\rho_{\mathrm{H}}(X,z^j)=\min_{j=1,\cdots,N}\left\{\frac{1}{n}\sum_{i=1}^n\mathbb{I}[X_i\neq z_i^j]\right\}$$

尽可能小. 每一个二元向量 z^j 被称为一个编码，整个集合则被称为编码本. 当然，使用 $N=2^n$ 个编码的编码本，总可以使失真为 0，因此目标是使用 $N=2^{nR}$ 个编码，其中比例 $R<1$. 在这个练习中，我们用尾部不等式研究比例 R 和失真 δ 之间的平衡.

(a) 假设比例 R 有上界

$$R<D_2(\delta\|1/2)=\delta\log_2\frac{\delta}{1/2}+(1-\delta)\log_2\frac{1-\delta}{1/2}$$

证明，对任意的编码数量 $N\leqslant 2^{nR}$ 的编码本$\{z^1,\cdots,z^N\}$，事件$\{d(X)\leqslant\delta\}$发生的概率会随着 n 趋向于无穷而趋于 0.（提示：令 V^j 为事件 $\rho_{\mathrm{H}}(X,z^j)\leqslant\delta$ 的$\{0,1\}$示性变量，并定义 $V=\sum_{j=1}^N V^j$. 习题 2.9 中得到的尾部不等式会对控制 $\mathbb{P}[V\geqslant 1]$有帮助.）

(b) 下面我们来证明，如果 $\Delta R:=R-D_2(\delta\|1/2)>0$，那么存在一个编码本达到失真值 δ. 为此考虑一个随机编码本$\{Z^1,\cdots,Z^N\}$，其中编码 Z^j 为相互独立同分布的参数为 1/2 的 Bernoulli 随机变量. 令 V^j 为事件 $\rho_{\mathrm{H}}(X, Z^j)\leqslant\delta$ 的$\{0,1\}$示性变量，并定义 $V=\sum_{j=1}^N V^j$.

(i) 证明 $\mathbb{P}[V\geqslant 1]\geqslant\dfrac{(\mathbb{E}[V])^2}{\mathbb{E}[V^2]}$.

(ii) 运用(i)证明当 $n\to+\infty$时，$\mathbb{P}[V\geqslant 1]\to 1$.（提示：习题 2.10 中得到的尾部不等式可能很有用.）

2.22 **(自旋玻璃模型的集中度)** 对某正整数 $d\geqslant 2$，考虑一个权重集合$\{\theta_{jk}\}_{j\neq k}$，其中每一个元素的下标都取自$\{1,2,\cdots,d\}$，且 $j\neq k$. 我们可以定义一个在布尔超立方体$\{-1,+1\}^d$ 上的概率分布，其概率密度函数为

$$\mathbb{P}_{\boldsymbol{\theta}}(x_1,\cdots,x_d)=\exp\left\{\frac{1}{\sqrt{d}}\sum_{i\neq j}\theta_{jk}x_jx_k-F_d(\boldsymbol{\theta})\right\} \tag{2.74}$$

其中函数 $F_d:=\mathbb{R}^{\binom{d}{2}}\to\mathbb{R}$ 被称为自由能，其表达式

$$F_d(\boldsymbol{\theta}):=\log\left(\sum_{\boldsymbol{x}\in\{-1,+1\}^d}\exp\left\{\frac{1}{\sqrt{d}}\sum_{j\neq k}\theta_{jk}x_jx_k\right\}\right) \tag{2.75}$$

用来正规化分布函数. 概率密度函数(2.74)最早用于统计物理中描述磁铁的表现，即 Ising 模型. 假设权重都是独立同分布的随机变量，那么式(2.74)就给出了一个概率密度函数族. 这个分布族在统计物理中被称为 Sherrington-Kirkpatrick 模型.

(a) 证明 F_d 是凸函数.

(b) 对任意的两个向量 $\boldsymbol{\theta}$，$\boldsymbol{\theta}'\in\mathbb{R}^{\binom{d}{2}}$，证明$\|F_d(\boldsymbol{\theta})-F_d(\boldsymbol{\theta}')\|_2\leqslant\sqrt{d}\,\|\boldsymbol{\theta}-\boldsymbol{\theta}'\|_2$.

(c) 假设权函数是独立同分布的，对每个 $j\neq k$ 满足 $\theta_{jk}\sim\mathcal{N}(0,\beta^2)$. 用之前的结论和 Jensen 不等式证明

$$\mathbb{P}\left[\frac{F_d(\boldsymbol{\theta})}{d}\geqslant\log 2+\frac{\beta^2}{4}+t\right]\leqslant 2\mathrm{e}^{-\beta dt^2/2}\quad\text{对于所有 } t>0 \tag{2.76}$$

注：有趣的是，对任意 $\beta\in[0,1)$，这个上界精确地保留了 $F_d(\boldsymbol{\theta})/d$ 的渐近表现，即当 $d\to\infty$时，$\dfrac{F_d(\boldsymbol{\theta})}{d}\xrightarrow{\text{a.s.}}\log 2+\beta^2/4$. 与此相反，对 $\beta\geqslant 1$，这个自旋玻璃面模型的表现会更加精细；读者若想了解更多的内容，参见参考文献.

第 3 章 测度集中度

在第 2 章的基础上，本章致力于更进一步研究测度集中度的相关内容. 特别地，我们的目标是总结与尾部概率界及集中不等式相关的各种不同类型的方法. 在 3.1 节中，我们讨论集中度的熵方法，并阐述它在推导独立随机变量 Lipschitz 函数的尾部概率界中的用途. 3.2 节从几何角度来研究集中不等式，这也是一个历史最悠久的视角. 3.3 节用传输成本不等式推导集中不等式，这种方法在某种意义下与熵方法对偶，并且能很好地适用于特定类型的相依随机变量. 在 3.4 节中我们将推导一些经验过程的尾部概率界，包括不同形式的函数型 Hoeffding 和 Bernstein 不等式. 这些不等式在我们之后处理非参数问题时将发挥重要作用.

3.1 基于熵技巧的集中度

我们从推导集中不等式的熵方法和相关技巧开始我们的讨论.

3.1.1 熵及其相关性质

给定一个凸函数 $\phi: \mathbb{R} \to \mathbb{R}$，我们用它来定义概率分布空间上的一个泛函

$$\mathbb{H}_{\phi}(X) := \mathbb{E}[\phi(X)] - \phi(\mathbb{E}[X])$$

其中 $X \sim \mathbb{P}$. 只要随机变量 X 和 $\phi(X)$ 的期望存在，这个量就有定义，是大家熟知的随机变量 X 的 ϕ 熵[⊖]. 由 Jensen 不等式和 ϕ 的凸性我们知道 ϕ 熵总是非负的. 顾名思义，它是一个度量随机性变化大小的量. 例如，在最极端的情况下，对于满足概率意义下几乎处处等于期望的随机变量 X，我们有 $\mathbb{H}_{\phi}(X)=0$.

熵有很多种，这取决于内在的凸函数 ϕ 的选取. 这些熵中有些已经被我们所熟知. 例如，凸函数 $\phi(u)=u^2$ 可推出

$$\mathbb{H}_{\phi}(X) = \mathbb{E}[X^2] - (\mathbb{E}[X])^2 = \mathrm{var}(X)$$

对应的就是常见的随机变量 X 的方差. 另一个有意思的选取是定义在正实轴上的凸函数 $\phi(u) = -\log u$. 应用到正随机变量 $Z := e^{\lambda X}$ 上时，这样的 ϕ 可以推出

$$\mathbb{H}_{\phi}(e^{\lambda X}) = -\lambda \mathbb{E}[X] + \log \mathbb{E}[e^{\lambda X}] = \log \mathbb{E}[e^{\lambda(X - \mathbb{E}[X])}]$$

这样的熵对应的是中心化的矩母函数. 在第 2 章中，我们已经看到方差和矩母函数是如何推导出集中不等式的，对应结果分别是 Chebyshev 不等式和 Chernoff 界.

在这章中，我们关注一个略微不同的熵，对应的凸函数 $\phi: [0, \infty) \to \mathbb{R}$ 定义为

$$\phi(u) := u \log u \quad 对于\ u > 0, \quad 以及 \quad \phi(0) := 0 \tag{3.1}$$

⊖ $\mathbb{H}_{\phi}(X)$ 这个记号有一定的误导性，因为它意味着熵是关于 X 的一个函数，因此是一个随机变量. 需要说明的是，熵 $\mathbb{H}_{\phi}$ 是一个作用在概率测度 $\mathbb{P}$ 上的函数，而不是作用在随机变量 X 上.

对任意非负随机变量 $Z\geqslant 0$，它通过

$$\mathbb{H}(Z)=\mathbb{E}[Z\log Z]-\mathbb{E}[Z]\log\mathbb{E}[Z] \tag{3.2}$$

来定义 ϕ 熵，这里假设所有相关的期望都存在. 在本章剩余部分，我们省略下标 ϕ，因为(3.1)是确定的.

熟悉信息论的读者可能会发现熵(3.2)与 Shannon 熵和以及 Kullback-Leibler 散度紧密相关；练习 3.1 会探究这其中的关系. 正如后继内容所示，ϕ 熵(3.2)最重要的性质是作用于独立随机变量函数时的所谓张量化.

对于随机变量 $Z:=e^{\lambda X}$，熵可以通过矩母函数 $\varphi_X(\lambda)=\mathbb{E}[e^{\lambda X}]$及其一阶导数显式地表达出来. 特别地，简单计算可得

$$\mathbb{H}(e^{\lambda X})=\lambda\varphi'_X(\lambda)-\varphi_X(\lambda)\log\varphi_X(\lambda) \tag{3.3}$$

相应地，如果知道 X 的矩母函数，那么可以直接计算熵 $\mathbb{H}(e^{\lambda X})$. 我们来看一个简单例子：

例 3.1(正态随机变量的熵)　对于一元正态随机变量 $X\sim\mathcal{N}(0,\sigma^2)$，我们有 $\varphi_X(\lambda)=e^{\lambda^2\sigma^2/2}$. 求导后，我们得到 $\varphi'_X(\lambda)=\lambda\sigma^2\varphi_X(\lambda)$，因此

$$\mathbb{H}(e^{\lambda X})=\lambda^2\sigma^2\varphi_X(\lambda)-\frac{1}{2}\lambda^2\sigma^2\varphi_X(\lambda)=\frac{1}{2}\lambda^2\sigma^2\varphi_X(\lambda) \tag{3.4}$$

♣

由于矩母函数可以通过 Chernoff 方法得到集中不等式，这意味着熵(3.3)和尾部概率界也应该存在着某种关系. 接下来几节的目标是对几种不同类型的随机变量明确这种关系. 我们接下来将展示基于 $\phi(u)=u\log u$ 的熵有一种特别的张量化性质，这使得它特别适合处理一般的随机变量 Lipschitz 函数.

3.1.2　Herbst 方法及其延伸

直观上来说，熵是一个度量随机变量波动性的量，因此熵的控制可以转化为尾部概率界的控制. Herbst 方法正是针对一类特定的随机变量来研究这个问题. 特别地，假设有一个常数 $\sigma>0$ 使得 $e^{\lambda X}$ 的熵满足一个上界

$$\mathbb{H}(e^{\lambda X})\leqslant\frac{1}{2}\sigma^2\lambda^2\varphi_X(\lambda) \tag{3.5}$$

注意例 3.1 中的计算，任意正态变量 $X\sim\mathcal{N}(0,\sigma^2)$对于所有 $\lambda\in\mathbb{R}$ 满足这个条件且取等号. 此外，如练习 3.7 所示，任意有界随机变量满足形如(3.5)的不等式.

我们这里感兴趣的是另外一个层面：(3.5)的熵上界刻画了随机变量什么样的尾部概率界？经典的 Herbst 方法回答了这个问题，特别地，任意这样的随机变量都有次高斯形式的尾部概率.

命题 3.2(Herbst 方法)　*假设熵 $\mathbb{H}(e^{\lambda X})$对于所有 $\lambda\in I$ 满足不等式(3.5)，这里 I 可以是区间$[0,\infty)$或者 $\mathbb{R}$. 那么 X 满足界*

$$\log\mathbb{E}[e^{\lambda(X-\mathbb{E}[X])}]\leqslant\frac{1}{2}\lambda^2\sigma^2\quad 对于所有\ \lambda\in I \tag{3.6}$$

注：当 $I=\mathbb{R}$ 时，不等式(3.6)的结论与中心化的随机变量 $X-\mathbb{E}[X]$ 是参数为 σ 的次高斯变量是等价的. 应用 Chernoff 方法，当 $I=[0,\infty)$ 时式(3.6)对应的是单侧的尾部概率界

$$\mathbb{P}[X\geqslant\mathbb{E}[X]+t]\leqslant e^{-\frac{t^2}{2\sigma^2}} \tag{3.7}$$

而当 $I=\mathbb{R}$ 时，它对应的是双侧概率界 $\mathbb{P}[|X-\mathbb{E}[X]|\geqslant t]\leqslant 2e^{-\frac{t^2}{2\sigma^2}}$. 当然，这些是之前在第 2 章中讨论过的我们已经非常熟悉的次高斯变量的尾部概率界.

证明　回忆一下式(3.3)中用矩母函数表达的熵的形式. 结合假设的式(3.5)上界，我们可以得到矩母函数 $\varphi=\varphi_X$ 满足导数不等式

$$\lambda\varphi'(\lambda)-\varphi(\lambda)\log\varphi(\lambda)\leqslant\frac{1}{2}\sigma^2\lambda^2\varphi(\lambda),\quad \text{对所有 } \lambda\geqslant 0 \tag{3.8}$$

对于 $\lambda\neq 0$ 定义函数 $G(\lambda)=\frac{1}{\lambda}\log\varphi(\lambda)$，通过连续性我们可以延伸定义

$$G(0):=\lim_{\lambda\to 0}G(\lambda)=\mathbb{E}[X] \tag{3.9}$$

注意我们有 $G'(\lambda)=\frac{1}{\lambda}\frac{\varphi'(\lambda)}{\varphi(\lambda)}-\frac{1}{\lambda^2}\log\varphi(\lambda)$，因此不等式(3.8)可以简化为：对所有 $\lambda\in I$ 有 $G'(\lambda)\leqslant\frac{1}{2}\sigma^2$. 对任意 $\lambda_0>0$，我们可以对不等式两边积分得到

$$G(\lambda)-G(\lambda_0)\leqslant\frac{1}{2}\sigma^2(\lambda-\lambda_0)$$

令 $\lambda_0\to 0^+$ 并运用式(3.9)，我们可以得到

$$G(\lambda)-\mathbb{E}[X]\leqslant\frac{1}{2}\sigma^2\lambda$$

这等价于式(3.6)的结果. 将这个证明拓展到 $I=\mathbb{R}$ 的情况留给读者作为练习. □

到这里，我们看到了熵 $\mathbb{H}(e^{\lambda X})$ 的一个特定上界式(3.5)如何转化为矩母函数式(3.6)的界，以及通过 Chernoff 方法进一步转化为次高斯尾部概率界. 自然的我们可以考虑如何推广这个方法. 就像之前在第 2 章中看到的，一个更大的随机变量类是那些带有次指数形式的概率界的，下述结果是这种情况下命题 3.2 的延伸.

命题 3.3(Bernstein 熵的界)　*假设存在正常数 b 和 σ 使得熵 $\mathbb{H}(e^{\lambda X})$ 满足界*

$$\mathbb{H}(e^{\lambda X})\leqslant\lambda^2\{b\varphi_X'(\lambda)+\varphi_X(\lambda)(\sigma^2-b\mathbb{E}[X])\}\quad \text{对于所有 } \lambda\in[0,1/b) \tag{3.10}$$

那么 X 满足界

$$\log\mathbb{E}[e^{\lambda(X-\mathbb{E}[X])}]\leqslant\sigma^2\lambda^2(1-b\lambda)^{-1}\quad \text{对于所有 } \lambda\in[0,1/b) \tag{3.11}$$

注：应用通常的 Chernoff 方法，命题 3.3 意味着 X 满足上尾部概率界

$$\mathbb{P}[X\geqslant\mathbb{E}[X]+\delta]\leqslant\exp\left(-\frac{\delta^2}{4\sigma^2+2b\delta}\right)\quad \text{对于所有 } \delta\geqslant 0 \tag{3.12}$$

(不考虑常数最优性)这是一个可预见的带有次指数尾部的随机变量的一般 Bernstein 型概率

界. 更多有关这个 Bersnstein 界的细节请参见第 2 章的命题 2.10.

我们现在回到命题 3.3 的证明.

证明 如同之前一样，我们在证明中为了简化记号忽略 φ_X 对 X 的依赖性. 通过练习 3.6 中的重尺度化和中心化技巧，不失一般性可以假设 $\mathbb{E}[X]=0$ 和 $b=1$，由此不等式(3.10)化简为

$$\mathbb{H}(e^{\lambda X}) \leqslant \lambda^2\{\varphi'(\lambda)+\varphi(\lambda)\sigma^2\} \quad \text{对于所有 } \lambda \in [0,1) \tag{3.13}$$

回忆一下命题 3.2 证明中的函数 $G(\lambda)=\frac{1}{\lambda}\log\varphi(\lambda)$，用一点代数知识可以证明条件(3.13)等价于微分方程 $G' \leqslant \sigma^2+\frac{\varphi'}{\varphi}$. 对任意 $\lambda_0>0$，对不等式两边在区间(λ_0, λ)上积分，可得

$$G(\lambda)-G(\lambda_0) \leqslant \sigma^2(\lambda-\lambda_0)+\log\varphi(\lambda)-\log\varphi(\lambda_0)$$

因为这个不等式对于所有 $\lambda_0>0$ 成立，我们取极限 $\lambda_0 \to 0^+$. 之后再利用结果 $\lim\limits_{\lambda_0 \to 0^+} G(\lambda_0)=G(0)=\mathbb{E}[X]$和 $\log\varphi(0)=0$，得到界

$$G(\lambda)-\mathbb{E}[X] \leqslant \sigma^2\lambda+\log\varphi(\lambda) \tag{3.14}$$

将 G 的定义代入并整理后得到式(3.11). □

3.1.3 可分凸函数和熵方法

至今为止，我们已经见识到如何用熵方法来推导一元随机变量的次高斯和次指数的尾部概率界. 如果这就是熵方法的唯一用途，那么并没有太超出通常的 Chernoff 方法的适用范围. 正如我们即将看到的，熵方法的真正威力体现在处理很多随机变量的函数集中度问题上.

作为一个阐述，我们从一个可以用熵方法直接证明的深刻结果开始. 如果对于任意下标 $k \in \{1, 2, \cdots, n\}$，单变量函数

$$y_k \mapsto f(x_1, x_2, \cdots, x_{k-1}, y_k, x_{k+1}, \cdots, x_n)$$

对任意给定向量$(x_1, x_2, \cdots, x_{k-1}, x_{k+1}, \cdots, x_n) \in \mathbb{R}^{n-1}$ 是凸的，我们称函数 $f: \mathbb{R}^n \to \mathbb{R}$ 是可分凸函数. 一个函数 f 关于欧几里得范数是 L-Lipschitz 的，如果满足

$$|f(\boldsymbol{x})-f(\boldsymbol{x}')| \leqslant L\|\boldsymbol{x}-\boldsymbol{x}'\|_2 \quad \text{对所有 } \boldsymbol{x}, \boldsymbol{x}' \in \mathbb{R}^n \tag{3.15}$$

下面的结果适用于可分凸且 L-Lipschitz 函数.

定理 3.4 令$\{X_i\}_{i=1}^n$ 是区间$[a,b]$上的独立随机变量，$f: \mathbb{R}^n \to \mathbb{R}$ 是可分凸且关于欧几里得范数是 L-Lipschitz 的. 那么对于任意 $\delta>0$，我们有

$$\mathbb{P}[f(X) \geqslant \mathbb{E}[f(X)]+\delta] \leqslant \exp\left(-\frac{\delta^2}{4L^2(b-a)^2}\right) \tag{3.16}$$

注：这个结果类似于正态随机变量 Lipschitz 函数的上尾部概率界(参见第 2 章的定理 2.26)，不过这里适用于独立有界的变量. 与正态变量的情形不同，这里的可分凸条件一般不能被去掉；进一步的讨论参看文献部分. 当 f 是完全凸的时候，其他技巧也可以用来得到下尾部概率界，在后续的定理 3.24 中可以看到一个这样的例子.

定理 3.4 可以用来获得一系列重要问题的最优界. 为了说明这一点，我们回到最早在第 2 章的例 2.25 中提到的 Rademacher 复杂度.

例 3.5(Rademacher 复杂度的更优界) 给定一个有界子集 $\mathcal{A}\subset\mathbb{R}^n$，考虑随机变量 $Z=\sup\limits_{a\in\mathcal{A}}\sum\limits_{k=1}^{n}a_k\varepsilon_k$，其中 $\varepsilon_k\in\{-1,+1\}$是独立同分布的 Rademacher 变量. 我们把 Z 看成随机符号的一个函数，并且利用定理 3.4 来求尾事件$\{Z\geqslant\mathbb{E}[Z]+t\}$的发生概率.

我们只需要验证定理中的凸性和 Lipschitz 条件. 首先，因为 $Z=Z(\varepsilon_1,\cdots,\varepsilon_n)$是一系列线性函数的最大值，它是完全凸的(因此也是可分凸的). 记 $Z'=Z(\varepsilon_1',\cdots,\varepsilon_n')$，其中 $\boldsymbol{\varepsilon}'\in\{-1,+1\}^n$ 是另外一个符号变量的向量. 对于任意 $\boldsymbol{a}\in\mathcal{A}$，我们有

$$\underbrace{\langle\boldsymbol{a},\boldsymbol{\varepsilon}\rangle}_{\sum_{k=1}^{n}a_k\varepsilon_k}-Z'=\langle\boldsymbol{a},\boldsymbol{\varepsilon}\rangle-\sup_{\boldsymbol{a}'\in\mathcal{A}}\langle\boldsymbol{a}',\boldsymbol{\varepsilon}'\rangle\leqslant\langle\boldsymbol{a},\boldsymbol{\varepsilon}-\boldsymbol{\varepsilon}'\rangle\leqslant\|\boldsymbol{a}\|_2\|\boldsymbol{\varepsilon}-\boldsymbol{\varepsilon}'\|_2$$

对所有 $\boldsymbol{a}\in\mathcal{A}$ 上取上确界，我们可以得到 $Z-Z'\leqslant(\sup\limits_{\boldsymbol{a}\in\mathcal{A}}\|\boldsymbol{a}\|_2)\|\boldsymbol{\varepsilon}-\boldsymbol{\varepsilon}'\|_2$. 交换 $\boldsymbol{\varepsilon}$ 和 $\boldsymbol{\varepsilon}'$的位置再次使用同样的方法，可以推出 Z 是 Lipschitz 的，参数为 $\mathcal{W}(\mathcal{A}):=\sup\limits_{\boldsymbol{a}\in\mathcal{A}}\|\boldsymbol{a}\|_2$，对应的是集合的欧几里得宽度. 综上所述，定理 3.4 保证了

$$\mathbb{P}[Z\geqslant\mathbb{E}[Z]+t]\leqslant\exp\left(-\frac{t^2}{16\mathcal{W}^2(\mathcal{A})}\right)\tag{3.17}$$

注意参数 $\mathcal{W}^2(\mathcal{A})$可能比 $\sum\limits_{k=1}^{n}\sup\limits_{\boldsymbol{a}\in\mathcal{A}}a_k^2$ 小很多——甚至可能要小 n 的数量级. 在这种情况下，相比于之前在例 2.25 中用有界差不等式得到的尾部概率界，定理 3.4 得出了一个更精确的尾部概率界. ♣

定理 3.4 的另一个用途在随机矩阵领域：

例 3.6(随机矩阵的算子范数) 令 $\boldsymbol{X}\in\mathbb{R}^{n\times d}$ 是一个随机矩阵，其中 X_{ij} 是独立同分布地来自单位区间$[-1,+1]$上的某个零均值分布. $\boldsymbol{X}$ 的谱范数或ℓ_2 算子范数记为$|||\boldsymbol{X}|||_2$，即最大奇异值，由下式给出

$$|||\boldsymbol{X}|||_2=\max_{\substack{\boldsymbol{v}\in\mathbb{R}^d\\\|\boldsymbol{v}\|_2=1}}\|\boldsymbol{X}\boldsymbol{v}\|_2=\max_{\substack{\boldsymbol{v}\in\mathbb{R}^d\\\|\boldsymbol{v}\|_2=1}}\max_{\substack{\boldsymbol{u}\in\mathbb{R}^n\\\|\boldsymbol{u}\|_2=1}}\boldsymbol{u}^{\mathrm{T}}\boldsymbol{X}\boldsymbol{v}\tag{3.18}$$

我们将映射：$\boldsymbol{X}\mapsto|||\boldsymbol{X}|||_2$ 看成 $\mathbb{R}^{nd}$ 到 $\mathbb{R}$ 的函数 f. 为了应用定理 3.4，我们需要证明 f 是 Lipschitz 且凸的. 由定义(3.18)，算子范数是关于 $\boldsymbol{X}$ 的元素的一系列线性函数的上确界；这样的上确界函数是凸函数. 此外，我们有

$$\big|\,|||\boldsymbol{X}|||_2-|||\boldsymbol{X}'|||_2\big|\overset{\text{(i)}}{\leqslant}|||\boldsymbol{X}-\boldsymbol{X}'|||_2\overset{\text{(ii)}}{\leqslant}|||\boldsymbol{X}-\boldsymbol{X}'|||_{\mathrm{F}}\tag{3.19}$$

其中步骤(i)是来自三角不等式，步骤(ii)是由于矩阵的 Frobenius 范数总是可以控制算子范数. (一个矩阵 $\boldsymbol{M}\in\mathbb{R}^{n\times d}$ 的 Frobenius 范数$|||\boldsymbol{M}|||_{\mathrm{F}}$ 就是其所有元素的欧几里得范数，参见式(2.50).)由此，算子范数是 Lipschitz 的，对应参数 $L=1$，这样定理 3.4 意味着

$$\mathbb{P}[|||\boldsymbol{X}|||_2\geqslant\mathbb{E}[|||\boldsymbol{X}|||_2]+\delta]\leqslant e^{-\frac{\delta^2}{16}}$$

值得注意的是，这个界类似于之前正态随机矩阵算子范数的界(2.52)，不过这里的常数稍

微差一点. 更多有关正态情形的细节参考第 2 章的例 2.32. ♣

3.1.4 张量化和可分凸函数

我们现在回到定理 3.4 的证明. 这个证明基于两个引理，这两个引理本身也都很重要. 这里我们阐述这些结果并讨论它们的一些推论，证明部分放到了这一节的最后. 第一个引理给出了单变量函数基于熵的界.

引理 3.7(单变量函数基于熵的界) 设 $X, Y\sim\mathbb{P}$ 是一对独立同分布的随机变量. 那么对任意函数 $g: \mathbb{R}\to\mathbb{R}$，我们有

$$\mathbb{H}(\mathrm{e}^{\lambda g(X)})\leqslant\lambda^2\mathbb{E}[(g(X)-g(Y))^2\mathrm{e}^{\lambda g(X)}\mathbb{I}[g(X)\geqslant g(Y)]]\quad\forall\lambda>0\tag{3.20a}$$

另外，如果 X 是以 $[a,b]$ 为支撑集，并且 g 是凸的且是 Lipschitz 的，那么

$$\mathbb{H}(\mathrm{e}^{\lambda g(X)})\leqslant\lambda^2(b-a)^2\mathbb{E}[(g'(X))^2\mathrm{e}^{\lambda g(X)}]\quad\forall\lambda>0\tag{3.20b}$$

其中 g' 为导数.

在陈述这个引理时，我们用到了 Rademacher 定理的结果：任意一个凸的 Lipschitz 函数几乎处处有导数. 进一步，注意如果 g 是参数为 L 的 Lipschitz 函数，我们有 $\|g'\|_\infty\leqslant L$，于是不等式(3.20b)可推出一个熵界的形式：

$$\mathbb{H}(\mathrm{e}^{\lambda g(X)})\leqslant\lambda^2L^2(b-a)^2\mathbb{E}[\mathrm{e}^{\lambda g(X)}]\quad 对于所有\ \lambda>0$$

对应地，应用命题 3.2，这样一个熵不等式可以得到上尾部概率界

$$\mathbb{P}[g(X)\geqslant\mathbb{E}[g(X)]+\delta]\leqslant\mathrm{e}^{-\frac{\delta^2}{4L^2(b-a)^2}}$$

因此，引理 3.7 可以推出定理 3.4 的单变量版本. 然而，不等式(3.20b)是更精细的，因为它涉及 $g'(X)$ 而不是最坏情况下的界 L，这两者之间的区别在推导定理 3.4 的精细结果中会非常重要. 更一般的不等式(3.20b)将会在推导函数型的 Hoeffding 和 Bernstein 不等式中很有用(参见 3.4 节).

回到正文主线，我们需要将一元的结果推广至多元的情形，熵的张量化性质会在这里起关键作用. 考虑一个函数 $f: \mathbb{R}^n\to\mathbb{R}$，下标 $k\in\{1,2,\cdots,n\}$ 和向量 $\boldsymbol{x}_{\backslash k}=(x_i, i\neq k)\in\mathbb{R}^{n-1}$，我们用下式来定义坐标 k 的条件熵

$$\mathbb{H}(\mathrm{e}^{\lambda f_k(X_k)}\mid\boldsymbol{x}_{\backslash k}):=\mathbb{H}(\mathrm{e}^{\lambda f_k(x_1,\cdots,x_{k-1},X_k,x_{k+1},\cdots,x_n)})$$

其中 $f_k: \mathbb{R}\to\mathbb{R}$ 是坐标函数 $x_k\mapsto f(x_1,\cdots,x_k,\cdots,x_n)$. 说得更清楚一些，对于一个随机向量 $\boldsymbol{X}^{\backslash k}\in\mathbb{R}^{n-1}$，熵 $\mathbb{H}(\mathrm{e}^{\lambda f_k(X_k)}\mid\boldsymbol{X}^{\backslash k})$ 是一个随机变量，它的期望对应条件熵. 下面的结果保证，多变量熵可以被适当定义的单变量熵的和控制住上界.

引理 3.8(熵的张量化) 令 $f: \mathbb{R}^n\to\mathbb{R}$，$\{X_k\}_{k=1}^n$ 为独立随机变量. 那么

$$\mathbb{H}(\mathrm{e}^{\lambda f(X_1,\cdots,X_n)})\leqslant\mathbb{E}\left[\sum_{k=1}^n\mathbb{H}(\mathrm{e}^{\lambda f_k(X_k)}\mid\boldsymbol{X}^{\backslash k})\right]\quad 对于所有\ \lambda>0\tag{3.21}$$

有了这两个结果，我们接下来可以证明定理3.4.

定理3.4的证明 对于任意 $k\in\{1,2,\cdots,n\}$ 和固定向量 $\boldsymbol{x}_{\backslash k}\in\mathbb{R}^{n-1}$，我们的假设条件保证了坐标函数 f_k 是凸的，因此由引理3.7，对于所有的 $\lambda>0$，我们有

$$\begin{aligned}\mathbb{H}(\mathrm{e}^{\lambda f_k(X_k)}\mid\boldsymbol{x}_{\backslash k})&\leqslant\lambda^2(b-a)^2\mathbb{E}_{X_k}[(f_k'(X_k))^2\mathrm{e}^{\lambda f_k(X_k)}\mid\boldsymbol{x}_{\backslash k}]\\&=\lambda^2(b-a)^2\mathbb{E}_{X_k}\left[\left(\frac{\partial f(x_1,\cdots,X_k,\cdots,x_n)}{\partial X_k}\right)^2\mathrm{e}^{\lambda f(x_1,\cdots,X_k,\cdots,x_n)}\right]\end{aligned}$$

其中第二行涉及条件熵的定义.

结合引理3.8，非条件熵可以被下式控制住上界

$$\mathbb{H}(\mathrm{e}^{\lambda f(\boldsymbol{X})})\leqslant\lambda^2(b-a)^2\mathbb{E}\left[\sum_{k=1}^n\left(\frac{\partial f(\boldsymbol{X})}{\partial X_k}\right)^2\mathrm{e}^{\lambda f(\boldsymbol{X})}\right]\overset{\text{(i)}}{\leqslant}\lambda^2(b-a)^2L^2\mathbb{E}[\mathrm{e}^{\lambda f(\boldsymbol{X})}]$$

这里步骤(i)是由 Lipschitz 条件得到的，它保证了

$$\|\nabla f(\boldsymbol{x})\|_2^2=\sum_{k=1}^n\left(\frac{\partial f(\boldsymbol{x})}{\partial x_k}\right)^2\leqslant L^2$$

几乎处处成立. 因此，尾部概率界(3.16)可以由命题3.2得出. □

下面我们证明在之前证明中用到的两个辅助引理——讨论单变量 Lipschitz 函数熵界的引理3.7和讨论熵的张量化的引理3.8. 我们从前一性质开始.

引理3.7的证明 由熵的定义，可以得到

$$\begin{aligned}\mathbb{H}(\mathrm{e}^{\lambda g(X)})&=\mathbb{E}_X[\lambda g(X)\mathrm{e}^{\lambda g(X)}]-\mathbb{E}_X[\mathrm{e}^{\lambda g(X)}]\log(\mathbb{E}_Y[\mathrm{e}^{\lambda g(Y)}])\\&\overset{\text{(i)}}{\leqslant}\mathbb{E}_X[\lambda g(X)\mathrm{e}^{\lambda g(X)}]-\mathbb{E}_{X,Y}[\mathrm{e}^{\lambda g(X)}\lambda g(Y)]\\&=\frac{1}{2}\mathbb{E}_{X,Y}[\lambda\{g(X)-g(Y)\}\{\mathrm{e}^{\lambda g(X)}-\mathrm{e}^{\lambda g(Y)}\}]\\&\overset{\text{(ii)}}{=}\lambda\mathbb{E}[\{g(X)-g(Y)\}\{\mathrm{e}^{\lambda g(X)}-\mathrm{e}^{\lambda g(Y)}\}\mathbb{I}[g(X)\geqslant g(Y)]]\end{aligned}\tag{3.22}$$

其中步骤(i)由 Jensen 不等式得出，步骤(ii)由 X 和 Y 的对称性得出.

由指数函数的凸性，对所有 $s,t\in\mathbb{R}$，我们有 $\mathrm{e}^s-\mathrm{e}^t\leqslant\mathrm{e}^s(s-t)$. 对于 $s\geqslant t$，我们对两边同乘 $(s-t)\geqslant0$，由此可以获得

$$(s-t)(\mathrm{e}^s-\mathrm{e}^t)\mathbb{I}[s\geqslant t]\leqslant(s-t)^2\mathrm{e}^s\mathbb{I}[s\geqslant t]$$

将这个界和 $s=\lambda g(X)$，$t=\lambda g(Y)$ 代入不等式(3.22)得出

$$\mathbb{H}(\mathrm{e}^{\lambda g(X)})\leqslant\lambda^2\mathbb{E}[(g(X)-g(Y))^2\mathrm{e}^{\lambda g(X)}]\mathbb{I}[g(X)\geqslant g(Y)]\tag{3.23}$$

其中用到 $\lambda>0$ 的假设.

另外如果 g 是凸的，我们有上界 $g(x)-g(y)\leqslant g'(x)(x-y)$，因此对于 $g(x)\geqslant g(y)$，有

$$(g(x)-g(y))^2\leqslant(g'(x))^2(x-y)^2\leqslant(g'(x))^2(b-a)^2$$

其中最后一步用到 x，$y\in[a,b]$ 的假设. 整合所有这些结果可以得到我们需要的结论.

我们现在回到熵的张量化性质.

引理3.8的证明 这个证明利用了熵的另外一表达形式：

$$\mathbb{H}(\mathrm{e}^{\lambda f(X)})=\sup_g\{\mathbb{E}[g(X)\mathrm{e}^{\lambda f(X)}]\mid\mathbb{E}[\mathrm{e}^{g(X)}]\leqslant1\}\tag{3.24}$$

这个等价性可由习题 3.9 中提到的对偶方法得到.

对于每个 $j\in\{1,2,\cdots,n\}$，定义 $X_j^n=(X_j,\cdots,X_n)$. 令 g 是任意满足 $\mathbb{E}[e^{g(x)}]\leqslant 1$ 的函数. 我们通过下面式子定义一个辅助函数序列 $\{g^1,\cdots,g^n\}$

$$g^1(X_1,\cdots,X_n):=g(X)-\log\mathbb{E}[e^{g(X)}\mid X_2^n]$$

和

$$g^k(X_k,\cdots,X_n):=\log\frac{\mathbb{E}[e^{g(X)}\mid X_k^n]}{\mathbb{E}[e^{g(X)}\mid X_{k+1}^n]}\quad 对于 k=2,\cdots,n$$

通过这个构造，我们有

$$\sum_{k=1}^{n}g^k(X_k,\cdots,X_n)=g(X)-\log\mathbb{E}[e^{g(X)}]\geqslant g(X) \tag{3.25}$$

而且 $\mathbb{E}[\exp(g^k(X_k,X_{k+1},\cdots,X_n))\mid X_{k+1}^n]=1$.

我们在式(3.24)中应用这一分解，由此得到一列上界

$$\begin{aligned}\mathbb{E}[g(X)e^{\lambda f(X)}]&\overset{(i)}{\leqslant}\sum_{k=1}^{n}\mathbb{E}[g_k(X_k,\cdots,X_n)e^{\lambda f(X)}]\\&=\sum_{k=1}^{n}\mathbb{E}_{X_{\backslash k}}[\mathbb{E}_{X_k}[g^k(X_k,\cdots,X_n)e^{\lambda f(X)}\mid X_{\backslash k}]]\\&\overset{(ii)}{\leqslant}\sum_{k=1}^{n}\mathbb{E}_{X_{\backslash k}}[\mathbb{H}(e^{\lambda f_k(X_k)}\mid X_{\backslash k})]\end{aligned}$$

其中不等式(i)用了界(3.25)，而不等式(ii)则是式(3.24)在单变量函数中的应用，同时利用了 $\mathbb{E}[g^k(X_k,\cdots,X_n)\mid X_{\backslash k}]=1$ 的事实. 因为这个结论适用于任意满足 $\mathbb{E}[e^{g(X)}]\leqslant 1$ 的函数 g，我们对左边取上确界，并结合式(3.24)，可以得到

$$\mathbb{H}(e^{\lambda f(X)})\leqslant\sum_{k=1}^{n}\mathbb{E}_{X_{\backslash k}}[\mathbb{H}(e^{\lambda f_k(X_k)}\mid X\backslash k)]$$

正是引理的结论.

3.2 集中度的几何观点

我们现在转向测度集中度的一些几何方面. 历史上，这种几何观点是最悠久的，它可以追溯到 Lévy 在正态随机变量 Lipschitz 函数的集中度上得到的经典结果. 它也建立了概率和高维几何之间的深层联系.

这一节的结果用*度量测度空间*叙述最为方便，也就是，一个度量空间 $(\mathcal{X},\rho)$ 在其 Borel 集上被赋予一个概率测度 $\mathbb{P}$. 需要读者记住的经典度量空间例子，比如集合 $\mathcal{X}=\mathbb{R}^n$ 配上欧几里得度量 $\rho(\boldsymbol{x},\boldsymbol{y}):=\|\boldsymbol{x}-\boldsymbol{y}\|_2$ 和离散方体 $\mathcal{X}=\{0,1\}^n$ 配上 Hamming 度量 $\rho(\boldsymbol{x},\boldsymbol{y})=\sum_{j=1}^{n}\mathbb{I}[x_j\neq y_j]$.

与度量测度空间相关的是*集中度函数*，它是借助集合的 ϵ 扩张用几何方式定义的. 作为一个有关 ϵ 的函数，集中度函数详细刻画了 ϵ 扩张趋向于 1 的速度有多快. 如我们下面所见，这个函数与度量空间上的 Lipschitz 函数的集中度性质有紧密联系.

3.2.1　集中度函数

给定一个集合 $A\subseteq\mathcal{X}$ 和一个点 $x\in\mathcal{X}$，定义量

$$\rho(x,A):=\inf_{y\in A}\rho(x,y) \tag{3.26}$$

它度量了点 x 和 A 中最近点之间的距离. 给定一个参数 $\epsilon>0$，A 的 ϵ 扩张由下式给出

$$A^{\epsilon}:=\{x\in\mathcal{X}\mid\rho(x,A)<\epsilon\} \tag{3.27}$$

换句话说，集合 A^{ϵ} 对应着与 A 距离小于 ϵ 的开邻域. 有了这个记号，度量测度空间$(\mathcal{X},\rho,\mathbb{P})$的集中度函数定义如下：

> **定义 3.9**　度量测度空间$(\mathbb{P},\mathcal{X},\rho)$的集中度函数 α：$[0,\infty)\to\mathbb{R}_{+}$ 定义为
>
> $$\alpha_{\mathbb{P},(\mathcal{X},\rho)}(\epsilon):=\sup_{A\subseteq\mathcal{X}}\left\{1-\mathbb{P}[A^{\epsilon}]\mid\mathbb{P}[A]\geqslant\frac{1}{2}\right\} \tag{3.28}$$
>
> 其中上确界在所有可测子集 A 上取.

当度量空间$(\mathcal{X},\rho)$根据上下文定义清楚时，我们经常使用缩写符号 $\alpha_{\mathbb{P}}$. 由定义(3.28)可得，对所有 $\epsilon\geqslant0$，有 $\alpha_{\mathbb{P}}(\epsilon)=\left[0,\frac{1}{2}\right]$. 我们主要感兴趣的是当 ϵ 增加时集中度函数的表现，更确切地说，它趋向于 0 有多快. 我们通过考察一些例子来阐述.

例 3.10(球面的集中度函数)　考虑 n 维欧几里得球面上的均匀分布定义的度量测度空间

$$\mathbb{S}^{n-1}:=\{\boldsymbol{x}\in\mathbb{R}^{n}\mid\|\boldsymbol{x}\|_2=1\} \tag{3.29}$$

其上的度量为测地线度量 $\rho(\boldsymbol{x},\boldsymbol{y}):=\arccos\langle\boldsymbol{x},\boldsymbol{y}\rangle$. 我们考虑由三元组$(\mathbb{P},\mathbb{S}^{n-1},\rho)$定义的集中度函数 $\alpha_{\mathbb{S}^{n-1}}$ 的上界，其中 $\mathbb{P}$ 是球面上的均匀分布. 对于每个 $\boldsymbol{y}\in\mathbb{S}^{n-1}$，定义半球面

$$H_{\boldsymbol{y}}:=\{\boldsymbol{x}\in\mathbb{S}^{n-1}\mid\rho(\boldsymbol{x},\boldsymbol{y})\geqslant\pi/2\}=\{\boldsymbol{x}\in\mathbb{S}^{n-1}\mid\langle\boldsymbol{x},\boldsymbol{y}\rangle\leqslant0\} \tag{3.30}$$

示意见图 3.1a. 由一些简单的几何知识，可以得到它的 ϵ 扩张对应集合

$$H_{\boldsymbol{y}}^{\epsilon}=\{\boldsymbol{z}\in\mathbb{S}^{n-1}\mid\langle\boldsymbol{z},\boldsymbol{y}\rangle<\sin(\epsilon)\} \tag{3.31}$$

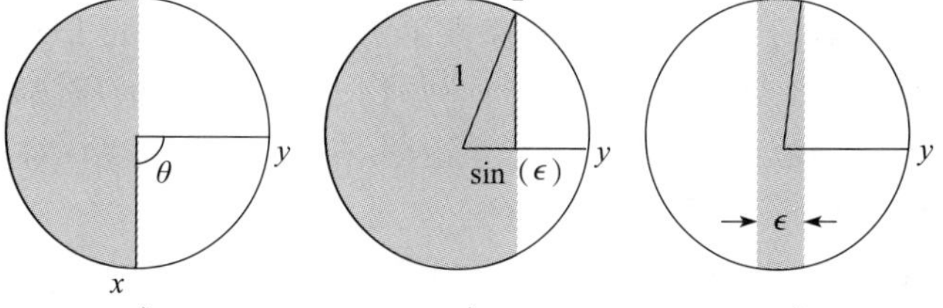

图 3.1　a) 球面 $\mathbb{S}^{n-1}$ 的示意图. 任意向量 $\boldsymbol{y}\in\mathbb{S}^{n-1}$ 定义了一个半球面 $H_{\boldsymbol{y}}=\{\boldsymbol{x}\in\mathbb{S}^{n-1}\mid\langle\boldsymbol{x},\boldsymbol{y}\rangle\leqslant0\}$，对应那些与 $\boldsymbol{y}$ 的夹角 $\theta=\arccos\langle\boldsymbol{x},\boldsymbol{y}\rangle$ 至少为 $\pi/2$ 弧度的向量. b) 半球面 $H_{\boldsymbol{y}}$ 的 ϵ 扩张. c)一个宽度为 ϵ 的球面的中心切片 $T_{\boldsymbol{y}}(\epsilon)$

示意见图 3.1b. 注意 $\mathbb{P}[H_y]=1/2$，于是半球(3.30)是一个定义集中度函数(3.28)的上确界的候选集合. Lévy 经典的等周长定理保证这些半球面是极值点，也就是说它们能取到上确界，即

$$\alpha_{\mathbb{S}^{n-1}}(\epsilon)=1-\mathbb{P}[H_y^{\epsilon}] \tag{3.32}$$

我们假设已经有了这个结论，并用它来计算集中度函数的一个上界. 为此，我们需要求概率 $\mathbb{P}[H_y^{\epsilon}]$的下界. 因为对于所有 $\epsilon\in(0,\pi/2]$有 $\sin(\epsilon)\geqslant\epsilon/2$，这个扩张包含集合

$$\widetilde{H}_y^{\epsilon}:=\left\{z\in\mathbb{S}^{n-1}\mid\langle z,y\rangle\leqslant\frac{1}{2}\epsilon\right\}$$

并有 $\mathbb{P}[H_y^{\epsilon}]\geqslant\mathbb{P}[\widetilde{H}_y^{\epsilon}]$. 最后，留作练习，通过几何计算，对于所有 $\epsilon\in(0,\sqrt{2})$，我们有

$$\mathbb{P}[\widetilde{H}_y^{\epsilon}]\geqslant 1-\left(1-\left(\frac{\epsilon}{2}\right)^2\right)^{n/2}\geqslant 1-\mathrm{e}^{-n\epsilon^2/8} \tag{3.33}$$

其中用到了不等式$(1-t)\leqslant\mathrm{e}^{-t}$ 以及 $t=\epsilon^2/4$. 我们因此得到集中度函数的上界 $\alpha_{\mathbb{S}^{n-1}}(\epsilon)\leqslant\mathrm{e}^{-n\epsilon^2/8}$. 可以用一个类似但更精细的方法来控制 $\mathbb{P}[H_y]$，从而得到更精细的上界

$$\alpha_{\mathbb{S}^{n-1}}(\epsilon)\leqslant\sqrt{\frac{\pi}{2}}\,\mathrm{e}^{-\frac{n\epsilon^2}{2}} \tag{3.34}$$

界(3.34)是一个非常不平凡的结果，它源于 Lévy，这里值得停下来深入思考. 除其他结果外，这意味着，如果我们考虑球面的一个宽度为 ϵ 的中心切片，也就是具有如下形式的集合

$$T_y(\epsilon):=\{z\in\mathbb{S}^{n-1}\,\|\langle z,y\rangle|\leqslant\epsilon/2\} \tag{3.35}$$

示意见图 3.1c，它占据了总体积的很大比例. 特别地，我们有 $\mathbb{P}[T_y(\epsilon)]\geqslant 1-\sqrt{2\pi}\exp\left(-\frac{n\epsilon^2}{2}\right)$.

不仅如此，这个结论对任意这样的切片都成立. 为了更清楚地阐述这一点，图 3.1c 展示了二维的例子——就像任何低维例子一样，它无法提取高维球面的特征. 一般地，我们将低维情形下的直观印象延伸到高维时会非常具有误导性. ♣

3.2.2　与 Lipschitz 函数的联系

在第 2 章和本章之前的章节中，我们探索了对于不同形式的 Lipschitz 函数获得偏差和集中不等式的几种方法. 集中度函数 $\alpha_{\mathbb{P},(\mathcal{X},\rho)}$ 与 Lipschitz 函数的尾部概率密切相关. 特别地，假设一个函数 $f:\mathcal{X}\to\mathbb{R}$ 关于度量 ρ 是 L-Lipschitz 的，也就是说，对于所有 $x,y\in\mathcal{X}$，

$$|f(x)-f(y)|\leqslant L\rho(x,y) \tag{3.36}$$

给定一个随机变量 $X\sim\mathbb{P}$，令 m_f 是 $f(X)$的任意一个中位数，也就是说，这个数满足

$$\mathbb{P}[f(X)\geqslant m_f]\geqslant 1/2 \text{ 和 } \mathbb{P}[f(X)\leqslant m_f]\geqslant 1/2 \tag{3.37}$$

定义集合 $A=\{x\in\mathcal{X}\mid f(x)\leqslant m_f\}$，并且考虑它的$\frac{\epsilon}{L}$扩张 $A^{\epsilon/L}$. 对于任意 $x\in A^{\epsilon/L}$，存在某个 $y\in A$ 满足 $\rho(x,y)<\epsilon/L$. 与 Lipschitz 性质结合起来，我们可以推出 $|f(y)-f(x)|\leqslant$

$L\rho(x,y)<\epsilon$，因此

$$A^{\epsilon/L}\subseteq\{x\in\mathcal{X}\mid f(x)<m_f+\epsilon\} \tag{3.38}$$

对应地，我们得到

$$\mathbb{P}[f(X)\geqslant m_f+\epsilon]\overset{(i)}{\leqslant}1-\mathbb{P}[A^{\epsilon/L}]\overset{(ii)}{\leqslant}\alpha_{\mathbb{P}}(\epsilon/L)$$

其中不等式(i)由(3.38)得到，不等式(ii)使用了 $\mathbb{P}[A]\geqslant1/2$ 和定义(3.28). 对 $-f$ 用相似的方法可以得到一个类似的左侧偏差不等式 $\mathbb{P}[f(X)\leqslant m_f-\epsilon]\leqslant\alpha_{\mathbb{P}}(\epsilon/L)$，把这些综合起来可以推出集中不等式

$$\mathbb{P}[|f(X)-m_f|\geqslant\epsilon]\leqslant2\alpha_{\mathbb{P}}(\epsilon/L)$$

就像第 2 章练习 2.14 展示的那样，中位数附近这样精细的集中度与在均值附近的集中度等价(相差一个常数). 因此，我们已经证明了集中度函数(3.28)的界可以推出任何 Lipschitz 函数的集中不等式. 这个结论也可以反过来，也就是下面要叙述的：集中度函数的控制与 Lipschitz 函数的控制等价.

命题 3.11　给定一个随机变量 $X\sim\mathbb{P}$ 和集中度函数 $\alpha_{\mathbb{P}}$，任意一个$(\mathcal{X},\rho)$上的 1-Lipschitz 函数满足

$$\mathbb{P}[|f(X)-m_f|\geqslant\epsilon]\leqslant2\alpha_{\mathbb{P}}(\epsilon) \tag{3.39a}$$

其中 m_f 是 f 的任意中位数. 反之，假设有一个函数 β：$\mathbb{R}_+\to\mathbb{R}_+$ 满足对于任意一个$(\mathcal{X},\rho)$上的 1-Lipschitz 函数，

$$\mathbb{P}[f(X)\geqslant\mathbb{E}[f(X)]+\epsilon]\leqslant\beta(\epsilon)\quad 对于所有\ \epsilon\geqslant0 \tag{3.39b}$$

那么集中度函数满足界 $\alpha_{\mathbb{P}}(\epsilon)\leqslant\beta(\epsilon/2)$.

证明　只需证明反过来的部分. 固定某个 $\epsilon\geqslant0$，令 A 是任意满足 $\mathbb{P}[A]\geqslant1/2$ 的可测集.

注意式(3.26)中的 $\rho(x,A)$的定义，我们考虑函数 $f(x):=\min\{\rho(x,A),\epsilon\}$. 可以看到 f 是 1-Lipschitz 的，并且 $1-\mathbb{P}[A^{\epsilon}=\mathbb{P}[f(X)\geqslant\epsilon]$. 我们的构造保证

$$\mathbb{E}[f(X)]\leqslant(1-\mathbb{P}[A])\epsilon\leqslant\epsilon/2$$

由此我们可以得出

$$\mathbb{P}[f(X)\geqslant\epsilon]\leqslant\mathbb{P}[f(X)\geqslant\mathbb{E}[f(X)]+\epsilon/2]\leqslant\beta(\epsilon/2)$$

其中最后一个不等式用了假设条件(3.39b). □

命题 3.11 在具体的设定下有一些更精确的解释.

例 3.12($\mathbb{S}^{n-1}$ 上的 Lévy 集中度)　由之前在例 3.10 中所讨论的，球面 $\mathbb{S}^{n-1}$ 上均匀分布的集中度函数有上界控制

$$\alpha_{\mathbb{S}^{n-1}}(\epsilon)\leqslant\sqrt{\frac{\pi}{2}}\,\mathrm{e}^{-\frac{n\epsilon^2}{2}}$$

由此，对任意一个定义在 $\mathbb{S}^{n-1}$ 上的 1-Lipschitz 函数 f，我们有双侧界

$$\mathbb{P}[|f(X)-m_f|\geqslant \epsilon]\leqslant \sqrt{2\pi}\,\mathrm{e}^{-\frac{n\epsilon^2}{2}} \tag{3.40}$$

其中 m_f 是 f 的任意中位数. 进一步，由习题 2.14(d)的结果，我们同样有

$$\mathbb{P}[|f(X)-\mathbb{E}[f(X)]|\geqslant \epsilon]\leqslant 2\sqrt{2\pi}\,\mathrm{e}^{-\frac{n\epsilon^2}{8}} \tag{3.41}$$

♣

例 3.13(布尔超立方体的集中度)　考虑布尔超立方体 $\mathcal{X}=\{0,1\}^n$ 以及常规的 Hamming 度量

$$\rho_{\mathrm{H}}(\boldsymbol{x},\boldsymbol{y}):=\sum_{j=1}^{n}\mathbb{I}[x_j\neq y_j]$$

给定这个度量，我们可以定义 Hamming 球

$$\mathbb{B}_{\mathrm{H}}(r;\boldsymbol{x})=\{\boldsymbol{y}\in\{0,1\}^n\mid \rho_{\mathrm{H}}(\boldsymbol{y},\boldsymbol{x})\leqslant r\}$$

其半径为 r，以某个 $\boldsymbol{x}\in\{0,1\}^n$ 为中心. 这里感兴趣的是分别以全 0 向量和全 1 向量为中心的 Hamming 球. 特别地，在这个例子中，我们展示 Harper 的古典组合结果可以用来控制由均匀分布 $\mathbb{P}$ 和 Hamming 度量构成的度量测度空间的集中度函数.

给定两个二元超立方体非空子集 A 和 B，Harper 定理的一个结论告诉我们，总是可以找到两个正整数 r_A 和 r_B 和相应的子集 A'和 B'，满足下列性质：

- 集合 A'和 B'有如下的“三明治”关系
  $\mathbb{B}_{\mathrm{H}}(r_A-1;0)\subseteq A'\subseteq \mathbb{B}_{\mathrm{H}}(r_A;0)$　和　$\mathbb{B}_{\mathrm{H}}(r_B-1;1)\subseteq B'\subseteq \mathbb{B}_{\mathrm{H}}(r_B;1)$；
- 基数相对应，$\mathrm{card}(A)=\mathrm{card}(A')$和 $\mathrm{card}(B)=\mathrm{card}(B')$；
- 我们有下界 $\rho_{\mathrm{H}}(A',B')\geqslant \rho_{\mathrm{H}}(A,B)$.

我们基于这个组合定理可以推出

$$\alpha_{\mathbb{P}}(\epsilon)\leqslant \mathrm{e}^{-\frac{2\epsilon^2}{n}}\quad 对于所有\ n\geqslant 3 \tag{3.42}$$

考虑任意满足 $\mathbb{P}[A]=\dfrac{\mathrm{card}(A)}{2^n}\geqslant \dfrac{1}{2}$的子集. 对于任意 $\epsilon>0$，定义集合 $B=\{0,1\}^n\setminus A^{\epsilon}$. 为了证明界(3.42)，我们只需证 $\mathbb{P}[B]\leqslant \mathrm{e}^{-\frac{2\epsilon^2}{n}}$. 因为对于 $n\geqslant 3$，我们总是有 $\mathbb{P}[B]\leqslant \dfrac{1}{2}\leqslant \mathrm{e}^{-\frac{2}{n}}$，只需考虑 $\epsilon>1$ 的情况. 通过构造，我们有

$$\rho_{\mathrm{H}}(A,B)=\min_{\boldsymbol{a}\in A,\boldsymbol{b}\in B}\rho_{\mathrm{H}}(\boldsymbol{a},\boldsymbol{b})\geqslant \epsilon$$

令 A'和 B'为满足 Harper 定理叙述的子集. 因为 A 的基数至少有 2^{n-1}，集合 A'有着与 A 一样的基数，一定包含所有含至多 $n/2$ 个 1 的向量. 更进一步，由基数对应条件和我们的均匀分布的选取，我们可以得到 $\mathbb{P}[B]=\mathbb{P}[B']$. 另一方面，集合 B'被以全 1 向量为中心的 Hamming 球包含，并且我们有 $\rho_{\mathrm{H}}(A',B')\geqslant \epsilon>1$. 由此，任意向量 $\boldsymbol{b}\in B'$一定包含至少 $\dfrac{n}{2}+\epsilon$ 个 1. 因此，如果我们设 $\{X_i\}_{i=1}^n$ 是一系列独立同分布的 Bernoulli 变量，我们有 $\mathbb{P}[B']\leqslant \mathbb{P}\left[\sum_{i=1}^{n}X_i\geqslant \dfrac{n}{2}+\epsilon\right]\leqslant \mathrm{e}^{-\frac{2\epsilon^2}{n}}$，其中最后一个不等式来自 Hoeffding 界.

因为 A 是满足 $\mathbb{P}[A]\geqslant\frac{1}{2}$ 的任意一个集合，我们已经证明集中不等式满足界(3.42). 应用推论 3.11，我们可以推出任意在布尔超立方体上的 1-Lipschitz 函数满足集中度界

$$\mathbb{P}[|f(X)-m_f|\geqslant\epsilon]\leqslant 2\mathrm{e}^{-\frac{2\epsilon^2}{n}}$$

因此，除去均值和中位数之间微不足道的区别(参见习题 2.14)，我们已经建立了布尔超立方体的 Lipschitz 函数的有界差不等式(2.35). ♣

3.2.3 从几何到集中度

几何视角表明凸几何与测度集中度之间的一系列潜在联系. 例如，考虑 Brunn-Minkowski 不等式：在其中一个表达方式中，它断言对于任意 $\mathbb{R}^n$ 上的两个凸体[⊖] C 和 D，我们有

$$[\mathrm{vol}(\lambda C+(1-\lambda)D)]^{1/n}\geqslant\lambda[\mathrm{vol}(C)]^{1/n}+(1-\lambda)[\mathrm{vol}(D)]^{1/n}\quad 对于任意 \lambda\in[0,1] \tag{3.43}$$

这里我们用

$$\lambda C+(1-\lambda)D:=\{\lambda c+(1-\lambda)d\mid c\in C,d\in D\}$$

来记两个集合的 Minkowski 和. Brunn-Minkowski 不等式和其变化形式与测度的集中度都有紧密联系. 为了揭示这种联系，注意集中度函数(3.28)定义了一个端集的概念，即那些在限制 $\mathbb{P}[A]$ 大小的约束下最小化测度 $\mathbb{P}[A^\epsilon]$ 的集合. 如果将体积看成是一种非正规化的概率测度，Brunn-Minkowski 不等式(3.43)可以用来证明这种形式的一个经典结果.

例 3.14($\mathbb{R}^n$ 上的经典等周不等式) 考虑 $\mathbb{R}^n$ 上欧氏球 $B_2^n:=\{\boldsymbol{x}\in\mathbb{R}^n\mid\|x\|_2\leqslant 1\}$. 经典的等周不等式表明，对任意满足 $\mathrm{vol}(A)=\mathrm{vol}(\mathbb{B}_2^n)$ 的集合 $A\subset\mathbb{R}^n$，它的 ϵ 扩张 A^ϵ 的体积有下界

$$\mathrm{vol}(A^\epsilon)\geqslant\mathrm{vol}([\mathbb{B}_2^n]^\epsilon) \tag{3.44}$$

这表明球 $\mathbb{B}_2^n$ 是端集. 为了验证这个界，我们注意到

$$[\mathrm{vol}(A^\epsilon)]^{1/n}=[\mathrm{vol}(A+\epsilon\mathbb{B}_2^n)]^{1/n}\geqslant[\mathrm{vol}(A)]^{1/n}+[\mathrm{vol}(\epsilon\mathbb{B}_2^n)]^{1/n}$$

其中下界由 Brunn-Minkowski 不等式(3.43)结合适当选取的(λ,C,D)得到；更多细节参见习题 3.10. 因为 $\mathrm{vol}(A)=\mathrm{vol}(\mathbb{B}_2^n)$ 和 $[\mathrm{vol}(\epsilon\mathbb{B}_2^n)]^{1/n}=\epsilon\mathrm{vol}(\mathbb{B}_2^n)$，我们看到

$$\mathrm{vol}(A^\epsilon)^{1/n}\geqslant(1+\epsilon)\mathrm{vol}(\mathbb{B}_2^n)^{1/n}=[\mathrm{vol}((\mathbb{B}_2^n)^\epsilon)]^{1/n}$$

这就完成了我们的证明. ♣

Brunn-Minkowski 不等式有很多等价形式. 例如，它也可以叙述为：

$$\mathrm{vol}(\lambda C+(1-\lambda)D)\geqslant[\mathrm{vol}(C)]^\lambda[\mathrm{vol}(D)]^{1-\lambda}\quad 对于所有 \lambda\in[0,1] \tag{3.45}$$

这个形式的 Brunn-Minkowski 不等式可以用来建立球面上均匀测度的 Lévy 型集中度，所得结果的常数项比例 3.10 推导的结果要稍弱. 在习题 3.10 中，我们探究了不等式(3.45)和我们最早陈述的 Brunn-Minkowski 不等式(3.43)之间的等价性.

Brunn-Minkowski 不等式的等价形式(3.45)也可以很自然地推广到一般的泛函情形，

⊖ $\mathbb{R}^n$ 上的凸体是一个紧且闭的集合.

这个结果归功于 Prékopa 和 Leindler. 对应地，推广后的不等式可以用来推导一些强对数凹测度的集中不等式.

定理 3.15(Prékopa-Leindler 不等式) 设 u，v，w 是非负可积函数，并满足对于某个 $\lambda\in[0,1]$，有

$$w(\lambda \boldsymbol{x}+(1-\lambda)\boldsymbol{y})\geqslant[u(\boldsymbol{x})]^{\lambda}[v(\boldsymbol{y})]^{1-\lambda}\quad \text{对于所有 } \boldsymbol{x},\boldsymbol{y}\in\mathbb{R}^n \tag{3.46}$$

那么

$$\int w(\boldsymbol{x})\mathrm{d}\boldsymbol{x}\geqslant\left(\int u(\boldsymbol{x})\mathrm{d}\boldsymbol{x}\right)^{\lambda}\left(\int v(\boldsymbol{x})\mathrm{d}\boldsymbol{x}\right)^{1-\lambda} \tag{3.47}$$

为了看到这个结论如何推导出经典的 Brunn-Minkowski 不等式(3.45)，分别考虑设定

$$u(\boldsymbol{x})=\mathbb{I}_C(\boldsymbol{x}),\quad v(\boldsymbol{x})=\mathbb{I}_D(\boldsymbol{x})\quad 和\quad w(\boldsymbol{x})=\mathbb{I}_{\lambda C+(1-\lambda)D}(\boldsymbol{x})$$

这里 $\mathbb{I}_C$ 表示事件$\{\boldsymbol{x}\in C\}$的二值示性函数，其他的示性函数也用类似方式定义. 为了证明经典不等式(3.45)是定理 3.15 的一个推论，我们需要验证

$$\mathbb{I}_{\lambda C+(1-\lambda)D}(\lambda\boldsymbol{x}+(1-\lambda)\boldsymbol{y})\geqslant[\mathbb{I}_C(\boldsymbol{x})]^{\lambda}[\mathbb{I}_D(\boldsymbol{y})]^{1-\lambda}\quad 对于所有\ \boldsymbol{x},\boldsymbol{y}\in\mathbb{R}^n$$

对于 $\lambda=0$ 或者 $\lambda=1$，结论是显然的. 对于任意 $\lambda\in(0,1)$，如果 $\boldsymbol{x}\notin C$ 或者 $\boldsymbol{y}\notin D$，右侧是零，于是结论是显然的. 否则，如果 $\boldsymbol{x}\in C$ 且 $\boldsymbol{y}\in D$，那么两边都等于 1.

对于允许有相依性的特定分布类，Prékopa-Leindler 不等式可以用来建立 Lipschitz 函数的一些重要的集中不等式. 特别地，如果 $\log p$ 是强凹的，那我们称一个分布 $\mathbb{P}$ 关于密度 p(勒贝格测度)是强对数凹分布. 等价地，这个条件意味着密度可以写成 $p(x)=\exp(-\psi(\boldsymbol{x}))$形式，其中函数 ψ：$\mathbb{R}^n\to\mathbb{R}$ 是强凸的，意味着存在某个 $\gamma>0$ 满足

$$\lambda\psi(\boldsymbol{x})+(1-\lambda)\psi(\boldsymbol{y})-\psi(\lambda\boldsymbol{x}+(1-\lambda)\boldsymbol{y})\geqslant\frac{\gamma}{2}\lambda(1-\lambda)\|\boldsymbol{x}-\boldsymbol{y}\|_2^2 \tag{3.48}$$

对所有 $\lambda\in[0,1]$和 $\boldsymbol{x}$，$\boldsymbol{y}\in\mathbb{R}^n$ 成立. 例如，很容易验证 n 维标准正态分布是强对数凹的参数 $\gamma=1$. 更一般地，任意具有协方差矩阵 $\boldsymbol{\Sigma}>0$ 的正态分布是强对数凹的，参数为 $\gamma=\gamma\min(\boldsymbol{\Sigma}^{-1})=(\gamma\max(\boldsymbol{\Sigma}))^{-1}$. 另外，还有很多非正态分布也是强对数凹的. 对于任意这种分布，Lipschitz 函数是集中的，这一结论正是接下来要叙述的.

定理 3.16 设 $\mathbb{P}$ 是任意参数 $\gamma>0$ 的强对数凹的分布. 那么对于任意欧几里得范数下的 L-Lipschitz 的函数 f：$\mathbb{R}^n\to\mathbb{R}$，我们有

$$\mathbb{P}[|f(\boldsymbol{X})-\mathbb{E}[f(\boldsymbol{X})]|\geqslant t]\leqslant 2\mathrm{e}^{-\frac{\gamma t^2}{4L^2}} \tag{3.49}$$

注：因为标准正态分布是强对数凹的参数 $\gamma=1$，这个定理蕴含了前面的结果(定理 2.26)，只是指数上的常数不是最优的.

证明 令 h 是一个任意的欧几里得范数下 Lipschitz 常数为 L 的零均值函数. 仅需证明 $\mathbb{E}[\mathrm{e}^{h(X)}]\leqslant\mathrm{e}^{\frac{L^2}{\gamma}}$. 事实上，如果这个不等式成立，给定一个任意的 Lipschitz 常数为 K 的函数

f 和 $\lambda\in\mathbb{R}$，我们可以对零均值函数 $h:=\lambda(f-\mathbb{E}[f(\boldsymbol{X})])$ 应用这个不等式，其 Lipschitz 常数为 $L=\lambda K$. 这样可以导出界

$$\mathbb{E}[e^{\lambda(f(\boldsymbol{X})-\mathbb{E}[f(\boldsymbol{X})])}]\leqslant e^{\frac{\lambda^2K^2}{\gamma}} \quad \text{对于所有 } \lambda\in\mathbb{R}$$

这证明了 $f(\boldsymbol{X})-\mathbb{E}[f(\boldsymbol{X})]$ 是一个次高斯随机变量. 就像第 2 章所证明的，这类关于矩母函数的一致控制可以推出所需要的尾部概率界.

相应地，对于一个给定的 L-Lipschitz 的零均值函数 h 和给定的 $\lambda\in[0,1]$ 以及 $\boldsymbol{x},\boldsymbol{y}\in\mathbb{R}^n$，定义函数

$$g(\boldsymbol{y}):=\inf_{\boldsymbol{x}\in\mathbb{R}^n}\left\{h(\boldsymbol{x})+\frac{\gamma}{4}\|\boldsymbol{x}-\boldsymbol{y}\|_2^2\right\}$$

这一函数就是重尺度化欧几里得范数下的 h 的下卷积. 有了这个定义，定理的证明基于参数为 $\lambda=1/2$ 的 Prékopa-Leindler 不等式、对应的三元函数组 $w(\boldsymbol{z})\equiv p(\boldsymbol{z})=\exp(-\psi(\boldsymbol{z}))$（即 $\mathbb{P}$ 的密度）以及一对函数

$$u(\boldsymbol{x}):=\exp(-h(\boldsymbol{x})-\psi(\boldsymbol{x})) \quad \text{和} \quad v(\boldsymbol{y}):=\exp(g(\boldsymbol{y})-\psi(\boldsymbol{y}))$$

我们首先需要证明不等式(3.46)在 $\lambda=1/2$ 的时候成立. 根据 u 和 v 的定义，不等式(3.46)的右边取对数——简记为 R——如下给出：

$$R=\frac{1}{2}\{g(\boldsymbol{y})-h(\boldsymbol{x})\}-\frac{1}{2}\psi(\boldsymbol{x})-\frac{1}{2}\psi(\boldsymbol{y})=\frac{1}{2}\{g(\boldsymbol{y})-h(\boldsymbol{x})-2E(\boldsymbol{x},\boldsymbol{y})\}-\psi(\boldsymbol{x}/2+\boldsymbol{y}/2)$$

其中 $E(\boldsymbol{x},\boldsymbol{y}):=\frac{1}{2}\psi(\boldsymbol{x})+\frac{1}{2}\psi(\boldsymbol{y})-\psi(\boldsymbol{x}/2+\boldsymbol{y}/2)$. 因为 $\mathbb{P}$ 是 γ 对数凹的分布，函数 ψ 是 γ 强凸的，因此 $2E(\boldsymbol{x},\boldsymbol{y})\geqslant\frac{\gamma}{4}\|\boldsymbol{x}-\boldsymbol{y}\|_2^2$. 将其代入到之前 R 的表达式中，我们得到

$$R\leqslant\frac{1}{2}\left\{g(\boldsymbol{y})-h(\boldsymbol{x})-\frac{\gamma}{4}\|\boldsymbol{x}-\boldsymbol{y}\|_2^2\right\}-\psi(\boldsymbol{x}/2+\boldsymbol{y}/2)\leqslant-\psi(\boldsymbol{x}/2+\boldsymbol{y}/2)$$

其中最后一个不等式由下卷积 g 的定义得来. 我们因此验证了 $\lambda=1/2$ 时条件(3.46)成立.

由构造方式可知，$\int w(\boldsymbol{x})d\boldsymbol{x}=\int p(\boldsymbol{x})d\boldsymbol{x}=1$，故由 Prékopa-Leindler 不等式推出

$$0\geqslant\frac{1}{2}\log\int e^{-h(\boldsymbol{x})-\psi(\boldsymbol{x})}d\boldsymbol{x}+\frac{1}{2}\log\int e^{g(\boldsymbol{y})-\psi(\boldsymbol{y})}d\boldsymbol{y}$$

将积分号重写为期望并整理得到

$$\mathbb{E}[e^{g(Y)}]\leqslant\frac{1}{\mathbb{E}[e^{-h(X)}]}\overset{\text{(i)}}{\leqslant}\frac{1}{e^{\mathbb{E}[-h(X)]}}\overset{\text{(ii)}}{=}1 \tag{3.50}$$

其中步骤(i)由 Jensen 不等式和函数 $t\mapsto\exp(-t)$ 的凸性得到，步骤(ii)由假设 $\mathbb{E}[-h(X)]=0$ 得到. 最后，因为 h 是一个 L-Lipschitz 的函数，我们有 $|h(\boldsymbol{x})-h(\boldsymbol{y})|\leqslant L\|\boldsymbol{x}-\boldsymbol{y}\|_2$，因此

$$\begin{aligned}g(\boldsymbol{y})=\inf_{\boldsymbol{x}\in\mathbb{R}^n}\left\{h(\boldsymbol{x})+\frac{\gamma}{4}\|\boldsymbol{x}-\boldsymbol{y}\|_2^2\right\}&\geqslant h(\boldsymbol{y})+\inf_{\boldsymbol{x}\in\mathbb{R}^n}\left\{-L\|\boldsymbol{x}-\boldsymbol{y}\|_2+\frac{\gamma}{4}\|\boldsymbol{x}-\boldsymbol{y}\|_2^2\right\}\\&=h(\boldsymbol{y})-\frac{L^2}{\gamma}\end{aligned}$$

结合界(3.50)，我们可以推出 $\mathbb{E}[e^{h(Y)}]\leqslant\exp\left(\frac{L^2}{\gamma}\right)$，正是我们要证的结论. □

3.3　Wasserstein 距离和信息不等式

我们现在转向 Wasserstein 距离和信息不等式即传输成本不等式. 一方面，传输成本方法可以用来获得独立随机变量 Lipschitz 函数的一些精细结果. 可能更重要的是，它特别适用于特定类型的相依随机变量，例如那些由 Markov 链和其他类型混合过程导出的随机变量.

3.3.1　Wasserstein 距离

我们从定义 Wasserstein 距离的概念开始. 给定一个度量空间$(\mathcal{X},\rho)$，称一个函数 $f:\mathcal{X}\to\mathbb{R}$ 关于度量 ρ 是 L-Lipschitz 的，如果

$$|f(x)-f(x')|\leqslant L\rho(x,x')\quad 对于所有\ x,x'\in\mathcal{X} \tag{3.51}$$

并且我们用$\|f\|_{\text{Lip}}$来记使不等式成立的最小的 L. 给定 $\mathcal{X}$ 上的两个概率分布 $\mathbb{Q}$ 和 $\mathbb{P}$，我们于是可以通过下式来度量它们之间的距离

$$W_\rho(\mathbb{Q},\mathbb{P})=\sup_{\|f\|_{\text{Lip}}\leqslant 1}\left[\int f\,\mathrm{d}\mathbb{Q}-\int f\,\mathrm{d}\mathbb{P}\right] \tag{3.52}$$

这里的上确界在所有 1-Lipschitz 函数上取. 这个距离测度称作由 ρ 诱导出的 Wasserstein 度量. 可以验证，对于每一个 ρ 的选取，这定义了一个概率测度空间上的距离.

例 3.17(Hamming 度量和全变差距离)　考虑 Hamming 度量 $\rho(x,x')=\mathbb{I}[x\neq x']$. 我们断言，与此相对应的 Wasserstein 距离等价于*全变差距离*

$$\|\mathbb{Q}-\mathbb{P}\|_{\text{TV}}:=\sup_{A\subseteq\mathcal{X}}|\mathbb{Q}(A)-\mathbb{P}(A)| \tag{3.53}$$

这里的上确界在所有可测子集 A 上取. 为了说明等价性，注意任何关于 Hamming 距离是 1-Lipschitz 的函数满足界$|f(x)-f(x')|\leqslant 1$. 因为上确界(3.52)关于函数的常数偏移不变，我们可以将上确界限制在对所有 $x\in\mathcal{X}$ 满足 $f(x)\in[0,1]$的函数上取，由此得到

$$W_{\text{Ham}}(\mathbb{Q},\mathbb{P})=\sup_{f:\mathcal{X}\to[0,1]}\int f(\mathrm{d}\mathbb{Q}-\mathrm{d}\mathbb{P})\overset{\text{(i)}}{=}\|\mathbb{Q}-\mathbb{P}\|_{\text{TV}}$$

等式(i)由习题 3.13 得出.

基于测度 ν 的密度[㊀] p 和 q，有

$$W_{\text{Ham}}(\mathbb{Q},\mathbb{P})=\|\mathbb{Q}-\mathbb{P}\|_{\text{TV}}=\frac{1}{2}\int|p(x)-q(x)|\nu(\mathrm{d}x)$$

这对应于密度之间的(一半)$L^1(\nu)$范数. 再一次，关于这个等价性的更多细节见习题 3.13. ♣

由对偶理论中的一个经典而深刻的结果(更多细节参见参考文献)，任意 Wasserstein 距离都有一个基于耦合距离类型的等价定义. 在乘积空间 $\mathcal{X}\otimes\mathcal{X}$ 上的一个分布 $\mathbb{M}$ 是关于对$(\mathbb{Q},\mathbb{P})$的一个耦合，如果其第一和第二坐标的边缘分布与 $\mathbb{Q}$ 和 $\mathbb{P}$ 分别相吻合. 为了展示与

㊀　这个假设不失一般性，因为 $\mathbb{P}$ 和 $\mathbb{Q}$ 都有基于 $\nu=\frac{1}{2}(\mathbb{P}+\mathbb{Q})$的密度.

Wasserstein 距离的关系，令 $f:\mathcal{X}\to\mathbb{R}$ 是任意 1-Lipschitz 函数，设 $\mathbb{M}$ 是任意一个耦合. 我们于是有

$$\int\rho(x,x')\mathrm{d}\mathbb{M}(x,x')\overset{\text{(i)}}{\geqslant}\int(f(x)-f(x'))\mathrm{d}\mathbb{M}(x,x')\overset{\text{(ii)}}{=}\int f(\mathrm{d}\mathbb{P}-\mathrm{d}\mathbb{Q})\tag{3.54}$$

其中不等式(i)由 f 的 1-Lipschitz 性质得到，等式(ii)由 $\mathbb{M}$ 是一个耦合得到. Kantorovich-Rubinstein 对偶性保证了下列重要结论：如果我们对所有可能的耦合取最小值，那么上述结论可以反过来，事实上我们有等价性

$$\underbrace{\sup_{\|f\|_{\text{Lip}}\leqslant 1}\int f(\mathrm{d}\mathbb{Q}-\mathrm{d}\mathbb{P})}_{W_\rho(\mathbb{P},\mathbb{Q})}=\inf_{\mathbb{M}}\int_{\mathcal{X}\times\mathcal{X}}\rho(x,x')\mathrm{d}\mathbb{M}(x,x')=\inf_{\mathbb{M}}\mathbb{E}_{\mathbb{M}}[\rho(X,X')]\tag{3.55}$$

其中下确界在所有$(\mathbb{P},\mathbb{Q})$的耦合 $\mathbb{M}$ 上取. 这个基于耦合的 Wasserstein 距离表达式在接下来的很多证明中非常重要.

“传输成本”术语来自对基于耦合的表达式(3.55)的下述理解. 具体一点，考虑 $\mathcal{X}$ 上 $\mathbb{P}$ 和 $\mathbb{Q}$ 关于勒贝格测度有密度 p 和 q，且在乘积空间上的耦合 $\mathbb{M}$ 关于乘积空间上的 Lebesgue 测度有密度 m 的情形. 密度 p 可以看成 $\mathcal{X}$ 上的一些初始的质量分布，而密度 q 则可以看成一些想要得到的质量分布. 我们的目标是对质量进行传输，以便将初始分布 p 变换为想要的分布 q. 量 $\rho(x,x')\mathrm{d}x\mathrm{d}x'$可以理解为将一个质量的小增量 $\mathrm{d}x$ 传输到新的增量 $\mathrm{d}x'$的损失. 联合密度 $m(x,x')$称为传输计划，是一个将 p 转换成 q 的质量变换体系. 将这些结合起来，我们可以得到计划 m 对应的传输成本：

$$\int_{\mathcal{X}\times\mathcal{X}}\rho(x,x')m(x,x')\mathrm{d}x\mathrm{d}x'$$

并在所有可容许的计划中取最小值——可容许就是说可分别边缘化到 p 和 q 的联合分布——可得 Wasserstein 距离.

3.3.2　传输成本和集中不等式

我们现在转向传输成本不等式及其在测度的集中度上的应用. 传输成本不等式是以用 Kullback-Leibler(KL)散度控制 Wasserstein 距离上界为基础而得到的. 给定两个分布 $\mathbb{Q}$ 和 $\mathbb{P}$，两者之间的 KL 散度由如下给出：

$$D(\mathbb{Q}\|\mathbb{P}):=\begin{cases}\mathbb{E}_{\mathbb{Q}}\left[\log\dfrac{\mathrm{d}\mathbb{Q}}{\mathrm{d}\mathbb{P}}\right] & \mathbb{Q}\text{ 关于 }\mathbb{P}\text{ 绝对连续}\\ +\infty & \text{否则}\end{cases}\tag{3.56}$$

如果对某个内在测度 ν，这些测度有密度[⊖]——记为 q 和 p——那么 Kullback-Leibler 散度可以写成

$$D(\mathbb{Q}\|\mathbb{P})=\int_{\mathcal{X}}q(x)\log\frac{q(x)}{p(x)}\nu(\mathrm{d}x)\tag{3.57}$$

尽管 KL 散度给出了分布之间的一个距离，但它实际上并不是度量(因为，例如它一般情况

⊖ 在 $\mathcal{X}$ 为离散空间，q 和 p 为概率质量函数的特殊情形下，我们有 $D(\mathbb{Q}\|\mathbb{P})=\sum_{x\in\mathcal{X}}q(x)\log\dfrac{q(x)}{p(x)}$.

下并不是对称的).

当 Wasserstein 距离被 KL 散度平方根的一个倍数所控制时，传输成本不等式成立.

定义 3.18　对于一个给定的度量 ρ，概率测度 $\mathbb{P}$ 称作满足参数为 $\gamma>0$ 的 ρ 传输成本不等式，如果

$$W_{\rho}(\mathbb{Q},\mathbb{P})\leqslant\sqrt{2\gamma D(\mathbb{Q}\|\mathbb{P})} \tag{3.58}$$

对于所有概率测度 $\mathbb{Q}$ 成立.

由于 Kullback-Leibler 散度在信息论中非常重要，这个结果也被称为信息不等式. 一个经典的信息不等式例子就是 Pinsker-Csiszár-Kullback 不等式，它建立了全变差距离与 KL 散度之间的联系. 更确切地说，对于所有概率分布 $\mathbb{P}$ 和 $\mathbb{Q}$，有

$$\|\mathbb{P}-\mathbb{Q}\|_{\mathrm{TV}}\leqslant\sqrt{\frac{1}{2}D(\mathbb{Q}\|\mathbb{P})} \tag{3.59}$$

由我们在例 3.17 中的推导，这个不等式对应一个传输成本不等式，其中 $\gamma=1/4$ 并且 Wasserstein 距离是基于 Hamming 范数 $\rho(x,x')=\mathbb{I}[x\neq x']$的. 我们稍后将看到，这个不等式可以用来获得有界差不等式，对应于基于 Hamming 范数的 Lipschitz 函数的集中度结果. 这个界的证明请参见第 15 章的习题 15.6.

由 Wasserstein 距离的定义(3.52)，传输成本不等式(3.58)可以通过 Kullback-Leibler 散度 $D(\mathbb{Q}\|\mathbb{P})$来控制偏差 $\int f\mathrm{d}\mathbb{Q}-\int f\mathrm{d}\mathbb{P}$ 的上界. 就像下列结果所示，选取一个特定的分布 $\mathbb{Q}$ 可以用来推导 $\mathbb{P}$ 下 f 的集中度界. 用这种方式，一个传输成本不等式可以推出 Lipschitz 函数的集中度界.

定理 3.19(从传输成本到集中度)　考虑一个度量测度空间$(\mathbb{P},\mathcal{X},\rho)$，并假设 $\mathbb{P}$ 满足 ρ 传输成本不等式(3.58). 那么它的集中度满足界

$$\alpha_{\mathbb{P},(\mathcal{X},\rho)}(t)\leqslant 2\exp\left(-\frac{t^2}{2\gamma}\right) \tag{3.60}$$

进一步，对于任意 $X\sim\mathbb{P}$ 和任意 L-Lipschitz 函数 $f:\mathcal{X}\to\mathbb{R}$，我们有集中不等式

$$\mathbb{P}[|f(X)-\mathbb{E}[f(X)]|\geqslant t]\leqslant 2\exp\left(-\frac{t^2}{2\gamma L^2}\right) \tag{3.61}$$

注：由命题 3.11，界(3.60)意味着

$$\mathbb{P}[|f(X)-m_f|\geqslant t]\leqslant 2\exp\left(-\frac{t^2}{2\gamma L^2}\right) \tag{3.62}$$

其中 m_f 是 f 的任意中位数. 相应地，这个界可以用来建立均值附近的集中度，只是常数比(3.61)中的界要差一点. (这个等价性的更多细节请参见习题 2.14). 在我们的证明中，我们分别利用中位数和均值的结论以得到更精细的常数.

证明　我们从界(3.60)开始证明. 对于任意满足 $\mathbb{P}[A]\geqslant 1/2$ 的集合 A 和一个给定的 $\epsilon>0$，考虑集合

$$B:=(A^{\epsilon})^{c}=\{y\in X\mid \rho(x,y)\geqslant \epsilon\ \forall x\in A\}$$

如果 $\mathbb{P}(A^{\epsilon})=1$，那么已经证毕，所以我们可以假设 $\mathbb{P}(B)>0$.

通过构造，我们有 $\rho(A,B):=\inf\limits_{x\in A}\inf\limits_{y\in B}\rho(x,y)\geqslant\epsilon$. 另一方面，令 $\mathbb{P}_A$ 和 $\mathbb{P}_B$ 为 $\mathbb{P}$ 在 A 和 B 上的条件分布，并设 $\mathbb{M}$ 为它们的任意耦合. 因为 $\mathbb{M}$ 的边缘分布分别以 A 和 B 为支撑集，我们有 $\rho(A,B)\leqslant\int\rho(x,x')\mathrm{d}\mathbb{M}(x,x')$. 对所有耦合取下确界，我们可以推出 $\epsilon\leqslant\rho(A,B)\leqslant W_{\rho}(\mathbb{P}_A,\mathbb{P}_B)$.

现在应用三角不等式，我们有

$$\begin{aligned}\epsilon\leqslant W_{\rho}(\mathbb{P}_A,\mathbb{P}_B)\leqslant W_{\rho}(\mathbb{P},\mathbb{P}_A)+W_{\rho}(\mathbb{P},\mathbb{P}_B)&\overset{\text{(ii)}}{\leqslant}\sqrt{\gamma D(\mathbb{P}_A\|\mathbb{P})}+\sqrt{\gamma D(\mathbb{P}_B\|\mathbb{P})}\\&\overset{\text{(iii)}}{\leqslant}\sqrt{2\gamma}\,\{D(\mathbb{P}_A\|\mathbb{P})+D(\mathbb{P}_B\|\mathbb{P})\}^{1/2}\end{aligned}$$

其中步骤(ii)由传输成本不等式得到，步骤(iii)由不等式 $(a+b)^2\leqslant 2a^2+2b^2$ 得到.

接下来，我们只需计算 Kullback-Leibler 散度. 对任意可测集 C，我们有 $\mathbb{P}_A(C)=\mathbb{P}(C\cap A)/\mathbb{P}(A)$，于是 $D(\mathbb{P}_A\|\mathbb{P})=\log\frac{1}{\mathbb{P}(A)}$. 类似地，我们有 $D(\mathbb{P}_B\|\mathbb{P})=\log\frac{1}{\mathbb{P}(B)}$. 把这些部分结合起来，我们可以推出

$$\epsilon^{2}\leqslant 2\gamma\{\log(1/\mathbb{P}(-A))+\log(1/\mathbb{P}(B))\}=2\gamma\log\left(\frac{1}{\mathbb{P}(A)\mathbb{P}(B)}\right)$$

或者等价地 $\mathbb{P}(A)\mathbb{P}(B)\leqslant\exp\left(-\frac{\epsilon^{2}}{2\gamma}\right)$. 因为 $\mathbb{P}(A)\geqslant 1/2$ 和 $B=(A^{\epsilon})^{c}$，我们可以推出 $\mathbb{P}(A^{\epsilon})\geqslant 1-2\exp\left(-\frac{\epsilon^{2}}{2\gamma}\right)$. 因为 A 是任意一个满足 $\mathbb{P}(A)\geqslant 1/2$ 的集合，于是得到界(3.60).

我们现在转向均值集中度(3.61)的证明. 如果不关注常数项，结合(3.60)和习题 2.14 可以很快得到一个结果. 我们这里给出一种新的证明，可以得到更精细的结果并展示一个不同的证明技巧. 在这个证明中，我们用 $\mathbb{E}_{\mathbb{Q}}[f]$ 和 $\mathbb{E}_{\mathbb{P}}[f]$ 来记当 $X\sim\mathbb{Q}$ 和 $X\sim\mathbb{P}$ 时 $f(X)$ 对应的均值. 我们从观察下式开始，

$$\int f(\mathrm{d}\mathbb{Q}-\mathrm{d}\mathbb{P})\overset{\text{(i)}}{\leqslant}LW_{\rho}(\mathbb{Q},\mathbb{P})\overset{\text{(ii)}}{\leqslant}\sqrt{2L^{2}\gamma D(\mathbb{Q}\|\mathbb{P})}$$

其中步骤(i)由 f 的 L-Lipschitz 条件和定义(3.52)得到；步骤(ii)则由信息不等式(3.58)得到. 对于任意正数 (u,v,λ)，我们有 $\sqrt{2uv}\leqslant\frac{u}{2}\lambda+\frac{v}{\lambda}$. 将 $u=L^{2}\gamma$ 和 $v=D(\mathbb{Q}\|\mathbb{P})$ 代入不等式得

$$\int f(\mathrm{d}\mathbb{Q}-\mathrm{d}\mathbb{P})\leqslant\frac{\lambda\gamma L^{2}}{2}+\frac{1}{\lambda}D(\mathbb{Q}\|\mathbb{P})\tag{3.63}$$

对所有 $\lambda>0$ 成立.

现在定义一个分布 $\mathbb{Q}$，其 Radon-Nikodym 导数满足 $\frac{\mathrm{d}\mathbb{Q}}{\mathrm{d}\mathbb{P}}(x)=\mathrm{e}^{g(x)}/\mathbb{E}_{\mathbb{P}}[\mathrm{e}^{g(X)}]$，其中

$g(x):=\lambda(f(x)-\mathbb{E}_{\mathbb{P}}(f))-\frac{L^2\gamma\lambda^2}{2}$.（注意界(3.61)的证明确保了 $\mathbb{E}_{\mathbb{P}}[e^{g(X)}]$存在.）有了这个选取之后，我们有

$$D(\mathbb{Q}\|\mathbb{P})=\mathbb{E}_{\mathbb{Q}}\log\left(\frac{e^{g(X)}}{\mathbb{E}_{\mathbb{P}}[e^{g(X)}]}\right)=\lambda\{\mathbb{E}_{\mathbb{Q}}(f(X))-\mathbb{E}_{\mathbb{P}}(f(X))\}-\frac{\gamma L^2\lambda^2}{2}-\log\mathbb{E}_{\mathbb{P}}[e^{g(X)}]$$

结合不等式(3.63)，经过一些代数运算(计算过程中注意 $\lambda>0$)我们得到 $\log\mathbb{E}_{\mathbb{P}}[e^{g(X)}]\leqslant 0$，或者等价地

$$\mathbb{E}_{\mathbb{P}}[e^{\lambda(f(X)-\mathbb{E}_{\mathbb{P}}[f(X')])}]\leqslant e^{\frac{\lambda^2\gamma L^2}{2}}$$

由 Chernoff 界，我们可以得到对应的上尾部概率界. 同样的技巧可以应用到 $-f$，从而推出对应的下尾部概率界. □

3.3.3　传输成本的张量化

基于定理 3.19，我们看到传输成本不等式可以转化为集中不等式. 像熵一样，传输成本不等式在乘积测度上非常适用，可以以一种可性形式结合起来. 这样就可以推出更高维空间的 Lipschitz 函数的集中不等式. 对此，我们总结如下.

命题 3.20　假设，对于每个 $k=1,2,\cdots,n$，单变量分布 $\mathbb{P}_k$ 满足一个参数为 γ_k 的 ρ_k 传输成本不等式. 那么乘积分布 $\mathbb{P}=\bigotimes_{k=1}^n\mathbb{P}_k$ 满足传输成本不等式

$$W_\rho(\mathbb{Q},\mathbb{P})\leqslant\sqrt{2\Big(\sum_{k=1}^n\gamma_k\Big)D\mathbb{Q}|\mathbb{P})}\quad\text{对于所有分布 }\mathbb{Q}\tag{3.64}$$

其中 Wasserstein 度量的定义基于距离 $\rho(x,y):=\sum_{k=1}^n\rho_k(x_k,y_k)$.

在转向命题 3.20 的证明之前，我们首先看一个重要的结果，命题 3.20 结合定理 3.19 可以得到有界差不等式.

例 3.21(有界差不等式)　假设 f 满足有界差不等式且在坐标 k 有参数 L_k. 那么使用三角不等式和有界差性质，可以得到 f 是 1-Lipschitz 函数，对应度量是重尺度化 Hamming 度量

$$\rho(x,y):=\sum_{k=1}^n\rho_k(x_k,y_k),\quad\text{其中 }\rho_k(x_k,y_k):=L_k\mathbb{I}[x_k\neq y_k]$$

由 Pinsker-Csiszár-Kullback 不等式(3.59)，每一个单变量分布 $\mathbb{P}_k$ 满足一个参数为 $\gamma_k=\frac{L_k^2}{4}$ 的 ρ_k 传输成本不等式，因此命题 3.20 保证 $\mathbb{P}=\bigotimes_{k=1}^n\mathbb{P}_k$ 满足一个参数为 $\gamma:=\frac{1}{4}\sum_{k=1}^nL_k^2$ 的 ρ 传输成本不等式. 因为 f 在度量 ρ 下是 1-Lipschitz 的，定理 3.19 保证了

$$\mathbb{P}[|f(X)-\mathbb{E}[f(X)]|\geqslant t]\leqslant 2\exp\left(-\frac{2t^2}{\sum_{k=1}^nL_k^2}\right)\tag{3.65}$$

这样，我们就用传输成本的形式得到了第 2 章的有界差不等式. ♣

命题 3.20 的证明基于 Wasserstein 距离耦合形式下的特性(3.55).

证明　令 $\mathbb{Q}$ 是乘积空间 $\mathcal{X}^n$ 上的任意一个分布，我们构造一个$(\mathbb{P},\mathbb{Q})$的耦合 $\mathbb{M}$. 对 $j=2,\cdots,n$，令 $\mathbb{M}_1^j$ 是$(X_1^j, Y_1^j)=(X_1,\cdots,X_j,Y_1,\cdots,Y_j)$上的联合分布，记 $\mathbb{M}_{j\mid j-1}$ 为给定(X_1^{j-1}, Y_1^{j-1})下，(X_j, Y_j)的条件分布. 由对偶表达式(3.55)，我们有

$$W_\rho(\mathbb{Q},\mathbb{P}) \leqslant \mathbb{E}_{\mathbb{M}_1}[\rho_1(X_1,Y_1)] + \sum_{j=2}^{n}\mathbb{E}_{\mathbb{M}_1^{j-1}}[\mathbb{E}_{\mathbb{M}_{j\mid j-1}}[\rho_j(X_j,Y_j)]]$$

其中 $\mathbb{M}_j$ 记作(X_j,Y_j)的边缘分布. 我们现在用归纳的方式定义耦合 $\mathbb{M}$. 首先，选取 $\mathbb{M}_1$ 为$(\mathbb{P}_1,\mathbb{Q}_1)$的一个最优耦合，以确保

$$\mathbb{E}_{\mathbb{M}_1}[\rho_1(X_1,Y_1)] \overset{\text{(i)}}{=} W_\rho(\mathbb{Q}_1,\mathbb{P}_1) \overset{\text{(ii)}}{\leqslant} \sqrt{2\gamma_1 D(\mathbb{Q}_1\,\|\,\mathbb{P}_1)}$$

其中不等式(i)由耦合的最优性得到，不等式(ii)由 $\mathbb{P}_1$ 假定的传输成本不等式得到. 现在假定在(X_1^{j-1},Y_1^{j-1})上的联合分布已经定义好了. 我们选取条件分布 $\mathbb{M}_{j\mid j-1}(\cdot\mid x_1^{j-1}, y_1^{j-1})$为$(\mathbb{P}_j,\mathbb{Q}_{j\mid j-1}(\cdot\mid y_1^{j-1}))$的最优耦合，以确保

$$\mathbb{E}_{\mathbb{M}_{j\mid j-1}}[\rho_j(X_j,Y_j)] \leqslant \sqrt{2\gamma_j D(\mathbb{Q}_{j\mid j-1}(\cdot\mid y_1^{j-1})\,\|\,\mathbb{P}_j)}$$

对每个 y_1^{j-1} 成立. 对边缘分布 $\mathbb{M}_1^{j-1}$ 对 Y_1^{j-1} 取平均——或者，等价地，考虑边缘分布 $\mathbb{Q}_1^{j-1}$——由平方根函数的凹性和 Jensen 不等式可以推出

$$\mathbb{E}_{\mathbb{M}_1^{j-1}}[\mathbb{E}_{\mathbb{M}_{j\mid j-1}}[\rho_j(X_j,Y_j)]] \leqslant \sqrt{2\gamma_j \mathbb{E}_{\mathbb{Q}_1^{j-1}} D(\mathbb{Q}_{j\mid j-1}(\cdot\mid Y_1^{j-1})\,\|\,\mathbb{P}_j)}$$

将这些部分组合起来，我们有

$$\begin{aligned}
W_\rho(\mathbb{Q},\mathbb{P}) &\leqslant \sqrt{2\gamma_1 D(\mathbb{Q}_1\,\|\,\mathbb{P}_1)} + \sum_{j=2}^{n}\sqrt{2\gamma_j \mathbb{E}_{\mathbb{Q}_1^{j-1}}[D(\mathbb{Q}_{j\mid j-1}(\cdot\mid Y_1^{j-1})\,\|\,\mathbb{P}_j)]} \\
&\overset{\text{(i)}}{\leqslant} \sqrt{2\Big(\sum_{j=1}^{n}\gamma_j\Big)}\sqrt{D(\mathbb{Q}_1\,\|\,\mathbb{P}_1) + \sum_{j=2}^{n}\mathbb{E}_{\mathbb{Q}_1^{j-1}}[D(\mathbb{Q}_{j\mid j-1}(\cdot\mid Y_1^{j-1})\,\|\,\mathbb{P}_j)]} \\
&\overset{\text{(ii)}}{=} \sqrt{2\Big(\sum_{j=1}^{n}\gamma_j\Big)D(\mathbb{Q}\,\|\,\mathbb{P})}
\end{aligned}$$

其中步骤(i)由柯西-施瓦茨不等式得到，不等式(ii)由习题 3.2 中的 Kullback-Leibler 散度的链法则得到. □

在习题 3.14 中，我们简述了命题 3.20 的另一种证明方法，直接用 Wasserstein 距离的 Lipschitz 特性.

3.3.4　马尔可夫链的传输成本不等式

就像之前提到的，传输成本方法在应用到一些特定相依随机变量的 Lipschitz 函数时有良好的特征. 这里我们对于一个马尔可夫链的情形来阐述这种类型的方法.（更多有关相依随机变量集中度的一般结果请参见参考文献.）

具体地，令$(X_1,\cdots,X_n)$是一个由马尔可夫链产生的随机向量，其中每个 X_i 在可数空间 $\mathcal{X}$ 上取值. 其在 $\mathcal{X}^n$ 上的分布 $\mathbb{P}$ 由一个初始分布 $X_1\sim\mathbb{P}_1$ 和转移核函数

$$\mathbb{K}_{i+1}(x_{i+1}\mid x_i) = \mathbb{P}_{i+1}(X_{i+1}=x_{i+1}\mid X_i=x_i) \tag{3.66}$$

来定义. 这里我们关注离散空间上 β 收缩的马尔可夫链，也就是说存在某个 $\beta\in[0,1)$ 满足

$$\max_{i=1,\cdots,n-1}\sup_{x_i,x_i'}\|\mathbb{K}_{i+1}(\cdot\mid x_i)-\mathbb{K}_{i+1}(\cdot\mid x_i')\|_{\mathrm{TV}}\leqslant\beta \tag{3.67}$$

其中全变差范数的定义见之前式(3.53).

定理 3.22　令 $\mathbb{P}$ 是离散空间 $\mathcal{X}^n$ 上的一个 β 收缩的马尔可夫链(3.67)的分布函数. 那么对于 $\mathcal{X}^n$ 上的任意其他分布 $\mathbb{Q}$，有

$$W_\rho(\mathbb{Q},\mathbb{P})\leqslant\frac{1}{1-\beta}\sqrt{\frac{n}{2}D(\mathbb{Q}\|\mathbb{P})} \tag{3.68}$$

其中 Wasserstein 距离是基于 Hamming 范数 $\rho(x,y)=\sum_{i=1}^{n}\mathbb{I}[x_i\neq y_i]$ 定义的.

注：这个结果的证明参见参考文献. 应用定理 3.19，界(3.68)的一个直接推论是，对 Hamming 范数下 L-Lipschitz 的任意函数 $f:\mathcal{X}^n\to\mathbb{R}$，我们有

$$\mathbb{P}[|f(X)-\mathbb{E}[f(X)]|\geqslant t]\leqslant 2\exp\left(-\frac{2(1-\beta)^2t^2}{nL^2}\right) \tag{3.69}$$

注意这个结果是独立随机变量有界差不等式的严格推广，$\beta=0$ 时退化为之前独立的结果.

例 3.23(二元马尔可夫链的参数估计)　考虑一个二元变量 $X_i\in\{0,1\}^2$ 上的马尔可夫链，其初始分布 $\mathbb{P}_1$ 为均匀分布，转移核为

$$\mathbb{K}_{i+1}(x_{i+1}\mid x_i)=\begin{cases}\frac{1}{2}(1+\delta) & \text{如果 } x_{i+1}=x_i\\ \frac{1}{2}(1-\delta) & \text{如果 } x_{i+1}\neq x_i\end{cases}$$

其中 $\delta\in[0,1]$ 是一个“粘性”参数. 假设我们的目标是用从这个链中抽取的 n 个向量 $(X_1,\cdots,X_n)$ 来估计参数 δ. $\frac{1}{2}(1+\delta)$ 的一个无偏估计由函数

$$f(X_1,\cdots,X_n):=\frac{1}{n-1}\sum_{i=1}^{n-1}\mathbb{I}[X_i=X_{i+1}]$$

给出，对应两个接连样本取相同值的比例. 我们断言 f 满足集中不等式

$$\mathbb{P}\left[\left|f(X)-\frac{1}{2}(1+\delta)\right|\geqslant t\right]\leqslant 2\mathrm{e}^{-\frac{(n-1)^2(1-\delta)^2t^2}{2n}}\leqslant 2\mathrm{e}^{-\frac{(n-1)(1-\delta)^2t^2}{4}} \tag{3.70}$$

通过一些计算，我们发现链是 β 收缩的且 $\beta=\delta$. 进一步，函数 f 在 Hamming 范数下是 $\frac{2}{n-1}$-Lipschitz 的. 因此，界(3.70)是一般化结果(3.69)的推论. ♣

3.3.5 非对称耦合成本

到现在，我们已经考虑了几种类型的 Wasserstein 距离，可以用来得到 Lipschitz 函数的集中度. 然而，这个方法——就像大多数涉及 ℓ_1 型范数的 Lipschitz 条件的方法一样——

一般来说不会产生独立于维数的界. 相反地，就像我们之前见到的那样，基于 ℓ_2 范数的 Lipschitz 条件通常可以导出独立于维数的结果.

带着这个目的，这一节致力于考虑另一类基于耦合的概率分布之间的距离，但是关于两个分布它是不对称的，且具有二次型的性质. 特别地，我们定义

$$\mathcal{C}(\mathbb{Q},\mathbb{P}):=\inf_{\mathbb{M}}\sqrt{\int\sum_{i=1}^{n}(\mathbb{M}[Y_i\neq x_i\mid X_i=x_i])^2\mathrm{d}\mathbb{P}(x)} \tag{3.71}$$

同样地，这里的下确界在所有$(\mathbb{P},\mathbb{Q})$的耦合 $\mathbb{M}$ 上取. 这个距离与全变差距离密切相关，特别地，这个非对称距离的一个等价表达形式是

$$\mathcal{C}(\mathbb{Q},\mathbb{P})=\sqrt{\int\left|1-\frac{\mathrm{d}\mathbb{Q}}{\mathrm{d}\mathbb{P}}(x)\right|_+^2\mathrm{d}\mathbb{P}(\boldsymbol{x})} \tag{3.72}$$

其中 $t_+:=\max\{0,t\}$. 等价性留给读者作为练习. 这个表达式揭示了其与全变差距离的紧密联系，其中

$$\|\mathbb{P}-\mathbb{Q}\|_{\mathrm{TV}}=\int\left|1-\frac{\mathrm{d}\mathbb{Q}}{\mathrm{d}\mathbb{P}}\right|\mathrm{d}\mathbb{P}(x)=2\int\left|1-\frac{\mathrm{d}\mathbb{Q}}{\mathrm{d}\mathbb{P}}\right|_+\mathrm{d}\mathbb{P}(x)$$

非对称耦合距离的一个特别重要的性质是其对于乘积分布满足一种 Pinsker 型不等式. 特别地，给定 n 个变量的任意乘积分布 $\mathbb{P}$，我们有

$$\max\{\mathcal{C}(\mathbb{Q},\mathbb{P}),\mathcal{C}(\mathbb{P},\mathbb{Q})\}\leqslant\sqrt{2D(\mathbb{Q}\|\mathbb{P})} \tag{3.73}$$

对于所有 n 维的分布 $\mathbb{Q}$ 成立. 这个深刻的结果归功于 Samson；进一步的讨论参见文献部分. 尽管说起来简单，它的证明并不平凡，且对有凸性和 Lipschitz 性函数的集中度有一些非常强的结论，总结如下.

定理 3.24 考虑一个独立随机变量的向量$(X_1,\cdots,X_n)$，每个都在$[0,1]$上取值. 设 $f:\mathbb{R}^n\to\mathbb{R}$ 是凸的，并在欧几里得范数下是 L-Lipschitz 的. 那么对于所有 $t\geqslant0$，有

$$\mathbb{P}[|f(X)-\mathbb{E}[f(X)]|\geqslant t]\leqslant2\mathrm{e}^{-\frac{t^2}{2L^2}} \tag{3.74}$$

注：注意这类似于定理 2.26 的结论——独立正态随机变量的 Lipschitz 函数的集中度与维数无关，但是这里考虑的是有界随机变量的有 Lipschitz 性和凸性的函数.

当然，同样的界也适用于有凹性和 Lipschitz 性的函数. 早前，我们看到上尾部概率界可以在一个略微宽松的条件下得到，也就是分离凸性(参见定理 3.4). 然而，双侧尾部概率界(或者集中不等式)要求更强的凸性或者凹性条件，就像这里所强加的.

例 3.25(回顾 Rademacher) 就像之前在例 3.5 中介绍的，一个集合 $\mathcal{A}\subseteq\mathbb{R}^n$ 的 Rademacher 复杂度由下列随机变量定义

$$Z\equiv Z(\varepsilon_1,\cdots,\varepsilon_n):=\sup_{a\in\mathcal{A}}\sum_{k=1}^{n}a_k\varepsilon_k$$

其中$\{\varepsilon_k\}_{k=1}^n$ 是独立同分布的 Rademacher 随机变量序列. 例 3.5 介绍了，函数$(\varepsilon_1,\cdots,\varepsilon_n)\mapsto Z(\varepsilon_1,\cdots,\varepsilon_n)$是联合凸的，且在欧几里得范数下是 Lipschitz 的，对应参数为 $\mathcal{W}(\mathcal{A}):=\sup_{a\in\mathcal{A}}\|\boldsymbol{a}\|_2$.

由此，定理 3.24 可推出

$$\mathbb{P}[|Z-\mathbb{E}[Z]\geqslant t]\leqslant 2\exp\left(-\frac{t^2}{2\mathcal{W}^2(\mathcal{A})}\right) \tag{3.75}$$

注意这个界比之前的不等式(3.17)更加精细，两者都是指数形式的且都是双侧的. ♣

现在我们来证明定理 3.24.

证明 如同定义的那样，任意 Wasserstein 距离能立马推出 $\int f\,(\mathrm{d}\mathbb{Q}-\mathrm{d}\mathbb{P})$的一个上界，其中 f 是一个 Lipschitz 函数. 尽管非对称耦合距离并不是一个 Wasserstein 距离，关键点在于，当 $f:[0,1]^n\to\mathbb{R}$ 是 Lipschitz 和凸的时，它可以用来控制这种差的上界. 事实上，对于一个凸函数 f，我们有下界 $f(\boldsymbol{x})\geqslant f(\boldsymbol{y})+\langle\nabla f(\boldsymbol{y}),\ \boldsymbol{x}-\boldsymbol{y}\rangle$，由此可得

$$f(\boldsymbol{y})-f(\boldsymbol{x})\leqslant\sum_{j=1}^{n}\left|\frac{\partial f}{\partial y_j}(\boldsymbol{y})\right|\mathbb{I}[x_j\neq y_j]$$

这里我们也用到了$|x_j-y_j|\leqslant\mathbb{I}[x_j\neq y_j]$对单位区间$[0,1]$上取值的变量成立. 由此，对于任意$(\mathbb{P},\mathbb{Q})$的耦合 $\mathbb{M}$，我们有

$$\begin{aligned}\int f(\boldsymbol{y})\mathrm{d}\mathbb{Q}(\boldsymbol{y})-\int f(\boldsymbol{x})\mathrm{d}\mathbb{P}(\boldsymbol{x})&\leqslant\sum_{j=1}^{n}\left|\frac{\partial f}{\partial y_j}(\boldsymbol{y})\right|\mathbb{I}[x_j\neq y_j]\mathrm{d}\mathbb{M}(\boldsymbol{x},\boldsymbol{y})\\&=\int\sum_{j=1}^{n}\left|\frac{\partial f}{\partial y_j}(\boldsymbol{y})\right|\mathbb{M}[X_j\neq y_j\,|\,Y_j=y_j]\mathrm{d}\mathbb{Q}(\boldsymbol{y})\\&\leqslant\int\|\nabla f(\boldsymbol{y})\|_2\sqrt{\sum_{j=1}^{n}\mathbb{M}^2[X_j\neq y_j\,|\,Y_j=y_j]}\,\mathrm{d}\mathbb{Q}(\boldsymbol{y})\end{aligned}$$

其中用到了柯西-施瓦茨不等式. 由 Lipschitz 性和凸性，我们有$\|\nabla f(\boldsymbol{y})\|_2\leqslant L$ 几乎处处成立，因此

$$\begin{aligned}\int f(\boldsymbol{y})\mathrm{d}\mathbb{Q}(\boldsymbol{y})-\int f(\boldsymbol{x})\mathrm{d}\mathbb{P}(\boldsymbol{x})&\leqslant L\int\left\{\sum_{j=1}^{n}\mathbb{M}^2[X_j\neq y_j\,|\,Y_j=y_j]\right\}^{1/2}\mathrm{d}\mathbb{Q}(\boldsymbol{y})\\&\leqslant L\left[\int\sum_{j=1}^{n}\mathbb{M}^2[X_j\neq y_j\,|\,Y_j=y_j]\mathrm{d}\mathbb{Q}(\boldsymbol{y})\right]^{1/2}\\&=L\mathcal{C}(\mathbb{P},\mathbb{Q})\end{aligned}$$

由此，通过信息不等式(3.73)和定理 3.19 我们可以得到上尾部概率界.

为了得到一个凸的 Lipschitz 函数的下界，我们只需得到一个凹的 Lipschitz 函数 $g:[0,1]^n\to\mathbb{R}$ 的上界. 在这种情形下，我们有上界

$$g(\boldsymbol{y})\leqslant g(\boldsymbol{x})+\langle\nabla g(\boldsymbol{x}),\boldsymbol{y}-\boldsymbol{x}\rangle\leqslant g(\boldsymbol{x})+\sum_{j=1}^{n}\left|\frac{\partial g(\boldsymbol{x})}{\partial x_j}\right|\mathbb{I}[x_j\neq y_j]$$

并且因此有

$$\int g\,\mathrm{d}\mathbb{Q}(\boldsymbol{y})-\int g\,\mathrm{d}\mathbb{P}(\boldsymbol{x})\leqslant\sum_{j=1}^{n}\left|\frac{\partial g(\boldsymbol{x})}{\partial x_j}\right|\mathbb{I}[x_j\neq y_j]\mathrm{d}\mathbb{M}(\boldsymbol{x},\boldsymbol{y})$$

由之前论证中同样的逻辑可推出$\int g\,\mathrm{d}\mathbb{Q}(\boldsymbol{y})-\int g\,\mathrm{d}\mathbb{P}(\boldsymbol{x})\leqslant L\mathcal{C}(\mathbb{Q},\mathbb{P})$，由此可得定理结论. □

我们在熟悉的独立随机变量情形下阐述了定理 3.24. 然而，形如(3.73)的一个潜在信息不等式对很多随机变量都是成立的. 特别地，考虑 n 维分布 $\mathbb{P}$，存在某个 $\gamma>0$ 满足下列不等式：

$$\max\{\mathcal{C}(\mathbb{Q},\mathbb{P}),\mathcal{C}(\mathbb{P},\mathbb{Q})\}\leqslant\sqrt{2\gamma D(\mathbb{Q}\|\mathbb{P})}\quad 对所有分布 \mathbb{Q} \tag{3.76}$$

同样的证明可以推出任意 L-Lipschitz 函数满足集中不等式

$$\mathbb{P}[|f(X)-\mathbb{E}[f(X)]|\geqslant t]\leqslant 2\exp\left(-\frac{t^2}{2\gamma L^2}\right) \tag{3.77}$$

例如，对于满足 β 收缩条件(3.67)的一个马尔可夫链，可以证明信息不等式(3.76)在 $\gamma=\left(\frac{1}{1-\sqrt{\beta}}\right)^2$ 时成立. 由此，任意 β 收缩的马尔可夫链的 L-Lipschitz 函数(对应欧几里得范数)满足集中不等式

$$\mathbb{P}[|f(X)-\mathbb{E}[f(X)]|\geqslant t]\leqslant 2\exp\left(-\frac{(1-\sqrt{\beta})^2t^2}{2L^2}\right) \tag{3.78}$$

与我们早前的一个收缩的马尔可夫链的界(3.69)类似，这个界是独立于维数的. 更多有关这种类型的结果讨论读者可参考文献部分.

3.4　经验过程的尾部概率界

在这一节中，我们介绍集中不等式在经验过程中的应用. 建议读者先看下第 4 章以了解这一节提及的一系列问题的统计背景. 这里我们使用熵方法来推导经验过程上确界的多种尾部概率界——特别是那些通过对函数类上的样本平均取上确界产生的随机变量. 具体地，设 $\mathscr{F}$ 是一类函数(形式为 $f:\mathcal{X}\to\mathbb{R}$)，并设$(X_1,\cdots,X_n)$来自一个乘积分布 $\mathbb{P}=\otimes_{i=1}^n\mathbb{P}_i$，其中每个 $\mathbb{P}_i$ 是以某个集合 $\mathcal{X}_i\subseteq X$ 为支撑集. 我们考虑随机变量[㊀]

$$Z=\sup_{f\in\mathscr{F}}\left\{\frac{1}{n}\sum_{i=1}^n f(X_i)\right\} \tag{3.79}$$

这一节的主要目标是推导一系列关于尾事件$\{Z\geqslant\mathbb{E}[Z]+\delta\}$的上界.

顺便说一句，我们注意到，如果目标是得到随机变量$\sup_{f\in\mathscr{F}}\left|\frac{1}{n}\sum_{i=1}^n f(X_i)\right|$的界，那么可以通过考虑增广函数类 $\widetilde{\mathscr{F}}=\mathscr{F}\cup\{-\mathscr{F}\}$退化到变量(3.79)的形式.

3.4.1　一个泛函 Hoeffding 不等式

我们从随机变量 Z 的最简单的尾部概率界类开始讨论，也就是一种 Hoeffding 型. 下列结果是有界随机变量和的经典 Hoeffding 定理的推广.

定理 3.26(泛函 Hoeffding 定理)　*对于每个 $f\in\mathscr{F}$ 和 $i=1,\cdots,n$，假设存在实数 $a_{i,f}\leqslant b_{i,f}$ 对于所有 $x\in\mathcal{X}_i$ 满足 $f(x)\in[a_{i,f},b_{i,f}]$. 那么对所有 $\delta\geqslant 0$，有*

㊀ 注意如果 $\mathscr{F}$ 是不可数的，会有与这个定义相关的可测性问题. 更多关于如何解决这个问题的细节请参见第 4 章的参考文献.

$$\mathbb{P}[Z \geqslant \mathbb{E}[Z]+\delta] \leqslant \exp\left(-\frac{n\delta^2}{4L^2}\right) \tag{3.80}$$

其中 $L^2 := \sup_{f\in\mathscr{F}}\left\{\frac{1}{n}\sum_{i=1}^{n}(b_{i,f}-a_{i,f})^2\right\}$.

注：在一个非常特殊的情况下，定理 3.26 可以用来复述有界随机变量情形下的经典 Hoeffding 不等式，只是常数项稍差一点. 事实上，如果我们令 $\mathscr{F}$ 是一个只含有恒等函数 $f(x)=x$ 的单元素集合，那么我们有 $Z=\frac{1}{n}\sum_{i=1}^{n}X_i$. 由此，只要 $x_i\in[a_i,b_i]$，定理 3.26 意味着

$$\mathbb{P}\left[\frac{1}{n}\sum_{i=1}^{n}(X_i-\mathbb{E}[X_i])\geqslant\delta\right]\leqslant \mathrm{e}^{-\frac{n\delta^2}{4L^2}}$$

其中 $L^2=\frac{1}{n}\sum_{i=1}^{n}(b_i-a_i)^2$. 我们因此可以得到经典 Hoeffding 定理，只是指数上的常数 1/4 不是最优的.

定理 3.26 更多重要的应用是考虑一个更大的函数类 $\mathscr{F}$. 为了见识其价值，将其应用到函数$(x_1,\cdots,x_n)\mapsto Z(x_1,\cdots,x_n)$上，我们比较上尾部概率界(3.80)和从有界差不等式推出的相应界. 通过一些计算，可以看到这个函数在坐标 i 上满足常数为 $L_i:=\sup_{f\in\mathscr{F}}|b_{i,f}-a_{i,f}|$ 的有界差不等式. 由此，有界差方法(推论 2.21)推导出了一个次高斯尾部概率界，类似于界(3.80)，但是参数为

$$\widetilde{L}^2=\frac{1}{n}\sum_{i=1}^{n}\sup_{f\in\mathscr{F}}(b_{i,f}-a_{i,f})^2$$

注意量 $\widetilde{L}$ 可能会比定理中的常数 L 大很多，因为它是通过对每个坐标分开求上确界而得到.

证明 我们只需要对一个有限的函数类 $\mathscr{F}$ 证明结果即可；一般的结果可以通过对一个单增的有限类序列求极限得到. 我们将 Z 看作随机变量$(X_1,\cdots,X_n)$的函数. 对于每个下标 $j=1,\cdots,n$，定义随机函数

$$x_j\mapsto Z_j(x_j)=Z(X_1,\cdots,X_{j-1},x_j,X_{j+1},\cdots,X_n)$$

为了避免符号的冗杂，我们在证明中使用非重尺度化版本的 Z，也就是 $Z=\sup_{f\in\mathscr{F}}\sum_{i=1}^{n}f(X_i)$. 将张量化引理 3.8 和从引理 3.7 中得到的界(3.20a)结合起来，得到

$$\mathbb{H}(\mathrm{e}^{\lambda Z(X)})\leqslant\lambda^2\mathbb{E}\left[\sum_{j=1}^{n}\mathbb{E}[(Z_j(X_j)-Z_j(Y_j))^2\mathbb{I}[Z_j(X_j)\geqslant Z_j(Y_j)]\mathrm{e}^{\lambda Z(X)}\mid X^{\backslash j}]\right] \tag{3.81}$$

对于每个 $f\in\mathscr{F}$，定义集合 $\mathcal{A}(f):=\left\{(x_1,\cdots,x_n)\in\mathbb{R}^n\,|\,Z=\sum_{i=1}^{n}f(x_i)\right\}$，对应一个使 Z 通过 f 取到最大值的元素集合.（如果有相交部分，我们可以随意划分使得集合 $\mathcal{A}(f)$不相交.）对于任意 $x\in\mathcal{A}(f)$，我们有

$$Z_j(x_j)-Z_j(y_j)=f(x_j)+\sum_{i\neq j}^{n}f(x_i)-\max_{\widetilde{f}\in\mathscr{F}}\left\{\widetilde{f}(y_j)+\sum_{i\neq j}^{n}\widetilde{f}(x_i)\right\}\leqslant f(x_j)-f(y_j)$$

只要 $Z_j(x_j)\geqslant Z_j(y_j)$，对这个不等式两边平方后依然成立. 考虑所有可能的集合 $\mathcal{A}(f)$，可以得到上界

$$(Z_j(x_j)-Z_j(y_j))^2\mathbb{I}[Z_j(x_j)\geqslant Z_j(y_j)]\leqslant\sum_{f\in\mathscr{F}}\mathbb{I}[x\in\mathcal{A}(f)](f(x_j)-f(y_j))^2 \tag{3.82}$$

因为由假设 $(f(x_j)-f(y_j))^2\leqslant(b_{j,f}-a_{j,f})^2$，对下标 j 求和得到

$$\begin{aligned}\sum_{j=1}^{n}(Z_j(x_j)-Z_j(y_j))^2\mathbb{I}[Z_k(x_k)\geqslant Z_k(y_k)]\mathrm{e}^{\lambda Z(x)}&\\ &\leqslant\sum_{h\in\mathscr{F}}\mathbb{I}[x\in\mathcal{A}(h)]\sum_{k=1}^{n}(b_{k,h}-a_{k,h})^2\mathrm{e}^{\lambda Z(x)}\\ &\leqslant\sup_{f\in\mathscr{F}}\sum_{j=1}^{n}(b_{j,f}-a_{j,f})^2\mathrm{e}^{\lambda Z(x)}\\ &=nL^2\mathrm{e}^{\lambda Z(x)}\end{aligned}$$

再代回不等式(3.81)，我们得到

$$\mathbb{H}(\mathrm{e}^{\lambda Z(X)})\leqslant nL^2\lambda^2\mathbb{E}[\mathrm{e}^{\lambda Z(X)}]$$

这是一个次高斯熵界(3.5)，对应 $\sigma=\sqrt{2}\,nL$，因此命题 3.2 可推出非重尺度化版本的 Z 满足尾部概率界

$$\mathbb{P}[Z\geqslant\mathbb{E}[Z]+t]\leqslant\mathrm{e}^{-\frac{t^2}{4nL^2}}$$

取 $t=n\delta$ 则得到重尺度化版本 Z 的结果(3.80). □

3.4.2 一个泛函 Bernstein 不等式

在这一节中，我们考虑定理 3.26 泛函 Hoeffding 不等式的 Bernstein 版本. 不同于仅仅以函数值的界来控制，它还考虑了方差的影响. 就像后续章节中将详细讨论的那样，这种方差类型的控制在求多种统计估计量的精细界时起着至关重要的作用.

定理 3.27(经验过程的 Talagrand 集中度)　考虑一个被 b 一致控制的可数函数类 $\mathscr{F}$. 那么对所有的 $\delta>0$，随机变量(3.79)满足上尾部概率界

$$\mathbb{P}[Z\geqslant\mathbb{E}[Z]+\delta]\leqslant 2\exp\left(\frac{-n\delta^2}{8\mathrm{e}\mathbb{E}[\Sigma^2]+4b\delta}\right) \tag{3.83}$$

其中 $\Sigma^2=\sup_{f\in\mathscr{F}}\frac{1}{n}\sum_{i=1}^{n}f^2(X_i)$.

为了得到一个更简单的界，可以控制期望 $\mathbb{E}[\Sigma^2]$ 的上界. 用第 4 章将介绍的对称化技术，可以证明

$$\mathbb{E}[\Sigma^2]\leqslant\sigma^2+2b\mathbb{E}[Z] \tag{3.84}$$

其中 $\sigma^2=\sup_{f\in\mathscr{F}}\mathbb{E}[f^2(X)]$. 利用这个关于 $\mathbb{E}[\Sigma^2]$的上界并进行一些代数运算，可以得到存在普适的正常数(c_0, c_1)使得

$$\mathbb{P}[Z\geqslant\mathbb{E}[Z]+c_0\gamma\sqrt{t}+c_1bt]\leqslant\mathrm{e}^{-nt}\quad\text{对于所有 } t>0 \tag{3.85}$$

其中 $\gamma^2=\sigma^2+2b\mathbb{E}[Z]$. 从定理 3.27 和上界(3.84)推导出这个不等式，参见习题 3.16. 然而这里概述的证明步骤推导出比较差的常数，最优的已知结果为 $c_0=\sqrt{2}$ 和 $c_1=1/3$；更多细节参见参考文献.

在特定的条件下，用另一种方式探究界(3.85)是很有用的：特别地，对于任意 $\epsilon>0$，它推出上界

$$\mathbb{P}[Z\geqslant(1+\epsilon)\mathbb{E}[Z]+c_0\sigma\sqrt{t}+(c_1+c_0^2/\epsilon)bt]\leqslant\mathrm{e}^{-nt} \tag{3.86}$$

反过来，我们可以在界(3.86)中通过对 $\epsilon>0$ 进行最优化来重新得到尾部概率界(3.85)；更多有关这一等价性的细节参见习题 3.16.

证明　不失一般性，我们假设 $b=1$，一般情况可以简化为这种情况. 并且，像定理 3.26 的证明那样，我们考虑非重尺度化版本——变量 $Z=\sup_{f\in\mathscr{F}}\sum_{i=1}^{n}f(X_i)$——然后可以把我们的结果变换回去. 回忆一下集合 $\mathcal{A}(f)$的定义和之前证明导出的上界(3.82)，将其代入熵的界(3.81)推出上界

$$\mathbb{H}(\mathrm{e}^{\lambda Z})\leqslant\lambda^2\mathbb{E}\Big[\sum_{j=1}^{n}\mathbb{E}\Big[\sum_{f\in\mathscr{F}}\mathbb{I}[x\in\mathcal{A}(f)](f(X_j)-f(Y_j))^2\mathrm{e}^{\lambda Z}\mid X^{\backslash j}\Big]\Big]$$

现在我们有

$$\begin{aligned}\sum_{i=1}^{n}\sum_{f\in\mathscr{F}}\mathbb{I}[X\in\mathcal{A}(f)](f(X_j)-f(Y_j))^2&\leqslant 2\sup_{f\in\mathscr{F}}\sum_{i=1}^{n}f^2(X_i)+2\sup_{f\in\mathscr{F}}\sum_{i=1}^{n}f^2(Y_i)\\&=2\{\Gamma(X)+\Gamma(Y)\}\end{aligned}$$

其中 $\Gamma(X):=\sup_{f\in\mathscr{F}}\sum_{i=1}^{n}f^2(X_i)$是 Σ^2 的非重尺度化版本. 将其与之前的不等式结合起来，可以看到熵满足上界

$$\mathbb{H}(\mathrm{e}^{\lambda Z})\leqslant 2\lambda^2\{\mathbb{E}[\Gamma\mathrm{e}^{\lambda Z}]+\mathbb{E}[\Gamma]\mathbb{E}[\mathrm{e}^{\lambda Z}]\} \tag{3.87}$$

由习题 3.4 的结果，对任意常数 $c\in\mathbb{R}$ 有 $\mathbb{H}(\mathrm{e}^{\lambda(Z+c)})=\mathrm{e}^{\lambda c}\mathbb{H}(\mathrm{e}^{\lambda Z})$. 因为式子右边的每项中都有 $\mathrm{e}^{\lambda Z}$，相同的上界对 $\mathbb{H}(\mathrm{e}^{\lambda\widetilde{Z}})$也成立，其中 $\widetilde{Z}=Z-\mathbb{E}[Z]$是一个中心化版本. 现在我们引入一个引理来控制 $\mathbb{E}[\Gamma\mathrm{e}^{\lambda\widetilde{Z}}]$.

引理 3.28(控制随机方差)　对所有 $\lambda>0$，我们有

$$\mathbb{E}[\Gamma\mathrm{e}^{\lambda\widetilde{Z}}]\leqslant(\mathrm{e}-1)\mathbb{E}[\Gamma]\mathbb{E}[\mathrm{e}^{\lambda\widetilde{Z}}]+\mathbb{E}[\widetilde{Z}\mathrm{e}^{\lambda\widetilde{Z}}] \tag{3.88}$$

将上界(3.88)和 $\widetilde{Z}$ 的熵上界(3.87)结合起来，我们得到

$$\mathbb{H}(\mathrm{e}^{\lambda\widetilde{Z}})\leqslant\lambda^2\{2\mathrm{e}\mathbb{E}[\Gamma]\varphi(\lambda)+2\varphi'(\lambda)\}\quad\text{对于所有 }\lambda>0$$

其中 $\varphi(\lambda):=\mathbb{E}[e^{\lambda\widetilde{Z}}]$是 $\widetilde{Z}$ 的矩母函数. 因为 $\mathbb{E}[\widetilde{Z}]=0$，我们将这个看作 Bernstein 形式(3.10)的熵界，其中 $b=2$，$\sigma^2=2e\mathbb{E}[\Gamma]$. 由此，由命题 3.3 之后陈述的结果(3.12)，我们可以推出

$$\mathbb{P}[\widetilde{Z}\geqslant\mathbb{E}[\widetilde{Z}]+\delta]\leqslant\exp\left(-\frac{\delta^2}{8e\mathbb{E}[\Gamma]+4\delta}\right)\quad 对于所有\ \delta\geqslant 0$$

回忆 Γ 的定义并乘上比例$\frac{1}{n}$，我们得到定理的陈述，对应 $b=1$.

我们还需证明引理 3.28. 对于 $s>0$，考虑函数 $g(t)=e^t$ 及其共轭对偶 $g^*(s)=s\log s-s$，其中 $s>0$. 通过共轭对偶性的定义(即 Young 不等式)，对所有 $s>0$ 和 $t\in\mathbb{R}$ 有 $st\leqslant s\log s-s+e^t$. 令 $s=e^{\lambda\widetilde{Z}}$ 和 $t=\Gamma-(e-1)\mathbb{E}[\Gamma]$应用这个不等式，然后取期望，我们得到

$$\mathbb{E}[\Gamma e^{\lambda\widetilde{Z}}]-(e-1)\mathbb{E}[e^{\lambda\widetilde{Z}}]\mathbb{E}[\Gamma]\leqslant\lambda\mathbb{E}[\widetilde{Z}e^{\lambda\widetilde{Z}}]-\mathbb{E}[e^{\lambda\widetilde{Z}}]+\mathbb{E}[e^{\Gamma-(e-1)\mathbb{E}[\Gamma]}]$$

注意 Γ 定义为取值在[0,1]上的一类函数的上确界. 因此，由习题 3.15 的结果，我们有 $\mathbb{E}[e^{\Gamma-(e-1)\mathbb{E}[\Gamma]}]\leqslant 1$. 此外，由 Jensen 不等式，我们有 $\mathbb{E}[e^{\lambda\widetilde{Z}}]\geqslant e^{\lambda\mathbb{E}[\widetilde{Z}]}=1$. 综上所述可以得到结论(3.88). □

3.5　参考文献和背景

测度的集中度是一个极其丰富和深刻的领域，相关的文献数不胜数；读者可以查阅 Ledoux(2001)和 Boucheron 等(2013)的书来获得更全面的内容. 对数 Sobolev 不等式由 Gross(1975)在泛函分析的背景下提出. 它们与维数无关的特性使得其特别适合用来控制无穷维随机过程(例如 Holley 和 Stroock，1987). 命题 3.2 证明中的本质方法基于 Herbst 的未发表的笔记. Ledoux(1996，2001)最早把熵方法应用到更大范围的问题上. 定理 3.4 的证明基于 Ledoux(1996)，而引理 3.7 和 3.8 的证明来自 Ledoux(2001). 形如定理 3.4 的一个结果最初由 Talagrand(1991，1995，1996b)证明得到，利用了他的凸距离不等式.

Brunn-Minkowski 定理是几何和实分析中的一个经典结果；有关它的历史和相关联系的研究请参见 Gardner(2002). 定理 3.15 分别由 Prékopa(1971，1973)和 Leindler(1972)证明. Brascamp 和 Lieb(1976)建立了对数凹和对数 Sobolev 不等式之间的多种联系；更多讨论参见 Bobkov(1999). 定理 3.16 的证明中蕴含的下卷积方法最初由 Maurey(1991)提出，并由 Bobkov 和 Ledoux(2000)进一步发展. Ball(1997)的课堂讲义包含了丰富的有关集中度几何方面的内容，包括凸体的球相关部分. 例 3.13 引用的 Harper 定理是文献 Harper(1966)证明的；这是一个更一般的离散的等周不等式的结果的特例.

Kantorovich-Rubinstein 对偶性(3.55)由 Kantorovich 和 Rubinstein(1958)建立；这是最优传输理论更一般结果的一个特例(例如 Villani，2008；Rachev 和 Ruschendorf，1998). Marton(1996a)是最早用传输成本方法来推导集中不等式的，其后有很多研究者也为此做出贡献(例如 Dembo 和 Zeitouni，1996；Dembo，1997；Bobkov 和 Götze，1999；Ledoux，2001). 定理 3.22 的证明可以参见论文 Marton(1996b). 信息不等式(3.73)由 Samson

(2000)证明. 就像定理 3.24 之后注的，他实际上证明了一个更一般的结果，适用于多种相依随机变量. 其他有关相依随机变量的集中度结果参看相关文献(Marton，2004；Kontorovich 和 Ramanan，2008).

经验过程上确界的上尾部概率界可以用链方法证明；更多细节参见第 5 章. Talagrand (1996a)最早用集中度方法来控制均值上的偏差，如定理 3.26 和定理 3.27 所述. 这里给出的定理和基于熵的论述都基于 Ledoux(2001)的第 7 章；习题 3.15 中的框架同样来自这一章的方法. 定理 3.27 的更精细形式已经由很多作者建立(例如 Massart，2000；Bousquet，2002，2003；Klein and Rio，2005). 特别地，Bousquet(2003)证明了界(3.85)对于常数 $c_0=\sqrt{2}$ 和 $c_1=1/3$ 成立. 对于无界和/或相依随机变量经验过程的集中度有很多不同的结果(例如 Adamczak，2008；Mendelson，2010)；更多这方面的单边结果请参见第 14 章.

3.6 习　题

3.1 (Shannon 熵和 Kullback-Leibler 散度)　给定一个离散随机变量 $X\in\mathcal{X}$，其概率函数为 p，Shannon 熵为 $H(X):=-\sum_{x\in\mathcal{X}}p(x)\log p(x)$. 在这个练习中，我们将研究基于 $\phi(u)=u\log u$(参见式(3.2))的熵函数 $\mathbb{H}$ 和 Shannon 熵之间的联系.

(a) 考虑随机变量 $Z=p(U)$，其中 U 是 $\mathcal{X}$ 上的均匀分布. 证明

$$\mathbb{H}(Z)=\frac{1}{|\mathcal{X}|}\{\log|\mathcal{X}|-H(X)\}$$

(b) 用(a)的结果证明离散随机变量的 Shannon 熵在均匀分布时取到最大值.

(c) 给定两个概率函数 p 和 q，给出一个随机变量 Y 满足 $\mathbb{H}(Y)=D(p\|q)$，对应 p 和 q 之间的 Kullback-Leibler 散度.

3.2 (链法则和 Kullback-Leibler 散度)　给定两个 n 元分布 $\mathbb{Q}$ 和 $\mathbb{P}$，证明 Kullback-Leibler 散度可以被分解为

$$D(\mathbb{Q}\|\mathbb{P})=D(\mathbb{Q}_1\|\mathbb{P}_1)+\sum_{j=2}^{n}\mathbb{E}_{\mathbb{Q}_1^{j-1}}[D(\mathbb{Q}_j(\cdot|X_1^{j-1})\|\mathbb{P}_j(\cdot|X_1^{j-1}))]$$

其中 $\mathbb{Q}_j(\cdot|X_1^{j-1})$记作在 $\mathbb{Q}$ 下的给定$(X_1,\cdots,X_{j-1})$时 X_j 的条件分布，$\mathbb{P}_j(\cdot|X_1^{j-1})$的定义类似.

3.3 (熵的变分表示)　证明熵有变分表示

$$\mathbb{H}(e^{\lambda X})=\inf_{t\in\mathbb{R}}\mathbb{E}[\psi(\lambda(X-t))e^{\lambda X}]\tag{3.89}$$

其中 $\psi(u):=e^{-u}-1+u$.

3.4 (熵和常数平移)　在这个习题中，我们探索熵的一些性质.

(a) 证明对于任意随机变量 X 和常数 $c\in\mathbb{R}$，

$$\mathbb{H}(e^{\lambda(X+c)})=e^{\lambda c}\mathbb{H}(e^{\lambda X})$$

(b) 用(a)的结果证明如果 X 满足熵的界(3.5)，那么对于任意常数 c，$X+c$ 也满足.

3.5 (熵的等价形式)　记 $\mathbb{H}_\varphi$ 为由凸函数 $\varphi(u)=u\log u-u$ 定义的熵. 证明 $\mathbb{H}_\varphi(e^{\lambda X})=\mathbb{H}$

$(e^{\lambda X})$，其中 $\mathbb{H}$ 是常用的熵(由 $\phi(u)=u\log u$ 定义).

3.6 **(熵的正规化)** 在这个问题中，我们给出命题 3.3 证明中用到的中心化和正规化的技巧.

(a) 证明一个随机变量 X 满足 Bernstein 界(3.10)当且仅当 $\widetilde{X}=X-\mathbb{E}[X]$满足不等式

$$\mathbb{H}(e^{\lambda X})\leqslant\lambda^2\{b\varphi'_x(\lambda)+\varphi_x(\lambda)\sigma^2\} \quad 对于所有 \lambda\in[0,1/b) \tag{3.90}$$

(b) 证明一个零均值随机变量 X 满足不等式(3.90)，当且仅当 $\widetilde{X}=X/b$ 满足界

$$\mathbb{H}(e^{\lambda\widetilde{X}})\leqslant\lambda^2\{\varphi'_{\widetilde{X}}(\lambda)+\widetilde{\sigma}^2\varphi_{\widetilde{X}}(\lambda)\} \quad 对于所有 \lambda\in[0,1)$$

其中 $\widetilde{\sigma}^2=\sigma^2/b^2$.

3.7 **(有界变量的熵)** 考虑一个零均值随机变量 X，其几乎处处在有限区间$[a,b]$上取值. 证明它的熵满足界 $\mathbb{H}(e^{\lambda X})\leqslant\dfrac{\lambda^2\sigma^2}{2}\varphi X(\lambda)$，其中 $\sigma:=(b-a)/2$.（提示：可以利用习题 3.3 的结果.）

3.8 **(指数族和熵)** 考虑一个随机变量 $Y\in\mathcal{Y}$，其属于如下形式的指数分布族

$$p_{\boldsymbol{\theta}}(y)=h(y)e^{\langle\boldsymbol{\theta},\boldsymbol{T}(y)\rangle-\Phi(\boldsymbol{\theta})}$$

其中 $\boldsymbol{T}$: $\mathcal{Y}\to\mathbb{R}^d$ 表示充分统计量向量，函数 h 是固定的，密度 $p_{\boldsymbol{\theta}}$ 对应基测度 μ. 假设对数正则项 $\Phi(\boldsymbol{\theta})=\log\int_{\mathcal{Y}}\exp(\langle\boldsymbol{\theta},T(y)\rangle)h(y)\mu(dy)$对所有 $\boldsymbol{\theta}\in\mathbb{R}^d$ 是有限的，并且更进一步假设$\nabla\Phi$ 是参数为 L 的 Lipschitz 的，即

$$\|\nabla\Phi(\boldsymbol{\theta})-\nabla\Phi(\boldsymbol{\theta}')\|_2\leqslant L\|\boldsymbol{\theta}-\boldsymbol{\theta}'\|_2 \quad 对于所有 \boldsymbol{\theta},\boldsymbol{\theta}'\in\mathbb{R}^d \tag{3.91}$$

(a) 对于固定的单位向量$\boldsymbol{v}\in\mathbb{R}^d$，考虑随机变量 $X=\langle\boldsymbol{v},\boldsymbol{T}(Y)\rangle$. 证明

$$\mathbb{H}(e^{\lambda X})\leqslant L\lambda^2\varphi_x(\lambda) \quad 对于所有 \lambda\in\mathbb{R}$$

由此可得 X 是参数为$\sqrt{2L}$的次高斯分布.

(b) 基于(a)的结果来推导下列变量的次高斯性质：

(i) 单变量正态分布 $Y\sim\mathcal{N}(\mu,\sigma^2)$(提示：将 σ^2 视作固定的，将它写成一维指数族.)

(ii) Bernoulli 变量 $Y\in\{0,1\}$，参数为 $\theta=\dfrac{1}{2}\log\dfrac{\mathbb{P}[Y=1]}{\mathbb{P}[Y=0]}$.

3.9 **(另一种变分表达)** 证明下列变分表达形式：

$$\mathbb{H}(e^{\lambda f(X)})=\sup_g\{\mathbb{E}[g(X)e^{\lambda f(X)}]\mid\mathbb{E}[e^{g(X)}]\leqslant1\}$$

其中上确界在所有可测函数上取. 请给出一个函数 g 使得上确界被取到.（提示：可以利用习题 3.5 和共轭对偶性.）

3.10 **(Brunn-Minkowski 和经典等周不等式)** 在这个习题中，我们研究 Brunn-Minkowski (BM)不等式和经典等周不等式之间的联系.

(a) 证明 BM 不等式(3.43)成立，当且仅当

$$\mathrm{vol}(A+B)^{1/n}\geqslant\mathrm{vol}(A)^{1/n}+\mathrm{vol}(B)^{1/n} \tag{3.92}$$

对于所有凸体 A 和 B 成立.

(b) 证明 BM 不等式(3.43)可以导出“更弱”的不等式(3.45).

(c) 反过来，证明不等式(3.45)也可以推出原始的 BM 不等式(3.43).（提示：从(a)的结果，只需证明对有严格正体积的 A 和 B 不等式(3.92)成立. 把不等式(3.45)用到缩放体 $C:=\frac{A}{\mathrm{vol}(A)}$ 和 $D:=\frac{B}{\mathrm{vol}(B)}$ 上，并选取一个合适的 λ.）

3.11（欧几里得球的集中度） 考虑欧几里得球 $\mathbb{B}_2^n=\{\boldsymbol{x}\in\mathbb{R}^n \mid \|\boldsymbol{x}\|_2\leqslant 1\}$ 上的均匀测度 $\mathbb{P}$. 在这个例子中，我们用 Brunn-Minkowski 不等式(3.45)来控制集中度函数.

(a) 给定任意子集 $A\subseteq\mathbb{B}_2^n$，证明

$$\frac{1}{2}\|\boldsymbol{a}+\boldsymbol{b}\|_2\leqslant 1-\frac{\epsilon^2}{8}\quad \text{对于所有 } \boldsymbol{a}\in A \text{ 和 } \boldsymbol{b}\in(A^\epsilon)^c$$

为了严谨，这里我们定义 $(A^\epsilon)^c:=\mathbb{B}_2^n\setminus A^\epsilon$.

(b) 用 BM 不等式(3.45)来证明 $\mathbb{P}[A](1-\mathbb{P}[A^\epsilon])\leqslant\left(1-\frac{\epsilon^2}{8}\right)^{2n}$.

(c) 推导

$$\alpha_{\mathbb{P}},(\mathcal{X},\rho)(\epsilon)\leqslant 2\mathrm{e}^{-n\epsilon^2/4}\quad \text{对 } \mathcal{X}=\mathbb{B}_2^n \text{ 以及 } \rho(\cdot)=\|\cdot\|_2$$

3.12（Rademacher 混沌变量） 一个对称半正定矩阵 $\boldsymbol{Q}\in\mathcal{S}_+^{d\times d}$ 可用来定义一个 Rademacher 混沌变量 $X=\sum_{i,j=1}^d Q_{ij}\varepsilon_i\varepsilon_j$，其中 $\{\varepsilon_i\}_{i=1}^d$ 是独立同分布的 Rademacher 随机变量.

(a) 证明

$$\mathbb{P}\left[X\geqslant(\sqrt{\mathrm{trace}\boldsymbol{Q}}+t)^2\right]\leqslant 2\exp\left(-\frac{t^2}{16|||\boldsymbol{Q}|||_2}\right)\tag{3.93}$$

(b) 给定一个任意的对称矩阵 $\boldsymbol{M}\in\mathcal{S}^{d\times d}$，考虑耦合的 Rademacher 混沌变量 $Y=\sum_{i=1,j=1}^d M_{ij}\varepsilon_i\varepsilon_j'$，其中 $\{\varepsilon_j'\}_{j=1}^d$ 是第二个独立同分布的 Rademacher 序列，与第一个独立. 证明

$$\mathbb{P}[Y\geqslant\delta]\leqslant 2\exp\left(-\frac{\delta^2}{4|||\boldsymbol{M}|||_{\mathrm{F}}^2+16\delta|||\boldsymbol{M}|||_2}\right)$$

（提示：中间步骤中可以利用(a)部分的结果.）

3.13（全变差和 Wasserstein） 考虑基于 Hamming 度量的 Wasserstein 距离，即 $W_\rho(\mathbb{P},\mathbb{Q})=\inf_{\mathbb{M}}\mathbb{M}[X\neq Y]$，其中下确界在所有耦合 $\mathbb{M}$ 上取，也就是在带有边缘分布 $\mathbb{P}$ 和 $\mathbb{Q}$ 的乘积空间 $\mathcal{X}\times\mathcal{X}$ 上. 证明

$$\inf_{\mathbb{M}}\mathbb{M}[X\neq Y]=\|\mathbb{P}-\mathbb{Q}\|_{\mathrm{TV}}=\sup_A|\mathbb{P}(A)-\mathbb{Q}(A)|$$

其中上确界在 $\mathcal{X}$ 的所有可测集 A 上取.

3.14（另一种证明） 在这个习题中，我们完成了命题 3.20 的另一种证明. 就像所注的那样，我们只需考虑 $n=2$ 的证明. 令 $\mathbb{P}=\mathbb{P}_1\otimes\mathbb{P}_2$ 为一个乘积分布，$\mathbb{Q}$ 为 $\mathcal{X}\times\mathcal{X}$ 上的一个任意分布.

(a) 证明 Wasserstein 距离 $W_\rho(\mathbb{Q},\mathbb{P})$ 被下式控制上界：

$$\sup_{\|f\|_{\mathrm{Lip}}\leqslant 1}\left\{\int\left[\int f(x_1,x_2)(\mathrm{d}\mathbb{Q}_{2|1}-\mathrm{d}\mathbb{P}_2)\right]\mathrm{d}\mathbb{Q}_1+\int\left[\int f(x_1,x_2)\mathrm{d}\mathbb{P}_2\right](\mathrm{d}\mathbb{Q}_1-\mathrm{d}\mathbb{P}_1)\right\}$$

其中上确界在所有关于度量 $\rho(x,x')=\sum_{i=1}^{2}\rho_i(x_i,x_i')$ 是 1-Lipschitz 的函数上取.

(b) 用(a)部分的结果证明

$$W_\rho(\mathbb{Q},\mathbb{P})\leqslant\left[\int\sqrt{2\gamma_2 D(\mathbb{Q}_{2|1}\|\mathbb{P}_2)}\,\mathrm{d}\mathbb{Q}_1\right]+\sqrt{2\gamma_1 D(\mathbb{Q}_1\|\mathbb{P}_1)}$$

(c) 用(b)部分的结果完成证明.(提示：可以利用柯西-施瓦茨和习题 3.2.)

3.15 **(非负函数上确界的界)**　考虑形如 $Z=\sup_{f\in\mathscr{F}}\sum_{i=1}^{n}f(V_i)$ 的随机变量，其中$\{V_i\}_{i=1}^{n}$ 是一个独立同分布的随机变量序列，$\mathscr{F}$ 是在区间$[0,1]$上取值的一个函数类. 在这个习题中，我们证明

$$\log\mathbb{E}[\mathrm{e}^{\lambda Z}]\leqslant(\mathrm{e}^{\lambda}-1)\mathbb{E}[Z]\quad\text{对任意 }\lambda\geqslant 0\tag{3.94}$$

像我们在正文中一样，可以将问题简化为一个有限的函数类 $\mathscr{F}$，其中有 M 个函数 $\{f^1,\cdots,f^M\}$. 对于 $i=1,\cdots,n$ 定义随机向量 $X_i=(f^1(V_i),\cdots,f^M(V_i))\in\mathbb{R}^M$，我们可以考虑函数 $Z(X)=\max_{j=1,\cdots,M}\sum_{i=1}^{n}X_i^j$. 我们记函数 $X_k\mapsto Z(X)$为 Z_k，对于 $i\neq k$ 的其他 X_i 固定.

(a) 定义 $Y_k(X):=(X_1,\cdots,X_{k-1},0,X_{k+1},X_n)$. 解释为什么 $Z(X)-Z(Y_k(X))\geqslant 0$.

(b) 用张量化方法和从习题 3.3 中得到的变分表达式来证明

$$\mathbb{H}(\mathrm{e}^{\lambda Z(X)})\leqslant\mathbb{E}\left[\sum_{k=1}^{n}\mathbb{E}[\psi(\lambda(Z(X)-Z(Y_k(X))))\mathrm{e}^{\lambda Z(X)}\mid X^{\setminus k}]\right]\quad\text{对任意 }\lambda\geqslant 0$$

(c) 对于每个 $\ell=1,\cdots,M$，令

$$\mathbb{A}_\ell=\left\{\boldsymbol{x}=(x_1,\cdots,x_n)\in\mathbb{R}^{M\times n}\;\middle|\;\sum_{i=1}^{n}x_i^\ell=\max_{j=1,\cdots,M}\sum_{i=1}^{n}x_i^j\right\}$$

证明

$$0\leqslant\lambda\{Z(X)-Z(Y_k(X))\}\leqslant\lambda\sum_{\ell=1}^{M}\mathbb{I}[X\in\mathbb{A}_\ell]X_k^\ell\quad\text{对所有 }\lambda\geqslant 0$$

(d) 注意 $\psi(t)=\mathrm{e}^{-t}+1-t$ 是非负的且 $\psi(0)=0$，由 ψ 的凸性可得

$$\psi(\lambda(Z(X)-Z(Y_k(X))))\leqslant\psi(\lambda)\left[\sum_{\ell=1}^{M}\mathbb{I}[X\in\mathbb{A}_\ell]X_k^\ell\right]\quad\text{对所有 }\lambda\geqslant 0$$

(e) 与之前的部分相结合，证明

$$\mathbb{H}(\mathrm{e}^{\lambda Z})\leqslant\psi(\lambda)\sum_{k=1}^{n}\mathbb{E}\left[\sum_{\ell=1}^{M}\mathbb{I}[X\in\mathbb{A}_\ell]X_k^\ell\mathrm{e}^{\lambda Z}(\lambda)\right]=\psi(\lambda)\mathbb{E}[Z(X)\mathrm{e}^{\lambda Z}(x)]$$

(提示：注意由 $\mathbb{A}_\ell$ 的定义有 $\sum_{k=1}^{n}\sum_{\ell=1}^{M}\mathbb{I}[X\in\mathbb{A}_\ell]X_k^\ell=Z(X)$.)

(f) 用(e)来证明 $\varphi Z(\lambda)=\mathbb{E}[\mathrm{e}^{\lambda Z}]$满足微分不等式

$$[\log\varphi z(\lambda)]'\leqslant\frac{\mathrm{e}^{\lambda}}{\mathrm{e}^{\lambda}-1}\log\varphi z(\lambda)\quad\text{对所有 }\lambda>0$$

并用它完成证明.

3.16（泛函 Bernstein 的不同形式） 考虑一个随机变量 Z，它满足一个 Bernstein 尾部界的形式

$$\mathbb{P}[Z \geqslant \mathbb{E}[Z]+\delta] \leqslant \exp\left(-\frac{n\delta^2}{c_1\gamma^2+c_2 b\delta}\right) \quad 对所有 \delta \geqslant 0$$

其中 c_1 和 c_2 是普适常数.

(a) 证明

$$\mathbb{P}\left[Z \geqslant \mathbb{E}[Z]+\gamma\sqrt{\frac{c_1 t}{n}}+\frac{c_2 bt}{n}\right] \leqslant \mathrm{e}^{-t} \quad 对所有 t \geqslant 0 \tag{3.95a}$$

(b) 此外，如果 $\gamma^2 \leqslant \sigma^2+c_3 b\mathbb{E}[Z]$，我们有

$$\mathbb{P}\left[Z \geqslant (1+\epsilon)\mathbb{E}[Z]+\sigma\sqrt{\frac{c_1 t}{n}}+\left(c_2+\frac{c_1 c_3}{2\epsilon}\right)\frac{bt}{n}\right] \leqslant \mathrm{e}^{-t} \quad 对所有 t \geqslant 0 和 \epsilon>0 \tag{3.95b}$$

第 4 章　一致大数定律

这一章的关注点是一类被熟知为一致大数定律的结果. 顾名思义，这些结果是对通常大数定律的一种强化，通常大数定律适用于一个固定的随机变量序列，一致大数定律对一系列随机变量集合一致成立. 一方面，这些一致定律本身就有着理论意义，代表了概率论和统计学的一个重要领域，即经验过程理论. 另一方面，一致定律同样在更多应用场景下起着至关重要的作用，包括理解几种不同类型的统计估计量的性质. 一致定律的经典版本具有渐近的特性，而该领域的最新工作则强调非渐近的结果. 为了与本书的总体目标保持一致，本章将采取非渐近的路线，给出的结果适用于所有样本大小. 为了做到这点，我们将利用在第 2 章中介绍的尾部界和 Rademacher 复杂度的概念.

4.1　动机

我们从一些推导大数定律的统计动机出发，先考虑累积分布函数的情况，再考虑更一般的函数类.

4.1.1　累积分布函数的一致收敛

任何标量随机变量 X 的定律可以由它的累积分布函数(cumulative distribution function, CDF)完全给定，CDF 在任意点 $t\in\mathbb{R}$ 的取值为 $F(t):=\mathbb{P}[X\leqslant t]$. 现在给定 n 个独立同分布样本集合 $\{X_i\}_{i=1}^n$，每个样本都从 F 的分布中抽取. 一个 F 的自然估计是经验 CDF：

$$\hat{F}_n(t):=\frac{1}{n}\sum_{i=1}^n \mathbb{I}_{(-\infty,t]}[X_i] \tag{4.1}$$

其中 $\mathbb{I}_{(-\infty,t]}[x]$是一个在$\{0,1\}$上取值的关于事件$\{x\leqslant t\}$的示性函数. 因为总体 CDF 可以写成 $F(t)=\mathbb{E}[\mathbb{I}_{(-\infty,t]}[X]]$，故经验 CDF 是一个无偏估计.

图 4.1 展示了区间$[0,1]$上均匀分布的两个不同样本大小的经验 CDF 的示意图. 注意 $\hat{F}_n$ 是一个随机函数，其取值 $\hat{F}_n(t)$对应的是落在区间$(-\infty,t]$上的样本比例. 当样本大小 n 增大时，我们看到 $\hat{F}_n$ 趋向于 F——比较图 4.1a 中 $n=10$ 的图像和图 4.1b 中 $n=100$ 的图像. 容易看出 $\hat{F}_n$ 逐点收敛于 F. 事实上，对于任意给定的 $t\in\mathbb{R}$，随机变量 $\hat{F}_n$ 有期望 $F(t)$以及各阶矩，因此由强大数定律可以推出 $\hat{F}_n(t)\xrightarrow{\text{a.s.}}F(t)$. 一个自然的目标是将这个逐点收敛加强成一致收敛.

为什么一致收敛的结果这么有意义且重要呢？在统计背景下，经验 CDF 的一个通常用途是建立与总体 CDF 相关的各种统计量. 许多这样的估计问题可以被理解为一个将任意 CDF F 映射成一个实数$\gamma(F)$的泛函，即 $F\mapsto\gamma(F)$. 给定一个分布为 F 的样本集合，代入原理意味着将未知的 F 用经验 CDF $\hat{F}_n$ 替代，因此获得一个 $\gamma(F)$的估计 $\gamma(\hat{F}_n)$. 我们通过几个例子来阐述这个过程.

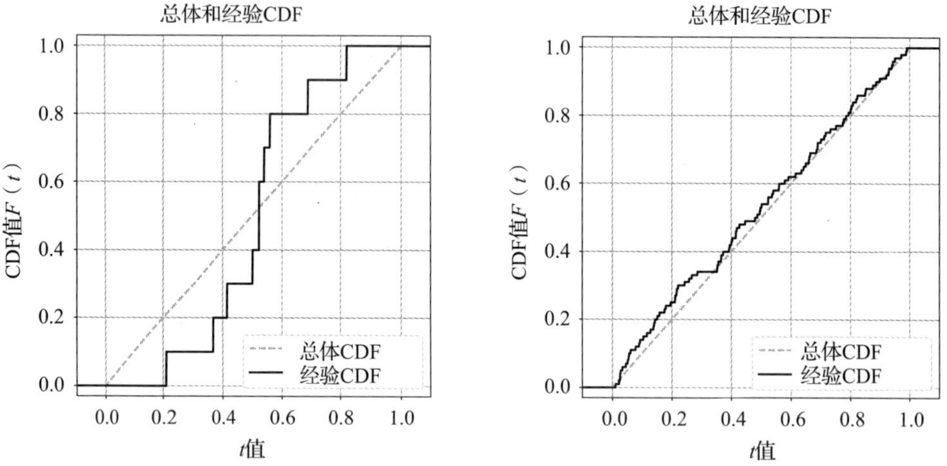

a）基于n=10个样本的经验CDF　　b）基于n=100个样本的经验CDF

图 4.1　在[0,1]上均匀分布的总体和经验 CDF 函数图像

例 4.1(期望泛函)　给定某个可积函数 g，我们可以如下定义期望泛函 γ_g：

$$\gamma_g(F) := \int g(x)\mathrm{d}F(x) \tag{4.2}$$

例如，对于函数 $g(x)=x$，泛函 γ_g 将 F 映射为 $\mathbb{E}[X]$，其中 X 是一个 CDF 为 F 的随机变量. 对于任意 g，代入估计可得 $\gamma_g(\hat{F}_n)=\frac{1}{n}\sum_{i=1}^{n}(X_i)$，对应 $g(X)$的样本均值. 在特别情况 $g(x)=x$ 下，我们可以得到常见的样本均值 $\frac{1}{n}\sum_{i=1}^{n} gX_i$ 来作为均值 $\mu=\mathbb{E}[X]$的估计. 类似的理解方式也适用于其他潜在的函数 g. ♣

例 4.2(分位数泛函)　对任意 $\alpha\in[0,1]$，分位数泛函 Q_α 如下给出：

$$Q_\alpha(F) := \inf\{t\in\mathbb{R} \mid F(t)\geqslant\alpha\} \tag{4.3}$$

中位数对应着特例 $\alpha=0.5$. 代入估计可得

$$Q_\alpha(\hat{F}_n) := \inf\left\{t \in \mathbb{R} \,\middle|\, \frac{1}{n}\sum_{i=1}^{n}\mathbb{I}_{(-\infty,t]}[X_i] \geqslant \alpha\right\} \tag{4.4}$$

对应的是通过 α 样本分位数来估计分布的 α 分位数. 在特例 $\alpha=0.5$ 下，这个估计对应样本中位数. 同样地，我们感兴趣的是当 n 增大时，随机变量 $Q_\alpha(\hat{F}_n)$以何种意义逼近 $Q_\alpha(F)$. 在这个例子中，$Q_\alpha(\hat{F}_n)$是所有样本的一个相对复杂、非线性的函数，因此这个收敛不能从如大数定律这样的经典结果直接得到. ♣

例 4.3(拟合优度泛函)　检验一组数据是否来自一个已知的分布 F_0 是一个非常重要的问题. 例如，我们感兴趣的可能是评估数据与均匀分布的偏离情况，在这种情况下 F_0 会是某个区间上的均匀分布；或者是数据与正态分布的偏离情况，在这种情况下 F_0 是一个固定均值和方差的正态分布. 这样的检验统计量可以用度量 F 和目标 CDF F_0 之间的距离泛函来构造，包

括极大范数$\|F-F_0\|_\infty$或者其他距离如基于泛函$\gamma(F):=\int_{-\infty}^{\infty}[F(x)-F_0(x)]^2\mathrm{d}F_0(x)$的 Cramér-von Mises 准则. ♣

对于任意代入估计量$\gamma(\hat{F}_n)$，一个重要的问题是理解它什么时候是相合的，也就是说，什么时候$\gamma(\hat{F}_n)$依概率(或者几乎处处)收敛到$\gamma(F)$？这个问题可以通过定义一个连续性的概念对很多泛函进行统一的研究. 给定一对 CDF F 和 G，我们用极大范数来度量距离

$$\|G-F\|_\infty:=\sup_{t\in\mathbb{R}}|G(t)-F(t)| \tag{4.5}$$

那么我们可以定义与这个范数相关的泛函γ的连续性：具体来说，我们说泛函γ关于极大范数在F上是连续的，如果对任意的$\epsilon>0$，存在一个$\delta>0$满足只要$\|G-F\|_\infty\leqslant\delta$可以推出$|\gamma(G)-\gamma(F)|\leqslant\epsilon$.

就像我们在习题 4.1 探索的那样，这个概念是有用的，因为对于任意连续函数，它将代入估计$\gamma(\hat{F}_n)$的相合性问题简化为随机变量$\|\hat{F}_n-F\|_\infty$是不是趋向于零的问题. 经典的 Glivenko-Cantelli 定理正是讨论这个问题的：

定理 4.4(Glivenko-Cantelli)　对于任意分布，经验 CDF $\hat{F}_n$ 在一致范数下是总体 CDF 的一个强相合估计，即

$$\|\hat{F}_n-F\|_\infty\xrightarrow{\text{a.s.}}0 \tag{4.6}$$

我们将以更一般结果推论的形式给出这个结果的一个证明(参见定理 4.10). 对于统计应用而言，定理 4.4 的一个重要结论是对于任意关于极大范数连续的泛函γ，代入估计$\gamma(\hat{F}_n)$是$\gamma(F)$的一个几乎处处收敛下的相合估计. 这种联系的进一步探索参见习题 4.1.

4.1.2　更一般函数类的一致定律

我们现在考虑更一般的一致大数定律. 令$\mathscr{F}$是一个在区域$\mathcal{X}$上的可积实值函数类，$\{X_i\}_{i=1}^n$是$\mathcal{X}$上的来自分布$\mathbb{P}$的一组独立同分布样本. 考虑随机变量

$$\|\mathbb{P}_n-\mathbb{P}\|_{\mathscr{F}}:=\sup_{f\in\mathscr{F}}\left|\frac{1}{n}\sum_{i=1}^n f(X_i)-\mathbb{E}[f(X)]\right| \tag{4.7}$$

这在类$\mathscr{F}$上一致度量了样本平均数$\frac{1}{n}\sum_{i=1}^n f(X_i)$和总体平均$\mathbb{E}[f(X)]$之间的绝对偏差. 注意定义(4.7)可能存在可测性的问题；关于解决可测性的不同办法参见文献部分的讨论.

定义 4.5　我们称$\mathscr{F}$是$\mathbb{P}$上的一个 Glivenko-Cantelli 类，如果当$n\to\infty$时$\|\mathbb{P}_n-\mathbb{P}\|_{\mathscr{F}}$依概率收敛到零.

这个概念也可以在更强的意义下来定义，要求$\|\mathbb{P}_n-\mathbb{P}\|_{\mathscr{F}}$几乎处处收敛，在这种情况下我们称$\mathscr{F}$满足一个强 Glivenko-Cantelli 律. 经验 CDF 的经典结果(定理 4.4)可看作这个概念下的特殊情况.

例 4.6(经验 CDF 和示性函数)　考虑函数类

$$\mathscr{F}=\{\mathbb{I}_{(-\infty,t]}(\cdot)\mid t\in\mathbb{R}\} \tag{4.8}$$

其中 $\mathbb{I}_{(-\infty,t]}$ 是区间 $(-\infty,t]$ 上取值 $\{0,1\}$ 的示性函数. 对于每个固定的 $t\in\mathbb{R}$,我们有等式 $\mathbb{E}[\mathbb{I}_{(-\infty,t]}(X)]=\mathbb{P}[X\leqslant t]=F(t)$，因此经典 Glivenko-Cantelli 定理也就是函数类(4.8)的一个强一致定律. ♣

注意并不是所有函数类都是 Glivenko-Cantelli 类，就像下面的例子所讨论的.

例 4.7(不满足一致定律)　令 $\mathcal{S}$ 是 $[0,1]$ 上的所有子集 S 构成的类，其中 S 具有有限个元素，考虑这些集合的示性函数构成的函数类 $\mathscr{F}_{\mathcal{S}}=\{\mathbb{I}_S(\cdot)\mid S\in\mathcal{S}\}$. 假设样本 X_i 来自 $[0,1]$ 上的没有聚集点的某个分布(即对于所有 $x\in[0,1]$ 有 $\mathbb{P}(\{x\})=0$)；这个分布族包括了任意关于勒贝格测度有密度的分布. 对于任意这样的分布，对于所有 $S\in\mathcal{S}$ 有 $\mathbb{P}[S]=0$. 另一方面，对于任意正整数 $n\in\mathbb{N}$,离散集合 $\{X_1,\cdots,X_n\}$ 属于 $\mathcal{S}$,而且由经验分布的定义，我们有 $\mathbb{P}_n[X_1^n]=1$. 综上，我们可以推出

$$\sup_{S\in\mathcal{S}}|\mathbb{P}_n[S]-\mathbb{P}[S]|=1-0=1 \tag{4.9}$$

因此函数类 $\mathscr{F}_{\mathcal{S}}$ 不是 $\mathbb{P}$ 上的 Glivenko-Cantelli 类. ♣

我们已经看到经典的 Glivenko-Cantelli 律——保证了特别情形下变量 $\|\mathbb{P}_n-\mathbb{P}\|_{\mathscr{F}}$ 的收敛性——对于分析基于“代入”经验 CDF 的估计是很重要的. 很自然地要问其他这些统计量在什么背景下会出现? 事实上，形如 $\|\mathbb{P}_n-\mathbb{P}\|_{\mathscr{F}}$ 的随机变量在统计学中是普遍存在的——特别地，它们是基于经验损失最小化方法的核心. 为了更具体地描述这个概念，我们考虑一个概率分布族 $\{\mathbb{P}_\theta\mid\theta\in\Omega\}$，并给定 n 个样本 $\{X_i\}_{i=1}^n$，每个样本都来自某个空间 $\mathcal{X}$. 假设样本独立同分布来自一个分布 $\mathbb{P}_{\theta^*}$，其中 $\theta^*\in\Omega$ 是固定但未知的. 这里下标 θ^* 可能来自一个有限维空间中，例如，向量估计问题中的 $\Omega=\mathbb{R}^d$，或者某个函数类 $\Omega=\mathscr{G}$，这种情况下对应非参数问题.

不管在哪种情况中，一个标准的估计 θ^* 的决策方法基于最小化一个形如 $\theta\mapsto\mathcal{L}_\theta(X)$ 的损失函数，其度量了参数 $\theta\in\Omega$ 和样本 $X\in\mathcal{X}$ 之间的“拟合度”. 给定 n 个样本 $\{X_i\}_{i=1}^n$，经验风险最小化的原理基于目标函数

$$\hat{R}_n(\theta,\theta^*):=\frac{1}{n}\sum_{i=1}^n\mathcal{L}_\theta(X_i)$$

这个量称为经验风险，因为它是由样本 X_1^n 所定义的，并且我们的符号反映了这些样本依赖于未知分布 $\mathbb{P}_{\theta^*}$. 经验风险应该对应着总体风险

$$R(\theta,\theta^*):=\mathbb{E}_{\theta^*}[\mathcal{L}_\theta(X)]$$

其中期望 $\mathbb{E}_{\theta^*}$ 是在 $X\sim\mathbb{P}_{\theta^*}$ 上取.

实际问题中，我们会在全空间 Ω 的某个子集 Ω_0 上最小化经验风险来得到某个估计 $\hat{\theta}$. 统计问题是如何控制过度风险，其由总体上的量来度量，即差

$$E(\hat{\theta},\theta^*):=R(\hat{\theta},\theta^*)-\inf_{\theta\in\Omega_0}R(\theta,\theta^*)$$

我们下面通过一些例子来阐述.

例 4.8(极大似然)　考虑一个参数化的分布族——记作 $\{\mathbb{P}_\theta,\theta\in\Omega\}$——每个都伴有一个

在通常的内在测度上严格正的密度 p_θ. 现在假设有来自一个未知分布 $\mathbb{P}_{\theta^*}$ 的 n 个独立同分布样本，我们想要估计未知参数 θ^*. 为了做到这点，我们考虑损失函数

$$\mathcal{L}_\theta(x) := \log\left[\frac{p_{\theta^*}(x)}{p_\theta(x)}\right]$$

这里 $p_{\theta^*}(x)$对最小化 θ 没有任何影响，引入它是为了之后的理论分析方便. 事实上，极大似然估计是由最小化损失函数所定义的经验风险所得到的，即

$$\hat{\theta} \in \underset{\theta\in\Omega_0}{\operatorname{argmin}} \underbrace{\left\{\frac{1}{n}\sum_{i=1}^n \log\frac{p_{\theta^*}(X_i)}{p_\theta(X_i)}\right\}}_{\hat{R}_n(\theta,\theta^*)} = \underset{\theta\in\Omega_0}{\operatorname{argmin}}\left\{\frac{1}{n}\sum_{i=1}^n \log\frac{1}{p_\theta(X_i)}\right\}$$

总体风险为 $R(\theta,\theta^*)=\mathbb{E}_{\theta^*}\left[\log\frac{p_{\theta^*}(X)}{p_\theta(X)}\right]$，对应的是 p_{θ^*} 和 p_θ 之间的 Kullback-Leibler 散度.

在特殊情况 $\theta^*\in\Omega_0$ 下，过度风险就是真实密度函数 p_{θ^*} 和拟合模型 $p_{\hat{\theta}}$ 之间的 Kullback-Leibler 散度. 更多具体例子参见习题 4.3. ♣

例 4.9(二分类问题)　假设我们观测到 n 对样本，每个形式为$(X_i,Y_i)\in\mathbb{R}^d\times\{-1,+1\}$，其中向量 X_i 对应 d 个解释变量或者特征变量，二元变量 Y_i 对应标签变量. 我们可以将这种数据看作由某个分布 $\mathbb{P}_X$ 和一个条件分布 $\mathbb{P}_{Y|X}$ 生成的. 由于 Y 为二元取值，条件分布完全由似然比 $\psi(x)=\frac{\mathbb{P}[Y=+1\mid X=x]}{\mathbb{P}[Y=-1\mid X=x]}$给定.

二分类的目标是估计一个函数 f：$\mathbb{R}^d\to\{-1,+1\}$使得对于一对独立抽取的(X,Y)，错分概率 $\mathbb{P}[f(X)\neq Y]$最小. 注意这个错分概率对应着损失函数的总体风险

$$\mathcal{L}_f(X,Y) := \begin{cases}1 & 若\ f(X)\neq Y\\ 0 & 否则\end{cases} \tag{4.10}$$

最小化错分概率的函数为贝叶斯分类器 f^*；在两类先验概率相等的特殊情况下——当 $\mathbb{P}[Y=+1]=\mathbb{P}[Y=-1]=\frac{1}{2}$时——一个贝叶斯分类器为

$$f^*(x)=\begin{cases}+1 & 若\ \psi(x)\geqslant 1\\ -1 & 否则\end{cases}$$

因为似然比 ψ(对应 f^*)是未知的，逼近贝叶斯准则的一个自然方法是选取 $\hat{f}$ 来最小化经验风险

$$\hat{R}_n(f,f^*) := \frac{1}{n}\sum_{i=1}^n \underbrace{\mathbb{I}[f(X_i)\neq Y_i]}_{\mathcal{L}_f(X_i,Y_i)}$$

对应的是被错分的训练样本比率. 一般地，在 f 上的最小化会被限制到所有可能决策准则的某个子集上. 更多关于如何分析这些二分类问题的方法参见第 14 章. ♣

回到正文主线，我们的目标是控制过度风险. 简单起见，我们假设[⊖]存在某个 $\theta_0\in\Omega_0$

⊖ 如果下确界未取得，那么我们对某个任意小的容忍度 $\epsilon>0$ 选取一个元素 θ_0 使这个等式满足，接下来的分析在这个容忍度下也成立.

满足 $R(\theta_0, \theta^*) = \inf_{\theta \in \Omega_0} R(\theta, \theta^*)$. 有了这个记号，过度风险可以分解为

$$E(\hat{\theta}, \theta^*) = \underbrace{\{R(\hat{\theta}, \theta^*) - \hat{R}_n(\hat{\theta}, \theta^*)\}}_{T_1} + \underbrace{\{\hat{R}_n(\hat{\theta}, \theta^*) - \hat{R}_n(\theta_0, \theta^*)\}}_{T_2 \leqslant 0} + \underbrace{\{\hat{R}_n(\theta_0, \theta^*) - R(\theta_0, \theta^*)\}}_{T_3}$$

注意这里 T_2 是负的，因为 $\hat{\theta}$ 在 Ω_0 上最小化了经验风险.

第三项 T_3 可以用一种相对直接的方式来处理，因为 θ_0 是一个未知但非随机的量. 事实上，回忆经验风险的定义，我们有

$$T_3 = \left[\frac{1}{n}\sum_{i=1}^{n} \mathcal{L}_{\theta_0}(X_i)\right] - \mathbb{E}_X[\mathcal{L}_{\theta_0}(X)]$$

对应的是随机变量 $\mathcal{L}_{\theta_0}(X)$ 的样本均值和其期望之间的偏差. 这个量可以用第 2 章介绍的方法来控制 —— 例如，在样本是独立且损失函数有界的情况下通过 Hoeffding 界来控制.

最后，回到第一项，它可以用类似的方式来表达，即差

$$T_1 = \mathbb{E}_X[\mathcal{L}_{\hat{\theta}}(X)] - \left[\frac{1}{n}\sum_{i=1}^{n} \mathcal{L}_{\hat{\theta}}(X_i)\right]$$

这个量的控制更具有挑战性，因为参数 $\hat{\theta}$——与确定的量 θ_0 相比——现在是随机的，而且依赖于样本 $\{X_i\}_{i=1}^n$，因为它是由最小化经验风险获得的. 因此，控制第一项需要一个更强的结果，例如关于损失函数类 $\mathcal{L}(\Omega_0) := \{x \mapsto \mathcal{L}_\theta(x),\ \theta \in \Omega_0\}$ 的一致大数定律. 在这个记号下，我们有

$$T_1 \leqslant \sup_{\theta \in \Omega_0} \left| \frac{1}{n}\sum_{i=1}^{n} \mathcal{L}_\theta(X_i) - \mathbb{E}_X[\mathcal{L}_\theta(X)] \right| = \|\mathbb{P}_n - \mathbb{P}\|_{\mathcal{L}(\Omega_0)}$$

因为 T_3 也被这个量所控制，所以过度风险最多为 $2\|\mathbb{P}_n - \mathbb{P}\|_{\mathcal{L}(\Omega_0)}$. 这个推导表明，分析基于经验风险最小化的估计量的核心问题是建立损失类 $\mathcal{L}(\Omega_0)$ 上的一致大数定律. 我们将在习题中探讨几个具体例子.

4.2 基于 Rademacher 复杂度的一致定律

在探讨了研究一致定律的多种动机之后，我们现在考虑推导这些结果的技术细节. 研究一致定律的一个重要度量是函数类 $\mathscr{F}$ 的 Rademacher 复杂度. 对于任意给定的点集 $x_1^n := (x_1, \cdots, x_n)$，考虑 $\mathbb{R}^n$ 的子集

$$\mathscr{F}(x_1^n) := \{(f(x_1), \cdots, f(x_n)) \mid f \in \mathscr{F}\} \tag{4.11}$$

集合 $\mathscr{F}(x_1^n)$ 对应所有那些应用函数 $f \in \mathscr{F}$ 到集合 $(x_1, \cdots, x_n)$ 上所得到的 $\mathbb{R}^n$ 中的向量，经验 Rademacher 复杂度为

$$\mathcal{R}(\mathscr{F}(x_1^n)/n) := \mathbb{E}_\varepsilon\left[\sup_{f \in \mathscr{F}} \left| \frac{1}{n}\sum_{i=1}^{n} \varepsilon_i f(x_i) \right|\right] \tag{4.12}$$

注意这个定义与我们之前关于集合的 Rademacher 复杂度定义是吻合的(参见例 2.25).

给定一个随机样本集合 $X_1^n := \{X_i\}_{i=1}^n$，那么经验 Rademacher 复杂度 $\mathcal{R}(\mathscr{F}(X_1^n)/n)$ 是一个随机变量. 对其取期望就得到函数类 $\mathscr{F}$ 的 Rademacher 复杂度，即固定的量

$$\mathcal{R}_n(\mathscr{F}) := \mathbb{E}_X[\mathcal{R}(\mathscr{F}(X_1^n)/n)] = \mathbb{E}_{X,\varepsilon}\left[\sup_{f\in\mathscr{F}}\left|\frac{1}{n}\sum_{i=1}^n \varepsilon_i f(X_i)\right|\right] \tag{4.13}$$

注意到 Rademacher 复杂度是向量$(f(X_1),\cdots,f(X_n))$和“噪声向量”$(\varepsilon, \cdots, \varepsilon_n)$之间最大相关关系的平均值，其中最大值在所有函数 $f\in\mathscr{F}$ 上取. 直观上这也是很自然的：一个函数类特别大——事实上，对于统计来说“太大了”——如果我们总是可以找到一个函数与一个随机抽取的噪声向量有高度相关性. 反过来，当 Rademacher 复杂度作为样本大小的函数是衰减的，那么不可能找到一个函数在期望上与一个随机抽取的噪声向量高度相关.

我们现在来讨论 Rademacher 复杂度和 Glivenko-Cantelli 性质之间的确切联系，特别地，我们将说明对于任意有界函数类 $\mathscr{F}$,条件 $\mathcal{R}_n(\mathscr{F})=o(1)$保证 Glivenko-Cantelli 性质. 具体地，我们证明了一个非渐近的结果，形式为随机变量$\|\mathbb{P}_n-\mathbb{P}\|_{\mathscr{F}}$ 偏离 Rademacher 复杂度若干倍的尾概率界. 它适用于 b 一致有界的函数类 $\mathscr{F}$,也就是对于所有 $f\in\mathscr{F}$ 有$\|f\|_\infty\leqslant b$.

定理 4.10　对于任意 b 一致有界的函数类 $\mathscr{F}$,任意正整数 $n\geqslant 1$ 和任意标量 $\delta\geqslant 0$，我们有

$$\|\mathbb{P}_n-\mathbb{P}\|_{\mathscr{F}}\leqslant 2\mathcal{R}_n(\mathscr{F})+\delta \tag{4.14}$$

至少依 $\mathbb{P}$ 概率为 $1-\exp\left(-\frac{n\delta^2}{2b^2}\right)$成立. 由此，只要 $\mathcal{R}_n(\mathscr{F})=o(1)$，我们有$\|\mathbb{P}_n-\mathbb{P}\|_{\mathscr{F}}\xrightarrow{\text{a.s.}}0$.

为了使定理 4.10 可用，我们需要控制 Rademacher 复杂度的上界. 有很多种办法来做到这点，从直接计算到其他的复杂度度量. 在 4.3 节，我们讨论一些控制半区间上示性函数的 Rademacher 复杂度上界的技术，正如经典 Glivenko-Cantelli 定理要求的那样(参见例 4.6)；我们也讨论了 Vapnik-Chervonenkis 维数，它可以用来控制其他函数类的 Rademacher 复杂度的上界. 第 5 章将介绍更多基于度量熵和链来控制 Rademacher 复杂度以及相关次高斯过程的更高级技巧. 与此同时，我们转向定理 4.10 的证明.

证明　我们首先注意到如果 $\mathcal{R}_n(\mathscr{F})=o(1)$，那么几乎处处收敛由尾部界(4.14)和 Borel-Cantelli 引理得到. 因此，余下将证明尾概率(4.14).

均值附近的集中度：我们首先论证，当 $\mathscr{F}$ 被一致控制时，那么随机变量$\|\mathbb{P}_n-\mathbb{P}\|_{\mathscr{F}}$ 聚集在其均值附近. 为了简化记号，定义中心化函数 $\overline{f}(x):=f(x)-\mathbb{E}[f(X)]$，并记$\|\mathbb{P}_n-\mathbb{P}\|_{\mathscr{F}}=\sup_{f\in\mathscr{F}}\left|\frac{1}{n}\sum_{i=1}^n\overline{f}(X_i)\right|$. 暂时将样本视为固定的，考虑函数

$$G(x_1,\cdots,x_n):=\sup_{f\in\mathscr{F}}\left|\frac{1}{n}\sum_{i=1}^n\overline{f}(x_i)\right|$$

我们断言 G 满足有界差不等式(回忆推论 2.21)所需的 Lipschitz 性质. 因为函数 G 关于其坐标置换不变，我们只需控制第一个坐标 x_1 扰动时的差. 相应地，我们定义向量 $\boldsymbol{y}\in\mathbb{R}^n$ 其中对于 $i\neq 1$ 有 $y_i=x_i$，并寻求控制差$|G(\boldsymbol{x})-G(\boldsymbol{y})|$. 对于任意函数 $\overline{f}=f-\mathbb{E}[f]$，我们有

$$\left|\frac{1}{n}\sum_{i=1}^n\overline{f}(x_i)\right|-\sup_{h\in\mathscr{F}}\left|\frac{1}{n}\sum_{i=1}^n\overline{h}(y_i)\right|\leqslant\left|\frac{1}{n}\sum_{i=1}^n\overline{f}(x_i)\right|-\left|\frac{1}{n}\sum_{i=1}^n\overline{f}(y_i)\right|$$

$$\leqslant \frac{1}{n}|\bar{f}(x_1)-\bar{f}(y_1)| \leqslant \frac{2b}{n} \tag{4.15}$$

其中最后一个不等式用到了

$$|\bar{f}(x_1)-\bar{f}(y_1)|=|f(x_1)-f(y_1)|\leqslant 2b$$

这由一致有界条件$\|f\|_\infty \leqslant b$ 得到. 因为不等式(4.15)对于任意函数 f 成立，我们在两边对 $f\in\mathscr{F}$ 取上确界；这样可以推出不等式 $G(\boldsymbol{x})-G(\boldsymbol{y})\leqslant\frac{2b}{n}$. 因为同样的方法也适用于 x 和 y 调换的情况，我们推出$|G(\boldsymbol{x})-G(\boldsymbol{y})|\leqslant\frac{2b}{n}$. 因此，由有界差方法(参见推论 2.21)，我们有

$$\|\mathbb{P}_n-\mathbb{P}\|_{\mathscr{F}}-\mathbb{E}[\|\mathbb{P}_n-\mathbb{P}\|_{\mathscr{F}}]\leqslant t \quad \text{至少依 } \mathbb{P} \text{ 概率 } 1-\exp\left(-\frac{nt^2}{2b^2}\right) \tag{4.16}$$

对所有 $t\geqslant 0$ 成立.

均值的上界： 还需要证明 $\mathbb{E}[\|\mathbb{P}_n-\mathbb{P}\|_{\mathscr{F}}]$被 $2\mathcal{R}_n(\mathscr{F})$控制上界，我们用一个经典的对称化技巧来做到这点. 令$(Y_1,\cdots,Y_n)$为一个独立同分布序列，独立于$(X_1,\cdots,X_n)$，我们有

$$\begin{aligned}
\mathbb{E}[\|\mathbb{P}_n-\mathbb{P}\|_{\mathscr{F}}] &= \mathbb{E}_X\left[\sup_{f\in\mathscr{F}}\left|\frac{1}{n}\sum_{i=1}^n\{f(X_i)-\mathbb{E}_{Y_i}[f(Y_i)]\}\right|\right] \\
&= \mathbb{E}_X\left[\sup_{f\in\mathscr{F}}\left|\mathbb{E}_Y\left[\frac{1}{n}\sum_{i=1}^n\{f(X_i)-f(Y_i)\}\right]\right|\right] \\
&\overset{\text{(i)}}{\leqslant} \mathbb{E}_{X,Y}\left[\sup_{f\in\mathscr{F}}\left|\frac{1}{n}\sum_{i=1}^n\{f(X_i)-f(Y_i)\}\right|\right]
\end{aligned} \tag{4.17}$$

其中上界(i)由习题 4.4 的计算可得.

现在令$(\varepsilon_1,\cdots,\varepsilon_n)$为独立同分布的 Rademacher 变量，独立于 X 和 Y. 给定独立性假设，对任意函数 $f\in\mathscr{F}$,分量为 $\varepsilon_i(f(X_i)-f(Y_i))$的随机向量有与分量为 $f(X_i)-f(Y_i)$ 的随机向量相同的联合分布，由此

$$\begin{aligned}
\mathbb{E}_{X,Y}\left[\sup_{f\in\mathscr{F}}\left|\frac{1}{n}\sum_{i=1}^n\{f(X_i)-f(Y_i)\}\right|\right] &= \mathbb{E}_{X,Y,\varepsilon}\left[\sup_{f\in\mathscr{F}}\left|\frac{1}{n}\sum_{i=1}^n\varepsilon_i(f(X_i)-f(Y_i))\right|\right] \\
&\leqslant 2\mathbb{E}_{X,\varepsilon}\left[\sup_{f\in\mathscr{F}}\left|\frac{1}{n}\sum_{i=1}^n\varepsilon_i f(X_i)\right|\right]=2\mathcal{R}_n(\mathscr{F}).
\end{aligned} \tag{4.18}$$

将上界(4.18)与尾部界(4.16)结合起来就能得到定理的结果. □

Rademacher 复杂度的必要条件

定理 4.10 的证明阐述了一个熟知的对称化的技巧，考虑了随机变量$\|\mathbb{P}_n-\mathbb{P}\|_{\mathscr{F}}$ 与其对称化形式

$$\|\mathbb{S}_n\|_{\mathscr{F}} := \sup_{f\in\mathscr{F}}\left|\frac{1}{n}\sum_{i=1}^n\varepsilon_i f(X_i)\right| \tag{4.19}$$

注意$\|\mathbb{S}_n\|_{\mathscr{F}}$ 的期望对应 Rademacher 复杂度，其在定理 4.10 中是非常重要的. 很自然地要问将变量$\|\mathbb{P}_n-\mathbb{P}\|_{\mathscr{F}}$ 转化成其对称化形式是否有很多信息丢失. 接下来的“三明治”结果将

讨论这些量.

命题 4.11 对于任意非减的凸函数 Φ: $\mathbb{R}\to\mathbb{R}$,我们有

$$\mathbb{E}_{X,\varepsilon}\left[\Phi\left(\frac{1}{2}\|\mathbb{S}_n\|_{\overline{\mathscr{F}}}\right)\right]\overset{\text{(a)}}{\leqslant}\mathbb{E}_X[\Phi(\|\mathbb{P}_n-\mathbb{P}\|_{\mathscr{F}})]\overset{\text{(b)}}{\leqslant}\mathbb{E}_{X,\varepsilon}[\Phi(2\|\mathbb{S}_n\|_{\mathscr{F}})] \tag{4.20}$$

其中 $\overline{\mathscr{F}}=\{f-\mathbb{E}[f],\ f\in\mathscr{F}\}$是中心化的函数类.

当应用到非减凸函数 $\Phi(t)=t$ 时，命题 4.11 得出不等式

$$\frac{1}{2}\mathbb{E}_{X,\varepsilon}\|\mathbb{S}_n\|_{\overline{\mathscr{F}}}\leqslant\mathbb{E}_X[\|\mathbb{P}_n-\mathbb{P}\|_{\mathscr{F}}]\leqslant 2\mathbb{E}_{X,\varepsilon}\|\mathbb{S}_n\|_{\mathscr{F}} \tag{4.21}$$

区别仅在于前面的常数因子，以及上界用到 $\mathscr{F}$ 而下界用到中心化类 $\overline{\mathscr{F}}$.

另一个重要的例子是对某个 $\lambda>0$ 考虑 $\Phi(t)=\mathrm{e}^{\lambda t}$，可以用来控制矩母函数.

证明 从界(b)开始，我们有

$$\begin{aligned}
\mathbb{E}_X[\Phi(\|\mathbb{P}_n-\mathbb{P}\|_{\mathscr{F}})]&=\mathbb{E}_X\left[\Phi\left(\sup_{f\in\mathscr{F}}\left|\frac{1}{n}\sum_{i=1}^n f(X_i)-\mathbb{E}_Y[f(Y_i)]\right|\right)\right]\\
&\overset{\text{(i)}}{\leqslant}\mathbb{E}_{X,Y}\left[\Phi\left(\sup_{f\in\mathscr{F}}\left|\frac{1}{n}\sum_{i=1}^n f(X_i)-f(Y_i)\right|\right)\right]\\
&\overset{\text{(ii)}}{=}\underbrace{\mathbb{E}_{X,Y,\varepsilon}\left[\Phi\left(\sup_{f\in\mathscr{F}}\left|\frac{1}{n}\sum_{i=1}^n\varepsilon_i\{f(X_i)-f(Y_i)\}\right|\right)\right]}_{:=T_1}
\end{aligned}$$

其中不等式(i)来自习题 4.4，用到了 Φ 的凸性和非减性，而等式(ii)是因为分量为 $\varepsilon_i(f(X_i)-f(Y_i))$的随机向量和分量为 $f(X_i)-f(Y_i)$的随机向量有相同的联合分布. 由三角不等式，我们有

$$\begin{aligned}
T_1&\leqslant\mathbb{E}_{X,Y,\varepsilon}\left[\Phi\left(\sup_{f\in\mathscr{F}}\left|\frac{1}{n}\sum_{i=1}^n\varepsilon_i f(X_i)\right|+\left|\frac{1}{n}\sum_{i=1}^n\varepsilon_i f(Y_i)\right|\right)\right]\\
&\overset{\text{(iii)}}{\leqslant}\frac{1}{2}\mathbb{E}_{X,\varepsilon}\left[\Phi\left(2\sup_{f\in\mathscr{F}}\left|\frac{1}{n}\sum_{i=1}^n\varepsilon_i f(X_i)\right|\right)\right]+\frac{1}{2}\mathbb{E}_{Y,\varepsilon}\left[\Phi\left(2\sup_{f\in\mathscr{F}}\left|\frac{1}{n}\sum_{i=1}^n\varepsilon_i f(Y_i)\right|\right)\right]\\
&\overset{\text{(iv)}}{=}\mathbb{E}_{X,\varepsilon}\left[\Phi\left(2\sup_{f\in\mathscr{F}}\left|\frac{1}{n}\sum_{i=1}^n\varepsilon_i f(X_i)\right|\right)\right]
\end{aligned}$$

其中步骤(iii)由 Jensen 不等式和 Φ 的凸性得到，而步骤(iv)是因为 X 和 Y 是独立同分布样本.

考虑界(a)，我们有

$$\begin{aligned}
\mathbb{E}_{X,\varepsilon}\left[\Phi\left(\frac{1}{2}\|\mathbb{S}_n\|_{\mathscr{F}}\right)\right]&=\mathbb{E}_{X,\varepsilon}\left[\Phi\left(\frac{1}{2}\sup_{f\in\mathscr{F}}\left|\frac{1}{n}\sum_{i=1}^n\varepsilon_i\{f(X_i)-\mathbb{E}_{Y_i}[f(Y_i)]\}\right|\right)\right]\\
&\overset{\text{(i)}}{\leqslant}\mathbb{E}_{X,Y,\varepsilon}\left[\Phi\left(\frac{1}{2}\sup_{f\in\mathscr{F}}\left|\frac{1}{n}\sum_{i=1}^n\varepsilon_i\{f(X_i)-f(Y_i)\}\right|\right)\right]\\
&\overset{\text{(ii)}}{=}\mathbb{E}_{X,Y}\left[\Phi\left(\frac{1}{2}\sup_{f\in\mathscr{F}}\left|\frac{1}{n}\sum_{i=1}^n\{f(X_i)-f(Y_i)\}\right|\right)\right]
\end{aligned}$$

其中不等式(i)由 Jensen 不等式和 Φ 的凸性得到，等式(ii)是因为对于每个 $i=1,2,\cdots,n$ 和 $f\in\mathscr{F}$，变量 $\varepsilon_i(f(X_i)-f(Y_i))$ 和 $f(X_i)-f(Y_i)$ 有相同分布.

现在考虑量 $T_2:=\frac{1}{2}\sup_{f\in\mathscr{F}}\left|\frac{1}{n}\sum_{i=1}^{n}\{f(X_i)-f(Y_i)\}\right|$，我们加减一项形如 $\mathbb{E}[f]$ 的项，然后应用三角不等式，因此得到上界

$$T_2\leqslant\frac{1}{2}\sup_{f\in\mathscr{F}}\left|\frac{1}{n}\sum_{i=1}^{n}\{f(X_i)-\mathbb{E}[f]\}\right|+\frac{1}{2}\sup_{f\in\mathscr{F}}\left|\frac{1}{n}\sum_{i=1}^{n}\{f(Y_i)-\mathbb{E}[f]\}\right|$$

因为 Φ 是凸的且是非减的，可得

$$\Phi(T_2)\leqslant\frac{1}{2}\Phi\left(\sup_{f\in\mathscr{F}}\left|\frac{1}{n}\sum_{i=1}^{n}\{f(X_i)-\mathbb{E}[f]\}\right|\right)+\frac{1}{2}\Phi\left(\sup_{f\in\mathscr{F}}\left|\frac{1}{n}\sum_{i=1}^{n}\{f(Y_i)-\mathbb{E}[f]\}\right|\right)$$

取期望并注意 X 和 Y 是同分布的可得结论. □

命题 4.11 的一个推论是随机变量 $\|\mathbb{P}_n-\mathbb{P}\|_{\mathscr{F}}$ 可以被 Rademacher 复杂度乘以一个常数以及一些扰动项控制住下界. 这个结论可以用来证明下述结果.

命题 4.12 对于任意 b 一致有界函数类 $\mathscr{F}$，任意整数 $n\geqslant 1$ 和任意标量 $\delta\geqslant 0$，我们有

$$\|\mathbb{P}_n-\mathbb{P}\|_{\mathscr{F}}\geqslant\frac{1}{2}\mathcal{R}_n(\mathscr{F})-\frac{\sup_{f\in\mathscr{F}}|\mathbb{E}[f]|}{2\sqrt{n}}-\delta \tag{4.22}$$

至少依 $\mathbb{P}$ 概率 $1-\mathrm{e}^{-\frac{n\delta^2}{2b^2}}$ 成立.

我们将这个结果的证明留给读者(参见习题 4.5). 作为一个推论，如果 Rademacher 复杂度 $\mathcal{R}_n(\mathscr{F})$ 有远离零的界，那么 $\|\mathbb{P}_n-\mathbb{P}\|_{\mathscr{F}}$ 不能依概率收敛于零. 我们因此证明了，对于一个一致有界函数类 $\mathscr{F}$，Rademacher 复杂度为 Glivenko-Cantelli 性质提供了一个充分必要条件.

4.3 Rademacher 复杂度的上界

运用定理 4.10 得到的具体结果需要能控制 Rademacher 复杂度的界. 有很多这样的方法，从简单的取并界方法(适用于有限函数类) 到更多涉及度量熵和链方法的高级技巧. 我们将在接下来的第 5 章探讨后面的高级技巧. 这一节致力于讨论更多初等技巧，包括那些用来证明经典 Glivenko-Cantelli 结果的方法，和更一般的适用于带有多项式识别及相关的 Vapnik-Chervonenkis 类的函数类的方法.

4.3.1 多项式识别的函数类

对一个给定的点集 $x_1^n=(x_1,\cdots,x_n)$，集合 $\mathscr{F}(x_1^n)$ 的“大小”给出了一个依赖于样本可以刻画 $\mathscr{F}$ 复杂度的度量. 在最简单的情形中，集合 $\mathscr{F}(x_1^n)$ 对所有样本仅包含有限数量的向量，因此它的“大小”可以通过它的基数来度量. 例如，如果 $\mathscr{F}$ 是由二元取值的决策函数(见例 4.9)构成，那么 $\mathscr{F}(x_1^n)$ 最多包含 2^n 个元素. 我们感兴趣的是基数以 n 的多项式速

度增长的函数类，正是下面的定义所描述的.

定义 4.13（多项式识别）　在区域 $\mathcal{X}$ 上的函数类 $\mathscr{F}$ 有阶为 $\nu \geqslant 1$ 的多项式识别，如果对每个正整数 n 和 $\mathcal{X}$ 中 n 个点的集合 $x_1^n=\{x_1,\cdots,x_n\}$，集合 $\mathscr{F}(x_1^n)$ 的基数有上界

$$\operatorname{card}(\mathscr{F}(x_1^n)) \leqslant (n+1)^\nu \tag{4.23}$$

这个性质的意义是它提供了一种直接控制 Rademacher 复杂度的方法. 对任意集合 $\mathbb{S} \subset \mathbb{R}^n$，我们用 $D(\mathbb{S}) := \sup_{x\in\mathbb{S}}\|\boldsymbol{x}\|_2$ 来记它在 ℓ_2 范数下的最大宽度.

引理 4.14　假设 $\mathscr{F}$ 有阶为 ν 的多项式识别. 那么对所有正整数 n 和任意点集 $x_1^n=(x_1,\cdots,x_n)$，

$$\underbrace{\mathbb{E}_\varepsilon\left[\sup_{f\in\mathscr{F}}\left|\frac{1}{n}\sum_{i=1}^n \varepsilon_i f(x_i)\right|\right]}_{\mathcal{R}(\mathscr{F}(x_1^n)/n)} \leqslant 4D(x_1^n)\sqrt{\frac{\nu\log(n+1)}{n}}$$

其中 $D(x_1^n) := \sup_{f\in\mathscr{F}}\sqrt{\frac{\sum_{i=1}^n f^2(x_i)}{n}}$ 是集合 $\mathscr{F}(x_1^n)/\sqrt{n}$ 的 ℓ_2 半径.

我们将这个结果的证明留给读者(参见习题 4.9).

尽管引理 4.14 阐述的是经验 Rademacher 复杂度的上界，它也可以导出 Rademacher 复杂度 $\mathcal{R}_n(\mathscr{F})=\mathbb{E}_X[\mathcal{R}(\mathscr{F}(X_1^n)/n)]$的上界，其中涉及 ℓ_2 宽度的期望 $\mathbb{E}_{X_1^n}[D(X)]$. 一个特别简单的情形是函数类是 b 一致有界的，这时对所有样本都有 $D(x_1^n) \leqslant b$. 在这种情形下，引理 4.14 保证了

$$\mathcal{R}_n(\mathscr{F}) \leqslant 2b\sqrt{\frac{\nu\log(n+1)}{n}} \quad \text{对于所有 } n \geqslant 1 \tag{4.24}$$

结合定理 4.10，我们得出任意带有多项式识别的有界函数类是 Glivenko-Cantelli 的.

什么样的函数类有多项式识别？就像之前在例 4.6 中讨论的，经典 Glivenko-Cantelli 定律基于左区间$(-\infty,t]$上的示性函数. 这些函数是参数为 $b=1$ 一致控制的，而且就像接下来的证明那样，这个函数类有阶为 $\nu=1$ 的多项式识别. 相应地，定理 4.10 结合引理 4.14 可以以推论的方式得到定理 4.4 的一个定量形式.

推论 4.15（经典 Glivenko-Cantelli）　令 $F(t)=\mathbb{P}[X\leqslant t]$为一个随机变量 X 的 CDF，设 $\hat{F}_n$ 是基于 n 个独立同分布样本 $X_i \sim \mathbb{P}$ 的经验 CDF. 那么

$$\mathbb{P}\left[\|\hat{F}_n - F\|_\infty \geqslant 8\sqrt{\frac{\log(n+1)}{n}}+\delta\right] \leqslant \mathrm{e}^{-\frac{n\delta^2}{2}} \quad \text{对于所有 } \delta \geqslant 0 \tag{4.25}$$

并因此$\|\hat{F}_n - F\|_\infty \xrightarrow{\text{a.s.}} 0$.

证明 对于一个给定的样本 $x_1^n=(x_1,\cdots,x_n)\in\mathbb{R}^n$ 考虑集合 $\mathscr{F}(x_1^n)$，其中 $\mathscr{F}$ 是所有对于 $t\in\mathbb{R}$ 半区间 $(-\infty,t]$ 上 $\{0,1\}$ 取值的示性函数. 如果我们将样本排序为 $x_{(1)}\leqslant x_{(2)}\leqslant\cdots\leqslant x(n)$，那么它们把实轴至多分割成 $n+1$ 个区间(包括两个端点区间 $(-\infty,x_{(1)})$ 和 $[x_{(n)},\infty)$). 对于一个给定的 t，示性函数 $\mathbb{I}_{(-\infty,t]}$ 在所有 $x_{(i)}\leqslant t$ 上取值为 1，在所有其他样本上取值为 0. 因此，我们已经证明了，对于任意样本 x_1^n，$\operatorname{card}(\mathscr{F}(x_1^n))\leqslant n+1$. 应用引理 4.14，我们有

$$\mathbb{E}_\varepsilon\left[\sup_{f\in\mathscr{F}}\left|\frac{1}{n}\sum_{i=1}^n\varepsilon_i f(X_i)\right|\right]\leqslant 4\sqrt{\frac{\log(n+1)}{n}}$$

在数据 X_i 上取平均可得上界 $\mathcal{R}_n(\mathscr{F})\leqslant 4\sqrt{\dfrac{\log(n+1)}{n}}$. 由定理 4.10 可以得到结论(4.25).

□

尽管(4.25)的指数形式界对很多问题来说是适用的，它还远不是最精细的结果. 使用其他方法，我们在第 5 章给出了一个可以去掉 $\sqrt{\log(n+1)}$ 项的更精细结果. 最精细的结果请参见文献部分，包括指数部分以及前置因子部分的常数项.

4.3.2 Vapnik-Chervonenkis 维数

到目前为止，我们已经看到对于带有多项式识别的函数类建立一致定律是相对容易的. 在某些特定的情况下，例如我们证明经典 Glivenko-Cantelli 定律的过程，可以通过直接计算验证一个给定的函数类有多项式识别. 更宽泛地，我们希望用不那么麻烦的方式可以建立验证这个性质技巧. Vapnik-Chervonenkis(VC)维数理论正是这样一类技巧. 我们现在转向定义打散和 VC 维数的概念.

我们考虑一个函数类 $\mathscr{F}$，其中每个函数 f 是二元 $\{0,1\}$ 取值的. 在这种情况下，表达式(4.11)的集合 $\mathscr{F}(x_1^n)$ 最多有 2^n 个元素.

定义 4.16(打散和 VC 维数) 给定一个二元取值函数的类 $\mathscr{F}$，我们说集合 $x_1^n=(x_1,\cdots,x_n)$ 被 $\mathscr{F}$ 打散，如果 $\operatorname{card}(\mathscr{F}(x_1^n))=2^n$. VC 维数 $\nu(\mathscr{F})$ 是最大的整数 n，使得存在某个 n 个点构成的点集 $x_1^n=(x_1,\cdots,x_n)$ 被 $\mathscr{F}$ 打散.

当度量 $\nu(\mathscr{F})$ 是有限的，那么函数类 $\mathscr{F}$ 称作 VC 类. 我们将频繁地考虑由示性函数 $\mathbb{I}_S[\cdot]$ 构成的函数类 $\mathscr{F}$，集合 S 来自某类集合类 $\mathcal{S}$ 上. 在这种情况下，我们用 $\mathcal{S}(x_1^n)$ 和 $\nu(\mathcal{S})$ 分别简记为 $\mathscr{F}(x_1^n)$ 和 $\mathscr{F}$ 的 VC 维数. 对于一个给定的集合类 $\mathcal{S}$，阶 n 的打散系数为 $\max\limits_{x_1^n}\operatorname{card}(\mathcal{S}(x_1^n))$.

我们用一些例子来解释打散和 VC 维数的概念.

例 4.17($\mathbb{R}$ 上的区间) 考虑所有实轴上左侧半区间的示性函数类，也就是函数类 $\mathcal{S}_{\text{left}}:=\{(-\infty,a]\mid a\in\mathbb{R}\}$. 推论 4.15 的证明本质上就是计算这个类的 VC 维数. 我们首先注意到，对于任意单点 x_1，两个子集($\{x_1\}$ 和空集 $\varnothing$)可以被左侧区间 $\{(-\infty,a]\mid a\in\mathbb{R}\}$ 的函数类找到. 但是给定两个不同的点 $x_1<x_2$，不可能找到一个左侧区间包括 x_2 但不包括 x_1. 因此，我们得出

$\nu(\mathcal{S}_{\text{left}})=1$. 在推论 4.15 的证明中，我们更具体地证明了，对于任意集合 $\boldsymbol{x}_1^n=\{x_1,\cdots,x_n\}$，我们有 $\text{card}(\mathcal{S}_{\text{left}}(\boldsymbol{x}_1^n))\leqslant n+1$.

现在考虑实轴上的所有双侧区间，也就是类 $\mathcal{S}_{\text{two}}:=\{(b,a]\mid a,b=\mathbb{R}$ 满足 $b<a\}$. 类 $\mathcal{S}_{\text{two}}$ 可以打散所有两个点构成的集合. 然而，给定三个不同的点 $x_1<x_2<x_3$，它不能选出子集 $\{x_1,x_3\}$，这说明 $\nu(\mathcal{S}_{\text{two}})=2$. 作为将来的参考使用，我们来控制 $\mathcal{S}_{\text{two}}$ 的打散系数的上界. 注意到任意 n 个不同点 $x_1<x_2<\cdots<x_{n-1}<x_n$ 的集合将实轴分割成 $(n+1)$ 个区间. 因此，可以通过选择 $(n+1)$ 个区间的某一个得到 b，再选择一个区间得到 a 构造出形如 $(-b,a]$ 的集合. 因此，一个阶 n 的打散系数的粗糙上界是

$$\text{card}(\mathcal{S}_{\text{two}}(x_1^n))\leqslant(n+1)^2$$

这表明这个类有阶数为 $\nu=2$ 的多项式识别. ♣

到这里，我们已经看到两个函数类的例子，它们都有有限的 VC 维数，同样两者也都有多项式识别. VC 维数和多项式识别之间是否具有一般的联系？事实上，任意有限 VC 类具有阶至多为 VC 维数的多项式识别；这个事实是一个深刻的结果，分别被 Vapnik 和 Chervonekis、Sauer 和 Shelah 在论文中独立证明(形式略微不同).

为了理解为什么这个结果如此令人意想不到，注意，对于一个给定的集合类 $\mathcal{S}$，VC 维数的定义表明，对于所有 $n>\nu(\mathcal{S})$，一定是对于所有的 n 个样本的集合 x_1^n 都有 $\text{card}(S(x_1^n))<2n$. 然而，至少在感觉上，会存在某个子集满足

$$\text{card}(\mathcal{S}(x_1^n))=2^n-1$$

这与 2^n 没有太大的区别. 下列结果表明并不是这样子的；事实上，对于任意 VC 类，$\mathcal{S}(x_1^n)$ 的基数至多以 n 的多项式阶增长.

命题 4.18(Vapnik-Chervonekis，Sauer 和 Shelah)　考虑一个 $\nu(\mathcal{S})<\infty$ 的集合类 $\mathcal{S}$. 那么对任意点集 $P=(x_1,\cdots,x_n)$，其中 $n\geqslant\nu(\mathcal{S})$，我们有

$$\text{card}(\mathcal{S}(P))\overset{\text{(i)}}{\leqslant}\sum_{i=0}^{\nu(\mathcal{S})}\binom{n}{i}\overset{\text{(ii)}}{\leqslant}(n+1)^{\nu(\mathcal{S})}\tag{4.26}$$

给定不等式(i)，不等式(ii)可以由初等的组合方法得到，因此我们将它留给读者(特别地，参见习题 4.11 的(a)部分. 习题 4.11 的(b)部分得到了一个更精细的上界.

证明　给定一个点的子集 Q 和一个集合类 $\mathcal{T}$，我们用 $\nu(\mathcal{T};Q)$ 记 $\mathcal{T}$ 的 VC 维数，这里只考虑 Q 是否有子集可以被打散. 注意 $\nu(\mathcal{T})\leqslant k$ 可以推出对于所有点集 Q 都有 $\nu(\mathcal{T};Q)\leqslant k$. 对于正整数 (n,k)，定义函数

$$\Phi_k(n):=\sup_{\substack{\text{点集}Q\\ \text{card}(Q)\leqslant n}}\ \sup_{\substack{\text{集合类}\mathcal{T}\\ \nu(\mathcal{T};Q)\leqslant k}}\text{card}(\mathcal{T}(Q))\quad\text{和}\quad\Psi_k(n):=\sum_{i=0}^{k}\binom{n}{i}$$

在这里我们默认当 $i>n$ 时有 $\binom{n}{i}=0$. 基于这个记号，我们只需证

$$\Phi_k(n)\leqslant\Psi_k(n)\tag{4.27}$$

事实上，假设存在某个集合类 $\mathcal{S}$ 有 $\nu(\mathcal{S})=k$ 并且满足 $\mathrm{card}(\mathcal{S}(P))>\Psi_k(n)$ 的 n 个不同点的集合 $P=\{x_1,\cdots,x_n\}$. 由定义 $\Phi_k(n)$，我们于是有

$$\Phi_k(n)\overset{(\mathrm{i})}{\geqslant}\sup_{\substack{\text{集合类}\mathcal{T}\\ \nu(\mathcal{T};P)\leqslant k}}\mathrm{card}(\mathcal{T}(p))\overset{(\mathrm{ii})}{\geqslant}\mathrm{card}(\mathcal{S}(P))>\Psi_k(n) \tag{4.28}$$

这与结论(4.27)矛盾. 这里不等式(i)成立是因为对于定义 $\Phi_k(n)$中的 Q 上的上确界，P 是可取的点；不等式(ii)成立是因为 $\nu(\mathcal{S})=k$ 可以保证 $\nu(\mathcal{S};P)\leqslant k$.

我们现在对于(n,k)的和 $n+k$ 用归纳法来证明(4.27).

基础情形：首先，我们证明不等式(4.27)对所有 $n+k=2$ 成立. 这个结论在 $n=0$ 或者 $k=0$ 的情况下显然. 否则，对于$(n,k)=(1,1)$，不等式(4.27)的两边都等于 2.

归纳步骤：现在假设，对于某个正整数 $l>2$，不等式(4.27)对于所有 $n+k<l$ 成立. 我们证明对所有 $n+k=l$ 也成立. 固定一个满足 $n+k=l$ 的任意对(n,k)，点集 $P=\{x_1,\cdots,x_n\}$和集合类 $\mathcal{S}$ 满足 $\nu(\mathcal{S};P)=k$. 定义点集 $P'=P\setminus\{x_1\}$，并设 $\mathcal{S}_0\subseteq\mathcal{S}$ 是最小的子集类使得点集 P'可以被映射成最大数的不同标签. 令 $\mathcal{S}_1$ 是 $\mathcal{S}\setminus\mathcal{S}_0$ 中的最小子集使得点集 P 可以被映射成不在 $\mathcal{S}_0(P)$中的二元标签.（$\mathcal{S}_0$ 和 $\mathcal{S}_1$ 的选取不一定是唯一的.）

作为一个具体例子，给定一个集合类 $\mathcal{S}=\{s_1,s_2,s_3,s_4\}$和一个点集 $P=\{x_1,x_2,x_3\}$，假设集合产生二元标签

$$s_1\leftrightarrow(0,1,1),\quad s_2\leftrightarrow(1,1,1),\quad s_3\leftrightarrow(0,1,0),\quad s_4\leftrightarrow(0,1,1)$$

在这个特定的情形中，我们有 $\mathcal{S}(P)=\{(0,1,1),(1,1,1),(0,1,0)\}$，一个合适的$(\mathcal{S}_0,\mathcal{S}_1)$的选取是 $\mathcal{S}_0=\{s_1,s_3\}$和 $\mathcal{S}_1=\{s_2\}$，生成标签 $\mathcal{S}_0(P)=\{(0,1,1),(0,1,0)\}$和$\mathcal{S}_1(P)=\{(1,1,1)\}$.

利用这个分解，我们要证明

$$\mathrm{card}(\mathcal{S}(P))=\mathrm{card}(\mathcal{S}_0(P'))+\mathrm{card}(\mathcal{S}_1(P'))$$

事实上，任意 $S(P)$中的二元标签不是对应 $\mathcal{S}_0(P')$中的一个元素就是它在 P'上的标签对应一个复制，它可以被 $\mathcal{S}_1(P')$中的一个元素唯一识别. 这可以被上面描述的特殊情况验证.

现在因为 P'是 P 的一个子集而 $\mathcal{S}_0$ 是 $\mathcal{S}$ 的一个子集，我们有

$$\nu(\mathcal{S}_0;P')\leqslant\nu(\mathcal{S}_0;P)\leqslant k$$

因为 P'的基数是 $n-1$，归纳法假设保证了 $\mathrm{card}(\mathcal{S}_0(P'))\leqslant\Psi_k(n-1)$.

另一方面，我们证明集合类 $\mathcal{S}_1$ 满足上界 $\nu(\mathcal{S}_1;P')\leqslant k-1$. 假设 $\mathcal{S}_1$ 打散了某个基数为 m 的子集 $Q'\subseteq P'$，只需证明 $m\leqslant k-1$. 如果 $\mathcal{S}_1$ 打散了这样一个集合 Q'，那么 $\mathcal{S}$ 会打散集合 $Q=Q'\cup\{x_1\}\subseteq P$.（这个结论由 $\mathcal{S}_1$ 的构造得到：对于所有 $\mathcal{S}_1(P)$中的二元向量，集合 $\mathcal{S}(P)$一定包含一个 x_1 的标签翻转了的二元变量；参看上面给出的具体例子作为解释.）因为 $\nu(\mathcal{S};P)\leqslant k$，一定有 $\mathrm{card}(Q)=m+1\leqslant k$，这意味着 $\nu(\mathcal{S}_1;P')\leqslant k-1$. 由此，归纳法假设保证了 $\mathrm{card}(\mathcal{S}_1(P'))\leqslant\Psi_{k-1}(n-1)$.

综上所述，我们证明了

$$\mathrm{card}(\mathcal{S}(P))\leqslant\Psi_k(n-1)+\Psi_{k-1}(n-1)\overset{(\mathrm{i})}{=}\Psi_k(n) \tag{4.29}$$

其中等式(i)由一个初等的组合知识可得(参见习题 4.10). 这完成了证明. □

4.3.3　VC 维数的控制

因为带有 VC 维数的类有多项式识别，建立控制 VC 维数的方法是非常重要的.

基本运算

有限 VC 维数的性质在一系列基本运算下是保持的，总结如下.

命题 4.19　设 $\mathcal{S}$ 和 $\mathcal{T}$ 为集合类，分别有有限 VC 维数 $\nu(\mathcal{S})$ 和 $\nu(\mathcal{T})$. 那么下列每个集合类也有有限 VC 维数：

(a) 集合类 $\mathcal{S}^c := \{S^c \mid S\in\mathcal{S}\}$，其中 S^c 是 S 的补集.

(b) 集合类 $\mathcal{S}\sqcup\mathcal{T} := \{S\cup T \mid S\in\mathcal{S}, T\in\mathcal{T}\}$.

(c) 集合类 $\mathcal{S}\sqcap\mathcal{T} := \{S\cap T \mid S\in\mathcal{S}, T\in\mathcal{T}\}$.

我们将这个结果的证明留给读者作为练习(习题 4.8).

向量空间结构

任意实值函数类 $\mathscr{G}$ 可以通过取子图运算来定义一类集合. 特别地，给定一个实值函数 $g: \mathcal{X}\to\mathbb{R}$,它在零水平上的子图为子集 $S_g := \{x\in\mathcal{X} \mid g(x)\leqslant 0\}$. 用这种方式，我们可以将 $\mathscr{G}$ 与子集集合 $\mathcal{S}(\mathscr{G}) := \{S_g, g\in\mathscr{G}\}$ 联系起来，我们称之为 $\mathscr{G}$ 的子图类. 很多重要的集合类都可以通过这种方式来自然地定义出来，包括半平面，椭圆体等. 在很多情况下，潜在的函数类 $\mathscr{G}$ 是一个向量空间，下面的结果用来控制相伴的集合类 $\mathcal{S}(\mathscr{G})$ 的 VC 维数的上界.

命题 4.20(有限维向量空间)　设 $\mathscr{G}$ 为函数 $g: \mathbb{R}^d\to\mathbb{R}$ 的向量空间，其中维数 $\dim(\mathscr{G})<\infty$. 那么子图类 $\mathcal{S}(\mathscr{G})$ 的 VC 维数至多为 $\dim(\mathscr{G})$.

证明　由 VC 维数的定义，我们需要证明不存在 $\mathbb{R}^d$ 中的 $n=\dim(\mathscr{G})+1$ 个点的集合可以被 $\mathcal{S}(\mathscr{G})$ 打散. 给定任意一个 $\mathbb{R}^d$ 中的 n 个点的集合 $x_1^n=\{x_1, x_2, \cdots, x_n\}$，考虑由 $L(g)=(g(x_1), \cdots, g(x_n))$ 给定的线性映射 $L: \mathscr{G}\to\mathbb{R}^n$. 通过构造，映射 L 的值域是 $\mathbb{R}^n$ 的线性子空间，维数至多为 $\dim(\mathscr{G})=n-1<n$. 因此，一定存在一个非零向量 $\gamma\in\mathbb{R}^n$ 对于所有 $g\in\mathscr{G}$ 都有 $\langle\gamma, L(g)\rangle=0$. 我们不失一般性地假设存在至少一个正的坐标，然后可以写出

$$\sum_{\{i \mid \gamma_i\leqslant 0\}}(-\gamma_i)g(x_i)=\sum_{\{i\mid\gamma_i>0\}}\gamma_i g(x_i)\ \text{对于所有}\ g\in\mathscr{G} \tag{4.30}$$

下面用反证法，假定存在某个 $g\in\mathscr{G}$ 使得相伴子图类 $S_g=\{\boldsymbol{x}\in\mathbb{R}^d \mid g(\boldsymbol{x})\leqslant 0\}$ 仅包括子集 $\{x_i \mid \gamma_i\leqslant 0\}$. 对这样一个函数 g，等式(4.30)右端是严格正的而左端是非正的，得到矛盾. 我们可以推出结论，$\mathcal{S}(\mathscr{G})$ 没法打散集合 $\{x_1, \cdots, x_n\}$. □

我们通过一些例子来解释命题 4.20.

例 4.21($\mathbb{R}^d$ 中的线性函数)　对于一个对 $(a, b)\in\mathbb{R}^d\times\mathbb{R}$,定义函数 $f_{a,b}(\boldsymbol{x}) := \langle\boldsymbol{a}, \boldsymbol{x}\rangle+b$，考虑所有这样线性函数的族 $\mathscr{L}^d := \{f_{a,b} \mid (\boldsymbol{a}, b)\in\mathbb{R}^d\times\mathbb{R}\}$. 相伴的子图类 $\mathcal{S}(\mathscr{L}^d)$ 对应形

如 $H_{\boldsymbol{a},b}:=\{\boldsymbol{x}\in\mathbb{R}^d \mid \langle\boldsymbol{a},\boldsymbol{x}\rangle+b\leqslant 0\}$的半平面的集合. 因为族 $\mathscr{L}^d$ 构成了一个维数为 $d+1$ 的向量空间，作为命题 4.20 的一个直接结论，$\mathcal{S}(\mathscr{L}^d)$有至多 $d+1$ 的 VC 维数.

对于特殊情况 $d=1$，我们用一种更直接的计算来验证这个结论. 在这种情况下，类 $\mathcal{S}(\mathscr{L}^1)$对应所有左侧或者右侧区间的集合，即

$$\mathcal{S}(\mathscr{L}^1)=\{(-\infty,t] \mid \in\mathbb{R}\}\cup\{[t,\infty) \mid t\in\mathbb{R}\}$$

给定任意两个不同的点 $x_1<x_2$，所有这样区间的集合可以挑选出所有可能子集. 然而，给定三个点 $x_1<x_2<x_3$，$\mathcal{S}(\mathscr{L}^1)$中没有区间包含 x_2 但不包含 x_1 和 x_3. 这个计算表明 $\nu(\mathcal{S}(\mathscr{L}^1))=2$，这与从命题 4.20 中得到的上界是一致的. 更一般地，可以证明 $\mathcal{S}(\mathscr{L}^d)$的 VC 维数为 $d+1$，因此命题 4.20 导出了一个在所有维数上都是精细的结果. ♣

例 4.22（$\mathbb{R}^d$ 中的球） 考虑球 $S_{\boldsymbol{a},b}:=\{\boldsymbol{x}\in\mathbb{R}^d \mid \|\boldsymbol{x}-\boldsymbol{a}\|_2\leqslant b\}$，其中$(\boldsymbol{a},b)\in\mathbb{R}^d\times\mathbb{R}_+$分别定义了中心和半径，$S^d_{\text{sphere}}$ 记作所有这样球的集合. 如果我们定义函数

$$f_{\boldsymbol{a},b}(\boldsymbol{x}):=\|x\|_2^2-2\sum_{j=1}^{d}a_jx_j+\|\boldsymbol{a}\|_2^2-b^2$$

那么我们有 $S_{\boldsymbol{a},b}=\{\boldsymbol{x}\in\mathbb{R}^d \mid f_{\boldsymbol{a},b}(\boldsymbol{x})\leqslant 0\}$，因此球 $S_{\boldsymbol{a},b}$ 是函数 $f_{\boldsymbol{a},b}$ 的一个子图.

为了利用命题 4.20，我们首先通过 $\phi(\boldsymbol{x}):=(1,x_1,\cdots,x_d,\|\boldsymbol{x}\|_2^2)$定义一个特征映射 ϕ：$\mathbb{R}^d\to\mathbb{R}^{d+2}$，然后考虑函数

$$g_c(\boldsymbol{x}):=\langle\boldsymbol{c},\phi(\boldsymbol{x})\rangle \quad 其中\ \boldsymbol{c}\in\mathbb{R}^{d+2}$$

函数族$\{g_c,\boldsymbol{c}\in\mathbb{R}^{d+1}\}$是一个 $d+2$ 维的向量空间，它包含函数类$\{f_{\boldsymbol{a},b},(\boldsymbol{a},b)\in\mathbb{R}^d\times\mathbb{R}_+\}$. 由此，对这个更大的向量空间应用命题 4.20，我们可以得到 $\nu(\mathcal{S}^d_{\text{sphere}})\leqslant d+2$. 这个界对很多问题都足够了，但还不够精细：一个更加细致的分析可以表明 $\mathbb{R}^d$ 中球的 VC 维数实际上是 $d+1$. $d=2$ 情形的深入探讨参见习题 4.13. ♣

4.4 参考文献和背景

首先，一个关于可测性的技术性注释：一般来说，差范数$\|\mathbb{P}_n-\mathbb{P}\|_{\mathscr{F}}$不一定是可测的，因为函数类 $\mathscr{F}$ 可能包含不可数多的元素. 如果函数类是可分的，那么我们可以简单地在可数的稠密基上取上确界. 否则，对于一个一般的函数类，有几种不同的处理可测性的方式，包括使用外概率(参见 van der Vaart 和 Wellner，1996). 这里我们采用下述简便方式，对于$\|\mathbb{P}_n-\mathbb{P}\|_{\mathscr{F}}$的任意函数 ϕ 的期望定义都适用. 对于任意包含在 $\mathscr{F}$ 中的有限函数类 $\mathscr{G}$，随机变量$\|\mathbb{P}_n-\mathbb{P}\|_{\mathscr{G}}$定义明确，因此定义

$$\mathbb{E}[\phi(\|\mathbb{P}_n-\mathbb{P}\|_{\mathscr{F}})]:=\sup\{\mathbb{E}[\phi(\mathbb{P}_n-\mathbb{P}\|_{\mathscr{G}})] \mid \mathscr{G}\subset\mathscr{F},\mathscr{G}\text{ 有有限基数}\}$$

是合理的，通过使用这个定义，我们总是可以用有限集的上确界来思考而不是用期望的方式.

定理 4.4 的连续情形最早由 Glivenko(1933)证明，一般情形由 Cantelli(1933)证明. 推论 4.15 给出的 Glivenko-Cantelli 定理的非渐近形式可以大幅度精细化. 例如，Dvoretsky、Kiefer 和 Wolfowitz(1956)证明了存在一个独立于 F 和 n 的常数 C，使得

$$\mathbb{P}[\|\hat{F}_n-F\|_\infty\geqslant\delta]\leqslant Ce^{-2n\delta^2} \quad 对于所有\ \delta\geqslant 0 \tag{4.31}$$

Massart(1990)得到了最优的可能结果，其最前面的常数为 $C=2$.

Rademacher 复杂度及其相关的高斯复杂度，在使用概率方法研究 Banach 空间中有一段悠久的历史：例如，参看相关书籍(Milman 和 Schechtman，1986；Pisier，1989；Ledoux 和 Talagrand，1991). Rademacher 和高斯复杂度在一致大数律和经验风险最小化的具体问题中已经被广泛地研究(例如 van der Vaart 和 Wellner，1996；Koltchinskii 和 Panchenko，2000；Koltchinskii，2001，2006；Bartlett 和 Mendelson，2002；Bartlett 等，2005). 在第 5 章中，我们建立这两种复杂度之间的进一步联系及其相关的度量熵的定义.

习题 5.4 是从 van der Vaart 和 Wellner(1996)的问题 2.6.3 改编过来的. 命题 4.20 的证明来自 Pollard(1984)，他把这个结果归功于 Steele(1978)和 Dudley(1978).

4.5　习　题

4.1 **(泛函的连续性)**　回忆一下，泛函 γ 在 F 的 sup 范数上是连续的，如果对于所有 $\epsilon>0$，存在一个 $\delta>0$ 满足 $\|G-F\|_\infty\leqslant\delta$ 可以推出 $|\gamma(G)-\gamma(F)|\leqslant\epsilon$.

(a) 给定 n 个分布由 F 给定的独立同分布样本，令 $\hat{F}_n$ 为经验 CDF. 证明如果泛函 γ 在 F 的 sup 范数上是连续的，那么 $\gamma(\hat{F}_n)\xrightarrow{\text{prob}}\gamma(F)$.

(b) 下列哪个泛函关于 sup 范数是连续的？证明或者否定.

(i) 均值泛函 $F\mapsto\int x\,\mathrm{d}F(x)$.

(ii) Cramér-von Mises 泛函 $F\mapsto\int[F(x)-F_0(x)]^2\mathrm{d}F_0(x)$.

(iii) 分位数泛函 $Q_\alpha(F)=\inf\{t\in\mathbb{R}\mid F(t)\geqslant\alpha\}$.

4.2 **(Glivenko-Cantelli 的失效)**　回忆一下例 4.7 所有[0,1]的子集 S 的类 $\mathcal{S}$,其中 S 有有限个元素. 证明 Rademacher 复杂度满足下界

$$\mathcal{R}_n(\mathcal{S})=\mathbb{E}_{X,\varepsilon}\left[\sup_{S\in\mathcal{S}}\left|\frac{1}{n}\sum_{i=1}^n\varepsilon_i\mathbb{I}_S[X_i]\right|\right]\geqslant\frac{1}{2}\tag{4.32}$$

讨论其与定理 4.10 之间的联系.

4.3 **(极大似然和一致定律)**　回忆一下例 4.8 中我们在一族密度族$\{p_\theta,\theta\in\Omega\}$上的经验和总体风险的极大似然的讨论.

(a) 在下列情形中计算总体风险 $R(\theta,\theta^*)=\mathbb{E}_{\theta^*}\left[\log\dfrac{p_{\theta^*}(X)}{p_\theta(X)}\right]$：

(i) Bernoulli：对于 $x\in\{0,1\}$有 $p_\theta(x)=\dfrac{\mathrm{e}^{\theta x}}{1+\mathrm{e}^{\theta x}}$；

(ii) Poisson：对于 $x\in\{0,1,2,\cdots\}$有 $p_\theta(x)=\dfrac{\mathrm{e}^{\theta x}\mathrm{e}^{-\exp(\theta)}}{x!}$；

(iii) 多元正态：$p_{\boldsymbol{\theta}}$ 是一个 $\mathcal{N}(\boldsymbol{\theta},\Sigma)$向量的密度，其中协方差 Σ 是已知且固定的.

(b)对于上述每种情况：

(i) 记 $\hat{\theta}$ 为极大似然估计，给定过度风险 $E(\hat{\theta},\theta^*)=R(\hat{\theta},\theta^*)-\inf_{\theta\in\Omega}R(\theta,\theta^*)$ 的一个显式表达式.

(ii) 用一个合适的 Rademacher 复杂度给出过度风险的一个上界.

4.4 (对称化技巧的细节)

(a) 证明

$$\sup_{g\in\mathscr{G}}\mathbb{E}[g(X)]\leqslant\mathbb{E}\left[\sup_{g\in\mathscr{G}}|g(X)|\right]$$

利用它完成不等式(4.17)的证明.

(b) 证明对于任意凸的非增函数 Φ，

$$\sup_{g\in\mathscr{G}}\Phi(\mathbb{E}[|g(X)|])\leqslant\mathbb{E}\left[\Phi\left(\sup_{g\in\mathscr{G}}|g(X)|\right)\right]$$

利用这个界完成命题 4.11 的证明.

4.5 (Rademacher 复杂度收缩的必要条件)　在这个习题中，我们完成命题 4.12 的证明.

(a) 回忆中心化的函数类 $\overline{\mathscr{F}}=\{f-\mathbb{E}[f]\mid f\in\mathscr{F}\}$. 证明

$$\mathbb{E}_{X,\varepsilon}[\|\mathbb{S}_n\|_{\overline{\mathscr{F}}}]\geqslant\mathbb{E}_{X,\varepsilon}[\|\mathbb{S}_n\|_{\mathscr{F}}]-\frac{\sup_{f\in\mathscr{F}}|\mathbb{E}[f]|}{\sqrt{n}}$$

(b) 用集中度结果来完成命题 4.12 的证明.

4.6 (太多的线性分类器)　考虑函数类

$$\mathscr{F}=\{\boldsymbol{x}\mapsto\operatorname{sign}(\langle\boldsymbol{\theta},\boldsymbol{x}\rangle)\mid\boldsymbol{\theta}\in\mathbb{R}^d,\|\boldsymbol{\theta}\|_2=1\}$$

对应由 $\mathbb{R}^d$ 的线性函数定义的$\{-1,+1\}$取值的分类准则. 假设 $d\geqslant n$，$x_1^n=\{x_1,\cdots,x_n\}$ 为 $\mathbb{R}^d$ 上的线性独立的一个向量集合. 证明经验 Rademacher 复杂度满足

$$\mathcal{R}(\mathscr{F}(x_1^n)/n)=\mathbb{E}_{\varepsilon}\left[\sup_{f\in\mathscr{F}}\left|\frac{1}{n}\sum_{i=1}^n\varepsilon_i f(x_i)\right|\right]=1$$

讨论类 $\mathscr{F}$ 上的经验风险最小化的结果.

4.7 (Rademacher 复杂度的基本性质)　证明 Rademacher 复杂度的下列性质.

(a) $\mathcal{R}_n(\mathscr{F})=\mathcal{R}_n(\operatorname{conv}(\mathscr{F}))$.

(b) 证明 $\mathcal{R}_n(\mathscr{F}+\mathscr{G})\leqslant\mathcal{R}_n(\mathscr{F})+\mathcal{R}_n(\mathscr{G})$. 给定一个例子说明这个界一般不能再改善了.

(c) 给定一个固定的一致有界函数 g，证明

$$\mathcal{R}_n(\mathscr{F}+g)\leqslant\mathcal{R}_n(\mathscr{F})+\frac{\|g\|_\infty}{\sqrt{n}}\tag{4.33}$$

4.8 (VC 类上的运算)　设 $\mathcal{S}$ 和 $\mathcal{T}$ 是有有限 VC 维数的两个集合类. 证明下列每个运算导出一个新集合类同样有有限 VC 维数.

(a) 集合类 $\mathcal{S}^c:=\{S^c\mid S\in\mathcal{S}\}$，其中 $\mathcal{S}^c$ 记作集合 S 的补集.

(b) 集合类 $\mathcal{S}\sqcap\mathcal{T}:=\{S\cap T\mid S\in\mathcal{S},T\in\mathcal{T}\}$.

(c) 集合类 $\mathcal{S}\sqcup\mathcal{T}:=\{S\cup T\mid S\in\mathcal{S},T\in\mathcal{T}\}$.

4.9　证明引理 4.14.

4.10　证明表达式(4.29)中的等式(i)，也就是

$$\binom{n-1}{k}+\binom{n-1}{k-1}=\binom{n}{k}$$

4.11　在这个习题中，我们完成命题 4.18 的证明.

(a) 证明(4.26)中的不等式(ii).

(b) 对于 $n\geqslant\nu$，证明更精细的上界 $\mathrm{card}(\mathcal{S}(x_1^n))\leqslant\left(\frac{en}{\nu}\right)^{\nu}$.(提示：可以利用习题 2.9).

4.12 **(左侧区间的 VC 维数)**　考虑 $\mathbb{R}^d$ 上的左侧半区间的类

$$\mathcal{S}_{\text{left}}^{d}:=\{(-\infty,t_1)\times(-\infty,t_2)\times\cdots\times(-\infty,t_d)\mid(t_1,\cdots,t_d)\in\mathbb{R}^d\}$$

证明对于任意 n 个点的集合，我们有 $\mathrm{card}(\mathcal{S}_{\text{left}}^{d}(x_1^n))\leqslant(n+1)^d$ 和 $\nu(\mathcal{S}_{\text{left}}^{d})=d$.

4.13 **(球的 VC 维数)**　考虑 $\mathbb{R}^2$ 上所有球的类，也就是

$$\mathcal{S}_{\text{sphere}}^{2}:=\{S_{\boldsymbol{a},b},(\boldsymbol{a},b)\in\mathbb{R}^2\times\mathbb{R}_+\}\tag{4.34}$$

其中 $S_{\boldsymbol{a},b}:=\{\boldsymbol{x}\in\mathbb{R}^2\mid\|\boldsymbol{x}-\boldsymbol{a}\|_2\leqslant b\}$是中心为 $\boldsymbol{a}=(a_1,a_2)$，半径为 $b\geqslant 0$ 的球.

(a) 证明 S_{sphere}^{2} 可以打散任意不是共线的三个点的子集.

(b) 证明没有四个点的子集可以被打散，由此推出 VC 维数 $\nu(S_{\text{sphere}}^{2})=3$.

4.14 **(单调布尔结合的 VC 维数)**对于一个正整数 $d\geqslant 2$，考虑函数 h_S：$\{0,1\}^d\rightarrow\{0,1\}$形如

$$h_s(x_1,\cdots,x_d)=\begin{cases}1 & \text{如果 } x_j=1 \text{ 对于所有 } j\in S\\ 0 & \text{否则}\end{cases}$$

当 S 在$\{1,2,\cdots,d\}$上的所有子集上取值时，所有这样的函数以及常数函数 $h\equiv 0$ 和 $h\equiv 1$ 构成布尔单项式集合 $\mathfrak{B}_d$. 证明 $\mathfrak{B}_d$ 的 VC 维数等于 d.

4.15 **(闭凸集的 VC 维数)**　证明 $\mathbb{R}^d$ 上的所有闭凸集的类 C_{cc}^{d} 没有有限 VC 维数.(提示：考虑单位球边界上的 n 个点的集合.)

4.16 **(多边形的 VC 维数)**　计算 $\mathbb{R}^2$ 中最多有四个顶点的所有多边形集合的 VC 维数.

4.17 **(无限 VC 维数)**对于一个标量 $t\in\mathbb{R}$，考虑函数 $f_t(x)=\mathrm{sign}(\sin(tx))$. 证明函数类$\{f_t$：$[-1,1]\rightarrow\mathbb{R}\mid t\in\mathbb{R}\}$有无限 VC 维数.(注：这表明 VC 维数与函数类中的参数个数不是等价的.)

第 5 章　度量熵及其用途

很多统计问题需要用到和控制一系列随机变量，这些变量由一个含有无穷个元素的指标集来标记. 有很多这样的随机过程的例子. 例如，一个连续时间的随机游走可以被看作指标集是单位区间[0,1]上的一系列随机变量. 其他的随机过程例如随机矩阵理论中涉及的，指标集为欧几里得球面上的向量. 经验过程理论是一个包含第 4 章讨论过的 Glivenko-Cantelli 定律的更大的研究领域，其主要关注指标集为函数集合的随机过程.

尽管任意有限集的大小可以通过它的基数来度量，对含有无限多元素的集合度量其"大小"则需要非常谨慎. 度量熵的概念为解决这个问题提供了一种方法，这个概念可以追溯到 Kolmogorov、Tikhomirov 及其他俄罗斯学派成员的开创性工作. 尽管是以度量空间的填装和覆盖的形式在非随机的意义下被定义的，度量熵对于理解随机过程的性质非常重要. 因此，本章将探索度量熵及其在随机过程中的广泛应用.

5.1　覆盖和填装

我们从定义度量空间中集合的填装和覆盖开始. 回想一下，度量空间$(\mathbb{T},\rho)$包含一个非空集合 $\mathbb{T}$,定义一个映射 ρ：$\mathbb{T}\times\mathbb{T}\rightarrow\mathbb{R}$，映射满足下列性质：

(a) 非负性：对于所有$(\theta,\widetilde{\theta})$有 $\rho(\theta,\widetilde{\theta})\geqslant 0$，且等号成立当且仅当 $\theta=\widetilde{\theta}$.

(b) 对称性：对于所有$(\theta,\widetilde{\theta})$有 $\rho(\theta,\widetilde{\theta})=\rho(\widetilde{\theta},\theta)$.

(c) 三角不等式：对于所有三元组$(\theta,\widetilde{\theta},\widetilde{\theta})$，都有 $\rho(\theta,\widetilde{\theta})\leqslant\rho(\theta,\widetilde{\theta})+\rho(\widetilde{\theta},\widetilde{\theta})$.

比较熟悉的度量空间例子包括关于欧几里得度量

$$\rho(\boldsymbol{\theta},\widetilde{\boldsymbol{\theta}})=\|\boldsymbol{\theta}-\widetilde{\boldsymbol{\theta}}\|_2:=\sqrt{\sum_{j=1}^{d}(\theta_j-\theta_j')^2} \tag{5.1a}$$

的实空间 $\mathbb{R}^d$ 和关于重尺度化 Hamming 度量

$$\rho_{\mathrm{H}}(\theta,\widetilde{\theta}):=\frac{1}{d}\sum_{j=1}^{d}\mathbb{I}[\theta_j\neq\theta_j'] \tag{5.1b}$$

的离散方体$\{0,1\}^d$. 同样有意思的还有由函数组成的度量空间，其中包括常见的 $L^2(\mu,[0,1])$空间，具有度量

$$\|f-g\|_2:=\left[\int_0^1(f(x)-g(x))^2\mathrm{d}\mu(x)\right]^{1/2} \tag{5.1c}$$

以及所有定义在[0,1]上的连续函数组成的空间 $C[0,1]$，具有 sup 范数度量

$$\|f-g\|_\infty=\sup_{x\in[0,1]}|f(x)-g(x)| \tag{5.1d}$$

给定一个度量空间$(\mathbb{T},\rho)$，一种度量其大小的自然方式是用半径为 δ 的球来覆盖这个空间所需要的球的数量，这个量被称为覆盖数.

定义 5.1(覆盖数)　集合 $\mathbb{T}$ 关于度量 ρ 的一个 δ 覆盖是一个集合 $\{\theta^1,\cdots,\theta^N\}\subset\mathbb{T}$，满足对每个 $\theta\in\mathbb{T}$ 都存在某个 $i\in\{1,\cdots,N\}$ 使得 $\rho(\theta,\theta^i)\leqslant\delta$. δ 覆盖数 $N(\delta;\mathbb{T},\rho)$ 是最小 δ 覆盖的基数.

如图 5.1a 所示，一个 δ 覆盖可以看作覆盖集合 $\mathbb{T}$ 的半径为 δ 的球的集合. 当讨论度量熵时，我们将关注完全有界的度量空间$(\mathbb{T},\rho)$，也就是覆盖数 $N(\delta)=N(\delta;\mathbb{T},\rho)$ 对于所有 $\delta>0$ 是有限的情形. 一个不完全有界的度量空间例子请参见习题 5.1.

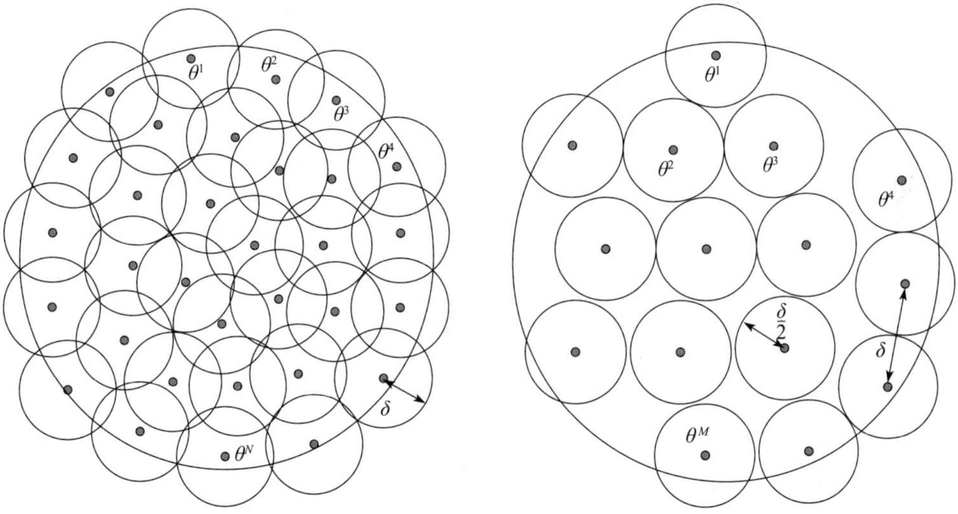

a）一个 $\mathbb{T}$ 的 δ 覆盖是一个元素集合 $\{\theta^1,\cdots,\theta^N\}\subset\mathbb{T}$，使得对每个 $\theta\in\mathbb{T}$，存在某个元素 $j\in\{1,\cdots,N\}$ 满足 $\rho(\theta,\theta^j)\leqslant\delta$.几何上来说,中心为 θ^j,半径为 δ 的球的并集覆盖了整个集合 $\mathbb{T}$

b）一个集合 $\mathbb{T}$ 的 δ 填装是一个元素集合 $\{\theta^1,\cdots,\theta^M\}\subset\mathbb{T}$，满足对所有 $j\neq k$ 都有 $\rho(\theta^j,\theta^k)>\delta$.几何上来说，这是一个中心在 $\mathbb{T}$ 中的半径为 $\delta/2$ 的球的集合，满足任意两个球都没有非空交集

图 5.1　集合填装和覆盖示例图

容易看出覆盖数关于 δ 是非增的，也就是对所有 $\delta\leqslant\delta'$ 有 $N(\delta)\geqslant N(\delta')$. 一般来说，当 $\delta\to0^+$ 时覆盖数是发散的，而我们感兴趣的是取对数后的发散速率. 更具体地，$\log N(\delta;\mathbb{T},\rho)$被称为集合 $\mathbb{T}$ 关于度量 ρ 的度量熵.

例 5.2(单位立方体的覆盖数)　关于如何控制覆盖数我们从一个简单例子开始. 考虑赋有度量 $\rho(\theta,\theta')=|\theta-\theta'|$ 的 $\mathbb{R}$ 上的区间$[-1,1]$. 我们将区间$[-1,1]$划分为 $L:=\left\lfloor\frac{1}{\delta}\right\rfloor+1$ 个子区间[⊖]，对 $i\in[L]:=\{1,2,\cdots,L\}$ 分别以 $\theta^i=-1+2(i-1)\delta$ 为中心，并且每个区间长度最多为 2δ. 由构造可得，对于任意点 $\widetilde{\theta}\in[0,1]$，存在某个 $j\in[L]$ 满足 $|\theta^j-\widetilde{\theta}|\leqslant\delta$，这说明

⊖　对于一个标量 $a\in\mathbb{R}$，记$\lfloor a\rfloor$为小于或等于 a 的最大整数.

$$N(\delta;[-1,1],|\cdot|)\leqslant\frac{1}{\delta}+1 \tag{5.2}$$

作为一个练习，读者可以推广这个分析流程，证明对于 d 维立方体 $[-1,1]^d$，我们有 $N(\delta;[-1,1]^d,\|\cdot\|_\infty)\leqslant\left(1+\frac{1}{\delta}\right)^d$. ♣

例 5.3（二值超立方体的覆盖） 考虑具有重尺度化 Hamming 度量(5.1b)的二值超立方体 $\mathbb{H}^d:=\{0,1\}^d$. 首先，我们控制它的 δ 覆盖数的上界. 记 $S=\{1,2,\cdots,\lceil(1-\delta)d\rceil\}$，其中 $\lceil(1-\delta)d\rceil$ 表示大于等于 $(1-\delta)d$ 的最小整数. 考虑二值向量集合

$$\mathbb{T}(\delta):=\{\boldsymbol{\theta}\in\mathbb{H}^d\mid\theta_j=0\quad 对于所有\ j\notin S\}$$

通过构造，对于任意二值向量 $\widetilde{\boldsymbol{\theta}}\in\mathbb{H}^d$，我们可以找到一个向量 $\boldsymbol{\theta}\in\mathbb{T}(\delta)$ 满足 $\rho_{\mathrm{H}}(\boldsymbol{\theta},\widetilde{\boldsymbol{\theta}})\leqslant\delta$.（事实上，我们可以使所有 $j\in S$ 位置上的元素完全匹配 $\widetilde{\boldsymbol{\theta}}$，在最坏的情况下，在剩余的所有 $\lfloor\delta d\rfloor$ 位置上元素不一致.）因为 $\mathbb{T}(\delta)$ 包含 $2^{\lceil(1-\delta)d\rceil}$ 个向量，我们可以推出

$$\frac{\log N_{\mathrm{H}}(\delta;\mathbb{H}^d)}{\log 2}\leqslant\lceil d(1-\delta)\rceil$$

这个界很有用，不过还可以用一种更细致的分析方式来使其得到大幅度改进，参见习题 5.3.

我们控制其 δ 覆盖的下界，其中 $\delta\in\left(0,\frac{1}{2}\right)$. 如果 $\{\theta^1,\cdots,\theta^N\}$ 是一个 δ 覆盖，那么所有 θ^l 附近的半径为 $s=\delta d$（未重尺度化的）Hamming 球集合包含二值超立方体中的所有 2^d 个向量. 记 $s=\lfloor\delta d\rfloor$ 为小于等于 δd 的最大整数. 对每个 θ^l，恰好有 $\sum_{j=0}^{s}\binom{d}{j}$ 个二值向量与其距离在 δd 之内，因此我们必然有 $N\left\{\sum_{j=0}^{s}\binom{d}{j}\right\}\geqslant 2^d$. 现在令 $X_i\in\{0,1\}$ 为独立同分布的参数为 1/2 的 Bernoulli 变量. 整理之前的不等式，我们有

$$\frac{1}{N}\leqslant\sum_{j=0}^{s}\binom{d}{j}2^{-d}=\mathbb{P}\left[\sum_{i=1}^{d}X_i\leqslant\delta d\right]\overset{\text{(i)}}{\leqslant}\mathrm{e}^{-2d\left(\frac{1}{2}-\delta\right)^2}$$

其中不等式(i)由对 d 个独立同分布 Bernoulli 变量和应用 Hoeffding 界得到. 通过一些代数运算，我们得到下界

$$\log N_{\mathrm{H}}(\delta;\mathbb{H}^d)\geqslant 2d\left(\frac{1}{2}-\delta\right)^2,\quad 对于\ \delta\in\left(0,\frac{1}{2}\right)有效$$

这个下界结果是正确的，不过可以用一个更好的二项分布尾部概率界来进一步加强. 例如，由习题 2.9 的结果，我们有 $\frac{1}{d}\log\mathbb{P}\left[\sum_{i=1}^{d}X_i\leqslant s\right]\leqslant -D\left(\delta\,\middle\|\,\frac{1}{2}\right)$，其中 $D\left(\delta\,\middle\|\,\frac{1}{2}\right)$ 是参数分别为 δ 和 1/2 的两个 Bernoulli 分布之间的 Kullback-Leibler 散度. 运用这个尾部概率界同样的论证可以得到改进的下界

$$\log N_{\mathrm{H}}(\delta;\mathbb{H}^d)\geqslant dD\left(\delta\,\middle\|\,\frac{1}{2}\right),\quad 对于\ \delta\in\left(0,\frac{1}{2}\right)有效 \tag{5.3}$$

♣

在上述例子中，我们采取不同的技巧来控制覆盖数的上界和下界. 度量集合大小的一个补充方式是填装数，它对推导度量熵的界也很有用.

定义 5.4(填装数)　集合 $\mathbb{T}$ 的关于度量 ρ 的一个 δ 填装是一个集合 $\{\theta^1,\cdots,\theta^M\}\subset\mathbb{T}$，对于所有不同的 $i,j\in\{1,2,\cdots,M\}$ 都满足 $\rho(\theta^i,\theta^j)>\delta$. 填装数 $M(\delta;\mathbb{T},\rho)$ 是最大 δ 填装的基数.

就像图 5.1b 所示，一个 δ 填装可以被看作半径为 $\delta/2$ 的球的集合，每一个球都以 $\mathbb{T}$ 中的一个元素为中心，而且没有两个球是相交的. 那么覆盖数和填装数之间有什么关系呢? 尽管它们并不相等，但本质上是同一种关于集合大小的度量方式，总结如下.

引理 5.5　对于所有 $\delta>0$，填装数和覆盖数有下列关系：

$$M(2\delta;\mathbb{T},\rho)\overset{(a)}{\leqslant}N(\delta;\mathbb{T},\rho)\overset{(b)}{\leqslant}M(\delta;\mathbb{T},\rho) \tag{5.4}$$

引理 5.5 的证明留给读者(参见习题 5.2). 它表明除了常数项，当 $\delta\to0$ 时，填装数和覆盖数有同样的发散速度.

例 5.6(单位立方体的填装数)　回到例子 5.2，我们观察到点集 $\{\theta_j, j=1,\cdots,L-1\}$ 是分割的，只要对所有 $j\neq k$ 有 $|\theta^j-\theta^k|\geqslant2\delta>\delta$，这意味着 $M(2\delta;[-1,1],|\cdot|)\geqslant\left\lfloor\frac{1}{\delta}\right\rfloor$. 结合引理 5.5 和之前的上界(5.2)，我们推出对于充分小的 $\delta>0$ 有 $\log N(\delta;[-1,1],|\cdot|)\asymp\log(1/\delta)$.

这个分析方式可以推广到带有 sup 范数 $\|\cdot\|_\infty$ 的 d 维立方体，可以得到

$$\log N(\delta;[0,1]^d,\|\cdot\|_\infty)\asymp d\log(1/\delta)\quad 对于充分小的\ \delta>0 \tag{5.5}$$

由此，我们看到了如何用一个具体的填装集合的构造方式来控制度量熵的下界. ♣

在习题 5.3 中，将看到如何用填装分析方法来得到关于例 5.3 中布尔超立方体覆盖数的一个更精细下界.

我们现在探讨几何性质控制度量熵的更一般理解. 因为覆盖是用球的个数来定义的——每个都有一个固定的半径，对应也有固定的体积——我们希望看到覆盖数与这些球体积之间的联系. 对于 $\mathbb{R}^d$ 上范数及相关的开单位球情形，下面的引理给出了这个联系的一个准确描述，其中体积可以用勒贝格测度来定义. 重要的例子像通常的 l_q 球，对于 $q\in[1,\infty]$定义

$$\mathbb{B}_q^d(1):=\{\boldsymbol{x}\in\mathbb{R}^d\mid\|\boldsymbol{x}\|_q\leqslant1\} \tag{5.6}$$

其中对于 $q\in[1,\infty]$，l_q 范数由下式给出：

$$\|\boldsymbol{x}\|_q:=\begin{cases}\left(\sum_{i=1}^d|x_i|^q\right)^{1/q} & 对于\ q\in[1,\infty)\\ \max_{i=1,\cdots,d}|x_i| & 对于\ q=\infty\end{cases} \tag{5.7}$$

下面的引理将度量熵与所谓的体积比建立起联系. 它涉及两个集合的 Minkowski 和 $A+B:=$

$\{a+b \mid a\in A, b\in B\}$.

引理 5.7(体积比和度量熵)　考虑 $\mathbb{R}^d$ 上的一对范数 $\|\cdot\|$ 和 $\|\cdot\|'$，记 $\mathbb{B}$ 和 $\mathbb{B}'$ 为它们对应的单位球(也就是，$\mathbb{B}=\{\boldsymbol{\theta}\in\mathbb{R}^d \mid \|\boldsymbol{\theta}\|\leqslant 1\}$，$\mathbb{B}'$ 也类似定义)．那么在 $\|\cdot\|'$ 范数下 $\mathbb{B}$ 的 δ 覆盖数满足界

$$\left(\frac{1}{\delta}\right)^d \frac{\operatorname{vol}(\mathbb{B})}{\operatorname{vol}(\mathbb{B}')} \overset{\text{(a)}}{\leqslant} N(\delta;\mathbb{B},\|\cdot\|') \overset{\text{(b)}}{\leqslant} \frac{\operatorname{vol}\left(\frac{2}{\delta}\mathbb{B}+\mathbb{B}'\right)}{\operatorname{vol}(\mathbb{B}')} \tag{5.8}$$

只要 $\mathbb{B}'\subseteq\mathbb{B}$，上界(b)可以通过

$$\operatorname{vol}\left(\frac{2}{\delta}\mathbb{B}+\mathbb{B}'\right)\leqslant\operatorname{vol}\left(\left(\frac{2}{\delta}+1\right)\mathbb{B}\right)=\left(\frac{2}{\delta}+1\right)^d\operatorname{vol}(\mathbb{B})$$

简化，这意味着 $N(\delta;\mathbb{B},\|\cdot\|')\leqslant\left(1+\frac{2}{\delta}\right)^d\frac{\operatorname{vol}(\mathbb{B})}{\operatorname{vol}(\mathbb{B}')}$

证明　一方面，如果 $\{\theta^1,\cdots,\theta^N\}$ 是 $\mathbb{B}$ 的一个 δ 覆盖，那么我们有

$$\mathbb{B}\subseteq\bigcup_{j=1}^N\{\theta^j+\delta\mathbb{B}'\}$$

这可以推出 $\operatorname{vol}(\mathbb{B})\leqslant N\operatorname{vol}(\delta\mathbb{B}')=N\delta^d\operatorname{vol}(\mathbb{B}')$，由此得到结论(5.8)中的不等式(a)．

为了得到(5.8)中的不等式(b)，令 $\{\theta^1,\cdots,\theta^M\}$ 为在 $\|\cdot\|'$ 范数下的 $\mathbb{B}$ 的一个最大 $(\delta/2)$ 填装；由最大性可得，这个集合一定也是在 $\|\cdot\|'$ 范数下 $\mathbb{B}$ 的一个 δ 覆盖．球 $\left\{\theta^j+\frac{\delta}{2}\mathbb{B}', j=1,\cdots,M\right\}$ 互不相交且都包含在 $\mathbb{B}+\frac{\delta}{2}\mathbb{B}'$ 内．计算体积，可得 $\sum_{j=1}^M\operatorname{vol}\left(\theta^j+\frac{\delta}{2}\mathbb{B}'\right)\leqslant\operatorname{vol}\left(\mathbb{B}+\frac{\delta}{2}\mathbb{B}'\right)$，因此

$$M\operatorname{vol}\left(\frac{\delta}{2}\mathbb{B}'\right)\leqslant\operatorname{vol}\left(\mathbb{B}+\frac{\delta}{2}\mathbb{B}'\right)$$

最后，我们有 $\operatorname{vol}\left(\frac{\delta}{2}\mathbb{B}'\right)=\left(\frac{\delta}{2}\right)^d\operatorname{vol}(\mathbb{B}')$ 和 $\operatorname{vol}\left(\mathbb{B}+\frac{\delta}{2}\mathbb{B}'\right)=\left(\frac{\delta}{2}\right)^d\operatorname{vol}\left(\frac{2}{\delta}\mathbb{B}+\mathbb{B}'\right)$，由此式(5.8)的结论(b)成立．　□

我们用一个例子来说明引理 5.7．

例 5.8(自身度量下覆盖单位球)　作为一个重要的特殊情况，如果我们在引理 5.7 中取 $\mathbb{B}=\mathbb{B}'$，那么在给定单位球及自身范数时，我们就得到了度量熵的上界和下界——也就是，我们有

$$d\log(1/\delta)\leqslant\log N(\delta;\mathbb{B},\|\cdot\|)\leqslant d\log\left(1+\frac{2}{\delta}\right) \tag{5.9}$$

当应用到 l_∞ 范数上，这个结果表明 $\mathbb{B}_\infty^d=[-1,1]^d$ 的 $\|\cdot\|_\infty$ 度量熵大小的阶数为 $d\log(1/\delta)$，由此我们立刻可得例 5.2 和例 5.6 中更直接分析所得到的最终结果．作为另一个特殊情况，我们也发现欧几里得单位球在范数 $\|\cdot\|_2$ 下可以被至多 $(1+2/\delta)^d$ 个半径为 δ 的球所覆盖．在接下来的例 5.12 中，我们用引理 5.7 来控制在 $\ell^2(\mathbb{N})$ 中特定椭球度量熵的界．♣

到这里，我们已经探究了 $\mathbb{R}^d$ 的几种子集的度量熵. 现在转向一些函数类的度量熵，从一个简单的含参函数类开始.

例 5.9(一个含参函数类)　对任意固定的 θ，定义实值函数 $f_\theta(x):=1-\mathrm{e}^{-\theta x}$，并考虑函数类

$$\mathscr{P}:=\{f_\theta:[0,1]\to\mathbb{R}\mid\theta\in[0,1]\}$$

集合 $\mathscr{P}$ 是一个由 $\|f-g\|_\infty:=\sup_{x\in[0,1]}|f(x)-g(x)|$ 给出的一致范数(也称为 sup 范数)下的度量空间. 在 sup 范数度量下，我们要证明它的覆盖数的上、下界被式(5.10)所控制：

$$1+\left\lfloor\frac{1-1/\boldsymbol{e}}{2\delta}\right\rfloor\overset{\text{(i)}}{\leqslant}N_\infty(\delta;\mathscr{P})\overset{\text{(ii)}}{\leqslant}\frac{1}{2\delta}+2\tag{5.10}$$

我们首先证明不等式(5.10)中(ii)的上界. 对于一个给定的 $\delta\in(0,1)$，令 $T=\left\lfloor\frac{1}{2\delta}\right\rfloor$，并对于 $i=0,1,\cdots,T$ 定义 $\theta^i:=2\delta i$. 通过增加点 $\theta^{T+1}=1$，我们得到一个包含在$[0,1]$中的点集 $\{\theta^0,\cdots,\theta^T,\ \theta^{T+1}\}$. 我们要证明相伴函数$\{f_{\theta^0},\cdots,f_{\theta^{T+1}}\}$构成了 $\mathscr{P}$ 的一个 δ 覆盖. 事实上，对于任意 $f_\theta\in\mathscr{P}$，我们可以在覆盖中找到某个 θ^i 满足 $|\theta^i-\theta|\leqslant\delta$. 我们于是有

$$\|f_{\theta^i}-f_\theta\|_\infty=\max_{x\in[0,1]}\left|\mathrm{e}^{-\theta^i|x|}-\mathrm{e}^{-\theta|x|}\right|\leqslant|\theta^i-\theta|\leqslant\delta$$

这意味着 $N_\infty(\delta;\mathscr{P})\leqslant T+2\leqslant\frac{1}{2\delta}+2$.

为了证明覆盖数的下界，像(5.10)中不等式(i)陈述的那样，我们首先从控制填装数的下界开始，然后再应用引理 5.5. 一个具体的填装构造如下：首先设 $\theta^0=0$，然后对所有满足 $\theta^i\leqslant 1$ 的 i 定义 $\theta^i=-\log(1-\delta i)$. 我们可以用这种方式定义 θ^i 直到 $1/\mathrm{e}=1-T\delta$，或者 $T\geqslant\left\lfloor\frac{1-1/\mathrm{e}}{\delta}\right\rfloor$. 此外，注意到所得函数集合对任意 $i\neq j$，由 θ^i 的定义，我们有 $\|f_{\theta^i}-f_{\theta^j}\|_\infty\geqslant|f_{\theta^i}(1)-f_{\theta^j}(1)|\geqslant\delta$. 由此我们可以推出 $M_\infty(\delta;\mathscr{P})\geqslant\left\lfloor\frac{1-1/\mathrm{e}}{\delta}\right\rfloor+1$ 以及

$$N_\infty(\delta;\mathscr{P})\geqslant M_\infty(2\delta;\mathscr{P})\geqslant\left\lfloor\frac{1-1/\mathrm{e}}{2\delta}\right\rfloor+1$$

这正是我们要证明的. 我们已经证明了当 $\delta\to0^+$ 时，有尺度 $\log N(\delta;\mathscr{P},\|\cdot\|_\infty)\asymp\log(1/\delta)$. 对于一个标量参数类，这个速度是可预期到的常见结果. ♣

当 $\delta\to0^+$ 时度量熵尺度为 $\log(1/\delta)$的一个函数类是相对较小的. 事实上，如例 5.2 所展示的那样，区间$[-1,1]$有这个数量级的度量熵，而例 5.9 中的函数类 $\mathscr{P}$ 本质上并无不同. 其他一些函数类会更大一点，因此它们的度量熵有更快的增长速率，如下例所示.

例 5.10(单位区间上的 Lipschitz 函数)　现在考虑 Lipschitz 函数类

$$\mathscr{F}_L:=\{g:[0,1]\to\mathbb{R}\mid g(0)=0,\text{且}\ |g(x)-g(x')|\leqslant L|x-x'|\quad\forall x,x'\in[0,1]\}\tag{5.11}$$

这里 $L>0$ 是一个固定常数，并且在所有区间$[0,1]$上，这个类中的所有函数一致满足 Lipschitz 界. 注意例 5.9 中的函数类 $\mathscr{P}$ 包含在 $L=1$ 的类 $\mathscr{F}_L$ 中. 我们知道类 $\mathscr{F}_L$ 在 sup 范数下

的度量熵尺度为

$$\log N_{\infty}(\delta;\mathscr{F}_L) \asymp (L/\delta) \quad 对足够小的 \delta>0 \tag{5.12}$$

由此，Lipschitz 函数集合比例 5.9 中的含参函数类大得多，因为当 $\delta \to 0$ 时它的度量熵增长的阶为 $1/\delta$，而后者的为 $\log(1/\delta)$.

我们来证明表达式(5.12)中的下界；由引理 5.5，我们只需构造集合 $\mathscr{F}_L$ 上足够大的一个填装. 对于一个给定的 $\epsilon>0$，定义 $M=\lfloor 1/\epsilon \rfloor$，并且考虑由下式给出的$[0,1]$上的点：

$$x_i=(i-1)\epsilon, \quad 对于 i=1,\cdots,M 且 x_{M+1}=M\epsilon \leqslant 1$$

此外，定义函数 ϕ：$\mathbb{R} \to \mathbb{R}_+$

$$\phi(u):=\begin{cases}0 & u<0 \\ u & u\in[0,1] \\ 1 & 其他\end{cases} \tag{5.13}$$

对于每个二值序列 $\beta \in \{-1,+1\}^M$，我们可以定义一个函数 f_β 将区间$[0,1]$映射到$[-L,+L]$

$$f_\beta(y)=\sum_{i=1}^{M}\beta_i L\epsilon\phi\left(\frac{y-x_i}{\epsilon}\right) \tag{5.14}$$

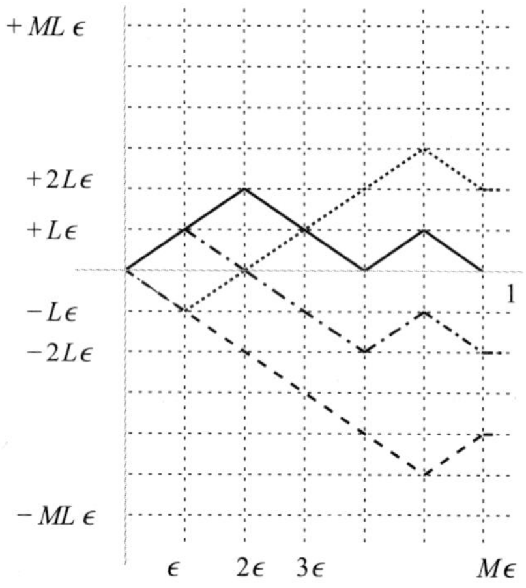

图 5.2　用来构建 Lipschitz 类 $\mathscr{F}_L$ 的一个填装的函数类$\{f_\beta,\ \beta\in\{-1,+1\}^M\}$. 每个函数在区间$[0,\epsilon]$,$[\epsilon,2\epsilon]$,$\cdots$,$[(M-1)\epsilon,M\epsilon]$上是逐段线性的，其斜率为$+L$ 或者$-L$. 总共有 2^M 个函数，其中 $M=\lfloor 1/\epsilon \rfloor$

通过构造，每个函数 f_β 都是逐段线性和连续的，在 $i=1,\cdots,M$ 的每个区间$[\epsilon(i-1),\epsilon i]$上斜率为$+L$ 或者$-L$，在剩余的区间$[M\epsilon,1]$上斜率为常数；示意见图 5.2. 此外，容易验证 $f_\beta(0)=0$ 且 f_β 是一个系数为 L 的 Lipschitz 函数，这也确保 $f_\beta\in\mathscr{F}_L$.

给定一对不同的二值字符串 $\beta\neq\beta'$ 以及两个函数 f_β 和 $f_{\beta'}$，至少存在一个区间使得这两个函数从同一个点出发，在长度为 ϵ 的区间上有相反的斜率. 因为这两个函数分别有斜率$+L$ 和$-L$，一定有 $\|f_\beta-f_{\beta'}\|_\infty \geqslant 2L\epsilon$，这说明集合$\{f_\beta,\beta\in\{-1,+1\}^M\}$在 sup 范数下构成了一个 $2L\epsilon$ 填装. 因为这个集合有基数 $2^M=2^{\lfloor 1/\epsilon \rfloor}$，作代换 $\epsilon=\delta/L$ 并利用引理 5.5，我们推出

$$\log N(\delta;\mathscr{F}_L,\|\cdot\|_\infty) \gtrsim L/\delta$$

再做一些分析，我们同样可以证明函数集类$\{f_\beta,\beta\in\{-1,+1\}^M\}$定义了集合 $\mathscr{F}_L$ 的一个恰当覆盖，由此可得最后的结论(5.12).　♣

之前的例子可以扩展到更高维的单位立方体的 Lipschitz 函数上，意味着$[0,1]^d$ 上的实值函数满足

$$|f(\boldsymbol{x})-f(\boldsymbol{y})| \leqslant L\|\boldsymbol{x}-\boldsymbol{y}\|_\infty \quad 对于所有 \boldsymbol{x},\boldsymbol{y}\in[0,1]^d \tag{5.15}$$

这个类我们记作 $\mathscr{F}_L([0,1]^d)$. 我们的分析技巧的扩展可以用来证明

$$\log N_\infty(\delta;\mathscr{F}_L([0,1]^d))\asymp(L/\delta)^d$$

值得注意的是，这个度量熵指数依赖于维数 d，这不同于之前见到的简单集合(例如 d 维单位球)度量熵的线性依赖. 这是维数灾难的一个令人印象深刻的体现.

例 5.10 的另一个拓展方向是考虑有高阶导数的函数类.

例 5.11(高阶光滑函数类) 我们现在考虑一个基于控制高阶导数的函数类例子. 对于一个足够可导的函数 f，我们用记号 $f^{(k)}$ 来表示其 k 阶导. (当然，在这个记号下 $f^{(0)}=f$.)对于某个整数 α 和参数 $\gamma\in(0,1]$，考虑满足下列性质的函数 f：$[0,1]\to\mathbb{R}$ 的类：

$$|f^{(j)}(x)|\leqslant C_j \quad 对于所有\ x\in[0,1],j=0,1,\cdots,\alpha \tag{5.16a}$$

$$|f^{(\alpha)}(x)-f^{(\alpha)}(x')|\leqslant L|x-x'|^\gamma \quad 对于所有\ x,x'\in[0,1] \tag{5.16b}$$

我们要证明这个函数类 $\mathscr{F}_{\alpha,\gamma}$ 的度量熵尺度为

$$\log N(\delta;\mathscr{F}_{\alpha,\gamma},\|\cdot\|_\infty)\asymp\left(\frac{1}{\delta}\right)^{\frac{1}{\alpha+\gamma}} \tag{5.17}$$

(这里我们在阶数的表示中没有写出其对常数 C_j 和 L 的依赖性.)注意这个结论与我们在例 5.10 中的计算是一致的，例 5.10 本质上与类 $\mathscr{F}_{0,1}$ 是相同的.

我们来证明结论(5.17)的下界. 和上例一样，我们通过对适当选取的整数 M 构造一个填装$\{f_\beta,\ \beta\in\{-1,+1\}^M\}$. 定义函数

$$\phi(y):=\begin{cases}c\,2^{2(\alpha+\gamma)}y^{\alpha+\gamma}(1-y)^{\alpha+\gamma} & y\in[0,1]\\ 0 & 其他\end{cases} \tag{5.18}$$

如果前置常数 c 选取得足够小(作为常数 C_j 和 L 的函数)，我们可以看到函数 ϕ 满足条件(5.16). 现在对于某个 $\epsilon>0$，我们设 $\delta=(\epsilon/C)^{1/(\alpha+\gamma)}$. 通过调整 c 以使 $M:=\lfloor 1/\delta\rfloor<1/\delta$，我们可以考虑$[0,1]$中如下给出的点：

$$x_i=(i-1)\delta,\quad i=1,\cdots,M\ 且\ x_{M+1}=M\delta<1$$

对于每个 $\beta\in\{-1,+1\}^M$，我们定义函数

$$f_\beta(x):=\sum_{i=1}^M\beta_i\delta^{1/(\alpha+\gamma)}\phi\left(\frac{x-x_i}{\delta}\right) \tag{5.19}$$

注意它同样满足条件(5.16). 最后，对于两个二值字符串 $\beta\neq\beta'$，一定存在某个 $i\in\{1,\cdots,M\}$ 和一个相应的区间 $I_{i-1}=[x_{i-1},\ x_i]$满足

$$|f_\beta(x)-f_{\beta'}(x)|=2^{1+2(\alpha+\gamma)}c\delta^{1/(\alpha+\gamma)}\phi\left(\frac{x-x_i}{\delta}\right)\quad 对于所有\ x\in I_{i-1}$$

通过设定 $x=x_i+\delta/2$，我们可以看到

$$\|f_\beta-f_{\beta'}\|_\infty\geqslant 2c\delta^{\alpha+\gamma}=2\epsilon$$

所以集合$\{f_\beta,\ \beta\in\{-1,+1\}^M\}$是一个 2ϵ 填装. 因此，我们可以推出

$$\log N(\delta;\mathscr{F}_{\alpha,\gamma},\|\cdot\|_\infty)\gtrsim(1/\delta)\asymp(1/\epsilon)^{1/(\alpha+\gamma)}$$

这正是要证明的. ♣

不同类型的函数类可以通过正交基的形式来定义. 具体地，假设我们有一列属于 $L^2[0,1]$ 的函数$(\phi_j)_{j=1}^\infty$ 并且满足

$$\langle \phi_i, \phi_j \rangle_{L^2[0,1]} := \int_0^1 \phi_i(x)\phi_j(x)\mathrm{d}x = \begin{cases} 1 & i=j \\ 0 & \text{其他} \end{cases}$$

例如，余弦基是这样的一个正交基，当然还有很多其他重要的例子. 给定这样一组基，任意函数 $f \in L^2[0,1]$可以以形式 $f = \sum_{j=1}^{\infty} \theta_j \phi_j$ 来展开，其中展开系数由内积 $\theta_j = \langle f, \phi_j \rangle$给定. 由 Parseval 定理，我们有 $\|f\|_2^2 = \sum_{j=1}^{\infty} \theta_j^2$，因此 $\|f\|_2 < \infty$当且仅当$(\theta_j)_{j=1}^{\infty} \in \ell^2(\mathbb{N})$，也就是所有平方可和序列的空间. 很多重要的函数类可以通过在这些序列的类上增加额外的限制条件来得到，其中一个例子就是椭球限制下的函数类.

例 5.12（基于 $\ell^2(\mathbb{N})$上椭球的函数类）　给定一个非负实数列$(\mu_j)_{j=1}^{\infty}$ 满足 $\sum_{j=1}^{\infty} \mu_j < \infty$，考虑椭球

$$\mathcal{E} = \left\{ (\theta_j)_{j=1}^{\infty} \;\middle|\; \sum_{j=1}^{\infty} \frac{\theta_j^2}{\mu_j} \leqslant 1 \right\} \subset \ell^2(\mathbb{N}) \tag{5.20}$$

这样的椭球在我们对再生核希尔伯特空间的讨论中至关重要（参见第 12 章）. 在这个例子中，我们研究对于某个参数 $\alpha > 1/2$ 由序列 $\mu_j = j^{-2\alpha}$ 给定的椭球. 这种类型的椭球会在某些 α 阶可导函数类中出现，细节参见第 12 章.

我们要证明这个关于范数 $\|\cdot\|_2 = \|\cdot\|_{\ell^2(\mathbb{N})}$ 的椭球的度量熵尺度为

$$\log N(\delta; \mathcal{E}, \|\cdot\|_2) \asymp \left(\frac{1}{\delta}\right)^{1/\alpha} \quad \text{对所有足够小的 } \delta > 0 \tag{5.21}$$

我们从证明上界开始——特别地，对于一个给定的 $\delta > 0$，我们来控制覆盖数 $N(\sqrt{2}\delta)$的上界.[⊖] 令 d 为满足 $\mu_d \leqslant \delta^2$ 的最小整数，并且考虑截断的椭球

$$\widetilde{\mathcal{E}} := \{\theta \in \mathcal{E} \mid \theta_j = 0 \quad \text{对于所有 } j \geqslant d+1\}$$

我们要证明这个截断椭球的任意 δ 覆盖，记作$\{\theta^1, \cdots, \theta^N\}$，构成了一个全椭球的$\sqrt{2}\delta$ 覆盖. 事实上，对于任意 $\theta \in \mathcal{E}$，我们有

$$\sum_{j=d+1}^{\infty} \theta_j^2 \leqslant \mu_d \sum_{j=d+1}^{\infty} \frac{\theta_j^2}{\mu_j} \leqslant \delta^2$$

由此

$$\min_{k \in [N]} \|\theta - \theta^k\|_2^2 = \min_{k \in [N]} \sum_{j=1}^{d} (\theta_j - \theta_j^k)^2 + \sum_{j=d+1}^{\infty} \theta_j^2 \leqslant 2\delta^2$$

因此，我们只需控制这个覆盖 $\widetilde{\mathcal{E}}$ 的基数 N 的上界. 因为对于所有 $j \in \{1, \cdots, d\}$有 $\delta^2 \leqslant \mu_j$，如果我们将 $\widetilde{\mathcal{E}}$ 视为 $\mathbb{R}^d$ 的一个子集，那么它包含了球 $\mathbb{B}_2^d(\delta)$，因此 $\mathrm{vol}(\widetilde{\mathcal{E}} + \mathbb{B}_2^d(\delta/2)) \leqslant \mathrm{vol}(2\widetilde{\mathcal{E}})$. 因此，由引理 5.7，我们有

$$N \leqslant \left(\frac{2}{\delta}\right)^d \frac{\mathrm{vol}(\widetilde{\mathcal{E}} + \mathbb{B}_2^d(\delta/2))}{\mathrm{vol}(\mathbb{B}_2^d(1))} \leqslant \left(\frac{4}{\delta}\right)^d \frac{\mathrm{vol}(\widetilde{\mathcal{E}})}{\mathrm{vol}(\mathbb{B}_2^d(1))}$$

⊖ 额外因子$\sqrt{2}$对要证明的结论(5.21)没有影响.

由椭球体积的标准公式，我们有$\frac{\mathrm{vol}(\widetilde{\mathcal{E}})}{\mathrm{vol}(\mathbb{B}_2^d(1))}=\prod_{j=1}^{d}\sqrt{\mu_j}$. 综上所述，我们得到

$$\log N\leqslant d\log(4/\delta)+\frac{1}{2}\sum_{j=1}^{d}\log\mu_j\overset{(i)}{=}d\log(4/\delta)-\alpha\sum_{j=1}^{d}\log j$$

其中步骤(i)由 $\mu_j=j^{-2\alpha}$ 得到. 用基本的不等式 $\sum_{j=1}^{d}\log j\geqslant d\log d-d$，我们有

$$\log N\leqslant d(\log 4+\alpha)+d\{\log(1/\delta)-\alpha\log d\}\leqslant d(\log 4+\alpha)$$

其中最后一个不等式成立是因为 $\mu_d=d^{-2\alpha}\leqslant\delta^2$，这等价于 $\log\left(\frac{1}{\delta}\right)\leqslant\alpha\log(d)$. 因为 $(d-1)^{-2\alpha}\geqslant\delta^2$，我们有 $d\leqslant(1/\delta)^{1/\alpha}+1$，由此得

$$\log N\leqslant\left\{\left(\frac{1}{\delta}\right)^{\frac{1}{\alpha}}+1\right\}(\log 4+\alpha)$$

这就完成了上界的证明.

对于下界，注意椭球 $\mathcal{E}$ 包含截断椭球 $\widetilde{\mathcal{E}}$(看作 $\mathbb{R}^d$ 的一个子集)，后者包含球 $\mathbb{B}_2^d(\delta)$. 因此，我们有

$$\log N\left(\frac{\delta}{2};\mathcal{E},\|\cdot\|_2\right)\geqslant\log N\left(\frac{\delta}{2};\mathbb{B}_2^d(\delta),\|\cdot\|_2\right)\geqslant d\log 2$$

其中最后一个不等式用到了例 5.8 中的下界(5.9). 给定不等式 $d\geqslant(1/\delta)^{1/\alpha}$，我们已经得到了原本要证明的(5.21)中的下界. ♣

5.2 高斯复杂度和 Rademacher 复杂度

尽管度量熵是一个完全非随机的概念，但它对理解随机过程的性质具有关键作用. 给定一组下标集为 $\mathbb{T}$ 的随机变量$\{X_\theta,\ \theta\in\mathbb{T}\}$，分析这个随机过程的性质如何依赖集合 $\mathbb{T}$ 的结构通常是非常重要的. 另外一个研究方向，给定下标集为 $\mathbb{T}$ 的随机过程的信息，我们常常可以推断出集合 $\mathbb{T}$ 的某些性质. 在下面的分析中，我们将看到这两个方向相互作用的例子.

一个重要的相互作用例子是定义了高斯和 Rademacher 复杂度的随机过程. 给定一个集合 $\mathbb{T}\in\mathbb{R}^d$，随机变量族$\{G_{\boldsymbol{\theta}},\ \boldsymbol{\theta}\in\mathbb{T}\}$，其中

$$G_{\boldsymbol{\theta}}:=\langle\boldsymbol{w},\boldsymbol{\theta}\rangle=\sum_{i=1}^{d}w_i\theta_i,\quad w_i\sim\mathcal{N}(0,1),\quad \text{独立同分布} \tag{5.22}$$

定义了 $\mathbb{T}$ 上被称为正则高斯过程的一个随机过程. 就像之前在第 2 章所讨论的，它的上确界的期望

$$\mathcal{G}(\mathbb{T}):=\mathbb{E}\left[\sup_{\boldsymbol{\theta}\in\mathbb{T}}\langle\boldsymbol{\theta},\boldsymbol{w}\rangle\right] \tag{5.23}$$

称为 $\mathbb{T}$ 的高斯复杂度. 像度量熵一样，泛函 $\mathcal{G}(\mathbb{T})$以某种形式度量了集合 $\mathbb{T}$ 的大小. 将标准正态变量换成随机符号变量就得到了 Rademacher 过程$\{R_{\boldsymbol{\theta}},\ \boldsymbol{\theta}\in\mathbb{T}\}$，其中

$$R_{\boldsymbol{\theta}}:=\langle\boldsymbol{\varepsilon},\boldsymbol{\theta}\rangle=\sum_{i=1}^{d}\varepsilon_i\theta_i,\quad \text{其中 }\varepsilon_i\text{ 在}\{-1,+1\}\text{上独立同分布均匀分布} \tag{5.24}$$

它的期望 $\mathcal{R}(\mathbb{T}):=\mathbb{E}[\sup_{\boldsymbol{\theta}\in\mathbb{T}}\langle\boldsymbol{\theta},\ \boldsymbol{\varepsilon}\rangle]$称为 $\mathbb{T}$ 的 Rademacher 复杂度. 就像习题 5.5 要证明的，对于任意集合 $\mathbb{T}$ 我们有 $\mathcal{R}(\mathbb{T})\leqslant\sqrt{\frac{\pi}{2}}\mathcal{G}(\mathbb{T})$，存在高斯复杂度远大于 Rademacher 复杂度的集合.

例 5.13(欧几里得球 $\mathbb{B}_2^d$ 的 Rademacher 复杂度和高斯复杂度) 我们来计算单位范数的欧几里得球，即 $\mathbb{B}_2^d=\{\boldsymbol{\theta}=\mathbb{R}^d\mid\|\boldsymbol{\theta}\|_2\leqslant 1\}$的 Rademacher 复杂度和高斯复杂度. 计算 Rademacher 复杂度是很容易的：事实上，由柯西-施瓦茨不等式可推出

$$\mathcal{R}(\mathbb{B}_2^d)=\mathbb{E}\Big[\sup_{\|\boldsymbol{\theta}\|_2\leqslant 1}\langle\boldsymbol{\theta},\boldsymbol{\varepsilon}\rangle\Big]=\mathbb{E}\Big[\Big(\sum_{i=1}^d\varepsilon_i^2\Big)^{1/2}\Big]=\sqrt{d}$$

同样的技巧可以证明 $\mathcal{G}(\mathbb{B}_2^d)=\mathbb{E}[\|\boldsymbol{w}\|_2]$，并且由平方根函数的凹性以及 Jensen 不等式，有

$$\mathbb{E}\|\boldsymbol{w}\|_2\leqslant\sqrt{\mathbb{E}[\|\boldsymbol{w}\|_2^2]}=\sqrt{d}$$

因此我们有上界 $\mathcal{G}(\mathbb{B}_2^d)\leqslant d$. 另一方面，可以证明 $\mathbb{E}\|\boldsymbol{w}\|_2\geqslant\sqrt{d}(1-o(1))$. 这是一个很好的练习题，可以利用第 2 章的 χ^2 变量的集中度界. 将这些上界和下界综合起来，我们推出

$$\mathcal{G}(\mathbb{B}_2^d)/\sqrt{d}=1-o(1) \tag{5.25}$$

因此球 $\mathbb{B}_2^d$ 的 Rademacher 复杂度和高斯复杂度本质上是等价的. ♣

例 5.14($\mathbb{B}_1^d$ 的 Rademacher 复杂度和高斯复杂度) 作为第二个例子，我们考虑 d 维空间中的ℓ_1 球，记为 $\mathbb{B}_1^d$. 由 ℓ_1 和 ℓ_∞范数的对偶性(或者等价地，用 Hölder 不等式)，我们有

$$\mathcal{R}(\mathbb{B}_1^d)=\mathbb{E}\Big[\sup_{\|\boldsymbol{\theta}\|_1\leqslant 1}\langle\boldsymbol{\theta},\boldsymbol{\varepsilon}\rangle\Big]=\mathbb{E}[\|\boldsymbol{\varepsilon}\|_\infty]=1$$

类似地，我们有 $\mathcal{G}(\mathbb{B}_1^d)=\mathbb{E}[\|\boldsymbol{w}\|_\infty]$，并且利用习题 2.11 关于正态变量最大值的结果，可以推出

$$\mathcal{G}(\mathbb{B}_1^d)/\sqrt{2\log d}=1\pm o(1) \tag{5.26}$$

因此，我们看到 Rademacher 复杂度和高斯复杂度可以相差一个阶数$\sqrt{\log d}$，习题 5.5 将要证明这个区别也是最坏的结果. 但不管在哪种情况下，与欧几里得球的 Rademacher 复杂度和高斯复杂度(5.25)相比，ℓ_1 球是一个小得多的集合. ♣

例 5.15(ℓ_0 球的高斯复杂度) 我们现在转向一个用组合方式定义的集合的高斯复杂度. 如同我们在后续章节会详细讨论的那样，稀疏度在许多高维统计模型中起着至关重要的作用. ℓ_1 范数，就像例 5.14 讨论的那样，是一个用来得到稀疏性的凸约束. 一个更加直接且组合的方式[⊖]是限制 $\boldsymbol{\theta}$ 的非零元素个数 $\|\boldsymbol{\theta}\|_0:=\sum_{j=1}^d\mathbb{I}[\theta_j\neq 0]$. 对于某个整数 $s\in\{1,\cdots,d\}$，半径为 s 的 l_0 "球"如下给出：

$$\mathbb{B}_0^d(s):=\{\boldsymbol{\theta}\in\mathbb{R}^d\mid\|\boldsymbol{\theta}\|_0\leqslant s\} \tag{5.27}$$

这个集合是非凸的，对应$\binom{d}{s}$个子空间的并集，而每个子空间对应 d 个坐标中可能大小为

⊖ 尽管我们的记号如此，l_0 "范数"在通常意义下并不是个范数.

s 的子集. 因为它包含这些子空间，是一个无界的集合，因此在计算任意类型的复杂度度量时，很自然地会增加一个额外的约束. 例如，我们考虑下面这个集合的高斯复杂度

$$\mathbb{S}^d(s):=\mathbb{B}_0^d(s)\cap\mathbb{B}_2^d(1)=\{\boldsymbol{\theta}\in\mathbb{R}^d \mid \|\boldsymbol{\theta}\|_0\leqslant s, 和\ \|\boldsymbol{\theta}\|_2\leqslant 1\} \tag{5.28}$$

习题 5.7 会引导读者一步步来得到上界

$$\mathcal{G}(\mathbb{S}^d(s))\lesssim\sqrt{s\log\frac{ed}{s}} \tag{5.29}$$

其中 e≈2.7183 如往常定义. 此外，习题 5.8 还证明这个界在不考虑常数项时是紧的. ♣

之前的例子主要关注 $\mathbb{R}^d$ 中向量的子集. 高斯复杂度在度量不同函数类大小的时候也是很重要的. 对于一个给定定义域为 $\mathcal{X}$ 的实值函数类 $\mathscr{F}$，设 $x_1^n:=\{x_1,\cdots,x_n\}$ 为这个定义域中的点集，这个集合被称为**设计点**. 那么我们可以定义集合

$$\mathscr{F}(x_1^n):=\{(f(x_1),f(x_2),\cdots,f(x_n))\mid f\in\mathscr{F}\}\subseteq\mathbb{R}^n \tag{5.30}$$

通过控制这个 $\mathbb{R}^n$ 的子集的高斯复杂度，我们可以得到一个尺度为 n 的 $\mathscr{F}$ 的复杂度度量；这个度量在第 13 章中非参数最小二乘法的分析中至关重要.

非常自然地会去分析用 $n^{-\frac{1}{2}}$ 或者 n^{-1} 重尺度的集合 $\mathscr{F}(x_1^n)$. 注意在重尺度化集合 $\frac{\mathscr{F}(x_1^n)}{\sqrt{n}}$ 上的欧几里得度量对应函数空间 $\mathscr{F}$ 上的经验 $L^2(\mathbb{P}_n)$ 度量，也就是

$$\|f-g\|_n:=\sqrt{\frac{1}{n}\sum_{i=1}^n(f(x_i)-g(x_i))^2} \tag{5.31}$$

注意，如果函数类 $\mathscr{F}$ 是一致有界的(也就是对于 $f\in\mathscr{F}$ 有 $\|f\|_\infty\leqslant b$)，那么对所有 $f\in\mathscr{F}$ 也有 $\|f\|_n\leqslant b$. 在这种情况下，我们总是有下面的(平凡)上界

$$\mathcal{G}\left(\frac{\mathscr{F}(x_1^n)}{n}\right)=\mathbb{E}\left[\sup_{f\in\mathscr{F}}\sum_{i=1}^n\frac{w_i}{\sqrt{n}}\frac{f(x_i)}{\sqrt{n}}\right]\leqslant b\frac{\mathbb{E}[\|\boldsymbol{w}\|_2]}{\sqrt{n}}\leqslant b$$

其中我们用到例 5.13 中关于 $\mathbb{E}[\|\boldsymbol{w}\|_2]$ 的分析. 因此，一个有界函数类(在 n 个点上取值)的高斯复杂度永远不会比 $\mathbb{R}^n$ 上的(重尺度化后的)欧几里得球的大. 更精细的分析能证明 $\frac{\mathscr{F}(x_1^n)}{n}$ 的高斯复杂度通常会小很多，取决于 $\mathscr{F}$ 的结构. 我们将会在下文中研究许多这种精细界的例子.

5.3 度量熵和次高斯过程

正则的高斯过程(5.22)和 Rademacher 过程(5.24)都是次高斯过程的例子，我们现在用更一般的方式来定义.

定义 5.16 一个零均值随机变量的集合 $\{X_\theta,\ \theta\in\mathbb{T}\}$ 是一个对应 $\mathbb{T}$ 上度量 ρ_X 的次高斯过程，如果

$$\mathbb{E}\left[e^{\lambda(X_\theta-X_{\widetilde{\theta}})}\right]\leqslant e^{\frac{\lambda^2\rho_X^2(\theta,\widetilde{\theta})}{2}}\quad 对于所有\ \theta,\widetilde{\theta}\in\mathbb{T}, 且\ \lambda\in\mathbb{R} \tag{5.32}$$

由第 2 章的结果，界(5.32)可以推出尾部概率界

$$\mathbb{P}[|X_\theta - X_{\widetilde{\theta}}| \geqslant t] \leqslant 2\mathrm{e}^{-\frac{t^2}{2\rho_X^2(\theta,\widetilde{\theta})}}$$

而且假定这样一个尾部概率界也是定义一个次高斯过程的等价方式. 容易看到正则高斯过程和 Rademacher 过程都是关于欧几里得度量 $\|\theta-\widetilde{\theta}\|_2$ 次高斯的.

给定一个次高斯过程，我们用记号 $N_X(\delta;\mathbb{T})$来记关于 ρ_X 的 $\mathbb{T}$ 的 δ 覆盖数，$N_2(\delta;\mathbb{T})$记作关于欧几里得度量 $\|\cdot\|_2$ 的覆盖数，对应的是正则高斯过程. 正如我们现在要讨论的，这些度量熵可以用来构造很多关于过程上确界期望的上界.

5.3.1　一步离散化的上确界

我们从一个用离散化方法得到的简单上界开始. 基本的思想是很自然的：通过以某种精确度 δ 来逼近集合 $\mathbb{T}$，我们可以用有限的 δ 覆盖集合上的最大值来代替 $\mathbb{T}$ 上的上确界，同时加上一个尺度与 δ 成比例的近似误差. 我们用 $D := \sup\limits_{\theta,\widetilde{\theta}\in\mathbb{T}} \rho_X(\theta,\widetilde{\theta})$来记 $\mathbb{T}$ 的直径，并用 $N_X(\delta;\mathbb{T})$记在 ρ_X 度量下 $\mathbb{T}$ 的 δ 覆盖数.

定义 5.17(一步离散化界)　令$\{X_\theta,\theta\in\mathbb{T}\}$为一个度量 ρ_X 下的零均值次高斯过程. 那么对任意 $\delta\in[0,D]$满足 $N_X(\delta;\mathbb{T})\geqslant 10$，我们有

$$\mathbb{E}\left[\sup_{\theta,\widetilde{\theta}\in\mathbb{T}}(X_\theta - X_{\widetilde{\theta}})\right] \leqslant 2\mathbb{E}\left[\sup_{\substack{\gamma,\gamma'\in\mathbb{T}\\ \rho_X(\gamma,\gamma')\leqslant\delta}}(X_\gamma - X_{\gamma'})\right] + 4\sqrt{D^2\log N_X(\delta;\mathbb{T})} \tag{5.33}$$

注：为了避免考虑集合 $\mathbb{T}$ 的中心点位置，用增量 $X_\theta - X_{\widetilde{\theta}}$ 来给出上界是很简洁的. 然而，结论(5.33)总是可以推出一个 $\mathbb{E}[\sup\limits_{\theta\in\mathbb{T}} X_\theta]$的上界，因为零均值意味着

$$\mathbb{E}\left[\sup_{\theta\in\mathbb{T}} X_\theta\right] = \mathbb{E}\left[\sup_{\theta\in\mathbb{T}}(X_\theta - X_{\theta_0})\right] \leqslant \mathbb{E}\left[\sup_{\theta,\widetilde{\theta}\in\mathbb{T}}(X_\theta - X_{\widetilde{\theta}})\right]$$

对于每个 $\delta\in[0,D]$，上界(5.33)包含了两个部分，分别对应逼近误差和估计误差. 当 $\delta\to 0^+$ 时，逼近误差(涉及约束 $\rho_X(\gamma,\gamma')<\delta$)收缩到零，而估计误差(涉及度量熵)会增大. 在实际问题中，可以选取 δ 来达到这两项的最佳平衡.

证明　对于一个给定的 $\delta>0$ 和相应的覆盖数 $N=N_X(\delta;\mathbb{T})$，令$\{\theta_1,\cdots,\theta^N\}$为 $\mathbb{T}$ 上的一个 δ 覆盖. 对于任意 $\theta\in\mathbb{T}$，我们可以找到某个 θ^i 使得 $\rho_X(\theta,\theta^i)\leqslant\delta$，并因此

$$\begin{aligned} X_\theta - X_{\theta^1} &= (X_\theta - X_{\theta^i}) + (X_{\theta^i} - X_{\theta^1}) \\ &\leqslant \sup_{\substack{\gamma,\gamma'\in\mathbb{T}\\ \rho_X(\gamma,\gamma')\leqslant\delta}}(X_\gamma - X_{\gamma'}) + \max_{i=1,2,\cdots,N}|X_{\theta^i} - X_{\theta^1}| \end{aligned}$$

给定另外一个任意 $\widetilde{\theta}\in\mathbb{T}$，同样的上界对 $X_{\theta^1} - X_{\widetilde{\theta}}$ 也成立，因此将这两个界相加，我们得到

$$\sup_{\theta,\widetilde{\theta}\in\mathbb{T}}(X_\theta - X_{\widetilde{\theta}}) \leqslant 2\sup_{\substack{\gamma,\gamma'\in\mathbb{T}\\ \rho_X(\gamma,\gamma')\leqslant\delta}}(X_\gamma - X_{\gamma'}) + 2\max_{i=1,2,\cdots,N}|X_{\theta^i} - X_{\theta^1}| \tag{5.34}$$

现在由假设可得，对每个 $i=1,2,\cdots,N$，随机变量 $X_{\theta^i}-X_{\theta^1}$ 是零均值且参数最多为 $\rho_X(\theta^i,\theta^1)\leqslant D$ 的次高斯的. 由此，由次高斯最大值的性质(参见习题 2.12(c))，我们可得

$$\mathbb{E}\left[\max_{i=1,\cdots,N}|X_{\theta^i}-X_{\theta^1}|\right]\leqslant 2\sqrt{D^2\log N}$$

这就证明了结论. □

为了直观理解，考虑一下正则高斯(或者 Rademacher)过程的特殊情况，其中相关度量为欧几里得度量 $\|\theta-\widetilde{\theta}\|_2$. 为了专注于问题的核心，我们考虑一个包含原点的 $\mathbb{T}$. 推导界(5.33)的技巧[⊖]可以推出高斯复杂度 $\mathcal{G}(\mathbb{T})$ 被下式控制上界：

$$\mathcal{G}(\mathbb{T})\leqslant\min_{\delta\in[0,D]}\left\{\mathcal{G}(\widetilde{\mathbb{T}}(\delta))+2\sqrt{D^2\log N_2(\delta;\mathbb{T})}\right\}\tag{5.35}$$

其中 $N_2(\delta;\mathbb{T})$ 是在 ℓ_2 范数下的 δ 覆盖数，并且

$$\widetilde{\mathbb{T}}(\delta):=\{\gamma-\gamma'\mid\gamma,\gamma'\in\mathbb{T},\|\gamma-\gamma'\|_2\leqslant\delta\}$$

$\mathcal{G}(\widetilde{\mathbb{T}}(\delta))$ 是一个*局部高斯复杂度*，因为它度量了集合 $\mathbb{T}$ 的一个半径为 δ 的 ℓ_2 球中的复杂度. 这个局部化的思想在得到统计问题的最优阶的时候至关重要；更多讨论参见第 13 章和第 14 章. 我们也注意到类似的上界对基于一个局部 Rademacher 复杂度的 Rademacher 复杂度 $\mathcal{R}(\mathbb{T})$ 也同样成立.

为了从离散界(5.35)中得到具体结果，我们还需要控制局部高斯复杂度的上界以及最优化 δ 的选取. 当 $\mathbb{T}$ 是 $\mathbb{R}^d$ 的子集时，用柯西-施瓦茨不等式可以推出

$$\mathcal{G}(\widetilde{\mathbb{T}}(\delta))=\mathbb{E}\left[\sup_{\theta\in\widetilde{\mathbb{T}}(\delta)}\langle\theta,w\rangle\right]\leqslant\delta\mathbb{E}[\|w\|_2]\leqslant\delta\sqrt{d}$$

可以导出*朴素的离散化界*

$$\mathcal{G}(\mathbb{T})\leqslant\min_{\delta\in[0,D]}\left\{\delta\sqrt{d}+2\sqrt{D^2\log N_2(\delta;\mathbb{T})}\right\}\tag{5.36}$$

对于某些集合，这个简单的界可以推出有用的结果，然而对其他的集合，局部高斯(或者 Rademacher)复杂度则需要更细致的控制.

5.3.2　离散化界的例子

我们用一些例子来阐述界(5.33)、(5.35)和(5.36)的用处.

例 5.18(单位球的高斯复杂度)　回想一下例 5.13 中关于欧几里得球 $\mathbb{B}_2^d$ 的高斯复杂度的讨论：用直接计算的方式证明了 $\mathcal{G}(\mathbb{B}_2^d)=\sqrt{d}(1-o(1))$. 这个例子的目的是展示推论 5.17 也可以导出一个这样类型的上界(不过常数项的控制稍差). 特别地，回想例 5.8 中欧几里得球的度量熵数被 $\log N_2(\delta;\mathbb{B}_2^d)\leqslant d\log\left(1+\frac{2}{\delta}\right)$ 控制上界. 因此，在朴素的离散化界(5.36)中令 $\delta=1/2$，我们得到

$$\mathcal{G}(\mathbb{B}_2^d)\leqslant\sqrt{d}\left\{\frac{1}{2}+2\sqrt{2\log 5}\right\}$$

与精确的结果相比，这个结果的常数是次优的，但是它作为 d 的函数尺度是一样的. ♣

⊖ 在这种情况下，这个技巧可以精细化以移除常数 2.

例 5.19(次高斯随机矩阵的最大奇异值)　作为命题 5.17 的一个更丰富的应用，我们来探索如何控制一个次高斯随机矩阵的 l_2 算子范数的期望. 令 $\boldsymbol{W} \in \mathbb{R}^{n \times d}$ 为由零均值独立同分布元素 W_{ij} 组成的随机矩阵，每个元素都满足参数为 $\sigma=1$ 的次高斯分布. 例如标准正态分布 $W_{ij} \sim \mathcal{N}(0,1)$ 以及 Rademacher 分布 $W_{ij} \in \{-1,+1\}$ 等概率地取值. 矩阵 $\boldsymbol{W}$ 的 l_2 算子范数(或者谱范数)是由它的最大奇异值定义的，等价地，它的定义为 $|||\boldsymbol{W}|||_2 := \sup_{\boldsymbol{v} \in \mathbb{S}^{d-1}} \|\boldsymbol{W}\boldsymbol{v}\|_2$，其中 $\mathbb{S}^{d-1} = \{\boldsymbol{v} \in \mathbb{R}^d \mid \|\boldsymbol{v}\|_2 = 1\}$ 是 $\mathbb{R}^d$ 中的欧几里得单位球. 在这里我们概述一个证明下界的方法

$$\mathbb{E}[|||\boldsymbol{W}|||_2/\sqrt{n}] \lesssim 1+\sqrt{\frac{d}{n}}$$

具体细节作为习题 5.11 留给读者.

我们定义矩阵类

$$\mathbb{M}^{n,d}(1) := \{\boldsymbol{\Theta} \in \mathbb{R}^{n \times d} \mid \operatorname{rank}(\boldsymbol{\Theta})=1, |||\boldsymbol{\Theta}|||_{\mathrm{F}}=1\} \tag{5.37}$$

对应的是具有单位 Frobenius 范数 $|||\boldsymbol{\Theta}|||_{\mathrm{F}}^2 = \sum_{i=1}^{n}\sum_{j=1}^{d} \Theta_{ij}^2$ 的秩为 1 的 $n \times d$ 矩阵集合. 就像习题 5.11(a)要证明的，那么我们有变分表示方式

$$|||\boldsymbol{W}|||_2 = \sup_{\boldsymbol{\Theta} \in \mathbb{M}^{n,d}(1)} X_{\boldsymbol{\Theta}}, \quad \text{其中 } X_{\boldsymbol{\Theta}} := \langle\langle \boldsymbol{W}, \boldsymbol{\Theta} \rangle\rangle = \sum_{i=1}^{n}\sum_{j=1}^{d} W_{ij}\Theta_{ij} \tag{5.38}$$

在正态情形下，这个表示说明 $\mathbb{E}[|||\boldsymbol{W}|||_2]$ 等于高斯复杂度 $\mathcal{G}(\mathbb{M}^{n,d}(1))$. 对于任意次高斯随机矩阵，习题 5.11 的(b)部分证明随机过程 $\{X_{\boldsymbol{\Theta}}, \boldsymbol{\Theta} \in \mathbb{M}^{n,d}(1)\}$ 是零均值的，关于 Frobenius 范数 $|||\boldsymbol{\Theta}-\boldsymbol{\Theta}'|||_{\mathrm{F}}$ 是次高斯的. 由此，命题 5.17 意味着对于所有 $\delta \in [0,1]$，我们有上界

$$\mathbb{E}[|||\boldsymbol{W}|||_2] \leqslant 2\mathbb{E}\left[\sup_{\substack{\operatorname{rank}(\boldsymbol{\Gamma})=\operatorname{rank}(\boldsymbol{\Gamma}')=1 \\ |||\boldsymbol{\Gamma}-\boldsymbol{\Gamma}'|||_{\mathrm{F}} \leqslant \delta}} \langle\langle \boldsymbol{\Gamma}-\boldsymbol{\Gamma}', \boldsymbol{W} \rangle\rangle\right] + 6\sqrt{\log N_{\mathrm{F}}(\delta; \mathbb{M}^{n,d}(1))} \tag{5.39}$$

其中 $N_{\mathrm{F}}(\delta; \mathbb{M}^{n,d}(1))$ 表示在 Frobenius 范数下的 δ 覆盖数. 在习题 5.11 的(c)中，我们证明上界

$$\mathbb{E}\left[\sup_{\substack{\operatorname{rank}(\boldsymbol{\Gamma})=\operatorname{rank}(\boldsymbol{\Gamma}')=1 \\ |||\boldsymbol{\Gamma}-\boldsymbol{\Gamma}'|||_{\mathrm{F}} \leqslant \delta}} \langle\langle \boldsymbol{\Gamma}-\boldsymbol{\Gamma}', \boldsymbol{W} \rangle\rangle\right] \leqslant \sqrt{2}\,\delta\,\mathbb{E}[|||\boldsymbol{W}|||_2] \tag{5.40}$$

在(d)中，我们控制度量熵的上界

$$\log N_{\mathrm{F}}(\delta; M^{n,d}(1)) \leqslant (n+d)\log\left(1+\frac{2}{\delta}\right) \tag{5.41}$$

将这些上界代入不等式(5.39)，我们得到

$$\mathbb{E}[|||\boldsymbol{W}|||_2] \leqslant \min_{\delta \in [0,1]}\left\{2\sqrt{2}\,\delta\,\mathbb{E}[|||\boldsymbol{W}|||_2] + 6\sqrt{(n+d)\log\left(1+\frac{2}{\delta}\right)}\right\}$$

固定 $\delta = \frac{1}{4\sqrt{2}}$(一个特殊的取值)并将这些项整理一下得到上界

$$\frac{1}{\sqrt{n}}\mathbb{E}[\lVert\!| \boldsymbol{W} |\!\rVert_2] \leqslant c_1\left\{1+\sqrt{\frac{d}{n}}\right\}$$

对于某个普适常数 $c_1>1$ 成立. 再一次，作为(n, d)的函数得到了 $\mathbb{E}[\lVert\!| \boldsymbol{W} |\!\rVert_2]$的正确数量级. 如我们在习题 5.14 中所探究的，对于正态随机矩阵，一个基于 Sudakov-Fernique 比较不等式的精细技巧可以用来证明 $c_1=1$ 时的上界，这也是最优的结果. 在接下来的例 5.33 中，我们得到一个有同样阶数的下界. ♣

我们转向一些涉及函数空间的高斯复杂度的例子. 回忆集合 $\mathscr{F}(x_1^n)$的定义(5.30)以及经验 L^2 范数(5.31). 作为不等式

$$\| f-g \|_n \leqslant \max_{i=1,\cdots,n} |f(x_i)-g(x_i)| \leqslant \| f-g \|_\infty$$

的一个结论，我们有下列关于度量熵的关系式：

$$\log N_2(\delta;\mathscr{F}(x_1^n)/\sqrt{n}) \leqslant \log N_\infty(\delta;\mathscr{F}(x_1^n)) \leqslant \log N(\delta;\mathscr{F},\|\cdot\|_\infty) \tag{5.42}$$

这在之后的拓展中会用到.

例 5.20(一个参数函数类的经验高斯复杂度) 我们来控制由例 5.9 中简单函数类 $\mathscr{P}$生成的集合 $\mathscr{P}(x_1^n)/n$ 的高斯复杂度上界. 利用界(5.42)，只需要控制 $\mathscr{P}$的 l_∞覆盖数. 从我们之前的计算中可以看出，只要 $\delta\leqslant 1/4$，我们就有 $\log N_\infty(\delta;\mathscr{P})\leqslant\log(1/\delta)$. 此外，因为函数类是一致有界的(也就是，对于所有 $f\in\mathscr{P}$有 $\| f \|_\infty\leqslant 1$)，经验 L^2 范数的直径同样被很好地控制——特别地，我们有 $D^2=\sup_{f\in\mathscr{P}}\frac{1}{n}\sum_{i=1}^n f^2(x_i)\leqslant 1$. 由此，离散界(5.33)可以推出

$$\mathcal{G}(\mathscr{P}(x_1^n)/n) \leqslant \frac{1}{\sqrt{n}}\inf_{\delta\in(0,1/4]}\{\delta\sqrt{n}+3\sqrt{\log(1/\delta)}\}$$

为了优化界的尺度，我们设 $\delta=1/(4\sqrt{n})$，因此得到上界

$$\mathcal{G}(\mathscr{P}(x_1^n)/n) \precsim \sqrt{\frac{\log n}{n}} \tag{5.43}$$

稍后将看到，这个函数类的高斯复杂度实际上是被 $1/\sqrt{n}$控制的，因此命题 5.17 得到的粗糙界是准确的，只是多了一个对数因子. 我们在后面将用更精细的技巧去掉这个对数因子. ♣

例 5.21(光滑类的高斯复杂度) 现在回想一下例 5.10 中的 Lipschitz 函数类 $\mathscr{F}_L$. 由那里给出的度量熵的界，对于一个充分小的 $\delta_0>0$，只要 $\delta\in(0,\delta_0)$，我们有 $\log N_\infty(\delta;\ \mathscr{F}_L)\leqslant\frac{cL}{\delta}$ 对于某个常数 c 成立. 因为 $\mathscr{F}_L$ 中的函数被 1 一致控制，用离散化界可以推出

$$\mathcal{G}(\mathscr{F}_L(x_1^n)/n) \leqslant \frac{1}{\sqrt{n}}\inf_{\delta\in(0,\delta_0)}\left\{\delta\sqrt{n}+3\sqrt{\frac{cL}{\delta}}\right\}$$

为了获得最紧的上界(不考虑常数项)，我们设 $\delta=n^{-1/3}$，并且由此得到

$$\mathcal{G}(\mathscr{F}_L(x_1^n)/n) \precsim n^{-1/3} \tag{5.44}$$

通过与参数情形下得到的尺度(5.43)进行比较，这个上界的衰减要慢得多. ♣

5.3.3 链方法和 Dudley 熵积分

在这一节里，我们引入一个重要的称为链的方法，并展示如何用它来得到更紧的次高

斯过程期望上确界. 回想一下命题 5.17 中的离散化界：它基于一个简单的一步离散化，其中我们将一个大集合的上确界转化成了一个 δ 覆盖的有限最大值加上一个近似误差. 我们然后通过求一个次高斯尾部界的联合上界来控制有限集合的最大值. 在这一节中，我们介绍一种大幅度改进的方法，其中我们将上确界分解为精心挑选的集合上的有限最大值的和. 这个操作过程称为*链方法*.

在这一节中，我们展示如何用链方法来推导一个次高斯过程期望上确界的经典上界，这个方法起源于 Dudley(1967). 在 5.6 节中，我们将介绍相关方法如何用来控制上述期望偏差的概率. 令$\{X_\theta,\ \theta\in\mathbb{T}\}$为关于(伪)度量 ρ_X 的一个零均值次高斯过程(参见定义 5.16). 定义 $D=\sup\limits_{\theta,\widetilde{\theta}\in\mathbb{T}}\rho_X(\theta,\ \widetilde{\theta})$和 δ 截断 *Dudley 熵积分*

$$\mathcal{J}(\delta;D):=\int_\delta^D\sqrt{\log N_X(u;\mathbb{T})}\,\mathrm{d}u \tag{5.45}$$

其中 $N_X(u;\ \mathbb{T})$是之前定义的关于度量 ρ_X 的 $\mathbb{T}$ 的 δ 覆盖数.

定义 5.22(Dudley 熵积分界)　*令$\{X_\theta,\ \theta\in\mathbb{T}\}$是一个从定义 5.16 中得出的关于伪度量 ρ_X 的零均值次高斯过程. 那么对任意 $\delta\in[0,D]$，我们有*

$$\mathbb{E}\Big[\sup_{\theta,\widetilde{\theta}\in\mathbb{T}}(X_\theta-X_{\widetilde{\theta}})\Big]\leqslant 2\mathbb{E}\Big[\sup_{\substack{\gamma,\gamma'\in\mathbb{T}\\ \rho_X(\gamma,\gamma')\leqslant\delta}}(X_\gamma-X_{\gamma'})\Big]+32\mathcal{J}(\delta/4;D) \tag{5.46}$$

注：常数 32 并没有特别的意义，而且是可以通过更细致的分析来改进的. 我们用增量 $X_\theta-X_{\widetilde{\theta}}$ 来表述上界，也可以很容易地转换为 $\mathbb{E}[\sup\limits_{\theta\in\mathbb{T}}X_\theta]$的上界. (参见命题 5.17 后的讨论.)Dudley 界的通常形式对应的是 $\delta=0$ 的情形，因此熵积分部分就是 $\mathcal{J}(0;D)$. 在某些问题中灵活选取 $\delta\in[0,D]$会很有用.

证明　我们从之前在命题 5.17 证明中建立的不等式(5.34)开始，即

$$\sup_{\theta,\widetilde{\theta}\in\mathbb{T}}(X_\theta-X_{\widetilde{\theta}})\leqslant 2\sup_{\substack{\gamma,\gamma'\in\mathbb{T}\\ \rho_X(\gamma,\gamma')\leqslant\delta}}(X_\gamma-X_{\gamma'})+2\max_{i=1,2,\cdots,N}|X_{\theta^i}-X_{\theta^1}|$$

在命题 5.17 中，我们只是简单地用联合界来控制 $i=1,\cdots,N$ 上的最大值. 在这个证明中，我们使用一种更精细的链技巧. 定义 $\mathbb{U}=\{\theta^1,\cdots,\theta^N\}$，并且对每个正整数 $m=1,2,\cdots,L$，令 $\mathbb{U}_m$ 为度量 ρ_X 下集合 $\mathbb{U}$ 的最小 $\epsilon_m=D2^{-m}$ 覆盖，其中我们允许用 $\mathbb{T}$ 中的任意元素来构成这个覆盖. 因为 $\mathbb{U}$ 是 $\mathbb{T}$ 的一个子集，每个集合的基数 $N_m:=|\mathbb{U}_m|$有上界控制 $N_m\leqslant N_X(\epsilon_m;\ \mathbb{T})$. 因为 $\mathbb{U}$ 是有限的，存在某个有限整数 L 使得 $\mathbb{U}_L=\mathbb{U}$. (特别地，对于满足 $N_L=|\mathbb{U}|$的最小整数，我们可以简单地取 $\mathbb{U}_L=\mathbb{U}$.)对任意 $m=1,\cdots,L$，通过

$$\pi_m(\theta)=\arg\min_{\beta\in\mathbb{U}_m}\rho_X(\theta,\beta)$$

来定义映射 π_m：$\mathbb{U}\to\mathbb{U}_m$，因此 $\pi_m(\theta)$是来自集合 $\mathbb{U}_m$ 的 $\theta\in\mathbb{U}$ 的最佳逼近. 用这个记号，我们可以将随机变量 X_θ 分解成相关序列$(\gamma^1,\cdots,\gamma^L)$形式的增量和，其中对 $m=L,\ L-1,\cdots,2$ 用递归方式定义 $\gamma^L=\theta$ 和 $\gamma^{m-1}:=\pi_{m-1}(\gamma^m)$. 由构造，我们有链式关系

$$X_{\theta}-X_{\gamma^1}=\sum_{m=2}^{L}(X_{\gamma^m}-X_{\gamma^{m-1}}) \tag{5.47}$$

因此 $|X_{\theta}-X_{\gamma^1}|\leqslant \sum_{m=2}^{L}\max_{\beta\in\mathbb{U}_m}|X_{\beta}-X_{\pi_{m-1}(\beta)}|$. 这个构造的示意图参见图 5.3.

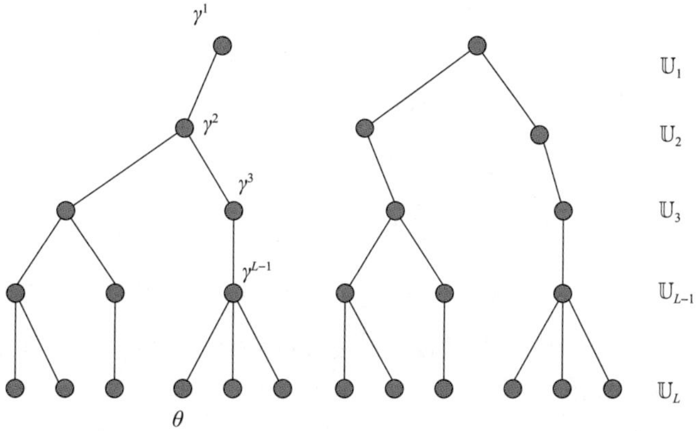

图 5.3　链关系 $L=5$ 时的示意图. 图底端展示的集合 $\mathbb{U}$ 有有限个元素. 对于每个 $m=1,\cdots,5$，我们设 $\mathbb{U}_m$ 为集合 $\mathbb{U}$ 的一个 $D\epsilon^{-m}$ 覆盖；每一层的覆盖元素都用灰色表示. 对于每个元素 $\theta\in\mathbb{U}$，我们通过令 $\gamma^5=\theta$ 来构造链，并对于 $m=5,\cdots,2$ 依次有 $\gamma^{m-1}=\pi_{m-1}(\gamma^m)$. 于是我们能将差 $X_{\theta}-X_{\gamma^1}$ 分解为沿着树的边项和的形式(5.47)

因此，我们将 X_{θ} 与最终元素 X_{γ_1} 的差分解为它的相伴链的一个增量和. 给定任意其他 $\widetilde{\theta}\in\mathbb{U}$，我们可以定义链$\{\widetilde{\gamma}^1,\cdots,\widetilde{\gamma}^L\}$，然后推导一个关于增量 $|X_{\widetilde{\theta}}-X_{\widetilde{\gamma}^1}|$ 的类似界. 通过适当增减项并应用三角不等式，我们得到

$$\begin{aligned}|X_{\theta}-X_{\widetilde{\theta}}|&=|X_{\gamma^1}-X_{\widetilde{\gamma}^1}+(X_{\theta}-X_{\gamma^1})+(X_{\widetilde{\gamma}^1}-X_{\widetilde{\theta}})|\\&\leqslant|X_{\gamma^1}-X_{\widetilde{\gamma}^1}|+|X_{\theta}-X_{\gamma^1}|+|X_{\widetilde{\theta}}-X_{\widetilde{\gamma}^1}|\end{aligned}$$

表达式左边对 θ，$\widetilde{\theta}\in\mathbb{U}$ 取最大值，右边应用我们的上界，得到

$$\max_{\theta,\widetilde{\theta}\in\mathbb{U}}|X_{\theta}-X_{\widetilde{\theta}}|\leqslant\max_{\gamma,\widetilde{\gamma}\in\mathbb{U}_1}|X_{\gamma}-X_{\widetilde{\gamma}}|+2\sum_{m=2}^{L}\max_{\beta\in\mathbb{U}_m}|X_{\beta}-X_{\pi_{m-1}(\beta)}|$$

我们首先对 $\mathbb{U}_1$ 上有限元素最大值控制上界，$\mathbb{U}_1$ 有 $N\left(\frac{D}{2}\right):=N_X\left(\frac{D}{2};\ \mathbb{T}\right)$个元素. 由过程的次高斯性质，增量 $X_{\gamma}-X_{\widetilde{\gamma}}$ 是参数最多为 $\rho_X(\gamma,\ \widetilde{\gamma})\leqslant D$ 次高斯的. 由此，通过之前有限正态最大值的结果(参见习题 2.12)，我们有

$$\mathbb{E}\left[\max_{\gamma,\widetilde{\gamma}\in\mathbb{U}_1}|X_{\gamma}-X_{\widetilde{\gamma}}|\right]\leqslant 2D\sqrt{\log N(D/2)}$$

类似地，对每个 $m=2,3,\cdots,L$，集合 $\mathbb{U}_m$ 有 $N(D2^{-m})$个元素，并且，更进一步地，$\max_{\beta\in\mathbb{U}_m}\rho_X(\beta,\pi_{m-1}(\beta))\leqslant D2^{-(m-1)}$，由此

$$\mathbb{E}\left[\max_{\beta\in\mathbb{U}_m}|X_{\beta}-X_{\pi_{m-1}(\beta)}|\right]\leqslant 2D2^{-(m-1)}\sqrt{\log N(D2^{-m})}$$

综上所述，我们可以推出

$$\mathbb{E}\left[\max_{\theta,\widetilde{\theta}\in\mathbb{U}}|X_{\theta}-X_{\widetilde{\theta}}|\right]\leqslant 4\sum_{m=1}^{L}D2^{-(m-1)}\sqrt{\log N(D2^{-m})}$$

因为度量熵 $\log N(t)$ 关于 t 是非增的，我们有

$$D2^{-(m-1)}\sqrt{\log N(D2^{-m})}\leqslant 4\int_{D2^{-(m+1)}}^{D2^{-m}}\sqrt{\log N(u)}\,\mathrm{d}u$$

由此 $2\mathbb{E}[\max_{\theta,\widetilde{\theta}\in\mathbb{U}}|X_{\theta}-X_{\widetilde{\theta}}|]\leqslant 32\int_{\delta/4}^{D}\sqrt{\log N(u)}\,\mathrm{d}u$. □

我们用一些例子来阐述 Dudley 度量熵.

例 5.23　在例 5.20 中，我们证明了参数函数类 $\mathscr{P}$ 的高斯复杂度被 $O\left(\sqrt{\frac{\log n}{n}}\right)$ 控制上界，这是一个由朴素离散化界得到的结果. 这里我们基于 Dudley 熵积分可以导出更精确的上界 $O(1/\sqrt{n})$. 特别地，因为 L_{∞} 范数度量熵被 $\log N(\delta;\mathscr{P},\|\cdot\|_{\infty})=O(\log(1+1/\delta))$ 控制上界，由 Dudley 界可以推出

$$\mathcal{G}\left(\frac{\mathscr{P}(x_1^n)}{n}\right)\leqslant\frac{c}{\sqrt{n}}\int_0^2\sqrt{\log(1+1/u)}\,\mathrm{d}u=\frac{c'}{\sqrt{n}}$$

因此，我们去掉了朴素离散化界中的对数项. ♣

回忆一下第 4 章中关于 Vapnik-Chervonenkis 维数的讨论. 我们现在演示，对任意有限 VC 类可以用 Dudley 积分来得到更精细的结果.

例 5.24(Vapnik-Chervonenkis 类的界)　令 $\mathscr{F}$ 是一个有有限 VC 维 ν 的 b 一致有界的函数类，并且假设我们要研究 $\mathscr{F}$ 的一个一致大数律，即控制随机变量 $\sup_{f\in\mathscr{F}}\left|\frac{1}{n}\sum_{i=1}^{n}f(X_i)-\mathbb{E}[f]\right|$，其中 $X_i\sim\mathbb{P}$ 为独立同分布样本. 正如第 4 章中所讨论的，通过应用集中度和对称化的结果，这个随机变量的研究可以简化为控制期望 $\mathbb{E}_{\varepsilon}\left[\sup_{f\in\mathscr{F}}\left|\frac{1}{n}\sum_{i=1}^{n}\varepsilon_i f(x_i)\right|\right]$，其中 ε_i 为独立同分布 Rademacher 变量(随机符号)，这里观测值 x_i 暂时设为固定的.

为了看到如何应用 Dudley 熵积分，定义零均值随机变量 $Z_f:=\frac{1}{\sqrt{n}}\sum_{i=1}^{n}\varepsilon_i f(x_i)$，并且考虑随机过程 $\{Z_f\mid f\in\mathscr{F}\}$. 容易验证增量 Z_f-Z_g 是次高斯的且参数为

$$\|f-g\|_{\mathbb{P}_n}^2:=\frac{1}{n}\sum_{i=1}^{n}(f(x_i)-g(x_i))^2$$

由此，通过 Dudley 熵积分，我们有

$$\mathbb{E}_{\varepsilon}\left[\sup_{f\in\mathscr{F}}\left|\frac{1}{n}\sum_{i=1}^{n}\varepsilon_i f(x_i)\right|\right]\leqslant\frac{24}{\sqrt{n}}\int_0^{2b}\sqrt{\log N(t;\mathscr{F},\|\cdot\|_{\mathbb{P}_n})}\,\mathrm{d}t \tag{5.48}$$

其中我们用到 $\sup_{f,g\in\mathscr{F}}\|f-g\|_{\mathbb{P}_n}\leqslant 2b$. 现在由 VC 类和度量熵的已知结果，存在一个普适常数 C 满足

$$N(\epsilon;\mathscr{F},\|\cdot\|_{\mathbb{P}_n})\leqslant C\nu(16\mathrm{e})^{\nu}\left(\frac{b}{\epsilon}\right)^{2\nu} \tag{5.49}$$

这种形式的一个较弱结论的证明请参见习题 5.4，关于这个界的更多讨论参见文献部分.

将这个度量熵界(5.49)代入熵积分(5.48)中，我们发现存在普适常数 c_0，c_1，它们依赖于 b 而不依赖于(ν,n)，满足

$$\mathbb{E}_{\varepsilon}\left[\sup_{f\in\mathscr{F}}\left|\frac{1}{n}\sum_{i=1}^{n}\varepsilon_i f(x_i)\right|\right]\leqslant c_0\sqrt{\frac{\nu}{n}}\left[1+\int_0^{2b}\sqrt{\log(b/t)}\,\mathrm{d}t\right]=c_0'\sqrt{\frac{\nu}{n}} \tag{5.50}$$

这里用到积分有限. ♣

注意界(5.50)比早前在引理 4.14 中证明的界$\sqrt{\frac{\nu\log(n+1)}{n}}$精细. 它带来了我们之前结果的一系列改进. 例如，考虑经典 Gilvenko-Cantelli 情形，也就是要控制 $\|\hat{F}_n-F\|_\infty=\sup\limits_{u\in\mathbb{R}}|\hat{F}_n(u)-F(u)|$. 因为示性函数集合有 VC 维数 $\nu=1$，界(5.50)结合定理 4.10，可得

$$\mathbb{P}\left[\|\hat{F}_n-F\|_\infty\geqslant\frac{c}{\sqrt{n}}+\delta\right]\leqslant 2\mathrm{e}^{-\frac{n\delta^2}{8}}\quad 对于所有\ \delta\geqslant 0 \tag{5.51}$$

其中 c 是一个普适常数. 除更好的常数之外，这个界也是无法再改进的.

5.4　一些高斯比较不等式

假设给定一对高斯过程，记作$\{Y_\theta,\ \theta\in\mathbb{T}\}$和$\{Z_\theta,\ \theta\in\mathbb{T}\}$，下标都在同一个集合 $\mathbb{T}$ 上取. 通常需要以某种形式来比较这两个过程，可能是以定义在过程上的某个实值函数 F 期望值的形式. 一个重要的例子是上确界 $F(X):=\sup\limits_{\theta\in\mathbb{T}}X_\theta$. 在什么条件下我们能说 $F(X)$是大于(或者小于)$F(Y)$呢？演绎这些性质的结果被称为高斯比较不等式，并且有很多这种不等式. 在这一节中，我们将推导其中一些标准不等式，并通过一些例子来阐述它们.

回想一下，我们已经通过在有限子集上的最大值取极限的方式定义了高斯过程的上确界. 基于此，我们只需要考虑 $\mathbb{T}$ 是有限的情况，即对某个正整数 N 有 $\mathbb{T}=\{1,\cdots,N\}$. 我们在这一节中主要关注有限的情况，方便起见采用记号$[N]=\{1,\cdots,N\}$.

5.4.1　一般的比较不等式结果

我们从叙述和证明一个相对一般的高斯比较原理开始.

定理 5.25　令$(X_1,\cdots,X_N)$和$(Y_1,\cdots,Y_N)$为一对中心化的高斯随机向量，假设存在$[N]\times[N]$不相交的子集 A 和 B 满足

$$\mathbb{E}[X_iX_j]\leqslant\mathbb{E}[Y_iY_j]\quad 对于所有(i,j)\in A \tag{5.52a}$$

$$\mathbb{E}[X_iX_j]\geqslant\mathbb{E}[Y_iY_j]\quad 对于所有(i,j)\in B \tag{5.52b}$$

$$\mathbb{E}[X_iX_j]=\mathbb{E}[Y_iY_j]\quad 对于所有(i,j)\notin A\cup B \tag{5.52c}$$

令 F：$\mathbb{R}^N\to\mathbb{R}$ 为一个二阶可导函数，并且假设

$$\frac{\partial^2 F}{\partial u_i\partial u_j}(u)\geqslant 0\quad 对于所有(i,j)\in A \tag{5.53a}$$

$$\frac{\partial^2 F}{\partial u_i \partial u_j}(u) \leqslant 0 \quad \text{对于所有}(i,j) \in B \tag{5.53b}$$

那么我们有

$$\mathbb{E}[F(X)] \leqslant \mathbb{E}[F(Y)] \tag{5.54}$$

证明　不失一般性，我们可以假设 X 和 Y 是独立的. 我们通过一个经典的插值方法来证明：定义高斯随机向量

$$Z(t) = \sqrt{1-t}X + \sqrt{t}Y, \quad \text{对于每个 } t \in [0,1] \tag{5.55}$$

并且考虑函数 ϕ：$[0,1] \to \mathbb{R}$，由 $\phi(t) = \mathbb{E}[F(Z(t))]$ 给出. 如果能证明对于所有 $t \in (0,1)$ 有 $\phi'(t) \geqslant 0$，那么我们可以推出

$$\mathbb{E}[F(Y)] = \phi(1) \geqslant \phi(0) = \mathbb{E}[F(X)]$$

有了这个目标，对于一个给定的 $t \in (0,1)$，我们从用链法则计算一阶导数开始

$$\phi'(t) = \sum_{j=1}^{N} \mathbb{E}\left[\frac{\partial F}{\partial z_j}(Z(t)) Z_j'(t)\right]$$

其中 $Z_j'(t) := \frac{\mathrm{d}}{\mathrm{d}t} Z_j(t) = -\frac{1}{2\sqrt{1-t}} X_j + \frac{1}{2\sqrt{t}} Y_j$. 计算期望，我们可以得到

$$\begin{aligned}\mathbb{E}[Z_i(t) Z_j'(t)] &= \mathbb{E}\left[(\sqrt{1-t}X_i + \sqrt{t}Y_i)\left(-\frac{1}{2\sqrt{1-t}}X_j + \frac{1}{2\sqrt{t}}Y_j\right)\right] \\ &= \frac{1}{2}\{\mathbb{E}[Y_i Y_j] - \mathbb{E}[X_i X_j]\}\end{aligned}$$

由此，对于每个 $i = 1, \cdots, N$，我们可以记[⊖] $Z_i(t) = \alpha_{ij} Z_j'(t) + W_{ij}$，其中对于 $(i,j) \in A$ 有 $\alpha_{ij} \geqslant 0$，对于 $(i,j) \in B$ 有 $\alpha_{ij} \leqslant 0$，对于 $(i,j) \notin A \cup B$ 有 $\alpha_{ij} = 0$. 此外，由高斯假设，我们有随机向量 $W(j) := (W_{1j}, \cdots, W_{Nj})$ 与 $Z_j'(t)$ 独立.

因为 F 是二阶可导的，我们可以在点 $W(j)$ 和 $Z(t)$ 之间对函数 $\partial F / \partial z_j$ 做一阶泰勒展开，因此可得

$$\frac{\partial F}{\partial z_j}(Z(t)) = \frac{\partial F}{\partial z_j}(W(j)) + \sum_{i=1}^{N} \frac{\partial^2 F}{\partial z_j \partial z_i}(U) \alpha_{ij} Z_j'(t)$$

其中 $U \in \mathbb{R}^N$ 是 $W(j)$ 和 $Z(t)$ 之间的某个中间点. 取期望然后得到

$$\begin{aligned}\mathbb{E}\left[\frac{\partial F}{\partial z_j}(Z(t)) Z_j'(t)\right] &= \mathbb{E}\left[\frac{\partial F}{\partial z_j}(W(j)) Z_j'(t)\right] + \sum_{i=1}^{N} \mathbb{E}\left[\frac{\partial^2 F}{\partial z_j \partial z_i}(U) \alpha_{ij} (Z_j'(t))^2\right] \\ &= \sum_{i=1}^{n} \mathbb{E}\left[\frac{\partial^2 F}{\partial z_j \partial z_i}(U) \alpha_{ij} (Z_j'(t))^2\right]\end{aligned}$$

其中第一项为零是因为 $W(j)$ 和 $Z_j'(t)$ 独立以及 $Z_j'(t)$ 均值为零. 由对 F 的二阶导的假设以及之前给出的关于 α_{ij} 的条件，我们有 $\frac{\partial^2 F}{\partial z_j \partial z_i}(U) \alpha_{ij} \geqslant 0$，由此可以推出对于所有 $t \in (0,1)$

⊖　变量 W_{ij} 依赖于 t，但是为了简化记号我们忽略这个依赖性.

有 $\phi'(t)\geqslant 0$，这就完成了证明. □

5.4.2　Slepian 和 Sudakov-Fernique 不等式

定理 5.25 的一个重要推论是 Slepian 不等式.

推论 5.26(Slepian 不等式)　令 $X\in\mathbb{R}^N$ 和 $Y\in\mathbb{R}^N$ 为零均值高斯随机向量，满足

$$\mathbb{E}[X_iX_j]\geqslant\mathbb{E}[Y_iY_j]\quad 对于所有\ i\neq j \tag{5.56a}$$

$$\mathbb{E}[X_i^2]=\mathbb{E}[Y_i^2]\quad 对于所有\ i=1,2,\cdots,N \tag{5.56b}$$

那么我们有

$$\mathbb{E}[\max_{i=1,\cdots,N}X_i]\leqslant\mathbb{E}[\max_{i=1,\cdots,N}Y_i] \tag{5.57}$$

证明　为了研究最大值，对于每个 $\beta>0$，我们引入一个 $\mathbb{R}^N$ 上的实值函数 $F_\beta(x):=\beta^{-1}\log\left\{\sum_{j=1}^{N}\exp(\beta x_j)\right\}$. 通过直接计算，我们可以得到一个重要的关系式

$$\max_{j=1,\cdots,N}x_j\leqslant F_\beta(x)\leqslant\max_{j=1,\cdots,N}x_j+\frac{\log N}{\beta},\quad 对所有\ \beta>0\ 成立 \tag{5.58}$$

因此可以取 $\beta\to+\infty$ 的通过 F_β 来控制最大值. 注意 F_β 对于每个 $\beta>0$ 是二阶可导的；此外，一些计算表明对于所有 $i\neq j$ 有 $\frac{\partial^2F_\beta}{\partial x_i\partial x_j}\leqslant 0$. 因此，对于 $A=\varnothing$ 和 $B=\{(i,j),\ i\neq j\}$ 应用定理 5.25 可以推出 $\mathbb{E}[F_\beta(X)]\leqslant\mathbb{E}[F_\beta(Y)]$. 将这个不等式与“三明治”关系(5.58)结合起来，我们可以推出

$$\mathbb{E}\left[\max_{j=1,\cdots,N}X_j\right]\leqslant\mathbb{E}\left[\max_{j=1,\cdots,N}Y_j\right]+\frac{\log N}{\beta}$$

$\beta\to+\infty$ 取极限可以推出要证的结论. □

注意定理 5.25 和推论 5.26 是用随机向量的方差和相关关系给出的. 在许多情况下，用相伴的伪度量来比较两个高斯过程会更加方便，其中伪度量为

$$\rho_X^2(i,j)=\mathbb{E}(X_i-X_j)^2\quad 和\quad \rho_Y^2(i,j)=\mathbb{E}(Y_i-Y_j)^2$$

Sudakov-Fernique 比较不等式正是用这种方式表达的.

定理 5.27(Sudakov-Fernique)　给定一对零均值 N 维高斯向量 $(X_1,\cdots,X_N)$ 和 $(Y_1,\cdots,Y_N)$，假设

$$\mathbb{E}[(X_i-X_j)^2]\leqslant\mathbb{E}[(Y_i-Y_j)^2]\quad 对于所有(i,j)\in[N]\times[N] \tag{5.59}$$

那么 $\mathbb{E}[\max_{j=1,\cdots,N}X_j]\leqslant\mathbb{E}[\max_{j=1,\cdots,N}Y_j]$.

注：值得注意的是 Sudakov-Fernique 定理也能推出 Slepian 不等式. 特别地，如果 Slepian 条件(5.56a)成立，那么 Sudakov-Fernique 条件(5.59)也成立. 定理 5.27 的证明比 Slepian 不等式的证明要更加烦琐；一些证明方法请参见文献部分.

5.4.3 高斯收缩不等式

关于 Sudakov-Fernique 比较定理的一个重要结果是高斯收缩不等式，它适用于 1-Lipschitz 的函数 ϕ_j：$\mathbb{R}\to\mathbb{R}$，即对所有 s，$t\in\mathbb{R}$ 有 $|\phi_j(s)-\phi_j(t)|\leqslant|s-t|$ 且满足中心化关系 $\phi_j(0)=0$. 给定一个向量 $\boldsymbol{\theta}\in\mathbb{R}^d$，我们定义（记号有一点点混用）向量

$$\boldsymbol{\phi}(\boldsymbol{\theta}):=(\phi_1(\theta_1),\phi_2(\theta_2),\cdots,\phi_d(\theta_d))\in\mathbb{R}^d$$

最后，给定一个集合 $\mathbb{T}\in\mathbb{R}^d$，我们令 $\phi(\mathbb{T})=\{\boldsymbol{\phi}(\boldsymbol{\theta})\mid\boldsymbol{\theta}\in\mathbb{T}\}$ 为映射 ϕ 的像. 下面的结果表明这个映射像的高斯复杂度一定不会比原集合的高斯复杂度 $\mathcal{G}(\mathbb{T})$ 大.

命题 5.28（高斯收缩不等式） 对于任意集合 $\mathbb{T}\in\mathbb{R}^d$ 和任意中心化 1-Lipschitz 函数族 $\{\phi_j,j=1,\cdots,d\}$，我们有

$$\underbrace{\mathbb{E}\left[\sup_{\theta\in\mathbb{T}}\sum_{j=1}^{d}w_j\phi_j(\theta_j)\right]}_{\mathcal{G}(\phi(\mathbb{T}))}\leqslant\underbrace{\mathbb{E}\left[\sup_{\theta\in\mathbb{T}}\sum_{j=1}^{d}w_j\theta_j\right]}_{\mathcal{G}(\mathbb{T})}\tag{5.60}$$

我们将这个结果的证明留给读者（参见习题 5.12）. 为了后面引用方便，我们同样注意到，增加一个额外的常数项 2，相似的结果对 Rademacher 复杂度也成立，即

$$\mathcal{R}(\phi(\mathbb{T}))\leqslant 2\mathcal{R}(\mathbb{T})\tag{5.61}$$

对于任意中心化 1-Lipschitz 函数族成立. 这个结果的证明某种程度上比高斯情形更加复杂，进一步的讨论参见文献部分.

我们用一些例子来说明高斯收缩不等式(5.60)的用途.

例 5.29 给定一个函数类 $\mathscr{F}$ 和一个设计点集合 x_1^n，我们之前已经研究了表达式(5.30)定义的集合 $\mathscr{F}(x_1^n)\subset\mathbb{R}^n$ 的高斯复杂度. 在很多统计问题中，更自然的常常要考虑下列集合的高斯复杂度

$$\mathscr{F}^2(x_1^n):=\{(f^2(x_1),f^2(x_2),\cdots,f^2(x_n))\mid f\in\mathscr{F}\}\subset\mathbb{R}^n$$

其中 $f^2(x)=[f(x)]^2$ 是函数值平方. 收缩不等式可以让我们用原始集合 $\mathscr{F}(x_1^n)$ 来控制这个集合的高斯复杂度. 特别地，假设函数类是 b 一致有界的，即对所有 $f\in\mathscr{F}$ 有 $\|f\|_\infty\leqslant b$. 那么我们可以证明

$$\mathcal{G}(\mathscr{F}^2(x_1^n))\leqslant 2b\,\mathcal{G}(\mathscr{F}(x_1^n))\tag{5.62}$$

因此 $\mathscr{F}^2(x_1^n)$ 的高斯复杂度本质上并不比 $\mathscr{F}(x_1^n)$ 的高斯复杂度大.

为了得到这个界，定义函数 ϕ_b：$\mathbb{R}\to\mathbb{R}$

$$\phi_b(t):=\begin{cases}t^2/(2b) & |t|\leqslant b\\ b/2 & \text{其他}\end{cases}$$

因为 $|f(x_i)|\leqslant b$，对于所有 $f\in\mathscr{F}$ 和 $i=1,2,\cdots,n$ 我们有 $\phi_b(f(x_i))=\dfrac{f^2(x_i)}{2b}$，因此

$$\frac{1}{2b}\mathcal{G}(\mathscr{F}^2(x_1^n))=\mathbb{E}\left[\sup_{f\in\mathscr{F}}\sum_{i=1}^{n}w_i\frac{f^2(x_i)}{2b}\right]=\mathbb{E}\left[\sup_{f\in\mathscr{F}}\sum_{i=1}^{n}w_i\phi_b(f(x_i))\right]$$

此外，根据我们的定义容易验证 ϕ_b 是一个收缩映射，应用命题 5.28 可以得到

$$\mathbb{E}\left[\sup_{f\in\mathscr{F}}\sum_{i=1}^{n} w_i\phi_b(f(x_i))\right]\leqslant\mathbb{E}\left[\sup_{f\in\mathscr{F}}\sum_{i=1}^{n} w_i f(x_i)\right]=\mathcal{G}(\mathscr{F}(x_1^n))$$

综上所述可得结论(5.62). ♣

5.5 Sudakov 下界

在之前的章节中，对于一个给定集合上的次高斯过程的期望上确界我们已经推导出两个上界：推论 5.17 的简单一步离散化和定理 5.22 中更精细的 Dudley 积分界. 在这一节中，我们考虑推导下界这个互补的问题. 与之前章节中的上界相比，这些下界专门针对高斯过程的情形，因为一个一般的次高斯过程可能跟高斯情况差异很大. 例如，如我们在例 5.14 中讨论的，对比一下 ℓ_1 球的 Rademacher 和高斯复杂度.

这一节主要探索一个被称为 Sudakov 下界法的下界，可由之前章节中讨论过的高斯比较不等式来得到.

定理 5.30(Sudakov 下界法)　令 $\{X_\theta,\ \theta\in\mathbb{T}\}$ 是一个定义在非空集合 $\mathbb{T}$ 上的零均值高斯过程. 那么

$$\mathbb{E}\left[\sup_{\theta\in\mathbb{T}}X_\theta\right]\geqslant\sup_{\delta>0}\frac{\delta}{2}\sqrt{\log M_X(\delta;\mathbb{T})}\tag{5.63}$$

其中 $M_X(\delta;\mathbb{T})$ 是在度量 $\rho_X(\theta,\ \widetilde{\theta}):=\sqrt{\mathbb{E}[(X_\theta-X_{\widetilde{\theta}})^2]}$ 下的 $\mathbb{T}$ 的 δ 填装数.

证明　对于任意 $\delta>0$，令 $\{\theta^1,\cdots,\theta^M\}$ 是 $\mathbb{T}$ 的一个 δ 填装，并且考虑元素为 $Y_i:=X_{\theta^i}$ 的序列 $\{Y_i\}_{i=1}^M$. 注意由构造，我们有下界

$$\mathbb{E}[(Y_i-Y_j)^2]=\rho_X^2(\theta^i,\theta^j)>\delta^2\quad 对于所有\ i\neq j$$

现在对 $i=1,\cdots,M$，我们定义一个独立同分布高斯随机变量序列 $Z_i\sim\mathcal{N}(0,\delta^2/2)$. 因为对于所有 $i\neq j$ 有 $\mathbb{E}[(Z_i-Z_j)^2]=\delta^2$，随机向量对 Y 和 Z 满足 Sudakov-Fernique 条件(5.59)，因此我们有

$$\mathbb{E}\left[\sup_{\theta\in\mathbb{T}}X_\theta\right]\geqslant\mathbb{E}\left[\max_{i=1,\cdots,M}Y_i\right]\geqslant\mathbb{E}\left[\max_{i=1,\cdots,M}Z_i\right]$$

因为变量 $\{Z_i\}_{i=1}^M$ 是零均值和独立同分布的，我们用独立同分布高斯随机变量最大值的一般结果(见习题 2.11)得到下界 $\mathbb{E}[\max_{i=1,\cdots,M}Z_i]\geqslant\frac{\delta}{2}\sqrt{\log M}$，由此完成证明. □

我们用一些例子来解释 Sudakov 下界.

例 5.31(ℓ_2 球的高斯复杂度)　我们之前已经证明了 d 维欧几里得球的高斯复杂度 $\mathcal{G}(\mathbb{B}_2^d)$ 由 $\mathcal{G}(\mathbb{B}_2^d)\leqslant\sqrt{d}$ 控制上界，也通过直接计算和应用命题 5.17 的上界两种方式验证了这个结论. 这里我们展示如何用 Sudakov 求下界法来获得互补的下界. 由例 5.9，在 ℓ_2 范数下球 $\mathbb{B}_2^d$ 的度量熵由 $\log N_2(\delta;\mathbb{B}^d)\geqslant d\log(1/\delta)$ 来控制下界. 因此，由引理 5.5，对于 $\log M_2(\delta;\ \mathbb{B}^d)$ 也有同样的下界. 因此，Sudakov 下界(5.63)可以推出

$$\mathcal{G}(\mathbb{B}_2^d) \geqslant \sup_{\delta>0}\left\{\frac{\delta}{2}\sqrt{d\log(1/\delta)}\right\} \geqslant \frac{\sqrt{\log 4}}{8}\sqrt{d}$$

其中我们设定了 $\delta=1/4$ 来得到第二个不等式. 因此，在这种简单情形下，Sudakov 下界方法再次得到了作为$\sqrt{d}$函数的正确尺度，不过常数项不是最优的. ♣

假设有一个集合 $\mathbb{T}$ 的高斯复杂度的上界，我们也可以用 Sudakov 下界法来控制它的度量熵的上界，这正是下面的例子要介绍的.

例 5.32（ℓ_1 球的度量熵） 我们用 Sudakov 下界法来控制 ℓ_1 球 $\mathbb{B}_1^d=\left\{\boldsymbol{\theta}\in\mathbb{R}^d \;\middle|\; \sum_{i=1}^d|\theta_i|\leqslant 1\right\}$ 的度量熵的上界. 我们首先注意到它的高斯复杂度的上界

$$\mathcal{G}(\mathbb{B}_1)=\mathbb{E}\left[\sup_{\|\boldsymbol{\theta}\|_1\leqslant 1}\langle \boldsymbol{w},\boldsymbol{\theta}\rangle\right]=\mathbb{E}[\|\boldsymbol{w}\|_\infty]\leqslant 2\sqrt{\log d}$$

其中我们用了 ℓ_1 和 ℓ_∞ 范数之间的对偶性，以及高斯最大值的一般结果(参见习题 2.11). 应用 Sudakov 求下界法，我们可以推出 d 维球 $\mathbb{B}_1^d$ 在 l_2 范数下的度量熵可以被下式控制上界：

$$\log N(\delta;\mathbb{B}_1^d,\|\cdot\|_2)\leqslant c(1/\delta)^2\log d \tag{5.64}$$

我们知道(对于合适范围的 δ)这个 $\mathbb{B}_1^d$ 度量熵的上界在不考虑常数时是紧的；更多讨论参见文献部分. 我们从而从另一个角度看出，ℓ_1 球比 ℓ_2 球小得多，因为它的度量熵在维数上呈对数增长，而不是线性增长. ♣

作为另一个例子，我们考虑高斯随机矩阵奇异值的一些分析.

例 5.33（最大奇异值的下界） 作为例 5.19 的延续，我们用 Sudakov 下界法来控制一个标准高斯随机矩阵 $\boldsymbol{W}\in\mathbb{R}^{n\times d}$ 的最大奇异值的下界. 回想一下

$$\mathbb{E}[|\!|\!|\boldsymbol{W}|\!|\!|_2]=\mathbb{E}\left[\sup_{\boldsymbol{\Theta}\in\mathbb{M}^{n,d}(1)}\langle\langle \boldsymbol{W},\boldsymbol{\Theta}\rangle\rangle\right]$$

其中集合 $\mathbb{M}^{n,d}(1)$由之前的(5.37)定义. 由此，为了通过 Sudakov 下界法来控制 $\mathbb{E}[|\!|\!|\boldsymbol{W}|\!|\!|_2]$ 的下界，我们只需要控制 Frobenius 范数下 $\mathbb{M}^{n,d}(1)$度量熵的下界. 在习题 5.13 中，我们证明了存在一个普适常数 c_1 满足

$$\log M(\delta;\mathbb{M}^{n,d}(1);|\!|\!|\cdot|\!|\!|_{\mathrm{F}})\geqslant c_1^2(n+d)\log(1/\delta)\quad \text{对于所有 } \delta\in\left(0,\frac{1}{2}\right)$$

设 $\delta=1/4$，由 Sudakov 下界法可以推出

$$\mathbb{E}[|\!|\!|\boldsymbol{W}|\!|\!|_2]\geqslant\frac{c_1}{8}\sqrt{(n+d)}\sqrt{\log 4}\geqslant c_1'(\sqrt{n}+\sqrt{d})$$

相比于例 5.19 的上界，我们可以看到这个下界关于(n,d)有正确的尺度. ♣

5.6 链方法和 Orlicz 过程

在 5.3.3 节中，我们引入了链方法的想法，并且展示了如何用它来得到一个次高斯过程上确界期望的上界. 当过程实际上是高斯的时候，经典的集中度结果可以用来得到上确界在它的期望附近是高度集中的(参见习题 5.10). 对更一般的次高斯过程，能推导出类似

的尾部偏差概率界是非常重要的. 此外，很多过程并没有次高斯尾部，而是有次指数的尾部. 得到这种过程的期望上确界和与之相伴的偏差界也是很重要的.

Orlicz 范数的概念可以帮助我们用统一的方式来处理次高斯和次指数过程. 对于一个给定的参数 $q\in[1,2]$，考虑函数 $\psi_q(t):=\exp(t^q)-1$. 这个函数可以用如下的方式来定义随机变量空间的一个范数.

定义 5.34(Orlicz 范数)　一个零均值随机变量的 ψ_q-Orlicz 范数如下给出：

$$\|X\|_{\psi_q}:=\inf\{\lambda>0\mid\mathbb{E}[\psi_q(|X|/\lambda)]\leqslant 1\} \tag{5.65}$$

如果没有 $\lambda\in\mathbb{R}$ 能使给定期望有限，那么 Orlicz 范数是无限的.

任意一个 Orlicz 范数有界的随机变量满足一个由函数 ψ_q 给出的集中度不等式. 特别地，我们有

$$\mathbb{P}[|X|\geqslant t]\overset{\text{(i)}}{=}\mathbb{P}[\psi_q(|X|/\|X\|_{\psi_q})\geqslant\psi_q(t/\|X\|_{\psi_q})]\overset{\text{(ii)}}{\leqslant}\frac{1}{\psi_q(t/\|X\|\psi_q)}$$

其中等式(i)成立是因为 ψ_q 是一个单增函数，而界(ii)是由马尔可夫不等式得到的. 在 $q=2$ 的情形中，这个界本质上等价于我们通常的次高斯尾部界；更多细节参见习题 2.18.

基于 Orlicz 范数的概念，我们现在定义次高斯过程的一个重要推广.

定义 5.35　一个零均值随机过程 $\{X_\theta,\ \theta\in\mathbb{T}\}$ 是关于度量 ρ 的 ψ_q -过程，如果

$$\|X_\theta-X_{\widetilde{\theta}}\|_{\psi_q}\leqslant\rho(\theta,\widetilde{\theta})\quad 对于所有\ \theta,\widetilde{\theta}\in\mathbb{T} \tag{5.66}$$

作为一个特殊例子，在这个新术语体系下，可以验证通常高斯过程关于(重尺度化的)欧几里得度量 $\rho(\theta,\ \widetilde{\theta})=2\|\theta-\widetilde{\theta}\|_2$ 是 ψ_2 -过程.

我们定义广义 Dudley 熵积分

$$\mathcal{J}_q(\delta;D):=\int_\delta^D\psi_q^{-1}(N(u;\mathbb{T},\rho))\mathrm{d}u \tag{5.67}$$

其中 ψ_q^{-1} 是 ψ_q 的反函数，并且 $D=\sup\limits_{\theta,\widetilde{\theta}\in\mathbb{T}}\rho(\theta,\widetilde{\theta})$ 是集合 $\mathbb{T}$ 在 ρ 下的直径. 对于这里考虑的指数型函数，注意我们有

$$\psi_q^{-1}(u)=[\log(1+u)]^{1/q} \tag{5.68}$$

有了这些设定，我们有下面的结果.

定理 5.36　令 $\{X_\theta,\theta\in\mathbb{T}\}$ 为关于 ρ 的一个 ψ_q -过程. 那么存在一个普适常数 c_1 满足

$$\mathbb{P}\Big[\sup_{\theta,\widetilde{\theta}\in\mathbb{T}}|X_\theta-X_{\widetilde{\theta}}|\geqslant c_1(\mathcal{J}_q(0;D)+t)\Big]\leqslant 2\mathrm{e}^{-\frac{t^q}{D^q}}\quad 对于所有\ t>0 \tag{5.69}$$

下面是关于这个结论的一些讨论. 注意界(5.69)涉及 $\delta=0$ 时的广义 Dudley 熵积分(5.67). 正如我们早前关于 Dudley 熵积分界的结果，基于截断形式以及一些离散化误差也有一个定

理 5.36 的推广. 另外，定理 5.36 可以从两个角度被理解为定理 5.22 的推广. 首先，它适用于一般的 $q\in[1,2]$的 Orlicz 过程，而次高斯情形对应特殊情况 $q=2$. 其次，它给出了随机变量的一个尾部概率界，而不是仅涉及它期望的界.（注意关于期望的界也可以用通常的对尾部概率界积分的方式来得到.）

证明 我们从给出一个独立的辅助引理开始. 对于任意可测集 A 和随机变量 Y，我们引入缩写记号 $\mathbb{E}_A[Y]=\int_A Y\mathrm{d}\mathbb{P}$. 注意由构造可得 $\mathbb{E}_A[Y]=\mathbb{E}[Y\mid Y\in A]\mathbb{P}[A]$.

引理 5.37 令 $Y_1,\cdots,Y_N$ 是满足 $\|Y_i\|_{\psi_q}\leqslant 1$ 的非负随机变量. 那么对于任意可测集 A，我们有

$$\mathbb{E}_A[Y_i]\leqslant\mathbb{P}[A]\psi_q^{-1}(1/\mathbb{P}(A))\quad 对于所有\ i=1,2,\cdots,N \tag{5.70}$$

以及

$$\mathbb{E}_A\left[\max_{i=1,\cdots,N}Y_i\right]\leqslant\mathbb{P}[A]\psi_q^{-1}\left(\frac{N}{\mathbb{P}(A)}\right) \tag{5.71}$$

证明 我们首先证明不等式(5.70). 由定义可得，

$$\begin{aligned}\mathbb{E}_A[Y]&=\mathbb{P}[A]\frac{1}{\mathbb{P}[A]}\mathbb{E}_A[\psi_q^{-1}(\psi_q(Y))]\\&\overset{\text{(i)}}{\leqslant}\mathbb{P}[A]\psi_q^{-1}\left(\mathbb{E}_A[\psi_q(Y)]\frac{1}{\mathbb{P}[A]}\right)\\&\overset{\text{(ii)}}{\leqslant}\mathbb{P}[A]\psi_q^{-1}\left(\frac{1}{\mathbb{P}[A]}\right)\end{aligned}$$

其中步骤(i)用到 ψ_q^{-1} 的凹性和 Jensen 不等式(注意比$\frac{\mathbb{E}_A[\cdot]}{\mathbb{P}[A]}$定义了一个条件分布)；而步骤(ii)用到结果 $\mathbb{E}_A[\psi_q(Y)]\leqslant\mathbb{E}[\psi_q(Y)]\leqslant 1$，这个结论成立是因为 $\psi_q(Y)$是非负的以及 Y 的 Orlicz 范数最多为 1，并结合 ψ_q^{-1} 是一个单增函数.

我们现在来证明它的拓展(5.71). 任意可测集合 A 可以被划分为不相交的集合 A_i 的并集，$i=1,2,\cdots,N$，满足在 A_i 上有 $Y_i=\max_{j=1,\cdots,N}Y_j$. 通过这个划分，我们有

$$\begin{aligned}\mathbb{E}_A\left[\max_{i=1,\cdots,N}Y_i\right]&=\sum_{i=1}^N\mathbb{E}_{A_i}[Y_i]\leqslant\mathbb{P}[A]\sum_{i=1}^N\frac{\mathbb{P}[A_i]}{\mathbb{P}[A]}\psi_q^{-1}\left(\frac{1}{\mathbb{P}[A_i]}\right)\\&\leqslant\mathbb{P}[A]\psi_q^{-1}\left(\frac{N}{\mathbb{P}[A]}\right)\end{aligned}$$

其中最后一步用到 ψ_q^{-1} 的凹性和权重为 $\mathbb{P}[A_i]/\mathbb{P}[A]$的 Jensen 不等式. □

为了理解定理 5.36 与这个引理的关系，我们用它来证明上确界 $Z:=\sup_{\theta,\widetilde{\theta}\in\mathbb{T}}|X_\theta-X_{\widetilde{\theta}}|$满足不等式

$$\mathbb{E}_A[Z]\leqslant 8\mathbb{P}[A]\int_0^D\psi_q^{-1}\left(\frac{N(u;\mathbb{T},\rho)}{\mathbb{P}[A]}\right)\mathrm{d}u \tag{5.72}$$

取 A 为全概率空间可以直接得到一个关于期望上确界的上界，也就是 $\mathbb{E}[Z]\leqslant 8\mathcal{J}_q(D)$. 另一方面，如果我们选取 $A=\{Z\geqslant t\}$，则有

$$\mathbb{P}[Z\geqslant t]\overset{\text{(i)}}{\leqslant}\frac{1}{t}\mathbb{E}_A[Z]\overset{\text{(ii)}}{\leqslant}8\frac{\mathbb{P}[Z\geqslant t]}{t}\int_0^D\psi_q^{-1}-\left(\frac{N(u;\mathbb{T},\rho)}{\mathbb{P}[Z\geqslant t]}\right)\mathrm{d}u$$

其中步骤(i)由马尔可夫不等式得到，而步骤(ii)由界(5.72)得到. 式子两边消去因子 $\mathbb{P}[Z\geqslant t]$，并使用不等式 $\psi_q^{-1}(st)\leqslant c(\psi_q^{-1}(s)+\psi_q^{-1}(t))$，我们得到

$$t\leqslant 8c\left\{\int_0^D\psi_q^{-1}(N(u;\mathbb{T},\rho))\mathrm{d}u+D\psi_q^{-1}\left(\frac{1}{\mathbb{P}[Z\geqslant t]}\right)\right\}$$

设 $\delta>0$ 为任意的，并且设 $t=8c(\mathcal{J}_q(D)+\delta)$. 通过一些代数运算可以得到不等式 $\delta\leqslant D\psi_q^{-1}\left(\frac{1}{\mathbb{P}[Z\geqslant t]}\right)$，或者等价地

$$\mathbb{P}[Z\geqslant 8c(\mathcal{J}_q(D)+\delta)]\leqslant\frac{1}{\psi_q(\delta/D)}$$

这就是我们要证的结果.

为了证明定理 5.36，只需要证明界(5.72). 我们将引理 5.37 和之前用来证明定理 5.22 的链方法结合起来证明这个界. 我们回想一下之前证明中的架构：通过一步离散化方法，问题可以简化为控制 $\mathbb{E}[\sup_{\theta,\widetilde{\theta}\in\mathbb{U}}|X_\theta-X_{\widetilde{\theta}}|]$的界，其中 $\mathbb{U}=\{\theta^1,\cdots,\theta^N\}$是原始集合的一个 δ 覆盖. 对于每个 $m=1,2,\cdots,L$，设 $\mathbb{U}_m$ 为一个在度量 ρ_X 下的 $\mathbb{U}$ 的最小 $D2^{-m}$ 覆盖，由此在第 m 步中，集合 $\mathbb{U}_m$ 有 $N_m=N_X(\epsilon_m;\mathbb{U})$个元素. 类似地，通过 $\pi_m(\theta)=\arg\min_{\gamma\in\mathbb{U}_m}\rho_X(\theta,\gamma)$定义映射 $\pi_m:\mathbb{U}\to\mathbb{U}_m$，由此 $\pi_m(\theta)$是集合 $\mathbb{U}_m$ 中 $\theta\in\mathbb{U}$ 的最佳近似. 用这个记号，我们推导出链方法上界

$$\mathbb{E}_A\left[\max_{\theta,\widetilde{\theta}\in\mathbb{U}}|X_\theta-X_{\widetilde{\theta}}|\right]\leqslant 2\sum_{m=1}^L\mathbb{E}_A\left[\max_{\gamma\in\mathbb{U}_m}|X_\gamma-X_{\pi_{m-1}(\gamma)}|\right]\tag{5.73}$$

(之前我们得到的是一般的期望，不是这里的 $\mathbb{E}_A$.)对于每个 $\gamma\in\mathbb{U}_m$，我们有

$$\|X_\gamma-X_{\pi_{m-1}(\gamma)}\|_{\psi_q}\leqslant\rho_X(\gamma,\pi_{m-1}(\gamma))\leqslant D2^{-(m-1)}$$

因为$|\mathbb{U}_m|=N(D2^{-m})$，引理 5.37 可以推出

$$\mathbb{E}_A\left[\max_{\gamma\in\mathbb{U}_m}|X_\gamma-X_{\pi_{m-1}(\gamma)}|\right]\leqslant\mathbb{P}[A]D2^{-(m-1)}\psi_q^{-1}\left(\frac{N(D2^{-m})}{\mathbb{P}(A)}\right)$$

对于每个可测集 A 成立. 由此，利用上界(5.73)，我们得到

$$\begin{aligned}\mathbb{E}_A\left[\max_{\theta,\widetilde{\theta}\in\mathbb{U}}|X_\theta-X_{\widetilde{\theta}}|\right]&\leqslant 2\mathbb{P}[A]\sum_{m=1}^L D2^{-(m-1)}\psi_q^{-1}\left(\frac{N(D2^{-m})}{\mathbb{P}(A)}\right)\\&\leqslant c\,\mathbb{P}[A]\int_0^D\psi_q^{-1}\left(\frac{N_X(u;\mathbb{U})}{\mathbb{P}(A)}\right)\mathrm{d}u\end{aligned}$$

这是因为求和可以通过积分来控制上界. □

5.7 参考文献和背景

度量熵的概念是由 Kolmogorov(1956；1958)提出的并被多个学者进一步发展延伸；

相关综述及早期历史的一些讨论可以参看 Kolmogorov 和 Tikhomirov(1959)的论文. 度量熵及相关的多种函数类“大小”的概念是逼近理论的核心内容；更多有关逼近和算子理论的细节可以参看书籍(DeVore 和 Lorentz，1993；Pinkus，1985；Carl 和 Stephani，1990). Kolmogorov 和 Tikhomirov(1959)中深入讨论了例 5.10 和例 5.11 以及例 5.12 中给出的关于特殊椭球度量熵的界. Mitjagin(1961)证明了一个更一般的结果，给出了对于任意椭球度量熵的一个精细刻画；相关结果还可以参看 Lorentz(1966).

Dudley(1967)的先驱工作建立了度量熵和高斯过程性质之间的联系. 链方法本身的思想可以追溯到 Kolmogorov 及其他人的工作. 基于度量熵的上界并不总是最优的. 高斯上确界的精细上界和下界可以由 Talagrand(2000)的一般链方法推导出来. 定理 5.36 中 Dudley 度量熵的 Orlicz 范数推广情况的证明是基于 Ledoux 和 Talagrand(1991)的.

例 5.32 中讨论过 l_1 球的度量熵；更一般地，对 $q\in[0,1]$，l_q 球的熵大小的精细上、下界可以通过 Schütt(1984)和 Kühn(2001)得到. Raskutti 等 (2011)将这些估计转化为度量熵的上、下界；请参见其中的引理 2.

高斯比较不等式在概率论和几何泛函分析中有着悠久丰富的历史(例如 Slepian，1962；Fernique，1974；Gordon，1985；Kahane，1986；Milman 和 Schechtman，1986；Gordon，1986，1987；Ledoux 和 Talagrand，1991). Slepian 不等式的一个形式最早由论文(Slepian，1962)给出. Ledoux 和 Talagrand(1991)给出了高斯比较不等式的一个详细讨论，其中包括 Slepian 不等式、Sudakov-Fernique 不等式和 Gordon 不等式. 定理 5.25 和定理 5.36 的证明由此发展而来. Chatterjee(2005)给出了 Sudakov-Fernique 不等式的一个自封闭的证明，包括对界中松弛部分的控制；相关的结果也可参见 Chernozhukov 等(2013). 在其他结果中，Gordon(1987)给出了 Slepian 不等式的推广和椭球等高分布的相关结果. Ledoux 和 Talagrand(1991)的 4.2 节包含了一个关于 Rademacher 复杂度的收缩不等式(5.61)的证明.

一个 VC 类的度量熵上的界(5.49)在 van der Vaart 和 Wellner(1996)的定理 2.6.7 中被证明过. 从这本书里改编过来的习题 5.4 概述了一个更弱界的证明.

5.8 习 题

5.1 (完全有界性不成立的情况) 令 $\mathcal{C}([0,1],b)$为定义在单位区间上满足 $\|f\|_\infty\leqslant b$ 的所有凸函数类. 证明 $\mathcal{C}([0,1],b)$在 sup 范数下不是完全有界的. (提示：尝试构造一个无穷的函数集合$\{f^j\}_{j=1}^\infty$ 使得对于所有 $j\neq k$ 满足 $\|f^j-f^k\|_\infty\geqslant b/2$.)

5.2 (填装和覆盖) 证明关于填装数和覆盖数的下述关系式：

$$M(2\delta;\mathbb{T},\rho)\overset{\text{(a)}}{\leqslant}N(\delta;\mathbb{T},\rho)\overset{\text{(b)}}{\leqslant}M(\delta;\mathbb{T},\rho)$$

5.3 (布尔超立方体的填装) 回想一下例 5.3 中的关于重尺度化 Hamming 度量(5.1b)的超立方体 $\mathbb{H}^d=\{0,1\}^d$. 证明填装数满足界

$$\frac{\log M(\delta;\mathbb{H}^d)}{d}\leqslant D(\delta/2\,\|\,1/2)+\frac{\log(d+1)}{d}$$

其中 $D(\delta/2 \parallel 1/2)=\frac{\delta}{2}\log\frac{\delta/2}{1/2}+\left(1-\frac{\delta}{2}\right)\log\frac{1-\delta/2}{1/2}$ 是参数为 $\delta/2$ 和 $1/2$ 的 Bernoulli 分布之间的 Kullback-Leibler 散度.（提示：可以利用习题 2.10.）

5.4 **（从 VC 维到度量熵）** 在这个习题中，我们探究 VC 维和度量熵之间的联系. 给定一个 VC 维数有限为 ν 的集合类 $\mathcal{S}$，我们证明示性函数类 $\mathscr{F}_{\mathcal{S}}:=\{\mathbb{I}_S, S\in\mathcal{S}\}$ 的度量熵最多为

$$N(\delta;\mathscr{F}_S, L^1(\mathbb{P}))\leqslant K(\nu)\left(\frac{3}{\delta}\right)^{2\nu}, \quad \text{对于一个常数 } K(\nu) \tag{5.74}$$

设 $\{\mathbb{I}_{S^1},\cdots,\mathbb{I}_{S^N}\}$ 为 $L^1(\mathbb{P})$ 范数下的最大 δ 填装，因此

$$\| \mathbb{I}_{S_i}-\mathbb{I}_{S_j} \|_1=\mathbb{E}[|\mathbb{I}_{S_i}(X)-\mathbb{I}_{S_j}(X)|]>\delta \quad \text{对于所有 } i\neq j$$

由习题 5.2，这个 N 是 δ 覆盖数的一个上界.

(a) 假设我们从 $\mathbb{P}$ 中生成 n 个独立同分布样本 X_i，$i=1,\cdots,n$. 证明每个集合 S_i 从 $\{X_1,\cdots,X_n\}$ 挑选出的子集都不同的概率至少为 $1-\binom{N}{2}(1-\delta)^n$.

(b) 借助(a)的结果，证明对于 $N\geqslant 2$ 和 $n=\frac{3\log N}{\delta}$，存在一个 n 个点的集合，使得 $\mathcal{S}$ 从中挑选出至少 N 个子集，且有 $N\leqslant\left(\frac{3\log N}{\delta}\right)^{\nu}$.

(c) 借助(b)的结果来证明界(5.74)对于 $K(\nu):=(2\nu)^{2\nu-1}$ 成立.

5.5 **（高斯复杂度和 Rademacher 复杂度）** 在这个问题中，我们探究一个集合的高斯复杂度和 Rademacher 复杂度之间的联系.

(a) 证明对于任意集合 $\mathbb{T}\subseteq\mathbb{R}^d$，Rademacher 复杂度满足上界 $\mathcal{R}(\mathbb{T})\leqslant\sqrt{\frac{\pi}{2}}\mathcal{G}(\mathbb{T})$. 请给出一个集合的例子使得这个界中的等号成立.

(b) 证明对于任意集合 $\mathbb{T}\subseteq\mathbb{R}^d$ 有 $\mathcal{G}(\mathbb{T})\leqslant 2\sqrt{\log d}\,\mathcal{R}(\mathbb{T})$. 请给出一个例子使得这个上界在不考虑前置常数时是精细的.（提示：在证明这个界时可能用到一个 Rademacher 形式的收缩不等式，即对于任意收缩映射有 $\mathcal{R}(\phi(\mathbb{T}))\leqslant\mathcal{R}(\mathbb{T})$.）

5.6 **（ℓ_q 球的高斯复杂度）** 单位半径的 ℓ_q 球如下给出：

$$\mathbb{B}_q^d(1)=\{\boldsymbol{\theta}\in\mathbb{R}^d \mid \|\boldsymbol{\theta}\|_q\leqslant 1\}$$

其中对于 $q\in[1,\infty)$ 有 $\|\boldsymbol{\theta}\|_q=\left(\sum_{j=1}^{d}|\theta_j|^q\right)^{1/q}$ 以及 $\|\boldsymbol{\theta}\|_\infty=\max_j|\theta_j|$.

(a) 对于 $q\in(1,\infty)$，证明存在常数 c_q 满足

$$\sqrt{\frac{2}{\pi}}\leqslant\frac{\mathcal{G}(\mathbb{B}_q^d(1))}{d^{1-\frac{1}{q}}}\leqslant c_q$$

(b) 精确计算出高斯复杂度 $\mathcal{G}(\mathbb{B}_\infty^d(1))$.

5.7 **（ℓ_0 "球" 的上界）** 考虑集合

$$\mathbb{T}^d(s):=\{\boldsymbol{\theta}\in\mathbb{R}^d \mid \|\boldsymbol{\theta}\|_0\leqslant s, \|\boldsymbol{\theta}\|_2\leqslant 1\}$$

对应于所有被包含在欧几里得单位球中的 s 稀疏的向量. 在这个习题中，我们证明它的高斯复杂度由下式控制上界

$$\mathcal{G}(\mathbb{T}^d(s)) \lesssim \sqrt{s\log\left(\frac{ed}{s}\right)} \tag{5.75}$$

(a) 首先证明 $\mathcal{G}(\mathbb{T}^d(s)) = \mathbb{E}[\max_{|S|=s} \|\boldsymbol{w}_S\|_2]$，其中 $\boldsymbol{w}_S = \mathbb{R}^{|S|}$ 为 $(w_1, \cdots, w_d)$ 中下标在子集 $S \subset \{1, 2, \cdots, d\}$ 中的子向量.

(b) 接下来证明

$$\mathbb{P}[\|\boldsymbol{w}_S\|_2 \geqslant \sqrt{s} + \delta] \leqslant \mathrm{e}^{-\delta^2/2}$$

对于任意基数为 s 的固定子集 S 成立.

(c) 用之前的结果来证明界(5.75).

5.8 (ℓ_0 “球”的下界)　在习题 5.7 中，我们给出了下列集合的高斯复杂度的上界

$$\mathbb{T}^d(s) := \{\boldsymbol{\theta} \in \mathbb{R}^d \mid \|\boldsymbol{\theta}\|_0 \leqslant s, \|\boldsymbol{\theta}\|_2 \leqslant 1\}$$

这个习题的目的是给出相应的下界.

(a) 在欧几里得范数下推导 $\mathbb{T}^d(s)$ 的 $1/\sqrt{2}$ 覆盖数的一个下界.（提示：可以利用 Gilbert-Varshamov 引理.）

(b) 利用(a)和高斯比较定理结果来证明

$$\mathcal{G}(\mathbb{T}^d(s)) \gtrsim \sqrt{s\log\left(\frac{ed}{s}\right)}$$

5.9 (椭球的高斯复杂度)　回忆一下包含所有满足 $\sum_{j=1}^{\infty} \theta_j^2 < \infty$ 的实值序列 $(\theta_j)_{j=1}^{\infty}$ 的空间 $\ell^2(\mathbb{N})$. 给定一个严格正的序列 $(\mu_j)_{j=1}^{\infty} \in \ell^2(\mathbb{N})$，考虑其相伴椭球

$$\mathcal{E} := \left\{(\theta_j)_{j=1}^{\infty} \;\middle|\; \sum_{j=1}^{\infty} \theta_j^2/\mu_j^2 \leqslant 1\right\}$$

这个形式的椭球在我们之后对再生核希尔伯特空间的统计性质分析中至关重要.

(a) 证明高斯复杂度满足界

$$\sqrt{\frac{2}{\pi}}\left(\sum_{j=1}^{\infty} \mu_j^2\right)^{1/2} \leqslant \mathcal{G}(\mathcal{E}) \leqslant \left(\sum_{j=1}^{\infty} \mu_j^2\right)^{1/2}$$

（提示：可能要用到之前问题的一些结论.）

(b) 对于一个给定的半径 $r>0$，考虑截断集合

$$\widetilde{\mathcal{E}}(r) := \mathcal{E} \cap \left\{(\theta_j)_{j=1}^{\infty} \;\middle|\; \sum_{j=1}^{\infty} \theta_j^2 \leqslant r^2\right\}$$

推导高斯复杂度 $\mathcal{G}(\widetilde{\mathcal{E}}(r))$ 在普适常数下的紧致上、下界，且常数不依赖于 r 和 $(\mu_j)_{j=1}^{\infty}$.（提示：尝试将问题简化为(a)的一个例子.）

5.10 (高斯最大值的集中度)　令 $\{X_\theta, \theta \in \mathbb{T}\}$ 为一个零均值的高斯过程，并且定义 $Z = \sup_{\theta \in \mathbb{T}} X_\theta$. 证明

$$\mathbb{P}[|Z-\mathbb{E}[Z]|\geqslant\delta]\leqslant 2\mathrm{e}^{-\frac{\delta^2}{2\sigma^2}}$$

其中 $\sigma^2:=\sup_{\theta\in\mathbb{T}}\operatorname{var}(X_\theta)$是过程的最大方差.

5.11 **(例 5.19 的细节)** 在这个习题中，我们完善例 5.19 的证明细节.

(a) 证明最大奇异值 $\|\boldsymbol{W}\|_2$ 有变分表示形式(5.38).

(b) 定义随机变量 $X_\Theta=\langle\langle\boldsymbol{W},\Theta\rangle\rangle$，证明随机过程$\{X_\Theta,\ \Theta\in\mathbb{M}^{n,d}(1)\}$是零均值，且关于 Frobenius 范数 $\|\Theta-\Theta'\|_F$ 是次高斯的.

(c) 证明上界(5.40).

(d) 证明度量熵的上界(5.41).

5.12 **(高斯收缩不等式)** 对于每个 $j=1,\cdots,d$，设 $\phi_j:\mathbb{R}\to\mathbb{R}$ 是一个中心化 1-Lipschitz 函数，也就是 $\phi_j(0)=0$，且对于所有 $s,\ t\in\mathbb{R}$ 有 $|\phi_j(s)-\phi_j(t)|\leqslant|s-t|$. 给定一个集合 $\mathbb{T}\subseteq\mathbb{R}^d$，考虑集合

$$\phi(\mathbb{T}):=\{(\phi_1(\theta_1),\phi_2(\theta_2),\cdots,\phi_d(\theta_d))\mid\boldsymbol{\theta}\in\mathbb{T}\}\subseteq\mathbb{R}^d$$

证明高斯收缩不等式 $\mathcal{G}(\phi(\mathbb{T}))\leqslant\mathcal{G}(\mathbb{T})$.

5.13 **(例 5.33 的细节)** 回想一下例 5.33 中的集合 $\mathbb{M}^{n,d}(1)$. 证明

$$\log M(\delta;\mathbb{M}^{n,d}(1);\|\cdot\|_F)\gtrsim(n+d)\log(1/\delta)\quad 对于所有\ \delta\in(0,1/2)$$

5.14 **(高斯随机矩阵的最大奇异值)** 在这个习题中，对于一个元素为独立同分布 $N(0,1)$ 的随机矩阵 $\boldsymbol{W}\in\mathbb{R}^{n\times d}$ 的最大奇异值，我们探究一种求其尾部概率界的方法.

(a) 为了有直观印象，我们先做一个简单的模拟. 编写一个简单的计算程序来生成高斯随机矩阵 $\boldsymbol{W}\in\mathbb{R}^{n\times d}$，其中 $n=1000$，$d=\lceil\alpha n\rceil$，并计算 $\boldsymbol{W}/\sqrt{n}$ 的最大奇异值，记作 $\sigma_{\max}(\boldsymbol{W})/\sqrt{n}$. 对集合$\{0.1+k(0.025),\ k=1,\cdots,100\}$中每一个 α 的取值做 $T=20$ 次重复试验. 画出 α 及对应的 $\sigma_{\max}(\boldsymbol{W})/\sqrt{n}$ 的平均曲线图.

(b) 现在我们做一些分析来理解这些表现. 证明

$$\sigma_{\max}(\boldsymbol{W})=\sup_{\boldsymbol{u}\in\mathbb{S}^{n-1}}\sup_{\boldsymbol{v}\in\mathbb{S}^{d-1}}\boldsymbol{u}^{\mathrm{T}}\boldsymbol{W}\boldsymbol{v}$$

其中 $\mathbb{S}^{d-1}=\{\boldsymbol{y}\in\mathbb{R}^d\mid\|\boldsymbol{y}\|_2=1\}$是 d 维欧几里得球.

(c) 注意 $Z_{\boldsymbol{u},\boldsymbol{v}}:=\boldsymbol{u}^{\mathrm{T}}\boldsymbol{W}\boldsymbol{v}$ 定义了下标集在笛卡儿积 $\mathbb{T}:=\mathbb{S}^{n-1}\times\mathbb{S}^{d-1}$ 中的一个高斯过程. 证明上界

$$\mathbb{E}[\sigma_{\max}(\boldsymbol{W})]=\mathbb{E}\Big[\sup_{(\boldsymbol{u},\boldsymbol{v})\in\mathbb{T}}\boldsymbol{u}^{\mathrm{T}}\boldsymbol{W}\boldsymbol{v}\Big]\leqslant\sqrt{n}+\sqrt{d}$$

(提示：对于$(\boldsymbol{u},\boldsymbol{v})\in\mathbb{S}^{n-1}\times\mathbb{S}^{d-1}$，考虑零均值高斯变量 $Y_{\boldsymbol{u},\boldsymbol{v}}=\langle g,\boldsymbol{u}\rangle+\langle h,\boldsymbol{v}\rangle$，其中 $g\in N(0,\boldsymbol{I}_{n\times n})$以及 $h\sim N(0,\boldsymbol{I}_{d\times d})$为独立高斯随机向量. 我们从而得到另一个高斯过程$\{Y_{\boldsymbol{u},\boldsymbol{v}},(\boldsymbol{u},\boldsymbol{v})\in\mathbb{S}^{n-1}\times\mathbb{S}^{d-1}\}$，比较$\{Z_{\boldsymbol{u},\boldsymbol{v}}\}$和$\{Y_{\boldsymbol{u},\boldsymbol{v}}\}$会有帮助.)

(d) 证明

$$\mathbb{P}[\sigma_{\max}(\boldsymbol{W})/\sqrt{n}\geqslant 1+\sqrt{\frac{d}{n}}+t]\leqslant 2\mathrm{e}^{-\frac{nt^2}{2}}$$

第6章 随机矩阵和协方差估计

协方差矩阵在统计中起着核心作用，基于数据有很多种估计协方差矩阵的方法. 由于样本协方差是一类特殊的随机矩阵，因此协方差估计问题与随机矩阵理论密切相关. 经典框架是假定样本大小 n 趋于无穷，而矩阵维数 d 保持不变；这种情况下，样本协方差矩阵的性质由通常的极限理论来刻画. 相比之下，对于数据维数与样本大小相当($d \asymp n$)或者可能远大于样本大小($d \gg n$)的高维随机矩阵，会出现许多新的现象.

高维随机矩阵在自然科学：数学和工程的很多分支中都发挥着重要的作用，并得到了广泛的研究. 一些高维理论本质上是渐近的，例如 Wigner 半圆定律和 Marčenko-Pastur 定律，它们用于刻画样本协方差矩阵特征值的渐近分布(后者的说明见第 1 章). 相比之下，本章致力于在非渐近情形下研究随机矩阵，目的是得到适用于所有样本大小和矩阵维数的显式偏差不等式. 从最简单的情况即高斯随机矩阵总体开始，接着讨论更一般的次高斯总体，再继续讨论具有更宽松尾部概率界的总体. 在本章内容中，我们会用到第 2 章到第 5 章中介绍的度量集中度、比较不等式和度量熵等方法. 此外，本章还介绍一些新的技巧，其中包括过去十年发展起来的一类矩阵的尾部概率界(见 6.4 节).

6.1 预备知识

在更准确地表述协方差估计问题之前，我们首先介绍本章中用到的符号和基本结果.

6.1.1 符号和基本结果

对于一个长方形矩阵 $\boldsymbol{A} \in \mathbb{R}^{n \times m}$，其中 $n \geqslant m$，我们记它的排序后的奇异值为

$$\sigma_{\max}(\boldsymbol{A}) = \sigma_1(\boldsymbol{A}) \geqslant \sigma_2(\boldsymbol{A}) \geqslant \cdots \geqslant \sigma_m(\boldsymbol{A}) = \sigma_{\min}(\boldsymbol{A}) \geqslant 0$$

注意最小和最大奇异值具有变分表示方式

$$\sigma_{\max}(\boldsymbol{A}) = \max_{v \in \mathbb{S}^{m-1}} \|\boldsymbol{A} \boldsymbol{v}\|_2 \quad 和 \quad \sigma_{\min}(\boldsymbol{A}) = \min_{v \in \mathbb{S}^{m-1}} \|\boldsymbol{A} \boldsymbol{v}\|_2 \tag{6.1}$$

其中 $\mathbb{S}^{d-1} := \{\boldsymbol{v} \in \mathbb{R}^d \mid \|\boldsymbol{v}\|_2 = 1\}$ 是 $\mathbb{R}^d$ 中的欧几里得单位球. 注意我们有等式 $\|\boldsymbol{A}\|_2 = \sigma_{\max}(\boldsymbol{A})$.

由于协方差矩阵是对称的，我们同样关注 $\mathbb{R}^d$ 中的对称矩阵集 $\mathcal{S}^{d \times d} := \{\boldsymbol{Q} \in \mathbb{R}^{d \times d} \mid \boldsymbol{Q} = \boldsymbol{Q}^{\mathrm{T}}\}$，以及半正定矩阵子集

$$\mathcal{S}_{+}^{d \times d} := \{\boldsymbol{Q} \in \mathcal{S}^{d \times d} \mid \boldsymbol{Q} \succeq 0\} \tag{6.2}$$

由标准的线性代数知识，我们回顾一下任何矩阵 $\boldsymbol{Q} \in \mathcal{S}^{d \times d}$ 可通过酉变换对角化，用 $\boldsymbol{\gamma}(\boldsymbol{Q}) \in \mathbb{R}^d$ 表示它的特征值向量，排序之后为

$$\gamma_{\max}(\boldsymbol{Q}) = \gamma_1(\boldsymbol{Q}) \geqslant \gamma_2(\boldsymbol{Q}) \geqslant \cdots \geqslant \gamma_d(\boldsymbol{Q}) = \gamma_{\min}(\boldsymbol{Q})$$

注意，一个矩阵 $\boldsymbol{Q}$ 是半正定的——记为 $\boldsymbol{Q}\succeq 0$——当且仅当 $\gamma_{\min}(\boldsymbol{Q})\geqslant 0$.

我们的分析经常会用到最小和最大特征值的 Rayleigh-Ritz 变分表示，即

$$\gamma_{\max}(\boldsymbol{Q})=\max_{v\in\mathbb{S}^{d-1}}\boldsymbol{v}^{\mathrm{T}}\boldsymbol{Q}\boldsymbol{v}\quad 和 \quad \gamma_{\min}(\boldsymbol{Q})=\min_{v\in\mathbb{S}^{d-1}}\boldsymbol{v}^{\mathrm{T}}\boldsymbol{Q}\boldsymbol{v} \tag{6.3}$$

对于任意对称矩阵 $\boldsymbol{Q}$，ℓ_2 算子范数可以写成

$$|||\boldsymbol{Q}|||_2=\max\{\gamma_{\max}(\boldsymbol{Q}),|\gamma_{\min}(\boldsymbol{Q})|\} \tag{6.4a}$$

据此它也有变分表示

$$|||\boldsymbol{Q}|||_2:=\max_{v\in\mathbb{S}^{d-1}}|\boldsymbol{v}^{\mathrm{T}}\boldsymbol{Q}\boldsymbol{v}| \tag{6.4b}$$

最后，给定一个 $n\geqslant m$ 的长方形矩阵 $\boldsymbol{A}\in\mathbb{R}^{n\times m}$，假设定义了 m 维对称矩阵 $\boldsymbol{R}:=\boldsymbol{A}^{\mathrm{T}}\boldsymbol{A}$. 则我们有关系式

$$\gamma_j(\boldsymbol{R})=(\sigma_j(\boldsymbol{A}))^2\quad 对于\ j=1,\cdots,m$$

6.1.2　协方差矩阵估计问题

我们现在来定义协方差矩阵估计问题. 令 $\{\boldsymbol{x}_1,\cdots,\boldsymbol{x}_n\}$ 是由 n 个独立同分布的样本[㊀]组成的集合，来自 $\mathbb{R}^d$ 中的一个总体分布，其均值为零，协方差矩阵为 $\boldsymbol{\Sigma}=\mathrm{cov}(\boldsymbol{x}_1)\in\mathcal{S}_+^{d\times d}$. $\boldsymbol{\Sigma}$ 的一个标准估计是样本协方差矩阵

$$\hat{\boldsymbol{\Sigma}}:=\frac{1}{n}\sum_{i=1}^{n}\boldsymbol{x}_i\boldsymbol{x}_i^{\mathrm{T}} \tag{6.5}$$

由于每个 $\boldsymbol{x}_i$ 的均值为零，我们有 $\mathbb{E}[\boldsymbol{x}_i\boldsymbol{x}_i^{\mathrm{T}}]=\boldsymbol{\Sigma}$，因此随机矩阵 $\boldsymbol{\Sigma}$ 是总体协方差 $\boldsymbol{\Sigma}$ 的一个无偏估计. 所以，误差矩阵 $\hat{\boldsymbol{\Sigma}}-\boldsymbol{\Sigma}$ 的均值为零，本章的目标是在 ℓ_2 算子范数下得到误差的界. 通过变分表示(6.4b)，$|||\hat{\boldsymbol{\Sigma}}-\boldsymbol{\Sigma}|||_2\leqslant\epsilon$ 的界等价于研究

$$\max_{v\in\mathbb{S}^{d-1}}\left|\frac{1}{n}\sum_{i=1}^{n}\langle\boldsymbol{x}_i,\boldsymbol{v}\rangle^2-\boldsymbol{v}^{\mathrm{T}}\boldsymbol{\Sigma}\boldsymbol{v}\right|\leqslant\epsilon \tag{6.6}$$

这种表示方式表明控制偏差 $|||\hat{\boldsymbol{\Sigma}}-\boldsymbol{\Sigma}|||_2$ 等价于推导函数类 $\boldsymbol{x}\mapsto\langle\boldsymbol{x},\boldsymbol{v}\rangle^2$ 的一致大数定律，其中下标向量 $\boldsymbol{v}\in\mathbb{S}^{d-1}$. 第 4 章在一般情形下讨论了这种一致定律.

控制了算子范数也就保证了 $\hat{\boldsymbol{\Sigma}}$ 的特征值与 $\boldsymbol{\Sigma}$ 的特征值一致接近. 特别地，由 Weyl 定理的推论(详见参考文献部分)，我们有

$$\max_{j=1,\cdots,d}|\gamma_j(\hat{\boldsymbol{\Sigma}})-\gamma_j(\boldsymbol{\Sigma})|\leqslant|||\hat{\boldsymbol{\Sigma}}-\boldsymbol{\Sigma}|||_2 \tag{6.7}$$

两个矩阵的特征向量可以有类似形式的结果，前提条件是对矩阵相邻特征值之间的间隔有额外的控制. 更多细节详见第 8 章的主成分分析.

最后，我们注意到与随机矩阵 $\boldsymbol{X}\in\mathbb{R}^{n\times d}$ 的奇异值即 $\{\sigma_j(\boldsymbol{X})\}_{j=1}^{\min(n,d)}$ 之间的联系. 因为矩阵 $\boldsymbol{X}$ 的第 i 行是向量 $\boldsymbol{x}_i^{\mathrm{T}}$，我们有

$$\hat{\boldsymbol{\Sigma}}=\frac{1}{n}\sum_{i=1}^{n}\boldsymbol{x}_i\boldsymbol{x}_i^{\mathrm{T}}=\frac{1}{n}\boldsymbol{X}^{\mathrm{T}}\boldsymbol{X}$$

因此 $\hat{\boldsymbol{\Sigma}}$ 的特征值是 $\boldsymbol{X}/\sqrt{n}$ 的奇异值的平方.

㊀　在本章中，我们使用小写 $\boldsymbol{x}$ 来表示随机向量，以便将其与随机矩阵区分开来.

6.2 Wishart 矩阵及其性质

我们首先研究带有高斯行随机矩阵的奇异值的性质. 更具体地，假设每个样本 $\boldsymbol{x}_i$ 都是独立同分布地来自多元分布 $\mathcal{N}(0,\boldsymbol{\Sigma})$，在这种情况下我们称对应矩阵 $\boldsymbol{X}\in\mathbb{R}^{n\times d}$ 来自 $\boldsymbol{\Sigma}$ 高斯总体，其中矩阵的第 i 行为 $\boldsymbol{x}_i^{\mathrm{T}}$. 对应的样本协方差矩阵 $\hat{\boldsymbol{\Sigma}}=\frac{1}{n}\boldsymbol{X}^{\mathrm{T}}\boldsymbol{X}$ 服从一个多元 Wishart 分布.

定理 6.1 令 $\boldsymbol{X}\in\mathbb{R}^{n\times d}$ 来自 $\boldsymbol{\Sigma}$ 高斯总体. 那么对所有的 $\delta>0$，最大奇异值 $\sigma_{\max}(\boldsymbol{X})$ 满足上偏差不等式

$$\mathbb{P}\left[\frac{\sigma_{\max}(\boldsymbol{X})}{\sqrt{n}}\geqslant\gamma_{\max}(\sqrt{\boldsymbol{\Sigma}})(1+\delta)+\sqrt{\frac{\operatorname{tr}(\boldsymbol{\Sigma})}{n}}\right]\leqslant \mathrm{e}^{-n\delta^2/2} \tag{6.8}$$

此外，对于 $n\geqslant d$，最小奇异值 $\sigma_{\min}(\boldsymbol{X})$ 满足类似的下偏差不等式

$$\mathbb{P}\left[\frac{\sigma_{\min}(\boldsymbol{X})}{\sqrt{n}}\leqslant\gamma_{\min}(\sqrt{\boldsymbol{\Sigma}})(1-\delta)-\sqrt{\frac{\operatorname{tr}(\boldsymbol{\Sigma})}{n}}\right]\leqslant \mathrm{e}^{-n\delta^2/2} \tag{6.9}$$

在证明这个结果之前，我们看一些例子.

例 6.2（标准高斯总体的算子范数界） 考虑一个随机矩阵 $\boldsymbol{W}\in\mathbb{R}^{n\times d}$，每一个元素独立同分布地来自 $\mathcal{N}(0,1)$. 这种选择会产生一个 $\boldsymbol{\Sigma}$ 高斯总体，特别地有 $\boldsymbol{\Sigma}=\boldsymbol{I}_d$. 利用定理 6.1，对于 $n\geqslant d$，我们可以得到

$$\frac{\sigma_{\max}(\boldsymbol{W})}{\sqrt{n}}\leqslant 1+\delta+\sqrt{\frac{d}{n}} \quad 和 \quad \frac{\sigma_{\min}(\boldsymbol{W})}{\sqrt{n}}\geqslant 1-\delta-\sqrt{\frac{d}{n}} \tag{6.10}$$

其中这两个界都成立的概率大于 $1-2\mathrm{e}^{-n\delta^2/2}$. 这些关于 $\boldsymbol{W}$ 奇异值的界可以推出

$$\left\|\frac{1}{n}\boldsymbol{W}^{\mathrm{T}}\boldsymbol{W}-\boldsymbol{I}_d\right\|_2\leqslant 2\epsilon+\epsilon^2, \quad 其中\ \epsilon=\sqrt{\frac{d}{n}}+\delta \tag{6.11}$$

以同样概率成立. 因此，只要 $d/n\to 0$，样本协方差 $\hat{\boldsymbol{\Sigma}}=\frac{1}{n}\boldsymbol{W}^{\mathrm{T}}\boldsymbol{W}$ 是单位矩阵 $\boldsymbol{I}_d$ 的一个相合估计. ♣

上述例子对压缩感知中基于标准高斯随机矩阵的稀疏线性回归问题意义重大；特别地，参阅第 7 章中对限制等距性质的讨论. 并且，从协方差估计的角度来看，单位矩阵的估计并不是特别有意义. 然而，对其进行一个小小的改动就可以转化成更加实际的问题.

例 6.3（高斯协方差估计） 令 $\boldsymbol{X}\in\mathbb{R}^{n\times d}$ 是来自 $\boldsymbol{\Sigma}$ 高斯总体的随机矩阵. 由多元高斯分布的标准性质，我们可将其写为 $\boldsymbol{X}=\boldsymbol{W}\sqrt{\boldsymbol{\Sigma}}$，其中 $\boldsymbol{W}\in\mathbb{R}^{n\times d}$ 是一个标准的高斯随机矩阵，因此

$$\left\|\frac{1}{n}\boldsymbol{X}^{\mathrm{T}}\boldsymbol{X}-\boldsymbol{\Sigma}\right\|_2=\left\|\sqrt{\boldsymbol{\Sigma}}\left(\frac{1}{n}\boldsymbol{W}^{\mathrm{T}}\boldsymbol{W}-\boldsymbol{I}_d\right)\sqrt{\boldsymbol{\Sigma}}\right\|_2\leqslant\|\boldsymbol{\Sigma}\|_2\left\|\frac{1}{n}\boldsymbol{W}^{\mathrm{T}}\boldsymbol{W}-\boldsymbol{I}_d\right\|_2$$

因此，根据界(6.11)，我们可以得到，对所有 $\delta>0$，

$$\frac{\|\hat{\boldsymbol{\Sigma}}-\boldsymbol{\Sigma}\|_2}{\|\boldsymbol{\Sigma}\|_2}\leqslant 2\sqrt{\frac{d}{n}}+2\delta+\left(\sqrt{\frac{d}{n}}+\delta\right)^2 \tag{6.12}$$

以至少 $1-2\mathrm{e}^{-n\delta^2/2}$ 的概率成立. 总的来说，只要比值 d/n 收敛到零，相对误差 $\|\hat{\boldsymbol{\Sigma}}-\boldsymbol{\Sigma}\|_2/\|\boldsymbol{\Sigma}\|_2$ 收敛到零. ♣

将定理 6.1 应用到具有额外结构的矩阵中是非常重要的，其中一种就是控制协方差矩阵 $\boldsymbol{\Sigma}$ 的特征值.

例 6.4(迹约束下更快的速度)　回顾一下，$\{\gamma_j(\boldsymbol{\Sigma})\}_{j=1}^d$ 表示矩阵 $\boldsymbol{\Sigma}$ 的特征值排序后的序列，其中 $\gamma_1(\boldsymbol{\Sigma})$是最大特征值. 现在考虑一个满足“迹约束”的非零协方差矩阵 $\boldsymbol{\Sigma}$

$$\frac{\operatorname{tr}(\boldsymbol{\Sigma})}{\|\boldsymbol{\Sigma}\|_2}=\frac{\sum_{j=1}^{d}\gamma_j(\boldsymbol{\Sigma})}{\gamma_1(\boldsymbol{\Sigma})}\leqslant C \tag{6.13}$$

其中 C 是不依赖于维数的常数. 注意这个比是矩阵秩的一个粗略的度量，因为不等式(6.13)在 $C=\operatorname{rank}(\boldsymbol{\Sigma})$时总是成立的. 也许更加重要的还是那些满秩但有相对较快的特征值衰减的矩阵，其中的典型例子是属于 Schatten q “球”的矩阵. 对于对称矩阵，这些集合的形式为

$$\mathbb{B}_q(R_q):=\left\{\boldsymbol{\Sigma}\in\mathcal{S}^{d\times d}\;\middle|\;\sum_{j=1}^{d}|\gamma_j(\boldsymbol{\Sigma})|^q\leqslant R_q\right\} \tag{6.14}$$

其中 $q\in[0,1]$是一个给定的参数，$R_q>0$ 为半径. 如果我们限制矩阵特征值在$[-1,1]$，则这些矩阵类是嵌套的：$q=0$ 时的最小集对应于矩阵秩至多为 R_0 的情形，而 $q=1$ 对应于具体的迹约束情形. 注意，任何非零矩阵 $\boldsymbol{\Sigma}\in\mathbb{B}_q(R_q)$都满足一个(6.13)形式的界，其中参数为 $C=R_q/(\gamma_1(\boldsymbol{\Sigma}))^q$.

对于任意满足界(6.13)的矩阵类，定理 6.1 保证了，在高概率下，最大奇异值有上界

$$\frac{\sigma_{\max}(\boldsymbol{X})}{\sqrt{n}}\leqslant\gamma_{\max}(\sqrt{\boldsymbol{\Sigma}})\left(1+\delta+\sqrt{\frac{C}{n}}\right) \tag{6.15}$$

通过与先前的 $\boldsymbol{\Sigma}=\boldsymbol{I}_d$ 的界(6.10)相比较，我们看到参数 C 起着有效维数的作用. ♣

我们现在考虑定理 6.1 的证明.

证明　为了简化证明中的记号，我们引入简便记号 $\bar{\sigma}_{\max}=\gamma_{\max}(\sqrt{\boldsymbol{\Sigma}})$和 $\bar{\sigma}_{\min}=\gamma_{\min}(\sqrt{\boldsymbol{\Sigma}})$. 对上、下界的证明都包括两个步骤：首先，利用集中不等式(见第 2 章)来证明随机的奇异值以高概率聚集在其期望值上；其次，使用高斯比较不等式(见第 5 章)来控制期望值.

最大奇异值　如前所述，根据多元高斯分布的标准性质，我们可以记 $\boldsymbol{X}=\boldsymbol{W}\sqrt{\boldsymbol{\Sigma}}$，其中随机矩阵 $\boldsymbol{W}\in\mathbb{R}^{n\times d}$ 的元素独立同分布地来自 $\mathcal{N}(0,1)$. 现在把映射 $\boldsymbol{W}\mapsto\frac{\sigma_{\max}(\boldsymbol{W}\sqrt{\boldsymbol{\Sigma}})}{\sqrt{n}}$视为一个 $\mathbb{R}^{nd}$ 上的实值函数. 根据例 2.32 中的分析方法，这个函数在欧几里得范数下是 Lipschitz 的，常数至多为 $L=\bar{\sigma}_{\max}/\sqrt{n}$. 通过高斯随机向量的 Lipschitz 函数的测度集中结果(定理 2.26)，我们得到结论：

$$\mathbb{P}[\sigma_{\max}(\boldsymbol{X})\geqslant\mathbb{E}[\sigma_{\max}(\boldsymbol{X})]+\sqrt{n}\bar{\sigma}_{\max}\delta]\leqslant e^{-n\delta^2/2}$$

因此，只需要证明

$$\mathbb{E}[\sigma_{\max}(\boldsymbol{X})]\leqslant\sqrt{n}\bar{\sigma}_{\max}+\sqrt{\operatorname{tr}(\boldsymbol{\Sigma})} \tag{6.16}$$

为此，我们首先用变分的方式，即作为适当定义的高斯过程的最大值来表示 $\sigma_{\max}(\boldsymbol{X})$. 根据最大奇异值的定义，我们有 $\sigma_{\max}(\boldsymbol{X})=\max_{v'\in\mathbb{S}^{d-1}}\|\boldsymbol{X}\boldsymbol{v}'\|_2$，其中 $\mathbb{S}^{d-1}$ 表示 $\mathbb{R}^d$ 中的欧几里得单位球. 回顾表达式 $\boldsymbol{X}=\boldsymbol{W}\sqrt{\boldsymbol{\Sigma}}$，并做变换 $\boldsymbol{v}=\sqrt{\boldsymbol{\Sigma}}\,\boldsymbol{v}'$，我们可以写出

$$\sigma_{\max}(\boldsymbol{X})=\max_{v\in\mathbb{S}^{d-1}(\boldsymbol{\Sigma}^{-1})}\|\boldsymbol{W}\boldsymbol{v}\|_2=\max_{u\in\mathbb{S}^{n-1}}\max_{v\in\mathbb{S}^{d-1}(\boldsymbol{\Sigma}^{-1})}\underbrace{\boldsymbol{u}^{\mathrm{T}}\boldsymbol{W}\boldsymbol{v}}_{Z_{\boldsymbol{u},\boldsymbol{v}}}$$

其中 $\mathbb{S}^{d-1}(\boldsymbol{\Sigma}^{-1}):=\{\boldsymbol{v}\in\mathbb{R}^d\mid\|\boldsymbol{\Sigma}^{-\frac{1}{2}}\boldsymbol{v}\|_2=1\}$是一个椭球. 因此，推导最大奇异值的界对应于控制零均值高斯过程$\{Z_{\boldsymbol{u},\boldsymbol{v}},(\boldsymbol{u},\boldsymbol{v})\in\mathbb{T}\}$的上确界，下标由集合 $\mathbb{T}:=\mathbb{S}^{n-1}\times\mathbb{S}^{d-1}(\boldsymbol{\Sigma}^{-1})$构成.

我们通过构造另一个高斯过程$\{Y_{\boldsymbol{u},\boldsymbol{v}},(\boldsymbol{u},\boldsymbol{v})\in\mathbb{T}\}$来控制这个上确界的期望，使得对于 $\mathbb{T}$ 中的所有$(\boldsymbol{u},\boldsymbol{v})$和$(\tilde{\boldsymbol{u}},\tilde{\boldsymbol{v}})$都有 $\mathbb{E}[(Z_{\boldsymbol{u},\boldsymbol{v}}-Z_{\tilde{\boldsymbol{u}},\tilde{\boldsymbol{v}}})^2]\leqslant\mathbb{E}[(Y_{\boldsymbol{u},\boldsymbol{v}}-Y_{\tilde{\boldsymbol{u}},\tilde{\boldsymbol{v}}})^2]$成立. 然后可以利用 Sudakov-Fernique 比较定理(定理 5.27)得出

$$\mathbb{E}[\sigma_{\max}(\boldsymbol{X})]=\mathbb{E}[\max_{(\boldsymbol{u},\boldsymbol{v})\in\mathbb{T}}Z_{\boldsymbol{u},\boldsymbol{v}}]\leqslant\mathbb{E}[\max_{(\boldsymbol{u},\boldsymbol{v})\in\mathbb{T}}Y_{\boldsymbol{u},\boldsymbol{v}}] \tag{6.17}$$

引入高斯过程 $Z_{\boldsymbol{u},\boldsymbol{v}}:=\boldsymbol{u}^{\mathrm{T}}\boldsymbol{W}\boldsymbol{v}$，我们首先计算诱导的伪度量 ρ_Z. 给定$(\boldsymbol{u},\boldsymbol{v})$和$(\tilde{\boldsymbol{u}},\tilde{\boldsymbol{v}})$，不失一般性，我们可以假设$\|\boldsymbol{v}\|_2\leqslant\|\tilde{\boldsymbol{v}}\|_2$.（否则，我们可以在接下来的证明中将$(\boldsymbol{u},\boldsymbol{v})$和$(\tilde{\boldsymbol{u}},\tilde{\boldsymbol{v}})$调换位置.）首先注意到 $Z_{\boldsymbol{u},\boldsymbol{v}}=\langle\langle\boldsymbol{W},\boldsymbol{u}\boldsymbol{v}^{\mathrm{T}}\rangle\rangle$，其中 $\langle\langle A,B\rangle\rangle:=\sum_{j=1}^{n}\sum_{k=1}^{d}A_{jk}B_{jk}$ 表示迹内积. 因为矩阵 $\boldsymbol{W}$ 的每一个元素都独立同分布地服从 $\mathcal{N}(0,1)$，我们有

$$\mathbb{E}[(Z_{\boldsymbol{u},\boldsymbol{v}}-Z_{\tilde{\boldsymbol{u}},\tilde{\boldsymbol{v}}})^2]=\mathbb{E}[(\langle\langle\boldsymbol{W},\boldsymbol{u}\boldsymbol{v}^{\mathrm{T}}-\tilde{\boldsymbol{u}}\tilde{\boldsymbol{v}}^{\mathrm{T}}\rangle\rangle)^2]=\|\boldsymbol{u}\boldsymbol{v}^{\mathrm{T}}-\tilde{\boldsymbol{u}}\tilde{\boldsymbol{v}}^{\mathrm{T}}\|_{\mathrm{F}}^2$$

重新整理和展开这个 Frobenius 范数，我们发现

$$\begin{aligned}\|\boldsymbol{u}\boldsymbol{v}^{\mathrm{T}}-\tilde{\boldsymbol{u}}\tilde{\boldsymbol{v}}^{\mathrm{T}}\|_{\mathrm{F}}^2&=\|\boldsymbol{u}(\boldsymbol{v}-\tilde{\boldsymbol{v}})^{\mathrm{T}}+(\boldsymbol{u}-\tilde{\boldsymbol{v}})\tilde{\boldsymbol{v}}^{\mathrm{T}}\|_{\mathrm{F}}^2\\&=\|(\boldsymbol{u}-\tilde{\boldsymbol{u}})\tilde{\boldsymbol{v}}^{\mathrm{T}}\|_{\mathrm{F}}^2+\|\boldsymbol{u}(\boldsymbol{v}-\tilde{\boldsymbol{v}})^{\mathrm{T}}\|_{\mathrm{F}}^2+2\langle\langle\boldsymbol{u}(\boldsymbol{v}-\tilde{\boldsymbol{v}})^{\mathrm{T}},(\boldsymbol{u}-\tilde{\boldsymbol{u}})\tilde{\boldsymbol{v}}^{\mathrm{T}}\rangle\rangle\\&\leqslant\|\tilde{\boldsymbol{v}}\|_2^2\|\boldsymbol{u}-\tilde{\boldsymbol{u}}\|_2^2+\|\boldsymbol{u}\|_2^2\|\boldsymbol{v}-\tilde{\boldsymbol{v}}\|_2^2+2(\|\boldsymbol{u}\|_2^2-\langle\boldsymbol{u},\tilde{\boldsymbol{u}}\rangle)(\langle\boldsymbol{v},\tilde{\boldsymbol{v}}\rangle-\|\tilde{\boldsymbol{v}}\|_2^2)\end{aligned}$$

由集合 $\mathbb{T}$ 的定义可得$\|\boldsymbol{u}\|_2=\|\tilde{\boldsymbol{u}}\|_2=1$，我们有$\|\boldsymbol{u}\|_2^2=-\langle\boldsymbol{u},\tilde{\boldsymbol{u}}\rangle\geqslant0$. 另一方面，我们有

$$|\langle\boldsymbol{v},\tilde{\boldsymbol{v}}\rangle|\overset{\text{(i)}}{\leqslant}\|\boldsymbol{v}\|_2\|\tilde{\boldsymbol{v}}\|_2\overset{\text{(ii)}}{\leqslant}\|\tilde{\boldsymbol{v}}\|_2^2$$

其中步骤(i)是因为柯西-施瓦茨不等式，步骤(ii)来自我们最初的假设$\|\boldsymbol{v}\|_2\leqslant\|\tilde{\boldsymbol{v}}\|_2$. 结合先前$\|\boldsymbol{u}\|_2^2-\langle\boldsymbol{u},\tilde{\boldsymbol{u}}\rangle$的界，可得

$$\underbrace{(\|\boldsymbol{u}\|_2^2-\langle\boldsymbol{u},\tilde{\boldsymbol{u}}\rangle)}_{\geqslant0}\underbrace{(\langle\boldsymbol{v},\tilde{\boldsymbol{v}}\rangle-\|\tilde{\boldsymbol{v}}\|_2^2)}_{\leqslant0}\leqslant0$$

综上，我们可以得出

$$\|\boldsymbol{u}\boldsymbol{v}^{\mathrm{T}}-\tilde{\boldsymbol{u}}\tilde{\boldsymbol{v}}^{\mathrm{T}}\|_{\mathrm{F}}^2\leqslant\|\tilde{\boldsymbol{v}}\|_2^2\|\boldsymbol{u}-\tilde{\boldsymbol{u}}\|_2^2+\|\boldsymbol{v}-\tilde{\boldsymbol{v}}\|_2^2$$

最后，由集合 $\mathbb{S}^{d-1}(\boldsymbol{\Sigma}^{-1})$的定义，我们有$\|\tilde{\boldsymbol{v}}\|_2\leqslant\bar{\sigma}_{\max}=\gamma_{\max}(\sqrt{\boldsymbol{\Sigma}})$，因此

$$\mathbb{E}[(Z_{\boldsymbol{u},\boldsymbol{v}}-Z_{\tilde{\boldsymbol{u}},\tilde{\boldsymbol{v}}})^2]\leqslant\bar{\sigma}_{\max}^2\|\boldsymbol{u}-\tilde{\boldsymbol{u}}\|_2^2+\|\boldsymbol{v}-\tilde{\boldsymbol{v}}\|_2^2$$

基于这个不等式，我们定义高斯过程 $Y_{\boldsymbol{u},\boldsymbol{v}}:=\bar{\sigma}_{\max}\langle \boldsymbol{g},\boldsymbol{u}\rangle+\langle \boldsymbol{h},\boldsymbol{v}\rangle$，其中 $\boldsymbol{g}\in\mathbb{R}^n$ 和 $\boldsymbol{h}\in\mathbb{R}^d$ 都是标准高斯随机向量(即每个元素独立同分布地服从 $\mathcal{N}(0,1)$)，并且相互独立. 根据构造，我们有

$$\mathbb{E}[(Y_{\theta}-Y_{\tilde{\theta}})^2]=\bar{\sigma}_{\max}^2\|\boldsymbol{u}-\tilde{\boldsymbol{u}}\|_2^2+\|\boldsymbol{v}-\tilde{\boldsymbol{v}}\|_2^2$$

因此，我们可以利用 Sudakov-Fernique 界(6.17)来得到

$$\begin{aligned}\mathbb{E}[\sigma_{\max}(\boldsymbol{X})]&\leqslant\mathbb{E}\Big[\sup_{(\boldsymbol{u},\boldsymbol{v})\in\mathbb{T}}Y_{\boldsymbol{u},\boldsymbol{v}}\Big]\\&=\bar{\sigma}_{\max}\mathbb{E}\Big[\sup_{\boldsymbol{u}\in\mathbb{S}^{n-1}}\langle\boldsymbol{g},\boldsymbol{u}\rangle\Big]+\mathbb{E}\Big[\sup_{\boldsymbol{v}\in\mathbb{S}^{d-1}(\boldsymbol{\Sigma}^{-1})}\langle\boldsymbol{h},\boldsymbol{v}\rangle\Big]\\&=\bar{\sigma}_{\max}\mathbb{E}[\|\boldsymbol{g}\|_2]+\mathbb{E}[\|\sqrt{\boldsymbol{\Sigma}}\boldsymbol{h}\|_2]\end{aligned}$$

由 Jensen 不等式，我们有 $\mathbb{E}[\|\boldsymbol{g}\|_2]\leqslant\sqrt{n}$ 以及类似地，

$$\mathbb{E}[\|\sqrt{\boldsymbol{\Sigma}}\boldsymbol{h}\|_2]\leqslant\sqrt{\mathbb{E}[\boldsymbol{h}^{\mathrm{T}}\boldsymbol{\Sigma}\boldsymbol{h}]}=\sqrt{\operatorname{tr}(\boldsymbol{\Sigma})}$$

从而得到结论(6.16).

最小奇异值下界的推导可以用类似的方法，但需要更多的技巧，因此我们将其放到附录中(6.6 节). □

6.3　次高斯总体的协方差矩阵

到目前为止，我们研究的内容主要依赖于高斯分布的不同性质，特别是对高斯比较不等式的使用. 在这一节中，我们展示一种稍微不同的方法，即离散化和尾部概率界如何用于建立一般次高斯随机矩阵的类似界，尽管常数项的控制稍差一些.

特别地，我们假设随机向量 $\boldsymbol{x}_i\in\mathbb{R}^d$ 的均值为 0，并且是参数至多为 σ 的次高斯的，由此我们可知，对于每个固定的 $\boldsymbol{v}\in\mathbb{S}^{d-1}$，

$$\mathbb{E}\Big[\mathrm{e}^{\lambda\langle\boldsymbol{v},\boldsymbol{x}_i\rangle}\Big]\leqslant\mathrm{e}^{\frac{\lambda^2\sigma^2}{2}}\quad 对于所有\ \lambda\in\mathbb{R}\tag{6.18}$$

等价地，假设标量随机变量 $\langle\boldsymbol{v},\boldsymbol{x}_i\rangle$ 的均值为 0，并且是参数至多为 σ 的次高斯的.(对次高斯随机变量的深入讨论见第 2 章.)我们用一些例子来阐述：

(a) 假设矩阵 $\boldsymbol{X}\in\mathbb{R}^{n\times d}$ 的每个元素是独立同分布的，其中每个 x_{ij} 是均值为 0，参数为 $\sigma=1$ 的次高斯的. 范例包括标准高斯总体($x_{ij}\sim\mathcal{N}(0,1)$)，Rademacher 总体(等概率地 $x_{ij}\in\{-1,+1\}$)和更一般的任何区间$[-1,+1]$上的均值为 0 的分布. 在所有这些情形下，对任意向量 $\boldsymbol{v}\in\mathbb{S}^{d-1}$，随机变量 $\langle\boldsymbol{v},\boldsymbol{x}_i\rangle$ 是参数至多为 σ 的次高斯的，这里利用了 $\boldsymbol{x}_i\in\mathbb{R}^d$ 中每一项都是独立同分布的假设以及次高斯变量的标准性质.

(b) 现在我们假定 $\boldsymbol{x}_i\sim\mathcal{N}(0,\boldsymbol{\Sigma})$，对于任意 $\boldsymbol{v}\in\mathbb{S}^{d-1}$，我们有 $\langle\boldsymbol{v},\boldsymbol{x}_i\rangle\sim\mathcal{N}(0,\boldsymbol{v}^{\mathrm{T}}\boldsymbol{\Sigma}\boldsymbol{v})$. 因为 $\boldsymbol{v}^{\mathrm{T}}\boldsymbol{\Sigma}\boldsymbol{v}\leqslant\|\boldsymbol{\Sigma}\|_2$，我们可得 $\boldsymbol{x}_i$ 是参数至多为 $\sigma^2=\|\boldsymbol{\Sigma}\|_2$ 的次高斯分布.

当随机矩阵 $\boldsymbol{X}\in\mathbb{R}^{n\times d}$ 的每行 $\boldsymbol{x}_i\in\mathbb{R}^d$ 都是独立同分布地来自 σ 次高斯分布时，我们称 $\boldsymbol{X}$ 是一个来自逐行 σ 次高斯总体的样本. 对于任意这样形式的随机矩阵，我们有下列结论.

定理 6.5 存在普适常数$\{c_j\}_{j=0}^{3}$，使得对任意逐行σ次高斯随机矩阵$\boldsymbol{X}\in\mathbb{R}^{n\times d}$，样本协方差$\hat{\boldsymbol{\Sigma}}=\frac{1}{n}\sum_{i=1}^{n}\boldsymbol{x}_i\boldsymbol{x}_i^{\mathrm{T}}$满足界

$$\mathbb{E}\left[\mathrm{e}^{\lambda|||\hat{\boldsymbol{\Sigma}}-\boldsymbol{\Sigma}|||_2}\right]\leqslant \mathrm{e}^{c_0\frac{\lambda^2\sigma^4}{n}+4d}\quad 对所有|\lambda|<\frac{n}{64\mathrm{e}^2\sigma^2}\tag{6.19a}$$

以及因此有

$$\mathbb{P}\left[\frac{|||\hat{\boldsymbol{\Sigma}}-\boldsymbol{\Sigma}|||_2}{\sigma^2}\geqslant c_1\left\{\sqrt{\frac{d}{n}}+\frac{d}{n}\right\}+\delta\right]\leqslant c_2\mathrm{e}^{-c_3 n\min\{\delta,\delta^2\}}\quad 对所有\delta\geqslant 0\tag{6.19b}$$

注：给定随机变量$|||\hat{\boldsymbol{\Sigma}}-\boldsymbol{\Sigma}|||_2$矩母函数的界(6.19a)，则尾部概率界(6.19b)是Chernoff技巧的直接应用(详见第2章). 当$\boldsymbol{\Sigma}=\boldsymbol{I}_d$以及每个$\boldsymbol{x}_i$是参数为$\sigma=1$的次高斯时，尾部概率界(6.19b)意味着

$$|||\hat{\boldsymbol{\Sigma}}-\boldsymbol{I}_d|||_2\lesssim\sqrt{\frac{d}{n}}+\frac{d}{n}$$

在高概率下成立. 对于$n\geqslant d$，这个界保证了奇异值$\boldsymbol{X}/\sqrt{n}$满足关系式

$$1-c'\sqrt{\frac{d}{n}}\leqslant\frac{\sigma_{\min}(\boldsymbol{X})}{\sqrt{n}}\leqslant\frac{\sigma_{\max}(\boldsymbol{X})}{\sqrt{n}}\leqslant 1+c'\sqrt{\frac{d}{n}}\tag{6.20}$$

对某个普适常数$c'>1$成立. 值得将此结果与之前的界(6.10)进行比较，后者适用于标准高斯矩阵的特殊情况. 界(6.20)具有非常类似的形式，只是常数项c'大于1.

证明 为了记号方便，我们引入缩写$\boldsymbol{Q}:=\hat{\boldsymbol{\Sigma}}-\boldsymbol{\Sigma}$. 回顾6.1节的变分表示$|||\boldsymbol{Q}|||_2:=\max_{v\in\mathbb{S}^{d-1}}|\langle \boldsymbol{v},\boldsymbol{Q}\boldsymbol{v}\rangle|$. 我们首先通过离散化技巧将上确界转化为有限个最大值(见第5章). 令$\{\boldsymbol{v}^1,\cdots,\boldsymbol{v}^N\}$是欧几里得范数下球面$\mathbb{S}^{d-1}$的$\frac{1}{8}$覆盖；由例5.8，存在这样一个覆盖且$N\leqslant 17^d$. 给定任意$\boldsymbol{v}\in\mathbb{S}^{d-1}$，我们可以找到覆盖中的某个$\boldsymbol{v}^j$有$\boldsymbol{v}=\boldsymbol{v}^j+\Delta$，其中误差向量$\Delta$满足$\|\Delta\|_2\leqslant\frac{1}{8}$，因此有

$$\langle \boldsymbol{v},\boldsymbol{Q}\boldsymbol{v}\rangle=\langle \boldsymbol{v}^j,\boldsymbol{Q}\boldsymbol{v}^j\rangle+2\langle \Delta,\boldsymbol{Q}\boldsymbol{v}^j\rangle+\langle \Delta,\boldsymbol{Q}\Delta\rangle$$

由三角不等式和算子范数的定义

$$\begin{aligned}|\langle \boldsymbol{v},\boldsymbol{Q}\boldsymbol{v}\rangle|&\leqslant|\langle \boldsymbol{v}^j,\boldsymbol{Q}\boldsymbol{v}^j\rangle|+2\|\Delta\|_2|||\boldsymbol{Q}|||_2\|\boldsymbol{v}^j\|_2+|||\boldsymbol{Q}|||_2\|\Delta\|_2^2\\&\leqslant|\langle \boldsymbol{v}^j,\boldsymbol{Q}\boldsymbol{v}^j\rangle|+\frac{1}{4}|||\boldsymbol{Q}|||_2+\frac{1}{64}|||\boldsymbol{Q}|||_2\\&\leqslant|\langle \boldsymbol{v}^j,\boldsymbol{Q}\boldsymbol{v}^j\rangle|+\frac{1}{2}|||\boldsymbol{Q}|||_2\end{aligned}$$

重新整理然后在$\boldsymbol{v}\in\mathbb{S}^{d-1}$上取上确界，并且对应地在$j\in\{1,2,\cdots,N\}$上取最大值，我们得到

$$|||\boldsymbol{Q}|||_2=\max_{v\in\mathbb{S}^{-1}}|\langle \boldsymbol{v},\boldsymbol{Q}\boldsymbol{v}\rangle|\leqslant 2\max_{j=1,\cdots,N}|\langle \boldsymbol{v}^j,\boldsymbol{Q}\boldsymbol{v}^j\rangle|$$

因此，我们有

$$\mathbb{E}\left[\mathrm{e}^{\lambda |||Q|||_2}\right] \leqslant \mathbb{E}\left[\exp\left(2\lambda \max_{j=1,\cdots,N} |\langle \boldsymbol{v}^j, \boldsymbol{Q}\boldsymbol{v}^j\rangle|\right)\right] \leqslant \sum_{j=1}^{N}\{\mathbb{E}[\mathrm{e}^{2\lambda\langle \boldsymbol{v}^j,\boldsymbol{Q}\boldsymbol{v}^j\rangle}] + \mathbb{E}[\mathrm{e}^{-2\lambda\langle \boldsymbol{v}^j,\boldsymbol{Q}\boldsymbol{v}^j\rangle}]\} \tag{6.21}$$

下面我们证明对任意固定的单位向量 $\boldsymbol{u} \in \mathbb{S}^{d-1}$ 有

$$\mathbb{E}[\mathrm{e}^{t\langle \boldsymbol{u},\boldsymbol{Q}\boldsymbol{u}\rangle}] \leqslant \mathrm{e}^{512\frac{t^2}{n}\mathrm{e}^4\sigma^4} \quad 对于所有 |t| \leqslant \frac{n}{32\mathrm{e}^2\sigma^2} \tag{6.22}$$

我们暂时把这个界看作给定的，并用它来完成定理的证明. 对于覆盖中的每个向量 $\boldsymbol{v}^j$，我们两次应用界(6.22)—— 一次对 $t=2\lambda$，一次对 $t=-2\lambda$. 结合所得的界和不等式(6.21)，我们得到

$$\mathbb{E}\left[\mathrm{e}^{\lambda |||Q|||_2}\right] \leqslant 2N\mathrm{e}^{2048\frac{\lambda^2}{n}\mathrm{e}^4\sigma^4} \leqslant \mathrm{e}^{c_0\frac{\lambda^2\sigma^4}{n}+4d}$$

对所有 $|\lambda| < \dfrac{n}{64\mathrm{e}^2\sigma^2}$ 都成立，其中最后一步用到了 $2(17^d) \leqslant \mathrm{e}^{4d}$. 有了矩母函数的界(6.19a)，尾部概率界(6.19b)是命题 2.9 的推论.

界(6.22)的证明： 唯一剩下的细节是证明界(6.22). 根据 $\boldsymbol{Q}$ 的定义以及独立同分布的假设，我们有

$$\mathbb{E}[\mathrm{e}^{t\langle \boldsymbol{u},\boldsymbol{Q}\boldsymbol{u}\rangle}] = \prod_{i=1}^{n}\mathbb{E}\left[\mathrm{e}^{\frac{t}{n}\{\langle \boldsymbol{x}_i,\boldsymbol{u}\rangle^2 - \langle \boldsymbol{u},\boldsymbol{\Sigma}\boldsymbol{u}\rangle\}}\right] = \left(\mathbb{E}\left[\mathrm{e}^{\frac{t}{n}\{\langle \boldsymbol{x}_1,\boldsymbol{u}\rangle^2 - \langle \boldsymbol{u},\boldsymbol{\Sigma}\boldsymbol{u}\rangle\}}\right]\right)^n \tag{6.23}$$

令 $\varepsilon \in \{-1,+1\}$ 为 Rademacher 变量，且与 $\boldsymbol{x}_1$ 独立，标准的对称化技巧(见命题 4.11)可以推出

$$\mathbb{E}_{\boldsymbol{x}_1}\left[\mathrm{e}^{\frac{t}{n}\{\langle \boldsymbol{x}_1,\boldsymbol{u}\rangle^2 - \langle \boldsymbol{u},\boldsymbol{\Sigma}\boldsymbol{u}\rangle\}}\right] \leqslant \mathbb{E}_{\boldsymbol{x}_1,\varepsilon}\left[\mathrm{e}^{\frac{2t}{n}\varepsilon\langle \boldsymbol{x}_1,\boldsymbol{u}\rangle^2}\right] \overset{\text{(i)}}{=} \sum_{k=0}^{\infty}\frac{1}{k!}\left(\frac{2t}{n}\right)^k\mathbb{E}[\varepsilon^k\langle \boldsymbol{x}_1,\boldsymbol{u}\rangle^{2k}]$$

$$\overset{\text{(ii)}}{=} 1 + \sum_{\ell=1}^{\infty}\frac{1}{(2\ell)!}\left(\frac{2t}{n}\right)^{2\ell}\mathbb{E}[\langle \boldsymbol{x}_1,\boldsymbol{u}\rangle^{4\ell}]$$

其中步骤(i)是基于指数函数的幂级数展开，步骤(ii)是因为 ε 和 $\boldsymbol{x}_1$ 独立，并且 Rademacher 随机变量的所有奇数阶矩都为零. 根据定理 2.6 中的次高斯变量等价性刻画的性质(Ⅲ)，我们有

$$\mathbb{E}[\langle \boldsymbol{x}_1,\boldsymbol{u}\rangle^{4\ell}] \leqslant \frac{(4\ell)!}{2^{2\ell}(2\ell)!}(\sqrt{8}\mathrm{e}\sigma)^{4\ell} \quad 对所有 \ell=1,2,\cdots$$

因此有

$$\mathbb{E}_{\boldsymbol{x}_1}\left[\mathrm{e}^{\frac{t}{n}\{\langle \boldsymbol{x}_1,\boldsymbol{u}\rangle^2 - \langle \boldsymbol{u},\boldsymbol{\Sigma}\boldsymbol{u}\rangle\}}\right] \leqslant 1 + \sum_{\ell=1}^{\infty}\frac{1}{(2\ell)!}\left(\frac{2t}{n}\right)^{2\ell}\frac{(4\ell)!}{2^{2\ell}(2\ell)!}(\sqrt{8}\mathrm{e}\sigma)^{4\ell}$$

$$\leqslant 1 + \sum_{\ell=1}^{\infty}\underbrace{\left(\frac{16t}{n}\mathrm{e}^2\sigma^2\right)^{2\ell}}_{f(t)}$$

其中我们用到了 $(4\ell)! \leqslant 2^{2\ell}[(2\ell)!]^2$. 只要 $f(t) := \dfrac{16t}{n}\mathrm{e}^2\sigma^2 < \dfrac{1}{2}$，我们可得

$$1+\sum_{\ell=1}^{\infty}[f^2(t)]^{\ell} \stackrel{\text{(i)}}{=} \frac{1}{1-f^2(t)} \stackrel{\text{(ii)}}{\leqslant} \exp(2f^2(t))$$

其中步骤(i)是由几何级数求和得到，步骤(ii)是因为对于所有 $a\in\left[0,\frac{1}{2}\right]$，有$\frac{1}{1-a}\leqslant \mathrm{e}^{2a}$. 综上所述，并结合我们先前的界(6.23)，我们可以证明 $\mathbb{E}[\mathrm{e}^{t\langle u,Qu\rangle}]\leqslant \mathrm{e}^{2nf^2(t)}$，对所有 $|t|<\frac{n}{32\mathrm{e}^2\sigma^2}$都成立，从而证明了结论(6.22). □

6.4　一般矩阵的界

前面几节在高斯或次高斯尾部概率界下讨论了样本协方差矩阵的界. 这一节的目标是考虑更一般的尾部概率界条件. 为此，我们引入一些更加一般化的方法，这些方法不仅适用于样本协方差矩阵，也适用于更一般的随机矩阵. 本节的主要结果是定理 6.15 和定理 6.17，类似于之前随机变量的 Hoeffding 和 Bernstein 界，它们(本质上)是对应的矩阵形式的结果. 在证明这些结果之前，沿着第 2 章的思想我们讨论一些重要的矩阵理论的相关推广，包括各种类型的尾部概率界以及独立随机矩阵的矩母函数的分解.

6.4.1　矩阵分析背景知识

我们首先介绍矩阵型函数的一些背景知识. 回顾一下对称 $d\times d$ 矩阵类 $\mathcal{S}^{d\times d}$. 任何函数 f：$\mathbb{R}\to\mathbb{R}$ 都可以通过以下方式扩展为一个从集合 $\mathcal{S}^{d\times d}$ 到自身的映射. 给定一个矩阵 $\boldsymbol{Q}\in\mathcal{S}^{d\times d}$，考虑其特征分解 $\boldsymbol{Q}=\boldsymbol{U}^{\mathrm{T}}\boldsymbol{\Gamma}\boldsymbol{U}$. 这里矩阵 $\boldsymbol{U}\in\mathbb{R}^{d\times d}$ 是一个酉矩阵，满足关系式 $\boldsymbol{U}^{\mathrm{T}}\boldsymbol{U}=\boldsymbol{I}_d$，而 $\boldsymbol{\Gamma}:=\mathrm{diag}(\boldsymbol{\gamma}(\boldsymbol{Q}))$是由特征值向量 $\boldsymbol{\gamma}(\boldsymbol{Q})\in\mathbb{R}^d$ 构成的对角阵. 基于这些符号，我们考虑从 $\mathcal{S}^{d\times d}$ 到它自身的映射

$$\boldsymbol{Q}\mapsto f(\boldsymbol{Q}):=\boldsymbol{U}^{\mathrm{T}}\mathrm{diag}(f(\gamma_1(\boldsymbol{Q})),\cdots,f(\gamma_d(\boldsymbol{Q})))\boldsymbol{U}$$

也就是说，我们将原始的函数 f 逐个元素作用到$\boldsymbol{\gamma}(\boldsymbol{Q})$的特征值向量上，然后将得到的对角矩阵$(f(\boldsymbol{\gamma}(\boldsymbol{Q})))$旋转回由 $\boldsymbol{Q}$ 的特征向量定义的原始坐标系中. 通过构造，这种 f 到 $\mathcal{S}^{d\times d}$ 的扩展是正交不变的，即

$$f(\boldsymbol{V}^{\mathrm{T}}\boldsymbol{Q}\boldsymbol{V})=\boldsymbol{V}^{\mathrm{T}}f(\boldsymbol{Q})\boldsymbol{V}\quad \text{对于所有酉矩阵 } \boldsymbol{V}\in\mathbb{R}^{d\times d}$$

因为它只作用在 $\boldsymbol{Q}$ 的特征值上(而不影响特征向量). 此外，$f(\boldsymbol{Q})$的特征值以一种非常简单的方式进行转换，我们有

$$\boldsymbol{\gamma}(f(\boldsymbol{Q}))=\{f(\gamma_j(\boldsymbol{Q})),j=1,\cdots,d\} \tag{6.24}$$

换句话说，矩阵 $f(\boldsymbol{Q})$的特征值就是由 f 作用到$\boldsymbol{Q}$ 的特征值，这一结果称为谱映射性质.

在我们讨论矩阵尾部概率界时两个起到关键作用的函数是矩阵指数函数和矩阵对数函数. 作为构造的一个特例，矩阵指数具有幂级数展开式 $\mathrm{e}^{\boldsymbol{Q}}=\sum_{k=0}^{\infty}\frac{\boldsymbol{Q}^k}{k!}$. 根据谱映射性质，$\mathrm{e}^{\boldsymbol{Q}}$的特征值是正的，因此对任意的$\boldsymbol{Q}$ 它都是一个正定矩阵. 我们的分析有时还涉及矩阵对数；限制在严格正定矩阵域上，就我们的目的而言，矩阵对数对应于矩阵指数的反函数.

如果对任意的 $\boldsymbol{Q}\preceq\boldsymbol{R}$，都有 $f(\boldsymbol{Q})\preceq f(\boldsymbol{R})$，则称函数 f 为 $\mathcal{S}^{d\times d}$ 上的矩阵单调函数. 对

数的一个重要性质是它是矩阵单调函数，这一结果称为 Löwner-Heinz 定理. 相比之下，指数不是矩阵单调函数，这说明矩阵单调性比通常的单调性概念更加复杂. 关于这些性质的进一步探讨见习题 6.5.

最后，一个重要的结果：如果 f：$\mathbb{R}\to\mathbb{R}$ 是通常意义下的任意连续的非减函数，那么对于任意一对对称矩阵 $\boldsymbol{Q}\preceq\boldsymbol{R}$，我们有

$$\operatorname{tr}(f(\boldsymbol{Q}))\leqslant\operatorname{tr}(f(\boldsymbol{R})) \tag{6.25}$$

有关此类迹不等式的进一步讨论见参考文献.

6.4.2 矩阵的尾部条件

给定一个对称随机矩阵 $\boldsymbol{Q}\in\mathcal{S}^{d\times d}$，多项式矩是由矩阵 $\mathbb{E}[\boldsymbol{Q}^j]$所定义的，这里假设它们存在. 如习题 6.6 所示，$\boldsymbol{Q}$ 的方差是一个半正定矩阵 $\operatorname{var}(\boldsymbol{Q}):=\mathbb{E}[\boldsymbol{Q}^2]-(\mathbb{E}[\boldsymbol{Q}])^2$. 随机矩阵 $\boldsymbol{Q}$ 的矩母函数是由矩阵值映射 $\Psi_{\boldsymbol{Q}}$：$\mathbb{R}\to\mathcal{S}^{d\times d}$ 给出的，如下所示

$$\Psi_{\boldsymbol{Q}}(\lambda):=\mathbb{E}[\mathrm{e}^{\lambda\boldsymbol{Q}}]=\sum_{k=0}^{\infty}\frac{\lambda^k}{k!}\mathbb{E}[\boldsymbol{Q}^k] \tag{6.26}$$

在 $\boldsymbol{Q}$ 的一定条件下——或等价地在 $\boldsymbol{Q}$ 的多项式矩上假设一定的条件——对以零为中心的区间内的 λ 矩母函数都是有限的. 类似于第 2 章中的讨论，很多尾部条件都是基于对矩母函数的控制. 我们从最简单的情形开始.

定义 6.6 一个零均值对称随机矩阵 $\boldsymbol{Q}\in\mathcal{S}^{d\times d}$ 为次高斯的，对应矩阵参数为 $\boldsymbol{V}\in\mathcal{S}_{+}^{d\times d}$，如果有

$$\Psi_{\boldsymbol{Q}}(\lambda)\preceq\mathrm{e}^{\frac{\lambda^2\boldsymbol{V}}{2}}\quad 对于所有 \lambda\in\mathbb{R} \tag{6.27}$$

这个定义最好通过一些简单的例子来理解.

例 6.7 假设 $\boldsymbol{Q}=\varepsilon\boldsymbol{B}$，其中 $\varepsilon\in\{-1,+1\}$是一个 Rademacher 变量，$\boldsymbol{B}\in\mathcal{S}^{d\times d}$ 是一个确定的矩阵. 这种形式的随机矩阵常常在对称化技巧中出现，稍后会有更详细的讨论. 注意，对于所有的 $k=1,2,\cdots$,我们有 $\mathbb{E}[\boldsymbol{Q}^{2k+1}]=0$ 以及 $\mathbb{E}[\boldsymbol{Q}^{2k}]=\boldsymbol{B}^{2k}$，因此

$$\mathbb{E}[e^{\lambda\boldsymbol{Q}}]=\sum_{k=0}^{\infty}\frac{\lambda^{2k}}{(2k)!}\boldsymbol{B}^{2k}\preceq\sum_{k=1}^{\infty}\frac{1}{k!}\left(\frac{\lambda^2\boldsymbol{B}^2}{2}\right)^k=\mathrm{e}^{\frac{\lambda^2\mathrm{B}^2}{2}}$$

这表明次高斯条件(6.27)成立，其中 $\boldsymbol{V}=\boldsymbol{B}^2=\operatorname{var}(\boldsymbol{Q})$. ♣

如习题 6.7 所示，更一般地，形式为 $\boldsymbol{Q}=g\boldsymbol{B}$ 的随机矩阵满足矩阵参数为 $\boldsymbol{V}=\sigma^2\boldsymbol{B}^2$ 的条件(6.27)，其中 $g\in\mathbb{R}$ 是 σ 次高斯变量且分布关于零对称.

例 6.8 作为前一个例子的延伸，考虑 $\boldsymbol{Q}=\varepsilon\boldsymbol{C}$ 形式的随机矩阵，其中 ε 和之前一样是 Rademacher 变量，而 $\boldsymbol{C}$ 是独立于 ε 的随机矩阵，其谱范数被限定为 $|||\boldsymbol{C}|||_2\leqslant b$. 首先固定 $\boldsymbol{C}$，并对 Rademacher 变量取期望，上面的例子可以得到 $\mathbb{E}_{\varepsilon}[\mathrm{e}^{\lambda\varepsilon\boldsymbol{C}}]\preceq\mathrm{e}^{\frac{\lambda^2}{2}\boldsymbol{C}^2}$. 由于 $|||\boldsymbol{C}|||_2\leqslant b$，我们有 $\mathrm{e}^{\frac{\lambda^2}{2}\boldsymbol{C}^2}\preceq\mathrm{e}^{\frac{\lambda^2}{2}b^2\boldsymbol{I}_d}$，因此

$$\Psi_Q(\lambda) \preceq \mathrm{e}^{\frac{\lambda^2}{2}b^2 \boldsymbol{I}_d} \quad 对所有 \lambda \in \mathbb{R}$$

这表明 $\boldsymbol{Q}$ 是次高斯的，矩阵参数为 $\boldsymbol{V}=b^2\boldsymbol{I}_d$. ♣

对应第 2 章对标量随机变量的处理，自然地可以考虑一些比次高斯更弱的情形.

定义 6.9(次指数随机矩阵)　一个零均值随机矩阵是参数为 $(\boldsymbol{V},\alpha)$ 的次指数随机矩阵，如果有

$$\Psi_Q(\lambda) \preceq \mathrm{e}^{\frac{\lambda^2 \boldsymbol{V}}{2}} \quad 对所有 |\lambda| < \frac{1}{\alpha} \tag{6.28}$$

因此，任何次高斯随机矩阵同样也是参数为 $(\boldsymbol{V},0)$ 的次指数矩阵. 然而，也存在次指数随机矩阵并不是次高斯的. 其中一个例子是零均值随机矩阵 $\boldsymbol{M}=\varepsilon g^2 \boldsymbol{B}$，其中 $\varepsilon \in \{-1,+1\}$ 是一个 Rademacher 随机变量，随机变量 $g \sim \mathcal{N}(0,1)$ 与 ε 独立，$\boldsymbol{B}$ 是一个确定的对称矩阵.

随机矩阵的 Bernstein 条件给出了一种验证次指数条件的重要方法.

定义 6.10(矩阵的 Bernstein 条件)　一个零均值对称随机矩阵 $\boldsymbol{Q}$ 满足参数为 $b>0$ 的 Bernstein 条件，如果有

$$\mathbb{E}[\boldsymbol{Q}^j] \preceq \frac{1}{2} j!\, b^{j-2} \operatorname{var}(\boldsymbol{Q}) \quad 对于 j=3,4,\cdots \tag{6.29}$$

我们注意到，只要矩阵 $\boldsymbol{Q}$ 有一个有界算子范数；也就是 $\|\boldsymbol{Q}\|_2 \leqslant b$ 几乎必然成立，(更强形式的)Bernstein 条件都是成立的. 在这种情况下，可以证明(见习题 6.9)

$$\mathbb{E}[\boldsymbol{Q}^j] \preceq b^{j-2} \operatorname{var}(\boldsymbol{Q}) \quad 对于所有 j=3,4,\cdots \tag{6.30}$$

习题 6.11 给出了一个具有发散的算子范数的随机矩阵的例子，但 Bernstein 条件成立.

下面的引理给出了一般的 Bernstein 条件(6.29)如何推出次指数条件. 更一般地，这里给出的方法可以得到矩母函数的一个精确界.

引理 6.11　对任意满足 Bernstein 条件(6.29)的对称零均值随机矩阵，我们有

$$\Psi_Q(\lambda) \preceq \exp\left(\frac{\lambda^2 \operatorname{var}(\boldsymbol{Q})}{2(1-b|\lambda|)}\right) \quad 对于所有 |\lambda| < \frac{1}{b} \tag{6.31}$$

证明　由于 $\mathbb{E}[\boldsymbol{Q}]=0$，对一个适当小的 $\lambda \in \mathbb{R}$，利用矩阵指数的定义可得

$$\begin{aligned}
\mathbb{E}[\mathrm{e}^{\lambda \boldsymbol{Q}}] &= \boldsymbol{I}_d + \frac{\lambda^2 \operatorname{var}(\boldsymbol{Q})}{2} + \sum_{j=3}^{\infty} \frac{\lambda^j \mathbb{E}[\boldsymbol{Q}^j]}{j!} \\
&\overset{\text{(i)}}{\preceq} \boldsymbol{I}_d + \frac{\lambda^2 \operatorname{var}(\boldsymbol{Q})}{2} \left\{ \sum_{j=0}^{\infty} |\lambda|^j b^j \right\} \\
&\overset{\text{(ii)}}{=} \boldsymbol{I}_d + \frac{\lambda^2 \operatorname{var}(\boldsymbol{Q})}{2(1-b|\lambda|)}
\end{aligned}$$

$$\stackrel{(iii)}{\leq} \exp\left(\frac{\lambda^2 \mathrm{var}(\boldsymbol{Q})}{2(1-b|\lambda|)}\right)$$

其中步骤(i)用到了 Bernstein 条件，步骤(ii)对任意 $|\lambda|<1/b$ 成立，这样使几何级数可求和，而步骤(iii)基于矩阵不等式 $\boldsymbol{I}_d+\boldsymbol{A}\preceq \mathrm{e}^{\boldsymbol{A}}$，其对任何对称矩阵 $\boldsymbol{A}$ 都成立(关于最后一个性质的更多讨论参见习题 6.4). □

6.4.3 矩阵 Chernoff 方法和独立分解

第 2 章讨论的尾部概率界的 Chernoff 方法基于控制随机变量的矩母函数. 在这一节中，我们首先证明矩阵矩母函数(6.26)的迹可以类似地用来控制随机矩阵的算子范数.

引理 6.12(矩阵 Chernoff 方法)　设 $\boldsymbol{Q}$ 是一个零均值对称随机矩阵，其矩母函数 $\Psi_{\boldsymbol{Q}}$ 在一个开区间$(-a,a)$上存在. 那么对任意 $\delta>0$，我们有

$$\mathbb{P}[\gamma_{\max}(\boldsymbol{Q})\geqslant\delta]\leqslant \mathrm{tr}(\Psi_{\boldsymbol{Q}}(\lambda))\mathrm{e}^{-\lambda\delta} \quad 对于所有\ \lambda\in[0,a) \tag{6.32}$$

其中 $\mathrm{tr}(\cdot)$表示矩阵上的迹算子. 类似地，我们有

$$\mathbb{P}[\|\boldsymbol{Q}\|_2\geqslant\delta]\leqslant 2\mathrm{tr}(\Psi_{\boldsymbol{Q}}(\lambda))\mathrm{e}^{-\lambda\delta} \quad 对了于所有\ \lambda\in[0,a) \tag{6.33}$$

证明　对每个 $\lambda\in[0,a)$，我们有

$$\mathbb{P}[\gamma_{\max}(\boldsymbol{Q})\geqslant\delta]=\mathbb{P}[\mathrm{e}^{\gamma_{\max}(\lambda\boldsymbol{Q})}\geqslant \mathrm{e}^{\lambda\delta}]\stackrel{(i)}{=}\mathbb{P}[\gamma_{\max}(\mathrm{e}^{\lambda\boldsymbol{Q}})\geqslant \mathrm{e}^{\lambda\delta}] \tag{6.34}$$

其中步骤(i)用到了 $\lambda\boldsymbol{Q}$ 的特征值和 $\mathrm{e}^{\lambda\boldsymbol{Q}}$ 的特征值相关的泛函计算. 由马尔可夫不等式可得

$$\mathbb{P}[\gamma_{\max}(\mathrm{e}^{\lambda\boldsymbol{Q}})\geqslant \mathrm{e}^{\lambda\delta}]\leqslant\mathbb{E}[\gamma_{\max}(\mathrm{e}^{\lambda\boldsymbol{Q}})]\mathrm{e}^{-\lambda\delta}\stackrel{(i)}{\leqslant}\mathbb{E}[\mathrm{tr}(\mathrm{e}^{\lambda\boldsymbol{Q}})]\mathrm{e}^{-\lambda\delta} \tag{6.35}$$

这里的不等式(i)用到了不等式 $\gamma_{\max}(\mathrm{e}^{\lambda\boldsymbol{Q}})\leqslant\mathrm{tr}(\mathrm{e}^{\lambda\boldsymbol{Q}})$，其成立是因为 $\mathrm{e}^{\lambda\boldsymbol{Q}}$ 是正定的. 最后，由于迹和期望可交换，我们有

$$\mathbb{E}[\mathrm{tr}(\mathrm{e}^{\lambda\boldsymbol{Q}})]=\mathrm{tr}(\mathbb{E}[\mathrm{e}^{\lambda\boldsymbol{Q}}])=\mathrm{tr}(\Psi_{\boldsymbol{Q}}(\lambda))$$

注意同样的方法可用于控制事件 $\gamma_{\max}(-\boldsymbol{Q})\geqslant\delta$，或等价的事件 $\gamma_{\min}(\boldsymbol{Q})\leqslant-\delta$. 由于 $\|\boldsymbol{Q}\|_2=\max\{\gamma_{\max}(\boldsymbol{Q}),|\gamma_{\max}(\boldsymbol{Q})|\}$，所以算子范数(6.33)的尾部概率界成立. □

独立随机变量的一个重要性质是其和的矩母函数可以分解为单个矩母函数的乘积. 对于随机矩阵，这种形式的分解不再成立，本质上是因为矩阵的乘积不一定可交换. 然而，对于独立的随机矩阵，仍然可以根据矩母函数乘积的迹来得到一个上界，如下所示.

引理 6.13　令 $\boldsymbol{Q}_1,\cdots,\boldsymbol{Q}_n$ 为独立的对称随机矩阵，对所有的 $\lambda\in I$，矩母函数都存在，并定义和 $\boldsymbol{S}_n:=\sum_{i=1}^{n}\boldsymbol{Q}_i$. 那么

$$\mathrm{tr}(\Psi_{\boldsymbol{S}_n}(\lambda))\leqslant\mathrm{tr}\left(\mathrm{e}^{\sum_{i=1}^{n}\log\Psi_{\boldsymbol{Q}_i}(\lambda)}\right) \quad 对于所有\ \lambda\in I \tag{6.36}$$

注：结合引理 6.12，该引理可以得到独立随机矩阵和的算子范数的一个尾部概率界. 特别地，如果我们将上界(6.33)用于随机矩阵 $\boldsymbol{S}_n/n$，可得

$$\mathbb{P}\left[\left\|\frac{1}{n}\sum_{i=1}^{n}\boldsymbol{Q}_i\right\|_2\geqslant\delta\right]\leqslant 2\operatorname{tr}\left(\mathrm{e}^{\sum_{i=1}^{n}\log\Psi_{Q_i}(\lambda)}\right)\mathrm{e}^{-\lambda n\delta}\quad 对于所有\ \lambda\in[0,a)\tag{6.37}$$

证明　为了证明这个引理，我们需要 Lieb(1973)的结论：对任意确定的矩阵 $\boldsymbol{H}\in\mathcal{S}^{d\times d}$，定义函数 $f:\mathcal{S}_+^{d\times d}\to\mathbb{R}$

$$f(\boldsymbol{A}):=\operatorname{tr}\left(\mathrm{e}^{\boldsymbol{H}+\log(\boldsymbol{A})}\right)$$

是凹的. 引入缩写符号 $G(\lambda):=\operatorname{tr}(\Psi_{S_n}(\lambda))$，注意，由迹和期望运算是线性的，可得

$$G(\lambda)=\operatorname{tr}\left(\mathbb{E}\left[\mathrm{e}^{\lambda\boldsymbol{S}_{n-1}+\log\exp(\lambda\boldsymbol{Q}_n)}\right]\right)=\mathbb{E}_{\boldsymbol{S}_{n-1}}\mathbb{E}_{\boldsymbol{Q}_n}\left[\operatorname{tr}\left(\mathrm{e}^{\lambda\boldsymbol{S}_{n-1}+\log\exp(\lambda\boldsymbol{Q}_n)}\right)\right]$$

利用函数 f 的凹性，其中 $\boldsymbol{H}=\lambda\boldsymbol{S}_{n-1}$ 和 $\boldsymbol{A}=\mathrm{e}^{\lambda Q_n}$，由 Jensen 不等式可得

$$\mathbb{E}_{\boldsymbol{Q}_n}\left[\operatorname{tr}\left(\mathrm{e}^{\lambda\boldsymbol{S}_{n-1}+\log\exp(\lambda\boldsymbol{Q}_n)}\right)\right]\leqslant\operatorname{tr}\left(\mathrm{e}^{\lambda\boldsymbol{S}_{n-1}+\log\mathbb{E}_{\boldsymbol{Q}_n}\exp(\lambda\boldsymbol{Q}_n)}\right)$$

因此，我们证明了 $G(\lambda)\leqslant\mathbb{E}_{\boldsymbol{S}_{n-1}}\left[\operatorname{tr}\left(\mathrm{e}^{\lambda\boldsymbol{S}_{n-1}+\log\Psi_{\boldsymbol{Q}_n}(\lambda)}\right)\right]$.

现在我们递归地使用这个技巧，特别地去掉涉及 $\boldsymbol{Q}_{n-1}$ 的项，因此我们有

$$G(\lambda)\leqslant\mathbb{E}_{\boldsymbol{S}_{n-2}}\mathbb{E}_{\boldsymbol{Q}_{n-1}}\left[\operatorname{tr}\left(\mathrm{e}^{\lambda\boldsymbol{S}_{n-2}+\log\Psi_{\boldsymbol{Q}_n}(\lambda)+\log\exp(\lambda\boldsymbol{Q}_{n-1})}\right)\right]$$

再次利用函数 f 的凹性，这次设定 $\boldsymbol{H}=\lambda\boldsymbol{S}_{n-2}+\log\Psi_{\boldsymbol{Q}_n}(\lambda)$和 $\boldsymbol{A}=\mathrm{e}^{\lambda\boldsymbol{Q}_{n-1}}$，从而有

$$G(\lambda)\leqslant\mathbb{E}_{\boldsymbol{S}_{n-2}}\left[\operatorname{tr}\left(\mathrm{e}^{\lambda\boldsymbol{S}_{n-2}+\log\Psi_{\boldsymbol{Q}_{n-1}}(\lambda)+\log\Psi_{\boldsymbol{Q}_n}(\lambda)}\right)\right]$$

继续用这种方式就可以完成结论的证明.　□

在很多情况下，我们的目的是控制 $\boldsymbol{Q}_i=\boldsymbol{A}_i-\mathbb{E}[\boldsymbol{A}_i]$形式的中心化随机矩阵之和的最大特征值(或算子范数). 在这种及其他情形中，考虑一个对称化步骤往往是有用的，以便我们可以处理分布关于零对称的矩阵 $\widetilde{\boldsymbol{Q}}_i$(也就是 $\widetilde{\boldsymbol{Q}}_i$ 和 $-\widetilde{\boldsymbol{Q}}_i$ 服从相同的分布).

例 6.14(随机矩阵的 Rademacher 对称化)　设 $\{\boldsymbol{A}_i\}_{i=1}^n$ 是一列独立的对称随机矩阵，假定我们的目标是控制矩阵和 $\sum_{i=1}^{n}(\boldsymbol{A}_i-\mathbb{E}[\boldsymbol{A}_i])$的最大特征值. 由于最大特征值可以表示为经验过程的上确界，因此可以使用第 4 章中的对称化技巧将问题简化为涉及新矩阵 $\widetilde{\boldsymbol{Q}}_i=\varepsilon_i\boldsymbol{A}_i$ 的问题，其中 ε_i 是独立的 Rademacher 变量. 现在我们来完成这一简化过程. 由马尔可夫不等式，我们有

$$\mathbb{P}\left[\gamma_{\max}\left(\sum_{i=1}^{n}\{\boldsymbol{A}_i-\mathbb{E}[\boldsymbol{A}_i]\}\right)\geqslant\delta\right]\leqslant\mathbb{E}\left[\mathrm{e}^{\lambda\gamma_{\max}\left(\sum_{i=1}^{n}\{\boldsymbol{A}_i-\mathbb{E}[\boldsymbol{A}_i]\}\right)}\right]\mathrm{e}^{-\lambda\delta}$$

由最大特征值的变分表示，我们得到

$$\begin{aligned}\mathbb{E}\left[\mathrm{e}^{\lambda\gamma_{\max}\left(\sum_{i=1}^{n}\{\boldsymbol{A}_i-\mathbb{E}[\boldsymbol{A}_i]\}\right)}\right]&=\mathbb{E}\left[\exp\left(\lambda\sup_{\|\boldsymbol{u}\|_2=1}\left\langle\boldsymbol{u},\left(\sum_{i=1}^{n}(\boldsymbol{A}_i-\mathbb{E}[\boldsymbol{A}_i])\right)\boldsymbol{u}\right\rangle\right)\right]\\&\overset{\text{(i)}}{\leqslant}\mathbb{E}\left[\exp\left(2\lambda\sup_{\|\boldsymbol{u}\|_2=1}\left\langle\boldsymbol{u},\left(\sum_{i=1}^{n}\varepsilon_i\boldsymbol{A}_i\right)\boldsymbol{u}\right\rangle\right)\right]\end{aligned}$$

$$=\mathbb{E}\left[\mathrm{e}^{2\lambda\gamma_{\max}\left(\sum_{i=1}^{n}\varepsilon_i A_i\right)}\right]$$

$$\overset{\text{(ii)}}{=}\mathbb{E}\left[\gamma_{\max}\left(\mathrm{e}^{2\lambda\sum_{i=1}^{n}\varepsilon_i A_i}\right)\right]$$

其中不等式(i)用到了命题 4.11(b)的对称化不等式，取 $\boldsymbol{\Phi}(t)=\mathrm{e}^{\lambda t}$，步骤(ii)利用了谱映射性质(6.24). 继续往下，我们有

$$\mathbb{E}\left[\gamma_{\max}\left(\mathrm{e}^{2\lambda\sum_{i=1}^{n}\varepsilon_i A_i}\right)\right]\leqslant\operatorname{tr}\left(\mathbb{E}\left[\mathrm{e}^{2\lambda\sum_{i=1}^{n}\varepsilon_i A_i}\right]\right)\leqslant\operatorname{tr}\left(\mathrm{e}^{\sum_{i=1}^{n}\log\Psi_{\widetilde{Q}_i}(2\lambda)}\right)$$

其中最后一步是将引理 6.13 用于对称矩阵 $\widetilde{\boldsymbol{Q}}_i=\varepsilon_i\boldsymbol{A}_i$. 因此，忽略常数 2，当控制矩阵的最大特征值界时，我们可以不失一般性地假定矩阵的分布关于零对称. ♣

6.4.4 随机矩阵的上尾部概率界

现在对于零均值独立随机矩阵和的偏差，我们已经集齐了阐述和证明各种尾部概率界的必要组件.

次高斯的情形

我们从次高斯随机矩阵的尾部概率界开始. 它给出了随机变量的 Hoeffding 型尾部概率界(命题 2.5)的一个类比结论.

定理 6.15(随机矩阵的 Hoeffding 界) 令 $\{\boldsymbol{Q}_i\}_{i=1}^n$ 是一列零均值独立对称的随机矩阵，并且满足参数为 $\{\boldsymbol{V}_i\}_{i=1}^n$ 的次高斯条件. 那么对于任意的 $\delta>0$，我们有上尾部概率界

$$\mathbb{P}\left[\left\|\frac{1}{n}\sum_{i=1}^{n}\boldsymbol{Q}_i\right\|_2\geqslant\delta\right]\leqslant 2\operatorname{rank}\left(\sum_{i=1}^{n}\boldsymbol{V}_i\right)\mathrm{e}^{-\frac{n\delta^2}{2\sigma^2}}\leqslant 2d\,\mathrm{e}^{-\frac{n\delta^2}{2\sigma^2}}\tag{6.38}$$

其中 $\sigma^2=\left\|\frac{1}{n}\sum_{i=1}^{n}\boldsymbol{V}_i\right\|_2$.

证明 我们首先在 $\boldsymbol{V}:=\sum_{i=1}^{n}\boldsymbol{V}_i$ 为满秩的情形下证明结论，然后考虑一般情形下的证明. 由引理 6.13，只需要控制 $\operatorname{tr}\left(\mathrm{e}^{\sum_{i=1}^{n}\log\Psi_{Q_i}(\lambda)}\right)$ 的上界. 根据定义 6.6，以及假定的次高斯性和矩阵对数运算的单调性，我们得到

$$\sum_{i=1}^{n}\log\Psi_{Q_i}(\lambda)\preceq\frac{\lambda^2}{2}\sum_{i=1}^{n}\boldsymbol{V}_i$$

这里我们用到了对数运算是矩阵单调的. 因为指数运算是一个增函数，迹的界(6.25)可以推出

$$\operatorname{tr}\left(\mathrm{e}^{\sum_{i=1}^{n}\log\Psi_{Q_i}(\lambda)}\right)\leqslant\operatorname{tr}\left(\mathrm{e}^{\frac{\lambda^2}{2}\sum_{i=1}^{n}\boldsymbol{V}_i}\right)$$

这个上界，结合矩阵 Chernoff 界(6.37)，可得

$$\mathbb{P}\left[\left\|\frac{1}{n}\sum_{i=1}^{n}\boldsymbol{Q}_i\right\|_2 \geqslant \delta\right] \leqslant 2\operatorname{tr}\left(\mathrm{e}^{\frac{\lambda^2}{2}\sum_{i=1}^{n}\mathbf{V}_i}\right)\mathrm{e}^{-\lambda n\delta}$$

对任意 d 维的对称矩阵 $\boldsymbol{R}$，我们有 $\operatorname{tr}(\mathrm{e}^{\boldsymbol{R}}) \leqslant d\mathrm{e}^{|||\boldsymbol{R}|||_2}$. 对矩阵 $\boldsymbol{R}=\frac{\lambda^2}{2}\sum_{i=1}^{n}\mathbf{V}_i$ 应用这个不等式，可得 $|||\boldsymbol{R}|||_2=\frac{\lambda^2}{2}n\sigma^2$，从而得到界

$$\mathbb{P}\left[\left\|\frac{1}{n}\sum_{i=1}^{n}\boldsymbol{Q}_i\right\|_2 \geqslant \delta\right] \leqslant 2d\mathrm{e}^{\frac{\lambda^2}{2}n\sigma^2-\lambda n\delta}$$

这个上界对所有的 $\lambda \geqslant 0$ 成立，设 $\lambda=\delta/\sigma^2$ 可得结论.

现在假设矩阵 $\mathbf{V}:=\sum_{i=1}^{n}\mathbf{V}_i$ 不是满秩的，即秩 $r<d$. 在这种情况下，特征分解得到 $\mathbf{V}=\boldsymbol{UDU}^{\mathrm{T}}$，其中 $\boldsymbol{U}\in\mathbb{R}^{d\times r}$ 有正交的列. 引入缩写记号 $\boldsymbol{Q}:=\sum_{i=1}^{n}\boldsymbol{Q}_i$，$r$ 维矩阵 $\widetilde{\boldsymbol{Q}}=\boldsymbol{U}^{\mathrm{T}}\boldsymbol{QU}$ 刻画了矩阵 $\boldsymbol{Q}$ 的随机性，特别地有 $|||\widetilde{\boldsymbol{Q}}|||_2=|||\boldsymbol{Q}|||_2$. 因此，我们可以用相同的方法来控制 $|||\widetilde{\boldsymbol{Q}}|||_2$，从而可以用因子项 r 代替之前的 d. □

一个重要的结果是，对于一般的独立但可能非对称以及/或非方阵的矩阵，不等式(6.38)同样可以得到类似界，其中 d 换成 d_1+d_2. 具体来说，可将一般的零均值随机矩阵 $\mathbf{A}_i\in\mathbb{R}^{d_1\times d_2}$ 问题通过定义 d_1+d_2 维方阵的方式转化为对称问题

$$\boldsymbol{Q}_i:=\begin{bmatrix}\mathbf{0}_{d_1\times d_1} & \mathbf{A}_i\\ \mathbf{A}_i^{\mathrm{T}} & \mathbf{0}_{d_2\times d_2}\end{bmatrix} \tag{6.39}$$

然后在对称矩阵 $\boldsymbol{Q}_i$ 上假定某种形式的矩母函数界——例如次高斯条件(6.27). 更多细节参见习题 6.10.

尾部概率界(6.38)的一个重要特点是指数项前面出现了秩或维数 d. 在某些情况下，这个依赖于维数的因子项是不必要的，并且会导致所得界不是最优的. 然而，在一般情况下这项是无法避免的. 下面的例子说明了两个极端.

例 6.16(定理 6.15 的宽松情况/精细情况)　简单起见，我们考虑 $n=d$ 的例子. 对于每个 $i=1,2,\cdots,d$，令 $\boldsymbol{E}_i\in\mathcal{S}^{d\times d}$ 为位置 (i,i) 为 1，其他位置为 0 的对角矩阵. 定义 $\boldsymbol{Q}_i=y_i\boldsymbol{E}_i$，其中 $\{y_i\}_{i=1}^{n}$ 是 1—次高斯变量的独立同分布序列. 需要记住的两个具体情况是 Rademacher 变量 $\{\varepsilon_i\}_{i=1}^{n}$ 和 $\mathcal{N}(0,1)$ 变量 $\{g_i\}_{i=1}^{n}$.

对于任意这样的次高斯变量，类似于例 6.7 的计算表明，每个 $\boldsymbol{Q}_i$ 满足次高斯界(6.27)，其中 $\mathbf{V}_i=\boldsymbol{E}_i$，因此 $\sigma^2=\left\|\frac{1}{d}\sum_{i=1}^{d}\mathbf{V}_i\right\|_2=1/d$. 所以，定理 6.15 可得尾部概率界

$$\mathbb{P}\left[\left\|\frac{1}{d}\sum_{i=1}^{d}\boldsymbol{Q}_i\right\|_2 \geqslant \delta\right] \leqslant 2d\mathrm{e}^{-\frac{d^2\delta^2}{2}} \quad \text{对于所有 } \delta>0 \tag{6.40}$$

这意味着 $\left\|\frac{1}{d}\sum_{j=1}^{d}\boldsymbol{Q}_j\right\|_2 \precsim \frac{\sqrt{2\log(2d)}}{d}$ 在高概率下成立. 另外，具体计算表明

$$\left\| \frac{1}{d}\sum_{i=1}^{n}\boldsymbol{Q}_i \right\|_2 = \max_{i=1,\cdots,d}\frac{|y_i|}{d} \tag{6.41}$$

比较精确结果(6.41)和界(6.40)可以看到差异很大. 在一个极端情形中，对于独立同分布的 Rademacher 变量 $y_i=\varepsilon_i\in\{-1,+1\}$，我们有 $\left\| \frac{1}{d}\sum_{i=1}^{n}\boldsymbol{Q}_i \right\|_2 =1/d$，表明界(6.40)有$\sqrt{\log d}$阶的偏差. 此外，对于独立同分布的高斯变量 $y_i=g_i\sim\mathcal{N}(0,1)$，我们有

$$\left\| \frac{1}{d}\sum_{i=1}^{d}\boldsymbol{Q}_i \right\|_2 = \max_{i=1,\cdots,d}\frac{|g_i|}{d} \simeq \frac{\sqrt{2\log d}}{d}$$

用到了 d 个独立同分布 $\mathcal{N}(0,1)$变量最大值数量级为$\sqrt{2\log d}$. 因此，对于这类随机矩阵，定理 6.15 不能再改进了. ♣

随机矩阵的 Bernstein 型界

我们现在讨论满足次指数尾概率条件的随机矩阵的界，特别是 Bernstein 形式(6.29)的条件.

定理 6.17(随机矩阵的 Bernstein 界)　令$\{\boldsymbol{Q}_i\}_{i=1}^{n}$为一列独立、零均值、对称随机矩阵且满足参数 $b>0$ 的 Bernstein 条件(6.29). 那么对任意 $\delta\geqslant0$，算子范数满足尾部概率界

$$\mathbb{P}\left[\frac{1}{n}\left\| \sum_{i=1}^{n}\boldsymbol{Q}_i \right\|_2 \geqslant \delta\right] \leqslant 2\text{rank}\left(\sum_{i=1}^{n}\text{var}(\boldsymbol{Q}_i)\right)\exp\left\{-\frac{n\delta^2}{2(\sigma^2+b\delta)}\right\} \tag{6.42}$$

其中 $\sigma^2 := \frac{1}{n}\left\| \sum_{j=1}^{n}\text{var}(\boldsymbol{Q}_j) \right\|_2$.

证明　由引理 6.13，我们有 $\text{tr}(\boldsymbol{\Psi}_{\boldsymbol{S}_n}(\lambda)) \leqslant \text{tr}\left(e^{\sum_{i=1}^{n}\log\boldsymbol{\Psi}_{\boldsymbol{Q}_i}(\lambda)}\right)$. 根据引理 6.11，结合 Bernstein 条件以及对数运算的矩阵单调性，对任意的$|\lambda|<\frac{1}{b}$有不等式 $\log\boldsymbol{\Psi}_{\boldsymbol{Q}_i}(\lambda)\preceq\frac{\lambda^2\text{var}(\boldsymbol{Q}_i)}{1-b|\lambda|}$. 综上所述有

$$\text{tr}\left(e^{\sum_{i=1}^{n}\log\boldsymbol{\Psi}_{\boldsymbol{Q}_i}(\lambda)}\right) \leqslant \text{tr}\left(\exp\left(\frac{\lambda^2\sum_{i=1}^{n}\text{var}(\boldsymbol{Q}_i)}{1-b|\lambda|}\right)\right) \leqslant \text{rank}\left(\sum_{i=1}^{n}\text{var}(\boldsymbol{Q}_i)\right)e^{\frac{n\lambda^2\sigma^2}{1-b|\lambda|}}$$

其中最后的不等式由定理 6.15 证明中的同样的技巧得到. 结合上界(6.37)，我们有

$$\mathbb{P}\left[\left\| \frac{1}{n}\sum_{i=1}^{n}\boldsymbol{Q}_i \right\|_2 \geqslant \delta\right] \leqslant 2\text{rank}\left(\sum_{i=1}^{n}\text{var}(\boldsymbol{Q}_i)\right)e^{\frac{n\sigma^2\lambda^2}{1-b|\lambda|}-\lambda n\delta}$$

对所有 $\lambda\in[0,1/b)$成立. 令 $\lambda=\frac{\delta}{\sigma^2+b\delta}\in\left(0,\frac{1}{b}\right)$并化简可得结论(6.42). □

注：注意尾部概率界(6.42)是次指数型的，随着参数 σ^2 和 b 的相对大小有两种表现形

式. 因此，它是经典的标量随机变量 Bernstein 界的自然推广. 与定理 6.15 一样，通过引入表达式(6.39)定义的对称矩阵序列$\{\boldsymbol{Q}_i\}_{i=1}^n$并假定 Bernstein 条件，定理 6.17 也可以推广到非对称(以及可能非方阵)矩阵$\{\boldsymbol{A}_i\}_{i=1}^n$. 作为一个特例，如果$|\!|\!|\boldsymbol{A}_i|\!|\!|_2 \leqslant b$几乎处处成立，那么可以验证矩阵$\{\boldsymbol{Q}_i\}_{i=1}^n$满足 Bernstein 条件，参数为 b 以及

$$\sigma^2 := \max\left\{\left|\!\left|\!\left|\frac{1}{n}\sum_{i=1}^n \mathbb{E}[\boldsymbol{A}_i\boldsymbol{A}_i^{\mathrm{T}}]\right|\!\right|\!\right|_2, \left|\!\left|\!\left|\frac{1}{n}\sum_{i=1}^n \mathbb{E}[\boldsymbol{A}_i^{\mathrm{T}}\boldsymbol{A}_i]\right|\!\right|\!\right|_2\right\} \tag{6.43}$$

在下面的例 6.18 中，我们给出一种这样的转换例子.

矩阵补全问题给出了一类重要的例子，其中定理 6.17 可以得到有效的应用. 更深层次的详细描述参见第 10 章，我们有下面的讨论.

例 6.18(矩阵补全中的尾部概率界) 考虑一个独立同分布矩阵序列，形式为$\boldsymbol{A}_i = \xi_i\boldsymbol{X}_i \in \mathbb{R}^{d\times d}$，其中$\xi_i$是一个零均值次指数变量，满足参数为 b，方差为ν^2的 Bernstein 条件，$\boldsymbol{X}_i$是一个独立于ξ_i的随机“掩码矩阵”，所有从d^2个位置中随机选择一个元素等于 d，其余元素都等于零. 通过构造，对于任何确定的矩阵$\boldsymbol{\Theta} \in \mathbb{R}^{d\times d}$，我们有$\mathbb{E}[\langle\langle \boldsymbol{A}_i, \boldsymbol{\Theta}\rangle\rangle^2] = \nu^2 |\!|\!|\boldsymbol{\Theta}|\!|\!|_{\mathrm{F}}^2$——这一性质在我们稍后的矩阵补全分析中起着重要作用.

如例 6.14 所述，忽略常数项，不失一般性可以假设随机矩阵$\boldsymbol{A}_i$具有关于零对称分布；在目前的特殊情况下，这种对称条件等价于要求标量随机变量ξ_i和$-\xi_i$服从相同的分布. 此外，根据定义，矩阵$\boldsymbol{A}_i$不是对称的(意味着$\boldsymbol{A}_i \neq \boldsymbol{A}_i^{\mathrm{T}}$)，但如定理 6.17 的后续讨论，我们可以用算子范数$\left|\!\left|\!\left|\frac{1}{n}\sum_{i=1}^n \boldsymbol{Q}_i\right|\!\right|\!\right|_2$来控制算子范数$\left|\!\left|\!\left|\frac{1}{n}\sum_{i=1}^n \boldsymbol{A}_i\right|\!\right|\!\right|_2$，其中对称化矩阵$Q_i \in \mathbb{R}^{2d\times 2d}$由表达式(6.39)所定义.

由ξ_i和$\boldsymbol{A}_i$之间的独立性以及ξ_i的对称分布，对所有$m=0,1,2,\cdots$,我们有$\mathbb{E}[\boldsymbol{Q}_i^{2m+1}]=0$. 对于偶数阶矩，假设掩码矩阵$\boldsymbol{X}_i$中唯一的非零项是$(a,b)$. 那么有

$$\boldsymbol{Q}_i^{2m} = (\xi_i)^{2m} d^{2m}\begin{bmatrix}\boldsymbol{D}_a & 0\\ 0 & \boldsymbol{D}_b\end{bmatrix} \quad 对于所有\ m=1,2,\cdots \tag{6.44}$$

这里$\boldsymbol{D}_a \in \mathbb{R}^{d\times d}$是只有位置$(a,a)$为 1 的对角矩阵，$\boldsymbol{D}_b$的定义类似. 由 Bernstein 条件，我们有$\mathbb{E}[\xi_i^{2m}] \leqslant \frac{1}{2}(2m)!b^{2m-2}\nu^2$，对所有的$m=1,2,\cdots$成立.

另一方面，因为第一个坐标为 a 的概率是$1/d$，有$\mathbb{E}[\boldsymbol{D}_a] = \frac{1}{d}\boldsymbol{I}_d$. 因此可得$\mathrm{var}(\boldsymbol{Q}_i) = \nu^2 d\boldsymbol{I}_{2d}$. 综上所述，我们已经证明

$$\mathbb{E}[\boldsymbol{Q}_i^{2m}] \preceq \frac{1}{2}(2m)!b^{2m-2}\nu^2 d^{2m}\ \frac{1}{d}\boldsymbol{I}_{2d} = \frac{1}{2}(2m)!(bd)^{2m-2}\mathrm{var}(\boldsymbol{Q}_i)$$

这表明$\boldsymbol{Q}_i$满足 Bernstein 条件，参数为 bd 以及

$$\sigma^2 := \left|\!\left|\!\left|\frac{1}{n}\sum_{i=1}^n \mathrm{var}(\boldsymbol{Q}_i)\right|\!\right|\!\right|_2 \leqslant \nu^2 d$$

由此，定理 6.17 可以推出

$$\mathbb{P}\left[\left\|\frac{1}{n}\sum_{i=1}^{n}\boldsymbol{A}_i\right\|_2 \geqslant \delta\right] \leqslant 4d\,\mathrm{e}^{-\frac{n\delta^2}{2d(\nu^2+b\delta)}} \tag{6.45}$$

♣

在有些情况下，还可以改进定理 6.17 对维数的依赖——特别地，用一个可能小得多的量来代替可能与 d 一样大的基于秩的项. 在下面的例子中我们阐述这样一个精细结果的例子.

例 6.19(具有精细化维数依赖的 Bernstein 界) 考虑一列独立零均值随机矩阵 $\boldsymbol{Q}_i$，几乎处处有界 $\|\boldsymbol{Q}_i\|_2 \leqslant 1$，并假定我们的目标是控制和 $\boldsymbol{S}_n := \sum_{i=1}^{n}\boldsymbol{Q}_i$ 的最大特征值 $\gamma_{\max}(\boldsymbol{S}_n)$ 的上界. 定义函数 $\phi(\lambda) := \mathrm{e}^{\lambda} - \lambda - 1$，注意它在正实轴上是单调递增的. 因此，如习题 6.12 所验证的，对于任何 $\delta > 0$，我们有

$$\mathbb{P}[\gamma_{\max}(\boldsymbol{S}_n) \geqslant \delta] \leqslant \inf_{\lambda>0}\frac{\operatorname{tr}(\mathbb{E}[\phi(\lambda\boldsymbol{S}_n)])}{\phi(\lambda\delta)} \tag{6.46}$$

另外，利用 $\|\boldsymbol{Q}_i\|_2 \leqslant 1$，习题 6.12 表明

$$\log\Psi_{\boldsymbol{Q}_i}(\lambda) \leqslant \phi(\lambda)\operatorname{var}(\boldsymbol{Q}_i) \tag{6.47a}$$

以及

$$\operatorname{tr}(\mathbb{E}[\phi(\lambda\boldsymbol{S}_n)]) \leqslant \frac{\operatorname{tr}(\overline{\boldsymbol{V}})}{\|\overline{\boldsymbol{V}}\|_2}\mathrm{e}^{\phi(\lambda)\|\overline{\boldsymbol{V}}\|_2} \tag{6.47b}$$

其中 $\overline{\boldsymbol{V}} := \sum_{i=1}^{n}\operatorname{var}(\boldsymbol{Q}_i)$. 结合初始的界(6.46)，我们得到结论

$$\mathbb{P}[\gamma_{\max}(\boldsymbol{S}_n) \geqslant \delta] \leqslant \frac{\operatorname{tr}(\overline{\boldsymbol{V}})}{\|\overline{\boldsymbol{V}}\|_2}\inf_{\lambda>0}\left\{\frac{\mathrm{e}^{\phi(\lambda)\|\overline{\boldsymbol{V}}\|_2}}{\phi(\lambda\delta)}\right\} \tag{6.48}$$

这个界的重要性在于前置项迹的比 $\frac{\operatorname{tr}(\overline{\boldsymbol{V}})}{\|\overline{\boldsymbol{V}}\|_2}$，而不是在之前的推导中出现的量 $\operatorname{rank}(\overline{\boldsymbol{V}}) \leqslant d$. 注意我们总是有 $\frac{\operatorname{tr}(\overline{\boldsymbol{V}})}{\|\overline{\boldsymbol{V}}\|_2} \leqslant \operatorname{rank}(\overline{\boldsymbol{V}})$，并且在有些情况下，迹的比值远小于秩. 习题 6.13 给了一个这样的例子. ♣

6.4.5 协方差矩阵的结果

最后，关于协方差矩阵的估计，我们介绍定理 6.17 的一个重要推论来作为总结.

推论 6.20 设 $\boldsymbol{x}_1, \cdots, \boldsymbol{x}_n$ 为独立同分布零均值随机向量，其协方差为 $\boldsymbol{\Sigma}$，而且几乎处处有 $\|\boldsymbol{x}_j\|_2 \leqslant \sqrt{b}$. 那么对任意 $\delta > 0$，样本协方差矩阵 $\hat{\boldsymbol{\Sigma}} = \frac{1}{n}\sum_{i=1}^{n}\boldsymbol{x}_i\boldsymbol{x}_i^{\mathrm{T}}$ 满足

$$\mathbb{P}[\|\hat{\boldsymbol{\Sigma}} - \boldsymbol{\Sigma}\|_2 \geqslant \delta] \leqslant 2d\exp\left(-\frac{n\delta^2}{2b(\|\boldsymbol{\Sigma}\|_2 + \delta)}\right) \tag{6.49}$$

证明 对于零均值随机矩阵 $\boldsymbol{Q}_i := \boldsymbol{x}_i\boldsymbol{x}_i^{\mathrm{T}} - \boldsymbol{\Sigma}$ 应用定理 6.17. 这些矩阵的算子范数有界：事实上，由三角不等式，我们有

$$|||\boldsymbol{Q}_i|||_2 \leqslant \|\boldsymbol{x}_i\|_2^2 + |||\boldsymbol{\Sigma}|||_2 \leqslant b + |||\boldsymbol{\Sigma}|||_2$$

由于 $\boldsymbol{\Sigma} = \mathbb{E}[\boldsymbol{x}_i\boldsymbol{x}_i^{\mathrm{T}}]$，我们有 $|||\boldsymbol{\Sigma}|||_2 = \max\limits_{v\in\mathbb{S}^{d-1}} \mathbb{E}[\langle \boldsymbol{v}, \boldsymbol{x}_i\rangle^2] \leqslant b$，并因此 $|||\boldsymbol{Q}_i|||_2 \leqslant 2b$. 关于 $\boldsymbol{Q}_i$ 的方差，我们有

$$\operatorname{var}(\boldsymbol{Q}_i) = \mathbb{E}[(\boldsymbol{x}_i\boldsymbol{x}_i^{\mathrm{T}})^2] - \boldsymbol{\Sigma}^2 \preceq \mathbb{E}[\|\boldsymbol{x}_i\|_2^2 \boldsymbol{x}_i\boldsymbol{x}_i^{\mathrm{T}}] \preceq b\boldsymbol{\Sigma}$$

所以 $|||\operatorname{var}(\boldsymbol{Q}_i)|||_2 \leqslant b|||\boldsymbol{\Sigma}|||_2$. 代入尾部概率界(6.42)可得结论. □

我们用一些例子来说明这个推论的一些应用.

例 6.21(球面上均匀分布的随机向量) 假设随机向量 $\boldsymbol{x}_i$ 均匀来自球面 $\mathbb{S}^{d-1}(\sqrt{d})$，因此对所有 $i=1,\cdots,n$，有 $\|\boldsymbol{x}_i\|_2 = \sqrt{d}$. 通过构造，我们有 $\mathbb{E}[\boldsymbol{x}_i\boldsymbol{x}_i^{\mathrm{T}}] = \boldsymbol{\Sigma} = \boldsymbol{I}_d$，并因此 $|||\boldsymbol{\Sigma}|||_2 = 1$. 由推论 6.20 可得

$$\mathbb{P}[|||\hat{\boldsymbol{\Sigma}} - \boldsymbol{I}_d|||_2 \geqslant \delta] \leqslant 2d\,\mathrm{e}^{-\frac{n\delta^2}{2d+2d\delta}} \quad \text{对于所有 } \delta \geqslant 0 \tag{6.50}$$

这个界可以推出

$$|||\hat{\boldsymbol{\Sigma}} - \boldsymbol{I}_d|||_2 \precsim \sqrt{\frac{d\log d}{n}} + \frac{d\log d}{n} \tag{6.51}$$

在高概率下成立，因此只要 $\frac{d\log d}{n} \to 0$，样本协方差就是一个相合估计. 这个结果接近最优，在这个特殊情况下只有对数项是多余的. 它可以被去除，例如，注意 $\boldsymbol{x}_i$ 是次高斯的随机向量，然后应用定理 6.5. ♣

例 6.22(“穗状”随机向量) 我们现在考虑一个随机向量的总体，与前面的例子大不同，但仍然满足相同的界. 特别地，考虑形式为 $\boldsymbol{x}_i = \sqrt{d}\boldsymbol{e}_{a(i)}$ 的随机向量，其中 $a(i)$ 是从 $\{1,\cdots,d\}$ 中随机均匀选择的下标，$\boldsymbol{e}_{a(i)} \in \mathbb{R}^d$ 是位置 $a(i)$ 元素为 1 的典范基向量. 和之前的一样，我们有 $\|\boldsymbol{x}_i\|_2 = \sqrt{d}$，和 $\mathbb{E}[\boldsymbol{x}_i\boldsymbol{x}_i^{\mathrm{T}}] = \boldsymbol{I}_d$，因此尾部概率界(6.50)也适用于这个总体. 一个重要的事实是，对于这个特殊的总体，界(6.51)是最优的，意味着除了常数因子它不能再改进了. ♣

6.5 带结构的协方差矩阵的界

在前面的章节中，我们主要关注的是通过样本协方差来估计一般的非结构化的协方差矩阵. 当协方差矩阵具有额外的结构时，使用不同于样本协方差矩阵的估计量可能得到更快的收敛速度. 在本节中，我们对稀疏矩阵和/或图结构矩阵探讨可以达到的更快收敛速度.

在最简单的情形中，协方差矩阵已知是稀疏的，并且非零项的位置已知. 在这种情况下，很自然地会考虑仅在这些已知位置为非零的矩阵估计量. 例如，如果有先验信息我们知道协方差矩阵是对角的，那么就很自然地使用估计 $\hat{\boldsymbol{D}} := \operatorname{diag}\{\hat{\Sigma}_{11}, \hat{\Sigma}_{22}, \cdots, \hat{\Sigma}_{dd}\}$，对应样本协方差矩阵 $\boldsymbol{\Sigma}$ 的对角线元素. 正如我们在习题 6.15 中所探讨的，这个估计量的效果可以

显著地变好：特别地，对于次高斯变量，估计误差可以达到$\sqrt{\frac{\log d}{n}}$，而不是非结构化情况下的$\sqrt{\frac{d}{n}}$数量级. 类似的结论也适用于其他形式的已知稀疏.

6.5.1 未知稀疏与截断

更一般地，假设协方差矩阵 $\boldsymbol{\Sigma}$ 相对比较稀疏，但非零元素的位置并不知道. 很自然地可以考虑基于阈值的估计. 给定一个参数 $\lambda>0$，硬阈值算子定义为

$$T_\lambda(u):=u\mathbb{I}[|u|>\lambda]=\begin{cases}u & |u|>\lambda\\ 0 & \text{其他}\end{cases} \tag{6.52}$$

借用这个符号，对于矩阵 $\boldsymbol{M}$，我们记 $T_\lambda(\boldsymbol{M})$为对 $\boldsymbol{M}$ 的每一个元素应用阈值算子所得到的矩阵. 在这一节中，我们研究估计量 $T_{\lambda_n}(\hat{\boldsymbol{\Sigma}})$的性质，其中参数 $\lambda_n>0$ 根据样本大小 n 和矩阵维数 d 来适当选取.

协方差矩阵的稀疏可以用很多方式来描述. 它的零模式可以由邻接矩阵 $\mathbf{A}\in\mathbb{R}^{d\times d}$ 来表述，其中元素 $A_{j\ell}=\mathbb{I}[\boldsymbol{\Sigma}_{j\ell}\neq 0]$. 这个邻接矩阵定义了顶点$\{1,2,\cdots,d\}$上无向图 G 的边结构，图中包含边(j,ℓ)当且仅当 $\Sigma_{j\ell}\neq 0$，以及每个对角线元素的自成边(j,j). 邻接矩阵的算子范数$|||\mathbf{A}|||_2$ 给出了稀疏的一个自然度量. 特别地，可以验证$|||\mathbf{A}|||_2\leqslant d$，当 G 完全连接时等号成立，也就是 $\boldsymbol{\Sigma}$ 没有零元素. 更一般地，如习题 6.2 所示，只要 $\boldsymbol{\Sigma}$ 的每行最多有 s 个非零元素，我们就有$|||\mathbf{A}|||_2\leqslant s$，或者等价地图 G 的最大度至多为 $s-1$. 下面的结果基于 $\boldsymbol{\Sigma}$ 定义的图邻接矩阵 $\mathbf{A}$ 给出了截断形式样本协方差矩阵的性质.

定理 6.23(截断形式样本协方差估计) 设$\{x_i\}_{i=1}^n$ 是一列独立同分布的零均值随机向量，协方差矩阵为 $\boldsymbol{\Sigma}$，并假定每个分量 x_{ij} 是次高斯的，参数至多为 σ. 如果 $n>\log d$，则对任意 $\delta>0$，参数 $\lambda_n/\sigma^2=8\sqrt{\frac{\log d}{n}}+\delta$ 的截断形式样本协方差 $T_{\lambda_n}(\hat{\boldsymbol{\Sigma}})$满足

$$\mathbb{P}[|||T_{\lambda_n}(\hat{\boldsymbol{\Sigma}})-\boldsymbol{\Sigma}|||_2\geqslant 2|||\mathbf{A}|||_2\lambda_n]\leqslant 8\mathrm{e}^{-\frac{n}{16}\min(\delta,\delta^2)} \tag{6.53}$$

定理 6.23 的证明本质上是(确定性)结果：对于任意满足$\|\hat{\boldsymbol{\Sigma}}-\boldsymbol{\Sigma}\|_{\max}\leqslant\lambda_n$ 的 λ_n，可得

$$|||T_{\lambda_n}(\hat{\boldsymbol{\Sigma}})-\boldsymbol{\Sigma}|||_2\leqslant 2|||\mathbf{A}|||_2\lambda_n \tag{6.54}$$

这个中间结果的证明是直接的. 首先，对 $\Sigma_{j\ell}=0$ 的任何下标(j,ℓ)，不等式满足$\|\hat{\boldsymbol{\Sigma}}-\boldsymbol{\Sigma}\|_{\max}\leqslant\lambda_n$ 可以保证$|\hat{\Sigma}_{j\ell}|\leqslant\lambda_n$，因此，由阈值运算符的定义，$T_{\lambda_n}(\hat{\Sigma}_{j\ell})=0$. 另一方面，对任何使得 $\Sigma_{j\ell}\neq 0$ 的(j,ℓ)，我们有

$$|T_{\lambda_n}(\hat{\Sigma}_{j\ell})-\Sigma_{j\ell}|\overset{\text{(i)}}{\leqslant}|T_{\lambda_n}(\hat{\Sigma}_{j\ell})-\hat{\Sigma}_{j\ell}|+|\hat{\Sigma}_{j\ell}-\Sigma_{j\ell}|\overset{\text{(ii)}}{\leqslant}2\lambda_n$$

其中步骤(i)用到三角不等式，步骤(ii)基于$|T_{\lambda_n}(\hat{\Sigma}_{j\ell})-\hat{\Sigma}_{j\ell}|\leqslant\lambda_n$ 以及再次利用$\|\hat{\boldsymbol{\Sigma}}-\boldsymbol{\Sigma}\|_{\max}\leqslant\lambda_n$ 的假设. 因此，我们证明了矩阵 $\boldsymbol{B}:=|T_{\lambda_n}(\hat{\boldsymbol{\Sigma}})-\boldsymbol{\Sigma}|$逐元素地满足不等式 $\boldsymbol{B}\leqslant 2\lambda_n\boldsymbol{A}$. 由于

$\boldsymbol{B}$ 和 $\boldsymbol{A}$ 的元素都是非负的，我们可得 $|||\boldsymbol{B}|||_2 \leqslant 2\lambda_n |||\boldsymbol{A}|||_2$，因此可得结论 $|||T_{\lambda_n}(\hat{\boldsymbol{\Sigma}})-\boldsymbol{\Sigma}|||_2 \leqslant 2\lambda_n |||\boldsymbol{A}|||_2$.（关于最后这些步骤的细节参见习题 6.3.）

定理 6.23 对特定类别的协方差矩阵有许多重要的推论.

推论 6.24　假设除了定理 6.23 的条件以外，协方差矩阵 $\boldsymbol{\Sigma}$ 的每行最多有 s 个非常元素. 那么对 $\lambda_n/\sigma^2 = 8\sqrt{\frac{\log d}{n}}+\delta$ 的 $\delta>0$，我们有

$$\mathbb{P}[|||T_{\lambda_n}(\hat{\boldsymbol{\Sigma}})-\boldsymbol{\Sigma}|||_2 \geqslant 2s\lambda_n] \leqslant 8\mathrm{e}^{-\frac{n}{16}\min(\delta,\delta^2)} \tag{6.55}$$

为了从定理 6.23 推得这些结果，只需要证明 $|||\boldsymbol{A}|||_2 \leqslant s$. 由于 $\boldsymbol{A}$ 的每行最多有 s 个 1(其余项等于零)，这一结论可由习题 6.2 的结果得到.

例 6.25(稀疏和邻接矩阵)　有些时候，界(6.55)比界(6.53)更实用，因为它基于一个局部量，即由协方差矩阵定义的图的最大度数，而不是谱范数 $|||\boldsymbol{A}|||_2$. 在有些情况下，这两个界是一样的. 举个例子，考虑任何包含一个 s 团(即全部由边相连的 s 个节点构成的子集)的最大度数为 $s-1$ 的图. 正如我们在习题 6.16 中探讨的，对任何这样的图，我们都有 $|||\boldsymbol{A}|||_2 = s$，因此这两个边界是等价的.

然而，一般来说，界(6.53)可以比界(6.55)精细得多. 例如，考虑一个 hub-and-spoke 图，其中一个称为 hub 的中心节点连接到其余 $d-1$ 节点中的 s 个，如图 6.1b 所示. 对于这样的一个图，我们有 $|||\boldsymbol{A}|||_2 = 1+\sqrt{s-1}$，因此在这种情形下由定理 6.23 可得

$$|||T_{\lambda_n}(\hat{\boldsymbol{\Sigma}})-\boldsymbol{\Sigma}|||_2 \lesssim \sqrt{\frac{s\log d}{n}}$$

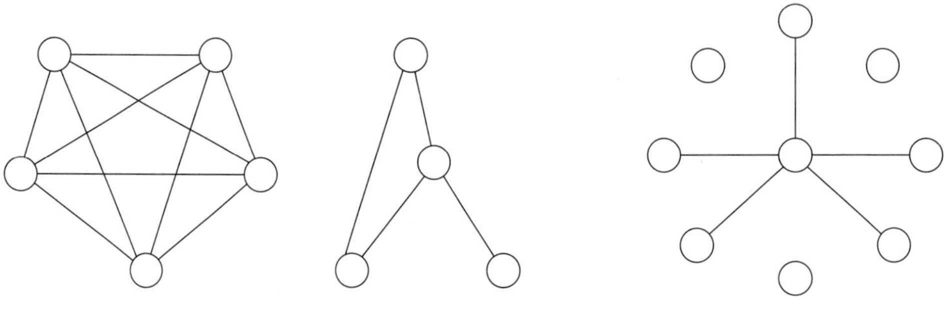

a)　　　　　　　　　　　　　　b)

图 6.1　a) 包含一个 $s=5$ 的团的 $d=9$ 节点图的例子. 对于这类图，界(6.53)和(6.55)是一样的. b) $d=9$ 个节点的 hub-and-spoke 图的最大度数 $s=5$. 对于这类图，两个界相差一个 $\sqrt{s}$ 的因子.

在高概率下成立，相比于推论 6.24 中的界(6.55)，这个界的数量级为 $\sqrt{s}$，所以更加精细. ♣

我们现在来考虑定理 6.23 的余下部分证明. 基于推导表达式(6.54)的过程，只需要对

误差矩阵 $\hat{\boldsymbol{\Delta}}:=\hat{\boldsymbol{\Sigma}}-\boldsymbol{\Sigma}$ 的逐元素无穷范数在高概率下得到一个界.

引理 6.26　在定理 6.23 的条件下，我们有

$$\mathbb{P}[\|\hat{\boldsymbol{\Delta}}\|_{\max}/\sigma^2\geqslant t]\leqslant 8\mathrm{e}^{-\frac{n}{16}\min\{t,t^2\}+2\log d}\quad 对于所有\ t>0 \tag{6.56}$$

在界(6.56)中令 $t=\lambda_n/\sigma^2=8\sqrt{\frac{\log d}{n}}+\delta$ 可得

$$\mathbb{P}[\|\hat{\boldsymbol{\Delta}}\|_{\max}\geqslant\lambda_n]\leqslant 8\mathrm{e}^{-\frac{n}{16}\min\{\delta,\delta^2\}}$$

其中我们用到了假设中的 $n>\log d$.

余下仅需证明引理 6.26. 注意重尺度化后的向量 $\boldsymbol{x}_i/\sigma$ 是参数最多为 1 的次高斯. 因此，不失一般性，我们假设 $\sigma=1$，最后再重新做尺度变换. 首先考虑一个对角线元素，习题 6.15(a)的结果保证存在普适的正常数 c_1，c_2，使得

$$\mathbb{P}[|\hat{\Delta}_{jj}|\geqslant c_1\delta]\leqslant 2\mathrm{e}^{-c_2n\delta^2}\quad 对于所有\ \delta\in(0,1) \tag{6.57}$$

考虑非对角线元素，对任意 $j\neq\ell$，我们都有

$$2\hat{\Delta}_{j\ell}=\frac{2}{n}\sum_{i=1}^{n}x_{ij}x_{i\ell}-2\Sigma_{j\ell}=\frac{1}{n}\sum_{i=1}^{n}(x_{ij}+x_{i\ell})^2-(\Sigma_{jj}+\Sigma_{\ell\ell}+2\Sigma_{j\ell})-\hat{\Delta}_{jj}-\hat{\Delta}_{\ell\ell}$$

由于 x_{ij} 和 $x_{i\ell}$ 都是零均值参数为 σ 的次高斯的，和 $x_{ij}+x_{i\ell}$ 是零均值且次高斯的，其参数最多为 $2\sqrt{2}\sigma$(参见习题 2.13(c)). 因此，存在普适常数 c_2，c_3，使得对所有 $\delta\in(0,1)$，我们有

$$\mathbb{P}\left[\left|\frac{1}{n}\sum_{i=1}^{n}(x_{ij}+x_{i\ell})^2-(\Sigma_{jj}+\Sigma_{\ell\ell}+2\Sigma_{j\ell})\right|\geqslant c_3\delta\right]\leqslant 2\mathrm{e}^{-c_2n\delta^2}$$

因此，结合我们之前的对角线界(6.57)，我们得到了尾部概率界 $\mathbb{P}[[\hat{\Delta}_{j\ell}]\geqslant c_1'\delta]\leqslant 6\mathrm{e}^{-c_2n\delta^2}$. 最后，将该界与先前的不等式(6.57)结合，然后对矩阵的所有 d^2 个元素取联合的界可得所要的结论(6.56).

6.5.2　渐近稀疏

给定一个没有元素正好为零的协方差矩阵 $\boldsymbol{\Sigma}$，那么定理 6.23 的界会非常差. 特别地，对于一个完全稠密的矩阵，对应的邻接矩阵 $\boldsymbol{A}$ 是元素全为 1 矩阵，因此 $\|\boldsymbol{A}\|_2=d$. 直观上，如果 $\boldsymbol{\Sigma}$ 有很多非零项，但其中许多项是“接近于零”，那么这些界可能可以被改进.

回想一下，衡量 $\boldsymbol{\Sigma}$ 稀疏的一种方式是基于每行的最大非零项个数. 这个概念的一个推广是度量每一行的 ℓ_q “范数”. 更具体地说，给定一个参数 $q\in[0,1]$以及一个半径 R_q，我们假设约束条件

$$\max_{j=1,\cdots,d}\sum_{\ell=1}^{d}|\Sigma_{j\ell}|^q\leqslant R_q \tag{6.58}$$

(关于这种类型集合的示意图参见第 7 章的图 7.1.)在特殊情况 $q=0$ 时，该约束条件等价于要求 $\boldsymbol{\Sigma}$ 的每一行最多有 R_0 个非零元素. 对于 $q\in(0,1]$的中间值，它允许很多非零项，但要求它们的绝对大小(从大到小排序后)衰减得非常快.

定理 6.27（ℓ_q 稀疏下的协方差估计） 假设协方差矩阵 $\boldsymbol{\Sigma}$ 满足 ℓ_q 稀疏约束条件(6.58)．那么对满足 $\|\hat{\boldsymbol{\Sigma}}-\boldsymbol{\Sigma}\|_{\max}\leqslant\lambda_n/2$ 的任意 λ_n，我们可得

$$\|T_{\lambda_n}(\hat{\boldsymbol{\Sigma}})-\boldsymbol{\Sigma}\|_2\leqslant 4R_q\lambda_n^{1-q} \tag{6.59a}$$

因此，如果样本协方差是由独立同分布样本 $\{x_i\}_{i=1}^n$ 构成，其中均值为零且是参数至多为 σ 的次高斯的，那么令 $\lambda_n/\sigma^2=8\sqrt{\frac{\log d}{n}}+\delta$ 可得

$$\mathbb{P}[\|T_{\lambda_n}(\hat{\boldsymbol{\Sigma}})-\boldsymbol{\Sigma}\|_2\geqslant 4R_q\lambda_n^{1-q}]\leqslant 8\mathrm{e}^{-\frac{n}{16}\min\{\delta,\delta^2\}}\quad \text{对于所有 } \delta>0 \tag{6.59b}$$

证明 给定非随机的结果(6.59a)，概率界(6.59b)可由次指数随机变量的标准尾部概率界得到．这个非随机的结果基于假设 $\|\hat{\boldsymbol{\Sigma}}-\boldsymbol{\Sigma}\|_{\max}\leqslant\lambda_n/2$．由习题 6.2 的结果，算子范数的界为

$$\|T_{\lambda_n}(\hat{\boldsymbol{\Sigma}})-\boldsymbol{\Sigma}\|_2\leqslant\max_{j=1,\cdots,d}\sum_{\ell=1}^d|T_{\lambda_n}(\hat{\Sigma}_{j\ell})-\Sigma_{j\ell}|$$

固定一个下标 $j\in\{1,2,\cdots,d\}$，定义集合 $S_j(\lambda_n/2)=\{\ell\in\{1,\cdots,d\}\mid|\Sigma_{j\ell}|>\lambda_n/2\}$．对任何下标 $\ell\in S_j(\lambda_n/2)$，我们有

$$|T_{\lambda_n}(\hat{\Sigma}_{j\ell})-\Sigma_{j\ell}|\leqslant|T_{\lambda_n}(\hat{\Sigma}_{j\ell})-\hat{\Sigma}_{j\ell}|+|\hat{\Sigma}_{j\ell}-\Sigma_{j\ell}|\leqslant\frac{3}{2}\lambda_n$$

而且，对于任何下标 $\ell\notin S_j(\lambda_n/2)$，由阈值算子的定义，我们有 $T_{\lambda_n}(\hat{\Sigma}_{j\ell})=0$，因此

$$|T_{\lambda_n}(\hat{\Sigma}_{j\ell})-\Sigma_{j\ell}|=|\Sigma_{j\ell}|$$

综上所述，我们有

$$\begin{aligned}\sum_{\ell=1}^d|T_{\lambda_n}(\hat{\Sigma}_{j\ell})-\Sigma_{j\ell}|&=\sum_{\ell\in S_j(\lambda_n)}|T_{\lambda_n}(\hat{\Sigma}_{j\ell})-\Sigma_{j\ell}|+\sum_{\ell\notin S_j(\lambda_n)}|T_{\lambda_n}(\hat{\Sigma}_{j\ell})-\Sigma_{j\ell}|\\&\leqslant|S_j(\lambda_n/2)|\frac{3}{2}\lambda_n+\sum_{\ell\notin S_j(\lambda_n)}|\Sigma_{j\ell}|\end{aligned} \tag{6.60}$$

现在我们有

$$\sum_{\ell\notin S_j(\lambda_n/2)}|\Sigma_{j\ell}|=\frac{\lambda n}{2}\sum_{\ell\notin S_j(\lambda_n/2)}\frac{|\Sigma_{j\ell}|}{\lambda_n/2}\overset{\text{(i)}}{\leqslant}\frac{\lambda_n}{2}\sum_{\ell\notin S_j(\lambda_n/2)}\left(\frac{|\Sigma_{j\ell}|}{\lambda_n/2}\right)^q\overset{\text{(ii)}}{\leqslant}\lambda_n^{1-q}R_q$$

其中步骤(i)是因为对于所有 $\ell\notin S_j(\lambda_n/2)$ 和 $q\in[0,1]$ 有 $|\Sigma_{j\ell}|\leqslant\lambda_n/2$，而步骤(ii)是由于假设(6.58)．此外，我们有

$$R_q\geqslant\sum_{\ell=1}^d|\Sigma_{j\ell}|^q\geqslant|S_j(\lambda_n/2)|\left(\frac{\lambda_n}{2}\right)^q$$

可得 $|S_j(\lambda_n/2)|\leqslant 2^qR_q\lambda_n^{-q}$．将这些与不等式(6.60)相结合，我们得到

$$\sum_{\ell=1}^d|T_{\lambda_n}(\hat{\Sigma}_{j\ell})-\Sigma_{j\ell}|\leqslant 2^qR_q\lambda_n^{1-q}\frac{3}{2}+R_q\lambda_n^{1-q}\leqslant 4R_q\lambda_n^{1-q}$$

由于这个同样的方法对每个下标 $j=1,\cdots,d$ 都成立，结论(6.59a)成立． □

6.6 附录：定理 6.1 的证明

关于最小奇异值的下界(6.9)还有待证明. 为此，我们采用一个类似于控制最大奇异值上界的方法. 在整个证明过程中，我们假定 $\boldsymbol{\Sigma}$ 是严格正定的(因此是可逆的)；否则，它的最小奇异值为零，要证明的下界是无意义的. 我们首先使用 Gordon(1985)提出的高斯比较原理来控制期望值的下界. 根据定义，最小奇异值有变分表示 $\sigma_{\min}(\boldsymbol{X})=\min\limits_{v'\in\mathbb{S}^{d-1}}\|\boldsymbol{X}\boldsymbol{v}'\|_2$. 为以后理论上的方便，我们稍微重述一下这个表示. 回顾缩写记号 $\bar{\sigma}_{\min}=\sigma_{\min}(\sqrt{\boldsymbol{\Sigma}})$，我们定义半径 $R=1/\bar{\sigma}_{\min}$，然后考虑集合

$$\mathcal{V}(R):=\{\boldsymbol{z}\in\mathbb{R}^d \mid \|\sqrt{\boldsymbol{\Sigma}}\boldsymbol{z}\|_2=1,\|\boldsymbol{z}\|_2\leqslant R\} \tag{6.61}$$

只需要证明以下形式的下界

$$\min_{\boldsymbol{z}\in\mathcal{V}(R)}\frac{\|\boldsymbol{X}\boldsymbol{z}\|_2}{\sqrt{n}}\geqslant 1-\delta-R\sqrt{\frac{\operatorname{tr}(\boldsymbol{\Sigma})}{n}} \tag{6.62}$$

以至少 $1-\mathrm{e}^{-n\delta^2/2}$ 概率成立. 事实上，假设不等式(6.62)成立. 则对任意 $\boldsymbol{v}'\in\mathbb{S}^{d-1}$，我们可以定义重尺度化后的向量 $\boldsymbol{z}:=\dfrac{\boldsymbol{v}'}{\|\sqrt{\boldsymbol{\Sigma}}\boldsymbol{v}'\|_2}$. 通过构造，我们有

$$\|\sqrt{\boldsymbol{\Sigma}}\boldsymbol{z}\|_2=1 \quad \text{以及} \quad \|\boldsymbol{z}\|_2=\frac{1}{\|\sqrt{\boldsymbol{\Sigma}}\boldsymbol{v}'\|_2}\leqslant\frac{1}{\sigma_{\min}(\sqrt{\boldsymbol{\Sigma}})}=R$$

因此 $\boldsymbol{z}\in\mathcal{V}(R)$. 我们现在注意到

$$\frac{\|\boldsymbol{X}\boldsymbol{v}'\|_2}{\sqrt{n}}=\|\sqrt{\boldsymbol{\Sigma}}\boldsymbol{v}'\|_2\frac{\|\boldsymbol{X}\boldsymbol{z}\|_2}{\sqrt{n}}\geqslant\sigma_{\min}(\sqrt{\boldsymbol{\Sigma}})\min_{\boldsymbol{z}\in\mathcal{V}(R)}\frac{\|\boldsymbol{X}\boldsymbol{z}\|_2}{\sqrt{n}}$$

由于这个界对所有 $\boldsymbol{v}'\in\mathbb{S}^{d-1}$ 都成立，我们可以对左侧取最小值，从而得到

$$\begin{aligned}\min_{\boldsymbol{v}'\in\mathbb{S}^{d-1}}\frac{\|\boldsymbol{X}\boldsymbol{v}'\|_2}{\sqrt{n}}&\geqslant\bar{\sigma}_{\min}\min_{\boldsymbol{z}\in\mathcal{V}(R)}\frac{\|\boldsymbol{X}\boldsymbol{z}\|_2}{\sqrt{n}}\\&\overset{\text{(i)}}{\geqslant}\bar{\sigma}_{\min}\left\{1-R\sqrt{\frac{\operatorname{tr}(\boldsymbol{\Sigma})}{n}}-\delta\right\}\\&=(1-\delta)\bar{\sigma}_{\min}-R\sqrt{\frac{\operatorname{tr}(\boldsymbol{\Sigma})}{n}}\end{aligned}$$

其中步骤(i)基于界(6.62).

余下仅需证明下界(6.62). 我们首先考虑随机变量 $\min\limits_{\boldsymbol{v}\in\mathcal{V}(R)}\|\boldsymbol{X}\boldsymbol{v}\|_2/\sqrt{n}$ 在其期望值周围的集中度. 因为矩阵 $\boldsymbol{X}\in\mathbb{R}^{n\times d}$ 的每行都是独立同分布地来自 $\mathcal{N}(0,\boldsymbol{\Sigma})$ 分布，我们可以记 $\boldsymbol{X}=\boldsymbol{W}\sqrt{\boldsymbol{\Sigma}}$，其中随机矩阵 $\boldsymbol{W}$ 服从标准的高斯分布. 由于对所有 $\boldsymbol{v}\in\mathcal{V}(R)$ 都有 $\|\sqrt{\boldsymbol{\Sigma}}\boldsymbol{v}\|_2=1$，因此函数 $\boldsymbol{W}\mapsto\min\limits_{\boldsymbol{v}\in\mathcal{V}(R)}\dfrac{\|\boldsymbol{W}\sqrt{\boldsymbol{\Sigma}}\boldsymbol{v}\|_2}{\sqrt{n}}$ 是参数为 $L=1/\sqrt{n}$ 的 Lipschitz 函数. 由定理 2.26，我们可得

$$\min_{\boldsymbol{v}\in\mathcal{V}(R)}\frac{\|\boldsymbol{X}\boldsymbol{v}\|_2}{\sqrt{n}}\geqslant\mathbb{E}\left[\min_{\boldsymbol{v}\in\mathcal{V}(R)}\frac{\|\boldsymbol{X}\boldsymbol{v}\|_2}{\sqrt{n}}\right]-\delta$$

在至少 $1-\mathrm{e}^{-n\delta^2/2}$ 概率下成立.

因此，这个证明即将完成如果我们能证明

$$\mathbb{E}\left[\min_{v\in\mathcal{V}(R)}\frac{\|\boldsymbol{X}\boldsymbol{v}\|_2}{\sqrt{n}}\right]\geqslant 1-R\sqrt{\frac{\operatorname{tr}(\boldsymbol{\Sigma})}{n}} \tag{6.63}$$

为此，我们利用 Sudakov-Fernique 不等式的一个推广，即我们要陈述的 Gordon 不等式. 令 $\{Z_{\boldsymbol{u},\boldsymbol{v}}\}$ 和 $\{Y_{\boldsymbol{u},\boldsymbol{v}}\}$ 是一对下标集 $\mathbb{T}=U\times V$ 为非空的零均值高斯过程. 假定

$$\mathbb{E}[(Z_{\boldsymbol{u},\boldsymbol{v}}-Z_{\tilde{\boldsymbol{u}},\tilde{\boldsymbol{v}}})^2]\leqslant\mathbb{E}[(Y_{\boldsymbol{u},\boldsymbol{v}}-Y_{\tilde{\boldsymbol{u}},\tilde{\boldsymbol{v}}})^2]\quad \text{对于所有对}(\boldsymbol{u},\boldsymbol{v})\text{及}(\tilde{\boldsymbol{u}},\tilde{\boldsymbol{v}})\in\mathbb{T} \tag{6.64}$$

而且，只要 $\boldsymbol{v}=\tilde{\boldsymbol{v}}$ 这个不等式的等号成立. 在这些条件下，Gordon 不等式保证了

$$\mathbb{E}\left[\max_{\boldsymbol{v}\in V}\min_{\boldsymbol{u}\in U}Z_{\boldsymbol{u},\boldsymbol{v}}\right]\leqslant\mathbb{E}\left[\max_{\boldsymbol{v}\in V}\min_{\boldsymbol{u}\in U}Y_{\boldsymbol{u},\boldsymbol{v}}\right] \tag{6.65}$$

为了利用这一结果，我们首先注意到

$$-\min_{z\in\mathcal{V}(R)}\|\boldsymbol{X}\boldsymbol{z}\|_2=\min_{z\in\mathcal{V}(R)}\{-\|\boldsymbol{X}\boldsymbol{z}\|_2\}=\min_{z\in\mathcal{V}(R)}\min_{\boldsymbol{u}\in\mathbb{S}^{n-1}}u^{\mathrm{T}}\boldsymbol{X}\boldsymbol{z}$$

如前所述，如果我们引入标准高斯随机矩阵 $\boldsymbol{W}\in\mathbb{R}^{n\times d}$，那么对任意 $\boldsymbol{z}\in\mathcal{V}(R)$，我们可以记 $\boldsymbol{u}^{\mathrm{T}}\boldsymbol{X}\boldsymbol{z}=\boldsymbol{u}^{\mathrm{T}}\boldsymbol{W}\boldsymbol{v}$，其中 $\boldsymbol{v}:=\sqrt{\boldsymbol{\Sigma}}\boldsymbol{z}$. 只要 $\boldsymbol{z}\in\mathcal{V}(R)$，那么向量 $\boldsymbol{v}$ 必然属于集合 $\mathcal{V}'(R):=\{\boldsymbol{v}\in\mathbb{S}^{d-1}\ \|\boldsymbol{\Sigma}^{-\frac{1}{2}}\boldsymbol{v}\|_2\leqslant R\}$，我们已经证明了

$$\min_{z\in\mathcal{V}(R)}\|\boldsymbol{X}\boldsymbol{z}\|_2=\min_{\boldsymbol{v}\in\mathcal{V}'(R)}\min_{\boldsymbol{u}\in\mathbb{S}^{n-1}}\underbrace{u^{\mathrm{T}}\boldsymbol{W}\boldsymbol{v}}_{Z_{\boldsymbol{u},\boldsymbol{v}}}$$

设 $(\boldsymbol{u},\boldsymbol{v})$ 和 $(\tilde{\boldsymbol{u}},\tilde{\boldsymbol{v}})$ 是笛卡儿乘积空间 $\mathbb{S}^{n-1}\times\mathcal{V}'(R)$ 的任意两对元素. 由 $\|\boldsymbol{u}\|_2=\|\tilde{\boldsymbol{u}}\|_2=\|\boldsymbol{v}\|_2=\|\tilde{\boldsymbol{v}}\|_2=1$，利用控制最大奇异值相同的技巧可以证明

$$\rho_Z^2((\boldsymbol{u},\boldsymbol{v}),(\tilde{\boldsymbol{u}},\tilde{\boldsymbol{v}}))\leqslant\|\boldsymbol{u}-\tilde{\boldsymbol{u}}\|_2^2+\|\boldsymbol{v}-\tilde{\boldsymbol{v}}\|_2^2 \tag{6.66}$$

当 $\boldsymbol{v}=\tilde{\boldsymbol{v}}$ 时等号成立. 因此，如果我们定义高斯过程 $Y_{\boldsymbol{u},\boldsymbol{v}}:=\langle\boldsymbol{g},\boldsymbol{u}\rangle+\langle\boldsymbol{h},\boldsymbol{v}\rangle$，其中 $\boldsymbol{g}\in\mathbb{R}^n$ 和 $\boldsymbol{h}\in\mathbb{R}^d$ 是标准的高斯向量，并且是相互之间独立的，那么我们有

$$\rho_Y^2((\boldsymbol{u},\boldsymbol{v}),(\tilde{\boldsymbol{u}},\tilde{\boldsymbol{v}}))=\|\boldsymbol{u}-\tilde{\boldsymbol{u}}\|_2^2+\|\boldsymbol{v}-\tilde{\boldsymbol{v}}\|_2^2$$

因此 Sudakov-Fernique 增量条件(6.64)成立. 此外，对于满足 $\boldsymbol{v}=\tilde{\boldsymbol{v}}$ 的一对下标，上界(6.66)的等号成立，这保证了 $\rho_Z((\boldsymbol{u},\boldsymbol{v}),(\tilde{\boldsymbol{u}},\boldsymbol{v}))=\rho_Y((\boldsymbol{u},\boldsymbol{v}),(\bar{\boldsymbol{u}},\boldsymbol{v}))$. 因此，我们可以利用 Gordon 不等式(6.65)推出

$$\begin{aligned}\mathbb{E}\left[-\min_{z\in\mathcal{V}(R)}\|\boldsymbol{X}\boldsymbol{z}\|_2\right]&\leqslant\mathbb{E}\left[\max_{\boldsymbol{v}\in\mathcal{V}'(R)}\min_{\boldsymbol{u}\in\mathbb{S}^{n-1}}Y_{\boldsymbol{u},\boldsymbol{v}}\right]\\&=\mathbb{E}\left[\min_{\boldsymbol{u}\in\mathbb{S}^{n-1}}\langle\boldsymbol{g},\boldsymbol{u}\rangle\right]+\mathbb{E}\left[\max_{\boldsymbol{v}\in\mathcal{V}'(R)}\langle\boldsymbol{h},\boldsymbol{v}\rangle\right]\\&\leqslant-\mathbb{E}[\|\boldsymbol{g}\|_2]+\mathbb{E}[\|\sqrt{\boldsymbol{\Sigma}}\boldsymbol{h}\|_2]R\end{aligned}$$

其中我们用到了上界 $|\langle\boldsymbol{h},\boldsymbol{v}\rangle|=|\langle\sqrt{\boldsymbol{\Sigma}}\boldsymbol{h},\boldsymbol{\Sigma}^{-\frac{1}{2}}\boldsymbol{v}\rangle|\leqslant\|\sqrt{\boldsymbol{\Sigma}}\boldsymbol{h}\|_2R$，由集合 $\mathcal{V}'(R)$ 的定义得到的.

我们现在证明

$$\frac{\mathbb{E}[\|\sqrt{\boldsymbol{\Sigma}}\boldsymbol{h}\|_2]}{\sqrt{\operatorname{tr}(\boldsymbol{\Sigma})}}\leqslant\frac{\mathbb{E}[\|\boldsymbol{h}\|_2]}{\sqrt{d}} \tag{6.67}$$

事实上，由高斯分布的旋转不变性，我们可以假设 $\boldsymbol{\Sigma}$ 是对角的，具有非负元素 $\{\gamma_j\}_{j=1}^d$，要证结论等价于证明函数 $F(\gamma):=\mathbb{E}\left[\left(\sum_{j=1}^d \gamma_j h_j^2\right)^{1/2}\right]$ 在均匀向量(即所有元素 $\gamma_j=1/d$)的概率单纯形上取到最大值. 由于 F 是连续的，且概率单纯形是紧的，因此最大值可以取到. 根据高斯旋转不变性，函数 F 也是置换不变的，即对于所有置换矩阵 Π，有 $F(\gamma)=F(\Pi(\gamma))$. 因为 F 也是凹的，所以最大值必然在 $\gamma_j=1/d$ 时达到，这就得到了不等式(6.67).

注意 $R=1/\bar{\sigma}_{\min}$，那么我们有

$$
\begin{aligned}
-\mathbb{E}[\|\boldsymbol{g}\|_2]+R\mathbb{E}[\|\sqrt{\boldsymbol{\Sigma}}\boldsymbol{h}\|_2] &\leqslant -\mathbb{E}[\|\boldsymbol{g}\|_2]+\frac{\sqrt{\operatorname{tr}(\boldsymbol{\Sigma})}}{\bar{\sigma}_{\min}}\frac{\mathbb{E}[\|\boldsymbol{h}\|_2]}{\sqrt{d}} \\
&=\underbrace{\{-\mathbb{E}[\|\boldsymbol{g}\|_2]+\mathbb{E}[\|\boldsymbol{h}\|_2]\}}_{T_1}+ \\
&\quad \underbrace{\left\{\sqrt{\frac{\operatorname{tr}(\boldsymbol{\Sigma})}{\bar{\sigma}_{\min}^2 d}}-1\right\}\mathbb{E}[\|\boldsymbol{h}\|_2]}_{T_2}
\end{aligned}
$$

通过 Jensen 不等式，我们有 $\mathbb{E}\|\boldsymbol{h}\|_2\leqslant\sqrt{\mathbb{E}\|\boldsymbol{h}\|_2^2}=\sqrt{d}$. 由于 $\frac{\operatorname{tr}(\boldsymbol{\Sigma})}{\bar{\sigma}_{\min}^2 d}\geqslant 1$，我们可推出 $T_2\leqslant\left\{\sqrt{\frac{\operatorname{tr}(\boldsymbol{\Sigma})}{\bar{\sigma}_{\min}^2 d}}-1\right\}\sqrt{d}$. 另一方面，使用假设的 $n\geqslant d$ 直接计算，可得 $T_1\leqslant-\sqrt{n}+\sqrt{d}$. 综上所述，可以推出

$$
\begin{aligned}
\mathbb{E}\left[-\min_{z\in\mathcal{V}(R)}\|\boldsymbol{X}\boldsymbol{z}\|_2\right] &\leqslant -\sqrt{n}+\sqrt{d}+\left\{\sqrt{\frac{\operatorname{tr}(\boldsymbol{\Sigma})}{\bar{\sigma}_{\min}^2 d}}-1\right\}\sqrt{d} \\
&=-\sqrt{n}+\frac{\sqrt{\operatorname{tr}(\boldsymbol{\Sigma})}}{\bar{\sigma}_{\min}}
\end{aligned}
$$

这就证明了最初的结论(6.62)，因此也完成了整个证明.

6.7　参考文献和背景

Horn 和 Johnson(1985，1991)的两卷集是线性代数的一个标准参考书. 关于 Weyl 定理及其推论的陈述见第一卷的 4.3 节(Horn 和 Johnson，1985). Bhatia(1997)的专著本质上更加高级，采用了一个泛函分析的视角，包括 Lidskii 定理的讨论(见Ⅲ. 4 节). Carlen(2009)的注释包含了迹不等式的进一步背景，例如不等式(6.25).

关于渐近随机矩阵理论的一些经典文献包括 Wigner(1955，1958)、Marčenko 和 Pastur(1967)、Pastur(1972)、Wachter(1978)以及 Geman(1980). Mehta(1991)主要从物理学家的角度对渐近随机矩阵理论进行了一个概述，而 Bai 和 Silverstein(2010)的书则更具统计视角. Vershynin(2011)的演讲笔记主要关注随机矩阵理论的非渐近结果，部分内容本书中有所介绍. Davidson 和 Szarek(2001)介绍了 Sudakov-Fernique(Slepian)和 Gordon 不等式在控制随机矩阵期望中的应用；同样可参看 Gordon(1985，1986，1987)和 Szarek(1991)的早

期论文. Davidson 和 Szarek(2001)中的结果是针对标准高斯总体($\boldsymbol{\Sigma}=\boldsymbol{I}_d$)的特殊情况，但本质的方法很容易推广到一般情形，正如这里介绍的.

定理 6.5 的证明基于 Vershynin(2011)的讲稿. 本质上的离散化方法是经典的，广泛用于 Banach 空间几何中随机结构的早期工作(例如，见 Pisier(1989)的书及其参考文献). 注意，这个离散化方法是第 5 章中介绍的更复杂的链方法的一步形式.

随机矩阵的期望算子范数的界来自被称为非交换 Bernstein 不等式的一类结果，最初由 Rudelson(1999)导出. Ahlswede 和 Winter(2002)发展了基于控制矩阵矩母函数研究矩阵尾部概率界方法，并探究了 Golden-Thompson 不等式. 其他作者，包括 Oliveira(2010)、Gross(2011)和 Recht(2011)，对最初的 Ahlswede-Winter 方法进行了各种推广和改进. Tropp(2010)引入了直接控制矩阵矩母函数的思想，并发展了引理 6.13 中的方法. 用这种方式控制矩母函数可以导出涉及方差参数 $\sigma^2:=\frac{1}{n}\left\|\sum_{i=1}^{n}\operatorname{var}(\boldsymbol{Q}_i)\right\|_2$ 的尾部概率界，而不是原始 Ahlswede-Winter 方法得到的可能非常大的量 $\tilde{\sigma}^2:=\frac{1}{n}\sum_{i=1}^{n}\|\operatorname{var}(\boldsymbol{Q}_i)\|_2$. 利用算子范数的三角不等式，我们得到 $\sigma^2\leqslant\tilde{\sigma}^2$，后者可能要大得多. Oliveira(2010)的独立工作同样可以推导出涉及方差参数 σ^2 的界，用到了一个将最初的 Ahlswede-Winter 方法更加精细化的相关技巧. Tropp(2010)还给出了基本 Bernstein 界的各种推广，其中包括矩阵鞅的结果而不是本文所考虑的独立随机矩阵. Mackey 等(2014)展示了如何利用 Chatterjee(2007)引入的可交换对方法来推导具有精细常数的矩阵集中度的界. 很多学者研究了矩阵尾部概率界对于数据维度依赖的改进(Minsker，2011；Hsu 等，2012a)；例 6.19 和习题 6.12 中概述的具体精细化方法来自 Minsker(2011).

关于协方差估计，Adamczak 等. (2010)对具有次指数尾概率的分布，给出了偏差 $\|\hat{\boldsymbol{\Sigma}}-\boldsymbol{\Sigma}\|_2$ 的精细结果. 这些结果可以消除推论 6.20 应用到次指数总体所产生的多余对数因子项. Srivastava 和 Vershynin(2013)在非常弱的矩条件下给出了相关结果. 对截断样本协方差矩阵，最早的高维分析结果分别由 Bickel 和 Levina(2008a)、El Karoui(2008)独立完成. Bickel 和 Levina 研究了次高斯尾条件下的问题，并根据行的最大 ℓ_q “范数”引入了行稀疏模型. 相比之下，El Karoui 施加了一个更加宽松的矩条件，并根据图中路径长度的增长速度来度量稀疏性；这种方法本质上等价于控制邻接矩阵的算子范数 $\|\boldsymbol{A}\|_2$，如定理 6.23 所述. 星图是一个重要的例子，说明了行稀疏模型和算子范数方法之间的区别.

协方差矩阵的另一个模型是带状衰减模型，其中每项根据它们与对角线的距离而衰减. Bickel 和 Levina(2008b)在协方差问题中引入了该模型，并提出了一种逐渐衰减的估计. Cai 等(2010)分析了与这类协方差矩阵相关的 minimax 最优速度，并给出了一种可以达到最优速度的改进估计.

6.8 习 题

6.1 (特征值的界) 给定两个对称矩阵 $\boldsymbol{A}$ 和 $\boldsymbol{B}$，不引用任何其他定理直接证明

$$|\gamma_{\max}(\boldsymbol{A})-\gamma_{\max}(\boldsymbol{B})|\leqslant\|\boldsymbol{A}-\boldsymbol{B}\|_2 \quad 和 \quad |\gamma_{\min}(\boldsymbol{A})-\gamma_{\min}(\boldsymbol{B})|\leqslant\|\boldsymbol{A}-\boldsymbol{B}\|_2$$

6.2 **(矩阵算子范数之间的关系)** 对于一个具有实元素的长方形矩阵 $\boldsymbol{A}$ 和标量 $q\in[1,\infty]$，$(\ell_q\to\ell_q)$算子范数为

$$|||\boldsymbol{A}|||_q=\sup_{\|\boldsymbol{x}\|_q=1}\|\boldsymbol{Ax}\|_q$$

(a) 基于 $\boldsymbol{A}$ 的元素和/或奇异值推导出算子范数$|||\boldsymbol{A}|||_2$、$|||\boldsymbol{A}|||_1$ 和$|||\boldsymbol{A}|||_\infty$的显式表达式.

(b) 对任意可相乘的矩阵 $\boldsymbol{A}$ 和 $\boldsymbol{B}$，证明$|||\boldsymbol{AB}|||_q\leqslant|||\boldsymbol{A}|||_q|||\boldsymbol{B}|||_q$.

(c) 对于方阵 $\boldsymbol{A}$，证明$|||\boldsymbol{A}|||_2^2\leqslant|||\boldsymbol{A}|||_1|||\boldsymbol{A}|||_\infty$. 如果 $\boldsymbol{A}$ 对称会如何?

6.3 **(非负矩阵与算子范数)** 给定两个 d 维对称矩阵 $\boldsymbol{A}$ 和 $\boldsymbol{B}$，假设在逐个元素意义下有 $0\leqslant\boldsymbol{A}\leqslant\boldsymbol{B}$(即对于所有 $j,\ell=1,\cdots,d$，有 $0\leqslant A_{j\ell}\leqslant B_{j\ell}$.)

(a) 证明对所有整数 $m=1,2,\cdots$,有 $0\leqslant\boldsymbol{A}^m\leqslant\boldsymbol{B}^m$.

(b) 利用(a)证明$|||\boldsymbol{A}|||_2\leqslant|||\boldsymbol{B}|||_2$.

(c) 利用一个类似的技巧证明对任何对称矩阵 $\boldsymbol{C}$，有$|||\boldsymbol{C}|||_2\leqslant|||\,|\boldsymbol{C}|\,|||_2$，其中$|\boldsymbol{C}|$表示逐个元素意义下取绝对值.

6.4 **(矩阵指数不等式)** 令 $\boldsymbol{A}\in\mathcal{S}^{d\times d}$ 为任意对称矩阵. 证明 $\boldsymbol{I}_d+\boldsymbol{A}\preceq e^{\boldsymbol{A}}$.（提示：首先对对角矩阵 $\boldsymbol{A}$ 证明结论成立，然后考虑如何将问题简化为对角矩阵的情形.）

6.5 **(矩阵单调函数)** 一个定义在对称半正定矩阵空间上的函数 f：$\mathcal{S}_+^{d\times d}\to\mathcal{S}_+^{d\times d}$ 称为矩阵单调，如果

$$\text{只要 } \boldsymbol{A}\preceq\boldsymbol{B},\quad f(\boldsymbol{A})\preceq f(\boldsymbol{B})$$

这里$\preceq$表示 $\mathcal{S}_+^{d\times d}$上的半正定排序.

(a) 通过反例说明函数 $f(\boldsymbol{A})=\boldsymbol{A}^2$ 不是矩阵单调的.（提示：注意$(\boldsymbol{A}+t\boldsymbol{C})^2=\boldsymbol{A}^2+t^2\boldsymbol{C}^2+t(\boldsymbol{AC}+\boldsymbol{CA})$，找到一对半正定矩阵使 $\boldsymbol{AC}+\boldsymbol{CA}$ 具有负特征值.）

(b) 通过反例说明矩阵指数函数 $f(\boldsymbol{A})=e^{\boldsymbol{A}}$ 不是矩阵单调的.（提示：可以利用(a)的结果.）

(c) 证明矩阵对数函数 $f(\boldsymbol{A})=\log\boldsymbol{A}$ 在严格正定矩阵的锥上是矩阵单调的.（提示：对于所有 $p\in[0,1]$，可以利用 $g(\boldsymbol{A})=\boldsymbol{A}^p$ 是矩阵单调的结论.）

6.6 **(方差与半正定)** 回想一下，对称随机矩阵 $\boldsymbol{Q}$ 的方差由 $\mathrm{var}(\boldsymbol{Q})=\mathbb{E}[\boldsymbol{Q}^2]-(\mathbb{E}[\boldsymbol{Q}])^2$ 给出. 证明 $\mathrm{var}(\boldsymbol{Q})\succeq 0$.

6.7 **(次高斯随机矩阵)** 考虑随机矩阵 $\boldsymbol{Q}=g\boldsymbol{B}$，其中 $g\in\mathbb{R}$ 是一个零均值 σ 次高斯的随机变量.

(a) 假设 g 的分布关于零对称，$\boldsymbol{B}\in\mathcal{S}^{d\times d}$ 是一个确定的矩阵. 证明对某个普适常数 c，$\boldsymbol{Q}$ 是次高斯的，矩阵参数为 $\boldsymbol{V}=c^2\sigma^2\boldsymbol{B}^2$.

(b) 现在假设 $\boldsymbol{B}\in\mathcal{S}^{d\times d}$ 是随机的并独立于 g，且有$|||\boldsymbol{B}|||_2\leqslant b$ 几乎处处成立. 证明矩阵 $\boldsymbol{Q}$ 是参数为 $\boldsymbol{V}=c^2\sigma^2b^2\boldsymbol{I}_d$ 的次高斯的.

6.8 **(次高斯与期望的界)** 考虑 $\mathcal{S}^{d\times d}$ 上的一列独立的零均值随机矩阵$\{\boldsymbol{Q}_i\}_{i=1}^n$，每个都是参数为 $\boldsymbol{V}_i$ 的次高斯矩阵. 在这个习题中，我们给出 $\boldsymbol{S}_n=\dfrac{1}{n}\sum_{i=1}^n\boldsymbol{Q}_i$ 的特征值和算子范数的期望值的界.

(a) 证明 $\mathbb{E}[\gamma_{\max}(\boldsymbol{S}_n)]\leqslant\sqrt{\frac{2\sigma^2\log d}{n}}$，其中 $\sigma^2=\left\|\frac{1}{n}\sum_{i=1}^{n}\mathbf{V}_i\right\|_2$.

(提示：首先证明 $\mathbb{E}\left[\mathrm{e}^{\lambda\gamma_{\max}(\boldsymbol{S}_n)}\right]\leqslant d\,\mathrm{e}^{\frac{\lambda^2\sigma^2}{2n}}$.)

(b) 证明

$$\mathbb{E}\left[\left\|\frac{1}{n}\sum_{i=1}^{n}\boldsymbol{Q}_i\right\|_2\right]\leqslant\sqrt{\frac{2\sigma^2\log(2d)}{n}} \tag{6.68}$$

6.9 **(有界矩阵和 Bernstein 条件)**　设 $\boldsymbol{Q}\in\mathcal{S}^{d\times d}$ 为任意的对称矩阵.

(a) 证明界 $\|\boldsymbol{Q}\|_2\leqslant b$ 可以推出 $\boldsymbol{Q}^{j-2}\preceq b^{j-2}\boldsymbol{I}_d$.

(b) 证明矩阵左右相乘是保半正定序的，也就是说，如果 $\boldsymbol{A}\preceq\boldsymbol{B}$，那么对于任意矩阵 $\boldsymbol{Q}\in\mathcal{S}^{d\times d}$，我们也有 $\boldsymbol{QAQ}\preceq\boldsymbol{QBQ}$.

(c) 利用(a)和(b)证明不等式(6.30).

6.10 **(非对称矩阵的尾部概率界)**　在这个习题中，我们证明形如(6.42)的尾部概率界同样适用于一般的独立零均值矩阵 $\{\boldsymbol{A}_i\}_{i=1}^{n}$，其几乎处处有界 $\|\boldsymbol{A}_i\|_2\leqslant b$，只要我们采用 σ^2 的新的定义方式(6.43).

(a) 对一个一般的矩阵 $\boldsymbol{A}_i\in\mathbb{R}^{d_1\times d_2}$，定义一个维数为 (d_1+d_2) 的对称矩阵

$$\boldsymbol{Q}_i:=\begin{bmatrix}\boldsymbol{0}_{d_1\times d_2} & \boldsymbol{A}_i\\ \boldsymbol{A}_i^{\mathrm{T}} & \boldsymbol{0}_{d_2\times d_1}\end{bmatrix}$$

证明　$\|\boldsymbol{Q}_i\|_2=\|\boldsymbol{A}_i\|_2$.

(b) 证明 $\left\|\frac{1}{n}\sum_{i=1}^{n}\mathrm{var}(\boldsymbol{Q}_i)\right\|_2\leqslant\sigma^2$，其中 σ^2 由表达式(6.43)定义.

(c) 推出

$$\mathbb{P}\left[\left\|\sum_{i=1}^{n}\boldsymbol{A}_i\right\|_2\geqslant n\delta\right]\leqslant 2(d_1+d_2)\mathrm{e}^{-\frac{n\delta^2}{2(\sigma^2+b\delta)}} \tag{6.69}$$

6.11 **(无界矩阵和 Bernstein 界)**　考虑 $\mathbb{R}^{d_1\times d_2}$ 上的一列独立的随机矩阵 $\{\boldsymbol{A}_i\}_{i=1}^{n}$，每个形式为 $\boldsymbol{A}_i=g_i\boldsymbol{B}_i$，其中 $g_i\in\mathbb{R}$ 是一个零均值标量随机变量，$\boldsymbol{B}_i$ 是一个独立的随机矩阵. 假设对于 $j=2,3,\cdots$，有 $\mathbb{E}[g_i^j]\leqslant\frac{j!}{2}b_1^{j-2}\sigma^2$ 以及几乎处处有 $\|\boldsymbol{B}_i\|_2\leqslant b_2$.

(a) 对任意 $\delta>0$，证明

$$\mathbb{P}\left[\left\|\frac{1}{n}\sum_{i=1}^{n}\boldsymbol{A}_i\right\|_2\geqslant\delta\right]\leqslant(d_1+d_2)\mathrm{e}^{-\frac{n\delta^2}{2\left(\sigma^2b_2^2+b_1b_2\delta\right)}}$$

(提示：可以利用习题 6.10(a)的结果.)

(b) 证明

$$\mathbb{E}\left[\left\|\frac{1}{n}\sum_{i=1}^{n}\boldsymbol{A}_i\right\|_2\right]\leqslant\frac{2\sigma b_2}{\sqrt{n}}\{\sqrt{\log(d_1+d_2)}+\sqrt{\pi}\}+\frac{4b_1b_2}{n}\{\log(d_1+d_2)+1\}$$

（提示：可以利用习题 2.8 的结果.）

6.12（**精细形式的矩阵 Bernstein 不等式**） 在本习题中，我们将完成例 6.19 中所示的计算步骤.

(a) 证明界(6.46).

(b) 对任意对称的零均值随机矩阵 $\boldsymbol{Q}$ 且几乎处处有 $\|\boldsymbol{Q}\|_2\leqslant 1$，证明矩母函数的界为

$$\log\Psi_{\boldsymbol{Q}}(\lambda)\leqslant\underbrace{(\mathrm{e}^{\lambda}-\lambda-1)}_{\phi(\lambda)}\mathrm{var}(\boldsymbol{Q})$$

(c) 证明上界(6.47b).

6.13（**向量的 Bernstein 不等式**） 在这个习题中，我们考虑推导随机变量 $\left\|\sum_{i=1}^{n}\boldsymbol{x}_i\right\|_2$ 的 Bernstein 型界的问题，其中 $\{\boldsymbol{x}_i\}_{i=1}^{n}$ 是一列独立同分布的零均值随机向量且几乎处处有 $\|\boldsymbol{x}_i\|_2\leqslant 1$，以及 $\mathrm{cov}(\boldsymbol{x}_i)=\boldsymbol{\Sigma}$. 为此，我们考虑将定理 6.17 或界(6.48)应用于 $d+1$ 维的对称矩阵

$$\boldsymbol{Q}_i:=\begin{bmatrix}0 & \boldsymbol{x}_i^{\mathrm{T}}\\ \boldsymbol{x}_i & \boldsymbol{0}_d\end{bmatrix}$$

定义矩阵 $\mathbf{V}_n=\sum_{i=1}^{n}\mathrm{var}(\boldsymbol{Q}_i)$.

(a) 证明从定理 6.17 得到的最优界有一个形式为秩 $\mathrm{rank}(\boldsymbol{\Sigma})+1$ 的前置项，其大小可以达到 $d+1$.

(b) 通过对比，证明界(6.48)可以得到一个与维数无关的值为 2 的前置项.

6.14（**随机填装**） 本题的目的是证明存在属于球体 $\mathbb{S}^{d-1}$ 的一个向量集合 $\mathcal{P}=\{\boldsymbol{\theta}^1,\cdots,\boldsymbol{\theta}^M\}$ 满足：

(a) 集合 $\mathcal{P}$ 在欧几里得范数下构成一个 1/2 填装；

(b) 对于某个普适常数 c_0，集合 $\mathcal{P}$ 具有基数 $M\geqslant\mathrm{e}^{c_0 d}$；

(c) 不等式 $\left\|\frac{1}{M}\sum_{j=1}^{M}(\boldsymbol{\theta}^j\otimes\boldsymbol{\theta}^j)\right\|_2\leqslant\frac{2}{d}$ 成立.

（注意：可以假设 d 大于某个普适常数以避免烦琐的分类讨论.）

6.15（**对角协方差的估计**） 令 $\{\boldsymbol{x}_i\}_{i=1}^{n}$ 是从一个零均值以及对角协方差矩阵 $\boldsymbol{\Sigma}=\boldsymbol{D}$ 的分布中产生的一列独立同分布的 d 维向量. 考虑估计 $\hat{\boldsymbol{D}}=\mathrm{diag}(\hat{\boldsymbol{\Sigma}})$，其中 $\hat{\boldsymbol{\Sigma}}$ 是通常的样本协方差矩阵.

(a) 当每个向量 $\boldsymbol{x}_i$ 是参数最大为 σ 的次高斯的时，证明存在普适正常数 c_j 使得

$$\mathbb{P}\left[\|\hat{\boldsymbol{D}}-\boldsymbol{D}\|_2/\sigma^2\geqslant c_0\sqrt{\frac{\log d}{n}}+\delta\right]\leqslant c_1\mathrm{e}^{-c_2 n\min\{\delta,\delta^2\}},\quad \text{对于所有 }\delta>0$$

(b) 作为次高斯尾条件的替代，假设对于某个偶数 $m\geqslant 2$，存在一个普适常数 K_m 使得

$$\underbrace{\mathbb{E}[(x_{ij}^2-\Sigma_{jj})^m]}_{\|x_{ij}^2-\Sigma_{jj}\|_m^m}\leqslant K_m\quad \text{对于每个 } i=1,\cdots,n \text{ 以及 } j=1,\cdots,d$$

证明

$$\mathbb{P}\left[\|\hat{\boldsymbol{D}}-\boldsymbol{D}\|_2 \geqslant 4\delta\sqrt{\frac{d^2/m}{n}}\right] \leqslant K_m'\left(\frac{1}{2\delta}\right)^m \quad 对所有 \delta>0$$

其中 K_m' 是另一个普适常数.

提示：可以利用 Rosenthal 不等式：给定零均值的独立随机变量 Z_i 满足 $\|Z_i\|_m < +\infty$，存在一个普适常数 C_m 使得

$$\left\|\sum_{i=1}^{n} Z_i\right\|_m \leqslant C_m\left\{\left(\sum_{i=1}^{n}\mathbb{E}[Z_i^2]\right)^{1/2} + \left(\sum_{i=1}^{n}\mathbb{E}[|Z_i|^m]\right)^{1/m}\right\}$$

6.16 **(图和邻接矩阵)** 设 G 是一个包含一个 s 团的最大度为 $s-1$ 的图. 令 $\boldsymbol{A}$ 为它的邻接矩阵(对角线定义为 1)，证明 $\|\boldsymbol{A}\|_2 = s$.

第 7 章　高维情形下的稀疏线性模型

线性模型是统计学中一种最为常用的模型，其历史可以追溯到高斯关于最小二乘估计的工作. 在低维情形下，即预测变量数目 d 远小于样本大小 n 时，对应的理论被称为经典理论. 反之，在本章中我们的目标是推导出适用于高维框架下的理论，也就是它允许 $d \asymp n$ 甚至 $d \gg n$. 正如我们直观上的印象，如果模型缺少其他额外的结构，那么在比 d/n 远离零的时候不可能得到相合估计[⊖]. 因此，当处理 $d>n$ 的情形时，我们需要引入额外的关于未知回归向量 $\boldsymbol{\theta}^* \in \mathbb{R}^d$ 的结构性假设，本章重点讨论不同类型的稀疏模型.

7.1　问题及应用

令 $\boldsymbol{\theta}^* \in \mathbb{R}^d$ 为一个未知向量，对应于回归向量. 假设我们观测得到一个向量 $\boldsymbol{y} \in \mathbb{R}^n$ 和一个矩阵 $\boldsymbol{X} \in \mathbb{R}^{n \times d}$，它们通过标准线性模型

$$\boldsymbol{y} = \boldsymbol{X}\boldsymbol{\theta}^* + \boldsymbol{w} \tag{7.1}$$

相关联，其中 $\boldsymbol{w} \in \mathbb{R}^n$ 为噪声随机向量. 这个模型也可以写成分量形式：对任意的指标 $i = 1,2,\cdots,n$，我们有 $\boldsymbol{y}_i = \langle \boldsymbol{x}_i, \boldsymbol{\theta}^* \rangle + \boldsymbol{w}_i$，其中 $\boldsymbol{x}_i^{\mathrm{T}} \in \mathbb{R}^d$ 是 $\boldsymbol{X}$ 的第 i 行，$\boldsymbol{y}_i$ 和 $\boldsymbol{w}_i$ 则(分别)是向量 $\boldsymbol{y}$ 和 $\boldsymbol{w}$ 对应的第 i 个元素. 量 $\langle \boldsymbol{x}_i, \boldsymbol{\theta}^* \rangle := \sum_{j=1}^{d} x_{ij}\theta_j^*$ 是预测变量(或协变量)向量 $\boldsymbol{x}_i \in \mathbb{R}^d$ 和回归向量 $\boldsymbol{\theta}^* \in \mathbb{R}^d$ 之间的欧几里得内积. 因此，每个响应变量 $\boldsymbol{y}_i$ 都是带有噪声的 d 个协变量的线性组合.

本章的重点是样本大小 n 小于预测变量个数 d 的情形. 在这种情形下，在某些应用中考虑无噪声线性模型也是非常重要的，即式(7.1)中 $\boldsymbol{w}=0$ 对应的特殊模型. 当 $n<d$ 时，方程 $\boldsymbol{y} = \boldsymbol{X}\boldsymbol{\theta}^*$ 定义了一个不定线性系统，而目标是理解它稀疏解的结构.

7.1.1　不同的稀疏模型

当 $d>n$ 时，想得到任何 $\boldsymbol{\theta}^*$ 有意义的估计都是不可能的，除非模型本身有某种低维结构. 线性模型中最简单的一种结构是*硬稀疏*假设，也就是集合

$$S(\boldsymbol{\theta}^*) := \{ j \in \{1,2,\cdots,d\} \mid \boldsymbol{\theta}_j^* \neq \boldsymbol{0} \} \tag{7.2}$$

称作 $\boldsymbol{\theta}^*$ 的*支撑集*，其基数 $s := |S(\boldsymbol{\theta}^*)|$ 远小于 d. 假设模型支撑集的基数正好为 s，这个限制条件可能太强，在这种情况下我们可以考虑一些放宽硬稀疏的方式，也就是软稀疏的概念. 简单来说，一个向量 $\boldsymbol{\theta}^*$ 是*软稀疏*的，如果它可以被一个稀疏向量逼近.

有很多不同的方式来描述这个概念，其中一种是通过 ℓ_q “范数”. 对一个参数 $q \in [0,1]$

⊖ 事实上，第 15 章中基于信息论中的理论这一直观印象将被转化成定理的形式.

以及半径 $R_q>0$，考虑集合

$$\mathbb{B}_q(R_q)=\left\{\boldsymbol{\theta}\in\mathbb{R}^d \;\middle|\; \sum_{j=1}^{d}|\theta_j|^q\leqslant R_q\right\} \tag{7.3}$$

它被称为半径为 R_q 的 ℓ_q 球. 如图 7.1 所示，对 $q\in[0,1)$，严格来说它并不是一个球，因为它是非凸的集合. 在 $q=0$ 的特殊情形下，任意的向量 $\boldsymbol{\theta}^*\in\mathbb{B}_0(R_0)$ 至多有 $s=R_0$ 个非零元素. 更一般地，对 $q\in(0,1]$，集合 $\mathbb{B}_q(R_q)$ 有不同的解释方式. 其中一种是排序后的系数

$$\underbrace{|\theta^*_{(1)}|}_{\max\limits_{j=1,2,\cdots,d}|\theta^*_j|}\geqslant|\theta^*_{(2)}|\geqslant\cdots\geqslant|\theta^*_{(d-1)}|\geqslant\underbrace{|\theta^*_{(d)}|}_{\min\limits_{j=1,2,\cdots,d}|\theta^*_j|} \tag{7.4}$$

的衰减速度有多快. 更准确地说，如我们在习题 7.2 所探究的，如果这些有序系数对一个合适的指数 α 满足界 $|\theta^*_{(j)}|\leqslant Cj^{-\alpha}$，那么 $\boldsymbol{\theta}^*$ 属于 $\mathbb{B}_q(R_q)$，半径 R_q 依赖于 (C,α).

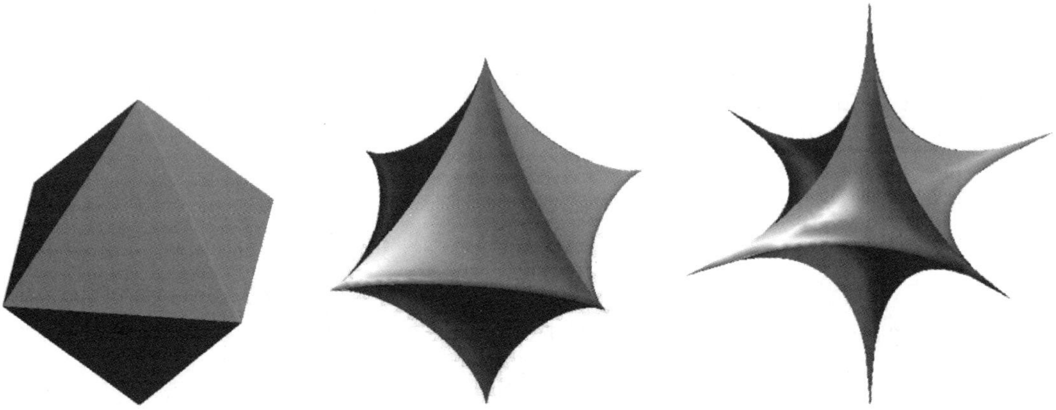

a)　　　　b)　　　　c)

图 7.1　在不同参数 $q\in(0,1]$ 下的 ℓ_q “球” 的示意图. a) 对 $q=1$，集合 $\mathbb{B}_1(R_q)$ 对应的就是通常的 ℓ_1 球. b) 对 $q=0.75$，这个球是一个非凸集合，由 ℓ_1 球的每个面向原点收缩得到. c) 对 $q=0.5$，这个集合变得更 “尖锐”，且当 $q\to0+$ 时，它会收缩成硬稀疏的约束条件. 如习题 7.2(a) 所叙述的，对任意 $q\in(0,1]$，集合 $\mathbb{B}_q(1)$ 都是围绕原点的一个星形

7.1.2　稀疏线性模型的应用

尽管看起来非常简单，但高维线性模型蕴含的内容是非常丰富的. 这里我们通过一些例子和应用来说明这一点.

例 7.1（高斯序列模型）　在一个有限维高斯序列模型中，观察值形式为

$$y_i=\sqrt{n}\theta_i^*+w_i,\quad i=1,2,\cdots,n \tag{7.5}$$

其中 $\boldsymbol{w}_i\sim\mathcal{N}(0,\sigma^2)$ 为独立同分布噪音变量. 这个模型是一般线性模型 (7.1) 的特例，其中 $n=d$ 以及设计矩阵 $\boldsymbol{X}=\sqrt{n}\boldsymbol{I}_n$. 由于样本大小 n 等于参数个数 d，这的确是一个高维模型. 尽管表面看起来很简单，它包括的内容特别丰富：事实上，很多非参数估计中的问题，其中包括回归和密度估计，都可以简化为一个高斯序列模型的 “等价” 形式，这里的等价是说两个模型估计的最优速度是一样的. 对非参数回归来说，当函数 f 属于某个特定函数类

时(被称为一个 Besov 空间)，那么其小波系数向量属于一类特定的 ℓ_q 球其中 $q\in(0,1)$，因此这一估计问题对应一个 ℓ_q 稀疏限制下的高斯序列问题. 许多估计方法，例如小波阈值法，都用到了这类近似稀疏条件. 关于这种联系详见参考文献. ♣

例 7.2(标准正交基的信号去噪)　稀疏在信号处理中起重要作用，包括信号压缩和信号去噪. 抽象地说，一个信号可以被表示成一个向量 $\boldsymbol{\beta}^*\in\mathbb{R}^d$. 基于不同的应用场景，信号长度 d 可以表示为一个图像的像素点个数，或者一个时间序列中离散样本的个数. 在一个去噪问题中，我们得到含噪的观测值形式为 $\tilde{\boldsymbol{y}}=\boldsymbol{\beta}^*+\tilde{\boldsymbol{w}}$，其中向量 $\tilde{\boldsymbol{w}}$ 对应某种额外的噪声. 基于观测向量 $\tilde{\boldsymbol{y}}\in\mathbb{R}^d$，目标是对信号进行"去噪"，即尽可能精确地还原 $\boldsymbol{\beta}^*$. 在压缩问题中，目标是产生一个 $\boldsymbol{\beta}^*$ 的精确的或是近似的表示方式，使得其存储起来相比于原始信号更加紧凑.

很多类型的信号在一个合适的基，例如小波基，变换后都表现出稀疏性. 这种稀疏性可以被用来压缩和去噪. 用抽象的形式，任何这种变换都可以表示成一个标准正交矩阵 $\boldsymbol{\Psi}\in\mathbb{R}^{d\times d}$，相应的 $\boldsymbol{\theta}^*:=\boldsymbol{\Psi}^{\mathrm{T}}\boldsymbol{\beta}^*\in\mathbb{R}^d$ 对应变换后的系数向量. 如果向量 $\boldsymbol{\theta}^*$ 是稀疏的，那么它就可以被压缩到只保留 $s<d$ 个系数，即绝对值最大的 s 个. 当然，如果 $\boldsymbol{\theta}^*$ 确实是稀疏的，那么这个表示方式是精确的. 假设 $\boldsymbol{\theta}^*$ 满足一定形式的渐近稀疏性可能是更为实际的，如我们在习题 7.2 中所探索的那样，这些条件可以用来确保重构后结果的准确性.

回到去噪问题，在变换后的空间里，观测值模型具有形式 $\boldsymbol{y}=\boldsymbol{\theta}^*+\boldsymbol{w}$，其中 $\boldsymbol{y}:=\boldsymbol{\Psi}^{\mathrm{T}}\tilde{\boldsymbol{y}}$ 和 $\boldsymbol{w}:=\boldsymbol{\Psi}^{\mathrm{T}}\tilde{\boldsymbol{w}}$ 分别为变换后的观测值向量和噪声向量. 当观测到的噪声假定为独立同分布正态随机变量(因此在正交变换下不变)，则原始和变换后的观测值都是高斯序列模型 7.1 的特例，两者都有 $n=d$.

如果已知向量 $\boldsymbol{\theta}^*$ 是稀疏的，那么很自然地基于阈值来构造估计. 特别地，对待选的阈值 $\lambda>0$，$\boldsymbol{\theta}^*$ 的硬阈值估计定义为

$$[H_\lambda(\boldsymbol{y})]_i=\begin{cases}y_i & |y_i|\geqslant\lambda\\ 0 & \text{其他}\end{cases}\tag{7.6a}$$

密切相关的是软阈值估计，由下式给出：

$$[T_\lambda(\boldsymbol{y})]_i=\begin{cases}\operatorname{sign}(y_i)(|(y_i)|-\lambda) & |y_i|\geqslant\lambda\\ 0 & \text{其他}\end{cases}\tag{7.6b}$$

如我们在习题 7.1 中探究的那样，每一个这类估计量都可以相应地理解为在 ℓ_0 或 ℓ_1 约束下最小化二次损失函数 $\boldsymbol{\theta}\mapsto\|\boldsymbol{y}-\boldsymbol{\theta}\|_2^2$ 的解. ♣

例 7.3(升维和非线性函数)　尽管表面上是纯粹的线性函数，标准表达式(7.1)通过整合预测变量也可以用来表示非线性模型. 作为一个例子，我们考虑以标量 $t\in\mathbb{R}$ 为变量的 k 阶多项式函数，即具有形式

$$f_\theta(t)=\theta_1+\theta_2 t+\cdots+\theta_{k+1}t^k$$

假设我们观测到形式为 $\{(y_i,t_i)\}_{i=1}^n$ 的 n 个样本，这里每一个观测样本满足模型 $y_i=f_{\boldsymbol{\theta}}(t_i)+w_i$. 这个问题可以转化为线性回归模型的一个例子，通过样本点$(t_1,\cdots,t_n)$定义 $n\times(k+1)$ 维矩阵

$$\boldsymbol{X}=\begin{bmatrix}1 & t_1 & t_1^2 & \cdots & t_1^k \\ 1 & t_2 & t_2^2 & \cdots & t_2^k \\ \vdots & \vdots & \vdots & \ddots & \vdots \\ 1 & t_n & t_n^2 & \cdots & t_n^k\end{bmatrix}$$

在这个升维空间中，多项式函数可以表示成 $\boldsymbol{\theta}$ 的线性函数，因此我们可以把观测值 $\{(y_i, t_i)\}_{i=1}^n$ 写成标准向量形式 $\boldsymbol{y}=\boldsymbol{X\theta}+\boldsymbol{w}$.

这个升维方式不仅限于多项式函数. 更一般的形式是考虑由一系列基函数的线性组合组成的函数，即具有形式

$$f_{\boldsymbol{\theta}}(t)=\sum_{j=1}^{b}\theta_j\phi_j(t)$$

其中 $\{\phi_1,\cdots,\phi_b\}$ 为某些已知函数. 给定 n 个观测样本 (y_i,t_i)，这个模型同样可以简化成形式 $\boldsymbol{y}=\boldsymbol{X\theta}+\boldsymbol{w}$，其中设计矩阵 $\boldsymbol{X}\in\mathbb{R}^{n\times d}$ 具有元素 $X_{ij}=\phi_j(t_i)$.

尽管先前的讨论集中在单变量函数，同样的想法也适用于 D 维多元函数上. 回到多项式函数的情形中，我们注意到一共有 $\binom{D}{k}$ 种可能的 k 阶 D 维多元多项式. 这表明模型的维数以 D^k 的指数阶形式增长，因此，为了得到容易处理的函数类，稀疏性假设是非常关键的. ♣

例 7.4(超完备基下信号压缩)　我们回到例 7.2 中信号处理问题的延伸部分. 就像我们之前注意到的，很多类信号在用一个合适的基，例如小波基，表达时存在稀疏性，这种稀疏性可以被用来压缩信号和信号去噪. 给定一个信号 $\boldsymbol{y}\in\mathbb{R}^n$，经典的信号去噪和压缩方式基于正交变换，其中的基函数可以用一个标准正交矩阵 $\boldsymbol{\Psi}\in\mathbb{R}^{n\times n}$ 的列来表示. 不过，考虑一个超完备基函数集合可能更有用，用矩阵 $\boldsymbol{X}\in\mathbb{R}^{n\times d}$，$d>n$ 的列表示. 在这个框架下，信号压缩可以理解成找一个向量 $\boldsymbol{\theta}\in\mathbb{R}^d$ 使得 $\boldsymbol{y}=\boldsymbol{X\theta}$. 由于 $\boldsymbol{X}$ 的秩为 n，我们总是可以找到一个具有至多 n 个非零元素的解，但我们希望找到一个解 $\boldsymbol{\theta}^*\in\mathbb{R}^d$ 使得非零元个数 $\|\boldsymbol{\theta}^*\|_0=s\ll n$.

涉及 ℓ_0 约束的问题在计算上是非常棘手的，所以我们自然地考虑放宽条件. 正如我们在本章之后将深入讨论的那样，ℓ_1 松弛是非常有效的. 特别地，通过求解下面的凸优化问题，可以得到一个稀疏解，

$$\hat{\boldsymbol{\theta}}\in\arg\min_{\boldsymbol{\theta}\in\mathbb{R}^d}\underbrace{\sum_{j=1}^{d}|\theta_j|}_{\|\boldsymbol{\theta}\|_1}\quad \text{使得 } \boldsymbol{y}=\boldsymbol{X\theta}$$

本章后面的几节将给出这个 ℓ_1 松弛和原始 ℓ_0 问题的等价性理论. ♣

例 7.5(压缩感知)　压缩感知基于结合 ℓ_1 松弛和随机投影方法，我们在第 2 章例 2.12 中已经描述过. 这受启于传统信号压缩方法在利用稀疏性时的固有损耗. 如之前例 7.2 中所叙述的那样，给定一个信号 $\boldsymbol{\beta}^*\in\mathbb{R}^d$，标准的方法是先计算变换后的整个向量 $\boldsymbol{\theta}^*=\boldsymbol{\Psi}^{\mathrm{T}}\boldsymbol{\beta}^*\in\mathbb{R}^d$，再丢弃除最大 s 个系数的部分. 那么有没有一种更直接的方法来估计 $\boldsymbol{\beta}^*$，不需要计算变换后的整个向量 $\boldsymbol{\theta}^*$ 呢？

压缩感知方法取原信号 $\boldsymbol{\beta}^*\in\mathbb{R}^d$ 的 $n\ll d$ 个随机投影，每一个都具有形式 $y_i=\langle\boldsymbol{x}_i,$

$\boldsymbol{\beta}^*\rangle := \sum_{j=1}^{d} x_{ij}\beta_j^*$，其中 $\boldsymbol{x}_i \in \mathbb{R}^d$ 是一个随机向量. 这个向量可以有很多不同的选择，包括标准正态总体($x_{ij} \sim \mathcal{N}(0,1)$独立同分布)，或者 Rademacher 总体($x_{ij} \in \{-1,+1\}$独立同分布). 令 $\boldsymbol{X} \in \mathbb{R}^{n\times d}$ 为一个度量矩阵，$\boldsymbol{x}_i^{\mathrm{T}}$ 是其第 i 行，$\boldsymbol{y} \in \mathbb{R}^n$ 是随机投影的连锁集. 在矩阵和向量记号下，这个问题可以表达为找不定线性系统 $\boldsymbol{X}\beta = \boldsymbol{X}\beta^*$ 的解 $\boldsymbol{\beta} \in \mathbb{R}^d$，使得 $\boldsymbol{\Psi}^{\mathrm{T}}\boldsymbol{\beta}$ 尽可能稀疏. 注意有 $\boldsymbol{y} = \boldsymbol{X}\boldsymbol{\beta}^*$，这个问题的标准 ℓ_1 松弛形式是$\min_{\beta\in\mathbb{R}^d}\|\boldsymbol{\Psi}^{\mathrm{T}}\boldsymbol{\beta}\|_1$，其中 $\boldsymbol{y} = \boldsymbol{X}\boldsymbol{\beta}$. 等价地，在变换域中，

$$\min_{\boldsymbol{\theta}\in\mathbb{R}^d}\|\boldsymbol{\theta}\|_1 \quad 且 \quad \boldsymbol{y} = \widetilde{\boldsymbol{X}}\boldsymbol{\theta} \tag{7.7}$$

其中 $\widetilde{\boldsymbol{X}} := \boldsymbol{X}\boldsymbol{\Psi}$. 在阐述这个等价性时，我们用到了正交性 $\boldsymbol{\Psi}\boldsymbol{\Psi}^{\mathrm{T}} = \boldsymbol{I}_d$. 这是另一个基追踪线性规划(linear program，LP)的例子，其中设计矩阵 $\widetilde{\boldsymbol{X}}$ 是随机的.

压缩感知是一个流行的还原稀疏信号的方法，有广泛的应用. 在本章后面内容里，我们将给出理论来保证对随机设计矩阵的 ℓ_1 松弛方法是有效的，其中随机设计矩阵是由随机投影所产生的. ♣

例 7.6(高斯图模型选择)　任意零均值、协方差矩阵非退化的正态随机向量$(Z_1,\cdots,Z_d)$有如下形式的密度函数

$$p_{\boldsymbol{\Theta}^*}(z_1,\cdots,z_d) = \frac{1}{\sqrt{(2\pi)^d \det((\boldsymbol{\Theta}^*)^{-1})}}\exp\left(-\frac{1}{2}\boldsymbol{z}^{\mathrm{T}}\boldsymbol{\Theta}^*\boldsymbol{z}\right)$$

其中 $\boldsymbol{\Theta}^* \in \mathbb{R}^{d\times d}$ 为协方差矩阵的逆矩阵，称为精度矩阵. 对很多重要的模型，精度矩阵是稀疏的，有相对少的非零元素. 高斯图模型选择问题，将在第 11 章中进行深入讨论，其目的是推断矩阵 $\boldsymbol{\Theta}^*$ 的非零元素.

这一问题可以按下面的方式转化为稀疏线性回归. 对给定的下标 $s \in V := \{1,2,\cdots,d\}$，假设我们对还原其邻域感兴趣，即子集 $\mathcal{N}(s) := \{t \in V \mid \Theta_{st}^* \neq 0\}$. 为此，对变量 Z_s 在$(d-1)$维向量 $\boldsymbol{Z}_{\backslash\{s\}} := \{Z_t, t \in V\backslash\{s\}\}$上进行线性回归. 如我们在第 11 章习题 11.3 中探讨的那样，可以写出

$$\underbrace{Z_s}_{\text{响应变量}y} = \langle \underbrace{\boldsymbol{Z}_{\backslash\{s\}}}_{\text{预测变量}}, \boldsymbol{\theta}^*\rangle + \omega_s$$

其中 ω_s 是均值为零的正态随机变量，独立于向量 $\boldsymbol{Z}_{\backslash\{s\}}$. 此外，向量 $\boldsymbol{\theta}^* \in \mathbb{R}^{d-1}$ 有与去掉对角线后精度矩阵第 s 行$(\boldsymbol{\Theta}_{st}^*, t \in V\backslash\{s\})$一样的稀疏形式. ♣

7.2　无噪情形下的还原

为了获得直观印象，我们从最简单的情形开始，即观测值是完美的或者说无噪的. 具体来说，我们希望找到线性系统 $\boldsymbol{y} = \boldsymbol{X}\boldsymbol{\theta}$ 的一个解 $\boldsymbol{\theta}$，其中 $\boldsymbol{y} \in \mathbb{R}^n$，$\boldsymbol{X} \in \mathbb{R}^{n\times d}$ 是给定的. 当 $d > n$ 时，这是一个不定的线性方程组，因此有一个解的子空间. 但是如果我们知道存在稀疏的解呢？在这种情况下，我们知道存在一个至多有 $s \ll d$ 个非零元素的向量 $\boldsymbol{\theta}^* \in \mathbb{R}^d$，使得 $\boldsymbol{y} = \boldsymbol{X}\boldsymbol{\theta}^*$. 我们的目标是找到线性系统的这个稀疏解. 如例 7.4 和例 7.5 所说，这个无噪

问题在信号表示和压缩中有应用背景.

7.2.1　ℓ_1 松弛

这个问题可视为一个涉及 ℓ_0 "范数"的(非凸的)优化问题. 我们定义

$$\|\boldsymbol{\theta}\|_0 := \sum_{j=1}^{d} \mathbb{I}[\theta_j \neq 0]$$

其中函数 $t \mapsto \mathbb{I}[t \neq 0]$ 当 $t \neq 0$ 时等于 1，其他时候等于 0. 严格来说，这不是一个范数，它只是计数了向量 $\boldsymbol{\theta} \in \mathbb{R}^d$ 中非零元素个数. 我们来考虑优化问题

$$\min_{\boldsymbol{\theta} \in \mathbb{R}^d} \|\boldsymbol{\theta}\|_0 \quad 使得 \quad \boldsymbol{X\theta} = \boldsymbol{y} \tag{7.8}$$

如果可以解出这个问题，那么我们就可以得到线性方程的一个非零元素最少的解.

但是怎么求解问题(7.8)呢？尽管这个约束是一个简单的子空间，但损失函数是不可导而且非凸的. 最直接的方法是穷举所有 $\boldsymbol{X}$ 列的子集. 特别地，对任意子集 $S \subset \{1, \cdots, d\}$，我们可以构造矩阵 $\boldsymbol{X}_S \in \mathbb{R}^{n \times |S|}$，由 $\boldsymbol{X}$ 的指标为 S 的列构成，然后再验证线性系统 $\boldsymbol{y} = \boldsymbol{X}_S \boldsymbol{\theta}$ 有没有解 $\boldsymbol{\theta} \in \mathbb{R}^{|S|}$. 如果我们按基数递增的方式迭代遍历所有子集，那么找到的第一个解就是最稀疏的解. 我们考虑随之产生的计算量. 如果最稀疏的解包含 s 个非零元素，那么我们在找到这个解之前至少需要遍历 $\sum_{j=1}^{s-1} \binom{d}{j}$ 个子集. 但是这样的子集的数量随 s 指数级增长，因此这种方法除了最简单的模型之外计算上是不可行的.

考虑到 ℓ_0 最小化问题的计算难度，一个自然的方法是把棘手的 ℓ_0 项用 ℓ_q 族中最接近的凸元素替代，即 ℓ_1 范数. 这是一个*凸松弛*的例子，即把一个非凸的优化问题用凸规划近似. 在这个框架下，这样可以导出下述优化问题

$$\min_{\boldsymbol{\theta} \in \mathbb{R}^d} \|\boldsymbol{\theta}\|_1 \quad 且 \quad \boldsymbol{X\theta} = \boldsymbol{y} \tag{7.9}$$

不同于 ℓ_0 形式，由于限制集合是一个子空间(因此是凸的)，损失函数为分段线性同样也是凸的，因此这是一个凸规划. 更具体地，问题(7.9)是一个线性规划，这是由于任意分段线性凸损失总是可以重写为若干线性函数的最大值. 基于 Chen、Donoho 和 Saunders(1998)，我们称优化问题(7.9)为*基追踪线性规划*(basis pursuit linear program).

7.2.2　精确还原和限制零空间

我们现在考虑一个重要的理论问题：什么时候求解基追踪线性规划(7.9)和求解原始 ℓ_0 问题(7.8)等价？具体来说，我们假设存在一个向量 $\boldsymbol{\theta}^* \in \mathbb{R}^d$ 使得 $\boldsymbol{y} = \boldsymbol{X\theta}^*$，而且，这个向量 $\boldsymbol{\theta}^*$ 有支撑集 $S \subset \{1, 2, \cdots, d\}$，即对任意 $j \in S^c$ 有 $\boldsymbol{\theta}_j^* = 0$(其中 S^c 表示 S 的补集).

直观上，基追踪的成功与否会取决于 $\boldsymbol{X}$ 的零空间和这个支撑集的关系，以及 ℓ_1 球的几何结构. 为了具体说明这一点，注意 $\boldsymbol{X}$ 的零空间是由 $\text{null}(\boldsymbol{X}) := \{\Delta \in \mathbb{R}^d \mid \boldsymbol{X}\Delta = 0\}$ 给出. 由假设有 $\boldsymbol{X\theta}^* = \boldsymbol{y}$，对于 $\Delta \in \text{null}(\boldsymbol{X})$，任意具有形式 $\boldsymbol{\theta}^* + \Delta$ 的向量都是基追踪线性规划的可行解. 现在我们考虑 ℓ_1 球在 $\boldsymbol{\theta}^*$ 处的*切线锥*，由下式给出：

$$\mathbb{T}(\boldsymbol{\theta}^*) = \{\Delta \in \mathbb{R}^d \mid \|\boldsymbol{\theta}^* + t\Delta\|_1 \leqslant \|\boldsymbol{\theta}^*\|_1 \quad 对某个\ t > 0\} \tag{7.10}$$

如图 7.2 所示，这个集合包含了所有 $\boldsymbol{\theta}^*$ 对应的方向集合，沿着这些方向 ℓ_1 范数不变或递

减. 如之前所述，集合 $\boldsymbol{\theta}^*+\mathrm{null}(\boldsymbol{X})$，即图 7.2 中的实线，对应了所有基追踪 LP 的可行解向量集合. 因此，如果 $\boldsymbol{\theta}^*$ 是基追踪 LP 的唯一解，那么零空间 $\mathrm{null}(\boldsymbol{X})$ 和这个切线锥的交一定只有零向量. 这个理想情形对应图 7.2a，图 7.2b 则给出了不一样的情况，其中 $\boldsymbol{\theta}^*$ 将不是最优的.

这个直觉可以推出 $\boldsymbol{X}$ 上的条件——受限零空间性质. 我们定义子集

$$\mathbb{C}(S)=\{\Delta\in\mathbb{R}^d \mid \|\Delta_{S^c}\|_1\leqslant\|\Delta_S\|_1\}$$

对应支撑集以外部分 ℓ_1 范数可以被支撑集上 ℓ_1 范数所控制的向量域. 下面的定义把 $\boldsymbol{X}$ 的零空间和这个集合联系了起来.

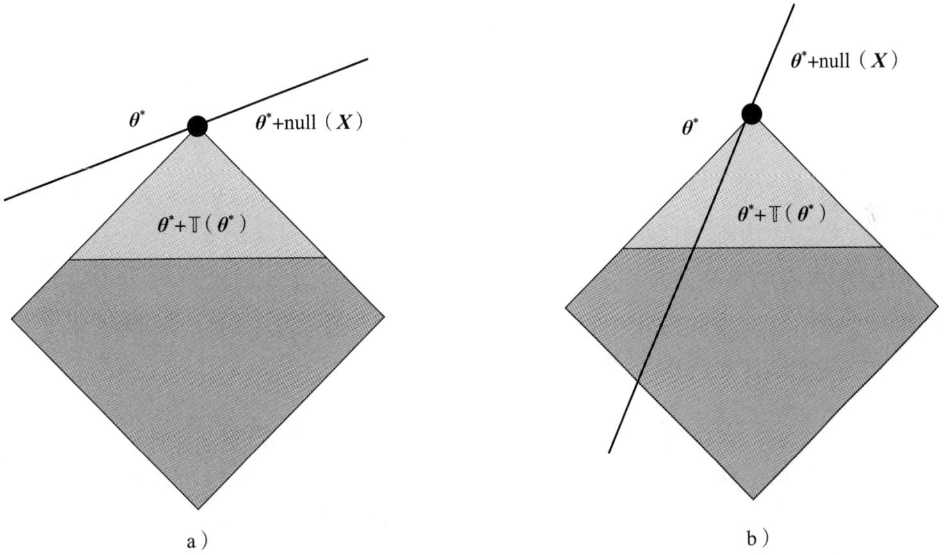

图 7.2　在 $d=2$ 维时切线锥和受限零空间的关系图. a) 集合 $\boldsymbol{\theta}^*+\mathrm{null}(\boldsymbol{X})$ 和切线锥仅在 $\boldsymbol{\theta}^*$ 处相交的理想情形. b) 集合 $\boldsymbol{\theta}^*+\mathrm{null}(\boldsymbol{X})$ 穿过切线锥时的情形

定义 7.7　矩阵 $\boldsymbol{X}$ 满足关于 S 的受限零空间性质，若 $\mathbb{C}(S)\cap\mathrm{null}(\boldsymbol{X})=\{0\}$.

如后面定理 7.8 的证明所示，差异集 $\mathbb{C}(S)$ 给出了另一种性质和切线锥 $\mathbb{T}(\boldsymbol{\theta}^*)$ 类似的集合，它不依赖于 $\boldsymbol{\theta}^*$. 特别地，这个证明表明，对任意的 S 稀疏向量 $\boldsymbol{\theta}^*$，切线锥 $\mathbb{T}(\boldsymbol{\theta}^*)$ 包含在 $\mathbb{C}(S)$ 中，而反过来，$\mathbb{C}(S)$ 包含在这些切线锥的并中. 更准确地说，在下面的意义下受限零空间性质等价于基追踪 LP 可行.

定理 7.8　下述两条性质等价：

(a) 对任意支撑集为 S 的向量 $\boldsymbol{\theta}^*\in\mathbb{R}^d$，适用于 $\boldsymbol{y}=\boldsymbol{X}\boldsymbol{\theta}^*$ 的基追踪线性规划 (7.9) 有唯一解 $\hat{\boldsymbol{\theta}}=\boldsymbol{\theta}^*$.

(b) 矩阵 $\boldsymbol{X}$ 满足关于 S 的受限零空间性质.

证明　我们先证明(b)⇒(a). 由于 $\hat{\boldsymbol{\theta}}$ 和 $\boldsymbol{\theta}^*$ 都是基追踪规划的可行解，而且 $\hat{\boldsymbol{\theta}}$ 是最优的，我们有 $\|\hat{\boldsymbol{\theta}}\|_1 \leqslant \|\boldsymbol{\theta}^*\|_1$. 定义误差向量 $\hat{\Delta} := \hat{\boldsymbol{\theta}} - \boldsymbol{\theta}^*$，我们有

$$\begin{aligned}\|\boldsymbol{\theta}_S^*\|_1 = \|\boldsymbol{\theta}^*\|_1 &\geqslant \|\boldsymbol{\theta}^* + \hat{\Delta}\|_1 \\ &= \|\boldsymbol{\theta}_S^* + \hat{\Delta}_S\|_1 + \|\hat{\Delta}_{S^c}\|_1 \\ &\geqslant \|\boldsymbol{\theta}_S^*\|_1 - \|\hat{\Delta}_S\|_1 + \|\hat{\Delta}_{S^c}\|_1\end{aligned}$$

这里我们利用了 $\boldsymbol{\theta}_{S^c}^* = 0$ 以及三角不等式. 重新整理这个不等式，我们可以得到误差向量 $\hat{\Delta} \in \mathbb{C}(S)$. 然而，由构造我们知道 $\boldsymbol{X}\hat{\Delta} = 0$，因此有 $\hat{\Delta} \in \mathrm{null}(\boldsymbol{X})$. 由假设可知 $\hat{\Delta} = \boldsymbol{0}$，或者等价地 $\hat{\boldsymbol{\theta}} = \boldsymbol{\theta}^*$.

为了证明(a)⇒(b)，只需要证明若 ℓ_1 松弛对任意 S 稀疏向量是可行的，那么集合 $\mathrm{null}(\boldsymbol{X}) \setminus \{0\}$ 与 $\mathbb{C}(S)$ 不相交. 对给定的向量 $\boldsymbol{\theta}^* \in \mathrm{null}(\boldsymbol{X}) \setminus \{\boldsymbol{0}\}$，考虑基追踪问题

$$\min_{\boldsymbol{\beta} \in \mathbb{R}^d} \|\boldsymbol{\beta}\|_1 \quad \text{且} \quad \boldsymbol{X\beta} = \boldsymbol{X}\begin{bmatrix}\boldsymbol{\theta}_S^* \\ \boldsymbol{0}\end{bmatrix} \tag{7.11}$$

由假设，这个问题的唯一最优解是 $\hat{\boldsymbol{\beta}} = [\boldsymbol{\theta}_S^* \quad \boldsymbol{0}]^{\mathrm{T}}$. 由假设有 $\boldsymbol{X\theta}^* = \boldsymbol{0}$，向量 $[\boldsymbol{0} \quad -\boldsymbol{\theta}_{S^c}^*]^{\mathrm{T}}$ 同样是问题的可行解，而由唯一性可知 $\|\boldsymbol{\theta}_S^*\|_1 < \|\boldsymbol{\theta}_{S^c}^*\|_1$，由此得到结论 $\boldsymbol{\theta}^* \notin \mathbb{C}(S)$. □

7.2.3　限制零空间的充分条件

为了让定理 7.8 在实际应用中可行，我们需要一个验证限制零空间条件的方法. 最早的充分条件是基于设计矩阵的不相关参数，即

$$\delta_{\mathrm{PW}}(\boldsymbol{X}) := \max_{j,k=1,\cdots,d} \left| \frac{|\langle \boldsymbol{X}_j, \boldsymbol{X}_k \rangle|}{n} - \mathbb{I}[j=k] \right| \tag{7.12}$$

其中 $\boldsymbol{X}_j$ 表示 $\boldsymbol{X}$ 的第 j 列，而 $\mathbb{I}[j=k]$ 是事件 $\{j=k\}$ 取值为 $\{0,1\}$ 的示性函数. 这里我们选择对矩阵的列用 $1/\sqrt{n}$ 重尺度化，这样可以对随机试验的结果更容易解释.

下面的结果表明一个很小的逐对不相关足够保证受限零空间性质一致成立.

命题 7.9　若逐对不相关参数满足界

$$\delta_{\mathrm{PW}}(\boldsymbol{X}) \leqslant \frac{1}{3s} \tag{7.13}$$

那么受限零空间性质对所有基数不超过 s 的子集 S 成立.

在习题 7.3 中我们会逐步引导读者完成这个结论的证明.

一个与此相关但是更复杂的充分条件是受限等距性(restricted isometry property, RIP). 它可以理解成逐对不相关条件的一个自然推广，这一推广基于观察更大的列子集条件.

定义 7.10(受限等距性)　对一个给定的整数 $s \in \{1,\cdots,d\}$，我们说 $\boldsymbol{X} \in \mathbb{R}^{n \times d}$ 满足一个常数为 $\delta_s(\boldsymbol{X}) > 0$ 的 s 阶受限等距性，若

$$\left\| \frac{\boldsymbol{X}_S^{\mathrm{T}}\boldsymbol{X}_S}{n} - \boldsymbol{I}_S \right\|_2 \leqslant \delta_S(\boldsymbol{X}), \quad \text{对任意基数不超过 } s \text{ 的子集 } S \text{ 成立} \tag{7.14}$$

在这个定义中，记号$\|\cdot\|_2$表示矩阵的ℓ_2算子范数，对应其最大奇异值. 对 $s=1$，RIP 条件意味着重尺度化后 $\boldsymbol{X}$ 的列是几乎单位范数的，即我们有$\frac{\|\boldsymbol{X}_j\|_2^2}{n}\in[1-\delta_1,1+\delta_1]$对任意 $j=1,2,\cdots,d$ 成立. 对于 $s=2$，RIP 常数 δ_2 非常接近于逐对不相关参数 $\delta_{\mathrm{PW}}(\boldsymbol{X})$. 当矩阵 $\boldsymbol{X}/\sqrt{n}$ 有单位范数列时，这个关系最为明显，这种情况下，对于每一对列$\{j,k\}$，我们有

$$\frac{\boldsymbol{X}_{\{j,k\}}^{\mathrm{T}}\boldsymbol{X}_{\{j,k\}}}{n}-\begin{bmatrix}1&0\\0&1\end{bmatrix}=\begin{bmatrix}\frac{\|\boldsymbol{X}_j\|_2^2}{n}-1&\frac{\langle\boldsymbol{X}_j,\boldsymbol{X}_k\rangle}{n}\\\frac{\langle\boldsymbol{X}_j,\boldsymbol{X}_k\rangle}{n}&\frac{\|\boldsymbol{X}_k\|_2^2}{n}-1\end{bmatrix}\overset{(\mathrm{i})}{=}\begin{bmatrix}0&\frac{\langle\boldsymbol{X}_j,\boldsymbol{X}_k\rangle}{n}\\\frac{\langle\boldsymbol{X}_j,\boldsymbol{X}_k\rangle}{n}&0\end{bmatrix}$$

最后一个等式(i)用了列正规化条件. 因此，我们得到

$$\delta_2(\boldsymbol{X})=\left\|\frac{\boldsymbol{X}_{\{j,k\}}^{\mathrm{T}}\boldsymbol{X}_{\{j,k\}}}{n}-\boldsymbol{I}_2\right\|_2=\max_{j\neq k}\left|\frac{\langle\boldsymbol{X}_j,\boldsymbol{X}_k\rangle}{n}\right|=\delta_{\mathrm{PW}}(\boldsymbol{X})$$

最后一步又用了列正规化条件. 更一般地，如习题 7.4 所示，对任意矩阵 $\boldsymbol{X}$ 和稀疏程度 $s\in\{2,\cdots,d\}$，我们有关系式

$$\delta_{\mathrm{PW}}(\boldsymbol{X})\overset{(\mathrm{i})}{\leqslant}\delta_s(\boldsymbol{X})\overset{(\mathrm{ii})}{\leqslant}s\delta_{\mathrm{PW}}(\boldsymbol{X})\tag{7.15}$$

而且在一般情况下这些界都无法再改进.（同样可以说明存在矩阵使得 $\delta_s(\boldsymbol{X})=\sqrt{s}\delta_{\mathrm{PW}}(\boldsymbol{X})$.）尽管相比逐对不相关参数，RIP 在更大的子矩阵上给出限制条件，但用来保证一致的受限零空间性质成立所需的约束参数的大小可以非常宽松.

下面的结果表明合适的 RIP 常数控制可以推出受限零空间性质.

命题 7.11　*如果 $2s$ 阶的 RIP 常数被 $\delta_{2s}(\boldsymbol{X})<1/3$ 控制，那么一致的受限零空间性质对任意基数满足 $|S|\leqslant s$ 的集合 S 成立.*

证明　令 $\boldsymbol{\theta}\in\mathrm{null}(\boldsymbol{X})$为零空间中的任意一个非零元素. 对任意子集 A，我们令 $\boldsymbol{\theta}_A\in\mathbb{R}^{|A|}$ 为以 A 为下标的子向量，并定义向量 $\tilde{\boldsymbol{\theta}}_A\in\mathbb{R}^d$，其元素为

$$\tilde{\boldsymbol{\theta}}_j=\begin{cases}\boldsymbol{\theta}_j & j\in A\\0 & 其他\end{cases}$$

我们会频繁地用到$\|\tilde{\boldsymbol{\theta}}_A\|=\|\boldsymbol{\theta}_A\|$对任意按元素可分的范数成立，例如 ℓ_1 范数和 ℓ_2 范数.

令 S 为$\{1,2,\cdots,d\}$的子集，对应 $\boldsymbol{\theta}$ 中绝对值最大的 s 个元素. 只需要说明对这个子集有$\|\boldsymbol{\theta}_{S^c}\|_1>\|\boldsymbol{\theta}_S\|_1$. 我们记 $S^c=\bigcup_{j\geqslant1}S_j$，其中 S_1 为 $\tilde{\boldsymbol{\theta}}_{S^c}$ 最大 s 个元素的下标子集；子集 S_2 为对应 $S^c\setminus S_1$ 中最大 s 个元素的下标的子集，而最后一个子集则可能包含少于 s 个元素. 基于这个记号，我们得到分解 $\boldsymbol{\theta}=\tilde{\boldsymbol{\theta}}_S+\sum_{k\geqslant1}\tilde{\boldsymbol{\theta}}_{S_k}$.

RIP 性质保证了$\|\tilde{\boldsymbol{\theta}}_S\|_2^2\leqslant\frac{1}{1-\delta_{2s}}\left\|\frac{1}{\sqrt{n}}\boldsymbol{X}\tilde{\boldsymbol{\theta}}_S\right\|_2^2$. 而且，由于 $\boldsymbol{\theta}\in\mathrm{null}(\boldsymbol{X})$，我们有 $\boldsymbol{X}\tilde{\boldsymbol{\theta}}_S=-\sum_{j\geqslant1}\boldsymbol{X}\tilde{\boldsymbol{\theta}}_{S_j}$，因此

$$\|\widetilde{\boldsymbol{\theta}}_{S_0}\|_2^2 \leqslant \frac{1}{1-\delta_{2s}}\left|\sum_{j\geqslant 1}\frac{\langle \boldsymbol{X}\widetilde{\boldsymbol{\theta}}_{S_0},\boldsymbol{X}\widetilde{\boldsymbol{\theta}}_{S_j}\rangle}{n}\right| \stackrel{\text{(i)}}{=} \frac{1}{1-\delta_{2s}}\left|\sum_{j\geqslant 1}\widetilde{\boldsymbol{\theta}}_{S_0}\left[\frac{\boldsymbol{X}^{\mathrm{T}}\boldsymbol{X}}{n}-\boldsymbol{I}_d\right]\widetilde{\boldsymbol{\theta}}_{S_j}\right|$$

其中等式(i)用了结论$\langle \widetilde{\boldsymbol{\theta}}_S,\widetilde{\boldsymbol{\theta}}_{S_j}\rangle=0$.

由 RIP 性质，对任意 $j\geqslant 1$，$\ell_2\to\ell_2$ 算子范数满足界$\|n^{-1}\boldsymbol{X}_{S_0\cup S_j}^{\mathrm{T}}\boldsymbol{X}_{S_0\cup S_j}-\boldsymbol{I}_{2s}\|_2\leqslant\delta_{2s}$，因此我们有

$$\|\widetilde{\boldsymbol{\theta}}_{S_0}\|_2 \leqslant \frac{\delta_{2s}}{1-\delta_{2s}}\sum_{j\geqslant 1}\|\widetilde{\boldsymbol{\theta}}_{S_j}\|_2 \tag{7.16}$$

我们在两边同时消去了一个$\|\widetilde{\boldsymbol{\theta}}_{S_0}\|_2$. 最后，由集合 S_j 的构造，对任意 $j\geqslant 1$，我们有$\|\widetilde{\boldsymbol{\theta}}_{S_j}\|_\infty\leqslant\frac{1}{s}\|\widetilde{\boldsymbol{\theta}}_{S_{j-1}}\|_1$，这意味着$\|\widetilde{\boldsymbol{\theta}}_{S_j}\|_2\leqslant\frac{1}{\sqrt{s}}\|\widetilde{\boldsymbol{\theta}}_{S_{j-1}}\|_1$. 把这些上界用到(7.16)中，我们可以得到

$$\|\widetilde{\boldsymbol{\theta}}_{S_0}\|_1 \leqslant \sqrt{s}\,\|\widetilde{\boldsymbol{\theta}}_{S_0}\|_2 \leqslant \frac{\delta_{2s}}{1-\delta_{2s}}\left\{\|\widetilde{\boldsymbol{\theta}}_{S_0}\|_1+\sum_{j\geqslant 1}\|\widetilde{\boldsymbol{\theta}}_{S_j}\|_1\right\}$$

或者等价地$\|\widetilde{\boldsymbol{\theta}}_{S_0}\|_1\leqslant\frac{\delta_{2s}}{1-\delta_{2s}}\{\|\widetilde{\boldsymbol{\theta}}_{S_0}\|_1+\|\widetilde{\boldsymbol{\theta}}_{S^c}\|_1\}$. 通过一些简单的代数运算，只要 $\delta_{2s}<1/3$，这个不等式可以导出$\|\widetilde{\boldsymbol{\theta}}_{S_0}\|_1<\|\widetilde{\boldsymbol{\theta}}_{S^c}\|_1$. □

像逐对不相关常数一样，控制 RIP 常数也是基追踪 LP 可行的一个充分条件. RIP 的一个主要优势是，对很多随机设计矩阵，这是压缩感知中(见例 7.5)非常重要的矩阵，相较于逐对不相关条件，它可以用小得多的样本大小 n 来保证基追踪方法的准确性. 正如我们在习题 7.7 中探究的，对元素为独立同分布的次高斯随机矩阵，只要 $n\gtrsim s^2\log d$，逐对不相关常数会以高概率有界$\frac{1}{3s}$. 反之，习题 7.7 也告诉我们对某些类型的随机设计矩阵 $\boldsymbol{X}$，RIP 常数在 $n\gtrsim s\log(ed/s)$时有较好的控制. 因此，RIP 方法克服了“平方项障碍”，即逐对不相关方法中出现的，所需样本大小 n 是关于稀疏度 s 的平方级.

需要指出的是，不同于受限零空间性质，无论是逐对不相关条件还是 RIP 条件都不是必要条件. 事实上，基追踪 LP 对许多既不满足逐对不相关也不满足 RIP 条件的矩阵类也都有效. 例如，考虑一个随机矩阵 $\boldsymbol{X}\in\mathbb{R}^{n\times d}$，其行独立同分布满足 $\boldsymbol{X}_i\sim\mathcal{N}(0,\boldsymbol{\Sigma})$. 令 $\mathbb{1}\in\mathbb{R}^d$ 为全是 1 的向量，考虑协方差矩阵族

$$\boldsymbol{\Sigma}:=(1-\mu)\boldsymbol{I}_d+\mu\,\mathbb{1}\mathbb{1}^{\mathrm{T}} \tag{7.17}$$

其中 $\mu\in[0,1)$为参数. 在习题 7.8 中，我们展示了对任意固定的 $\mu\in[0,1)$，逐对不相关界(7.13)在 s 较大的时候以很高概率不成立，而且对任意大小为 $2s$ 的子集的条件数在高概率下以 $\mu\sqrt{s}$ 阶增长，因此对任意固定的 $\mu\in(0,1)$，RIP 常数(在高概率下)会随着 $s\to+\infty$ 趋向于无穷. 尽管如此，如图 7.4 所示，对任意 $\mu\in[0,1)$，在样本大小 $n\gtrsim s\log(ed/s)$时基追踪 LP 松弛在高概率下还是可行的. 在本章后面的内容中，对许多类随机矩阵，包括(以及其他)(7.17)的矩阵类，我们会给出一个可以直接验证受限零空间性质的结果. 细节详见定理 7.16 及相关的讨论.

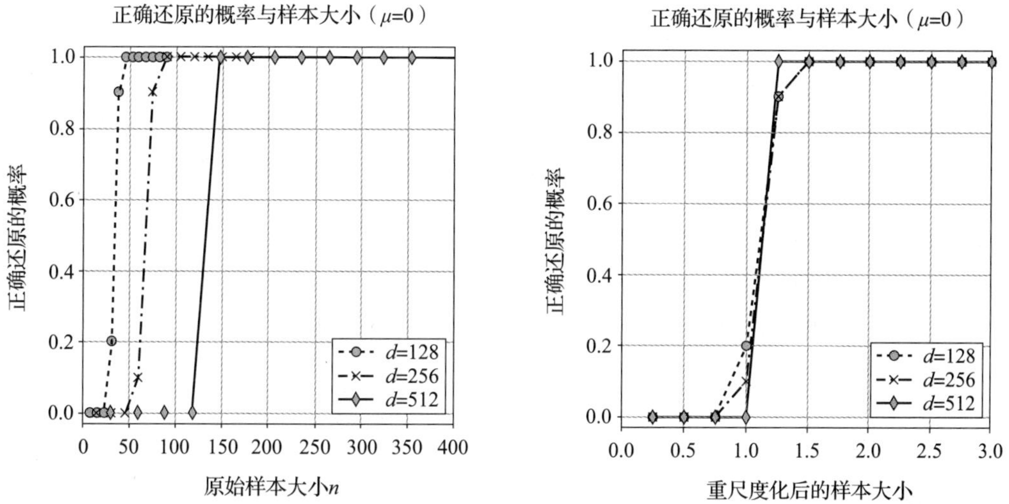

a) b)

图 7.3 a) 随机设计矩阵元素为独立同分布 $\mathcal{N}(0,1)$时，基追踪成功率与样本大小 n 关系图. 每一条曲线对应一个不同的问题维数 $d\in\{128, 256, 512\}$及稀疏度 $s=\lceil 0.1d\rceil$. b) 同样的结果对应重尺度化后的样本维数 $n/(s\log(ed/s))$. 在同一个重尺度化后的样本大小值处曲线产生了一个相变

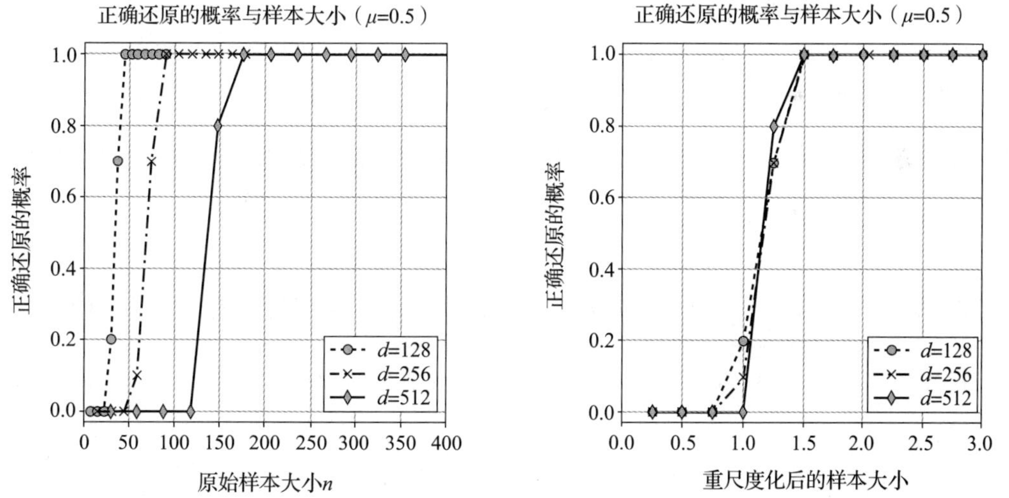

a) b)

图 7.4 a) 当随机设计矩阵元素为独立同分布行 $\boldsymbol{X}_i\sim\mathcal{N}(\mathbf{0},\boldsymbol{\Sigma})$时，基追踪成功率与行样本大小 n 关系图，其中模型(7.17)中取 $\mu=0.5$. 每一条曲线对应一个不同的问题，其维数为 $d\in\{128, 256,512\}$，稀疏度 $s=\lceil 0.1d\rceil$. b) 对重尺度化后的样本维数 $n/(s\log(ed/s))$重新绘图之后的结果. 可以观察到同一个重尺度化后的样本大小值曲线的一个明显的相变

7.3 有噪情形下的估计

我们转向有噪的情形，此时我们观察到向量-矩阵对$(\boldsymbol{y},\boldsymbol{X})\in\mathbb{R}^n\times\mathbb{R}^{n\times d}$由模型$\boldsymbol{y}=\boldsymbol{X}\boldsymbol{\theta}^*+\boldsymbol{w}$联系起来. 这里的新内容是噪声向量$\boldsymbol{w}\in\mathbb{R}^n$. 基追踪方法的一个自然的拓展是基于最小化数据保真度项$\|\boldsymbol{y}-\boldsymbol{X}\boldsymbol{\theta}\|_2^2$和$\ell_1$范数惩罚项的加权组合，即具有形式

$$\hat{\boldsymbol{\theta}}\in\arg\min_{\boldsymbol{\theta}\in\mathbb{R}^d}\left\{\frac{1}{2n}\|\boldsymbol{y}-\boldsymbol{X}\boldsymbol{\theta}\|_2^2+\lambda_n\|\boldsymbol{\theta}\|_1\right\}\tag{7.18}$$

这里$\lambda_n>0$是一个待确定的正则化参数. 基于 Tibshirani(1996)，我们称之为 Lasso 方法.

除此之外，还可以考虑 Lasso 的不同约束形式，它可以是

$$\min_{\boldsymbol{\theta}\in\mathbb{R}^d}\left\{\frac{1}{2n}\|\boldsymbol{y}-\boldsymbol{X}\boldsymbol{\theta}\|_2^2\right\}\quad 使得\|\boldsymbol{\theta}\|_1\leqslant R\tag{7.19}$$

对某个半径$R>0$，或者

$$\min_{\boldsymbol{\theta}\in\mathbb{R}^d}\|\boldsymbol{\theta}\|_1\quad 使得\frac{1}{2n}\|\boldsymbol{y}-\boldsymbol{X}\boldsymbol{\theta}\|_2^2\leqslant b^2\tag{7.20}$$

对某个噪声容忍度$b>0$. 根据 Chen 等(1998)，约束形式(7.20)称为*松弛基追踪*. 由拉格朗日对偶理论，上述三类凸优化问题是等价的. 具体来说，对约束形式(7.19)中任意的半径$R>0$，存在一个正则化参数$\lambda\geqslant0$使得求解拉格朗日形式(7.18)等价于求解约束形式(7.19). 类似的结论同样适用于约束形式(7.20)中任意的$b>0$的选择.

7.3.1 受限特征值条件

在有噪声的情形下，我们不能期待得到完美的复原结果. 事实上，我们主要关注 Lasso 方法解$\hat{\boldsymbol{\theta}}$和未知回归向量$\boldsymbol{\theta}^*$之间的$\ell_2$误差$\|\hat{\boldsymbol{\theta}}-\boldsymbol{\theta}^*\|_2$. 因为存在噪声，我们需要一个和受限零空间相似但稍微强一点的条件，即矩阵$\frac{\boldsymbol{X}^{\mathrm{T}}\boldsymbol{X}}{n}$的特征值下界被一个锥所控制. 特别地，对一个常数$\alpha\geqslant1$，我们定义集合

$$\mathbb{C}_\alpha(S):=\{\Delta\in\mathbb{R}^d\mid\|\Delta_{S^c}\|_1\leqslant\alpha\|\Delta_S\|_1\}\tag{7.21}$$

这个定义推广了在受限零空间性质中所定义的集合$\mathbb{C}(S)$，其对应$\alpha=1$的特殊情形.

定义 7.12　*矩阵$\boldsymbol{X}$满足 S 上参数为(κ,α)的受限特征值(restricted eigenvalue，RE)条件若*

$$\frac{1}{n}\|\boldsymbol{X}\Delta\|_2^2\geqslant\kappa\|\Delta\|_2^2\quad 对任意\ \Delta\in\mathbb{C}_\alpha(S)\tag{7.22}$$

注意 RE 条件是受限零空间性质的一种强化. 特别地，若 RE 条件对任意$\kappa>0$的参数$(\kappa,1)$成立，那么受限零空间性质成立. 此外，我们将证明在 RE 条件下，Lasso 解的误差$\|\hat{\boldsymbol{\theta}}-\boldsymbol{\theta}^*\|_2$可以被很好地控制.

那么 RE 条件是如何出现的呢？为给出一些直观解释，我们考虑受约束形式的 Lasso 方法(7.19)，其中半径$R=\|\boldsymbol{\theta}^*\|_1$. 在这种情况下，真实参数向量$\boldsymbol{\theta}^*$是问题的一个可行解.

由定义，Lasso 估计 $\hat{\boldsymbol{\theta}}$ 是在半径为 R 的 ℓ_1 球内最小化二次型损失函数 $\mathcal{L}_n(\boldsymbol{\theta})=\frac{1}{2n}\|\boldsymbol{y}-\boldsymbol{X\theta}\|_2^2$. 随着数据量的增加，我们期待 $\boldsymbol{\theta}^*$ 成为同一个损失函数的几乎最小值点，即 $\mathcal{L}_n(\hat{\boldsymbol{\theta}})\approx\mathcal{L}_n(\boldsymbol{\theta}^*)$. 但是什么时候损失函数的接近能推出误差向量 $\Delta:=\hat{\boldsymbol{\theta}}-\boldsymbol{\theta}^*$ 比较小呢？如图 7.5 所示，损失函数差 $\delta\mathcal{L}_n:=\mathcal{L}_n(\theta^*)-\mathcal{L}_n(\hat{\boldsymbol{\theta}})$和误差 $\Delta=\hat{\boldsymbol{\theta}}-\boldsymbol{\theta}^*$ 之间的连接关系被损失函数的曲率所控制. 在图 7.5a 所示的有利情况下，损失函数在其最优点 $\hat{\boldsymbol{\theta}}$ 附近有大的曲率，因此一个充分小的 $\delta\mathcal{L}_n$ 可以推出误差向量 Δ 也是很小的. 这个曲率对图 7.5b 所示的损失函数不再成立，这时很可能 $\delta\mathcal{L}_n$ 很小而误差 Δ 可以相对很大.

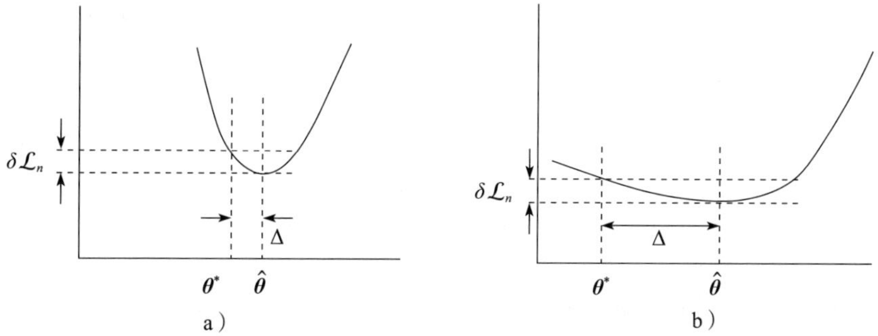

图 7.5 损失函数曲率(强凸度)和估计误差之间关系示意图. a) 在一个有利的情形下，损失函数在其最小值点 $\hat{\boldsymbol{\theta}}$ 处弯曲得很厉害，因此损失函数值一个很小的变化 $\delta\mathcal{L}_n:=\mathcal{L}_n(\boldsymbol{\theta}^*)-\mathcal{L}_n(\hat{\boldsymbol{\theta}})$可以推出误差向量 $\Delta=\hat{\boldsymbol{\theta}}-\boldsymbol{\theta}^*$ 也不会太大. b) 在一个不利的条件下，损失函数很平，因此损失函数一个小的变化 $\delta\mathcal{L}_n$ 不一定能推出误差向量也很小

图 7.5 阐述了一个一维函数，在这种情形下曲率可以用一个标量表示. 对一个 d 维函数，损失函数的曲率可以用它的 Hesse 矩阵 $\nabla^2\mathcal{L}_n(\boldsymbol{\theta})$表示，Hesse 矩阵是一个对称的半正定矩阵. 在 Lasso 方法所用的二次型损失函数的特殊情形下，Hesse 矩阵可以由

$$\nabla^2\mathcal{L}_n(\boldsymbol{\theta})=\frac{1}{n}\boldsymbol{X}^{\mathrm{T}}\boldsymbol{X} \tag{7.23}$$

简单计算得到. 如果可以保证这个矩阵的特征值一致地远离 0，即

$$\frac{\|\boldsymbol{X}\Delta\|_2^2}{n}\geqslant\boldsymbol{\kappa}\|\Delta\|_2^2>0 \quad 对任意\ \Delta\in\mathbb{R}^d\backslash\{0\} \tag{7.24}$$

那么可以确保对所有方向都有曲率.

在高维情形 $d>n$ 时，Hesse 矩阵是一个 $d\times d$ 矩阵而秩最多为 n，所以不可能保证对任意方向都有正的曲率. 相反，二次型损失函数总是会有图 7.6a 所示的形式：尽管会在某些方向弯曲，它总是会在一个$(d-n)$维子空间方向上是完全平坦的！所以，一致界(7.24)是不会成立的. 基于这个原因，我们需要放宽一致曲率条件，要求它只对一个子集 $\mathbb{C}_\alpha(S)$ 上的向量成立，正如图 7.6b 所示. 如果可以确保子集 $\mathbb{C}_\alpha(S)$和 Hesse 矩阵弯曲方向比较一致，那么损失函数的一个小变化可以推出 $\hat{\boldsymbol{\theta}}$ 和 $\boldsymbol{\theta}^*$ 之间差的界.

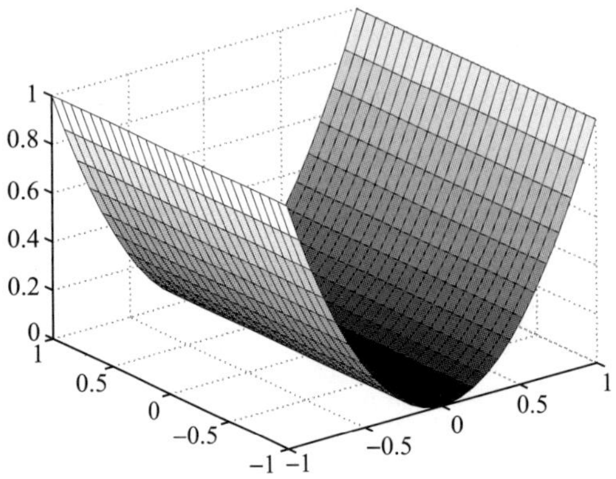

a)

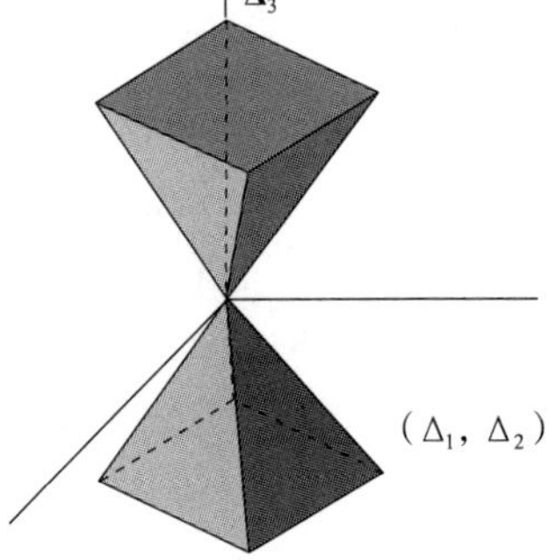

b)

图 7.6 a) 在高维情形($d \gg n$)下，一个凸损失函数不会是强凸的；相反，它会在一些方向弯曲，但在另一些方向上是平坦的. b) Lasso 误差 $\hat{\Delta}$ 一定在 $\mathbb{R}^d$ 的受限子集 $\mathbb{C}_\alpha(S)$ 上. 由于这个原因，只需要损失函数在空间特定方向上弯曲

7.3.2 严格稀疏模型下的 ℓ_2 误差界

有了上文的直观解释，我们现在阐述“严格稀疏”向量 $\boldsymbol{\theta}^*$ 情形下关于误差 $\|\hat{\boldsymbol{\theta}}-\boldsymbol{\theta}^*\|_2$ 界的一个结果. 特别地，我们引入下面的条件：

(A1) 向量 $\boldsymbol{\theta}^*$ 以子集 $S \subseteq \{1,2,\cdots,d\}$ 为支撑集，其中 $|S|=s$.

(A2) 设计矩阵基于 S 满足参数为(κ,3)的受限特征值条件(7.22).

下面的结果给出了任意 Lasso 解 $\hat{\boldsymbol{\theta}}$ 和真实向量 $\boldsymbol{\theta}^*$ 之间的 ℓ_2 误差界.

定理 7.13 在假设(A1)和(A2)下：

(a) 正则化参数满足下界 $\lambda_n \geqslant 2\left\|\frac{\boldsymbol{X}^{\mathrm{T}}\boldsymbol{w}}{n}\right\|_\infty$ 的拉格朗日 Lasso 算法(7.18)的任意解满足

$$\|\hat{\boldsymbol{\theta}}-\boldsymbol{\theta}^*\|_2 \leqslant \frac{3}{\kappa}\sqrt{s}\lambda_n \tag{7.25a}$$

(b) $R=\|\boldsymbol{\theta}^*\|_1$ 的带约束 Lasso 算法(7.19)的任意解满足

$$\|\hat{\boldsymbol{\theta}}-\boldsymbol{\theta}^*\|_2 \leqslant \frac{4}{\kappa}\sqrt{s}\left\|\frac{\boldsymbol{X}^{\mathrm{T}}\boldsymbol{w}}{n}\right\|_\infty \tag{7.25b}$$

(c) $b^2 \geqslant \frac{\|\boldsymbol{w}\|_2^2}{2n}$ 的松弛基追踪规则(7.20)的任意解满足

$$\|\hat{\boldsymbol{\theta}}-\boldsymbol{\theta}^*\|_2 \leqslant \frac{4}{\kappa}\sqrt{s}\left\|\frac{\boldsymbol{X}^{\mathrm{T}}\boldsymbol{w}}{n}\right\|_\infty + \frac{2}{\sqrt{\kappa}}\sqrt{b^2-\frac{\|\boldsymbol{w}\|_2^2}{2n}} \tag{7.25c}$$

另外，三个解都满足 ℓ_1 界 $\|\hat{\boldsymbol{\theta}}-\boldsymbol{\theta}^*\|_1 \leqslant 4\sqrt{s}\,\|\hat{\boldsymbol{\theta}}-\boldsymbol{\theta}^*\|_2$.

为了给出这些结论的直观解释，我们先从宏观上讨论它们，然后用一些具体例子来解释. 首先，很重要的一点是这些结果是确定非随机的，适用于任意线性回归方程. 然而如结果所示，这些结论涉及 $\boldsymbol{w}$ 和/或 $\boldsymbol{\theta}^*$ 的相关量. 对于具体统计模型要得到结果——可以通过假设噪声向量 $\boldsymbol{w}$ 和/或设计矩阵来确定模型——涉及控制或近似这些量. 基于我们之前对强凸性作用的讨论，很自然地所有三个上界都与受限特征值常数 $\kappa>0$ 成反比. 它们的数量级为$\sqrt{s}$也是自然的，因为我们在尝试估计有 s 个未知元素的未知回归向量. 界中余下的项涉及未知噪声向量，在(a)、(b)、(c)部分中是量$\left\|\frac{\boldsymbol{X}^{\mathrm{T}}\boldsymbol{w}}{n}\right\|_{\infty}$，另外在(c)部分中基于量$\frac{\|\boldsymbol{w}\|_2^2}{n}$的形式.

我们对线性回归模型讨论定理 7.13 的一些具体推论，这些模型都是常用且经常研究的。

例 7.14(经典线性高斯模型)　我们从统计中的经典线性高斯模型开始，其中的噪声向量 $\boldsymbol{w}\in\mathbb{R}^n$ 来自独立同分布 $\mathcal{N}(0,\sigma^2)$. 我们考虑非随机设计的情形，即矩阵 $\boldsymbol{X}\in\mathbb{R}^{n\times d}$ 是固定的. 假设 $\boldsymbol{X}$ 满足 RE 条件(7.22)而且是 C-列正规化的，即 $\max\limits_{j=1,\cdots,d}\frac{\|\boldsymbol{X}_j\|_2}{\sqrt{n}}\leqslant C$，其中 $\boldsymbol{X}_j\in\mathbb{R}^n$ 记作 $\boldsymbol{X}$ 的第 j 列. 在这一设定下，随机变量$\left\|\frac{\boldsymbol{X}^{\mathrm{T}}\boldsymbol{w}}{n}\right\|_{\infty}$对应 d 个零均值高斯随机变量绝对值的最大值，每个分量的方差至多为 $\frac{C^2\sigma^2}{n}$. 因此，基于标准高斯尾部界(习题 2.12)，我们有

$$\mathbb{P}\left[\left\|\frac{\boldsymbol{X}^{\mathrm{T}}\boldsymbol{w}}{n}\right\|_{\infty}\geqslant C\sigma\left(\sqrt{\frac{2\log d}{n}}+\delta\right)\right]\leqslant 2\mathrm{e}^{-\frac{n\delta^2}{2}}\quad \text{对任意 } \delta>0 \text{ 成立}$$

因此，如果我们取 $\lambda_n=2C\sigma\left(\sqrt{\frac{2\log d}{n}}+\delta\right)$，那么定理 7.13(a)可以推出，任意拉格朗日 Lasso(7.18)的最优解在至少 $1-2\mathrm{e}^{-\frac{n\delta^2}{2}}$ 的概率下满足界

$$\|\hat{\boldsymbol{\theta}}-\boldsymbol{\theta}^*\|_2\leqslant\frac{6C\sigma}{\kappa}\sqrt{s}\left\{\sqrt{\frac{2\log d}{n}}+\delta\right\}\tag{7.26}$$

类似地，定理 7.13(b)可以推出，任意带约束 Lasso(7.19)的最优解等概率地满足界

$$\|\hat{\boldsymbol{\theta}}-\boldsymbol{\theta}^*\|_2\leqslant\frac{4C\sigma}{\kappa}\sqrt{s}\left\{\sqrt{\frac{2\log d}{n}}+\delta\right\}\tag{7.27}$$

除了常数项，这两个界是等价的. 可能最显著的区别是带约束 Lasso(7.19)假设了确切的 ℓ_1 范数$\|\boldsymbol{\theta}^*\|_1$，而拉格朗日 Lasso 仅要求知道噪声方差 σ^2. 在实际应用中，估计噪声方差相对比较容易，而 ℓ_1 范数则需要非常细致的处理.

回到定理 7.13(c)，给定高斯误差向量 $\boldsymbol{w}$，重新尺度化的变量$\frac{\|\boldsymbol{w}\|_2^2}{\sigma^2 n}$满足自由度为 n 的 χ^2 分布. 由例 2.11，我们有

$$\mathbb{P}\left[\left|\frac{\|\boldsymbol{w}\|_2^2}{n}-\sigma^2\right|\geqslant\sigma^2\delta\right]\leqslant 2\mathrm{e}^{-n\delta^2/8}\quad \text{对任意 } \delta\in(0,1)\text{成立}$$

因此，定理 7.13(c)可以推出，对 $b^2=\frac{\sigma^2}{2}(1+\delta)$ 的松弛基追踪规划(7.20)的任意最优解满足界

$$\|\hat{\boldsymbol{\theta}}-\boldsymbol{\theta}^*\|_2\leqslant\frac{8C\sigma}{\kappa}\sqrt{s}\left\{\sqrt{\frac{2\log d}{n}}+\delta\right\}+\frac{2\sigma}{\kappa}\sqrt{\delta}\quad 对任意\ \delta\in(0,1)成立$$

在至少 $1-4\mathrm{e}^{-\frac{n\delta^2}{8}}$ 概率下成立. ♣

例 7.15(压缩感知)　在压缩感知领域，设计矩阵 $\boldsymbol{X}$ 可以由用户来选择，而其中一个标准选取方式是元素为独立同分布 $\mathcal{N}(0,1)$ 的标准高斯矩阵. 假设噪声向量 $\boldsymbol{w}\in\mathbb{R}^n$ 是非随机的，且元素是有界的($\|\boldsymbol{w}\|_\infty\leqslant\sigma$). 在这些假设条件下，每一个变量 $\boldsymbol{X}_j^{\mathrm{T}}\boldsymbol{w}/\sqrt{n}$ 是一个零均值高斯随机变量，其方差不超过 σ^2. 因此，通过上例类似的技巧，可以得出 Lasso 估计量同样满足(7.26)和(7.27)的界，此时 $C=1$. 类似地，如果我们取 $b^2=\frac{\sigma^2}{2}$，那么松弛基追踪规划(7.19)的解满足界

$$\|\hat{\boldsymbol{\theta}}-\boldsymbol{\theta}^*\|_2\leqslant\frac{8\sigma}{\kappa}\sqrt{s}\left\{\sqrt{\frac{2\log d}{n}}+\delta\right\}+\frac{2\sigma}{\kappa}$$

在至少 $1-2\mathrm{e}^{-\frac{n\delta^2}{2}}$ 的概率下成立. ♣

有了这些例子之后，我们现在转向定理 7.13 的证明.

证明　(b)我们从证明带约束 Lasso(7.19)的误差界(7.25b)开始. 给定 $R=\|\boldsymbol{\theta}^*\|_1$，目标向量 $\boldsymbol{\theta}^*$ 是可行解. 由于 $\hat{\boldsymbol{\theta}}$ 是最优的，我们有不等式 $\frac{1}{2n}\|\boldsymbol{y}-\boldsymbol{X}\hat{\boldsymbol{\theta}}\|_2^2\leqslant\frac{1}{2n}\|\boldsymbol{y}-\boldsymbol{X}\boldsymbol{\theta}^*\|_2^2$. 定义误差向量 $\hat{\Delta}:=\hat{\boldsymbol{\theta}}-\boldsymbol{\theta}^*$ 并通过一些代数运算可以得到基本不等式

$$\frac{\|\boldsymbol{X}\hat{\Delta}\|_2^2}{n}\leqslant\frac{2\boldsymbol{w}^{\mathrm{T}}\boldsymbol{X}\hat{\Delta}}{n}\tag{7.28}$$

对右端应用 Hölder 不等式可以推出 $\frac{\|\boldsymbol{X}\hat{\Delta}\|_2^2}{n}\leqslant2\left\|\frac{\boldsymbol{X}^{\mathrm{T}}\boldsymbol{w}}{n}\right\|_\infty\|\hat{\Delta}\|_1$. 如定理 7.8 的证明中所示，对一个 S 稀疏向量只要有 $\|\hat{\boldsymbol{\theta}}\|_1\leqslant\|\boldsymbol{\theta}^*\|_1$，误差 $\hat{\Delta}$ 属于锥 $\mathbb{C}_1(S)$，由此

$$\|\hat{\Delta}\|_1=\|\hat{\Delta}_S\|_1+\|\hat{\Delta}_{S^c}\|_1\leqslant2\|\hat{\Delta}_S\|_1\leqslant2\sqrt{s}\|\hat{\Delta}\|_2$$

由于 $\mathbb{C}_1(S)$ 是 $\mathbb{C}_3(S)$ 的子集，我们可以把受限特征值条件(7.22)用到不等式(7.28)的左边，这样就可以得到 $\frac{\|\boldsymbol{X}\hat{\Delta}\|_2^2}{n}\geqslant\kappa\|\hat{\Delta}\|_2^2$. 综上所述可以证得结论.

(c) 接下来我们证明松弛基追踪(RBP)规划的误差界(7.25c). 注意 $\frac{1}{2n}\|\boldsymbol{y}-\boldsymbol{X}\boldsymbol{\theta}^*\|_2^2=\frac{\|\boldsymbol{w}\|_2^2}{2n}\leqslant b^2$，其中不等式成立是基于我们对 b 的假设. 因此，目标向量 $\boldsymbol{\theta}^*$ 是可行解，而且由于 $\hat{\boldsymbol{\theta}}$ 是最优的，我们有 $\|\hat{\boldsymbol{\theta}}\|_1\leqslant\|\boldsymbol{\theta}^*\|_1$. 由之前所述，误差向量 $\hat{\Delta}=\hat{\boldsymbol{\theta}}-\boldsymbol{\theta}^*$ 一定属于锥 $\mathbb{C}_1(S)$. 现在，由 $\hat{\boldsymbol{\theta}}$ 的可行性，我们有

$$\frac{1}{2n}\|\boldsymbol{y}-\boldsymbol{X}\hat{\boldsymbol{\theta}}\|_2^2 \leqslant b^2 = \frac{1}{2n}\|\boldsymbol{y}-\boldsymbol{X}\boldsymbol{\theta}^*\|_2^2 + \left(b^2 - \frac{\|\boldsymbol{w}\|_2^2}{2n}\right)$$

整理之后可以得到修正版本的基本不等式

$$\frac{\|\boldsymbol{X}\hat{\Delta}\|_2^2}{n} \leqslant 2\,\frac{\boldsymbol{w}^{\mathrm{T}}\boldsymbol{X}\hat{\Delta}}{n} + 2\left(b^2 - \frac{\|\boldsymbol{w}\|_2^2}{2n}\right)$$

应用和(b)部分一样的方法，即把 RE 条件用到左侧，锥不等式用到右侧，可以得到

$$\kappa\|\hat{\Delta}\|_2 \leqslant 4\sqrt{s}\,\|\hat{\Delta}\|_2 \left\|\frac{\boldsymbol{X}^{\mathrm{T}}\boldsymbol{w}}{n}\right\|_\infty + 2\left(b^2 - \frac{\|\boldsymbol{w}\|_2^2}{2n}\right)$$

这可以推出 $\|\hat{\Delta}\|_2 \leqslant \frac{8}{\kappa}\sqrt{s}\left\|\frac{\boldsymbol{X}^{\mathrm{T}}\boldsymbol{w}}{n}\right\|_\infty + \frac{2}{\sqrt{\kappa}}\sqrt{b^2 - \frac{\|\boldsymbol{w}\|_2^2}{2n}}$，正是要证的结论.

(a) 最后，我们证明拉格朗日 Lasso(7.18)的界(7.25a). 第一步要证明，在条件 $\lambda_n \geqslant 2\left\|\frac{\boldsymbol{X}^{\mathrm{T}}\boldsymbol{w}}{n}\right\|_\infty$ 下，误差向量 $\hat{\Delta}$ 属于 $\mathbb{C}_3(S)$. 为了证明这个中间结果，我们定义拉格朗日函数 $L(\boldsymbol{\theta};\lambda_n) = \frac{1}{2n}\|\boldsymbol{y}-\boldsymbol{X}\boldsymbol{\theta}\|_2^2 + \lambda_n\|\boldsymbol{\theta}\|_1$. 由于 $\hat{\boldsymbol{\theta}}$ 是最优的，我们有

$$L(\hat{\boldsymbol{\theta}};\lambda_n) \leqslant L(\boldsymbol{\theta}^*;\lambda_n) = \frac{1}{2n}\|\boldsymbol{w}\|_2^2 + \lambda_n\|\boldsymbol{\theta}^*\|_1$$

整理之后可得拉格朗日基本不等式

$$0 \leqslant \frac{1}{2n}\|\boldsymbol{X}\hat{\Delta}\|_2^2 \leqslant \frac{\boldsymbol{w}^{\mathrm{T}}\boldsymbol{X}\hat{\Delta}}{n} + \lambda_n\{\|\boldsymbol{\theta}^*\|_1 - \|\hat{\boldsymbol{\theta}}\|_1\} \tag{7.29}$$

现在，由于 $\boldsymbol{\theta}^*$ 是 S 稀疏的，我们有

$$\|\boldsymbol{\theta}^*\|_1 - \|\hat{\boldsymbol{\theta}}\|_1 = \|\boldsymbol{\theta}_S^*\|_1 - \|\boldsymbol{\theta}_S^* + \hat{\Delta}_S\|_1 - \|\hat{\Delta}_{S^c}\|_1$$

代入基本不等式(7.29)可以导出

$$\begin{aligned} 0 \leqslant \frac{1}{n}\|\boldsymbol{X}\hat{\Delta}\|_2^2 &\leqslant 2\,\frac{\boldsymbol{w}^{\mathrm{T}}\boldsymbol{X}\hat{\Delta}}{n} + 2\lambda_n\{\|\boldsymbol{\theta}_S^*\|_1 - \|\boldsymbol{\theta}_S^* + \hat{\Delta}_S\|_1 - \|\hat{\Delta}_{S^c}\|_1\} \\ &\overset{(\mathrm{i})}{\leqslant} 2\|\boldsymbol{X}^{\mathrm{T}}\boldsymbol{w}/n\|_\infty\|\hat{\Delta}\|_1 + 2\lambda_n\{\|\hat{\Delta}_S\|_1 - \|\hat{\Delta}_{S^c}\|_1\} \\ &\overset{(\mathrm{ii})}{\leqslant} \lambda_n\{3\|\hat{\Delta}_S\|_1 - \|\hat{\Delta}_{S^c}\|_1\} \end{aligned} \tag{7.30}$$

其中步骤(i)基于 Hölder 不等式和三角不等式的结合，步骤(ii)则基于 λ_n 的选取. 不等式(7.30)表明 $\hat{\Delta} \in \mathbb{C}_3(S)$，因此我们可以使用 RE 条件. 由此，我们得到了 $\kappa\|\hat{\Delta}\|_2^2 \leqslant 3\lambda_n\sqrt{s}\,\|\hat{\Delta}\|_2$，这可以推得结论(7.25a). □

7.3.3 随机设计矩阵的受限零空间和特征值

定理 7.13 是基于设计矩阵 $\boldsymbol{X}$ 满足受限特征值(RE)条件(7.22)的假设. 在实际应用中，很难验证一个给定的设计矩阵 $\boldsymbol{X}$ 满足这个条件. 事实上，建立以这种方式来“验证”设计矩阵的方法正是当前研究的一个方向. 然而，对随机设计矩阵的情形得到高概率下的结果是可能的. 如先前所讨论的，逐对不相关和 RIP 条件是验证受限零空间和特征值性质的一条途径，而且可以很好地适用于各向同性设计(即行 $\boldsymbol{X}_i$ 的总体协方差矩阵是单位矩阵). 实

际中遇到的许多其他随机设计矩阵并不满足这种各向同性结构，因此最好有其他能直接验证受限零空间性质的办法.

下面的定理给出了遵循这些原则的一个结果. 它涉及一个协方差矩阵 $\boldsymbol{\Sigma}$ 的最大对角元 $\rho^2(\boldsymbol{\Sigma})$.

定理 7.16 考虑一个随机矩阵 $\boldsymbol{X}\in\mathbb{R}^{n\times d}$，其每一行 $\boldsymbol{x}_i\in\mathbb{R}^d$ 是独立同分布地来自一个 $\mathcal{N}(0,\boldsymbol{\Sigma})$ 分布. 那么存在普适的正常数 $c_1<1<c_2$ 使得

$$\frac{\|\boldsymbol{X\theta}\|_2^2}{n}\geqslant c_1\|\sqrt{\boldsymbol{\Sigma}}\boldsymbol{\theta}\|_2^2-c_2\rho^2(\boldsymbol{\Sigma})\frac{\log d}{n}\|\boldsymbol{\theta}\|_1^2\quad \text{对任意 } \boldsymbol{\theta}\in\mathbb{R}^d \tag{7.31}$$

在至少 $1-\dfrac{\mathrm{e}^{-n/32}}{1-\mathrm{e}^{-n/32}}$ 的概率下成立.

注：这个结果的证明在附录中给出(7.6 节). 它用到了其他章节中讨论的技巧，包括 Gordon-Slepian 不等式(第 5 章和第 6 章)以及高斯函数度量的集中度(第 2 章). 更具体地，我们证明了界(7.31)对 $c_1=\dfrac{1}{8}$ 和 $c_2=50$ 成立，当然更细致的分析可以得到更紧的常数项. 可以证明(习题 7.11)一个形如(7.31)的下界可以推出一个 $\mathbb{C}_3(S)$ 上的 RE 条件(由此可得一个受限零空间条件)，且对所有基数满足 $|S|\leqslant\dfrac{c_1}{32c_2}\dfrac{\gamma_{\min}(\boldsymbol{\Sigma})}{\rho^2(\boldsymbol{\Sigma})}\dfrac{n}{\log d}$ 的子集一致成立.

定理 7.16 可以用来建立许多不满足不相关或 RIP 条件矩阵的受限零空间和特征值条件. 我们用一些例子来阐述.

例 7.17(几何衰减) 考虑一个具有 Toeplitz 结构的协方差矩阵 $\boldsymbol{\Sigma}_{ij}=\nu^{|i-j|}$，其中参数 $\nu\in[0,1)$. 这一类几何衰减的协方差结构在自回归过程中会自然地出现，其中参数 ν 调节过程的记忆性. 由 Toeplitz 矩阵特征值的经典结果，我们有 $\gamma_{\min}(\boldsymbol{\Sigma})\geqslant(1-\nu)^2>0$ 和 $\rho^2(\boldsymbol{\Sigma})=1$，且与矩阵维数 d 无关. 所以，定理 7.16 保证在高概率下，由该总体所得样本的样本协方差矩阵 $\boldsymbol{\Sigma}=\dfrac{\boldsymbol{X}^{\mathrm{T}}\boldsymbol{X}}{n}$ 对任意基数不超过 $|S|\leqslant\dfrac{c_1}{32c_2}(1-\nu)^2\dfrac{n}{\log d}$ 的子集 S 满足 RE 条件. 这给出了一个协变量之间具有相关性但 RE 性质仍成立的矩阵类例子. ♣

我们现在考虑协变量之间有更高相关性的矩阵类.

例 7.18(穗状单位阵模型) 回顾我们之前对穗状单位阵模型(7.17)协方差矩阵的讨论. 这一类协方差矩阵参数为 $\mu\in[0,1)$，我们有 $\gamma_{\min}(\boldsymbol{\Sigma})=1-\mu$ 以及 $\rho^2(\boldsymbol{\Sigma})=1$，同样不依赖于维数. 所以，定理 7.16 保证，在高概率下，对任意基数不超过 $|S|\leqslant\dfrac{c_1}{32c_2}(1-\mu)\dfrac{n}{\log d}$ 的子集，从这个总体中独立同分布抽取出的样本协方差矩阵一致满足受限特征值和受限零空间条件.

然而，对任意 $\mu\neq0$，穗状单位矩阵的条件数都是很差的，而且子矩阵条件数也很差. 这表明无论样本大小有多大，逐对不相关和受限等距性在高概率下都不成立. 为了说明这

一点，对任意大小为 s 的子集 S，考虑 $\boldsymbol{\Sigma}$ 对应的 $s\times s$ 子矩阵，记为 $\boldsymbol{\Sigma}_{SS}$ · $\boldsymbol{\Sigma}_{SS}$ 的最大特征值阶为 $1+\mu(s-1)$，对任意固定的 $\mu>0$，随着 s 增加而发散. 如我们在习题 7.8 中所探究的，这个结果表明逐对不相关和 RIP 在高概率下都不成立. ♣

当一个形如(7.31)的界成立时，还可以证明一个更一般的关于 Lasso 误差的结论——最优不等式. 这个结果的成立不依赖于任何基于回归向量 $\boldsymbol{\theta}^*\in\mathbb{R}^d$ 的假设，而且它可以得到一类带有一个待优化可调参数的上界. 这个参数的调节类似于真实参数情况，对应于 $\boldsymbol{\theta}^*$ 的有序系数. 为了简化记号，我们引入一个方便的简写记号 $\bar{\kappa}:=\gamma_{\min}(\boldsymbol{\Sigma})$.

定理 7.19(Lasso 最优不等式)　在条件(7.31)下，考虑正则化参数 $\lambda_n\geqslant 2\|\boldsymbol{X}^{\mathrm{T}}\boldsymbol{w}/n\|_\infty$ 的拉格朗日 Lasso(7.18). 对任意 $\boldsymbol{\theta}^*\in\mathbb{R}^d$，任意最优解 $\hat{\boldsymbol{\theta}}$ 满足界

$$\|\hat{\boldsymbol{\theta}}-\boldsymbol{\theta}^*\|_2^2\leqslant\underbrace{\frac{288\lambda_n^2}{c_1^2\bar{\kappa}^2}|S|}_{\text{估计误差}}+\underbrace{\frac{16}{c_1}\frac{\lambda_n}{\bar{\kappa}}\|\boldsymbol{\theta}_{S^c}^*\|_1+\frac{32c_2}{c_1}\frac{\rho^2(\boldsymbol{\Sigma})}{\bar{\kappa}}\frac{\log d}{n}\|\boldsymbol{\theta}_{S^c}^*\|_1^2}_{\text{近似误差}}\tag{7.32}$$

对任意基数满足 $|S|\leqslant\frac{c_1}{64c_2}\frac{\bar{\kappa}}{\rho^2(\boldsymbol{\Sigma})}\frac{n}{\log d}$ 的子集 S 成立.

注意不等式(7.32)事实上给出了一族上界，每一个对应适当选取的子集 S. S 的最优选择基于两项误差之间的权衡. 第一项随着基数 $|S|$ 线性增长，对应估计总共 $|S|$ 个未知参数的误差. 第二项对应近似误差，依赖于未知回归向量的尾部和 $\|\boldsymbol{\theta}_{S^c}^*\|_1=\sum_{j\notin S}|\theta_j^*|$. 一个最优的界可以通过选择 S 来平衡两项误差得到. 我们会在习题 7.12 中阐述这种平衡的应用.

证明　在这个证明中，我们用 ρ^2 作为 $\rho^2(\boldsymbol{\Sigma})$ 的简写. 回顾推导界(7.30)的技巧. 对一个一般的向量 $\boldsymbol{\theta}^*\in\mathbb{R}^d$，同样的方法可以用在任意子集 S 上，但额外的项 $\|\boldsymbol{\theta}_{S^c}^*\|_1$ 需要处理. 这样可以推导出

$$0\leqslant\frac{1}{2n}\|\boldsymbol{X}\hat{\Delta}\|_2^2\leqslant\frac{\lambda_n}{2}\{3\|\hat{\Delta}_S\|_1-\|\hat{\Delta}_{S^c}\|_1+2\|\boldsymbol{\theta}_{S^c}^*\|_1\}\tag{7.33}$$

这个不等式表明误差向量 $\hat{\Delta}$ 满足约束

$$\|\hat{\Delta}\|_1^2\leqslant(4\|\hat{\Delta}_S\|_1+2\|\boldsymbol{\theta}_{S^c}^*\|_1)^2\leqslant 32|S|\|\hat{\Delta}\|_2^2+8\|\boldsymbol{\theta}_{S^c}^*\|_1^2\tag{7.34}$$

结合界(7.31)，我们发现

$$\begin{aligned}\frac{\|\boldsymbol{X}\hat{\Delta}\|_2^2}{n}&\geqslant\left\{c_1\bar{\kappa}-32c_2\rho^2|S|\frac{\log d}{n}\right\}\|\hat{\Delta}\|_2^2-8c_2\rho^2\frac{\log d}{n}\|\boldsymbol{\theta}_{S^c}^*\|_1^2\\&\geqslant c_1\frac{\bar{\kappa}}{2}\|\hat{\Delta}\|_2^2-8c_2\rho^2\frac{\log d}{n}\|\boldsymbol{\theta}_{S^c}^*\|_1^2\end{aligned}\tag{7.35}$$

其中最后的不等式用到了条件 $32c_2\rho^2|S|\frac{\log d}{n}\leqslant c_1\frac{\bar{\kappa}}{2}$. 我们把剩下的分析分为两种情形.

情形 1：首先假设 $c_1\frac{\bar{\kappa}}{4}\|\hat{\Delta}\|_2^2-8c_2\rho^2\frac{\log d}{n}\|\boldsymbol{\theta}_{S^c}^*\|_1^2$. 结合界(7.35)和(7.33)可以得到

$$c_1\frac{\bar{\kappa}}{4}\|\hat{\Delta}\|_2^2\leqslant\lambda_n\{3\sqrt{|S|}\|\hat{\Delta}\|_2+2\|\boldsymbol{\theta}_{S^c}^*\|_1\}\tag{7.36}$$

这个界导出一个$\|\hat{\Delta}\|_2$的二次型形式；计算这个二次型的零点，我们得到

$$\|\hat{\Delta}\|_2^2\leqslant\frac{288\lambda_n^2}{c_1^2\bar{\kappa}^2}|S|+\frac{16\lambda_n\|\boldsymbol{\theta}_{S^c}^*\|_1}{c_1\bar{\kappa}}$$

情形 2：否则，我们一定有 $c_1\frac{\bar{\kappa}}{4}\|\hat{\Delta}\|_2^2<8c_2\rho^2\frac{\log d}{n}\|\boldsymbol{\theta}_{S^c}^*\|_1^2$.

结合这两种情形，我们用这个界结合先前的不等式(7.36)，就可以得到结论(7.32). □

7.4 预测误差的界

在之前的分析中，不管是无噪情形还是有噪情形，我们主要关注了参数还原问题. 在其他应用中，回归向量 $\boldsymbol{\theta}^*$ 的具体值可能不是最重要的；相反，我们可能对找到一个好的预测更感兴趣，也就是找一个向量 $\hat{\boldsymbol{\theta}}\in\mathbb{R}^d$ 使得均方预测误差

$$\frac{\|\boldsymbol{X}(\hat{\boldsymbol{\theta}}-\boldsymbol{\theta}^*)\|_2^2}{n}=\frac{1}{n}\sum_{i=1}^n(\langle\boldsymbol{x}_i,\hat{\boldsymbol{\theta}}-\boldsymbol{\theta}^*\rangle)^2\tag{7.37}$$

非常小. 为了理解为什么量(7.37)是预测误差的一个度量，假设我们基于响应向量 $\boldsymbol{y}=\boldsymbol{X\theta}^*+\boldsymbol{w}$ 估计 $\hat{\boldsymbol{\theta}}$. 假设我们收到一个“新的”响应变量，记 $\tilde{\boldsymbol{y}}=\boldsymbol{X\theta}^*+\tilde{\boldsymbol{w}}$，其中 $\tilde{\boldsymbol{w}}\in\mathbb{R}^n$ 是一个噪声向量，元素独立同分布且均值为零，方差为 σ^2. 我们可以基于平方损失来度量向量 $\hat{\boldsymbol{\theta}}$ 预测向量 $\tilde{\boldsymbol{y}}$ 的好坏度量，通过对噪声向量 $\tilde{\boldsymbol{w}}$ 取平均来实现. 简单计算，我们得到

$$\frac{1}{n}\mathbb{E}[\|\tilde{\boldsymbol{y}}-\boldsymbol{X}\hat{\boldsymbol{\theta}}\|_2^2]=\frac{1}{n}\|\boldsymbol{X}(\hat{\boldsymbol{\theta}}-\boldsymbol{\theta}^*)\|_2^2+\sigma^2$$

因此除了额外的常数因子 σ^2，在固定设计矩阵的情形下，(7.37)衡量了一个新的响应向量的预测效果.

值得注意的是，至少一般来说，找到一个好预测的问题要比在 ℓ_2 范数下估计好 $\boldsymbol{\theta}^*$ 更容易. 事实上，预测问题甚至不要求 $\boldsymbol{\theta}^*$ 是可识别的：不像参数还原，这个问题即使在设计矩阵 $\boldsymbol{X}$ 的两列是相同的时候仍然可以求解.

定理 7.20(预测误差界)　考虑有严格正的正则化参数 $\lambda_n\geqslant2\left\|\frac{\boldsymbol{X}^{\mathrm{T}}\boldsymbol{w}}{n}\right\|_\infty$ 的拉格朗日 Lasso(7.18).

(a) 任意最优解 $\hat{\boldsymbol{\theta}}$ 满足界

$$\frac{\|\boldsymbol{X}(\hat{\boldsymbol{\theta}}-\boldsymbol{\theta}^*)\|_2^2}{n}\leqslant12\|\boldsymbol{\theta}^*\|_1\lambda_n\tag{7.38}$$

(b) 如果 $\boldsymbol{\theta}^*$ 以一个基数为 s 的子集 S 为支撑集，而且设计矩阵基于 S 满足($\boldsymbol{\kappa}$;3)-RE 条件，那么任意最优解满足界

$$\frac{\|\boldsymbol{X}(\hat{\boldsymbol{\theta}}-\boldsymbol{\theta}^*)\|_2^2}{n}\leqslant\frac{9}{\boldsymbol{\kappa}}s\lambda_n^2\tag{7.39}$$

注：如先前在例 7.14 中所讨论的，当噪声向量 $\boldsymbol{w}$ 有零均值 σ 次高斯元素，而且设计矩阵是 C-列正规化时，在至少为 $1-2\mathrm{e}^{-\frac{n\delta^2}{2}}$ 的概率下选择 $\lambda_n=2C\sigma\left(\sqrt{\frac{2\log d}{n}}+\delta\right)$ 是有效的. 在这种情况下，定理 7. 20(a)可以推出上界

$$\frac{\|\boldsymbol{X}(\hat{\boldsymbol{\theta}}-\boldsymbol{\theta}^*)\|_2^2}{n}\leqslant 24\|\boldsymbol{\theta}^*\|_1 C\sigma\left(\sqrt{\frac{2\log d}{n}}+\delta\right) \tag{7.40}$$

在同样高的概率下成立. 对于这个界，对设计矩阵的要求非常宽松——只要求列正规化条件 $\max\limits_{j=1,\cdots,d}\frac{\|\boldsymbol{X}_j\|_2}{\sqrt{n}}\leqslant C$. 因此，矩阵 $\boldsymbol{X}$ 可以有很多相同的列，对预测误差没有影响. 事实上，当 $\boldsymbol{\theta}^*$ 唯一的限制是 ℓ_1 范数界 $\|\boldsymbol{\theta}^*\|_1\leqslant R$ 时，那么界(7.40)是不能再改进的，更多讨论见参考文献.

另外，当 $\boldsymbol{\theta}^*$ 是 s 稀疏的，而且设计矩阵满足 RE 条件，那么定理 7.20(b)保证了界

$$\frac{\|\boldsymbol{X}(\hat{\boldsymbol{\theta}}-\boldsymbol{\theta}^*)\|_2^2}{n}\leqslant\frac{72}{\kappa}C^2\sigma^2\left(\frac{2s\log d}{n}+s\delta^2\right) \tag{7.41}$$

在同样高的概率下成立. 在更弱的假设下，这个误差界可以显著小于 $\sqrt{\frac{\log d}{n}}$ 误差界(7.40). 因此，对预测误差，(7.38)和(7.39)的界常相应地称作慢速度和快速度. 很自然地会问，达到快速度(7.39)需不需要 RE 条件；围绕这个问题的一些细节的讨论详见参考文献.

证明　在这个证明中，我们采用一般的记号 $\hat{\Delta}=\hat{\boldsymbol{\theta}}-\boldsymbol{\theta}^*$ 表示误差向量.

(a) 首先证明在给定条件下 $\|\hat{\Delta}\|_1\leqslant 4\|\boldsymbol{\theta}^*\|_1$ 成立. 由拉格朗日基本不等式(7.29)，我们有

$$0\leqslant\frac{1}{2n}\|\boldsymbol{X}\hat{\Delta}\|_2^2\leqslant\frac{\boldsymbol{w}^{\mathrm{T}}\boldsymbol{X}\hat{\Delta}}{n}+\lambda_n\{\|\boldsymbol{\theta}^*\|_1-\|\hat{\boldsymbol{\theta}}\|_1\} \tag{7.42}$$

由 Hölder 不等式和对 λ_n 的选择，我们有

$$\left|\frac{\boldsymbol{w}^{\mathrm{T}}\boldsymbol{X}\hat{\Delta}}{n}\right|\leqslant\left\|\frac{\boldsymbol{X}^{\mathrm{T}}\boldsymbol{w}}{n}\right\|_{\infty}\|\hat{\Delta}\|_1\leqslant\frac{\lambda_n}{2}\{\|\boldsymbol{\theta}^*\|_1+\|\hat{\boldsymbol{\theta}}\|_1\}$$

其中最后一步同样用到了三角不等式. 综上所述可以得到

$$0\leqslant\frac{\lambda_n}{2}\{\|\boldsymbol{\theta}^*\|_1+\|\hat{\boldsymbol{\theta}}\|_1\}+\lambda_n\{\|\boldsymbol{\theta}^*\|_1-\|\hat{\boldsymbol{\theta}}\|_1\}$$

这意味着 $\|\hat{\boldsymbol{\theta}}\|_1\leqslant 3\|\boldsymbol{\theta}^*\|_1$(对 $\lambda_n>0$). 所以，最后再用三角不等式可以推出 $\|\hat{\Delta}\|_1\leqslant\|\boldsymbol{\theta}^*\|_1+\|\hat{\boldsymbol{\theta}}\|_1\leqslant 4\|\boldsymbol{\theta}^*\|_1$，正是我们要证明的.

接下来我们来完成整个证明. 回到前面的不等式(7.42)，我们有

$$\frac{\|\boldsymbol{X}\hat{\Delta}\|_2^2}{2n}\leqslant\frac{\lambda_n}{2}\|\hat{\Delta}\|_1+\lambda_n\{\|\boldsymbol{\theta}^*\|_1-\|\boldsymbol{\theta}^*+\hat{\Delta}\|_1\}\overset{\text{(i)}}{\leqslant}\frac{3\lambda_n}{2}\|\hat{\Delta}\|_1$$

其中步骤(i)是基于三角不等式 $\|\boldsymbol{\theta}^*+\hat{\Delta}\|_1\geqslant\|\boldsymbol{\theta}^*\|_1-\|\hat{\Delta}\|_1$. 结合上界 $\|\hat{\Delta}\|_1\leqslant 4\|\boldsymbol{\theta}^*\|_1$，就完成了证明.

(b) 在这种情形下，和证明定理 7.13(a)一样的方法可以导出基本不等式

$$\frac{\|\boldsymbol{X}\hat{\Delta}\|_2^2}{n} \leqslant 3\lambda_n \|\hat{\Delta}_S\|_1 \leqslant 3\lambda_n \sqrt{s}\,\|\hat{\Delta}\|_2$$

类似地，定理 7.13(a)的证明表明误差向量 $\hat{\Delta}$ 属于 $\mathbb{C}_3(S)$，因此(κ;3)-RE 条件是适用的，这次用在基本不等式的右侧. 这样可以导出 $\|\hat{\Delta}\|_2^2 \leqslant \frac{1}{\kappa}\frac{\|\boldsymbol{X}\hat{\Delta}\|_2^2}{n}$，因此 $\frac{\|\boldsymbol{X}\hat{\Delta}\|_2}{\sqrt{n}} \leqslant \frac{3}{\sqrt{\kappa}}\sqrt{s}\lambda_n$，正是要证的结论. □

7.5 变量或子集选择

到目前为止，我们关注了可以保证 Lasso 算法的 ℓ_2 误差或者预测误差很小的结果. 在其他情形下，一个相对更精细的问题是非常重要的，也就是一个 Lasso 估计量 $\hat{\boldsymbol{\theta}}$ 的非零元素位置是否和真实回归向量 $\hat{\boldsymbol{\theta}}^*$ 的一样. 更具体地来说，假设真实回归向量 $\hat{\boldsymbol{\theta}}^*$ 是 s 稀疏的，意味着它以基数 $s=|S(\boldsymbol{\theta}^*)|$ 的一个子集 $S(\boldsymbol{\theta}^*)$ 为支撑集. 在这一设定下，一个自然的目标是正确识别出重要变量的子集 $S(\boldsymbol{\theta}^*)$. 就 Lasso 算法而言，我们的问题是：给定一个最优的 Lasso 解 $\hat{\boldsymbol{\theta}}$，什么时候它的支撑集，记作 $S(\hat{\boldsymbol{\theta}})$，与真实支撑集 $S(\boldsymbol{\theta}^*)$完全一样？我们把这个性质称为*变量选择相合性*.

注意到即使 $\hat{\boldsymbol{\theta}}$ 和 $\boldsymbol{\theta}^*$ 有不同的支撑集，ℓ_2 误差 $\|\hat{\boldsymbol{\theta}}-\boldsymbol{\theta}^*\|_2$ 也可能很小，只要 $\hat{\boldsymbol{\theta}}$ 对任意“适当大”的 $\boldsymbol{\theta}^*$ 的元素都非零，而在 $\boldsymbol{\theta}^*$ 元素为零的位置上不要太大. 另一方面，如稍后要讨论的，给定一个估计 $\hat{\boldsymbol{\theta}}$ 如果可以正确还原 $\boldsymbol{\theta}^*$ 的支撑集，我们可以很好地估计出 $\boldsymbol{\theta}^*$(在 ℓ_2 范数或者其他度量下)，只需要简单地在这个限制子集上做一个最小二乘回归即可.

7.5.1 Lasso 的变量选择相合性

我们从研究非随机设计矩阵 $\boldsymbol{X}$ 下的变量选择问题开始. (这一结果只要稍加推广即可延伸到随机设计矩阵上.)结果表明变量选择需要一些与受限特征值条件(7.22)相关但不尽相同的假设条件. 特别地，考虑下面的条件：

(A3) **较小的特征值**：样本协方差矩阵以 S 为下标的子矩阵的最小特征值有如下的下界：

$$\gamma_{\min}\left(\frac{\boldsymbol{X}_S^{\mathrm{T}}\boldsymbol{X}_S}{n}\right) \geqslant c_{\min} > 0 \tag{7.43a}$$

(A4) **相互不相关**：存在某个 $\alpha\in[0,1)$使得

$$\max_{j\in S^c}\|(\boldsymbol{X}_S^{\mathrm{T}}X_S)^{-1}\boldsymbol{X}_S^{\mathrm{T}}\boldsymbol{X}_j\|_1 \leqslant \alpha \tag{7.43b}$$

为了给出直观解释，第一个条件(A3)是非常一般的：事实上，即使支撑集 S 是先验已知的，为了确保模型是可识别的，这个条件也是需要的. 特别地，子矩阵 $\boldsymbol{X}_S\in\mathbb{R}^{n\times s}$ 对应了支撑集中的协变量子集，因此若假设(A3)不成立，则子矩阵 $\boldsymbol{X}_S$ 会有一个不平凡的零空间，对应一个不可识别的模型. 假设(A4)是一个更精细的条件. 为了有直观解释，假设我们用 $\boldsymbol{X}_S$ 列的线性组合来预测列向量 $\boldsymbol{X}_j$. 最优的权向量 $\hat{\boldsymbol{\omega}}\in\mathbb{R}^{|S|}$ 由下式给出：

$$\hat{\boldsymbol{\omega}} = \arg\min_{\boldsymbol{\omega}\in\mathbb{R}^{|S|}}\|\boldsymbol{X}_j-\boldsymbol{X}_S\boldsymbol{\omega}\|_2^2 = (\boldsymbol{X}_S^{\mathrm{T}}\boldsymbol{X}_S)^{-1}\boldsymbol{X}_S^{\mathrm{T}}\boldsymbol{X}_j$$

相互不相关条件是 $\|\hat{\boldsymbol{\omega}}\|_1$ 的一个界. 在理想情况下，如果列空间 $\boldsymbol{X}_S$ 和 $\boldsymbol{X}_j$ 正交，那么最优

权向量 $\hat{\boldsymbol{\omega}}$ 会恒为零. 一般来说，我们不能指望这个正交性成立，而相互不相关条件(A4)给出了一种近似正交性.

在这个设定下，下面的结果适用于拉格朗日 Lasso(7.18)，其中考虑的是线性观测模型，真实参数 $\boldsymbol{\theta}^*$ 是以基数为 s 的子集 S 为支撑的. 为了表述这个结果，我们引入缩写记号 $\prod_{S^{\perp}}(\boldsymbol{X})=\boldsymbol{I}_n-\boldsymbol{X}_S(\boldsymbol{X}_S^{\mathrm{T}}\boldsymbol{X}_S)^{-1}\boldsymbol{X}_S^{\mathrm{T}}$ ，它表示一类正交投影矩阵.

定理 7.21　考虑一个 S 稀疏线性回归模型，其设计矩阵满足条件(A3)和(A4). 那么对任意满足

$$\lambda_n \geqslant \frac{2}{1-\alpha}\left\|\boldsymbol{X}_{S^c}^{\mathrm{T}}\prod_{S^{\perp}}(\boldsymbol{X})\frac{\boldsymbol{w}}{n}\right\|_{\infty} \tag{7.44}$$

的正则化参数选择，拉格朗日 Lasso(7.18)有下述的性质：

(a) 唯一性：存在唯一的最优解 $\hat{\boldsymbol{\theta}}$.

(b) 没有错误包含：这个解的支撑集 $\hat{S}$ 包含在真实支撑集 S 中.

(c) ℓ_∞ 界：误差 $\hat{\boldsymbol{\theta}}-\boldsymbol{\theta}^*$ 满足

$$\|\hat{\boldsymbol{\theta}}_S-\boldsymbol{\theta}_S^*\|_\infty \leqslant \underbrace{\left\|\left(\frac{\boldsymbol{X}_S^{\mathrm{T}}\boldsymbol{X}_S}{n}\right)^{-1}\boldsymbol{X}_S^{\mathrm{T}}\frac{\boldsymbol{w}}{n}\right\|_\infty+\left|\!\left|\!\left|\left(\frac{\boldsymbol{X}_S^{\mathrm{T}}\boldsymbol{X}_S}{n}\right)^{-1}\right|\!\right|\!\right|_\infty\lambda_n}_{B(\lambda_n \boldsymbol{X})} \tag{7.45}$$

其中 $|\!|\!|\boldsymbol{A}|\!|\!|_\infty=\max\limits_{i=1,\cdots,s}\sum_j|A_{ij}|$ 是矩阵的 ℓ_∞ 范数.

(d) 没有错误排除：Lasso 包含所有使得 $|\theta_i^*|>B(\lambda_n;X)$ 的 $i\in S$，因此若 $\min\limits_{i\in S}|\theta_i^*|>B(\lambda_n;\boldsymbol{X})$，则变量选择相合性成立.

在证明这个结果之前，我们尝试解释其主要结论. 首先，唯一性结论(a)在高维情形下是非平凡的，因为，如先前讨论的那样，尽管 Lasso 目标函数是凸的，它在 $d>n$ 时并不是严格凸的. 基于唯一性结论，我们可以清楚地讨论 Lasso 估计量 $\hat{\boldsymbol{\theta}}$ 的支撑集. (b)部分保证了 Lasso 不会错误地包含不在 $\boldsymbol{\theta}^*$ 支撑集中的变量，或者等价地说 $\hat{\boldsymbol{\theta}}_{S^c}=0$. 而(d)部分则是(c)部分的 sup 范数界的推论：只要 $i\in S$ 上 $|\theta_i^*|$ 的最小值不是太小，那么 Lasso 算法就是变量选择相合的.

如先前的关于 ℓ_2 误差界的结果(定理 7.13)一样，定理 7.21 是一个适用于任意线性回归方程的确定性结果. 对噪声向量 w 做具体假定时可以得到更具体的结果，如下所示.

推论 7.22　考虑如下 S 稀疏线性模型，其噪声向量 $\boldsymbol{w}$ 具有独立同分布零均值 σ 次高斯元素，而非随机的设计矩阵 $\boldsymbol{X}$ 满足假设(A3)和(A4)以及 C 列正规化条件($\max\limits_{j=1,\cdots,d}\|\boldsymbol{X}_j\|_2/\sqrt{n}\leqslant C$). 假设对某个 $\delta>0$，正则化参数为

$$\lambda_n=\frac{2C\sigma}{1-\alpha}\left\{\sqrt{\frac{2\log(d-s)}{n}}+\delta\right\} \tag{7.46}$$

求解拉格朗日 Lasso(7.18). 则最优解 $\hat{\boldsymbol{\theta}}$ 是唯一的，其支撑集包含在 S 内，而且满足 ℓ_∞ 误差界

$$\|\hat{\boldsymbol{\theta}}_S-\boldsymbol{\theta}_S^*\|_\infty\leqslant\frac{\sigma}{\sqrt{c_{\min}}}\left\{\sqrt{\frac{2\log s}{n}}+\delta\right\}+\left\|\left(\frac{\boldsymbol{X}_S^{\mathrm{T}}\boldsymbol{X}_S}{n}\right)^{-1}\right\|_\infty\lambda_n \tag{7.47}$$

在不低于 $1-4\mathrm{e}^{-\frac{n\delta^2}{2}}$ 的概率下成立.

证明 我们首先验证给出的正则化参数(7.46)在高概率下满足界(7.44). 只需要控制下述随机变量

$$Z_j:=\boldsymbol{X}_j^{\mathrm{T}}\underbrace{[\boldsymbol{I}_n-\boldsymbol{X}_S(\boldsymbol{X}_S^{\mathrm{T}}\boldsymbol{X}_S)^{-1}\boldsymbol{X}_S^{\mathrm{T}}]}_{\prod_{S^\perp}(\boldsymbol{X})}\left(\frac{\boldsymbol{w}}{n}\right)\quad 对\ j\in S^c$$

绝对值的最大值的界. 由于 $\prod_{S^\perp}(\boldsymbol{X})$ 是一个正交投影矩阵，我们有

$$\left\|\prod_{S^\perp}(\boldsymbol{X})\boldsymbol{X}_j\right\|_2\leqslant\|\boldsymbol{X}_j\|_2\overset{(\mathrm{i})}{\leqslant}C\sqrt{n}$$

其中不等式(i)是基于列正规化假设. 因此，每个随机变量 Z_j 是参数不超过 $C^2\sigma^2/n$ 的次高斯随机变量. 由标准次高斯尾部界(第 2 章)，我们有

$$\mathbb{P}\left[\max_{j\in S^c}|Z_j|\geqslant t\right]\leqslant 2(d-s)\mathrm{e}^{-\frac{nt^2}{2C^2\sigma^2}}$$

由此可以得到，(7.46)设定的 λ_n 在给定概率下满足界(7.44).

剩下的步骤是化简 ℓ_∞ 界(7.45). 这个界的第二项是一个确定性的量，所以我们专注于控制第一项. 对每个 $i=1,\cdots,s$，考虑随机变量 $\tilde{Z}_i:=\boldsymbol{e}_i^{\mathrm{T}}\left(\frac{1}{n}\boldsymbol{X}_S^{\mathrm{T}}\boldsymbol{X}_S\right)^{-1}\boldsymbol{X}_S^{\mathrm{T}}\boldsymbol{w}/n$. 由于向量 $\boldsymbol{w}$ 的元素是独立同分布 σ 次高斯的，随机变量 $\tilde{\boldsymbol{Z}}_i$ 是零均值次高斯随机变量，其参数不超过

$$\frac{\sigma^2}{n}\left\|\left(\frac{1}{n}\boldsymbol{X}_S^{\mathrm{T}}\boldsymbol{X}_S\right)^{-1}\right\|_2\leqslant\frac{\sigma^2}{c_{\min}n}$$

这里用到特征值条件(7.43a). 因此，对任意 $\delta>0$，我们有

$$\mathbb{P}\left[\max_{i=1,\cdots,s}|\tilde{Z}_i|>\frac{\sigma}{\sqrt{C_{\min}}}\left\{\sqrt{\frac{2\log s}{n}}+\delta\right\}\right]\leqslant 2\mathrm{e}^{-\frac{n\delta^2}{2}}$$

由此得到结论. □

推论 7.22 适用于固定协变量矩阵 $\boldsymbol{X}$ 的线性模型. 一个类似的结果——需要更进一步证明——可以对高斯随机协变量矩阵得到. 这涉及证明 $\boldsymbol{\Sigma}$-高斯总体生成的一个随机矩阵 $\boldsymbol{X}$，其行是独立同分布 $\mathcal{N}(0,\boldsymbol{\Sigma})$样本，在高概率下满足 α 不相关条件(只要总体协方差矩阵 $\boldsymbol{\Sigma}$ 满足这个条件且样本大小 n 足够大). 我们通过习题 7.19 给出这一结果的一个形式，表明不相关条件在样本大小满足 $n\gtrsim s\log(d-s)$条件下高概率成立. 图 7.7 表明这个理论预测结果是非常精确的，Lasso 作为控制参数$\frac{n}{s\log d-s}$的函数产生了一个相变. 这一现象的更多讨论

见参考文献.

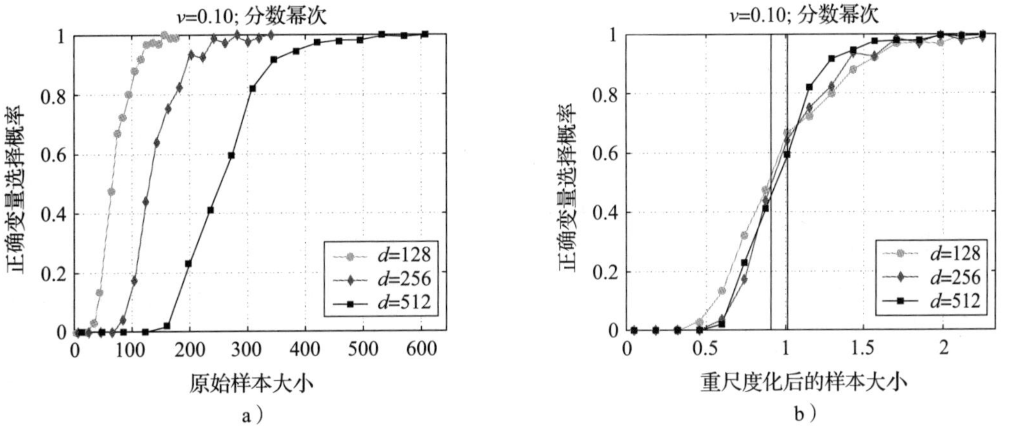

图 7.7　Lasso 进行正确变量选择的阈值. a) 在三个不同设置 $d\in\{128,256,512\}$ 和平方根稀疏 $s=\lceil\sqrt{d}\,\rceil$ 下，正确变量选择概率 $\mathbb{P}[\hat{S}=S]$ 随原始样本大小 n 的变化图. 每一个点对应 20 次随机试验的平均，这里用了例 7.17 中的 Toeplitz 矩阵类产生的随机协变量矩阵，其中 $\nu=0.1$. 注意更大的问题需要更多的样本来保证 Lasso 能复原正确的支撑集. b) 同样的模拟结果在重尺度化后的样本大小 $\frac{n}{s\log(d-s)}$ 下的图. 注意到所有三条曲线都很好地排列，而且展示了一个阈值现象，这和理论预测结果一致

7.5.2　定理 7.21 的证明

我们从给出 Lasso 最优性的必要和充分条件开始. 由于 ℓ_1 范数在原点有一个尖锐的点，它是不可导的，从而产生了一个小小的麻烦. 从而，我们需要考虑 ℓ_1 范数的次导数. 给定一个凸函数 f：$\mathbb{R}^d\to\mathbb{R}$，我们说 $\boldsymbol{z}\in\mathbb{R}^d$ 是 f 在 $\boldsymbol{\theta}$ 处的次梯度，记为 $\boldsymbol{z}\in\partial f(\boldsymbol{\theta})$，如果有

$$f(\boldsymbol{\theta}+\Delta)\geqslant f(\boldsymbol{\theta})+\langle \boldsymbol{z},\Delta\rangle \quad 对任意\ \Delta\in\mathbb{R}^d$$

当 $f(\boldsymbol{\theta})=\|\boldsymbol{\theta}\|_1$ 时，可以看出 $\boldsymbol{z}\in\partial\|\boldsymbol{\theta}\|_1$ 当且仅当 $z_j=\operatorname{sign}(\boldsymbol{\theta}_j)$ 对任意 $j=1,2,\cdots,d$. 这里我们允许 $\operatorname{sign}(0)$ 可以取 $[-1,1]$ 之间的任意数. 应用到拉格朗日 Lasso 规划(7.18)上，我们说 $(\hat{\boldsymbol{\theta}},\hat{\boldsymbol{z}})\in\mathbb{R}^d\times\mathbb{R}^d$ 是一个最佳原始对偶如果 $\hat{\boldsymbol{\theta}}$ 是一个最小化子且 $\hat{\boldsymbol{z}}\in\partial\|\hat{\boldsymbol{\theta}}\|_1$. 任意这样的对都一定满足零次梯度条件

$$\frac{1}{n}\boldsymbol{X}^{\mathrm{T}}(\boldsymbol{X}\hat{\boldsymbol{\theta}}-\boldsymbol{y})+\lambda_n\hat{\boldsymbol{z}}=0 \tag{7.48}$$

这类似于不可导情形下的零梯度条件.

定理 7.21 的证明基于一个构造过程，即熟知的原始对偶见证方法，这里构造了一对满足零次梯度条件(7.48)的 $(\hat{\boldsymbol{\theta}},\hat{\boldsymbol{z}})$，使得 $\hat{\boldsymbol{\theta}}$ 有正确的符号支撑集. 当这个过程成功时，构造的对就是最佳原始对偶，可以表明 Lasso 算法有唯一具有正确符号支撑集的最优解. 具体来说，这个过程由下述步骤构成.

原始对偶见证(Primal-dual witness, PDW)构造：

1. 令 $\hat{\boldsymbol{\theta}}_{S^c}=0$.

2. 通过解最优子问题

$$\hat{\boldsymbol{\theta}}_S \in \arg\min_{\boldsymbol{\theta}_S \in \mathbb{R}^s}\Big\{\underbrace{\frac{1}{2n}\|\boldsymbol{y}-\boldsymbol{X}_S\boldsymbol{\theta}_S\|_2^2}_{=:f(\boldsymbol{\theta}_S)}+\lambda_n\|\boldsymbol{\theta}_S\|_1\Big\} \tag{7.49}$$

确定$(\hat{\boldsymbol{\theta}}_S,\hat{\boldsymbol{z}}_S)\in\mathbb{R}^s\times\mathbb{R}^s$，并选择 $\hat{\boldsymbol{z}}_S\in\partial\|\hat{\boldsymbol{\theta}}_S\|_1$ 使得 $\nabla f(\boldsymbol{\theta}_S)\big|_{\boldsymbol{\theta}_S=\hat{\boldsymbol{\theta}}_S}+\lambda_n\hat{\boldsymbol{z}}_S=0$.

3. 通过零次梯度表达式(7.48)求解出 $\hat{\boldsymbol{z}}_{S^c}\in\mathbb{R}^{d-s}$，然后确认严格对偶可行性条件 $\|\hat{\boldsymbol{z}}_{S^c}\|_\infty<1$ 是否成立.

注意向量 $\hat{\boldsymbol{\theta}}_{S^c}\in\mathbb{R}^{d-s}$ 在步骤 1 中已经确定，剩下的三个子向量是在步骤 2 和步骤 3 中确定的. 由构造，子向量 $\hat{\boldsymbol{\theta}}_S$，$\hat{\boldsymbol{z}}_S$ 和 $\hat{\boldsymbol{z}}_{S^c}$ 满足零次梯度条件(7.48). 由 $\hat{\boldsymbol{\theta}}_{S^c}=\boldsymbol{\theta}^*_{S^c}=\boldsymbol{0}$ 以及把这个条件写成分块矩阵形式，我们得到

$$\frac{1}{n}\begin{bmatrix}\boldsymbol{X}_S^{\mathrm{T}}\boldsymbol{X}_S & \boldsymbol{X}_S^{\mathrm{T}}\boldsymbol{X}_{S^c}\\ \boldsymbol{X}_{S^c}^{\mathrm{T}}\boldsymbol{X}_S & \boldsymbol{X}_{S^c}^{\mathrm{T}}\boldsymbol{X}_{S^c}\end{bmatrix}\begin{bmatrix}\hat{\boldsymbol{\theta}}_S-\boldsymbol{\theta}_S^*\\ \boldsymbol{0}\end{bmatrix}-\frac{1}{n}\begin{bmatrix}\boldsymbol{X}_S^{\mathrm{T}}\boldsymbol{w}\\ \boldsymbol{X}_{S^c}^{\mathrm{T}}\boldsymbol{w}\end{bmatrix}+\lambda_n\begin{bmatrix}\hat{\boldsymbol{z}}_S\\ \hat{\boldsymbol{z}}_{S^c}\end{bmatrix}=\begin{bmatrix}\boldsymbol{0}\\ \boldsymbol{0}\end{bmatrix} \tag{7.50}$$

如果步骤 3 中向量 $\hat{\boldsymbol{z}}_{S^c}$ 满足严格对偶可行性条件，我们说 PDW 构造是成功的. 下面的结果说明了这个成功可以用来证明 Lasso 方法.

引理 7.23 如果较小特征值条件(A3)成立，那么 PDW 构造的成功意味着向量$(\hat{\boldsymbol{\theta}}_S,\boldsymbol{0})\in\mathbb{R}^d$ 是 Lasso 的唯一最优解.

证明 当 PDW 构造成功时，那么 $\hat{\boldsymbol{\theta}}=(\hat{\boldsymbol{\theta}}_S,\boldsymbol{0})$是一个最优解，相应的次梯度向量 $\hat{\boldsymbol{z}}\in\mathbb{R}^d$ 满足$\|\hat{\boldsymbol{z}}_{S^c}\|_\infty<1$ 以及$\langle\hat{\boldsymbol{z}},\hat{\boldsymbol{\theta}}\rangle=\|\hat{\boldsymbol{\theta}}\|_1$. 现在令 $\tilde{\boldsymbol{\theta}}$ 是任意其他的最优解. 如果引入简略记号 $F(\boldsymbol{\theta})=\dfrac{1}{2n}\|\boldsymbol{y}-\boldsymbol{X}\boldsymbol{\theta}\|_2^2$，则我们有 $F(\hat{\boldsymbol{\theta}})+\lambda_n\langle\hat{\boldsymbol{z}},\hat{\boldsymbol{\theta}}\rangle=F(\tilde{\boldsymbol{\theta}})+\lambda_n\|\tilde{\boldsymbol{\theta}}\|_1$，因此

$$F(\hat{\boldsymbol{\theta}})-\lambda_n\langle\hat{\boldsymbol{z}},\tilde{\boldsymbol{\theta}}-\hat{\boldsymbol{\theta}}\rangle=F(\tilde{\boldsymbol{\theta}})+\lambda_n(\|\tilde{\boldsymbol{\theta}}\|_1-\langle\hat{\boldsymbol{z}},\tilde{\boldsymbol{\theta}}\rangle)$$

但是由零次梯度条件(7.48)，我们有 $\lambda_n\hat{\boldsymbol{z}}=-\nabla F(\hat{\boldsymbol{\theta}})$，这意味着

$$F(\hat{\boldsymbol{\theta}})+\langle\nabla F(\hat{\boldsymbol{\theta}}),\tilde{\boldsymbol{\theta}}-\hat{\boldsymbol{\theta}}\rangle-F(\tilde{\boldsymbol{\theta}})=\lambda_n(\|\tilde{\boldsymbol{\theta}}\|_1-\langle\hat{\boldsymbol{z}},\tilde{\boldsymbol{\theta}}\rangle)$$

由 F 的凸性，左端是负的，这意味着$\|\tilde{\boldsymbol{\theta}}\|_1\leqslant\langle\hat{\boldsymbol{z}},\tilde{\boldsymbol{\theta}}\rangle$. 但由于同时有$\|\langle\hat{\boldsymbol{z}},\tilde{\boldsymbol{\theta}}\rangle\leqslant\|\hat{\boldsymbol{z}}\|_\infty\|\tilde{\boldsymbol{\theta}}\|_1$，我们必然有$\|\tilde{\boldsymbol{\theta}}\|_1=\langle\hat{\boldsymbol{z}},\tilde{\boldsymbol{\theta}}\rangle$. 由于$\|\hat{\boldsymbol{z}}_{S^c}\|_\infty<1$，这个等式仅在对任意 $j\in S^c$ 有 $\tilde{\boldsymbol{\theta}}_j=0$ 时成立.

因此，所有的最优解都仅在 S 上有支撑集，而且可以由最优子问题(7.49)解出. 给定较小特征值条件(A3)，这个子问题是严格凸的，因此有唯一的最小化解. □

因此，为了证明定理 7.21(a)和(b)，只需说明在步骤 3 中构造的 $\hat{\boldsymbol{z}}_{S^c}$ 满足严格对偶可行性条件. 由零次梯度条件(7.50)，我们可以解出向量 $\hat{\boldsymbol{z}}_{S^c}\in\mathbb{R}^{d-s}$，从而有

$$\hat{\boldsymbol{z}}_{S^c}=-\frac{1}{\lambda_n n}\boldsymbol{X}_{S^c}^{\mathrm{T}}\boldsymbol{X}_S(\hat{\boldsymbol{\theta}}_S-\boldsymbol{\theta}_S^*)+\boldsymbol{X}_{S^c}^{\mathrm{T}}\left(\frac{\boldsymbol{w}}{\lambda_n n}\right) \tag{7.51}$$

类似地，用假设的 $\boldsymbol{X}_S^{\mathrm{T}}\boldsymbol{X}_S$ 可逆来求解差 $\hat{\boldsymbol{\theta}}_S-\boldsymbol{\theta}_S^*$ 可得

$$\hat{\boldsymbol{\theta}}_S-\boldsymbol{\theta}_S^*=(\boldsymbol{X}_S^{\mathrm{T}}\boldsymbol{X}_S)^{-1}\boldsymbol{X}_S^{\mathrm{T}}\boldsymbol{w}-\lambda_n n(\boldsymbol{X}_S^{\mathrm{T}}\boldsymbol{X}_S)^{-1}\hat{\boldsymbol{z}}_S \tag{7.52}$$

把这个表达式代入方程(7.51)并化简可得

$$\hat{\boldsymbol{z}}_{S^c}=\underbrace{\boldsymbol{X}_{S^c}^{\mathrm{T}}\boldsymbol{X}_S(\boldsymbol{X}_S^{\mathrm{T}}\boldsymbol{X}_S)^{-1}\hat{\boldsymbol{z}}_S}_{\mu}+\underbrace{\boldsymbol{X}_{S^c}^{\mathrm{T}}[I-\boldsymbol{X}_S(\boldsymbol{X}_S^{\mathrm{T}}\boldsymbol{X}_S)^{-1}\boldsymbol{X}_S^{\mathrm{T}}]\left(\frac{\boldsymbol{w}}{\lambda_n n}\right)}_{V_{S^c}} \tag{7.53}$$

由三角不等式，我们有 $\|\hat{\boldsymbol{z}}_{S^c}\|_\infty\leqslant\|\boldsymbol{\mu}\|_\infty+\|\boldsymbol{V}_{S^c}\|_\infty$. 由相互不相关条件(7.43b)，我们有 $\|\boldsymbol{\mu}\|_\infty\leqslant\alpha$. 由对正则化参数的设置(7.44)，我们有 $\|\boldsymbol{V}_{S^c}\|_\infty\leqslant\frac{1}{2}(1-\alpha)$. 综上所述，我们得到 $\|\hat{\boldsymbol{z}}_{S^c}\|_\infty\leqslant\frac{1}{2}(1-\alpha)<1$，这就得到了严格对偶可行性条件.

剩下的就是得到误差 $\hat{\boldsymbol{\theta}}_S-\boldsymbol{\theta}_S^*$ 的 ℓ_∞ 范数的界. 由方程(7.52)和三角不等式，我们有

$$\|\hat{\boldsymbol{\theta}}_S-\boldsymbol{\theta}_S^*\|_\infty\leqslant\left\|\left(\frac{\boldsymbol{X}_S^{\mathrm{T}}\boldsymbol{X}_S}{n}\right)^{-1}\boldsymbol{X}_S^{\mathrm{T}}\frac{\boldsymbol{w}}{n}\right\|_\infty+\left\|\left(\frac{\boldsymbol{X}_S^{\mathrm{T}}\boldsymbol{X}_S}{n}\right)^{-1}\right\|_\infty\lambda_n \tag{7.54}$$

这样就完成了证明.

7.6　附录：定理 7.16 的证明

由尺度变换技巧，只需要考虑限制在椭球 $\mathbb{S}^{d-1}(\boldsymbol{\Sigma})=\{\boldsymbol{\theta}\in\mathbb{R}^d\mid\|\sqrt{\boldsymbol{\Sigma}}\boldsymbol{\theta}\|_2=1\}$ 上的向量. 定义函数 $g(t):=2\rho(\boldsymbol{\Sigma})\sqrt{\frac{\log d}{n}}t$，以及对应的“坏”事件

$$\mathcal{E}:=\left\{\boldsymbol{X}\in\mathbb{R}^{n\times d}\,\middle|\,\inf_{\boldsymbol{\theta}\in\mathbb{S}^{d-1}(\boldsymbol{\Sigma})}\frac{\|\boldsymbol{X}\boldsymbol{\theta}\|_2}{\sqrt{n}}\leqslant\frac{1}{4}-2g(\|\boldsymbol{\theta}\|_1)\right\} \tag{7.55}$$

我们首先证明在补集 $\mathcal{E}^c$ 上，下界(7.31)成立. 令 $\boldsymbol{\theta}\in\mathbb{S}^{d-1}(\boldsymbol{\Sigma})$ 是任意的. 定义 $a=\frac{1}{4}$，$b=2g(\|\boldsymbol{\theta}\|_1)$ 和 $c=\frac{\|\boldsymbol{X}\boldsymbol{\theta}\|_2}{\sqrt{n}}$，我们有 $c\geqslant\max\{a-b,\ 0\}$ 在事件 $\mathcal{E}^c$ 上成立. 我们证明这个下界可以推出对任意 $\delta\in(0,1)$ 有 $c^2\geqslant(1-\delta)^2a^2-\frac{1}{\delta^2}b^2$. 事实上，如果 $\frac{b}{\delta}\geqslant a$，则所叙述的下界显然成立. 否则，可以假设 $b\leqslant\delta a$，此时 $c\geqslant a-b$ 可以推出 $c\geqslant(1-\delta)a$，因此有 $c^2\geqslant(1-\delta)^2a^2$. 令 $(1-\delta)^2=\frac{1}{2}$ 就可以得到结论. 因此，余下证明只需控制 $\mathbb{P}[\mathcal{E}]$ 的上界.

对于一对满足 $0\leqslant r_\ell<r_u$ 的半径 (r_ℓ,r_u)，定义集合

$$\mathbb{K}(r_\ell,r_u):=\{\boldsymbol{\theta}\in\mathbb{S}^{d-1}(\boldsymbol{\Sigma})\mid g(\|\boldsymbol{\theta}\|_1)\in[r_\ell,r_u]\} \tag{7.56a}$$

以及事件

$$\mathcal{A}(r_\ell,r_u):=\left\{\inf_{\boldsymbol{\theta}\in\mathbb{K}(r_\ell,r_u)}\frac{\|\boldsymbol{X}\boldsymbol{\theta}\|_2}{\sqrt{n}}\leqslant\frac{1}{2}-2r_u\right\} \tag{7.56b}$$

给定这些对象，下面的引理是证明中核心的技术性结果.

引理 7.24　对任意半径 $0\leqslant r_\ell<r_u$，我们有

$$\mathbb{P}[\mathcal{A}(r_\ell,r_u)]\leqslant \mathrm{e}^{-\frac{n}{32}}\mathrm{e}^{-\frac{n}{2}r_u^2} \tag{7.57a}$$

更进一步，对 $\mu=1/4$，我们有

$$\mathcal{E}\subseteq\mathcal{A}(0,\mu)\cup\left(\bigcup_{\ell=1}^{\infty}\mathcal{A}(2^{\ell-1}\mu,2^\ell\mu)\right) \tag{7.57b}$$

基于这个引理，剩下的证明是直接的. 由结论(7.57b)以及一致界，我们有

$$\mathbb{P}[\mathcal{E}]\leqslant\mathbb{P}[\mathcal{A}(0,\mu)]+\sum_{\ell=1}^{\infty}\mathbb{P}[\mathcal{A}(2^{\ell-1}\mu,2^\ell\mu)]\leqslant\mathrm{e}^{-\frac{n}{32}}\left\{\sum_{\ell=0}^{\infty}\mathrm{e}^{-\frac{n}{2}2^{2\ell}\mu^2}\right\}$$

由于 $\mu=1/4$ 以及 $2^{2\ell}\geqslant 2\ell$，我们有

$$\mathbb{P}[\mathcal{E}]\leqslant\mathrm{e}^{-\frac{n}{32}}\sum_{\ell=0}^{\infty}\mathrm{e}^{-\frac{n}{2}2^{2\ell}\mu^2}\leqslant\mathrm{e}^{-\frac{n}{32}}\sum_{\ell=0}^{\infty}(\mathrm{e}^{-n\mu^2})^\ell\leqslant\frac{\mathrm{e}^{-\frac{n}{32}}}{1-\mathrm{e}^{-\frac{n}{32}}}$$

剩下的只需要证明这个引理.

引理 7.24 的证明： 我们从结论(7.57b)开始. 令 $\boldsymbol{\theta}\in\mathbb{S}^{d-1}(\boldsymbol{\Sigma})$ 为一个满足事件 $\mathcal{E}$ 的向量；那么它必定或者属于集合 $\mathbb{K}(0,\mu)$ 或者属于集合 $\mathbb{K}(2^{\ell-1}\mu,2^\ell\mu)$ 对某个 $l=1,2,\cdots$ 成立.

情形 1： 首先假设 $\boldsymbol{\theta}\in\mathbb{K}(0,\mu)$，因此 $g(\|\boldsymbol{\theta}\|_1)\leqslant\mu=1/4$. 由于 $\boldsymbol{\theta}$ 满足事件 $\mathcal{E}$，我们有

$$\frac{\|\boldsymbol{X\theta}\|_2}{\sqrt{n}}\leqslant\frac{1}{4}-2g(\|\boldsymbol{\theta}\|_1)\leqslant\frac{1}{4}=\frac{1}{2}-\mu$$

这说明事件 $\mathcal{A}(0,\mu)$ 必然发生.

情形 2： 否则，我们一定有 $\boldsymbol{\theta}\in\mathbb{K}(2^{\ell-1}\mu,2^\ell\mu)$ 对某个 $\ell=1,2,\cdots$ 成立，而且

$$\frac{\|\boldsymbol{X\theta}\|_2}{\sqrt{n}}\leqslant\frac{1}{4}-2g(\|\boldsymbol{\theta}\|_1)\leqslant\frac{1}{2}-2(2^{\ell-1}\mu)\leqslant=\frac{1}{2}-2^\ell\mu$$

这说明事件 $\mathcal{A}(2^{\ell-1}\mu,2^\ell\mu)$ 一定发生.

我们现在来推导尾部界(7.57a). 这等价于控制随机变量 $T(r_\ell,r_u):=-\inf\limits_{\boldsymbol{\theta}\in\mathbb{K}(r_\ell,r_u)}\frac{\|\boldsymbol{X\theta}\|_2}{\sqrt{n}}$ 的上界. 由 ℓ_2 范数的变分表示，我们有

$$T(r_\ell,r_u)=-\inf_{\boldsymbol{\theta}\in\mathbb{K}(r_\ell,r_u)}\sup_{\boldsymbol{u}\in\mathbb{S}^{n-1}}\frac{\langle\boldsymbol{u},\boldsymbol{X\theta}\rangle}{\sqrt{n}}=\sup_{\boldsymbol{\theta}\in\mathbb{K}(r_\ell,r_u)}\inf_{\boldsymbol{u}\in\mathbb{S}^{n-1}}\frac{\langle\boldsymbol{u},\boldsymbol{X\theta}\rangle}{\sqrt{n}}$$

因此，如果我们记 $\boldsymbol{X}=\boldsymbol{W}\sqrt{\boldsymbol{\Sigma}}$，其中 $\boldsymbol{W}\in\mathbb{R}^{n\times d}$ 是一个标准高斯矩阵，并定义转移向量 $\boldsymbol{v}=\sqrt{\boldsymbol{\Sigma}}\boldsymbol{\theta}$，则

$$-\inf_{\boldsymbol{\theta}\in\mathbb{K}(r_\ell,r_u)}\frac{\|\boldsymbol{X\theta}\|_2}{\sqrt{n}}=\sup_{\boldsymbol{v}\in\widetilde{\mathbb{K}}(r_\ell,r_u)}\inf_{\boldsymbol{u}\in\mathbb{S}^{n-1}}\underbrace{\frac{\langle\boldsymbol{u},\boldsymbol{Wv}\rangle}{\sqrt{n}}}_{Z_{\boldsymbol{u},\boldsymbol{v}}} \tag{7.58}$$

其中 $\widetilde{\mathbb{K}}(r_\ell,r_u)=\{\boldsymbol{v}\in\mathbb{R}^d\mid\|\boldsymbol{v}\|_2=1,g\left(\boldsymbol{\Sigma}-\frac{1}{2}\boldsymbol{v}\right)\in[r_\ell,r_u]\}$.

由于$(\boldsymbol{u},\boldsymbol{v})$取自一个 $\mathbb{S}^{n-1}\times\mathbb{S}^{d-1}$ 的子集，每一个变量 $Z_{\boldsymbol{u},\boldsymbol{v}}$ 都是方差为 n^{-1} 的零均值高斯随机变量. 不仅如此，Gordon 的高斯比较原理可能适用，我们在之前定理 6.1 的证明中用到过这一工具. 具体来说，比较高斯过程$\{Z_{\boldsymbol{u},\boldsymbol{v}}\}$和零均值高斯过程，后者的元素为

$$Y_{\boldsymbol{u},\boldsymbol{v}}:=\frac{\langle \boldsymbol{g},\boldsymbol{u}\rangle}{\sqrt{n}}+\frac{\langle \boldsymbol{h},\boldsymbol{v}\rangle}{\sqrt{n}},\quad \text{其中 } \boldsymbol{g}\in\mathbb{R}^n,\boldsymbol{h}\in\mathbb{R}^d \text{ 具有服从独立同分布 } \mathcal{N}(0,1) \text{ 的元素}$$

由 Gordon 不等式(6.65)，我们可以得到

$$\begin{aligned}
\mathbb{E}[T(r_\ell,r_u)]&=\mathbb{E}\Big[\sup_{\boldsymbol{v}\in\widetilde{\mathbb{K}}(r_\ell,r_u)}\inf_{\boldsymbol{u}\in\mathbb{S}^{n-1}}Z_{\boldsymbol{u},\boldsymbol{v}}\Big]\\
&\leqslant\mathbb{E}\Big[\sup_{\boldsymbol{v}\in\widetilde{\mathbb{K}}(r_\ell,r_u)}\inf_{\boldsymbol{u}\in\mathbb{S}^{n-1}}Y_{\boldsymbol{u},\boldsymbol{v}}\Big]\\
&=\mathbb{E}\Big[\sup_{\boldsymbol{v}\in\widetilde{\mathbb{K}}(r_\ell,r_u)}\frac{\langle \boldsymbol{h},\boldsymbol{v}\rangle}{\sqrt{n}}\Big]+\mathbb{E}\Big[\inf_{\boldsymbol{u}\in\mathbb{S}^{n-1}}\frac{\langle \boldsymbol{g},\boldsymbol{u}\rangle}{\sqrt{n}}\Big]\\
&=\mathbb{E}\Big[\sup_{\boldsymbol{\theta}\in\mathbb{K}(r_\ell,r_u)}\frac{\langle \sqrt{\boldsymbol{\Sigma}}\boldsymbol{h},\boldsymbol{\theta}\rangle}{\sqrt{n}}\Big]-\mathbb{E}\Big[\frac{\|\boldsymbol{g}\|_2}{\sqrt{n}}\Big]
\end{aligned}$$

一方面，我们有 $\mathbb{E}[\|\boldsymbol{g}\|_2]\geqslant\sqrt{n}\sqrt{\frac{2}{\pi}}$. 另一方面，由 Hölder 不等式可得

$$\mathbb{E}\Big[\sup_{\boldsymbol{\theta}\in\mathbb{K}(r_\ell,r_u)}\frac{\langle \sqrt{\boldsymbol{\Sigma}}\boldsymbol{h},\boldsymbol{\theta}\rangle}{\sqrt{n}}\Big]\leqslant\mathbb{E}\Big[\sup_{\boldsymbol{\theta}\in\mathbb{K}(r_\ell,r_u)}\|\boldsymbol{\theta}\|_1\frac{\|\sqrt{\boldsymbol{\Sigma}}\boldsymbol{h}\|_\infty}{\sqrt{n}}\Big]\overset{\text{(i)}}{\leqslant}r_u$$

其中步骤(i)是因为 $\mathbb{E}\Big[\frac{\|\sqrt{\boldsymbol{\Sigma}}h\|_\infty}{\sqrt{n}}\Big]\leqslant2\rho(\boldsymbol{\Sigma})\sqrt{\frac{\log d}{n}}$ 以及由 $\mathbb{K}$ 的定义(7.56a)可得 $\sup_{\boldsymbol{\theta}\in\mathbb{K}(r_\ell,r_u)}\|\boldsymbol{\theta}\|_1\leqslant\frac{r_u}{2\rho(\boldsymbol{\Sigma})\sqrt{(\log d)/n}}$. 综上所述，我们已经证明了

$$\mathbb{E}[T(r_\ell,r_u)]\leqslant-\sqrt{\frac{2}{\pi}}+r_u \tag{7.59}$$

由表达式(7.58)，我们可以看出随机变量$\sqrt{n}\,T(r_\ell,r_u)$是标准高斯矩阵 $\boldsymbol{W}$ 的 1-Lipschitz 函数，因此定理 2.26 保证上尾部界 $\mathbb{P}[T(r_\ell,r_u)\geqslant\mathbb{E}[T(r_\ell,r_u)]+\delta]\leqslant\mathrm{e}^{-n\delta^2/2}$ 对任意 $\delta>0$ 成立. 定义常数 $C=\sqrt{\frac{2}{\pi}}-\frac{1}{2}\geqslant\frac{1}{4}$. 设定 $\delta=C+r_u$ 并把我们的上界用在均值(7.59)上可以得到

$$\mathbb{P}\Big[T(r_\ell,r_u)\geqslant-\frac{1}{2}+2r_u\Big]\leqslant\mathrm{e}^{-\frac{n}{2}C^2}\mathrm{e}^{-\frac{n}{2}r_u^2}\leqslant\mathrm{e}^{-\frac{n}{32}}\mathrm{e}^{-\frac{n}{2}r_u^2}$$

这就是所要证的. □

7.7 参考文献和背景

例 7.1 简单讨论的高斯序列模型是一个被广泛研究的课题. 其中一个非常重要原因是许多非参数估计问题可以“简化”为一个(无穷维的)一般序列模型的等价形式. Johnstone

(2015)一书给出了一个全面介绍；也可参看那里的文献. 对于高斯序列模型，Donoho 和 Johnstone(1994)考虑一个属于 ℓ_q 球的向量推导出了 ℓ_p 范数下的 minimax 风险的精细上、下界，其中 $q \in [0, 1]$. 第 13 章所研究的控制非参数最小二乘样本内预测误差问题可以同样理解成高斯序列模型的一种特殊情形.

对于不适定反问题使用 ℓ_1 正则化有着悠久的历史，包括地球物理学中的早期工作(例如 Levy 和 Fullagar，1981；Oldenburg 等，1983；Santosa 和 Symes，1986)；详细讨论见 Donoho 和 Stark(1989). Alliney 和 Ruzinsky(1994)研究了许多 ℓ_1 正则化相关的算法问题，继 Chen 等(1998)提出基追踪规划(7.9)和 Tibshirani(1996)提出 Lasso(7.18)的开创性论文之后，这很快成为了统计学和应用数学领域中热门研究课题. 其他学者还研究了许多非凸正则化方法来保证稀疏性；例如，参看文章(Fan 和 Li，2001；Zou 和 Li，2008；Fan 和 Lv，2011；Zhang，2012；Zhang 和 Zhang，2012；Loh 和 Wainwright，2013；Fan 等，2014)以及里面的参考文献.

早期对基追踪规划(7.9)的研究专注于在一对基上还原一个信号的问题，其中 n 是信号长度，$p=2n$ 标注了两个 $\mathbb{R}^n$ 上基的并. 不相关条件最早是在这一系列工作中提出的(例如 Donoho 和 Huo，2001；Elad 和 Bruckstein，2002)；受限零空间性质的充分和必要条件最早是由 Feuer 和 Nemirovski(2003)注意到的. 然而，这里使用的受限零空间术语和准确定义则由 Cohen 等(2008)给出.

关于 ℓ_1 正则化估计的高维性质的早期研究工作参看 Juditsky 和 Nemirovski(2000)、Nemirovski(2000)以及 Greenshtein 和 Ritov(2004)，尤其关注了函数聚合问题. Candés 和 Tao(2005)、Donoho(2006a，2006b)分析了随机高斯或酉矩阵情形下的基追踪方法，并证明了它对于 $n \gtrsim s\log(ed/s)$ 个样本是可行的. Donoho 和 Tanner(2008)在无噪情形下给出了这一阈值现象的精细分析，以及与随机多面体结构的联系. 受限等距性是由 Candés 和 Tao(2005)、Candes 和 Tao(2007)提出的. 他们还提出了 Dantzig 选择方法、另外一种与 Lasso 方法紧密相关的基于 ℓ_1 的松弛方法，并且对满足 RIP 条件的总体证明了噪声还原的界. Bickel 等. (2009)引入了弱化的受限特征值(RE)条件，与这里叙述的形式略有不同，但本质上是等价的，而且给出了一个统一推导 Lasso 和 Dantzig 选择方法 ℓ_2 误差和预测误差界的方法. 习题 7.13 和习题 7.14 说明了如何用 ℓ_2 受限特征值的 ℓ_∞ 类比来导出 Lasso 误差的 ℓ_∞ 界；利用这些和其他受限特征值条件来控制 Lasso 及 Dantzig 误差界参见 Ye 和 Zhang(2010). Van De Geer 和 Bühlmann(2009)给出了不同类型 RE 条件的一个全面综述以及它们之间的关系；同样可参看他们的书(Bühlmann 和 Van De Geer，2011).

定理 7.13(a)的证明是受 Bickel 等(2009)中的证明技巧启发；从一个一般的正则化 M 估计的角度，可参看第 9 章的材料以及 Negahban 等(2012)的文章. 对基本的 Lasso 有许多变形和推广，包括平方根 Lasso(Belloni 等，2011)、弹性网络(Zou 和 Hastie，2005)、fused Lasso(Tibshirani 等，2005)、自适应 Lasso(Zou，2006；Huang 等，2008)以及组 Lasso(Yuan 和 Lin，2006). 关于平方根 Lasso 的讨论见本章习题 7.17 以及第 9 章对一些其他推广形式的讨论.

定理 7.16 是由 Raskutti 等(2010)证明的. Rudelson 和 Zhou(2013)对于更一般的次高

斯随机矩阵总体给出了一个类似的结果；由于高斯比较结果不再成立，这个分析需要很不同的技巧. 这些结果都适用于一类很广的随机矩阵；例如，甚至可以做到从一个协方差矩阵退化的分布中抽样生成随机矩阵 $\boldsymbol{X}\in\mathbb{R}^{n\times d}$ 的行，而且/或者这个矩阵的最大特征值随问题大小发散，这些结果仍然可以用来说明一个(下界)受限特征值条件在高概率下成立. 习题 7.10 则是基于 Loh 和 Wainwright(2012)的结果.

习题 7.12 研究了对于一个 ℓ_q 球上的向量，Lasso 可达到的 ℓ_2 误差速度. 由信息论理论中控制 minimax 下界的技巧，这些结果是 minimax 最优的. 关于证明下界的技巧详见第 15 章，对于稀疏线性回归中特定的下界可参看文章(Ye 和 Zhang，2010；Raskutti 等，2011).

预测的慢速度和快速度——表达式(7.40)和(7.41)分别对应的界——已经在很多论文中推导过(例如 Bunea 等，2007；Candès 和 Tao，2007；Bickel 等，2009). 很自然地想知道控制设计矩阵列之间相关性的受限特征值条件是否是达到快速度的条件. 从一个基本的观点来看，这样的条件不是必要的：一个 ℓ_0 估计，即穷尽所有 $\binom{d}{s}$ 个大小为 s 的子集的估计，可以在只要设计矩阵列正规化条件下达到快速度(Bunea 等，2007；Raskutti 等，2011)；关于这个方法的快速度界的具体推导见例 13.16. 可以看到 Lasso 本身是次优的：很多学者(Foygel 和 Srebro，2011；Dalalyan 等，2014)已经给出了设计矩阵 $\boldsymbol{X}$ 以及 2 稀疏向量使得 Lasso 平方预测误差被 $1/\sqrt{n}$ 控制下界. Zhang 等(2017)构造了一个更难的设计矩阵使得基于 ℓ_0 的方法可以达到快速度，但是对一大类一般的 M 估计，其中包括 Lasso 以及其他非凸正则化方法，预测误差下界被 $1/\sqrt{n}$ 控制. 如果，额外的，我们把关注点限制在要求输出一个 s 稀疏估计的方法，那么 Zhang 等(2014)说明了，在一个复杂度理论的标准猜想下，如果没有下 RE 条件，没有多项式时间算法可以达到快速度(7.41).

信号处理中的变量选择一致性的不可表示条件由 Fuchs(2004)和 Tropp(2006)提出，统计中的由 Mein-shausen 和 Bühlmann(2006)和 Zhao 和 Yu(2006)独立提出. 定理 7.21 的原始对偶见证证明来自 Wainwright(2009b)；推广到一般的随机 Guass 设计矩阵也可以参看这篇论文. 引理 7.23 的证明由 Caramanis 给出(个人交流，2010). 定理 7.21 证明中阐述的原始对偶见证方法还适用于很多其他问题，包括组 Lasso 的分析(Obozinski 等，2011；Wang 等，2015)以及相关松弛方法(Jalali 等，2010；Negahban 和 Wainwright，2011b)、图 Lasso(Ravikumar 等，2011)、隐变量的 Guass 图模型选择方法(Chandrasekaran 等，2012b)和非参数模型中的变量选择方法(Xu 等，2016). Lee 等.(2013)介绍了一个用原始对偶见证方法推导出相合性结果的一般框架.

这一章的结果都是基于理论地导出正则化参数 λ_n 的选择，所有都涉及(未知)可加噪声的标准差 σ. 其中一个绕开这一问题的方法是利用平方根 Lasso 估计(Belloni 等，2011)，它的最优正则化参数选择不依赖于 σ. 关于这个估计的介绍和分析见习题 7.17.

7.8 习 题

7.1 (优化和阈值估计量)

(a) 说明硬阈值算子(7.6a)对应下述非凸问题的最优解 $\hat{\boldsymbol{\theta}}$：

$$\min_{\boldsymbol{\theta}\in\mathbb{R}^n}\left\{\frac{1}{2}\|\boldsymbol{y}-\boldsymbol{\theta}\|_2^2+\frac{1}{2}\lambda^2\|\boldsymbol{\theta}\|_0\right\}$$

(b) 说明软阈值算子(7.6b)对应下述 ℓ_1 正则化二次型问题的最优解 $\hat{\boldsymbol{\theta}}$：

$$\min_{\boldsymbol{\theta}\in\mathbb{R}^n}\left\{\frac{1}{2}\|\boldsymbol{y}-\boldsymbol{\theta}\|_2^2+\lambda\|\boldsymbol{\theta}\|_1\right\}$$

7.2 (ℓ_q 球的性质)　对一个给定的 $q\in(0,1]$，回顾(强)ℓ_q 球

$$\mathbb{B}_q(R_q):=\left\{\boldsymbol{\theta}\in\mathbb{R}^d\;\middle|\;\sum_{j=1}^d|\boldsymbol{\theta}_j|^q\leqslant R_q\right\}\tag{7.60}$$

参数为(C,α)的弱 ℓ_q 球定义为

$$\mathbb{B}_{w(\alpha)}(C):=\{\boldsymbol{\theta}\in\mathbb{R}^d\;|\;|\boldsymbol{\theta}|_{(j)}\leqslant Cj^{-\alpha}\quad 对于\ j=1,\cdots,d\}\tag{7.61}$$

这里$|\boldsymbol{\theta}|_{(j)}$为$\boldsymbol{\theta}^*$绝对值的次序统计量，从大到小排列(即$|\boldsymbol{\theta}|_{(1)}=\max\limits_{j=1,2,\cdots,d}|\boldsymbol{\theta}_j|$和$|\boldsymbol{\theta}|_{(d)}=\min\limits_{j=1,2,\cdots,d}|\boldsymbol{\theta}_j|$).

(a) 说明集合 $\mathbb{B}_q(R_q)$是一个围绕原点的星形.(一个集合 $C\subseteq\mathbb{R}^d$ 是围绕原点的星形，如果 $\boldsymbol{\theta}\in C\Rightarrow t\boldsymbol{\theta}\in C$ 对任意 $t\in[0,1]$.)

(b) 对任意 $\alpha>1/q$，说明存在一个依赖于(C,α)的半径 R_q，使得 $\mathbb{B}_{w(\alpha)}(C)\subseteq\mathbb{B}_q(R_q)$. 这个包含关系阐述了术语“强”和“弱”.

(c) 对一个给定的整数 $s\in\{1,2,\cdots,d\}$，向量 $\boldsymbol{\theta}^*\in\mathbb{R}^d$ 的最好 s 项近似定义为

$$\prod_s(\boldsymbol{\theta}^*):=\arg\min_{\|\boldsymbol{\theta}\|_0\leqslant s}\|\boldsymbol{\theta}-\boldsymbol{\theta}^*\|_2^2\tag{7.62}$$

给出 $\prod_s(\boldsymbol{\theta}^*)$ 的一个显式的表达式.

(d) 当 $\boldsymbol{\theta}^*\in\mathbb{B}_q(R_q)$对某个 $q\in(0,1]$成立时，说明最好的 s 项近似满足

$$\left\|\prod_s(\boldsymbol{\theta}^*)-\boldsymbol{\theta}^*\right\|_2^2\leqslant(R_q)^{2/q}\left(\frac{1}{s}\right)^{\frac{2}{q}-1}\tag{7.63}$$

7.3 (逐对不相关)　给定一个矩阵 $\boldsymbol{X}\in\mathbb{R}^{n\times d}$，假设其有逐对不相关(7.12)上界为 $\delta_{\mathrm{PW}}(\boldsymbol{X})<\dfrac{\gamma}{s}$.

(a) 令 $S\subset\{1,2,\cdots,d\}$为任意大小为 s 的子集. 说明存在一个函数 $\gamma\to c(\gamma)$使得 $\gamma_{\min}\left(\dfrac{\boldsymbol{X}_s^{\mathrm{T}}\boldsymbol{X}_s}{n}\right)\geqslant c(\gamma)>0$，只要 γ 充分小.

(b) 证明只要 $\gamma<1/3$，$\boldsymbol{X}$ 满足基于 S 的受限零空间条件.(仅用原始定义完成，不要使用任何关于受限等距性的结果.)

7.4 (RIP 和逐对不相关)　这个练习中，我们探索逐对不相关和 RIP 常数之间的关系.

(a) 证明成对不相关和 RIP 常数的关系式(7.15). 给出一个矩阵使得不等式(i)是紧的，给出另一个矩阵使得不等式(ii)是紧的.

(b) 构造一个矩阵使得 $\delta_s(\boldsymbol{X})=\sqrt{s}\,\delta_{\mathrm{PW}}(\boldsymbol{X})$.

7.5 (ℓ_2-RE⇒ℓ_1-RE)　令 $S\subset\{1,2,\cdots,d\}$为一个基数为 s 的子集. 一个矩阵 $\boldsymbol{X}\in\mathbb{R}^{n\times d}$ 基于 S

满足一个参数为(γ_1,α_1)的 ℓ_1-RE 条件，若

$$\frac{\|\boldsymbol{X\theta}\|_2^2}{n} \geqslant \gamma_1 \frac{\|\boldsymbol{\theta}\|_1^2}{s} \quad \text{对任意 } \boldsymbol{\theta} \in \mathbb{C}(S;\alpha_1)$$

说明对任意满足参数为(γ_2,α_2)的 ℓ_2-RE 条件(7.22)的矩阵，其满足参数为 $\gamma_1 = \frac{\gamma^2}{1+\alpha_2^2}$ 和 $\alpha_1 = \alpha_2$ 的 ℓ_1-RE 条件.

7.6 **(加权 ℓ_1 范数)**　在很多应用中，对不同预测器相对尺度有额外信息，因此自然可以考虑一个带权的 ℓ_1 范数，形式为 $\|\boldsymbol{\theta}\|_{\nu(1)} := \sum_{j=1}^{d} \omega_j |\boldsymbol{\theta}_j|$，其中 $\boldsymbol{\omega} \in \mathbb{R}^d$ 是一个严格正的权向量. 在无噪观测值情形下，这可以导出带权的基追踪 LP

$$\min_{\boldsymbol{\theta} \in \mathbb{R}^d} \|\boldsymbol{\theta}\|_{\nu(1)} \quad \text{且 } \boldsymbol{X\theta} = \boldsymbol{y}$$

(a) 对带权基追踪 LP 阐述并证明 $\boldsymbol{X}$(唯一地)恢复所有 k 稀疏向量 $\boldsymbol{\theta}^*$ 的充分和必要条件.

(b) 假设 $\boldsymbol{\theta}^*$ 以一个基数为 s 的子集 S 为支撑集，而权向量 $\boldsymbol{\omega}$ 满足

$$\omega_j = \begin{cases} 1 & j \in S \\ t & \text{其他} \end{cases}$$

对某个 $t \geqslant 1$. 阐述并证明一个基于 $c_{\min} = \gamma_{\min}(\boldsymbol{X}_S^{\mathrm{T}}\boldsymbol{X}_S/n)$，成对不相关 $\delta_{\mathrm{PW}}(\boldsymbol{X})$ 和缩放常数 t 的还原的充分条件. 在 $t \to +\infty$ 时 $\boldsymbol{X}$ 的条件性质如何?

7.7 **(各向同性总体的成对不相关和 RIP 条件)**　考虑一个具有独立同分布元素 $\mathcal{N}(0,1)$ 的随机矩阵 $\boldsymbol{X} \in \mathbb{R}^{n \times d}$.

(a) 对一个给定的 $s \in \{1,2,\cdots,d\}$，假设 $n \gtrsim s^2 \log d$. 说明在高概率下成对不相关满足界 $\delta_{\mathrm{PW}}(\boldsymbol{X}) < \frac{1}{3s}$.

(b) 现在假设 $n \gtrsim s\log\left(\frac{ed}{s}\right)$. 说明在高概率下 RIP 常数满足界 $\delta_{2s} < 1/3$.

7.8 **(成对不相关和 RIP 条件不成立)**　回顾例 7.18 中所述的常数 $\mu > 0$ 的穗状单位协方差矩阵，并考虑一个任意稀疏度 $s \in \{1,2,\cdots,d\}$.

(a) 成对不相关条件不成立：证明

$$\mathbb{P}[\delta_{\mathrm{PW}}(\boldsymbol{X}) > \mu - 3\delta] \geqslant 1 - 6\mathrm{e}^{-n\delta^2/8} \quad \text{对任意 } \delta \in (0, 1/\sqrt{2})$$

因此，除非 $\mu \ll \frac{1}{s}$，否则成对不相关条件不成立.

(b) RIP 条件不成立：证明

$$\mathbb{P}[\delta_{2s}(\boldsymbol{X}) \geqslant (1 + (\sqrt{2s} - 1)\mu)\delta] \geqslant 1 - \mathrm{e}^{-n\delta^2/8} \quad \text{对任意 } \delta \in (0,1).$$

因此，除非 $\mu \ll \frac{1}{\sqrt{s}}$，否则 RIP 条件不成立.

7.9 **(ℓ_0 和 ℓ_1 约束之间的关系)**　对一个整数 $k \in \{1,2,\cdots,d\}$，考虑下面两个子集：

$$\mathbb{L}_0(k) := \mathbb{B}_2(1) \cap \mathbb{B}_0(k) = \{\boldsymbol{\theta} \in \mathbb{R}^d \mid \|\boldsymbol{\theta}\|_2 \leqslant 1 \quad \text{且 } \|\boldsymbol{\theta}\|_0 \leqslant k\}$$

$$\mathbb{L}_1(k):=\mathbb{B}_2(1)\cap\mathbb{B}_1(\sqrt{k})=\{\boldsymbol{\theta}\in\mathbb{R}^d\mid\|\boldsymbol{\theta}\|_2\leqslant 1\quad 且\ \|\boldsymbol{\theta}\|_1\leqslant\sqrt{k}\}$$

对任意集合 $\mathbb{L}$，令 $\overline{\operatorname{conv}}(\mathbb{L})$ 为其凸包的闭包.

(a) 证明 $\overline{\operatorname{conv}}(\mathbb{L}_0(k))\subseteq\mathbb{L}_1(k)$.

(b) 证明 $\mathbb{L}_1(k)\subseteq 2\,\overline{\operatorname{conv}}(\mathbb{L}_0(k))$.

（提示：对(b)部分，考虑两个集合的支撑函数可能有帮助.）

7.10 **(RE 的充分条件)**　考虑任意一个对称矩阵 $\boldsymbol{\Gamma}$，存在标量 $\delta>0$ 使得其满足

$$|\boldsymbol{\theta}^{\mathrm{T}}\boldsymbol{\Gamma}\boldsymbol{\theta}|\leqslant\delta\quad 对任意\ \boldsymbol{\theta}\in\mathbb{L}_0(2s),$$

其中集合 $\mathbb{L}_0$ 是习题 7.9 中定义的.

(a) 证明

$$|\boldsymbol{\theta}^{\mathrm{T}}\boldsymbol{\Gamma}\boldsymbol{\theta}|\leqslant\begin{cases}12\delta\|\boldsymbol{\theta}\|_2^2 & 对任意满足\ \|\boldsymbol{\theta}\|_1\leqslant\sqrt{s}\,\|\boldsymbol{\theta}\|_2\ 的向量\\ \dfrac{12\delta}{s}\|\boldsymbol{\theta}\|_1^2 & 其他\end{cases}$$

（提示：习题 7.9(b)可能会有用.）

(b) 用(a)部分说明 RIP 条件可以推出 RE 条件.

(c) 给出一个矩阵类的例子使得 RIP 条件不成立，但(a)部分可以用来保证 RE 条件.

7.11 **(RE 更弱的充分条件)**　考虑一个最小特征值 $\gamma_{\min}(\boldsymbol{\Sigma})>0$，最大方差为 $\rho^2(\boldsymbol{\Sigma})$ 的协方差矩阵 $\boldsymbol{\Sigma}$.

(a) 说明下界(7.31)可导出在 $\mathbb{C}_\alpha(S)$ 上，参数为 $\kappa=\frac{c_1}{2}\gamma_{\min}(\boldsymbol{\Sigma})$ 的 RE 条件(7.22)，对任何基数不超过 $|S|\leqslant\frac{c_1}{2c_2}\frac{\gamma_{\min}(\boldsymbol{\Sigma})}{\rho^2(\boldsymbol{\Sigma})}(1+\alpha)^{-2}\frac{n}{\log d}$ 的子集 S 一致成立.

(b) 给出一个协方差矩阵序列 $\{\boldsymbol{\Sigma}^{(d)}\}$，其中 $\gamma_{\max}(\boldsymbol{\Sigma}^{(d)})$ 是发散的，但(a)仍然可以用来保证 RE 条件.

7.12 **(ℓ_q “球”上的估计)**　在这个问题中，我们考虑向量为 $\boldsymbol{\theta}^*\in\mathbb{R}_q(R_q)$ 的线性回归，其中半径 $R_q\geqslant 1$ 和参数 $q\in(0,1]$，并满足下列条件：(a)设计矩阵 $\boldsymbol{X}$ 满足下界(7.31)和一致有界列($\|\boldsymbol{X}_j\|_2/\sqrt{n}\leqslant 1$ 对任意 $j=1,\cdots,d$)；(b)噪声向量 $\boldsymbol{w}\in\mathbb{R}^n$ 有独立同分布，参数为 σ 的零均值次高斯元素.

用定理 7.19 和一个基于 (d,R_q,σ,q) 的适当样本大小 n 的近似下界，说明存在普适常数 (c_0,c_1,c_2)，使得在概率 $1-c_1\mathrm{e}^{-c_2\log d}$ 下，任意 Lasso 解 $\hat{\boldsymbol{\theta}}$ 满足界：

$$\|\hat{\boldsymbol{\theta}}-\boldsymbol{\theta}^*\|_2^2\leqslant c_0R_q\left(\frac{\sigma^2\log d}{n}\right)^{1-\frac{q}{2}}$$

（注：如界(7.31)所述，全局常数可以依赖于关于 $\boldsymbol{\Sigma}$ 的量.）

7.13 **(Lasso 的 ℓ_∞ 界)**　考虑一个稀疏线性回归模型 $\boldsymbol{y}=\boldsymbol{X}\boldsymbol{\theta}^*+\boldsymbol{w}$，其中 $\boldsymbol{w}\sim\mathcal{N}(0,\sigma^2\boldsymbol{I}_{n\times n})$，且 $\boldsymbol{\theta}^*\in\mathbb{R}^d$ 以子集 S 为支撑集. 假设样本协方差矩阵 $\hat{\boldsymbol{\Sigma}}=\frac{1}{n}\boldsymbol{X}^{\mathrm{T}}\boldsymbol{X}$ 有以 1 为一致上界的对角线元素，而且对某参数 $\gamma>0$，它同样满足一个具有以下形式的 ℓ_∞ 曲率条件

$$\|\hat{\boldsymbol{\Sigma}}\Delta\|_\infty \geqslant \gamma\|\Delta\|_\infty \quad \text{对任意 } \Delta \in \mathbb{C}_3(S) \tag{7.64}$$

说明当正则化参数 $\lambda_n = 4\sigma\sqrt{\frac{\log d}{n}}$ 时，任意 Lasso 解满足 ℓ_∞ 界

$$\|\hat{\boldsymbol{\theta}} - \boldsymbol{\theta}^*\|_\infty \leqslant \frac{6\sigma}{\gamma}\sqrt{\frac{\log d}{n}}$$

在高概率下成立.

7.14 **(验证 ℓ_∞ 曲率条件)**　这个问题是练习 7.13 的延续. 假设我们构造了一个行为独立同分布 $\mathcal{N}(0,\boldsymbol{\Sigma})$ 的随机设计矩阵 $\boldsymbol{X} \in \mathbb{R}^{n\times d}$，而且进一步，

$$\|\boldsymbol{\Sigma}\Delta\|_\infty \geqslant \gamma\|\Delta\|_\infty \quad \text{对任意向量 } \Delta \in \mathbb{C}_3(S)$$

说明只要 $n \gtrsim s^2\log d$，在高概率下，样本协方差矩阵 $\hat{\boldsymbol{\Sigma}} := \frac{1}{n}\boldsymbol{X}^{\mathrm{T}}\boldsymbol{X}$ 也满足参数为 $\gamma/2$ 同样的性质.

7.15 **(Lasso 方法更紧的界)**　令 $\boldsymbol{X} \in \mathbb{R}^{n\times d}$ 为一个固定的设计矩阵，使得对任意基数至多为 s 的子集 S 有 $\frac{\|\boldsymbol{X}_S\|_2}{\sqrt{n}} \leqslant C$. 在这个习题中，我们说明在高概率下，任意 $R = \|\boldsymbol{\theta}^*\|_1$ 的受限 Lasso(7.19)的解满足界

$$\|\hat{\boldsymbol{\theta}} - \boldsymbol{\theta}^*\|_2 \lesssim \frac{\sigma}{\kappa}\sqrt{\frac{s\log(ed/s)}{n}} \tag{7.65}$$

其中 $s = \|\boldsymbol{\theta}^*\|_0$. 注意这个界改进了线性稀疏(也就是，对某个常数 $\alpha \in (0,1)$ 有 $s = \alpha d$).

(a) 定义随机变量

$$Z := \sup_{\Delta \in \mathbb{R}^d}\left|\left\langle \Delta, \frac{1}{n}\boldsymbol{X}^{\mathrm{T}}\boldsymbol{w}\right\rangle\right| \quad \text{满足} \|\Delta\|_2 \leqslant 1 \quad \text{和} \quad \|\Delta\|_1 \leqslant \sqrt{s} \tag{7.66}$$

其中 $w \sim \mathcal{N}(0,\sigma^2\boldsymbol{I})$. 说明

$$\mathbb{P}\left[\frac{Z}{C\sigma} \geqslant c_1\sqrt{\frac{s\log(ed/s)}{n}} + \delta\right] \leqslant c_2 \mathrm{e}^{-c_3 n\delta^2}$$

对普适常数(c_1,c_2,c_3)成立.（提示：习题 7.9 的结果可能在这里有用.）

(b) 用(a)部分和本章的结果说明，如果 $\boldsymbol{X}$ 满足一个 RE 条件，那么任意最优 Lasso 解 $\hat{\boldsymbol{\theta}}$ 在概率 $1 - c_2'\mathrm{e}^{-c_2' s\log\left(\frac{ed}{s}\right)}$ 下满足界(7.65).

7.16 **(带权 Lasso 的分析)**　在本题中，我们分析带权 Lasso 估计量

$$\hat{\boldsymbol{\theta}} \in \arg\min_{\boldsymbol{\theta} \in \mathbb{R}^d}\left\{\frac{1}{2n}\|\boldsymbol{y} - \boldsymbol{X}\boldsymbol{\theta}\|_2^2 + \lambda_n\|\boldsymbol{\theta}\|_{\boldsymbol{\nu}(1)}\right\}$$

其中 $\|\boldsymbol{\theta}\|_{\boldsymbol{\nu}(1)} := \sum_{j=1}^d \boldsymbol{\nu}_j|\boldsymbol{\theta}_j|$ 表示带权 ℓ_1 范数，由一个正的权向量 $\boldsymbol{\nu} \in \mathbb{R}^d$ 所定义. 定义 $C_j = \frac{\|\boldsymbol{X}_j\|_2}{\sqrt{n}}$，其中 $\boldsymbol{X}_j \in \mathbb{R}^n$ 为设计矩阵第 j 列，令 $\hat{\Delta} = \hat{\boldsymbol{\theta}} - \boldsymbol{\theta}^*$ 为误差向量，其中 $\hat{\boldsymbol{\theta}}$ 为最优解.

(a) 假设我们选择正则化参数 $\lambda_n \geqslant 2 \max\limits_{j=1,\cdots,d} \dfrac{|\langle \boldsymbol{X}_j, \boldsymbol{w}\rangle|}{n\boldsymbol{\nu}_j}$. 说明向量 $\hat{\Delta}$ 属于修正锥集

$$\mathbb{C}_3(S;\boldsymbol{\nu}) := \{\Delta \in \mathbb{R}^d \mid \|\Delta_{S^c}\|_{\nu(1)} \leqslant 3\|\Delta_S\|_{\nu(1)}\} \tag{7.67}$$

(b) 假设 $\boldsymbol{X}$ 满足一个 $\mathbb{C}_\nu(S;3)$上 κ-RE 条件，说明

$$\|\hat{\boldsymbol{\theta}} - \boldsymbol{\theta}^*\|_2 \leqslant \frac{6}{\kappa}\lambda_n \sqrt{\sum_{j\in S}\nu_j^2}$$

(c) 对一个一般的设计矩阵，重尺度化后的列范数 $C_j = \|\boldsymbol{X}_j\|_2/\sqrt{n}$ 可能会变化很大. 给出一个权向量的选择，使得带权 Lasso 误差界优于一般 Lasso 界.（提示：可以证明有因子项为 $\dfrac{\max\limits_{j\in S} C_j}{\max\limits_{j=1,\cdots,d} C_j}$ 的改进.）

7.17（平方根 Lasso 的分析） 平方根 Lasso 定义为

$$\hat{\boldsymbol{\theta}} \in \arg\min_{\boldsymbol{\theta}\in\mathbb{R}^d}\left\{\frac{1}{\sqrt{n}}\|\boldsymbol{y} - \boldsymbol{X}\boldsymbol{\theta}\|_2 + \gamma_n\|\boldsymbol{\theta}\|_1\right\}$$

(a) 假设正则化参数 γ_n 在区间$(0,\infty)$上变化. 说明所得解集合与随着 λ_n 变化的拉格朗日 Lasso 的解集合重合.

(b) 说明任意平方根 Lasso 估计量 $\hat{\boldsymbol{\theta}}$ 满足等式

$$\frac{\frac{1}{n}\boldsymbol{X}^{\mathrm{T}}(\boldsymbol{X}\hat{\boldsymbol{\theta}} - \boldsymbol{y})}{\frac{1}{\sqrt{n}}\|\boldsymbol{y} - \boldsymbol{X}\hat{\boldsymbol{\theta}}\|_2} + \gamma_n\hat{\boldsymbol{z}} = 0$$

其中 $\hat{\boldsymbol{z}} \in \mathbb{R}^d$ 属于 ℓ_1 范数在 $\hat{\boldsymbol{\theta}}$ 处的次导数.

(c) 假设 $\boldsymbol{y} = \boldsymbol{X}\boldsymbol{\theta}^* + \boldsymbol{w}$，其中未知回归向量 $\boldsymbol{\theta}^*$ 是 S 稀疏的. 用(b)部分来得到误差向量 $\hat{\Delta} = \hat{\boldsymbol{\theta}} - \boldsymbol{\theta}^*$ 满足基本不等式

$$\frac{1}{n}\|\boldsymbol{X}\hat{\Delta}\|_2^2 \leqslant \left\langle \hat{\Delta}, \frac{1}{n}\boldsymbol{X}^{\mathrm{T}}\boldsymbol{w}\right\rangle + \gamma_n \frac{\|\boldsymbol{y} - \boldsymbol{X}\hat{\boldsymbol{\theta}}\|_2}{\sqrt{n}}\{\|\hat{\Delta}_S\|_1 - \|\hat{\Delta}_{S^c}\|_1\}$$

(d) 假设 $\gamma_n \geqslant 2\dfrac{\|\boldsymbol{X}^{\mathrm{T}}\boldsymbol{w}\|_\infty}{\sqrt{n}\|\boldsymbol{w}\|_2}$. 说明误差向量满足锥约束 $\|\hat{\Delta}_{S^c}\|_1 \leqslant 3\|\hat{\Delta}_S\|_1$.

(e) 额外假设 $\boldsymbol{X}$ 满足集合 $\mathbb{C}_3(S)$上的 RE 条件. 说明存在一个普适常数 c 使得

$$\|\hat{\boldsymbol{\theta}} - \boldsymbol{\theta}^*\|_2 \leqslant c\frac{\|\boldsymbol{w}\|_2}{\sqrt{n}}\gamma_n\sqrt{s}$$

7.18（从成对不相关到不可表示条件） 考虑一个矩阵 $\boldsymbol{X} \in \mathbb{R}^{n\times d}$，其成对不相关(7.12)满足界 $\delta_{\mathrm{PW}}(\boldsymbol{X}) < \dfrac{1}{2s}$. 说明不可表示条件(7.43b)对所有基数不超过 s 的子集 S 成立.

7.19（随机设计的不可表示条件） 假设 $\boldsymbol{X} \in \mathbb{R}^{n\times d}$ 为一个随机矩阵，其行 $\{x_i\}_{i=1}^n$ 为独立同分布来自 $\mathcal{N}(0,\boldsymbol{\Sigma})$. 假设 $\boldsymbol{\Sigma}$ 的对角线元素不超过 1，而且其满足参数为 $\alpha \in [0,1)$ 的不可表示条件，即

$$\max_{j \in S^c} \|\boldsymbol{\Sigma}_{jS}(\boldsymbol{\Sigma}_{SS})^{-1}\|_1 \leqslant \alpha < 1$$

令 $\boldsymbol{z} \in \mathbb{R}^s$ 为一个只依赖于子矩阵 $\boldsymbol{X}_S$ 的随机向量.

(a) 说明，对任意 $j \in S^c$，

$$|\boldsymbol{X}_j^{\mathrm{T}} \boldsymbol{X}_S (\boldsymbol{X}_S^{\mathrm{T}} \boldsymbol{X}_S)^{-1} \boldsymbol{z}| \leqslant \alpha + |\boldsymbol{W}_j^{\mathrm{T}} \boldsymbol{X}_S (\boldsymbol{X}_S^{\mathrm{T}} \boldsymbol{X}_S)^{-1} \boldsymbol{z}|$$

其中 $\boldsymbol{W}_j \in \mathbb{R}^n$ 是一个独立于 $\boldsymbol{X}_S$ 的高斯随机向量.

(b) 用(a)和随机矩阵/向量尾部界说明

$$\max_{j \in S^c} |\boldsymbol{X}_j^{\mathrm{T}} \boldsymbol{X}_S (\boldsymbol{X}_S^{\mathrm{T}} \boldsymbol{X}_S)^{-1} \boldsymbol{z}| \leqslant \alpha' := \frac{1}{2}(1+\alpha)$$

至少在 $1-4\mathrm{e}^{-c\log d}$ 的概率下成立，只要 $n > \frac{16}{(1-\alpha)\sqrt{c_{\min}}} s\log(d-s)$，其中 $c_{\min} = \gamma_{\min}(\boldsymbol{\Sigma}_{SS})$.

7.20 (ℓ_0 正则化的分析) 考虑一个设计矩阵 $\boldsymbol{X} \in \mathbb{R}^{n \times d}$，满足基于 ℓ_0 的上/下 RE 条件

$$\gamma_\ell \|\Delta\|_2^2 \leqslant \frac{\|\boldsymbol{X}\Delta\|_2^2}{n} \leqslant \gamma_u \|\Delta\|_2^2 \quad \text{对任意} \|\Delta\|_0 \leqslant 2s \tag{7.68}$$

假设我们观察到有噪样本 $\boldsymbol{y} = \boldsymbol{X}\boldsymbol{\theta}^* + \boldsymbol{w}$，这里 $\boldsymbol{\theta}^*$ 是 s 稀疏向量，噪声向量有独立同分布 $\mathcal{N}(0,\sigma^2)$元素. 在本题中，我们分析一个基于 ℓ_0 约束二次规划的估计量

$$\min_{\boldsymbol{\theta} \in \mathbb{R}^d} \left\{\frac{1}{2n}\|\boldsymbol{y} - \boldsymbol{X}\boldsymbol{\theta}\|_2^2\right\} \quad \text{使得} \quad \|\boldsymbol{\theta}\|_0 \leqslant s \tag{7.69}$$

(a) 说明非凸优化(7.69)有唯一最优解 $\hat{\boldsymbol{\theta}} \in \mathbb{R}^d$.

(b) 用“基本不等式”证明技巧，说明

$$\|\hat{\boldsymbol{\theta}} - \boldsymbol{\theta}^*\|_2^2 \lesssim \frac{\sigma^2 \gamma_u}{\gamma_\ell^2} \frac{s\log(ed/s)}{n}$$

在至少为 $1-c_1\mathrm{e}^{-c_2 s\log(ed/s)}$ 的概率下成立.(提示：可以利用习题 5.7.)

第 8 章　高维下的主成分分析

主成分分析(principal component analysis，PCA)是探索性数据分析和降维中的一个标准方法. 它基于寻找一个分布中拥有最大方差的分量，或者等价地说，一个涵盖大部分方差的低维子空间. 给定一个有限的样本集合，主成分分析的样本形式涉及计算样本协方差矩阵的主要特征向量构成的某个子集. 问题是这些特征向量在什么情况下能够很好地逼近由总体协方差矩阵的主要特征向量张成的子空间. 在这一章中，我们在高维和非渐近的框架下研究这些问题，既考虑了经典的无特殊结构形式的 PCA，也考虑了比较现代的带结构的变形形式.

8.1　主成分和降维

记 $\mathcal{S}_+^{d\times d}$ 为 d 维半正定矩阵构成的空间，并记 d 维单位球为 $\mathbb{S}^{d-1}=\{\boldsymbol{v}\in\mathbb{R}^d \mid \|\boldsymbol{v}\|_2=1\}$. 考虑一个 d 维随机向量 $\boldsymbol{X}$，设其均值为零，协方差矩阵为 $\boldsymbol{\Sigma}\in\mathcal{S}_+^{d\times d}$. 我们用

$$\gamma_1(\boldsymbol{\Sigma})\geqslant\gamma_2(\boldsymbol{\Sigma})\geqslant\cdots\geqslant\gamma_d(\boldsymbol{\Sigma})\geqslant 0$$

来记协方差矩阵的排序后的特征值. 在最简单的形式下，主成分分析研究的问题是：什么样的单位向量 $\boldsymbol{v}\in\mathbb{S}^{d-1}$ 可使随机变量 $\langle\boldsymbol{v},\boldsymbol{X}\rangle$ 的方差取到最大值? 这个方向称为总体的第一主成分，为了方便讨论，这里假设这个方向是唯一的. 基于分析，我们有

$$\boldsymbol{v}^*=\arg\max_{v\in\mathbb{S}^{d-1}}\operatorname{var}(\langle\boldsymbol{v},\boldsymbol{X}\rangle)=\arg\max_{v\in\mathbb{S}^{d-1}}\mathbb{E}[\langle\boldsymbol{v},\boldsymbol{X}\rangle^2]=\arg\max_{v\in\mathbb{S}^{d-1}}\langle\boldsymbol{v},\boldsymbol{\Sigma}\boldsymbol{v}\rangle \tag{8.1}$$

因此由定义，第一主成分是协方差矩阵 $\boldsymbol{\Sigma}$ 的最大特征值对应的特征向量. 更一般地，我们可以定义总体的前 r 个主成分，通过寻找一个标准正交矩阵 $\mathbf{V}\in\mathbb{R}^{d\times r}$，其由单位范数且正交的列 $\{\boldsymbol{v}_1,\cdots,\boldsymbol{v}_r\}$ 构成，它们最大化了下面的度量

$$\mathbb{E}\|\mathbf{V}^{\mathrm{T}}\boldsymbol{X}\|_2^2=\sum_{j=1}^{r}\mathbb{E}[\langle\boldsymbol{v}_j,X\rangle^2] \tag{8.2}$$

如我们在习题 8.4 中探讨的，这些主成分就是总体协方差矩阵 $\boldsymbol{\Sigma}$ 的前 r 个主要特征向量.

然而在实际问题中，我们并不知道真实的协方差矩阵，只有一组从 $\mathbb{P}$ 中抽样得到的有限样本，记作 $\{\boldsymbol{x}_i\}_{i=1}^{n}$. 基于这些样本(并利用零均值假设)，我们可以构造样本协方差矩阵 $\hat{\boldsymbol{\Sigma}}=\frac{1}{n}\sum_{i=1}^{n}\boldsymbol{x}_i\boldsymbol{x}_i^{\mathrm{T}}$. PCA 的样本形式基于"代入"原理，也就是将未知总体协方差 $\boldsymbol{\Sigma}$ 用样本版本的 $\hat{\boldsymbol{\Sigma}}$ 代替. 例如，第一主成分(8.1)的样本形式可以通过解下面的优化问题得到

$$\hat{\boldsymbol{v}}=\arg\max_{v\in\mathbb{S}^{d-1}}\langle\boldsymbol{v},\hat{\boldsymbol{\Sigma}}\boldsymbol{v}\rangle \tag{8.3}$$

因此，从统计学的角度，我们需要理解在什么情况下这些用样本定义问题的最大值能够很好地逼近基于总体所得的结果. 换句话说，我们需要确定总体和样本协方差矩阵的特征空

间之间的关系.

8.1.1　PCA 的解释和应用

在分析 PCA 之前，我们考虑一些它的解释和应用.

例 8.1(矩阵近似中的 PCA)　主成分分析可以用低秩逼近来理解. 特别地，给定某个正交不变[⊖]的矩阵范数$|||\cdot|||$，对于一个给定的矩阵 $\boldsymbol{\Sigma}$，考虑寻找其最优的 r 秩逼近问题；也就是

$$\boldsymbol{Z}^{*}=\arg\min_{\operatorname{rank}(\boldsymbol{Z})\leqslant r}\{|||\boldsymbol{\Sigma}-\boldsymbol{Z}|||^{2}\} \tag{8.4}$$

在这种解释下，矩阵 $\boldsymbol{\Sigma}$ 只需要是对称的，并不需要正定条件，尽管作为一个协方差矩阵一定是正定的. Eckart-Young-Mirsky 定理的经典结果保证了一个最优解 $\boldsymbol{Z}^{*}$ 存在，形式为截断的特征值分解，也就是由矩阵 $\boldsymbol{\Sigma}$ 的前 r 个特征向量定义. 更准确地说，回顾一下对称矩阵 $\boldsymbol{\Sigma}$ 有一组正交基的特征向量，记作$\{\boldsymbol{v}_1,\cdots,\boldsymbol{v}_d\}$，以及对应的排序后的特征值$\{\gamma_j(\boldsymbol{\Sigma})\}_{j=1}^{d}$. 在这个记号下，最优 r 秩逼近形式为

$$\boldsymbol{Z}^{*}=\sum_{j=1}^{r}\gamma_j(\boldsymbol{\Sigma})(\boldsymbol{v}_j\otimes\boldsymbol{v}_j) \tag{8.5}$$

其中$\boldsymbol{v}_j\otimes\boldsymbol{v}_j:=\boldsymbol{v}_j\boldsymbol{v}_j^{\mathrm{T}}$ 为秩为 1 的外积. 对于 Frobenius 矩阵范数 $|||\boldsymbol{M}|||_{\mathrm{F}}=\sqrt{\sum_{j,k=1}^{d}M_{jk}^{2}}$，最优近似的误差为

$$|||\boldsymbol{Z}^{*}-\boldsymbol{\Sigma}|||_{\mathrm{F}}^{2}=\sum_{j=r+1}^{d}\gamma_j^{2}(\boldsymbol{\Sigma}) \tag{8.6}$$

图 8.1 给出了关于 PCA 矩阵近似观点的示意图. 首先我们生成 Toeplitz 矩阵 $\boldsymbol{T}\in\mathcal{S}_{+}^{d\times d}$，元素为 $T_{jk}=\mathrm{e}^{-\alpha\sqrt{|j-k|}}$，其中 $\alpha=0.95$，然后得到中心化的矩阵 $\boldsymbol{\Sigma}:=\boldsymbol{T}-\gamma_{\min}(\boldsymbol{T})\boldsymbol{I}_d$. 图 8.1a 展示了矩阵 $\boldsymbol{\Sigma}$ 的特征谱：注意特征值的快速衰减表明其可以被一个低秩矩阵很好地逼近. 图 8.1b 的左上方图对应原始的矩阵 $\boldsymbol{\Sigma}$，而其余的图展示了秩逐渐增长的逼近情况(右上方 $r=5$，左下方 $r=10$，右下方 $r=25$). 尽管秩为 $r=5$ 或 $r=10$ 的逼近情况非常一般，但 $r=25$ 的逼近情况看起来还不错. ♣

例 8.2(数据压缩中的 PCA)　主成分分析也可以理解为一个线性形式的数据压缩. 给定一个零均值的随机向量 $\boldsymbol{X}\in\mathbb{R}^{d}$，一个简单的压缩方式是将其投影到一个低维子空间 $\mathbb{V}$ 上——通过一个形如 $\Pi_{\mathbb{V}}(\boldsymbol{X})$的投影算子. 对于一个固定的维数 r，我们如何选取子空间 $\mathbb{V}$? 考虑以最小化均方损失

$$\mathbb{E}[\|\boldsymbol{X}-\Pi_{\mathbb{V}}(\boldsymbol{X})\|_2^2]$$

为准则来选取 $\mathbb{V}$

这个最优子空间一般来说并不是唯一的，但是当特征值 $\gamma_r(\boldsymbol{\Sigma})$和 $\gamma_{r+1}(\boldsymbol{\Sigma})$之间有间距时会是唯一的. 在这种情况下，最优子空间 $\mathbb{V}^{*}$ 由协方差矩阵 $\boldsymbol{\Sigma}=\operatorname{cov}(\boldsymbol{X})$的前 r 个特征向量张成. 特别地，投影算子 $\Pi_{\mathbb{V}^{*}}(\boldsymbol{X})$可以表示成 $\Pi_{\mathbb{V}^{*}}(\boldsymbol{x})=\boldsymbol{V}_r\boldsymbol{V}_r^{\mathrm{T}}\boldsymbol{x}$，其中 $\boldsymbol{V}_r\in\mathbb{R}^{d\times r}$ 是一个由前 r

---

⊖ 对于一个对称矩阵 $\boldsymbol{M}$，如果一个矩阵范数对于任意标准正交矩阵 $\boldsymbol{V}$ 有 $|||\boldsymbol{M}|||=|||\boldsymbol{V}^{\mathrm{T}}\boldsymbol{M}\boldsymbol{V}|||$，那么这个范数是正交不变的. 更进一步的讨论参见习题 8.2.

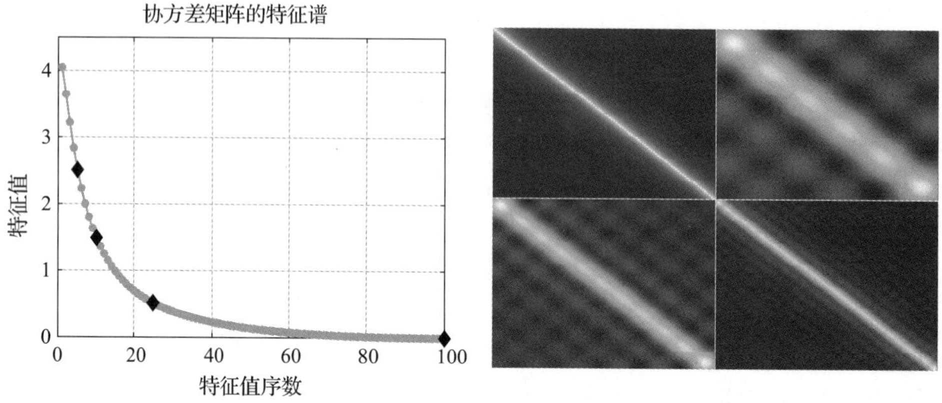

a)　　　　b)

图 8.1　低秩矩阵近似的 PCA 示意图. a) 一个如正文介绍的方式产生的矩阵 $\boldsymbol{\Sigma}\in\mathcal{S}_+^{100\times100}$ 的特征谱. 注意一下排序后特征值的快速衰减. 深色的菱形标记着 $r\in\{5,10,25,100\}$ 的秩截断位置，前三个定义了整个矩阵($r=100$)的三个近似. b) 左上角：原始矩阵. 右上角：基于 $r=5$ 个成分的近似. 左下角：基于 $r=10$ 个成分的近似. 右下角：基于 $r=25$ 个成分的近似

个特征向量$\{\boldsymbol{v}_1,\cdots,\boldsymbol{v}_r\}$作为列构成的正交矩阵. 利用这个最优的投影，基于一个秩为 r 的投影的最小重构误差为

$$\mathbb{E}[\|\boldsymbol{X}-\Pi_{\mathbb{V}^*}(\boldsymbol{X})\|_2^2]=\sum_{j=r+1}^{d}\gamma_j^2(\boldsymbol{\Sigma}) \tag{8.7}$$

其中$\{\gamma_j(\boldsymbol{\Sigma})\}_{j=1}^d$ 为 $\boldsymbol{\Sigma}$ 的排序后的特征值. 关于这些性质和其他性质的更进一步讨论参见习题 8.4.

脸部分析问题为数据压缩 PCA 提供了一个有趣的例子. 考虑一个关于脸部图像的大数据库，例如图 8.2a 中所展示的那些. 这些图像来自 Yale Face Database，每张图是维数为 243×320 的灰度图. 将每张图向量化，我们得到一个维数为 $d=243\times320=77\ 760$ 的向量 x. 基于 $n=165$ 个样本我们计算图像均值 $\overline{\boldsymbol{x}}=\frac{1}{n}\sum_{i=1}^{n}\boldsymbol{x}_i$ 和样本协方差矩阵 $\hat{\boldsymbol{\Sigma}}=\frac{1}{n-1}\sum_{i=1}^{n}(\boldsymbol{x}_i-\overline{\boldsymbol{x}})(\boldsymbol{x}_i-\overline{\boldsymbol{x}})^{\mathrm{T}}$ 图 8.2b 展示了这个样本协方差矩阵的前 100 个特征值相对较快的衰减. 图 8.2c 展示了平均的脸部(最左上角的图)和前 24 个“特征脸部”，代表样本协方差矩阵的前 25 个特征向量，每个转换回一个 243×320 的图像. 最后，对一个特别的样本，图 8.2d 展示了给定脸部的一个重构序列，从平均的脸部(最左上角的图)开始，接着分别为第 1 到第 24 个主成分与平均脸部相结合的结果. ♣

主成分分析也可以用于混合模型中的估计.

例 8.3(高斯混合模型中的 PCA)　记 $\phi(\cdot;\boldsymbol{\mu},\boldsymbol{\Sigma})$是一个均值向量为 $\boldsymbol{\mu}\in\mathbb{R}^d$ 和协方差矩阵为 $\boldsymbol{\Sigma}\in\mathcal{S}_+^{d\times d}$ 的高斯随机向量的密度函数. 带有各向同性的协方差结构的一个两成分高斯混合模型是由下列密度函数生成的一个随机向量 $\boldsymbol{x}\in\mathbb{R}^d$，

$$f(\boldsymbol{x};\boldsymbol{\theta})=\alpha\phi(\boldsymbol{x};-\boldsymbol{\theta}^*,\sigma^2\boldsymbol{I}_d)+(1-\alpha)\phi(\boldsymbol{x};\boldsymbol{\theta}^*,\sigma^2\boldsymbol{I}_d) \tag{8.8}$$

a）Yale Face Database的脸部图像样本

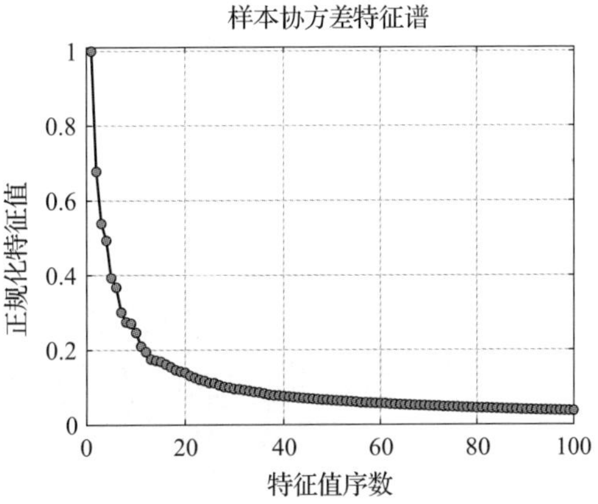

b）样本协方差矩阵的前100个特征值

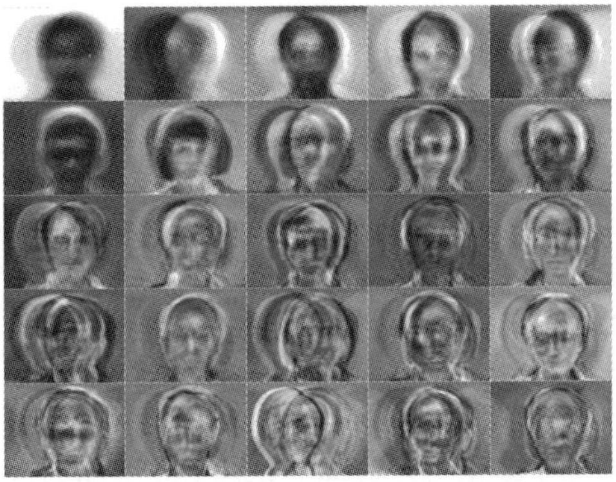

c）由样本协方差矩阵计算出来的前25个特征脸部

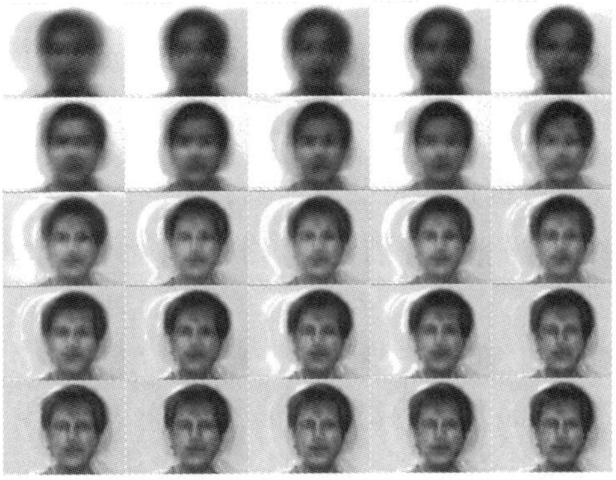

d）基于前25个特征脸部和平均脸部的重构结果

图　8.2

其中 $\boldsymbol{\theta}^* \in \mathbb{R}^d$ 是一个向量，代表两个高斯分量的均值，$\alpha \in (0,1)$ 为一个混合权重，而 $\sigma > 0$ 是一个散度项. 图 8.3 给了一个维数为 2 的混合模型示意图，其中均值向量为 $\boldsymbol{\theta}^* = [0.6 \quad -0.6]^{\mathrm{T}}$，标准差为 $\sigma = 0.4$，权重为 $\alpha = 0.4$. 给定一个从这样的模型中得到的样本 $\{\boldsymbol{x}_i\}_{i=1}^n$，一个自然的问题是估计均值向量 $\boldsymbol{\theta}^*$. 主成分分析给了一个可解决这个问题的自然方法. 特别地，直接计算可以得到二阶矩矩阵

$$\boldsymbol{\Gamma} := \mathbb{E}[\boldsymbol{X} \otimes \boldsymbol{X}] = \boldsymbol{\theta}^* \otimes \boldsymbol{\theta}^* + \sigma^2 \boldsymbol{I}_d$$

其中 $\boldsymbol{X} \otimes \boldsymbol{X} := \boldsymbol{X}\boldsymbol{X}^{\mathrm{T}}$ 为 $d \times d$ 的秩为 1 的外积矩阵. 因此，我们可以看到 $\boldsymbol{\theta}^*$ 与 $\boldsymbol{\Gamma}$ 的最大特征向量成比例. 所以，一个合理的估计量 $\hat{\boldsymbol{\theta}}$ 为样本二阶矩矩阵[⊖] $\hat{\boldsymbol{\Gamma}} = \frac{1}{n}\sum_{i=1}^n \boldsymbol{x}_i \boldsymbol{x}_i^{\mathrm{T}}$ 的最大特征向量. 我们在习题 8.6 中探讨这个估计量的性质. ♣

⊖ 在 $\alpha = 0.5$ 的等权重混合对的特殊情况下，这个二阶矩矩阵与通常的样本协方差矩阵吻合.

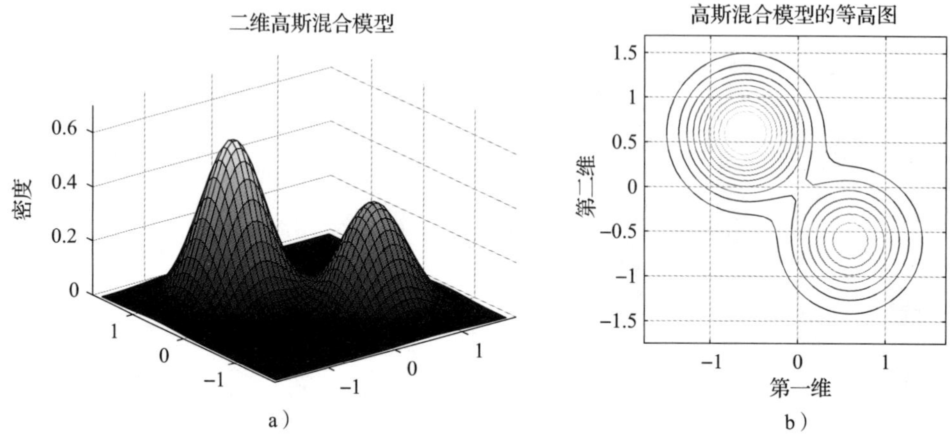

图 8.3 高斯混合模型中 PCA 的应用. a) 均值向量为 $\boldsymbol{\theta}^*=[0.6\quad -0.6]^{\mathrm{T}}$，标准差为 $\sigma=0.4$，权重为 $\alpha=0.4$ 的两分量高斯混合模型(8.8)的密度函数. b) 密度函数的等高线，这张图提供了为什么在复原均值向量 $\boldsymbol{\theta}^*$ 中 PCA 是有用的直观解释

8.1.2 特征值和特征空间的扰动

目前为止，我们已经看到总体和样本协方差矩阵的特征向量在很多场景中都是重要的研究对象. 在实际应用中，PCA 总是用在样本协方差矩阵上，核心问题是基于样本的特征向量逼近总体协方差的特征向量的效果到底有多好.

研究这个问题之前，我们先暂时转到矩阵扰动理论上. 我们考虑一般性问题：给定一个对称矩阵 $\boldsymbol{R}$，它的特征结构与扰动矩阵 $\boldsymbol{Q}=\boldsymbol{R}+\boldsymbol{P}$ 有何联系？这里 $\boldsymbol{P}$ 是另一个对称矩阵，扮演着扰动的作用. $\boldsymbol{Q}$ 和 $\boldsymbol{R}$ 的特征值之间的关系相对比较直接. 然而理解特征空间的变化则需要更多的考量.

我们从特征值的变化开始. 由最大特征值的标准变分定义，我们有

$$\gamma_1(\boldsymbol{Q})=\max_{v\in\mathbb{S}^{d-1}}\langle \boldsymbol{v},(\boldsymbol{R}+\boldsymbol{P})\boldsymbol{v}\rangle\leqslant\max_{v\in\mathbb{S}^{d-1}}\langle \boldsymbol{v},\boldsymbol{R}\boldsymbol{v}\rangle+\max_{v\in\mathbb{S}^{d-1}}\langle \boldsymbol{v},\boldsymbol{P}\boldsymbol{v}\rangle\leqslant\gamma_1(\boldsymbol{R})+|||\boldsymbol{P}|||2$$

因为将 $\boldsymbol{Q}$ 和 $\boldsymbol{R}$ 的角色互换可以得到相同的结论，我们可以推出 $|\gamma_1(\boldsymbol{Q})-\gamma_1(\boldsymbol{R})|\leqslant|||\boldsymbol{Q}-\boldsymbol{R}|||_2$. 因此，$\boldsymbol{Q}$ 和 $\boldsymbol{R}$ 的最大特征值之间的间距最多为矩阵之差的谱范数. 更一般地，我们有

$$\max_{j=1,\cdots,d}|\gamma_j(\boldsymbol{Q})-\gamma_j(\boldsymbol{R})|\leqslant|||\boldsymbol{Q}-\boldsymbol{R}|||_2 \tag{8.9}$$

这个界是更一般的 Weyl 不等式的推论；在习题 8.3 中我们将会给出证明.

尽管特征值一般来说是稳定的，但特征向量和特征空间并非如此，除非额外假设条件. 下面的例子给出了这样的不稳定性的一个阐述.

例 8.4(特征向量的敏感性) 对于一个参数 $\epsilon\in[0,1]$，考虑对称矩阵类

$$\boldsymbol{Q}_\epsilon:=\begin{bmatrix}1 & \epsilon\\ \epsilon & 1.01\end{bmatrix}=\underbrace{\begin{bmatrix}1 & 0\\ 0 & 1.01\end{bmatrix}}_{\boldsymbol{Q}_0}+\epsilon\underbrace{\begin{bmatrix}0 & 1\\ 1 & 0\end{bmatrix}}_{\boldsymbol{P}}+ \tag{8.10}$$

由构造可得，矩阵 $\boldsymbol{Q}_\epsilon$ 是一个对角矩阵 $\boldsymbol{Q}_0$ 加上一个 ϵ 乘以固定矩阵 $\boldsymbol{P}$ 的扰动. 因为 $|||\boldsymbol{P}|||_2=1$，

扰动的大小由 ϵ 控制. 一方面，特征值在这个扰动下保持稳定，简记为 $a=1.01$，我们有 $\gamma(\boldsymbol{Q}_0)=\{1,a\}$ 以及

$$\gamma(\boldsymbol{Q}_\epsilon)=\left\{\frac{1}{2}\left[(a+1)+\sqrt{(a-1)^2+4\epsilon^2}\right],\quad \frac{1}{2}\left[(a+1)-\sqrt{(a-1)^2+4\epsilon^2}\right]\right\}$$

因此，我们有

$$\max_{j=1,2}|\gamma_j(\boldsymbol{Q}_0)-\gamma_j(\boldsymbol{Q}_\epsilon)|=\frac{1}{2}\left|(a-1)-\sqrt{(a-1)^2+4\epsilon^2}\right|\leqslant\epsilon$$

这验证了 Weyl 不等式(8.9)在这个特殊情况下是有效的.

另一方面，即使对相对较小的 ϵ 来说，$\boldsymbol{Q}_\epsilon$ 的最大特征向量与 $\boldsymbol{Q}_0$ 的最大特征向量之间的差别也是很大的. 对于 $\epsilon=0$，矩阵 $\boldsymbol{Q}_0$ 有唯一的最大特征向量 $\boldsymbol{v}_0=[0\quad 1]^{\mathrm{T}}$. 然而，如果我们设定 $\epsilon=0.01$，数值计算说明 $\boldsymbol{Q}_\epsilon$ 的最大特征向量为 $\boldsymbol{v}_\epsilon\approx[0.53\quad 0.85]^{\mathrm{T}}$. 注意 $\|\boldsymbol{v}-\boldsymbol{v}_\epsilon\|_2\gg\epsilon$，这说明特征向量对扰动极其敏感. ♣

本质问题是什么呢? 问题在于，当 $\boldsymbol{Q}_0$ 有一个唯一的最大特征向量时，最大特征值 $\gamma_1(\boldsymbol{Q}_0)=1.01$ 和第二大特征值 $\gamma_2(\boldsymbol{Q}_0)=1$ 之间的间距非常小. 因此，即使矩阵的很微小扰动也会导致第一和第二大特征向量张成的空间“混合”. 另外，如果这个特征值间距可以被控制得远离零，那么我们就可以保证特征向量的稳定性. 现在我们考虑这种类型的相关理论.

8.2 一般特征向量的界

我们从考虑一般情况下特征向量的界开始，其中特征向量没有额外的假定结构. 在之后的章节中，我们将考虑带结构的特征向量估计问题.

8.2.1 一个一般的确定性结果

考虑一个对称半正定矩阵 $\boldsymbol{\Sigma}$，其排序后的特征值为

$$\gamma_1(\boldsymbol{\Sigma})\geqslant\gamma_2(\boldsymbol{\Sigma})\geqslant\gamma_3(\boldsymbol{\Sigma})\geqslant\cdots\geqslant\gamma_d(\boldsymbol{\Sigma})\geqslant 0$$

设 $\boldsymbol{\theta}^*\in\mathbb{R}^d$ 为它的最大特征向量，假设是唯一的. 现在考虑一个原始矩阵的扰动形式 $\hat{\boldsymbol{\Sigma}}=\boldsymbol{\Sigma}+\boldsymbol{P}$. 如记号所示，在 PCA 的背景下，原始矩阵对应总体协方差矩阵，而扰动后的矩阵对应样本协方差矩阵. 然而，至少现在来看，我们的结果应该还是非常一般的.

基于例 8.4 我们可以展望，任何关于 $\boldsymbol{\Sigma}$ 和 $\hat{\boldsymbol{\Sigma}}$ 的最大特征向量的理论都应该涉及特征值间距 $\nu:=\gamma_1(\boldsymbol{\Sigma})-\gamma_2(\boldsymbol{\Sigma})$，假设为严格正的. 另外，接下来的结果涉及变化后的扰动矩阵

$$\widetilde{\boldsymbol{P}}:=\boldsymbol{U}^{\mathrm{T}}\boldsymbol{P}\boldsymbol{U}=\begin{bmatrix}\widetilde{p}_{11} & \widetilde{\boldsymbol{p}}^{\mathrm{T}}\\ \widetilde{\boldsymbol{p}} & \widetilde{\boldsymbol{P}}_{22}\end{bmatrix}\tag{8.11}$$

其中 $\widetilde{p}_{11}\in\mathbb{R}$，$\widetilde{\boldsymbol{p}}\in\mathbb{R}^{d-1}$ 以及 $\widetilde{\boldsymbol{P}}_{22}\in\mathbb{R}^{(d-1)\times(d-1)}$. 这里的 $\boldsymbol{U}$ 是一个列为 $\boldsymbol{\Sigma}$ 特征向量的正交矩阵.

定理 8.5 考虑一个半正定矩阵 $\boldsymbol{\Sigma}$，其最大特征向量为 $\boldsymbol{\theta}^*\in\mathbb{S}^{d-1}$ 以及特征值间距为 $\nu=\gamma_1(\boldsymbol{\Sigma})-\gamma_2(\boldsymbol{\Sigma})>0$. 考虑任意满足 $\|\boldsymbol{P}\|_2<\nu/2$ 的矩阵 $\boldsymbol{P}\in\mathcal{S}^{d\times d}$，扰动矩阵 $\hat{\boldsymbol{\Sigma}}:=\boldsymbol{\Sigma}+\boldsymbol{P}$ 有一个唯一的最大特征向量 $\hat{\boldsymbol{\theta}}$ 并满足界

$$\|\hat{\boldsymbol{\theta}}-\boldsymbol{\theta}^*\|_2\leqslant\frac{2\|\widetilde{\boldsymbol{p}}\|_2}{\nu-2\|\boldsymbol{P}\|_2}\tag{8.12}$$

一般来说，这个界是最优的，也就是存在这样的问题使得条件 $\|\!|\boldsymbol{P}|\!\| < \nu/2$ 无法再放宽. 作为一个例子，假设 $\boldsymbol{\Sigma} = \mathrm{diag}\{2,1\}$，因此有 $\nu = 2-1=1$. 给定 $\boldsymbol{P} = \mathrm{diag}\left\{-\frac{1}{2}, +\frac{1}{2}\right\}$，扰动矩阵 $\hat{\boldsymbol{\Sigma}} = \boldsymbol{\Sigma} + \boldsymbol{P} = \frac{3}{2}\boldsymbol{I}_2$ 不再有唯一的最大特征向量. 注意这个反例恰恰在条件的临界上，即 $\|\!|\boldsymbol{P}|\!\|_2 = \frac{1}{2} = \frac{\nu}{2}$.

证明　我们的证明本质上是变分，基于分别刻画矩阵 $\boldsymbol{\Sigma}$ 和 $\hat{\boldsymbol{\Sigma}}$ 最大特征向量的最优化问题. 定义误差向量 $\hat{\Delta} = \hat{\boldsymbol{\theta}} - \boldsymbol{\theta}^*$ 以及函数

$$\Psi(\Delta;\boldsymbol{P}) := \langle \Delta, \boldsymbol{P}\Delta\rangle + 2\langle \Delta, \boldsymbol{P}\boldsymbol{\theta}^*\rangle \tag{8.13}$$

与第 7 章中线性回归的分析类似，分析的第一步是证明 PCA 的基本不等式. 为了将来引用方便，我们给出比当前证明所需更加一般的结果. 特别地，给定任意子集 $\mathcal{C} \subseteq \mathbb{S}^{d-1}$，设 $\boldsymbol{\theta}^*$ 和 $\hat{\boldsymbol{\theta}}$ 分别最大化二次型函数

$$\max_{\boldsymbol{\theta}\in\mathcal{C}} \langle \boldsymbol{\theta}, \boldsymbol{\Sigma}\boldsymbol{\theta}\rangle \quad 和 \quad \max_{\boldsymbol{\theta}\in\mathcal{C}} \langle \boldsymbol{\theta}, \hat{\boldsymbol{\Sigma}}\boldsymbol{\theta}\rangle \tag{8.14}$$

当前的证明涉及设定 $\mathcal{C} = \mathbb{S}^{d-1}$.

用内积 $\varrho := \langle \hat{\boldsymbol{\theta}}, \boldsymbol{\theta}^*\rangle$ 来控制 $\hat{\boldsymbol{\theta}}$ 和 $\boldsymbol{\theta}^*$ 之间的距离是比较方便的. 由于特征向量估计中符号可以任意，不失一般性我们假设 $\hat{\boldsymbol{\theta}}$ 的选取满足 $\varrho \in [0,1]$.

引理 8.6(PCA 基本不等式)　给定一个特征值间距为 $\nu > 0$ 的矩阵 $\boldsymbol{\Sigma}$ 误差 $\hat{\Delta} = \hat{\boldsymbol{\theta}} - \boldsymbol{\theta}^*$ 控制如下

$$\nu(1 - \langle \hat{\boldsymbol{\theta}}, \boldsymbol{\theta}^*\rangle^2) \leqslant |\Psi(\hat{\Delta};\boldsymbol{P})| \tag{8.15}$$

假设当前已经有了这个不等式，余下的证明是直接的. 回忆一下变换 $\widetilde{\boldsymbol{P}} = \boldsymbol{U}^{\mathrm{T}}\boldsymbol{P}\boldsymbol{U}$ 或者等价地 $\boldsymbol{P} = \boldsymbol{U}\widetilde{\boldsymbol{P}}\boldsymbol{U}^{\mathrm{T}}$. 将这个表达式代入等式(8.13)导出

$$\Psi(\hat{\Delta};\boldsymbol{P}) = \langle \boldsymbol{U}^{\mathrm{T}}\hat{\Delta}, \widetilde{\boldsymbol{P}}\boldsymbol{U}^{\mathrm{T}}\hat{\Delta}\rangle + 2\langle \boldsymbol{U}^{\mathrm{T}}\hat{\Delta}, \widetilde{\boldsymbol{P}}\boldsymbol{U}^{\mathrm{T}}\boldsymbol{\theta}^*\rangle \tag{8.16}$$

基于内积 $\varrho = \langle \hat{\boldsymbol{\theta}}, \boldsymbol{\theta}^*\rangle$，我们可以记 $\hat{\boldsymbol{\theta}} = \varrho\boldsymbol{\theta}^* + \sqrt{1-\varrho^2}\,\boldsymbol{z}$，其中 $\boldsymbol{z} \in \mathbb{R}^d$ 是一个正交于 $\boldsymbol{\theta}^*$ 的向量. 因为矩阵 $\boldsymbol{U}$ 是正交的且它的第一列是 $\boldsymbol{\theta}^*$，我们有 $\boldsymbol{U}^{\mathrm{T}}\boldsymbol{\theta}^* = \boldsymbol{e}_1$. 设 $\boldsymbol{U}_2 \in \mathbb{R}^{d\times(d-1)}$ 为由剩下 $d-1$ 个特征向量组成的子矩阵并定义向量 $\widetilde{\boldsymbol{z}} = \boldsymbol{U}_2^{\mathrm{T}}\boldsymbol{z} \in \mathbb{R}^{d-1}$，我们可得

$$\boldsymbol{U}^{\mathrm{T}}\hat{\Delta} = [(\varrho-1)(1-\varrho^2)^{\frac{1}{2}}\widetilde{\boldsymbol{z}}]^{\mathrm{T}}$$

将这些关系式代入等式(8.16)中可以得到

$$\begin{aligned}\Psi(\hat{\Delta};\boldsymbol{P}) &= (\varrho-1)^2\widetilde{p}_{11} + 2(\varrho-1)\sqrt{1-\varrho^2}\langle \widetilde{\boldsymbol{z}}, \widetilde{\boldsymbol{p}}\rangle + (1-\varrho^2)\langle \widetilde{\boldsymbol{z}}, \widetilde{\boldsymbol{P}}_{22}\widetilde{\boldsymbol{z}}\rangle + \\ &\quad 2(\varrho-1)\widetilde{p}_{11} + 2\sqrt{1-\varrho^2}\langle \widetilde{\boldsymbol{z}}, \widetilde{\boldsymbol{p}}\rangle \\ &= (\varrho^2-1)\widetilde{p}_{11} + 2\varrho\sqrt{1-\varrho^2}\langle \widetilde{\boldsymbol{z}}, \widetilde{\boldsymbol{p}}\rangle + (1-\varrho^2)\langle \widetilde{\boldsymbol{z}}, \widetilde{\boldsymbol{P}}_{22}\widetilde{\boldsymbol{z}}\rangle\end{aligned}$$

综上所述，由于 $\|\widetilde{\boldsymbol{z}}\|_2 \leqslant 1$ 和 $|\widetilde{p}_{11}| \leqslant \|\!|\widetilde{\boldsymbol{P}}|\!\|_2$，我们有

$$|\Psi(\hat{\Delta};\boldsymbol{P})| \leqslant 2(1-\varrho^2)\|\!|\widetilde{\boldsymbol{P}}|\!\|_2 + 2\varrho\sqrt{1-\varrho_2}\,\|\widetilde{\boldsymbol{p}}\|_2$$

结合基本不等式(8.15)，我们发现

$$\nu(1-\varrho^2)\leqslant 2(1-\varrho^2)|||\boldsymbol{P}|||_2+2\varrho\sqrt{1-\varrho^2}\,\|\widetilde{\boldsymbol{p}}\|_2$$

只要 $\nu>2|||\boldsymbol{P}|||_2$，这个不等式意味着 $\sqrt{1-\varrho^2}\leqslant\frac{2\varrho\|\widetilde{\boldsymbol{p}}\|_2}{\nu-2|||\boldsymbol{P}|||_2}$. 注意 $\|\hat{\Delta}\|_2=\sqrt{2(1-\varrho)}$，我们因此可以推出

$$\|\hat{\Delta}\|_2\leqslant\frac{\sqrt{2}\varrho}{\sqrt{1+\varrho}}\left(\frac{2\|\widetilde{\boldsymbol{p}}\|_2}{\nu-2|||\boldsymbol{P}|||_2}\right)\leqslant\frac{2\|\widetilde{\boldsymbol{p}}\|_2}{\nu-2|||\boldsymbol{P}|||_2}$$

其中最后一步是因为对所有 $\varrho\epsilon[0,1]$有 $2\varrho^2\leqslant 1+\varrho$.

我们现在回过头来证明 PCA 基本不等式(8.15).

引理 8.6 的证明： 对于规划问题(8.14)，因为 $\hat{\boldsymbol{\theta}}$ 和 $\boldsymbol{\theta}^*$ 分别为最优的以及可行的，我们有 $\langle\boldsymbol{\theta}^*,\hat{\boldsymbol{\Sigma}}\boldsymbol{\theta}^*\rangle\leqslant\langle\hat{\boldsymbol{\theta}},\hat{\boldsymbol{\Sigma}}\hat{\boldsymbol{\theta}}\rangle$. 定义矩阵扰动 $\boldsymbol{P}=\hat{\boldsymbol{\Sigma}}-\boldsymbol{\Sigma}$，我们有

$$\langle\langle\boldsymbol{\Sigma},\boldsymbol{\theta}^*\otimes\boldsymbol{\theta}^*-\hat{\boldsymbol{\theta}}\otimes\hat{\boldsymbol{\theta}}\rangle\rangle\leqslant-\langle\langle\boldsymbol{P},\boldsymbol{\theta}^*\otimes\boldsymbol{\theta}^*-\hat{\boldsymbol{\theta}}\otimes\hat{\boldsymbol{\theta}}\rangle\rangle$$

其中 $\langle\langle\boldsymbol{A},\boldsymbol{B}\rangle\rangle$ 为迹内积以及 $\boldsymbol{a}\otimes\boldsymbol{a}=\boldsymbol{a}\boldsymbol{a}^{\mathrm{T}}$ 为秩为 1 的外积. 通过一些简单的代数运算，不等式右侧等于 $-\Psi(\hat{\Delta};\boldsymbol{P})$. 最终步骤是证明

$$\langle\langle\boldsymbol{\Sigma},\boldsymbol{\theta}^*\otimes\boldsymbol{\theta}^*-\hat{\boldsymbol{\theta}}\otimes\hat{\boldsymbol{\theta}}\rangle\rangle\geqslant\frac{\nu}{2}\|\hat{\Delta}\|_2^2\tag{8.17}$$

回顾一下表达式 $\hat{\boldsymbol{\theta}}=\varrho\boldsymbol{\theta}^*+(\sqrt{1-\varrho^2})\boldsymbol{z}$，其中向量 $\boldsymbol{z}\in\mathbb{R}^d$ 正交于 $\boldsymbol{\theta}^*$，并且 $\varrho\in[0,1]$. 对于 $j=1$，2 利用缩写 $\gamma_j=\gamma_j(\boldsymbol{\Sigma})$，定义矩阵 $\boldsymbol{\Gamma}=\boldsymbol{\Sigma}-\gamma_1(\boldsymbol{\theta}^*\otimes\boldsymbol{\theta}^*)$，并由构造可得 $\boldsymbol{\Gamma}\boldsymbol{\theta}^*=0$ 和 $|||\boldsymbol{\Gamma}|||_2<\gamma_2$. 由此，我们可以得到

$$\begin{aligned}\langle\langle\boldsymbol{\Sigma},\boldsymbol{\theta}^*\otimes\boldsymbol{\theta}^*-\hat{\boldsymbol{\theta}}\otimes\hat{\boldsymbol{\theta}}\rangle\rangle&=\gamma_1\langle\langle\boldsymbol{\theta}^*\otimes\boldsymbol{\theta}^*,\boldsymbol{\theta}^*\otimes\boldsymbol{\theta}^*-\hat{\boldsymbol{\theta}}\otimes\hat{\boldsymbol{\theta}}\rangle\rangle+\langle\langle\boldsymbol{\Gamma},\boldsymbol{\theta}^*\otimes\boldsymbol{\theta}^*-\hat{\boldsymbol{\theta}}\otimes\hat{\boldsymbol{\theta}}\rangle\rangle\\&=(1-\varrho^2)\{\gamma_1-\langle\langle\boldsymbol{\Gamma},\boldsymbol{z}\otimes\boldsymbol{z}\rangle\rangle\}\end{aligned}$$

因为 $|||\boldsymbol{\Gamma}|||_2\leqslant\gamma_2$，我们有 $|\langle\langle\boldsymbol{\Gamma},\boldsymbol{z}\otimes\boldsymbol{z}\rangle\rangle|\leqslant\gamma_2$. 综上所述，我们证明了

$$\langle\langle\boldsymbol{\Sigma},\boldsymbol{\theta}^*\otimes\boldsymbol{\theta}^*-\hat{\boldsymbol{\theta}}\otimes\hat{\boldsymbol{\theta}}\rangle\rangle\geqslant(1-\varrho^2)\{\gamma_1-\gamma_2\}=(1-\varrho^2)\nu$$

由此可以得到结论(8.15). □

8.2.2　一个穗状总体的结果

定理 8.5 适用于任何形式的矩阵扰动. 在主成分分析的背景下，这个扰动有一个非常具体的形式，也就是样本和总体协方差矩阵之间的差异. 更具体地，假设我们从一个零均值协方差矩阵为 $\boldsymbol{\Sigma}$ 的随机向量总体得到 n 个独立同分布的样本 $\{\boldsymbol{x}_i\}_{i=1}^n$. 主成分分析基于样本协方差矩阵 $\hat{\boldsymbol{\Sigma}}=\frac{1}{n}\sum_{i=1}^n\boldsymbol{x}_i\boldsymbol{x}_i^{\mathrm{T}}$ 的特征结构，研究目标是得出关于总体矩阵的特征结构的相关结论.

为了更加专注于这个问题，我们对一类非常简单的协方差矩阵类来研究 PCA，即熟知的穗状协方差矩阵. 一个从穗状协方差总体中生成的样本 $\boldsymbol{x}_i\in\mathbb{R}^d$ 形式为

$$\boldsymbol{x}_i\stackrel{\mathrm{d}}{=}\sqrt{\nu}\xi_i\boldsymbol{\theta}^*+\boldsymbol{w}_i\tag{8.18}$$

其中 $\xi_i\in\mathbb{R}$ 为一个零均值单位方差的随机变量，而 $\boldsymbol{w}_i\in\mathbb{R}^d$ 是一个独立于 ξ_i 的随机向量，

其均值为零，协方差矩阵为 $\boldsymbol{I}_d$. 总的来说，随机向量 $\boldsymbol{x}_i$ 均值为零，协方差矩阵结构为

$$\boldsymbol{\Sigma}:=\nu\boldsymbol{\theta}^*(\boldsymbol{\theta}^*)^{\mathrm{T}}+\boldsymbol{I}_d \tag{8.19}$$

由构造可得，对任意 $\nu>0$，向量 θ^* 是 $\boldsymbol{\Sigma}$ 的唯一最大特征向量对应的特征值为 $\gamma_1(\boldsymbol{\Sigma})=\nu+1$. $\boldsymbol{\Sigma}$ 的所有其他特征值都为 1，因此特征值间距为 $\gamma_1(\boldsymbol{\Sigma})-\gamma_2(\boldsymbol{\Sigma})=\nu$.

在接下来的结果中，如果 ξ_i 和 $\boldsymbol{w}_i$ 都为参数至多为 1 的次高斯变量，我们称向量 $\boldsymbol{x}_i\in\mathbb{R}^d$ 有次高斯尾部.

推论 8.7 给定来自穗状协方差总体(8.18)并且具有次高斯尾部的独立同分布样本 $\{\boldsymbol{x}_i\}_{i=1}^n$，假设 $n>d$ 和 $\sqrt{\frac{\nu+1}{\nu^2}}\sqrt{\frac{d}{n}}\leqslant\frac{1}{128}$. 那么，在至少 $1-c_1\mathrm{e}^{-c_2 n\min\{\sqrt{\nu}\delta,\nu\delta^2\}}$ 的概率下，样本协方差矩阵 $\hat{\boldsymbol{\Sigma}}=\frac{1}{n}\sum_{i=1}^n\boldsymbol{x}_i\boldsymbol{x}_i^{\mathrm{T}}$ 有唯一的最大特征向量 $\hat{\boldsymbol{\theta}}$ 满足

$$\|\hat{\boldsymbol{\theta}}-\boldsymbol{\theta}^*\|_2\leqslant c_0\sqrt{\frac{\nu+1}{\nu^2}}\sqrt{\frac{d}{n}}+\delta \tag{8.20}$$

图 8.4 展示的模拟结果验证了推论 8.7 给出的数量级. 在每个情形下，我们从一个信噪比参数 ν 在区间[0,75,5]中变动的穗状协方差矩阵中抽取 $n=500$ 个样本. 然后分别计算样本和总体协方差矩阵的最大特征向量之间的 ℓ_2 距离 $\|\hat{\boldsymbol{\theta}}-\boldsymbol{\theta}^*\|_2$，并对每个 ν 进行 $T=100$ 次重复试验. 图 8.4 中的圈表示样本均值，其中十字为标准差，实线对应理论预测值 $\sqrt{\frac{\nu+1}{\nu^2}}\sqrt{\frac{d}{n}}$. 注意推论 8.7 预测了这个数量级，前置的常数项($c_0>1$)相对比较宽松. 如

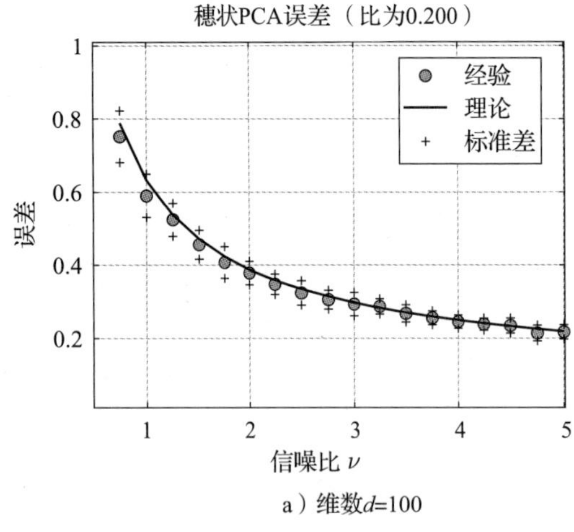

a）维数d=100

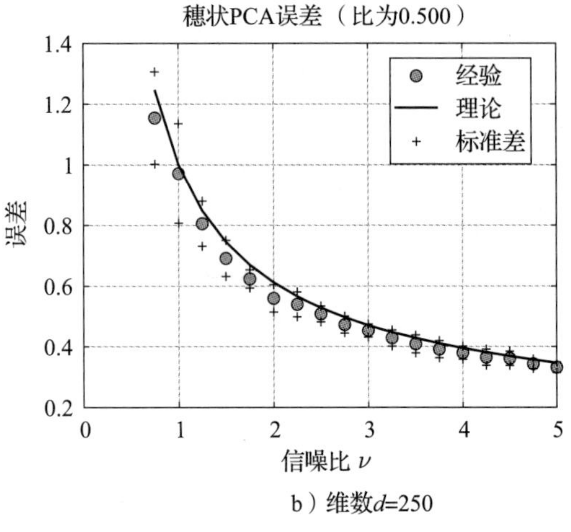

b）维数d=250

图 8.4 误差 $\|\hat{\boldsymbol{\theta}}-\boldsymbol{\theta}^*\|_2$ 和由特征值间距 ν 度量的信噪比之间的关系图. 两张图都基于样本大小 $n=500$. 点代表 100 次重复试验的平均值，以及标准差(十字表示). 实线展示了理论界 $\sqrt{\frac{\nu+1}{\nu^2}}\sqrt{\frac{d}{n}}$

图 8.4 所示，推论 8.7 准确地反映了误差作为信噪比函数的数量级.

证明　设 $\boldsymbol{P}=\hat{\boldsymbol{\Sigma}}-\boldsymbol{\Sigma}$ 为样本和总体协方差矩阵之间的差. 为了应用定理 8.5，我们需要控制 $\|\boldsymbol{P}\|_2$ 和 $\|\widetilde{\boldsymbol{p}}\|_2$ 的上界. 定义随机向量 $\overline{\boldsymbol{w}}:=\frac{1}{n}\sum_{i=1}^{n}\xi_i\boldsymbol{w}_i$，扰动矩阵 $\boldsymbol{P}$ 可以分解为

$$\boldsymbol{P}=\underbrace{\nu\left(\frac{1}{n}\sum_{i=1}^{n}\xi_i^2-1\right)\boldsymbol{\theta}^*(\boldsymbol{\theta}^*)^{\mathrm{T}}}_{\boldsymbol{P}_1}+\underbrace{\sqrt{\nu}\,(\overline{\boldsymbol{w}}(\boldsymbol{\theta}^*)^{\mathrm{T}}+\boldsymbol{\theta}^*\overline{\boldsymbol{w}}^{\mathrm{T}})}_{\boldsymbol{P}_2}+\underbrace{\left(\frac{1}{n}\sum_{i=1}^{n}\boldsymbol{w}_i\boldsymbol{w}_i^{\mathrm{T}}-\boldsymbol{I}_d\right)}_{\boldsymbol{P}_3} \tag{8.21}$$

因为 $\|\boldsymbol{\theta}^*\|_2=1$，$\boldsymbol{P}$ 的谱范数可以如下控制：

$$\|\boldsymbol{P}\|_2\leqslant\nu\left|\frac{1}{n}\sum_{i=1}^{n}\xi_i^2-1\right|+2\sqrt{\nu}\,\|\overline{\boldsymbol{w}}\|_2+\left\|\frac{1}{n}\sum_{i=1}^{n}\boldsymbol{w}_i\boldsymbol{w}_i^{\mathrm{T}}-\boldsymbol{I}_d\right\|_2 \tag{8.22a}$$

我们用分解式(8.11)来推导一个 $\|\widetilde{\boldsymbol{p}}\|_2$ 的类似上界. 因为 $\boldsymbol{\theta}^*$ 为 $\boldsymbol{\Sigma}$ 的唯一最大特征向量，它构成了矩阵 $\boldsymbol{U}$ 的第一列. 记 $\boldsymbol{U}_2\in\mathbb{R}^{d\times(d-1)}$ 为余下 $(d-1)$ 列构成的矩阵. 基于这个记号，我们有 $\widetilde{\boldsymbol{p}}=\boldsymbol{U}_2^{\mathrm{T}}\boldsymbol{P}\boldsymbol{\theta}^*$. 利用扰动矩阵的分解(8.21)和结果 $\boldsymbol{U}_2^{\mathrm{T}}\boldsymbol{\theta}^*=0$，我们有 $\widetilde{\boldsymbol{p}}=\sqrt{v}\boldsymbol{U}_2^{\mathrm{T}}\overline{\boldsymbol{w}}+\frac{1}{n}\sum_{i=1}^{n}\boldsymbol{U}_2^{\mathrm{T}}\boldsymbol{w}_i\langle\boldsymbol{w}_i,\boldsymbol{\theta}^*\rangle$. 因为 $\boldsymbol{U}_2$ 有正交的列，我们有 $\|\boldsymbol{U}_2^{\mathrm{T}}\overline{\boldsymbol{w}}\|_2\leqslant\|\overline{\boldsymbol{w}}\|_2$ 以及

$$\left\|\sum_{i=1}^{n}\boldsymbol{U}_2^{\mathrm{T}}\boldsymbol{w}_i\langle\boldsymbol{w}_i,\boldsymbol{\theta}^*\rangle\right\|_2=\sup_{\|\boldsymbol{v}\|_2=1}\left|(\boldsymbol{U}2\boldsymbol{v})^{\mathrm{T}}\left(\sum_{i=1}^{n}\boldsymbol{w}_i\boldsymbol{w}_i^{\mathrm{T}}-\boldsymbol{I}_d\right)\boldsymbol{\theta}^*\right|\leqslant\left\|\frac{1}{n}\sum_{i=1}^{n}\boldsymbol{w}_i\boldsymbol{w}_i^{\mathrm{T}}-\boldsymbol{I}_d\right\|_2$$

综上所述，我们证明了

$$\|\widetilde{\boldsymbol{p}}\|_2\leqslant\sqrt{\nu}\,\|\overline{\boldsymbol{w}}\|_2+\left\|\frac{1}{n}\sum_{i=1}^{n}\boldsymbol{w}_i\boldsymbol{w}_i^{\mathrm{T}}-\boldsymbol{I}_d\right\|_2 \tag{8.22b}$$

下面的引理可以用来控制出现在界(8.22a)和界(8.22b)中的各个量.

引理 8.8　在推论 8.7 的条件下，我们有

$$\mathbb{P}\left[\left|\frac{1}{n}\sum_{i=1}^{n}\xi_i^2-1\right|\geqslant\delta_1\right]\leqslant 2\mathrm{e}^{-c_2 n\min\{\delta_1,\delta_1^2\}} \tag{8.23a}$$

$$\mathbb{P}\left[\|\overline{\boldsymbol{w}}\|_2\geqslant 2\sqrt{\frac{d}{n}}+\delta_2\right]\leqslant 2\mathrm{e}^{-c_2 n\min\{\delta_2,\delta_2^2\}} \tag{8.23b}$$

和

$$\mathbb{P}\left[\left\|\frac{1}{n}\sum_{i=1}^{n}\boldsymbol{w}_i\boldsymbol{w}_i^{\mathrm{T}}-\boldsymbol{I}_d\right\|_2\geqslant c_3\sqrt{\frac{d}{n}}+\delta_3\right]\leqslant 2\mathrm{e}^{-c_2 n\min\{\delta_3,\delta_3^2\}} \tag{8.23c}$$

我们把这个结果的证明留作练习，它是之前章节中的结果和技巧的直接推论. 为了方便将来引用，我们定义

$$\phi(\delta_1,\delta_2,\delta_3):=2\mathrm{e}^{-c_2 n\min\{\delta_1,\delta_1^2\}}+2\mathrm{e}^{-c_2 n\min\{\delta_2,\delta_2^2\}}+2\mathrm{e}^{-c_2 n\min\{\delta_3,\delta_3^2\}} \tag{8.24}$$

其对应引理 8.8 中至少一个界不成立的概率.

为了应用定理 8.5，我们首先需要证明在高概率下有 $\|\boldsymbol{P}\|_2<\frac{\nu}{4}$. 基于不等式(8.22a)

并且应用引理 8.8，其中 $\delta_1=\frac{1}{16}$，$\delta_2=\frac{\delta}{4\sqrt{\nu}}$和 $\delta_3=\delta/16\in(0,1)$，我们有

$$|||\boldsymbol{P}|||_2\leqslant\frac{\nu}{16}+8(\sqrt{\nu}+1)\sqrt{\frac{d}{n}}+\delta\leqslant\frac{\nu}{16}+16(\sqrt{\nu+1})\sqrt{\frac{d}{n}}+\delta$$

至少以概率 $1-\phi\left(\frac{1}{4},\frac{\delta}{3\sqrt{\nu}},\frac{\delta}{16}\right)$成立. 由此，只要$\sqrt{\frac{\nu+1}{\nu^2}}\sqrt{\frac{d}{n}}\leqslant\frac{1}{128}$，我们有

$$|||\boldsymbol{P}|||_2\leqslant\frac{3}{16}\nu+\delta<\frac{\nu}{4},\quad 对于所有\ \delta\in\left(0,\frac{\nu}{16}\right)$$

还需要控制$\|\widetilde{\boldsymbol{p}}\|_2$. 基于之前设定的$(\delta_1,\delta_2,\delta_3)$，把引理 8.8 用到不等式(8.22b)中，我们有

$$\|\widetilde{\boldsymbol{p}}\|_2\leqslant2(\sqrt{\nu}+1)\sqrt{\frac{d}{n}}+\delta\leqslant4\sqrt{\nu+1}\sqrt{\frac{d}{n}}+\delta$$

至少以概率 $1-\phi\left(\frac{1}{4},\frac{\delta}{3\sqrt{\nu}},\frac{\delta}{16}\right)$成立. 我们已经证明了定理 8.5 的条件都已经满足，因此结论(8.20)可由界(8.12)的结果得到. □

8.3　稀疏主成分分析

注意推论 8.7 要求样本容量 n 比维数 d 大来保证通常的 PCA 表现良好. 这个要求是不是根本的：PCA 在高维情形 $n<d$ 下是否依然会表现良好？

这个问题的答案竟然是“不”. 如参考文献中展开讨论的，对任意固定的信噪比，如果比例 d/n 离零足够远，那么在穗状协方差模型中样本协方差矩阵的特征向量会渐近正交于总体下的特征向量. 因此，经典的 PCA 估计并不比无视数据并从欧几里得球面上随机均匀抽取一个向量的效果好. 既然经典的 PCA 完全失效，下一个问题是能否用一个比 PCA 更精妙的方法来给出特征向量的相合估计. 这个问题的答案同样是否定的：如我们在第 15 章中所讨论的，对于标准的穗状模型(8.18)，通过 minimax 理论框架可以说明当 d/n 有远离零的下界时，没有方法得到总体特征向量的相合估计. 这个 minimax 下界的相关细节参见第 15 章的例 15.19.

然而在实际应用中，假定特征向量满足一定的结构通常是合理的，这个结构即使在 $n<d$ 下也可以用来得到有效的估计. 可能最简单的这种结构就是特征向量的稀疏性，稀疏可使得在高维情形下构造出有效估计的同时也能增强可解释性. 因此，这一节主要探究主成分分析的稀疏形式.

我们回顾例 8.2 中的特征脸部来阐述稀疏特征分析的想法.

例 8.9(稀疏特征脸部)　我们使用了 Yale Face Database 中的图像来产生一个维数为 $d=77\,760$ 的 PCA 问题. 在这个例子中，我们用一个迭代方法来近似稀疏特征向量，其最多有 $s=\lfloor 0.25d\rfloor=19\,440$ 个非零系数. 特别地，为了计算稀疏的特征值和特征向量我们采用了一个矩阵幂方法的截断形式.（关于标准的矩阵幂方法参见习题 8.5.）

图 8.5a 展示了平均脸部(左上角的图像)和前 24 个稀疏特征脸部的近似. 每个稀疏特征脸部被限制在最多有 25%的非零像素点，对应于存储中只需要四分之一的空间. 注意稀疏

特征脸部比图 8.2 中的 PCA 特征脸部更加局部化. 图 8.5b 展示了基于前 100 个稀疏的特征脸部以及平均脸部的重构，这里用到的存储空间与前 25 个通常的特征脸部是一样的(就像素点而言). ♣

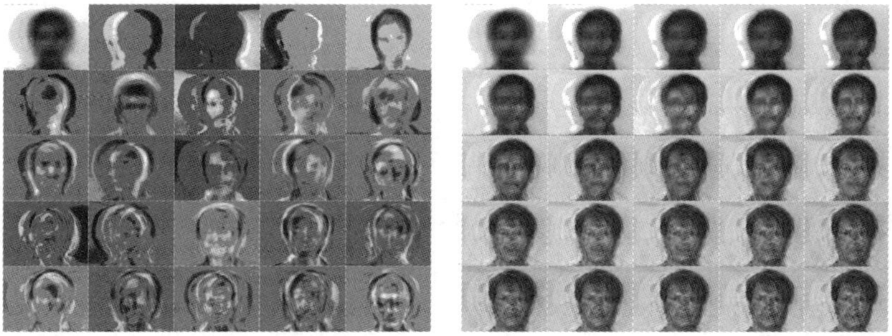

a)　　　　b)

图 8.5　Yale Face Database 的稀疏特征分析的示意图. a) 平均脸部(左上角图像)和前 24 个稀疏特征脸部的近似，基于一种用在特征值幂方法上的贪婪迭代截断过程所得到的. 特征脸部被限制为最多有 25%的非零像素点，对应 1/4 的存储. b) 基于稀疏特征脸部的重构

8.3.1　一个一般的确定性结果

我们现在考虑一个先验是稀疏的最大特征向量的估计问题. 一个自然的方法是在经典 PCA 的二次目标函数中增加一项稀疏限制或者惩罚. 具体来说，我们研究两个约束问题

$$\hat{\boldsymbol{\theta}} \in \arg\max_{\|\boldsymbol{\theta}\|_2=1} \{\langle \boldsymbol{\theta}, \hat{\boldsymbol{\Sigma}}\boldsymbol{\theta}\rangle\} \quad \text{满足}\ \|\boldsymbol{\theta}\|_1 \leqslant R \tag{8.25a}$$

以及惩罚形式

$$\hat{\boldsymbol{\theta}} \in \arg\max_{\|\boldsymbol{\theta}\|_2=1} \{\langle \boldsymbol{\theta}, \hat{\boldsymbol{\Sigma}}\boldsymbol{\theta}\rangle - \lambda_n \|\boldsymbol{\theta}\|_1\} \quad \text{满足}\ \|\boldsymbol{\theta}\|_1 \leqslant \left(\frac{n}{\log d}\right)^{1/4} \tag{8.25b}$$

在对约束形式(8.25a)的分析中，我们设定 $R=\|\boldsymbol{\theta}^*\|_1$. 惩罚形式(8.25b)的优势在于正则化参数 λ_n 的选取可以不需要真实特征向量 $\boldsymbol{\theta}^*$ 的信息. 在两个表达式中，矩阵 $\hat{\boldsymbol{\Sigma}}$ 代表总体协方差矩阵 $\boldsymbol{\Sigma}$ 的某种近似，其中样本协方差矩阵是最常见的形式. 注意到两个估计都不是凸的，因为它们涉及最大化一个半正定的二次型. 不过，为了理解稀疏 PCA 的统计性质，分析它们是很有启发性的，在习题中我们将介绍一些这些非凸优化的松弛形式.

很自然地，$\hat{\boldsymbol{\theta}}$ 与 $\boldsymbol{\Sigma}$ 的最大特征向量 $\boldsymbol{\theta}^*$ 的接近程度依赖于扰动矩阵 $\boldsymbol{P}:=\hat{\boldsymbol{\Sigma}}-\boldsymbol{\Sigma}$. 如何度量扰动程度呢？稍后能清晰地看到，将常规 PCA 的很多分析可以稍作修改可得到稀疏形式的结果. 特别地，我们分析常规 PCA 的最核心步骤是引理 8.6 给出的基本不等式：表明扰动矩阵以函数

$$\Psi(\Delta;\boldsymbol{P}):=\langle\Delta,\boldsymbol{P}\Delta\rangle+2\langle\Delta,\boldsymbol{P}\boldsymbol{\theta}^*\rangle$$

影响结果. 与我们分析 PCA 一样，稀疏 PCA 的一般确定性定理涉及对 $\Psi(\Delta;\boldsymbol{P})$ 假定一致控制，其中 Δ 在所有形如 $\boldsymbol{\theta}-\boldsymbol{\theta}^*$ 的向量中变化，$\boldsymbol{\theta}\in\mathbb{S}^{d-1}$. 而稀疏度约束会在我们假定的这个一致界中出现. 更具体地，记 $\varphi_\nu(n,d)$ 和 $\psi_\nu(n,d)$ 为特征值间距 ν、样本大小和维数的非负

函数，我们假设存在一个全局常数 $c_0>0$ 满足

$$\sup_{\substack{\Delta=\boldsymbol{\theta}-\boldsymbol{\theta}^*\\ \|\boldsymbol{\theta}\|_2=1}} |\Psi(\Delta;\boldsymbol{P})| \leqslant c_0\nu\|\Delta\|_2^2+\varphi_\nu(n,d)\|\Delta\|_1+\psi_\nu^2(n,d)\|\Delta\|_1^2 \tag{8.26}$$

作为一个具体例子，对于穗状 PCA 总体(8.18)且带有次高斯尾部的稀疏估计，上述条件在高概率下满足，其中 $\varphi_\nu^2(n,d)\asymp(\nu+1)\dfrac{\log d}{n}$ 以及 $\psi_\nu^2(n,d)\asymp\dfrac{1}{\nu}\dfrac{\log d}{n}$. 这个结论会在接下来的推论 8.12 的证明中得到验证.

定理 8.10　给定一个矩阵 $\boldsymbol{\Sigma}$，它具有唯一的、单位范数的、s 稀疏的最大特征向量 $\boldsymbol{\theta}^*$，$\boldsymbol{\theta}^*$ 的特征值间距为 ν，设 $\hat{\boldsymbol{\Sigma}}$ 为任意满足一致偏差条件(8.26)的对称矩阵，其中常数为 $c_0<\dfrac{1}{6}$ 且 $16s\psi_\nu^2(n,d)\leqslant c_0\nu$.

(a) 对于 $R=\|\boldsymbol{\theta}^*\|_1$ 的约束规划问题(8.25a)的任意最优解 $\hat{\theta}$，

$$\min\{\|\hat{\boldsymbol{\theta}}-\boldsymbol{\theta}^*\|_2,\|\hat{\boldsymbol{\theta}}+\boldsymbol{\theta}^*\|_2\}\leqslant\frac{8}{\nu(1-4c_0)}\sqrt{s}\,\varphi_\nu(n,d) \tag{8.27}$$

(b) 考虑正则化参数满足下界 $\lambda_n\geqslant4\left(\dfrac{n}{\log d}\right)^{1/4}\psi_\nu^2(n,d)+2\varphi_\nu(n,d)$ 的规划问题(8.25b). 那么任意最优解 $\hat{\boldsymbol{\theta}}$ 满足界

$$\min\{\|\hat{\boldsymbol{\theta}}-\boldsymbol{\theta}^*\|_2,\|\hat{\boldsymbol{\theta}}+\boldsymbol{\theta}^*\|_2\}\leqslant\frac{2\left(\dfrac{\lambda_n}{\varphi_\nu(n,d)}+4\right)}{\nu(1-4c_0)}\sqrt{s}\,\varphi_\nu(n,d) \tag{8.28}$$

证明　我们从约束估计开始分析，然后给出正则化形式的必要修正.

约束估计的论述：注意由估计的构造可得 $\|\hat{\boldsymbol{\theta}}\|_1\leqslant R=\|\boldsymbol{\theta}^*\|_1$，以及由假设可得 $\boldsymbol{\theta}^*_{S^c}=0$. 通过将 l_1 范数分割为两部分，分别用 S 和 S^c 表示，可以证明[㊀]误差 $\hat{\Delta}=\hat{\boldsymbol{\theta}}-\boldsymbol{\theta}^*$ 满足不等式 $\|\hat{\Delta}_{S^c}\|_1\leqslant\|\hat{\Delta}_S\|_1$. 为了简化我们对正则化估计的处理，这里仅假设更弱的不等式 $\|\hat{\Delta}_{S^c}\|_1\leqslant3\|\hat{\Delta}_S\|_1$，可以推出 $\|\hat{\Delta}\|_1\leqslant4\sqrt{s}\|\hat{\Delta}\|_2$. 结合这个不等式以及 Ψ 上的一致控制(8.26)，我们得到

$$|\Psi(\hat{\Delta};\boldsymbol{P})|\leqslant c_0\nu\|\hat{\Delta}\|_2^2+4\sqrt{s}\,\varphi_\nu(n,d)\|\hat{\Delta}\|_2+16s\psi_\nu^2(n,d)\|\hat{\Delta}\|_2^2 \tag{8.29}$$

将这个式子代回基本不等式(8.15)中并通过一些代数运算可以得到

$$\nu\underbrace{\left\{\frac{1}{2}-c_0-16\,\frac{s}{\nu}\psi_\nu^2(n,d)\right\}}_{\kappa}\|\hat{\Delta}\|_2^2\leqslant4\sqrt{s}\,\varphi_\nu(n,d)\|\hat{\Delta}\|_2$$

注意我们的假设可以推出 $\kappa>\dfrac{1}{2}(1-4c_0)>0$，因此在消去 $\|\hat{\Delta}\|_2$ 项后重新整理可以得到

㊀ 我们将这个计算留给读者作为练习：在第 7 章中可以找到有帮助的细节.

界(8.27).

正则估计的论证：我们现在考虑正则估计(8.25b). 在加上正则项后，基本不等式(8.15)现在有一个略微不同的修正形式

$$\frac{\nu}{2}\|\hat{\Delta}\|_2^2-|\Psi(\hat{\Delta};\boldsymbol{P})|\leqslant\lambda_n\{\|\boldsymbol{\theta}^*\|_1-\|\hat{\boldsymbol{\theta}}\|_1\}\leqslant\lambda_n\{\|\hat{\Delta}_S\|_1-\|\hat{\Delta}_{S^c}\|_1\} \tag{8.30}$$

其中第二个不等式由 $\boldsymbol{\theta}^*$ 的 s 稀疏以及三角不等式得到(细节参见第 7 章).

我们要证明误差向量 $\hat{\Delta}$ 依然满足一个锥形不等式. 将这个结论作为一个单独的引理.

引理 8.11 在定理 8.10 的条件下，误差向量 $\hat{\Delta}=\hat{\boldsymbol{\theta}}-\boldsymbol{\theta}^*$ 满足锥形不等式

$$\|\hat{\Delta}_{S^c}\|_1\leqslant 3\|\hat{\Delta}_S\|_1 \text{ 以及因此 } \|\hat{\Delta}\|_1\leqslant 4\sqrt{s}\|\hat{\Delta}\|_2 \tag{8.31}$$

先假设这个引理成立，我们来完成定理证明. 给定引理 8.11，之前推导出关于 $|\Psi(\hat{\Delta};\boldsymbol{P})|$ 的上界(8.29)也适用于正则估计. 将这个界代入基本不等式，我们得到

$$\nu\underbrace{\left\{\frac{1}{2}-c_0-\frac{16}{\nu}s\psi_\nu^2(n,d)\right\}}_{\kappa}\|\hat{\Delta}\|_2^2\leqslant\sqrt{s}(\lambda_n+4\varphi_\nu(n,d))\|\hat{\Delta}\|_2$$

我们的假设可以推出 $\kappa\geqslant\frac{1}{2}(1-4c_0)>0$，由此可以得到结论(8.28).

余下仅需证明引理 8.11. 结合一致界以及基本不等式(8.30)

$$0\leqslant\nu\underbrace{\left(\frac{1}{2}-c_0\right)}_{>0}\|\Delta\|_2^2\leqslant\varphi_\nu(n,d)\|\Delta\|_1+\psi_\nu^2(n,d)\|\Delta\|_1^2+\lambda_n\{\|\hat{\Delta}_S\|_1-\|\hat{\Delta}_{S^c}\|_1\}$$

引入缩写 $R=\left(\frac{n}{\log d}\right)^{1/4}$，由 $\hat{\boldsymbol{\theta}}$ 和 $\boldsymbol{\theta}^*$ 的可行性可以推出 $\|\hat{\Delta}\|_1\leqslant 2R$，并因此

$$\begin{aligned}0&\leqslant\underbrace{\{\varphi_\nu(n,d)+2R\psi_\nu^2(n,d)\}}_{\leqslant\frac{\lambda n}{2}}\|\hat{\Delta}\|_1+\lambda_n\{\|\hat{\Delta}_S\|_1-\|\hat{\boldsymbol{\Delta}}_{S^c}\|_1\}\\&\leqslant\lambda_n\left\{\frac{3}{2}\|\hat{\Delta}_S\|_1-\frac{1}{2}\|\hat{\Delta}_{S^c}\|_1\right\}\end{aligned}$$

重新整理后即可得到所需结论. □

8.3.2 稀疏情况下穗状模型的结果

定理 8.10 是一个一般的确定性结论，适用于任意带有稀疏的最大特征向量的矩阵. 对于一个特别的问题为了得到更具体的结果，我们回到之前表达式(8.18)介绍的穗状协方差模型，并分析它的一个稀疏形式结果. 具体来说，考虑一个从通常穗状总体中产生的随机向量 $\boldsymbol{x}_i\in\mathbb{R}^d$，也就是，$\boldsymbol{x}_i\stackrel{\text{d}}{=}\sqrt{\nu}\xi_i\boldsymbol{\theta}^*+\boldsymbol{w}_i$，其中 $\boldsymbol{\theta}^*\in\mathbb{S}^{d-1}$ 是一个 s 稀疏的向量，对应 $\boldsymbol{\Sigma}=\text{cov}(\boldsymbol{x}_i)$ 的最大特征向量. 和之前一样，我们假设随机变量 ξ_i 和随机向量 $\boldsymbol{w}_i\in\mathbb{R}^d$ 是独立的，每个都满足参数为 1 的次高斯，在这种情况下我们称随机向量 $\boldsymbol{x}_i\in\mathbb{R}^d$ 有次高斯尾部.

推论 8.12　考虑一个 s 稀疏的穗状协方差矩阵产生得到的 n 个独立同分布的样本 $\{\boldsymbol{x}_i\}_{i=1}^n$，其特征值间距为 $\nu>0$，并假设对一个充分小的常数 $c>0$ 有 $\frac{s\log d}{n}\leqslant c\min\left\{1,\frac{\nu^2}{\nu+1}\right\}$. 那么对任意 $\delta\in(0,1)$，任意 $R=\|\boldsymbol{\theta}^*\|_1$ 的带约束规划(8.25a)或者 $\lambda_n=c_3\sqrt{\nu+1}\left\{\sqrt{\frac{\log d}{n}}+\delta\right\}$ 的带惩罚规划(8.25b)的最优解 $\hat{\boldsymbol{\theta}}$，有如下的界

$$\min\{\|\hat{\boldsymbol{\theta}}-\boldsymbol{\theta}^*\|_2,\|\hat{\boldsymbol{\theta}}+\boldsymbol{\theta}^*\|_2\}\leqslant c_4\sqrt{\frac{\nu+1}{\nu^2}}\left\{\sqrt{\frac{s\log d}{n}}+\delta\right\}\text{对于所有}\delta\in(0,1)\tag{8.32}$$

至少以概率 $1-c_1\mathrm{e}^{-c_2(n/s)\min\{\delta^2,\nu^2,\nu\}}$ 成立.

证明　设 $\boldsymbol{P}=\hat{\boldsymbol{\Sigma}}-\boldsymbol{\Sigma}$ 为样本协方差矩阵和总体协方差矩阵之间的偏差，我们的目标是证明 $\Psi(\cdot,\boldsymbol{P})$ 满足一致偏差条件(8.26). 特别地，我们要证明，在 $\Delta\in\mathbb{R}^d$ 上一致地有

$$|\Psi(\Delta;\boldsymbol{P})|\leqslant\underbrace{\frac{1}{8}}_{c_0}\nu\|\Delta\|_2^2+\underbrace{16\sqrt{\nu+1}\left\{\sqrt{\frac{\log d}{n}}+\delta\right\}}_{\varphi_\nu(n,d)}\|\Delta\|_1+\underbrace{\frac{c_3'}{\nu}\frac{\log d}{n}}_{\psi_\nu^2(n,d)}\|\Delta\|_1^2\tag{8.33}$$

至少以概率 $1-c_1\mathrm{e}^{-c_2n\min\{\delta^2,\nu^2\}}$ 成立. 这里 (c_1,c_2,c_3') 为普适常数. 假设这个中间结果成立，我们来验证界(8.32)是定理 8.10 的结论. 我们有

$$\frac{9s\psi_\nu^2(n,d)}{c_0}=\frac{72c_3's}{\nu}\frac{\log d}{n}\leqslant\nu\left\{72c_3'\frac{\nu+1}{\nu^2}\frac{s\log d}{n}\right\}\leqslant\nu$$

利用了假定的比 $\frac{s\log d}{n}$ 对一个充分小常数 c 的上界. 由此，带约束的估计的界可以由定理 8.10 得到. 对于带惩罚的估计，还需要验证一些额外的条件：我们首先验证 $\|\boldsymbol{\theta}^*\|_1\leqslant\nu\sqrt{\frac{n}{\log d}}$. 因为 $\boldsymbol{\theta}^*$ 为 s 稀疏且 $\|\boldsymbol{\theta}^*\|_2=1$，只需要证明 $\sqrt{s}\leqslant\nu\sqrt{\frac{n}{\log d}}$，或者等价地 $\frac{1}{\nu^2}\frac{s\log d}{n}\leqslant1$，这可由我们的假设得到. 最后，我们需要验证 λ_n 满足定理 8.10 要求的下界. 我们有

$$\begin{aligned}4R\psi_\nu^2(n,d)+2\varphi_\nu(n,d)&\leqslant4\nu\sqrt{\frac{n}{\log d}}\frac{c_3'}{\nu}\frac{\log d}{n}+24\sqrt{\nu+1}\left\{\sqrt{\frac{\log d}{n}}+\delta\right\}\\&\leqslant\underbrace{c_3\sqrt{\nu+1}\left\{\sqrt{\frac{\log d}{n}}+\delta\right\}}_{\lambda_n}\end{aligned}$$

正是所需要的.

余下还需要证明一致界(8.33). 回顾一下等式(8.21)给出的分解 $\boldsymbol{P}=\sum_{j=1}^3\boldsymbol{P}_j$. 由函数 Ψ

关于其两个分量是线性的，这个分解可以推出 $\Psi(\boldsymbol{\Delta};\boldsymbol{P})=\sum_{j=1}^{3}\Psi(\Delta;\boldsymbol{P}_j)$. 我们接下来逐个控制其中的每一项.

控制第一项：引理 8.8 保证 $\left|\frac{1}{n}\sum_{j=1}^{n}\xi_i^2-1\right|\leqslant\frac{1}{16}$ 在概率至少 $1-2\mathrm{e}^{-cn}$ 下成立. 基于这个界，对任意形如 $\Delta=\boldsymbol{\theta}-\boldsymbol{\theta}^*$ 的向量，$\boldsymbol{\theta}\in\mathbb{S}^{d-1}$，我们有

$$|\Psi(\Delta;\boldsymbol{P}_1)|\leqslant\frac{\nu}{16}\langle\Delta,\boldsymbol{\theta}^*\rangle^2=\frac{\nu}{16}(1-\langle\boldsymbol{\theta}^*,\boldsymbol{\theta}\rangle)^2\leqslant\frac{\nu}{32}\|\Delta\|_2^2 \tag{8.34}$$

其中我们用到结论 $2(1-\langle\boldsymbol{\theta}^*,\boldsymbol{\theta}\rangle)^2\leqslant 2(1-\langle\boldsymbol{\theta}^*,\boldsymbol{\theta}\rangle)=\|\Delta\|_2^2$.

控制第二项：我们有

$$\begin{aligned}|\Psi(\Delta;\boldsymbol{P}_2)|&\leqslant 2\sqrt{\nu}\{\langle\Delta,\overline{\boldsymbol{w}}\rangle\langle\Delta,\boldsymbol{\theta}^*\rangle+\langle\overline{\boldsymbol{w}},\Delta\rangle+\langle\boldsymbol{\theta}^*,\overline{\boldsymbol{w}}\rangle\langle\Delta,\boldsymbol{\theta}^*\rangle\}\\&\leqslant 4\sqrt{\nu}\|\Delta\|_1\|\overline{\boldsymbol{w}}\|_\infty+2\sqrt{\nu}|\langle\boldsymbol{\theta}^*,\overline{\boldsymbol{w}}\rangle|\frac{\|\Delta\|_2^2}{2}\end{aligned} \tag{8.35}$$

接下来的引理给出这个上界中两项的控制.

引理 8.13 在推论 8.12 的条件下，我们有

$$\mathbb{P}\left[\|\overline{\boldsymbol{w}}\|_\infty\geqslant 2\sqrt{\frac{\log d}{n}}+\delta\right]\leqslant c_1\mathrm{e}^{-c_2n\delta^2}\quad 对于所有\ \delta\in(0,1)，以及 \tag{8.36a}$$

$$\mathbb{P}\left[|\langle\boldsymbol{\theta}^*,\overline{\boldsymbol{w}}\rangle|\geqslant\frac{\sqrt{\nu}}{32}\right]\leqslant c_1\mathrm{e}^{-c_2n\nu} \tag{8.36b}$$

我们将这些界的证明留给读者作为练习，因为它们可由第 2 章的标准结果得到. 结合引理 8.13 和界(8.35)可以推出

$$|\Psi(\Delta;\boldsymbol{P}_2)|\leqslant\frac{\nu}{32}\|\Delta\|_2^2+8\sqrt{\nu+1}\left\{\sqrt{\frac{\log d}{n}}+\delta\right\}\|\Delta\|_1 \tag{8.37}$$

控制第三项：回忆一下 $P_3=\frac{1}{n}\boldsymbol{W}^{\mathrm{T}}\boldsymbol{W}-\boldsymbol{I}_d$，我们有

$$|\Psi(\Delta;\boldsymbol{P}_3)|\leqslant|\langle\Delta,\boldsymbol{P}_3\Delta\rangle|+2\|\boldsymbol{P}_3\boldsymbol{\theta}^*\|_\infty\|\Delta\|_1 \tag{8.38}$$

我们最后的引理控制了这个界中的两项.

引理 8.14 在推论 8.12 的条件下，对所有 $\delta\in(0,1)$，我们有

$$\|\boldsymbol{P}_3\boldsymbol{\theta}^*\|_\infty\leqslant 2\sqrt{\frac{\log d}{n}}+\delta \tag{8.39a}$$

以及

$$\sup_{\Delta\in\mathbb{R}^d}|\langle\Delta,\boldsymbol{P}_3\Delta\rangle|\leqslant\frac{\nu}{16}\|\Delta\|_2^2+\frac{c_3'}{\nu}\frac{\log d}{n}\|\Delta\|_1^2 \tag{8.39b}$$

其中两个不等式成立的概率都大于 $1-c_1\mathrm{e}^{-c_2n\min\{\nu,\nu^2,\delta^2\}}$.

结合这个引理以及之前的不等式(8.38)可得

$$|\Psi(\Delta;\boldsymbol{P}_3)|\leqslant\frac{\nu}{16}\|\Delta\|_2^2+8\left\{\sqrt{\frac{\log d}{n}}+\delta\right\}\|\Delta\|_1+\frac{c_3'}{\nu}\frac{\log d}{n}\|\Delta\|_1^2 \tag{8.40}$$

最后，结合界(8.34)、(8.37)和(8.40)可以推出结论(8.33).

最后仅剩的细节是引理 8.14 的证明. 尾部界(8.39a)的证明是一个简单的练习，可以利用第 2 章的次指数尾部界得到. 界(8.39b)的证明需要更加复杂的论证，可以利用习题 7.10 和之前第 6 章中样本协方差估计的相关结果.

对于一个待选取的常数 $\xi>0$，考虑正整数 $k:=\left\lceil\xi\nu^2\frac{n}{\log d}\right\rceil$和子矩阵集合$\{(\boldsymbol{P}_3)_{SS},|S|=k\}$. 给定一个待选取的参数 $\alpha\in(0,1)$，结合一致界和定理 6.5 可得存在全局常数 c_1 和 c_2 满足

$$\mathbb{P}\left[\max_{|S|=k}\|(\boldsymbol{P}_3)_{SS}\|_2\geqslant c_1\sqrt{\frac{k}{n}}+\alpha\nu\right]\leqslant 2\mathrm{e}^{-c_2n\alpha^2\nu^2+\log\binom{d}{k}}$$

因为 $\log\binom{d}{k}\leqslant 2k\log(d)\leqslant 4\xi\nu^2n$，只要我们设 $\xi=\alpha^2/8$，这个概率最多为 $\mathrm{e}^{-c_2n\nu^2(\alpha^2-4\xi)}=\mathrm{e}^{-c_2n\nu^2\alpha^2/2}$. 由习题 7.10 的结果可以推出

$$|\langle\Delta,\boldsymbol{P}_3\Delta\rangle|\leqslant 27c_1'\alpha\nu\left\{\|\Delta\|_2^2+\frac{8}{\alpha^2\nu^2}\frac{\log d}{n}\|\Delta\|_1^2\right\}\quad \text{对于所有 } \Delta\in\mathbb{R}^d$$

在前述概率下成立. 取 $\alpha=\frac{1}{(16\times 27)c_1'}$可得结论(8.39b)，其中 $c_3'=(2\alpha^2)^{-1}$. □

8.4 参考文献和背景

PCA 的更多细节及应用可以参看 Anderson(1984)(见第 11 章)、Jolliffe(2004)和 Muirhead(2008)等书籍. 矩阵分析的背景知识参看 Horn 和 Johnson(1985，1991)以及 Bhatia(1997)的一个一般算子理论观点. Stewart 和 Sun(1980)更加关注矩阵扰动理论，而 Stewart(1971)在更一般的自封闭线性算子设定下介绍了扰动理论.

Johnstone(2001)引入了穗状协方差模型(8.18)，并研究了它的特征结构的高维渐近性质；有关高维渐近性质还可以参看 Baik 和 Silverstein(2006)及 Paul(2007)的论文. Johnstone 和 Lu(2009)引入了穗状总体的稀疏形式，对样本协方差矩阵对角元素进行截断所得的一个简单估计证明了相合结果. Amini 和 Wainwright(2009)给出了同一个估计的更加精细的分析结果，以及 d'Asprémont 等(2007)提出的一个半定规划(SDP)松弛方法的分析. SDP 松弛方法的推导请参见习题 8.8. 非凸估计(8.25a)首先由 Jolliffe 等(2003)提出，并称为 SCOTLASS 准则；Witten 等(2009)给出了一个交替算法来找到这个准则的一个局部最优解. 其他学者，包括 Ma(2010，2013)和 Yuan 和 Zhang(2013)，将幂方法和软或者硬阈值结合起来研究了稀疏 PCA 的迭代算法.

在多种穗状总体形式下估计主成分的 minimax 下界可以由第 15 章中讨论的方法推导出来. 这些下界表明推论 8.7 和推论 8.12 中分别得到的常规和稀疏 PCA 的上界，本质上是

最优的. 稀疏 PCA 的 ℓ_2 范数误差的下界请参见 Birnbaum 等(2012)和 Vu 和 Lei(2012). Amini 和 Wainwright(2009)导出了稀疏 PCA 模型选择问题的下界. 本书包括了这些下界的一部分：特别地，常规 PCA 的 ℓ_2 误差的 minimax 下界请参见例 15.19，稀疏 PCA 变量选择的下界请参见例 15.20，还有稀疏 PCA 的 ℓ_2 误差下界请参见习题 15.16. Berthet 和 Rigollet(2013)推导出稀疏 PCA 检测问题中特定困难性的结果，这个结果的得出基于将稀疏 PCA 与 Erdös-Rényi 随机图的植入 k 团问题的(猜想)平均困难性联系起来. Ma 和 Wu (2013)给出了一种相关的但并不相同的简化方式，其适用于一个稀疏加低秩的矩阵族上的一个高斯检测问题. 利用 k 团问题困难性猜想的相关结果请参见文章(Wang 等，2014；Cai 等，2015；Gao 等，2015).

8.5 习　题

8.1 (Courant-Fischer 变分表示)　对一个给定的正整数 $j\in\{2,\cdots,d\}$，设 $\mathcal{V}_{j-1}$ 为所有 $j-1$ 维的子空间集合. 对任意对称矩阵 $\boldsymbol{Q}$，证明第 j 大的特征值为

$$\gamma_j(\boldsymbol{Q})=\min_{\mathbb{V}\in\mathcal{V}_{j-1}}\max_{\boldsymbol{u}\in\mathbb{V}^{\perp}\cap\mathbb{S}^{d-1}}\langle\boldsymbol{u},\boldsymbol{Q}\boldsymbol{u}\rangle \tag{8.41}$$

其中 $\mathbb{V}^{\perp}$ 表示 $\mathbb{V}$ 的正交子空间.

8.2 (正交不变矩阵范数)　对于正整数 $d_1\leqslant d_2$，一个 $\mathbb{R}^{d_1\times d_2}$ 上的矩阵范数是正交不变的，如果对所有正交矩阵 $\boldsymbol{V}\in\mathbb{R}^{d_1\times d_1}$ 和 $\boldsymbol{U}\in\mathbb{R}^{d_2\times d_2}$ 都有 $|||\boldsymbol{M}|||=|||\boldsymbol{VMU}|||$.

(a) 下列哪个矩阵范数是正交不变的？

(i) Frobenius 范数 $|||\boldsymbol{M}|||_{\mathrm{F}}$.

(ii) 核范数 $|||\boldsymbol{M}|||_{\mathrm{nuc}}$.

(iii) ℓ_2 算子范数 $|||\boldsymbol{M}|||_2=\sup\limits_{\|\boldsymbol{u}\|_2=1}\|\boldsymbol{Mu}\|_2$.

(iv) ℓ_∞ 算子范数 $|||\boldsymbol{M}|||_\infty=\sup\limits_{\|\boldsymbol{u}\|_\infty=1}\|\boldsymbol{Mu}\|_\infty$.

(b) 设 ρ 为一个 $\mathbb{R}^{d_1}$ 上的范数，它对于置换和符号变化是不变的，即

$$\rho(x_1,\cdots,x_{d_1})=\rho(z_1x_\pi(1),\cdots,z_{d_1}x_\pi(d_1))$$

对于所有二元 $z\in\{-1,1\}^{d_1}$ 和 $\{1,\cdots,d_1\}$ 上的置换 π 成立. 这样一个函数被称为一个对称纲函数. 设 $\{\sigma_j(\boldsymbol{M})\}_{j=1}^{d_1}$ 为 $\boldsymbol{M}$ 的奇异值，证明

$$|||\boldsymbol{M}|||_\rho:=\rho(\underbrace{\sigma_1(\boldsymbol{M}),\cdots,\sigma_{d_1}(\boldsymbol{M})}_{\sigma(\boldsymbol{M})\in\mathbb{R}^{d_1}})$$

定义了一个矩阵范数.（提示：对任意 $d_1\times d_2$ 的矩阵对 $\boldsymbol{M}$ 和 $\boldsymbol{N}$，我们有 $\mathrm{trace}(\boldsymbol{N}^{\mathrm{T}}\boldsymbol{M})\leqslant\langle\sigma(\boldsymbol{N}),\sigma(\boldsymbol{M})\rangle$，其中 $\sigma(\boldsymbol{M})$为排序后的奇异值向量.）

(c) 证明(b)中的所有矩阵范数是正交不变的.

8.3 (Weyl 不等式)　证明 Weyl 不等式(8.9).（提示：可以利用习题 8.1.）

8.4 (特征向量的变分刻画)　证明准则(8.2)最大化所得的正交矩阵 $\boldsymbol{V}\in\mathbb{R}^{d\times r}$ 的列由 $\boldsymbol{\Sigma}=\mathrm{cov}(\boldsymbol{X})$的前 r 个特征向量构成.

8.5 **(矩阵幂方法)** 设 $Q\in\mathcal{S}^{d\times d}$ 为一个严格正定对称矩阵，有唯一的最大特征向量 $\boldsymbol{\theta}^*$. 给定某个非零的初始向量 $\boldsymbol{\theta}^0\in\mathbb{R}^d$，考虑序列 $\{\boldsymbol{\theta}^t\}_{t=0}^{\infty}$，

$$\boldsymbol{\theta}^{t+1}=\frac{Q\boldsymbol{\theta}^t}{\|Q\boldsymbol{\theta}^t\|_2} \tag{8.42}$$

(a) 证明存在一个初值向量 $\boldsymbol{\theta}^0$ 的大集合使得序列 $\{\boldsymbol{\theta}^t\}_{t=0}^{\infty}$ 收敛到 $\boldsymbol{\theta}^*$.

(b) 给出一个“坏”的初始值使得收敛不发生.

(c) 基于(b)，具体给出一个计算第二大特征向量的过程，假设这个向量也是唯一的.

8.6 **(高斯混合模型的 PCA)** 考虑例 8.3 中的高斯混合模型，其有相等的混合权重($\alpha=0.5$)和单位范数的均值向量($\|\boldsymbol{\theta}^*\|_2=1$)，并假设对于均值向量 $\boldsymbol{\theta}^*$ 我们采用基于 PCA 的估计 $\hat{\boldsymbol{\theta}}$.

(a) 证明如果对于充分大的常数 c_1，样本大小有下界 $n>c_1\sigma^2(1+\sigma^2)d$，这个估计满足界

$$\|\hat{\boldsymbol{\theta}}-\boldsymbol{\theta}^*\|_2\leqslant c_2\sigma\sqrt{1+\sigma^2}\sqrt{\frac{d}{n}}$$

在高概率下成立.

(b) 解释如何用你的估计量来建立一个分类方法，即一个映射 $x\to\psi(x)\in\{-1,+1\}$，其中二元对应样本 x 的均值为 $-\boldsymbol{\theta}^*$ 还是 $+\boldsymbol{\theta}^*$.

(c) 当公共的协方差矩阵不是单位矩阵乘以常数的时候，你的方法是否仍然适用?

8.7 **(绝对值恢复中的 PCA)** 假设我们的目标是基于 n 个独立同分布样本 $\{(x_i,y_i)\}_{i=1}^n$ 来估计一个未知向量 $\boldsymbol{\theta}^*\in\mathbb{R}^d$，这里有 $y_i=|\langle \boldsymbol{x}_i,\boldsymbol{\theta}^*\rangle|$ 以及 $\boldsymbol{x}_i\sim\mathcal{N}(0,\boldsymbol{I}_d)$. 这个模型是相位复原问题的一个实值理想化模型，第 10 章将会有更详细的讨论. 给出一个基于 PCA 的方法估计 $\boldsymbol{\theta}^*$ 使其在无限数据的极限情况下是相合的.(提示：用$(\boldsymbol{x},\boldsymbol{y})$尝试构造一个随机矩阵 $\boldsymbol{Z}$ 满足 $\mathbb{E}[\boldsymbol{Z}]=\sqrt{\frac{2}{\pi}}(\boldsymbol{\theta}^*\otimes\boldsymbol{\theta}^*+\boldsymbol{I}_d)$.)

8.8 **(稀疏 PCA 的半正定松弛)** 回顾一下非凸问题(8.25a)，也称为 SCOTLASS 估计. 在这个习题中，我们推导一个目标函数的凸松弛，这个方法由 d'Aspremont 等(2007)提出.

(a) 证明非凸问题(8.25a)等价于最优化问题

$$\max_{\mathcal{S}_+^{d\times d}} \operatorname{trace}(\hat{\boldsymbol{\Sigma}}\boldsymbol{\Theta}) \quad 满足\ \operatorname{trace}(\boldsymbol{\Theta})=1,\quad \sum_{j,k=1}^{d}|\boldsymbol{\Theta}_{jk}|\leqslant R^2\ 和\ \operatorname{rank}(\boldsymbol{\Theta})=1$$

其中 $\mathcal{S}_+^{d\times d}$ 为对称半正定矩阵构成的锥.

(b) 去掉秩约束可以得到凸优化

$$\max_{\theta\in\mathcal{S}_+^{d\times d}} \operatorname{trace}(\hat{\boldsymbol{\Sigma}}\boldsymbol{\Theta}) \quad 满足\ \operatorname{trace}(\boldsymbol{\Theta})=1\ 和 \sum_{j,k=1}^{d}|\boldsymbol{\Theta}_{jk}|\leqslant R^2$$

当它的最值点在秩为 1 的矩阵上取到时会发生什么?

8.9 **(稀疏 PCA 的原始对偶见证方法)** 习题 8.8(b)的 SDP 松弛可以用等价的 Lagrange 形

式给出

$$\max_{\substack{\boldsymbol{\Theta} \in \mathcal{S}_{+}^{d \times d} \\ \operatorname{trace}(\boldsymbol{\Theta})=1}}\left\{\operatorname{trace}(\hat{\boldsymbol{\Sigma}} \boldsymbol{\Theta})-\lambda_{n} \sum_{j, k=1}^{d}\left|\boldsymbol{\Theta}_{jk}\right|\right\} \tag{8.43}$$

假设存在一个向量 $\hat{\boldsymbol{\theta}} \in \mathbb{R}^{d}$ 和一个矩阵 $\hat{\boldsymbol{U}} \in \mathbb{R}^{d \times d}$ 满足

$$\hat{U}_{jk}=\begin{cases}\operatorname{sign}(\hat{\theta}_{j} \hat{\theta}_{k}) & \hat{\theta}_{j} \hat{\theta}_{k} \neq 0 \\ \in[-1,1] & \text{其他}\end{cases}$$

并且满足 $\hat{\boldsymbol{\theta}}$ 是矩阵 $\hat{\boldsymbol{\Sigma}}-\boldsymbol{\lambda}_{n} \hat{\boldsymbol{U}}$ 的一个最大特征向量. 证明秩为 1 的矩阵 $\hat{\boldsymbol{\Theta}}=\hat{\boldsymbol{\theta}} \otimes \hat{\boldsymbol{\theta}}$ 是 SDP 松弛(8.43)的一个最优解.

第9章 可分解性和受限强凸性

在第7章中，我们研究了稀疏线性模型类以及相关的 ℓ_1 正则化的使用. 基追踪和 Lasso 是更一般的估计类的特殊形式，将一个损失函数和一个正则化项结合起来. 最小化这样的目标函数得到一个称为 M 估计的估计方法. 这章的目标是研究这个更一般的正则化 M 估计，并且对于高维问题得到对应的估计量控制误差界的方法. 在高维下得到相合估计需要两条重要的性质：正则项的可分解性以及损失函数的某种下受限曲率条件.

9.1 一般的正则化 M 估计

我们从一个带下标的概率分布族 $\{\mathbb{P}_\theta, \theta \in \Omega\}$ 开始，其中 θ 表示一类待估计的"参数". 如我们在接下来所讨论的，可能的参数空间 Ω 可以取很多不同的形式，包括向量、矩阵的子集，或者——如第13章和第14章中所讨论的非参数情形下的——回归或密度函数子集. 假设我们观察到一个大小为 n 的样本集 $Z_1^n=(Z_1,\cdots,Z_n)$，其中每个样本 Z_i 都在某个空间 $\mathcal{Z}$ 上取值，并且独立地来自某个分布 $\mathbb{P}$. 最简单的情形，明确指定的模型，分布 $\mathbb{P}$ 是参数族的一员，即 $\mathbb{P}=\mathbb{P}_{\theta^*}$，我们的目标是估计未知参数 θ^*. 然而，我们的设定同样适用于没有明确指定的模型，在这种情况下目标参数 θ^* 被定义为总体损失函数的最小值点——特别地，参见下面的式(9.2).

M 估计的第一个组成部分是一个损失函数 $\mathcal{L}_n: \Omega \times \mathcal{Z}^n \to \mathbb{R}$，其中值 $\mathcal{L}_n(\theta; Z_1^n)$ 度量了参数 θ 和数据 Z_1^n 之间的拟合程度. 它的期望为*总体损失函数*，即

$$\overline{\mathcal{L}}(\theta) := \mathbb{E}[\mathcal{L}_n(\theta; Z_1^n)] \tag{9.1}$$

这个定义暗含了期望不依赖于样本大小 n，这一条件在很多情形下都是成立的(在合适的尺度下). 例如，比较常见的情形是损失函数具有一个加性分解形式 $\mathcal{L}_n(\theta; Z_1^n) = \frac{1}{n}\sum_{i=1}^n \mathcal{L}(\theta; Z_i)$，其中 $\mathcal{L}: \Omega \times \mathcal{Z} \to \mathbb{R}$ 是对单一样本定义的损失. 当然，当样本是通过独立同分布形式产生时，任何基于似然的损失函数都可以通过这种方式分解，但这样的损失函数对相依数据同样是非常重要的.

下面我们定义目标参数作为总体损失函数的最小值点

$$\theta^* = \arg\min_{\theta \in \Omega} \overline{\mathcal{L}}(\theta) \tag{9.2}$$

在很多情形下——特别地，当 $\mathcal{L}_n$ 是数据的负对数似然函数时——这个最小值在 Ω 的一个内点处取到，这种情况下 θ^* 必须满足零梯度方程 $\nabla \overline{\mathcal{L}}(\theta^*)=0$. 然而，在我的一般性分析中不假设这个条件.

在这一设定下，我们的目标是基于观测到的样本 $Z_1^n=\{Z_1,\cdots,Z_n\}$ 估计 θ^*. 为此，我

们把经验损失函数和一个正则化项或惩罚函数 Φ：$\Omega \to \mathbb{R}$ 结合起来. 正如稍后将要论证的，这一正则化项的作用是强制得到一个特定结构的 θ^*. 我们总的估计是基于求解优化问题

$$\hat{\theta} \in \arg\min_{\theta \in \Omega} \{\mathcal{L}_n(\theta; Z_1^n) + \lambda_n \Phi(\theta)\} \tag{9.3}$$

其中 $\lambda_n > 0$ 是一个选定的正则化权重. 估计(9.3)称为一个 M 估计，其中“M”代表最小化(或者最大化).

注：在继续下文之前我们需要特别注意一下记号. 从这里开始，我们会频繁使用 $\mathcal{L}_n(\theta)$ 作为 $\mathcal{L}_n(\theta; Z_1^n)$ 的缩写，注意下标 n 隐含地表示依赖于样本. 我们同样对经验损失函数采用相同记号.

我们通过一些例子来阐述这里的问题设定.

例 9.1(线性回归和 Lasso)　我们从先前第 7 章研究过的线性回归问题开始. 在这一情形下，每个样本形式为 $Z_i = (\boldsymbol{x}_i, y_i)$，其中 $\boldsymbol{x}_i \in \mathbb{R}^d$ 是一个协变量，$y_i \in \mathbb{R}$ 是一个响应变量. 在最简单的情形下，我们假设数据完全是从一个线性模型中产生的，因此 $y_i = \langle \boldsymbol{x}_i, \boldsymbol{\theta}^* \rangle + w_i$，其中 w_i 是某类随机的噪声变量，假设独立于 $\boldsymbol{x}_i$. 最小二乘估计是基于二次型损失函数

$$\mathcal{L}_n(\boldsymbol{\theta}) = \frac{1}{n}\sum_{i=1}^{n} \frac{1}{2}(y_i - \langle \boldsymbol{x}_i, \boldsymbol{\theta} \rangle)^2 = \frac{1}{2n}\|\boldsymbol{y} - \boldsymbol{X\theta}\|_2^2$$

这里回顾一下第 7 章中的常用记号，响应变量 $\boldsymbol{y} \in \mathbb{R}^n$ 和设计矩阵 $\boldsymbol{X} \in \mathbb{R}^{n \times d}$. 当响应变量-协变量$(y_i, \boldsymbol{x}_i)$是来自一个回归向量 $\boldsymbol{\theta}^*$ 的线性模型时，总体损失函数具有形式

$$\mathbb{E}_{x,y}\left[\frac{1}{2}(\boldsymbol{y} - \langle \boldsymbol{x}, \boldsymbol{\theta} \rangle)^2\right] = \frac{1}{2}(\boldsymbol{\theta} - \boldsymbol{\theta}^*)^{\mathrm{T}}\boldsymbol{\Sigma}(\boldsymbol{\theta} - \boldsymbol{\theta}^*) + \frac{1}{2}\sigma^2 = \frac{1}{2}\|\sqrt{\boldsymbol{\Sigma}}(\boldsymbol{\theta} - \boldsymbol{\theta}^*)\|_2^2 + \frac{1}{2}\sigma^2$$

其中 $\boldsymbol{\Sigma} := \mathrm{cov}(\boldsymbol{x}_1)$ 以及 $\sigma^2 := \mathrm{var}(w_1)$. 即使样本不是从一个线性模型中产生的，我们同样可以定义 $\boldsymbol{\theta}^*$ 作为总体损失函数 $\boldsymbol{\theta} \mapsto \mathbb{E}_{x,y}[(\boldsymbol{y} - \langle \boldsymbol{x}, \boldsymbol{\theta} \rangle)^2]$ 的一个最小值点. 在这种情况下，线性函数 $\boldsymbol{x} \mapsto \langle \boldsymbol{x}, \boldsymbol{\theta}^* \rangle$ 是回归函数 $\boldsymbol{x} \mapsto \mathbb{E}[\boldsymbol{y} \mid \boldsymbol{x}]$ 的最优线性近似.

如第 7 章中所讨论的，在很多问题中预期目标向量 $\boldsymbol{\theta}^*$ 是稀疏的，在这种情况下，一个好的正则化项 Φ 应该是 ℓ_1 范数 $\Phi(\boldsymbol{\theta}) = \sum_{j=1}^{d} |\theta_j|$. 结合最小平方损失，我们得到了 Lasso 估计

$$\hat{\boldsymbol{\theta}} \in \arg\min_{\boldsymbol{\theta} \in \mathbb{R}^d}\left\{\frac{1}{2n}\sum_{i=1}^{n}(y_i - \langle \boldsymbol{x}_i, \boldsymbol{\theta} \rangle)^2 + \lambda_n \sum_{j=1}^{d} |\theta_j|\right\} \tag{9.4}$$

这是一般估计(9.3)的一个特殊形式. 关于这一特定 M 估计的深入讨论详见第 7 章. ♣

作为对基本 Lasso(9.4)的第一个推广，我们考虑一类更一般的回归问题.

例 9.2(广义线性模型和 ℓ_1 正则化)　我们再次考虑形式为 $Z_i = (\boldsymbol{x}_i, y_i)$ 的样本，其中 $\boldsymbol{x}_i \in \mathbb{R}^d$ 是一个协变量向量，但此时响应变量 y_i 允许从任意空间 $\mathcal{Y}$ 中取值. 之前的线性回归对应了 $\mathcal{Y} = \mathbb{R}$ 的情形. 一个不同的例子是二元分类问题，其中响应变量 y_i 对应了一个属于 $\mathcal{Y} = \{0,1\}$ 的类别标签. 对于取非负整数值响应变量的很多应用——例如，成像应用中的光子数量——设定 $\mathcal{Y} = \{0,1,2,\cdots\}$ 是合适的.

广义线性模型(generalized linear model)，或简记为 GLM，对这些回归问题的不同类型定义了统一的方法. 任意的 GLM 是对在给定协变量 $\boldsymbol{x} \in \mathbb{R}^d$ 条件下，响应变量 $y \in \mathcal{Y}$ 的条

件分布以一个指数分布族的形式进行建模，即

$$\mathbb{P}_{\boldsymbol{\theta}^*}(y\mid\boldsymbol{x})=h_\sigma(y)\exp\left\{\frac{y\langle\boldsymbol{x},\boldsymbol{\theta}^*\rangle-\psi(\langle\boldsymbol{x},\boldsymbol{\theta}^*\rangle)}{c(\sigma)}\right\} \tag{9.5}$$

其中 $c(\sigma)$是一个尺度参数，而函数 ψ：$\mathbb{R}\to\mathbb{R}$ 是指数分布族的划分函数.

很多标准模型都是广义线性模型(9.5)的特殊情形. 首先，考虑标准的线性模型 $y=\langle\boldsymbol{x},\boldsymbol{\theta}^*\rangle+w$，其中 $w\sim\mathcal{N}(0,\sigma^2)$. 取 $c(\sigma)=\sigma^2$ 和 $\psi(t)=t^2/2$，条件分布(9.5)对应了所要的一个 $\mathcal{N}(\langle\boldsymbol{x},\boldsymbol{\theta}^*\rangle,\sigma^2)$变量. 类似地，在二分类的 logistic 回归模型中，我们假设对数-几率比为$\langle\boldsymbol{x},\boldsymbol{\theta}^*\rangle$，即

$$\log\frac{\mathbb{P}_{\theta^*}(y=1\mid\boldsymbol{x})}{\mathbb{P}_{\theta^*}(y=0\mid\boldsymbol{x})}=\langle\boldsymbol{x},\boldsymbol{\theta}^*\rangle \tag{9.6}$$

这一假设同样可以导出广义线性模型(9.5)的一个特殊情形，这次 $c(\sigma)\equiv1$，$\psi(t)=\log(1+\exp(t))$. 作为最后一个例子，当响应变量 $y\in\{0,1,2,\cdots\}$对应某种计数形式时，可以将 y 建模为给定均值$\mu=\mathrm{e}^{\langle\boldsymbol{x},\boldsymbol{\theta}^*\rangle}$的条件泊松分布. 这个假设对应一个广义线性模型(9.5)，其中 $\psi(t)=\exp(t)$，$c(\sigma)\equiv1$. 关于这些性质的验证见习题 9.3.

对于来自模型(9.5)的 n 个样本，负的对数似然函数形式为

$$\mathcal{L}_n(\boldsymbol{\theta})=\frac{1}{n}\sum_{i=1}^{n}\psi(\langle\boldsymbol{x}_i,\boldsymbol{\theta}\rangle)-\left\langle\frac{1}{n}\sum_{i=1}^{n}y_i\boldsymbol{x}_i,\boldsymbol{\theta}\right\rangle \tag{9.7}$$

这里为了后续分析方便，我们对对数似然进行了 $1/n$ 的放缩，并移除了标量项 $c(\sigma)$，因为其与 $\boldsymbol{\theta}$ 独立. 当真实回归向量 $\boldsymbol{\theta}^*$ 预期是稀疏时，那么用 ℓ_1 范数作为正则化项自然是合理的，将其与损失函数(9.7)结合起来可以导出广义线性 Lasso.

$$\hat{\boldsymbol{\theta}}\in\arg\min_{\boldsymbol{\theta}\in\mathbb{R}^d}\left\{\frac{1}{n}\sum_{i=1}^{n}\psi(\langle\boldsymbol{x}_i,\boldsymbol{\theta}\rangle)-\left\langle\frac{1}{n}\sum_{i=1}^{n}y_i\boldsymbol{x}_i,\boldsymbol{\theta}\right\rangle+\lambda_n\|\boldsymbol{\theta}\|_1\right\} \tag{9.8}$$

当 $\psi(t)=t^2/2$ 时，这个目标函数等价于标准的 Lasso，这里移除了常数项 $\frac{1}{2n}\sum_{i=1}^{n}y_i^2$，因为它不影响 $\hat{\boldsymbol{\theta}}$. ♣

到目前为止，我们只讨论了 ℓ_1 范数. 还有很多基于对参数的某种形式的分组所得的 ℓ_1 范数的不同的推广.

例 9.3(组 Lasso)　令 $\mathcal{G}=\{g_1,\cdots,g_T\}$是指标集$\{1,\cdots,d\}$的一个不相交的划分，即每个组 g_j 是指标集的一个子集，组与组两两不交，所有 T 个组的并集是整个指标集. 对有重叠组的例子可见图 9.3a.

对一个给定的向量 $\boldsymbol{\theta}\in\mathbb{R}^d$，我们记 $\boldsymbol{\theta}_g$ 为 d 维向量，其在 g 位置的元素和 $\boldsymbol{\theta}$ 相同，其他位置为零. 对一个给定的基范数$\|\cdot\|$. 我们定义组 Lasso 范数

$$\Phi(\boldsymbol{\theta}):=\sum_{g\in\mathcal{G}}\|\boldsymbol{\theta}_g\| \tag{9.9}$$

组 Lasso 的标准形式使用 ℓ_2 范数作为基范数，由此我们得到了一个块 ℓ_1/ℓ_2 范数，即每个组内 ℓ_2 范数的 ℓ_1 范数. 见图 9.1b 关于范数(9.9)的阐述其中分块为 $g_1=\{1,2\}$和 $g_2=\{3\}$.

块 ℓ_1/ℓ_∞ 形式的组 Lasso 同样被广泛地研究. 除了基本的组 Lasso(9.9)，另一个变形形式涉及对每个组附上一个正的权重 ω_g. ♣

在之前的例子里，组是没有重叠的. 同样的正则化项(9.9)也可以用在有重叠组的情形；只要组能覆盖全空间，它仍然是一个范数. 例如，图 9.1c 展示了由重叠组 $g_1=\{1,2\}$ 和 $g_2=\{1,3\}$ 生成的 $\mathbb{R}^3$ 中的单位球. 然而，带重叠组的标准组 Lasso(9.9)有一个不好的性质. 回忆组结构惩罚的目的是让估计的支撑集落在一个(相对小的)组的子集的并中. 然而，当作为一个正则项用在 M 估计上时，带重叠组的标准组 Lasso(9.9)通常会导致解的支撑集包含在一些组并集的补集上. 例如，图 9.1c 所展示的例子，其中组 $g_1=\{1,2\}$ 以及 $g_2=\{1,3\}$，除了具有空支撑集的全零解，或者全支撑集 $\{1,2,3\}$ 上的解，这一惩罚会倾向于得到支撑集为 $g_1^c=\{3\}$ 或 $g_2^c=\{2\}$ 的解.

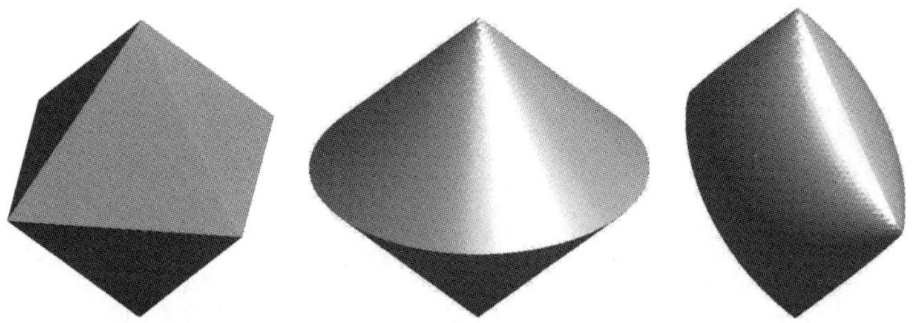

图 9.1　$\mathbb{R}^3$ 中基于不同范数的单位球示意图. a) 由 $\Phi(\theta)=\sum_{j=1}^{3}|\theta_j|$ 生成的 ℓ_1 球. b) 由 $\Phi(\theta)=\sqrt{\theta_1^2+\theta_2^2}+|\theta_3|$ 生成的组 Lasso 球. c) 由 $\Phi(\theta)=\sqrt{\theta_1^2+\theta_2^2}+\sqrt{\theta_1^2+\theta_3^2}$ 生成的带重叠的组 Lasso 球

为什么会出现这种情况？在上面所给的例子中，考虑一个向量 $\boldsymbol{\theta}\in\mathbb{R}^3$ 满足 θ_1，一个被两个组共享的变量，是活跃的. 具体来说，令 $\theta_1=\theta_2=1$，并考虑第三个参数上的剩余的惩罚 $f(\theta_3):=\Phi(1,1,\theta_3)-\Phi(1,1,0)$. 其形式为

$$f(\theta_3)=\|(1,1)\|_2+\|(1,\theta_3)\|_2-\|(1,1)\|_2-\|(1,0)\|_2=\sqrt{1+\theta_3^2}-1$$

正如图 9.2a 的实线所示，函数 f 在 $\theta_3=0$ 处可导. 事实上，由于 $f'(\theta_3)|_{\theta_3=0}=0$，这个惩罚并不能得到第三个参数的稀疏性.

交换 θ_2 和 θ_3，可以得到类似的讨论. 所以，如果共享的第一个变量在一个最优解中是活跃的，那么通常第二个和第三个变量也会同样是活跃的，由此导出一个完全稠密的子集. 对这一现象的更详细的讨论见参考文献.

重叠组 Lasso 是一个与此密切相关但又不同的惩罚，用来克服这个潜在的棘手问题.

例 9.4(重叠组 Lasso)　如例 9.3，考虑一个组集合 $\mathcal{G}=\{g_1,\cdots,g_T\}$，其中每个组都是指标集 $\{1,\cdots,d\}$ 的子集. 我们要求所有组的并集覆盖整个指标集，但是允许组之间有重叠. 图 9.3b 阐述了一个有重叠组的例子.

当有重叠组时，任意向量 $\boldsymbol{\theta}$ 都有很多可能的组表示形式，意味着集合 $\{\boldsymbol{w}_g, g\in\mathcal{G}\}$ 满足 $\sum_{g\in G}\boldsymbol{w}_g=\boldsymbol{\theta}$. 重叠组范数是基于最小化所有的这种表示方式，形式如下：

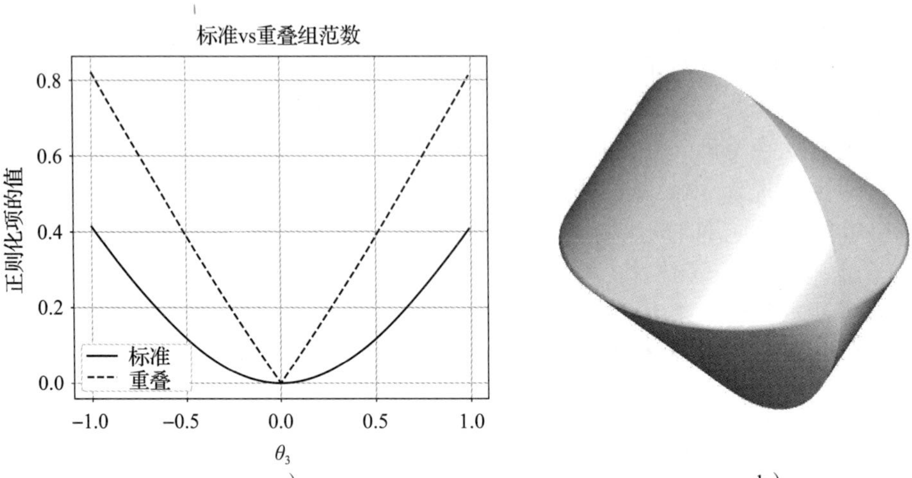

图 9.2　a) 剩余惩罚 $f(\theta_3)=\Phi(1,1,\theta_3)-\Phi(1,1,0)$ 的示意图，实线对应标准的组 Lasso(9.9)，虚线对应组 $g_1=\{1,2\}$ 和 $g_2=\{1,3\}$ 的重叠组 Lasso(9.10). b) 重叠组 Lasso 范数(9.10)所生成的单位球，这里的组与 a)相同

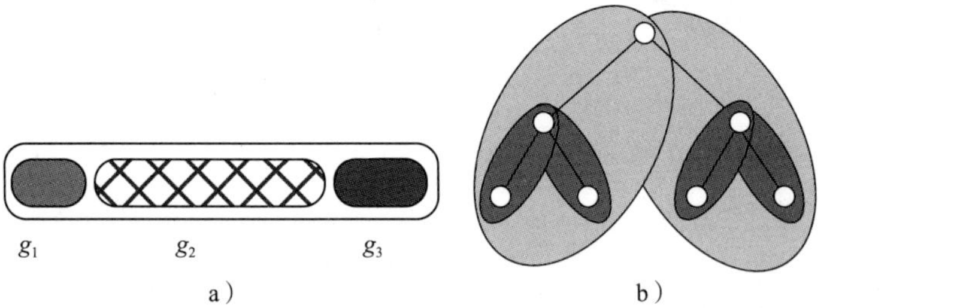

图 9.3　a) 没有重叠组的组 Lasso 惩罚. 组 $\{g_1,g_2,g_3\}$ 构成了指标集 $\{1,2,\cdots,d\}$ 的一个不相交的划分. b) 一共 $d=7$ 个变量对应了一个二叉树的顶点，子树则被用来定义一个重叠组的集合. 这种重叠组结构在多尺度信号分析中经常会出现

$$\Phi_{\text{over}}(\boldsymbol{\theta}):=\inf_{\substack{\boldsymbol{\theta}=\sum_{g\in\mathcal{G}}\boldsymbol{w}_g \\ \boldsymbol{w}_g,g\in\mathcal{G}}}\left\{\sum_{g\in\mathcal{G}}\|\boldsymbol{w}_g\|\right\} \tag{9.10}$$

如我们在习题 9.1 中所验证的，变分表示(9.10)定义了一个 $\mathbb{R}^d$ 上的范数. 当然，当组之间没有重叠时，这个定义退化成先前的表示方式(9.9). 图 9.2b 展示了组为 $g_1=\{1,2\}$ 和 $g_2=\{1,3\}$ 的特殊情形下的重叠组范数(9.10). 注意其和同样的分组下的标准组 Lasso(9.9)的区别，后者如图 9.1c 所示. ♣

当用作一般的 M 估计(9.3)的正则化项时，重叠组 Lasso(9.10)倾向于让相应的解向量的支撑集包含在一个组的并集中. 为了理解这一点，我们回到组集合 $g_1=\{1,2\}$ 和 $g_2=\{1,3\}$，并再一次假设前两个变量是活跃的，即 $\theta_1=\theta_2=1$. 则对 θ_3 的剩余惩罚形式为

$$f_{\text{over}}(\theta_3):=\Phi_{\text{over}}(1,1,\theta_3)-\Phi_{\text{over}}(1,1,0)=\inf_{\alpha\in\mathbb{R}}\{\|(\alpha,1)\|_2+\|(1-\alpha,\theta_3)\|_2\}-\sqrt{2}$$

可以说明这个函数在原点附近和 ℓ_1 范数类似，因此它可以导出 θ_3 的稀疏性. 参见图 9.2b 对此的阐述.

到目前为止，我们考虑了向量的估计问题，这里的参数空间 Ω 是 $\mathbb{R}^d$ 的某个子空间. 我们现在考虑各种类型的矩阵估计问题，此时参数空间是 $\mathbb{R}^{d_1 \times d_2}$，即所有 $d_1 \times d_2$ 维矩阵空间的某个子集. 当然，任意这样的问题都可以看作一个向量估计问题，只需简单地把矩阵转换成一个 $D = d_1 d_2$ 的向量. 然而，更自然地还是保持问题中的矩阵结构. 我们考虑一些具体例子.

例 9.5(高斯图模型估计)　任意具有零均值严格正定协方差矩阵 $\boldsymbol{\Sigma} \succ 0$ 的高斯随机向量的密度函数为

$$\mathbb{P}(x_1, \cdots, x_d; \boldsymbol{\Theta}^*) \propto \sqrt{\det(\boldsymbol{\Theta}^*)}\, \mathrm{e}^{-\frac{1}{2} \boldsymbol{x}^{\mathrm{T}} \boldsymbol{\Theta}^* \boldsymbol{x}} \tag{9.11}$$

其中 $\boldsymbol{\Theta}^* = (\boldsymbol{\Sigma})^{-1}$ 是协方差矩阵的逆，称为精度矩阵. 在许多情形下，随机向量 $X = (X_1, \cdots, X_d)$的分量满足不同类型的条件独立关系：例如，可能的情况是在给定其他变量 $X_{\setminus\{j,k\}}$时，X_j 条件独立于 X_k. 在高斯情形下，Hammersley-Clifford 定理的结果保证，这一条件独立性成立当且仅当精度矩阵 $\boldsymbol{\Theta}^*$ 在(j,k)处为零. 因此，条件独立性可以被精度矩阵的稀疏结构完全刻画. 条件独立性和 $\boldsymbol{\Theta}^*$ 结构之间关系的更多细节参见第 11 章.

给定一个满足很多条件独立性关系的高斯模型，精度矩阵是稀疏的，在这种情况下自然地可以用逐元素的 ℓ_1 范数 $\Phi(\boldsymbol{\Theta}) = \sum_{j \neq k} |\Theta_{jk}|$ 作为正则化项. 这里我们选择不对对角线元素做正则化，由于为了保证严格正定性它们一定都是非零的. 结合这种形式的 ℓ_1 正则化项和高斯对数似然函数可以得到

$$\hat{\boldsymbol{\Theta}} \in \arg \min_{\boldsymbol{\Theta} \in \mathcal{S}^{d \times d}} \left\{ \langle\langle \boldsymbol{\Theta}, \hat{\boldsymbol{\Sigma}} \rangle\rangle - \log \det \boldsymbol{\Theta} + \lambda_n \sum_{j \neq k} |\Theta_{jk}| \right\} \tag{9.12}$$

其中 $\hat{\boldsymbol{\Sigma}} = \frac{1}{n} \sum_{i=1}^{n} \boldsymbol{x}_i \boldsymbol{x}_i^{\mathrm{T}}$ 是样本协方差矩阵. 这个组合形式对应了另一种一般估计量(9.3)的特殊情形，称为图 Lasso，我们将在第 11 章中对它进行分析. ♣

多元回归问题是标准回归问题的一个自然延伸，其涉及把标量的响应变量推广到向量的情形.

例 9.6(多元回归)　在一个多元回归问题中，我们观察到的样本形式为$(\boldsymbol{z}_i, \boldsymbol{y}_i) \in \mathbb{R}^p \times \mathbb{R}^{\mathrm{T}}$，而我们的目标是用属性向量 $\boldsymbol{z}_i$ 预测响应向量 $\boldsymbol{y}_i \in \mathbb{R}^{\mathrm{T}}$. 令 $\boldsymbol{Y} \in \mathbb{R}^{n \times T}$ 和 $\boldsymbol{Z} \in \mathbb{R}^{n \times p}$ 是 $\boldsymbol{y}_i$ 和 $\boldsymbol{z}_i$ 分别为其第 i 行的矩阵. 在最简单的情形下，我们假设响应矩阵 $\boldsymbol{Y}$ 和协变量矩阵 $\boldsymbol{Z}$ 由线性模型

$$\boldsymbol{Y} = \boldsymbol{Z} \boldsymbol{\Theta}^* + \boldsymbol{W} \tag{9.13}$$

联系起来，其中 $\boldsymbol{\Theta}^* \in \mathbb{R}^{p \times T}$ 是一个回归系数矩阵，$\boldsymbol{W} \in \mathbb{R}^{n \times T}$ 是一个随机的噪声矩阵. 见图 9.4 对此的描述.

其中一种方式是把模型(9.13)看成 T 个不同的 p 维回归问题，形式为

$$\boldsymbol{Y}_{\cdot,t} = \boldsymbol{Z} \boldsymbol{\Theta}^*_{\cdot,t} + \boldsymbol{W}_{\cdot,t}, \quad 对\ t = 1, \cdots, T$$

其中 $\boldsymbol{Y}_{\cdot,t} \in \mathbb{R}^n$，$\boldsymbol{\Theta}^*_{\cdot,t} \in \mathbb{R}^p$，和 $\boldsymbol{W}_{\cdot,t} \in \mathbb{R}^n$ 分别是矩阵 $\boldsymbol{Y}$，$\boldsymbol{\Theta}^*$ 和 $\boldsymbol{W}$ 的第 t 列. 可以通过求解一个标准的单变量回归问题来分别估计每一列 $\boldsymbol{\Theta}^*_{\cdot,t}$.

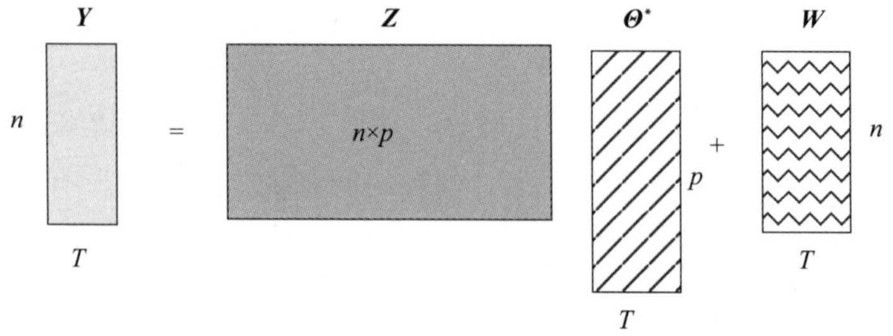

图 9.4　多元线性回归模型的示意图：一个包含 n 个观测的数据集由一个多元响应变量矩阵 $\boldsymbol{Y}\in\mathbb{R}^{n\times T}$ 和一个协变量矩阵 $\boldsymbol{Z}\in\mathbb{R}^{n\times p}$ 组成，在这种情况下协变量是跨任务共享的. 我们的目标是估计回归系数矩阵 $\boldsymbol{\Theta}^*\in\mathbb{R}^{p\times T}$

然而，很多应用问题倾向于 $\boldsymbol{\Theta}^*$ 不同列之间有相互作用，这驱使我们应该以一个联合的方式来求解这些单变量回归问题. 例如，常常会出现一个特征子集，即 $\boldsymbol{\Theta}^*$ 行的一个子集，对所有 T 个回归问题的预测都很重要. 对估计这样的行稀疏矩阵，一个常用的正则化项是逐行的(2,1)范数 $\Phi(\boldsymbol{\Theta}):=\sum_{j=1}^{p}\|\boldsymbol{\Theta}_{j,\cdot}\|_2$，其中 $\boldsymbol{\Theta}_{j,\cdot}\in\mathbb{R}^{T}$ 为矩阵 $\boldsymbol{\Theta}\in\mathbb{R}^{p\times T}$ 的第 j 行.

注意这一正则化项是一般的组惩罚(9.9)的特殊情况. 结合这个正则化项和最小二乘损失，我们得到

$$\hat{\boldsymbol{\Theta}}\in\arg\min_{\boldsymbol{\Theta}\in\mathbb{R}^{p\times T}}\left\{\frac{1}{2n}|||\boldsymbol{Y}-\boldsymbol{Z}\boldsymbol{\Theta}|||_{\mathrm{F}}^2+\lambda_n\sum_{j=1}^{p}\|\boldsymbol{\Theta}_{j,\cdot}\|_2\right\}\tag{9.14}$$

这一估计常称为多元组 Lasso，原因显而易见. 这里本质的优化问题是一个二阶锥问题(second-order cone problem，SOCP)，可以通过很多算法高效地求解；对此的更多讨论见参考文献. ♣

在多元回归问题中也有可能是其他类型的结构，这可以导出不同类型的正则化项.

例 9.7(重叠组 Lasso 和多元回归)　例 9.6 的行稀疏模型有一个重要的延伸，对应重叠组 Lasso(9.10)的一个范例. 行稀疏模型假设存在一个相对小的解释变量子集，其中所有的解释变量在 T 个任务中都是活跃的. 一个更灵活的模型应该是存在一个解释变量子集在所有任务中都是活跃的，同时还有一个解释变量子集仅在一个(或相对较少)的任务中活跃. 这种类型的结构可以通过把 $\boldsymbol{\Theta}^*$ 分解成一个行稀疏矩阵 $\boldsymbol{\Omega}^*$ 和一个逐元素稀疏矩阵 $\boldsymbol{\Gamma}^*$ 来描述. 如果对行稀疏部分引入一个 $\ell_{1,2}$ 范数，对逐元素稀疏部分引入一个通常的 ℓ_1 范数，那么我们就可以得到估计

$$(\hat{\boldsymbol{\Omega}},\hat{\boldsymbol{\Gamma}})\in\arg\min_{\boldsymbol{\Omega},\boldsymbol{\Gamma}\in\mathbb{R}^{d\times T}}\left\{\frac{1}{2n}|||\boldsymbol{Y}-\boldsymbol{Z}(\boldsymbol{\Omega}+\boldsymbol{\Gamma})|||_{\mathrm{F}}^2+\lambda_n\sum_{j=1}^{p}\|\boldsymbol{\Omega}_{j,\cdot}\|_2+\mu_n\|\boldsymbol{\Gamma}\|_1\right\}\tag{9.15}$$

其中 λ_n，$\mu_n>0$ 是待定的正则化参数. 这一优化问题的任意解定义了整个回归矩阵的一个估计 $\hat{\boldsymbol{\Theta}}=\hat{\boldsymbol{\Omega}}+\hat{\boldsymbol{\Gamma}}$.

我们将估计(9.15)定义为矩阵对$(\boldsymbol{\Omega},\boldsymbol{\Gamma})$上的优化问题，这里对每个矩阵分别使用一个正则化项. 或者，我们也可以把其刻画成 $\hat{\boldsymbol{\Theta}}$ 的一个直接估计. 特别地，通过做分解 $\boldsymbol{\Theta}=\boldsymbol{\Omega}+\boldsymbol{\Gamma}$ 并在这个线性约束下同时最小化 $\boldsymbol{\Theta}$ 和$(\boldsymbol{\Omega},\boldsymbol{\Gamma})$，我们得到等价的表示方式

$$\hat{\boldsymbol{\Theta}} \in \arg \min_{\boldsymbol{\Theta} \in \mathbb{R}^{d \times T}} \left\{ \frac{1}{2n} ||| \boldsymbol{Y} - \boldsymbol{Z\Theta} |||_{\mathrm{F}}^{2} + \lambda_{n} \underbrace{\{ \inf_{\boldsymbol{\Omega}+\boldsymbol{\Gamma}=\boldsymbol{\Theta}} \| \boldsymbol{\Omega} \|_{1,2} + \omega_{n} \| \boldsymbol{\Gamma} \|_{1} \}}_{\Phi_{\mathrm{over}}(\boldsymbol{\Theta})} \right\} \tag{9.16}$$

其中 $\omega_n=\frac{\mu_n}{\lambda_n}$. 在这个直接表示方式中，我们看到假定的分解导出了一个重要的重叠组范数形式. 在 9.7 节我们会回头来研究估计量(9.16). ♣

在多元回归的其他应用中，可能会期待每个单独的回归向量——$\boldsymbol{\Theta}_{\cdot,t}^{*} \in \mathbb{R}^{p}$ 的列——都落在某个低维的子空间中，对应某些隐藏的特征结构，即具有相对低的秩. 第 10 章中展开讨论的很多其他问题，同样可以导出涉及秩约束的估计问题. 在这种情形下，理想的方法是在估计过程中加入一个具体的秩约束. 不幸的是，作为 $d_1 \times d_2$ 矩阵空间上的函数时，秩函数是非凸的，因此这个方法在计算上是不可行的. 因此，这促使我们研究秩约束的凸松弛.

例 9.8(秩松弛的核范数)　核范数是矩阵秩的一个自然松弛，类似于向量基数的 ℓ_1 范数松弛. 为了定义核范数，我们首先回忆一下矩阵 $\boldsymbol{\Theta} \in \mathbb{R}^{d_1 \times d_2}$ 的奇异值分解(singular value decomposition，简称为 SVD). 令 $d'=\min\{d_1,d_2\}$，SVD 形式为

$$\boldsymbol{\Theta} = \boldsymbol{UDV}^{\mathrm{T}} \tag{9.17}$$

其中 $\boldsymbol{U} \in \mathbb{R}^{d_1 \times d'}$ 和 $\boldsymbol{V} \in \mathbb{R}^{d_2 \times d'}$ 是正交矩阵(即 $\boldsymbol{U}^{\mathrm{T}}\boldsymbol{U}=\boldsymbol{V}^{\mathrm{T}}\boldsymbol{V}=\boldsymbol{I}_{d'}$). 矩阵 $\boldsymbol{D} \in \mathbb{R}^{d' \times d'}$ 是对角的，其元素对应了 $\boldsymbol{\Theta}$ 的奇异值

$$\sigma_1(\boldsymbol{\Theta}) \geqslant \sigma_2(\boldsymbol{\Theta}) \geqslant \sigma_3(\boldsymbol{\Theta}) \geqslant \cdots \geqslant \sigma_{d'}(\boldsymbol{\Theta}) \geqslant 0 \tag{9.18}$$

注意严格正的奇异值个数对应了秩，即我们有 $\operatorname{rank}(\boldsymbol{\Theta})=\sum_{j=1}^{d'} \mathbb{I}[\sigma_j(\boldsymbol{\Theta})>0]$. 这一结果，尽管本身并不是很重要，但它给出了秩约束的一个自然的凸松弛，即核范数

$$||| \boldsymbol{\Theta} |||_{\mathrm{nuc}} = \sum_{j=1}^{d'} \sigma_j(\boldsymbol{\Theta}) \tag{9.19}$$

对应了奇异值的 ℓ_1 范数[㊀]. 如图 9.5a 所示，核范数给出了低秩矩阵集的一个凸松弛. ♣

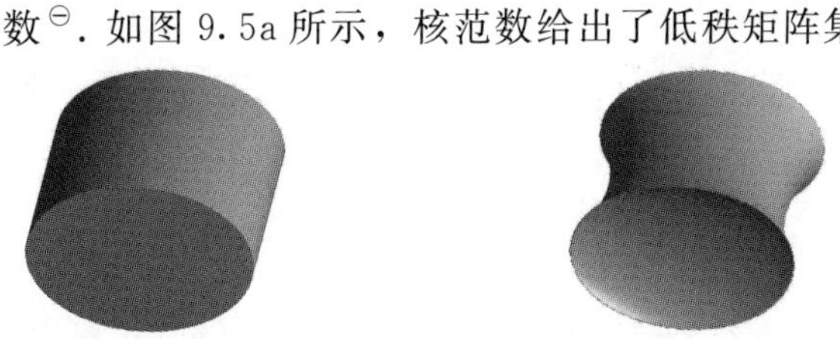

a)　　　　b)

图 9.5　核范数球是秩约束的一个松弛示意图. a) 所有形式为 $\boldsymbol{\Theta}=\begin{bmatrix}\theta_1 & \theta_2\\ \theta_2 & \theta_3\end{bmatrix}$，且 $|||\boldsymbol{\Theta}|||_{\mathrm{nuc}} \leqslant 1$ 的矩阵集合. 这是一个把核范数单位球投影到对称矩阵空间上的投影. b) 对一个参数 $q>0$，矩阵的 ℓ_q “球”定义为 $\mathbb{B}_q(1)=\left\{\boldsymbol{\Theta} \in \mathbb{R}^{2\times2} \mid \sum_{j=1}^{2} \sigma_j(\boldsymbol{\Theta})^q \leqslant 1\right\}$. 对所有的 $q \in [0,1)$，这是一个非凸的集合，且在 $q=0$ 时其等价于所有秩为 1 的矩阵集合

㊀ 由于奇异值的定义是非负的，故不需要绝对值也可以.

还有很多其他的统计模型——除了多元回归——其中秩约束起着非常重要的作用，而核范数松弛对其中的很多问题都是很有用的. 这些问题将在第 10 章中展开讨论.

9.2　可分解正则项及其用途

刚刚介绍了一般的 M 估计(9.3)并且通过不同的例子阐述了 M 估计，我们现在考虑控制估计误差 $\hat{\boldsymbol{\theta}}-\boldsymbol{\theta}^*$ 的技巧. 分析的第一个部分是正则化项的一个称为可分解性的性质. 这是一个关于正则化项在一些子空间对上如何表现的几何性质. ℓ_1 范数是一个可分解范数的典型例子，但是许多其他范数同样具有这个性质. 如命题 9.13 所示，可分解性意味着 M 估计的任意最优解 $\hat{\boldsymbol{\theta}}$ 属于某个非常特殊的集合.

从这里开始，我们假设给集合 Ω 定义了一个内积 $\langle\cdot,\cdot\rangle$，且我们用 $\|\cdot\|$ 来记由这个内积诱导的范数. 记住，标准例子是

- 有通常的欧几里得内积的空间 $\mathbb{R}^d$，或者更一般的有加权欧几里得内积，以及
- 有迹内积(10.1)的空间 $\mathbb{R}^{d_1\times d_2}$.

给定一个向量 $\boldsymbol{\theta}\in\Omega$ 和 Ω 的一个子空间 $\mathbb{S}$，我们用 $\boldsymbol{\theta}_{\mathbb{S}}$ 表示 $\boldsymbol{\theta}$ 在 $\mathbb{S}$ 上的投影. 准确地说，我们有

$$\boldsymbol{\theta}_{\mathbb{S}}:=\arg\min_{\widetilde{\boldsymbol{\theta}}\in\mathbb{S}}\|\widetilde{\boldsymbol{\theta}}-\boldsymbol{\theta}\|^2 \tag{9.20}$$

这些投影稍后会起到很重要的作用；例子参加习题 9.2.

9.2.1　定义和一些例子

一个可分解的正则项的概念是用 $\mathbb{R}^d$ 上的一对子空间 $\mathbb{M}\subseteq\overline{\mathbb{M}}$ 来定义的. 模型子空间 $\mathbb{M}$ 的作用是刻画由模型确定的限制条件；例如，如下面给出的例子所示，它可能是有特定支撑集的向量子空间或是低秩矩阵的一个子空间. 空间 $\overline{\mathbb{M}}$ 的正交补空间，即集合

$$\overline{\mathbb{M}}^{\perp}:=\{\boldsymbol{v}\in\mathbb{R}^d\mid\langle\boldsymbol{u},\boldsymbol{v}\rangle=0\quad\text{对于所有 }\boldsymbol{u}\in\overline{\mathbb{M}}\} \tag{9.21}$$

称为扰动子空间，表示与模型子空间 $\mathbb{M}$ 的偏差. 在理想的情况下，我们有 $\overline{\mathbb{M}}^{\perp}=\mathbb{M}^{\perp}$，但这里的定义允许 $\overline{\mathbb{M}}$ 严格大于 $\mathbb{M}$，此时 $\overline{\mathbb{M}}^{\perp}$ 严格小于 $\mathbb{M}^{\perp}$. 这个一般性在处理低秩矩阵和核范数的情形时是需要的，第 10 章将具体阐述.

定义 9.9　给定一对子空间 $\mathbb{M}\subseteq\overline{\mathbb{M}}$ 以及一个基于范数的正则化项 Φ 相对 $(\mathbb{M},\overline{\mathbb{M}}^{\perp})$ 是可分解的，若

$$\Phi(\boldsymbol{\alpha}+\boldsymbol{\beta})=\Phi(\boldsymbol{\alpha})+\Phi(\boldsymbol{\beta})\quad\text{对任意 }\boldsymbol{\alpha}\in\mathbb{M}\text{ 和 }\boldsymbol{\beta}\in\overline{\mathbb{M}}^{\perp} \tag{9.22}$$

对这一定义的几何阐述见图 9.6. 为了得到一些直观解释，我们考虑理想情形 $\mathbb{M}=\overline{\mathbb{M}}$，因此分解(9.22)对任意 $(\boldsymbol{\alpha},\boldsymbol{\beta})\in\mathbb{M}\times\mathbb{M}^{\perp}$ 成立. 对任意给定的这种形式的 $(\boldsymbol{\alpha},\boldsymbol{\beta})$，向量 $\boldsymbol{\alpha}+\boldsymbol{\beta}$ 可以理解成模型向量 $\boldsymbol{\alpha}$ 远离子空间 $\mathbb{M}$ 的扰动，理想状况是正则化项尽可能多地惩罚这样的偏差. 由范数的三角不等式，我们总是有 $\Phi(\boldsymbol{\alpha}+\boldsymbol{\beta})\leqslant\Phi(\boldsymbol{\alpha})+\Phi(\boldsymbol{\beta})$，因此可分解性条件(9.22)成立当且仅当三角不等式对所有 $(\boldsymbol{\alpha},\boldsymbol{\beta})\in(\mathbb{M},\mathbb{M}^{\perp})$ 是紧的. 在这种情形下，正则化项正好尽

可能多地惩罚了远离模型空间 $\mathbb{M}$ 的偏差.

我们考虑一些例子.

例 9.10(可分解性和稀疏向量)　我们从 ℓ_1 范数开始，它是一个可分解正则化项的典型例子. 令 S 为指标集 $\{1,\cdots,d\}$的一个给定的子集以及 S^c 为其补集. 那么我们定义模型子空间

$$\mathbb{M}\equiv\mathbb{M}(S):=\{\boldsymbol{\theta}\in\mathbb{R}^d\,|\,\theta_j=0\quad 对任意\ j\in S^c\} \tag{9.23}$$

对应所有支撑集在 S 上的向量集合. 注意

$$\mathbb{M}^{\perp}(S):=\{\theta\in\mathbb{R}^d\,|\,\theta_j=0\quad 对任意\ j\in S\}$$

由这些定义，可以很容易看出对任意向量对 $\boldsymbol{\alpha}\in\mathbb{M}(S)$和 $\boldsymbol{\beta}\in\mathbb{M}^{\perp}(S)$，我们有

$$\|\boldsymbol{\alpha}+\boldsymbol{\beta}\|_1=\|\boldsymbol{\alpha}\|_1+\|\boldsymbol{\beta}\|_1$$

这表明 ℓ_1 范数基于($\mathbb{M}(S)$、$\mathbb{M}^{\perp}(S)$)是可分解的. ♣

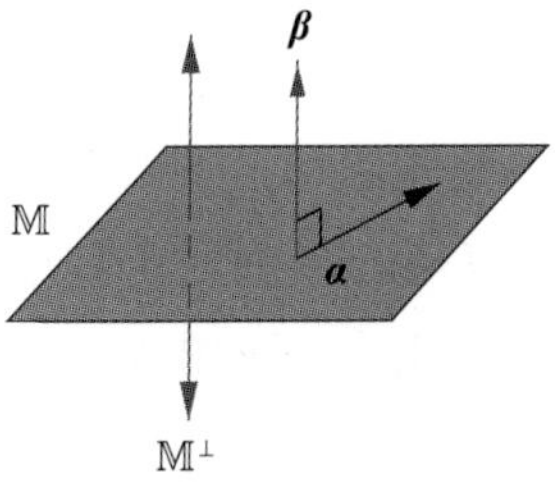

图 9.6　在理想的情形下，可分解性定义在一对子空间($\mathbb{M}$, $\mathbb{M}^{\perp}$)上. 对任意 $\boldsymbol{\alpha}\in\mathbb{M}$ 和 $\boldsymbol{\beta}\in\mathbb{M}^{\perp}$，正则化项应该可分解为 $\Phi(\boldsymbol{\alpha}+\boldsymbol{\beta})=\Phi(\boldsymbol{\alpha})+\Phi(\boldsymbol{\beta})$

例 9.11(可分解性和组稀疏范数)　我们现在考虑组 Lasso 范数(9.9)的可分解性概念. 在这种情形下，子空间是用组的子集来定义的. 更准确地说，给定任意组下标集的子集 $S_{\mathcal{G}}\subset\mathcal{G}$，考虑集合

$$\mathbb{M}(S_{\mathcal{G}}):=\{\boldsymbol{\theta}\in\Omega\,|\,\theta_g=0\quad 对任意\ g\notin S_{\mathcal{G}}\} \tag{9.24}$$

对应的向量子空间其支撑集只在组下标为 $S_{\mathcal{G}}$ 的组上. 注意正交子空间为 $\mathbb{M}^{\perp}(S_{\mathcal{G}})=\{\boldsymbol{\theta}\in\Omega\,|\,\theta_g=0$ 对任意 $g\in S_{\mathcal{G}}\}$. 令 $\boldsymbol{\alpha}\in\mathbb{M}(S_{\mathcal{G}})$和 $\boldsymbol{\beta}\in\mathbb{M}^{\perp}(S_{\mathcal{G}})$是任意的，我们有

$$\Phi(\boldsymbol{\alpha}+\boldsymbol{\beta})=\sum_{g\in S_{\mathcal{G}}}\|\boldsymbol{\alpha}_g\|+\sum_{g\in S_{\mathcal{G}}^c}\|\boldsymbol{\beta}_g\|=\Phi(\boldsymbol{\alpha})+\Phi(\boldsymbol{\beta})$$

这就说明了组范数基于($\mathbb{M}(S_{\mathcal{G}})$、$\mathbb{M}^{\perp}(S_{\mathcal{G}})$)是可分解的. ♣

在先前的例子中，我们考虑了不重叠组的情形. 自然地会问，同样的可分解性——基于($\mathbb{M}(S_{\mathcal{G}})$，$\mathbb{M}^{\perp}(S_{\mathcal{G}})$)——在允许组重叠时仍然对通常的组 Lasso$\|\boldsymbol{\theta}\|_{\mathcal{G}}=\sum_{g\in\mathcal{G}}\|\theta_g\|$ 是否成立. 稍微思考一下可看到这一般是不成立的：例如，在 $\boldsymbol{\theta}\in\mathbb{R}^4$ 时，考虑有重叠的组 $g_1=\{1,2\}$，$g_2=\{2,3\}$，$g_3=\{3,4\}$. 如果我们令 $S_{\mathcal{G}}=\{g_1\}$，则

$$\mathbb{M}^{\perp}(S_{\mathcal{G}})=\{\boldsymbol{\theta}\in\mathbb{R}^4\,|\,\theta_1=\theta_2=0\}$$

向量 $\boldsymbol{\alpha}=[0\quad 1\quad 0\quad 0]$属于 $\mathbb{M}(S_{\mathcal{G}})$以及向量 $\boldsymbol{\beta}=[0\quad 0\quad 1\quad 0]$属于 $\mathbb{M}^{\perp}(S_{\mathcal{G}})$. 在组 ℓ_1/ℓ_2 范数 $\|\boldsymbol{\theta}\|_{\mathcal{G},2}=\sum_{g\in\mathcal{G}}\|\theta_g\|_2$ 情形下，我们可以得到$\|\boldsymbol{\alpha}+\boldsymbol{\beta}\|_{\mathcal{G},2}=1+\sqrt{2}+1$，但是

$$\|\boldsymbol{\alpha}\|_{\mathcal{G},2}+\|\boldsymbol{\beta}\|_{\mathcal{G},2}=1+1+1+1=4>2+\sqrt{2} \tag{9.25}$$

这说明了可分解性不成立. 然而，这个问题可以用一个不同的子空间对来解决，通过利用 $\overline{\mathbb{M}}\supsetneq\mathbb{M}$ 带来的额外的自由度. 我们在下面例子中阐述这个过程.

例 9.12(带重叠组的一般组 Lasso 的可分解性)　如前所述，令 $S_{\mathcal{G}}$ 为一个组下标为 $\mathcal{G}$ 的子集，并定义子空间 $\mathbb{M}(S_{\mathcal{G}})$. 我们然后定义扩充的组集合

$$\widetilde{S}_{\mathcal{G}}:=\{g\in\mathcal{G}\mid g\cap\bigcup_{h\in S_{\mathcal{G}}}h\neq\varnothing\}\tag{9.26}$$

对应那些与 $S_{\mathcal{G}}$ 中组有非空交集的组的集合. 注意在不交组情形下，我们有 $\widetilde{S}_{\mathcal{G}}=S_{\mathcal{G}}$，在更一般有重叠组情形下则有 $\widetilde{S}_{\mathcal{G}}\supseteq S_{\mathcal{G}}$. 这一扩充集合定义了子空间 $\overline{\mathbb{M}}:=\mathbb{M}(\widetilde{S}_{\mathcal{G}})\supseteq\mathbb{M}(S_{\mathcal{G}})$，而我们要说明带重叠组范数基于$(\mathbb{M}(S_{\mathcal{G}}),\ \mathbb{M}^{\perp}(\widetilde{S}_{\mathcal{G}}))$是可分解的.

事实上，令 $\boldsymbol{\alpha}$ 和 $\boldsymbol{\beta}$ 分别是 $\mathbb{M}(S_{\mathcal{G}})$ 和 $\mathbb{M}^{\perp}(S_{\mathcal{G}})$ 中的任意一个元素. 注意 $\mathbb{M}^{\perp}(\widetilde{S}_{\mathcal{G}})$ 中的任意元素的支撑集只能在子集 $\bigcup_{h\notin\widetilde{S}_{\mathcal{G}}}h$ 上；与此同时，这个子集与 $\bigcup_{g\in S_{\mathcal{G}}}g$ 没有重叠，而 $\mathbb{M}(S_{\mathcal{G}})$ 中的任意元素的支撑集只在后者这个子集上. 作为这些性质的一个结论，我们有

$$\|\boldsymbol{\alpha}+\boldsymbol{\beta}\|_{\mathcal{G}}=\sum_{g\in\mathcal{G}}(\boldsymbol{\alpha}+\boldsymbol{\beta})_g=\sum_{g\in\widetilde{S}_{\mathcal{G}}}\alpha_g+\sum_{g\notin\widetilde{S}_{\mathcal{G}}}\beta_g=\|\boldsymbol{\alpha}\|_{\mathcal{G}}+\|\boldsymbol{\beta}\|_{\mathcal{G}}$$

正是所要说明的. ♣

值得注意的是，我们先前的反例(9.25)是排除在例 9.12 给出的构造之外的. 对于组 $g_1=\{1,2\}$，$g_2=\{2,3\}$，$g_3=\{3,4\}$和子集 $S_{\mathcal{G}}=\{g_1\}$，我们有 $\widetilde{S}_{\mathcal{G}}=\{g_1,g_2\}$. 向量 $\boldsymbol{\beta}=[0\quad 0\quad 1\quad 0]$属于子空间

$$\mathbb{M}^{\perp}(S_{\mathcal{G}})=\{\boldsymbol{\theta}\in\mathbb{R}^d\mid\theta_1=\theta_2=0\}$$

但它不属于更小的子空间

$$\mathbb{M}^{\perp}(\widetilde{S}_{\mathcal{G}})=\{\boldsymbol{\theta}\in\mathbb{R}^4\mid\theta_1=\theta_2=\theta_3=0\}$$

因此，其与可分解性并不矛盾. 然而，注意在扩大增广集合 $\mathbb{M}(\widetilde{S}_{\mathcal{G}})$时我们需要付出一个统计上的代价：如我们之后的结果所述，统计估计误差会与这个集合的大小成比例.

如先前所讨论的，很多问题会涉及估计低秩矩阵，这时候核范数(9.19)起着重要作用. 在第 10 章中，我们展示了核范数在适当选取的子空间上具有可分解性. 不像我们之前的例子(那里 $\mathbb{M}=\overline{\mathbb{M}}$)，在这种情形下我们需要充分利用定义的灵活性，并选择 $\overline{\mathbb{M}}$ 为一个严格大于 $\mathbb{M}$ 的子集.

最后，值得指出的是在不相交参数集合上可分解的正则化项之和仍然是可分解的：即若 Φ_1 和 Φ_2 分别基于子空间 Ω_1 和 Ω_2 是可分解的，那么和 $\Phi_1+\Phi_2$ 在原子空间扩展的笛卡儿乘积空间 $\Omega_1\times\Omega_2$ 上仍是可分解的. 例如，这个性质在第 10 章中讨论的矩阵分解问题中非常有用，其中涉及一对矩阵 $\boldsymbol{\Lambda}$ 和 $\boldsymbol{\Gamma}$ 以及相应的正则化项 $\Phi_1(\boldsymbol{\Lambda})=|||\boldsymbol{\Lambda}|||_{\text{nuc}}$ 和 $\Phi_2(\boldsymbol{\Gamma})=\|\boldsymbol{\Gamma}\|_1$.

9.2.2　可分解性的一个关键结果

为什么可分解性在 M 估计中如此重要？最终，我们的目的是给出优化问题(9.3)的任意全局最优解和未知参数 $\boldsymbol{\theta}^*$ 之间的误差向量 $\hat{\Delta}:=\hat{\boldsymbol{\theta}}-\boldsymbol{\theta}^*$ 的界. 在这一节中，我们展示可分解性——结合一个合适的正则化权重 λ_n——可以确保误差 $\hat{\Delta}$ 一定落在一个严格限制的集合中.

为了确定一个“合适的”正则化参数 λ_n，我们需要定义与正则化项相关的对偶范数. 给定任意范数 Φ：$\mathbb{R}^d\to\mathbb{R}$，其对偶范数以一个变分方式定义为

$$\Phi^*(\boldsymbol{v}) := \sup_{\Phi(\boldsymbol{u})\leqslant 1} \langle \boldsymbol{u}, \nu \rangle \tag{9.27}$$

表 9.1 给出了很多对偶范数对的例子.

表 9.1　不同情形下的原始和对偶正则化项. 关于这些对应关系的验证参见习题 9.4 和 9.5

正则化项 Φ	对偶范数 Φ^*
ℓ_1 范数　$\Phi(\boldsymbol{u}) = \sum_{j=1}^{d} \lvert u_j \rvert$	ℓ_∞ 范数　$\Phi^*(\boldsymbol{\nu}) = \lVert \boldsymbol{\nu} \rVert_\infty = \max_{j=1,\cdots,d} \lvert \nu_j \rvert$
组 ℓ_1/ℓ_p 范数　$\Phi(\boldsymbol{u}) = \sum_{g\in\mathcal{G}} \lVert u_g \rVert_p$ 没有重叠组	组 ℓ_∞/ℓ_q 范数　$\Phi^*(\boldsymbol{\nu}) = \max_{g\in\mathcal{G}} \lVert \nu_g \rVert_q$ $\frac{1}{p}+\frac{1}{q}=1$
核范数　$\Phi(\boldsymbol{M}) = \sum_{j=1}^{d} \sigma_j(\boldsymbol{M})$	ℓ_2 算子范数　$\Phi^*(\boldsymbol{N}) = \max_{j=1,\cdots,d} \sigma_j(\boldsymbol{N})$ $d=\min\{d_1, d_2\}$
重叠组范数 $\Phi(\boldsymbol{u}) = \inf_{u=\sum_{g\in\mathcal{G}} w_g} \lVert w_g \rVert_p$	重叠对偶范数 $\Phi^*(\nu) = \max_{g\in\mathcal{G}} \lVert \nu_g \rVert_q$
稀疏低秩可分解范数 $\Phi_\omega(\boldsymbol{M}) = \inf_{\boldsymbol{M}=\boldsymbol{A}+\boldsymbol{B}} \{ \lVert \boldsymbol{A} \rVert_1 + \omega \lvert\lvert\lvert \boldsymbol{B} \rvert\rvert\rvert_{\text{nuc}} \}$	带权最大范数 $\Phi^*(\boldsymbol{N}) = \max\{ \lVert \boldsymbol{N} \rVert_{\max}, \omega^{-1} \lvert\lvert\lvert \boldsymbol{N} \rvert\rvert\rvert_2 \}$

我们对正则化参数的选取基于随机向量 $\nabla \mathcal{L}_n(\boldsymbol{\theta}^*)$——经验损失的梯度在 $\boldsymbol{\theta}^*$ 处的取值，称为得分函数. 在一般的正则性条件下，我们有 $\mathbb{E}[\nabla \mathcal{L}_n(\boldsymbol{\theta}^*)] = \nabla \overline{\mathcal{L}}(\boldsymbol{\theta}^*)$. 所以，当目标参数 $\boldsymbol{\theta}^*$ 落在参数空间 Ω 的内点处时，由最小化问题(9.2)的最优化条件，随机向量 $\nabla \mathcal{L}_n(\boldsymbol{\theta}^*)$ 均值为零. 在理想情况下，我们希望得分函数不会太大，通过对偶范数度量其波动性，从而定义“好的事件”

$$\mathbb{G}(\lambda_n) := \left\{ \Phi^*(\nabla \mathcal{L}_n(\boldsymbol{\theta}^*)) \leqslant \frac{\lambda_n}{2} \right\} \tag{9.28}$$

在这一设定下，我们可以阐述这一节的主要技术性结果了. 读者需要回顾一下子空间投影算子(9.20)的定义.

命题 9.13　令 $\mathcal{L}_n$：$\Omega \to \mathbb{R}$ 为一个凸函数，令正则化项 Φ：$\Omega \to [0, \infty)$ 为一个范数，并考虑一个合适的子空间对$(\mathbb{M}, \overline{\mathbb{M}}^\perp)$使得 Φ 在其上是可分解的. 则在给定事件 $\mathbb{G}(\lambda_n)$ 的条件下，误差 $\hat{\Delta} = \hat{\boldsymbol{\theta}} - \boldsymbol{\theta}^*$ 属于集合

$$\mathbb{C}_{\boldsymbol{\theta}^*}(\mathbb{M}, \overline{\mathbb{M}}^\perp) := \{ \Delta \in \Omega \mid \Phi(\Delta_{\overline{\mathbb{M}}^\perp}) \leqslant 3\Phi(\Delta_{\overline{\mathbb{M}}}) + 4\Phi(\boldsymbol{\theta}^*_{\mathbb{M}^\perp}) \} \tag{9.29}$$

当子空间$(\mathbb{M}, \overline{\mathbb{M}}^\perp)$和参数 $\boldsymbol{\theta}^*$ 根据上下文定义明确时，我们引入缩写 $\mathbb{C}$. 图 9.7 给出了集合 $\mathbb{C}$ 的几何结构的一个阐述. 为了理解它的意义，我们考虑 $\boldsymbol{\theta}^* \in \mathbb{M}$ 的特殊情形，此时 $\boldsymbol{\theta}^*_{\mathbb{M}^\perp} = 0$. 在

这种情形下，$\mathbb{C}$ 中的成员 $\hat{\Delta}$ 意味着 $\Phi(\hat{\Delta}_{\overline{\mathbb{M}}^{\perp}})\leqslant 3\Phi(\hat{\Delta}_{\overline{\mathbb{M}}})$，因此有

$$\Phi(\hat{\Delta})=\Phi(\hat{\Delta}_{\overline{\mathbb{M}}}+\hat{\Delta}_{\overline{\mathbb{M}}^{\perp}})\leqslant\Phi(\hat{\Delta}_{\overline{\mathbb{M}}})+\Phi(\hat{\Delta}_{\overline{\mathbb{M}}^{\perp}})\leqslant 4\Phi(\hat{\Delta}_{\overline{\mathbb{M}}})\tag{9.30}$$

所以，当通过由正则化项定义的范数度量时，向量 $\hat{\Delta}$ 只比投影量 $\hat{\Delta}_{\overline{\mathbb{M}}}$ 大一个常数倍. 只要子空间 $\overline{\mathbb{M}}$ 相对较小，这个不等式可以很好地控制住 $\hat{\Delta}$.

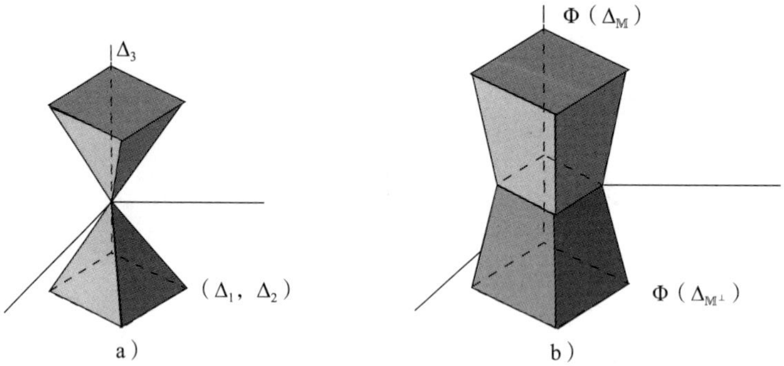

图 9.7　特殊情况下集合 $\mathbb{C}_{\boldsymbol{\theta}^*}(\mathbb{M},\overline{\mathbb{M}}^{\perp})$的示意图，其中 $\Delta=(\Delta_1,\Delta_2,\Delta_3)\in\mathbb{R}^3$ 以及正则化项 $\Phi(\Delta)=\|\Delta\|_1$，对应于稀疏向量(例 9.1). 这张图展示了 $S=\{3\}$的情形，因此模型子空间是 $\mathbb{M}(S)=\{\Delta\in\mathbb{R}^3\mid\Delta_1=\Delta_2=0\}$，其正交补为 $\mathbb{M}^{\perp}(S)=\{\Delta\in\mathbb{R}^3\mid\Delta_3=0\}$. a) 在 $\theta_1^*=\theta_2^*=0$ 的特殊情形下，此时 $\boldsymbol{\theta}^*\in\mathbb{M}$，集合 $\mathbb{C}(\mathbb{M},\mathbb{M}^{\perp})$是一个锥，不依赖于 $\boldsymbol{\theta}^*$. b) 当 $\boldsymbol{\theta}^*$ 不属于 $\mathbb{M}$ 时，集合 $\mathbb{C}(\mathbb{M},\mathbb{M}^{\perp})$在张成 $\mathbb{M}^{\perp}$ 的坐标(Δ_1,Δ_2)上扩大了. 它不再是一个锥，但仍然是一个星形集

我们回到命题的证明.

证明　我们的证明是基于函数 $\mathcal{F}$: $\Omega\to\mathbb{R}$，定义为

$$\mathcal{F}(\Delta):=\mathcal{L}_n(\boldsymbol{\theta}^*+\Delta)-\mathcal{L}_n(\boldsymbol{\theta}^*)+\lambda_n\{\Phi(\boldsymbol{\theta}^*+\Delta)-\Phi(\boldsymbol{\theta}^*)\}\tag{9.31}$$

由构造，我们有 $\mathcal{F}(\mathbf{0})=0$，因此 $\hat{\boldsymbol{\theta}}$ 的最优性保证了误差向量 $\hat{\Delta}=\hat{\boldsymbol{\theta}}-\boldsymbol{\theta}^*$ 一定满足条件 $\mathcal{F}(\hat{\Delta})\leqslant 0$，对应了这种一般情形下的一个基本不等式. 我们的目标是利用这个结果来得到结论(9.29). 为此，我们需要对 $\mathcal{F}$ 的两个部分进行控制，总结如下.

引理 9.14(偏差不等式)　对任意可分解的正则化项和参数 $\boldsymbol{\theta}^*$ 及 Δ，我们有

$$\Phi(\boldsymbol{\theta}^*+\Delta)-\Phi(\boldsymbol{\theta}^*)\geqslant\Phi(\Delta_{\overline{\mathbb{M}}^{\perp}})-\Phi(\Delta_{\overline{\mathbb{M}}})-2\Phi(\boldsymbol{\theta}^*_{\mathbb{M}^{\perp}})\tag{9.32}$$

此外，对任意凸函数 $\mathcal{L}_n$，给定事件 $\mathbb{G}(\lambda_n)$的条件下，我们有

$$\mathcal{L}_n(\boldsymbol{\theta}^*+\Delta)-\mathcal{L}_n(\boldsymbol{\theta}^*)\geqslant-\frac{\lambda_n}{2}[\Phi(\Delta_{\overline{\mathbb{M}}})+\Phi(\Delta_{\overline{\mathbb{M}}^{\perp}})]\tag{9.33}$$

给定这一引理，命题 9.13 的结论可以直接得到. 事实上，结合两个下界(9.32)和(9.33)，我们得到

$$0\geqslant\mathcal{F}(\hat{\Delta})\geqslant\lambda_n\{\Phi(\Delta_{\overline{\mathbb{M}}^{\perp}})-\Phi(\Delta_{\overline{\mathbb{M}}})-2\Phi(\boldsymbol{\theta}^*_{\mathbb{M}^{\perp}})\}-\frac{\lambda_n}{2}\{\Phi(\Delta_{\overline{\mathbb{M}}})+\Phi(\Delta_{\overline{\mathbb{M}}^{\perp}})\}$$

$$=\frac{\lambda_n}{2}\{\Phi(\Delta_{\overline{\mathbb{M}}^{\perp}})-3\Phi(\Delta_{\overline{\mathbb{M}}})-4\Phi(\boldsymbol{\theta}^*_{\mathbb{M}^{\perp}})\}$$

即得命题的结论.

因此，余下仅需证明引理 9.14，这里我们利用了正则化项的可分解性. 由于 $\Phi(\boldsymbol{\theta}^*+\Delta)=\Phi(\boldsymbol{\theta}^*_{\mathbb{M}}+\boldsymbol{\theta}^*_{\mathbb{M}^{\perp}}+\Delta_{\overline{\mathbb{M}}}+\Delta_{\overline{\mathbb{M}}^{\perp}})$，应用三角不等式得到

$$\Phi(\boldsymbol{\theta}^*+\Delta)\geqslant\Phi(\boldsymbol{\theta}^*_{\mathbb{M}}+\Delta_{\overline{\mathbb{M}}^{\perp}})-\Phi(\boldsymbol{\theta}^*_{\mathbb{M}^{\perp}}+\Delta_{\overline{\mathbb{M}}})\geqslant\Phi(\boldsymbol{\theta}^*_{\mathbb{M}}+\Delta_{\overline{\mathbb{M}}^{\perp}})-\Phi(\boldsymbol{\theta}^*_{\mathbb{M}^{\perp}})-\Phi(\Delta_{\overline{\mathbb{M}}})$$

对 $\boldsymbol{\theta}^*_{\mathbb{M}}$ 和 $\Delta_{\overline{\mathbb{M}}^{\perp}}$ 利用可分解性，我们有 $\Phi(\boldsymbol{\theta}^*_{\mathbb{M}}+\Delta_{\overline{\mathbb{M}}^{\perp}})=\Phi(\boldsymbol{\theta}^*_{\mathbb{M}})+\Phi(\Delta_{\overline{\mathbb{M}}^{\perp}})$，因此

$$\Phi(\boldsymbol{\theta}^*+\Delta)\geqslant\Phi(\boldsymbol{\theta}^*_{\mathbb{M}})+\Phi(\Delta_{\overline{\mathbb{M}}^{\perp}})-\Phi(\boldsymbol{\theta}^*_{\mathbb{M}^{\perp}})-\Phi(\Delta_{\overline{\mathbb{M}}}) \tag{9.34}$$

类似地，由三角不等式，我们有 $\Phi(\boldsymbol{\theta}^*)\leqslant\Phi(\boldsymbol{\theta}^*_{\mathbb{M}})+\Phi(\boldsymbol{\theta}^*_{\mathbb{M}^{\perp}})$. 结合这个不等式和界(9.34)，我们得到

$$\begin{aligned}\Phi(\boldsymbol{\theta}^*+\Delta)-\Phi(\boldsymbol{\theta}^*)&\geqslant\Phi(\boldsymbol{\theta}^*_{\mathbb{M}})+\Phi(\Delta_{\overline{\mathbb{M}}^{\perp}})-\Phi(\boldsymbol{\theta}^*_{\mathbb{M}^{\perp}})-\Phi(\Delta_{\overline{\mathbb{M}}})-\{\Phi(\boldsymbol{\theta}^*_{\mathbb{M}})+\Phi(\boldsymbol{\theta}^*_{\mathbb{M}^{\perp}})\}\\&=\Phi(\Delta_{\overline{\mathbb{M}}^{\perp}})-\Phi(\Delta_{\overline{\mathbb{M}}})-2\Phi(\boldsymbol{\theta}^*_{\mathbb{M}^{\perp}})\end{aligned}$$

这就导出了结论(9.32).

回到损失的差，利用损失函数 $\mathcal{L}_n$ 的凸性，我们有

$$\mathcal{L}_n(\boldsymbol{\theta}^*+\Delta)-\mathcal{L}_n(\boldsymbol{\theta}^*)\geqslant\langle\nabla\mathcal{L}_n(\boldsymbol{\theta}^*),\Delta\rangle\geqslant-|\langle\nabla\mathcal{L}_n(\boldsymbol{\theta}^*),\Delta\rangle|$$

对正则化项及其对偶利用 Hölder 不等式(见习题 9.7)，我们有

$$|\langle\nabla\mathcal{L}_n(\boldsymbol{\theta}^*),\Delta\rangle|\leqslant\Phi^*(\nabla\mathcal{L}_n(\boldsymbol{\theta}^*))\Phi(\Delta)\leqslant\frac{\lambda_n}{2}[\Phi(\Delta_{\overline{\mathbb{M}}})+\Phi(\Delta_{\overline{\mathbb{M}}^{\perp}})]$$

其中最后一步用到了三角不等式以及假设的 $\lambda_n\geqslant 2\Phi^*(\nabla\mathcal{L}_n(\boldsymbol{\theta}^*))$. 综上所述就得到了要证的界(9.33). 这完成了引理 9.14 的证明，因此也完成了对命题的证明. □

9.3 受限曲率条件

我们现在考虑一般框架的第二个部分，主要关注损失函数的曲率. 在讨论一般的高维情形之前，我们回顾一下极大似然估计中曲率的重要作用，它是通过 Fisher 信息矩阵形式出现的. 在独立同分布的条件下，极大似然的原理等价于最小化损失函数

$$\mathcal{L}_n(\boldsymbol{\theta}):=-\frac{1}{n}\sum_{i=1}^{n}\log\mathbb{P}_{\boldsymbol{\theta}}(z_i) \tag{9.35}$$

这个损失函数的 Hesse 矩阵 $\nabla^2\mathcal{L}_n(\boldsymbol{\theta})$ 是样本形式的 Fisher 信息矩阵；当 d 固定而样本大小 n 趋向无穷时，其在逐点意义下收敛到总体的 Fisher 信息 $\nabla^2\overline{\mathcal{L}}(\boldsymbol{\theta})$. 回顾总体损失函数 $\overline{\mathcal{L}}$ 在表达式(9.1)中定义的. Fisher 信息矩阵在 $\boldsymbol{\theta}^*$ 处的取值通过 Cramér-Rao 下界的方式度量了任意统计估计的精确度下界. 作为一个二阶导数，Fisher 信息矩阵 $\nabla^2\overline{\mathcal{L}}(\boldsymbol{\theta}^*)$ 刻画了损失函数在点 $\boldsymbol{\theta}^*$ 处的曲率.

在高维情形下，这个故事变得稍微复杂了一点. 特别地，只要 $n<d$，那么样本 Fisher 信息矩阵 $\nabla^2\mathcal{L}_n(\boldsymbol{\theta}^*)$ 是秩退化的. 从几何上来说，这个秩退化意味着损失函数具有图 9.8 的形式：损失函数在一些特定方向上是弯曲的，同时有 $d-n$ 个方向在二阶意义下是平的. 因此，高维情形排除了任何类型的一致曲率下界，而我们只能希望获得某些形式的受限曲

率. 有几种方式可以介绍这一概念，我们在下面的章节中介绍两种，第一种是基于控制一阶泰勒级数展开误差项的下界，另一种则是直接控制梯度映射的曲率下界.

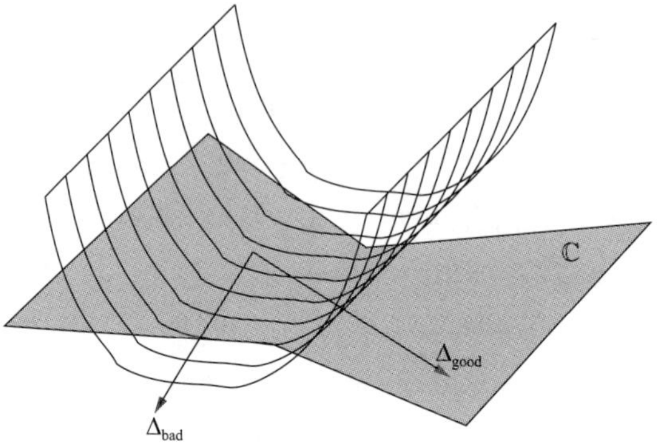

图 9.8　损失函数 $\boldsymbol{\theta} \mapsto \mathcal{L}_n(\boldsymbol{\theta};\ Z_1^n)$的示意图. 在高维情形下($d>n$)，尽管在特定方向上可能是弯曲的(例如 Δ_{good})，同样有 $d-n$ 个方向在二阶意义下是平的(例如 Δ_{bad})

受限强凸性

我们从受限强凸性的概念开始，它是由泰勒级数展开来定义的. 给定任意可微的损失函数，我们可以用梯度来给出一阶泰勒近似，由此定义了一阶泰勒级数误差

$$\mathcal{E}_n(\Delta) := \mathcal{L}_n(\boldsymbol{\theta}^* + \Delta) - \mathcal{L}_n(\boldsymbol{\theta}^*) - \langle \nabla \mathcal{L}_n(\boldsymbol{\theta}^*), \Delta \rangle \tag{9.36}$$

只要当函数 $\boldsymbol{\theta} \mapsto \mathcal{L}_n(\boldsymbol{\theta})$是凸的时，这个误差项一定是非负的. ㊀强凸性要求这个下界对一个二次型松弛成立：特别地，对一个给定的范数$\|\cdot\|$，损失函数在 $\boldsymbol{\theta}^*$ 处是局部 κ-强凸的，如果一阶泰勒误差有下界

$$\mathcal{E}_n(\Delta) \geqslant \frac{\kappa}{2}\|\Delta\|^2 \tag{9.37}$$

对原点周围邻域内的任意 Δ 成立. 如之前讨论的，这个强凸性的概念对一般高维问题是不成立的. 但是对可分解的正则化项，我们已经看到(命题 9.13)误差向量一定属于一个很特殊的集合，而我们用这个结论来定义受限强凸性的概念.

定义 9.15　对一个给定范数$\|\cdot\|$及正则化项 $\Phi(\cdot)$，损失函数满足半径为 $R>0$，曲率 $\kappa>0$，容忍度为 τ_n^2 的一个受限强凸性(restricted strong convexity，RSC)条件，若

$$\mathcal{E}_n(\Delta) \geqslant \frac{\kappa}{2}\|\Delta\|^2 - \tau_n^2 \Phi^2(\Delta) \quad 对于所有\ \Delta \in \mathbb{B}(R) \tag{9.38}$$

为了明确这个定义中的一些概念，集合 $\mathbb{B}(R)$是由给定范数$\|\cdot\|$定义的单位球. 在我们应用 RSC 的时候，范数$\|\cdot\|$会由空间 Ω 的内积导出的. 标准的情形包括 $\mathbb{R}^d$ 上通常的 Euclid 范数，以及矩阵空间 $\mathbb{R}^{d_1 \times d_2}$ 上的 Frobenius 范数. 不同类型的加权二次型范数也属于这个一

㊀ 事实上，对可微函数，这个性质可以看作凸性的一个等价定义.

般类.

注意，如果我们设定容忍度 $\tau_n^2=0$，则 RSC 条件(9.38)等价于要求 $\mathcal{L}_n$ 在 $\boldsymbol{\theta}^*$ 的一个邻域内是参数为 κ 的局部强凸的. 如先前所讨论的，在高维情形下这样的强凸性条件是不成立的. 然而，由于我们的目标是证明 M 估计的误差界，我们并不是对所有方向都感兴趣，而只是那些误差向量 $\hat{\Delta}=\hat{\boldsymbol{\theta}}-\boldsymbol{\theta}^*$ 所在的方向. 对可分解的正则化项，命题 9.13 保证了误差向量一定落在一个很特殊的“锥形”的集合 $\mathbb{C}_{\boldsymbol{\theta}^*}(\mathbb{M},\overline{\mathbb{M}}^{\perp})$ 上. 即使对一个严格正的容忍度 $\tau_n^2>0$，只要样本大小足够大，一个形式为(9.38)的 RSC 条件可以用来保证在这个限制集上的曲率下界. 我们会在考虑定义 9.15 的一些具体例子之后把这个直觉具体化.

例 9.16(最小二乘损失的受限特征值)　在这个例子中，我们展示受限特征值条件(见第 7 章的定义 7.12)是如何对应一个受限强凸性的特殊情形的. 对最小二乘目标函数 $\mathcal{L}_n(\boldsymbol{\theta})=\frac{1}{2n}\|\boldsymbol{y}-\boldsymbol{X}\boldsymbol{\theta}\|_2^2$，一个简单的计算可导出一阶泰勒误差为 $\mathcal{E}_n(\Delta)=\frac{\|\boldsymbol{X}\Delta\|_2^2}{2n}$. 基于 ℓ_1 范数的受限强凸性条件形式为

$$\frac{\|\boldsymbol{X}\Delta\|_2^2}{2n}\geqslant\frac{\kappa}{2}\|\Delta\|_2^2-\tau_n^2\|\Delta\|_1^2\quad 对任意\ \Delta\in\mathbb{R}^d \tag{9.39}$$

对很多不同类型的次高斯矩阵，对于 $\tau_n^2\asymp\frac{\log d}{n}$，这个形式的界在高概率下成立. 第 7 章的定理 7.16 给出了这类结果的一个例子.

作为一个旁注，这个例子表明了最小二乘目标函数在两个方面是特殊的：它的一阶泰勒误差不依赖于 $\boldsymbol{\theta}^*$，并且它是一个正二阶齐次函数，即对任意 $t\in\mathbb{R}$，$\mathcal{E}_n(t\Delta)=t^2\mathcal{E}_n(\Delta)$. 前一个性质意味着我们不需要考虑 $\boldsymbol{\theta}^*$ 的一致性，而后一个则意味着不需要把 Δ 限制到球 $\mathbb{B}(R)$ 里. ♣

稍后在 9.8 节，我们给出一个更一般的结果，表明更大一类的损失函数满足形如(9.39)的受限强凸性. 我们在这里考虑其中的一个例子.

例 9.17(广义线性模型的 RSC)　回顾例 9.2 所述的广义线性模型类，以及由负对数似然定义的损失函数(9.7). 假设我们得到 n 个独立同分布的样本，其中协变量 $\{\boldsymbol{x}_i\}_{i=1}^n$ 是从一个均值为零并且具有非退化协方差矩阵 $\boldsymbol{\Sigma}$ 的次高斯分布生成的. 作为之后将要叙述结果(定理 9.36)的一个结论，很多 GLM 的对数似然函数的泰勒展开误差满足下述形式的下界

$$\mathcal{E}_n(\Delta)\geqslant\frac{\kappa}{2}\|\Delta\|_2^2-c_1\frac{\log d}{n}\|\Delta\|_1^2\quad 对于所有\|\Delta\|_2\leqslant 1 \tag{9.40}$$

成立的概率大于 $1-c_2\exp(-c_3 n)$.

定理 9.36 事实上给出了一个更一般的结果，基于下面的量

$$\mu_n(\Phi^*):=\mathbb{E}_{\boldsymbol{x},\boldsymbol{\varepsilon}}\left[\Phi^*\left(\frac{1}{n}\sum_{i=1}^n\varepsilon_i\boldsymbol{x}_i\right)\right] \tag{9.41}$$

其中 Φ^* 是对偶范数，$\{\varepsilon_i\}_{i=1}^n$ 是独立同分布的 Rademacher 变量. 在这个概念下，我们有

$$\mathcal{E}_n(\Delta)\geqslant\frac{\kappa}{2}\|\Delta\|_2^2-c_1\mu_n^2(\Phi^*)\Phi^2(\Delta)\quad 对任意\|\Delta\|_2\leqslant 1 \tag{9.42}$$

成立的概率大于 $1-c_2\exp(-c_3 n)$. 由于在 ℓ_1 正则化下 $\mu_n(\Phi^*)\lesssim\sqrt{\frac{\log d}{n}}$，所以这个结果是我们先前界(9.40)的一个推广.

在习题 9.8 中，我们在不同的范数下控制了量(9.41). 对组集为 $\mathcal{G}$，以及最大组大小为 m 的组 Lasso，我们证明了

$$\mu_n(\Phi^*)\lesssim\sqrt{\frac{m}{n}}+\sqrt{\frac{\log|\mathcal{G}|}{n}} \tag{9.43a}$$

而对 $d_1\times d_2$ 矩阵的核范数，我们证明了

$$\mu_n(\Phi^*)\lesssim\sqrt{\frac{d_1}{n}}+\sqrt{\frac{d_2}{n}} \tag{9.43b}$$

我们同样展示了这些结果结合下界(9.42)可导出适当形式的受限凸性质，只要样本大小充分大. ♣

我们用最后一个起重要作用的几何参数的定义来结束本节. 如我们已经看到的，在 ℓ_1 正则化和 RE 条件下，锥约束是很有用的；特别地，其可以推出 $\|\Delta\|_1\leqslant 4\sqrt{s}\,\|\Delta\|_2$，这是一个在第 7 章中反复使用的界. 回到一般情形，我们需要研究对任意可分解正则化项和误差范数，如何转换 $\Phi(\Delta_{\mathbb{M}})$ 和 $\|\Delta_{\mathbb{M}}\|$.

定义 9.18(子空间 Lipschitz 常数) 对 $\mathbb{R}^d$ 的任意子空间 $\mathbb{S}$，对应$(\Phi,\|\cdot\|)$的子空间 Lipschitz 常数为

$$\Psi(\mathbb{S}):=\sup_{\boldsymbol{u}\in\mathbb{S}\setminus\{0\}}\frac{\Phi(\boldsymbol{u})}{\|\boldsymbol{u}\|} \tag{9.44}$$

为了明确这里的术语，这个量是正则化项基于误差范数的 Lipschitz 常数，不过是限制在子空间 $\mathbb{S}$ 上. 对任意 $\mathbb{S}$ 上的向量，其对应了转换 Φ 范数和$\|\cdot\|$范数在最坏情形下要付出的代价.

为了阐述其用途，我们考虑 $\boldsymbol{\theta}^*\in\mathbb{M}$ 的特殊情形. 那么对任意 $\Delta\in\mathbb{C}_{\boldsymbol{\theta}^*}(\mathbb{M},\overline{\mathbb{M}}^{\perp})$，我们有

$$\Phi(\Delta)\overset{\text{(i)}}{\leqslant}\Phi(\Delta_{\overline{\mathbb{M}}})+\Phi(\Delta_{\overline{\mathbb{M}}^{\perp}})\overset{\text{(ii)}}{\leqslant}4\Phi(\Delta_{\overline{\mathbb{M}}})\overset{\text{(iii)}}{\leqslant}4\Psi(\overline{\mathbb{M}})\|\Delta\| \tag{9.45}$$

其中步骤(i)基于三角不等式，步骤(ii)基于 $\mathbb{C}(\mathbb{M},\mathbb{M}^{\perp})$中的关系，步骤(iii)则基于 $\Psi(\overline{\mathbb{M}})$的定义.

作为一个简单的例子，如果 $\mathbb{M}$ 是 s 稀疏向量的一个子空间，则对于正则化项 $\Phi(\boldsymbol{u})=\|\boldsymbol{u}\|_1$ 和误差范数$\|\boldsymbol{u}\|=\|\boldsymbol{u}\|_2$，我们有 $\Psi(\mathbb{M})=\sqrt{s}$. 以这种方式，我们看到了不等式(9.45)是稀疏向量下我们熟悉的不等式$\|\Delta\|_2\leqslant 4\sqrt{s}\,\|\Delta\|_1$ 的一个推广. 子空间 Lipschitz 常数在主要结果中显式地出现，并且在证明限制强凸性时也会用到.

9.4　一些一般定理

到目前为止，我们讨论了可分解正则化项以及一些与损失函数受限曲率相关的概念. 在这一节中，我们阐述并证明一些估计误差的结果，即 $\hat{\boldsymbol{\theta}}-\boldsymbol{\theta}^*$，其中 $\hat{\boldsymbol{\theta}}$ 为正则化 M 估计(9.3)的任意最优解.

9.4.1　受限强凸性下的结论

我们首先阐述和证明在 9.3.1 节中给出的受限强凸性下成立的一个一般性结果. 我们总结一下在本节中用到的假设条件：

(A1) 损失函数是凸的，并且满足局部 RSC 条件(9.38)，其中曲率为 κ，半径为 R，容忍度为 τ_n^2 以及对应一个内积范数 $\|\cdot\|$.

(A2) 存在一对子空间 $\mathbb{M}\subseteq\overline{\mathbb{M}}$ 使得正则化项在 $(\mathbb{M},\overline{\mathbb{M}}^{\perp})$ 上是可分解的.

我们以一个确定性的方式阐述这里的结果，不过是在给定“好”事件的条件下

$$\mathbb{G}(\lambda_n):=\left\{\Phi^*(\nabla\mathcal{L}_n(\boldsymbol{\theta}^*))\leqslant\frac{\lambda_n}{2}\right\} \tag{9.46}$$

我们的界涉及

$$\varepsilon_n^2(\overline{\mathbb{M}},\mathbb{M}^{\perp}):=\underbrace{9\frac{\lambda_n^2}{\kappa^2}\Psi^2(\overline{\mathbb{M}})}_{\text{估计误差}}+\underbrace{\frac{8}{\kappa}\{\lambda_n\Phi(\boldsymbol{\theta}^*_{\mathbb{M}^{\perp}})+16\tau_n^2\Phi^2(\theta^*_{\mathbb{M}^{\perp}})\}}_{\text{近似误差}} \tag{9.47}$$

其依赖于子空间对 $(\overline{\mathbb{M}},\mathbb{M}^{\perp})$ 的选取.

定理 9.19(一般模型的界)　在条件(A1)和(A2)下，在给定事件 $\mathbb{G}(\lambda_n)$ 的条件下考虑正则化 M 估计(9.3)，

(a) 任意最优解满足界

$$\Phi(\hat{\boldsymbol{\theta}}-\boldsymbol{\theta}^*)\leqslant 4\{\Psi(\overline{\mathbb{M}})\|\hat{\boldsymbol{\theta}}-\boldsymbol{\theta}^*\|+\Phi(\boldsymbol{\theta}^*_{\mathbb{M}^{\perp}})\} \tag{9.48a}$$

(b) 对于满足 $\tau_n^2\Psi_2(\overline{\mathbb{M}})\leqslant\frac{\kappa}{64}$ 和 $\varepsilon_n(\overline{\mathbb{M}},\mathbb{M}^{\perp})\leqslant R$ 条件的任意子空间对 $(\overline{\mathbb{M}},\mathbb{M}^{\perp})$，我们可以得到

$$\|\hat{\boldsymbol{\theta}}-\boldsymbol{\theta}^*\|^2\leqslant\varepsilon_n^2(\overline{\mathbb{M}},\mathbb{M}^{\perp}) \tag{9.48b}$$

需要注意的是定理 9.19 事实上是一个确定性的结果. 在验证 RSC 条件在高概率下成立(见 9.8 节)，以及对一个具体选定的正则化参数，验证定义事件 $\mathbb{G}(\lambda_n)$ 的对偶范数界 $\lambda_n\geqslant 2\Phi^*(\nabla\mathcal{L}_n(\boldsymbol{\theta}^*))$ 在高概率下成立时会涉及概率性的条件. 由于对偶范数界用到了 $\boldsymbol{\theta}^*$ 的信息，所以它不能直接验证，但这里只需要给出 λ_n 的选取使其在高概率下成立即可. 我们在之后的几个例子中会阐述这样的选取.

表达式(9.48a)和(9.48b)事实上确定了一类上界，每一个对应一对使得正则化项 Φ 可分解的子空间 $(\overline{\mathbb{M}},\ \overline{\mathbb{M}}^{\perp})$. 这些子空间的最优选择可以用来平衡界中的估计误差项和渐近误

差项. 上界(9.48b)对应了一个最优不等式，因为其适用于任意参数 $\boldsymbol{\theta}^*$，并给出了涉及两个误差来源的一类上界. 标记为“估计误差”的项对应估计一个属于子空间 $\mathbb{M}\subseteq\overline{\mathbb{M}}$ 的参数的统计损失；自然地，随着 $\mathbb{M}$ 的增大而增大. 第二个量反映了只在子空间 $\mathbb{M}$ 中估计所产生的“近似误差”，随着 $\mathbb{M}$ 的增大而减小. 因此，最优的界是通过选择模型子空间以平衡这两类误差来达到. 我们将在之后的几个例子中阐述这种选取.

在目标参数 $\boldsymbol{\theta}^*$ 包含在一个子空间 $\mathbb{M}$ 中的特殊情形下，定理 9.19 有如下推论：

定义 9.20　假设在定理 9.19 的条件基础上，最优参数 $\boldsymbol{\theta}^*$ 属于 $\mathbb{M}$. 那么对优化问题 9.3 的任意最优解 $\hat{\boldsymbol{\theta}}$ 满足界

$$\Phi(\hat{\boldsymbol{\theta}}-\boldsymbol{\theta}^*)\leqslant 6\frac{\lambda_n}{\kappa}\Psi^2(\overline{\mathbb{M}}) \tag{9.49a}$$

$$\|\hat{\boldsymbol{\theta}}-\boldsymbol{\theta}^*\|^2\leqslant 9\frac{\lambda_n^2}{\kappa^2}\Psi^2(\overline{\mathbb{M}}) \tag{9.49b}$$

这个推论在很多问题中可以直接用来得到具体的估计误差界，我们稍后会进行阐述.

我们现在转向定理 9.19 的证明.

证明　我们从证明(a)开始. 令 $\hat{\Delta}=\hat{\boldsymbol{\theta}}-\boldsymbol{\theta}^*$ 为误差，由三角不等式，我们有

$$\begin{aligned}\Phi(\hat{\Delta})&\leqslant\Phi(\hat{\Delta}_{\overline{\mathbb{M}}})+\Phi(\hat{\Delta}_{\overline{\mathbb{M}}^{\perp}})\\&\overset{\text{(i)}}{\leqslant}\Phi(\hat{\Delta}_{\overline{\mathbb{M}}})+\{3\Phi(\hat{\Delta}_{\overline{\mathbb{M}}})+4\Phi(\boldsymbol{\theta}^*_{\mathbb{M}^{\perp}})\}\\&\overset{\text{(ii)}}{\leqslant}4\{\Psi(\overline{\mathbb{M}})\|\hat{\boldsymbol{\theta}}-\boldsymbol{\theta}^*\|+\Phi(\boldsymbol{\theta}^*_{\mathbb{M}^{\perp}})\}\end{aligned}$$

其中不等式(i)基于事件 $\mathbb{G}(\lambda_n)$下的命题 9.13，不等式(ii)则由最优子空间常数的定义得到.

现在考虑(b)的证明，为了简化记号，我们引入集合 $\mathbb{C}_{\boldsymbol{\theta}^*(\mathbb{M},\overline{\mathbb{M}}^{\perp})}$ 的简写 $\mathbb{C}$. 令 $\delta\in(0,R]$ 为一个给定的待选误差半径，下面的引理表明只需要控制集合 $\mathbb{K}(\delta):=\mathbb{C}\cap\{\|\Delta\|=\delta\}$ 上式(9.31)中函数 $\mathcal{F}$ 的符号.

引理 9.21　如果对任意向量 $\Delta\in\mathbb{K}(\delta)$ 有 $\mathcal{F}(\Delta)>0$，则 $\|\hat{\Delta}\|\leqslant\delta$.

证明　我们证明相反的命题：特别地，我们证明如果对某个最优解 $\hat{\boldsymbol{\theta}}$，相应的误差向量 $\hat{\Delta}=\hat{\boldsymbol{\theta}}-\boldsymbol{\theta}^*$ 满足不等式 $\|\hat{\Delta}\|>\delta$，那么一定存在某个向量 $\widetilde{\Delta}\in\mathbb{K}(\delta)$ 满足 $\mathcal{F}(\widetilde{\Delta})\leqslant 0$. 如果 $\|\hat{\Delta}\|>\delta$，则由于 $\mathbb{C}$ 是原点附近的星形状(见附录，9.9 节)，那么连接 $\hat{\Delta}$ 和 $\mathbf{0}$ 的线段必然和 $\mathbb{K}(\delta)$在某个形式为 $t^*\hat{\Delta}$ 的内点处相交，其中 $t^*\in[0,1]$. 参见示意图 9.9.

由于损失函数 $\mathcal{L}_n$ 和正则化项 Φ 是凸的，函数 $\mathcal{F}$ 同样对任意非负的正则化项参数也是凸的. 由于 $\mathcal{F}$ 的凸性，我们可以用 Jensen 不等式得到

$$\mathcal{F}(t^*\hat{\Delta})=\mathcal{F}(t^*\hat{\Delta}+(1-t^*)\mathbf{0})\leqslant t^*\mathcal{F}(\hat{\Delta})+(1-t^*)\mathcal{F}(\mathbf{0})\overset{\text{(i)}}{=}t^*\mathcal{F}(\hat{\Delta})$$

其中等式(i)用到了构造时的结果 $\mathcal{F}(\mathbf{0})=0$. 但是由于 $\hat{\Delta}$ 是最优的，我们一定有 $\mathcal{F}(\hat{\Delta})\leqslant 0$，

因此同样有 $\mathcal{F}(t^*\Delta)\leqslant 0$. 由此我们就构造了一个具有所述性质的向量 $\widetilde{\Delta}=t^*\Delta$，并因此得到了引理所述的结论. □

我们现在回到定理 9.19 的证明. 固定某个半径 $\delta\in(0,R]$，其取值会在稍后的证明中确定(见式(9.53)). 基于引理 9.21，如果能对所有向量 $\Delta\in\mathbb{K}(\delta)$ 得到函数值 $\mathcal{F}(\Delta)$ 的一个下界，我们就完成了定理 9.19 的证明. 对任意一个向量 $\Delta\in\mathbb{K}(\delta)$，我们有

$$\begin{aligned}\mathcal{F}(\Delta)&=\mathcal{L}_n(\boldsymbol{\theta}^*+\Delta)-\mathcal{L}_n(\boldsymbol{\theta}^*)+\lambda_n\{\Phi(\boldsymbol{\theta}^*+\Delta)-\Phi(\boldsymbol{\theta}^*)\}\\&\overset{(i)}{\geqslant}\langle\nabla\mathcal{L}_n(\boldsymbol{\theta}^*),\Delta\rangle+\frac{\kappa}{2}\|\Delta\|_2-\tau_n^2\Phi^2(\Delta)+\lambda_n\{\Phi(\boldsymbol{\theta}^*+\Delta)-\Phi(\boldsymbol{\theta}^*)\}\\&\overset{(ii)}{\geqslant}\langle\nabla\mathcal{L}_n(\boldsymbol{\theta}^*),\Delta\rangle+\frac{\kappa}{2}\|\Delta\|_2-\tau_n^2\Phi^2(\Delta)+\lambda_n\{\Phi(\Delta_{\overline{\mathbb{M}}^\perp})-\Phi(\Delta_{\overline{\mathbb{M}}})-2\Phi(\boldsymbol{\theta}^*_{\mathbb{M}^\perp})\}\end{aligned}\tag{9.50}$$

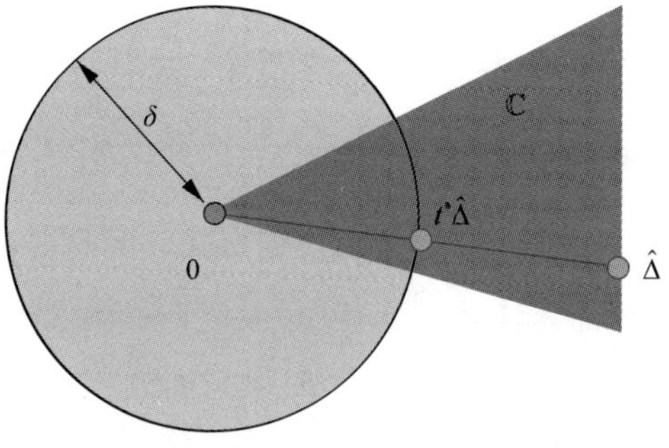

图 9.9　引理 9.21 证明的几何示意图. 当 $\|\hat{\Delta}\|>\delta$ 而且 $\mathbb{C}$ 是原点附近的星形状时，则任意连接 $\hat{\Delta}$ 和 $\mathbf{0}$ 的线段必然和集合 $\mathbb{K}(\delta)=\{\|\Delta\|=\delta\}\cap\mathbb{C}$ 在某个形式为 $t^*\hat{\Delta}$ 的内点处相交，其中 $t^*\in[0,1]$

其中不等式(i)由 RSC 条件得到，而不等式(ii)则由界(9.32)得到.

对正则化项 Φ 及其对偶 Φ^* 应用 Hölder 不等式，我们得到

$$|\langle\nabla\mathcal{L}_n(\boldsymbol{\theta}^*),\Delta\rangle|\leqslant\Phi^*(\nabla\mathcal{L}_n(\boldsymbol{\theta}^*))\Phi(\Delta)$$

在事件 $\mathbb{G}(\lambda_n)$ 条件下，正则化参数有下界 $\lambda_n\geqslant 2\Phi^*(\nabla\mathcal{L}_n(\boldsymbol{\theta}^*))$，这可以推出 $|\langle\nabla\mathcal{L}_n(\boldsymbol{\theta}^*),\Delta\rangle|\leqslant\frac{\lambda_n}{2}\Phi(\Delta)$. 因此，我们有

$$\mathcal{F}(\Delta)\geqslant\frac{\kappa}{2}\|\Delta\|^2-\tau_n^2\Phi^2(\Delta)+\lambda_n\{\Phi(\Delta_{\overline{\mathbb{M}}^\perp})-\Phi(\Delta_{\overline{\mathbb{M}}})-2\Phi(\boldsymbol{\theta}^*_{\mathbb{M}^\perp})\}-\frac{\lambda_n}{2}\Phi(\Delta)$$

三角不等式可以推出

$$\Phi(\Delta)=\Phi(\Delta_{\overline{\mathbb{M}}^\perp}+\Delta_{\overline{\mathbb{M}}})\leqslant\Phi(\Delta_{\overline{\mathbb{M}}^\perp})+\Phi(\Delta_{\overline{\mathbb{M}}})$$

因此，基于一些代数运算，我们得到

$$\begin{aligned}\mathcal{F}(\Delta)&\geqslant\frac{\kappa}{2}\|\Delta\|^2-\tau_n^2\Phi^2(\Delta)+\lambda_n\left\{\frac{1}{2}\Phi(\Delta_{\overline{\mathbb{M}}^\perp})-\frac{3}{2}\Phi(\Delta_{\overline{\mathbb{M}}})-2\Phi(\boldsymbol{\theta}^*_{\mathbb{M}^\perp})\right\}\\&\geqslant\frac{\kappa}{2}\|\Delta\|^2-\tau_n^2\Phi^2(\Delta)-\frac{\lambda_n}{2}\{3\Phi(\Delta_{\overline{\mathbb{M}}})+4\Phi(\boldsymbol{\theta}^*_{\mathbb{M}^\perp})\}\end{aligned}\tag{9.51}$$

现在子空间 Lipschitz 常数的定义(9.44)保证了 $\Phi(\Delta_{\overline{\mathbb{M}}})\leqslant\Psi(\overline{\mathbb{M}})\|\Delta_{\overline{\mathbb{M}}}\|$. 由于投影 $\Delta\mapsto\Delta_{\overline{\mathbb{M}}}$ 是基于范数 $\|\cdot\|$ 定义的，它是非膨胀的. 由于 $\mathbf{0}\in\overline{\mathbb{M}}$，我们有

$$\|\Delta_{\overline{\mathbb{M}}}\|=\|\Pi_{\overline{\mathbb{M}}}(\Delta)-\Pi_{\overline{\mathbb{M}}}(\mathbf{0})\|\overset{\text{(i)}}{\leqslant}\|\Delta-\mathbf{0}\|=\|\Delta\|$$

其中不等式(i)使用了投影的非膨胀性. 结合先前的界，我们得到 $\Phi(\Delta_{\overline{\mathbb{M}}})\leqslant\Psi(\overline{\mathbb{M}})\|\Delta\|$.

类似地，对任意 $\Delta\in\mathbb{C}$，我们有

$$\begin{aligned}\Phi^2(\Delta)&\leqslant\{4\Phi(\Delta_{\overline{\mathbb{M}}})+4\Phi(\boldsymbol{\theta}^*_{\mathbb{M}^\perp})\}^2\leqslant32\Phi^2(\Delta_{\overline{\mathbb{M}}})+32\Phi^2(\boldsymbol{\theta}^*_{\mathbb{M}^\perp})\\&\leqslant32\Psi^2(\overline{\mathbb{M}})\|\Delta\|^2+32\Phi^2(\boldsymbol{\theta}^*_{\mathbb{M}^\perp})\end{aligned}\tag{9.52}$$

代入下界(9.51)，我们得到了不等式

$$\begin{aligned}\mathcal{F}(\Delta)&\geqslant\left\{\frac{\kappa}{2}-32\tau_n^2\Psi^2(\overline{\mathbb{M}})\right\}\|\Delta\|^2-32\tau_n^2\Phi^2(\boldsymbol{\theta}^*_{\mathbb{M}^\perp})-\frac{\lambda_n}{2}\{3\Psi(\overline{\mathbb{M}})\|\Delta\|+4\Phi(\boldsymbol{\theta}^*_{\mathbb{M}^\perp})\}\\&\overset{\text{(ii)}}{\geqslant}\frac{\kappa}{4}\|\Delta\|^2-\frac{3\lambda_n}{2}\Psi(\overline{\mathbb{M}})\|\Delta\|-32\tau_n^2\Phi^2(\boldsymbol{\theta}^*_{\mathbb{M}^\perp})-2\lambda_n\Phi(\boldsymbol{\theta}^*_{\mathbb{M}^\perp})\end{aligned}$$

其中步骤(ii)用到了假设的界 $\tau_n^2\Psi^2(\overline{\mathbb{M}})<\frac{\kappa}{64}$.

这个不等式右端是一个 $\|\Delta\|$ 的严格正定二次型形式，因此当 $\|\Delta\|$ 充分大时是正的. 特别地，一些代数运算表明这是成立的，只要

$$\|\Delta\|^2\geqslant\varepsilon_n^2(\overline{\mathbb{M}},\mathbb{M}^\perp):=9\frac{\lambda_n^2}{\kappa^2}\Psi^2(\overline{\mathbb{M}})+\frac{8}{\kappa}\{\lambda_n\Phi(\boldsymbol{\theta}^*_{\mathbb{M}^\perp})+16\tau_n^2\Phi^2(\boldsymbol{\theta}^*_{\mathbb{M}^\perp})\}\tag{9.53}$$

而这一点只要 $\varepsilon_n\leqslant R$ 时是成立的，这正是定理中假设的条件. □

9.4.2 Φ^* 曲率下界

我们现在回到受限曲率的另外一种形式，其涉及损失函数梯度的一个下界. 为了引出后面要介绍的定义，注意另一种刻画一个可导损失函数强凸性的方式基于其梯度. 更准确地说，一个可导函数 $\mathcal{L}_n$ 在 $\boldsymbol{\theta}^*$ 处是局部 κ 强凸的，在之前的定义(9.37)意义下，当且仅当

$$\langle\nabla\mathcal{L}_n(\boldsymbol{\theta}^*+\Delta))-\nabla\mathcal{L}_n(\boldsymbol{\theta}^*),\Delta\rangle\geqslant\kappa\|\Delta\|^2\tag{9.54}$$

对任意属于零附近某个球内的所有 Δ 成立. 关于性质(9.54)和之前的定义(9.37)之间的等价性验证见习题 9.9. 当内在范数 $\|\cdot\|$ 是 ℓ_2 范数时，结合柯西-施瓦茨不等式，条件(9.54)意味着

$$\|\nabla\mathcal{L}_n(\boldsymbol{\theta}^*+\Delta)-\nabla\mathcal{L}_n(\boldsymbol{\theta}^*)\|_2\geqslant\kappa\|\Delta\|_2$$

这个结果意味着可以基于不同的范数选择考虑另一种曲率概念. 这里我们基于对偶范数 Φ^* 考虑一个这样的概念.

定义 9.22 损失函数满足一个曲率为 κ、容忍度为 τ_n、半径为 R 的 Φ^* 范数曲率条件，如果

$$\Phi^*(\nabla\mathcal{L}_n(\boldsymbol{\theta}^*+\Delta)-\nabla\mathcal{L}_n(\boldsymbol{\theta}^*))\geqslant\kappa\Phi^*(\Delta)-\tau_n\Phi(\Delta)\tag{9.55}$$

对任意的 $\Delta\in\mathbb{B}_{\Phi^*}(R):=\{\boldsymbol{\theta}\in\Omega\mid\Phi^*(\boldsymbol{\theta})\leqslant R\}$ 成立.

就像受限强凸性，这一定义在传统的最小二乘损失和 ℓ_1 正则化情形下是最容易理解的.

例 9.23(最小二乘损失函数的受限曲率)　对于最小二乘的损失函数，我们有 $\nabla\mathcal{L}_n(\boldsymbol{\theta})=\frac{1}{n}\boldsymbol{X}^{\mathrm{T}}\boldsymbol{X}(\boldsymbol{\theta}-\boldsymbol{\theta}^*)=\hat{\boldsymbol{\Sigma}}(\boldsymbol{\theta}-\boldsymbol{\theta}^*)$，其中 $\hat{\boldsymbol{\Sigma}}=\frac{1}{n}\boldsymbol{X}^{\mathrm{T}}\boldsymbol{X}$ 是样本协方差矩阵. 对 ℓ_1 范数作为正则化项 Φ 的情形，对偶范数 Φ^* 是 ℓ_∞ 范数，因此受限曲率条件(9.55)等价于下界

$$\|\hat{\boldsymbol{\Sigma}}\Delta\|_\infty\geqslant\kappa\|\boldsymbol{\Delta}\|_\infty-\tau_n\|\Delta\|_1\quad 对任意\ \Delta\in\mathbb{R}^d \tag{9.56}$$

在这个特定的例子中，局部化到球 $\mathbb{B}_\infty(R)$ 事实上是不需要的，因为这个下界关于 Δ 的尺度是不变的. 界(9.56)和样本协方差矩阵 $\hat{\boldsymbol{\Sigma}}$ 的 ℓ_∞ 受限特征值密切相关. 更准确地说，这个条件涉及的下界为

$$\|\hat{\boldsymbol{\Sigma}}\Delta\|_\infty\geqslant\kappa'\|\Delta\|_\infty\quad 对任意\ \Delta\in\mathbb{C}(S;\alpha) \tag{9.57}$$

其中 $\mathbb{C}(S;\alpha):=\{\Delta\in\mathbb{R}^d\mid\|\Delta_{S^c}\|_1\leqslant\alpha\|\Delta_S\|_1\}$，而$(\kappa',\alpha)$是给定的正常数. 在习题 9.11 中，我们展示了只要 $n\gtrsim|S|^2\log d$，一个(9.56)形式的界可以导出一个(9.57)形式的 ℓ_∞-RE 条件. 进一步，如我们在习题 7.13 里所展示的，这样的一个 ℓ_∞-RE 条件可以用来导出 Lasso 的 ℓ_∞ 误差界.

最后，就像 ℓ_2 受限特征值条件(回顾例 9.16)，对很多随机设计矩阵，(9.56)形式的下界在高概率下成立，其中常数为 κ，容忍度为 $\tau_n\asymp\sqrt{\frac{\log d}{n}}$. 习题 7.14 给出这样一个结果的细节. ♣

在这个定义下，我们可以来阐述本节主要结果的假设条件了：

(A1′) 损失函数满足参数为$(\kappa,\tau_n;R)$的 Φ^* 曲率条件(9.55).

(A2) 正则化项基于子空间对$(\mathbb{M},\overline{\mathbb{M}}^\perp)$是可分解的，其中 $\mathbb{M}\in\overline{\mathbb{M}}$.

在这些条件下，我们有下述结果.

定理 9.24　给定一个目标参数 $\boldsymbol{\theta}^*\in\mathbb{M}$，在条件(A1′)和(A2)下考虑正则化 M 估计(9.3)，并假设 $\tau_n\Psi^2(\overline{\mathbb{M}})<\frac{\kappa}{32}$. 在事件 $\mathbb{G}(\lambda_n)\cap\{\Phi^*(\hat{\boldsymbol{\theta}}-\boldsymbol{\theta}^*)\leqslant R\}$的条件下，任意最优解 $\hat{\boldsymbol{\theta}}$ 满足界

$$\Phi^*(\hat{\boldsymbol{\theta}}-\boldsymbol{\theta}^*)\leqslant 3\frac{\lambda_n}{\kappa} \tag{9.58}$$

类似定理 9.19，这个结论在所给条件下是确定性的. 对于一个选定的 λ_n，验证“好”事件 $\mathbb{G}(\lambda_n)$在高概率下成立会涉及概率性的结果. 不仅如此，除了特殊的最小二乘情形，在应用这个结果之前，我们需要用相关结果(如定理 9.19 中的那些结果)去验证 $\Phi^*(\hat{\boldsymbol{\theta}}-\boldsymbol{\theta}^*)\leqslant R$.

证明　基于目前的框架，这个证明是相对直接的. 对一个凸优化的标准的最优条件，对任意最优解 $\hat{\boldsymbol{\theta}}$，必然存在一个次梯度向量 $\hat{z}\in\partial\Phi(\hat{\boldsymbol{\theta}})$使得$\nabla\mathcal{L}_n(\hat{\boldsymbol{\theta}})+\lambda_n\hat{z}=\boldsymbol{0}$. 引入误差向量 $\hat{\Delta}:=\hat{\boldsymbol{\theta}}-\boldsymbol{\theta}^*$，通过一些代数计算可以导出

$$\nabla\mathcal{L}_n(\boldsymbol{\theta}^*+\hat{\Delta})-\nabla\mathcal{L}_n(\boldsymbol{\theta}^*)=-\nabla\mathcal{L}_n(\boldsymbol{\theta}^*)-\lambda_n\hat{\boldsymbol{z}}$$

对两边同时取 Φ^* 范数并用三角不等式可以导出

$$\Phi^*(\nabla\mathcal{L}_n(\boldsymbol{\theta}^*+\Delta)-\nabla\mathcal{L}_n(\boldsymbol{\theta}^*))\leqslant\Phi^*(\nabla\mathcal{L}_n(\boldsymbol{\theta}^*))+\lambda_n\Phi^*(\hat{\boldsymbol{z}})$$

一方面，在事件 $\mathbb{G}(\lambda_n)$下，我们有 $\Phi^*(\nabla\mathcal{L}_n(\boldsymbol{\theta}^*))\leqslant\lambda_n/2$，而另一方面，习题 9.6 保证了 $\Phi^*(\hat{\boldsymbol{z}})\leqslant 1$. 综上所述，我们得到 $\Phi^*(\nabla\mathcal{L}_n(\boldsymbol{\theta}^*+\Delta)-\nabla\mathcal{L}_n(\boldsymbol{\theta}^*))\leqslant\frac{3\lambda_n}{2}$. 最后，应用曲率条件(9.55)，我们得到

$$\kappa\Phi^*(\hat{\Delta})\leqslant\frac{3}{2}\lambda_n+\tau_n\Phi(\hat{\Delta})\tag{9.59}$$

接下来还需要基于对偶范数 $\Phi^*(\hat{\Delta})$来控制 $\Phi(\hat{\Delta})$. 由于这个结果在文中其他部分也有用，我们作为一个单独引理陈述如下.

引理 9.25　如果 $\boldsymbol{\theta}^*\in\mathbb{M}$，那么

$$\Phi(\boldsymbol{\Delta})\leqslant 16\Psi^2(\overline{\mathbb{M}})\Phi^*(\boldsymbol{\Delta})\quad\text{对任意 }\boldsymbol{\Delta}\in\mathbb{C}_{\boldsymbol{\theta}^*}(\mathbb{M},\overline{\mathbb{M}}^{\perp})\tag{9.60}$$

在回到这个引理的证明之前，我们先用它来完成定理的证明. 在事件 $\mathbb{G}(\lambda_n)$上，命题 9.13 可以用来保证 $\hat{\Delta}\in\mathbb{C}_{\boldsymbol{\theta}^*}(\mathbb{M},\overline{\mathbb{M}}^{\perp})$. 所以，界(9.60)适用于 $\hat{\Delta}$. 代入早前的界(9.59)，我们得到$(\kappa-16\Psi^2(\mathbb{M})\tau_n)\Phi^*(\hat{\Delta})\leqslant\frac{3}{2}\lambda_n$，由此结合假设的 $\Psi^2(\mathbb{M})_{\tau_n}\leqslant\frac{\kappa}{32}$即得定理的结论.

我们现在回到引理 9.25 的证明. 由先前的计算(9.45)，只要 $\boldsymbol{\theta}^*\in\mathbb{M}$ 和 $\Delta\in\mathbb{C}_{\boldsymbol{\theta}^*}(\mathbb{M},\overline{\mathbb{M}}^{\perp})$，那么就有 $\Phi(\Delta)\leqslant 4\Psi(\overline{\mathbb{M}})\|\Delta\|$. 此外，由 Hölder 不等式，我们有

$$\|\Delta\|^2\leqslant\Phi(\Delta)\Phi^*(\Delta)\leqslant 4\Psi(\overline{\mathbb{M}})\|\Delta\|\Phi^*(\Delta)$$

由此可得$\|\Delta\|\leqslant 4\Psi(\overline{\mathbb{M}})\Phi^*(\Delta)$. 综上所述，我们有

$$\Phi(\Delta)\leqslant 4\Psi(\overline{\mathbb{M}})\|\Delta\|\leqslant 16\Psi^2(\overline{\mathbb{M}})\Phi^*(\Delta)$$

正如引理所述. 这就完成了引理的证明，因此也完成了定理的证明. □

到目前为止，关于 M 估计(9.3)的最优解我们已经推导出了误差 $\hat{\boldsymbol{\theta}}-\boldsymbol{\theta}^*$ 的两个一般的界. 在余下的章节中，我们会把这些一般结果具体化到特定的统计模型中.

9.5　稀疏向量回归的界

我们现在考虑关于稀疏回归问题一般性理论的对应结果. 在得到针对所有类型的广义线性模型理论过程中，这一节给出了第 7 章稀疏线性模型的另外一种也更加一般性的补充.

9.5.1　稀疏的广义线性模型

下面两节的所有结果均适用于形式为$\{(\boldsymbol{x}_i,\ y_i)\}_{i=1}^n$ 的样本上，其中：

(G1) 协变量是 C 列正规化的：$\max\limits_{j=1,\cdots,d}\sqrt{\frac{\sum_{j=1}^d x_{ij}^2}{n}}\leqslant C$.

(G2) 在给定 x_i 的条件下，每个响应变量 y_i 是独立同分布地来自一个条件分布

$$\mathbb{P}_{\boldsymbol{\theta}^*}(y \mid \boldsymbol{x}) \propto \exp\left\{\frac{y\langle \boldsymbol{x}, \boldsymbol{\theta}^*\rangle - \psi(\langle \boldsymbol{x}, \boldsymbol{\theta}^*\rangle)}{c(\sigma)}\right\}$$

其中划分函数 ψ 有有界的二阶导数($\|\psi''\|_\infty \leqslant B^2$).

我们分析 ℓ_1 正则化形式的 GLM 对数似然估计，即

$$\hat{\boldsymbol{\theta}} \in \arg\min_{\boldsymbol{\theta} \in \mathbb{R}^d}\left\{\underbrace{\frac{1}{n}\sum_{i=1}^{n}\{\psi(\langle \boldsymbol{x}_i, \boldsymbol{\theta}\rangle) - y_i\langle \boldsymbol{x}_i, \boldsymbol{\theta}\rangle\}}_{\mathcal{L}_n(\boldsymbol{\theta})} + \lambda_n \|\boldsymbol{\theta}\|_1\right\} \tag{9.61}$$

为了简洁，我们称这个 M 估计为 GLM Lasso. 注意通常的线性模型 $y_i = \langle \boldsymbol{x}_i, \boldsymbol{\theta}^*\rangle + w_i$，其中 $w_i \sim \mathcal{N}(0, \sigma^2)$落在这个类中，$B=1$，此时估计(9.61)等价于常见的 Lasso. 它同样包含 Logistic 回归和多分类回归，但由于有界条件(G2)它不包括 Poisson 回归.

9.5.2　受限强凸性下的界

我们先证明在 $\boldsymbol{\theta}^*$ 附近负对数似然函数(9.61)的泰勒级数误差满足 RSC 条件

$$\mathcal{E}_n(\Delta) \geqslant \frac{\kappa}{2}\|\Delta\|_2^2 - c_1 \frac{\log d}{n}\|\Delta\|_1^2 \quad \text{对任意} \|\Delta\|_2 \leqslant 1. \tag{9.62}$$

如我们在例 9.17 中讨论的，当协变量 $\{x_i\}_{i=1}^n$ 是来自一个零均值次高斯分布时，这个形式的界对任意 GLM 在高概率下成立.

下面的结果适用于 GLM Lasso(9.61)的任意最优解 $\hat{\theta}$，其中正则化参数为 $\lambda_n = 4BC\left\{\sqrt{\frac{\log d}{n}} + \delta\right\}$，$\delta \in (0,1)$.

推论 9.26　考虑一个满足条件(G1)和(G2)以及 RSC 条件(9.62)的 GLM，并假设真实回归向量 $\boldsymbol{\theta}^*$ 的支撑集在一个基数为 s 的子集 S 上. 给定一个足够大的样本大小 n，满足 $s\left\{\lambda_n^2 + \frac{\log d}{n}\right\} < \min\left\{\frac{4\kappa^2}{9}, \frac{\kappa}{64c_1}\right\}$，则任意 GLM Lasso 解 $\hat{\boldsymbol{\theta}}$ 满足界

$$\|\hat{\boldsymbol{\theta}} - \boldsymbol{\theta}^*\|_2^2 \leqslant \frac{9}{4}\frac{s\lambda_n^2}{\kappa^2} \quad \text{和} \quad \|\hat{\boldsymbol{\theta}} - \boldsymbol{\theta}^*\|_1 \leqslant \frac{6}{\kappa}s\lambda_n \tag{9.63}$$

两者成立的概率都至少为 $1 - 2\mathrm{e}^{-2n\delta^2}$.

我们已经在第 7 章对线性模型的特殊情形证明了这种形式的结果；此处的证明阐述了更一般技巧的应用.

证明　两个结果都来自推论 9.20 的应用，其中子空间为

$$\mathbb{M}(S) = \overline{\mathbb{M}}(S) = \{\boldsymbol{\theta} \in \mathbb{R}^d \mid \theta_j = 0 \quad \text{对任意 } j \notin S\}$$

在这个选取下，注意我们有 $\boldsymbol{\Psi}^2(\mathbb{M}) = s$；此外，假设的 RSC 条件(9.62)是我们一般性定义的一个特殊情形，其中 $\tau_n^2 = c_1 \frac{\log d}{n}$. 为了应用推论 9.20，我们需要确保 $\tau_n^2 \boldsymbol{\Psi}^2(\mathbb{M}) < \frac{\kappa}{64}$，

而且由于局部 RSC 条件在一个半径为 $R=1$ 的球上成立，我们同样需要确保 $\frac{9}{4}\frac{\boldsymbol{\Psi}^2(\mathbb{M})\lambda_n^2}{\kappa^2}<1$. 这些条件都由我们假设的样本大小的下界来保证.

余下的步骤是验证好事件 $\mathbb{G}(\lambda_n)$ 在推论 9.26 所述的高概率下成立. 给定 GLM 对数似然(9.61)，我们可以把得分函数写成独立同分布变量之和 $\nabla\mathcal{L}_n(\boldsymbol{\theta}^*)=\frac{1}{n}\sum_{i=1}^{n}\boldsymbol{V}_i$，其中 $\boldsymbol{V}_i\in\mathbb{R}^d$ 是一个零均值随机向量，其分量为

$$V_{ij}=\{\psi'(\langle\boldsymbol{x}_i,\boldsymbol{\theta}^*\rangle)-y_i\}x_{ij}$$

我们来控制这些随机变量矩母函数的上界. 对任意 $t\in\mathbb{R}$，我们有

$$\begin{aligned}\log\mathbb{E}[\mathrm{e}^{-tV_{ij}}]&=\log\ \mathbb{E}[\mathrm{e}^{ty_ix_{ij}}]-tx_{ij}\psi'(\langle\boldsymbol{x}_i,\boldsymbol{\theta}^*\rangle)\\&=\psi(tx_{ij}+\langle x_i,\boldsymbol{\theta}^*\rangle)-\psi(\langle x_i,\boldsymbol{\theta}^*\rangle)-tx_{ij}\psi'(\langle\boldsymbol{x}_i,\boldsymbol{\theta}^*\rangle)\end{aligned}$$

由泰勒级数展开式，存在某个介值点 $\widetilde{t}$ 使得

$$\log\mathbb{E}[\mathrm{e}^{-tV_{ij}}]=\frac{1}{2}t^2x_{ij}^2\psi''(\widetilde{t}x_{ij}+\langle\boldsymbol{x}_i,\boldsymbol{\theta}^*\rangle)\leqslant\frac{B^2t^2x_{ij}^2}{2}$$

其中最后一个不等式用到了界条件(G2). 利用样本的独立性，我们有

$$\frac{1}{n}\log\mathbb{E}\left[\mathrm{e}^{-t\sum_{i=1}^{n}V_{ij}}\right]\leqslant\frac{t^2B^2}{2}\left(\frac{1}{n}\sum_{i=1}^{n}x_{ij}^2\right)\leqslant\frac{t^2B^2C^2}{2}$$

其中最后一步用到了设计矩阵 $\boldsymbol{X}$ 列上的列正规化条件(G1). 由于这个界对任意 $t\in\mathbb{R}$ 成立，我们已经证明了得分函数 $\nabla\mathcal{L}_n(\boldsymbol{\theta}^*)\in\mathbb{R}^d$ 的每个分量都是零均值且参数至多为 $BC/\sqrt{n}$ 的次高斯的. 因此，次高斯尾部界结合联合的界保证了

$$\mathbb{P}[\|\nabla\mathcal{L}_n(\boldsymbol{\theta}^*)\|_\infty\geqslant t]\leqslant 2\exp\left(-\frac{nt^2}{2B^2C^2}+\log d\right)$$

令 $t=2BC\left\{\sqrt{\frac{\log d}{n}}+\delta\right\}$ 便完成了证明. □

9.5.3　在 ℓ_∞ 曲率条件下的界

先前的结果是基于二次型范数的误差界，例如欧几里得向量范数和 Frobenius 矩阵范数. 另一方面，定理 9.24 给出了基于对偶范数 Φ^* 的界，即在 ℓ_1 正则化情形下的 ℓ_∞ 范数. 我们现在对广义线性模型探索这类界. 如我们的讨论，ℓ_∞ 界同样可以导出 ℓ_2 和 ℓ_1 范数的界，因此在某种意义上这个结果更强.

回顾定理 9.24 基于一个受限曲率条件(9.55). 在早前的例 9.23 中，我们在最小二乘损失中讨论了这一条件的具体情形，而在习题 9.14 中，我们给出了带有界累积生成函数($\|\psi''\|_\infty\leqslant B$)的广义线性模型下的类似结论的证明框架. 更准确来说，当总体损失函数在球 $\mathbb{B}_2(R)$ 上满足一个 ℓ_∞ 曲率范数条件，且协变量是独立同分布、参数为 C 的次高斯的，那么表达式(9.61)的 GLM 对数似然函数 $\mathcal{L}_n$ 满足一个界

$$\|\nabla\mathcal{L}_n(\boldsymbol{\theta}^*+\Delta)-\nabla\mathcal{L}_n(\boldsymbol{\theta}^*)\|_\infty\geqslant\kappa\|\Delta\|_\infty-\frac{c_0}{32}\sqrt{\frac{\log d}{n}}\|\Delta\|_1\tag{9.64}$$

且在 $\mathbb{B}_\infty(1)$上一致成立. 这里 c_0 是一个只依赖于参数(B, C)的常数.

推论 9.27 在推论 9.26 条件的基础上，假设 ℓ_∞ 曲率条件(9.64)成立，且样本大小有下界 $n>c_0^2 s^2 \log d$. 那么正则化参数为 $\lambda_n=2BC(\sqrt{\frac{\log d}{n}}+\delta)$的 GLM Lasso(9.61)的任意最优解 $\hat{\boldsymbol{\theta}}$ 满足

$$\|\hat{\boldsymbol{\theta}}-\boldsymbol{\theta}^*\|_\infty \leqslant 3\frac{\lambda_n}{\kappa} \tag{9.65}$$

在至少为 $1-2\mathrm{e}^{-2n\delta^2}$ 的概率下成立.

证明 我们通过应用定理 9.24 以及熟悉的子空间

$$\overline{\mathbb{M}}(S)=\mathbb{M}(S)=\{\boldsymbol{\theta}\in\mathbb{R}^d \mid \boldsymbol{\theta}_{S^c}=0\}$$

证明这个结论，对此我们有 $\Psi^2(\overline{\mathbb{M}}(S))=s$. 由假设(9.64)，容忍度为 $\tau_n=\frac{c_0}{32}\sqrt{\frac{\log d}{n}}$ 的 ℓ_∞ 曲率条件成立，因此条件 $\tau_n\Psi^2(\mathbb{M})<\frac{\kappa}{32}$等价于样本大小的下界 $n>c_0^2 s^2\log d$.

由于我们已经假设了推论 9.26 的条件，保证有误差向量 $\hat{\Delta}=\hat{\boldsymbol{\theta}}-\boldsymbol{\theta}^*$ 在高概率下满足界 $\|\hat{\Delta}\|_\infty\leqslant\|\hat{\Delta}\|_2\leqslant 1$. 这个局部化保证了可以对误差向量 $\hat{\Delta}=\hat{\boldsymbol{\theta}}-\boldsymbol{\theta}^*$ 应用局部 ℓ_∞ 曲率条件.

最后，如在推论 9.26 的证明中展示的，如果我们选择正则化参数 $\lambda_n=2BC\left\{\sqrt{\frac{\log d}{n}}+\delta\right\}$，则事件 $\mathbb{G}(\lambda_n)$在至少 $1-2\mathrm{e}^{-2n\delta^2}$ 的概率下成立. 由此我们已经验证了定理 9.24 所需的所有条件都满足. □

ℓ_∞ 界(9.65)相较先前的基于 ℓ_1 和 ℓ_2 范数的界是一个更强的结果. 例如，结合额外的对 θ^* 的最小非零绝对值的条件，ℓ_∞ 界(9.65)可以用来构造一个具有变量选择相合的估计量，而这在其他范数界条件下是得不到的. 此外，如我们在习题 9.13 中所探索的，当与误差向量的其他性质相结合时，推论 9.27 可以推出类似推论 9.26 中基于 ℓ_1 和 ℓ_2 范数的界.

9.6 组结构稀疏性的界

我们现在考虑定理 9.19 对基于无重叠组的组 Lasso 惩罚估计的相关结果，组 Lasso 惩罚在之前的例 9.3 中讨论过. 具体地，我们关注 ℓ_2 形式的组 Lasso 惩罚 $\|\boldsymbol{\theta}\|_{\mathcal{G},2}=\sum_{g\in\mathcal{G}}\|\theta_g\|_2$. 如例 9.6 所讨论的，使用组 Lasso 惩罚的其中一个缘由是多元回归问题，其中回归系数假设以组的方式同时出现或不出现. 例 9.6 的线性多元回归问题是最简单的例子. 在本节中，我们分析广义线性模型的相关延伸. 相应地，我们考虑组 GLM Lasso

$$\hat{\boldsymbol{\theta}}\in\arg\min_{\boldsymbol{\theta}\in\mathbb{R}^d}\left\{\frac{1}{n}\sum_{i=1}^n\{\psi(\langle\boldsymbol{\theta},\boldsymbol{x}_i\rangle)-y_i\langle\boldsymbol{\theta},\boldsymbol{x}_i\rangle\}+\lambda_n\sum_{g\in\mathcal{G}}\|\theta_g\|_2\right\} \tag{9.66}$$

这是一类估计，包括最小二乘形式的组 Lasso(9.14)作为一个特例.

如先前的那些推论，我们假设样本$\{(x_i, y_i)\}_{i=1}^n$是从一个满足条件(G2)的广义线性模型(GLM)中独立同分布产生的. 令$\boldsymbol{X}_g \in \mathbb{R}^{n\times|g|}$为以$g$为下标的子矩阵，我们同样对设计矩阵假设下述的(G1)条件的变形形式：

(G1′) 协变量满足组正规化条件$\max_{g\in\mathcal{G}} \frac{|\!|\!| \boldsymbol{X}_g |\!|\!|_2}{\sqrt{n}} \leqslant C$.

不仅如此，我们假设一个 RSC 条件

$$\mathcal{E}_n(\Delta) \geqslant \kappa \|\Delta\|_2^2 - c_1\left\{\frac{m}{n} + \frac{\log|\mathcal{G}|}{n}\right\}\|\Delta\|_{\mathcal{G},2}^2 \quad 对任意\|\Delta\|_2 \leqslant 1 \tag{9.67}$$

其中m为所有组的最大的组规模. 如例 9.17 和定理 9.36 中所展示的，当协变量$\{x_i\}_{i=1}^n$是来自一个零均值次高斯分布时，一个这种形式的下界在高概率下成立. 这里的界适用于组 GLM Lasso(9.66)的任意最优解$\hat{\boldsymbol{\theta}}$，基于一个正则化参数

$$\lambda_n = 4BC\left\{\sqrt{\frac{m}{n}} + \sqrt{\frac{\log|\mathcal{G}|}{n}} + \delta\right\} \quad 对某个\ \delta \in (0,1)$$

推论 9.28 给定n个来自 GLM 的独立同分布样本，其满足条件(G1′)、(G2)和 RSC 条件(9.67)，假设真实回归向量$\boldsymbol{\theta}^*$有组支撑集$S_{\mathcal{G}}$. 只要$|S_{\mathcal{G}}|\left\{\lambda_n^2 + \frac{m}{n} + \frac{\log|\mathcal{G}|}{n}\right\} < \min\left\{\frac{4\kappa^2}{9}, \frac{\kappa}{64c_1}\right\}$，估计向量$\hat{\boldsymbol{\theta}}$满足界

$$\|\hat{\boldsymbol{\theta}} - \boldsymbol{\theta}^*\|_2^2 \leqslant \frac{9}{4}\frac{|S_{\mathcal{G}}|\lambda_n^2}{\kappa^2} \tag{9.68}$$

在至少$1-2\mathrm{e}^{-2n\delta^2}$的概率下成立.

为了给出这个引理的一些直观解释，可以考虑一些特殊情形. 常见的 Lasso 是组 Lasso 的一个特殊形式，其中有$|\mathcal{G}| = d$个组，每个组的规模为$m=1$. 在这种情形下，如果我们设定正则化参数$\lambda_n = 8BC\sqrt{\frac{\log d}{n}}$，界(9.68)意味着

$$\|\hat{\boldsymbol{\theta}} - \boldsymbol{\theta}^*\|_2 \lesssim \frac{BC}{\kappa}\sqrt{\frac{|S_{\mathcal{G}}|\log d}{n}}$$

这表明推论 9.28 是推论 9.26 的一个自然推广.

多元回归问题则给出了使用组 Lasso 潜在好处的一个更加具体的例子. 在这个例子里，我们取正则化参数为$\lambda_n = 8BC\left\{\sqrt{\frac{m}{n}} + \sqrt{\frac{\log d}{n}}\right\}$.

例 9.29(多元回归的更快收敛) 如先前在例 9.6 中讨论的，多元回归问题是基于线性观测模型$\boldsymbol{Y} = \boldsymbol{Z}\boldsymbol{\Theta}^* + W$，其中$\boldsymbol{\Theta}^* \in \mathbb{R}^{p\times T}$是一个回归系数矩阵，$\boldsymbol{Y} \in \mathbb{R}^{n\times T}$是一个观测矩阵，

而 $\boldsymbol{W}\in\mathbb{R}^{n\times T}$ 是一个噪声矩阵. 一个自然的组结构由回归矩阵 $\boldsymbol{\Theta}^*$ 的行定义，因此我们共有 p 个规模为 T 的组.

一个朴素的方法是忽略组的稀疏性，只是简单用逐元素的 ℓ_1 范数作为矩阵 $\boldsymbol{\Theta}$ 的正则化项. 这个设定对应了一个 $d=pT$ 个系数以及逐元素稀疏度为 $T|S_{\mathcal{G}}|$ 的 Lasso 问题，因此从推论 9.26 可以得到一个具有以下形式的估计误差

$$|||\hat{\boldsymbol{\Theta}}-\boldsymbol{\Theta}^*|||_{\mathrm{F}}\lesssim\sqrt{\frac{|S_{\mathcal{G}}|T\log(pT)}{n}} \tag{9.69a}$$

相比之下，如果我们使用组 Lasso 估计，其可以精确地刻画组的稀疏性，则推论 9.28 可以得到一个估计误差

$$|||\hat{\boldsymbol{\Theta}}-\boldsymbol{\Theta}^*|||_{\mathrm{F}}\lesssim\sqrt{\frac{|S_{\mathcal{G}}|T}{n}}+\sqrt{\frac{|S_{\mathcal{G}}|\log p}{n}} \tag{9.69b}$$

对 $T>1$，可以看出这个误差界总是比 Lasso 误差界(9.69a)好，这表明当 $\boldsymbol{\Theta}^*$ 具有稀疏组结构时，组 Lasso 是一个更好的估计. 在第 15 章，我们会发展方法来说明速度(9.69b)对任意估计是最优的. 事实上，这个速度的两部分都有一个很具体的解释. 第一项对应了假设组结构已知时估计 $|S_{\mathcal{G}}|T$ 个参数的误差. 对 $|S_{\mathcal{G}}|\ll p$，第二项正比于 $\log\binom{p}{|S_{\mathcal{G}}|}$，对应从 p 行里找到包含非零元素的 $|S_{\mathcal{G}}|$ 行子集所需要的复杂度. ♣

我们现在考虑推论 9.28 的证明.

证明　我们应用推论 9.20，其中模型空间 $\mathbb{M}(S_{\mathcal{G}})$ 由式(9.24)定义. 由子空间常数 $\Phi(\boldsymbol{\theta})=\|\boldsymbol{\theta}\|_{\mathcal{G},2}$ 的定义 9.18，我们有

$$\Psi(\mathbb{M}(S_{\mathcal{G}})):=\sup_{\boldsymbol{\theta}\in\mathbb{M}(S_{\mathcal{G}})\setminus\{0\}}\frac{\sum_{g\in\mathcal{G}}\|\theta_g\|_2}{\|\boldsymbol{\theta}\|_2}=\sqrt{|S_{\mathcal{G}}|}$$

假设的 RSC 条件(9.62)是我们一般性定义的一个特殊情形，其中容忍度参数为 $\tau_n^2=c_1\left\{\frac{m}{n}+\frac{\log|\mathcal{G}|}{n}\right\}$ 以及半径为 $R=1$. 为了应用推论 9.20，我们需要确保 $\tau_n^2\Psi^2(\mathbb{M})<\frac{\kappa}{64}$，而且由于局部 RSC 在一个半径为 1 的球上成立，我们同样要确保 $\frac{9}{4}\frac{\Psi^2(\mathbb{M})\lambda_n^2}{\kappa^2}<1$. 这些条件都由我们假设的样本大小的下界所保证.

现在只剩下验证在给定的正则化参数 λ_n 下，事件 $\mathbb{G}(\lambda_n)$ 在高概率下成立.

验证事件 $\mathbb{G}(\lambda_n)$： 利用表格 9.1 所给的对偶范数，我们有 $\Phi^*(\nabla\mathcal{L}_n(\boldsymbol{\theta}^*))=\max_{g\in\mathcal{G}}\|(\nabla\mathcal{L}_n(\boldsymbol{\theta}^*))_g\|_2$. 基于 GLM 的对数似然形式，我们有 $\nabla\mathcal{L}_n(\boldsymbol{\theta}^*)=\frac{1}{n}\sum_{i=1}^n\boldsymbol{V}_i$，其中随机向量 $\boldsymbol{V}_i\in\mathbb{R}^d$ 有分量

$$V_{ij}=\{\psi'(\langle\boldsymbol{x}_i,\boldsymbol{\theta}^*\rangle)-y_i\}x_{ij}$$

对每个组 g，我们记 $\boldsymbol{V}_{i,g}\in\mathbb{R}^{|g|}$ 为下标为 g 的元素的子向量. 在这个记号下，我们有

$$\|(\nabla\mathcal{L}_n(\boldsymbol{\theta}^*))_g\|_2=\left\|\frac{1}{n}\sum_{i=1}^n\mathbf{V}_{i,g}\right\|_2=\sup_{\boldsymbol{u}\in\mathbb{S}^{|g|-1}}\left\langle\boldsymbol{u},\frac{1}{n}\sum_{i=1}^n\mathbf{V}_{i,g}\right\rangle$$

其中 $\mathbb{S}^{|g|-1}$ 是 $\mathbb{R}^{|g|}$ 中的欧几里得球. 由例 5.8，我们在欧几里得范数下可以找到 $\mathbb{S}^{|g|-1}$ 的一个 1/2 覆盖——记为 $\{u^1,\cdots,u^N\}$——基数最多为 $N\leqslant 5^{|g|}$. 由第 5 章中的标准离散化技巧，我们有

$$\|(\nabla\mathcal{L}_n(\boldsymbol{\theta}^*))_g\|_2\leqslant 2\max_{j=1,\cdots,N}\left\langle\boldsymbol{u}^j,\frac{1}{n}\sum_{i=1}^n\mathbf{V}_{i,g}\right\rangle$$

使用和推论 9.26 同样的证明，随机变量 $\left\langle\boldsymbol{u}^j,\frac{1}{n}\sum_{i=1}^n\mathbf{V}_{i,g}\right\rangle$ 是次高斯的，参数至多为

$$\frac{B}{\sqrt{n}}\sqrt{\frac{1}{n}\sum_{i=1}^n\langle\boldsymbol{u}^j,\boldsymbol{x}_{i,g}\rangle^2}\leqslant\frac{BC}{\sqrt{n}}$$

其中的不等式是由条件(G1′)得到. 因此，由标准的次高斯尾部界和联合界，我们有

$$\mathbb{P}[\|(\nabla\mathcal{L}_n(\boldsymbol{\theta}^*))_g\|_2\geqslant 2t]\leqslant 2\exp\left(-\frac{nt^2}{2B^2C^2}+|g|\log 5\right)$$

对所有 $|\mathcal{G}|$ 个组取并可得

$$\mathbb{P}[\max_{g\in\mathcal{G}}\|(\nabla\mathcal{L}_n(\boldsymbol{\theta}^*))_g\|_2\geqslant 2t]\leqslant 2\exp\left(-\frac{nt^2}{2B^2C^2}+m\log 5+\log|\mathcal{G}|\right)$$

这里我们用最大组大小 m 作为每个组大小 $|g|$ 的上界. 令 $t^2=\lambda_n^2$ 可得结论. □

9.7 重叠可分解范数下的界

在本节中，我们转向分析更“奇异的”的重叠组 Lasso 范数，先前在例 9.4 中介绍过. 为了给出这个估计的缘由，我们回到多元回归问题.

例 9.30(多元回归中的矩阵分解)　回顾例 9.6 讨论的多元线性回归问题：它基于线性观测模型 $\boldsymbol{Y}=\boldsymbol{Z}\boldsymbol{\Theta}^*+\boldsymbol{W}$，其中 $\boldsymbol{\Theta}^*\in\mathbb{R}^{p\times T}$ 是一个未知的回归系数矩阵. 如先前所讨论的，通常的组 Lasso 常用到这个问题中，用回归矩阵的行定义相应的组集合. 当真实的回归矩阵 $\boldsymbol{\Theta}^*$ 的确是行稀疏的，那我们可以期待组 Lasso 能比通常的逐元素 Lasso 给出更加准确的估计：比较界(9.69a)和(9.69b).

然而，现在假设我们把组 Lasso 估计用到一个真实回归矩阵 $\boldsymbol{\Theta}^*$ 不满足行稀疏假设的问题上：具体而言，我们假设 $\boldsymbol{\Theta}^*$ 一共有 s 个非零元素，每个都包含在自己的那一行中. 在这个设定下，推论 9.28 可以得到一个界

$$\|\hat{\boldsymbol{\Theta}}-\boldsymbol{\Theta}^*\|_{\mathrm{F}}\lesssim\sqrt{\frac{sT}{n}}+\sqrt{\frac{s\log p}{n}}\tag{9.70}$$

然而，如果我们对这个问题应用通常的逐元素 Lasso，则推论 9.26 可以得到一个界形式为

$$\|\hat{\boldsymbol{\Theta}}-\boldsymbol{\Theta}^*\|_{\mathrm{F}}\lesssim\sqrt{\frac{s\log(pT)}{n}}\tag{9.71}$$

这个误差界总是比组 Lasso 界(9.70)小，并且在 T 比较大时会更加小. 因此，在这一特定情形下，除了更大的计算成本，通常的组 Lasso 比通常的 Lasso 具有统计上更低效这样不

好的性质.

如何来解决这个问题呢？可以考虑一个自适应估计，其可以在稀疏结构是逐元素时达到通常的 Lasso 速度(9.71)，而在稀疏结构是逐行时达到组 Lasso 的速度(9.70). 为此，我们考虑把回归矩阵 $\boldsymbol{\Theta}^*$ 分解成一个和的形式 $\boldsymbol{\Omega}^*+\boldsymbol{\Gamma}^*$，其中 $\boldsymbol{\Omega}^*$ 是一个行稀疏矩阵，$\boldsymbol{\Gamma}^*$ 是逐元素稀疏的，如图 9.10 所示. 对所有这样的分解最小化一个加权的组 Lasso 和 ℓ_1 范数可导出范数

$$\Phi_\omega(\boldsymbol{\Theta})=\inf_{\boldsymbol{\Omega}+\boldsymbol{\Gamma}=\boldsymbol{\Theta}}\left\{\|\boldsymbol{\Gamma}\|_1+\omega\sum_{j=1}^{p}\|\boldsymbol{\Omega}_j\|_2\right\} \tag{9.72}$$

这是重叠组 Lasso(9.10)的一个特殊形式. 我们下面的分析会展示基于这样一个正则化项的 M 估计可以得到理想的自适应性. ♣

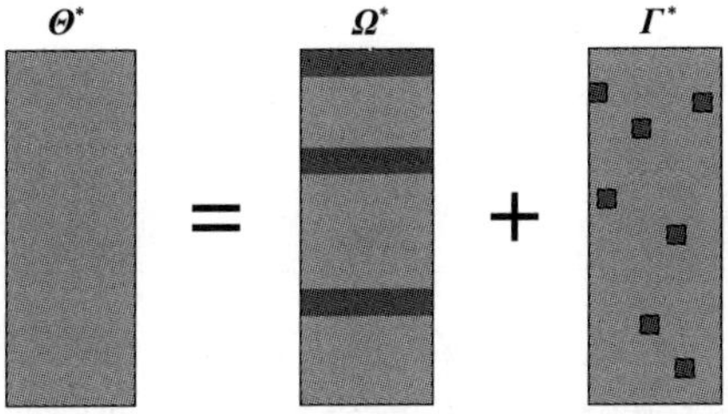

图 9.10　矩阵分解范数(9.72)的图例，结合矩阵行上的组 Lasso 以及逐元素 ℓ_1 范数得到. 这个范数定义为最小化所有 $\boldsymbol{\Theta}^*$ 的加性分解所得，其形式为一个行稀疏矩阵 $\boldsymbol{\Omega}^*$ 和一个逐元素稀疏矩阵 $\boldsymbol{\Gamma}^*$ 之和

我们回到一般情形，这里把参数 $\boldsymbol{\theta}\in\mathbb{R}^d$ 看作一个向量，[㊀]并考虑更一般的 ℓ_1-加-组重叠范数

$$\Phi_\omega(\boldsymbol{\theta}):=\inf_{\boldsymbol{\alpha}+\boldsymbol{\beta}=\boldsymbol{\theta}}\{\|\boldsymbol{\alpha}\|_1+\omega\|\boldsymbol{\beta}\|_{\mathcal{G},2}\} \tag{9.73}$$

其中 $\mathcal{G}$ 是一个不相交组的集合，每个组规模至多为 m. 重叠范数(9.72)是一个特殊情形，其中组由内在矩阵的行给定. 为了让证明变得更为清晰，我们使用权

$$\omega:=\frac{\sqrt{m}+\sqrt{\log|\mathcal{G}|}}{\sqrt{\log d}} \tag{9.74}$$

在这个设定下，下面的结果适用于自适应组 GLM Lasso，

$$\hat{\boldsymbol{\theta}}\in\arg\min_{\boldsymbol{\theta}\in\mathbb{R}^d}\left\{\underbrace{\frac{1}{n}\sum_{i=1}^{n}\{\psi(\langle\boldsymbol{\theta},\boldsymbol{x}_i\rangle)-\langle\boldsymbol{\theta},\boldsymbol{x}_i\boldsymbol{y}_i\rangle\}}_{\mathcal{L}_n(\boldsymbol{\theta})}+\lambda_n\Phi_\omega(\boldsymbol{\theta})\right\} \tag{9.75}$$

这里泰勒级数误差满足 RSC 条件

$$\mathcal{E}_n(\Delta)\geqslant\frac{\kappa}{2}\|\Delta\|_2^2-c_1\frac{\log d}{n}\Phi_\omega^2(\Delta)\quad 对任意\|\Delta\|_2\leqslant 1 \tag{9.76}$$

再一次，当协变量 $\{x_i\}_{i=1}^n$ 是从零均值次高斯分布中独立同分布产生时，一个这种形式的界

㊀ 多元回归问题可以看成维数为 $d=pT$ 的向量模型的一个特例，通过变换 $\boldsymbol{\Theta}\mapsto\mathrm{vec}(\boldsymbol{\Theta})\in\mathbb{R}^{pT}$.

对任意 GLM 在高概率下成立(见例 9.17 和习题 9.8).

在这一设定下，下面的结果适用于自适应组 GLM Lasso(9.75)的任意最优解 $\hat{\boldsymbol{\theta}}$，其中 $\lambda_n=4BC\left(\sqrt{\frac{\log d}{n}}+\delta\right)$，对某个 $\delta\in(0,1)$. 此外，假设真实的回归向量可以分解为 $\boldsymbol{\theta}^*=\boldsymbol{\alpha}^*+\boldsymbol{\beta}^*$，其中 $\boldsymbol{\alpha}$ 是 S_{elt} 稀疏的，而 $\boldsymbol{\beta}^*$ 是 $S_{\mathcal{G}}$ 组稀疏的，且有 $S_{\mathcal{G}}$ 和 S_{elt} 不相交.

推论 9.31 给定 n 个独立同分布来自一个满足条件(G1′)和(G2)的 GLM 的样本，假设曲率为 $\kappa>0$ 的 RSC 条件(9.76)成立，且 $\{\sqrt{|S_{\mathrm{elt}}|}+\omega\sqrt{|S_{\mathcal{G}}|}\}^2\left\{\lambda_n^2+\frac{\log d}{n}\right\}<\min\left\{\frac{\kappa^2}{36},\frac{\kappa}{64c_1}\right\}$. 那么自适应组 GLM Lasso 估计 $\hat{\boldsymbol{\theta}}$ 满足界

$$\|\hat{\boldsymbol{\theta}}-\boldsymbol{\theta}^*\|_2^2\leqslant\frac{36\lambda_n^2}{\kappa^2}\{\sqrt{|S_{\mathrm{elt}}|}+\omega\sqrt{|S_{\mathcal{G}}|}\}^2 \tag{9.77}$$

在至少 $1-3\mathrm{e}^{-8n\delta^2}$ 的概率下成立.

注：界(9.77)最重要的性质是其对逐元素以及组稀疏的自适应性. 这一自适应性源于可以通过选择最优的 $S_{\mathcal{G}}$ 和 S_{elt} 以达到最紧的界，依赖于回归向量 $\boldsymbol{\theta}^*$ 的结构. 具体来说，考虑选择 $\lambda_n=8BC\sqrt{\frac{\log d}{n}}$ 的界. 作为一个极端，假设真实的回归向量 $\boldsymbol{\theta}^*\in\mathbb{R}^d$ 是完全逐元素稀疏的，每个组仅包含至多一个非零元素. 在这种情形下，我们可以用 $S_{\mathcal{G}}=\varnothing$ 对应的界(9.77)，可得

$$\|\hat{\boldsymbol{\theta}}-\boldsymbol{\theta}^*\|_2^2\lesssim\frac{B^2C^2}{\kappa^2}\frac{s\log d}{n}$$

其中 $s=|S_{\mathrm{elt}}|$ 为 $\boldsymbol{\theta}^*$ 的稀疏度. 因此我们在这个特殊情形下还原了先前推论 9.26 的 Lasso 界. 在另一个极端下，考虑一个“完全”组稀疏的向量，即它有一些活跃的组子集 $S_{\mathcal{G}}$ 但没有单独的稀疏元素. $S_{\mathrm{elt}}=\varnothing$ 对应的界(9.77)可得

$$\|\hat{\boldsymbol{\theta}}-\boldsymbol{\theta}^*\|_2^2\lesssim\frac{B^2C^2}{\kappa^2}\left\{\frac{m|S_{\mathcal{G}}|}{n}+\frac{|S_{\mathcal{G}}|\log d}{n}\right\}$$

因此，在这个特殊情形下，分解方法导出了推论 9.28 中的组 Lasso 速度.

我们现在来证明这个推论.

证明 在这个情形下，我们要非常小心地处理细节，因为重叠范数的分解需要特别注意. 回顾式(9.31)中的函数 $\mathcal{F}$，并令 $\hat{\Delta}=\hat{\boldsymbol{\theta}}-\boldsymbol{\theta}^*$. 我们的证明基于说明任何形式为 $\Delta=t\hat{\Delta}$ 的向量，其中 $t\in[0,1]$，满足界

$$\Phi_\omega(\Delta)\leqslant4\{\sqrt{|S_{\mathrm{elt}}|}+\omega\sqrt{|S_{\mathcal{G}}|}\}\|\Delta\|_2 \tag{9.78a}$$

和

$$\mathcal{F}(\Delta)\geqslant\frac{\kappa}{2}\|\Delta\|_2^2-c_1\frac{\log d}{n}\Phi_\omega^2(\Delta)-\frac{3\lambda_n}{2}\{\sqrt{|S_{\mathrm{elt}}|}+\omega\sqrt{|S_{\mathcal{G}}|}\}\|\Delta\|_2 \tag{9.78b}$$

我们先当这些界是给定的，然后再回头证明它们. 把界(9.78a)代入不等式(9.78b)并重新整理得

$$\mathcal{F}(\Delta)\geqslant\|\Delta\|_2\left\{\kappa'\|\Delta\|_2-\frac{3\lambda_n}{2}(\sqrt{|S_{\text{elt}}|}+\omega\sqrt{|S_{\mathcal{G}}|})\right\}$$

其中 $\kappa':=\frac{\kappa}{2}-16c_1\frac{\log d}{n}(\sqrt{|S_{\text{elt}}|}+\omega\sqrt{|S_{\mathcal{G}}|})^2$. 在所述的关于样本大小 n 的界下，我们有 $\kappa'\geqslant\frac{\kappa}{4}$，因此 $\mathcal{F}$ 是非负的只要

$$\|\Delta\|_2\geqslant\frac{6\lambda_n}{\kappa}(\sqrt{|S_{\text{elt}}|}+\omega\sqrt{|S_{\mathcal{G}}|})$$

最后，通过定理 9.19 余下的证明即导出要证明的界(9.77).

我们现在回到界(9.78a)和(9.78b)的证明. 作为开始，一个简单的计算表明对偶范数为

$$\Phi_\omega^*(\boldsymbol{v})=\max\left\{\|\boldsymbol{v}\|_\infty,\frac{1}{\omega}\max_{g\in\mathcal{G}}\|\boldsymbol{v}_g\|_2\right\}$$

因此，事件 $\mathbb{G}(\lambda_n):=\left\{\Phi_\omega^*(\nabla\mathcal{L}_n(\boldsymbol{\theta}^*))\leqslant\frac{\lambda_n}{2}\right\}$ 等价于

$$\|\nabla\mathcal{L}_n(\boldsymbol{\theta}^*)\|_\infty\leqslant\frac{\lambda_n}{2}\quad 且\quad \max_{g\in\mathcal{G}}\|(\nabla\mathcal{L}_n(\boldsymbol{\theta}^*))_g\|_2\leqslant\frac{\lambda_n\omega}{2}\tag{9.79}$$

我们暂且假设这些条件成立，证明的最后再回来验证它们.

对某个 $t\in[0,1]$，定义 $\Delta=t\hat{\Delta}$. 固定某个分解 $\boldsymbol{\theta}^*=\boldsymbol{\alpha}^*+\boldsymbol{\beta}^*$，其中 $\boldsymbol{\alpha}^*$ 是 S_{elt} 稀疏的，$\boldsymbol{\beta}^*$ 是 $S_{\mathcal{G}}$ 组稀疏的，并注意

$$\Phi_\omega(\boldsymbol{\theta}^*)\leqslant\|\boldsymbol{\alpha}^*\|_1+\omega\|\boldsymbol{\beta}^*\|_{\mathcal{G},2}$$

类似地，让我们记某个 $\Delta=\Delta_{\boldsymbol{\alpha}}+\Delta_{\boldsymbol{\beta}}$ 满足

$$\Phi_\omega(\boldsymbol{\theta}^*+\Delta)=\|\Delta_{\boldsymbol{\alpha}}\|_1+\omega\|\Delta_{\boldsymbol{\beta}}\|_{\mathcal{G},2}$$

不等式(9.78a)的证明： 定义函数

$$\mathcal{F}(\Delta):=\mathcal{L}_n(\boldsymbol{\theta}^*+\Delta)-\mathcal{L}_n(\boldsymbol{\theta}^*)+\lambda_n\{\Phi_\omega(\boldsymbol{\theta}^*+\Delta)-\Phi_\omega(\boldsymbol{\theta}^*)\}$$

考虑对某个 $t\in[0,1]$的形式为 $\Delta=t\hat{\Delta}$ 的向量. 注意 $\mathcal{F}$ 是凸的并在 $\hat{\Delta}$ 处取到最小，可得

$$\mathcal{F}(\Delta)=\mathcal{F}(t\hat{\Delta}+(1-t)\mathbf{0})\leqslant t\mathcal{F}(\hat{\Delta})+(1-t)\mathcal{F}(\mathbf{0})\leqslant\mathcal{F}(\mathbf{0})$$

回顾 $\mathcal{E}_n(\Delta)=\mathcal{L}_n(\boldsymbol{\theta}^*+\Delta)-\mathcal{L}_n(\boldsymbol{\theta}^*)-\langle\nabla\mathcal{L}_n(\boldsymbol{\theta}^*),\Delta\rangle$，通过一些代数运算可以导出不等式

$$\begin{aligned}\mathcal{E}_n(\Delta)&\leqslant|\langle\nabla\mathcal{L}_n(\boldsymbol{\theta}^*),\Delta\rangle|-\lambda_n\{\|\boldsymbol{\alpha}^*+\Delta_{\boldsymbol{\alpha}}\|_1-\|\boldsymbol{\alpha}^*\|_1\}-\lambda_n\omega\{\|\boldsymbol{\beta}^*+\Delta_{\boldsymbol{\beta}}\|_{\mathcal{G},2}-\|\beta^*\|_{\mathcal{G},2}\}\\&\overset{\text{(i)}}{\leqslant}|\langle\nabla\mathcal{L}_n(\boldsymbol{\theta}^*),\Delta\rangle|+\lambda_n\{\|(\Delta_{\boldsymbol{\alpha}})_{S_{\text{elt}}}\|_1-\|(\Delta_{\boldsymbol{\alpha}})_{S_{\text{elt}}^c}\|_1\}+\lambda_n\omega\{\|(\Delta_{\boldsymbol{\beta}})_{S_{\mathcal{G}}}\|_{\mathcal{G},2}-\|(\Delta_{\boldsymbol{\beta}})_{S_{\mathcal{G}}^c}\|_{\mathcal{G},2}\}\\&\overset{\text{(ii)}}{\leqslant}\frac{\lambda_n}{2}\{3\|(\Delta_{\boldsymbol{\alpha}})_{S_{\text{elt}}}\|_1-\|(\Delta_{\boldsymbol{\alpha}})_{S_{\text{elt}}^c}\|_1\}+\frac{\lambda_n\omega}{2}\{\|(\Delta_{\boldsymbol{\beta}})_{S_{\mathcal{G}}}\|_{\mathcal{G},2}-\|(\Delta_{\boldsymbol{\beta}})_{S_{\mathcal{G}}^c}\|_{\mathcal{G},2}\}\end{aligned}$$

其中步骤(i)由 ℓ_1 范数和组范数的可分解性，而步骤(ii)则是由不等式(9.79)得到. 由凸性有 $\mathcal{E}_n(\Delta)\geqslant0$，整理可得

$$
\begin{aligned}
\|\Delta_{\boldsymbol{\alpha}}\|_1+\omega\|\Delta_{\boldsymbol{\beta}}\|_{\mathcal{G},2} &\leqslant 4\{\|(\Delta_{\boldsymbol{\alpha}})_{S_{\text{elt}}}\|_1+\omega\|(\Delta_{\boldsymbol{\beta}})_{S_{\mathcal{G}}}\|_{\mathcal{G},2}\} \\
&\overset{\text{(iii)}}{\leqslant} 4\{\sqrt{|S_{\text{elt}}|}\,\|(\Delta_{\boldsymbol{\alpha}})_{S_{\text{elt}}}\|_2+\omega\sqrt{|S_{\mathcal{G}}|}\,\|(\Delta_{\boldsymbol{\beta}})_{S_{\mathcal{G}}}\|_2\} \\
&\leqslant 4\{\sqrt{|S_{\text{elt}}|}+\omega\sqrt{|S_{\mathcal{G}}|}\}\{\|(\Delta_{\boldsymbol{\alpha}})_{S_{\text{elt}}}\|_2+\|(\Delta_{\boldsymbol{\beta}})_{S_{\mathcal{G}}}\|_2\}
\end{aligned}
\tag{9.80}
$$

其中步骤(iii)由两个可分解范数的子空间常数得到. 整个向量 Δ 有分解 $\Delta=(\Delta_{\boldsymbol{\alpha}})_{S_{\text{elt}}}+(\Delta_{\boldsymbol{\beta}})_{S_{\mathcal{G}}}+\Delta_T$，其中 T 是 S_{elt} 和 $S_{\mathcal{G}}$ 中指标的补集. 注意由构造可得三个向量两两不交，我们有

$$
\|(\Delta_{\boldsymbol{\alpha}})_{S_{\text{elt}}}\|_2+\|(\Delta_{\boldsymbol{\beta}})_{S_{\mathcal{G}}}\|_2=\|(\Delta_{\boldsymbol{\alpha}})_{S_{\text{elt}}}+(\Delta_{\boldsymbol{\beta}})_{S_{\mathcal{G}}}\|_2\leqslant\|\Delta\|_2
$$

结合不等式(9.80)即完成了界(9.78a)的证明.

不等式(9.78b)的证明：从定理 9.19 的证明中，回顾下界(9.50). 这个不等式结合 RSC 条件保证了函数值 $\mathcal{F}(\Delta)$ 至少为

$$
\begin{aligned}
&\frac{\kappa}{2}\|\Delta\|_2^2-c_1\frac{\log d}{n}\Phi_{\omega}^2(\Delta)-|\langle\nabla\mathcal{L}_n(\boldsymbol{\theta}^*),\Delta\rangle|+ \\
&\lambda_n\{\|\boldsymbol{\alpha}^*+\Delta_{\boldsymbol{\alpha}}\|_1-\|\boldsymbol{\alpha}^*\|_1\}+\lambda_n\omega\{\|\boldsymbol{\beta}^*+\Delta_{\boldsymbol{\beta}}\|_{\mathcal{G},2}-\|\boldsymbol{\beta}^*\|_{\mathcal{G},2}\}
\end{aligned}
$$

再一次，应用对偶范数界(9.79)并利用可分解性可导出下界(9.78b).

不等式(9.79)的验证：最后剩下的细节是验证定义事件 $\mathbb{G}(\lambda_n)$ 的条件(9.79). 由推论 9.26 的证明，我们有

$$
\mathbb{P}[\|\nabla\mathcal{L}_n(\boldsymbol{\theta}^*)\|_\infty\geqslant t]\leqslant d\,\mathrm{e}^{-\frac{nt^2}{2B^2C^2}}
$$

类似地，由推论 9.28 的证明，我们有

$$
\mathbb{P}\left[\frac{1}{\omega}\max_{g\in\mathcal{G}}\|(\nabla\mathcal{L}_n(\boldsymbol{\theta}^*))_g\|_2\geqslant 2t\right]\leqslant 2\exp\left(-\frac{n\omega^2t^2}{2B^2C^2}+m\log 5+\log|\mathcal{G}|\right)
$$

令 $t=4BC\left\{\sqrt{\frac{\log d}{n}}+\delta\right\}$，并通过一些代数运算即可以得到所要证的下界 $\mathbb{P}[\mathbb{G}(\lambda_n)]\geqslant 1-3\mathrm{e}^{-8n\delta^2}$. □

9.8　证明受限强凸性的方法

前述的所有结果都依赖于经验损失函数满足某种形式的受限曲率条件. 在本节中，我们深入探究在什么样的条件下受限强凸性条件，如先前定义 9.15 中所述，是成立的.

在介绍之前，我们引入一些记号. 给定一列样本 $Z_1^n=\{Z_i\}_{i=1}^n$，我们记经验损失为 $\mathcal{L}_n(\boldsymbol{\theta})=\frac{1}{n}\sum_{i=1}^n\mathcal{L}(\boldsymbol{\theta};Z_i)$，其中 $\mathcal{L}$ 是作用在单个样本上的损失. 我们然后可以用样本 Z_i 上的 $\mathcal{L}$ 的一阶泰勒展开来定义误差，即

$$
\mathcal{E}(\Delta;z_i):=\mathcal{L}(\boldsymbol{\theta}^*+\Delta;Z_i)-L(\boldsymbol{\theta}^*;Z_i)-\langle\nabla\mathcal{L}(\boldsymbol{\theta}^*;Z_i),\Delta\rangle
$$

由构造，我们有 $\mathcal{E}_n(\Delta)=\frac{1}{n}\sum_{i=1}^n\mathcal{E}(\Delta;Z_i)$. 给定总体损失函数 $\overline{\mathcal{L}}(\boldsymbol{\theta}):=\mathbb{E}[\mathcal{L}_n(\boldsymbol{\theta};Z_1^n)]$，一个局部形式的强凸性可以由其泰勒级数误差定义

$$\overline{\mathcal{E}}(\Delta):=\overline{\mathcal{L}}(\boldsymbol{\theta}^*+\Delta)-\overline{\mathcal{L}}(\boldsymbol{\theta}^*)-\langle\nabla\overline{\mathcal{L}}(\boldsymbol{\theta}^*),\Delta\rangle \tag{9.81}$$

我们称总体损失函数在取最小值点 $\boldsymbol{\theta}^*$ 周围是(局部)κ 强凸的，如果存在一个半径 $R>0$ 使得

$$\overline{\mathcal{E}}(\Delta)\geqslant\kappa\|\Delta\|_2^2 \quad \text{对任意} \quad \Delta\in\mathbb{B}_2(R):=\{\Delta\in\Omega\,\|\,\Delta\|_2\leqslant R\} \tag{9.82}$$

我们希望看到基于样本的误差 $\mathcal{E}_n(\Delta)$ 也具有这种类型的曲率条件. 那么从一个宏观的角度，我们的目标是很清晰的：为了得到一个受限强凸性(RSC)的形式，对零均值随机过程

$$\{\mathcal{E}_n(\Delta)-\overline{\mathcal{E}}(\Delta),\Delta\in\mathbb{S}\} \tag{9.83}$$

我们需要推导出一类一致大数定律(见第 4 章)，其中 $\mathbb{S}$ 是 $\mathbb{B}_2(R)$ 的某个适当选取的子集.

例 9.32(最小二乘)　为了在一个具体例子中得到一些直观解释，回顾最小二乘回归中的二次型损失函数 $\mathcal{L}(\boldsymbol{\theta};y_i,\boldsymbol{x}_i)=\frac{1}{2}(y_i-\langle\boldsymbol{\theta},\boldsymbol{x}_i\rangle)^2$. 在这种情形下，我们有 $\mathcal{E}(\Delta;\boldsymbol{x}_i,y_i)=\frac{1}{2}\langle\Delta,\boldsymbol{x}_i\rangle^2$，因此

$$\mathcal{E}_n(\Delta)=\frac{1}{2n}\sum_{i=1}^n\langle\Delta,\boldsymbol{x}_i\rangle^2=\frac{1}{2n}\|\boldsymbol{X}\Delta\|_2^2,$$

其中 $\boldsymbol{X}\in\mathbb{R}^{n\times d}$ 是通常的设计矩阵. 记 $\boldsymbol{\Sigma}=\operatorname{cov}(\boldsymbol{x})$，我们发现

$$\overline{\mathcal{E}}(\Delta)=\mathbb{E}[\mathcal{E}_n(\Delta)]=\frac{1}{2}\Delta^{\mathrm{T}}\boldsymbol{\Sigma}\Delta$$

因此，在这种情形下我们的具体目标是对下述的随机变量类建立一个一致定律，

$$\left\{\frac{1}{2}\Delta^{\mathrm{T}}\left(\frac{\boldsymbol{X}^{\mathrm{T}}\boldsymbol{X}}{n}-\boldsymbol{\Sigma}\right)\Delta,\Delta\in\mathbb{S}\right\} \tag{9.84}$$

当 $\mathbb{S}=\mathbb{B}_2(1)$时，这个类上的极大值等于算子范数$\left\|\frac{\boldsymbol{X}^{\mathrm{T}}\boldsymbol{X}}{n}-\boldsymbol{\Sigma}\right\|_2$，这个量我们在第 6 章研究过. 当 $\mathbb{S}$ 涉及一个额外的 ℓ_1 约束时，则这一类上的一致定律对应于一个受限特征值条件，这些在第 7 章研究过. ♣

9.8.1 Lipschitz 损失函数和 Rademacher 复杂度

这一节的目标是说明对 Lipschitz 损失函数建立 RSC 的问题如何简化为控制一类 Rademacher 复杂度问题. 如读者可能预料到的，第 4 章中的对称化和收缩技巧会非常有用.

我们称 $\mathcal{L}$ 在球 $\mathbb{B}_2(R)$上是局部 L-Lipschitz 的，若对每个样本 $Z=(\boldsymbol{x},y)$，

$$|\mathcal{L}(\boldsymbol{\theta};Z)-\mathcal{L}(\widetilde{\boldsymbol{\theta}};Z)|\leqslant L\,|\langle\boldsymbol{\theta},\boldsymbol{x}\rangle-\langle\widetilde{\boldsymbol{\theta}},\boldsymbol{x}\rangle| \quad \text{对于所有} \quad \boldsymbol{\theta},\hat{\boldsymbol{\theta}}\in\mathbb{B}_2(R) \tag{9.85}$$

我们用一个例子来阐述这个定义.

例 9.33(二分类的损失函数)　Lipschitz 损失函数类包括很多二分类问题的目标函数，二分类的目标是用协变量 $\boldsymbol{x}\in\mathbb{R}^d$ 预测一个分类标签 $y\in\{-1,1\}$. 最简单的方法基于一个线性分类方法：给定一个权向量 $\boldsymbol{\theta}\in\mathbb{R}^d$，用内积$\langle\boldsymbol{\theta},\boldsymbol{x}\rangle$的符号来做决策. 如果不考虑计算问题，最自然的损失函数是 0−1 损失 $\mathbb{I}[y\langle\boldsymbol{\theta},\boldsymbol{x}\rangle<0]$，其在决策错误时给一个惩罚 1，其他情形时为 0.(注意到 $y\langle\boldsymbol{\theta},\boldsymbol{x}\rangle<0$ 当且仅当 $\operatorname{sign}(\langle\boldsymbol{\theta},\boldsymbol{x}\rangle)\neq y$.)

例如，Logistic 回归损失形式为

$$\mathcal{L}(\boldsymbol{\theta};(\boldsymbol{x},y)):=\log(1+e^{\langle\boldsymbol{\theta},\boldsymbol{x}\rangle})-y\langle\boldsymbol{\theta},\boldsymbol{x}\rangle \tag{9.86}$$

而且可以直接验证得到这个损失函数满足 $L=2$ 的 Lipschitz 条件. 类似地，分类中的支持向量机方法是基于 hinge 损失

$$\mathcal{L}(\boldsymbol{\theta};(\boldsymbol{x},y)):=\max\{0,1-y\langle\boldsymbol{\theta},\boldsymbol{x}\rangle\}\equiv(1-y\langle\boldsymbol{\theta},\boldsymbol{x}\rangle)_+ \tag{9.87}$$

其是参数为 $L=1$ 的 Lipschitz 函数. 注意最小二乘损失 $\mathcal{L}(\boldsymbol{\theta};(\boldsymbol{x},y))=\frac{1}{2}(y-\langle\boldsymbol{\theta},\boldsymbol{x}\rangle)^2$ 不是 Lipschitz 的，除非假定额外的有界条件. 对指数损失函数 $\mathcal{L}(\boldsymbol{\theta};(\boldsymbol{x},y))=e^{-y\langle\boldsymbol{\theta},\boldsymbol{x}\rangle}$ 也有一个类似的结论. ♣

在这一节，我们证明回归型数据 $\boldsymbol{z}=(\boldsymbol{x},y)$ 的 Lipschitz 函数满足一个特定形式的受限地强凸性，这依赖于协变量的尾部波动情况. 这一结果本身涉及正则化项 Φ 的范数球的一个复杂度度量. 更准确地说，令 $\{\varepsilon_i\}_{i=1}^n$ 为一个独立同分布的 Rademacher 随机变量序列，我们定义对称随机向量 $\overline{\boldsymbol{x}}_n=\frac{1}{n}\sum_{i=1}^n\varepsilon_i x_i$ 以及随机变量

$$\Phi^*(\overline{\boldsymbol{x}}_n):=\sup_{\Phi(\boldsymbol{\theta})\leqslant 1}\left\langle\boldsymbol{\theta},\frac{1}{n}\sum_{i=1}^n\varepsilon_i\boldsymbol{x}_i\right\rangle \tag{9.88}$$

当 $\boldsymbol{x}_i\sim\mathcal{N}(\boldsymbol{0},\boldsymbol{I}_d)$，均值 $\mathbb{E}[\Phi^*(\overline{\boldsymbol{x}}_n)]$ 正比于单位球 $\{\boldsymbol{\theta}\in\mathbb{R}^d\mid\Phi(\boldsymbol{\theta})\leqslant 1\}$ 的高斯复杂度.（见第 5 章关于高斯复杂度及其性质的深入讨论.）更一般地，量(9.88)反映了对于协变量波动 Φ 单位球的大小.

下面的定理适用于控制欧几里得范数的任意范数 Φ，即一致地有 $\Phi(\Delta)\geqslant\|\Delta\|_2$. 对于一对半径 $0<R_\ell<R_u$，其保证了一个受限强凸性在"甜甜圈"集合上成立

$$\mathbb{B}_2(R_\ell,R_u):=\{\Delta\in\mathbb{R}^d\mid R_\ell\leqslant\|\Delta\|_2\leqslant R_u\} \tag{9.89}$$

高概率结论则是基于随机变量 $\Phi^*(\overline{\boldsymbol{x}}_n)$ 以及量 $M_n(\Phi;R):=4\log\left(\frac{R_u}{R_\ell}\right)\log\sup_{\boldsymbol{\theta}\neq 0}\left(\frac{\Phi(\boldsymbol{\theta})}{\|\boldsymbol{\theta}\|_2}\right)$，后者的出现是技术原因.

定理 9.34　假设损失函数 $\mathcal{L}$ 是 L-Lipschitz 的(9.85)，而总体损失函数 $\overline{\mathcal{L}}$ 在球 $\mathbb{B}_2(R_u)$ 上是局部 κ 强凸的(9.82). 那么对任意 $\delta>0$，一阶泰勒误差 $\mathcal{E}_n$ 满足

$$|\mathcal{E}_n(\Delta)-\overline{\mathcal{E}}(\Delta)|\leqslant 16L\Phi(\Delta)\delta\quad\text{对于所有 }\Delta\in\mathbb{B}_2(R_\ell,R_u) \tag{9.90}$$

成立的概率至少为 $1-M_n(\Phi;R)\inf_{\lambda>0}\mathbb{E}[e^{\lambda(\Phi^*(\overline{\boldsymbol{x}}_n)-\delta)}]$.

对于 Lipschitz 函数，这个定理把建立 RSC 的问题简化为控制随机变量 $\Phi^*(\overline{\boldsymbol{x}}_n)$ 的问题. 我们考虑一些例子来阐述定理 9.34 的结论.

例 9.35(Lipschitz 损失和组 Lasso)　考虑组 Lasso 范数 $\Phi(\boldsymbol{\theta})=\sum_{g\in\mathcal{G}}\|\theta_g\|_2$，为简单起见我们取组的规模大小同为 m. 假设协变量 $\{\boldsymbol{x}_i\}_{i=1}^n$ 是独立同分布的 $\mathcal{N}(0,\boldsymbol{\Sigma})$ 向量，并令

$\sigma^2=\|\boldsymbol{\Sigma}\|_2$. 在这种情形下，我们说明对任意 L-Lipschitz 损失函数，不等式

$$|\mathcal{E}_n(\Delta)-\overline{\mathcal{E}}(\Delta)|\leqslant 16L\sigma\left\{\sqrt{\frac{m}{n}}+\sqrt{\frac{2\log|\mathcal{G}|}{n}}+\delta\right\}\sum_{g\in\mathcal{G}}\|\Delta_g\|_2$$

以至少 $1-4\log^2(d)\mathrm{e}^{-\frac{n\sigma^2}{2}}$ 的概率对所有 $\Delta\in\mathbb{B}_2\left(\frac{1}{d},1\right)$ 一致成立.

为了证明这一结论，我们首先注意由表 9.1 可知 $\Phi^*(\overline{\boldsymbol{x}}_n)=\max\limits_{g\in\mathcal{G}}\|(\overline{\boldsymbol{x}}_n)_g\|_2$. 因此，我们有

$$\mathbb{E}[\mathrm{e}^{\lambda\Phi^*(\overline{\boldsymbol{x}}_n)}]\leqslant\sum_{g\in\mathcal{G}}\mathbb{E}[\mathrm{e}^{\lambda(\|(\overline{\boldsymbol{x}}_n)_g\|_2)}]=\sum_{g\in\mathcal{G}}\mathbb{E}[\mathrm{e}^{\lambda(\|(\overline{\boldsymbol{x}}_n)_g\|_2-\mathbb{E}\|(\overline{\boldsymbol{x}}_n)_g\|_2)}]\mathrm{e}^{\lambda\mathbb{E}[\|(\overline{\boldsymbol{x}}_n)_g\|_2]}$$

由定理 2.26，随机变量 $\|(\overline{\boldsymbol{x}}_n)_g\|_2$ 在其均值周围有参数为 $\sigma/\sqrt{n}$ 的次高斯集中度，由此得到 $\mathbb{E}[\mathrm{e}^{\lambda(\|(\overline{\boldsymbol{x}}_n)_g\|_2-\mathbb{E}\|(\overline{\boldsymbol{x}}_n)_g\|_2)}]\leqslant\mathrm{e}^{\frac{\lambda^2\sigma^2}{2n}}$. 由 Jensen 不等式，我们有

$$\mathbb{E}[\|(\overline{\boldsymbol{x}}_n)_g\|_2]\leqslant\sqrt{\mathbb{E}[\|(\overline{\boldsymbol{x}}_n)_g\|_2^2]}\leqslant\sigma\sqrt{\frac{m}{n}}$$

这里用到结论 $\sigma^2=\|\boldsymbol{\Sigma}\|_2$. 综上所述，我们说明了

$$\inf_{\lambda>0}\log\mathbb{E}[\mathrm{e}^{\lambda(\Phi*(\overline{\boldsymbol{x}}_n)-(\epsilon+\sigma\sqrt{\frac{m}{n}}))}]\leqslant\log|\mathcal{G}|+\inf_{\lambda>0}\left\{\frac{\lambda^2\sigma^2}{2n}-\lambda_\varepsilon\right\}=\log|\mathcal{G}|-\frac{n\varepsilon^2}{2\sigma^2}$$

取 $R_u=1$ 和 $R_\ell=\frac{1}{d}$，我们有

$$M_n(\Phi;R)=4\log(d)\log|\mathcal{G}|\leqslant 4\log^2(d)$$

这是由于 $|\mathcal{G}|\leqslant d$. 因此，令 $\boldsymbol{\epsilon}=2\sigma\left\{\sqrt{\frac{\log|\mathcal{G}|}{n}}+\boldsymbol{\epsilon}\right\}$ 并应用定理 9.34 即得到所述结论. ♣

在第 10 章中，我们会讨论定理 9.34 在低秩矩阵估计中的一些结果. 我们现在考虑其证明.

证明　回顾

$$\mathcal{E}(\Delta;z_i):=\mathcal{L}(\boldsymbol{\theta}^*+\Delta;z_i)-\mathcal{L}(\boldsymbol{\theta}^*;z_i)-\langle\nabla\mathcal{L}(\boldsymbol{\theta}^*;z_i),\Delta\rangle$$

表示单一样本 $z_i=(x_i,y_i)$ 相应的泰勒级数误差.

证明泰勒误差是 Lipschitz 的： 我们首先说明 $\mathcal{E}$ 对于 $\langle\Delta,\boldsymbol{x}_i\rangle$ 是一个 $2L$-Lipschitz 函数. 为了证明这一结论，注意如果我们记 $\frac{\partial\mathcal{L}}{\partial u}$ 为 $\mathcal{L}$ 关于 $u=\langle\theta,x\rangle$ 的导数，那么 Lipschitz 条件保证了 $\left\|\frac{\partial L}{\partial u}\right\|_\infty\leqslant L$. 因此，由链法则，对任意样本 $z_i\in Z$ 和参数 Δ，$\widetilde{\Delta}\in\mathbb{R}^d$，我们有

$$|\langle\nabla\mathcal{L}(\boldsymbol{\theta}^*;Z_i),\Delta-\widetilde{\Delta}\rangle|\leqslant\left|\frac{\partial\mathcal{L}}{\partial u}(\boldsymbol{\theta}^*;Z_i)\right||\langle\Delta,\boldsymbol{x}_i\rangle-\langle\widetilde{\Delta},\boldsymbol{x}_i\rangle|\leqslant L|\langle\Delta,\boldsymbol{x}_i\rangle-\langle\widetilde{\Delta},\boldsymbol{x}_i\rangle| \tag{9.91}$$

综上所述，对任意对 Δ，$\widetilde{\Delta}$，我们有

$$|\mathcal{E}(\Delta;Z_i)-\mathcal{E}(\widetilde{\Delta};Z_i)|\leqslant|\mathcal{L}(\boldsymbol{\theta}^*+\Delta;Z_i)-\mathcal{L}(\boldsymbol{\theta}^*+\widetilde{\Delta};Z_i)|+|\langle\nabla\mathcal{L}(\boldsymbol{\theta}^*;Z_i),\Delta-\widetilde{\Delta}\rangle|$$

$$\leqslant 2L\left|\langle \Delta, \boldsymbol{x}_i\rangle - \langle \widetilde{\Delta}, \boldsymbol{x}_i\rangle\right|, \tag{9.92}$$

其中第二个不等式用到了我们的 Lipschitz 假设以及梯度界(9.91). 因此，泰勒误差对$\langle \Delta, x_i\rangle$是一个 $2L$-Lipschitz 函数.

固定半径的尾部界：下一步在由固定半径定义的特定集合上我们一致地控制偏差$|\mathcal{E}_n(\Delta)-\overline{\mathcal{E}}(\Delta)|$. 更准确地说，对正的量$(r_1,r_2)$，定义集合

$$\mathbb{C}(r_1,r_2):=\mathbb{B}_2(r_2)\cap\{\Phi(\Delta)\leqslant r_1\|\Delta\|_2\}$$

以及随机变量 $A_n(r_1,r_2):=\dfrac{1}{4r_1r_2L}\sup\limits_{\Delta\in\mathbb{C}(r_1,r_2)}|\mathcal{E}_n(\Delta)-\overline{\mathcal{E}}(\Delta)|$. 由于半径的选择可以通过上下文自然理解，因此我们采用简写 A_n.

我们的目标是控制事件$\{A_n\geqslant\delta\}$的概率，这里我们通过控制矩母函数来完成. 由我们的假设，泰勒误差有加性分解 $\mathcal{E}_n(\Delta)=\dfrac{1}{n}\sum\limits_{i=1}^{n}\mathcal{E}(\Delta;Z_i)$. 那么，令$\{\varepsilon_i\}_{i=1}^{n}$为独立同分布的 Rademacher 序列，应用推论 4.11(b)的对称化上界导出

$$\mathbb{E}[\mathrm{e}^{\lambda A_n}]\leqslant\mathbb{E}_{Z,\varepsilon}\left[\exp\left(2\lambda\sup_{\Delta\in\mathbb{C}(r_1,r_2)}\left|\frac{1}{4Lr_1r_2}\frac{1}{n}\sum_{i=1}^{n}\varepsilon_i\mathcal{E}(\Delta;Z_i)\right|\right)\right]$$

现在我们有

$$\mathbb{E}[\mathrm{e}^{\lambda A_n}]\overset{\text{(i)}}{\leqslant}\mathbb{E}\left[\exp\left(\frac{\lambda}{r_1r_2}\sup_{\Delta\in\mathbb{C}(r_1,r_2)}\left|\frac{1}{n}\sum_{i=1}^{n}\varepsilon_i\langle\Delta,\boldsymbol{x}_i\rangle\right|\right)\right]\overset{\text{(ii)}}{\leqslant}\mathbb{E}\left[\exp\left\{\lambda\Phi^*\left(\frac{1}{n}\sum_{i=1}^{n}\varepsilon_i\boldsymbol{x}_i\right)\right\}\right]$$

其中步骤(i)使用了 Lipschitz 性质(9.92)以及 Ledoux-Talagrand 收缩不等式(5.61)，而步骤(ii)则基于对正则化项及其对偶应用 Hölder 不等式(见习题 9.7)，并运用了对任意向量$\Delta\in\mathbb{C}(r_1,r_2)$有 $\Phi(\Delta)\leqslant r_1r_2$. 加上并减去标量 $\delta>0$ 可以导出

$$\log\mathbb{E}[\mathrm{e}^{\lambda(A_n-\delta)}]\leqslant-\lambda\delta+\log E\left[\exp\left\{\lambda\Phi^*\left(\frac{1}{n}\sum_{i=1}^{n}\varepsilon_i\boldsymbol{x}_i\right)\right\}\right]$$

因此由马尔可夫不等式我们有，

$$\mathbb{P}[A_n(r_1,r_2)\geqslant\delta]\leqslant\inf_{\lambda>0}\mathbb{E}[\exp(\lambda\{\Phi^*(\overline{\boldsymbol{x}}_n)-\delta\})] \tag{9.93}$$

通过削皮法扩展到一致半径：这个界(9.93)适用于固定的量(r_1,r_2)，而定理 9.34 则适用于可能随机的选择，即$\dfrac{\Phi(\Delta)}{\|\Delta\|_2}$和$\|\Delta\|_2$，其中 Δ 可能由某种依赖于数据的方式选出. 为了将界扩展到所有的选择，我们使用一种削皮法.

令 $\mathcal{E}$ 为界(9.90)不成立的事件. 对正整数(k,ℓ)，定义集合

$$\mathbb{S}_{k\ell}:=\left\{\Delta\in\mathbb{R}^d\mid 2^{k-1}\leqslant\frac{\Phi(\Delta)}{\|\Delta\|_2}\leqslant 2^k\ \text{且}\ 2^{\ell-1}R_\ell\leqslant\|\Delta\|_2\leqslant 2^\ell R_\ell\right\}$$

由构造，任意可能不满足界(9.90)的向量都包含在并集$\bigcup\limits_{k=1}^{N_1}\bigcup\limits_{\ell=1}^{N_2}\mathbb{S}_{k,\ell}$中，其中 $N_1:=\left\lceil\log\sup\limits_{\boldsymbol{\theta}\neq\boldsymbol{0}}\dfrac{\Phi(\boldsymbol{\theta})}{\|\boldsymbol{\theta}\|}\right\rceil$以及 $N_2:=\left\lceil\log\dfrac{R_u}{R_\ell}\right\rceil$. 假设界(9.90)对某个$\hat{\Delta}\in\mathbb{S}_{k,\ell}$不满足. 在这种情形下，我们有

$$|\mathcal{E}_n(\hat{\Delta})-\overline{\mathcal{E}}(\hat{\Delta})|\geqslant 16L\frac{\Phi(\hat{\Delta})}{\|\hat{\Delta}\|_2}\|\hat{\Delta}\|_2\delta\geqslant 16L2^{k-1}2^{\ell-1}R_\ell\delta=4L2^k2^\ell R_\ell\delta$$

这意味着 $A_n(2^k,2^\ell R_\ell)\geqslant\delta$. 因此，我们证明了

$$\mathbb{P}[\mathcal{E}]\leqslant\sum_{k=1}^{N_1}\sum_{\ell=1}^{N_2}\mathbb{P}[A_n(2^k,2^\ell R_\ell)\geqslant\delta]\leqslant N_1N_2\inf_{\lambda>0}\mathbb{E}[\mathrm{e}^{\lambda(\Phi^*(\bar{x}_n)-\delta)}]$$

其中最后一步由一致界以及尾部界(9.93)得出. 给定上界 $N_1N_2\leqslant 4\log\left(\sup_{\boldsymbol{\theta}\neq\mathbf{0}}\frac{\Phi(\hat{\boldsymbol{\theta}})}{\|\boldsymbol{\theta}\|}\right)\log\left(\frac{R_u}{R_\ell}\right)=M_n(\Phi;R)$，结论成立. □

9.8.2 通过截断获得的一个单边界

在先前的章节中，我们已经导出了样本 $\mathcal{E}_n$ 和总体 $\overline{\mathcal{E}}$ 之间泰勒级数误差之差的双边界. 所得的关于 $\mathcal{E}_n$ 的上界结果保证了一种*受限光滑性*，其在证明最优化算法的快速收敛速度时很有用.（细节详见参考文献.）然而，证明估计误差界一直是本章关注的重点，只是需要*受限强凸性*，即泰勒级数误差的下界.

在本节中，我们展示如何用一个截断的技巧来导出广义线性模型的受限强凸性. 令 $\{\varepsilon_i\}_{i=1}^n$ 为一个独立同分布的 Rademacher 随机变量序列，我们定义一个涉及对偶范数 Φ^* 的复杂度度量，即

$$\mu_n(\Phi^*):=\mathbb{E}_{x,\varepsilon}\left[\Phi^*\left(\frac{1}{n}\sum_{i=1}^n\varepsilon_i\boldsymbol{x}_i\right)\right]=\mathbb{E}\left[\sup_{\Phi(\Delta)\leqslant 1}\frac{1}{n}\sum_{i=1}^n\varepsilon_i\langle\Delta,\boldsymbol{x}_i\rangle\right]$$

这就是线性函数类 $\boldsymbol{x}\mapsto\langle\Delta,\boldsymbol{x}\rangle$ 的 Rademacher 复杂度，其中 Δ 在范数 Φ 的单位球上取值.

我们的定理适用于独立同分布地来自一个零均值分布的协变量 $\{x_i\}_{i=1}^n$，且对正常数 (α,β)，我们有

$$\mathbb{E}[\langle\Delta,\boldsymbol{x}\rangle^2]\geqslant\alpha\quad\text{和}\quad\mathbb{E}[\langle\Delta,\boldsymbol{x}\rangle^4]\leqslant\beta\quad\text{对任意向量 }\Delta\in\mathbb{R}^d\text{ 且}\|\Delta\|_2=1\tag{9.94}$$

定理 9.36　*考虑任意的广义线性模型，其协变量来自一个满足条件(9.94)的零均值分布. 那么对数似然的泰勒级数误差 $\mathcal{E}_n$ 有下界*

$$\mathcal{E}_n(\Delta)\geqslant\frac{\kappa}{2}\|\Delta\|_2^2-c_0\mu_n^2(\Phi^*)\Phi^2(\Delta)\quad\text{对任意向量 }\Delta\in\mathbb{R}^d\text{ 且}\|\Delta\|_2\leqslant 1\tag{9.95}$$

成立的概率不小于 $1-c_1\mathrm{e}^{-c_2n}$.

在这一结论中，常数 (κ,c_0,c_1,c_2) 可以依赖于 GLM、固定的向量 $\boldsymbol{\theta}^*$ 以及 (α,β)，但是与维数、样本大小以及正则化项无关.

证明　用泰勒级数余项的一个标准形式，我们有

$$\mathcal{E}_n(\Delta)=\frac{1}{n}\sum_{i=1}^n\psi''(\langle\boldsymbol{\theta}^*,\boldsymbol{x}_i\rangle+t\langle\Delta,\boldsymbol{x}_i\rangle)\langle\Delta,\boldsymbol{x}_i\rangle^2$$

对某个标量 $t\in[0,1]$. 我们通过一个截断方法来证明. 固定某个欧几里得范数为 $\|\Delta\|_2=\delta\in$

$(0,1]$的向量 $\Delta=\mathbb{R}^d$，并令 $\tau=K\delta$，其中 $K>0$ 为待选常数. 由于函数 $\varphi_\tau(u)=u^2\mathbb{I}[|u|\leqslant 2\tau]$不大于二次项而且 ψ''是正的，我们有

$$\mathcal{E}_n(\Delta)\geqslant\frac{1}{n}\sum_{i=1}^{n}\psi''(\langle\boldsymbol{\theta}^*,\boldsymbol{x}_i\rangle+t\langle\Delta,\boldsymbol{x}_i\rangle)\varphi_\tau(\langle\Delta,\boldsymbol{x}_i\rangle)\mathbb{I}[|\langle\boldsymbol{\theta}^*,\boldsymbol{x}_i\rangle|\leqslant T] \tag{9.96}$$

其中 T 是第二个待定的截断参数. 由于 φ_τ 在区间$[-2\tau,2\tau]$外取值为 0 且 $\tau\leqslant K$，对这一求和中的任意正项，绝对值$|\langle\boldsymbol{\theta}^*,\boldsymbol{x}_i\rangle+t\langle\Delta,\boldsymbol{x}_i\rangle|$至多为 $T+2K$，因此

$$\mathcal{E}_n(\Delta)\geqslant\gamma\,\frac{1}{n}\sum_{i=1}^{n}\varphi_\tau(\langle\Delta,\boldsymbol{x}_i\rangle)\mathbb{I}[|\langle\boldsymbol{\theta}^*,\boldsymbol{x}_i\rangle|\leqslant T]\quad 其中\quad \gamma:=\min_{|u|\leqslant T+2K}\psi''(u)$$

基于这个下界，只需说明对任意 $\delta=(0,1]$和 $\Delta\in\mathbb{R}^d$ 以及$\|\Delta\|_2=\delta$，我们有

$$\frac{1}{n}\sum_{i=1}^{n}\varphi_{\tau(\delta)}(\langle\Delta,\boldsymbol{x}_i\rangle)\mathbb{I}[|\langle\boldsymbol{\theta}^*,\boldsymbol{x}_i\rangle|\leqslant T]\geqslant c_3\delta^2-c_4\mu_n(\Phi^*)\Phi(\Delta)\delta \tag{9.97}$$

当这个界成立时，不等式(9.95)成立，其中常数(κ,c_0)依赖于(c_3,c_4,γ). 此外，我们声称问题可以简化成证明 $\delta=1$ 的界(9.97). 事实上，对任意欧几里得范数为$\|\Delta\|_2=\delta>0$ 的向量，我们可以把界(9.97)用到重尺度化后的单位向量 Δ/δ 上并得到

$$\frac{1}{n}\sum_{i=1}^{n}\varphi_{\tau(1)}(\langle\Delta/\delta,x_i\rangle)\mathbb{I}[|\langle\boldsymbol{\theta}^*,\boldsymbol{x}_i\rangle|\leqslant T]\geqslant c_3\left\{1-c_4\mu_n(\Phi^*)\frac{\Phi(\Delta)}{\delta}\right\}$$

其中 $\tau(1)=K$ 以及 $\tau(\delta)=K\delta$. 注意到 $\varphi_{\tau(1)}(u/\delta)=(1/\delta)^2\varphi_{\tau(\delta)}(u)$，则在上式两边同乘 δ^2 即得所述的结论. 因此，余下的证明只考虑 $\delta=1$ 的界(9.97). 事实上，为了利用 Lipschitz 函数的一个收缩方法，为方便起见可定义一个新的截断函数

$$\widetilde{\varphi}_\tau(u)=u^2\mathbb{I}[|u|\leqslant\tau]+(u-2\tau)^2\mathbb{I}[\tau<u\leqslant 2r]+(u+2r)^2\mathbb{I}[-2\tau\leqslant u<-\tau]$$

注意到它是参数为 2τ 的 Lipschitz 函数. 由于 $\widetilde{\varphi}_\tau$ 不大于 φ_τ，只需说明对任意单位向量 Δ，我们有

$$\frac{1}{n}\sum_{i=1}^{n}\widetilde{\varphi}_\tau(\langle\Delta,\boldsymbol{x}_i\rangle)\mathbb{I}[|\langle\boldsymbol{\theta}^*,\boldsymbol{x}_i\rangle|\leqslant T]\geqslant c_3-c_4\mu_n(\Phi^*)\Phi(\Delta) \tag{9.98}$$

对一个给定的半径 $r\geqslant 1$，定义随机变量

$$Z_n(r):=\sup_{\substack{\|\Delta\|_2=1\\ \Phi(\Delta)\leqslant r}}\left|\frac{1}{n}\sum_{i=1}^{n}\widetilde{\varphi}_\tau(\langle\Delta,\boldsymbol{x}_i\rangle)\mathbb{I}[|\langle\boldsymbol{\theta}^*,\boldsymbol{x}_i\rangle|\leqslant T]-\mathbb{E}[\widetilde{\varphi}_\tau(\langle\Delta,\boldsymbol{x}\rangle)\mathbb{I}[|\langle\boldsymbol{\theta}^*,x\rangle|\leqslant T]]\right|$$

假定我们可以证明

$$\mathbb{E}[\widetilde{\varphi}_\tau(\langle\Delta,\boldsymbol{x}\rangle)\mathbb{I}[|\langle\boldsymbol{\theta}^*,\boldsymbol{x}\rangle|\leqslant T]]\geqslant\frac{3}{4}\alpha \tag{9.99a}$$

以及

$$\mathbb{P}[Z_n(r)>\alpha/2+c_4r\mu_n(\Phi^*)]\leqslant\exp\left(-c_2\frac{nr^2\mu_n^2(\Phi^*)}{\sigma^2}-c_2n\right) \tag{9.99b}$$

则 $c_3=\dfrac{\alpha}{4}$对应的界(9.98)对所有欧几里得范数是单位的且 $\Phi(\Delta)\leqslant r$ 的向量成立. 因此，我们这里对一个固定的半径 r 证明界(9.99a)和(9.99b). 如定理 9.34 的证明那样，削皮法可以用来把结论扩展到所有半径，且概率同样被 $c_1\mathrm{e}^{-c_2n}$ 控制.

期望界(9.99a)的证明： 我们声称只需证明

$$\mathbb{E}[\widetilde{\varphi}_\tau(\langle\Delta,\boldsymbol{x}\rangle)]\overset{\text{(i)}}{\geqslant}\frac{7}{8}\alpha,\quad 和\quad \mathbb{E}[\widetilde{\varphi}_\tau(\langle\Delta,\boldsymbol{x}\rangle)\mathbb{I}[|\langle\boldsymbol{\theta}^*,\boldsymbol{x}\rangle|>T]]\overset{\text{(ii)}}{\leqslant}\frac{1}{8}\alpha$$

事实上，如果这两个不等式成立，那么我们有

$$\begin{aligned}\mathbb{E}[\widetilde{\varphi}_\tau(\langle\Delta,\boldsymbol{x}\rangle)\mathbb{I}[|\langle\boldsymbol{\theta}^*,\boldsymbol{x}\rangle|\leqslant T]]&=\mathbb{E}[\widetilde{\varphi}_\tau(\langle\Delta,\boldsymbol{x}\rangle)]-\mathbb{E}[\widetilde{\varphi}_\tau(\langle\Delta,\boldsymbol{x}\rangle)\mathbb{I}[|\langle\boldsymbol{\theta}^*,\boldsymbol{x}\rangle|>T]]\\&\geqslant\left\{\frac{7}{8}-\frac{1}{8}\right\}\alpha=\frac{3}{4}\alpha\end{aligned}$$

我们现在证明不等式(i)和(ii). 从不等式(i)开始，我们有

$$\begin{aligned}\mathbb{E}[\widetilde{\varphi}_\tau(\langle\Delta,\boldsymbol{x}\rangle)]&\geqslant\mathbb{E}[\langle\Delta,\boldsymbol{x}\rangle^2\mathbb{I}[|\langle\Delta,\boldsymbol{x}\rangle|\leqslant\tau]]=\mathbb{E}[\langle\Delta,\boldsymbol{x}\rangle^2]-\\&\quad\mathbb{E}[\langle\Delta,\boldsymbol{x}\rangle^2\mathbb{I}[|\langle\Delta,\boldsymbol{x}\rangle|>\tau]]\\&\geqslant\alpha-\mathbb{E}[\langle\Delta,\boldsymbol{x}\rangle^2\mathbb{I}[|\langle\Delta,\boldsymbol{x}\rangle|>\tau]]\end{aligned}$$

因此只需说明最后一项至多为$\frac{\alpha}{8}$. 由条件(9.44)以及马尔可夫不等式，我们有

$$\mathbb{P}[|\langle\Delta,\boldsymbol{x}\rangle|>\tau]\leqslant\frac{\mathbb{E}[\langle\Delta,\boldsymbol{x}\rangle^4]}{\tau^4}\leqslant\frac{\beta}{\tau^4}$$

和

$$\mathbb{E}[\langle\Delta,\boldsymbol{x}\rangle^4]\leqslant\beta$$

回顾当 $\delta=1$ 时 $\tau=K$，应用柯西-施瓦茨不等式导出

$$\mathbb{E}[\langle\Delta,\boldsymbol{x}\rangle^2\mathbb{I}[|\langle\Delta,\boldsymbol{x}\rangle|>\tau]]\leqslant\sqrt{\mathbb{E}[\langle\Delta,\boldsymbol{x}\rangle^4]}\sqrt{\mathbb{P}[|\langle\Delta,\boldsymbol{x}\rangle|>\tau]}\leqslant\frac{\beta}{K^2}$$

因此令 $K^2=8\beta/\alpha$ 保证了 $\alpha/8$ 的一个上界，再由我们先前推理即可导出不等式(i).

考虑不等式(ii)，由于

$$\widetilde{\varphi}_\tau(\langle\Delta,\boldsymbol{x}\rangle)\leqslant\langle\Delta,\boldsymbol{x}\rangle^2\quad 和\quad \mathbb{P}[|\langle\boldsymbol{\theta}^*,\boldsymbol{x}\rangle|\geqslant T]\leqslant\frac{\beta\|\boldsymbol{\theta}^*\|_2^4}{T^4}$$

由柯西-施瓦茨不等式可得

$$\mathbb{E}[\widetilde{\varphi}_\tau(\langle\Delta,\boldsymbol{x}\rangle)\mathbb{I}[|\langle\boldsymbol{\theta}^*,\boldsymbol{x}\rangle|>T]]\leqslant\frac{\beta\|\boldsymbol{\theta}^*\|_2^2}{T^2}$$

因此，令 $T^2=8\beta\|\boldsymbol{\theta}^*\|_2^2/\alpha$ 保证了不等式(ii).

尾部界(9.99b)的证明： 由我们选择的 $\tau=K$，定义 $Z_n(r)$的经验过程基于绝对值被 K^2 控制的函数. 因此，泛函型 Hoeffding 不等式(定理 3.26)可推出

$$\mathbb{P}[Z_n(r)\geqslant\mathbb{E}[Z_n(r)]+r\mu_n(\Phi^*)+\alpha/2]\leqslant \mathrm{e}^{-c_2nr^2\mu_n^2(\Phi^*)-c_2n}$$

而对期望，令$\{\varepsilon_i\}_{i=1}^n$ 为一个独立同分布 Rademacher 随机变量序列，一般的对称化方法(命题 4.11)保证了

$$\mathbb{E}[Z_n(r)]\leqslant 2\sup_{x,\varepsilon}\mathbb{E}\left[\sup_{\substack{\|\Delta\|_2=1\\ \Phi(\Delta)\leqslant r}}\left|\frac{1}{n}\sum_{i=1}^n\varepsilon_i\widetilde{\varphi}_\tau(\langle\Delta,\boldsymbol{x}_i\rangle)\mathbb{I}[|\langle\boldsymbol{\theta}^*,\boldsymbol{x}_i\rangle|\leqslant T]\right|\right]$$

由于 $\mathbb{I}[|\langle\boldsymbol{\theta}^*,\boldsymbol{x}_i\rangle|\leqslant T]\leqslant 1$ 且 $\widetilde{\varphi}_\tau$ 是参数为 $2K$ 的 Lipschitz 函数，收缩原理导出

$$\mathbb{E}[Z_n(r)] \leqslant 8K\,\mathbb{E}\Big[\sup_{\substack{x,\varepsilon \\ \|\Delta\|_2=1 \\ \Phi(\Delta)\leqslant r}} \Big|\frac{1}{n}\sum_{i=1}^{n}\varepsilon_i\langle\Delta, \boldsymbol{x}_i\rangle\Big|\Big] \leqslant 8Kr\mathbb{E}\Big[\Phi^*\Big(\frac{1}{n}\sum_{i=1}^{n}\varepsilon_i\boldsymbol{x}_i\Big)\Big]$$

其中最后一步由对 Φ 及其对偶 Φ^* 使用 Hölder 不等式得到. □

9.9 附录：星形性质

回顾之前在命题 9.13 中定义的集合 $\mathbb{C}$. 在这个附录中，我们证明 $\mathbb{C}$ 是围绕原点星形的，意味着若 $\Delta\in\mathbb{C}$，则对任意 $t\in[0,1]$有 $t\Delta\in\mathbb{C}$. 对任意 $\boldsymbol{\theta}^*\in\mathbb{M}$，可以立即得到这个性质，由于这时 $\mathbb{C}$ 是一个锥，如图 9.7a 所示. 现在考虑 $\boldsymbol{\theta}^*\notin\mathbb{M}$ 的一般情形. 我们首先观察到对任意 $t\in(0,1]$，

$$\Pi_{\overline{\mathbb{M}}}(t\Delta) = \underset{\boldsymbol{\theta}\in\overline{\mathbb{M}}}{\arg\min}\|t\Delta-\boldsymbol{\theta}\| = t\,\underset{\boldsymbol{\theta}\in\overline{\mathbb{M}}}{\arg\min}\Big\|\Delta-\frac{\boldsymbol{\theta}}{t}\Big\| = t\Pi_{\overline{\mathbb{M}}}(\Delta)$$

利用了 $\boldsymbol{\theta}/t$ 同样属于子空间 $\overline{\mathbb{M}}$ 这一事实. 一个类似的方法可以得到等式 $\Pi_{\overline{\mathbb{M}}^\perp}(t\Delta)=t\Pi_{\overline{\mathbb{M}}^\perp}(\Delta)$. 因此，对所有 $\Delta\in\mathbb{C}$，我们有

$$\begin{aligned}\Phi(\Pi_{\overline{\mathbb{M}}^\perp}(t\Delta)) = \Phi(t\Pi_{\overline{\mathbb{M}}^\perp}(\Delta)) &\overset{\text{(i)}}{=} t\Phi(\Pi_{\overline{\mathbb{M}}^\perp}(\Delta)) \\ &\overset{\text{(ii)}}{\leqslant} t\{3\Phi(\Pi_{\overline{\mathbb{M}}}(\Delta)) + 4\Phi(\boldsymbol{\theta}^*_{\overline{\mathbb{M}}^\perp})\}\end{aligned}$$

其中步骤(i)使用了任意范数是正齐次的[㊀]这一事实，而步骤(ii)则使用了包含关系 $\Delta\in\mathbb{C}$. 我们现在观察到 $3t\Phi(\Pi_{\overline{\mathbb{M}}}(\Delta))=3\Phi(\Pi_{\overline{\mathbb{M}}}(t\Delta))$，并且由于 $t\in(0,1]$，我们有 $4t\Phi(\boldsymbol{\theta}^*_{\mathbb{M}^\perp})\leqslant 4\Phi(\boldsymbol{\theta}^*_{\mathbb{M}^\perp})$. 综上所述，我们得到

$$\Phi(\Pi_{\overline{\mathbb{M}}^\perp}(t\Delta)) \leqslant 3\Phi(\Pi_{\overline{\mathbb{M}}}(t\Delta)) + 4t\Phi(\boldsymbol{\theta}^*_{\mathbb{M}^\perp}) \leqslant 3\Phi(\Pi_{\overline{\mathbb{M}}}(t\Delta)) + 4\Phi(\boldsymbol{\theta}^*_{\mathbb{M}^\perp})$$

这说明对任意 $t\in(0,1]$，$t\Delta\in\mathbb{C}$，这正是要证的结论.

9.10 参考文献和背景

可分解正则化项和受限强凸性的定义由 Negahban 等(2012)给出，并且最先证明了定理 9.19 的一个形式. 受限强凸性是受限特征值在一般的(可能是非二次的)损失函数和可分解正则化项情形下的自然推广. 定理 9.36 的一个版本在 ℓ_1 范数下已被(Negahban 等，2010)证明；注意这个结果允许如 Poisson 情形那样二阶导数 ψ''无界的情形. 可分解正则化项类包括了 Chandrasekaran 等(2012a)研究的原子范数，而 van de Geer(2014)介绍了一个弱可分解正则化项的推广.

定理 9.19 的证明中所使用的方法利用了 Ortega 和 Rheinboldt(2000)以及 Rothman 等(2008)的想法，后者最先导出了图 Lasso(9.12)的 Frobenius 范数误差界. 对图 Lasso 和相关图模型的问题细节详见第 11 章. 命题 9.13 定义“好”事件 $\mathbb{G}(\lambda_n)$设定的正则化项为对偶范数界. 它是一个阐述清晰且应用广泛的设定，对许多(但不是全部)问题是紧的. 参见习题 7.15 和第 13 章关于一些可以改善例子的讨论. 这一类基于对偶的量同样在基于随机投

㊀ 准确地说，对任意范数和非负标量 t，我们有 $\|t\boldsymbol{x}\|=t\|\boldsymbol{x}\|$.

影的精确还原分析中出现；对这类型的几何解释见 Mendelson 等(2007)和 Chandrasekaran 等(2012a)的文章.

例 9.3 中的 ℓ_1/ℓ_2 组 Lasso 范数是由 Yuan 和 Lin(2006)提出的，同样可参看 Kim 等(2006). 作为一个凸优化，它是二阶锥优化(second-order cone program，SOCP)的一个特殊情形，而对 SOCP 有许多有效的算法(Bach 等，2012；Boyd 和 Vandenberghe，2004). Turlach 等(2005)研究了 ℓ_1/ℓ_∞ 形式的组 Lasso 范数. 一些研究团队(Zhao 等，2009；Baraniuk 等，2010)已经提出了包括这些组结构范数作为具体例子的统一框架. 关于组稀疏惩罚优化问题的算法讨论见 Bach 等(2012). Jacob 等(2009)提出了例 9.4 中讨论的有重叠组范数，并详细讨论了为什么有重叠的通常组 Lasso 范数不能选出组之并. 许多学者深入研究了在回归向量是组稀疏时，组 Lasso 相较于一般 Lasso 的统计优势；例如，Obozinski 等(2011)研究了模型选择问题，而论文(Baraniuk 等，2010；Huang 和 Zhang，2010；Lounici 等，2011)给出了估计误差的性质. Negahban 和 Wainwright(2011a)研究了 ℓ_1/ℓ_∞ 正则化下多元回归的模型选择性质，并证明了，当其在完全共享重叠下比 ℓ_1 正则化更具统计效率，这一好处出人意料是不稳健的：很容易构造一个简单的例子通常的 Lasso 表现更好. 以这个缺陷为动机，Jalali 等(2010)研究了一个基于可分解性的正则化项，此时多元回归矩阵可分解成一个逐元素稀疏矩阵和一个行稀疏矩阵的和(如 9.7 节)，并证明了其自适应是最佳的. 推论 9.31 给出的自适应性质是类似的，不同之处在于其针对的是估计误差而不是变量选择.

例 9.8 中介绍的基于核范数的凸松弛是许多研究的重点；对此的深入讨论详见第 10 章.

9.3 节中讨论的 Φ^* 范数受限曲率条件是 ℓ_∞ 受限特征值概念的一个推广(van de Geer 和 Bühlmann，2009；Ye 和 Zhang，2010；Bühlmann 和 van de Geer，2011). 关于一般 Lasso 的这些 ℓ_∞-RE 条件相关讨论见习题 7.13、7.14 和 9.11，以及习题 9.14 关于 Lipschitz 损失函数的一些分析. 10.2.3 节给出了这一条件在核范数正则化中的一些应用.

9.11　习　题

9.1 (重叠组 Lasso)　说明由变分表示(9.10)定义的重叠组 Lasso 是一个范数.

9.2 (子空间投影算子)　回顾(9.20)对子空间投影算子的定义. 对下面的子空间计算出一个显式表达形式.

(a) 对一个固定的子集 $S\subseteq\{1,2,\cdots,d\}$，向量子空间

$$\mathbb{M}(S):=\{\boldsymbol{\theta}\in\mathbb{R}^d\mid\theta_j=0\text{ 对任意 } j\notin S\}$$

(b) 对一对给定的 r 维子空间 $\mathbb{U}$ 和 $\mathbb{V}$，矩阵子空间

$$\mathbb{M}(\mathbb{U},\mathbb{V}):=\{\boldsymbol{\Theta}\in\mathbb{R}^{d\times d}\mid\operatorname{rowspan}(\boldsymbol{\Theta})\subseteq\mathbb{U},\operatorname{colspan}(\boldsymbol{\Theta})\subseteq\mathbb{V}\}$$

其中 $\operatorname{rowspan}(\boldsymbol{\Theta})$ 和 $\operatorname{colspan}(\boldsymbol{\Theta})$ 分别为 $\boldsymbol{\Theta}$ 的行和列张成的空间.

9.3 (广义线性模型)　这个习题研究多种广义线性模型例子.

(a) 假设我们观察具有 $y=\langle\boldsymbol{x},\boldsymbol{\theta}\rangle+w$ 形式的样本，其中 $w\sim\mathcal{N}(0,\sigma^2)$. 证明在给定 $\boldsymbol{x}$ 的条件下 y 的条件分布具有(9.5)的形式，其中 $c(\sigma)=\sigma^2$ 以及 $\psi(t)=t^2/2$.

(b) 假设 y 是(条件)Poisson 的，均值为 $\lambda=e^{\langle x,\boldsymbol{\theta}\rangle}$. 证明这是对数线性模型(9.5)的一个特例，其中 $c(\sigma)\equiv 1$ 以及 $\psi(t)=e^t$.

9.4 (对偶范数) 在这个习题中，我们研究各种形式的对偶范数.

(a) 说明 ℓ_1 范数的对偶范数是 ℓ_∞ 范数.

(b) 考虑一般的组 Lasso 范数

$$\Phi(\boldsymbol{u})=\|\boldsymbol{u}\|_{1,\mathcal{G}(p)}=\sum_{g\in\mathcal{G}}\|\boldsymbol{u}_g\|_p$$

其中 $p\in[1,\infty]$是任意的，且组没有重叠. 证明其对偶范数具有形式

$$\Phi^*(\boldsymbol{v})=\|\boldsymbol{v}\|_{\infty,\mathcal{G}(q)}=\max_{g\in\mathcal{G}}\|\boldsymbol{v}_g\|_q$$

其中 $q=\frac{p}{p-1}$是 p 的共轭指数.

(c) 证明核范数的对偶范数是 ℓ_2 算子范数

$$\Phi^*(\boldsymbol{N})=\|\boldsymbol{N}\|_2:=\sup_{\|z\|_2=1}\|\boldsymbol{N}\boldsymbol{z}\|_2$$

(提示：尝试把问题简化成(a)的一个形式.)

9.5 (重叠组范数和对偶) 令 $p\in[1,\infty]$，并回顾重叠组范数(9.10).

(a) 证明其有等价表示

$$\Phi(\boldsymbol{u})=\max_{\boldsymbol{v}\in\mathbb{R}^d}\langle\boldsymbol{v},\boldsymbol{u}\rangle\quad 且\quad \|\boldsymbol{v}_g\|_q\leqslant 1\quad 对任意\quad g\in\mathcal{G}$$

其中 $q=\frac{p}{p-1}$是对偶指数.

(b) 利用(a)证明其对偶范数为

$$\Phi^*(\boldsymbol{v})=\max_{g\in\mathcal{G}}\|\boldsymbol{v}_g\|_q$$

9.6 (对偶范数次梯度的有界性) 令 Φ：$\mathbb{R}^d\to\mathbb{R}$ 为一个范数，且 $\boldsymbol{\theta}\in\mathbb{R}^d$ 是任意的. 对任意 $z\in\partial\Phi(\boldsymbol{\theta})$，证明 $\Phi^*(z)\leqslant 1$.

9.7 (Hölder 不等式) 令 Φ：$\mathbb{R}^d\to\mathbb{R}_+$ 为一个范数，并令 $\Phi^*:\mathbb{R}^d\to\mathbb{R}_+$ 为其对偶范数.

(a) 说明对任意 $\boldsymbol{u},\boldsymbol{v}\in\mathbb{R}^d$ 有 $|\langle\boldsymbol{u},\boldsymbol{v}\rangle|\leqslant\Phi(\boldsymbol{u})\Phi^*(\boldsymbol{v})$.

(b) 利用(a)证明 ℓ_p 范数的 Hölder 不等式，即

$$|\langle\boldsymbol{u},\boldsymbol{v}\rangle|\leqslant\|\boldsymbol{u}\|_p\|\boldsymbol{v}\|_q$$

其中指数(p,q)满足对偶关系 $1/p+1/q=1$.

(c) 令 $\boldsymbol{Q}\succ 0$ 为一个正定对称矩阵. 用(a)说明

$$|\langle\boldsymbol{u},\boldsymbol{v}\rangle|\leqslant\sqrt{\boldsymbol{u}^{\mathrm{T}}\boldsymbol{Q}\boldsymbol{u}}\sqrt{\boldsymbol{v}^{\mathrm{T}}\boldsymbol{Q}^{-1}\boldsymbol{v}}\quad 对任意\ \boldsymbol{u},\boldsymbol{v}\in\mathbb{R}^d$$

9.8 (复杂度参数) 这个习题涉及之前在表达式(9.41)中所定义的复杂度参数 $\mu_n(\Phi^*)$. 这里假设协变量$\{x_i\}_{i=1}^n$ 是独立同分布来自参数为 σ 的次高斯分布.

(a) 考虑组集为 $\mathcal{G}$ 以及最大组规模大小为 m 的组 Lasso 范数(9.9). 说明

$$\mu_n(\Phi^*)\lesssim\sigma\sqrt{\frac{m}{n}}+\sigma\sqrt{\frac{\log|\mathcal{G}|}{n}}$$

(b) 对 $d_1\times d_2$ 矩阵空间上的核范数，说明

$$\mu_n(\Phi^*) \lesssim \sigma\sqrt{\frac{d_1}{n}} + \sigma\sqrt{\frac{d_2}{n}}$$

9.9 **(强凸性的等价形式)**　假设一个可微函数 $f:\mathbb{R}^d \to \mathbb{R}$ 是 κ 强凸的，即

$$f(\boldsymbol{y}) \geqslant f(\boldsymbol{x}) + \langle \nabla f(\boldsymbol{x}), \boldsymbol{y}-\boldsymbol{x} \rangle + \frac{\kappa}{2}\|\boldsymbol{y}-\boldsymbol{x}\|_2^2 \quad \text{对所有 } \boldsymbol{x},\boldsymbol{y} \in \mathbb{R}^d \tag{9.100a}$$

说明

$$\langle \nabla f(\boldsymbol{y}) - \nabla f(\boldsymbol{x}), \boldsymbol{y}-\boldsymbol{x} \rangle \geqslant \kappa \|\boldsymbol{y}-\boldsymbol{x}\|_2^2 \quad \text{对所有 } \boldsymbol{x},\boldsymbol{y} \in \mathbb{R}^d \tag{9.100b}$$

9.10 **(局部强凸性的含义)**　假设 $f:\mathbb{R}^d \to \mathbb{R}$ 是一个二阶可导凸函数，且在 $\boldsymbol{x}$ 周围是局部 κ 强凸的，即下界(9.100a)对任意球 $\mathbb{B}_2(\boldsymbol{x}) := \{\boldsymbol{z} \in \mathbb{R}^d \mid \|\boldsymbol{z}-\boldsymbol{x}\|_2 \leqslant 1\}$ 内的向量 $\boldsymbol{z}$ 都成立. 说明

$$\langle \nabla f(\boldsymbol{y}) - \nabla f(\boldsymbol{x}), \boldsymbol{y}-\boldsymbol{x} \rangle \geqslant \kappa \|\boldsymbol{y}-\boldsymbol{x}\|_2 \quad \text{对所有 } \boldsymbol{y} \in \mathbb{R}^d \backslash \mathbb{B}_2(\boldsymbol{x})$$

9.11 **(ℓ_∞ 曲率和 RE 条件)**　在这个练习中，我们探索 ℓ_∞ 曲率条件(9.56)和 ℓ_∞-RE 条件(9.57)之间的联系. 假设界(9.56)对 $\tau_n = c_1\sqrt{\frac{\log d}{n}}$ 成立. 说明界(9.57)对 $\kappa' = \frac{\kappa}{2}$ 成立，只要 $n > c_2 |S|^2 \log d$ 且 $c_2 = \frac{4c_1^2(1+\alpha)^4}{\kappa^2}$.

9.12 **(ℓ_1 正则化和软阈值)**　给定来自线性模型 $\boldsymbol{y} = \boldsymbol{X}\boldsymbol{\theta}^* + \boldsymbol{w}$ 的观测值，考虑 M 估计

$$\hat{\boldsymbol{\theta}} = \arg\min_{\boldsymbol{\theta} \in \mathbb{R}^d} \left\{ \frac{1}{2}\|\boldsymbol{\theta}\|_2^2 - \left\langle \boldsymbol{\theta}, \frac{1}{n}\boldsymbol{X}^{\mathrm{T}}\boldsymbol{y} \right\rangle + \lambda_n \|\boldsymbol{\theta}\|_1 \right\}$$

(a) 说明最优解一定是唯一的，为 $\hat{\boldsymbol{\theta}} = T_{\lambda_n}\left(\frac{1}{n}\boldsymbol{X}^{\mathrm{T}}\boldsymbol{y}\right)$，其中软阈值算子 T_{λ_n} 由先前(7.6b)的定义.

(b) 现在假设 $\boldsymbol{\theta}^*$ 是 s 稀疏的. 说明如果

$$\lambda_n \geqslant 2\left\{ \left\| \left(\frac{\boldsymbol{X}^{\mathrm{T}}\boldsymbol{X}}{n} - \boldsymbol{I}_d\right)\boldsymbol{\theta}^* \right\|_\infty + \left\| \frac{\boldsymbol{X}^{\mathrm{T}}\boldsymbol{w}}{n} \right\|_\infty \right\}$$

则最优解满足界 $\|\hat{\boldsymbol{\theta}} - \boldsymbol{\theta}^*\|_2 \leqslant \frac{3}{2}\sqrt{s}\lambda_n$.

(c) 现在假设协变量 $\{\boldsymbol{x}_i\}_{i=1}^n$ 独立同分布来自一个零均值 ν 次高斯总体，协方差为 $\operatorname{cov}(\boldsymbol{x}_i) = \boldsymbol{I}_d$，同时噪声向量 $\boldsymbol{w}$ 对某个 $b>0$ 有界 $\|\boldsymbol{w}\|_2 \leqslant b\sqrt{n}$. 说明只要选择一个合适的 λ_n，我们有

$$\|\hat{\boldsymbol{\theta}} - \boldsymbol{\theta}^*\|_2 \leqslant 3\nu(\nu\|\boldsymbol{\theta}^*\|_2 + b)\sqrt{s}\left\{\sqrt{\frac{\log d}{n}} + \delta\right\}$$

对任意 $\delta \in (0,1)$，成立的概率至少为 $1 - 4\mathrm{e}^{-\frac{n\delta^2}{8}}$.

9.13 **(从 ℓ_∞ 到 $\{\ell_1, \ell_2\}$ 界)**　在推论 9.27 的条件下，说明满足 ℓ_∞ 界(9.65)的最优解 $\hat{\boldsymbol{\theta}}$ 同样满足下面的 ℓ_1 和 ℓ_2 误差界

$$\|\hat{\boldsymbol{\theta}} - \boldsymbol{\theta}^*\|_1 \leqslant \frac{24\sigma}{\kappa} s\sqrt{\frac{\log d}{n}} \quad \text{和} \quad \|\hat{\boldsymbol{\theta}} - \boldsymbol{\theta}^*\|_2 \leqslant \frac{12\sigma}{\kappa}\sqrt{\frac{s\log d}{n}}$$

（提示：这里与命题 9.13 有关.）

9.14 (Lipschitz 损失函数的 ℓ_∞ 曲率) 在回归型数据 $z=(\boldsymbol{x},\boldsymbol{y})\in\mathcal{X}\times\mathcal{Y}$ 的情形下，考虑一个梯度是逐元素 L-Lipschitz 的损失函数：即对任意样本 z 和一对 $\boldsymbol{\theta}$，$\hat{\boldsymbol{\theta}}$，第 j 个元素的偏导满足

$$\left|\frac{\partial\mathcal{L}(\boldsymbol{\theta};z_i)}{\theta_j}-\frac{\partial\mathcal{L}(\widetilde{\boldsymbol{\theta}};z_i)}{\theta_j}\right|\leqslant L\,|x_{ij}\langle\boldsymbol{x}_i,\boldsymbol{\theta}-\widetilde{\boldsymbol{\theta}}\rangle| \tag{9.101}$$

这个习题的目的是说明这样一个函数满足一个类似表达式(9.64)的 ℓ_∞ 曲率条件，这是使用推论 9.27 所需要的.

(a) 说明对任意累积函数具有一致有界二阶导数($\|\psi''\|\infty\leqslant B$)的 GLM，逐元素 Lipschitz 条件(9.101)对 $L=\frac{B^2}{2}$成立.

(b) 对一个给定的半径 $r>0$ 和比值 $\rho>0$，定义集合

$$\mathbb{T}(R;\rho):=\left\{\Delta\in\mathbb{R}^d\ \middle|\ \frac{\|\Delta\|_1}{\|\Delta\|_\infty}\leqslant\rho,\text{和}\|\Delta\|_\infty\leqslant r\right\}$$

并考虑随机向量 $\mathbf{V}\in\mathbb{R}^d$，其元素为

$$V_j:=\frac{1}{4Lr\rho}\sup_{\Delta\in\mathbb{T}(r;\rho)}\left|\frac{1}{n}\sum_{j}^{n}f_j(\Delta;z_i)\right|,\quad \text{对 } j=1,\cdots,d$$

其中对任意固定的向量 Δ，

$$f_j(\Delta;z_i):=\left\{\frac{\partial\mathcal{L}(\boldsymbol{\theta}^*+\Delta;z_i)}{\theta_j}-\frac{\partial\mathcal{L}(\boldsymbol{\theta}^*;z_i)}{\theta_j}\right\}-\left\{\frac{\partial\overline{\mathcal{L}}(\boldsymbol{\theta}^*+\Delta)}{\theta_j}-\frac{\partial\overline{\mathcal{L}}(\boldsymbol{\theta}^*)}{\theta_j}\right\}$$

是一个零均值随机向量. 对每个 $\lambda>0$，证明

$$\mathbb{E}_{\boldsymbol{x}}[\mathrm{e}^{\lambda\|V\|_\infty}]\leqslant d\,\mathbb{E}_{\boldsymbol{x},\boldsymbol{\varepsilon}}\left[\exp\left(\lambda\left\|\frac{1}{n}\sum_{i=1}^{n}\varepsilon_i x_i x_i^{\mathrm{T}}\right\|_\infty\right)\right]$$

(c) 假设协变量 $\{\boldsymbol{x}_i\}_{i=1}^n$ 是独立产生的，每个 x_{ij} 服从一个零均值 σ 次高斯分布. 证明对任意 $t\in(0,\sigma^2)$，

$$\mathbb{P}[\|V\|_\infty\geqslant t]\leqslant 2d^2\mathrm{e}^{-\frac{nt^2}{2\sigma^4}}$$

(d) 假设总体函数 $\overline{\mathcal{L}}$ 满足 ℓ_∞ 曲率条件

$$\|\nabla\overline{\mathcal{L}}(\boldsymbol{\theta}^*+\Delta)-\nabla\overline{\mathcal{L}}(\boldsymbol{\theta}^*)\|_\infty\geqslant\kappa\|\Delta\|_\infty\quad \text{对所有 } \Delta\in\mathbb{T}(r;\rho)$$

利用这个条件和之前的部分证明，

$$\|\nabla\mathcal{L}_n(\boldsymbol{\theta}^*+\Delta)-\nabla\mathcal{L}_n(\boldsymbol{\theta}^*)\|_\infty\geqslant\kappa\|\Delta\|_\infty-16L\sigma^2\sqrt{\frac{\log d}{n}}\rho r\quad \text{对任意 } \Delta\in\mathbb{T}(r;\rho)$$

在至少 $1-\mathrm{e}^{-4\log d}$ 的概率下成立.

第 10 章　带秩约束的矩阵估计

在第 8 章中，我们讨论了主成分分析问题，它可以被理解为一类特殊的低秩估计问题. 在这一章中，我们将讨论涉及秩和其他相关约束的矩阵问题. 我们将展示如何直接用第 9 章的一般性理论来得到基于核范数正则化估计的理论结果，以及包括加性矩阵分解方法在内的各种扩展.

10.1　矩阵回归及其应用

在前几章中，我们研究了几种基于向量的回归问题，包括标准线性回归(第 7 章)和基于广义线性模型的延伸(第 9 章). 顾名思义，矩阵回归是把这些向量型回归自然地推广到矩阵形式. 矩阵空间 $\mathbb{R}^{d_1 \times d_2}$ 上欧几里得内积对应的是迹内积

$$\langle\langle \boldsymbol{A}, \boldsymbol{B} \rangle\rangle := \operatorname{trace}(\boldsymbol{A}^{\mathrm{T}} \boldsymbol{B}) = \sum_{j_1=1}^{d_1} \sum_{j_2=1}^{d_2} A_{j_1 j_2} B_{j_1 j_2} \tag{10.1}$$

这个内积诱导出 Frobenius 范数 $\|\boldsymbol{A}\|_{\mathrm{F}} = \sqrt{\sum_{j_1=1}^{d_1} \sum_{j_2=1}^{d_2} (A_{j_1 j_2})^2}$，也就是矩阵向量化形式的欧几里得范数.

在矩阵回归模型中，每个观测值的形式为 $\boldsymbol{Z}_i = (\boldsymbol{X}_i, y_i)$，其中 $\boldsymbol{X}_i \in \mathbb{R}^{d_1 \times d_2}$ 是一个协变量矩阵，$y_i \in \mathbb{R}$ 是一个响应变量. 通常，最简单的情形是线性模型，响应－协变量的连接关系如下：

$$y_i = \langle\langle \boldsymbol{X}_i, \boldsymbol{\Theta}^* \rangle\rangle + w_i \tag{10.2}$$

其中 w_i 是某种噪声变量. 我们也可以用更加紧凑的方式来表示这个观测模型，通过定义观测算子 $\mathfrak{X}_n : \mathbb{R}^{d_1 \times d_2} \to \mathbb{R}^n$ 其元素为 $[\mathfrak{X}_n(\boldsymbol{\Theta})]_i = \langle\langle \boldsymbol{X}_i, \boldsymbol{\Theta} \rangle\rangle$，然后记

$$\boldsymbol{y} = \mathfrak{X}_n(\boldsymbol{\Theta}^*) + \boldsymbol{w} \tag{10.3}$$

$\boldsymbol{y} \in \mathbb{R}^n$ 和 $w \in \mathbb{R}^n$ 分别是响应变量和噪声变量的向量. 观测算子的伴随算子为 $\mathfrak{X}_n^*$，是由 $\boldsymbol{u} \to \sum_{i=1}^{n} u_i \boldsymbol{X}_i$ 定义的 $\mathbb{R}^n$ 到 $\mathbb{R}^{d_1 \times d_2}$ 的线性映射. 注意算子 $\mathfrak{X}_n$ 是设计矩阵 $\boldsymbol{X}$ 的自然推广，在通常的向量型回归中可看作从 $\mathbb{R}^d$ 到 $\mathbb{R}^n$ 的映射.

如下面的示例所述，在很多应用问题中回归矩阵要么是低秩矩阵，要么可由低秩矩阵很好地近似. 因此，如果忽略计算成本，一个恰当的估计应该是最小二乘的一个秩惩罚形式. 然而，秩惩罚项的引入会得到一个非凸形式的最小二乘，因此——除了某些特殊情况外——计算非常困难. 这个困难促使我们用核范数来代替秩惩罚，从而得到凸规划

$$\hat{\boldsymbol{\Theta}} \in \arg\min_{\boldsymbol{\Theta} \in \mathbb{R}^{d_1 \times d_2}} \left\{ \frac{1}{2n} \| \boldsymbol{y} - \mathfrak{X}_n(\boldsymbol{\Theta}) \|_2^2 + \lambda_n \| \boldsymbol{\Theta} \|_{\text{nuc}} \right\} \tag{10.4}$$

回顾一下 $\boldsymbol{\Theta}$ 的核范数是由其奇异值之和给出的，即

$$\| \boldsymbol{\Theta} \|_{\text{nuc}} = \sum_{j=1}^{d'} \sigma_j(\boldsymbol{\Theta}), \quad 其中\ d' = \min\{d_1, d_2\} \tag{10.5}$$

关于这个矩阵范数的讨论见例 9.8.

我们用一些例子来阐述这些定义，首先从多元回归问题开始.

例 10.1(可看作矩阵回归的多元回归)　如例 9.6 所述，多元回归观测模型可以记作 $\boldsymbol{Y} = \boldsymbol{Z}\boldsymbol{\Theta}^* + \boldsymbol{W}$，其中 $\boldsymbol{Z} \in \mathbb{R}^{n \times p}$ 是回归矩阵，$\boldsymbol{Y} \in \mathbb{R}^{n \times T}$ 是响应变量矩阵.($p \times T$)维回归矩阵 $\boldsymbol{\Theta}^*$ 的第 t 列 $\boldsymbol{\Theta}^*_{\cdot,t}$ 可视为响应部分的第 t 个分量的通常回归向量. 在许多应用中，这些向量位于或接近一个低维子空间，这意味着矩阵 $\boldsymbol{\Theta}^*$ 是低秩的，或很好被低秩矩阵近似. 估计 $\boldsymbol{\Theta}^*$ 的一种直接方法是通过*降秩回归*，在该方法中最小化通常的最小二乘损失 $\|\boldsymbol{Y} - \boldsymbol{Z}\boldsymbol{\Theta}\|_{\text{F}}^2$ 同时对回归矩阵 $\boldsymbol{\Theta}$ 施加秩约束. 尽管由于秩约束，这个问题是非凸的，但在这种特殊情况下是很容易解的；请参阅文献部分和习题 10.1 了解更多详细信息. 然而，这种便捷的求解方式是非常脆弱的，如果除了有界秩之外，还添加了其他约束，那么这种求解方式将不再适用. 在这种情况下，可以使用核范数正则化来施加一个“弱”的秩约束.

多元回归可以重新看作矩阵回归模型(10.2)的一种形式，共有 $N = nT$ 个观测值. 对于每个 $j = 1, \cdots, n$ 和 $\ell = 1, \cdots, T$，设 $\boldsymbol{E}_{j\ell}$ 是一个 $n \times T$ 的掩模矩阵，除了位置(j, ℓ)上为 1 外，其他元素都为 0. 如果我们定义矩阵 $\boldsymbol{X}_{j\ell} := \boldsymbol{Z}^{\text{T}} \boldsymbol{E}_{j\ell} \in \mathbb{R}^{p \times \text{T}}$，多元回归模型是基于 $N = nT$ 个观测值($\boldsymbol{X}_{j\ell}, y_{j\ell}$)的，形式为

$$y_{j\ell} = \langle\langle \boldsymbol{X}_{j\ell}, \boldsymbol{\Theta}^* \rangle\rangle + W_{j\ell}, \quad 对\ j = 1, \cdots, n\ 及\ \ell = 1, \cdots, T$$

因此，多元回归可以通过我们针对矩阵回归问题得到的一般性理论来分析. ♣

矩阵回归的另一个例子是矩阵补全问题.

例 10.2(低秩矩阵补全)　矩阵补全是指基于矩阵元素一个子集的(有噪)观测值来估计一个未知矩阵 $\boldsymbol{\Theta}^* \in \mathbb{R}^{d_1 \times d_2}$ 的问题. 当然，除非有进一步的结构假设否则这个问题是不适定的，所以基于矩阵结构，矩阵补全问题有各种类型. 其中一种是未知矩阵具有低秩结构，或者更一般的可以用低秩矩阵很好近似.

作为一个有启发性的应用，我们考虑“Netflix 问题”，在这个问题中，$\boldsymbol{\Theta}^*$ 的行对应于人，而列对应于电影. 矩阵元素 $\Theta^*_{a,b}$ 表示人 a(称为“Alice”)对她看过的给定电影 b 的评分. 在这个设置下，矩阵补全的目标是向 Alice 做出推荐，也就是说，向 Alice 推荐其他一些她没有看过但可能会评价很高的电影. 考虑到 Netflix 存储了大量的电影，矩阵 $\boldsymbol{\Theta}^*$ 中的大多数元素都是未观察到的，这是因为任何人在其一生中只能观看有限数量的电影. 因此，如果没有进一步的结构这个问题是不适定的. 这个观测模型的一个图解见图 10.1a. 从实际经验上讲，如果计算推荐矩阵的奇异值，例如 Netflix 问题中出现的矩阵，奇异值谱往往表现出相当快的衰减——虽然矩阵本身并不完全是低秩的，但可以很好地用低秩矩阵来近似. 这一现象可以通过一部分 Jester 笑话数据集(Goldberg 等，2001)来阐述，见图 10.1b.

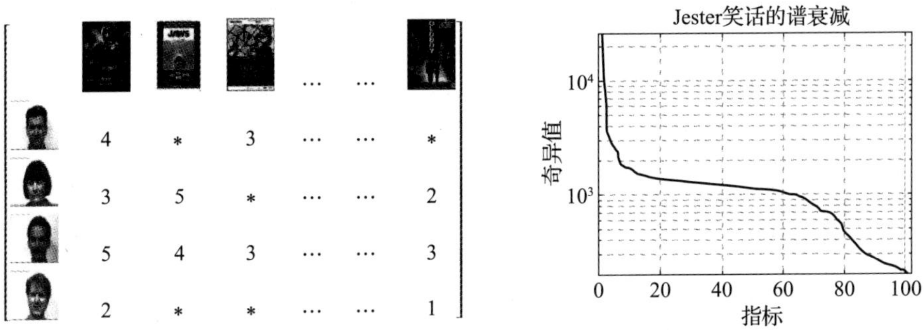

a) b)

图 10.1 a) Netflix 问题示意图. 每个用户(矩阵的行)按 1 到 5 的标准对电影的一个子集(矩阵的列)进行评分. 矩阵的所有剩余元素均是未被观测到的(用 * 标记), 矩阵补全的目标是填补这些缺失元素. b) 一部分 Jester 笑话数据集(Goldberg 等. (2001))的奇异值分布图, 对应于对笑话按标准[−10, 10]进行评分, 数据可从 http://eigentaste.berkeley.edu/获得. 虽然矩阵不是完全低秩的, 但它可以很好地用低秩矩阵来逼近

在这种情况下, 各种观测模型都是可能的, 其中最简单的是我们有 $\boldsymbol{\Theta}^*$ 元素的一个子集的无噪声观测. 一个稍微更加真实一点的模型是允许有噪声——例如, 在线性情况下, 我们可以假设

$$\widetilde{y}_i = \Theta_{a(i),b(i)} + \frac{w_i}{\sqrt{d_1 d_2}} \tag{10.6}$$

其中 w_i 是某种形式的观测噪声[⊖], 而$(a(i), b(i))$是第 i 个观测值的行下标和列下标.

如何将观测值表示为矩阵回归的一个例子? 对于下标为 i 的样本, 定义掩模矩阵 $\boldsymbol{X}_i \in \mathbb{R}^{d_1 \times d_2}$, 除在位置$(a(i),b(i))$处取值$\sqrt{d_1 d_2}$外, 其余元素均为零. 然后, 通过定义尺度变换的观测值 $y_i := \sqrt{d_1 d_2}\,\widetilde{y}_i$, 观测模型可以用迹回归形式写成

$$y_i = \langle\langle \boldsymbol{X}_i, \boldsymbol{\Theta}^* \rangle\rangle + w_i \tag{10.7}$$

我们在稍后会分析这种形式的矩阵补全.

通常, 矩阵可能会取离散值, 例如可用集合$\{-1,1\}$表示是/否的投票, 或属于某个正整数子集(例如$\{1,\cdots,5\}$)的评分, 在这种情况下基本线性模型(10.6)的一个广义形式更加合适. 例如, 为了拟合二元响应变量 $y \in \{-1,1\}$, 可以使用 logistic 模型.

$$\mathbb{P}(y_i \mid \boldsymbol{X}_i, \boldsymbol{\Theta}^*) = \frac{e^{y\langle\langle \boldsymbol{X}_i, \boldsymbol{\Theta}^* \rangle\rangle}}{1 + e^{y_i\langle\langle \boldsymbol{X}_i, \boldsymbol{\Theta}^* \rangle\rangle}} \tag{10.8}$$

在这种情况下, 参数 $\Theta^*_{a,b}$ 正比于用户 a 喜欢(或不喜欢)项 b 的对数几率比. ♣

我们现在讨论压缩感知观测模型的矩阵形式, 压缩感知最早是在第 7 章中讨论了向量形式. 这是矩阵回归问题的另一个特例.

例 10.3(低秩矩阵的压缩感知) 对于线性观测模型(10.3), 假设设计矩阵 $\boldsymbol{X}_i \in \mathbb{R}^{d_1 \times d_2}$

⊖ 我们这里用 $1/\sqrt{d_1 d_2}$ 进行正规化是为了稍后的理论处理方便, 下文会进行阐述——见式(10.36).

是独立同分布的、来自一个随机的高斯总体. 在最简单的情形下，设计矩阵是从标准的高斯总体中产生的，即矩阵的 $D=d_1d_2$ 个元素的每一项都是独立同分布地来自 $\mathcal{N}(0,1)$分布. 在这种情况下，随机算子 $\mathfrak{X}_n$ 给出了未知矩阵 $\boldsymbol{\Theta}^*$ 的 n 个随机投影，即

$$y_i=\langle\langle \boldsymbol{X}_i,\boldsymbol{\Theta}^*\rangle\rangle \quad 对于 \quad i=1,\cdots,n \tag{10.9}$$

在这种无噪声的情况下，很自然地想知道需要多少个这样的观测值可以准确地恢复 $\boldsymbol{\Theta}^*$. 稍后在推论 10.9 中我们会讨论这个问题. ♣

信号相位还原问题可导出低秩压缩感知问题的一种变形形式.

例 10.4(相位还原) 令 $\boldsymbol{\theta}^*\in\mathbb{R}^d$ 是一个未知向量，并假设我们的观察值形式为 $\widetilde{y}_i=|\langle \boldsymbol{x}_i,\boldsymbol{\theta}^*\rangle|$，其中 $\boldsymbol{x}_i\sim\mathcal{N}(0,\boldsymbol{I}_d)$是一个标准正态向量. 该方法是图像处理中一种实值形式的相位还原问题，在相位还原问题中我们观察到复数内积的模大小，并希望还原对应复数向量的相位. 在这个实值化的设置下，"相位"只会取两个可能的值，即$\langle \boldsymbol{x}_i,\boldsymbol{\theta}^*\rangle$的可能符号.

一个标准的半正定松弛是基于将观测模型转化到矩阵空间. 对两边取平方可以得到等价的观测模型

$$\widetilde{y}_i^2=(\langle \boldsymbol{x}_i,\boldsymbol{\theta}^*\rangle)^2=\langle\langle \boldsymbol{x}_i\otimes\boldsymbol{x}_i,\boldsymbol{\theta}^*\otimes\boldsymbol{\theta}^*\rangle\rangle \quad 对于 \quad i=1,\cdots,n$$

其中 $\boldsymbol{\theta}^*\otimes\boldsymbol{\theta}^*=\boldsymbol{\theta}^*(\boldsymbol{\theta}^*)^{\mathrm{T}}$ 是秩为 1 的外积. 通过定义标量观测值 $y_i:=\widetilde{y}_i^2$，以及矩阵 $\boldsymbol{X}_i:=\boldsymbol{x}_i\otimes\boldsymbol{x}_i$ 和 $\boldsymbol{\Theta}^*:=\boldsymbol{\theta}^*\otimes\boldsymbol{\theta}^*$，我们得到了无噪相位还原问题的一个等价形式，即对 $i=1,\cdots,n$ 的矩阵线性方程组 $y_i=\langle\langle \boldsymbol{X}_i,\boldsymbol{\Theta}^*\rangle\rangle$找一个秩为 1 的解. 这个问题是非凸的，但是通过将秩约束放宽到核范数约束，我们可以得到一个可解的半正定规划问题[见下面的表达式(10.29)].

总体而言，相位还原问题是例 10.3 中的压缩感知问题的一种变体，其中随机设计矩阵 $\boldsymbol{X}_i$ 不再是高斯的，而是两个高斯向量的外积 $\boldsymbol{x}_i\otimes\boldsymbol{x}_i$. 在下面的推论 10.13 中，我们将展示基于 $n\gtrsim d$ 个观测值，半正定松弛的解与秩约束问题在高概率下相吻合. ♣

矩阵估计问题也会出现在时间序列的建模中，其目标是描述一个过程的动态形式.

例 10.5(时间序列与向量自回归过程) 一个 d 维的向量自回归(vector autoregressive, VAR)过程由一列 d 维的随机向量$\{\boldsymbol{z}^t\}_{t=1}^N$ 组成，这些向量的生成方式是按照某个初始分布先产生随机向量 $\boldsymbol{z}^1\in\mathbb{R}^d$，然后递归地生成

$$\boldsymbol{z}^{t+1}=\boldsymbol{\Theta}^*\boldsymbol{z}^t+\boldsymbol{w}^t, \quad 对 \ t=1,2,\cdots,N-1 \tag{10.10}$$

这里 d 维随机向量序列$\{\boldsymbol{w}^t\}_{t=1}^{N-1}$ 构成了过程的驱动噪声；我们将其建模为具有协方差结构 $\boldsymbol{\Gamma}>0$ 的独立同分布零均值随机向量. 我们感兴趣的是矩阵 $\boldsymbol{\Theta}^*\in\mathbb{R}^{d\times d}$，其刻画了过程中连续样本之间的依赖结构. 对每个 t 假设 $\boldsymbol{w}^t$ 与 $\boldsymbol{z}^t$ 独立，则过程的协方差矩阵 $\boldsymbol{\Sigma}^t=\mathrm{cov}(\boldsymbol{z}^t)$按照递推形式 $\boldsymbol{\Sigma}^{t+1}:=\boldsymbol{\Theta}^*\boldsymbol{\Sigma}^t(\boldsymbol{\Theta}^*)^{\mathrm{T}}+\boldsymbol{\Gamma}$ 演化. 只要$\|\boldsymbol{\Theta}^*\|_2<1$ 时，可以证明过程是稳定的，意味着 $\boldsymbol{\Sigma}^t$ 的特征值不依赖于 t 保持有界，而且序列$\{\boldsymbol{\Sigma}^t\}_{t=1}^{\infty}$ 收敛到一个有明确定义的极限.(见习题 10.2.)

我们的目标是估计系统参数，即 d 维的矩阵$\boldsymbol{\Theta}^*$ 和 $\boldsymbol{\Gamma}$. 当噪声的协方差 $\boldsymbol{\Gamma}$ 是已知且严格正定时，$\boldsymbol{\Theta}^*$ 的一个可能估计是基于一个连续样本的二次型损失之和，即

$$\mathcal{L}_n(\boldsymbol{\Theta})=\frac{1}{2N}\sum_{t=1}^{N-1}\|\boldsymbol{z}^{t+1}-\boldsymbol{\Theta}\boldsymbol{z}^t\|_{\boldsymbol{\Gamma}^{-1}}^2 \tag{10.11}$$

其中$\|a\|_{\Gamma^{-1}} := \sqrt{\langle a, \Gamma^{-1} a\rangle}$是由$\Gamma$定义的二次型范数. 当驱动噪声$w^t$是来自于协方差为$\Gamma$的零均值高斯分布时，该损失函数等价于负对数似然，忽略不依赖于Θ^*的项.

在很多应用(包括子空间跟踪以及生物医学信号处理)中，系统矩阵Θ可以被建模为低秩的，或者可以被一个低秩矩阵很好地逼近. 在这种情况下，核范数再一次是一个合适的正则化项，当与损失函数(10.11)相结合时，我们可以得到要求解的另一种形式的半正定规划问题.

尽管表面上不一样，这个 VAR 观测模型可以被重新表述为矩阵回归模型(10.2)的一个特例，特别地总共有$n=d(N-1)$个观测值. 在每次$t=2,\cdots,N$时，我们一共得到d个观测值. 令$e_j \in \mathbb{R}^d$为位置j是一个单独 1 的典范基向量，分块的第j个观测值形式为

$$z_j^t = \langle e_j, z^t\rangle = \langle e_j, \Theta^* z^{t-1}\rangle + w_j^{t-1} = \langle\langle e_j \otimes z^{t-1}, \Theta^*\rangle\rangle + w_j^{t-1}$$

因此在矩阵回归观测模型(10.2)中，我们有$y_i=(z_t)_j$和$X_i = e_j \otimes z^{t-1}$，其中下标$i$表示样本$(t,j)$. ♣

10.2 核范数正则化的分析

考虑了低秩矩阵回归的重要问题之后，我们现在研究基于核范数正则化的M估计. 我们的目标是运用第 9 章的一般性理论. 这个一般性理论要求指定特定的子空间使正则化项是可分的，以及与这些子空间相关的受限强凸性条件. 本节在核范数(10.5)的特殊情况下专门讨论这两部分内容.

10.2.1 可分解性与子空间

我们首先为核范数找到合适的可分解子空间. 对于任意给定的矩阵$\Theta \in \mathbb{R}^{d_1 \times d_2}$，令$\text{rowspan}(\Theta) \subseteq \mathbb{R}^{d_2}$和$\text{colspan}(\Theta) \subseteq \mathbb{R}^{d_1}$分别表示行空间与列空间. 对于一个给定的正整数$r \leqslant d' := \min\{d_1, d_2\}$，令$\mathbb{U}$和$\mathbb{V}$为$r$维向量子空间. 然后我们可以定义矩阵的两个子空间

$$\mathbb{M}(\mathbb{U},\mathbb{V}) := \{\Theta \in \mathbb{R}^{d_1 \times d_2} \mid \text{rowspan}(\Theta) \subseteq \mathbb{V}, \text{colspan}(\Theta) \subseteq \mathbb{U}\} \tag{10.12a}$$

和

$$\overline{\mathbb{M}}^{\perp}(\mathbb{U},\mathbb{V}) := \{\Theta \in \mathbb{R}^{d_1 \times d_2} \mid \text{rowspan}(\Theta) \subseteq \mathbb{V}^{\perp}, \text{colspan}(\Theta) \subseteq \mathbb{U}^{\perp}\} \tag{10.12b}$$

这里$\mathbb{U}^{\perp}$和$\mathbb{V}\perp$分别表示$\mathbb{U}$和$\mathbb{V}$的正交子空间. 当子空间$(\mathbb{U},\mathbb{V})$在文中定义明确时，我们省略它们以简化符号. 根据定义(10.12a)，模型空间$\mathbb{M}$中的任何矩阵的秩至多为r. 表达式(10.12b)通过取正交补集的方式间接定义了子空间$\overline{\mathbb{M}}(\mathbb{U},\mathbb{V})$. 我们现在说明不像第 9 章考虑的其他正则化，这个定义意味着$\overline{\mathbb{M}}(\mathbb{U},\mathbb{V})$是$\mathbb{M}(\mathbb{U},\mathbb{V})$的一个严格超集.

为了给出定义(10.12)的一些直观解释，可以考虑子空间基于矩阵的一个显式表示形式. 回顾$d'=\min\{d_1,d_2\}$，令$U \in \mathbb{R}^{d_1 \times d'}$和$V \in \mathbb{R}^{d_2 \times d'}$为一对正交矩阵. 这些矩阵可以用来定义$r$维空间：即设$\mathbb{U}$为$U$的前$r$列张成的空间，类似地，设$\mathbb{V}$为$V$的前$r$列张成的空间. 在实际应用中，这些子空间(分别)对应于目标矩阵Θ^*前r个左和右奇异向量张成的空间.

在这些设定下，任何一对矩阵$A \in \mathbb{M}(\mathbb{U},\mathbb{V})$和$B \in \overline{\mathbb{M}}^{\perp}(\mathbb{U},\mathbb{V})$可以表示为

$$\boldsymbol{A}=\boldsymbol{U}\begin{bmatrix}\boldsymbol{\Gamma}_{11} & \mathbf{0}_{r\times(d'-r)}\\ \mathbf{0}_{(d'-r)\times r} & \mathbf{0}_{(d'-r)\times(d'-r)}\end{bmatrix}\boldsymbol{V}^{\mathrm{T}} \quad 和 \quad \boldsymbol{B}=\boldsymbol{U}\begin{bmatrix}\mathbf{0}_{r\times r} & \mathbf{0}_{r\times(d'-r)}\\ \mathbf{0}_{(d'-r)\times r} & \boldsymbol{\Gamma}_{22}\end{bmatrix}\boldsymbol{V}^{\mathrm{T}} \tag{10.13}$$

其中 $\boldsymbol{\Gamma}_{11}\in\mathbb{R}^{r\times r}$ 和 $\boldsymbol{\Gamma}_{22}\in\mathbb{R}^{(d'-r)\times(d'-r)}$ 是任意矩阵. 因此，我们看到 $\mathbb{M}$ 对应非零左和右奇异向量分别被包含在 $\boldsymbol{U}$ 和 $\boldsymbol{V}$ 的前 r 列张成空间中的矩阵子空间.

另一方面，集合 $\overline{\mathbb{M}}^{\perp}$ 对应非零左和右奇异向量与 $\boldsymbol{U}$ 和 $\boldsymbol{V}$ 的剩余 $d'-r$ 列相关联的矩阵子空间. 由于迹内积定义了正交性，$\overline{\mathbb{M}}(\mathbb{U},\mathbb{V})$ 的任意矩阵 $\overline{\boldsymbol{A}}$ 的形式一定为

$$\overline{\boldsymbol{A}}=\boldsymbol{U}\begin{bmatrix}\overline{\boldsymbol{\Gamma}}_{11} & \overline{\boldsymbol{\Gamma}}_{12}\\ \overline{\boldsymbol{\Gamma}}_{21} & \mathbf{0}\end{bmatrix}\boldsymbol{V}^{\mathrm{T}} \tag{10.14}$$

其中三个矩阵 $\overline{\boldsymbol{\Gamma}}_{11}\in\mathbb{R}^{r\times r}$、$\overline{\boldsymbol{\Gamma}}_{12}\in\mathbb{R}^{r\times(d'-r)}$ 和 $\overline{\boldsymbol{\Gamma}}_{21}\in\mathbb{R}^{(d'-r)\times r}$ 都是任意的. 这样，我们可以清楚地看到只要 $r<d'$，$\overline{\mathbb{M}}$ 是 $\mathbb{M}$ 的一个严格超集. 然而一个重要的结论是 $\overline{\mathbb{M}}$ 实际上并不比 $\mathbb{M}$ 大很多. $\mathbb{M}$ 中的任何矩阵的秩至多为 r，而式(10.14)表明 $\overline{\mathbb{M}}$ 中的任何矩阵的秩至多为 $2r$.

前面的讨论同样论证了核范数的可分解性. 利用表达式(10.13)，对任意一对矩阵 $\boldsymbol{A}\in\mathbb{M}$ 和 $\boldsymbol{B}\in\overline{\mathbb{M}}^{\perp}$，我们可得

$$\begin{aligned}\|\!|\boldsymbol{A}+\boldsymbol{B}|\!\|_{\mathrm{nuc}} &\overset{\text{(i)}}{=} \left|\!\left|\!\left|\begin{bmatrix}\boldsymbol{\Gamma}_{11} & \mathbf{0}\\ \mathbf{0} & \mathbf{0}\end{bmatrix}+\begin{bmatrix}\mathbf{0} & \mathbf{0}\\ \mathbf{0} & \boldsymbol{\Gamma}_{22}\end{bmatrix}\right|\!\right|\!\right|_{\mathrm{nuc}} = \left|\!\left|\!\left|\begin{bmatrix}\boldsymbol{\Gamma}_{11} & \mathbf{0}\\ \mathbf{0} & \mathbf{0}\end{bmatrix}\right|\!\right|\!\right|_{\mathrm{nuc}} + \left|\!\left|\!\left|\begin{bmatrix}\mathbf{0} & \mathbf{0}\\ \mathbf{0} & \boldsymbol{\Gamma}_{22}\end{bmatrix}\right|\!\right|\!\right|_{\mathrm{nuc}}\\ &\overset{\text{(ii)}}{=} \|\!|\boldsymbol{A}|\!\|_{\mathrm{nuc}}+\|\!|\boldsymbol{B}|\!\|_{\mathrm{nuc}}\end{aligned}$$

其中步骤(i)和(ii)利用了正交变换下的核范数不变性，正交变换分别对应乘以矩阵 $\boldsymbol{U}$ 或 $\boldsymbol{V}$.

当目标矩阵 $\boldsymbol{\Theta}^*$ 的秩为 r 时，模型子空间(10.12a)的“最佳”选择是明确的. 特别地，$\boldsymbol{\Theta}^*$ 的低秩条件意味着它可以分解成 $\boldsymbol{\Theta}^*=\boldsymbol{U}\boldsymbol{D}\boldsymbol{V}^{\mathrm{T}}$，其中对角矩阵 $\boldsymbol{D}\in\mathbb{R}^{d'\times d'}$ 的前 r 个对角线元素为 $\boldsymbol{\Theta}$ 的 r 个非零奇异值. 矩阵 $\boldsymbol{U}\in\mathbb{R}^{d_1\times d'}$ 和 $\boldsymbol{V}\in\mathbb{R}^{d_2\times d'}$ 是正交的，其前 r 列分别对应 $\boldsymbol{\Theta}^*$ 的左和右奇异向量. 更一般地，即使当 $\boldsymbol{\Theta}^*$ 的秩不严格为 r 时，这种形式的矩阵子空间也是有用的：我们只要简单地设定 $\boldsymbol{U}$ 和 $\boldsymbol{V}$ 的前 r 列为 $\boldsymbol{\Theta}^*$ 的最大奇异值对应的那些奇异向量. 这样一个子空间我们记为 $\mathbb{M}(\mathbb{U}^r,\mathbb{V}^r)$.

有了这些细节，我们来阐述涉及核范数的 M 估计的命题 9.13 的一个结果，以供将来参考. 考虑一个 M 估计

$$\hat{\boldsymbol{\Theta}}=\arg\min_{\boldsymbol{\Theta}\in\mathbb{R}^{d_1\times d_2}}\{\mathcal{L}_n(\boldsymbol{\Theta})+\lambda_n\|\!|\boldsymbol{\Theta}|\!\|_{\mathrm{nuc}}\}$$

其中 $\mathcal{L}_n$ 是某个凸且可微的损失函数. 那么对于任意正则化参数 $\lambda_n\geqslant 2\|\!|\nabla\mathcal{L}_n(\boldsymbol{\Theta}^*)|\!\|_2$，误差矩阵 $\hat{\boldsymbol{\Delta}}=\hat{\boldsymbol{\Theta}}-\boldsymbol{\Theta}^*$ 一定满足锥约束

$$\|\!|\hat{\boldsymbol{\Delta}}_{\overline{\mathbb{M}}^{\perp}}|\!\|_{\mathrm{nuc}}\leqslant 3\|\!|\hat{\boldsymbol{\Delta}}_{\overline{\mathbb{M}}}|\!\|_{\mathrm{nuc}}+4\|\!|\boldsymbol{\Theta}^*_{\mathbb{M}^{\perp}}|\!\|_{\mathrm{nuc}} \tag{10.15}$$

其中 $\mathbb{M}=\mathbb{M}(\mathbb{U}^r,\mathbb{V}^r)$ 和 $\overline{\mathbb{M}}=\overline{\mathbb{M}}(\mathbb{U}^r,\mathbb{V}^r)$. 这里读者应该还记得 $\hat{\boldsymbol{\Delta}}_{\overline{\mathbb{M}}}$ 表示矩阵 $\hat{\boldsymbol{\Delta}}$ 在子空间 $\overline{\mathbb{M}}$ 上的投影，其他项的定义类似.

10.2.2 受限强凸性与误差界

我们从最简单的情形开始探索核范数正则化，即它与最小二乘目标函数相组合. 更具体地，给定矩阵回归模型(10.3)的观测值$(\boldsymbol{y},\mathfrak{X}_n)$，考虑估计

$$\hat{\boldsymbol{\Theta}}\in\arg\min_{\boldsymbol{\Theta}\in\mathbb{R}^{d_1\times d_2}}\left\{\frac{1}{2n}\|\boldsymbol{y}-\mathfrak{X}_n(\boldsymbol{\Theta})\|_2^2+\lambda_n|||\boldsymbol{\Theta}|||_{\text{nuc}}\right\}\tag{10.16}$$

其中$\lambda_n>0$是用户定义的正则化参数. 如前一节所述，核范数是一个可分解的正则化项且最小二乘损失是凸的，因此，给定一个适当的λ_n，误差矩阵$\hat{\boldsymbol{\Delta}}:=\hat{\boldsymbol{\Theta}}-\boldsymbol{\Theta}^*$一定满足锥状约束(10.15).

第 9 章的一般性理论的第二部分是关于损失函数的受限强凸性. 对于这种最小二乘损失，受限强凸性相当于控制二次型$\frac{\|\mathfrak{X}_n(\boldsymbol{\Delta})\|_2^2}{2n}$的下界. 稍后，我们证明随机算子$\mathfrak{X}_n$满足一个一致的下界

$$\frac{\|\mathfrak{X}_n(\boldsymbol{\Delta})\|_2^2}{2n}\geqslant\frac{\kappa}{2}|||\boldsymbol{\Delta}|||_{\text{F}}^2-c_0\,\frac{(d_1+d_2)}{n}|||\boldsymbol{\Delta}|||_{\text{nuc}}^2,\quad 对任意\quad \boldsymbol{\Delta}\in\mathbb{R}^{d_1\times d_2}\tag{10.17}$$

在高概率下成立. 这里的量$\kappa>0$是一个曲率常数，而c_0是另一个次要的普适常数. 在第 9 章的符号下，这个下界可以推出一种受限强凸性——特别地，见定义 9.15——曲率为κ和容忍度为$\tau_n^2=c_0\,\frac{(d_1+d_2)}{n}$. 然后我们有定理 9.19 的下述推论.

命题 10.6 假设观测算子$\mathfrak{X}_n$满足参数为$\kappa>0$的限制强凸条件(10.17). 那么在给定事件$\mathbb{G}(\lambda_n)=\left\{\left|\left|\left|\frac{1}{n}\sum_{i=1}^n w_i\boldsymbol{X}_i\right|\right|\right|_2\leqslant\frac{\lambda_n}{2}\right\}$的条件下，核范数正则化最小二乘(10.16)的任意最优解满足界

$$|||\hat{\boldsymbol{\Theta}}-\boldsymbol{\Theta}^*|||_{\text{F}}^2\leqslant\frac{9}{2}\frac{\lambda_n^2}{\kappa^2}r+\frac{1}{\kappa}\left\{2\lambda_n\sum_{j=r+1}^{d'}\sigma_j(\boldsymbol{\Theta}^*)+\frac{32c_0(d_1+d_2)}{n}\left[\sum_{j=r+1}^{d'}\sigma_j(\boldsymbol{\Theta}^*)\right]^2\right\}\tag{10.18}$$

对任意满足$r\leqslant\frac{\kappa n}{128c_0(d_1+d_2)}$的$r\in\{1,\cdots,d'\}$成立.

注：与定理 9.19 一样，命题 10.6 的结果是一种最优不等式：它适用于任何矩阵$\boldsymbol{\Theta}^*$，涉及一种可通过r的选择来对应估计误差和近似误差的自然划分. 注意可以通过最优化r来得到尽可能紧的界.

在特殊情况下界(10.18)有一种更加简单的形式. 例如，假定$\text{rank}(\boldsymbol{\Theta}^*)<d'$以及$n>128\,\frac{c_0}{\kappa}\text{rank}(\boldsymbol{\Theta}^*)(d_1+d_2)$. 那么我们可以使用$r=\text{rank}(\boldsymbol{\Theta}^*)$情况下的界(10.18). 由于$\sum_{j=r+1}^{d'}\sigma_j(\boldsymbol{\Theta}^*)=0$，命题 10.6 意味着上界

$$\| \hat{\boldsymbol{\Theta}} - \boldsymbol{\Theta}^* \|_F^2 \leqslant \frac{9}{2} \frac{\lambda_n^2}{\kappa^2} \mathrm{rank}(\boldsymbol{\Theta}^*) \tag{10.19}$$

我们稍后将频繁使用这个非常简单的界.

证明　对于每个 $r \in \{1, \cdots, d'\}$，令 $(\mathbb{U}^r, \mathbb{V}^r)$ 为 $\boldsymbol{\Theta}^*$ 的前 r 个左和右奇异向量张成的子空间，并回忆先前(10.12)定义的子空间 $\mathbb{M}(\mathbb{U}^r, \mathbb{V}^r)$ 和 $\overline{\mathbb{M}}^{\perp}(\mathbb{U}^r, \mathbb{V}^r)$. 如前所述，核范数对于任何这样的子空间对是可分解的. 一般地，第 9 章中的"好"事件为 $\mathbb{G}(\lambda_n) = \left\{ \Phi^*(\nabla \mathcal{L}_n(\boldsymbol{\Theta}^*)) \leqslant \frac{\lambda_n}{2} \right\}$. 由表 9.1，核范数的对偶范数是 ℓ_2 算子范数. 对于最小二乘损失函数，我们有 $\nabla \mathcal{L}_n(\boldsymbol{\Theta}^*) = \frac{1}{n} \sum_{i=1}^n w_i \boldsymbol{X}_i$，因此命题 10.6 的叙述涉及将这个事件特殊化为核范数和最小二乘损失的情形.

假设条件(10.17)是一种限制强凸性，其容忍度参数为 $\tau_n^2 = c_0 \frac{d_1 + d_2}{n}$. 接下来只需验证条件 $\tau_n^2 \Psi^2(\overline{\mathbb{M}}) \leqslant \frac{\kappa}{64}$. 表达式(10.14)表明了任意矩阵 $\boldsymbol{\Theta} \in \overline{\mathbb{M}}(\mathbb{U}^r, \mathbb{V}^r)$ 的秩至多为 $2r$，因此

$$\Psi(\overline{\mathbb{M}}(\mathbb{U}^r, \mathbb{V}^r)) := \sup_{\boldsymbol{\Theta} \in \overline{\mathbb{M}}(\mathbb{U}^r, \mathbb{V}^r) \setminus \{\boldsymbol{0}\}} \frac{\| \boldsymbol{\Theta} \|_{\mathrm{nuc}}}{\| \boldsymbol{\Theta} \|_F} \leqslant \sqrt{2r}$$

因此，只要目标秩 r 有如命题 10.6 所述的界时，定理 9.19 的最后一个条件成立，从而完成证明. □

10.2.3　算子范数曲率下的界

在第 9 章中，我们还证明了一个一般性的结果——定理 9.24——对于一个给定的正则项 Φ，基于对偶范数 Φ^* 给出了估计误差的一个界. 回顾表 9.1，核范数的对偶是 ℓ_2 算子范数或谱范数. 对于最小二乘损失函数，梯度为

$$\nabla \mathcal{L}_n(\boldsymbol{\Theta}) = \frac{1}{n} \sum_{i=1}^n \boldsymbol{X}_i^{\mathrm{T}} (y_i - \langle\langle \boldsymbol{X}_i, \boldsymbol{\Theta} \rangle\rangle) = \frac{1}{n} \mathfrak{X}_n^* (\boldsymbol{y} - \mathfrak{X}_n(\boldsymbol{\Theta}))$$

其中 $\mathfrak{X}_n^*: \mathbb{R}^n \to \mathbb{R}^{d_1 \times d_2}$ 是伴随算子. 因此，在这个特殊情况下，定义 9.22 的 Φ^* 曲率条件形式为

$$\left\| \frac{1}{n} \mathfrak{X}_n^* \mathfrak{X}_n(\boldsymbol{\Delta}) \right\|_2 \geqslant \kappa \| \boldsymbol{\Delta} \|_2 - \tau_n \| \boldsymbol{\Delta} \|_{\mathrm{nuc}} \quad 对任意\ \boldsymbol{\Delta} \in \mathbb{R}^{d_1 \times d_2} \tag{10.20}$$

其中 $\kappa > 0$ 为曲率参数，$\tau_n \geqslant 0$ 为容忍度参数.

命题 10.7　假设观测算子 $\mathfrak{X}_n$ 满足参数为 $\kappa > 0$ 的曲率条件(10.20)，并考虑 rank $(\boldsymbol{\Theta}^*) \leqslant \frac{\kappa}{64 \tau_n}$ 的矩阵 $\boldsymbol{\Theta}^*$. 那么，在给定事件 $\mathbb{G}(\lambda_n) = \left\{ \left\| \frac{1}{n} \mathfrak{X}_n^*(\boldsymbol{w}) \right\|_2 \leqslant \frac{\lambda_n}{2} \right\}$ 的条件下，M 估计(10.16)的任意最优解满足界

$$\| \hat{\boldsymbol{\Theta}} - \boldsymbol{\Theta}^* \|_2 \leqslant 3\sqrt{2} \frac{\lambda_n}{\kappa} \tag{10.21}$$

注：注意这个界比命题 10.6 中的 Frobenius 范数界(10.19)小了一个数量级$\sqrt{r}$. 这样一个尺度是符合预期的，因为秩为 r 的矩阵的 Frobenius 范数最多是其算子范数的$\sqrt{r}$倍. 算子范数界(10.21)在某种意义上比之前的 Frobenius 范数界更强. 更具体地说，结合锥形不等式界(10.15)，不等式界(10.21)可以推出一个(10.19)形式的界. 关于这些性质的验证见习题 10.5.

证明　为了应用定理 9.24，唯一需要验证的条件是不等式 $\tau_n \Psi^2(\overline{\mathbb{M}}) < \frac{\kappa}{32}$. 我们之前已经计算过 $\Psi^2(\overline{\mathbb{M}}) \leqslant 2r$，所以定理中叙述的 r 的上界保证了这个不等式成立. □

10.3　矩阵压缩感知

迄今为止，我们已经得到了核范数正则化最小二乘的一些一般性结果，这些结果适用于任何满足限制凸性或曲率条件的模型. 我们现在将这些一般结果用于特定应用中出现的更加具体的观察模型. 我们从研究低秩矩阵的压缩感知开始，这一问题在之前的例 10.3 中介绍过. 在那里我们讨论了标准的高斯观测模型，其中观测矩阵 $X_i \in \mathbb{R}^{d_1 \times d_2}$ 是独立同分布生成的，每个观测矩阵的所有元素都是从独立同分布、来自标准高斯分布 $\mathcal{N}(0,1)$. 更一般地，随机观测矩阵 $\boldsymbol{X}_i$ 可能有相依的元素，例如 $\mathrm{vec}(\boldsymbol{X}_i) \sim \mathcal{N}(0, \boldsymbol{\Sigma})$，其中 $\boldsymbol{\Sigma} \in \mathbb{R}^{(d_1 d_2) \times (d_1 d_2)}$ 是协方差矩阵. 在这种情况下，我们称 $\boldsymbol{X}_i$ 来自 $\boldsymbol{\Sigma}$ 高斯总体.

为了将命题 10.6 应用于这个总体，我们的第一步是建立一个限制强凸性. 下面的结果给出了这个总体上最小二乘损失 Hesse 矩阵在高概率下的下界. 它涉及量

$$\rho^2(\boldsymbol{\Sigma}) := \sup_{\|\boldsymbol{u}\|_2 = \|\boldsymbol{v}\|_2 = 1} \mathrm{var}(\langle\langle \boldsymbol{X}, \boldsymbol{u}\boldsymbol{v}^{\mathrm{T}} \rangle\rangle)$$

注意对于单位总体的特殊情形有 $\rho^2(\boldsymbol{I}_d) = 1$.

定理 10.8　给定独立同分布. 来自 $\boldsymbol{\Sigma}$ 高斯总体的 n 个随机矩阵$\{\boldsymbol{X}_i\}_{i=1}^n$，存在正常数 $c_1 < 1 < c_2$，使得

$$\frac{\|\mathfrak{X}_n(\boldsymbol{\Delta})\|_2^2}{n} \geqslant c_1 \left\|\sqrt{\boldsymbol{\Sigma}}\,\mathrm{vec}(\boldsymbol{\Delta})\right\|_2^2 - c_2 \rho^2(\boldsymbol{\Sigma}) \left\{\frac{d_1 + d_2}{n}\right\} |||\boldsymbol{\Delta}|||_{\mathrm{nuc}}^2 \quad \forall\, \boldsymbol{\Delta} \in \mathbb{R}^{d_1 \times d_2} \tag{10.22}$$

在至少 $1 - \dfrac{\mathrm{e}^{-\frac{n}{32}}}{1 - \mathrm{e}^{-\frac{n}{32}}}$ 的概率下成立.

这个结果可以理解为定理 7.16 的一个变形，后者对稀疏向量和 ℓ_1 范数建立了一个类似的结果. 和这个之前的定理一样，定理 10.8 可以用高斯过程的 Gordon-Slepian 比较引理来证明. 在习题 10.6 中，我们给出了一个稍微简单形式的界的证明框架.

定理 10.8 对无噪的观测模型有一个直接的推论，其中我们观测到由线性方程 $y_i = \langle\langle \boldsymbol{X}_i, \boldsymbol{\Theta}^* \rangle\rangle$ 连接的观察值$(y_i, \boldsymbol{X}_i)$. 在这种情况下，第 7 章的基追踪规划的自然延伸是下面的凸规划：

$$\min_{\boldsymbol{\Theta} \in \mathbb{R}^{d_1 \times d_2}} \|\boldsymbol{\Theta}\|_{\text{nuc}} \text{ 使得 } \langle\langle \boldsymbol{X}_i, \boldsymbol{\Theta} \rangle\rangle = y_i \quad \text{对任意 } i=1,\cdots,n \tag{10.23}$$

也就是说，我们在与观测值完全匹配的矩阵空间上寻找具有最小核范数的解. 与估计(10.16)一样，它可以被重新表述为一个半正定规划问题.

定理 10.9　给定 $n > 16 \frac{c_2}{c_1} \frac{\rho^2(\boldsymbol{\Sigma})}{\gamma_{\min}(\boldsymbol{\Sigma})} r(d_1 + d_2)$ 个来自于 $\boldsymbol{\Sigma}$ 总体的独立同分布样本，估计(10.23)精确地还原秩为 r 的矩阵 $\boldsymbol{\Theta}^*$——即它有一个唯一的解 $\hat{\boldsymbol{\Theta}} = \boldsymbol{\Theta}^*$——的概率至少为 $1 - \frac{\mathrm{e}^{-\frac{n}{32}}}{1-\mathrm{e}^{-\frac{n}{32}}}$.

样本大小 n 大于 $r(d_1+d_2)$ 的条件直观上是合理的，通过计数确定一个秩为 r 的 $d_1 \times d_2$ 矩阵所需的自由度可以看出这一点. 粗略地说，需要 r 个数来确定它的奇异值，以及 rd_1 和 rd_2 个数来确定它的左和右奇异向量[⊖]. 综上所述，我们得出矩阵具有 $r(d_1+d_2)$ 数量级的自由度，这与推论一致. 现在我们来看它的证明.

证明　由于 $\hat{\boldsymbol{\Theta}}$ 和 $\boldsymbol{\Theta}^*$ 分别是规划(10.23)的最优解和可行解，我们有 $\|\hat{\boldsymbol{\Theta}}\|_{\text{nuc}} \leqslant \|\boldsymbol{\Theta}^*\|_{\text{nuc}} = \|\boldsymbol{\Theta}^*_{\mathbb{M}}\|_{\text{nuc}}$. 引入误差矩阵 $\hat{\boldsymbol{\Delta}} = \hat{\boldsymbol{\Theta}} - \boldsymbol{\Theta}^*$，由三角不等式我们得到

$$\|\hat{\boldsymbol{\Theta}}\|_{\text{nuc}} = \|\boldsymbol{\Theta}^* + \hat{\boldsymbol{\Delta}}\|_{\text{nuc}} = \|\boldsymbol{\Theta}^*_{\mathbb{M}} + \hat{\boldsymbol{\Delta}}_{\overline{\mathbb{M}}^\perp} + \hat{\boldsymbol{\Delta}}_{\overline{\mathbb{M}}}\|_{\text{nuc}} \overset{\text{(i)}}{\geqslant} \|\boldsymbol{\Theta}^*_{\mathbb{M}} + \hat{\boldsymbol{\Delta}}_{\overline{\mathbb{M}}^\perp}\|_{\text{nuc}} - \|\hat{\boldsymbol{\Delta}}_{\overline{\mathbb{M}}}\|_{\text{nuc}}$$

应用可分解性得到 $\|\boldsymbol{\Theta}^*_{\mathbb{M}} + \hat{\boldsymbol{\Delta}}_{\overline{\mathbb{M}}^\perp}\|_{\text{nuc}} = \|\boldsymbol{\Theta}^*_{\mathbb{M}}\|_{\text{nuc}} + \|\hat{\boldsymbol{\Delta}}_{\overline{\mathbb{M}}^\perp}\|_{\text{nuc}}$. 综上，我们可得 $\|\hat{\boldsymbol{\Delta}}_{\overline{\mathbb{M}}^\perp}\|_{\text{nuc}} \leqslant \|\hat{\boldsymbol{\Delta}}_{\overline{\mathbb{M}}}\|_{\text{nuc}}$. 从表达式(10.14)可以看出，$\overline{\mathbb{M}}$ 中的任何矩阵的秩至多为 $2r$，据此

$$\|\hat{\boldsymbol{\Delta}}\|_{\text{nuc}} \leqslant 2\|\hat{\boldsymbol{\Delta}}_{\overline{\mathbb{M}}}\|_{\text{nuc}} \leqslant 2\sqrt{2r}\,\|\hat{\boldsymbol{\Delta}}\|_{\text{F}} \tag{10.24}$$

现在给定下界(10.22)成立这一事件. 当应用于 $\hat{\boldsymbol{\Delta}}$，并结合不等式(10.24)，可得

$$\frac{\|\mathfrak{X}_n(\hat{\boldsymbol{\Delta}})\|_2^2}{n} \geqslant \left\{c_1 \gamma_{\min}(\boldsymbol{\Sigma}) - 8c_2 \rho^2(\boldsymbol{\Sigma}) \frac{r(d_1+d_2)}{n}\right\} \|\hat{\boldsymbol{\Delta}}\|_{\text{F}}^2 \geqslant \frac{c_1}{2} \gamma_{\min}(\boldsymbol{\Sigma}) \|\hat{\boldsymbol{\Delta}}\|_{\text{F}}^2$$

其中最后一个不等式是通过给定的关于 n 的下界并进行代数运算得到的. 但由于 $\hat{\boldsymbol{\Theta}}$ 和 $\boldsymbol{\Theta}^*$ 均为凸规划(10.23)的可行解，我们证明了 $0 = \frac{\|\mathfrak{X}_n(\hat{\boldsymbol{\Delta}})\|_2^2}{n} \geqslant \frac{c_1}{2} \gamma_{\min}(\boldsymbol{\Sigma}) \|\hat{\boldsymbol{\Delta}}\|_{\text{F}}^2$，这保证了要证的 $\hat{\boldsymbol{\Delta}} = \mathbf{0}$. □

定理 10.8 也可用于证明最小二乘估计(10.16)的界，基于形式为 $y_i = \langle\langle \boldsymbol{X}_i, \boldsymbol{\Theta}^* \rangle\rangle + w_i$ 的噪声观测值. 在这里我们陈述并证明一个适用于秩至多为 r 的矩阵的结果.

推论 10.10　考虑 $n > 64 \frac{c_2}{c_1} \frac{\rho^2(\boldsymbol{\Sigma})}{\gamma_{\min}(\boldsymbol{\Sigma})} r(d_1+d_2)$ 个来自线性矩阵回归模型的独立同分

⊖ 奇异向量的标准正交性约束可以减少自由度，所以我们在这里只是给出了一个上界.

布样本$(y_i, \boldsymbol{X}_i)$，其中每个$\boldsymbol{X}_i$是来自$\boldsymbol{\Sigma}$高斯总体的. 那么$\lambda_n = 10\sigma\rho(\boldsymbol{\Sigma})\left(\sqrt{\frac{d_1+d_2}{n}}+\delta\right)$的规划(10.16)的任意最优解满足界

$$\||\hat{\boldsymbol{\Theta}}-\boldsymbol{\Theta}^*\||_F^2 \leqslant 125\,\frac{\sigma^2\rho^2(\boldsymbol{\Sigma})}{c_1^2\gamma_{\min}^2(\boldsymbol{\Sigma})}\left\{\frac{r(d_1+d_2)}{n}+r\delta^2\right\} \tag{10.25}$$

的概率不低于$1-2\mathrm{e}^{-2n\delta^2}$.

图 10.2 展示了推论 10.10 预测的结果图. 我们是通过模拟矩阵回归问题生成的这些图，其中设计矩阵$\boldsymbol{X}_i$来自于标准高斯总体，然后基于推论 10.10 中给出的λ_n求解凸规划(10.16)，以及$d\times d$的矩阵，其中$d^2\in\{400, 1600, 6400\}$且秩$r=\lceil\sqrt{d}\rceil$. 在图 10.2a 中，我们绘制了基于$T=10$次试验的平均 Frobenius 范数误差$\||\hat{\boldsymbol{\Theta}}-\boldsymbol{\Theta}^*\||_F$与原始样本大小$n$的关系图. 随着样本量的增加，每一个误差图都趋于零，这表明了该方法的经典相合性. 然而，随着矩阵维数d(以及对应的秩r)的增加，曲线向右移动，展示出维度的影响. 假设推论 10.10 的尺度是精细的，它预测出如果我们绘制同样的 Frobenius 误差与重尺度化后的样本大小$\frac{n}{rd}$的关系图，那么所有这三条曲线应该较好地对齐. 这些重尺度化后的曲线如图 10.2b 所示：与推论 10.10 的预测一致，它们现在都相对较好地对齐了，与维度和秩无关，这与预测一致.

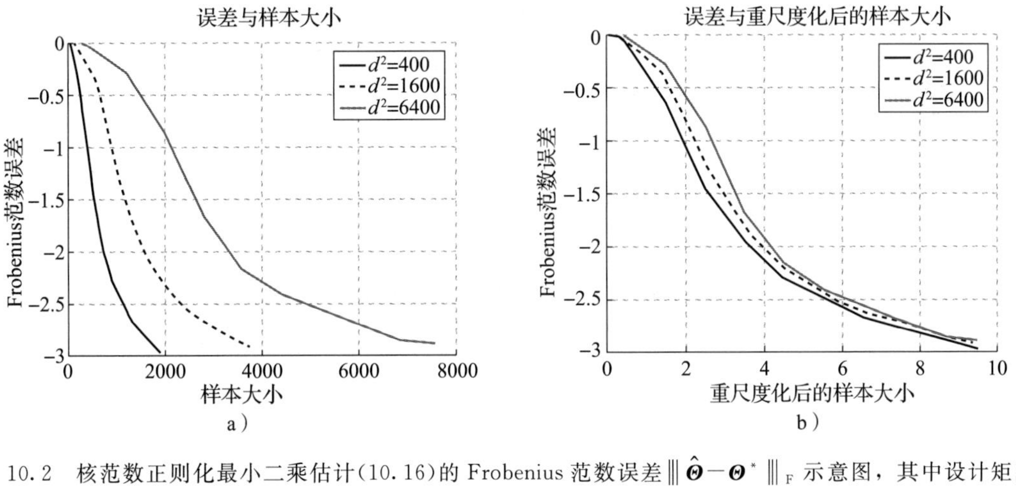

图 10.2　核范数正则化最小二乘估计(10.16)的 Frobenius 范数误差$\||\hat{\boldsymbol{\Theta}}-\boldsymbol{\Theta}^*\||_F$示意图，其中设计矩阵$\boldsymbol{X}_i$来自标准高斯总体. a) 三种不同矩阵大小$d\in\{20, 80, 160\}$和秩$r=\lceil\sqrt{d}\rceil$的 Frobenius 范数误差与样本大小$n$的关系图. b) 同样的误差值与重尺度化后的样本大小$\frac{n}{rd}$的关系图. 与理论预测一样，这三条曲线现在都较好地对齐了

我们现在考虑推论 10.10 的证明.

证明　我们通过应用命题 10.6 来证明界(10.25)，尤其是以界(10.19)的形式. 定理

10.8 表明 RSC 条件成立，其中 $\kappa=c_1$ 和 $c_0=\frac{c_2\rho^2(\boldsymbol{\Sigma})}{2}$，因此所述的样本大小下界可以保证命题 10.6 是适用的，这里 $r=\operatorname{rank}(\boldsymbol{\Theta}^*)$.

还需要验证事件 $\mathbb{G}(\lambda_n)=\left\{\left\|\frac{1}{n}\sum_{i=1}^n w_i\boldsymbol{X}_i\right\|_2\leqslant\frac{\lambda_n}{2}\right\}$ 在高概率下成立. 引入简写 $\boldsymbol{Q}=\frac{1}{n}\sum_{i=1}^n w_i\boldsymbol{X}_i$，并定义事件 $\mathcal{E}=\left\{\frac{\|w\|_2^2}{n}\leqslant 2\sigma^2\right\}$. 那么我们有

$$\mathbb{P}\left[\|\boldsymbol{Q}\|_2\geqslant\frac{\lambda_n}{2}\right]\leqslant\mathbb{P}[\mathcal{E}^c]+\mathbb{P}\left[\|\boldsymbol{Q}\|_2\geqslant\frac{\lambda_n}{2}\,\Big|\,\mathcal{E}\right]$$

因为噪声变量 $\{w_i\}_{i=1}^n$ 为独立同分布的，每个都是零均值且是参数为 σ 的次高斯的，我们有 $\mathbb{P}[\mathcal{E}^c]\leqslant e^{-n/8}$. 余下只需要控制第二项的上界，其中用到给定 $\mathcal{E}$ 的条件.

令 $\{u^1,\cdots,u^M\}$ 和 $\{v^1,\cdots,v^N\}$ 分别是球面 $\mathbb{S}^{d_1-1}$ 和 $\mathbb{S}^{d_2-1}$ 的欧几里得范数的 1/4 覆盖. 由引理 5.7，我们可以分别找到 $M\leqslant 9^{d_1}$ 和 $N\leqslant 9^{d_2}$ 个元素的这样的覆盖. 对于任意 $\boldsymbol{v}\in\mathbb{S}^{d_2-1}$，我们可以得到 $\boldsymbol{v}=\boldsymbol{v}^\ell+\Delta$，其中 Δ 的 ℓ_2 范数至多为 1/4，因此

$$\|\boldsymbol{Q}\|_2=\sup_{\boldsymbol{v}\in\mathbb{S}^{d_2-1}}\|\boldsymbol{Q}\boldsymbol{v}\|_2\leqslant\frac{1}{4}\|\boldsymbol{Q}\|_2+\max_{\ell=1,\cdots,N}\|\boldsymbol{Q}\boldsymbol{v}^\ell\|_2$$

一个类似的涉及 $\mathbb{S}^{d_1-1}$ 覆盖的方法可以推出 $\|\boldsymbol{Q}\boldsymbol{v}^\ell\|_2\leqslant\frac{1}{4}\|\boldsymbol{Q}\|_2+\max\limits_{j=1,\cdots,M}\langle\boldsymbol{u}^j,\boldsymbol{Q}\boldsymbol{v}^\ell\rangle$. 因此，我们已经证明了

$$\|\boldsymbol{Q}\|_2\leqslant 2\max_{j=1,\cdots,M}\max_{\ell=1,\cdots,N}|Z^{j,\ell}|\quad 其中\quad Z^{j,\ell}=\langle\boldsymbol{u}^j,\boldsymbol{Q}\boldsymbol{v}^\ell\rangle$$

固定某个指标对 (j,ℓ)：然后我们可以记 $Z^{j,\ell}=\frac{1}{n}\sum_{i=1}^n w_iY_i^{j,\ell}$，其中 $Y_i^{j,\ell}=\langle\boldsymbol{u}^j,\boldsymbol{X}_i\boldsymbol{v}^e\rangle$. 注意每个变量 $Y_i^{j,\ell}$ 是零均值高斯的，方差至多为 $\rho^2(\boldsymbol{\Sigma})$. 因此，变量 $Z^{j,\ell}$ 是零均值高斯的，方差至多为 $\frac{2\sigma^2\rho^2(\boldsymbol{\Sigma})}{n}$，这里用到了给定事件 $\mathcal{E}$. 综上所述，我们得出结论

$$\begin{aligned}\mathbb{P}\left[\left\|\frac{1}{n}\sum_{i=1}^n w_i\boldsymbol{X}_i\right\|_2\geqslant\frac{\lambda_n}{2}\mid\mathcal{E}\right]&\leqslant\sum_{j=1}^M\sum_{\ell=1}^N\mathbb{P}\left[|Z^{j,\ell}|\geqslant\frac{\lambda_n}{4}\right]\\&\leqslant 2e^{-\frac{n\lambda_n^2}{32\sigma^2\rho^2(\boldsymbol{\Sigma})}+\log M+\log N}\\&\leqslant 2e^{-\frac{n\lambda_n^2}{32\sigma^2\rho^2(\boldsymbol{\Sigma})}+(d_1+d_2)\log 9}\end{aligned}$$

设 $\lambda_n=10\sigma\rho(\boldsymbol{\Sigma})\left(\sqrt{\frac{(d_1+d_2)}{n}}+\delta\right)$，我们可得要证的 $\mathbb{P}\left[\left\|\frac{1}{n}\sum_{i=1}^n w_i\boldsymbol{X}_i\right\|_2\geqslant\frac{\lambda_n}{2}\right]\leqslant 2e^{-2n\delta^2}$ □

推论 10.10 适用于严格低秩的矩阵. 然而，命题 10.6 也可用来推导出不完全低秩，但可以由低秩矩阵很好地近似的矩阵的误差界. 例如，假设 $\boldsymbol{\Theta}^*$ 属于矩阵的 ℓ_q "球"，定义为

$$\mathbb{B}_q(R_q):=\left\{\boldsymbol{\Theta}\in\mathbb{R}^{d_1\times d_2}\,\Big|\,\sum_{j=1}^d(\sigma_j(\boldsymbol{\Theta}))^q\leqslant R_q\right\}\tag{10.26}$$

其中 $q\in[0,1]$是一个参数，R_q 是半径. 注意这只是简单的矩阵集合，其中矩阵的奇异值向量属于向量的通常 ℓ_q 球. 示意图见图 9.5.

当未知矩阵 $\boldsymbol{\Theta}^*$ 属于 $\mathbb{B}_q(R_q)$时，命题 10.6 可用来证明估计(10.16)满足一个误差界

$$|||\hat{\boldsymbol{\Theta}}-\boldsymbol{\Theta}^*|||_F^2 \lesssim R_q\left(\frac{\sigma^2(d_1+d_2)}{n}\right)^{1-\frac{q}{2}} \tag{10.27}$$

在高概率下成立. 注意这个界推广了推论 10.10，因为在特殊情况 $q=0$ 时，集合 $\mathbb{B}_0(r)$对应于秩至多为 r 的矩阵集合. 更多细节参见习题 10.7.

作为另一个推广，我们可以跳出最小二乘的设置，考虑更一般的非二次型损失函数. 作为一个初始的例子，仍然考虑样本为 $z=(\boldsymbol{X},y)$的矩阵回归问题，我们考虑一个损失函数，其满足一个局部 L-Lipschitz 条件

$$|\mathcal{L}(\boldsymbol{\Theta};z)-\mathcal{L}(\widetilde{\boldsymbol{\Theta}};z)|\leqslant L\,|\langle\langle\boldsymbol{\Theta},\boldsymbol{X}\rangle\rangle-\langle\langle\widetilde{\boldsymbol{\Theta}},\boldsymbol{X}\rangle\rangle| \quad \text{对任意 } \boldsymbol{\Theta},\widetilde{\boldsymbol{\Theta}}\in\mathbb{B}_F(R)$$

例如，如例 9.2 所述，如果响应变量 y 是二元的，具有 logistic 形式的条件分布，那么对数似然将满足这个条件，对应 $L=2$(见例 9.33). 类似地，在基于矩阵观测值的分类问题中，支持向量机的 hinge 损失也满足这个条件. 在下面的例子中，我们展示如何利用定理 9.34 来证明这种 Lipschitz 损失下核范数的限制强凸性.

例 10.11(Lipschitz 损失与核范数)　作为推论 10.10 的一个一般化推广，假设 $d_1\times d_2$ 设计矩阵$\{\boldsymbol{X}_i\}_{i=1}^n$ 是独立同分布地来自 ν 次高斯总体，这里的意思是，对于每对单位范数向量$(\boldsymbol{u},\boldsymbol{v})$，随机变量$\langle\boldsymbol{u},\boldsymbol{X}_i\boldsymbol{v}\rangle$是零均值和 ν 次高斯的. 注意 $\boldsymbol{\Sigma}$ 高斯总体是一个 $\nu=\rho(\boldsymbol{\Sigma})$的特殊情况.

现在回顾一下，

$$\mathcal{E}_n(\boldsymbol{\Delta}):=\mathcal{L}_n(\boldsymbol{\Theta}^*+\boldsymbol{\Delta})-\mathcal{L}_n(\boldsymbol{\Theta}^*)-\langle\langle\nabla\mathcal{L}_n(\boldsymbol{\Theta}^*),\boldsymbol{\Delta}\rangle\rangle$$

表示经验损失函数的一阶泰勒级数展开误差，而 $\overline{\mathcal{E}}(\boldsymbol{\Delta})$表示总体损失函数的类似度量. 我们声称对于任意 $\delta>0$，球 $\mathbb{B}_F(1)$上的任何 L-Lipschitz 损失函数满足界

$$|\mathcal{E}_n(\boldsymbol{\Delta})-\overline{\mathcal{E}}(\boldsymbol{\Delta})|\leqslant 16L\nu\,|||\boldsymbol{\Delta}|||_{\text{nuc}}\left\{12\sqrt{\frac{d_1+d_2}{n}}+\boldsymbol{\epsilon}\right\} \quad \text{对任意 } \boldsymbol{\Delta}\in\mathbb{B}_F(1/d,1) \tag{10.28}$$

以不低于 $1-4(\log d)^2\,\mathrm{e}^{-\frac{n\epsilon^2}{12}}$ 的概率成立.

为了证明界(10.28)，我们需要验证定理 9.34 的条件. 对于一个矩阵 $\boldsymbol{\Theta}\in\mathbb{R}^{d\times d}$，我们用$\{\sigma_j(\boldsymbol{\Theta})\}_{j=1}^d$ 来表示它的奇异值. 核范数的对偶是 ℓ_2 算子范数 $|||\boldsymbol{\Theta}|||_2=\max_{j=1,\cdots,d}\sigma_j(\boldsymbol{\Theta})$. 基于定理 9.34，我们需要研究随机变量 $\left|\left|\left|\frac{1}{n}\sum_{i=1}^n\varepsilon_i\boldsymbol{X}_i\right|\right|\right|_2$ 的偏差，其中$\{\varepsilon_i\}_{i=1}^n$ 是一列独立同分布的 Rademacher 随机变量. 由于随机矩阵$\{\boldsymbol{X}_i\}_{i=1}^n$ 是独立同分布的，这个随机变量与 $|||\boldsymbol{V}|||_2$ 具有相同的分布，其中 $\boldsymbol{V}$ 是一个 $\nu/\sqrt{n}$ 次高斯随机矩阵. 由推论 10.10 证明中用到的同样的离散化方法，对于每个 $\lambda>0$，我们有 $\mathbb{E}[\mathrm{e}^{\lambda|||\boldsymbol{V}|||_2}]\leqslant\sum_{j=1}^M\sum_{\ell=1}^N\mathbb{E}[\mathrm{e}^{2\lambda Z^{j,\ell}}]$，其中 $M\leqslant 9^{d_1}$ 和 $N\leqslant 9^{d_2}$，并且每个随机变量 $Z^{j,\ell}$ 是参数至多为 $\sqrt{2\nu}/\sqrt{n}$ 的次高斯随机变量. 因此，对于

任意 $\delta>0$，

$$\inf_{\lambda>0}\mathbb{E}[\mathrm{e}^{\lambda(\|\!|V|\!\|_2-\delta)}]\leqslant MN\inf_{\lambda>0}\mathrm{e}^{\frac{8\nu^2\lambda}{n}-\lambda\delta}=\mathrm{e}^{-\frac{n\delta^2}{16\nu^2}+9(d_1+d_2)}$$

令 $\delta^2=144\nu^2\dfrac{d_1+d_2}{n}+\nu^2\epsilon^2$ 可以得到结论(10.28). ♣

10.4　相位还原问题的界

现在我们回到相位还原问题. 先前例 10.4 介绍的理想化模型中，我们得到形式为 $\widetilde{y}_i=|\langle \boldsymbol{x}_i,\boldsymbol{\theta}^*\rangle|$ 的 n 个观测值，其中观察向量 $\boldsymbol{x}_i\sim\mathcal{N}(0,\boldsymbol{I}_d)$ 是独立生成的. 一个标准的提升过程可以导出半正定松弛

$$\hat{\boldsymbol{\Theta}}\in\arg\min_{\boldsymbol{\Theta}\in\mathcal{S}_+^{d\times d}}\operatorname{trace}(\boldsymbol{\Theta})\quad 使得\quad \widetilde{y}_i^2=\langle\langle\boldsymbol{\Theta},\boldsymbol{x}_i\otimes\boldsymbol{x}_i\rangle\rangle\quad 对任意\ i=1,\cdots,n\tag{10.29}$$

这个优化问题被称为一个半正定规划(semidefinite program，SDP)，因为它涉及在半正定矩阵锥 $\mathcal{S}_+^{d\times d}$ 上做优化. 通过构造，秩为 1 的矩阵 $\boldsymbol{\Theta}^*=\boldsymbol{\theta}^*\otimes\boldsymbol{\theta}^*$ 对于优化问题(10.29)是可行的，我们的目标是理解何时它是唯一的最优解. 等价地，我们的目标是证明误差矩阵 $\hat{\boldsymbol{\Delta}}=\hat{\boldsymbol{\Theta}}-\boldsymbol{\Theta}^*$ 等于零.

定义新的响应变量 $y_i=\widetilde{y}_i^2$ 和观测矩阵 $\boldsymbol{X}_i:=\boldsymbol{x}_i\otimes\boldsymbol{x}_i$，SDP(10.29)中的约束可以写成等价的迹内积形式 $y_i=\langle\langle\boldsymbol{X}_i,\boldsymbol{\Theta}\rangle\rangle$. 由于 $\hat{\boldsymbol{\Theta}}$ 和 $\boldsymbol{\Theta}^*$ 都是可行解，因此一定满足这些约束，我们看到误差矩阵 $\hat{\boldsymbol{\Delta}}$ 一定属于线性算子 $\mathfrak{X}_n:\mathbb{R}^{d\times d}\rightarrow\mathbb{R}^n$ 的零空间，其分量为 $[\mathfrak{X}_n(\boldsymbol{\Theta})]_i=\langle\langle\boldsymbol{X}_i,\boldsymbol{\Theta}\rangle\rangle$. 下面的定理表明这个随机算子满足一个受限零空间性质的形式(回顾第 7 章)：

定理 10.12(相位还原的受限零空间/特征值)　对于每个 $i=1,\cdots,n$，考虑基于独立同分布 $\mathcal{N}(0,\boldsymbol{I}_d)$ 向量的形式为 $\boldsymbol{X}_i=\boldsymbol{x}_i\otimes\boldsymbol{x}_i$ 的随机矩阵. 那么对于任意 $\rho>0$ 存在普适常数 (c_0,c_1,c_2)，一个样本大小 $n>c_0\rho d$ 足以保证

$$\frac{1}{n}\sum_{i=1}^{n}\langle\langle\boldsymbol{X}_i,\boldsymbol{\Theta}\rangle\rangle^2\geqslant\frac{1}{2}\|\!|\boldsymbol{\Theta}|\!\|_{\mathrm{F}}^2\quad 对任意矩阵使得\ \|\!|\boldsymbol{\Theta}|\!\|_{\mathrm{F}}^2\leqslant\rho\|\!|\boldsymbol{\Theta}|\!\|_{\mathrm{nuc}}^2\tag{10.30}$$

以不少于 $1-c_1\mathrm{e}^{-c_2n}$ 的概率成立.

注意下界(10.30)意味着算子 $\mathfrak{X}_n$ 的零空间与由不等式 $\|\!|\boldsymbol{\Theta}|\!\|_{\mathrm{F}}^2\leqslant\rho\|\!|\boldsymbol{\Theta}|\!\|_{\mathrm{nuc}}^2$ 定义的矩阵锥没有交集. 因此，定理 10.12 对于半正定规划松弛(10.29)的精确性有一个直接的推论：

推论 10.13　给定 $n>2c_0d$ 个样本，SDP(10.29)以至少 $1-c_1\mathrm{e}^{-c_2n}$ 的概率具有唯一的最优解 $\hat{\boldsymbol{\Theta}}=\boldsymbol{\Theta}^*$.

证明　由于对凸规划(10.29)，$\hat{\boldsymbol{\Theta}}$ 和 $\boldsymbol{\Theta}^*$(分别)是最优解和可行解，因此我们有 $\operatorname{trace}(\hat{\boldsymbol{\Theta}})\leqslant\operatorname{trace}(\boldsymbol{\Theta}^*)$. 由于两个矩阵都一定是半正定的，这个迹约束等价于 $\|\!|\hat{\boldsymbol{\Theta}}|\!\|_{\mathrm{nuc}}\leqslant\|\!|\boldsymbol{\Theta}^*|\!\|_{\mathrm{nuc}}$. 这个不等式，结合 $\boldsymbol{\Theta}^*$ 的秩为 1 以及核范数的可分解性，保证了误差矩阵 $\hat{\boldsymbol{\Delta}}=\hat{\boldsymbol{\Theta}}-\boldsymbol{\Theta}^*$ 满足

锥约束$\|\hat{\boldsymbol{\Delta}}\|_{\mathrm{nuc}} \leqslant \sqrt{2}\|\hat{\boldsymbol{\Delta}}\|_{\mathrm{F}}$. 因此，我们可以应用 $\rho=2$ 的定理 10.12 得出结论

$$0=\frac{1}{n}\sum_{i=1}^{n}\langle\langle \boldsymbol{X}_i, \hat{\boldsymbol{\Delta}}\rangle\rangle \geqslant \frac{1}{2}\|\hat{\boldsymbol{\Delta}}\|_2^2$$

由此我们得出 $\hat{\boldsymbol{\Delta}}=0$ 在推论所述的概率下成立. □

我们现在回到定理 10.12 的证明.

证明　对于每个矩阵 $\boldsymbol{\Delta}\in\mathcal{S}^{d\times d}$，考虑(随机)函数 $f_{\Delta}(\boldsymbol{X},v)=v\langle\langle \boldsymbol{X},\boldsymbol{\Delta}\rangle\rangle$，其 $v\in\{-1,1\}$是与 $\boldsymbol{X}$ 独立的 Rademacher 变量. 通过构造，我们有 $\mathbb{E}[f_{\Delta}(\boldsymbol{X},v)]=0$. 进一步，如习题 10.9 所示，我们有

$$\|f_{\Delta}\|_2^2=\mathbb{E}[\langle\langle \boldsymbol{X},\boldsymbol{\Delta}\rangle\rangle]^2=\|\boldsymbol{\Delta}\|_{\mathrm{F}}^2+2(\mathrm{trace}(\boldsymbol{\Delta}))^2 \tag{10.31a}$$

因此，如果我们定义集合 $\mathbb{A}_1(\sqrt{\rho})=\{\boldsymbol{\Delta}\in\mathcal{S}^{d\times d}\mid \|\boldsymbol{\Delta}\|_{\mathrm{nuc}}\leqslant\sqrt{\rho}\|\boldsymbol{\Delta}\|_{\mathrm{F}}\}$，只需要证明

$$\underbrace{\frac{1}{n}\sum_{i=1}^{n}\langle\langle \boldsymbol{X},\boldsymbol{\Delta}\rangle\rangle^2}_{\|f_{\Delta}\|_n^2} \geqslant \underbrace{\frac{1}{2}\mathbb{E}[\langle\langle \boldsymbol{X},\boldsymbol{\Delta}\rangle\rangle^2]}_{\|f_{\Delta}\|_2^2} \quad \text{对任意 } \boldsymbol{\Delta}\in\mathbb{A}_1(\sqrt{\rho}) \tag{10.31b}$$

以不低于 $1-c_1\mathrm{e}^{-c_2 n}$ 的概率成立.

我们以更加一般的单侧一致律的一个推论的方式来证明结论(10.31b)，这个一致律见第 14 章的定理 14.12. 首先，观察到函数类 $\mathscr{F}:=\{f_{\Delta}\mid\boldsymbol{\Delta}\in\mathbb{A}_1(\sqrt{\rho})\}$是一个锥体，所以是围绕零的星形. 接下来我们证明四阶矩条件(14.22b)成立. 由习题 10.9 的结果，我们可以不失一般性地只考虑对角矩阵情形. 只需要对任意满足 $\|\boldsymbol{D}\|_{\mathrm{F}}^2=\sum_{j=1}^{d}D_{jj}^2\leqslant 1$ 的矩阵证明 $\mathbb{E}[f_{\mathrm{D}}^4(\boldsymbol{X},v)]\leqslant C$. 由于高斯变量的所有阶矩存在，根据 Rosenthal 不等式(见习题 2.20)，存在一个普适常数 c 使得

$$\mathbb{E}[f_{\mathrm{D}}^4(\boldsymbol{X},v)]=\mathbb{E}\Big[\Big(\sum_{j=1}^{d}D_{jj}x_j^2\Big)^4\Big]\leqslant c\Big\{\sum_{j=1}^{d}D_{jj}^4\mathbb{E}[x_j^8]+\Big(\sum_{j=1}^{d}D_{jj}^2\mathbb{E}[x_j^4]\Big)^2\Big\}$$

对于标准正态变量，我们有 $\mathbb{E}[x_j^4]=4$ 和 $\mathbb{E}[x_j^8]=105$，据此

$$\mathbb{E}[f_{\mathrm{D}}^4(\boldsymbol{X},v)]\leqslant c\Big\{105\sum_{j=1}^{d}D_{jj}^4+16\|\boldsymbol{D}\|_{\mathrm{F}}^4\Big\}$$

在 $\sum_{j=1}^{d}D_{jj}^2\leqslant 1$ 的条件下，这个量被一个普适常数 C 控制，从而验证了矩条件(14.22b).

接下来，我们需要计算局部 Rademacher 复杂度，以及临界半径 δ_n. 如我们之前的计算(10.31a)所示，条件$\|f_{\Delta}\|_2\leqslant\delta$ 意味着$\|\boldsymbol{\Delta}\|_{\mathrm{F}}\leqslant\delta$. 因此，我们有

$$\overline{\mathcal{R}}_n(\delta)\leqslant\mathbb{E}\Bigg[\sup_{\substack{\Delta\in\mathbb{A}_1(\sqrt{\rho})\\ \|\Delta\|_{\mathrm{F}}\leqslant\delta}}\Big|\frac{1}{n}\sum_{i=1}^{n}\varepsilon_i f_{\Delta}(\boldsymbol{X}_i;v_i)\Big|\Bigg]$$

其中$\{\varepsilon_i\}_{i=1}^{n}$ 是另一个独立同分布的 Rademacher 序列. 利用 f_{Δ} 的定义以及算子与核范数之间的对偶性(见习题 9.4)，我们得到

$$\overline{\mathcal{R}}_n(\delta)\leqslant\mathbb{E}\Big[\sup_{\boldsymbol{\Delta}\in\mathbb{A}_1(\sqrt{\rho})}\Big\|\Big(\frac{1}{n}\sum_{i=1}^{n}\varepsilon_i(\boldsymbol{x}_i\otimes\boldsymbol{x}_i)\Big)\Big\|_2\|\boldsymbol{\Delta}\|_{\mathrm{nuc}}\Big]\leqslant\sqrt{\rho}\,\delta\,\mathbb{E}\Big[\Big\|\frac{1}{n}\sum_{i=1}^{n}\varepsilon_i(\boldsymbol{x}_i\otimes\boldsymbol{x}_i)\Big\|_2\Big]$$

最后，根据我们先前关于随机次高斯矩阵的算子范数结果(见定理 6.5)，存在一个常数 c，使得在 $n>d$ 的情况下，我们有

$$\mathbb{E}\left[\left\|\frac{1}{n}\sum_{i=1}^{n} v_i(\boldsymbol{x}_i \otimes \boldsymbol{x}_i)\right\|_2\right] \leqslant c\sqrt{\frac{d}{n}}$$

综上所述，我们得出结论对任意的 $\delta_n \gtrsim \sqrt{\rho}\sqrt{\frac{d}{n}}$ 不等式(14.24)成立. 因此，只要 $n>c_0\rho d$ 对于一个足够大的常数 c_0，我们可以在定理 14.12 中令 $\delta_n=1/2$，从而证明结论(10.31b). □

10.5　低秩约束的多元回归

如前例 10.1 所述，多元回归问题涉及估计一个预测函数，将协变量向量 $\boldsymbol{z}\in\mathbb{R}^p$ 映射到输出向量 $\boldsymbol{y}\in\mathbb{R}^T$. 在线性预测的情况下，任何这样的映射都可以通过一个矩阵 $\boldsymbol{\Theta}^*\in\mathbb{R}^{p\times T}$ 来表示. n 个观测值的集合可以由以下模型定义

$$\boldsymbol{Y}=\boldsymbol{Z}\boldsymbol{\Theta}^*+\boldsymbol{W} \tag{10.32}$$

其中$(\boldsymbol{Y},\boldsymbol{Z})\in\mathbb{R}^{n\times T}\times\mathbb{R}^{p\times T}$ 是观测到的，而 $\boldsymbol{W}\in\mathbb{R}^{n\times T}$ 是一个噪声变量矩阵. 对于这一观测模型，最小二乘损失形式为 $\mathcal{L}_n(\boldsymbol{\Theta})=\frac{1}{2n}|||\boldsymbol{Y}-\boldsymbol{Z}\boldsymbol{\Theta}|||_{\mathrm{F}}^2$.

下面的结果是命题 10.7 应用到该模型上的一个推论. 它适用于固定设计的情况，因此涉及样本协方差矩阵 $\hat{\boldsymbol{\Sigma}}:=\frac{\boldsymbol{Z}^{\mathrm{T}}\boldsymbol{Z}}{n}$的最小和最大特征值.

推论 10.14　考虑观测模型(10.32)，其中 $\boldsymbol{\Theta}^*\in\mathbb{R}^{p\times T}$ 的秩至多为 r，噪声矩阵 $\boldsymbol{W}$ 的元素是独立同分布零均值 σ 次高斯的. 那么在 $\lambda_n=10\sigma\sqrt{\gamma_{\max}(\hat{\boldsymbol{\Sigma}})}\left(\sqrt{\frac{p+T}{n}}+\delta\right)$ 时规划(10.16)的任意解概率至少以 $1-2\mathrm{e}^{-2n\delta^2}$ 满足界

$$|||\hat{\boldsymbol{\Theta}}-\boldsymbol{\Theta}^*|||_2\leqslant 30\sqrt{2}\frac{\sigma\sqrt{\gamma_{\max}(\hat{\boldsymbol{\Sigma}})}}{\gamma_{\min}(\hat{\boldsymbol{\Sigma}})}\left(\sqrt{\frac{p+T}{n}}+\delta\right) \tag{10.33}$$

进一步，我们有

$$|||\hat{\boldsymbol{\Theta}}-\boldsymbol{\Theta}^*|||_{\mathrm{F}}\leqslant 4\sqrt{2r}\,|||\hat{\boldsymbol{\Theta}}-\boldsymbol{\Theta}^*|||_2 \quad 和 \quad |||\boldsymbol{\Theta}-\boldsymbol{\Theta}^*|||_{\mathrm{nuc}}\leqslant 32r\,|||\hat{\boldsymbol{\Theta}}-\boldsymbol{\Theta}^*|||_2 \tag{10.34}$$

注意结果(10.33)只有在 $n>p$ 时才有意义，否则下界 $\gamma_{\min}(\hat{\boldsymbol{\Sigma}})>0$ 是不成立的. 然而，即使矩阵 $\boldsymbol{\Theta}^*$ 是秩为 1 的，它至少有 $p+T$ 个自由度，所以这个下界是不可避免的.

证明　我们首先证明条件(10.20)在 $\kappa=\gamma_{\min}(\hat{\boldsymbol{\Sigma}})$ 和 $\tau_n=0$ 时成立. 我们有$\nabla\mathcal{L}_n(\boldsymbol{\Theta})=\frac{1}{n}\boldsymbol{Z}^{\mathrm{T}}(\boldsymbol{y}-\boldsymbol{Z}\boldsymbol{\Theta})$，因此$\nabla\mathcal{L}_n(\boldsymbol{\Theta}^*+\boldsymbol{\Delta})-\nabla\mathcal{L}_n(\boldsymbol{\Theta}^*)=\hat{\boldsymbol{\Sigma}}\boldsymbol{\Delta}$，其中 $\hat{\boldsymbol{\Sigma}}=\frac{\boldsymbol{Z}^{\mathrm{T}}\boldsymbol{Z}}{n}$是样本协方差. 因此，只

需要证明

$$|||\hat{\boldsymbol{\Sigma}}\boldsymbol{\Delta}|||_2 \geqslant \gamma_{\min}(\hat{\boldsymbol{\Sigma}})|||\boldsymbol{\Delta}|||_2 \quad \text{对任意 } \boldsymbol{\Delta} \in \mathbb{R}^{d\times T}$$

对于任意向量 $\boldsymbol{u} \in \mathbb{R}^T$，我们有 $\|\hat{\boldsymbol{\Sigma}}\boldsymbol{\Delta}\boldsymbol{u}\|_2 \geqslant \gamma_{\min}(\hat{\boldsymbol{\Sigma}})\|\boldsymbol{\Delta}\boldsymbol{u}\|_2$，因此

$$|||\hat{\boldsymbol{\Sigma}}\boldsymbol{\Delta}|||_2 = \sup_{\|\boldsymbol{u}\|_2=1}\|\hat{\boldsymbol{\Sigma}}\boldsymbol{\Delta}\boldsymbol{u}\|_2 \geqslant \gamma_{\min}(\hat{\boldsymbol{\Sigma}})\sup_{\|\boldsymbol{u}\|_2=1}\|\boldsymbol{\Delta}\boldsymbol{u}\|_2 = \gamma_{\min}(\hat{\boldsymbol{\Sigma}})|||\boldsymbol{\Delta}|||_2$$

这就证明了结论.

余下要验证不等式 $|||\nabla\mathcal{L}_n(\boldsymbol{\Theta}^*)|||_2 \leqslant \frac{\lambda_n}{2}$ 在所述的 λ_n 下高概率成立. 对于这个模型，我们有 $\nabla\mathcal{L}_n(\boldsymbol{\Theta}^*) = \frac{1}{n}\boldsymbol{Z}^{\mathrm{T}}\boldsymbol{W}$，其中 $\boldsymbol{W} \in \mathbb{R}^{n\times T}$ 是由独立同分布的 σ 次高斯变量构成的零均值矩阵. 如习题 10.8 所示，我们有

$$\mathbb{P}\left[\left|\left|\left|\frac{1}{n}\boldsymbol{Z}^{\mathrm{T}}\boldsymbol{W}\right|\right|\right|_2 \geqslant 5\sigma\sqrt{\gamma_{\max}(\hat{\boldsymbol{\Sigma}})}\left(\sqrt{\frac{d+T}{n}}+\delta\right)\geqslant\right] \leqslant 2\mathrm{e}^{-2n\delta^2} \tag{10.35}$$

从中可以看出 λ_n 的有效性. 因此，由命题 10.7 可得界(10.33).

对于剩下的界(10.34)，在给定的 λ_n 下，锥不等式(10.15)保证了 $|||\hat{\boldsymbol{\Delta}}_{\bar{\mathbb{M}}^{\perp}}|||_{\text{nuc}} \leqslant 3|||\hat{\boldsymbol{\Delta}}_{\bar{\mathbb{M}}}|||_{\text{nuc}}$. 由于 $\bar{\mathbb{M}}$ 中的任何矩阵的秩至多为 $2r$，我们得出结论 $|||\hat{\boldsymbol{\Delta}}|||_{\text{nuc}} \leqslant 4\sqrt{2r}|||\hat{\boldsymbol{\Delta}}|||_{\mathrm{F}}$. 因此，表达式(10.34)中的核范数界可由 Frobenius 范数界来得到. 我们有

$$|||\hat{\boldsymbol{\Delta}}|||_{\mathrm{F}}^2 = \langle\langle\hat{\boldsymbol{\Delta}},\hat{\boldsymbol{\Delta}}\rangle\rangle \overset{\text{(i)}}{\leqslant} |||\hat{\boldsymbol{\Delta}}|||_{\text{nuc}}|||\hat{\boldsymbol{\Delta}}|||_2 \overset{\text{(ii)}}{\leqslant} 4\sqrt{2r}|||\hat{\boldsymbol{\Delta}}|||_{\mathrm{F}}|||\hat{\boldsymbol{\Delta}}|||_2$$

其中，步骤(i)由 Hölder 不等式得到，而步骤(ii)由我们之前的界得到. 从两边消去一项 $|||\hat{\boldsymbol{\Delta}}|||_{\mathrm{F}}$ 得到表达式(10.34)中的 Frobenius 范数界，从而完成了证明. □

10.6　矩阵补全

我们现在来分析前面在例 10.2 中介绍过的矩阵补全问题. 回顾一下，它对应于矩阵回归的一个特殊情况：观测值的形式为 $y_i = \langle\langle\boldsymbol{X}_i, \boldsymbol{\Theta}^*\rangle\rangle + w_i$，其中 $\boldsymbol{X}_i \in \mathbb{R}^{d_1\times d_2}$ 是一个稀疏的掩模矩阵，除单个随机选取位置$(a(i), b(i))$的元素等于$\sqrt{d_1d_2}$外，其余元素均为零. 这些回归矩阵的稀疏性在矩阵补全问题分析中引入了一些微妙之处，在接下来的分析中将会看到.

我们现在可以解释为什么选择使用重尺度化的掩模矩阵 $\boldsymbol{X}_i$，即它们唯一的非零元素等于$\sqrt{d_1d_2}$而不是 1. 在这个设定下，我们就有了简便的关系

$$\mathbb{E}\left[\frac{\|\mathfrak{X}_n(\boldsymbol{\Theta}^*)\|_2^2}{n}\right] = \frac{1}{n}\sum_{i=1}^{n}\mathbb{E}[\langle\langle\boldsymbol{X}_i, \boldsymbol{\Theta}^*\rangle\rangle^2] = |||\boldsymbol{\Theta}^*|||_{\mathrm{F}}^2 \tag{10.36}$$

这里用到了 $\boldsymbol{\Theta}^*$ 的每一个元素都是以概率$(d_1d_2)^{-1}$被挑选出来.

计算(10.36)表明，对于任何单位范数矩阵 $\boldsymbol{\Theta}^*$，$\|\mathfrak{X}_n(\boldsymbol{\Theta}^*)\|_2/\sqrt{n}$ 的平方欧几里得范数均值为 1. 然而，在感兴趣的高维背景下，即，当 $n \ll d_1d_2$ 时，存在很多低秩的非零矩阵 $\boldsymbol{\Theta}^*$，使得 $\mathfrak{X}_n(\boldsymbol{\Theta}^*)=0$ 在高概率下成立. 下面的例子阐述了这种现象.

例 10.15(矩阵补全的棘手情形)　考虑矩阵

$$\boldsymbol{\Theta}^{\text{bad}} := \boldsymbol{e}_1 \otimes \boldsymbol{e}_1 = \begin{bmatrix} 1 & 0 & 0 & \cdots & 0 \\ 0 & 0 & 0 & \cdots & 0 \\ 0 & 0 & 0 & \cdots & 0 \\ \vdots & \vdots & \vdots & \ddots & \vdots \\ 0 & 0 & 0 & \cdots & 0 \end{bmatrix} \tag{10.37}$$

其秩为 1. 令 $\mathfrak{X}_n:\mathbb{R}^{d\times d}\to\mathbb{R}^n$ 是基于 n 个独立同分布的(有放回)重尺度化后的掩模矩阵 $\boldsymbol{X}_i$ 的随机观测算子. 正如我们在习题 10.3 中所示，只要 $n=o(d^2)$ 以 $\mathfrak{X}_n(\boldsymbol{\Theta}^{\text{bad}})=0$ 的概率收敛到 1. ♣

因此，如果我们想在 $n\ll d_1d_2$ 情形下证明矩阵补全的非平凡结果，就需要排除形如(10.37)的矩阵. 一种这样的方法是直接对未知矩阵 $\boldsymbol{\Theta}^*\in\mathbb{R}^{d_1\times d_2}$ 的奇异向量假定矩阵不相关条件. 这些条件最初是在数值线性代数中引入的，在那个背景下它们被称为杠杆得分(进一步的讨论见参考文献). 粗略地讲，杠杆得分的条件确保了 $\boldsymbol{\Theta}^*$ 的奇异向量相对比较“分散”.

更具体地，考虑奇异值分解 $\boldsymbol{\Theta}^*=\boldsymbol{UDV}^{\mathrm{T}}$，其中 $\boldsymbol{D}$ 是奇异值的对角矩阵，$\boldsymbol{U}$ 和 $\boldsymbol{V}$ 的列分别包含了左和右奇异向量. 奇异向量分散意味着什么？考虑左奇异向量的矩阵 $\boldsymbol{U}\in\mathbb{R}^{d_1\times r}$. 由构造，它的每个 d_1 维的欧几里得范数被正规化为 1；因此，如果每个奇异向量完美地散开，那么每项的模大小将为 $1/\sqrt{d_1}$. 据此，在这种理想情况下，$\boldsymbol{U}$ 的每个 r 维行的欧几里得范数正好为 $\sqrt{r/d_1}$. 类似地，在理想情况下 $\boldsymbol{V}$ 的行的欧几里得范数为 $\sqrt{r/d_2}$.

一般来说，$\boldsymbol{U}$ 和 $\boldsymbol{V}$ 行的欧几里得范数被称为矩阵 $\boldsymbol{\Theta}^*$ 的左和右杠杆得分，而矩阵不相关条件假定它们比较接近理想情况. 更具体地说，注意矩阵 $\boldsymbol{UU}^{\mathrm{T}}\in\mathbb{R}^{d_1\times d_1}$ 的对角线元素对应于左杠杆得分的平方，而矩阵 $\boldsymbol{VV}^{\mathrm{T}}\in\mathbb{R}^{d_2\times d_2}$ 也是类似的. 因此，其中一种控制杠杆得分的方式是通过下面的界

$$\left\|\boldsymbol{UU}^{\mathrm{T}}-\frac{r}{d_1}\boldsymbol{I}_{d_1\times d_1}\right\|_{\max}\leqslant\mu\frac{\sqrt{r}}{d_1} \quad 和 \quad \left\|\boldsymbol{VV}^{\mathrm{T}}-\frac{r}{d_2}\boldsymbol{I}_{d_2\times d_2}\right\|_{\max}\leqslant\mu\frac{\sqrt{r}}{d_2} \tag{10.38}$$

其中 $\mu>0$ 是不相关参数. 当未知矩阵 $\boldsymbol{\Theta}^*$ 满足这类条件时，对矩阵还原问题的无噪声形式就可以给出精确的还原结果. 有关进一步的讨论请参阅参考文献部分.

在噪声观测的更加真实的背景下，不相关条件(10.38)具有一个不同寻常的性质，即它们不依赖于奇异值. 存在噪声的情况下，我们不能期待精确的还原矩阵，而是一个能够捕获到所有“重要的”分量的估计. 这里的重要性是相对于噪声水平来定义的. 不幸的是，不相关条件(10.38)是不稳健的，因此也不太适合应用于噪声问题. 一个例子有助于理解这一点.

例 10.16(奇异向量不相关的不稳健性) 定义 d 维向量 $\boldsymbol{z}=[0\ \ 1\ \ 1\ \ \cdots\ \ 1]$，以及对应的矩阵 $\boldsymbol{Z}^*:=(\boldsymbol{z}\otimes\boldsymbol{z})/d$. 由构造可得，矩阵 $\boldsymbol{Z}^*$ 的秩为 1，并且满足常数为 μ 的不相关条件(10.38). 但现在假设用例 10.15 中的“坏”矩阵的一个很小的倍数来“污染”这个不相关矩阵，特别地得到矩阵

$$\boldsymbol{\Gamma}^*=(1-\delta)\boldsymbol{Z}^*+\delta\boldsymbol{\Theta}^{\text{bad}} \quad 对于某个\ \delta\in(0,1] \tag{10.39}$$

只要 $\delta>0$，那么矩阵 $\boldsymbol{\Gamma}^*$ 的其中一个特征向量是 $\boldsymbol{e}_1\in\mathbb{R}^d$，因此违反不相关条件(10.38). 但

对于统计问题中的非精确还原结果，非常小的 δ 其实不需要考虑，因为分量 $\delta\boldsymbol{\Theta}^{\text{bad}}$ 的 Frobenius 范数为 δ，所以可忽略不计. ♣

有几种不同的方式可以解决这种不相关条件(10.38)的缺陷. 可能最简单的方式是限制矩阵的最大绝对值，或者为了保持问题的尺度不变性，限制最大值与其 Frobenius 范数的比值. 更准确地说，对任何非零矩阵 $\boldsymbol{\Theta}\in\mathbb{R}^{d_1\times d_2}$，我们定义突起比

$$\alpha_{\text{sp}}(\boldsymbol{\Theta})=\frac{\sqrt{d_1d_2}\,\|\boldsymbol{\Theta}\|_{\max}}{|||\boldsymbol{\Theta}|||_{\text{F}}} \tag{10.40}$$

其中 $\|\cdot\|_{\max}$ 表示逐元素的最大绝对值. 根据 Frobenius 范数的定义，我们有

$$|||\boldsymbol{\Theta}|||_{\text{F}}^2=\sum_{j=1}^{d_1}\sum_{k=1}^{d_2}\Theta_{jk}^2\leqslant d_1d_2\|\boldsymbol{\Theta}\|_{\max}^2$$

所以突起比的下界是 1. 另一方面，也可以看到 $\alpha_{\text{sp}}(\boldsymbol{\Theta})\leqslant\sqrt{d_1d_2}$，这个上界(例如)可由先前构造的矩阵(10.37)达到. 回顾“污染”矩阵(10.39)，注意不同于不相关条件，其突起比随着 δ 的增加而逐渐降低，但并不是以陡峭的方式. 特别地，对于任意 $\delta\in[0,1]$，我们有 $\alpha_{\text{sp}}(\boldsymbol{\Gamma}^*)\leqslant\dfrac{(1-\delta)+\delta d}{1-2\delta}$.

下面的定理对于矩阵补全问题中的随机算子建立了一种限制强凸性形式. 为了简化定理的叙述，我们引入缩写 $d=d_1+d_2$.

定理 10.17　设 $\mathfrak{X}_n:\mathbb{R}^{d_1\times d_2}\to\mathbb{R}^n$ 为由 n 个独立同分布的重尺度化后的掩模矩阵 $\boldsymbol{X}_i$ 构成的随机矩阵补全算子. 那么存在普适的正常数 (c_1,c_2) 使得

$$\left|\frac{1}{n}\frac{\|\mathfrak{X}_n(\boldsymbol{\Theta})\|_2^2}{|||\boldsymbol{\Theta}|||_{\text{F}}^2}-1\right|\leqslant c_1\alpha_{\text{sp}}(\boldsymbol{\Theta})\frac{|||\boldsymbol{\Theta}|||_{\text{nuc}}}{|||\boldsymbol{\Theta}|||_{\text{F}}}\sqrt{\frac{d\log d}{n}}+c_2\alpha_{\text{sp}}^2(\boldsymbol{\Theta})\left(\sqrt{\frac{d\log d}{n}}+\delta\right)^2 \tag{10.41}$$

对任意非零 $\boldsymbol{\Theta}\in\mathbb{R}^{d_1\times d_2}$，在不少于 $1-2\mathrm{e}^{-\frac{1}{2}d\log d-n\delta}$ 的概率下一致成立.

为了理解这一结论，注意比率 $\beta(\boldsymbol{\Theta}):=\dfrac{|||\boldsymbol{\Theta}|||_{\text{nuc}}}{|||\boldsymbol{\Theta}|||_{\text{F}}}$是秩的一个“弱”度量. 对于任何秩为 r 的矩阵，我们都有 $\beta(\boldsymbol{\Theta})\leqslant\sqrt{r}$，但除此之外，还有很多其他的秩更大的矩阵也满足这类界. 另一方面，回想一下例 10.15 中的“坏”矩阵 $\boldsymbol{\Theta}^{\text{bad}}$. 虽然它的秩为 1，但其突起比是最大的，即 $\alpha_{\text{sp}}(\boldsymbol{\Theta}^{\text{bad}})=d$. 因此，除非 $n\gg d^2$，否则界(10.41)没有提供任何有用的结果. 这个断言与习题 10.3 的结果是一致的.

在证明定理 10.17 之前，我们阐述并证明其对含噪矩阵补全的一个结论. 给定来自于噪声线性模型(10.6)的 n 个独立同分布样本 $\widetilde{y}_i$，考虑核范数正则估计

$$\hat{\boldsymbol{\Theta}}\in\arg\min_{\|\Theta\|_{\max}\leqslant\frac{\alpha}{\sqrt{d_1d_2}}}\left\{\frac{1}{2n}\sum_{i=1}^n d_1d_2\{\widetilde{y}_i-\Theta_{a(i),b(i)}\}^2+\lambda_n|||\boldsymbol{\Theta}|||_{\text{nuc}}\right\} \tag{10.42}$$

这里源于定理 10.17 考虑了对 $\boldsymbol{\Theta}$ 的无穷范数添加额外的约束. 和之前一样，我们使用缩写 $d=d_1+d_2$.

推论 10.18 对于一个矩阵 $\boldsymbol{\Theta}^*$ 考虑观测模型(10.6)，其中矩阵的秩至多为 r，逐元素有上界 $\|\boldsymbol{\Theta}^*\|_{\max}\leqslant\alpha/\sqrt{d_1 d_2}$，且独立同分布加性噪声变量 $\{w_i\}_{i=1}^n$ 满足参数为 (σ,b) 的 Bernstein 条件. 给定样本大小 $n>\frac{100b^2}{\sigma^2}d\log d$，对某个 $\delta\in\left(0,\frac{\sigma^2}{2b}\right)$ 如果我们对 $\lambda_n^2=25\frac{\sigma^2 d\log d}{n}+\delta^2$ 来求解规划(10.42)，那么任意最优解 $\hat{\boldsymbol{\Theta}}$ 满足界

$$|\!|\!|\hat{\boldsymbol{\Theta}}-\boldsymbol{\Theta}^*|\!|\!|_{\mathrm{F}}^2\leqslant c_1\max\{\sigma^2,\alpha^2\}r\left\{\frac{d\log d}{n}+\delta^2\right\} \tag{10.43}$$

在不低于 $1-\mathrm{e}^{-\frac{n\delta^2}{16d}}-2\mathrm{e}^{-\frac{1}{2}d\log d-n\delta}$ 的概率下成立.

注：注意界(10.43)意味着只要(除了一个对数项)样本大小 n 大于秩为 r 矩阵的自由度即 $r(d_1+d_2)$，则平方 Frobenius 范数是很小的.

证明 我们首先验证好事件 $\mathbb{G}(\lambda_n)=\left\{|\!|\!|\nabla\mathcal{L}_n(\boldsymbol{\Theta}^*)|\!|\!|_2\leqslant\frac{\lambda_n}{2}\right\}$ 在高概率下成立. 在观测模型(10.6)下，最小二乘目标函数(10.42)的梯度为

$$\nabla\mathcal{L}_n(\boldsymbol{\Theta}^*)=\frac{1}{n}\sum_{i=1}^n(d_1d_2)\frac{w_i}{\sqrt{d_1d_2}}\boldsymbol{E}_i=\frac{1}{n}\sum_{i=1}^n w_i\boldsymbol{X}_i$$

其中用到重尺度化后的掩模矩阵 $\boldsymbol{X}_i:=\sqrt{d_1d_2}\boldsymbol{E}_i$. 根据例 6.18 中的计算，我们得到[㊀]

$$\mathbb{P}\left[|\!|\!|\frac{1}{n}\sum_{i=1}^n w_i\boldsymbol{X}_i|\!|\!|_2\geqslant\epsilon\right]\leqslant 4d\,\mathrm{e}^{-\frac{n\epsilon^2}{8d(\sigma^2+b\epsilon)}}\leqslant 4d\,\mathrm{e}^{-\frac{n\epsilon^2}{16d\sigma^2}}$$

其中第二个不等式适用于任何使得 $b\epsilon\leqslant\sigma^2$ 的 $\epsilon>0$. 在给定关于样本大小的下界时，我们可得 $b\lambda_n\leqslant\sigma^2$，由此得出事件 $\mathbb{G}(\lambda_n)$在所给的概率下成立.

接下来我们利用定理 10.17 来验证限制强凸性条件的一个变形. 在事件 $\mathbb{G}(\lambda_n)$下，命题 9.13 意味着误差矩阵 $\hat{\boldsymbol{\Theta}}=\hat{\boldsymbol{\Theta}}-\boldsymbol{\Theta}^*$ 满足约束 $|\!|\!|\hat{\boldsymbol{\Delta}}|\!|\!|_{\mathrm{nuc}}\leqslant 4|\!|\!|\hat{\boldsymbol{\Delta}}_{\overline{\mathbb{M}}}|\!|\!|_{\mathrm{nuc}}$. 如前所述，$\overline{\mathbb{M}}$ 中的任何矩阵的秩至多为 $2r$，据此 $|\!|\!|\hat{\boldsymbol{\Delta}}|\!|\!|_{\mathrm{nuc}}\leqslant 4\sqrt{2r}|\!|\!|\hat{\boldsymbol{\Delta}}|\!|\!|_{\mathrm{F}}$. 通过构造，我们还可得到 $|\!|\!|\hat{\boldsymbol{\Delta}}|\!|\!|_{\max}\leqslant\frac{2\alpha}{\sqrt{d_1d_2}}$. 综上所述，定理 10.17 表明，在至少为 $1-2\mathrm{e}^{-\frac{1}{2}d\log d-n\delta}$ 的概率下，观测算子 $\mathfrak{X}_n$ 满足下界

$$\begin{aligned}\frac{\|\mathfrak{X}_n(\hat{\boldsymbol{\Delta}})\|_2^2}{n}&\geqslant|\!|\!|\hat{\boldsymbol{\Delta}}|\!|\!|_{\mathrm{F}}^2-8\sqrt{2}c_1\alpha\sqrt{\frac{rd\log d}{n}}|\!|\!|\hat{\boldsymbol{\Delta}}|\!|\!|_{\mathrm{F}}-4c_2\alpha^2\left(\sqrt{\frac{d\log d}{n}}+\delta\right)^2\\&\geqslant|\!|\!|\hat{\boldsymbol{\Delta}}|\!|\!|_{\mathrm{F}}\left\{|\!|\!|\hat{\boldsymbol{\Delta}}|\!|\!|_{\mathrm{F}}-8\sqrt{2}c_1\alpha\sqrt{\frac{rd\log d}{n}}\right\}-8c_2\alpha^2\left(\frac{d\log d}{n}+\delta^2\right)\end{aligned} \tag{10.44}$$

㊀ 这里我们在指数的分母部分加入了一个因子 8(而不是 2)，是为了满足对称化随机变量 w_i 的需要.

为了利用这个界完成证明，我们只需要考虑两种可能的情况.

情形 1：一方面，如果

$$|||\hat{\boldsymbol{\Delta}}|||_{\mathrm{F}}\leqslant 16\sqrt{2}c_1\alpha\sqrt{\frac{rd\log d}{n}}\quad \text{或者}\quad |||\hat{\boldsymbol{\Delta}}|||_{\mathrm{F}}^2\leqslant 64c_2\alpha^2\left(\frac{d\log d}{R}+\delta^2\right)$$

则结论(10.43)成立.

情形 2：否则，我们一定有

$$|||\hat{\boldsymbol{\Delta}}|||_{\mathrm{F}}-8\sqrt{2}c_1\alpha\sqrt{\frac{rd\log d}{n}}>\frac{|||\hat{\boldsymbol{\Delta}}|||_{\mathrm{F}}}{2}\quad \text{和}\quad 8c_2\alpha^2\left(\frac{d\log d}{n}+\delta^2\right)<\frac{|||\hat{\boldsymbol{\Delta}}|||_{\mathrm{F}}^2}{4}$$

因此下界(10.44)可以推出

$$\frac{\|\mathfrak{X}_n(\hat{\boldsymbol{\Delta}})\|_2^2}{n}\geqslant\frac{1}{2}|||\hat{\boldsymbol{\Delta}}|||_{\mathrm{F}}^2-\frac{1}{4}|||\hat{\boldsymbol{\Delta}}|||_{\mathrm{F}}^2=\frac{1}{4}|||\hat{\boldsymbol{\Delta}}|||_{\mathrm{F}}^2$$

这就是所需的限制强凸性条件，因此证明就完成了. □

最后，我们回来证明定理 10.17.

证明　考虑到不等式对尺度变换具有不变性，我们不失一般性可以假定 $|||\boldsymbol{\Theta}|||_{\mathrm{F}}=1$. 对于给定的正常数$(\alpha,\rho)$，定义集合

$$\mathbb{S}(\alpha,\rho)=\left\{\boldsymbol{\Theta}\in\mathbb{R}^{d_1\times d_2}\mid |||\boldsymbol{\Theta}|||_{\mathrm{F}}=1,\|\boldsymbol{\Theta}\|_{\max}\leqslant\frac{\alpha}{\sqrt{d_1d_2}}\quad \text{且}\quad |||\boldsymbol{\Theta}|||_{\mathrm{nuc}}\leqslant\rho\right\}\tag{10.45}$$

以及对应的随机变量 $Z(\alpha,\rho):=\sup_{\boldsymbol{\Theta}\in\mathbb{S}(\alpha,\rho)}\left|\frac{1}{n}\|\mathfrak{X}_n(\boldsymbol{\Theta})\|_2^2-1\right|$. 我们首先证明存在普适常数$(c_1,c_2)$，使得

$$\mathbb{P}\left[Z(\alpha,\rho)\geqslant\frac{c_1}{4}\alpha\rho\sqrt{\frac{d\log d}{n}}+\frac{c_2}{4}\left(\alpha\sqrt{\frac{d\log d}{n}}\right)^2\right]\leqslant \mathrm{e}^{-d\log d}\tag{10.46}$$

这里我们选择 1/4 的缩放是为了以后理论上方便. 对这个界的证明分为两步.

均值附近的集中度：引入简便符号 $F_{\boldsymbol{\Theta}}(\boldsymbol{X}):=\langle\langle\boldsymbol{\Theta},\boldsymbol{X}\rangle\rangle^2$，我们可以记

$$Z(\alpha,r)=\sup_{\boldsymbol{\Theta}\in\mathbb{S}(\alpha,\rho)}\left|\frac{1}{n}\sum_{i=1}^n F_{\boldsymbol{\Theta}}(\boldsymbol{X}_i)-\mathbb{E}[F_{\boldsymbol{\Theta}}(\boldsymbol{X}_i)]\right|$$

因此可以利用第 3 章经验过程的集中度结果. 特别地，我们将使用 Bernstein 型界(3.86)：为了使用这个界，我们需要在类上一致地控制 $\|F\boldsymbol{\Theta}\|_{\max}$ 和 $\mathrm{var}(F_{\boldsymbol{\Theta}}(\boldsymbol{X}))$. 对于任意重尺度化后的掩模矩阵 $\boldsymbol{X}$ 和参数矩阵 $\boldsymbol{\Theta}\in\mathbb{S}(\alpha,r)$，我们有

$$|F_{\boldsymbol{\Theta}}(\boldsymbol{X})|\leqslant\|\boldsymbol{\Theta}\|_{\max}^2\|\boldsymbol{X}\|_1^2\leqslant\frac{\alpha^2}{d_1d_2}d_1d_2=\alpha^2$$

其中用到了对任意重尺度化后的掩模矩阵都有 $\|\boldsymbol{X}\|_1^2=d_1d_2$. 对于方差，我们有

$$\mathrm{var}(F_{\boldsymbol{\Theta}}(\boldsymbol{X}))\leqslant\mathbb{E}[F_{\boldsymbol{\Theta}}^2(\boldsymbol{X})]\leqslant\alpha^2\mathbb{E}[F_{\boldsymbol{\Theta}}(\boldsymbol{X})]=\alpha^2$$

这个界对任意 $\boldsymbol{\Theta}\in\mathbb{S}(\alpha,\rho)$都成立. 因此，利用 $\epsilon=1$ 和 $t=d\log d$ 对应的界(3.86)，我们得到存在普适常数(c_1,c_2)使得

$$\mathbb{P}\left[Z(\alpha,\rho)\geqslant 2\mathbb{E}[Z(\alpha,r)]+\frac{c_1}{8}\alpha\sqrt{\frac{d\log d}{n}}+\frac{c_2}{4}\alpha^2\,\frac{d\log d}{n}\right]\leqslant \mathrm{e}^{-d\log d}\tag{10.47}$$

控制期望的界：还需要控制期望的界. 通过 Rademacher 对称化(见命题 4.11)，我们有

$$\mathbb{E}[Z(\alpha,\rho)] \leqslant 2\mathbb{E}\left[\sup_{\boldsymbol{\Theta}\in\mathbb{S}(\alpha,\rho)}\left|\frac{1}{n}\sum_{i=1}^{n}\varepsilon_i\langle\langle \boldsymbol{X}_i,\boldsymbol{\Theta}\rangle\rangle^2\right|\right] \overset{\text{(ii)}}{\leqslant} 4\alpha\,\mathbb{E}\left[\sup_{\boldsymbol{\Theta}\in\mathbb{S}(\alpha,\rho)}\left|\frac{1}{n}\sum_{i=1}^{n}\varepsilon_i\langle\langle \boldsymbol{X}_i,\boldsymbol{\Theta}\rangle\rangle\right|\right]$$

其中不等式(ii)来自 Rademacher 过程的 Ledoux-Talagrand 收缩不等式(5.61)，用到了对所有$(\boldsymbol{\Theta},\boldsymbol{X}_i)$都有$|\langle\langle\boldsymbol{\Theta},\boldsymbol{X}_i\rangle\rangle|\leqslant\alpha$ 的结论. 下面我们用 Hölder 不等式来控制剩余的项：更准确地说，由于对任意 $\boldsymbol{\Theta}\in\mathbb{S}(\alpha,\rho)$都有$|||\boldsymbol{\Theta}|||_{\text{nuc}}\leqslant\rho$，我们有

$$\mathbb{E}\left[\sup_{\boldsymbol{\Theta}\in\mathbb{S}(\alpha,\rho)}\left|\left\langle\left\langle\frac{1}{n}\sum_{i=1}^{n}\varepsilon_i\boldsymbol{X}_i,\boldsymbol{\Theta}\right\rangle\right\rangle\right|\right] \leqslant \rho\,\mathbb{E}\left[\left|\left|\left|\frac{1}{n}\sum_{i=1}^{n}\varepsilon_i\boldsymbol{X}_i\right|\right|\right|_2\right]$$

最后，注意每个矩阵 $\varepsilon_i\boldsymbol{X}_i$ 都是零均值的，其算子范数的上界为$|||\varepsilon_i\boldsymbol{X}_i|||_2\leqslant\sqrt{d_1d_2}\leqslant d$ 以及方差上界为

$$|||\text{var}(\varepsilon_i\boldsymbol{X}_i)|||_2=\frac{1}{d_1d_2}|||d_1d_2(\mathbf{1}\otimes\mathbf{1})|||_2=\sqrt{d_1d_2}$$

因此，习题 6.10 的结果可以推出

$$\mathbb{P}\left[\left|\left|\left|\frac{1}{n}\sum_{i=1}^{n}\varepsilon_i\boldsymbol{X}_i\right|\right|\right|_2\geqslant\delta\right]\leqslant 2d\exp\left\{\frac{n\delta^2}{2d(1+\delta)}\right\}$$

接下来，应用 $C=2d$，$\nu^2=\dfrac{d}{n}$和$B=\dfrac{d}{n}$时习题 2.8(a)的结果，我们得到

$$\mathbb{E}\left[\left|\left|\left|\frac{1}{n}\sum_{i=1}^{n}\varepsilon_i\boldsymbol{X}_i\right|\right|\right|_2\right]\leqslant 2\sqrt{\frac{d}{n}}(\sqrt{\log(2d)}+\sqrt{\pi})+\frac{4d\log(2d)}{n}\overset{\text{(i)}}{\leqslant}16\sqrt{\frac{d\log d}{n}}$$

这里不等式(i)用到了 $n>d\log d$. 综上所述，我们得出结论

$$\mathbb{E}[Z(\alpha,\rho)]\leqslant\frac{c_1}{16}\alpha\rho\sqrt{\frac{d\log d}{n}}$$

对一个适当定义的普适常数 c_1 成立. 因为 $\rho\geqslant1$，所以要证的界(10.46)成立.

注意界(10.46)涉及固定的量(α,ρ)，而不是任意的量$(\sqrt{d_1d_2}|||\boldsymbol{\Theta}|||_{\max}，|||\boldsymbol{\Theta}|||_{\text{nuc}})$，后者会在将结果应用于任意矩阵时出现. 将界(10.46)扩展到更一般的界(10.41)需要使用被称为削皮的技巧.

通过削皮法的扩展：设 $\mathbb{B}_{\text{F}}(1)$为 $\mathbb{R}^{d_1\times d_2}$ 中范数为 1 的 Frobenius 球，并令 $\mathcal{E}$ 为界(10.41)对某个 $\boldsymbol{\Theta}\in\mathbb{B}_{\text{F}}(1)$不成立的事件. 对于 k，$\ell=1,2,\cdots$,我们定义集合

$$\mathbb{S}_{k,\ell}:=\{\boldsymbol{\Theta}\in\mathbb{B}_{\text{F}}(1)\,|\,2^{k-1}\leqslant d|||\boldsymbol{\Theta}|||_{\max}\leqslant2^k \quad 和 \quad 2^{\ell-1}\leqslant|||\boldsymbol{\Theta}|||_{\text{nuc}}\leqslant2^{\ell}\}$$

并设 $\mathcal{E}_{k,\ell}$ 是界(10.41)对某个 $\boldsymbol{\Theta}\in\mathbb{S}_{k,\ell}$ 不成立的事件. 我们首先要证明

$$\mathcal{E}\subseteq\bigcup_{k,\ell=1}^{M}\mathcal{E}_{k,\ell}，\quad 其中\ M=\lceil\log d\rceil \tag{10.48}$$

事实上，对任意矩阵 $\boldsymbol{\Theta}\in\mathbb{S}(\alpha,\rho)$，我们都有

$$|||\boldsymbol{\Theta}|||_{\text{nuc}}\geqslant|||\boldsymbol{\Theta}|||_{\text{F}}=1 \quad 和 \quad |||\boldsymbol{\Theta}|||_{\text{nuc}}\leqslant\sqrt{d_1d_2}|||\boldsymbol{\Theta}|||_{\text{F}}\leqslant d$$

因此，不失一般性我们可以假设$|||\boldsymbol{\Theta}|||_{\text{nuc}}\in[1,d]$. 类似地，对于任何 Frobenius 范数为 1 的矩阵，我们一定有 $d|||\boldsymbol{\Theta}|||_{\max}\geqslant\sqrt{d_1d_2}|||\boldsymbol{\Theta}|||_{\max}\geqslant1$ 和 $d|||\boldsymbol{\Theta}|||_{\max}\leqslant d$，这表明我们也可以假

设 $d\|\boldsymbol{\Theta}\|_{\max}\in[1,d]$. 因此，如果存在一个 Frobenius 范数为 1 的矩阵 $\boldsymbol{\Theta}$ 不满足界(10.41)，那么它一定属于某个集合 $\mathbb{S}_{k,\ell}$，对于 $k,\ell=1,2,\cdots,M$，其中 $M=\lceil \log d\rceil$.

接下来，对于 $\alpha=2^k$ 和 $\rho=2^\ell$，定义事件

$$\widetilde{\mathcal{E}}_{k,\ell}:=\left\{Z(\alpha,\rho)\geqslant\frac{c_1}{4}\alpha\rho\sqrt{\frac{d\log d}{n}}+\frac{c_2}{4}\left(\alpha\sqrt{\frac{d\log d}{n}}\right)^2\right\}$$

我们断言 $\mathcal{E}_{k,\ell}\subseteq\widetilde{\mathcal{E}}_{k,\ell}$. 事实上，如果事件 $\mathcal{E}_{k,\ell}$ 发生，那么一定存在某个 $\boldsymbol{\Theta}\in\mathbb{S}_{k,\ell}$，使得

$$\begin{aligned}\left|\frac{1}{n}\|\mathfrak{X}_n(\boldsymbol{\Theta})\|_2^2-1\right|&\geqslant c_1 d\|\boldsymbol{\Theta}\|_{\max}\|\boldsymbol{\Theta}\|_{\text{nuc}}\sqrt{\frac{d\log d}{n}}+c_2\left(d\|\boldsymbol{\Theta}\|_{\max}\sqrt{\frac{d\log d}{n}}\right)^2\\&\geqslant c_1 2^{k-1}2^{\ell-1}\sqrt{\frac{d\log d}{n}}+c_2\left(2^{k-1}\sqrt{\frac{d\log d}{n}}\right)^2\\&\geqslant\frac{c_1}{4}2^k2^\ell\sqrt{\frac{d\log d}{n}}+\frac{c_2}{4}\left(2^k\sqrt{\frac{d\log d}{n}}\right)^2\end{aligned}$$

这表明 $\widetilde{\mathcal{E}}_{k,\ell}$ 发生.

综上所述，我们有

$$\mathbb{P}[\mathcal{E}]\overset{\text{(i)}}{\leqslant}\sum_{k,\ell=1}^{M}\mathbb{P}[\widetilde{\mathcal{E}}_{k,\ell}]\overset{\text{(ii)}}{\leqslant}M^2\mathrm{e}^{-d\log d}\overset{\text{(iii)}}{\leqslant}\mathrm{e}^{-\frac{1}{2}d\log d}$$

其中不等式(i)用到了包含关系 $\mathcal{E}\subseteq\bigcup_{k,\ell=1}^{M}\widetilde{\mathcal{E}}_{k,\ell}$ 的并集的界；不等式(ii)是之前尾部概率界(10.46)的结论；不等式(iii)则是由 $\log M^2=2\log\log d\leqslant\frac{1}{2}d\log d$ 得到. □

10.7　加性矩阵分解

在这一节中，我们将讨论加性矩阵分解的问题. 考虑一对矩阵 $\boldsymbol{\Lambda}^*$ 和 $\boldsymbol{\Gamma}^*$，并假设我们观察到的一个向量 $\boldsymbol{y}\in\mathbb{R}^n$ 的形式为

$$\boldsymbol{y}=\mathfrak{X}_n(\boldsymbol{\Lambda}^*+\boldsymbol{\Gamma}^*)+\boldsymbol{w}\tag{10.49}$$

其中 $\mathfrak{X}_n$ 是一个已知的线性观测算子，将 $\mathbb{R}^{d_1\times d_2}$ 中的矩阵映射为 $\mathbb{R}^n$ 中的向量. 在最简单的情况下，观测算子执行一个简单的向量化，即它将一个矩阵 $\boldsymbol{M}$ 映射到其向量化的形式 vec($\boldsymbol{M}$). 在这种情况下，样本大小 n 等于维度的乘积 d_1d_2，并且我们观察到 $\boldsymbol{\Lambda}^*+\boldsymbol{\Gamma}^*$ 的和的噪声形式.

如何基于这种形式的观察值还原两个组成部分呢？当然，如果不对两个部分施加任何结构，这个问题是不适定的. 其中一种在各种应用中都出现的结构是一个低秩矩阵 $\boldsymbol{\Lambda}^*$ 与一个稀疏矩阵 $\boldsymbol{\Gamma}^*$ 的结合. 在例 9.6 的多元回归讨论中，我们已经遇到过一个这种分解的例子. 11.4.2 节将详细讨论的带隐变量的高斯图选择问题，给出了另一个关于一个低秩稀疏分解的例子. 在这里我们考虑这种矩阵分解的另外一些例子.

例 10.19(稀疏噪声下的因子分析)　因子分析是主成分分析的一种自然推广(后者可以参看第 8 章中的更多细节). 在因子分析中，我们有独立同分布随机向量 $\boldsymbol{z}\in\mathbb{R}^d$，假设是由

以下模型生成，

$$z_i = \boldsymbol{L}u_i + \varepsilon_i, \quad 对于\ i=1,2,\cdots,N \tag{10.50}$$

其中 $\boldsymbol{L} \in \mathbb{R}^{d\times r}$ 是一个载荷矩阵，且向量 $\boldsymbol{u}_i \sim \mathcal{N}(0, \boldsymbol{I}_r)$ 和 $\boldsymbol{\varepsilon}_i \sim \mathcal{N}(0, \boldsymbol{\Gamma}^*)$ 是独立的. 给定来自模型(10.50)的 n 个独立同分布样本，目标是估计载荷矩阵 $\boldsymbol{L}$，或投影到 $\boldsymbol{L}$ 的列张成空间上的矩阵 $\boldsymbol{L}\boldsymbol{L}^{\mathrm{T}}$. 一个简单的计算表明 z_i 的协方差矩阵为 $\boldsymbol{\Sigma} = \boldsymbol{L}\boldsymbol{L}^{\mathrm{T}} + \boldsymbol{\Gamma}^*$. 因此，在 $\boldsymbol{\Gamma}^* = \sigma^2 \boldsymbol{I}_d$ 的特殊情况下，$\boldsymbol{L}$ 的像集是由 $\boldsymbol{\Sigma}$ 的前 r 个特征向量所张成，因此我们可以通过标准的主成分分析来还原它.

在其他应用中，我们可能不一定有 $\boldsymbol{\Gamma}^*$ 是单位矩阵，在这种情况下，$\boldsymbol{\Sigma}$ 的前 r 个特征向量不一定接近于 $\boldsymbol{L}$ 的列张成的空间. 然而，当 $\boldsymbol{\Gamma}^*$ 是稀疏矩阵时，估计 $\boldsymbol{L}\boldsymbol{L}^{\mathrm{T}}$ 的问题可以理解为一般观测模型(10.3)的一个范例，其中 $n=d^2$. 特别地，令观测向量 $\boldsymbol{y} \in \mathbb{R}^n$ 是样本协方差矩阵 $\frac{1}{N}\sum_{i=1}^{N} \boldsymbol{z}_i \boldsymbol{z}_i^{\mathrm{T}}$ 的向量化形式，则通过一些代数运算可以看到 $\boldsymbol{y} = \mathrm{vec}(\boldsymbol{\Lambda}^* + \boldsymbol{\Gamma}^*) + \mathrm{vec}(\boldsymbol{W})$，其中 $\boldsymbol{\Lambda}^* = \boldsymbol{L}\boldsymbol{L}^{\mathrm{T}}$ 的秩为 r，随机矩阵 $\boldsymbol{W}$ 是一种 Wishart 型噪声，即

$$\boldsymbol{W} := \frac{1}{N}\sum_{i=1}^{N} (\boldsymbol{z}_i \otimes \boldsymbol{z}_i) - \{\boldsymbol{L}\boldsymbol{L}^{\mathrm{T}} + \boldsymbol{\Gamma}^*\} \tag{10.51}$$

当假定 $\boldsymbol{\Gamma}^*$ 是稀疏时，那么这个约束可以通过施加逐元素 ℓ_1 范数来得到. ♣

矩阵分解的其他例子涉及将一个低秩矩阵与一个列或行稀疏矩阵结合起来.

例 10.20(带腐蚀的矩阵补全)　如前例 10.2 所述，推荐系统会受到各种形式的腐蚀. 例如，在 2002 年，亚马逊图书推荐系统受到了一次简单的攻击. 对手创建了大量虚假的用户账户，相当于在用户-图书推荐列表中添加了额外的行. 这些虚假的用户账户中充斥着对一本精神指南和一本性手册的非常正面的评价. 很自然地，最终的结果是那些喜欢精神指南的用户也会被推荐阅读性手册.

如果我们再次将未知的真实评级矩阵作为低秩的来建模，那么这种对抗性的腐蚀可以通过添加一个相对稀疏的部分来建模. 在上述的虚假用户攻击的情况下，对抗成分 $\boldsymbol{\Gamma}^*$ 是相对行稀疏的，活跃的行对应虚假用户. 我们由此可以得到一个基于对 $\boldsymbol{\Lambda}^* + \boldsymbol{\Gamma}^*$ 的和的部分观测结果还原一个低秩矩阵 $\boldsymbol{\Lambda}^*$ 的问题. ♣

如第 6 章所述，协方差估计问题是基本问题. 这一问题的稳健形式对应另一种形式的矩阵分解，如下例所述.

例 10.21(稳健协方差估计)　对于 $i=1,2,\cdots,N$，设 $\boldsymbol{u}_i \in \mathbb{R}^d$ 是来自于一个均值为零、协方差矩阵为 $\boldsymbol{\Lambda}^*$ 的未知分布. 当向量 $\boldsymbol{u}_i$ 在没有任何形式的损坏被观察到时，可以直接通过对样本协方差矩阵做 PCA 来估计 $\boldsymbol{\Lambda}^*$. 想象一下 $j \in \{1,2,\cdots,d\}$ 对应于总体中的不同个体，现在假设与某些个体子集 S 相关联的数据被任意地腐蚀了. 这种对抗性的腐蚀可以通过假设我们观察到的向量 $\boldsymbol{z}_i = \boldsymbol{u}_i + \boldsymbol{\gamma}_i$ 来建模，其中 $i=1,\cdots,N$，这里每个 $\boldsymbol{\gamma}_i \in \mathbb{R}^d$ 是支撑集在子集 S 上的一个向量. 令 $\hat{\boldsymbol{\Sigma}} = \frac{1}{N}\sum_{i=1}^{N} (\boldsymbol{z}_i \otimes \boldsymbol{z}_i)$ 为被腐蚀样本的样本协方差矩阵，一些代数运算表明它可以被分解成 $\hat{\boldsymbol{\Sigma}} = \boldsymbol{\Lambda}^* + \boldsymbol{\Delta} + \boldsymbol{W}$，其中 $\boldsymbol{W} := \frac{1}{N}\sum_{i=1}^{N} (\boldsymbol{u}_i \otimes \boldsymbol{u}_i) - \boldsymbol{\Lambda}^*$ 还是一种中心

化的 Wishart 噪声，余下的项可以写成

$$\mathbf{\Delta} := \frac{1}{N}\sum_{i=1}^{N}(\boldsymbol{\gamma}_i \otimes \boldsymbol{\gamma}_i) + \frac{1}{N}\sum_{i=1}^{N}(\boldsymbol{u}_i \otimes \boldsymbol{\gamma}_i + \boldsymbol{\gamma}_i \otimes \boldsymbol{u}_i) \tag{10.52}$$

因此，定义 $\boldsymbol{y}=\mathrm{vec}(\hat{\mathbf{\Sigma}})$，我们得到一般观测模型的另一个例子，其中 $n=d^2$，即 $\boldsymbol{y}=\mathrm{vec}(\boldsymbol{\Lambda}^*+\mathbf{\Delta})+\mathrm{vec}(W)$.

注意 $\mathbf{\Delta}$ 本身并不是一个列稀疏或行稀疏的矩阵；然而，由于每个向量 $\boldsymbol{v}_i\in\mathbb{R}^d$ 的支撑集仅在某些子集 $S\subset\{1,2,\cdots,d\}$ 上，我们可以记作 $\mathbf{\Delta}=\boldsymbol{\Gamma}^*+(\boldsymbol{\Gamma}^*)^{\mathrm{T}}$，其中 $\boldsymbol{\Gamma}^*$ 是一个列稀疏矩阵，其元素仅在下标在 S 中的列中. 这种结构可以通过使用稍后所讨论的列稀疏正则化项来实现. ♣

最后，正如我们在接下来的第 11 章中所讨论的，带有隐变量的高斯图模型选择问题也会导出一个加性矩阵分解问题(见 11.4.2 节).

在引出加性矩阵分解之后，现在我们考虑有效还原它们的方法. 具体来说，我们只关注低秩加上逐元素稀疏矩阵的情况. 首先，需要注意的是——与矩阵补全问题一样——我们需要某种方式来剔除同时具有低秩和稀疏的矩阵. 回想一下示例 10.16 中的矩阵 $\boldsymbol{\Theta}^{\mathrm{bad}}$：由于它既低秩又稀疏，因此可以将其分解为低秩矩阵加上全零的矩阵作为稀疏部分，或者将其分解为稀疏矩阵加上全零矩阵作为低秩部分.

因此，有必要进一步假设分解的形式. 一种可能是直接对低秩矩阵的奇异向量施加不相关条件(10.38). 如例 10.16 所述，这些界对这个问题的小扰动不是稳健的. 因此，在有噪声的情况下，更自然地可以对低秩部分的“突起”考虑一个界，可以通过对其元素上的最大绝对值限定来实现. 据此，我们考虑下面的估计：

$$(\hat{\boldsymbol{\Gamma}},\hat{\boldsymbol{\Lambda}}) = \arg\min_{\substack{\boldsymbol{\Gamma}\in\mathbb{R}^{d_1\times d_2} \\ \|\boldsymbol{\Lambda}\|_{\max}\leqslant\frac{\alpha}{\sqrt{d_1 d_2}}}}\left\{\frac{1}{2}\|\boldsymbol{Y}-(\boldsymbol{\Gamma}+\boldsymbol{\Lambda})\|_{\mathrm{F}}^2+\lambda_n(\|\boldsymbol{\Gamma}\|_1+\omega_n\|\boldsymbol{\Lambda}\|_2)\right\} \tag{10.53}$$

它有两个正则化参数，即 λ_n 和 ω_n. 下面的推论给出了这些参数的适当选择，以保证估计性质良好；结论是基于平方 Frobenius 范数误差来表示的.

$$e^2(\hat{\boldsymbol{\Lambda}}-\boldsymbol{\Lambda}^*,\hat{\boldsymbol{\Gamma}}-\boldsymbol{\Gamma}^*) := \|\hat{\boldsymbol{\Lambda}}-\boldsymbol{\Lambda}^*\|_{\mathrm{F}}^2+\|\hat{\boldsymbol{\Gamma}}-\boldsymbol{\Gamma}^*\|_{\mathrm{F}}^2 \tag{10.54}$$

推论 10.22　假设我们基于下述参数求解凸规划(10.53)，

$$\lambda_n \geqslant 2\|\mathbf{W}\|_{\max}+4\frac{\alpha}{\sqrt{d_1 d_2}} \quad 和 \quad \omega_n\geqslant\frac{2\|\mathbf{W}\|_2}{\lambda_n} \tag{10.55}$$

那么存在普适常数 c_j 使得对于任何满足 $\|\boldsymbol{\Lambda}^*\|_{\max}\leqslant\frac{\alpha}{\sqrt{d_1 d_2}}$ 的矩阵对 $(\boldsymbol{\Lambda}^*,\boldsymbol{\Gamma}^*)$ 以及任意整数 $r=1,2,\cdots,\min\{d_1,d_2\}$ 和 $s=1,2,\cdots,(d_1 d_2)$，平方 Frobenius 误差(10.54)的上界为

$$c_1\omega_n^2\lambda_n^2\left\{r+\frac{1}{\omega_n\lambda_n}\sum_{j=r+1}^{\min\{d_1,d_2\}}\sigma_j(\boldsymbol{\Lambda}^*)\right\}+c_2\lambda_n^2\left\{s+\frac{1}{\lambda_n}\sum_{(j,k)\notin S}|\boldsymbol{\Gamma}_{jk}^*|\right\} \tag{10.56}$$

其中 S 是矩阵下标的任意一个子集，基数至多为 s.

与我们之前的很多结果一样，界(10.56)是一种最优不等式，意味着可以通过对目标秩 r 和子集 S 的选择进行优化以达到最紧的界. 例如，当矩阵 $\boldsymbol{\Lambda}^*$ 是完全低秩的且 $\boldsymbol{\Gamma}^*$ 是稀疏的，那么设置 $r=\operatorname{rank}(\boldsymbol{\Lambda}^*)$ 和 $S=\operatorname{supp}(\boldsymbol{\Gamma}^*)$ 可以得到

$$e^2(\hat{\boldsymbol{\Lambda}}-\boldsymbol{\Lambda}^*,\hat{\boldsymbol{\Gamma}}-\boldsymbol{\Gamma}^*)\leqslant\lambda_n^2\{c_1\omega_n^2\operatorname{rank}(\boldsymbol{\Lambda}^*)+c_2|\operatorname{supp}(\boldsymbol{\Gamma}^*)|\}$$

在许多情况下，该不等式对低秩稀疏问题的 Frobenius 误差可以得到最优的结果. 我们在习题中会考虑很多例子.

证明　作为定理 9.19 的推论我们来证明这个结论. 这里需要三个步骤：(i)验证一种限制强凸性，(ii)验证正则化参数的有效性，(iii)计算定义 9.18 中的子空间上的 Lipschitz 常数.

我们从限制强凸性开始. 定义两个矩阵 $\boldsymbol{\Delta}_{\hat{\Gamma}}=\hat{\boldsymbol{\Gamma}}-\boldsymbol{\Gamma}^*$ 和 $\boldsymbol{\Delta}_{\hat{\Lambda}}:=\hat{\boldsymbol{\Lambda}}-\boldsymbol{\Lambda}^*$，分别对应于稀疏和低秩部分的估计误差. 通过对二次型进行展开，我们看到泰勒级数的一阶误差为

$$\mathcal{E}_n(\boldsymbol{\Delta}_{\hat{\Gamma}},\boldsymbol{\Delta}_{\bar{\Lambda}})=\frac{1}{2}|||\boldsymbol{\Delta}_{\hat{\Gamma}}+\boldsymbol{\Delta}_{\hat{\Lambda}}|||_F^2=\frac{1}{2}\underbrace{\{|||\boldsymbol{\Delta}_{\hat{\Gamma}}|||_F^2+|||\boldsymbol{\Delta}_{\hat{\Lambda}}|||_F^2\}}_{e^2(\boldsymbol{\Delta}_{\hat{\Lambda}},\boldsymbol{\Delta}_{\hat{\Gamma}})}+\langle\langle\boldsymbol{\Lambda}_{\hat{\Gamma}},\boldsymbol{\Delta}_{\hat{\Lambda}}\rangle\rangle$$

通过三角不等式以及估计的构造，我们有

$$\|\boldsymbol{\Delta}_{\hat{\Lambda}}\|_{\max}\leqslant\|\hat{\boldsymbol{\Lambda}}\|_{\max}+\|\boldsymbol{\Lambda}^*\|_{\max}\leqslant\frac{2\alpha}{\sqrt{d_1d_2}}$$

结合 Hölder 不等式，我们看到

$$\mathcal{E}_n(\boldsymbol{\Delta}_{\hat{\Gamma}},\boldsymbol{\Delta}_{\hat{\Lambda}})\geqslant\frac{1}{2}e^2(\boldsymbol{\Delta}_{\hat{\Gamma}},\boldsymbol{\Delta}_{\hat{\Lambda}})-\frac{2\alpha}{\sqrt{d_1d_2}}\|\boldsymbol{\Delta}_{\hat{\Gamma}}\|_1$$

因此限制强凸性在 $\kappa=1$ 时成立，但伴随着一个额外的误差项. 由于它正比于 $\|\boldsymbol{\Delta}_{\hat{\Gamma}}\|_1$，定理 9.19 的证明表明，只要 $\lambda_n\geqslant\frac{4\alpha}{\sqrt{d_1d_2}}$，它就可以被吸收而不产生任何影响.

验证事件 $\mathbb{G}(\lambda_n)$　直接计算得出 $\nabla\mathcal{L}_n(\boldsymbol{\Gamma}^*,\boldsymbol{\Lambda}^*)=(\boldsymbol{W},\boldsymbol{W})$. 从表 9.1 给出的对偶范数对中，我们得到

$$\Phi_{\omega_n}^*(\nabla\mathcal{L}_n(\boldsymbol{\Gamma}^*,\boldsymbol{\Lambda}^*))=\max\left\{\|\boldsymbol{W}\|_{\max},\frac{|||\boldsymbol{W}|||_2}{\omega_n}\right\}\tag{10.57}$$

因此，(10.55)的选取保证了 $\lambda_n\geqslant2\Phi_{\omega_n}^*(\nabla\mathcal{L}_n(\boldsymbol{\Gamma}^*,\boldsymbol{\Lambda}^*))$.

模型子空间的选择　对于基数不超过 s 的矩阵下标的任何子集 S，定义子集 $\mathbb{M}(S):=\{\boldsymbol{\Gamma}\in\mathbb{R}^{d_1\times d_2}\mid\Gamma_{ij}=0\text{ 对任意}(i,j)\notin S\}$. 类似地，对于任何 $r=1,\cdots,\min\{d_1,d_2\}$，令 $\mathbb{U}_r$ 和 $\mathbb{V}_r$(分别)为 $\boldsymbol{\Lambda}^*$ 的前 r 个左和右奇异向量所张成的子空间，并回忆之前在表达式(10.12)中定义的子空间 $\overline{\mathbb{M}}(\mathbb{U}_r,\mathbb{V}_r)$ 和 $\mathbb{M}^{\perp}(\mathbb{U}_r,\mathbb{V}_r)$. 那么我们有正则化项 $\Phi_{\omega_n}(\boldsymbol{\Gamma},\boldsymbol{\Lambda})=\|\boldsymbol{\Gamma}\|_1+\omega_n|||\boldsymbol{\Lambda}|||_{\text{nuc}}$ 关于模型子空间 $\mathbb{M}:=\mathbb{M}(S)\times\overline{\mathbb{M}}(\mathbb{U}_r,\mathbb{V}_r)$ 和偏差空间 $\mathbb{M}^{\perp}(S)\times\mathbb{M}^{\perp}(\mathbb{U}_r,\mathbb{V}_r)$ 是可分解的. 于是只需要控制子空间 Lipschitz 常数. 我们有

$$\Psi(\mathbb{M})=\sup_{(\boldsymbol{\Gamma},\boldsymbol{\Lambda})\in\mathbb{M}(S)\times\overline{\mathbb{M}}(\mathbb{U}_r,\mathbb{V}_r)}\frac{\|\boldsymbol{\Gamma}\|_1+\omega_n|||\boldsymbol{\Lambda}|||_{\text{nuc}}}{\sqrt{|||\boldsymbol{\Gamma}|||_F^2+|||\boldsymbol{\Lambda}|||_F^2}}\leqslant\sup_{(\boldsymbol{\Gamma},\boldsymbol{\Lambda})}\frac{\sqrt{s}\,|||\boldsymbol{\Gamma}|||_F+\omega_n\sqrt{2r}\,|||\boldsymbol{\Lambda}|||_F}{\sqrt{|||\boldsymbol{\Gamma}|||_F^2+|||\boldsymbol{\Lambda}|||_F^2}}$$

$$\leqslant \sqrt{s} + \omega_n \sqrt{2r}$$

综上所述，整体结论(10.56)可由定理 9.19 的推论得到. □

10.8　参考文献和背景

Fazel(2002)在她的博士论文中研究了核范数作为秩约束替代的各种应用. Recht 等(2010)研究了核范数正则化在矩阵回归的压缩感知变形中的应用，其中观测是无噪声的且矩阵 $\boldsymbol{X}_i \in \mathbb{R}^{d_1 \times d_2}$ 为独立抽取的，每个矩阵的元素都是独立同分布 $\mathcal{N}(0,1)$随机变量. 当协变量 $\boldsymbol{X}_i$ 来自于标准高斯总体($\boldsymbol{X}_i$ 的每个元素独立来自于 $\mathcal{N}(0,1)$分布)时，他们给出了无噪声情形[$w_i=0$ 对应的观测模型(10.2)]精确还原的充分条件. 在有噪声的情况下，这个特别的总体同样被 Candès 和 Plan(2010)和 Negahban 和 Wainwright(2011a)研究过，他们都给出了所需样本量的精细条件. 前一篇文章适用于次高斯各向同性的总体(单位协方差矩阵)，而后一篇文章证明了适用于任意协方差矩阵的高斯总体的定理 10.8. Recht 等(2009)给出了这个总体单位矩阵形式下阈值性质的精确结果.

对于更加一般的问题，核范数正则化也被研究过. Rohde 和 Tsybakov(2011)提出了一种适用于矩阵情形的限制等距条件(见第 7 章)，而 Negahban 和 Wainwright(2011a)采用了一种较宽松的曲率下界条件，对应于二次损失特殊情况下的限制特征值条件的矩阵类. Rohde 和 Tsybakov(2011)还给出了核范数估计的各种其他 Schatten 矩阵范数的界. 推论 10.14 所述的多元(或多任务)回归的界，由很多学者证明过(Lounici 等，2011；Negahban 和 Wainwright，2011a；Rohde 和 Tsybakov，2011). 在多元回归中使用降秩估计有很悠久的历史；其显式形式见习题 10.1，一些历史和更多细节见参考文献(Izenman，1975，2008；Reinsel 和 Velu，1998). 多元回归中一类降秩估计的非渐近分析同样可以参看 Bunea 等. (2011).

对于矩阵补全问题有很多种变体；更多详细信息请参看 Laurent(2001)的调查章节以及其中的参考文献. Srebro 和他的合作者(Srebro，2004；Srebro 等，2005a，b)提出了低秩矩阵补全作为推荐系统的一个模型，其中涉及了 Netflix 问题. Srebro 等(2005b)给出了基于核范数正则化的预测误差界. Candès 和 Recht(2009)证明了核范数估计精确还原的理论性质，假设了无噪声观察以及关于杠杆得分的某种矩阵不相关条件. 杠杆得分在基于行或列的随机子样本逼近低秩矩阵中也起着重要的作用；参见 Mahoney(2011)的调查及其中的参考文献. Gross(2011)基于对偶见证方法给出了精确还原的一个一般性框架，利用了 6.4.4 节中的 Ahlswede-Winter 矩阵界；关于精确还原的一个相对简单的方法还可以参看 Recht(2011). Keshavan 等(2010a，b)研究了矩阵补全问题的基于核范数(SVD 阈值)的两种方法以及启发式迭代方法，并且在无噪和有噪两种情况下都导出了理论保障. Negahban 和 Wainwright(2012)研究了精确低秩和接近低秩矩阵加权采样的更一般情形，并给出了有“突起”比(10.40)控制矩阵的“ℓ_q”球的 minimax 最优界. 他们证明了定理 10.17 的一个加权形式，其中给出的一致采样情形的证明更加直接. Koltchinski 等(2011)假设抽样设计矩阵已知，提出了矩阵 Lasso 的一个变体. 在均匀采样的情况下，它对应着 SVD 阈值的一种形式，Keshavan 等(2010a，b)也分析了这种估计. 关于这类估计的一些分析见习题 10.11.

10.4 节的相位还原问题有着悠久的历史以及各种应用(例如 Gerchberg 和 Saxton，1972；Fienup，1982；Griffin 和 Lim，1984；Fienup 和 Wackerman，1986；Harrison，1993). 将非凸二次规划松弛为半正定规划的思想是经典的(Shor，1987；Lovász 和 Schrijver，1991；Nesterov，1998；Laurent，2003). 相位还原的半正定松弛(10.29)是由 Chai 等(2011)提出. Candès 等(2013)最先给出了精确还原的理论性质，特别是对于高斯度量向量. 另外可参看 Waldspurger 等(2015)，其中讨论和分析了一种密切相关但并不相同的 SDP 松弛方法.

Chandrasekaran 等(2011)首先提出了稀疏低秩矩阵的加性矩阵分解问题，基于稀疏和低秩分量之间的确定性不相关条件分析了精确还原所需的条件. Candès 等(2011)在更宽松的不相关条件下对随机总体给出了理论性质. Chandrasekaran 等(2012b)表明，具有隐变量的高斯图模型选择问题可以在此框架内解决；有关此问题的更多细节可参见其中的 11.4.2 节. Agarwal 等(2012)对基于正则化方法估计含噪观测值的矩阵分解给出了一般性分析；他们的研究中用到了低秩矩阵最大元素较宽松的界而不是不相关条件，但仅仅保证了近似还原. 关于估计矩阵分解的一些两步方法请参见 Ren 和 Zhou(2012). Fan 等(2013)研究了涉及稀疏和低秩分量的协方差矩阵的一类相关模型.

10.9 习 题

10.1 (降秩回归) 回顾例 10.1 中的多元回归模型，对于一个目标秩 $r \leqslant T \leqslant p$，考虑降秩回归估计

$$\hat{\boldsymbol{\Theta}}_{\mathrm{RR}} := \arg \min_{\substack{\Theta \in \mathbb{R}^{p \times T} \\ \operatorname{rank}(\Theta) \leqslant r}} \left\{ \frac{1}{2n} \| \boldsymbol{Y} - \boldsymbol{Z}\boldsymbol{\Theta} \|_{\mathrm{F}}^{2} \right\}$$

定义样本协方差矩阵 $\hat{\boldsymbol{\Sigma}}_{ZZ} = \frac{1}{n}\boldsymbol{Z}^{\mathrm{T}}\boldsymbol{Z}$，以及样本交互协方差矩阵 $\hat{\boldsymbol{\Sigma}}_{ZY} = \frac{1}{n}\boldsymbol{Z}^{\mathrm{T}}\boldsymbol{Y}$. 假设 $\hat{\boldsymbol{\Sigma}}_{ZZ}$ 是可逆的，证明降秩估计的显式表达式为

$$\hat{\boldsymbol{\Theta}}_{\mathrm{RR}} = \hat{\boldsymbol{\Sigma}}_{ZZ}^{-1} \hat{\boldsymbol{\Sigma}}_{XY} \boldsymbol{V}\boldsymbol{V}^{\mathrm{T}}$$

其中矩阵 $\boldsymbol{V} \in \mathbb{R}^{T \times r}$ 的列由矩阵 $\hat{\boldsymbol{\Sigma}}_{YZ} \hat{\boldsymbol{\Sigma}}_{ZZ}^{-1} \hat{\boldsymbol{\Sigma}}_{ZY}$ 的前 r 个特征向量组成.

10.2 (向量自回归过程) 回想一下例 10.5 中描述的向量自回归(VAR)模型.

(a) 假设我们通过选取 $z^1 \sim \mathcal{N}(0, \boldsymbol{\Sigma})$ 来初始化，其中对称矩阵 $\boldsymbol{\Theta}$ 满足方程

$$\boldsymbol{\Sigma} - \boldsymbol{\Theta}^{*} \boldsymbol{\Sigma} (\boldsymbol{\Theta}^{*})^{\mathrm{T}} - \boldsymbol{\Gamma} = 0 \tag{10.58}$$

这里 $\boldsymbol{\Gamma} \succ 0$ 是驱动噪声的协方差矩阵. 证明所得到的随机过程 $\{z^t\}_{t=1}^{\infty}$ 是平稳的.

(b) 假设方程(10.58)存在一个严格正定的解 $\boldsymbol{\Sigma}$. 证明 $\| \boldsymbol{\Theta}^{*} \|_2 < 1$.

(c) 反之，假设 $\| \boldsymbol{\Theta}^{*} \|_2 < 1$，证明方程(10.58)存在一个严格正定的解 $\boldsymbol{\Sigma}$.

10.3 (矩阵补全中的零空间) 考虑随机观测算子 $\mathfrak{X}_n : \mathbb{R}^{d \times d} \rightarrow \mathbb{R}$，由 n 个独立同分布重尺度化后的掩模矩阵(除随机均匀选择的项为 d 外，其他元素均为零)构成. 对于表达式

(10.37)中的“坏”矩阵 $\boldsymbol{\Theta}^{\text{bad}}$，试证明只要 $n=o(d^2)$，有 $\mathbb{P}[\mathfrak{X}_n(\boldsymbol{\Theta}^{\text{bad}})=0]=1-o(1)$.

10.4 **(核范数的锥不等式)**　假设 $|||\hat{\boldsymbol{\Theta}}|||_{\text{nuc}} \leqslant |||\boldsymbol{\Theta}^*|||_{\text{nuc}}$，其中 $\boldsymbol{\Theta}^*$ 是秩为 r 的矩阵. 证明 $\hat{\boldsymbol{\Delta}}=\hat{\boldsymbol{\Theta}}-\boldsymbol{\Theta}^*$ 满足锥约束 $|||\hat{\boldsymbol{\Delta}}_{\overline{\mathbb{M}}^{\perp}}|||_{\text{nuc}} \leqslant |||\hat{\boldsymbol{\Delta}}_{\overline{\mathbb{M}}}|||_{\text{nuc}}$，其中子空间 $\overline{\mathbb{M}}^{\perp}$ 在表达式(10.14)中定义过.

10.5 **(算子范数界)**

(a) 验证 Φ^* 曲率条件的具体形式(10.20).

(b) 假设 $\boldsymbol{\Theta}^*$ 的秩为 r，且 $\hat{\boldsymbol{\Theta}}-\boldsymbol{\Theta}^*$ 满足锥约束(10.15)，其中 $\mathbb{M}(\mathbb{U},\mathbb{V})$ 由维数为 r 的子空间 $\mathbb{U}$ 和 $\mathbb{V}$ 确定. 证明

$$|||\hat{\boldsymbol{\Theta}}-\boldsymbol{\Theta}^*|||_{\text{F}} \leqslant 4\sqrt{2r}\,|||\hat{\boldsymbol{\Theta}}-\boldsymbol{\Theta}^*|||_2$$

10.6 **(矩阵压缩感知分析)**　在这个习题中，我们完成定理 10.8 对于特殊情况 $\boldsymbol{\Sigma}=\boldsymbol{I}_D$ 的一部分证明，其中 $D=d_1d_2$. 特别地，对某个 $t\geqslant 0$ 定义集合

$$\mathbb{B}(t):=\{\boldsymbol{\Delta}\in\mathbb{R}^{d_1\times d_1}\mid |||\boldsymbol{\Delta}|||_{\text{F}}=1, |||\boldsymbol{\Delta}|||_{\text{nuc}}\leqslant t\}$$

我们证明

$$\inf_{\boldsymbol{\Delta}\in\mathbb{B}(t)}\sqrt{\frac{1}{n}\sum_{i=1}^{n}\langle\langle \boldsymbol{x}_i,\boldsymbol{\Delta}\rangle\rangle^2} \geqslant \frac{1}{2}-\delta-2\left(\sqrt{\frac{d_1}{n}}+\sqrt{\frac{d_2}{n}}\right)t$$

在大于 $1-\mathrm{e}^{-n\delta^2/2}$ 的概率下成立.（这是一个比定理 10.8 更弱的结果，但是这里概述的方法阐述了核心思想.）

(a) 将问题简化为控制下面的随机变量下界

$$Z_n(t):=\inf_{\boldsymbol{\Delta}\in\mathbb{B}(t)}\sup_{\|\boldsymbol{u}\|_1=1}\frac{1}{\sqrt{n}}\sum_{i=1}^{n}u_i\langle\langle \boldsymbol{X}_i,\boldsymbol{\Delta}\rangle\rangle$$

(b) 证明期望的下界为

$$\mathbb{E}[Z_n(t)]\geqslant\frac{1}{\sqrt{n}}\{\mathbb{E}[\|\boldsymbol{w}\|_2]-\mathbb{E}[|||\boldsymbol{W}|||_2]t\}$$

其中 $\boldsymbol{w}\in\mathbb{R}^n$ 和 $\boldsymbol{W}\in\mathbb{R}^{d_1\times d_2}$ 由独立同分布的 $\mathcal{N}(0,1)$ 变量组成.（提示：可以使用第 5 章的 Gordon-Slepian 比较原理.）

(c) 利用度量集中度和(b)完成证明.

10.7 **(近似低秩矩阵的界)**　考虑观测模型 $\boldsymbol{y}=\mathfrak{X}_n(\boldsymbol{\Theta}^*)+\boldsymbol{w}$，其中 $\boldsymbol{w}\sim\mathcal{N}(0,\sigma^2\boldsymbol{I}_n)$，并考虑核范数约束估计

$$\hat{\boldsymbol{\Theta}}=\arg\min_{\boldsymbol{\Theta}\in\mathbb{R}^{d\times d}}\left\{\frac{1}{2n}\|\boldsymbol{y}-\boldsymbol{x}_n(\boldsymbol{\Theta})\|_2^2\right\}\quad 使得\quad |||\boldsymbol{\Theta}|||_{\text{nuc}}\leqslant|||\boldsymbol{\Theta}^*|||_{\text{nuc}}$$

假设 $\boldsymbol{\Theta}^*$ 属于近似低秩矩阵(10.26)的 ℓ_q “球”.

在这个习题中，当随机算子 $\mathfrak{X}_n$ 满足定理 10.8 的下界时，我们证明估计 $\hat{\boldsymbol{\Theta}}$ 满足(10.27)形式的误差界.

(a) 对于一个任意的 $r\in\{1, 2,\cdots,d\}$，令 $\mathbb{U}$ 和 $\mathbb{V}$ 是由 $\boldsymbol{\Theta}^*$ 的前 r 个左和右奇异向量确定的子空间，并考虑子空间 $\overline{\mathbb{M}}(\mathbb{U},\mathbb{V})$. 证明误差矩阵 $\hat{\boldsymbol{\Delta}}$ 满足不等式

$$\left\| \hat{\mathbf{\Delta}}_{\overline{\mathbb{M}}^{\perp}} \right\|_{\mathrm{nuc}} \leqslant 2\sqrt{2r} \left\| \hat{\mathbf{\Delta}} \right\|_{\mathrm{F}} + 2\sum_{j=r+1}^{d} \sigma_j(\boldsymbol{\Theta}^*)$$

(b) 考虑一个整数 $r \in \{1,2,\cdots,d\}$，使得对一个足够大但普适的常数 C 满足 $n > C\,rd$. 利用定理 10.8 和(a)部分，证明

$$\left\| \hat{\mathbf{\Delta}} \right\|_{\mathrm{F}}^2 \lesssim \underbrace{\max\{T_1(r), T_1^2(r)\}}_{\text{近似误差}} + \underbrace{\sigma\sqrt{\frac{rd}{n}} \left\| \hat{\mathbf{\Delta}} \right\|_{\mathrm{F}}}_{\text{估计误差}}$$

其中 $T_1(r) := \sigma\sqrt{\frac{d}{n}} \sum_{j=r+1}^{d} \sigma_j(\boldsymbol{\Theta}^*)$. （提示：可以假设 $\left\| \frac{1}{n}\sum_{i=1}^{n} \boldsymbol{w}_i \boldsymbol{X}_i \right\|_2 \lesssim \sigma\sqrt{\frac{d}{n}}$ 形式的不等式成立.）

(c) 确定一个可以最佳权衡估计误差和近似误差的 r.

10.8　在推论 10.14 的假设下，证明界(10.35)成立.

10.9 **(高斯掩模的相位还原)**　回顾实值相位还原问题，基于函数 $f_{\boldsymbol{\Theta}}(\boldsymbol{X}) = \langle\langle \boldsymbol{X}, \boldsymbol{\Theta} \rangle\rangle$，对于一个随机矩阵 $\boldsymbol{X} = \boldsymbol{x} \otimes \boldsymbol{x}$，其中 $\boldsymbol{x} \sim \mathcal{N}(0, \boldsymbol{I}_n)$.

(a) 令 $\boldsymbol{\Theta} = \boldsymbol{U}^{\mathrm{T}} \boldsymbol{D} \boldsymbol{U}$ 表示 $\boldsymbol{\Theta}$ 的奇异值分解，解释为什么随机变量 $f_{\boldsymbol{\Theta}}(\boldsymbol{X})$ 和 $f_{\mathrm{D}}(\boldsymbol{X})$ 具有相同的分布.

(b) 试证明

$$\mathbb{E}[f_{\boldsymbol{\Theta}}^2(\boldsymbol{X})] = \left\| \boldsymbol{\Theta} \right\|_{\mathrm{F}}^2 + 2(\mathrm{trace}(\boldsymbol{\Theta}))^2$$

10.10 **(含噪矩阵补全分析)**　在这个习题中，我们完成推论 10.18 的证明

(a) 证明在 $\lambda_n \geqslant \left\| \frac{1}{n}\sum_{i=1}^{n} w_i \boldsymbol{E}_i \right\|_2$ 的设定下，我们有误差矩阵 $\hat{\mathbf{\Delta}} = \hat{\boldsymbol{\Theta}} - \boldsymbol{\Theta}^*$ 满足下界

$$\frac{\left\| \hat{\mathbf{\Delta}} \right\|_{\mathrm{nuc}}}{\left\| \hat{\mathbf{\Delta}} \right\|_{\mathrm{F}}} \leqslant 2\sqrt{2r} \quad \text{和} \quad \|\hat{\mathbf{\Delta}}\|_{\max} \leqslant 2\alpha$$

(b) 使用(a)部分和本章的结果证明，在高概率情况下，下面的不等式至少有一个一定成立：

$$\left\| \hat{\mathbf{\Delta}} \right\|_{\mathrm{F}}^2 \leqslant \frac{c_2}{2}\alpha^2 \frac{d\log d}{n} + 128 c_1^2 \alpha^2 \frac{rd\log d}{n} \quad \text{或者} \quad \frac{\|\mathfrak{X}_n(\hat{\mathbf{\Delta}})\|_2^2}{n} \geqslant \frac{\left\| \hat{\mathbf{\Delta}} \right\|_{\mathrm{F}}^2}{4}$$

(c) 使用(b)部分证明界成立.

10.11 **(矩阵补全的另一种估计)**　基于观测值 $\boldsymbol{y}_i = \langle\langle \boldsymbol{X}_i, \boldsymbol{\Theta}^* \rangle\rangle + \boldsymbol{w}_i$，考虑含噪矩阵补全问题，其中 $\boldsymbol{X}_i \in \mathbb{R}^{d\times d}$ 是一个 d 重尺度化后的掩模矩阵(即随机选择一个位置取值为 d，在其他位置上取值为零). 考虑估计

$$\hat{\boldsymbol{\Theta}} = \arg\min_{\boldsymbol{\Theta} \in \mathbb{R}^{d\times d}} \left\{ \frac{1}{2} \left\| \boldsymbol{\Theta} \right\|_{\mathrm{F}}^2 - \left\langle\left\langle \boldsymbol{\Theta}, \frac{1}{n}\sum_{i=1}^{n} \boldsymbol{y}_i \boldsymbol{X}_i \right\rangle\right\rangle + \lambda_n \left\| \boldsymbol{\Theta} \right\|_{\mathrm{nuc}} \right\}$$

(a) 证明最优解 $\hat{\boldsymbol{\Theta}}$ 是唯一的，并且可以通过对矩阵 $\boldsymbol{M} := \frac{1}{n}\sum_{i=1}^{n} \boldsymbol{y}_i \boldsymbol{X}_i$ 的奇异值进行软阈值来得到. 特别地，如果 $\mathbf{UDV}^{\mathrm{T}}$ 表示 $\boldsymbol{M}$ 的 SVD，那么 $\hat{\boldsymbol{\Theta}} = \boldsymbol{U}[T_{\lambda_n}(\boldsymbol{D})]\mathbf{V}^{\mathrm{T}}$，其

中 $T_{\lambda_n}(\boldsymbol{D})$是通过对奇异值 $\boldsymbol{D}$ 的对角矩阵进行软阈值而得到的矩阵.

(b) 假设未知矩阵 $\boldsymbol{\Theta}^*$ 的秩为 r. 证明，在下式的设定下

$$\lambda_n \geqslant 2 \max_{|||U|||_{\text{nuc}} \leqslant 1} \left| \frac{1}{n} \sum_{i=1}^{n} \langle\langle \boldsymbol{U}, \boldsymbol{X}_i \rangle\rangle \langle\langle \boldsymbol{X}_i, \boldsymbol{\Theta}^* \rangle\rangle - \langle\langle \boldsymbol{U}, \boldsymbol{\Theta}^* \rangle\rangle \right| + 2 \left\| \frac{1}{n} \sum_{i=1}^{n} w_i \boldsymbol{X}_i \right\|_2$$

最优解 $\hat{\boldsymbol{\Theta}}$ 满足界

$$|||\hat{\boldsymbol{\Theta}} - \boldsymbol{\Theta}^*|||_{\text{F}} \leqslant \frac{3}{\sqrt{2}} \sqrt{r} \lambda_n$$

(c) 假设噪声向量 $\boldsymbol{w} \in \mathbb{R}^n$ 具有独立同分布的 σ 次高斯的分量. 确定一个适当的 λ_n 来得到关于$|||\hat{\boldsymbol{\Theta}} - \boldsymbol{\Theta}^*|||_{\text{F}}$ 的一个有用的界.

第 11 章　高维数据的图模型

图模型结合了概率论和图论的思想，在高维概率分布的建模中是非常重要的. 图模型在很多邻域中被深入研究和进一步发展，包括统计物理、空间统计、信息论和密码学、语音处理、统计图像处理、计算机视觉、自然语言处理、计算生物学和社交网络分析等. 在这一章中，我们讨论图模型中涉及的几种高维统计问题.

11.1　基本概念

我们首先简单介绍图模型的一些基本的性质，更多相关材料参见参考文献部分. 图模型有很多种，通过用到的图的类型来区分——有向的、无向的或者两者混合型的. 这里我们主要关注无向图模型，也称为马尔可夫随机场. 这些模型基于一个无向图 $G=(V,E)$，其包括了一个顶点集合 $V=\{1,2,\cdots,d\}$ 以及边集合 E. 在无向的情况下，一条边 (j,k) 是一个无序的不同顶点 j，$k\in V$ 对.

为了在模型中引入概率，我们将每一个顶点 $j\in V$ 对应一个随机变量 X_j，其在某个空间 $\mathcal{X}_j$ 上取值. 我们然后考虑 d 维随机向量 $\boldsymbol{X}=(X_1,\cdots,X_d)$ 的分布 $\mathbb{P}$. 我们主要关注的是 $\mathbb{P}$ 的结构和图 G 的结构之间的联系. 有两种方式可以用来连接概率结构和图结构：一种是基于因子分解，而第二种是基于条件独立性. 场论中的一个经典的结果，被称为 Hammersley-Clifford 定理，表明这两种刻画方式本质上是等价的.

11.1.1　因子分解

一种将无向图 G 和随机变量联系起来的方式是假定概率分布有一个特定的因子分解方式. 一个团 C 是一个顶点的子集合，其中所有点都有边相连，也就是对所有不同的顶点 j，$k\in C$ 都有 $(j,k)\in E$. 一个极大团为一个不是其他任何团子集的团. 关于这些概念的阐述见图 11.1b. 我们用 $\mathfrak{C}$ 来表示 G 中所有团组成的集合，并且对于每个团 $C\in\mathfrak{C}$，我们用 ψ_C 记作一个子向量函数 $x_C:=(x_j,j\in C)$. 这个团兼容函数从笛卡儿乘积空间 $\mathcal{X}^C:=\bigotimes_{j\in C}\mathcal{X}_j$ 上取值，并返回非负的实数. 在这个记号下，我们有如下定义.

定义 11.1　随机向量 $(X_1,\cdots,X_n)$ 根据图 G 可以因子分解，如果它的密度函数 p 可以表示为

$$p(x_1,\cdots,x_d)\propto\prod_{C\in\mathfrak{C}}\psi_C(x_C)\tag{11.1}$$

对于某个团兼容函数 ψ_C：$\mathcal{X}^C\to[0,\infty)$ 成立.

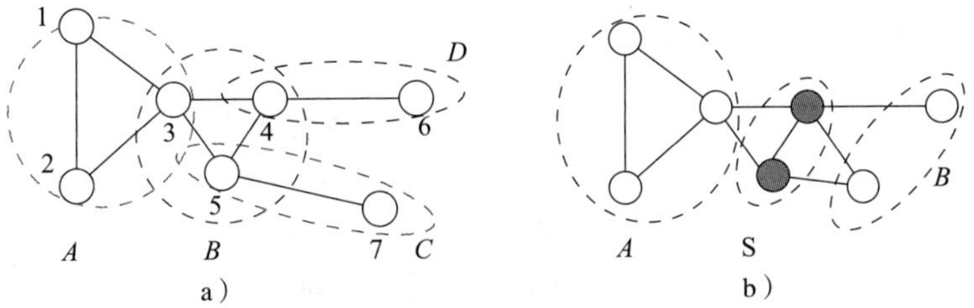

图 11.1 基本图论性质示意图. a)子集 A 和 B 为 3-团，而子集 C 和 D 为 2-团. 所有这些团都是最大的. 每个顶点自成一个团，但是这些单纯团没有一个是这个图中的极大团. b)子集 S 是一个顶点割集，将图分成顶点集分别为 A 和 B 的两个不连通子图

这里的密度函数对于离散变量可取为计数测度，对于连续变量可取为某种(可能加权的)勒贝格测度形式. 如定义 11.1 所阐述，任何按图 11.1a 中的图可以因子分解的密度函数一定有形式

$$p(x_1,\cdots,x_7)\propto\psi_{123}(x_1,x_2,x_3)\psi_{345}(x_3,x_4,x_5)\psi_{46}(x_4,x_6)\psi_{57}(x_5,x_7).$$

不失一般性——如果需要可以重新定义团兼容函数——团上的乘积总是可以被限制在所有极大团的集合上. 然而，在实际中，允许有与非最大团相关的项是非常方便的，如下例所述.

例 11.2(马尔可夫链因子分解) 变量$(X_1,\cdots,X_d)$上的一个马尔可夫链分布的标准分解方式为

$$p(x_1,\cdots,x_d)=p_1(x_1)p_{2|1}(x_2\mid x_1)\cdots p_{d|(d-1)}(x_d\mid x_{d-1})$$

其中 p_1 为 X_1 的边缘分布，而对 $j\in\{1,2,\cdots,d-1\}$，项 $p_{j+1|j}$ 表示给定 X_j 时 X_{j+1} 的条件分布. 这个表示方式可以理解为因子分解式(11.1)的一个特殊情况，利用基于顶点的函数

$$\psi_1(x_1)=p_1(x_1)\quad 在顶点 1 和 \psi_j(x_j)=1\quad 对于任意 j=2,\cdots,d$$

结合基于边的函数

$$\psi_{j,j+1}(x_j,x_{j+1})=p_{j+1|j}(x_{j+1}\mid x_j)\quad 对于 j=1,\cdots,d-1$$

但是这个因子分解方式绝对不是唯一的. 我们简单采用对称形式的因子分解 $\widetilde{\psi}_j(x_j)=p_j(x_j)$对于所有 $j=1,\cdots,d$，并且

$$\widetilde{\psi}_{jk}(x_j,x_k)=\frac{p_{jk}(x_j,x_k)}{p_j(x_j)p_k(x_k)}\quad 对于所有(j,k)\in E$$

其中 p_{jk} 为(X_j,X_k)上的联合分布. ♣

例 11.3(多元高斯因子分解) 任何零均值非退化的高斯分布可以通过它的协方差矩阵的逆矩阵 $\boldsymbol{\Theta}^*=\boldsymbol{\Sigma}^{-1}$ 来表示，这个矩阵也称为精度矩阵. 特别地，它的密度可以写成

$$p(x_1,\cdots,x_d;\boldsymbol{\Theta}^*)=\frac{\sqrt{\det(\boldsymbol{\Theta}^*)}}{(2\pi)^{d/2}}e^{-\frac{1}{2}x^{\mathrm{T}}\boldsymbol{\Theta}^*x}\tag{11.2}$$

通过对二次型展开，我们可以看到

$$e^{-\frac{1}{2}x^{\mathrm{T}}\boldsymbol{\Theta}^* x}=\exp\left(-\frac{1}{2}\sum_{(j,k)\in E}\Theta_{jk}^* x_j x_k\right)=\prod_{(j,k)\in E}\underbrace{e^{-\frac{1}{2}\Theta_{jk}^* x_j x_k}}_{\psi_{jk}(x_j,x_k)}$$

表明任意零均值高斯分布可以被因子分解为边上的，或者大小为 2 的团上的函数. 高斯情形因此是特殊的：因子分解总是可以被限制在大小为 2 的团上，即使内在图中有更高阶的团. ♣

我们现在考虑一个有着类似因子分解的非高斯的图模型.

例 11.4(Ising 模型)　考虑一个由二元随机变量组成的向量 $X=(X_1,\cdots,X_d)$，其中 $X_i\in\{0,1\}$. Ising 模型是最早的图模型之一，首先是在统计物理中引入用来建模电磁场的相互作用. 给定一个无向图 $G=(V,E)$，它假定了如下形式的因子分解，

$$p(x_1,\cdots,x_d;\boldsymbol{\theta}^*)=\frac{1}{Z(\boldsymbol{\theta}^*)}\exp\left\{\sum_{j\in V}\theta_j^* x_j+\sum_{(j,k)\in E}\theta_{jk}^* x_j x_k\right\}\tag{11.3}$$

其中参数 θ_j^* 对应于顶点 $j\in V$，而参数 θ_{jk}^* 对应于边 $(j,k)\in E$. 量 $Z(\boldsymbol{\theta}^*)$是一个常数，使得概率质量函数 p 正规化之后正好为 1；更具体地，我们有

$$Z(\theta^*)=\sum_{x\in[0,1]^d}\exp\left\{\sum_{j\in V}\theta_j^* x_j+\sum_{(j,k)\in E}\theta_{jk}^* x_j x_k\right\}$$

有关这个模型的历史和用途的更多讨论请看参见文献. ♣

11.1.2　条件独立性

我们现在考虑另一种建立概率结构和图结构之间联系的方式，涉及由图定义的某种条件独立性陈述. 这些陈述基于一个顶点切割集 S 的概念，(简单说来)如果将其从图里移除后，图将被分割成两个或更多个不相交部分. 更严格地，将 S 从顶点集 V 中移除后可以得到顶点诱导的子图 $G(V\setminus S)$，包括顶点集 $V\setminus S$ 和剩余的边集

$$E(V\backslash S):=\{(j,k)\in E\mid j,k\in V\backslash S\}\tag{11.4}$$

如果剩余的子图 $G(V\setminus S)$由两个或者更多个不连通的非空部分组成，那么集合 S 为一个顶点切割集. 示意图见图 11.1b.

我们现在定义一个与图的顶点切割集相关的条件独立关系. 对任意子集 $A\subseteq V$，令 $X_A:=(X_j,j\in A)$表示由 A 中顶点标记的随机变量的子向量. 对于顶点集 V 的任意三个不相交子集，如 A，B 和 S，我们用 $X_A\perp\!\!\!\perp X_B\mid X_S$ 来表示子向量 X_A 在给定 X_S 时是条件独立于 X_B 的.

> **定义 11.5**　一个随机向量$(X_1,\cdots,X_d)$关于一个图 G 是马尔可夫的，如果对于图的所有切割集 S，其将图分割为不相交部分 A 和 B，条件独立性结论 $X_A\perp\!\!\!\perp X_B\mid X_S$ 成立.

我们考虑一些例子来阐述.

例 11.6(马尔可夫链条件独立性)　马尔可夫链给出了这个定义最简单(也是最经典的)的阐述. 一个顶点集 $V=\{1,\cdots,d\}$上的链图包括边$(j,j+1)$，对于 $j=1,2,\cdots,d-1$；$d=5$ 的情形见图 11.2a. 对于这样一个链图，每个顶点 $j\in\{2,3,\cdots,d-1\}$都是一个非平凡的切割集，将图分割为“过去” $P=\{1,2,\cdots,j-1\}$和“未来” $F=\{j+1,\cdots,d\}$. 这些单元素切

割集定义了一个马尔可夫时间序列模型的核心马尔可夫性质，也就是说，在给定当前 X_j 时，过去 X_P 和未来 X_F 是条件独立的. ♣

例 11.7(基于邻域的切割集) 另外一个切割集的经典形式是图的邻域结构. 对于任意顶点 $j \in V$，它的邻域集是顶点子集

$$\mathcal{N}(j) := \{k \in V \mid (j,k) \in E\} \tag{11.5}$$

通过一条边与 j 连接. 很容易看到 $\mathcal{N}(j)$ 总是一个切割集，只要 j 不是和其他所有顶点连接，那么这个集合是非平凡的；它将图分割为两个不相交的部分 $A=\{j\}$ 和 $B=V\backslash(\mathcal{N}(j)\cup\{j\})$. 在本章之后关于图模型选择基于邻域的方法讨论中，这个特别的顶点切割集起着重要作用. ♣

11.1.3 Hammersley-Clifford 等价性

到这里，我们已经引入了两种(表面上不同的)方法将随机向量 X 和内在图结构联系起来，也就是马尔可夫性质和因子分解性质. 我们现在考虑一个基本定理，对于任意严格正的分布表明这两个性质是等价的.

> **定理 11.8**(Hammersley-Clifford) 对于一个给定的无向图和任意有严格正密度函数 p 的随机向量 $X=(X_1,\cdots,X_d)$，下述两个性质是等价的：
>
> (a) 如定义 11.1，随机向量 X 依据图 G 的结构可因子分解.
>
> (b) 如定义 11.5，随机向量 X 关于图 G 是马尔可夫的.

证明 这里我们证明因子分解性质(定义 11.1)可以推出马尔可夫性质(定义 11.5). 反方向的证明可以参看参考文献. 假设因子分解(11.1)成立，并设 S 为图的任意一个切割集，使得子集 A 和 B 是被 S 分割的. 可以不失一般性地假设 A 和 B 是非空的，我们需要证明 $X_A \perp\!\!\!\perp X_B \mid X_S$. 定义团的子集 $\mathfrak{C}_A := \{C \in \mathfrak{C} \mid C \cap A \neq \varnothing\}$，$\mathfrak{C}_B := \{C \in \mathfrak{C} \mid C \cap B \neq \varnothing\}$ 和 $\mathfrak{C}_S := \{C \in \mathfrak{C} \mid C \subseteq S\}$. 我们断言这三个子集组成了整个团集的一个不相交的划分，也就是说，$\mathfrak{C}=\mathfrak{C}_A \cup \mathfrak{C}_S \cup \mathfrak{C}_B$. 给定任意团 C，它不是完全包含在 S 里，就是与 A 或者 B 有非平凡的交集，这就证明了并集性质. 为了证明不交性，可以直接看出 $\mathfrak{C}_S$ 与 $\mathfrak{C}_A$ 和 $\mathfrak{C}_B$ 是不相交的. 另一方面，如果存在某个团 $C \in \mathfrak{C}_A \cap \mathfrak{C}_B$，那么就存在节点 $a \in A$ 和 $b \in B$ 并且 $\{a,b\} \in C$，这与 A 和 B 被切割集 S 分离的假设矛盾.

给定这个不相交的划分，我们可以记

$$p(x_A,x_S,x_B)=\frac{1}{Z}\underbrace{\left[\prod_{C\in\mathfrak{C}_A}\psi_C(x_C)\right]}_{\Psi_A(x_A,x_S)}\underbrace{\left[\prod_{C\in\mathfrak{C}_S}\psi_C(x_C)\right]}_{\Psi_S(x_S)}\underbrace{\left[\prod_{C\in\mathfrak{C}_B}\psi_C(x_C)\right]}_{\Psi_B(x_B,x_S)}$$

定义

$$Z_A(x_S) := \sum_{x_A}\Psi_A(x_A,x_S) \quad 和 \quad Z_B(x_S) := \sum_{x_B}\Psi_B(x_B,x_S)$$

我们然后得到下面重要的边缘分布的表达式：

$$p(x_S)=\frac{Z_A(x_S)Z_B(x_S)}{Z}\Psi_S(x_S) \quad \text{和} \quad p(x_A,x_S)=\frac{Z_B(x_S)}{Z}\Psi_A(x_A,x_S)\Psi_S(x_S)$$

对于 $p(x_B,x_S)$也有一个类似的表达式. 由此，对于满足 $p(x_S)>0$ 的任意 x_S，我们可以写作

$$\frac{p(x_A,x_S,x_B)}{p(x_S)}=\frac{\frac{1}{Z}\Psi_A(x_A,x_S)\Psi_S(x_S)\Psi_B(x_B,x_S)}{\frac{Z_A(x_S)Z_B(x_S)}{Z}\Psi_S(x_S)}=\frac{\Psi_A(x_A,x_S)\Psi_B(x_B,x_S)}{Z_A(x_S)Z_B(x_S)} \tag{11.6}$$

类似的计算可以推出关系式

$$\frac{p(x_A,x_S)}{p(x_S)}=\frac{\frac{Z_B(x_S)}{Z}\Psi_A(x_A,x_S)\Psi_S(x_S)}{\frac{Z_A(x_S)Z_B(x_S)}{Z}\Psi_S(x_S)}=\frac{\Psi_A(x_A,x_S)}{Z_A(x_S)} \tag{11.7a}$$

和

$$\frac{p(x_B,x_S)}{p(x_S)}=\frac{\frac{Z_A(x_S)}{Z}\Psi_B(x_B,x_S)\Psi_S(x_S)}{\frac{Z_A(x_S)Z_B(x_S)}{Z}\Psi_S(x_S)}=\frac{\Psi_B(x_B,x_S)}{Z_B(x_S)} \tag{11.7b}$$

将等式(11.6)与等式(11.7a)和(11.7b)相结合可以推出

$$p(x_A,x_B\mid x_S)=\frac{p(x_A,x_B,x_S)}{p(x_S)}=\frac{p(x_A,x_S)}{p(x_S)}\frac{p(x_B,x_S)}{p(x_S)}=p(x_A\mid x_S)p(x_B\mid x_S)$$

由此证明了 $X_A \perp\!\!\!\perp X_B \mid X_S$，正是要证明的结论. □

11.1.4 图模型的估计

图模型的典型应用需要解决下述类型的某种反问题. 考虑一个样本集合$\{\boldsymbol{x}_i\}_{i=1}^n$，其中每个 $\boldsymbol{x}_i=(x_{i1},\cdots,x_{id})$是一个 d 维向量，假设来自某个有图结构的概率分布. 目标是估计内在图模型的某些特征. 在图参数估计的问题中，图结构本身假设为已知的，我们希望估计图中团上的兼容函数$\{\psi_C, C\in\mathfrak{C}\}$. 在更有挑战性的图模型选择中，图结构本身是未知的，由此我们需要估计这个结构以及团兼容函数. 在后续章节里，我们考虑高斯和非高斯图模型中解决这些问题的几种方式.

11.2 高斯图模型的估计

我们从高斯-马尔可夫随机场情形开始关于图估计的探究. 如之前在例 11.3 中所讨论的，对一个高斯模型，因子分解性质由协方差矩阵逆或者精度矩阵 $\boldsymbol{\Theta}^*$ 来确定. 由此，Hammersley-Clifford 定理在这种情形下非常容易理解：它保证了对所有$(j,k)\notin E$ 有 $\Theta_{jk}^*=0$. 关于图结构和协方差矩阵逆的稀疏度之间的对应关系的一些阐述参见图 11.2.

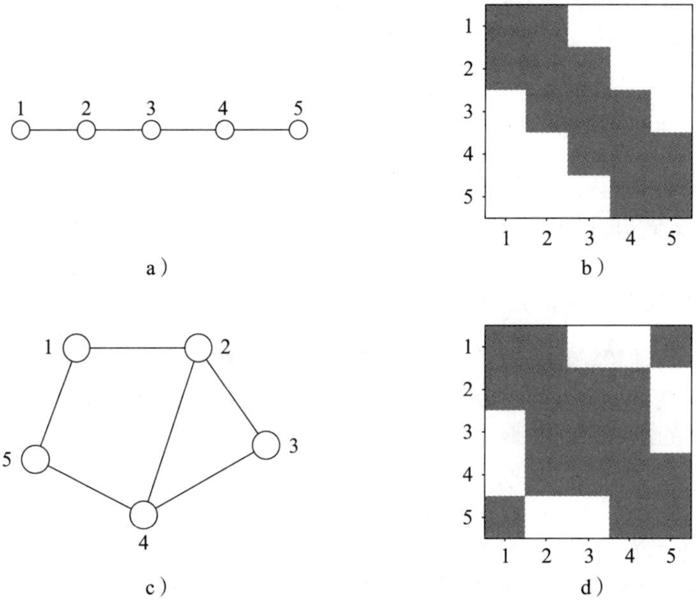

图 11.2　对于高斯图模型，Hammersley-Clifford 定理保证了图结构和协方差矩阵逆或者精度矩阵的稀疏结构之间的一个对应关系. a)五个顶点上的链图. b)一个高斯-马尔可夫链的协方差矩阵逆一定有一个三对角结构. c)、d)更一般的高斯-马尔可夫随机场及对应的协方差矩阵逆

现在我们考虑高斯-马尔可夫随机场衍生出的一些估计问题. 由于均值很容易估计的，我们在下面的讨论中将其设为零. 因此，唯一剩下的参数就是精度矩阵 $\boldsymbol{\Theta}^*$. 给定 $\boldsymbol{\Theta}^*$ 的一个估计 $\hat{\boldsymbol{\Theta}}$，它的估计优劣可以用多种方式来评估. 在图模型选择问题中，称为*(逆)协方差选择*，目标是还原出内在图 G 的边集 E. 具体点来说，设 $\hat{E}$ 为基于 $\hat{\boldsymbol{\Theta}}$ 的一个边集的估计，一个评估准则是误差概率 $\mathbb{P}[\hat{E} \neq E]$，其评估了我们是否已经还原了真实的内在边集. 一个相关但更宽松的准则可能会关注还原 $1-\delta$ 的边集的概率，其中 $\delta \in (0,1)$是一个用户给定的容忍参数. 在其他问题中，我们感兴趣的可能是估计协方差矩阵逆本身，因此考虑几种矩阵范数，比如算子范数 $\|\hat{\boldsymbol{\Theta}} - \boldsymbol{\Theta}^*\|_2$ 或者 Frobenius 范数 $\|\hat{\boldsymbol{\Theta}} - \boldsymbol{\Theta}^*\|_F$. 在下面章节中，我们将更详细地讨论这些不同的度量选取.

11.2.1　图 Lasso：ℓ_1 正则极大似然

我们从估计高斯图模型的一个自然而直接的方法开始，也就是基于全局似然函数. 为此，我们先推导出重尺度化后的非负对数似然函数的一个简便形式，涉及对数行列式函数. 对于任意两个对称矩阵 $\boldsymbol{A}$ 和 $\boldsymbol{B}$，回顾我们用$\langle\langle \boldsymbol{A}, \boldsymbol{B} \rangle\rangle := \mathrm{trace}(\boldsymbol{AB})$表示迹内积. 非负对数行列式函数定义在对称矩阵空间 $\mathcal{S}^{d\times d}$ 上

$$-\log \det(\boldsymbol{\Theta}) := \begin{cases} -\sum_{j=1}^{d} \log \gamma_j(\boldsymbol{\Theta}) & \boldsymbol{\Theta} \succ 0 \\ +\infty & \text{其他} \end{cases} \tag{11.8}$$

其中 $\gamma_1(\boldsymbol{\Theta})\geqslant\gamma_2(\boldsymbol{\Theta})\geqslant\cdots\geqslant\gamma_d(\boldsymbol{\Theta})$ 表示对称矩阵 $\boldsymbol{\Theta}$ 的排序后的特征值. 在习题 11.1 中，我们将探究对数行列式函数的一些基本性质，包括它的严格凸性和可导性.

利用高斯分布基于精度矩阵的表示形式(11.2)，多元高斯的重尺度化后的非负对数似然函数，基于样本 $\{\boldsymbol{x}_i\}_{i=1}^n$ 形式为

$$\mathcal{L}_n(\boldsymbol{\Theta})=\langle\!\langle\boldsymbol{\Theta},\hat{\boldsymbol{\Sigma}}\rangle\!\rangle-\log\det(\boldsymbol{\Theta})\tag{11.9}$$

其中 $\hat{\boldsymbol{\Sigma}}:=\frac{1}{n}\sum_{i=1}^n\boldsymbol{x}_i\boldsymbol{x}_i^{\mathrm{T}}$ 是样本协方差矩阵. 这里我们去掉了对数似然函数中的常数项，它们对极大似然函数解没有影响，并为之后理论方便我们用 $-\frac{2}{n}$ 缩放了对数似然函数.

不受限制的极大似然解 $\hat{\boldsymbol{\Theta}}_{\mathrm{MLE}}$ 在高斯模型中有一个非常简单的形式. 如果样本协方差矩阵 $\hat{\boldsymbol{\Sigma}}$ 是可逆的，我们有 $\hat{\boldsymbol{\Theta}}_{\mathrm{MLE}}=\hat{\boldsymbol{\Sigma}}^{-1}$；否则，极大似然解是不确定的(更多细节参见习题 11.2). 只要 $n<d$ 时，样本协方差矩阵总是不满秩的，因此极大似然解是不存在的. 在这种情况下，某种形式的正则化是非常关键的. 当期待图 G 有相对少的边时，一个自然的正则化形式是对 $\boldsymbol{\Theta}$ 的元素施加一个 ℓ_1 约束.（如果不考虑计算问题，很自然地应该施加 l_0 约束，但是如第 7 章所述，我们用 ℓ_1 范数作为一个凸的替代.）

结合 ℓ_1 正则化与非负对数似然函数可以得到图 Lasso 估计

$$\hat{\boldsymbol{\Theta}}\in\arg\min_{\boldsymbol{\Theta}\in S^{d\times d}}\Big\{\underbrace{\langle\!\langle\boldsymbol{\Theta},\hat{\boldsymbol{\Sigma}}\rangle\!\rangle-\log\det\boldsymbol{\Theta}}_{\mathcal{L}_n(\boldsymbol{\Theta})}+\lambda_n\|\boldsymbol{\Theta}\|_{1,\mathrm{off}}\Big\}\tag{11.10}$$

其中 $\|\boldsymbol{\Theta}\|_{1,\mathrm{off}}:=\sum_{j\neq k}|\Theta_{jk}|$ 对应 $\boldsymbol{\Theta}$ 的非对角线元素的 ℓ_1 范数. 也可以考虑惩罚 $\boldsymbol{\Theta}$ 的对角线元素，但是由于对任意非退化的协方差矩阵逆它们一定是正的，对其进行惩罚只会引入额外的偏差. 凸规划(11.10)是对数行列式规划的一个特例，可以通过多种常规算法在多项式时间内求解. 此外，也有一些研究专门针对图 Lasso 问题的有效改善；更多讨论参见参考文献部分.

Frobenius 范数界

我们通过推导 Frobenius 范数误差 $\|\hat{\boldsymbol{\Theta}}-\boldsymbol{\Theta}\|_{\mathrm{F}}$ 来开始关于图 Lasso 方法(11.10)的研究. 下面的结果是基于一个样本协方差矩阵 $\hat{\boldsymbol{\Sigma}}$，其由 n 个独立同分布样本 $\{\boldsymbol{x}_i\}_{i=1}^n$ 构成，这些样本是一个零均值随机向量而且每个分量都是 σ 次高斯的(回顾第 2 章中的定义 2.2).

命题 11.9(图 Lasso 的 Frobenius 范数界)　假设协方差矩阵逆 $\boldsymbol{\Theta}^*$ 的每一行至多有 m 个非零元素，对于某个 $\delta\in(0,1]$ 以及正则化参数 $\lambda_n=8\sigma^2\left(\sqrt{\frac{\log d}{n}}+\delta\right)$，求解图 Lasso (11.10). 那么只要 $6(\|\boldsymbol{\Theta}^*\|_2+1)^2\lambda_n\sqrt{md}<1$，图 Lasso 估计 $\hat{\boldsymbol{\Theta}}$ 满足

$$\|\hat{\boldsymbol{\Theta}}-\boldsymbol{\Theta}^*\|_{\mathrm{F}}^2\leqslant\frac{9}{(\|\boldsymbol{\Theta}^*\|_2+1)^4}md\lambda_n^2\tag{11.11}$$

成立的概率至少为 $1-8\mathrm{e}^{-\frac{1}{16}n\delta^2}$.

证明　我们利用第 9 章中的推论 9.20 来证明这个结果. 为此，我们需要验证损失函数的限制强凸性(参见定义 9.15)，以及推论中的其他技术性条件.

令 $\mathbb{B}_F(1)=\{\mathbf{\Delta}\in\mathcal{S}^{d\times d}\mid |||\mathbf{\Delta}|||_F\leqslant 1\}$ 为 Frobenius 范数至多为 1 的对称矩阵集合. 利用对数行列式函数的标准性质(参见习题 11.1)，图 Lasso 中的损失函数是二阶可导的，有

$$\nabla\mathcal{L}_n(\boldsymbol{\Theta})=\hat{\boldsymbol{\Sigma}}-\boldsymbol{\Theta}^{-1}\quad \text{和}\quad \nabla^2\mathcal{L}_n(\boldsymbol{\Theta})=\boldsymbol{\Theta}^{-1}\otimes\boldsymbol{\Theta}^{-1}$$

其中，$\otimes$表示矩阵的 Kronecker 乘积.

验证限制强凸条件：我们第一步是证明在 Frobenius 范数球 $\mathbb{B}_F\{1\}$上限制强凸条件成立. 令 vec(•)为一个矩阵的拉直向量形式. 对于任意 $\mathbf{\Delta}\in\mathbb{B}_F(1)$，泰勒展开可以推出

$$\underbrace{\mathcal{L}_n(\boldsymbol{\Theta}^*+\mathbf{\Delta})-\mathcal{L}_n(\boldsymbol{\Theta}^*)-\langle\langle\nabla\mathcal{L}_n(\boldsymbol{\Theta}^*),\mathbf{\Delta}\rangle\rangle}_{\mathcal{E}_n(\mathbf{\Delta})}=\frac{1}{2}\operatorname{vec}(\mathbf{\Delta})^{\mathrm{T}}\nabla^2\mathcal{L}_n(\boldsymbol{\Theta}^*+t\mathbf{\Delta})\operatorname{vec}(\mathbf{\Delta})$$

对于某个 $t\in[0,1]$成立. 因此，我们有

$$\mathcal{E}_n(\mathbf{\Delta})\geqslant\frac{1}{2}\gamma_{\min}(\nabla^2\mathcal{L}_n(\boldsymbol{\Theta}^*+t\mathbf{\Delta}))\|\operatorname{vec}(\mathbf{\Delta})\|_2^2=\frac{1}{2}\frac{|||\mathbf{\Delta}|||_F^2}{|||\boldsymbol{\Theta}^*+t\mathbf{\Delta}|||_2^2}$$

用到了对任意对称可逆矩阵有 $|||\boldsymbol{A}^{-1}\otimes\boldsymbol{A}^{-1}|||_2=\frac{1}{|||\boldsymbol{A}|||_2^2}$. 将三角不等式与界 $t|||\mathbf{\Delta}|||_2\leqslant t|||\mathbf{\Delta}|||_F\leqslant 1$ 相结合，可以推出 $|||\boldsymbol{\Theta}^*+t\mathbf{\Delta}|||_2^2\leqslant(|||\boldsymbol{\Theta}|||_2+1)^2$. 综上所述可以推出下界

$$\mathcal{E}_n(\mathbf{\Delta})\geqslant\frac{\kappa}{2}|||\mathbf{\Delta}|||_F^2\quad \text{其中}\quad \kappa:=(|||\boldsymbol{\Theta}^*|||_2+1)^{-2}\tag{11.12}$$

这就证明了定义 9.15 中的 RSC 条件在 $\mathbb{B}_F(1)$上成立，容忍度参数为 $\tau_n^2=0$.

计算子空间 Lipschitz 常数：接下来我们引入一个可以将推论 9.20 应用到图 Lasso 上的子空间. 令 S 为 $\boldsymbol{\Theta}^*$ 的支撑集，我们定义子空间

$$\mathbb{M}(S)=\{\boldsymbol{\Theta}\in\mathbb{R}^{d\times d}\mid\Theta_{jk}=0\quad \text{对于所有}(j,k)\notin S\}$$

在这个设定，我们有

$$\Psi^2(\mathbb{M}(S))=\sup_{\boldsymbol{\Theta}\in\mathbb{M}(S)}\frac{\left(\sum_{j\neq k}|\Theta_{jk}|\right)^2}{|||\boldsymbol{\Theta}|||_F^2}\leqslant|S|\overset{\text{(i)}}{\leqslant}md$$

其中不等式(i)是由于 $\boldsymbol{\Theta}^*$ 的每一行至多有 m 个非零元素.

验证事件 $\mathbb{G}(\lambda_n)$：接下来我们验证所述的正则化参数 λ_n 在高概率下满足推论 9.20 的条件：为此，我们需要计算得分函数并得到它的对偶范数的一个界. 因为$(\boldsymbol{\Theta}^*)^{-1}=\boldsymbol{\Sigma}$，得分函数为$\nabla\mathcal{L}_n(\boldsymbol{\Theta}^*)=\hat{\boldsymbol{\Sigma}}-\boldsymbol{\Sigma}$，对应于样本协方差和总体协方差矩阵之间的偏差. 由$|||\cdot|||_{1,\text{off}}$定义的对偶范数为矩阵非对角元素上的 l_∞ 范数，我们记作$|||\cdot|||_{\max,\text{off}}$. 利用引理 6.26，有

$$\mathbb{P}[|||\hat{\boldsymbol{\Sigma}}-\boldsymbol{\Sigma}|||_{\max,\text{off}}\geqslant\sigma^2t]\leqslant 8\mathrm{e}^{-\frac{n}{16}\min(t,t^2)+2\log d}\quad \text{对于所有 } t>0$$

设定 $t=\lambda_n/\sigma^2$ 则可以说明推论 9.20 中的事件 $\mathbb{G}(\lambda_n)$在所述的概率下成立. 由此，命题 9.13 可以推出误差矩阵 $\hat{\mathbf{\Delta}}$ 满足界$\|\hat{\mathbf{\Delta}}_{S^c}\|_1\leqslant 3\|\hat{\mathbf{\Delta}}_S\|_1$，并因此有

$$\|\hat{\mathbf{\Delta}}\|_1\leqslant 4\|\hat{\mathbf{\Delta}}_S\|_1\leqslant 4\sqrt{md}\,|||\hat{\mathbf{\Delta}}|||_F\tag{11.13}$$

其中最后一个不等式再一次用到结论$|S|\leqslant md$. 为了应用推论 9.20，余下只需要验证 $\hat{\mathbf{\Delta}}$ 属

于 Frobenius 球 $\mathbb{B}_F(1)$.

局部化误差矩阵：由类似于早前 RSC 证明的一个方法，我们有

$$\mathcal{L}_n(\boldsymbol{\Theta}^*)-\mathcal{L}_n(\boldsymbol{\Theta}^*+\boldsymbol{\Delta})+\langle\!\langle\nabla\mathcal{L}_n(\boldsymbol{\Theta}^*+\boldsymbol{\Delta}),-\boldsymbol{\Delta}\rangle\!\rangle\geqslant\frac{\kappa}{2}|||\boldsymbol{\Delta}|||_F^2$$

将这个下界加到不等式(11.12)中，我们得到

$$\langle\!\langle\nabla\mathcal{L}_n(\boldsymbol{\Theta}^*+\boldsymbol{\Delta})-\nabla\mathcal{L}_n(\boldsymbol{\Theta}^*),\boldsymbol{\Delta}\rangle\!\rangle\geqslant\kappa|||\boldsymbol{\Delta}|||_F^2$$

习题 9.10 的结果可以推出

$$\langle\!\langle\nabla\mathcal{L}_n(\boldsymbol{\Theta}^*+\boldsymbol{\Delta})-\nabla\mathcal{L}_n(\boldsymbol{\Theta}^*),\boldsymbol{\Delta}\rangle\!\rangle\geqslant\kappa|||\boldsymbol{\Delta}|||_F\ \text{对于所有}\ \boldsymbol{\Delta}\in\mathcal{S}^{d\times d}\backslash\mathbb{B}_F(1)\tag{11.14}$$

由 $\hat{\boldsymbol{\Theta}}$ 的最优性，我们有 $0=\langle\!\langle\nabla\mathcal{L}_n(\boldsymbol{\Theta}^*+\hat{\boldsymbol{\Delta}})+\lambda_n\hat{\boldsymbol{Z}},\hat{\boldsymbol{\Delta}}\rangle\!\rangle$，其中 $\hat{\boldsymbol{Z}}\in\partial|||\hat{\boldsymbol{\Theta}}|||_{1,\text{off}}$ 是逐元素 ℓ_1 范数的一个次梯度矩阵. 通过加减项我们得到

$$\begin{aligned}\langle\!\langle\nabla\mathcal{L}_n(\boldsymbol{\Theta}^*+\hat{\boldsymbol{\Delta}})-\nabla\mathcal{L}_n(\boldsymbol{\Theta}^*),\hat{\boldsymbol{\Delta}}\rangle\!\rangle&\leqslant\lambda_n|\langle\!\langle\hat{\boldsymbol{Z}},\hat{\boldsymbol{\Delta}}\rangle\!\rangle|+|\langle\!\langle\nabla\mathcal{L}_n(\boldsymbol{\Theta}^*),\hat{\boldsymbol{\Delta}}\rangle\!\rangle|\\&\leqslant\{\lambda_n+\|\nabla\mathcal{L}_n(\boldsymbol{\Theta}^*)\|_{\max}\}\|\hat{\boldsymbol{\Delta}}\|_1\end{aligned}$$

因为在之前证明的事件 $\mathbb{G}(\lambda_n)$ 下有 $\|\nabla\mathcal{L}_n(\boldsymbol{\Theta}^*)\|_{\max}\leqslant\frac{\lambda_n}{2}$，表达式右边最多为

$$\frac{3\lambda_n}{2}\|\hat{\boldsymbol{\Delta}}\|_1\leqslant6\lambda_n\sqrt{md}\,|||\hat{\boldsymbol{\Delta}}|||_F$$

其中用到了之前的不等式(11.13). 如果 $|||\hat{\boldsymbol{\Delta}}|||_F>1$，那么之前的下界(11.14)是适用的，从中我们得到

$$\kappa|||\hat{\boldsymbol{\Delta}}|||_F\leqslant\frac{3\lambda_n}{2}\|\hat{\boldsymbol{\Delta}}\|_1\leqslant6\lambda_n\sqrt{md}\,|||\hat{\boldsymbol{\Delta}}|||_F$$

当 $\frac{6\lambda_n\sqrt{md}}{\kappa}<1$ 时，这个不等式会导出一个矛盾，这也就完成了证明. □

边选择和算子范数界

命题 11.9 是一个相对粗糙的结论，只能保证在 Frobenius 范数下图 Lasso 估计 $\hat{\boldsymbol{\Theta}}$ 是比较接近的，而不能保证图的边结构. 此外，这个结果实际上排除了 $n<d$ 的情形：事实上，命题 11.9 的条件意味着样本大小 n 一定有一个 $md\log d$ 常数倍的下界，也就比 d 大.

因此，我们现在考虑一种更精细的结果，也就是允许高维情形($d\gg n$)，并且还能保证图 Lasso 估计 $\hat{\boldsymbol{\Theta}}$ 正确选取了所有图的边. 这样一个边选择结果可以通过首先证明在矩阵元素的逐元素 ℓ_∞ 范数(用 $\|\cdot\|_{\max}$ 表示)下，$\hat{\boldsymbol{\Theta}}$ 足够接近真实精度矩阵 $\boldsymbol{\Theta}^*$ 来保证. 另外，这样的最大范数控制还可以用来控制 ℓ_2 矩阵算子范数界，也就是谱范数.

高斯图模型中的边选择问题与稀疏线性模型中的变量选择问题密切相关. 如之前在第 7 章中讨论的，带有一个 ℓ_1 范数惩罚项的变量选择需要某种类型的不相关条件，限制不相关变量对相关变量的影响. 在最小二乘回归中，这些不相关条件强加在设计矩阵上，或者等价地强加在最小二乘目标函数的 Hesse 矩阵上. 据此，以一个类似的方式，这里我们可以对图 Lasso(11.10)中的目标函数 $\mathcal{L}_n$ 的 Hesse 矩阵假定不相关条件. 如之前所提到的，这个 Hesse 矩阵形式为 $\nabla^2\mathcal{L}_n(\boldsymbol{\Theta})=\boldsymbol{\Theta}^{-1}\otimes\boldsymbol{\Theta}^{-1}$，是一个下标为顶点 (j,k) 的有序对的 $d^2\times d^2$ 的矩阵.

更具体地，d^2 维矩阵 $\boldsymbol{\Gamma}^* := \nabla^2 \mathcal{L}_n(\boldsymbol{\Theta}^*)$一定满足不相关条件，对应于真实精度矩阵位置的 Hesse 矩阵. 我们用 $S := E \cup \{(j,j) \mid j \in V\}$表示行/列下标的集合，对应图中的边(包括$(j,k)$和$(k,j)$)，以及自成边$(j,j)$. 令 $S^c = (V \times V) \setminus S$，称矩阵 $\boldsymbol{\Gamma}^*$ 是 α 不相关的如果

$$\max_{e \in S^c} \| \boldsymbol{\Gamma}^*_{eS} (\boldsymbol{\Gamma}^*_{SS})^{-1} \|_1 \leqslant 1 - \alpha \quad 对于某个 \alpha \in (0,1] \tag{11.15}$$

在这个定义下，我们有下面的结果.

命题 11.10 考虑一个基于一个 α 不相关协方差矩阵逆 $\boldsymbol{\Theta}^*$ 的零均值 d 维高斯分布. 给定一个样本大小下界为 $n > c_0(1+8\alpha^{-1})^2 m^2 \log d$，对于某个 $\delta \in (0,1]$和正则化参数 $\lambda_n = \frac{c_1}{\alpha}\sqrt{\frac{\log d}{n}} + \delta$ 求解图 Lasso(11.10). 那么在概率至少为 $1 - c_2 \mathrm{e}^{-c_3 n \delta^2}$ 下，有下列结果：

(a) 图 Lasso 的解没有任何错误的包含，也就是对于所有$(j,k) \notin E$ 有 $\hat{\Theta}_{jk} = 0$.

(b) 它满足 sup 范数界

$$\| \hat{\boldsymbol{\Theta}} - \boldsymbol{\Theta}^* \|_{\max} \leqslant c_4 \Big\{ \underbrace{(1+8\alpha^{-1})\sqrt{\frac{\log d}{n}}}_{\tau(n,d,\alpha)} + \lambda_n \Big\} \tag{11.16}$$

注意(a)保证了边集估计

$$\hat{E} := \{(j,k) \in [d] \times [d] \mid j < k \text{ 和 } \hat{\boldsymbol{\Theta}}_{jk} \neq 0\}$$

一定是真实边集 E 的一个子集. (b)保证了在逐元素意义下 $\hat{\boldsymbol{\Theta}}$ 一致接近 $\boldsymbol{\Theta}^*$. 由此，如果我们对$|\boldsymbol{\Theta}^*|$的最小非零元素有一个下界——$\tau^*(\boldsymbol{\Theta}^*) = \min_{(j,k) \in E} |\boldsymbol{\Theta}^*_{jk}|$——那么可以保证图 Lasso 正确地还原了全部边集. 特别地，利用(b)中的记号，只要这个最小值有下界 $\tau^*(\boldsymbol{\Theta}^*) > c_4(\tau(n,d,\alpha) + \lambda_n)$，那么图 Lasso 在高概率下准确地还原了边集.

命题 11.10 的证明基于第 7 章中证明定理 7.21 的原始对偶见证技巧的一个延伸. 特别地，它涉及构造一对矩阵$(\widetilde{\boldsymbol{\Theta}}, \widetilde{\boldsymbol{Z}})$，其中 $\widetilde{\boldsymbol{\Theta}} > 0$是一个原始对偶解而 $\widetilde{\boldsymbol{Z}}$ 是一个对应的对偶最值. 这对矩阵需要满足定义图 Lasso(11.10)最值的零次梯度条件，即

$$\hat{\boldsymbol{\Sigma}} - \widetilde{\boldsymbol{\Theta}}^{-1} + \lambda_n \widetilde{\boldsymbol{Z}} = 0 \quad 或者等价地\ \hat{\boldsymbol{\Theta}}^{-1} = \hat{\boldsymbol{\Sigma}} + \lambda_n \widetilde{\boldsymbol{Z}}$$

矩阵 $\widetilde{\boldsymbol{Z}}$ 一定属于$\|\cdot\|_{1,\text{off}}$ 在 $\widetilde{\boldsymbol{\Theta}}$ 位置的次梯度，也就是$\| \widetilde{\boldsymbol{Z}} \|_{\max,\text{off}} \leqslant 1$，以及当 $\widetilde{\boldsymbol{\Theta}}_{jk} \neq 0$ 时有 $\widetilde{Z}_{jk} = \operatorname{sign}(\hat{\boldsymbol{\Theta}}_{jk})$. 更多证明细节见参考文献.

命题 11.10 也可以推出估计 $\hat{\boldsymbol{\Theta}}$ 的算子范数误差界.

推论 11.11(算子范数界) 在命题 11.10 的条件下，对于 $\delta \in (0,1]$和正则化参数 $\lambda_n = \frac{c_1}{\alpha}\sqrt{\frac{\log d}{n}} + \delta$ 考虑图 Lasso 估计 $\hat{\boldsymbol{\Theta}}$. 那么在至少 $1 - c_2 \mathrm{e}^{-c_3 n \delta^2}$ 的概率下，我们有

$$\| \hat{\boldsymbol{\Theta}} - \boldsymbol{\Theta}^* \|_2 \leqslant c_4 \| \boldsymbol{A} \|_2 \Big\{ (1+8\alpha^{-1})\sqrt{\frac{\log d}{n}} + \lambda_n \Big\} \tag{11.17a}$$

其中 $\boldsymbol{A}$ 为图 G 的邻接矩阵(对角线元素为 1). 特别地，如果图有最大度 m，那么

$$|||\hat{\boldsymbol{\Theta}}-\boldsymbol{\Theta}^*|||_2 \leqslant c_4(m+1)\left\{(1+8\alpha^{-1})\sqrt{\frac{\log d}{n}}+\lambda_n\right\} \tag{11.17b}$$

证明 这些结论可从命题 11.10 和第 6 章中探讨的算子范数的性质直接得到. 特别地，命题 11.10 保证了对于任意$(j,k)\notin E$，我们有$|\hat{\Theta}_{jk}-\Theta^*_{jk}|=0$，而界(11.16)保证了对于任意$(j,k)\in E$，我们有$|\hat{\Theta}_{jk}-\Theta^*_{jk}|\leqslant c_4\{\tau(n,d,\alpha)+\lambda_n\}$. 注意同样的界在 $j=k$ 时也成立. 综上所述，我们可以推出

$$|\hat{\Theta}_{jk}-\Theta^*_{jk}|\leqslant c_4\{\tau(n,d,\alpha)+\lambda_n\}A_{jk} \tag{11.18}$$

其中 $\boldsymbol{A}$ 是邻接矩阵，对角线元素为 1. 利用习题 6.3(c)的矩阵理论性质，我们可以推出

$$|||\hat{\boldsymbol{\Theta}}-\boldsymbol{\Theta}^*|||_2 \leqslant |||\hat{\boldsymbol{\Theta}}-\boldsymbol{\Theta}^*|||_2 \leqslant c_4\{\tau(n,d,\alpha)+\lambda_n\}|||\boldsymbol{A}|||_2$$

因此证明了界(11.17a). 注意对于度至多为 m 的任意图有$|||\boldsymbol{A}|||2\leqslant m+1$，可得第二个不等式(11.17b). (更多细节请参见推论 6.24 后的讨论.) □

正如我们在第 6 章中讨论的，对于一个最大度为 m 的图来说界(11.17b)并不是紧的. 特别地，一个中心点连接其他 m 个节点的心形图(参见 6.1(b))有最大度 m，但是满足$|||\boldsymbol{A}|||_2=1+\sqrt{m-1}$，因此界(11.17a)可以推出算子范数界$|||\hat{\boldsymbol{\Theta}}-\boldsymbol{\Theta}^*|||_2\lesssim\sqrt{\frac{m\log d}{n}}$. 这个结果比保守的界(11.17b)少一个$\sqrt{m}$项.

同样需要注意到命题 11.10 也可推出 Frobenius 范数界. 特别地，逐元素的界(11.18)可以推出

$$|||\hat{\boldsymbol{\Theta}}-\boldsymbol{\Theta}^*|||_F \leqslant c_3\sqrt{2s+d}\left\{(1+8\alpha^{-1})\sqrt{\frac{\log d}{n}}+\lambda_n\right\} \tag{11.19}$$

其中 s 是图中边的总数. 我们将这个结论的证明留给读者作为练习.

11.2.2 基于邻域的方法

高斯图 Lasso 是一个全局方法，同时估计了整个图. 另外一类方法为基于邻域的方法，是局部的. 它们基于还原整个图等价于还原每个顶点 $j\in V$ 的邻域这个事实，而这些邻域可以通过图的马尔可夫性质反映出来.

基于邻域的回归

回顾之前的定义 11.5 关于一个图的马尔可夫性质. 在这个定义之后的讨论中，我们同样注意到对于任意给定顶点 $j\in V$，邻域 $\mathcal{N}(j)$是一个将图分割为不相交部分$\{j\}$和 $V\setminus\mathcal{N}^+(j)$的顶点分割集，这里我们引入了简写记号 $\mathcal{N}^+(j):=\{j\}\cup\mathcal{N}(j)$. 由此，通过应用定义(11.5)，我们可以推出

$$X_j \perp\!\!\!\perp X_{V\setminus\mathcal{N}^+(j)} \mid X_{\mathcal{N}(j)} \tag{11.20}$$

因此，每个节点的邻域结构由条件分布的结构确定. 检测这些条件独立性关系以及邻域的一个好的方式是什么呢？一个特别简单的方法是基于邻域的回归：对于一个给定的顶点

$j\in V$，我们用随机变量 $\boldsymbol{X}_{\backslash\{j\}}:=\{X_k \mid k\in V\setminus\{j\}\}$来预测 X_j，并且只保留那些有用的变量.

我们在高斯情形中正式介绍这个想法. 在这种情况下，由多元高斯分布的标准性质，给定 $\boldsymbol{X}_{\backslash\{j\}}$时 X_j 的条件分布也是高斯的. 因此，随机变量 X_j 可以分解成基于 X_j 的最佳线性预测及一个误差项之和的形式，即

$$X_j=\langle \boldsymbol{X}_{\backslash\{j\}},\boldsymbol{\theta}_j^*\rangle+W_j \tag{11.21}$$

其中 $\boldsymbol{\theta}_j^*\in\mathbb{R}^{d-1}$ 是一个回归系数向量，而 W_j 是一个零均值高斯变量，与 $\boldsymbol{X}_{\backslash\{j\}}$独立.（关于这些的偏差及相关性质的推导参见 11.3.）此外，条件独立性关系(11.20)保证了对于所有 $k\notin\mathcal{N}(j)$都有 $\theta_{jk}^*=0$. 用这种方式，我们已经将高斯图选择问题转化为稀疏线性回归问题中检测支撑集的问题. 如第 7 章中讨论的，Lasso 给出了这种支撑集还原问题一个计算上的高效方法.

总的来说，高斯图选择模型基于邻域的方法按照下面的方式进行. 给定 n 个样本 $\{x_1,\cdots,x_n\}$，我们用 $\boldsymbol{X}\in\mathbb{R}^{n\times d}$ 来记作第 i 行为 $\boldsymbol{x}_i\in\mathbb{R}^d$ 的设计矩阵，然后进行下列步骤.

基于 Lasso 的邻域回归：

1. 对于每个节点 $j\in V$：

(a) 提取出列向量 $\boldsymbol{X}_j\in\mathbb{R}^n$ 和子矩阵 $\boldsymbol{X}_{\backslash\{j\}}\in\mathbb{R}^{n\times(d-1)}$.

(b) 解 Lasso 问题：

$$\widetilde{\boldsymbol{\theta}}=\arg\min_{\boldsymbol{\theta}\in\mathbb{R}^{d-1}}\left\{\frac{1}{2n}\|\boldsymbol{X}_j-\boldsymbol{X}_{\backslash\{j\}}\boldsymbol{\theta}\|_2^2+\lambda_n\|\boldsymbol{\theta}\|_1\right\} \tag{11.22}$$

(c) 返回邻域估计 $\hat{\mathcal{N}}(j)=\{k\in V\setminus\{j\}\mid\hat{\theta}_k\neq0\}$.

2. 将邻域估计结合起来得到一个边集估计 $\hat{E}$，使用 OR 准则或者 AND 准则.

注意对于每个顶点 $j\in V$ 第一步返回一个邻域估计 $\hat{\mathcal{N}}(j)$. 这些邻域估计可能是不相合的，意味着对于给定的一对不相同顶点(j,k)，可能会发生 $k\in\hat{\mathcal{N}}(j)$但是 $j\notin\hat{\mathcal{N}}(k)$的情况. 解决这个问题的一些准则包括：

- OR 准则：如果 $k\in\hat{\mathcal{N}}(j)$或者 $j\in\hat{\mathcal{N}}(k)$，那么$(j,k)\in\hat{E}_{\mathrm{OR}}$.
- AND 准则：如果 $k\in\hat{\mathcal{N}}(j)$且 $j\in\hat{\mathcal{N}}(k)$，那么$(j,k)\in\hat{E}_{\mathrm{AND}}$.

由构造可得，AND 准则比 OR 准则更加保守，也就是 $\hat{E}_{\mathrm{AND}}\subseteq\hat{E}_{\mathrm{OR}}$. 理论上可以保证这两个准则都是可行的，因为我们控制了每个邻域回归问题的估计性质.

图模型选择相合性

我们现在给出一个结果来保证邻域回归的选择相合性. 正如之前在第 7 章中关于 Lasso 和 11.2.1 节关于图 Lasso 的分析，我们需要一个不相关条件. 给定一个正定矩阵 $\boldsymbol{\Gamma}$ 和一个它的列的子集 S，我们称 $\boldsymbol{\Gamma}$ 关于 S 是 α 不相关的，如果

$$\max_{k\notin S}\|\boldsymbol{\Gamma}_{kS}(\boldsymbol{\Gamma}_{SS})^{-1}\|_1\leqslant1-\alpha \tag{11.23}$$

这里标量 $\alpha\in(0,1]$是不相关参数. 正如第 7 章中讨论的，如果我们将 $\boldsymbol{\Gamma}$ 看作一个随机向量

$\boldsymbol{Z}\in\mathbb{R}^d$ 的协方差矩阵，那么行向量 $\boldsymbol{\Gamma}_{kS}(\boldsymbol{\Gamma}_{SS})^{-1}$ 正好是给定变量 $Z_S:=\{Z_j, j\in S\}$ 时 Z_k 的最优线性预测的系数. 因此，不相关条件(11.23)限制了正确子集 S 中的变量和 S 之外的变量之间的依赖程度.

对于协方差矩阵 $\boldsymbol{\Sigma}^*=(\boldsymbol{\Theta}^*)^{-1}$ 的最大度为 m，且对角线缩放到 $\operatorname{diag}(\boldsymbol{\Sigma}^*)\leqslant 1$ 的高斯-马尔可夫随机场，下面的结果保证了基于 Lasso 的邻域方法的图模型选择相合性，不管是使用 AND 还是 OR 准则. 关于对角线的不等式不失一般性都是成立的，因为它总是可以通过标准化变量来得到. 我们的结论涉及 ℓ_∞ 矩阵算子范数 $|||A|||_2:=\max_{i=1,\cdots,d}\sum_{j=1}^{d}|A_{ij}|$.

最后，在陈述结果时，我们假设样本大小有下界 $n\gtrsim m\log d$. 这个假设也是不失一般性的，因为这个阶的样本大小实际上对于任意方法都是必需的. 关于图模型选择，这样的信息理论下界的更多细节请参见文献部分.

定理 11.12(图选择相合性) 考虑一个零均值，协方差矩阵为 $\boldsymbol{\Sigma}^*$ 的高斯随机向量，满足对于每个 $j\in V$，子矩阵 $\boldsymbol{\Sigma}^*_{\backslash\{j\}}:=\operatorname{cov}(\boldsymbol{X}_{\backslash\{j\}})$ 关于 $\mathcal{N}(j)$ 是 α 不相关的，并且对于某个 $b\geqslant 1$ 有 $|||(\boldsymbol{\Sigma}^*_{\mathcal{N}(j),\mathcal{N}(j)})^{-1}|||_\infty\leqslant b$. 假设邻域 Lasso 选择方法是对于 $\delta\in(0,1]$ 的 $\lambda_n=c_0\left\{\frac{1}{\alpha}\sqrt{\frac{\log d}{n}}+\delta\right\}$ 运用的. 那么在大于 $1-c_2\mathrm{e}^{-c_3 n\min\left(\delta^2,\frac{1}{m}\right)}$ 的概率下，估计得到的边集 $\hat{E}$，不管基于 AND 还是 OR 准则，都有下列性质：

(a) 没有错误包含：它没有包含错误的边，因此 $\hat{E}\subseteq E$.

(b) 所有重要的边都被捕捉到：它包含了所有的边 (j,k) 只要 $|\Theta^*_{jk}|\geqslant 7b\lambda_n$.

当然，如果精度矩阵的非零元素有绝对值下界 $\min_{(j,k)\in E}|\Theta^*_{jk}|>7b\lambda_n$，那么事实上定理 11.12 在高概率下保证了 $\hat{E}=E$.

证明 只需要证明对于每个 $j\in V$，邻域 $\mathcal{N}(j)$ 在高概率下被还原；然后我们可以对所有顶点用并集的界. 证明需要用到定理 7.21 证明中的原始对偶见证方法的一个拓展. 最主要的区别是定理 11.12 适用于随机协变量，而不是定理 7.21 中的确定性设计矩阵. 为了简化之前的符号，我们采用简写 $\boldsymbol{\Gamma}^*=\operatorname{cov}(\boldsymbol{X}_{\backslash\{j\}})$ 和两个子集 $S=\mathcal{N}(j)$ 与 $S^c=V\backslash\mathcal{N}^+(j)$. 在这个记号下，我们可以将观测模型写成 $X_j=\boldsymbol{X}_{\backslash\{j\}}\boldsymbol{\theta}^*+\boldsymbol{W}_j$，其中 $\boldsymbol{X}_{\backslash\{j\}}\in\mathbb{R}^{n\times(d-1)}$，这里 $\boldsymbol{X}_j$ 和 $\boldsymbol{W}_j$ 都是 n 维向量. 另外，我们令 $\hat{\boldsymbol{\Gamma}}=\frac{1}{n}\boldsymbol{X}^{\mathrm{T}}_{\backslash\{j\}}\boldsymbol{X}_{\backslash\{j\}}$ 为由设计矩阵定义的样本协方差矩阵，并用 $\boldsymbol{\Gamma}_{SS}$ 来记下标为 S 的子矩阵，而 $\hat{\boldsymbol{\Gamma}}_{S^cS}$ 的定义类似.

(a) 的证明： 我们继续定理 7.21 的证明直到式(7.53)，也就是

$$\hat{\boldsymbol{z}}_{S^c}=\underbrace{\hat{\boldsymbol{\Gamma}}_{S^cS}(\hat{\boldsymbol{\Gamma}}_{SS})^{-1}\bar{\boldsymbol{z}}_S}_{\boldsymbol{\mu}\in\mathbb{R}^{d-s}}+\underbrace{\boldsymbol{X}^{\mathrm{T}}_{S^c}[\boldsymbol{I}_n-\boldsymbol{X}_S(\boldsymbol{X}^{\mathrm{T}}_S\boldsymbol{X}_S)^{-1}\boldsymbol{X}^{\mathrm{T}}_S]\left(\frac{\boldsymbol{W}_j}{\lambda_n n}\right)}_{\boldsymbol{V}_{S^c}\in\mathbb{R}^{d-s}} \tag{11.24}$$

如同第 7 章中讨论的，为了证明 Lasso 的支撑集包含在 S 中，只需要证明对偶可行性条件

$\|\hat{\boldsymbol{z}}_{S^c}\|_\infty<1$. 我们为此证明

$$\mathbb{P}\left[\|\boldsymbol{\mu}\|_\infty \geqslant 1-\frac{3}{4}\alpha\right]\leqslant c_1 \mathrm{e}^{-c_2 n\alpha^2-\log d} \tag{11.25a}$$

以及

$$\mathbb{P}\left[\|\boldsymbol{V}_{S^c}\|_\infty \geqslant \frac{\alpha}{4}\right]\leqslant c_1 \mathrm{e}^{-c_2 n\delta^2\alpha^2-\log d} \tag{11.25b}$$

综上，这些界保证了$\|\hat{\boldsymbol{z}}_{S^c}\|_\infty\leqslant 1-\frac{\alpha}{2}<1$，因此，Lasso 解的支撑集包含在 $S=\mathcal{N}(j)$中，概率至少为 $1-c_1\mathrm{e}^{-c_2 n\delta^2\alpha^2-\log d}$，其中普适常数的值可能在不同公式中有变化. 对所有 d 个顶点取并集的界，我们可以推出 $\hat{E}\subseteq E$，概率至少为 $1-c_1\mathrm{e}^{-c_2 n\delta^2\alpha^2}$.

我们从证明界(11.25a)开始. 由多元高斯向量的标准性质，我们可以写出

$$\boldsymbol{X}_{S^c}^{\mathrm{T}}=\boldsymbol{\Gamma}_{S^cS}^{*}(\boldsymbol{\Gamma}_{SS}^{*})^{-1}\boldsymbol{X}_S+\widetilde{\boldsymbol{W}}_{S^c}^{\mathrm{T}} \tag{11.26}$$

其中 $\widetilde{\boldsymbol{W}}_{S^c}\in\mathbb{R}^{n\times|S^c|}$ 是一个独立于 $\boldsymbol{X}_S$ 的零均值高斯随机矩阵. 进一步观察有

$$\operatorname{cov}(\widetilde{\boldsymbol{W}}_{S^c})=\boldsymbol{\Gamma}_{S^cS^c}^{*}-\boldsymbol{\Gamma}_{S^cS}^{*}(\boldsymbol{\Gamma}_{SS}^{*})^{-1}\boldsymbol{\Gamma}_{SS^c}^{*}\preceq\boldsymbol{\Gamma}^{*}$$

回顾一下假设 $\operatorname{diag}(\boldsymbol{\Gamma}^*)\leqslant 1$，我们看到 $\widetilde{\boldsymbol{W}}_{S^c}$ 元素的方差至多为 1.

利用分解(11.26)和三角不等式，我们有

$$\begin{aligned}\|\boldsymbol{\mu}\|_\infty &=\left\|\boldsymbol{\Gamma}_{S^cS}^{*}(\boldsymbol{\Gamma}_{SS}^{*})^{-1}\hat{\boldsymbol{z}}_S+\frac{\widetilde{\boldsymbol{W}}_{S^c}^{\mathrm{T}}}{\sqrt{n}}\frac{\boldsymbol{X}_S}{\sqrt{n}}(\hat{\boldsymbol{\Gamma}}_{SS})^{-1}\overline{\boldsymbol{z}}_S\right\|_\infty \\ &\overset{\text{(i)}}{\leqslant}(1-\alpha)+\Bigg\|\underbrace{\frac{\widetilde{\boldsymbol{W}}_{S^c}^{\mathrm{T}}}{\sqrt{n}}\frac{\boldsymbol{X}_S}{\sqrt{n}}(\boldsymbol{\Gamma}_{SS})^{-1}\hat{\boldsymbol{z}}_S}_{\widetilde{\boldsymbol{V}}\in\mathbb{R}^{|S^c|}}\Bigg\|_\infty\end{aligned} \tag{11.27}$$

其中步骤(i)利用了总体上的 α 不相关条件. 对于剩下的随机项，在给定设计矩阵的条件下，向量 $\widetilde{\boldsymbol{V}}$ 是一个零均值高斯随机向量，其中每个元素的标准差最多为

$$\begin{aligned}\frac{1}{n}\left\|\frac{\boldsymbol{X}_S}{\sqrt{n}}(\hat{\boldsymbol{\Gamma}}_{SS})^{-1}\hat{\boldsymbol{z}}_S\right\|_2 &\leqslant\frac{1}{\sqrt{n}}\left\|\frac{\boldsymbol{X}_S}{\sqrt{n}}(\hat{\boldsymbol{\Gamma}}_{SS})^{-1}\right\|_2\|\hat{\boldsymbol{z}}_S\|_2 \\ &\leqslant\frac{1}{\sqrt{n}}\sqrt{|||(\hat{\boldsymbol{\Gamma}}_{SS})^{-1}|||}\sqrt{m} \\ &\overset{\text{(i)}}{\leqslant}2\sqrt{\frac{bm}{n}}\end{aligned}$$

其中不等式(i)以至少 $1-4\mathrm{e}^{-c_1 n}$ 的概率成立，用到了高斯随机矩阵的标准界(参见定理 6.1). 利用这个上界来控制 $\widetilde{\boldsymbol{V}}$ 的条件方差，那么标准高斯尾部概率界和联合界可以确保

$$\mathbb{P}[\|\widetilde{\boldsymbol{V}}\|_\infty\geqslant t]\leqslant 2|S^c|\mathrm{e}^{-\frac{nt^2}{8bm}}\leqslant 2\mathrm{e}^{-\frac{nt^2}{8bm}+\log d}$$

我们现在设 $t=\left[\frac{64bm\log d}{n}+\frac{1}{64}\alpha^2\right]^{1/2}$，对于一个足够大的普适常数只要 $n\geqslant c\,\frac{bm\log d}{\alpha}$，这

个量是小于$\frac{\alpha}{4}$的. 因此，我们证明了$\|\widetilde{V}\|_\infty \leqslant \frac{\alpha}{4}$成立的概率至少为$1-c_1 e^{-c_2 n\alpha^2-\log d}$. 结合之前的界(11.27)，可以得到结论(11.25a).

对于界(11.25b)，注意矩阵$\boldsymbol{\Pi}:=\boldsymbol{I}_n-\boldsymbol{X}_S(\boldsymbol{X}_S^{\mathrm{T}}\boldsymbol{X}_S)^{-1}\boldsymbol{X}_S^{\mathrm{T}}$有$\boldsymbol{X}_S$作为其零空间. 因此，利用分解(11.26)，我们有

$$\boldsymbol{V}_{S^c}=\widetilde{\boldsymbol{W}}_{S^c}^{\mathrm{T}}\boldsymbol{\Pi}\left(\frac{\boldsymbol{W}_j}{\lambda_n n}\right)$$

其中$\widetilde{\boldsymbol{W}}_{S^c}\in\mathbb{R}^{|S^c|}$独立于$\boldsymbol{\Pi}$和$\boldsymbol{W}_j$. 因为$\boldsymbol{\Pi}$为一个投影矩阵，我们有$\|\boldsymbol{\Pi}\boldsymbol{W}_j\|_2\leqslant\|\boldsymbol{W}_j\|_2$. 向量$\boldsymbol{W}_j\in\mathbb{R}^n$有独立同分布的高斯元素，方差至多为1，并且因此事件$\mathcal{E}=\left\{\frac{\|\boldsymbol{W}_j\|_2}{\sqrt{n}}\leqslant 2\right\}$在至少概率$1-2e^{-n}$下成立. 在这个事件和其补集的条件下，我们有

$$\mathbb{P}[\|\boldsymbol{V}_{S^c}\|_\infty\geqslant t]\leqslant\mathbb{P}[\|\boldsymbol{V}_{S^c}\|_\infty\geqslant t\mid\mathcal{E}]+2e^{-c_3 n}$$

在$\mathcal{E}$的条件下，$\boldsymbol{V}_{S^c}$的每个元素方差至多为$\frac{4}{\lambda_n^2 n}$，并因此

$$\mathbb{P}\left[\|\boldsymbol{V}_{S^c}\|_\infty\geqslant\frac{\alpha}{4}\right]\leqslant 2e^{-\frac{\lambda_n^2 n\alpha^2}{256}+\log|S^c|}+2e^{-n}$$

这里我们结合了联合界和标准高斯尾部界. 因为对于一个可选的普适常数c_0有$\lambda_n=c_0\left\{\frac{1}{\alpha}\sqrt{\frac{\log d}{n}}+\delta\right\}$，我们可得$\frac{\lambda_n^2 n\alpha^2}{256}\geqslant c_2 n\alpha^2\delta^2+2\log d$对某个常数$c_2$成立，由此可以得到

$$\mathbb{P}[\|\boldsymbol{V}_{S^c}\|_\infty\geqslant\frac{\alpha}{4}]\leqslant c_1 e^{-c_2 n\delta^2\alpha^2-\log d}+2e^{-n}$$

(b) 的证明：为了证明定理的(b)部分，只需要证明 Lasso 解的ℓ_∞误差界. 这里我们对于$m\leqslant\log d$的情形给出一个证明，一般情形的讨论请读者参见文献部分. 再次回到定理7.21的证明中，表达式(7.54)可以保证

$$\begin{aligned}\|\hat{\boldsymbol{\theta}}_S-\boldsymbol{\theta}_S^*\|_\infty&\leqslant\left\|(\hat{\boldsymbol{\Gamma}}_{SS})^{-1}\boldsymbol{X}_S^{\mathrm{T}}\frac{\boldsymbol{W}_j}{n}\right\|_\infty+\lambda_n|\!|\!|(\hat{\boldsymbol{\Gamma}}_{SS}^{-1})|\!|\!|_\infty\\&\leqslant\left\|(\hat{\boldsymbol{\Gamma}}_{SS}^{-1})\boldsymbol{X}_S^{\mathrm{T}}\frac{\boldsymbol{W}_j}{n}\right\|_\infty+\lambda_n\{|\!|\!|(\hat{\boldsymbol{\Gamma}}_{SS}^{-1})-(\boldsymbol{\Gamma}_{SS}^*)^{-1}|\!|\!|_\infty+|\!|\!|(\boldsymbol{\Gamma}_{SS}^*)^{-1}|\!|\!|_\infty\}\end{aligned}\tag{11.28}$$

现在对于任意对称的$m\times m$矩阵，我们有

$$|\!|\!|\boldsymbol{A}|\!|\!|_\infty=\max_{i=1,\cdots,m}\sum_{\ell=1}^m|A_{i\ell}|\leqslant\sqrt{m}\max_{i=1,\cdots,m}\sqrt{\sum_{\ell=1}^m|A_{i\ell}|^2}\leqslant\sqrt{m}|\!|\!|\boldsymbol{A}|\!|\!|_2$$

对矩阵$\boldsymbol{A}=(\hat{\boldsymbol{\Gamma}}_{SS})^{-1}-(\boldsymbol{\Gamma}_{SS}^*)^{-1}$应用这个界，我们得到

$$|\!|\!|(\hat{\boldsymbol{\Gamma}}_{SS})^{-1}-(\boldsymbol{\Gamma}_{SS}^*)^{-1}|\!|\!|_\infty\leqslant\sqrt{m}|\!|\!|(\hat{\boldsymbol{\Gamma}}_{SS})^{-1}-(\boldsymbol{\Gamma}_{SS}^*)^{-1}|\!|\!|_2\tag{11.29}$$

因为$|\!|\!|\boldsymbol{\Gamma}_{SS}^*|\!|\!|_2\leqslant|\!|\!|\boldsymbol{\Gamma}_{SS}^*|\!|\!|_\infty\leqslant b$，利用定理6.1中的随机矩阵界可以推出

$$|\!|\!|(\hat{\boldsymbol{\Gamma}}_{SS})^{-1}-(\boldsymbol{\Gamma}_{SS}^*)^{-1}|\!|\!|_2\leqslant 2b\left(\sqrt{\frac{m}{n}}+\frac{1}{\sqrt{m}}+10\sqrt{\frac{\log d}{n}}\right)$$

成立的概率至少为 $1-c_1 \mathrm{e}^{-c_2\frac{n}{m}-\log d}$. 结合之前的界(11.29)，我们发现

$$|||(\hat{\boldsymbol{\Gamma}}_{SS})^{-1}-(\boldsymbol{\Gamma}_{SS}^*)^{-1}|||_\infty \leqslant 2b\left(\sqrt{\frac{m^2}{n}}+1+10\sqrt{\frac{m\log d}{n}}\right) \overset{(\mathrm{i})}{\leqslant} 6b \tag{11.30}$$

其中不等式(i)利用了假设的下界 $n \gtrsim m\log d \geqslant m^2$. 在界(11.28)中综合上述结果可以导出

$$\|\hat{\boldsymbol{\theta}}_S-\boldsymbol{\theta}_S^*\|_\infty \leqslant \|\underbrace{(\hat{\boldsymbol{\Gamma}}_{SS})^{-1}\boldsymbol{X}_S^{\mathrm{T}}\frac{\boldsymbol{W}_j}{n}}_{\boldsymbol{U}_S}\|_\infty+7b\lambda_n \tag{11.31}$$

现在向量 $\boldsymbol{W}_j \in \mathbb{R}^n$ 由独立同分布的高斯元素组成，每个均值为零而方差最多为 $\mathrm{var}(\boldsymbol{X}_j) \leqslant 1$，并独立于 $\boldsymbol{X}_S$. 由此，给定 $\boldsymbol{X}_S$ 条件下，量 $\boldsymbol{U}_S$ 是一个零均值高斯的 m 向量，其最大方差为

$$\frac{1}{n}\|\mathrm{diag}(\hat{\boldsymbol{\Gamma}}_{SS})^{-1}\|_\infty \leqslant \frac{1}{n}\{|||(\hat{\boldsymbol{\Gamma}}_{SS})^{-1}-(\boldsymbol{\Gamma}_{SS}^*)^{-1}|||_\infty+|||(\boldsymbol{\Gamma}_{SS}^*)^{-1}|||_\infty\} \leqslant \frac{7b}{n}$$

这里我们已经将假设的界 $|||(\boldsymbol{\Gamma}_{SS}^*)^{-1}|||_\infty \leqslant b$ 与不等式(11.30)结合起来了. 因此，联合界结合高斯尾部界可以推出

$$\mathbb{P}[\|\boldsymbol{U}_S\|_\infty \geqslant b\lambda_n] \leqslant 2|S|\mathrm{e}^{-\frac{n\lambda_n^2}{14}} \overset{(\mathrm{i})}{\leqslant} c_1\mathrm{e}^{-c_2 nb\delta^2-\log d}$$

其中，如我们早前的方法一样，不等式(i)可以通过在 λ_n 的定义中选择前置项 c_0 足够大来保证. 将其代回之前的界(11.31)，我们得到 $\|\hat{\boldsymbol{\theta}}_S-\boldsymbol{\theta}_S^*\|_\infty \leqslant 7b\lambda_n$ 成立的概率至少为 $1-c_1\mathrm{e}^{-c_2 n\{\delta^2 \wedge \frac{1}{m}\}-\log d}$. 最后，对所有顶点 $j \in V$ 取联合界带来的影响至多为在指数项上了多了一项 $\log d$.

11.3 指数形式的图模型

我们现在跳出高斯情形，对于一类可以写成指数族形式的更广泛的图模型考虑图估计问题. 特别地，对于一个给定的图 $G=(V,E)$，考虑有逐对因子分解形式的概率密度

$$p_{\boldsymbol{\Theta}^*}(x_1,\cdots,x_d) \propto \exp\left\{\sum_{j\in V}\phi_j(x_j;\Theta_j^*)+\sum_{(j,k)\in E}\phi_{jk}(x_j,x_k;\boldsymbol{\Theta}_{jk}^*)\right\} \tag{11.32}$$

其中 $\boldsymbol{\Theta}_j^*$ 是关于节点 $j \in V$ 的一个向量参数，而 $\boldsymbol{\Theta}_{jk}^*$ 是关于边 (j,k) 的一个矩阵参数. 例如，高斯图模型是一个特殊情形，其中 $\Theta_j^*=\theta_j^*$ 和 $\boldsymbol{\Theta}_{jk}^*=\theta_{jk}^*$ 都是标量，潜在函数形式为

$$\phi_j(x_j;\theta_j^*)=\theta_j^* x_j,\quad \phi_{jk}(x_j,x_k;\theta_{jk}^*)=\theta_{jk}^* x_j x_k \tag{11.33}$$

而密度(11.32)是取 $\mathbb{R}^d$ 上的勒贝格测度. Ising 模型(11.3)是另一个特殊情况，用到了相同的潜在函数(11.33)，但是在二元超立方体 $\{0,1\}^d$ 的计数测度上得到密度.

我们再考虑几个关于这个分解的例子.

例 11.13(Potts 模型)　Potts 模型是分解(11.32)的另一种特殊情况，其中每个变量 X_s 在离散集合 $\{0,\cdots,M-1\}$ 上取值. 在这种情况中，参数 $\Theta_j^*=\{\Theta_{j,a},a=1,\cdots,M-1\}$ 是一个 $(M-1)$ 维向量，而参数 $\boldsymbol{\Theta}_{jk}^*=\{\Theta_{jk,ab}^*,a,b=1,\cdots,M-1\}$ 是一个 $(M-1)\times(M-1)$ 矩阵. 潜在函数形式为

$$\phi_j(x_j;\Theta_j^*)=\sum_{a=1}^{M-1}\Theta_{j,a}^*\mathbb{I}[x_j=a] \tag{11.34a}$$

和

$$\phi_{jk}(x_j,x_k;\Theta_{jk}^*)=\sum_{a=1}^{M-1}\sum_{b=1}^{M-1}\Theta_{jk,ab}^*\mathbb{I}[x_j=a,x_k=b] \tag{11.34b}$$

这里 $\mathbb{I}[x_j=a]$是事件$\{x_j=a\}$的 0—1 示性函数，示性函数 $\mathbb{I}[x_j=a,x_k=b]$的定义类似. 注意 Potts 模型是 Ising 模型(11.3)的一个推广，后者简化为变量取 $M=2$ 的状态. ♣

例 11.14(Poisson 图模型) 假设我们需要对一个随机变量集合$(X_1,\cdots,X_d)$进行建模，每一个变量都表示在正整数集合 $\mathbb{Z}_+=\{0,1,2,\cdots\}$上取值的某种计数型数据. 对于这种变量构建一个图模型的一种方式是，在给定邻域的条件下指定每个变量的条件分布. 特别地，假设在给定在邻域上，变量 X_j 是一个 Poisson 随机变量，且均值为

$$\mu_j=\exp\left(\theta_j^*+\sum_{k\in\mathcal{N}(j)}\theta_{jk}^*x_k\right)$$

这个形式的条件分布可以导出一个形如(11.32)的马尔可夫随机场

$$\phi_j(x_j;\theta_j^*)=\theta_j^*x_j-\log(x!)\quad 对于所有\ j\in V \tag{11.35a}$$

$$\phi_{jk}(x_j,x_k;\theta_{jk}^*)=\theta_{jk}^*x_jx_k\quad 对于所有(j,k)\in E \tag{11.35b}$$

这里所有变量的密度函数在 $\mathbb{Z}_+$ 的计数测度上取. 这个模型的潜在缺陷在于，为了使密度函数可正规化，对所有$(j,k)\in E$ 我们一定有 $\theta_{jk}^*\leqslant 0$. 由此，这个模型只能捕捉到变量之间的竞争性相互作用. ♣

我们也可以考虑不同形式的混合图模型，例如其中一些节点取值是离散的，而另一些节点取值为连续型的. 高斯混合模型是这种模型的一个重要类别.

11.3.1 一般形式的邻域回归

我们现在考虑一般形式的邻域回归，适用于任意形如(11.32)的图模型. 令$\{\boldsymbol{x}_i\}_{i=1}^n$ 为从这样一个图模型中生成的 n 个独立同分布的样本集合；这里 $\boldsymbol{x}_i$ 是一个 d 维向量. 基于这些样本，我们可以得到矩阵 $\boldsymbol{X}\in\mathbb{R}^{n\times d}$，其中 $\boldsymbol{x}_i^{\mathrm{T}}$ 是其第 i 行. 对于 $j=1,\cdots,d$，我们令 $\boldsymbol{X}_j\in\mathbb{R}^n$ 为 $\boldsymbol{X}$ 的第 j 列. 邻域回归是基于用子矩阵 $\boldsymbol{X}_{\backslash\{j\}}\in\mathbb{R}^{n\times(d-1)}$ 的列来预测列 $\boldsymbol{X}_j\in\mathbb{R}^n$.

给定 $\boldsymbol{X}_{\backslash\{j\}}\in\mathbb{R}^{n\times(d-1)}$ 条件下，考虑 $\boldsymbol{X}_j\in\mathbb{R}^n$ 的条件似然函数. 正如我们在习题 11.6 中证明的，对于任意形如(11.32)的分布，这个条件似然函数仅依赖于向量参数

$$\boldsymbol{\Theta}_{j+}:=\{\boldsymbol{\Theta}_j,\boldsymbol{\Theta}_{jk},k\in V\backslash\{j\}\} \tag{11.36}$$

与节点 j 有关. 此外，在真实模型 $\boldsymbol{\Theta}^*$ 中，只要$(j,k)\notin E$ 我们有 $\boldsymbol{\Theta}_{jk}^*=0$，因此很自然地可以对 $\boldsymbol{\Theta}_{j+}$ 施加某种基于分块的稀疏性惩罚. 令$|||\cdot|||$ 为某种矩阵范数，我们可以得到一般形式的邻域回归

$$\hat{\boldsymbol{\Theta}}_{j+}=\arg\min_{\boldsymbol{\Theta}_{j+}}\Bigg\{\underbrace{-\frac{1}{n}\sum_{i=1}^n\log p_{\boldsymbol{\Theta}_{j+}}(x_{ij}\mid\boldsymbol{x}_{i\backslash\{j\}})}_{\mathcal{L}_n(\boldsymbol{\Theta}_{j+};x_j,x_{\backslash\{j\}})}+\lambda_n\sum_{k\in V\backslash\{j\}}|||\boldsymbol{\Theta}_{jk}|||\Bigg\} \tag{11.37}$$

这个表达式实际上描述了一类估计，取决于在每个矩阵元素 $\boldsymbol{\Theta}_{jk}$ 上我们施加的是哪一种范数$|||\cdot|||$. 可能最简单的是 Frobenius 范数，在这种情形下估计(11.37)是一个一般形式的组

Lasso；细节参见式(9.66)以及第 9 章的相关讨论. 另外，正如我们在习题 11.5 中验证的，这个表达式在高斯情形下简化为 ℓ_1 正则化的线性回归(11.22).

11.3.2　Ising 模型的图选择

在这一节中，我们对于一个特殊的非高斯分布来考虑图选择问题，也就是 Ising 模型.

回顾一下 Ising 分布是二元随机变量，形式为

$$p_{\theta^*}(x_1,\cdots,x_d)\propto\exp\left\{\sum_{j\in V}\theta_j^* x_j+\sum_{(j,k)\in E}\theta_{jk}^* x_j x_k\right\}\tag{11.38}$$

因为每条边只有一个单独的参数，在邻域回归中施加一个 ℓ_1 惩罚就可以得到稀疏性. 对任意给定的节点 $j\in V$，我们定义与之对应的系数子集，即集合

$$\theta_{j+}:=\{\theta_j,\theta_{jk},k\in V\backslash\{j\}\}.$$

对于 Ising 模型，邻域回归估计简化为一种 Logistic 回归的形式：

$$\hat{\boldsymbol{\theta}}_{j+}=\arg\min_{\boldsymbol{\theta}_{j+}\in\mathbb{R}^d}\left\{\underbrace{\frac{1}{n}\sum_{i=1}^{n}f\left(\theta_j x_{ij}+\sum_{k\in V\backslash\{j\}}\theta_{jk}x_{ij}x_{ik}\right)}_{\mathcal{L}_n(\boldsymbol{\theta}_{j+};x_j,x_{\backslash\{j\}})}+\lambda_n\sum_{k\in V\backslash\{j\}}|\theta_{jk}|\right\}\tag{11.39}$$

其中 $f(t)=\log(1+\mathrm{e}^t)$是 logistic 函数. 更多细节请参见习题 11.7.

在什么条件下估计(11.39)可以还原出正确的邻域集合 $\mathcal{N}(j)$？如我们之前对于邻域线性回归和图 Lasso 的分析，这样的结论需要某种形式的不相关条件，从而限制不相关变量——那些在 $\mathcal{N}(j)$之外的变量——对集合中变量的影响. 回顾一下最优化问题(11.39)中的损失函数 $\mathcal{L}_n$，令 $\boldsymbol{\theta}_{j+}^*$ 为总体目标函数 $\overline{\mathcal{L}}(\boldsymbol{\theta}_{j+})=\mathbb{E}[\mathcal{L}_n(\boldsymbol{\theta}_{j+};\boldsymbol{X}_j,\boldsymbol{X}_{\backslash\{j\}})]$的最小值点. 我们然后考虑损失函数 $\overline{L}$ 的 Hesse 矩阵在“真实参数”$\boldsymbol{\theta}_{j+}^*$ 处的取值——也就是，d 维矩阵 $\boldsymbol{J}:=\nabla^2\overline{\mathcal{L}}(\boldsymbol{\theta}_{j+}^*)$. 对于一个给定的 $\alpha\in(0,1]$，我们称 $\boldsymbol{J}$ 在节点 $j\in V$ 处满足一个 α 不相关条件，如果

$$\max_{k\notin S}\|J_{kS}(\boldsymbol{J}_{SS})^{-1}\|_1\leqslant 1-\alpha\tag{11.40}$$

对于节点 j 的邻域集合我们引入了缩写 $S=\mathcal{N}(j)$. 另外，我们假设子矩阵 $\boldsymbol{J}_{SS}$ 的最小特征值有某个下界 $c_{\min}>0$. 在这些设定下，下列结果适用于一个定义在图 G 上的 Ising 模型(11.38)，这里图有 d 个顶点以及最大度至多为 m，Fisher 信息量 $\boldsymbol{J}$ 在节点 j 上满足 $c_{\min}$ 特征值界，并满足 α 不相关条件(11.40).

定理 11.15　给定 n 个独立同分布的样本且有 $n>c_0 m^2\log d$，对于 $\delta\in[0,1]$和 $\lambda_n=\frac{32}{\alpha}\sqrt{\frac{\log d}{n}}+\delta$ 考虑估计(11.39). 那么在概率至少为 $1-c_1\mathrm{e}^{-c_2(n\delta^2+\log d)}$ 上，估计 $\hat{\boldsymbol{\theta}}_{j+}$ 有下列性质：

(a) 它有一个包含在邻域集合 $\mathcal{N}(j)$中的支撑集 $\hat{S}=\mathrm{supp}(\hat{\boldsymbol{\theta}})$.

(b) 它满足 ℓ_∞ 界 $\|\hat{\boldsymbol{\theta}}_{j+}-\hat{\boldsymbol{\theta}}_{j+}^*\|_\infty\leqslant\frac{c_3}{c_{\min}}\sqrt{m}\lambda_n$.

和我们之前关于邻域以及图 Lasso 的结果一样，(a)保证了方法没有错误包含．(b)中的 ℓ_∞ 界保证了方法会选出所有重要的变量．定理 11.15 的证明基于定理 11.12 证明中用到的同样类型的原始对偶见证方法．更多细节请参见文献．

11.4　带有腐蚀数据或隐变量的图

至今，我们假设样本 $\{x_i\}_{i=1}^n$ 被完美观测到．这个理想设定有多种方式可能会失效．样本可能被某种类型的观测噪声腐蚀或者一些元素可能会缺失．在最极端的情况下，变量的某些子集从来不会被观测到，为隐含或者潜在变量．在这一节中，我们讨论一些方法来解决这类问题，简单起见我们只关注高斯情形．

11.4.1　带有腐蚀数据的高斯图估计

我们从腐蚀数据的情形开始探究．令 $\boldsymbol{X}\in\mathbb{R}^{n\times d}$ 为对应于原始样本的数据矩阵，假设我们观察到一个腐蚀形式 $\boldsymbol{Z}$．在最简单的情形下，我们可能观察到 $\boldsymbol{Z}=\boldsymbol{X}+\boldsymbol{V}$，其中矩阵 $\boldsymbol{V}$ 表示某种类型的观测误差．一个朴素的方法就是简单地对观测到的变量直接用高斯图估计，但是，正如我们将看到的，这样做一般来说会导出不相合的估计．

修正高斯图 Lasso

考虑图 Lasso (11.10)，通常基于原始样本的样本协方差矩阵 $\hat{\boldsymbol{\Sigma}}_x=\frac{1}{n}\boldsymbol{X}^{\mathrm{T}}\boldsymbol{X}=\frac{1}{n}\sum_{i=1}\boldsymbol{x}_i\boldsymbol{x}_i^{\mathrm{T}}$．朴素的方法是求解凸规划

$$\hat{\boldsymbol{\Theta}}_{\mathrm{NAI}}=\arg\min_{\boldsymbol{\Theta}\in S^{d\times d}}\{\langle\langle\boldsymbol{\Theta},\hat{\boldsymbol{\Sigma}}_z\rangle\rangle-\log\det\boldsymbol{\Theta}+\lambda_n\|\boldsymbol{\Theta}\|_{1,\mathrm{off}}\}\tag{11.41}$$

其中 $\hat{\boldsymbol{\Sigma}}_z=\frac{1}{n}\boldsymbol{Z}^{\mathrm{T}}\boldsymbol{Z}=\frac{1}{n}\sum_{i=1}^{n}\boldsymbol{z}_i\boldsymbol{z}_i^{\mathrm{T}}$ 是基于观测到数据矩阵 $\boldsymbol{Z}$ 的样本协方差．然而，如我们在习题 11.8 中探究的，所加的噪声不再保证马尔可夫性，因此——至少一般来说——估计 $\hat{\boldsymbol{\Theta}}_{\mathrm{NAI}}$ 不管是对边集还是内在的精度矩阵 $\boldsymbol{\Theta}^*$ 都得不到相合估计．为了得到一个相合估计，我们需要将 $\hat{\boldsymbol{\Sigma}}_z$ 替换为一个基于观测数据矩阵 $\boldsymbol{Z}$ 的 $\mathrm{cov}(\boldsymbol{x})$ 的无偏估计．为了得到直观解释，我们来探究一些例子．

例 11.16(加性腐蚀数据的无偏协方差估计)　在加性噪声设定下($\boldsymbol{Z}=\boldsymbol{X}+\boldsymbol{V}$)，假设噪声矩阵 $\boldsymbol{V}$ 的每一行 $\boldsymbol{v}_i$ 是从一个零均值、协方差为 $\boldsymbol{\Sigma}_v$ 的分布中独立同分布产生的．在这种情况下，$\boldsymbol{\Sigma}_x:=\mathrm{cov}(\boldsymbol{x})$ 的一个自然的估计为

$$\hat{\boldsymbol{\Gamma}}:=\frac{1}{n}\boldsymbol{Z}^{\mathrm{T}}\boldsymbol{Z}-\boldsymbol{\Sigma}_v\tag{11.42}$$

只要噪声矩阵 $\boldsymbol{V}$ 与 $\boldsymbol{X}$ 独立，那么 $\hat{\boldsymbol{\Gamma}}$ 是 $\boldsymbol{\Sigma}_x$ 的一个无偏估计．此外，正如我们在习题 11.12 中探究的，当 $\boldsymbol{X}$ 和 $\boldsymbol{V}$ 都有次高斯行时，那么一个形如 $\|\hat{\boldsymbol{\Gamma}}-\boldsymbol{\Sigma}_x\|_{\max}\lesssim\sqrt{\frac{\log d}{n}}$ 的偏差条件在高概率下成立．　♣

例 11.17(缺失数据)　在其他情形中，数据矩阵 $\boldsymbol{X}$ 中的一些元素可能会缺失，而剩余的

元素都被观测到. 在缺失数据最简单模型下——称为完全随机缺失——数据矩阵的元素(i, j)以某个概率$\nu \in [0,1)$缺失. 基于观测矩阵$\boldsymbol{Z} \in \mathbb{R}^{n\times d}$，我们可以构造一个新矩阵$\widetilde{\boldsymbol{Z}} \in \mathbb{R}^{n\times d}$，其元素为

$$\widetilde{Z}_{ij} = \begin{cases} \dfrac{Z_{ij}}{1-\nu} & \text{如果元素}(i,j)\text{被观测到} \\ 0 & \text{否则} \end{cases}$$

在这个设定下，可以验证

$$\hat{\boldsymbol{\Gamma}} = \frac{1}{n}\widetilde{\boldsymbol{Z}}^{\mathrm{T}}\widetilde{\boldsymbol{Z}} - \nu \operatorname{diag}\left(\frac{\widetilde{\boldsymbol{Z}}^{\mathrm{T}}\widetilde{\boldsymbol{Z}}}{-n}\right) \tag{11.43}$$

是样本协方差矩阵$\boldsymbol{\Sigma}_x = \operatorname{cov}(\boldsymbol{x})$的一个无偏估计，此外，在合适的尾部条件下，它也同样在高概率下满足偏差条件$\|\hat{\boldsymbol{\Gamma}} - \boldsymbol{\Sigma}_x\|\|_{\max} \lesssim \sqrt{\dfrac{\log d}{n}}$. 更多细节参见习题 11.13. ♣

更一般地，$\boldsymbol{\Sigma}_x$ 的任意无偏估计 $\hat{\boldsymbol{\Gamma}}$ 定义了一种修正图 Lasso 估计

$$\widetilde{\boldsymbol{\Theta}} = \arg\min_{\boldsymbol{\Theta}\in\mathcal{S}_+^{d\times d}} \{\langle\langle \boldsymbol{\Theta}, \hat{\boldsymbol{\Gamma}}\rangle\rangle - \log\det\boldsymbol{\Theta} + \lambda_n |||\boldsymbol{\Theta}|||_{1,\text{off}}\} \tag{11.44}$$

和通常的图 Lasso 一样，这是一个严格凸规划，因此解(当它存在时)一定是唯一的. 然而，取决于样本协方差估计 $\hat{\boldsymbol{\Gamma}}$ 的本质，规划(11.44)可能压根没有解！在这种情形下，式(11.44)是没有意义的，因为它假设了一个最优解的存在. 然而，在习题 11.9 中，我们证明了只要$\lambda_n > \|\hat{\boldsymbol{\Gamma}} - \Sigma_x\|_{\max}$，这个最优化问题就有一个可以达到的唯一最优解，因此估计的定义是有意义的. 此外，通过深入观察 11.2.1 节结论的证明，可以看到估计 $\widetilde{\boldsymbol{\Theta}}$ 遵循与图 Lasso 一样的 Frobenius 范数界和边选取界. 本质上，唯一的区别在于控制偏差$\|\hat{\boldsymbol{\Gamma}} - \boldsymbol{\Sigma}_x\|_{\max}$ 的技巧.

修正邻域回归

我们现在介绍邻域回归方法如何通过修正来处理带有腐蚀或者缺失的数据. 这里本质的优化问题一般来说是非凸的，因此这个估计的分析比修正图 Lasso 变得更加有趣.

正如之前在 11.2.2 节介绍的，邻域回归方法涉及解一个线性回归问题，其中在一个给定节点 j 处的观测向量$\boldsymbol{X}_j \in \mathbb{R}^n$ 作为响应变量，剩下的$(d-1)$个变量作为预测变量. 在这一节中，我们用 $\boldsymbol{X}$ 表示 $n\times(d-1)$矩阵，其中$\{\boldsymbol{X}_k, k \in V \setminus \{j\}\}$作为列，而我们用 $\boldsymbol{y} = \boldsymbol{X}_j$ 表示响应变量. 在这些记号下，我们有了带腐蚀的线性回归模型的一种情形，也就是说，

$$\boldsymbol{y} = \boldsymbol{X}\boldsymbol{\theta}^* + \boldsymbol{w} \text{ 和 } \boldsymbol{Z} \sim \mathbb{Q}(\cdot \mid \boldsymbol{X}) \tag{11.45}$$

其中条件概率分布 $\mathbb{Q}$ 根据腐蚀的性质而变化. 用到图模型中，响应变量 $\boldsymbol{y}$ 可能也受到腐蚀，但这种情形通常可以被简化为之前模型的一种情形. 例如，如果 $\boldsymbol{y} = \boldsymbol{X}_j$ 的一些元素是缺失的，那么我们可以在对节点 j 进行邻域回归时将那些数据点直接丢弃，或者如果 y 受到噪声影响，它可以被整合到模型中.

和之前一样，朴素方法会直接求解一个涉及损失函数$\dfrac{1}{2n}\|\boldsymbol{y} - \boldsymbol{\theta}\|_2^2$ 的最小二乘问题. 正如我们在习题 11.10 中探究的，这样做会导出邻域回归向量 $\boldsymbol{\theta}^*$ 的一个不相合估计. 然而，和图 Lasso 一样，最小二乘估计也可以修正. 为了得到线性回归的一个相合形式，什么样

的量需要修正？考虑下面的总体目标函数，

$$\overline{\mathcal{L}}(\boldsymbol{\theta})=\frac{1}{2}\boldsymbol{\theta}^{\mathrm{T}}\boldsymbol{\Gamma}\boldsymbol{\theta}-\langle\boldsymbol{\theta},\boldsymbol{\gamma}\rangle \tag{11.46}$$

其中$:=\mathrm{cov}(\boldsymbol{x})$以及$\boldsymbol{\gamma}:=\mathrm{cov}(\boldsymbol{x},\boldsymbol{y})$. 由构造，真实的回归向量是$\overline{\mathcal{L}}$的唯一全局最小值点. 因此，一个自然的方式是解一个带惩罚的回归问题，其中将$(\boldsymbol{\gamma},\boldsymbol{\Gamma})$替换为基于数据的估计$(\hat{\boldsymbol{\gamma}},\hat{\boldsymbol{\Gamma}})$. 这样可以得到经验的目标函数

$$\mathcal{L}_n(\boldsymbol{\theta})=\frac{1}{2}\boldsymbol{\theta}^{\mathrm{T}}\hat{\boldsymbol{\Gamma}}\boldsymbol{\theta}-\langle\boldsymbol{\theta},\hat{\boldsymbol{\gamma}}\rangle \tag{11.47}$$

更具体地，估计$(\hat{\boldsymbol{\gamma}},\hat{\boldsymbol{\Gamma}})$一定是基于观测到的数据$(\boldsymbol{y},\boldsymbol{Z})$. 在例 11.16 和例 11.17 中，对于加性腐蚀数据和缺失元素的情形我们分别介绍了合适的无偏估计$\hat{\boldsymbol{\Gamma}}$. 习题 11.12 和习题 11.13 讨论了交叉协方差向量$\boldsymbol{\gamma}$的一些无偏估计$\hat{\boldsymbol{\gamma}}$.

综上所述，我们需要研究下列的修正 Lasso 估计，

$$\min_{\|\boldsymbol{\theta}\|_1\leqslant\sqrt{\frac{n}{\log d}}}\left\{\frac{1}{2}\boldsymbol{\theta}^{\mathrm{T}}\hat{\boldsymbol{\Gamma}}\boldsymbol{\theta}-\langle\hat{\boldsymbol{\gamma}},\boldsymbol{\theta}\rangle+\boldsymbol{\lambda}_n\|\boldsymbol{\theta}\|_1\right\} \tag{11.48}$$

注意这里结合了目标函数(11.47)以及一个ℓ_1惩罚项，同时还有一个ℓ_1约束. 直观上，既有惩罚又有约束可能有些多余，但如习题 11.11 所示，当目标函数(11.47)是非凸时这样的组合形式实际上是需要的. 很多标准的$\hat{\boldsymbol{\Gamma}}$设定都会导出非凸规划：例如，在高维框架下$(n<d)$，之前在式(11.42)和式(11.43)中介绍的$\hat{\boldsymbol{\Gamma}}$都有负的特征值，那么对应的优化问题是非凸的.

当优化问题(11.48)是非凸时，除了全局最优解之外它可能还存在局部最优解. 因为标准算法如梯度下降法只能保证收敛到局部最优解，我们期望能有适用于它们的理论结果. 更准确地说，规划(11.48)的一个局部最优解是任意满足下列条件的向量$\widetilde{\boldsymbol{\theta}}\in\mathbb{R}^d$，

$$\langle\nabla\mathcal{L}_n(\widetilde{\boldsymbol{\theta}}),\boldsymbol{\theta}-\widetilde{\boldsymbol{\theta}}\rangle\geqslant 0\quad \text{对于所有满足}\|\boldsymbol{\theta}\|_1\leqslant\sqrt{\frac{n}{\log d}}\text{的}\boldsymbol{\theta} \tag{11.49}$$

当$\widetilde{\boldsymbol{\theta}}$属于约束集的内点时——当它满足严格不等式$\|\widetilde{\boldsymbol{\theta}}\|_1<\sqrt{\frac{n}{\log d}}$时——那么这个条件会简化为通常的零梯度条件$\nabla\mathcal{L}_n(\widetilde{\boldsymbol{\theta}})=0$. 因此，我们的设定包括了局部最小值、局部最大值和鞍点.

我们现在证明修正 Lasso(11.48)的一个有意思的性质：在合适的条件下——仍然允许非凸性——任意局部最优解是比较接近于真实的回归向量的. 和 7 章关于常规 Lasso 的分析一样，我们对协方差估计$\hat{\boldsymbol{\Gamma}}$施加一个限制特征值(restricted eigenvalue，RE)条件：更准确来说，假设存在一个常数$\kappa>0$满足

$$\langle\Delta,\hat{\boldsymbol{\Gamma}}\Delta\rangle\geqslant\kappa\|\Delta\|_2^2-c_0\frac{\log d}{n}\|\Delta\|_1^2\quad\text{对于所有 }\Delta\in\mathbb{R}^d \tag{11.50}$$

有趣的是，这样一个 RE 条件对不定的矩阵$\hat{\boldsymbol{\Gamma}}$(既有正特征值也有负特征值)也成立，包括例 11.16 和例 11.17 中加性腐蚀数据和缺失数据情况下的估计. 关于这两种情形的更多细节分别参看习题 11.12 和习题 11.13.

此外，我们假设总体目标函数(11.46)的最小值点 $\boldsymbol{\theta}^*$ 有稀疏度 s 且 ℓ_2 范数最多为 1，并且样本大小 n 有下界 $n \geqslant s\log d$. 这些假设保证了 $\|\boldsymbol{\theta}^*\|_1 \leqslant \sqrt{s} \leqslant \sqrt{\frac{n}{\log d}}$，因此 $\boldsymbol{\theta}^*$ 对于非凸 Lasso(11.48)是可行解.

命题 11.18 在 RE 条件(11.50)下，假设$(\hat{\boldsymbol{\gamma}}, \hat{\boldsymbol{\Gamma}})$满足偏差条件

$$\|\hat{\boldsymbol{\Gamma}}\boldsymbol{\theta}^* - \hat{\boldsymbol{\gamma}}\|_{\max} \leqslant \varphi(\mathbb{Q}, \sigma_w)\sqrt{\frac{\log d}{n}} \tag{11.51}$$

其中前置项 $\varphi(\mathbb{Q}, \sigma_w)$依赖于条件分布 $\mathbb{Q}$ 和噪声标准差 σ_w. 那么对于任意正则化参数 $\lambda_n \geqslant 2(2c_0 + \varphi(\mathbb{Q}, \sigma_w))\sqrt{\frac{\log d}{n}}$，规划(11.48)的任意局部最优解 $\widetilde{\boldsymbol{\theta}}$ 满足界

$$\|\widetilde{\boldsymbol{\theta}} - \boldsymbol{\theta}^*\|_2 \leqslant \frac{2}{\kappa}\sqrt{s}\lambda_n \tag{11.52}$$

为了得到约束(11.51)的直观理解，注意到对于总体目标函数(11.46)，θ^* 的最优性保证了$\nabla \overline{\mathcal{L}}(\boldsymbol{\theta}^*) = \boldsymbol{\Gamma}\boldsymbol{\theta}^* - \boldsymbol{\gamma} = 0$. 由此，条件(11.51)是基于样本的且近似等价于这个最优性条件. 此外，在合适的尾部条件下，对于我们之前在加性腐蚀数据和缺失数据中选取的$(\hat{\boldsymbol{\gamma}}, \hat{\boldsymbol{\Gamma}})$，这个条件在高概率下成立. 再一次，更多细节请参见习题 11.12 和习题 11.13.

证明 我们对最优值位于集合$\|\boldsymbol{\theta}\|_1 \leqslant \sqrt{\frac{n}{\log d}}$的内点的这个特殊情况证明这个结果.(一般结果请参见文献部分.)在这种情况下，任意局部最优解 $\widetilde{\boldsymbol{\theta}}$ 一定满足条件$\nabla \mathcal{L}_n(\widetilde{\boldsymbol{\theta}}) + \lambda_n \hat{\boldsymbol{z}} = 0$，其中 $\hat{\boldsymbol{z}}$ 属于ℓ_1 范数在 $\widetilde{\boldsymbol{\theta}}$ 处的次导数. 定义误差向量 $\hat{\Delta} := \widetilde{\boldsymbol{\theta}} - \boldsymbol{\theta}^*$. 进行加减项并对 $\hat{\Delta}$ 取内积可以得到不等式

$$\begin{aligned}\langle \hat{\Delta}, \nabla \mathcal{L}_n(\boldsymbol{\theta}^* + \hat{\Delta}) - \nabla \mathcal{L}_n(\boldsymbol{\theta}^*) \rangle &\leqslant |\langle \hat{\Delta}, \nabla \mathcal{L}_n(\boldsymbol{\theta}^*) \rangle| - \lambda_n \langle \hat{\boldsymbol{z}}, \hat{\Delta} \rangle \\ &\leqslant \|\hat{\Delta}\|_1 \|\nabla \mathcal{L}_n(\boldsymbol{\theta}^*)\|_\infty + \lambda_n \{\|\boldsymbol{\theta}^*\|_1 - \|\widetilde{\boldsymbol{\theta}}\|_1\}\end{aligned}$$

其中我们用到了结论$\langle \hat{\boldsymbol{z}}, \widetilde{\boldsymbol{\theta}} \rangle = \|\widetilde{\boldsymbol{\theta}}\|_1$ 和$\langle \hat{\boldsymbol{z}}, \boldsymbol{\theta}^* \rangle \leqslant \|\boldsymbol{\theta}^*\|_1$. 从定理 7.8 的证明中得到，因为向量 $\boldsymbol{\theta}^*$ 是 S 稀疏的，所以

$$\|\boldsymbol{\theta}^*\|_1 - \|\widetilde{\boldsymbol{\theta}}\|_1 \leqslant \|\hat{\Delta}_S\|_1 - \|\hat{\Delta}_{S^c}\|_1 \tag{11.53}$$

因为$\nabla \mathcal{L}_n(\boldsymbol{\theta}) = \hat{\boldsymbol{\Gamma}}\boldsymbol{\theta} - \hat{\boldsymbol{\gamma}}$，偏差条件(11.51)等价于界

$$\|\nabla \mathcal{L}_n(\boldsymbol{\theta}^*)\|_\infty \leqslant \varphi(\mathbb{Q}, \sigma_w)\sqrt{\frac{\log d}{n}}$$

根据我们对正则化参数的设定它是小于 $\lambda_n/2$ 的. 由此，

$$\langle \hat{\Delta}, \hat{\boldsymbol{\Gamma}}\hat{\Delta} \rangle \leqslant \frac{\lambda_n}{2}\|\hat{\Delta}\|_1 + \lambda_n\{\|\hat{\Delta}_S\|_1 - \|\hat{\Delta}_{S^c}\|_1\} = \frac{3}{2}\lambda_n\|\hat{\Delta}_S\|_1 - \frac{1}{2}\lambda_n\|\hat{\Delta}_{S^c}\|_1 \tag{11.54}$$

因为 $\boldsymbol{\theta}^*$ 是 s 稀疏的，所以$\|\boldsymbol{\theta}^*\|_1 \leqslant \sqrt{s}\|\boldsymbol{\theta}^*\|_2 \leqslant \sqrt{\frac{n}{\log d}}$，其中最后一个不等式由假设 $n \geqslant$

$s\log d$ 得到. 由此，

$$\|\hat{\Delta}\|_1 \leqslant \|\widetilde{\boldsymbol{\theta}}\|_1 + \|\boldsymbol{\theta}^*\|_1 \leqslant 2\sqrt{\frac{n}{\log d}}$$

结合 RE 条件(11.50)，我们有

$$\langle\hat{\Delta}, \boldsymbol{\Gamma}\hat{\Delta}\rangle \geqslant \kappa\|\hat{\Delta}\|_2^2 - c_0\frac{\log d}{n}\|\hat{\Delta}\|_1^2 \geqslant \kappa\|\hat{\Delta}\|_2^2 - 2c_0\sqrt{\frac{\log d}{n}}\|\hat{\Delta}\|_1$$

再结合我们之前的界(11.54)，我们有

$$\begin{aligned}\kappa\|\hat{\Delta}\|_2^2 &\leqslant 2c_0\sqrt{\frac{\log d}{n}}\|\hat{\Delta}\|_1 + \frac{3}{2}\lambda_n\|\hat{\Delta}_S\|_1 - \frac{1}{2}\lambda_n\|\hat{\Delta}_{S^c}\|_1 \\ &\leqslant \frac{1}{2}\lambda_n\|\hat{\Delta}\|_1 + \frac{3}{2}\lambda_n\|\hat{\Delta}_S\|_1 - \frac{1}{2}\lambda_n\|\hat{\Delta}_{S^c}\|_1 \\ &= 2\lambda_n\|\hat{\Delta}_S\|_1\end{aligned}$$

因为$\|\hat{\Delta}_S\|_1 \leqslant \sqrt{s}\|\hat{\Delta}\|2$，推断成立. □

11.4.2　带有隐变量的高斯图选择

在某些情况下，一个给定的随机变量集合不能用一个稀疏图模型本身来准确描述，但是在增强额外的隐变量集合时是可以的. 这个现象的极端情形是独立性和条件独立性之间的区别：例如，随机变量 X_1＝鞋子大小和 X_2＝灰头发可能是相依的，因为很少有孩子有灰头发. 然而，将这两个变量在给定第三个变量，即 X_3＝年龄时，建模成条件独立是合理的.

当只有变量的一个子集被观测到时如何估计一个稀疏图模型？更准确地说，考虑一个 $d+r$ 个随机变量类——表示为 $\boldsymbol{X} := (X_1, \cdots, X_d,\ X_{d+1}, \cdots, X_{d+r})$——并假设这整个向量可以通过有 $d+r$ 个顶点的一个稀疏图模型来建模. 现在假设我们只观测到子向量 $\boldsymbol{X}_{\mathrm{O}} := (X_1, \cdots, X_d)$，其他分量 $\boldsymbol{X}_{\mathrm{H}} := (X_{d+1}, \cdots, X_{d+r})$是隐含的. 给定这部分信息，我们的目标是还原隐含图的有用信息.

在高斯情形下，这个问题有一个重要的矩阵理论结构. 特别地，观测到的变量 $\boldsymbol{X}_{\mathrm{O}}$ 给了我们关于协方差矩阵 $\boldsymbol{\Sigma}_{\mathrm{OO}}^*$ 的信息. 因为我们已经假设了整个向量关于一个稀疏图是马尔可夫的，Hammersley-Clifford 定理保证了整个向量 $\boldsymbol{X} = (\boldsymbol{X}_{\mathrm{O}}, \boldsymbol{X}_{\mathrm{H}})$的协方差矩阵逆 $\boldsymbol{\Theta}^{\diamond}$ 是稀疏的. 这个 $d+r$ 维的矩阵可以写成分块形式

$$\boldsymbol{\Theta}^{\diamond} = \begin{bmatrix}\boldsymbol{\Theta}_{\mathrm{OO}}^{\diamond} & \boldsymbol{\Theta}_{\mathrm{OH}}^{\diamond} \\ \boldsymbol{\Theta}_{\mathrm{HO}} & \boldsymbol{\Theta}_{\mathrm{HH}}^{\diamond}\end{bmatrix} \tag{11.55}$$

分块矩阵求逆公式(参见习题 11.3)保证了 d 维协方差矩阵 $\boldsymbol{\Sigma}_{\mathrm{OO}}^*$ 有分解形式

$$(\boldsymbol{\Sigma}_{\mathrm{OO}}^*)^{-1} = \underbrace{\boldsymbol{\Theta}_{\mathrm{OO}}^{\diamond}}_{\boldsymbol{\Gamma}^*} - \underbrace{\boldsymbol{\Theta}_{\mathrm{OH}}^{\diamond}(\boldsymbol{\Theta}_{\mathrm{HH}}^{\diamond})^{-1}\boldsymbol{\Theta}_{\mathrm{HO}}^{\diamond}}_{\boldsymbol{\Lambda}^*} \tag{11.56}$$

由我们的建模假设，矩阵 $\boldsymbol{\Gamma}^* := \boldsymbol{\Theta}_{\mathrm{OO}}^{\diamond}$ 是稀疏的，而第二个部分 $\boldsymbol{\Lambda}^* := \boldsymbol{\Theta}_{\mathrm{OH}}^{\diamond}(\boldsymbol{\Theta}_{\mathrm{HH}}^{\diamond})^{-1}\boldsymbol{\Theta}_{\mathrm{HO}}^{\diamond}$ 的秩至多为$\min\{r,d\}$. 由此，只要隐变量个数 r 远小于被观测到的变量数 d 时，它有低秩结构. 通过这种方式，增加的隐变量会导出一个协方差矩阵逆，其可以分解为一个稀疏矩阵

和一个低秩矩阵的和.

现在假设我们从一个带有协方差矩阵 $\boldsymbol{\Sigma}_{OO}^{*}$ 的零均值高斯分布中抽样得到 n 个独立同分布的样本 $\boldsymbol{x}_i \in \mathbb{R}^d$. 由于低秩部分没有任何稀疏性，我们要求 $n>d$ 个样本来得到任何合理的估计(回顾第 6 章中关于协方差估计的结果). 当 $n>d$ 时，那么样本协方差矩阵 $\hat{\boldsymbol{\Sigma}}=\frac{1}{n}\sum_{i=1}^{n}\boldsymbol{x}_i\boldsymbol{x}_i^{\mathrm{T}}$ 在高概率下是可逆的，因此令 $\boldsymbol{Y}:=(\hat{\boldsymbol{\Sigma}})^{-1}$，我们可以考虑一个观测模型

$$\boldsymbol{Y}=\boldsymbol{\Gamma}^{*}-\boldsymbol{\Lambda}^{*}+\boldsymbol{W} \tag{11.57}$$

这里 $\boldsymbol{W}\in\mathbb{R}^{d\times d}$ 是一个随机的噪声矩阵，对应于总体协方差逆和样本协方差逆之间的差. 这个观测模型(11.57)是之前在 10.7 节讨论的加性矩阵分解的一个特殊形式.

如何估计这个分解的各个部分？在这一节，我们分析一个非常简单的两步估计，基于首先计算样本协方差逆矩阵 $\boldsymbol{Y}$ 的一个阈值形式来作为 $\boldsymbol{\Gamma}^{*}$ 的一个估计，而第二步将残差矩阵作为 $\boldsymbol{\Lambda}^{*}$ 的一个估计. 特别地，对于一个待设定的阈值 $\nu_n>0$，我们定义估计

$$\hat{\boldsymbol{\Gamma}}:=T_{\nu_n}(\hat{\boldsymbol{\Sigma}})^{-1} \text{ 和 } \hat{\boldsymbol{\Lambda}}:=\hat{\boldsymbol{\Gamma}}-(\hat{\boldsymbol{\Sigma}})^{-1} \tag{11.58}$$

这里硬阈值算子为 $T_{\nu_n}(\nu)=\nu\,\mathbb{I}[|\nu|>\nu_n]$

如第 10 章讨论的，稀疏低秩分解是不可识别的，除非对$(\boldsymbol{\Gamma}^{*},\boldsymbol{\Lambda}^{*})$施加限制条件. 如之前在 10.7 节上关于矩阵分解的研究，我们这里假设低秩部分满足一个“突起”限制，也就是它的逐元素 max 范数有界 $\|\boldsymbol{\Lambda}^{*}\|_{\max}\leqslant\frac{\alpha}{d}$. 另外，我们假设真实精度矩阵 $\boldsymbol{\Theta}^{*}=\boldsymbol{\Gamma}^{*}-\boldsymbol{\Lambda}^{*}$ 的矩阵平方根的 ℓ_∞ 算子范数有界，也就是

$$|||\sqrt{\boldsymbol{\Theta}^{*}}|||_{\infty}=\max_{j=1,\cdots,d}\sum_{k=1}^{d}|\sqrt{\boldsymbol{\Theta}^{*}}|_{jk}\leqslant\sqrt{M} \tag{11.59}$$

基于参数(α,M)，我们可以在估计(11.58)中选取阈值参数 ν_n 如下，

$$\nu_n:=M\left(4\sqrt{\frac{\log d}{n}}+\delta\right)+\frac{\alpha}{d} \quad \text{对于某个 } \delta\in[0,1] \tag{11.60}$$

命题 11.19 考虑一个精度矩阵 $\boldsymbol{\Theta}^{*}$，其可以分解为差 $\boldsymbol{\Gamma}^{*}-\boldsymbol{\Lambda}^{*}$，其中 $\boldsymbol{\Gamma}^{*}$ 的每一行至多有 s 个非零元素，而 $\boldsymbol{\Lambda}^{*}$ 是 α 突起的. 给定 $n>d$ 个独立同分布地来自 $\mathcal{N}(0,(\boldsymbol{\Theta}^{*})^{-1})$分布的样本，对于任意 $\delta\in(0,1]$，估计$(\hat{\boldsymbol{\Gamma}},\hat{\boldsymbol{\Lambda}})$满足界

$$\|\hat{\boldsymbol{\Gamma}}-\boldsymbol{\Gamma}^{*}\|_{\max}\leqslant 2M\left(4\sqrt{\frac{\log d}{n}}+\delta\right)+\frac{2\alpha}{d} \tag{11.61a}$$

和

$$|||\hat{\boldsymbol{\Lambda}}-\boldsymbol{\Lambda}^{*}|||_{2}\leqslant M\left(2\sqrt{\frac{d}{n}}+\delta\right)+s\|\hat{\boldsymbol{\Gamma}}-\boldsymbol{\Gamma}^{*}\|_{\max} \tag{11.61b}$$

成立的概率至少为 $1-c_1\mathrm{e}^{-c_2 n\delta^2}$.

证明 我们首先证明样本协方差矩阵的逆 $\boldsymbol{Y}:=(\hat{\boldsymbol{\Sigma}})^{-1}$ 本身就是 $\boldsymbol{\Theta}^{*}$ 的一个良好估计，

也就是说，对所有 $\delta\in(0,1]$，

$$|\!|\!| \boldsymbol{Y}-\boldsymbol{\Theta}^* |\!|\!|_2 \leqslant M\left(2\sqrt{\frac{d}{n}}+\delta\right) \tag{11.62a}$$

和

$$\| \boldsymbol{Y}-\boldsymbol{\Theta}^* \|_{\max} \leqslant M\left(4\sqrt{\frac{\log d}{n}}+\delta\right) \tag{11.62b}$$

成立的概率至少为 $1-c_1\mathrm{e}^{-c_2 n\delta^2}$.

为了证明第一个界(11.62a)，注意

$$(\hat{\boldsymbol{\Sigma}})^{-1}-\boldsymbol{\Theta}^* = \sqrt{\boldsymbol{\Theta}^*}\{n^{-1}\mathbf{V}^{\mathrm{T}}\mathbf{V}-\boldsymbol{I}_d\}\sqrt{\boldsymbol{\Theta}^*} \tag{11.63}$$

其中 $\mathbf{V}\in\mathbb{R}^{n\times d}$ 是一个标准的高斯随机矩阵. 由此，由算子范数的次可乘性，我们有

$$\begin{aligned}|\!|\!| (\hat{\boldsymbol{\Sigma}})^{-1}-\boldsymbol{\Theta}^* |\!|\!|_2 &\leqslant |\!|\!| \sqrt{\boldsymbol{\Theta}^*} |\!|\!|_2 |\!|\!| n^{-1}\mathbf{V}^{\mathrm{T}}\mathbf{V}-\boldsymbol{I}_d |\!|\!|_2 |\!|\!| \sqrt{\boldsymbol{\Theta}^*} |\!|\!|_2 = |\!|\!| \boldsymbol{\Theta}^* |\!|\!|_2 |\!|\!| n^{-1}\mathbf{V}^{\mathrm{T}}\mathbf{V}-\boldsymbol{I}_d |\!|\!|_2\\ &\leqslant |\!|\!| \boldsymbol{\Theta}^* |\!|\!|_2\left(2\sqrt{\frac{d}{n}}+\delta\right)\end{aligned}$$

应用定理 6.1，最后一个不等式以概率 $1-c_1\mathrm{e}^{-n\delta^2}$ 成立. 为了完成这个证明，注意

$$|\!|\!| \boldsymbol{\Theta}^* |\!|\!|_2 \leqslant |\!|\!| \boldsymbol{\Theta}^* |\!|\!|_\infty \leqslant (|\!|\!| \sqrt{\boldsymbol{\Theta}^*} |\!|\!|_\infty)^2 \leqslant M$$

由此得到界(11.62a).

现在考虑界(11.62b)，利用因子分解(11.63)并引入简写 $\widetilde{\boldsymbol{\Sigma}}=\frac{\mathbf{V}^{\mathrm{T}}\mathbf{V}}{n}-\boldsymbol{I}_d$，我们有

$$\begin{aligned}\|(\hat{\boldsymbol{\Sigma}})^{-1}-\boldsymbol{\Theta}^*\|_{\max} &= \max_{j,k=1,\cdots,d} |\boldsymbol{e}_j^{\mathrm{T}}\sqrt{\boldsymbol{\Theta}^*}\,\widetilde{\boldsymbol{\Sigma}}\,\sqrt{\boldsymbol{\Theta}^*}\boldsymbol{e}_k|\\ &\leqslant \max_{j,k=1,\cdots,d} \|\sqrt{\boldsymbol{\Theta}^*}\boldsymbol{e}_j\|_1 \|\widetilde{\boldsymbol{\Sigma}}\sqrt{\boldsymbol{\Theta}^*}\boldsymbol{e}_k\|_\infty\\ &\leqslant \|\widetilde{\boldsymbol{\Sigma}}\|_{\max} \max_{j=1,\cdots,d}\|\sqrt{\boldsymbol{\Theta}^*}\boldsymbol{e}_j\|_1^2\end{aligned}$$

现在观察到

$$\max_{j=1,\cdots,d}\|\sqrt{\boldsymbol{\Theta}^*}\boldsymbol{e}_j\|_1 \leqslant \max_{\|\boldsymbol{u}\|_1=1}\|\sqrt{\boldsymbol{\Theta}^*}\boldsymbol{u}\|_1 = \max_{\ell=1,\cdots,d}\sum_{k=1}^{d}|[\sqrt{\boldsymbol{\Theta}^*}]|_{k\ell} = |\!|\!| \sqrt{\boldsymbol{\Theta}^*} |\!|\!|_\infty$$

其中最后一个不等式用到$\sqrt{\boldsymbol{\Theta}^*}$ 的对称性. 综上所述，我们可以得到$\|(\hat{\boldsymbol{\Sigma}})^{-1}-\boldsymbol{\Theta}^*\|_{\max}\leqslant M\|\widetilde{\boldsymbol{\Sigma}}\|_{\max}$，因为 $\widetilde{\boldsymbol{\Sigma}}=\mathbf{V}^{\mathrm{T}}\mathbf{V}/n-\boldsymbol{I}$，其中 $\mathbf{V}\in\mathbb{R}^{n\times d}$ 是一个由独立同分布的标准正态变量构成的矩阵，对于 $\delta\in[0,1]$，$\|\widetilde{\boldsymbol{\Sigma}}\|_{\max}\leqslant 4\sqrt{\frac{\log d}{n}}+\delta$ 成立的概率至少为 $1-c_1\mathrm{e}^{-c_2 n\delta^2}$. 这也就完成了界(11.62b)的证明.

接下来我们证明之前在式(11.58)中定义的估计量$(\hat{\boldsymbol{\Gamma}},\hat{\boldsymbol{\Lambda}})$. 回顾一下我们的简写 $\boldsymbol{Y}=(\hat{\boldsymbol{\Sigma}})^{-1}$，由 $\hat{\boldsymbol{\Gamma}}$ 的定义和三角不等式，我们有

$$\begin{aligned}\|\hat{\boldsymbol{\Gamma}}-\boldsymbol{\Gamma}^*\|_{\max} &\leqslant \|\boldsymbol{Y}-\boldsymbol{\Theta}^*\|_{\max}+\|\boldsymbol{Y}-T_{\nu_n}(\boldsymbol{Y})\|_{\max}+\|\boldsymbol{\Lambda}^*\|_{\max}\\ &\leqslant M\left(4\sqrt{\frac{\log d}{n}}+\delta\right)+\nu_n+\frac{\alpha}{d}\end{aligned}$$

$$\leqslant 2M\left(4\sqrt{\frac{\log d}{n}}+\delta\right)+\frac{2\alpha}{d}$$

由此得到不等式(11.61a).

现在考虑算子不等式界，三角不等式表明

$$|||\hat{\boldsymbol{\Lambda}}-\boldsymbol{\Lambda}^*|||_2\leqslant|||\boldsymbol{Y}-\boldsymbol{\Theta}^*|||_2+|||\hat{\boldsymbol{\Gamma}}-\boldsymbol{\Gamma}^*|||_2\leqslant M\left(2\sqrt{\frac{d}{n}}+\delta\right)+|||\hat{\boldsymbol{\Gamma}}-\boldsymbol{\Gamma}^*|||_2$$

回顾一下 $\boldsymbol{\Gamma}^*$ 在每一行上最多有 s 个非零元素. 对于任意满足 $\Gamma_{jk}^*=0$ 的下标 (j,k)，我们有 $\Theta_{jk}^*=\Lambda_{jk}^*$，并且因此有

$$|Y_{jk}|\leqslant|Y_{jk}-\Theta_{jk}^*|+|\Lambda_{jk}^*|\leqslant M\left(4\sqrt{\frac{\log d}{n}}+\delta\right)+\frac{\alpha}{d}\leqslant\nu_n$$

由此通过构造可得 $\hat{\Gamma}_{jk}=T_{\nu_n}(Y_{jk})=0$. 因此，误差矩阵 $\hat{\boldsymbol{\Gamma}}-\boldsymbol{\Gamma}^*$ 在每一行上最多有 s 个非零元素，由此可得

$$|||\hat{\boldsymbol{\Gamma}}-\boldsymbol{\Gamma}^*|||_2\leqslant|||\hat{\boldsymbol{\Gamma}}-\boldsymbol{\Gamma}^*|||_\infty=\max_{j=1,\cdots,d}\sum_{k=1}^{d}|\hat{\Gamma}_{jk}-\Gamma_{jk}^*|\leqslant s\|\hat{\boldsymbol{\Gamma}}-\boldsymbol{\Gamma}^*\|_{\max}$$

综上所述可得所断言的界(11.61b). □

11.5　参考文献和背景

图模型有着丰富的历史，在很多领域都有所发展，如统计物理学(Ising，1925；Bethe，1935；Baxter，1982)、信息和编码理论(Gallager，1968；Richardson 和 Urbanke，2008)、人工智能(Pearl，1988)和图像处理(Geman 和 Geman，1984)，以及其他领域. 更多背景请参见书籍(Lauritzen，1996；Mézard 和 Montanari，2008；Wainwright 和 Jordan，2008；Koller 和 Friedman，2010). 例 11.4 中的 Ising 模型最早在统计物理学(Ising，1925)中作为铁磁性模型被提出，并得到了广泛地研究. Hammersley-Clifford 定理的名称来自未发表的手稿(Hammersley 和 Clifford，1971). Grimmett(1973)和 Besag(1974)是最早发表结果证明的；有关它的历史的进一步讨论请参见 Clifford(1990). Lauritzen(1996)给出了当严格正条件不满足时马尔可夫因子分解等价性是如何失效的讨论. 指数族的经典理论(Barndorff-Nielsen，1978；Brown，1986)和图模型有很多联系；更多细节请参见专著(Wainwright 和 Jordan，2008).

高斯图 Lasso(11.10)被很多学者广泛研究过(例如 Friedman 等，2007；Yuan 和 Lin，2007；Banerjee 等，2008；d'Aspremont 等，2008；Rothman 等，2008；Ravikumar 等，2011)，包括其统计和优化相关的性质. 命题 11.9 中的 Frobenius 范数界最早由 Rothman 等(2008)证明. Ravikumar 等(2011)证明了命题 11.10 中给出的模型选择结果；他们还对更一般的非高斯分布和不同的尾部条件分析了估计的性质. 还有多种非凸惩罚下高斯极大似然估计的相关分析(Lam 和 Fan，2009；Loh 和 Wain-wright，2017). 其他方面，Friedman 等(2007)和 d'Aspremont 等(2008)开发了求解高斯图 Lasso 的高效算法.

图估计中基于邻域的方法来源于伪似然的概念，在 Besag(1974，1975，1977)的经典工作中研究过. Besag(1974)讨论了多种基于邻域的图模型，包括例 11.3 中的高斯图模型，

例 11.4 中的 Ising(二元)图模型，以及例 11.14 中的 Poisson 图模型. 作为高斯图模型中一个邻域选择的方法，Meinshausen 和 Bühlmann(2006)第一个给出了 Lasso 的高维分析. 他们的分析以及 Zhao 和 Yu(2006)的相关工作，基于假定设计矩阵本身满足 α 不相关条件，而定理 11.12 给出的结果是来自 Wainwright(2009b)，在总体上施加了这些条件，并在高概率下证明了样本形式也满足. 这里我们只在最大度最多为 $\log d$ 时证明了定理 11.12，而论文(Wainwright，2009b)给出了一般情形的证明.

Meinshausen(2008)讨论了高斯图 Lasso 方法(11.10)比邻域选择方法需要更强的不相关条件；关于这些不相关条件的进一步对比请参见 Ravikumar 等(2011). 其他基于邻域的方法在文献中也研究过，包括基于 Dantzig 选择的方法(Yuan，2010)和基于 CLIME 的方法(Cai 等，2011). 习题 11.4 概述了 CLIME 估计的一些分析.

Ravikumar 等(2010)利用原始对偶见证方法对 Ising 模型选择分析了 ℓ_1 正则化 Logistic 回归；定理 11.15 来自他们的工作. 其他学者在离散模型中也研究过图模型选择的不同方法，包括不同类型的熵检验、截断方法和贪婪方法(例如 Netrapalli 等，2010；Anandkumar 等，2012；Bresler 等，2013；Bresler，2014). Santhanam 和 Wainwright(2012)证明了 Ising 模型选择所需的样本数下界；结合 Bento 和 Montanari(2009)的可实现性结果，这些下界表明 ℓ_1 正则化 Logistic 回归是一个阶最优的方法. 更自然的是——不同于分别估计每个邻域——同时给出所有邻域的联合估计. 其中一种这样的方法是将每个节点相关的所有条件似然函数求和，并联合最优化和，确保在每个邻域上所有边都使用了相同的参数. 所得过程等价于伪似然方法(Besag，1975，1977). Höfling 和 Tibshirani(2009)比较了图估计的多种伪似然方法的相对效率.

修正最小二乘损失(11.47)是一种更一般的修正似然方法的一种特殊情况(例如 Carroll 等，1995；Iturria 等，1999；Xu 和 You，2007). 修正非凸 Lasso 方法(11.48)由 Loh 和 Wainwright(2012，2017)提出和分析过. 一个相关的 Dantzig 形式的修正由 Rosenbaum 和 Tsybakov(2010)分析过. 命题 11.18 是文章(Loh 和 Wainwright，2015，2017)证明过的非凸 M 估计一般性结果的一个特殊情况.

带有隐变量的高斯图选择的矩阵分解方法最早由 Chandrasekaran 等(2012b)研究过，他们提出用核和 ℓ_1 范数来正则化全局似然函数(对数行列式函数). 他们利用原始对偶方法给出了稀疏度和秩精确还原的充分条件，这种方法之前用来分析标准的图 Lasso(Ravikumar 等，2011). Ren 和 Zhou(2012)给出了估计这种矩阵分解的更直接方法，例如命题 11.19 中分析的简单估计. Agarwal 等(2012)对于矩阵分解更一般问题分析了基于截断和截断 SVD 的直接方法以及正则化方法. 和矩阵分解问题的其他工作一样(Candès 等，2011；Chandrasekaran 等，2011)，Chandrasekaran 等(2012b)是在强不相关条件下进行的分析，本质上是保证稀疏加低秩问题的完美可识别性的代数条件. 更宽松的约束，也就是命题 11.19 中控制低秩分量的最大元素，是由 Agarwal 等(2012)提出的.

除了这里讨论的无向图模型，关于有向图模型方法也有大量文献，更多细节读者可以参考文献(Spirtes 等，2000；Kalisch 和 Bühlmann，2007；Bühlmann 和 van de Geer，2011)和文献里的文献. Liu 等(2009，2012)提出并研究了非参数族，高斯图模型的一种非参数推广. 这种模型是通过对每个节点的随机变量做一个一元变换的高斯图模型来得到. 估计这种模型的方法许多作者讨论过；相关结果也可参看 Xue 和 Zou(2012).

11.6　习　题

11.1 (对数行列式函数的性质)　令 $\mathcal{S}^{d\times d}$ 为对称矩阵集合，而 $\mathcal{S}_{+}^{d\times d}$ 为对称且严格正定矩阵构成的锥. 在这个习题中，我们研究(负的)对数行列式函数 $F:\mathcal{S}^{d\times d}\to\mathbb{R}$，

$$F(\boldsymbol{\Theta})=\begin{cases}-\sum_{j=1}^{d}\log\gamma_j(\boldsymbol{\Theta}) & \boldsymbol{\Theta}\in\mathcal{S}_{+}^{d\times d}\\ +\infty & \text{其他}\end{cases}$$

其中 $\gamma_j(\boldsymbol{\Theta})>0$ 为 $\boldsymbol{\Theta}$ 的特征值.

(a) 证明 F 在定义域 $\mathcal{S}_{+}^{d\times d}$ 上是一个严格凸函数.

(b) 对于 $\boldsymbol{\Theta}\in\mathcal{S}_{+}^{d\times d}$，证明 $\nabla F(\boldsymbol{\Theta})=-\boldsymbol{\Theta}^{-1}$.

(c) 对于 $\boldsymbol{\Theta}\in\mathcal{S}_{+}^{d\times d}$，证明 $\nabla F^2(\boldsymbol{\Theta})=\boldsymbol{\Theta}^{-1}\otimes\boldsymbol{\Theta}^{-1}$.

11.2 (高斯 MLE)　对一个零均值的高斯分布，考虑协方差矩阵逆 $\boldsymbol{\Theta}^*$ 的极大似然估计. 证明它的形式为

$$\hat{\boldsymbol{\Theta}}_{\mathrm{MLE}}=\begin{cases}\hat{\boldsymbol{\Sigma}}^{-1} & \hat{\boldsymbol{\Sigma}}\succ 0\\ \text{没有定义} & \text{其他}\end{cases}$$

其中 $\hat{\boldsymbol{\Sigma}}=\frac{1}{n}\sum_{i=1}^{n}\boldsymbol{x}_i\boldsymbol{x}_i^{\mathrm{T}}$ 为一个零均值向量的经验协方差矩阵. (当 $\hat{\boldsymbol{\Sigma}}$ 是不满秩的时候，需要显式证明存在一列矩阵使得似然函数趋向无穷.)

11.3 (高斯邻域回归)　令 $\boldsymbol{X}\in\mathbb{R}^d$ 为具有严格正定协方差矩阵 $\boldsymbol{\Sigma}^*$ 的一个零均值高斯随机向量. 考虑条件随机变量 $\boldsymbol{Z}:=(\boldsymbol{X}_j\mid\boldsymbol{X}_{\setminus\{j\}})$，使用了缩写 $\setminus\{j\}=V\setminus\{j\}$.

(a) 证明分解(11.21)的有效性.

(b) 证明 $\boldsymbol{\theta}_j^*=(\boldsymbol{\Sigma}^*_{\setminus\{j\},\setminus\{j\}})^{-1}\boldsymbol{\Sigma}_{\setminus\{j\},j}$.

(c) 证明只要 $k\notin\mathcal{N}(j)$，就有 $\theta_{jk}^*=0$.

提示：可以利用下面的初等结果：令 $\boldsymbol{A}$ 为一个可逆矩阵，给定一个分块划分形式

$$\boldsymbol{A}=\begin{bmatrix}\boldsymbol{A}_{11} & \boldsymbol{A}_{12}\\ \boldsymbol{A}_{21} & \boldsymbol{A}_{22}\end{bmatrix}$$

然后令 $\boldsymbol{B}=\boldsymbol{A}^{-1}$，我们有[参见 Horn 和 Johnson(1985)]

$$\boldsymbol{B}_{22}=(\boldsymbol{A}_{22}-\boldsymbol{A}_{21}(\boldsymbol{A}_{11})^{-1}\boldsymbol{A}_{12})^{-1}\quad \text{和}\quad \boldsymbol{B}_{12}=(\boldsymbol{A}_{11})^{-1}\boldsymbol{A}_{12}[\boldsymbol{A}_{21}(\boldsymbol{A}_{11})^{-1}\boldsymbol{A}_{12}-\boldsymbol{A}_{22}]^{-1}$$

11.4 (稀疏精度矩阵的另一种估计)　考虑一个 d 维的高斯随机向量，具有零均值和一个稀疏精度矩阵 $\boldsymbol{\Theta}^*$. 在这个习题中，我们分析估计

$$\hat{\boldsymbol{\Theta}}=\arg\min_{\boldsymbol{\Theta}\in\mathbb{R}^{d\times d}}\{\|\boldsymbol{\Theta}\|_1\}\quad \text{满足}\ \|\hat{\boldsymbol{\Sigma}}\boldsymbol{\Theta}-\boldsymbol{I}_d\|_{\max}\leqslant\lambda_n \tag{11.64}$$

其中 $\hat{\boldsymbol{\Sigma}}$ 为基于 n 个独立同分布样本的样本协方差矩阵.

(a) 对于 $j=1,\cdots,d$，考虑线性规划

$$\hat{\boldsymbol{\Gamma}}_j \in \arg\min_{\boldsymbol{\Gamma}_j \in \mathbb{R}^d} \|\boldsymbol{\Gamma}_j\|_1 \quad \text{满足} \|\hat{\boldsymbol{\Sigma}}\boldsymbol{\Gamma}_j - \boldsymbol{e}_j\|_{\max} \leqslant \lambda_n \tag{11.65}$$

其中 $\boldsymbol{e}_j \in \mathbb{R}^d$ 为第 j 个典范基向量. 证明 $\hat{\boldsymbol{\Theta}}$ 是原始规划问题(11.64)的最优解当且仅当它的第 j 列 $\hat{\Theta}_j$ 对于规划(11.65)是最优的.

(b) 只要正则化参数有下界 $\lambda_n \geqslant \|\boldsymbol{\Theta}^*\|_1 \|\hat{\boldsymbol{\Sigma}} - \boldsymbol{\Sigma}^*\|_{\max}$，证明 $\|\hat{\boldsymbol{\Gamma}}_j\|_1 \leqslant \|\boldsymbol{\Theta}_j^*\|_1$ 对于每个 $j=1,\cdots,d$ 成立.

(c) 陈述并证明 $\|\hat{\boldsymbol{\Sigma}} - \boldsymbol{\Sigma}^*\|_{\max}$ 的一个高概率界.（简单起见，可以假设 $\max_{j=1,\cdots,d} \Sigma_{jj}^* \leqslant 1$.）

(d) 利用之前的结论证明，对于一个适当选取的 λ_n，存在一个普适常数满足

$$\|\hat{\boldsymbol{\Theta}} - \boldsymbol{\Theta}^*\|_{\max} \leqslant c \|\boldsymbol{\Theta}^*\|_1^2 \sqrt{\frac{\log d}{n}} \tag{11.66}$$

在高概率下成立.

11.5 **(一般邻域回归的特殊情况)**　证明一般形式的邻域回归(11.37)在高斯情形下简化为线性回归(11.22).（注：可以忽略常数项，不管是前置项还是加性常数，只要它不依赖于数据.）

11.6 **(条件分布结构)**　给定一个形如(11.32)的密度函数，证明给定 $\boldsymbol{X}_{\setminus\{j\}}$ 的 $\boldsymbol{X}_j$ 的条件似然函数只依赖于

$$\boldsymbol{\Theta}_{j+} := \{\boldsymbol{\Theta}_j,\ \boldsymbol{\Theta}_{jk},\ k \in V \setminus \{j\}\}$$

证明只要 $(j,k) \notin E$ 有 $\boldsymbol{\Theta}_{jk}=0$.

11.7 **(Ising 模型的条件分布)**　对于一个二元随机向量 $\boldsymbol{X} \in \{-1,\ 1\}^d$，考虑分布族

$$p_\theta(x_1,\cdots,x_d) = \exp\left\{\sum_{(j,k)\in E} \theta_{jk} x_j x_k - \Phi(\boldsymbol{\theta})\right\} \tag{11.67}$$

其中 E 是顶点 $V=\{1,2,\cdots,d\}$ 上的某个无向图 G 的边集.

(a) 对于每个边 $(j,k)\in E$，证明 $\dfrac{\partial\, \Phi(\boldsymbol{\theta})}{\partial\, \theta_{jk}} = \mathbb{E}_{\boldsymbol{\theta}}[X_j X_k]$.

(b) 给定随机变量的子向量 $\boldsymbol{X}_{\setminus\{j\}} := \{\boldsymbol{X}_k,\ k \in V \setminus \{j\}\}$，计算 $\boldsymbol{X}_j$ 的条件分布. 基于 logistic 函数 $f(t)=\log(1+\boldsymbol{e}^t)$ 给出一个表达式.

11.8 **(加性噪声和马尔可夫性质)**　令 $\boldsymbol{X}=(X_1,\cdots,X_n)$ 为一个零均值高斯随机向量，对某个图 G 是马尔可夫的，并且令 $\boldsymbol{Z}=\boldsymbol{X}+\boldsymbol{V}$，其中 $\boldsymbol{V}\sim\mathcal{N}(0,\sigma_2\boldsymbol{I}_d)$ 是一个独立的高斯噪声向量. 假设 $\sigma^2\|\boldsymbol{\Theta}^*\|_2<1$，基于幂 $\sigma^2\boldsymbol{\Theta}^*$ 推导出 $\boldsymbol{Z}$ 的协方差矩阵逆的一个表达式. 用图中的加权路径长度来解释这个表达式.

11.9 **(修正图 Lasso 的解)**　在这个习题中，我们探索表达式(11.44)中修正图 Lasso 的性质.

(a) 定义 $\boldsymbol{\Sigma}_x := \operatorname{cov}(\boldsymbol{x})$，证明只要 $\lambda_n > \|\hat{\boldsymbol{\Gamma}} - \boldsymbol{\Sigma}_x\|_{\max}$，那么修正图 Lasso(11.44)有一个唯一的最优解.

(b) 说明当这个条件不满足时会出现什么问题.（提示：只需要考虑一个一维的例子.）

11.10 **(未修正 Lasso 的不相合性)**　考虑线性回归模型 $\boldsymbol{y}=\boldsymbol{X}\boldsymbol{\theta}^*+\boldsymbol{w}$，我们观察到响应变量

$\boldsymbol{y}\in\mathbb{R}^n$ 和腐蚀矩阵 $\boldsymbol{Z}=\boldsymbol{X}+\boldsymbol{V}$. $\boldsymbol{\theta}^*$ 的一个朴素估计为

$$\widetilde{\boldsymbol{\theta}}=\arg\min_{\boldsymbol{\theta}\in\mathbb{R}^d}\left\{\frac{1}{2n}\|\boldsymbol{y}-\boldsymbol{Z}\boldsymbol{\theta}\|_2^2\right\}$$

这里我们在腐蚀矩阵 $\boldsymbol{Z}$ 上回归 $\boldsymbol{y}$. 假设 $\boldsymbol{X}$ 的每一行是独立同分布来自一个零均值的协方差矩阵为 $\boldsymbol{\Sigma}$ 的分布，并且 $\boldsymbol{V}$ 的每一行是独立同分布(并且独立于 $\boldsymbol{X}$)来自一个零均值的协方差矩阵为 $\sigma^2\boldsymbol{I}$ 的分布. 证明即使维数固定，如果样本大小 $n\to\infty$，估计 $\widetilde{\boldsymbol{\theta}}$ 也是不相合的.

11.11 **(修正 Lasso 的解)**　通过一个二维例子来证明修正 Lasso(11.48)可能取不到全局最小值，如果不对某个半径 R 施加一个形如 $\|\boldsymbol{\theta}\|_1\leqslant R$ 的 ℓ_1 界.

11.12 **(加性腐蚀的修正 Lasso)**　在这个习题中，我们在加性腐蚀的情形下(例 11.16)来探索修正线性回归的性质，基于标准模型 $\boldsymbol{y}=\boldsymbol{X}\boldsymbol{\theta}^*+\boldsymbol{w}$.

(a) 假设 $\boldsymbol{X}$ 和 $\boldsymbol{V}$ 是独立的，证明表达式(11.42)中的 $\hat{\boldsymbol{\Gamma}}$ 是 $\boldsymbol{\Sigma}_x=\mathrm{cov}(\boldsymbol{x})$ 的一个无偏估计，而 $\hat{\gamma}=\boldsymbol{Z}^{\mathrm{T}}\boldsymbol{y}/n$ 是 $\mathrm{cov}(\boldsymbol{x},\boldsymbol{y})$ 的一个无偏估计.

(b) 现在另外假设 $\boldsymbol{X}$ 和 $\boldsymbol{V}$ 的每一行都是独立同分布来自一个零均值分布，并且每个元素 X_{ij} 和 V_{ij} 是参数为 1 的次高斯的，并且噪声向量 $\boldsymbol{w}$ 是独立的，有独立同分布的 $\mathcal{N}(0,\sigma^2)$ 元素. 证明存在一个普适常数 c 满足

$$\|\hat{\boldsymbol{\Gamma}}\boldsymbol{\theta}^*-\hat{\boldsymbol{\gamma}}\|_\infty\leqslant c(\sigma+\|\boldsymbol{\theta}^*\|_2)\sqrt{\frac{\log d}{n}}$$

在高概率下成立.

(c) 除了之前的假设，假设对于某个 $\nu>0$ 有 $\boldsymbol{\Sigma}_\nu=\nu\boldsymbol{I}_d$. 证明 $\hat{\boldsymbol{\Gamma}}$ 在高概率下满足 RE 条件(11.50).(提示：习题 7.10 的结果可能有帮助.)

11.13 **(缺失数据的修正 Lasso)**　在这个习题中，我们在缺失数据情形(例 11.17)下探索修正线性回归的性质. 这里，我们假设缺失元素是完全独立地随机被移除，并且 $\boldsymbol{X}$ 的行有零均值，以独立同分布的方式从一个 1-次高斯分布中产生.

(a) 证明表达式(11.43)中的矩阵 $\hat{\boldsymbol{\Gamma}}$ 是 $\boldsymbol{\Sigma}_x:=\mathrm{cov}(\boldsymbol{x})$ 的一个无偏估计，并且向量 $\hat{\boldsymbol{\gamma}}=\dfrac{\boldsymbol{Z}^{\mathrm{T}}\boldsymbol{y}}{n}$ 是 $\mathrm{cov}(\boldsymbol{x},\boldsymbol{y})$ 的一个无偏估计.

(b) 假设噪声向量 $\boldsymbol{w}\in\mathbb{R}^n$ 有独立同分布的 $\mathcal{N}(0,\sigma^2)$ 元素，证明存在一个普适常数 c 满足

$$\|\hat{\boldsymbol{\Gamma}}\boldsymbol{\theta}^*-\hat{\boldsymbol{\gamma}}\|_\infty\leqslant c(\sigma+\|\boldsymbol{\theta}^*\|_2)\sqrt{\frac{\log d}{n}}$$

在高概率下成立.

(c) 证明 $\hat{\boldsymbol{\Gamma}}$ 在高概率下满足 RE 条件(11.50).(提示：习题 7.10 的结果可能有帮助.)

第 12 章　再生核希尔伯特空间

统计中的很多问题——包括插值、回归和密度估计，以及非参数形式的降维和检验——涉及函数空间上的优化. 希尔伯特空间包括了相当广泛的函数类，并拥有类似于常见欧几里得空间的几何结构. 一个特定的基于函数的希尔伯特空间是由再生核定义的，这些空间——被熟知为再生核希尔伯特空间(reproducing kernel Hilbert space，RKHS)——从计算和统计上都有非常优良的性质. 在本章中，我们建立 RKHS 的基本框架，在之后章节中应用到不同问题上，包括非参数最小二乘(第 13 章)以及密度估计(第 14 章).

12.1　希尔伯特空间的基本知识

希尔伯特空间是特定类型的向量空间，意味着它有加法和数乘运算. 此外，它有一个以通常方式定义的内积运算.

定义 12.1　一个向量空间 $\mathbb{V}$ 上的一个内积是一个映射 $\langle\cdot,\cdot\rangle_{\mathbb{V}}$：$\mathbb{V}\times\mathbb{V}\to\mathbb{R}$ 满足

$$\langle f,g\rangle_{\mathbb{V}}=\langle g,f\rangle_{\mathbb{V}} \quad 对任意\ f,g\in\mathbb{V} \tag{12.1a}$$

$$\langle f,f\rangle_{\mathbb{V}}\geqslant 0 \quad 对任意\ f\in\mathbb{V},等号成立当且仅当\ f=0 \tag{12.1b}$$

$$\langle f+\alpha g,h\rangle_{\mathbb{V}}=\langle f,h\rangle_{\mathbb{V}}+\alpha\langle g,h\rangle_{\mathbb{V}} \quad 对任意\ f,g,h\in\mathbb{V}\ 和\ \alpha\in\mathbb{R} \tag{12.1c}$$

一个有内积的向量空间称为一个*内积空间*. 注意到任何内积可以通过 $\|f\|_{\mathbb{V}}:=\sqrt{\langle f,f\rangle_{\mathbb{V}}}$ 诱导一个范数. 给定这个范数，我们然后可以定义一般的柯西列概念，即 $\mathbb{V}$ 中的一个序列 $(f_n)_{n=1}^{\infty}$ 是柯西的，如果对所有 $\epsilon>0$，存在某个整数 $N(\epsilon)$使得

$$\|f_n-f_m\|_{\mathbb{V}}<\epsilon \quad 对任意\ n,m\geqslant N(\epsilon)$$

定义 12.2　一个希尔伯特空间 $\mathbb{H}$ 是一个内积空间($\langle\cdot,\cdot\rangle_{\mathbb{H}},\mathbb{H}$)，其中 $\mathbb{H}$ 中的每个柯西列 $(f_n)_{n=1}^{\infty}$ 收敛到某个元素 $f^*\in\mathbb{H}$.

一个度量空间中的每一个柯西列 $(f_n)_{n=1}^{\infty}$ 都收敛到空间中的某个元素 f^*，则这个度量空间称为*完备的*. 因此，我们可以总结得出希尔伯特空间是一个完备内积空间.

例 12.3(序列空间 $\ell^2(\mathbb{N})$)考虑平方可和实序列空间，即

$$\ell^2(\mathbb{N}):=\{(\theta_j)_{j=1}^{\infty}\mid\sum_{j=1}^{\infty}\theta_j^2<\infty\}$$

这个集合，当赋予了通常的内积 $\langle\theta,\gamma\rangle_{\ell^2(N)}=\sum_{j=1}^{\infty}\theta_j\gamma_j$ 时，定义了一个经典的希尔伯特空

间. 它在我们对再生核希尔伯特空间特征函数的讨论中起到特别重要的作用. 注意到希尔伯特空间 $\mathbb{R}^m$，赋予通常的欧几里得内积，可以成为 $\ell^2(\mathbb{N})$的一个有限维子空间：特别地，空间 $\mathbb{R}^m$ 同构于“切片”

$$\{\theta\in\ell^2(\mathbb{N})\mid\theta_j=0\quad 对任意\ j\geqslant m+1\}$$ ♣

例 12.4(空间 $L^2[0,1]$) 空间 $L^2[0,1]$中的任意元素是一个勒贝格可积的函数 $f:[0,1]\to\mathbb{R}$，而且其平方满足界 $\|f\|_{L^2[0,1]}^2=\int_0^1 f^2(x)\mathrm{d}x<\infty$. 由于这一范数不区分只在一个勒贝格零测集上不同的函数，我们不能明确地识别出所有这样的函数. 空间 $L^2[0,1]$当赋予了内积 $\langle f,g\rangle_{L^2[0,1]}=\int_0^1 f(x)g(x)\mathrm{d}x$ 时是一个希尔伯特空间. 当空间 $L^2[0,1]$根据上下文明确时，我们省略内积记号的下标. 在某种意义上，空间 $L^2[0,1]$等价于序列空间 $\ell^2(\mathbb{N})$. 特别地，令$(\phi_j)_{j=1}^{\infty}$ 为 $L^2[0,1]$的任意完备正交基. 由定义可得，基函数满足对任意 $j\in\mathbb{N}$ 有 $\|\phi_j\|_{L^2[0,1]}=1$，对任意 $i\neq j$ 有$\langle\phi_i,\phi_j\rangle=0$，而且，此外，任意函数 $f\in L^2[0,1]$有表示 $f=\sum_{j=1}^{\infty}a_j\phi_j$，其中 $a_j:=\langle f,\phi_j\rangle$是第 j 个基对应的系数. 由 Parseval 定理，我们有

$$\|f\|_{L^2[0,1]}^2=\sum_{j=1}^{\infty}a_j^2$$

因此 $f\in L^2[0,1]$当且仅当序列 $a=(a_j)_{j=1}^{\infty}\in\ell^2(\mathbb{N})$. 对应 $f\leftrightarrow(a_j)_{j=1}^{\infty}$ 定义了 $L^2[0,1]$和 $\ell_2(\mathbb{N})$之间的一个同构. ♣

所有之前的例子都是可分希尔伯特空间的情况，其中存在一个可数的稠密子集. 对这样的希尔伯特空间，我们总是可以找到一组函数$(\phi_j)_{j=1}^{\infty}$，在希尔伯特空间中正交——意味着对任意正整数 i，j 有$\langle\phi_i,\phi_j\rangle_{\mathbb{H}}=\delta_{i_j}$——使得任意 $f\in\mathbb{H}$ 可以表示成形式 $f=\sum_{j=1}^{\infty}a_j\phi_j$，这里$(a_j)_{j=1}^{\infty}\in\ell^2(\mathbb{N})$是某个参数序列. 尽管存在不可分的希尔伯特空间，这里我们主要关注可分情形.

线性泛函的概念在描述再生核希尔伯特空间时扮演了重要的角色. 一个希尔伯特空间 $\mathbb{H}$ 上的一个线性泛函是一个线性映射 $L:\mathbb{H}\to\mathbb{R}$,意味着对任意 f，$g\in\mathbb{H}$ 和 $\alpha\in\mathbb{R}$，有 $L(f+\alpha g)=L(f)+\alpha L(g)$. 一个线性泛函是有界的如果存在某个 $M<\infty$使得对任意 $f\in\mathbb{H}$ 都有$|L(f)|\leqslant M\|f\|_{\mathbb{H}}$. 给定任意 $g\in\mathbb{H}$，映射 $f\mapsto\langle f,g\rangle_{\mathbb{H}}$ 定义了一个线性泛函. 由柯西-施瓦茨不等式，对任意 $f\in\mathbb{H}$ 有$|\langle f,g\rangle_{\mathbb{H}}|\leqslant M\|f\|_{\mathbb{H}}$，这里 $M:=\|g\|_{\mathbb{H}}$，因此它是有界的. Riesz 表示定理保证了每一个有界线性泛函都可以完全由这种方式得到.

定理 12.5(Riesz 表示定理) 令 L 为一个希尔伯特空间上的一个有界线性泛函. 那么存在一个唯一的 $g\in\mathbb{H}$ 使得对任意 $f\in\mathbb{H}$，有 $L(f)=\langle f,g\rangle_{\mathbb{H}}$.(我们称 g 为泛函 L 的表示.)

证明 考虑零空间 $\mathbb{N}(L)=\{h\in\mathbb{H}\mid L(h)=0\}$. 由于 L 是一个有界线性算子，零空间是

闭的(见习题 12.1). 此外，如我们在习题 12.3 中所展示的，对任意这样的闭子空间，我们有直和分解 $\mathbb{H}=\mathbb{N}(L)+[\mathbb{N}(L)]^{\perp}$，其中$[\mathbb{N}(L)]^{\perp}$由所有满足对任意 $h\in\mathbb{N}(L)$都有$\langle h,g\rangle_{\mathbb{H}}=0$ 的 $g\in\mathbb{H}$ 构成. 如果 $\mathbb{N}(L)=\mathbb{H}$，那么我们取 $g=0$. 否则，必然存在一个非零元素 $g_0\in[\mathbb{N}(L)]^{\perp}$，并且通过适当的缩放我们可以找到某个 $g\in[\mathbb{N}(L)]^{\perp}$使得$\|g\|_{\mathbb{H}}=L(g)>0$. 我们然后定义 $h:=L(f)g-L(g)f$，并注意 $L(h)=0$ 因此 $h\in\mathbb{N}(L)$. 由此，我们一定有$\langle g,h\rangle_{\mathbb{H}}=0$，由此推出所要的 $L(f)=\langle g,f\rangle_{\mathbb{H}}$. 关于唯一性，假设存在 g，$g'\in\mathbb{H}$使得对任意 $f\in\mathbb{H}$，$\langle g,f\rangle_{\mathbb{H}}=L(f)=\langle g',f'\rangle_{\mathbb{H}}$. 重新整理可以导出对任意 $f\in\mathbb{H}$，有$\langle g-g', f\rangle_{\mathbb{H}}=0$，令 $f=g-g'$可以推出$\|g-g'\|_{\mathbb{H}}^2=0$，因此得到 $g=g'$.

12.2　再生核希尔伯特空间

我们现在考虑一个再生核希尔伯特空间的概念，或者简记为 RKHS. 这些希尔伯特空间是特定类型的函数空间——更具体地说，定义在 $\mathcal{X}$ 并映射到实数轴 $\mathbb{R}$ 上的函数 f. 有很多不同但是等价的方式来定义一个 RKHS. 其中一个方式是从一个半正定核函数的概念开始，并用它以显式的方式构造一个希尔伯特空间. 这种构造的一个副产品是核的再生性质. 另外一种，某种程度上更抽象的方式，是专注于希尔伯特空间其中的评估泛函——从希尔伯特空间到实数轴的映射是通过在一个给定点评估每个函数来得到的——是有界的. 这些泛函与统计问题密切相关，因为很多应用涉及一个函数在其定义域的一个子集点上取样. 我们的研究将表明，这两种方法是等价的，因为核可以作为评估函数的表示，基于 Riesz 表示定理(定理 12.5).

12.2.1　半正定核函数

我们从一个半正定核函数的概念开始. 它是一个半正定矩阵思想到一般函数情形的自然推广.

> **定义 12.6**(半正定核函数)　一个对称二元函数 $\mathcal{K}$: $\mathcal{X}\times\mathcal{X}\to\mathbb{R}$ 是半正定的(positive semidefinite, PSD)，如果对任意整数 $n\geqslant 1$ 和元素$\{x_i\}_{i=1}^n\subset\mathcal{X}$，元素为 $\boldsymbol{K}_{ij}:=\mathcal{K}(x_i,x_j)$ 的 $n\times n$ 矩阵是半正定的.

这一概念最好通过一些例子来理解.

例 12.7(线性核)　当 $\mathcal{X}=\mathbb{R}^d$ 时，我们可以定义线性核函数 $\mathcal{K}(\boldsymbol{x},\boldsymbol{x}'):=\langle\boldsymbol{x},\boldsymbol{x}'\rangle$. 显然它是自变量的对称函数. 为了验证半正定性，令$\{\boldsymbol{x}_i\}_{i=1}^n$ 为 $\mathbb{R}^d$ 中的任意点集，并考虑元素为 $K_{ij}=\langle\boldsymbol{x}_i,\boldsymbol{x}_j\rangle$的矩阵 $\boldsymbol{K}=\mathbb{R}^{n\times n}$. 对任意向量 $\boldsymbol{\alpha}\in\mathbb{R}^n$，我们有

$$\boldsymbol{\alpha}^{\mathrm{T}}\boldsymbol{K}\boldsymbol{\alpha}=\sum_{i,j=1}^n\alpha_i\alpha_j\langle\boldsymbol{x}_i,\boldsymbol{x}_j\rangle=\left\|\sum_{i=1}^n\alpha_i x_i\right\|_2^2\geqslant 0$$

由于 $n\in\mathbb{N}$，$\{\boldsymbol{x}_i\}_{i=1}^n$ 和 $\boldsymbol{\alpha}\in\mathbb{R}^n$ 都是任意的，我们得到结论 $\mathcal{K}$ 是半正定的. ♣

例 12.8(多项式核)　$\mathbb{R}^d$ 上线性核的一个自然推广是阶数为 $m\geqslant 2$ 的齐次多项式核 $\mathcal{K}(\boldsymbol{x},\boldsymbol{z})=(\langle\boldsymbol{x},\boldsymbol{z}\rangle)^m$，同样定义在 $\mathbb{R}^d$ 上. 我们在 $m=2$ 的特殊情况下说明这个函数的半正

定性. 注意到我们有

$$\mathcal{K}(\boldsymbol{x},\boldsymbol{z})=\Big(\sum_{j=1}^{d}x_jz_j\Big)^2=\sum_{j=1}^{d}x_j^2z_j^2+2\sum_{i<j}x_ix_j(z_iz_j)$$

令 $D=d+\binom{d}{2}$，我们定义一个映射 Φ：$\mathbb{R}^d\to\mathbb{R}^D$，其元素为

$$\Phi(\boldsymbol{x})=\begin{bmatrix}x_j^2, & \text{对于 } j=1,2,\cdots,d\\ \sqrt{2}x_ix_j, & \text{对于 } i<j\end{bmatrix}\tag{12.2}$$

对应$(x_1,\cdots,x_d)$的所有二次多项式. 在这个定义下，我们看到 $\mathcal{K}$ 可以表示为一个 Gram 矩阵，即形式为 $\mathcal{K}(\boldsymbol{x},\boldsymbol{z})=\langle\Phi(\boldsymbol{x}),\Phi(\boldsymbol{z})\rangle_{\mathbb{R}^D}$. 按照例 12.7 同样的方法，可以直接验证这个 Gram 表示保证了 $\mathcal{K}$ 一定是半正定的.

齐次多项式核的一个延伸是非齐次多项式核 $\mathcal{K}(\boldsymbol{x},\boldsymbol{z})=(1+\langle\boldsymbol{x},\boldsymbol{z}\rangle)^m$，其是基于所有阶数小于等于 m 的多项式. 我们把验证它同样是一个半正定核函数留给读者作为一个练习.

♣

例 12.9(高斯核)　作为一个更奇异的例子，给定某个紧集 $\mathcal{X}\subseteq\mathbb{R}^d$，考虑高斯核 $\mathcal{K}(\boldsymbol{x},\boldsymbol{z})=\exp\Big(-\frac{1}{2\sigma^2}\|\boldsymbol{x}-\boldsymbol{z}\|_2^2\Big)$. 这里，不像线性核和多项式核，我们并不能立刻看出 $\mathcal{K}$ 是半正定的，但可以通过线性核和多项式核的 PSD 性质来验证(见习题 12.19). 高斯核是一个在实际应用中非常常见的选择，我们稍后会再回来深入研究它. ♣

12.2.2　$\ell^2(\mathbb{N})$中的特征映射

式(12.2)中为多项式核所定义的映射 $\boldsymbol{x}\mapsto\Phi(\boldsymbol{x})$常被称为一个特征映射，因为它捕捉到了多项式核函数把原始数据嵌入一个更高维空间的感觉. 一个特征映射的概念可以用来以更一般的形式定义一个 PSD 核. 事实上，任意函数 Φ：$\mathcal{X}\to\ell^2(\mathbb{N})$可以被看成从原始空间 $\mathcal{X}$ 到所有平方可和序列空间 $\ell^2(\mathbb{N})$的某个子集的映射. 对多项式核我们先前讨论的映射(12.2)是一个特殊情形，因为 $\mathbb{R}^D$ 是 $\ell^2(\mathbb{N})$的一个有限维子空间.

给定任意这种特征映射，我们然后可以通过内积 $\mathcal{K}(\boldsymbol{x},\boldsymbol{z})=\langle\Phi(\boldsymbol{x}),\ \Phi(\boldsymbol{z})\rangle_{\ell_2(\mathbb{N})}$定义一个对称核. 通常，对适当选取的特征映射，这个核基于$(\boldsymbol{x},\boldsymbol{z})$有一个显式的表达形式. 因此，我们可以计算嵌入数据$(\Phi(\boldsymbol{x}),\ \Phi(\boldsymbol{z}))$之间的内积而不需要真的考虑 $\ell^2(\mathbb{N})$或者其他高维空间. 这个结论揭示了 RKHS 方法的强大，称为“核技巧”. 例如，在例 12.8 中关于 $\mathbb{R}^d$ 上的 m 阶多项式核中，计算核需要阶为 d 的基本运算，而嵌入数据落在维数约为 d^m 的一个空间上(见习题 12.11). 当然，存在其他的核隐式地把数据嵌入到某个无穷维空间中，例 12.9 所述的高斯核就是其中一个例子.

我们考虑一类特殊形式的特征映射，其在随后的分析中将起到重要作用.

例 12.10(基展开的 PSD 核)　考虑正弦傅里叶基函数 $\phi_j(x):=\sin\Big(\frac{(2j-1)\pi x}{2}\Big)$，对所有 $j\in\mathbb{N}=\{1,2,\cdots\}$. 由构造，我们有

$$\langle\phi_j,\phi_k\rangle_{L^2[0,1]}=\int_0^1\phi_j(x)\phi_k(x)\mathrm{d}x=\begin{cases}1 & \text{若 } j=k\\ 0 & \text{其他}\end{cases}$$

因此这些函数在 $L^2[0,1]$上是标准正交的. 现在给定某个序列$(\mu_j)_{j=1}^{\infty}$作为非负权重，其中$\sum_{j=1}^{\infty}\mu_j<\infty$，我们定义特征映射

$$\Phi(x):=(\sqrt{\mu_1}\phi_1(x),\quad \sqrt{\mu_2}\phi_2(x),\quad \sqrt{\mu_3}\phi_3(x),\cdots)$$

由构造，元素 $\Phi(x)$属于 $\ell^2(\mathbb{N})$，因为

$$\|\Phi(x)\|_{\ell^2(\mathbb{N})}^2=\sum_{j=1}^{\infty}\mu_j\phi_j^2(x)\leqslant\sum_{j=1}^{\infty}\mu_j<\infty$$

由此，这个特定的特征映射定义了一个 PSD 核形式为

$$\mathcal{K}(x,z):=\langle\Phi(x),\Phi(z)\rangle_{\ell^2(\mathbb{N})}=\sum_{j=1}^{\infty}\mu_j\phi_j(x)\phi_j(z)$$

如我们稍后的分析所示，一大类 PSD 核函数都可以通过这种方式来生成. ♣

12.2.3　从一个核构造一个 RKHS

在本节中，我们将展示任意定义在笛卡儿乘积空间 $\mathcal{X}\times\mathcal{X}$上的半正定核函数 $\mathcal{K}$ 可以用来构造一个特定的 $\mathcal{X}$上函数的希尔伯特空间. 这个希尔伯特空间是唯一的，并有如下的特殊性质：对任意 $x\in\mathcal{X}$，函数 $\mathcal{K}(\cdot,x)$属于 $\mathbb{H}$，并满足关系

$$\langle f,\mathcal{K}(\cdot,x)\rangle_{\mathbb{H}}=f(x)\quad 对任意\ f\in\mathbb{H}\tag{12.3}$$

这个性质为希尔伯特空间的*核再生性*，它揭示了 RKHS 方法在实际应用中的强大. 更准确地说，它允许我们将核本身视为定义一个特征映射[⊖] $x\mapsto\mathcal{K}(\cdot,x)\in\mathbb{H}$. 因为再生性确保了$\langle\mathcal{K}(\cdot,x),\ \mathcal{K}(\cdot,z)\rangle_{\mathbb{H}}=\mathcal{K}(x,z)$对任意 x，$z\in\mathcal{X}$成立，嵌入空间的内积可以简化为核评估函数. 如先前所提到的，RKHS 嵌入的这一计算上的优势常称为核技巧.

如何使用一个核来定义一个具有再生性(12.3)的希尔伯特空间呢？回顾一个希尔伯特空间的定义，我们首先需要构造一个函数的向量空间，然后赋予它一个合适的内积. 对应地，我们从考虑形式为 $f(\cdot)=\sum_{j=1}^{n}\alpha_j\mathcal{K}(\cdot,x_j)$的函数集合 $\widetilde{\mathbb{H}}$ 开始，其中 $n\geqslant 1$ 为某个整数，点集$\{x_j\}_{j=1}^{n}\subset\mathcal{X}$以及权向量 $\boldsymbol{\alpha}\in\mathbb{R}^n$. 容易看出集合 $\widetilde{\mathbb{H}}$ 在通常的函数加法和数乘意义下构成了一个向量空间.

给定向量空间中的任意一对函数 f，$\overline{f}$——假设它们具有形式 $f(\cdot)=\sum_{j=1}^{n}\alpha_j\mathcal{K}(\cdot,x_j)$和 $\overline{f}(\cdot)=\sum_{k=1}^{\overline{n}}\overline{\alpha}_k\mathcal{K}(\cdot,\overline{x}k)$——我们可以用下述方式来定义它们的内积：

$$\langle f,\overline{f}\rangle_{\widetilde{\mathbb{H}}}:=\sum_{j=1}^{n}\sum_{k=1}^{\overline{n}}\alpha_j\overline{\alpha}_k\mathcal{K}(x_j,\overline{x}_k)\tag{12.4}$$

可以验证这个定义独立于 f 和 $\overline{f}$ 的实际表达式. 不仅如此，所提出的这个内积确实满足核再生性质(12.3)，因为由构造，我们有

⊖　这个观点——核本身定义了一个从 $\mathcal{X}$到 $\mathbb{H}$ 的嵌入——和我们之前的观点密切相关但略有不同，其中特征映射 Φ 是一个从 $\mathcal{X}$到 $\ell^2(\mathbb{N})$的映射. Mercer 定理允许我们把这两个观点联系起来，见表达式(12.14)及相关讨论.

$$\langle f, \mathcal{K}(\cdot, x)\rangle_{\widetilde{\mathbb{H}}} = \sum_{j=1}^{n} \alpha_j \mathcal{K}(x_j, x) = f(x)$$

当然，我们仍然需要验证定义(12.4)定义了一个合适的内积. 显然，其满足一个内积的对称性要求(12.1a)和线性要求(12.1c). 然而，我们需要验证条件(12.1b)，即$\langle f, f\rangle_{\mathbb{H}} \geqslant 0$，等号成立当且仅当 $f=0$. 在这一步之后，我们将有一个有效的内积空间，而最后一步是取其闭包(在合适的意义下)以获得一个希尔伯特空间. 有了这个直观印象，我们现在给出一个正式的阐述，然后证明它.

定理 12.11 给定任意的半正定核函数 $\mathcal{K}$，存在一个唯一的希尔伯特空间 $\mathbb{H}$，其中核函数满足再生性质(12.3). 它被熟知为对应于 $\mathcal{K}$ 的再生核希尔伯特空间.

证明 如上所述，证明还剩下三个部分，我们把论述相应地划成三个部分.

验证条件(12.1b)：核函数 $\mathcal{K}$ 的半正定性意味着对任意 f，$\|f\|_{\widetilde{\mathbb{H}}}^2 = \langle f, f\rangle_{\widetilde{\mathbb{H}}} \geqslant 0$，因此我们只需要说明$\|f\|_{\widetilde{\mathbb{H}}}^2 = 0$ 当且仅当 $f=0$. 考虑一个函数具有形式 $f(\cdot) = \sum_{i=1}^{n} \alpha_i \mathcal{K}(\cdot, x_i)$，并假设

$$\langle f, f\rangle_{\widetilde{\mathbb{H}}} = \sum_{i,j=1}^{n} \alpha_i \alpha_j \mathcal{K}(x_j, x_i) = 0$$

我们接下来会说明 $f=0$ 必然成立，或者等价地对任意 $x \in \mathcal{X}$ 有 $f(x) = \sum_{i=1}^{n} \alpha_i \mathcal{K}(x, x_i) = 0$. 令$(a, x) \in \mathbb{R} \times \mathcal{X}$为任意的，并注意到由 $\mathcal{K}$ 的半正定性，我们有

$$0 \leqslant \|a\mathcal{K}(\cdot, x) + \sum_{i=1}^{n} \alpha_i \mathcal{K}(\cdot, x_i)\|_{\mathbb{H}}^2 = a^2 \mathcal{K}(x, x) + 2a \sum_{i=1}^{n} \alpha_i \mathcal{K}(x, x_i)$$

由于 $\mathcal{K} \geqslant 0$ 且标量 $a \in \mathbb{R}$ 是任意的，这个不等式能够成立只有当 $\sum_{i=1}^{n} \alpha_i \mathcal{K}(x, x_i) = 0$. 因此，我们已经证明了$(\widetilde{\mathbb{H}}, \langle \cdot, \cdot \rangle_{\widetilde{\mathbb{H}}})$是一个内积空间.

空间完备化：现在剩下的是把 $\widetilde{\mathbb{H}}$ 扩张成一个完备内积空间，即一个希尔伯特空间，在给定的再生核下. 如果$(f_n)_{n=1}^{\infty}$ 是 $\widetilde{\mathbb{H}}$ 中的一个柯西列，则对任意 $x \in \mathcal{X}$，序列$(f_n(x))_{n=1}^{\infty}$ 是 $\mathbb{R}$ 上的柯西列，因此必然收敛到某个实数. 我们可以由此来定义逐点极限函数 $f(x) := \lim_{n\to\infty} f_n(x)$，并且令 $\mathbb{H}$ 为 $\widetilde{\mathbb{H}}$ 加上这些元素的完备化空间. 我们定义极限函数 f 的范数为 $\|f\|_{\mathbb{H}} := \lim_{n\to\infty} \|f_n\|_{\widetilde{\mathbb{H}}}$.

为了验证这个定义是合理的，我们需要说明对$\widetilde{\mathbb{H}}$ 中的任意柯西列$(g_n)_{n=1}^{\infty}$，且满足对任意 $x \in \mathcal{X}$，$\lim_{n\to\infty} g_n(x) = 0$，我们同样有 $\lim_{n\to\infty} \|g_n\|_{\widetilde{\mathbb{H}}} = 0$. 如有必要可以取子列，假设 $\lim_{n\to\infty} \|g_n\|_{\widetilde{\mathbb{H}}}^2 = 2\epsilon > 0$，因此对充分大的 n，m，我们有$\|g_n\|_{\widetilde{\mathbb{H}}}^2 \geqslant \epsilon$ 和$\|g_m\|_{\widetilde{\mathbb{H}}}^2 \geqslant \epsilon$. 由于$(g_n)_{n=1}^{\infty}$ 是柯西的，我们同样有对充分大的 n，m，$\|g_n - g_m\|_{\widetilde{\mathbb{H}}} < \epsilon/2$. 现在，由于 $g_m \in \widetilde{\mathbb{H}}$，对某个有限正整数 N_m 和向量$\boldsymbol{\alpha} \in \mathbb{R}^{N_m}$，我们可以记 $g_m(\cdot) = \sum_{i=1}^{N_m} \alpha_i \mathcal{K}(\cdot, x_i)$. 由再生

性质，我们有

$$\langle g_m, g_n \rangle_{\widetilde{\mathbb{H}}} = \sum_{i=1}^{N_m} \alpha_i g_n(x_i) \to 0 \quad 当\ n \to +\infty,$$

这是由于对任意固定的 x 有 $g_n(x) \to 0$. 因此，对充分大的 n，我们可以保证 $|\langle g_m, g_n \rangle_{\widetilde{\mathbb{H}}}| \leqslant \epsilon/2$. 综上所述，我们有

$$\|g_n - g_m\|_{\widetilde{\mathbb{H}}} = \|g_n\|_{\widetilde{\mathbb{H}}}^2 + \|g_m\|_{\widetilde{\mathbb{H}}}^2 - 2\langle g_n, g_m \rangle_{\widetilde{\mathbb{H}}} \geqslant \epsilon + \epsilon - \epsilon = \epsilon$$

但是这个下界与结果 $\|g_n - g_m\|_{\widetilde{\mathbb{H}}} \leqslant \epsilon/2$ 矛盾.

因此，我们定义的范数是合理的，而且它可以通过极化恒等式定义 $\mathbb{H}$ 上的内积，

$$\langle f, g \rangle_{\mathbb{H}} := \frac{1}{2}\{\|f+g\|_{\mathbb{H}}^2 - \|f\|_{\mathbb{H}}^2 - \|g\|_{\mathbb{H}}^2\}$$

在这个定义下，可以说明对任意 $f \in \mathbb{H}$ 有 $\langle \mathcal{K}(\cdot, x), f \rangle_{\mathbb{H}} = f(x)$，因此 $\mathcal{K}(\cdot, x)$ 在 $\mathbb{H}$ 上同样是再生的.

唯一性：最后，我们来建立唯一性. 假设 $\mathbb{G}$ 是另一个 $\mathcal{K}$ 作为再生核的希尔伯特空间，因此对任意 $x \in \mathcal{X}$ 有 $\mathcal{K}(\cdot, x) \in \mathbb{G}$. 由于 $\mathbb{G}$ 在线性算子下是完备且闭的，我们一定有 $\mathbb{H} \subseteq \mathbb{G}$. 所以，$\mathbb{H}$ 是 $\mathbb{G}$ 的一个闭线性子空间，因此我们可以记 $\mathbb{G} = \mathbb{H} \oplus \mathbb{H}^{\perp}$. 令 $g \in \mathbb{H}^{\perp}$ 为任意的，且注意到 $\mathcal{K}(\cdot, x) \in \mathbb{H}$. 由正交性，我们一定有 $0 = \langle \mathcal{K}(\cdot, x), g \rangle_{\mathbb{G}} = g(x)$，由此我们得到 $\mathbb{H}^{\perp} = \{0\}$，故因此得到结论 $\mathbb{H} = \mathbb{G}$. □

12.2.4　一个更加抽象的视角及更多例子

到目前为止，我们看到了如何用任意半正定核函数来构造一个满足再生性(12.3)的希尔伯特空间. 在 Riesz 表示定理(定理 12.5)中，再生性等价于断言函数 $\mathcal{K}(\cdot, x)$ 充当评估泛函在 x 处的表示器，即表示算子 $f \mapsto f(x)$ 的线性泛函 L_x：$\mathbb{H} \to \mathbb{R}$. 因此，这说明了在任意再生核希尔伯特空间中，评估泛函都是有界的. 这就导出了一个自然的问题：评估函数有界的希尔伯特空间类有多大？事实上，这个类和在定理 12.11 证明中所定义的再生核希尔伯特空间类完全一样大. 事实上，另外一种定义 RKHS 的方式如下.

定义 12.12　一个再生核希尔伯特空间 $\mathbb{H}$ 是 $\mathcal{X}$ 上实值函数的一个希尔伯特空间，满足对任意 $x \in \mathcal{X}$，评估泛函 L_x：$\mathbb{H} \to \mathbb{R}$ 是有界的(即存在某个 $M < \infty$ 使得对任意 $f \in \mathbb{H}$ 有 $|L_x(f)| \leqslant M\|f\|_{\mathbb{H}}$).

在定义 12.12 的意义下，定理 12.11 说明了任意 PSD 核可以用来定义一个再生核希尔伯特空间. 为了完成这个等价性，我们需要说明由定义 12.12 给出的所有希尔伯特空间都可以有一个再生核函数. 我们正式阐述这个结论，然后证明它.

定理 12.13　给定任意希尔伯特空间 $\mathbb{H}$，其中的评估函数都是有界的，则存在一个唯一的 PSD 核 $\mathcal{K}$ 满足再生性(12.3).

证明 当 L_x 是一个有界线性泛函时，Riesz 表示定理(定理 12.5)意味着希尔伯特空间 $\mathbb{H}$ 中必然存在某个元素 R_x，使得

$$f(x)=L_x(f)=\langle f,R_x\rangle_{\mathbb{H}} \quad 对任意\ f\in\mathbb{H} \tag{12.5}$$

利用这些评估函数的表示，我们在笛卡儿乘积空间 $\mathcal{X}\times\mathcal{X}$ 上通过 $\mathcal{K}(\boldsymbol{x},\boldsymbol{z}):=\langle R_x,R_z\rangle_{\mathbb{H}}$ 定义一个实值函数 $\mathcal{K}$. 内积的对称性确保了 $\mathcal{K}$ 是一个对称函数，因此只需要说明 $\mathcal{K}$ 是半正定的. 对任意 $n\geqslant 1$，令 $\{x_i\}_{i=1}^n\subseteq\mathcal{X}$ 为一个任意点集，并考虑元素为 $K_{ij}=\mathcal{K}(x_i,x_j)$ 的 $n\times n$ 矩阵 $\boldsymbol{K}$. 对任意向量 $\boldsymbol{\alpha}\in\mathbb{R}^n$，我们有

$$\boldsymbol{\alpha}^{\mathrm{T}}\boldsymbol{K}\boldsymbol{\alpha}=\sum_{j,k=1}^n\alpha_j\alpha_k\mathcal{K}(x_j,x_k)=\left\langle\sum_{j=1}^n\alpha_jR_{x_j},\sum_{j=1}^n\alpha_jR_{x_j}\right\rangle_{\mathbb{H}}=\left\|\sum_{j=1}^n\alpha_jR_{x_j}\right\|_{\mathbb{H}}^2\geqslant 0$$

这就证明了半正定性.

余下验证再生性(12.3). 事实上这很简单，由于对任意 $x\in\mathcal{X}$，函数 $\mathcal{K}(\cdot,x)$等价于 $R_x(\cdot)$. 为了说明这一等价性，注意，对任意 $y\in\mathcal{X}$，我们有

$$\mathcal{K}(y,x)\overset{\text{(i)}}{=}\langle R_y,R_x\rangle_{\mathbb{H}}\overset{\text{(ii)}}{=}R_x(y)$$

其中步骤(i)由核函数的原始定义得到，而步骤(ii)则是由于 R_y 是评估在 y 处的表示. 因此可得到核满足所需的再生性(12.3). 最后，在习题 12.4 中，我们将说明一个 RKHS 的再生核一定是唯一的. □

我们再用一些例子来阐述关于 RKHS 的不同视角.

例 12.14($\mathbb{R}^d$ 上的线性泛函) 在例 12.7 中，我们说明了 $\mathbb{R}^d$ 上的线性核 $\mathcal{K}(\boldsymbol{x},\boldsymbol{z})=\langle\boldsymbol{x},\boldsymbol{z}\rangle$ 是半正定的. 定理 12.11 的构造性证明表明相应的 RKHS 是由如下形式的函数生成：

$$\boldsymbol{z}\mapsto\sum_{i=1}^n\alpha_i\langle\boldsymbol{z},x_i\rangle=\left\langle\boldsymbol{z},\sum_{i=1}^n\alpha_ix_i\right\rangle$$

每一个这种函数都是线性的，因此相应的 RKHS 是所有线性函数类，即具有形式 $f_{\boldsymbol{\beta}}(\cdot)=\langle\cdot,\boldsymbol{\beta}\rangle$的函数，对某个向量 $\boldsymbol{\beta}\in\mathbb{R}^m$. 诱导的内积为$\langle f_{\boldsymbol{\beta}},\ f_{\widetilde{\boldsymbol{\beta}}}\rangle_{\mathbb{H}}:=\langle\boldsymbol{\beta},\widetilde{\boldsymbol{\beta}}\rangle$. 注意到对任意 $\boldsymbol{z}\in\mathbb{R}^d$，函数 $\mathcal{K}(\cdot,\boldsymbol{z})=(\cdot,\boldsymbol{z})\equiv f_{\boldsymbol{z}}$ 是线性的. 此外，对任意线性函数 f_β，我们有

$$\langle f_{\boldsymbol{\beta}},\mathcal{K}(\cdot,\boldsymbol{z})\rangle_{\mathbb{H}}=\langle\boldsymbol{\beta},\boldsymbol{z}\rangle=f_{\boldsymbol{\beta}}(\boldsymbol{z})$$

这给出了再生性(12.3)的一个显式的验证. ♣

定义 12.12 和相应的定理 12.13 给我们提供了一种方法，这种可以验证一个给定的希尔伯特空间不是一个 RKHS，因此不能有 PSD 核. 特别地，RKHS 中评估函数 R_x 的有界性有一个很重要的推论：特别地，它保证 RKHS 中函数列的收敛可以推出逐点收敛. 事实上，如果在希尔伯特空间范数的意义下 $f_n\to f^*$，则对任意 $x\in\mathcal{X}$，我们有

$$|f_n(x)-f^*(x)|=|\langle R_x,f_n-f^*\rangle_{\mathbb{H}}|\leqslant\|R_x\|_{\mathbb{H}}\|f_n-f^*\|_{\mathbb{H}}\to 0 \tag{12.6}$$

其中我们用了柯西-施瓦茨不等式. 这个性质并不是对任意希尔伯特空间都成立，如例 12.4 中希尔伯特空间 $L^2[0,1]$就是一个此性质不成立的例子.

例 12.15(空间 $L^2[0,1]$不是一个 RKHS) 由上述的讨论，只要给出一个函数列 $(f_n)_{n=1}^\infty$ 在 $L^2[0,1]$中收敛到全零函数，但不逐点收敛到零. 考虑函数列 $f_n(x)=x^n$，$n=1,2,\cdots$. 由于 $\int_0^1f_n^2(x)\mathrm{d}x=\dfrac{1}{2n+1}$，这一序列包含在 $L^2[0,1]$中，而且 $\|f_n\|_{L^2[0,1]}\to 0$. 然

而，对所有 $n=1,2,\cdots$，有 $f_n(1)=1$，因此这个范数收敛不能推出逐点收敛. 因此，若 $L^2[0,1]$是一个 RKHS，则其与不等式(12.6)矛盾.

另一种说明 $L^2[0,1]$不是一个 RKHS 的方法是，问能否找到一函数族$\{R_x\in L^2[0,1], x\in[0,1]\}$使得

$$\int_0^1 f(y)R_x(y)\mathrm{d}y=f(x) \quad \text{对任意 } f\in L^2[0,1]$$

如果我们定义 R_x 为一个"δ 函数"这个等式会成立，即在 x 处为无穷大在其他地方为零. 然而，这样的函数显然不属于 $L^2[0,1]$，而且仅在广义函数的意义下存在. ♣

尽管 $L^2[0,1]$本身太大以至于不是一个再生核希尔伯特空间，我们可以在函数上施加额外的限制来得到一个 RKHS. 其中一种方式是引入函数及其导数的限制. Sobolev 空间以这种方式构成了一个重要函数类：下面的例子描述了一个一阶 Sobolev 空间是一个 RKHS.

例 12.16(一个简单的 Sobolev 空间) $[0,1]$上的一个函数 f 称为绝对连续的，如果其导数 f'几乎处处存在且是勒贝格可积的，而且我们有对任意 $x\in[0,1]$，$f(x)=f(0)+\int_0^x f'(z)\mathrm{d}z$. 现在考虑函数集

$$\mathbb{H}^1[0,1]:=\{f:[0,1]\to\mathbb{R}\mid f(0)=0,\text{且 } f \text{ 是绝对连续的，及 } f'\in L^2[0,1]\} \tag{12.7}$$

我们在这个空间上通过$\langle f,g\rangle_{\mathbb{H}^1}:=\int_0^1 f'(z)g'(z)\mathrm{d}z$ 定义一个内积；我们断言所得的希尔伯特空间是一个 RKHS.

其中一种验证这一断言的方式是展示评估函数的一个表示：对任意 $x\in[0,1]$，考虑函数 $R_x(z)=\min\{x,z\}$. 它在每一点 $z\in[0,1]\setminus\{x\}$处可微，且我们有 $R'_x(z)=\mathbb{I}_{[0,x]}(z)$，对应区间$[0,x]$中成员的二元示性函数. 不仅如此，对任意 $z\in[0,1]$，很容易验证

$$\min\{x,z\}=\int_0^z \mathbb{I}_{[0,x]}(u)\mathrm{d}u \tag{12.8}$$

因此由定义 R_x 是绝对连续的. 由于 $R_x(0)=0$，我们可以得到 R_x 是 $\mathbb{H}^1[0,1]$中的一个元素. 最后，为了验证 R_x 是评估函数的表示，我们计算

$$\langle f,R_x\rangle_{\mathbb{H}^1}=\int_0^1 f'(z)R'_x(z)\mathrm{d}z=\int_0^x f'(z)\mathrm{d}z=f(x)$$

其中最后一个等式用了微积分基本定理.

如定理 12.13 的证明所示，函数 $\mathcal{K}(\cdot,x)$等价于表示 $R_x(\cdot)$. 因此，与$[0,1]$上一阶 Sobolev 空间对应的核为 $\mathcal{K}(x,z)=R_x(z)=\min\{x,z\}$. 为了确认它是半正定的，注意式(12.8)意味着

$$\mathcal{K}(\boldsymbol{x},\boldsymbol{z})=\int_0^1 \mathbb{I}_{[0,x]}(u)\mathbb{I}_{[0,z]}(u)\mathrm{d}u=\langle \mathbb{I}_{[0,x]},\mathbb{I}_{[0,z]}\rangle_{L^2[0,1]}$$

因此给出了核的一个 Gram 表示，即验证了它的 PSD 性质. 我们可以得到 $\mathcal{K}(x,z)=\min\{x,z\}$是这个一阶 Sobolev 空间对应的唯一半正定核函数. ♣

我们现在转向例 12.16 中所述的一阶 Sobolev 空间的高阶推广.

例 12.17(高阶 Sobolev 空间和光滑样条) 对某个固定的整数 $\alpha\geqslant1$，考虑$[0,1]$上的实

值函数类 $\mathbb{H}^{\alpha}[0,1]$，其中函数是(几乎处处)α 阶可导以及 α 阶导数 $f^{(\alpha)}$ 是勒贝格可积的，并且 $f(0)=f^{(1)}(0)=\cdots=f^{(\alpha-1)}(0)=0$. (这里 $f^{(k)}$ 表示 f 的 k 阶导数.)我们可以在这个空间上定义一个内积

$$\langle f,g\rangle_{\mathbb{H}}:=\int_0^1 f^{(\alpha)}(z)g^{(\alpha)}(z)\mathrm{d}z \tag{12.9}$$

注意这一设定推广了例 12.16，其对应了 $\alpha=1$ 的情形.

我们现在断言这个内积定义了一个 RKHS，更准确地说，核为

$$\mathcal{K}(x,y)=\int_0^1 \frac{(x-z)_+^{\alpha-1}}{(\alpha-1)!}\frac{(y-z)_+^{\alpha-1}}{(\alpha-1)!}\mathrm{d}z$$

其中$(t)_+:=\max\{0,t\}$. 注意函数 $R_x(\cdot):=\mathcal{K}(\cdot,x)$在$[0,1]$上几乎处处 α 阶可微，且 $R_x^{(\alpha)}(y)=(x-y)_+^{\alpha-1}/(\alpha-1)!$. 为了验证 R_x 起到了评估函数表示的作用，回顾任意几乎处处 α 次可微函数 $f:[0,1]\to\mathbb{R}$ 有泰勒展开

$$f(x)=\sum_{\ell=0}^{\alpha-1} f^{(\ell)}(0)\frac{x^{\ell}}{\ell!}+\int_0^1 f^{(\alpha)}(z)\frac{(x-z)_+^{\alpha-1}}{(\alpha-1)!}\mathrm{d}z \tag{12.10}$$

利用之前提到的 R_x 的性质和内积的定义(12.9)，我们得到

$$\langle R_x,f\rangle_{\mathbb{H}}=\int_0^1 f^{(\alpha)}(z)\frac{(x-z)_+^{\alpha-1}}{(\alpha-1)!}\mathrm{d}z=f(x)$$

其中最后一个等式用了泰勒展开(12.10)和 f 的前$(\alpha-1)$阶导数在 0 处为零这一事实.

在接下来的例 12.29 中，我们将展示如何扩充希尔伯特空间以去掉对函数 f 前$(\alpha-1)$阶导数的限制. ♣

12.3 Mercer 定理及其结果

我们现在考虑一大类半正定核函数的一个重要的表示，即基于它们的特征函数. 回顾经典线性代数知识，任意半正定矩阵有一组特征向量标准正交基，并且对应的特征值是非负的. Mercer 定理的抽象形式把这个分解推广到半正定核函数.

令 $\mathbb{P}$ 是一个紧度量空间 $\mathcal{X}$ 上的非负测度，并考虑函数类 $L^2(\mathcal{X};\mathbb{P})$及通常的平方范数

$$\|f\|_{L^2(\mathcal{X};\mathbb{P})}^2=\int_{\mathcal{X}} f^2(x)\mathrm{d}\mathbb{P}(x)$$

由于测度 $\mathbb{P}$ 始终保持固定，我们常常对这个范数采用简写符号 $L^2(\mathcal{X})$甚至 L^2. 给定一个对称 PSD 核函数 $\mathcal{K}$：$\mathcal{X}\times\mathcal{X}\to\mathbb{R}$ 是连续的，我们可以定义 $L^2(\mathcal{X})$上的一个线性算子 $T_{\mathcal{K}}$

$$T_{\mathcal{K}}(f)(x):=\int_{\mathcal{X}}\mathcal{K}(x,z)f(z)\mathrm{d}\mathbb{P}(z) \tag{12.11a}$$

我们假设核函数满足不等式

$$\int_{\mathcal{X}\times\mathcal{X}}\mathcal{K}^2(x,z)\mathrm{d}\mathbb{P}(x)\mathrm{d}\mathbb{P}(z)<\infty \tag{12.11b}$$

保证了 $T_{\mathcal{K}}$ 是 $L^2(\mathcal{X})$上的一个有界线性算子. 事实上，我们有

$$\|T_{\mathcal{K}}(f)\|_{L^2(\mathcal{X})}^2=\int_{\mathcal{X}}\Big(\int_{\mathcal{X}}\mathcal{K}(x,y)f(x)\mathrm{d}\mathbb{P}(x)\Big)^2\mathrm{d}\mathbb{P}(y)$$

$$\leqslant \|f\|_{L^2(\mathcal{X})}^2 \int_{\mathcal{X}\times\mathcal{X}} \mathcal{K}^2(x,y)\mathrm{d}\mathbb{P}(x)\mathrm{d}\mathbb{P}(y)$$

其中我们用到了柯西-施瓦茨不等式. 这种类型的算子称为希尔伯特-施密特(Hilbert-Schmidt)算子.

我们用一些例子来阐述这些定义.

例 12.18(PSD 矩阵) 令 $\mathcal{X}=[d]:=\{1,2,\cdots,d\}$并有 Hamming 度量，并令 $\mathbb{P}(\{j\})=1$ 对任意 $j\in\{1,2,\cdots,d\}$为这个离散空间上的计数测度. 在这种情形下，任意函数 $f:\mathcal{X}\to\mathbb{R}$ 可以表示为 d 维向量$(f(1),\cdots,f(d))$，而一个对称核函数 $\mathcal{K}$：$\mathcal{X}\times\mathcal{X}\to\mathbb{R}$ 可表示为具有元素 $\mathcal{K}_{ij}=\mathcal{K}(i,j)$的对称 $d\times d$ 矩阵$\boldsymbol{K}$. 因此，积分算子(12.11a)简化为通常的矩阵向量乘法

$$T_{\mathcal{K}}(f)(x)=\int_{\mathcal{X}}\mathcal{K}(x,z)f(z)\mathrm{d}\mathbb{P}(z)=\sum_{z=1}^{d}\mathcal{K}(x,z)f(z)$$

由标准线性代数知识，我们知道矩阵 $\boldsymbol{K}$ 在 $\mathbb{R}^d$ 中有一组标准正交特征向量$\{\boldsymbol{v}_1,\cdots,\boldsymbol{v}_d\}$，以及对应的一组非负特征值 $\mu_1\geqslant\mu_2\geqslant\cdots\geqslant\mu_d$，满足

$$\boldsymbol{K}=\sum_{j=1}^{d}\mu_j\boldsymbol{v}_j\boldsymbol{v}_j^{\mathrm{T}} \tag{12.12}$$

Mercer 定理，简单来说，给出了这一分解对一般的半正定核函数的一个重要的推广. ♣

例 12.19(一阶 Sobolev 核) 现在假设 $\mathcal{X}=[0,1]$，以及 $\mathbb{P}$ 是勒贝格测度. 回顾核函数 $\mathcal{K}(x,z)=\min\{x,z\}$，我们有

$$T_{\mathcal{K}}(f)(x)=\int_0^1\min\{x,z\}f(z)\mathrm{d}z=\int_0^x zf(z)\mathrm{d}z+\int_x^1 xf(z)\mathrm{d}z$$

我们会在例 12.23 中再回来分析这个特定的积分算子. ♣

对一个核积分算子的一般性概念已经有了一些直观印象之后，我们可以来阐述抽象的 Mercer 定理.

定理 12.20(Mercer 定理) 假设 $\mathcal{X}$是紧的，核函数 $\mathcal{K}$ 是连续且半正定的，并满足希尔伯特-施密特条件(12.11b). 那么存在一列特征函数$(\phi_j)_{j=1}^{\infty}$ 构成了 $L^2(\mathcal{X};\mathbb{P})$的一组标准正交基，并且非负特征值$(\mu_j)_{j=1}^{\infty}$ 满足

$$T_{\mathcal{K}}(\phi_j)=\mu_j\phi_j \quad 对\ j=1,2,\cdots \tag{12.13a}$$

此外，核函数有展开式

$$\mathcal{K}(x,z)=\sum_{j=1}^{\infty}\mu_j\phi_j(x)\phi_j(z) \tag{12.13b}$$

这里无穷序列是一致绝对收敛的.

注：Mercer 证明的原始定理仅针对 $L^2([a,b])$上的算子，其中 $a<b$ 有限. 这里所叙述的更加抽象的结论是基于希尔伯特空间上紧算子特征值的更加一般结果得到的；更多细节请读者参阅文献.

在其他结论中，Mercer 定理给出了一个关于再生核希尔伯特空间是如何被视为给出了

一个函数定义域 $\mathcal{X}$ 到序列空间 $\ell^2(\mathbb{N})$的一个子集的特别嵌入直观解释. 特别地，给定由 Mercer 定理保证的特征函数和特征值，我们可以定义一个映射 Φ：$\mathcal{X}\to\ell^2(N)$

$$x \mapsto \Phi(x):=(\sqrt{\mu_1}\,\phi_1(x),\quad \sqrt{\mu_2}\,\phi_2(x),\quad \sqrt{\mu_3}\,\phi_3(x),\cdots) \tag{12.14}$$

由构造，我们有

$$\|\Phi(x)\|^2_{\ell^2(\mathbb{N})}=\sum_{i=1}^{\infty}\mu_j\phi_j^2(x)=\mathcal{K}(x,x)<\infty$$

说明映射 $x\mapsto\Phi(x)$是一类(加权的)特征映射，把原始向量嵌入到 $\ell^2(\mathbb{N})$的一个子集中. 此外，这个特征映射同样给出了 $\ell_2(\mathbb{N})$上核函数的一个显式的内积表达式，即

$$\langle\Phi(x),\Phi(z)\rangle_{\ell^2(\mathbb{N})}=\sum_{j=1}^{\infty}\mu_j\phi_j(x)\phi_j(z)=\mathcal{K}(x,z)$$

我们通过考虑一些例子来阐述 Mercer 定理.

例 12.21(一个对称 PSD 矩阵的特征函数)　如例 12.18 中所讨论的，一个对称的 d 维 PSD 矩阵可以看作空间$[d]\times[d]$上的一个核函数，这里引入了缩写$[d]:=\{1,2,\cdots,d\}$. 在这种情况下，特征函数 ϕ_j：$[d]\to\mathbb{R}$ 可以由向量 $\boldsymbol{v}_j:=(\phi_j(1),\cdots,\phi_j(d))\in\mathbb{R}^d$ 来确定. 因此，在这个特殊情形下，特征值方程 $T_{\mathcal{K}}(\phi_j)=\mu_j\phi_j$ 等价于断言 $\boldsymbol{v}_j\in\mathbb{R}^d$ 是核矩阵的一个特征向量. 因此，分解(12.13b)简化成熟悉的结论，即任意对称 PSD 矩阵有一个特征函数标准正交基，及对应的非负特征值，正如先前在式(12.12)中所示. ♣

例 12.22(一个多项式核的特征函数)　我们计算定义在笛卡儿乘积$[-1,1]\times[-1,1]$上的二阶多项式核 $\mathcal{K}(x,z)=(1+xz)^2$ 的特征函数，其中单位区间上具有勒贝格测度. 给定一个函数 f:$[-1,1]\to\mathbb{R}$，我们有

$$\begin{aligned}\int_{-1}^{1}\mathcal{K}(x,z)f(z)\mathrm{d}z&=\int_{-1}^{1}(1+2xz+x^2z^2)f(z)\mathrm{d}z\\&=\left\{\int_{-1}^{1}f(z)\mathrm{d}z\right\}+\left\{2\int_{-1}^{1}zf(z)\mathrm{d}z\right\}x+\left\{\int_{-1}^{1}z^2f(z)\mathrm{d}z\right\}x^2\end{aligned}$$

说明核积分算子的任意特征函数一定是一个阶数不超过 2 的多项式. 因此，特征函数问题可以简化为一个通常的基于 $f(x)=a_0+a_1x+a_2x^2$ 展开系数的特征值问题. 通过一些简单的代数运算，我们发现，如果 f 是特征值 μ 对应的特征函数，那么这些系数一定满足线性方程组

$$\begin{bmatrix}2&0&2/3\\0&4/3&0\\2/3&0&2/5\end{bmatrix}\begin{bmatrix}a_0\\a_1\\a_2\end{bmatrix}=\mu\begin{bmatrix}a_0\\a_1\\a_2\end{bmatrix}$$

求解这个常规的特征方程组，我们得到下面的特征函数-特征值对

$$\begin{aligned}&\phi_1(x)=-0.9403-0.3404x^2, &&\text{相应的 }\mu_1=2.2414\\&\phi_2(x)=x, &&\text{相应的 }\mu_2=1.3333\\&\phi_3(x)=-0.3404+0.9403x^2, &&\text{相应的 }\mu_3=0.1586\end{aligned}$$

♣

例 12.23(一阶 Sobolev 空间的特征函数)　在例 12.16 中，我们介绍了一阶 Sobolev 空间 $\mathbb{H}^1[0,1]$. 在例 12.19 中，我们发现其核函数形式为 $\mathcal{K}(x,z)=\min\{x,z\}$，并确定了相应

的积分算子的形式. 使用前面的研究，若 ϕ：$[0,1]\to\mathbb{R}$ 是 T_K 的一个特征函数，其特征值 $\mu\neq 0$，那么其一定满足关系 $T_K(\phi)=\mu_\phi$，或者等价地

$$\int_0^x z\phi(z)\mathrm{d}z+\int_x^1 x\phi(z)\mathrm{d}z=\mu\phi(x)\quad \text{对任意 } x\in[0,1]$$

由于这一关系必须对所有 $x\in[0,1]$成立，我们可以对 x 求导. 两次求导可以得到二阶微分方程 $\mu\phi''(x)+\phi(x)=0$. 结合边界条件 $\phi(0)=0$，我们得到 $\phi(x)=\sin(x/\sqrt{\mu})$是可能的特征函数. 现在用边界条件 $\int_0^1 z\phi(z)\mathrm{d}z=\mu\phi(1)$，我们导出特征函数、特征值分别为

$$\phi_j(t)=\sin\frac{(2j-1)\pi t}{2}\text{和 }\mu_j=\left(\frac{2}{(2j-1)\pi}\right)^2\quad \text{对} j=1,2,\cdots$$

例 12.24(平移不变核)　一类重要的核函数具有平移不变的形式. 特别地，给定一个偶函数 ψ：$[-1,1]\to\mathbb{R}$[意味着对任意 $u\in[-1,1]$有 $\psi(u)=\psi(-u)$]，我们通过周期展开 $\psi(u+2k)=\psi(u)$把它的定义域扩展到实数轴，对任意 $u\in[-1,1]$和整数 $k\in\mathbb{Z}$.

利用这个函数，我们可以在笛卡儿乘积空间$[-1,1]\times[-1,1]$上定义一个平移不变的核 $\mathcal{K}(x,z)=\psi(x-z)$. 注意 ψ 的偶性保证了这个核是对称的. 此外，核积分算子形式为

$$T_K(f)(x)=\underbrace{\int_{-1}^1\psi(x-z)f(z)\mathrm{d}z}_{(\psi*f)(x)}$$

并且是一个卷积算子.

一个经典的分析结果是卷积算子的特征函数是由傅里叶基给出的；我们在这里证明这一结果. 我们首先证明余弦函数 $\phi_j(x)=\cos(\pi jx)(j=0,1,2,\cdots)$是算子 T_K 的特征函数. 事实上，我们有

$$T_K(\phi_j)(x)=\int_{-1}^1\psi(x-z)\cos(\pi jz)\mathrm{d}z=\int_{-1-x}^{1-x}\psi(-u)\cos(2\pi j(x+u))\mathrm{d}u$$

我们做了变量代换 $u=z-x$. 注意积分区间$[-1-x,1-x]$的长度为 2，并且 $\psi(-u)$和 $\cos(2\pi(x+u))$都以 2 为周期，我们可以把积分区间变换为$[-1,1]$. 结合 ψ 的偶性，我们可以推出 $T_K(\phi_j)(x)=\int_{-1}^1\psi(u)\cos(2\pi j(x+u))\mathrm{d}u$. 用基本的三角恒等式

$$\cos(\pi j(x+u))=\cos(\pi jx)\cos(\pi ju)-\sin(\pi jx)\sin(\pi ju)$$

我们得到

$$\begin{aligned}T_K(\phi_j)(x)&=\left\{\int_{-1}^1\psi(u)\cos(\pi ju)\mathrm{d}u\right\}\cos(\pi jx)-\left\{\int_{-1}^1\psi(u)\sin(\pi ju)\mathrm{d}u\right\}\sin(\pi jx)\\&=c_j\cos(\pi jx)\end{aligned}$$

其中 $c_j=\int_{-1}^1\psi(u)\cos(\pi ju)\mathrm{d}u$ 是 ψ 的第 j 个余弦系数. 在这个计算中，我们利用 ψ 的偶性得到正弦函数的积分项为 0.

一个类似的方法可以证明每个正弦曲线

$$\widetilde{\phi}_j(x)=\sin(j\pi x)\quad \text{对} j=1,2,\cdots$$

同样是特征值为 c_j 的特征函数. 由于函数$\{\phi_j,j=0,1,2,\cdots\}\cup\{\widetilde{\phi}_j,j=0,1,2,\cdots\}$构成了

$L^2[-1,1]$上的一个完备正交基，故不存在其他的不是这些函数线性组合的特征函数. 因此，由 Mercer 定理，核函数有特征展开

$$\mathcal{K}(x,z)=\sum_{j=0}^{\infty} c_j\{\cos(\pi jx)\cos(\pi jz)+\sin(\pi jx)\sin(\pi jz)\}=\sum_{j=0}^{\infty} c_j\cos(\pi j(x-z))$$

其中 c_j 是 ψ 的(余弦)傅里叶系数. 因此，我们看到 $\mathcal{K}$ 是半正定的当且仅当对 $j=0$，$1,2,\cdots$ 有 $c_j\geqslant 0$. ♣

例 12.25(高斯核)　如先前在例 12.9 中所介绍的，某个子集 $\mathcal{X}\subseteq\mathbb{R}^d$ 上常用的核是高斯核，形式为 $\mathcal{K}(\boldsymbol{x},\boldsymbol{z})=\exp\left(-\frac{\|\boldsymbol{x}-\boldsymbol{z}\|_2^2}{2\sigma^2}\right)$，其中 $\sigma>0$ 是一个窗宽参数. 为了让我们的计算相对简洁，我们在这里考虑单变量 $d=1$ 的情形，并令 $\mathcal{X}$ 为实轴上某个紧区间. 用一个缩放技巧，我们可以将论述限制到 $\mathcal{X}=[-1,1]$，因此我们考虑积分方程

$$\int_{-1}^{1} \mathrm{e}^{-\frac{(x-z)^2}{2\sigma^2}}\phi_j(z)\mathrm{d}z=\mu_j\phi_j(x) \tag{12.15}$$

注意这个问题不能用先前例子中的方法来处理，因为我们没有对函数做周期展开. [⊖]尽管如此，高斯积分算子的特征值和傅里叶变换紧密相关.

在余下的论述中，我们来考虑一个略微更加一般的积分方程. 给定一个有界，连续偶函数 Ψ：$\mathbb{R}\rightarrow[0,\infty)$，我们可以定义其(实值)傅里叶变换 $\psi(u)=\int_{-\infty}^{\infty}\Psi(\omega)\mathrm{e}^{-i\omega u}\mathrm{d}\omega$，并用它定义一个平移不变的核 $\mathcal{K}(x,z):=\psi(x-z)$. 那么我们导出积分方程

$$\int_{-1}^{1} \psi(x-z)\phi_j(z)\mathrm{d}z=\mu_j\phi_j(x) \tag{12.16}$$

积分算子的经典理论可以用来刻画这个积分算子的谱. 更准确地说，对于某个 $\alpha>1$，对任意满足 $\log\Psi(\omega)\asymp-\omega^\alpha$ 的算子，存在一个常数 c 使得对应于积分方程(12.16)的特征值 $(\mu_j)_{j=1}^{\infty}$ 在 $j\rightarrow+\infty$时尺度为 $\mu_j\asymp \mathrm{e}-cj\log j$. 关于这种类型结果的深入讨论见参考文献.

高斯核是这一设定下的一个特殊情形，其中 $\Psi(\omega)=\exp\left(-\frac{\sigma^2\omega^2}{2}\right)$ 和 $\psi(u)=\exp\left(-\frac{u^2}{2\sigma^2}\right)$. 应用先前的讨论可以保证在一个紧区间上高斯核的特征值在 $j\rightarrow+\infty$时尺度为 $\mu_j\asymp\exp(-cj\log j)$. 我们因此看到高斯核类是相对比较小的，因为其特征值以指数形式衰减. (读者应该对比这一快速衰减和例 12.23 中一阶 Sobolev 空间类的显著慢衰减 $\mu_j\asymp j^{-2}$.) ♣

Mercer 定理的一个重要的结论给出了对应一个给定核 RKHS 的具体刻画.

推论 12.26　考虑一个满足 Mercer 定理条件的核，其相应的特征函数为 $(\phi_j)_{j=1}^{\infty}$，非负特征值为 $(\mu_j)_{j=1}^{\infty}$. 它导出了再生核希尔伯特空间

⊖ 如果我们考虑周期展开的形式，那么特征值应该为余弦系数 $c_j=\int_{-1}^{1}\exp\left(-\frac{u^2}{2\sigma^2}\right)\cos(\pi ju)\mathrm{d}u$，相应的特征函数为余弦函数.

$$\mathbb{H} := \left\{ f = \sum_{j=1}^{\infty} \beta_j \phi_j \mid \text{对某些} (\beta_j)_{j=1}^{\infty} \in \ell^2(\mathbb{N}) \text{且} \sum_{j=1}^{\infty} \frac{\beta_j^2}{\mu_j} < \infty \right\} \tag{12.17a}$$

以及相应的内积

$$\langle f, g \rangle_{\mathbb{H}} := \sum_{j=1}^{\infty} \frac{\langle f, \phi_j \rangle \langle g, \phi_j \rangle}{\mu_j} \tag{12.17b}$$

其中$\langle \cdot, \cdot \rangle$为$L^2(\mathcal{X};\mathbb{P})$上的内积.

关于这个结果我们做一些论述. 首先，为了避免任意有关除以零的问题，我们可以限制仅针对$\mu_j > 0$的j. 其次，注意推论12.26表明对应一个Mercer核的RKHS同构于$\ell^2(\mathbb{N})$中的一个无穷维椭球，即集合

$$\mathcal{E} := \left\{ (\beta_j)_{j=1}^{\infty} \in \ell^2(\mathbb{N}) \mid \sum_{j=1}^{\infty} \frac{\beta_j^2}{\mu_j} \leqslant 1 \right\} \tag{12.18}$$

我们会在第13章和第14章中进一步研究这类椭球的性质.

证明 在证明中，我们对所有$j \in \mathbb{N}$取$\mu_j > 0$. 这一假设是不失一般性的，因为若不然，同样的论述适用于截断为核函数的正特征值的求和. 回顾$\langle \cdot, \cdot \rangle$为$L^2(\mathcal{X};\mathbb{P})$上的内积.

可以直接验证在所述内积$\langle \cdot, \cdot \rangle_{\mathbb{H}}$下$\mathbb{H}$是一个希尔伯特空间. 我们的下一步是说明$\mathbb{H}$事实上是一个再生核希尔伯特空间，并满足对所给核的再生性. 我们从说明对每一个固定的$x \in \mathcal{X}$，函数$\mathcal{K}(\cdot, x)$属于$\mathbb{H}$开始. 由Mercer展开，我们有$\mathcal{K}(\cdot, x) = \sum_{j=1}^{\infty} \mu_j \phi_j(x) \phi_j(\cdot)$. 因此由希尔伯特空间的定义(12.17a)，只需要证明$\sum_{j=1}^{\infty} \mu_j \phi_j^2(x) < \infty$. 由Mercer展开，我们有

$$\sum_{j=1}^{\infty} \mu_j \phi_j^2(x) = \mathcal{K}(x, x) < \infty$$

因此$\mathcal{K}(\cdot, x) \in \mathbb{H}$.

我们现在来验证再生性. 由$(\phi_j)_{j=1}^{\infty}$在$L^2(\mathcal{X};\mathbb{P})$中的标准正交性和Mercer定理，对每一个$j \in \mathbb{N}$有$\langle \mathcal{K}(\cdot, x), \phi_j \rangle = \mu_j \phi_j(x)$. 因此，由希尔伯特内积的定义(12.17b)，对任意$f \in \mathbb{H}$，我们有

$$\langle f, \mathcal{K}(\cdot, x) \rangle_{\mathbb{H}} = \sum_{j=1}^{\infty} \frac{\langle f, \phi_j \rangle \langle \mathcal{K}(\cdot, x), \phi_j \rangle}{\mu_j} = \sum_{j=1}^{\infty} \langle f, \phi_j \rangle \phi_j(x) = f(x)$$

其中最后一步再次用到了$(\phi_j)_{j=1}^{\infty}$的标准正交性. 因此，我们已经说明了$\mathbb{H}$是对应核$\mathcal{K}$的RKHS.（如在定理12.11中所讨论的，与任意给定核对应的RKHS是唯一的.） □

12.4 再生核希尔伯特空间上的算子

本节中，我们介绍再生核希尔伯特空间上的很多算子，这样可以去构造新的空间.

12.4.1 再生核的和

给定两个分别定义在$\mathcal{X}_1$和$\mathcal{X}_2$上的函数的希尔伯特空间$\mathbb{H}_1$和$\mathbb{H}_2$，考虑空间

$$\mathbb{H}_1+\mathbb{H}_2:=\{f_1+f_2 \mid f_j\in\mathbb{H}_j, j=1,2\}$$

对应了来自两个空间的函数对相加所得的所有函数集合.

命题 12.27 假设 $\mathbb{H}_1$ 和 $\mathbb{H}_2$ 分别是对应于核 $\mathcal{K}_1$ 和 $\mathcal{K}_2$ 的 RKHS. 那么空间 $\mathbb{H}=\mathbb{H}_1+\mathbb{H}_2$ 具有范数

$$\|f\|_{\mathbb{H}}^2:=\min_{\substack{f=f_1+f_2\\ f_1\in\mathbb{H}_1, f_2\in\mathbb{H}_2}}\{\|f_1\|_{\mathbb{H}_1}^2+\|f_2\|_{\mathbb{H}_2}^2\} \tag{12.19}$$

是一个对应核 $\mathcal{K}=\mathcal{K}_1+\mathcal{K}_2$ 的 RKHS.

注：这个构造在 $\mathbb{H}_1$ 和 $\mathbb{H}_2$ 的交仅有恒零函数时非常简单，因为对任意函数 $f\in\mathbb{H}$ 可以由唯一的函数对(f_1,f_2)表示成 $f=f_1+f_2$，因此有$\|f\|_{\mathbb{H}}^2=\|f_1\|_{\mathbb{H}_1}^2+\|f_2\|_{\mathbb{H}_2}^2$. 我们用一些例子来阐述这一和式的作用.

例 12.28(一阶 Sobolev 空间和常值函数) 考虑$[0,1]\times[0,1]$上的核函数 $\mathcal{K}_1(x,z)=1$ 和 $\mathcal{K}_2(x,z)=\min\{x,z\}$. 它们生成再生核希尔伯特空间

$$\mathbb{H}_1=\text{span}\{1\} \quad 和 \quad \mathbb{H}_2=\mathbb{H}^1[0,1]$$

其中 span{1}是所有常值函数的集合，而 $\mathbb{H}^1[0,1]$则是例 12.16 中的一阶 Sobolev 空间. 注意对 $\mathbb{H}_2$ 中任意元素都有 $f(0)=0$，故 $\mathbb{H}_1\cap\mathbb{H}_2=\{0\}$. 因此，核 $\mathcal{K}(x,z)=1+\min\{x,z\}$对应的 RKHS 包含了所有函数

$$\overline{\mathbb{H}}^1[0,1]:=\{f:[0,1]\to\mathbb{R} \mid f \text{ 绝对连续,且 } f'\in L^2[0,1]\}$$

被赋予了平方范数$\|f\|_{\overline{\mathbb{H}}^1[0,1]}^2=f^2(0)+\int_0^1(f'(z))^2\mathrm{d}z$. ♣

作为上例的延续，我们介绍例 12.17 中高阶 Sobolev 空间的扩展.

例 12.29(扩展高阶 Sobolev 空间) 对一个整数 $\alpha\geqslant1$，考虑$[0,1]\times[0,1]$上的核函数

$$\mathcal{K}_1(x,z)=\sum_{\ell=0}^{\alpha-1}\frac{x^\ell}{\ell!}\frac{z^\ell}{\ell!} \quad 和 \quad \mathcal{K}_2(x,z)=\int_0^1\frac{(x-y)_+^{\alpha-1}}{(\alpha-1)!}\frac{(z-y)_+^{\alpha-1}}{(\alpha-1)!}\mathrm{d}y$$

第一个核生成了一个阶为 $\alpha-1$ 的多项式 RKHS $\mathbb{H}_1$，而第二个核生成了先前在例 12.17 中所定义的 α 阶 Sobolev 空间 $\mathbb{H}_2=\mathbb{H}^\alpha[0,1]$.

令 $f^{(\ell)}$为 ℓ 阶导数，回顾任意函数 $f\in\mathbb{H}^\alpha[0,1]$满足边界条件 $f^{(\ell)}(0)=0$，对 $\ell=0,1,\cdots,\alpha-1$. 因此，我们有 $\mathbb{H}_1\cap\mathbb{H}_2=\{0\}$，故命题 12.27 保证核

$$\mathcal{K}(x,z)=\sum_{\ell=0}^{\alpha-1}\frac{x^\ell}{\ell!}\frac{z^\ell}{\ell!}+\int_0^1\frac{(x-y)_+^{\alpha-1}}{(\alpha-1)!}\frac{(z-y)_+^{\alpha-1}}{(\alpha-1)!}\mathrm{d}y \tag{12.20}$$

生成了一个几乎处处 α 阶可微，$f^{(\alpha)}$勒贝格可积的所有函数的希尔伯特空间 $\overline{\mathbb{H}}^\alpha[0,1]$. 如我们在习题 12.15 中所验证的，相应的 RKHS 范数为

$$\|f\|_{\mathbb{H}}^2=\sum_{\ell=0}^{\alpha-1}(f^{(\ell)}(0))^2+\int_0^1(f^{(\alpha)}(z))^2\mathrm{d}z \tag{12.21}$$

♣

例 12.30（加性模型）　通过简单部分来得到一个多元函数通常是非常便捷的，加性模型给出了一种这样的方式. 对 $j=1,2,\cdots,M$，令 $\mathbb{H}_j$ 为一个再生核希尔伯特空间，并考虑具有加性分解形式的函数 $f=\sum_{j=1}^{M} f_j$，其中 $f_j\in\mathbb{H}_j$. 由命题 12.27，所有这些函数的空间 $\mathbb{H}$ 本身是一个 RKHS，相应的核为 $\mathcal{K}=\sum_{j=1}^{M}\mathcal{K}_j$. 这种加性模型的一个常用例子是当每个希尔伯特空间 $\mathbb{H}_j$ 对应了一个 d 维向量的第 j 个分量的函数时，因此空间 $\mathbb{H}$ 包含了函数 $f:\mathbb{R}^d\to\mathbb{R}$ 其具有加性分解形式

$$f(x_1,\cdots,x_d)=\sum_{j=1}^{d} f_j(x_j)$$

其中 f_j：$\mathbb{R}\to\mathbb{R}$ 是第 j 分量的单变量函数. 由于对所有 $j\neq k$，$\mathbb{H}_j\cap\mathbb{H}_k=\{0\}$，相应的希尔伯特范数为 $\|f\|_{\mathbb{H}}^2=\sum_{j=1}^{d}\|f_j\|_{\mathbb{H}_j}^2$. 我们在之后章节的习题 13.9 和例 14.11 中给出这些加性分解的更多讨论.

更一般地，可以考虑展开形式

$$f(x_1,\cdots,x_d)=\sum_{j=1}^{d} f_j(x_j)+\sum_{j\neq k} f_{jk}(x_j,x_k)+\cdots$$

当展开函数设定为两两正交时，这样的展开称为*泛函* ANOVA 分解. ♣

我们现在转向命题 12.27 的证明.

证明　考虑两个希尔伯特空间的直和 $\mathbb{F}:=\mathbb{H}_1\oplus\mathbb{H}_2$；由定义，它是所有有序对的希尔伯特空间 $\{(f_1,f_2)\mid f_j\in\mathbb{H}_j,j=1,2\}$，范数为

$$\|(f_1,f_2)\|_{\mathbb{F}}^2:=\|f_1\|_{\mathbb{H}_1}^2+\|f_2\|_{\mathbb{H}_2}^2 \tag{12.22}$$

现在考虑由 $(f_1,f_2)\to f_1+f_2$ 定义的线性算子 L：$\mathbb{F}\to\mathbb{H}$，注意它把 $\mathbb{F}$ 映射到 $\mathbb{H}$. 这个算子的零空间 $\mathbb{N}(L)$ 是 $\mathbb{F}$ 的一个子空间，我们断言它是闭的. 考虑包含在零空间 $\mathbb{N}(L)$ 中的某个序列 $((f_n,-f_n))_{n=1}^{\infty}$，其收敛到一个点 $(f,g)\in\mathbb{F}$. 由范数(12.22)的定义，这个收敛保证了在 $\mathbb{H}_1$ 中 $f_n\to f$（且因此逐点）以及在 $\mathbb{H}_2$ 中 $-f_n\to g$（且因此逐点）. 综上，我们得到 $f=-g$，即 $(f,g)\in\mathbb{N}(L)$.

令 $\mathbb{N}^{\perp}$ 为 $\mathbb{N}(L)$ 在 $\mathbb{F}$ 中的正交补空间，并令 $L_{\perp}$ 为 L 在 $\mathbb{N}^{\perp}$ 上的限制. 由于这个映射是 $\mathbb{N}^{\perp}$ 和 $\mathbb{H}$ 之间的双射，我们可以定义 $\mathbb{H}$ 上的一个内积

$$\langle f,g\rangle_{\mathbb{H}}:=\langle L_{\perp}^{-1}(f),L_{\perp}^{-1}(g)\rangle_{\mathbb{F}}$$

可以验证具有这个内积的空间 $\mathbb{H}$ 是一个希尔伯特空间.

下面验证 $\mathbb{H}$ 是核为 $\mathcal{K}=\mathcal{K}_1+\mathcal{K}_2$ 的一个 RKHS，且范数 $|\cdot|_{\mathbb{H}}^2$ 具有所给的形式(12.19). 由于函数 $\mathcal{K}_1(\cdot,x)$ 和 $\mathcal{K}_2(\cdot,x)$ 分别属于 $\mathbb{H}_1$ 和 $\mathbb{H}_2$，函数 $\mathcal{K}(\cdot,x)=\mathcal{K}_1(\cdot,x)+\mathcal{K}_2(\cdot,x)$ 属于 $\mathbb{H}$. 对一个固定的 $f\in\mathbb{F}$，令 $(f_1,f_2)=L_{\perp}^{-1}(f)\in\mathbb{F}$，以及对一个固定的 $x\in\mathcal{X}$，令 $(g_1,g_2)=L_{\perp}^{-1}(\mathcal{K}(\cdot,x))\in\mathbb{F}$. 由于 $(g_1-\mathcal{K}_1(\cdot,x),\ g_2-\mathcal{K}_2(\cdot,x))$ 一定属于 $\mathbb{N}(L)$，它一定和元素 $(f_1,f_2)\in\mathbb{N}^{\perp}$ 正交（在 $\mathbb{F}$ 中）. 据此，我们有 $\langle(g_1-\mathcal{K}_1(\cdot,x),g_2-\mathcal{K}_2(\cdot,x)),(f_1,$

$f_2))_{\mathbb{F}}=0$，以及因此

$$\langle f_1,\mathcal{K}_1(\cdot,x)\rangle_{\mathbb{H}_1}+\langle f_2,\mathcal{K}_2(\cdot,x)\rangle_{\mathbb{H}_2}=\langle f_1,g_1\rangle_{\mathbb{H}_1}+\langle f_2,g_2\rangle_{\mathbb{H}_2}$$
$$=\langle f,\mathcal{K}(\cdot,x)\rangle_{\mathbb{H}}$$

由于$\langle f_1,\mathcal{K}_1(\cdot,x)\rangle_{\mathbb{H}_1}+\langle f_2,\mathcal{K}_2(\cdot,x)\rangle_{\mathbb{H}_2}=f_1(x)+f_2(x)=f(x)$，我们已经得到了 $\mathcal{K}$ 有再生性.

最后，我们验证所定义的范数$\|f\|_{\mathbb{H}}:=\|L_\perp^{-1}(f)\|_{\mathbb{F}}$ 等价于定义(12.19). 对一个给定的 $f\in\mathbb{H}$，考虑某函数对$(f_1,f_2)\in\mathbb{F}$ 满足 $f=f_1+f_2$，并定义$(v_1,v_2)=(f_1,f_2)-L_\perp^{-1}(f)$. 我们有

$$\|f_1\|_{\mathbb{H}_1}^2+\|f_2\|_{\mathbb{H}_2}^2\overset{\text{(i)}}{=}\|(f_1,f_2)\|_{\mathbb{F}}^2\overset{\text{(ii)}}{=}\|(v_1,v_2)\|_{\mathbb{F}}^2+\|L_\perp^{-1}(f)\|_{\mathbb{F}}^2\overset{\text{(iii)}}{=}\|(v_1,v_2)\|_{\mathbb{F}}^2+\|f\|_{\mathbb{H}}^2$$

其中步骤(i)用了 $\mathbb{F}$ 上范数的定义(12.22)，步骤(ii)则是对$(v_1,v_2)\in\mathbb{N}(L)$和 $L_\perp^{-1}(f)\in\mathbb{N}^\perp$ 使用了毕达哥拉斯性质，而步骤(iii)则用了范数$\|f\|_{\mathbb{H}}$ 的定义. 因此，已经说明了对任意满足 $f=f_1+f_2$ 的 f_1，f_2，我们有

$$\|f\|_{\mathbb{H}}^2\leqslant\|f_1\|_{\mathbb{H}_1}^2+\|f_2\|_{\mathbb{H}_2}^2$$

其中等号成立当且仅当$(v_1,v_2)=(0,0)$，或者等价地$(f_1,f_2)=L_\perp^{-1}(f)$. 这就证明了定义的等价性. □

12.4.2　张量乘积

考虑两个可分希尔伯特函数空间 $\mathbb{H}_1$ 和 $\mathbb{H}_2$，函数定义域分别为 $\mathcal{X}_1$ 和 $\mathcal{X}_2$. 它们可以用来定义一个新的希尔伯特空间，记为 $\mathbb{H}_1\otimes\mathbb{H}_2$，称为 $\mathbb{H}_1$ 和 $\mathbb{H}_2$ 的张量乘积. 考虑函数集 h：$\mathcal{X}_1\times\mathcal{X}_2\to\mathbb{R}$，其形式为

$$\left\{h=\sum_{j=1}^n f_jg_j \mid \text{对某些}\, n\in\mathbb{N}\,\text{使得}\, f_j\in\mathbb{H}_1,g_j\in\mathbb{H}_2\,\text{对所有}\, j\in[n]\right\}$$

如果 $h=\sum_{j=1}^n f_jg_j$ 和 $\widetilde{h}=\sum_{k=1}^m \widetilde{f}_k\hat{g}_k$ 是这个集合的两个元素，我们定义它们的内积

$$\langle h,\widetilde{h}\rangle_{\mathbb{H}}:=\sum_{j=1}^n\sum_{k=1}^m\langle f_j,\widetilde{f}_k\rangle_{\mathbb{H}_1}\langle g_j,\widetilde{g}_k\rangle_{\mathbb{H}_2}\tag{12.23}$$

注意内积的值既不依赖于 h 的表示方式，也不依赖于 $\widetilde{h}$ 的表示方式；事实上，利用内积的线性性，我们有

$$\langle h,\widetilde{h}\rangle_{\mathbb{H}}=\sum_{k=1}^m\langle(h\odot\widetilde{f}_k),\widetilde{g}_k\rangle_{\mathbb{H}_2}$$

其中$(h\odot f_k)\in\mathbb{H}_2$ 是由 $x_2\to\langle h(\cdot,x_2),\ \widetilde{f}_k\rangle_{\mathbb{H}_1}$ 给出的函数. 一个类似的方法表明内积不依赖于 $\widetilde{h}$ 的表示方式，因此内积(12.23)的定义是合理的.

可以直接验证内积(12.23)是双线性以及对称的，而且对所有 $h\in\mathbb{H}$ 都有$\langle h,h\rangle_{\mathbb{H}}^2=\|h\|_{\mathbb{H}}^2\geqslant0$. 余下来验证$\|h\|_{\mathbb{H}}=0$ 当且仅当 $h=0$. 考虑某个 $h\in\mathbb{H}$ 具有表达式 $h=\sum_{j=1}^n f_jg_j$. 令$(\phi_j)_{j=1}^\infty$ 和$(\psi_k)_{k=1}^\infty$ 分别为 $\mathbb{H}_1$ 和 $\mathbb{H}_2$ 的完备标准正交基，并有排序使得

$$\operatorname{span}\{f_1,\cdots,f_n\}\subseteq\operatorname{span}\{\phi_1,\cdots,\phi_n\}\quad\text{和}\quad\operatorname{span}\{g_1,\cdots,g_n\}\subseteq\operatorname{span}\{\psi_1,\cdots,\psi_n\}$$

因此，我们可以把 f 等价地写成双重求和 $f=\sum_{j,k=1}^n\alpha_{j,k}\phi_j\psi_k$，其中$\{\alpha_{j,k}\}_{j,k=1}^n$ 为某个实数

集. 利用这个表达式，我们可以得到等式$\|f\|_{\mathbb{H}}^2=\sum_{j=1}^{n}\sum_{k=1}^{n}\alpha_{j,k}^2$，表明了$\|f\|_{\mathbb{H}}=0$当且仅当对所有$(j,k)$都有$\alpha_{j,k}=0$，或者等价地$f=0$.

通过这种方法，我们已经定义了两个希尔伯特空间的张量乘积$\mathbb{H}=\mathbb{H}_1\otimes\mathbb{H}_2$. 下一个结果说明当两个分量空间有再生核时，张量乘积空间同样是一个再生核希尔伯特空间.

命题 12.31 假设$\mathbb{H}_1$和$\mathbb{H}_2$分别是定义域$\mathcal{X}_1$和$\mathcal{X}_2$上实值函数的再生核希尔伯特空间，对应的核为$\mathcal{K}_1$和$\mathcal{K}_2$. 那么张量乘积空间$\mathbb{H}=\mathbb{H}_1\otimes\mathbb{H}_2$是定义域$\mathcal{X}_1\times\mathcal{X}_2$上实值函数的一个 RKHS，对应的核函数为

$$\mathcal{K}((x_1,x_2),(x_1',x_2'))=\mathcal{K}_1(x_1,x_1')\mathcal{K}_2(x_2,x_2') \tag{12.24}$$

证明 在习题 12.16 中，证明了由式(12.24)定义的$\mathcal{K}$是一个半正定函数. 由张量乘积空间$\mathbb{H}=\mathbb{H}_1\otimes\mathbb{H}_2$的定义，对每一对$(x_1,x_2)\in\mathcal{X}_1\times\mathcal{X}_2$，函数$\mathcal{K}((\cdot,\cdot),(x_1,x_2))=\mathcal{K}_1(\cdot,x_1)\mathcal{K}_2(\cdot,x_2)$是张量乘积空间$\mathbb{H}$中的一个元素. 令$f=\sum_{j,k=1}^{n}\alpha_{j,k}\phi_j\psi_k$为$\mathbb{H}$中任一元素. 由内积(12.23)的定义，我们有

$$\begin{aligned}\langle f,\mathcal{K}((\cdot,\cdot),(x_1,x_2))\rangle_{\mathbb{H}}&=\sum_{j,k=1}^{n}\alpha_{j,k}\langle\phi_j,\mathcal{K}_1(\cdot,x_1)\rangle_{\mathbb{H}_1}\langle\psi_k,\mathcal{K}_2(\cdot,x_2)\rangle_{\mathbb{H}_2}\\&=\sum_{j,k=1}^{n}\alpha_{j,k}\phi_j(x_1)\psi_k(x_2)=f(x_1,x_2)\end{aligned}$$

这样就验证了再生性. □

12.5 插值和拟合

再生核希尔伯特空间对处理插值函数和拟合函数的经典问题是非常重要的. 一个特别有用的性质是计算上的方便：特别地，表示定理可以使 RKHS 上的很多优化问题简化成有关核矩阵的相对简单的计算问题.

12.5.1 函数插值

我们从函数插值问题开始. 假设我们观察到一个未知函数$f^*:\mathcal{X}\to\mathbb{R}$的$n$个样本，形式为$y_i=f^*(x_i)$对$i=1,2,\cdots,n$，其中设计序列$\{x_i\}_{i=1}^n$对我们来说是已知的. 注意这里假设函数值是没有任何噪声或者污染被观测到的. 在这个背景下，我们感兴趣的问题包括：

- 对一个给定的函数类$\mathscr{F}$，是否存在函数$f\in\mathscr{F}$完全拟合数据，即对所有$i=1,2,\cdots,n$有$f(x_i)=yi$?
- 对$\mathscr{F}$中所有完全拟合数据的函数，哪一个是“最好的”数据插值?

第一个问题通常可以通过一个确定的方式来回答——特别地，通过构造一个完全拟合数据的函数. 第二个问题是比较模糊的可以有多种回答方式，依赖于我们对“最好”的定义. 在一个再生核希尔伯特空间的背景下，相应的范数给出了一种衡量函数的方式，因此我们得出下述结论：对所有完全拟合数据的函数，选出 RKHS 范数最小的. 这个方法可以

表述为希尔伯特空间上的一个优化问题，即

$$\text{选择}\ \hat{f}\in\arg\min_{f\in\mathbb{H}}\|f\|_{\mathbb{H}}\quad\text{满足}\quad f(x_i)=y_i\ \text{对}\ i=1,2,\cdots,n \tag{12.25}$$

这一方法称为最小范数插值，且只要存在至少一个完全拟合数据的函数 $f\in\mathbb{H}$，问题就是可行的. 我们在之后的结果给出这一可行性的充分和必要条件. 图 12.1 阐述了这一最小希尔伯特范数插值方法，图 12.1a 中使用了例 12.8 中的多项式核，而图 12.1b 中使用了例 12.23 中的一阶 Sobolev 核.

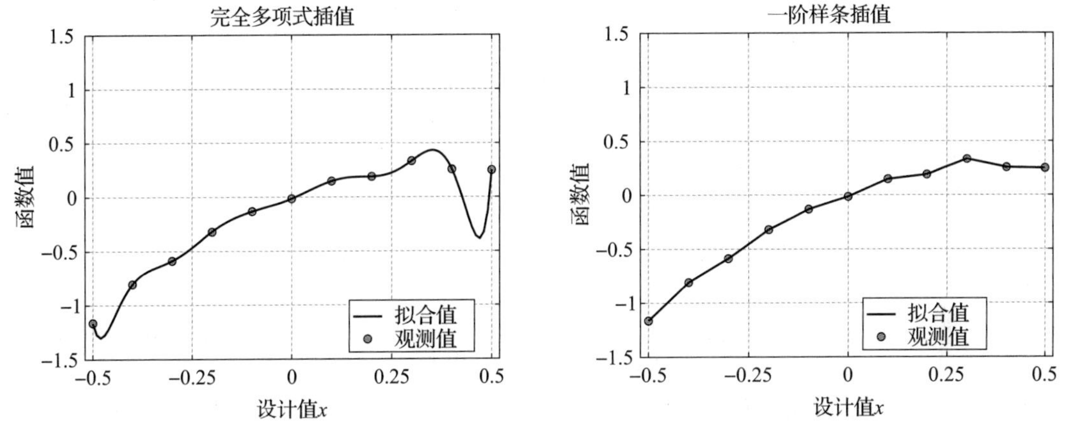

a）多项式核 $\mathcal{K}(x,z)=(1+xz)^{12}$　　b）一阶Sobolev核 $\mathcal{K}(x,z)=1+\min\{x,z\}$

图 12.1　使用 RKHS 方法对 $n=11$ 均等采样函数值的完全插值

对一个一般的希尔伯特空间，优化问题(12.25)可能没有很好的定义，或者计算上非常难求解. 在这方面，具有再生核的希尔伯特空间具有非常好的性质，因为计算可以简化成有关元素 $K_{ij}=\mathcal{K}(x_i,x_j)/n$ 的核矩阵 $\boldsymbol{K}\in\mathbb{R}^{n\times n}$ 的简单线性代数. 下面的结果给出了这个一般现象的一个例子.

命题 12.32　令 $\boldsymbol{K}\in\mathbb{R}^{n\times n}$ 为由设计点 $\{x_i\}_{i=1}^n$ 定义的核矩阵. 凸规划(12.25)是可行的当且仅当 $y\in\text{range}(\boldsymbol{K})$，此时任何最优解可以表述成

$$\hat{f}(\cdot)=\frac{1}{\sqrt{n}}\sum_{i=1}^n\hat{\alpha}_i\mathcal{K}(\cdot,x_i),\quad\text{其中}\ \boldsymbol{K}\hat{\boldsymbol{\alpha}}=\boldsymbol{y}/\sqrt{n}.$$

注：我们选择 $1/\sqrt{n}$ 的正规化是为了之后的理论方便.

证明　对一个给定的向量 $\boldsymbol{\alpha}\in\mathbb{R}^n$，定义函数 $f_{\boldsymbol{\alpha}}(\cdot):=\frac{1}{\sqrt{n}}\sum_{i=1}^n\alpha_i\mathcal{K}(\cdot,x_i)$，并考虑集合 $\mathbb{L}:=\{f_{\boldsymbol{\alpha}}\,|\,\boldsymbol{\alpha}\in\mathbb{R}^n\}$. 注意对任意 $f_{\boldsymbol{\alpha}}\in\mathbb{L}$，我们有

$$f_{\boldsymbol{\alpha}}(x_j)=\frac{1}{\sqrt{n}}\sum_{i=1}^n\alpha_i\mathcal{K}(x_j,x_i)=\sqrt{n}(\boldsymbol{K\alpha})_j$$

其中 $(\boldsymbol{K\alpha})_j$ 为向量 $\boldsymbol{K\alpha}\in\mathbb{R}^n$ 的第 j 个分量. 因此，函数 $f_{\boldsymbol{\alpha}}\in\mathbb{L}$ 满足插值条件当且仅当 $\boldsymbol{K\alpha}=$

$\mathbf{y}/\sqrt{n}$. 据此，条件 $\mathbf{y}\in\text{range}(\boldsymbol{K})$是充分的. 剩下还需要证明这个值域条件是必要的，以及最优插值函数必须在 $\mathbb{L}$ 里.

注意 $\mathbb{L}$ 是 $\mathbb{H}$ 的一个有限维(因此闭的)线性子空间. 因此，任何函数 $f\in\mathbb{H}$ 可以唯一地分解为 $f=f_{\boldsymbol{\alpha}}+f_{\perp}$，其中 $f_{\boldsymbol{\alpha}}\in\mathbb{L}$ 而 $f_{\perp}$ 是正交于 $\mathbb{L}$ 的.(关于这一直和分解的细节见习题 12.3)利用这一分解和再生性，我们有

$$f(x_j)=\langle f,\mathcal{K}(\cdot,x_j)\rangle_{\mathbb{H}}=\langle f_{\boldsymbol{\alpha}}+f_{\perp},\mathcal{K}(\cdot,x_j)\rangle_{\mathbb{H}}=f_{\boldsymbol{\alpha}}(x_j)$$

其中最后一个等式成立是因为 $\mathcal{K}(\cdot,x_j)$属于 $\mathbb{L}$，而由于 $f_{\perp}$ 和 $\mathbb{L}$ 正交我们有$\langle f_{\perp},\mathcal{K}(\cdot,x_j)\rangle_{\mathbb{H}}=0$. 因此，分量 $f_{\perp}$ 对插值的性质没有影响，这说明了条件 $\mathbf{y}\in\text{range}(\boldsymbol{K})$也是一个必要条件. 此外，由于 f_{α} 和 $f_{\perp}$ 正交，我们可以得到$\|f_{\alpha}+f_{\perp}\|_{\mathbb{H}}^2=\|f_{\alpha}\|_{\mathbb{H}}^2+\|f_{\perp}\|_{\mathbb{H}}^2$. 因此对任意希尔伯特范数插值，我们一定有 $f_{\perp}=0$. □

12.5.2 基于核岭回归的拟合

在统计问题中，假设我们得到函数值的无噪观测通常是不现实的. 相反，更多的是考虑一个有噪观测模型，即形式为

$$y_i=f^*(x_i)+w_i,\quad 对\ i=1,2,\cdots,n$$

其中系数$\{w_i\}_{i=1}^n$ 模拟了测量模型中的噪声或者扰动. 在噪声存在的情况下，我们先前插值方法(12.25)中的完全约束不再合适；事实上，最小化数据拟合度和希尔伯特范数之间的某种平衡更加合理. 例如，我们可以只要求观测值和拟合值之间的均方误差比较小，由此可以导出优化问题

$$\min_{f\in\mathbb{H}}\|f\|_{\mathbb{H}}\quad 满足\frac{1}{2n}\sum_{i=1}^n(y_i-f(x_i))^2\leqslant\delta^2 \tag{12.26}$$

其中 $\delta>0$ 是某种形式的容忍度参数. 或者，我们可以在一个解的希尔伯特半径界下最小化均方误差，即

$$\min_{f\in\mathbb{H}}\frac{1}{2n}\sum_{i=1}^n(y_i-f(x_i))^2\quad 满足\|f\|_{\mathbb{H}}\leqslant R \tag{12.27}$$

对一个适当选取的半径 $R>0$. 这些问题都是凸的，因此由拉格朗日对偶性，它们可以表述成惩罚形式

$$\hat{f}=\arg\min_{f\in\mathbb{H}}\left\{\frac{1}{2n}\sum_{i=1}^n(y_i-f(x_i))^2+\lambda_n\|f\|_{\mathbb{H}}^2\right\} \tag{12.28}$$

这里，对一个固定的观测集合$\{(x_i,y_i)\}_{i=1}^n$，正则化参数 $\lambda_n\geqslant 0$ 是容忍度 δ 或者半径 R 的一个函数. 这种形式的函数估计是最方便实现的，在这里考虑的再生核希尔伯特空间情形下，称为核岭回归(kernel ridge regression，或者简写为 KRR)估计下面的结果表明 KRR 估计基于元素为 $K_{ij}=\mathcal{K}(x_i,x_j)/n$ 的核矩阵 $\boldsymbol{K}\in\mathbb{R}^{n\times n}$ 计算是非常容易的.

命题 12.33 对所有 $\lambda_n>0$，核岭回归估计(12.28)可以表述为

$$\hat{f}(\cdot)=\frac{1}{\sqrt{n}}\sum_{i=1}^n\hat{\alpha}_i\mathcal{K}(\cdot,x_i) \tag{12.29}$$

其中最优的权向量 $\hat{\boldsymbol{\alpha}}\in\mathbb{R}^n$ 为

$$\hat{\boldsymbol{\alpha}}=(\mathbf{K}+\lambda_n\boldsymbol{I}_n)^{-1}\frac{\mathbf{y}}{\sqrt{n}} \tag{12.30}$$

注：注意命题 12.33 是命题 12.32 的一个自然推广，当 $\lambda_n=0$(且核矩阵可逆)时它退化为后者. 给定核矩阵 $\mathbf{K}$，利用标准的线性代数数值方法(更多细节见参考文献)，通过式(12.30)计算 $\hat{\boldsymbol{\alpha}}$ 至多需要 $\mathcal{O}(n^3)$ 次操作. 假设核函数可以在常数时间内计算，计算 $n\times n$ 矩阵需要额外 $\mathcal{O}(n^2)$ 次操作. 一些解释性的例子见图 12.2.

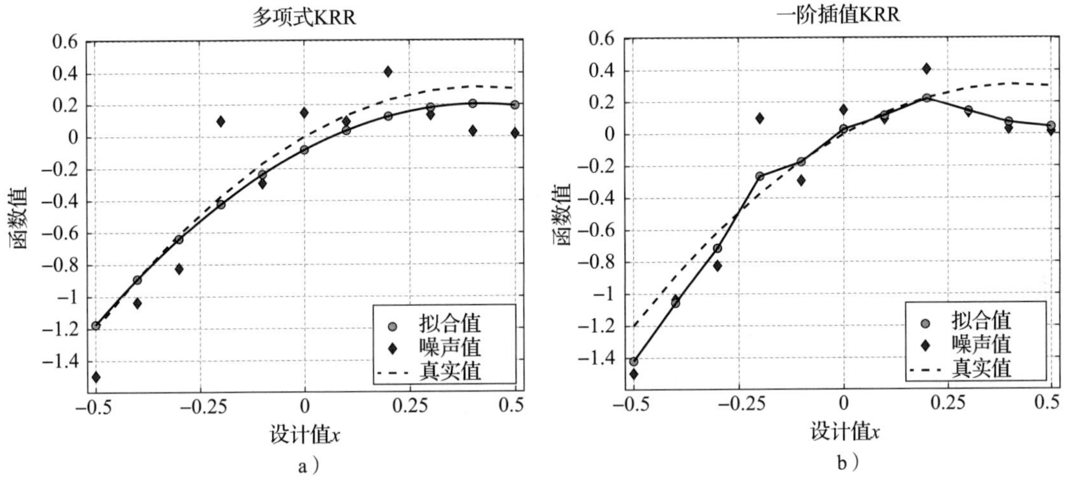

图 12.2 基于 $n=11$ 个样本的核岭回归估计函数 $f^*(x)=\frac{3x}{2}-\frac{9}{5}x_2$ 的示意图，这里样本位于区间 $[-0.5,0.5]$ 中的设计点 $x_i=-0.5+0.10(i-1)$ 上. a)使用二阶多项式核 $\mathcal{K}(x,z)=(1+xz)^2$ 以及正则化参数 $\lambda_n=0.10$ 的核岭回归估计. b)使用一阶 Sobolev 核 $\mathcal{K}(x,z)=1+\min(x,z)$ 和正则化参数 $\lambda_n=0.10$ 的核岭回归估计

我们现在考虑命题 12.33 的证明.

证明 回顾命题 12.32 中的技巧以及分解 $f=f_\alpha+f_\perp$. 由于对所有 $i=1,2,\cdots,n$ 有 $f_\perp(x_i)=0$，它对目标函数(12.28)中的最小二乘项没有影响. 因此，沿着命题 12.32 证明中类似的路线，我们同样可以看到任意最优解一定满足形式(12.29).

余下需要证明最优 $\hat{\alpha}$ 的具体形式(12.30). 给定一个具有(12.29)形式的函数 f，对每个 $j=1,2,\cdots,n$ 我们有

$$f(x_j)=\frac{1}{\sqrt{n}}\sum_{i=1}^{n}\alpha_i\mathcal{K}(x_j,x_i)=\sqrt{n}\,\boldsymbol{e}_j^{\mathrm{T}}\mathbf{K}\boldsymbol{\alpha}$$

其中 $\boldsymbol{e}_j\in\mathbb{R}^n$ 是 j 处为 1 的典范基向量，而且我们已经回顾了 $K_{ji}=\mathcal{K}(x_j,x_i)/n$. 类似地，我们有表达式

$$\|f\|_{\mathbb{H}}^2=\frac{1}{n}\left\langle\sum_{i=1}^{n}\alpha_i\mathcal{K}(\cdot,x_i),\quad\sum_{j=1}^{n}\alpha_j\mathcal{K}(\cdot,x_j)\right\rangle_{\mathbb{H}}=\boldsymbol{\alpha}^{\mathrm{T}}\mathbf{K}\boldsymbol{\alpha}$$

把这些关系式代入损失函数，我们发现关于向量 $\boldsymbol{\alpha}$ 它是二次的，形式为

$$\frac{1}{n}\|\boldsymbol{y}-\sqrt{n}\boldsymbol{K}\boldsymbol{\alpha}\|_2^2+\lambda\boldsymbol{\alpha}^{\mathrm{T}}\boldsymbol{K}\alpha=\frac{1}{n}\|\boldsymbol{y}\|_2^2+\boldsymbol{\alpha}^{\mathrm{T}}(\boldsymbol{K}^2+\lambda\boldsymbol{K})\boldsymbol{\alpha}-\frac{2}{\sqrt{n}}\boldsymbol{y}^{\mathrm{T}}\boldsymbol{K}\boldsymbol{\alpha}$$

为了找到这个二次函数的最小值点，我们计算其梯度并令其为 0，由此得到稳定性条件

$$\boldsymbol{K}(\boldsymbol{K}+\lambda I_n)\boldsymbol{\alpha}=\boldsymbol{K}\frac{\boldsymbol{y}}{\sqrt{n}}$$

因此，我们看到先前在式(12.30)中定义的向量 $\hat{\boldsymbol{\alpha}}$ 是最优的. 注意任意满足 $\boldsymbol{K}\boldsymbol{\beta}=0$ 的向量 $\boldsymbol{\beta}\in\mathbb{R}^n$ 对最优解没有影响. □

我们会在第 13 章中回来研究核岭回归估计的统计性质.

12.6　概率测度之间的距离

在许多情形下，构造概率测度之间的距离是很重要的，而其中一种方式是通过在一个给定函数类上度量平均差异. 更精确地说，令 $\mathbb{P}$ 和 $\mathbb{Q}$ 为一个空间 $\mathcal{X}$ 上的一对概率测度，并令 $\mathscr{F}$ 为对 $\mathbb{P}$ 和 $\mathbb{Q}$ 都可积的函数 $f:\mathcal{X}\to\mathbb{R}$ 的一个类. 我们然后可以定义量

$$\rho_{\mathscr{F}}(\mathbb{P},\mathbb{Q}):=\sup_{f\in\mathscr{F}}\left|\int f(\mathrm{d}\mathbb{P}-\mathrm{d}\mathbb{Q})\right|=\sup_{f\in\mathscr{F}}|\mathbb{E}_{\mathbb{P}}[f(X)]-\mathbb{E}_{\mathbb{Q}}[f(Z)]| \tag{12.31}$$

可以验证，对任意选择的函数类 $\mathscr{F}$，它总是定义了一个伪度量，意味着 $\rho_{\mathscr{F}}$ 满足所有度量的性质，除了可能存在 $\mathbb{P}\neq\mathbb{Q}$ 使得 $\rho_{\mathscr{F}}(\mathbb{P},\mathbb{Q})=0$. 当 $\mathscr{F}$ 足够大时，那么 $\rho_{\mathscr{F}}$ 会变为一个度量，称为积分概率度量. 我们给出一些经典例子来阐述.

例 12.34(Kolmogorov 度量)　假设 $\mathbb{P}$ 和 $\mathbb{Q}$ 是实轴上的测度. 对每一个 $t\in\mathbb{R}$，令 $\mathbb{I}_{(-\infty,t]}$ 为事件$\{x\leqslant t\}$取值为$\{0,1\}$的示性函数，并考虑函数类 $\mathscr{F}=\{\mathbb{I}_{(-\infty,t]}\mid t\in\mathbb{R}\}$. 我们然后有

$$\rho_{\mathscr{F}}(\mathbb{P},\mathbb{Q})=\sup_{t\in\mathbb{R}}|\mathbb{P}(X\leqslant t)-\mathbb{Q}(X\leqslant t)|=\|F_{\mathbb{P}}-F_{\mathbb{Q}}\|_\infty$$

其中 $F_{\mathbb{P}}$ 和 $F_{\mathbb{Q}}$ 分别是 $\mathbb{P}$ 和 $\mathbb{Q}$ 的累积分布函数. 因此，这个设定导出了 $\mathbb{P}$ 和 $\mathbb{Q}$ 之间的 Kolmogorov 距离. ♣

例 12.35(全变差距离)　考虑最大值范数被 1 控制的实值函数类 $\mathscr{F}=\{f:\mathcal{X}\to\mathbb{R}\mid\|f\|_\infty\leqslant 1\}$. 在这一设定下，我们有

$$\rho_{\mathscr{F}}(\mathbb{P},\mathbb{Q})=\sup_{\|f\|_\infty\leqslant 1}\left|\int f(\mathrm{d}\mathbb{P}-\mathrm{d}\mathbb{Q})\right|$$

如我们在习题 12.17 中所示，这一度量对应了(两倍的)全变差距离

$$\|\mathbb{P}-\mathbb{Q}\|_1=\sup_{A\subset\mathcal{X}}|\mathbb{P}(A)-\mathbb{Q}(A)|$$

其中最值在 $\mathcal{X}$ 的所有可测子集上取. ♣

当设定 $\mathscr{F}$ 为一个 RKHS 上的单位球时，我们得到了一个易于计算的平均差伪度量. 特别地，给定一个对应核函数为 $\mathcal{K}$ 的 RKHS，考虑相应的伪度量

$$\rho_{\mathbb{H}}(\mathbb{P},\mathbb{Q}):=\sup_{\|f\|_{\mathbb{H}}\leqslant 1}|\mathbb{E}_{\mathbb{P}}[f(X)]-\mathbb{E}_{\mathbb{Q}}[f(Z)]|$$

如习题 12.18 中所验证的，再生性可以让我们得到这个伪度量的一个简单的显式表示，即

$$\rho_{\mathbb{H}}^2(\mathbb{P},\mathbb{Q})=\mathbb{E}[\mathcal{K}(X,X')+\mathcal{K}(Z,Z')-2\mathcal{K}(X,Z)] \tag{12.32}$$

其中 X，$X'\sim\mathbb{P}$ 和 Z，$Z'\sim\mathbb{Q}$ 是相互独立的随机变量. 我们把这个伪度量称作一个核均值区分度(kernel means discrepancy，KMD).

例 12.36(线性和多项式核的 KMD)　我们计算 R^d 上的线性核 $\mathcal{K}(\boldsymbol{x},\boldsymbol{z})=\langle\boldsymbol{x},\boldsymbol{z}\rangle$ 的 KMD. 令 $\mathbb{P}$ 和 $\mathbb{Q}$ 分别为 $\mathbb{R}^d$ 上的两个分布，均值向量分别为 $\boldsymbol{\mu}_p=\mathbb{E}_{\mathbb{P}}[X]$ 和 $\boldsymbol{\mu}_q=\mathbb{E}_{\mathbb{Q}}[\boldsymbol{X}]$，我们有

$$\begin{aligned}\rho_{\mathbb{H}}^2(\mathbb{P},\mathbb{Q})&=\mathbb{E}[\langle\boldsymbol{X},\boldsymbol{X}'\rangle+\langle\boldsymbol{Z},\boldsymbol{Z}'\rangle-2\langle\boldsymbol{X},\boldsymbol{Z}\rangle]\\&=\|\boldsymbol{\mu}_p\|_2^2+\|\boldsymbol{\mu}_q\|_2^2-2\langle\boldsymbol{\mu}_p,\boldsymbol{\mu}_q\rangle\\&=\|\boldsymbol{\mu}_p-\boldsymbol{\mu}_q\|_2^2.\end{aligned}$$

因此，我们看到线性核的 KMD 伪度量就是简单计算相应均值向量的欧几里得距离. 这个结果表明 KMD 在这个非常特殊的情形下不是一个真正的度量(而只是一个伪度量)，因为对任意均值相同的分布(即 $\boldsymbol{\mu}_p=\boldsymbol{\mu}_q$)都有 $\rho_{\mathbb{H}}(\mathbb{P},\mathbb{Q})=0$.

进一步到多项式核，我们来考虑二阶齐次多项式核，即 $\mathcal{K}(\boldsymbol{x},\boldsymbol{z})=\langle\boldsymbol{x},\boldsymbol{z}\rangle^2$. 对这个核，我们有

$$\mathbb{E}[\mathcal{K}(\boldsymbol{X},\boldsymbol{X}')]=\mathbb{E}\left[\left(\sum_{j=1}^d\boldsymbol{X}_j\boldsymbol{X}_j'\right)^2\right]=\sum_{i,j=1}^d\mathbb{E}[\boldsymbol{X}_i\boldsymbol{X}_j]\mathbb{E}[\boldsymbol{X}_i'\boldsymbol{X}_j']=|||\boldsymbol{\Gamma}_p|||_{\mathrm{F}}^2$$

其中 $\boldsymbol{\Gamma}_p\in\mathbb{R}^{d\times d}$ 是二阶矩矩阵，其元素为 $[\boldsymbol{\Gamma}_p]_{ij}=\mathbb{E}[\boldsymbol{X}_i\boldsymbol{X}_j]$，而平方 Frobenius 范数对应了矩阵所有元素的平方和. 类似地，我们有 $\mathbb{E}[\mathcal{K}(\boldsymbol{Z},\boldsymbol{Z}')]=|||\boldsymbol{\Gamma}_q|||_{\mathrm{F}}^2$，其中 $\boldsymbol{\Gamma}_q$ 是 $\mathbb{Q}$ 对应的二阶矩矩阵. 最后，类似的计算可以导出

$$\mathbb{E}[\mathcal{K}(\boldsymbol{Z},\boldsymbol{Z})]=\sum_{i,j=1}^d[\boldsymbol{\Gamma}_p]_{ij}[\boldsymbol{\Gamma}_q]_{ij}=\langle\langle\boldsymbol{\Gamma}_p,\boldsymbol{\Gamma}_q\rangle\rangle$$

其中《·,·》为对称矩阵之间的迹内积. 综上所述，可以得到结论，对齐次二阶多项式核，我们有

$$\rho_{\mathbb{H}}^2(\mathbb{P},\mathbb{Q})=|||\boldsymbol{\Gamma}_p-\boldsymbol{\Gamma}_q|||_{\mathrm{F}}^2$$ ♣

例 12.37(一阶 Sobolev 核的 KMD)　我们现在考虑由核函数 $\mathcal{K}(x,z)=\min\{x,z\}$ 诱导的定义在笛卡儿乘积 $[0,1]\times[0,1]$ 上的 KMD. 如先前在例 12.16 中所见，这个核函数生成了一阶 Sobolev 空间

$$\mathbb{H}^1[0,1]=\left\{f:\mathbb{R}[0,1]\to\mathbb{R}\mid f(0)=0\quad 且\quad\int_0^1(f'(x))^2\mathrm{d}x<\infty\right\}$$

及相应的希尔伯特范数 $\|f\|_{\mathbb{H}^1[0,1]}^2=\int_0^1(f'(x))^2\mathrm{d}x$. 在这个设定下，我们有

$$\rho_{\mathbb{H}}^2(\mathbb{P},\mathbb{Q})=\mathbb{E}[\min\{X,X'\}+\min\{Z,Z'\}-2\min\{X,Z\}]$$ ♣

12.7　参考文献和背景

再生核希尔伯特空间的概念是从半正定核及其与希尔伯特空间结构之间关系的研究中产生的. Aronszajn(1950)的开创性论文基于第一原则给出了很多基本性质，包括本章中的命题 12.27、命题 12.31 以及定理 12.11. 通过核评估计算内积的技巧可以追溯到 Aizerman

等(1964)，并预示了 Boser 等(1992)提出的及习题 12.20 中讨论的支持向量机的成功. Wahba(1990)一书包括了有关 RKHS 的丰富信息以及样条和回归惩罚方法之间的联系. 也可参看 Berlinet 和 Thomas-Agnan(2004)以及 Gu(2002)的书. Schölkopf 和 Smola(2001)的书则给出机器学习中核的很多应用，包括支持向量机(习题 12.20)和相关的分类方法，以及核主成分分析. Steinwart 和 Christmann(2008)的书还包括了核和再生核希尔伯特空间的很多理论结果.

命题 12.32 和命题 12.33 的证明的本质方法为*表示定理*，来自 Kimeldorf 和 Wahba (1971). 从计算的角度来看，这是非常重要的，它把 RKHS 上的无穷维优化问题简化成了一个 n 维的凸规划问题. Bochner 定理把核函数的半正定性和傅里叶系数的非负性联系在了一起. 在经典形式下，它可以用于 $\mathbb{R}^d$ 上的傅里叶变换，但它其实可以推广到所有局部紧的阿贝尔组上(Rudin，1960). 例 12.25 中用来计算高斯核特征值渐近尺度的结果基于 Widom (1963，1964).

有很多论文研究各种再生核希尔伯特空间的渐近理论性质. 对一个给定的希尔伯特空间和范数$\|\cdot\|$，这样的结果通常用下述函数来表述.

$$A(f^*;R):=\inf_{\|f\|_{\mathbb{H}}\leqslant R}\|f-f^*\|_p \tag{12.33}$$

其中$\|g\|_p:=\left(\int_{\mathcal{X}} g^p(x)\mathrm{d}x\right)^{1/p}$是一个紧空间 $\mathcal{X}$ 上的通常 L^p 范数. 这个函数度量了当希尔伯特半径 R 增加时，逼近某个函数 f^* 的 $L^p(\mathcal{X})$误差衰减的速度有多快. 关于这种形式渐近误差的结果参见论文(Smale 和 Zhou，2003；Zhou，2013). 一个再生核希尔伯特空间称为 *$L^p(\mathcal{X})$一致的*，若对任意 $f^*\in L^p(\mathcal{X})$有 $\lim_{R\to\infty}A(f^*;R)=0$. 同样还有许多其他形式的一致性；细节详见 Steinwart 和 Christmann(2008).

具有形式(12.31)的积分概率度量已经被广泛研究过(Müller，1997；Rachev 等，2013). 基于 RKHS 距离的具体情形在计算上是非常方便的，而且在适当得分准则下(Dawid，2007；Gneiting 和 Raftery，2007)和两样本检验(Borgwardt 等，2006；Gretton 等，2012)的问题中被研究过.

12.8　习　题

12.1 (零空间的闭性)　令 L 为一个希尔伯特空间中的有界线性泛函. 证明子空间 $\mathrm{null}(L)=\{f\in\mathbb{H}\mid L(f)=0\}$是闭的.

12.2 (一个希尔伯特空间中的投影)　令 $\mathbb{G}$ 为一个希尔伯特空间 $\mathbb{H}$ 中的一个闭凸子集. 在这个习题中，我们证明对任意 $f\in\mathbb{H}$，存在一个唯一的 $\hat{g}\in\mathbb{G}$ 使得

$$\|\hat{g}-f\|_{\mathbb{H}}=\underbrace{\inf_{g\in\mathbb{G}}\|\hat{g}-f\|_{\mathbb{H}}}_{p^*}$$

这个元素 $\hat{g}$ 称为 f 在 $\mathbb{G}$ 上的投影.

(a) 由下确界的定义，存在 $\mathbb{G}$ 中的一个序列$(g_n)_{n=1}^{\infty}$ 使得$\|g_n-f\|_{\mathbb{H}}\to p^*$. 证明这个序列是一个柯西列.(提示：首先证明$\|f-\dfrac{gn+gm}{2}\|_{\mathbb{H}}$ 收敛到 p^*.)

(b) 应用这个柯西列来给出 $\hat{g}$ 的存在性.

(c) 证明这个投影是唯一的.

(d) 对任意的凸集 $\mathbb{G}$，同样的结论是否都成立？

12.3 **(希尔伯特空间中的直和分解)** 令 $\mathbb{H}$ 为一个希尔伯特空间，以及令 $\mathbb{G}$ 为 $\mathbb{H}$ 中的一个闭的线性子空间. 说明对任意的 $f\in\mathbb{H}$，其可以被唯一地分解成 $g+g^{\perp}$，其中 $g\in\mathbb{G}$，$g^{\perp}\in\mathbb{G}^{\perp}$. 简单地说，我们称 $\mathbb{H}$ 有直和分解 $\mathbb{G}\oplus\mathbb{G}^{\perp}$.（提示：习题 12.2 中到一个闭凸集上投影的概念可能有用.）

12.4 **(核的唯一性)** 说明再生核希尔伯特空间对应的核函数一定是唯一的.

12.5 **(核和柯西-施瓦茨不等式)**

(a) 对任意半正定核 $\mathcal{K}:\mathcal{X}\times\mathcal{X}\to\mathbb{R}$，证明

$$\mathcal{K}(x,z)\leqslant\sqrt{\mathcal{K}(x,x)\mathcal{K}(z,z)}\quad \text{对任意 } x,z\in\mathcal{X}$$

(b) 证明通常的柯西-施瓦茨不等式是一个特例.

12.6 **(线性核的特征函数)** 考虑具有概率测度 $\mathbb{P}$ 的 $\mathbb{R}^d$ 上通常的线性核 $\mathcal{K}(\boldsymbol{x},\boldsymbol{z})=\langle\boldsymbol{x},\boldsymbol{z}\rangle$. 假设一个随机向量 $X\sim\mathbb{P}$ 的所有的二阶矩有限，说明如何通过线性代数计算作用在 $L^2(\mathcal{X};\mathbb{P})$ 上相应核算子的特征函数.

12.7 **(多项式函数的不同的核)** 对一个整数 $m\geqslant1$，考虑核函数 $\mathcal{K}_1(x,z)=(1+xz)^m$ 和 $\mathcal{K}_2(x,z)=\sum_{\ell=0}^{m}\frac{x^{\ell}}{\ell!}\frac{z^{\ell}}{\ell!}$.

(a) 说明它们都是 PSD，并且生成了阶不超过 m 的多项式函数的 RKHS.

(b) 为什么它与习题 12.4 的结果不冲突？

12.8 **真命题还是假命题**？如果是真命题，给出一个简单的证明；如果是假命题，给出一个反例.

(a) 给定两个 PSD 核 $\mathcal{K}_1$ 和 $\mathcal{K}_2$，二元函数 $\mathcal{K}(x,z)=\min\limits_{j=1,2}\mathcal{K}_j(x,z)$ 也是一个 PSD 核.

(b) 令 $f:\mathcal{X}\to\mathbb{H}$ 为从一个任意空间 $\mathcal{X}$ 到一个希尔伯特空间 $\mathbb{H}$ 的一个函数. 二元函数

$$\mathcal{K}(x,z)=\frac{\langle f(x),f(z)\rangle_{\mathbb{H}}}{\|f(x)\|_{\mathbb{H}}\|f(z)\|_{\mathbb{H}}}$$

定义了 $\mathcal{X}\times\mathcal{X}$ 上的一个 PSD 核.

12.9 **(左-右乘法和核)** 令 $\mathcal{K}:\mathcal{X}\times\mathcal{X}\to\mathbb{R}$ 为一个半正定核，且令 $f:\mathcal{X}\to\mathbb{R}$ 为任意函数. 说明 $\widetilde{\mathcal{K}}(x,z)=f(x)\mathcal{K}(x,z)f(z)$ 也是一个半正定核.

12.10 **(核和指数集)** 给定一个有限集合 S，其幂集 $\mathcal{P}(S)$ 为 S 所有子集的集合. 说明由 $\mathcal{K}(A,B)=2^{|A\cap B|}$ 定义的函数 $\mathcal{K}$：$\mathcal{P}(S)\times\mathcal{P}(S)\to\mathbb{R}$ 是一个半正定核函数.

12.11 **(多项式核的特征映射)** 回顾式(12.14)的一个特征映射的概念. 说明定义在笛卡儿乘积空间 $\mathbb{R}^d\times\mathbb{R}^d$ 上的多项式核 $\mathcal{K}(\boldsymbol{x},\boldsymbol{z})=(1+\langle\boldsymbol{x},\boldsymbol{z}\rangle)^m$ 可以通过一个特征映射 $\boldsymbol{x}\mapsto\Phi(\boldsymbol{x})\in\mathbb{R}^D$ 来实现，其中 $D=\left(\frac{d+m}{m}\right)$.

12.12 **(概率空间和核)** 考虑一个事件集为 $\mathcal{E}$，概率为 $\mathbb{P}$ 的概率空间. 证明实值函数

$$\mathcal{K}(A,B):=\mathbb{P}[A\cap B]-\mathbb{P}[A]\mathbb{P}[B]$$

是 $\mathcal{E}\times\mathcal{E}$ 上的一个半正定核函数.

12.13 **(从集合到指数集)** 假设 $\mathcal{K}: S\times S\to\mathbb{R}$ 是有限集 S 上的一个对称 PSD 核函数. 说明

$$\mathcal{K}'(A,B)=\sum_{x\in A,z\in B}\mathcal{K}(x,z)$$

是幂集 $\mathcal{P}(S)$ 上的一个对称 PSD 核.

12.14 **(核和函数有界性)** 考察一个 PSD 核 $\mathcal{K}: \mathcal{X}\times\mathcal{X}\to\mathbb{R}$ 满足对任意 x，$z\in\mathcal{X}$ 有 $\mathcal{K}(x,z)\leqslant b^2$ 成立. 证明 $\|f\|_\infty\leqslant b$ 对任意对应 RKHS 单位球上的函数 f 成立.

12.15 **(Sobolev 核和范数)** 证明在式(12.20)中定义的 Sobolev 核可生成式(12.21)中给出的范数.

12.16 **(Hadamard 乘积和核积)** 在本题中，我们探索核积和矩阵 Hadamard 乘积的性质.

(a) 给定两个 $n\times n$ 矩阵 $\boldsymbol{\Gamma}$ 和 $\boldsymbol{\Sigma}$，它们都是对称且半正定的，说明 Hadamard 乘积矩阵 $\boldsymbol{\Sigma}\odot\boldsymbol{\Gamma}\in\mathbb{R}^{n\times n}$ 也是半正定的.（Hadamard 乘积就是简单的逐元素乘积，即对任意 i，$j=1,2,\cdots,n$，$(\boldsymbol{\Sigma}\odot\boldsymbol{\Gamma})_{ij}=\boldsymbol{\Sigma}_{ij}\boldsymbol{\Gamma}_{ij}$.）

(b) 假设 $\mathcal{K}_1$ 和 $\mathcal{K}_2$ 是 $\mathcal{X}\times\mathcal{X}$ 上的半正定核函数. 说明函数 $\mathcal{K}(x,z):=\mathcal{K}_1(x,z)\mathcal{K}_2(x,z)$ 是一个半正定核函数.（提示：(a)部分的结果可能会有帮助.）

12.17 **(总变差范数)** 给定 $\mathcal{X}$ 上两个概率测度 $\mathbb{P}$ 和 $\mathbb{Q}$，证明

$$\sup_{\|f\|_\infty\leqslant 1}\left|\int f(\mathrm{d}\mathbb{P}-\mathrm{d}\mathbb{Q})\right|=2\sup_{A\subset\mathcal{X}}|\mathbb{P}(A)-\mathbb{Q}(A)|$$

其中左边的上确界是对所有可测函数 $f:\mathcal{X}\to\mathbb{R}$ 取，而右边的上确界则是对所有 $\mathcal{X}$ 的可测子集 A 取.

12.18 **(RKHS 诱导的半度量)** 令 $\mathbb{H}$ 为定义域 $\mathcal{X}$ 上函数的一个再生核希尔伯特空间，并令 $\mathcal{P}$ 和 $\mathcal{Q}$ 为 $\mathcal{X}$ 上的两个概率分布. 证明

$$\sup_{\|f\|_{\mathbb{H}}\leqslant 1}|\mathbb{E}_{\mathbb{P}}[f(X)]-\mathbb{E}_{\mathbb{Q}}[f(Z)]|^2=\mathbb{E}[\mathcal{K}(X,X')+K(Z,Z')-2\mathcal{K}(X,Z)]$$

其中 X，$X'\sim\mathbb{P}$ 和 Z，$Z'\sim\mathbb{Q}$ 为联合独立的.

12.19 **(高斯核的半正定性)** 令 $\mathcal{X}$ 为 $\mathbb{R}^d$ 的一个紧子集. 在本题中，我们证明 $\mathcal{X}\times\mathcal{X}$ 上的高斯核 $\mathcal{K}(\boldsymbol{x},\boldsymbol{z})=\mathrm{e}^{-\frac{\|\boldsymbol{x}-\boldsymbol{z}\|_2^2}{2\sigma^2}}$ 是半正定的这一结论

(a) 令 $\widetilde{\mathcal{K}}$ 是一个 PSD 核，令 p 为一个系数非负的多项式. 证明 $\mathcal{K}(\boldsymbol{x},\boldsymbol{z})=p(\widetilde{\mathcal{K}}(\boldsymbol{x},\boldsymbol{z}))$ 是一个 PSD 核.

(b) 证明核 $\mathcal{K}_1(\boldsymbol{x},\boldsymbol{z})=\mathrm{e}^{\langle\boldsymbol{x},\boldsymbol{z}\rangle/\sigma^2}$ 是半正定的.［提示：(a)部分和 PSD 核的一个逐点极限仍是 PSD 核这一结论可能有帮助.］

(c) 证明高斯核是 PSD.（提示：习题 12.9 的结果可能有帮助.）

12.20 **(支持向量机和核方法)** 在二分类问题中，通过观测可以得到 $\{(\boldsymbol{x}_i,\boldsymbol{y}_i)\}_{i=1}^n$，其中每个特征向量 $\boldsymbol{x}_i\in\mathbb{R}^d$ 对应一个标签 $y_i\in\{-1,1\}$，而目标是得到一个可以用在无标签特征向量上的分类函数. 在再生核希尔伯特空间的背景下，其中一个做法是通过最小化一个准则

$$\hat{f}=\arg\min_{f\in\mathbb{H}}\left\{\frac{1}{n}\sum_{i=1}^{n}\max\{0,1-y_i f(\boldsymbol{x}_i)\}+\frac{1}{2}\lambda_n\|f\|_{\mathbb{H}}^2\right\} \tag{12.34}$$

其中 $\mathbb{H}$ 是一个再生核希尔伯特空间，$\lambda_n>0$ 是一个用户指定的正则化参数. 分类准则为 $\boldsymbol{x}\mapsto \operatorname{sign}(\hat{f}(\boldsymbol{x}))$.

(a) 证明 $\hat{f}$ 可以表述成 $\hat{f}(\cdot)=\frac{1}{\sqrt{n}}\sum_{i=1}^{n}\hat{\alpha}_i\mathcal{K}(\cdot,\boldsymbol{x}_i)$，对某个向量 $\hat{\boldsymbol{\alpha}}\in\mathbb{R}^n$.

(b) 利用(a)部分和对偶理论说明一个最优的系数向量 $\hat{\boldsymbol{\alpha}}$ 可以由求解下述问题来得到，

$$\hat{\boldsymbol{\alpha}}\in\arg\max_{\boldsymbol{\alpha}\in\mathbb{R}^n}\left\{\frac{1}{n}\sum_{i=1}^{n}\alpha_i-\frac{1}{2}\alpha^{\mathrm{T}}\widetilde{\boldsymbol{K}}\alpha\right\}\quad 使得\ \alpha_i\in\left[0,\frac{1}{\lambda_n\sqrt{n}}\right]\quad 对所有\ i=1,\cdots,n$$

其中 $\widetilde{\boldsymbol{K}}\in\mathbb{R}^{n\times n}$ 的元素为 $\widetilde{K}_{ij}:=y_i y_j\mathcal{K}(\boldsymbol{x}_i,\boldsymbol{x}_j)/n$.

第 13 章　非参数最小二乘

在这一章中，我们考虑非参数回归问题，目标是基于带有噪声的观测估计一个(可能是非线性的)函数. 利用前面几章的结果，我们分析基于求解非参数形式的最小二乘问题所得结果的收敛速度.

13.1　问题设定

一个回归问题是通过一组预测变量或者协变量 $x \in \mathcal{X}$ 以及一个响应变量 $y \in \mathcal{Y}$ 来定义的. 在这一章中，我们专注于实值响应变量的情况，空间 $\mathcal{Y}$ 是实数轴或其子集. 目标是估计一个函数 $f: \mathcal{X} \to \mathcal{Y}$，使得误差 $y - f(x)$ 在 (x, y) 的某个范围内尽可能小. 在回归的随机设计形式中，我们将响应变量和协变量都看作随机的量，在这种情况下根据 f 的均方误差(mean-squared error，MSE)来评估 f 是合理的，

$$\overline{\mathcal{L}}_f := \mathbb{E}_{X,Y}[(Y - f(X))^2] \tag{13.1}$$

使得这一准则最小化的函数 f^* 称为贝叶斯最小二乘估计或回归函数，它是由下式的条件期望来定义的，

$$f^*(x) = \mathbb{E}[Y \mid X = x] \tag{13.2}$$

假设所有相关的期望都存在. 更多细节见习题 13.1.

在实际应用中，由于(X,Y)的联合分布未知，因此无法计算定义 MSE(13.1)的期望. 事实上，我们得到一组样本$\{(x_i, y_i)\}_{i=1}^n$，它们可以用来计算一个样本形式的均方误差，即

$$\hat{\mathcal{L}}_f := \frac{1}{n}\sum_{i=1}^n (y_i - f(x_i))^2 \tag{13.3}$$

本章将详细讨论的非参数最小二乘法，是基于在某个适当控制的函数类上最小化这个最小二乘准则.

13.1.1　不同的度量准则

给定回归函数的一个估计 f，很自然地可以根据过度风险来度量它，即回归函数 f^* 得到的最优 MSE$\overline{\mathcal{L}}_{f^*}$ 与估计 f 得到的结果之间的差异. 在最小平方损失函数的特殊情形下，可以证明(见习题 13.1)这种过度风险为

$$\overline{\mathcal{L}}_f - \overline{\mathcal{L}}_{f^*} = \underbrace{\mathbb{E}_X[(f(X) - f^*(X))^2]}_{\|f^* - f\|_{L^2(\mathbb{P})}^2} \tag{13.4}$$

其中 $\mathbb{P}$ 表示协变量的分布. 当分布的定义根据上下文清晰时，我们经常采用简便符号$\|f - f^*\|_2$ 来表示 $L^2(\mathbb{P})$范数.

在本章中，我们使用一个密切相关但稍有不同的度量来度量误差，其由协变量样本

$\{x_i\}_{i=1}^n$ 定义. 特别地，它们定义了经验分布 $\mathbb{P}_n := \frac{1}{n}\sum_{i=1}^n \delta_{x_i}$ 在每个样本上设定了 $1/n$ 的权重，对应的 $L^2(\mathbb{P}_n)$ 范数为

$$\|f-f^*\|_{L^2(\mathbb{P}_n)} := \left[\frac{1}{n}\sum_{i=1}^n (f(x_i)-f^*(x_i))^2\right]^{1/2} \tag{13.5}$$

为了简化符号，我们经常使用 $\|\hat{f}-f^*\|_n$ 作为更烦琐的 $\|\hat{f}-f^*\|_{L^2(\mathbb{P}_n)}$ 的一个简写. 在本章的余下部分中，我们把样本 $\{x_i\}_{i=1}^n$ 看作固定的，这是一种称为带有固定设计的回归设定. 本章中的理论专注于基于经验 $L^2(\mathbb{P}_n)$ 范数的误差界. 后续的第 14 章的结果可以将这些界转化为总体 $L^2(\mathbb{P})$ 范数中的等价结果.

13.1.2　约束最小二乘估计

给定一个固定设计点的集合 $\{x_i\}_{i=1}^n$，对应的响应变量 $\{y_i\}_{i=1}^n$ 总是可以表示为生成形式

$$y_i = f^*(x_i)+\nu_i,\quad 对于\ i=1,2,\cdots,n \tag{13.6}$$

其中 ν_i 是表示第 i 个响应变量中“噪声”的一个随机变量. 注意鉴于回归函数 f^* 的形式(13.2)，这些噪声变量一定有零均值. 除了这个零均值性质外，它们的结构一般取决于条件随机变量 $(Y|X=x)$ 的分布. 在标准非参数回归模型中，我们假设噪声变量是以独立同分布的方式来自 $\mathcal{N}(0,\sigma_2)$ 分布，其中 $\sigma>0$ 是标准差参数. 在这种情况下，我们可以记 $\nu_i=\sigma\omega_i$，其中 $\omega_i\sim\mathcal{N}(0,1)$ 是一个高斯随机变量.

在这种情况下，估计回归函数 f^* 的一种方法是通过约束最小二乘法即通过求解问题㊀

$$\hat{f}\in\arg\min_{f\in\mathscr{F}}\left\{\frac{1}{n}\sum_{i=1}^n (y_i-f(x_i))^2\right\} \tag{13.7}$$

其中 $\mathscr{F}$ 是一个适当选取的函数子集. 当 $\nu_i\sim\mathcal{N}(0,\sigma^2)$ 时，注意由准则(13.7)定义的估计等价于约束极大似然估计. 然而，与参数情形下的最小二乘回归一样，这个估计具有普适性.

通常，我们将优化问题(13.7)限制在一些适当选取的 $\mathscr{F}$ 的子集上——例如，一个范数 $\|\cdot\|_{\mathscr{F}}$ 的一个半径为 R 的球上. 将 $\mathscr{F}$ 设为再生核希尔伯特空间，如第 12 章所述，在计算上是非常有用的. 使用下列形式的正则化估计形式也会非常方便：

$$\hat{f}\in\arg\min_{f\in\mathscr{F}}\left\{\frac{1}{n}\sum_{i=1}^n (y_i-f(x_i))^2+\lambda_n\|f\|_{\mathscr{F}}^2\right\} \tag{13.8}$$

其中 $\lambda_n>0$ 是一个适当选取的正则化权重. 我们将在 13.4 节中回来分析这些估计.

13.1.3　一些例子

我们用一些例子来阐述估计式(13.7)和式(13.8).

例 13.1(线性回归)　对于一个给定向量 $\boldsymbol{\theta}\in\mathbb{R}^d$，定义线性函数 $f_{\boldsymbol{\theta}}(\boldsymbol{x})=\langle\boldsymbol{\theta},\boldsymbol{x}\rangle$. 给定一个紧子集 $\mathcal{C}\subseteq\mathbb{R}^d$，考虑函数类

$$\mathscr{F}_{\mathcal{C}}\{f_{\boldsymbol{\theta}}:\mathbb{R}^d\to\mathbb{R}\mid\boldsymbol{\theta}\in\mathcal{C}\}$$

㊀ 定义(13.7)中 n^{-1} 的重正规化对 $\hat{f}$ 没有影响，我们这么做是为了强调该方法与 $L^2(\mathbb{P}_n)$ 范数之间的联系.

在这种情形下，估计(13.7)简化为约束形式的最小二乘估计，更具体地

$$\widetilde{\boldsymbol{\theta}} \in \arg\min_{\boldsymbol{\theta} \in \mathcal{C}} \left\{ \frac{1}{n} \|\boldsymbol{y} - \boldsymbol{X}\boldsymbol{\theta}\|_2^2 \right\}$$

这里 $\boldsymbol{X} \in \mathbb{R}^{n \times d}$ 是设计矩阵，其第 i 行为向量 $\boldsymbol{x}_i \in \mathbb{R}^d$. 这个估计的特别情形包括岭回归，通过如下构造来得到，

$$\mathcal{C} = \{\boldsymbol{\theta} \in \mathbb{R}^d \,\|\boldsymbol{\theta}\|_2^2 \leqslant R_2\}$$

对某个(平方的)半径 $R_2 > 0$. 更一般地，这类估计包括了所有的带约束的 ℓ_q 球估计，通过构造

$$\mathcal{C} = \{\boldsymbol{\theta} \in \mathbb{R}^d \mid \sum_{j=1}^{d} |\theta_j|^q \leqslant R_q\}$$

对某个 $q \in [0,2]$ 和半径 $R_q > 0$. $q \in (0,1]$ 时这些集合的示意图请参见图 7.1. Lasso(7.19)的约束形式，如第 7 章中深入分析的，是一个特殊而重要的情形，通过设定 $q = 1$ 得到. ♣

前面的例子是一个参数问题，我们现在考虑一些非参数例子.

例 13.2(三次光滑样条) 考虑二阶连续可导函数 $f:[0,1] \to \mathbb{R}$ 的类，对于一个给定的平方半径 $R > 0$，定义函数类

$$\mathscr{F}(R) := \left\{ f:[0,1] \to \mathbb{R} \,\middle|\, \int_0^1 (f''(x))^2 \mathrm{d}x \leqslant R \right\} \tag{13.9}$$

其中 f'' 表示 f 的二阶导数. 对于 f'' 的积分约束可以理解为例 12.17 中引入的二阶 Sobolev 空间 $\mathbb{H}^{\alpha}[0,1]$ 中的一个希尔伯特范数界. 在这种情况下，惩罚形式的非参数最小二乘估计为

$$\hat{f} \in \arg\min_{f} \left\{ \frac{1}{n} \sum_{i=1}^{n} (y_i - f(x_i))^2 + \lambda_n \int_0^1 (f''(x))^2 \mathrm{d}x \right\} \tag{13.10}$$

其中 $\lambda_n > 0$ 是一个用户定义的正则化参数. 可以证明任何最小值点 $\hat{f}$ 都是一个三次样条，即它是一个分段的三次函数，三阶导数在每个不同设计点 x_i 处变化. 在 $R \to 0$(或等价地 $\lambda_n \to +\infty$)的极限情况下，三次样条拟合 $\hat{f}$ 变为一个线性函数，因为只有对线性函数有 $f'' = 0$. ♣

上例中的样条估计是基于再生核希尔伯特空间(背景知识见第 12 章)正则化的一类更一般估计的一个特殊情况. 我们更一般地考虑这个类.

例 13.3(核岭回归) 令 $\mathbb{H}$ 是一个具有范数 $\|.\|_{\mathbb{H}}$ 的再生核希尔伯特空间. 给定某个正则化参数 $\lambda_n > 0$，考虑估计

$$\hat{f} \in \arg\min_{f \in \mathbb{H}} \left\{ \frac{1}{n} \sum_{i=1}^{n} (y_i - f(x_i))^2 + \lambda_n \|f\|_{\mathbb{H}}^2 \right\}$$

如第 12 章所讨论的，这个估计的计算可以简化为一个求解由设计点 $\{x_i\}_{i=1}^{n}$ 定义的经验核矩阵的二次规划问题. 特别地，如果我们定义核矩阵元素为 $K_{ij} = \mathcal{K}(x_i, x_j)/n$，那么解的形式为 $\hat{f}(\cdot) = \frac{1}{\sqrt{n}} \sum_{i=1}^{n} \hat{\alpha}_i \mathcal{K}(\cdot, x_i)$，其中 $\hat{\boldsymbol{\alpha}} := (\boldsymbol{K} + \lambda_n \boldsymbol{I}_n)^{-1} \frac{\boldsymbol{y}}{\sqrt{n}}$. 在习题 13.3 中，我们将展示在核岭回归背景下如何理解例 13.2 中的样条估计. ♣

我们现在考虑一个称为形状约束回归的例子.

例 13.4(凸回归) 假设 $f^*: \mathcal{C} \to \mathbb{R}$ 是其定义域 $\mathcal{C}$ 上的一个凸函数，定义域是 $\mathbb{R}^d$ 的某个凸且开的子集. 在这种情况下，自然地可以考虑带有一个凸约束的最小二乘估计，即

$$\hat{f} \in \arg\min_{\substack{f:\mathcal{C}\to\mathbb{R}\\ f\text{是凸的}}} \left\{\frac{1}{n}\sum_{i=1}^{n}(y_i - f(x_i))^2\right\}$$

如前所述，这个优化问题本质上是无穷维的. 幸运的是，利用凸函数的结构，它可以转化为一个等价的有限维问题. 特别地，任何凸函数 f 在其定义域 $\mathcal{C}$ 的(相对)内部的每个点上都是次可导的. 更准确地说，在任何一个内点 $\boldsymbol{x}\in\mathcal{C}$，至少存在一个向量 $\boldsymbol{z}\in\mathbb{R}^d$，使得

$$f(\boldsymbol{y}) \geqslant f(\boldsymbol{x}) + \langle \boldsymbol{z}, \boldsymbol{y}-\boldsymbol{x}\rangle \quad \text{对于所有 } \boldsymbol{y}\in\mathcal{C} \tag{13.11}$$

任意这样的向量称为一个次梯度，而每个点 $\boldsymbol{x}\in\mathcal{C}$ 都可以对应于它的次梯度的集合 $\partial f(\boldsymbol{x})$，称为 f 在 $\boldsymbol{x}$ 处的次导数. 当 f 在 $\boldsymbol{x}$ 上真的可导时，下界(13.11)成立当且仅当 $\boldsymbol{z}=\nabla f(\boldsymbol{x})$，所以我们有 $\partial f(\boldsymbol{x})=\{\nabla f(\boldsymbol{x})\}$. 有关凸分析的一些标准参考资料参阅 13.5 节.

将此结论应用于每个样本点 $\{x_i\}_{i=1}^n$，我们得到一定存在次梯度向量 $\widetilde{\boldsymbol{z}}_i\in\mathbb{R}^d$ 满足

$$f(\boldsymbol{x}) \geqslant f(\boldsymbol{x}_i) + \langle \widetilde{\boldsymbol{z}}_i, \boldsymbol{x}-\boldsymbol{x}_i\rangle \quad \text{对于所有 } \boldsymbol{x}\in\mathcal{C} \tag{13.12}$$

由于损失函数仅依赖于值 $\widetilde{y}_i := f(\boldsymbol{x}_i)$，最优与函数在其他位置的取值无关. 因此，只需要考虑函数值和次梯度对的集合 $\{(\widetilde{y}_i, \widetilde{\boldsymbol{z}}_i)\}_{i=1}^n$，求解优化问题

$$\min_{\{(\widetilde{y}_i, \boldsymbol{z}_i)\}_{i=1}^n} \frac{1}{n}\sum_{i=1}^{n}(y_i - \widetilde{y}_i)^2 \tag{13.13}$$

$$\text{使得 } \widetilde{y}_j \geqslant \widetilde{y}_i + \langle \widetilde{\boldsymbol{z}}_i, \boldsymbol{x}_j - \boldsymbol{x}_j\rangle \quad \text{对于所有 } i,j=1,2,\cdots,n$$

注意这是一个 $N=n(d+1)$ 个变量的凸规划，有一个二次型损失函数和 $2\binom{n}{2}$ 个线性约束.

一个最优解 $\{(\widetilde{y}_i, \widetilde{\boldsymbol{z}}_i)\}_{i=1}^n$ 可以通过

$$\hat{f}(\boldsymbol{x}) := \max_{i=1,\cdots,n}\{\hat{y}_i + \langle \hat{\boldsymbol{z}}_i, \boldsymbol{x}-\boldsymbol{x}_i\rangle\} \tag{13.14}$$

定义估计 $\hat{f}:\mathcal{C}\to\mathbb{R}$. 作为线性函数集合的最大值，函数 $\hat{f}$ 是凸的. 此外，一个简短的计算——利用 $\{(\widetilde{y}_i, \widetilde{\boldsymbol{z}}_i)\}_{i=1}^n$ 对于规划(13.13)是可行的——表明对所有 $i=1,2,\cdots,n$ 有 $\hat{f}(\boldsymbol{x}_i)=\widetilde{y}_i$. 图 13.1a 给出了凸回归估计(13.14)的一个示意图，表明了其分段线性性质.

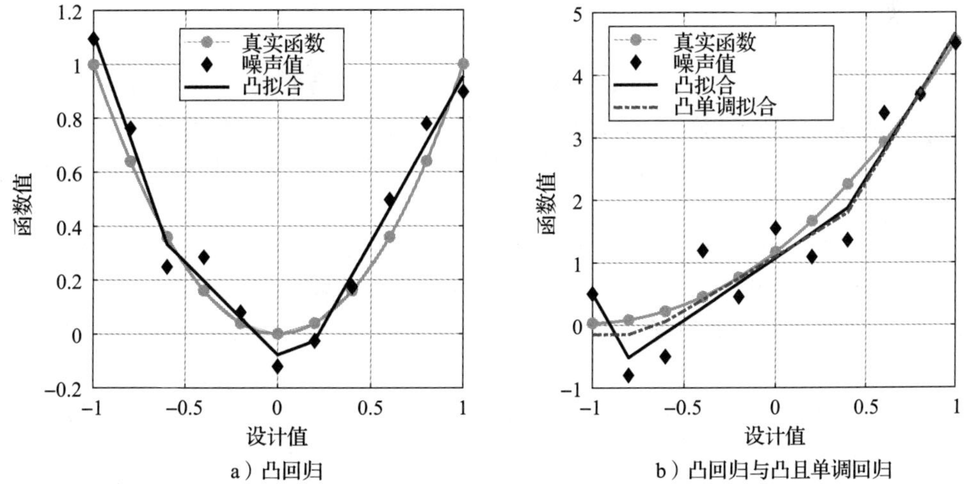

图 13.1　a)基于区间 $\mathcal{C}=[-1,1]$上的 $n=11$ 个等距样本固定设计的凸回归估计(13.14)的示意图. b)通常的凸回归与凸且单调回归估计的比较

基本的凸回归估计有很多种拓展. 例如，在一维情况($d=1$)中，可能有一个先验知道 f 是一个非递减函数，因此它的导数(或次梯度)是非负的. 在这种情况下，自然地可以在估计(13.13)中的次梯度上施加额外的非负性约束($\widetilde{z}_j \geqslant 0$). 图 13.1b 比较了标准的凸回归估计与施加这些额外单调性约束的估计. ♣

13.2 控制预测误差

从统计学的角度来看，非参数最小二乘估计(13.7)的一个基本问题是它与真实回归函数 f^* 的近似程度有多好. 在这一节中，我们建立一些技巧在 $L^2(\mathbb{P}_n)$范数下来控制误差 $\|\hat{f}-f^*\|_n$. 在第 14 章中，我们得到一些结果可以将这些界转化为 $L_2(\mathbb{P})$范数中的界.

直观上，估计函数 f^* 的难度应该取决于它所在的函数类 $\mathscr{F}$ 的复杂度. 如第 5 章所述，有多种方法可以度量函数类的复杂度，特别是度量熵或它的高斯复杂度. 在接下来的结果中我们利用这两种复杂度度量.

我们的第一个主要结果是根据高斯复杂度的一个*局部化形式*来定义的：在真实回归函数 f^* 附近的一个邻域内局部化度量了函数类 $\mathscr{F}$ 的复杂度. 更准确地说，我们定义集合

$$\mathscr{F}^* := \mathscr{F} - \{f^*\} = \{f - f^* \mid f \in \mathscr{F}\} \tag{13.15}$$

对应于原始函数类 $\mathscr{F}$ 的一个 f^* 位移形式. 对于一个给定的半径 $\delta > 0$，f^* 附近的*局部高斯复杂度*在尺度 δ 上为

$$\mathcal{G}_n(\delta;\mathscr{F}^*) := \mathbb{E}_w\left[\sup_{\substack{g\in\mathscr{F}^* \\ \|g\|_n\leqslant\delta}}\left|\frac{1}{n}\sum_{i=1}^{n} w_i g(x_i)\right|\right] \tag{13.16}$$

其中变量 $\{w_i\}_{i=1}^n$ 是独立同分布的 $\mathcal{N}(0,1)$变量. 在这一章中，这个复杂度度量应该理解为一个确定性的量，因为我们考虑的是固定协变量 $\{x_i\}_{i=1}^n$ 的情形.

我们分析的一个关键对象是满足临界不等式的正数 δ 的集合

$$\frac{\mathcal{G}_n(\delta;\mathscr{F}^*)}{\delta} \leqslant \frac{\delta}{2\sigma} \tag{13.17}$$

正如我们在引理 13.6 中验证的，当位移后的函数类 $\mathscr{F}^*$ 是星形时[⊖]，左侧是 δ 的一个非递增函数，这保证了不等式是可以成立的. 我们称满足不等式(13.17)的任何 $\delta_n > 0$ 为有效的，并且用 $\delta_n^* > 0$ 来表示不等式(13.17)成立的最小正半径. 关于星形性质和有效半径 δ_n 存在性的更多细节参见定理 13.5 的后续讨论.

图 13.2 阐述了两个不同函数类的函数 $\delta \mapsto \mathcal{G}_n(\delta)/\delta$ 的非递增性质：图 13.2a 中的一阶 Sobolev 空间和图 13.2b 中的一个高斯核空间. 这两个函数类都是凸的，因此任何 f^* 都有星形性质. 具体取 $\sigma=1/2$，可通过该非递增函数与斜率为 1 的直线交叉的位置来确定临界半径 δ_n^*，如图所示. 如稍后要验证的，高斯核类比一阶 Sobolev 空间要小得多，因此其临界半径也相对更小. 这种大小关系反映了一种自然的直觉，即在一个较小的函数类上进行回归应该更容易.

⊖ 一个函数类 $\mathscr{F}$ 是星形的，如果对于任意 $h \in \mathscr{F}$ 和 $\alpha \in [0,1]$，重尺度化函数 αh 也属于 $\mathscr{F}$.

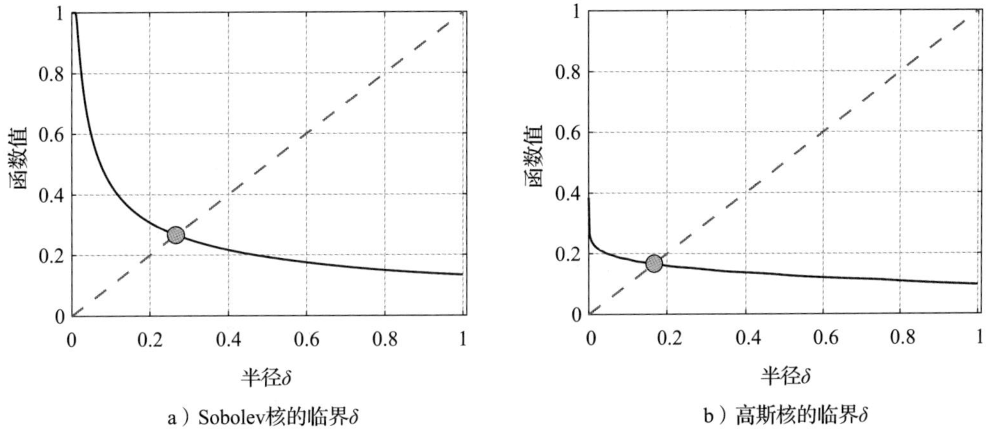

图 13.2　样本大小 $n=100$ 和两个不同函数类的临界半径示意图. a)一阶 Sobolev 空间. b)一个高斯核类. 在两种情况下，通过实线绘制的，函数 $\delta \mapsto \frac{\mathcal{G}_n(\delta;\mathscr{F})}{\delta}$ 是非递增的，如引理 13.6 所保证的那样. 用灰点标记的临界半径 δ_n^* 可以通过求其与斜率为 $1/(2\sigma)$ 的直线交点来确定，这里 $\sigma=1$，直线绘制为虚线. 所有有效的 δ_n 的集合构成了区间 $[\delta_n^*,\infty)$

一些直观解释： 为什么不等式(13.17)会与非参数最小二乘估计的分析相关？稍加计算有助于得到一些直观解释. 对于约束最小二乘问题(13.7)，$\hat{f}$ 和 f^* 分别是最优解和可行解，我们有

$$\frac{1}{2n}\sum_{i=1}^{n}(y_i-\hat{f}(x_i))^2 \leqslant \frac{1}{2n}\sum_{i=1}^{n}(y_i-f^*(x_i))^2$$

回顾一下 $y_i=f^*(x_i)+\sigma w_i$，由一些简单的代数运算可以得到等价的表达式

$$\frac{1}{2}\|\hat{f}-f^*\|_n^2 \leqslant \frac{\sigma}{n}\sum_{i=1}^{n} w_i(\hat{f}(x_i)-f^*(x_i)) \tag{13.18}$$

我们称之为非参数最小二乘的基本不等式.

现在，根据定义，差函数 $\hat{f}-f^*$ 属于 $\mathscr{F}^*$，这样我们就可以通过对所有满足 $|g|_n \leqslant \|\hat{f}-f^*\|_n$ 的函数 $g\in\mathscr{F}^*$ 取上确界来控制右边. 推导一下，这个观察结果表明平方误差 $\delta_2:=\mathbb{E}[\|\hat{f}-f^*\|_n^2]$ 应该满足下列形式的一个界：

$$\frac{\delta^2}{2} \leqslant \sigma\mathcal{G}_n(\delta;\mathscr{F}^*) \quad 或等价地 \frac{\delta}{2\sigma} \leqslant \frac{\mathcal{G}_n(\delta;\mathscr{F}^*)}{\delta} \tag{13.19}$$

根据临界半径 δ_n^* 的定义(13.17)，这个不等式只适用于 $\delta \leqslant \delta_n^*$. 综上，这个推导表明一个形如 $\mathbb{E}[\|\hat{f}-f^*\|_n^2] \leqslant (\delta_n^*)^2$ 的界.

需要明确的是，从基本不等式(13.18)到界(13.19)这一步没有严格的论证，但基本的直观解释是对的. 我们现在阐述一个严格的结果，其适用于基于标准高斯噪声模型 $y_i=f^*(x_i)+\sigma w_i$ 观测值的最小二乘估计(13.7).

定理 13.5 假设位移后的函数类 $\mathscr{F}^*$ 是星形的，并设 δ_n 为临界不等式(13.7)的任意正解. 那么对任意 $t \geqslant \delta_n$，非参数最小二乘估计 $\widehat{f}_n$ 满足界

$$\mathbb{P}[\|\widehat{f}_n - f^*\|_n^2 \geqslant 16t\delta_n] \leqslant \mathrm{e}^{-\frac{nt\delta_n}{2\sigma^2}} \tag{13.20}$$

注：界(13.20)给出了回归误差 $\|\hat{f}-f^*\|_2^2$ 的非渐近的控制. 通过对这个尾部概率界积分，可以得出 $L_2(\mathbb{P}_n)$ 半范数的均方误差上界为

$$\mathbb{E}[\|\hat{f}_n - f^*\|_n^2] \leqslant c\left\{\delta_n^2 + \frac{\sigma^2}{n}\right\} \quad 对于某个普适常数\ c$$

如习题 13.5 所示，对于任何包含常数函数 $f \equiv 1$ 的函数类 $\mathscr{F}$，我们必然有 $\delta_n^2 \geqslant \frac{2}{\pi}\frac{\sigma^2}{n}$，因此(不考虑常数)$\delta_n^2$ 项始终是主导项.

具体来说，我们已经对加性高斯噪声($v_i = \sigma w_i$)的情形阐述了结果. 然而，如证明所表明的那样，所需要的是关于下列随机变量的一个上尾部概率界，

$$Z_n(\delta) := \sup_{\substack{g \in \mathscr{F}^* \\ \|g\|_n \leqslant \delta}} \left| \frac{1}{n} \sum_{i=1}^n \frac{v_i}{\sigma} g(x_i) \right|$$

基于其期望的形式. 期望 $\mathbb{E}[Z_n(\delta)]$ 定义了(可能非高斯的)噪声复杂度的一个更一般形式，然后确定了临界半径.

位移后函数类 $\mathscr{F}^* = \mathscr{F} - f^*$ 的星形条件在证明的各个部分都是需要的，包括确保有效半径 δ_n 的存在(见稍后的引理 13.6). 具体地说，函数类 $\mathscr{F}^*$ 是星形的，如果对任意 $g \in \mathscr{F}^*$ 和 $\alpha \in [0,1]$，函数 αg 也属于 $\mathscr{F}^*$. 等价地，我们称 $\mathscr{F}$ 围绕 f^* 是星形的. 例如，如果 $\mathscr{F}$ 是凸的，那么如图 13.3 所示，它必然围绕任何 $f^* \in \mathscr{F}$ 都是星形的. 相反，如果 $\mathscr{F}$ 不是凸的，那么必须存在 $f^* \in \mathscr{F}$ 使得 $\mathscr{F}^*$ 不是星形的. 然而，对于一般的非凸集 $\mathscr{F}$，$\mathscr{F}^*$ 对于某些 f^* 仍然可能是星形的. 关于这些可能性的示意图参见图 13.3，具体细节见习题 13.4.

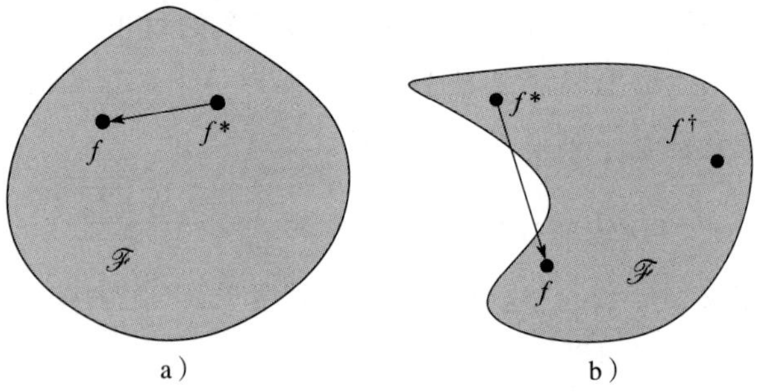

图 13.3　集合的星形性质示意图. a)集合 $\mathscr{F}$ 是凸的，因此围绕它的任何一个点都是星形的. f^* 与 f 之间的线包含在 $\mathscr{F}$ 中，对于连接 $\mathscr{F}$ 中任意两点的任何线也是如此. b)集合 $\mathscr{F}$ 并非围绕其所有点都是星形的. 因为连接 $f \in \mathscr{F}$ 的线不在集合内，所以围绕点 f^* 不是星形的. 然而，这个集合围绕点 $f^\dagger$ 是星形的

如果星形条件不成立，那么定理 13.5 可以用由星形包

$$\mathrm{star}(\mathscr{F}^*;0):=\{\alpha g \mid g\in\mathscr{F}^*,\alpha\in[0,1]\}=\{\alpha(f-f^*)\mid f\in\mathscr{F},\alpha\in[0,1]\} \tag{13.21}$$

定义的 δ_n 来代替. 此外，由于我们不知道函数 f^*，通常用更大的类

$$\partial\mathscr{F}:=\mathscr{F}-\mathscr{F}=\{f_1-f_2 \mid f_1,f_2\in\mathscr{F}\} \tag{13.22}$$

来替代 $\mathscr{F}^*$，或者必要时可用它的星形包. 我们将在具体例子中阐述这些想法.

我们现在验证星形条件保证了临界半径的存在.

引理 13.6　对于任何星形函数类 $\mathscr{H}$，函数 $\delta\mapsto\frac{\mathcal{G}_n(\delta;\mathscr{H})}{\delta}$ 在区间 $(0,\infty)$ 上是非增的. 因此，对于任意常数 $c>0$，不等式

$$\frac{\mathcal{G}_n(\delta;\mathscr{H})}{\delta}\leqslant c\delta \tag{13.23}$$

有一个最小的正解.

证明　为了简化符号，我们在证明中去掉了 $\mathcal{G}_n$ 依赖于函数类 $\mathscr{H}$. 给定 $0<\delta\leqslant t$，只需要证明 $\frac{\delta}{t}\mathcal{G}_n(t)\leqslant\mathcal{G}_n(\delta)$. 给定任意函数 $h\in\mathscr{H}$ 且 $\|h\|_n\leqslant t$，我们可以定义重尺度化函数 $\widetilde{h}=\frac{\delta}{t}h$，并有

$$\frac{1}{n}\left\{\frac{\delta}{t}\sum_{i=1}^{n}w_i h(x_i)\right\}=\frac{1}{n}\left\{\sum_{i=1}^{n}w_i\widetilde{h}(x_i)\right\}$$

通过构造，我们有 $\|\widetilde{h}\|_n\leqslant\delta$；此外，由于 $\delta\leqslant t$，星形假设保证了 $\widetilde{h}\in\mathscr{H}$. 因此，对于任意以这种方式构成的 $\widetilde{h}$，右侧的期望至多为 $\mathcal{G}_n(\delta)$. 在集合 $\mathscr{H}\cap\{\|h\|_n\leqslant t\}$ 取上确界，然后在左侧取期望可以推出 $\mathcal{G}_n(t)$. 综上所述即得所需结论.

在实际应用中，确定临界半径 δ_n^* 的精确值可能是很难的，因此我们要寻找其合理的上界. 如习题 13.5 所示，我们总是有 $\delta_n^*\leqslant\sigma$，但这是一个非常粗糙的结果. 通过控制局部高斯复杂度，我们将得到更精细的结果，如稍后的例子所示.

13.2.1　度量熵的界

注意局部高斯复杂度对应于一个高斯过程的绝对最大值期望. 如第 5 章所讨论的，Dudley 熵积分可用来控制此类量.

为了做到这一点，我们首先介绍一些简便记号. 对于任何函数类 $\mathscr{F}$，我们定义 $\mathbb{B}_n(\delta;\mathscr{F}):=\{h\in\mathrm{star}(\mathscr{F})\mid\|h\|_n\leqslant\delta\}$，并且令 $N_n(t;\mathbb{B}_n(\delta;\mathscr{F}))$ 为范数 $\|\cdot\|_n$ 下 $\mathbb{B}_n(\delta;\mathscr{F})$ 的 t 覆盖数. 在这些记号下，我们有如下推论.

推论 13.7　在定理 13.5 的条件下，任何 $\delta\in(0,\sigma]$ 使得

$$\frac{16}{\sqrt{n}}\int_{\frac{\delta^2}{4\sigma}}^{\delta}\sqrt{\log N_n(t;\mathbb{B}_n(\delta;\mathscr{F}^*))}\,\mathrm{d}t\leqslant\frac{\delta^2}{4\sigma} \tag{13.24}$$

满足临界不等式(13.17)，因此可用于定理 13.5 的结论.

证明　对于任何 $\delta\in(0,\sigma]$，我们都有$\frac{\delta^2}{4\sigma}<\delta$，因此在 $L^2(\mathbb{P}_n)$范数下我们可以构造集合 $\mathbb{B}_n(\delta;\mathscr{F}^*)$的最小$\frac{\delta^2}{4\sigma}$覆盖，记作$\{g^1,\cdots,g^M\}$. 对于任意函数 $g\in\mathbb{B}_n(\delta;\mathscr{F}^*)$，存在一个指标 $j\in[M]$使得$\|g^j-g\|_n\leqslant\frac{\delta^2}{4\sigma}$. 因此，我们有

$$\begin{aligned}\left|\frac{1}{n}\sum_{i=1}^n w_i g(x_i)\right| &\overset{\text{(i)}}{\leqslant}\left|\frac{1}{n}\sum_{i=1}^n w_i g^j(x_i)\right|+\left|\frac{1}{n}\sum_{i=1}^n w_i(g(x_i)-g^j(x_i))\right|\\ &\overset{\text{(ii)}}{\leqslant}\max_{j=1,\cdots,M}\left|\frac{1}{n}\sum_{i=1}^n w_i g^j(x_i)\right|+\sqrt{\frac{\sum_{i=1}^n w_i^2}{n}}\sqrt{\frac{\sum_{i=1}^n (g(x_i)-g^j(x_i))^2}{n}}\\ &\overset{\text{(iii)}}{\leqslant}\max_{j=1,\cdots,M}\left|\frac{1}{n}\sum_{i=1}^n w_i g^j(x_i)\right|+\sqrt{\frac{\sum_{i=1}^n w_i^2}{n}}\frac{\delta^2}{4\sigma}\end{aligned}$$

其中步骤(i)由三角不等式得到，步骤(ii)由柯西-施瓦茨不等式得到，而步骤(iii)用到了覆盖性质. 左边对 $g\in\mathbb{B}_n(\delta;\mathscr{F}^*)$取上确界，然后对噪声取期望，得到

$$\mathcal{G}_n(\delta)\leqslant\mathbb{E}_w\left[\max_{j=1,\cdots,M}\left|\frac{1}{n}\sum_{i=1}^n w_i g^j(x_i)\right|\right]+\frac{\delta^2}{4\sigma}\tag{13.25}$$

其中用到了结论 $\mathbb{E}_w\sqrt{\frac{\sum_{i=1}^n w_i^2}{n}}\leqslant 1$.

余下还需要控制覆盖中 M 个函数上最大值期望的上界，为此我们使用第 5 章中的链方法. 对于 $j=1,\cdots,M$，定义高斯随机变量族 $Z(g^j):=\frac{1}{\sqrt{n}}\sum_{i=1}^n w_i g^j(x_i)$. 通过一些计算可以得到它们是零均值的且与其相关的半度量为

$$\rho_Z^2(g^j,g^k):=\operatorname{var}(Z(g^j)-Z(g^k))=\|g^j-g^k\|_n^2$$

由于对所有 $g\in\mathbb{B}_n(\delta;\mathscr{F}^*)$都有$\|g\|n\leqslant\delta$，链的最粗糙解析度可以设置为 δ，并且我们可以将其终止于$\frac{\delta^2}{4\sigma}$，因为有限集的任何元素都可以在此解析度下精确地重构. 由链方法，我们得到

$$\begin{aligned}\mathbb{E}_w\left[\max_{j=1,\cdots,M}\left|\frac{1}{n}\sum_{i=1}^n w_i g^j(x_i)\right|\right]&=\mathbb{E}_w\left[\max_{j=1,\cdots,M}\frac{|Z(g^j)|}{\sqrt{n}}\right]\\ &\leqslant\frac{16}{\sqrt{n}}\int_{\frac{\delta^2}{4\sigma}}^{\delta}\sqrt{\log N_n(t;\mathbb{B}_n(\delta;\mathscr{F}^*))}\,\mathrm{d}t\end{aligned}$$

结合我们先前的界(13.25)，这就得到了所需结论. □

一些例子有助于理解定理 13.5 和推论 13.7 的用法，我们将在下面的小节中介绍这些例子.

13.2.2 高维参数问题的界

我们从参数问题的一些界开始，考虑一个一般的维数.

例 13.8(线性回归的界) 作为一个热身，考虑标准线性回归模型 $y_i=\langle\boldsymbol{\theta}^*,\boldsymbol{x}_i\rangle+w_i$，其中 $\boldsymbol{\theta}^*\in\mathbb{R}^d$. 尽管它是一个参数化模型，但利用我们的一般理论对其进行分析可以得到一些启示. 通常的最小二乘估计对应于在如下函数类上的优化

$$\mathscr{F}_{\text{lin}}=\{f_{\boldsymbol{\theta}}(\cdot)=\langle\boldsymbol{\theta},\cdot\rangle\mid\boldsymbol{\theta}\in\mathbb{R}^d\}$$

设 $\boldsymbol{X}\in\mathbb{R}^{n\times d}$ 为设计矩阵，其第 i 行为 $\boldsymbol{x}_i\in\mathbb{R}^d$. 在这个例子中，我们利用一般理论来证明最小二乘估计满足一个界

$$\|f_{\hat{\boldsymbol{\theta}}}-f_{\boldsymbol{\theta}^*}\|_n^2=\frac{\|\boldsymbol{X}(\hat{\boldsymbol{\theta}}-\boldsymbol{\theta}^*)\|_2^2}{n}\lesssim\sigma^2\frac{\text{rank}(\boldsymbol{X})}{n}\tag{13.26}$$

在高概率下成立. 显然，在这种特殊情况下，这个界(13.26)可以通过直接的线性代数运算得到，正如习题 13.2 所探讨的. 然而，看看一般理论如何在一个特殊情形下得出具体的预测结果还是很有启发性的.

我们首先注意对于任意的 f^*，位移后的函数类 $\mathscr{F}_{\text{lin}}^*$ 等于 $\mathscr{F}_{\text{lin}}$. 此外，集合 $\mathscr{F}_{\text{lin}}$ 是凸的，因此围绕任何点都是星形的(见习题 13.4)，所以可以应用推论 13.7. 映射 $\boldsymbol{\theta}\mapsto\|f_{\boldsymbol{\theta}}\|_n=\frac{\|\boldsymbol{X}\boldsymbol{\theta}\|_2}{\sqrt{n}}$ 在子空间 range($\boldsymbol{X}$)上定义了一个范数，而集合 $\mathbb{B}_n(\delta;\mathscr{F}_{\text{lin}})$ 在空间 range($\boldsymbol{X}$)内同构于一个 δ 球. 由于这个投影空间维数为 rank($\boldsymbol{X}$)，通过一个体积比技巧(见例 5.8)，我们有

$$\log N_n(t;\mathbb{B}_n(\delta;\mathscr{F}_{\text{lin}}))\leqslant r\log\left(1+\frac{2\delta}{t}\right),\quad\text{其中 } r:=\text{rank}(\boldsymbol{X})$$

在推论 13.7 中利用这个上界，我们可以得到

$$\begin{aligned}\frac{1}{\sqrt{n}}\int_0^{\delta}\sqrt{\log N_n(t;\mathbb{B}_n(\delta;\mathscr{F}_{\text{lim}}))}\,\mathrm{d}t&\leqslant\delta\sqrt{\frac{r}{n}}\int_0^{\delta}\sqrt{\log\left(1+\frac{2\delta}{t}\right)}\,\mathrm{d}t\\&\overset{\text{(i)}}{=}\delta\sqrt{\frac{r}{n}}\int_0^{1}\sqrt{\log\left(1+\frac{2}{u}\right)}\,\mathrm{d}u\\&\overset{\text{(ii)}}{=}c\delta\sqrt{\frac{r}{n}}\end{aligned}$$

其中在步骤(i)我们做了变量代换 $u=t/\delta$，而最后一步(ii)是因为积分是一个常数. 综上所述，应用推论 13.7 得到结论(13.26). 事实上，界(13.26)至多相差一个常数项外是 minimax 最优的，我们将在第 15 章中给出证明. ♣

我们现在考虑另外一个高维参数问题，即稀疏线性回归.

例 13.9(ℓ_q"球"上线性回归的界) 考虑稀疏线性回归的情况，其中 α 元回归向量 $\boldsymbol{\theta}$ 假定位于半径为 R_q 的 ℓ_q 球内，即集合

$$\mathbb{B}_q(R_q):=\left\{\boldsymbol{\theta}\in\mathbb{R}^d\;\middle|\;\sum_{j=1}^d|\theta_j|^q\leqslant R_q\right\}\tag{13.27}$$

不同的 $q\in(0,1]$下这些集合的示意图见图 7.1. 考虑一类线性函数 $f_{\boldsymbol{\theta}}(\boldsymbol{x})=\langle\boldsymbol{\theta},\boldsymbol{x}\rangle$

$$\mathscr{F}_q(R_q) := \{f_{\boldsymbol{\theta}} \mid \boldsymbol{\theta} \in \mathbb{B}_q(R_q)\} \tag{13.28}$$

当半径 R_q 根据上下文明确时我们采用简写 $\mathscr{F}_q$.

在这个例子中，我们关注的是范围 $q \in (0,1)$. 假设我们用 ℓ_q 正则化来解最小二乘问题，即我们计算估计

$$\widetilde{\boldsymbol{\theta}} \in \arg\min_{\boldsymbol{\theta} \in \mathbb{B}_q(R_q)} \left\{\frac{1}{n}\sum_{i=1}^{n}(y_i - \langle \boldsymbol{x}_i, \boldsymbol{\theta}\rangle)^2\right\} \tag{13.29}$$

与第 7 章分析的 ℓ_1 约束的 Lasso 不同，注意这不是一个凸规划. 事实上，对于 $q \in (0,1)$，函数类 $\mathscr{F}_q(R_q)$不是凸的，因此存在 $\boldsymbol{\theta}^* \in \mathbb{B}_q(R_q)$，使得位移后的类 $\mathscr{F}_q^* = \mathscr{F}_q - f_{\boldsymbol{\theta}^*}$ 不是星形的. 据此，我们转而关注控制函数类 $\mathscr{F}_q(R_q) - \mathscr{F}_q(R_q) = 2\mathscr{F}_q(R_q)$的度量熵. 注意对于所有 $q \in (0,1)$和 a，$b \in \mathbb{R}$，我们有 $|a+b|^q \leqslant |a|^q + |b|^q$，这意味着 $2\mathscr{F}_q(R_q)$被$\mathscr{F}_q(2R_q)$包含.

我们知道对于 $q \in (0,1)$，在相对于三元组(n, d, R_q)的 t 选取的宽松条件下，ℓ_q 球对应于ℓ_2 范数的度量熵的上界为

$$\log N_2, q(t) \leqslant C_q\left[R_q^{\frac{2}{2-q}}\left(\frac{1}{t}\right)^{\frac{2q}{2-q}}\log d\right] \tag{13.30}$$

其中 C_q 是一个仅依赖于 q 的常数.

给定设计向量$\{\boldsymbol{x}_i\}_{i=1}^n$，考虑 $n \times d$ 设计矩阵 $\boldsymbol{X}$ 其第 i 行为 $\boldsymbol{x}_x^{\mathrm{T}}$，并用 $\boldsymbol{X}_j \in \mathbb{R}^n$ 表示其第 j 列. 我们的目标是控制所有下述形式向量集合的度量熵;

$$\frac{\boldsymbol{X\theta}}{\sqrt{n}} = \frac{1}{\sqrt{n}}\sum_{j=1}^{d} X_j\theta_j \tag{13.31}$$

其中 $\boldsymbol{\theta}$ 在 $\mathbb{B}_q(R_q)$上变化，这一目标集合称为重正规化列向量$\{X_1, \cdots, X_d\}/\sqrt{n}$的$q$ 凸包. 令 C 为一个数值常数使得 $\max_{j=1,\cdots,d}\|\boldsymbol{X}_j\|_2/\sqrt{n} \leqslant C$，我们知道这个 q 凸包的度量熵与原来的 ℓ_q 球具有相同的数量级. 有关度量熵这些结论的进一步讨论见参考文献.

利用这个结论和之前 ℓ_q 球度量熵的界(13.30)，我们可以得到

$$\begin{aligned}\frac{1}{\sqrt{n}}\int_{\frac{\sigma^2}{4\sigma}}^{\delta}\sqrt{\log N_n(t; \mathbb{B}_n(\delta; \mathscr{F}_q(2R_q)))}\,\mathrm{d}t &\precsim R_q^{\frac{1}{2-q}}\sqrt{\frac{\log d}{n}}\int_0^{\delta}\left(\frac{1}{t}\right)^{\frac{q}{2-q}}\mathrm{d}t \\ &\precsim R_q^{\frac{1}{2-q}}\sqrt{\frac{\log d}{n}}\delta^{1-\frac{q}{2-q}}\end{aligned}$$

这个计算对所有 $q \in (0,1)$成立. 推论 13.7 意味着临界条件(13.17)成立，只要

$$R_q^{\frac{1}{2-q}}\sqrt{\frac{\sigma^2\log d}{n}} \precsim \delta^{1+\frac{q}{2-q}} \text{或等价地} R_q\left(\frac{\sigma^2\log d}{n}\right)^{1-\frac{q}{2}} \precsim \delta^2$$

那么定理 13.5 保证了

$$\|f_{\hat{\boldsymbol{\theta}}} - f_{\boldsymbol{\theta}^*}\|_n^2 = \frac{\|\boldsymbol{X}(\hat{\boldsymbol{\theta}} - \boldsymbol{\theta}^*)\|_2^2}{n} \precsim R_q\left(\frac{\sigma^2\log d}{n}\right)^{1-\frac{q}{2}}$$

在高概率下成立. 尽管这个结果是我们一般性定理的一个推论，但这个速度在不考虑常数项下是 minimax 最优的，意味着没有估计能达到一个更快的速度. 关于这些关系的进一步

讨论和相关文献见参考文献. ♣

13.2.3 非参数问题的界

现在来说明我们的技术在一些非参数问题中的应用.

例 13.10(Lipschitz 函数的界)　考虑函数类

$$\mathscr{F}_{\mathrm{Lip}}(L):=\{f:[0,1]\to\mathbb{R}\mid f(0)=0, f\text{ 是 }L\text{-Lipschitz 的}\} \tag{13.32}$$

回想一下，f 是 L-Lipschitz 的表示对所有 x，$x'\in[0,1]$都有$|f(x)-f(x')|\leqslant L|x-x'|$. 我们来分析在这个函数类上与非参数最小二乘法对应的预测误差.

注意包含关系

$$\mathscr{F}_{\mathrm{Lip}}(L)-\mathscr{F}_{\mathrm{Lip}}(L)=2\mathscr{F}_{\mathrm{Lip}}(L)\subseteq\mathscr{F}_{\mathrm{Lip}}(2L)$$

只需要控制 $\mathscr{F}_{\mathrm{Lip}}(2L)$的度量熵上界. 根据我们在例子 5.10 中的讨论，在上确界范数下，这个类的度量熵数量级为 $\log N_{\infty}(\epsilon;\mathscr{F}_{\mathrm{Lip}}(2L))\simeq(L/\epsilon)$. 因此，我们有

$$\begin{aligned}\frac{1}{\sqrt{n}}\int_0^{\delta}\sqrt{\log N_n(t;\mathbb{B}_n(\delta,\mathscr{F}_{\mathrm{Lip}}(2L)))}\,\mathrm{d}t&\precsim\frac{1}{\sqrt{n}}\int_0^{\delta}\sqrt{\log N_{\infty}(t;\mathscr{F}_{\mathrm{Lip}}(2L))}\,\mathrm{d}t\\&\precsim\frac{1}{\sqrt{n}}\int_0^{\delta}(L/t)^{\frac{1}{2}}\,\mathrm{d}t\\&\precsim\frac{1}{\sqrt{n}}\sqrt{L\delta}\end{aligned}$$

其中$\precsim$表示除了不依赖于三元组(δ,L,n)的常数之外不等式成立. 因此，只需要选取 $\delta_n>0$ 使得$\frac{\sqrt{L\delta_n}}{\sqrt{n}}\precsim\frac{\delta_n^2}{\sigma}$，或者等价地 $\delta_n^2\simeq\left(\frac{L\sigma^2}{n}\right)^{\frac{2}{3}}$. 综上所述，推论 13.7 可以推出非参数最小二乘估计中的误差满足界

$$\|\hat{f}-f^*\|_n^2\precsim\left(\frac{L\sigma^2}{n}\right)^{2/3} \tag{13.33}$$

在不低于 $1-c_1\mathrm{e}^{-c_2\left(\frac{n}{L\sigma^2}\right)^{1/3}}$ 的概率下成立. ♣

例 13.11(凸回归的界)　作为上一个例子的延续，我们考虑凸的 1-Lipschitz 函数类，即

$$\mathscr{F}_{\mathrm{conv}}([0,1];1):=\{f:[0,1]\to\mathbb{R}\mid f(0)=0\text{ 和 }f\text{ 是凸且 1-Lipschitz 的}\}$$

如例 13.4 所讨论的，在这个凸类上的非参数最小二乘估计计算可简化为一个二次规划. 在这里我们考虑这样一个估计能够达到的统计收敛速度.

我们知道 $\mathscr{F}_{\mathrm{conv}}$ 的度量熵用无穷范数度量时，满足上界

$$\log N(\epsilon;\mathscr{F}_{\mathrm{conv}},\|\cdot\|_{\infty})\precsim\left(\frac{1}{\epsilon}\right)^{1/2} \tag{13.34}$$

对于所有充分小的 $\epsilon>0$ 成立. (细节见文献部分.)因此，我们可以再次使用熵积分方法来推导预测误差的上界. 特别地，类似于上例的计算表明推论 13.7 的条件对于 $\delta_n^2\simeq\left(\frac{\sigma^2}{n}\right)^{\frac{4}{5}}$ 成

立，因此我们可以得到

$$\|\hat{f}-f^*\|_n^2 \lesssim \left(\frac{\sigma^2}{n}\right)^{4/5} \tag{13.35}$$

在不低于 $1-c_1 e^{-c_2\left(\frac{n}{\sigma^2}\right)^{1/5}}$ 的概率下成立.

注意凸 Lipschitz 函数的误差界(13.35)比之前没有一个凸性约束的 Lipschitz 函数的界(13.33)要快得多——特别地，各自的速度分别是 $n^{-4/5}$ 和 $n^{-2/3}$. 在第 15 章中，我们证明这两个速度都是 minimax 最优的，意味着，除了常数项，它们不能再得到实质性的提高了. 因此，从统计的角度来看，附加的凸性约束是非常重要的. 事实上，正如我们在习题 13.8 中所探讨的，就其估计误差而言，凸 Lipschitz 函数的表现完全类似于具有有界二阶导数的所有二阶可导函数类，因此凸性约束相当于施加一个额外的光滑度. ♣

13.2.4　定理 13.5 的证明

我们现在来看看前面所述定理的证明.

建立一个基本不等式

回顾我们之前讨论中建立的基本不等式(13.18). 基于简写符号 $\hat{\Delta}=\hat{f}-f^*$，它可以写成

$$\frac{1}{2}\|\hat{\Delta}\|_n^2 \leqslant \frac{\sigma}{n}\sum_{i=1}^{n} w_i \hat{\Delta}(x_i) \tag{13.36}$$

根据定义，误差函数 $\hat{\Delta}=\hat{f}-f^*$ 属于位移后的函数类 $\mathscr{F}^*$.

控制右侧

为了控制右侧的随机部分，我们首先以一个更一般的形式来阐述一个辅助引理，因为它对后面的论证很有用. 设 $\mathscr{H}$ 是一个任意的星形函数类，且设 $\delta_n>0$ 满足不等式 $\frac{\mathcal{G}_n(\delta;\mathscr{H})}{\delta}\leqslant\frac{\delta}{2\sigma}$. 对于一个给定的标量 $u\geqslant\delta_n$，定义事件

$$\mathcal{A}(u):=\left\{\exists\, g\in\mathscr{H}\cap\{\|g\|_n\geqslant u\} \,\Big|\, \Big|\frac{\sigma}{n}\sum_{i=1}^{n} w_i g(x_i)\Big| \geqslant 2\|g\|_n u\right\} \tag{13.37}$$

下述引理给出了该事件概率的控制.

> **引理 13.12**　对所有 $u\geqslant\delta_n$，我们有
>
> $$\mathbb{P}[\mathcal{A}(u)]\leqslant e^{-\frac{nu^2}{2\sigma^2}} \tag{13.38}$$

我们利用这个引理来证明主要的结果，特别地设置 $\mathscr{H}=\mathscr{F}^*$ 和 $u=\sqrt{t\delta_n}$ 对于某个 $t\geqslant\delta_n$，这样我们就得到了

$$\mathbb{P}[\mathcal{A}^c(\sqrt{t\delta_n})]\geqslant 1-e^{-\frac{nt\delta_n}{2\sigma^2}}$$

如果 $\|\hat{\Delta}\|_n<\sqrt{t\delta_n}$，则结论立得. 否则，我们有 $\hat{\Delta}\in\mathscr{F}^*$ 和 $\|\hat{\Delta}\|n\geqslant\sqrt{t\delta_n}$. 因此我们可以在给定 $\mathcal{A}^c(\sqrt{t\delta_n})$ 条件下得到界

$$\left|\frac{\sigma}{n}\sum_{i=1}^{n}w_i\hat{\Delta}(x_i)\right|\leqslant 2\|\hat{\Delta}\|_n\sqrt{t\delta_n}$$

因此，基本不等式(13.36)可以推出$\|\hat{\Delta}\|_n^2\leqslant 4\|\hat{\Delta}\|_n\sqrt{t\delta_n}$，或等价地$\|\hat{\Delta}\|_n^2\leqslant 16t\delta_n$，这个界成立的概率不低于$1-\mathrm{e}^{-\frac{nt\delta_n}{2\sigma^2}}$.

为了完成定理 13.5 的证明，只需要证明引理 13.12.

引理 13.12 的证明

我们的第一步是将问题简化为控制满足上界$\|\widetilde{g}\|_n\leqslant u$的函数的一个子集的一个上确界. 假设存在一个$g\in\mathscr{H}$且$|g|_n\geqslant u$，使得

$$\left|\frac{\sigma}{n}\sum_{i=1}^{n}w_i g(x_i)\right|\geqslant 2\|g\|_n u \tag{13.39}$$

定义函数$\widetilde{g}:=\frac{u}{\|g\|_n}g$，我们可以得到$\|\widetilde{g}\|_n=u$. 由于$g\in\mathscr{H}$以及$\frac{u}{\|g\|_n}\in(0,1]$，星形假设保证了$\widetilde{g}\in\mathscr{H}$. 因此，我们已经证明了如果存在一个满足不等式(13.39)的函数g，只要事件$\mathcal{A}(u)$为真时一定存在这样的g，那么存在一个函数$\widetilde{g}\in\mathscr{H}$有$\|\widetilde{g}\|_n=u$满足

$$\left|\frac{\sigma}{n}\sum_{i=1}^{n}w_i\widetilde{g}(x_i)\right|=\frac{u}{\|g\|_n}\left|\frac{\sigma}{n}\sum_{i=1}^{n}w_i g(x_i)\right|\geqslant 2u^2$$

因此，我们得出结论

$$\mathbb{P}[\mathcal{A}(u)]\leqslant\mathbb{P}[Z_n(u)\geqslant 2u^2],\quad 其中\ Z_n(u):=\sup_{\substack{\widetilde{g}\in\mathscr{H}\\ \|\widetilde{g}\|n\leqslant u}}\left|\frac{\sigma}{n}\sum_{i=1}^{n}w_i\widetilde{g}(x_i)\right| \tag{13.40}$$

由于噪声变量$w_i\sim\mathcal{N}(0,1)$是独立同分布的，对于每个固定的$\widetilde{g}$变量$\frac{\sigma}{n}\sum_{i=1}^{n}w_i\widetilde{g}(x_i)$是零均值以及高斯的. 因此，变量$Z_n(u)$对应了一个高斯过程的上确界. 如果我们把这个上确界看作标准高斯向量$(w_1,\cdots,w_n)$的一个函数，那么可以验证对应的 Lipschitz 常数至多为$\frac{\sigma u}{\sqrt{n}}$. 因此，定理 2.26 保证了尾部概率界$\mathbb{P}[Z_n(u)\geqslant\mathbb{E}[Z_n(u)]+s]\leqslant\mathrm{e}^{-\frac{ns^2}{2u^2\sigma^2}}$对任意$s>0$成立. 设$s=u_2$可得

$$\mathbb{P}[Z_n(u)\geqslant\mathbb{E}[Z_n(u)]+u^2]\leqslant\mathrm{e}^{-\frac{ns^2}{2\sigma^2}} \tag{13.41}$$

最后，由$Z_n(u)$和$\mathcal{G}_n(u)$的定义，我们有$\mathbb{E}[Z_n(u)]=\sigma\mathcal{G}_n(u)$. 根据引理 13.6，函数$\nu\mapsto\frac{\mathcal{G}_n(\nu)}{\nu}$是非增的，并且由假设的$u\geqslant\delta_n$，我们得到

$$\sigma\frac{\mathcal{G}_n(u)}{u}\leqslant\sigma\frac{\mathcal{G}_n(\delta_n)}{\delta_n}\overset{\text{(i)}}{\leqslant}\delta_n/2\leqslant\delta_n$$

其中步骤(i)使用了临界条件(13.17). 综上所述，我们已经证明了$\mathbb{E}[Z_n(u)]\leqslant u\delta_n$. 结合尾部概率界(13.41)，我们得到

$$\mathbb{P}[Z_n(u)\geqslant 2u^2]\overset{\text{(ii)}}{\leqslant}\mathbb{P}[Z_n(u)\geqslant u\delta_n+u^2]\leqslant\mathrm{e}^{-\frac{nu^2}{2\sigma^2}}$$

步骤(ii)用到了不等式 $u^2 \geq u\delta_n$.

13.3 最优不等式

到目前为止的分析中，我们假设回归函数 f^* 属于函数类 $\mathscr{F}$，在函数类上定义了约束最小二乘估计(13.7). 在实际应用中，这一假设可能不成立，但是得到非参数最小二乘估计的误差界仍然是非常重要的. 在这种情况下，我们期待它的误差界既涉及定理 13.5 中产生的估计误差，也涉及由 $f^* \notin \mathscr{F}$ 引起的一些附加形式的近似误差.

度量近似误差的一种自然方式是基于 $\mathscr{F}$ 中的函数对 f^* 的最佳逼近. 在本章的研究背景下，这种最佳逼近的误差为 $\inf_{f\in\mathscr{F}} \|f-f^*\|_n^2$. 注意这个误差只能由一个"最优"即直接使用样本 $\{f^*(x_i)\}_{i=1}^n$ 来实现. 基于这个原因，涉及这种形式近似误差的结果称为最优不等式. 在这种情形下，我们有定理 13.5 的下述推广. 与之前一样，假设我们从模型 $y_i = f^*(x_i) + \sigma w_i$ 中观察到样本 $\{(y_i, x_i)\}_{i=1}^n$，其中 $w_i \sim \mathcal{N}(0,1)$. 读者还需要回顾一下缩写符号 $\partial\mathscr{F} = \{f_1 - f_2 \mid f_1, f_2 \in \mathscr{F}\}$. 我们假设这个集合是星形的；如果不是，在接下来的结果中需要用它的星包来代替.

定理 13.13 设 δ_n 为不等式

$$\frac{\mathcal{G}_n(\delta;\partial\mathscr{F})}{\delta} \leq \frac{\delta}{2\sigma} \tag{13.42a}$$

的任何正解. 存在普适的正常数(c_0, c_1, c_2)，使得对于任何 $t \geq \delta_n$，非参数最小二乘估计 $\widehat{f}_n$ 满足界

$$\|\hat{f} - f^*\|_n^2 \leq \inf_{\gamma\in(0,1)} \left\{\frac{1+\gamma}{1-\gamma}\|f-f^*\|_n^2 + \frac{c_0}{\gamma(1-\gamma)} t\delta_n\right\} \quad \text{对所有 } f\in\mathscr{F} \tag{13.42b}$$

在不低于 $1 - c_1 e^{-c_2 \frac{nt\delta_n}{\sigma^2}}$ 的概率下成立.

注：注意理论结果(13.42b)实际上是一族界，每个 $f \in \mathscr{F}$ 对应一个界. 当 $f^* \in \mathscr{F}$ 时，我们可以设置 $f = f^*$，这样界(13.42b)退化为证明 $\|\hat{f} - f^*\|_n^2 \lesssim t\delta_n$ 在高概率下成立，其中 δ_n 满足我们先前的临界不等式(13.17). 因此，不考虑常数项，作为定理 13.13 的一个特殊情形我们还原了定理 13.5. 在更一般的 $f^* \notin \mathscr{F}$ 情况下，设 $t = \delta_n$，对 $f \in \mathscr{F}$ 取下确界可得到一个上界

$$\|\hat{f} - f^*\|_n^2 \lesssim \inf_{f\in\mathscr{F}} \|f - f^*\|_n^2 + \delta_n^2 \tag{13.43a}$$

类似地，通过对尾部概率界积分，我们可得到

$$\mathbb{E}[\|\hat{f} - f^*\|_n^2] \lesssim \inf_{f\in\mathscr{F}} \|f - f^*\|_n^2 + \delta_n^2 + \frac{\sigma^2}{n} \tag{13.43b}$$

这些形式的界验证了术语最优不等式：更准确地说，$\inf_{f\in\mathscr{F}} \|f - f^*\|_n^2$ 是只有使用函数 f^* 的未污染样本的最优情况才能达到的误差. 界(13.43a)保证了最小二乘估计 $\hat{f}$ 的预测误差至

多是最优误差的一个常数倍，加上一个正比于 δ_n^2 的项. 项 $\inf\limits_{f\in\mathscr{F}}\|f-f^*\|_n^2$ 可以看作一种近似误差形式，随着函数类 $\mathscr{F}$ 的增大而减小，而 δ_n^2 是随着 $\mathscr{F}$ 变得更复杂而增加的估计误差. 这个上界因此可以用来选择 $\mathscr{F}$ 作为样本大小的一个函数，以便在两类误差之间得到一个理想的平衡. 我们将在下面的示例中看到这个过程的具体实例.

13.3.1　最优不等式的几个例子

定理 13.13 以及最优不等式(13.43a)最好通过应用它们来导出一些特定示例的显式速度来理解.

例 13.14(正交级数展开)　设 $(\phi_m)_{m=1}^{\infty}$ 为 $L^2(\mathbb{P})$ 的一个正交基，对于每个整数 $T=1,2,\cdots$，考虑函数类

$$\mathscr{F}_{\text{ortho}}(1;T):=\left\{f=\sum_{m=1}^{T}\beta_m\phi_m \;\middle|\; \sum_{m=1}^{T}\beta_m^2\leqslant 1\right\} \tag{13.44}$$

并令 $\hat{f}$ 为在该类上的受约束的最小二乘估计. 它的计算是直接的：它退化为一个线性岭回归的形式(见习题 13.10).

我们来考虑定理 13.13 中关于 $\hat{f}$ 作为 $L^2(\mathbb{P})$ 单位球中某个函数 f^* 的一个估计的结论. 由于 $(\phi_m)_{m=1}^{\infty}$ 是 $L^2(\mathbb{P})$ 的一个正交基，对于某个系数序列 $(\theta_m^*)_{m=1}^{\infty}$，我们有 $f^*=\sum\limits_{m=1}^{\infty}\theta_m^*\phi_m$. 此外，由 Parseval 定理，我们有等价结果 $\|f^*\|_2^2=\sum\limits_{m=1}^{\infty}(\theta_m^*)^2\leqslant 1$，以及通过一个简单运算可得

$$\inf_{f\in\mathscr{F}_{\text{ortho}}(1;T)}\|f-f^*\|_2^2=\sum_{m=T+1}^{\infty}(\theta_m^*)^2\quad\text{对于每个 } T=1,2,\cdots$$

此外，这一下确界由截断函数 $\widetilde{f}_T=\sum\limits_{m=1}^{T}\theta_m^*\phi_m$ 得到；更多细节见习题 13.10.

另一方面，由于 $\mathscr{F}_{\text{ortho}}(1;T)$ 上的估计对应于维数 T 中的一种岭回归，因此例 13.8 的计算表明临界表达式(13.42a)对于 $\delta_n^2\simeq\sigma^2\dfrac{T}{n}$ 成立. 在最优不等式(13.43b)中设置 $f=\widetilde{f}_T$，然后对协变量 $\boldsymbol{X}=\{x_i\}_{i=1}^{n}$ 取期望得到 $\mathscr{F}_{\text{ortho}}(1;T)$ 上的最小二乘估计 $\hat{f}$ 满足界

$$\mathbb{E}_{X,w}[\|\hat{f}-f^*\|_n^2]\lesssim\sum_{m=T+1}^{\infty}(\theta_m^*)^2+\sigma^2\frac{T}{n} \tag{13.45}$$

这个最优不等式可以让我们选择参数 T，表示在基展开中使用的系数数量，以平衡近似误差和估计误差.

T 的最佳选择将取决于基系数 $(\theta_m^*)_{m=1}^{\infty}$ 收敛到零的速度. 例如，假设它们有一个多项式衰减，即对某个 $\alpha>1/2$ 有 $|\theta_m^*|\leqslant Cm^{-\alpha}$. 在下面的例 13.15 中，利用傅里叶系数和 α 次可微函数我们给出了这种多项式衰减的一个具体实例. 图 13.4a 展示了上界(13.45)随函数 T 的变化曲线，每一个样本大小 $n\in\{100,250,500,1000\}$ 对应一条曲线. 每条曲线中的实点表示上界最小化点 $T^*=T^*(n)$ 的位置，因此得到近似误差和估计误差之间的最佳平衡. 注意这个最优值是如何随着样本大小而增长的，因为更多的样本可以让我们更可靠地估计出更多的系数. ♣

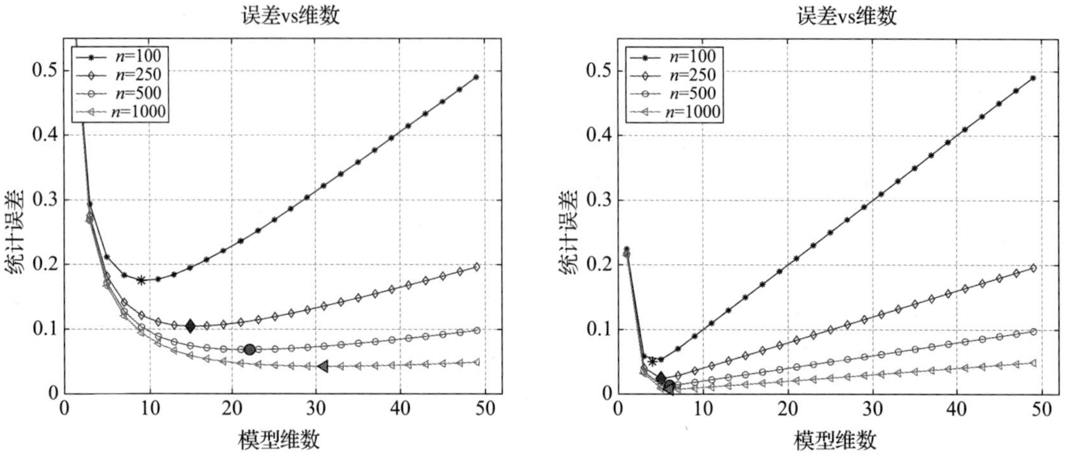

a）多项式衰减系数 $|\theta_m^*| \leqslant m^{-1}$　　　　b）指数衰减系数 $|\theta_m^*| \leqslant e^{-m/2}$

图 13.4　上界(13.45)与模型维数 T 的关系图，在所有情形下噪声方差 $\sigma_2=1$. 四条曲线中的每一条对应一个不同的样本大小 $n\in\{100,250,500,1000\}$

作为上述例子的一个更具体情形，我们考虑 $L^2[0,1]$空间上可导函数的逼近.

例 13.15（傅里叶基和可导函数）　定义常数函数 $\phi_0(x)=1$ 对所有 $x\in[0,1]$，以及正弦函数

$$\phi_m(x) := \sqrt{2}\cos(2m\pi x) \quad 和 \quad \widetilde{\phi}_m(x) := \sqrt{2}\sin(2m\pi x) \quad 对\ m=1,2,\cdots$$

可以验证集合 $\{\phi_0\}\cup\{\phi_m\}_{m=1}^{\infty}\cup\{\widetilde{\phi}_m\}_{m=1}^{\infty}$ 构成 $L^2[0,1]$的一个正交基. 因此，任何函数 $f^*\in L^2[0,1]$具有级数展开

$$f^* = \theta_0^* + \sum_{m=1}^{\infty}\{\theta_m^*\phi_m + \widetilde{\theta}_m^*\widetilde{\phi}_m\}$$

对于每个 $M=1,2,\cdots$，定义函数类

$$\mathscr{G}(1;M) = \left\{\beta_0 + \sum_{m=1}^{M}(\beta_m\phi_m + \widetilde{\beta}_m\widetilde{\phi}_m) \,\middle|\, \beta_0^2 + \sum_{m=1}^{M}(\beta_m^2 + \widetilde{\beta}_m^2) \leqslant 1\right\} \tag{13.46}$$

注意这只是对形如(13.44)的一个函数类 $\mathscr{F}_{\text{ortho}}(1;T)$的一个重排指标，其中 $T=2M+1$.

现在假设对于某个整数 $\alpha\geqslant 1$，目标函数 f^* 是 α 次可导的，并且假设对于某个半径 R 有 $\int_0^1[(f^*)^{(\alpha)}(x)]^2\,dx\leqslant R$. 可以验证对所有 $m\geqslant 1$ 存在一个常数 c 使得$(\beta_m^*)^2+(\widetilde{\beta}_m^*)^2\leqslant\frac{c}{m^{2\alpha}}$，此外，我们可以找到一个函数 $f\in\mathscr{G}(1;M)$使得

$$\|f-f^*\|_2^2 \leqslant \frac{c'R}{M^{2\alpha}} \tag{13.47}$$

有关这些性质的详细信息见习题 13.11.

综上所述，界(13.45)结合近似理论结果(13.47)可以推出 $\mathscr{G}(1;M)$上的最小二乘估计 $\hat{f}_M$ 满足界

$$\mathbb{E}_{X,w}[\|\widehat{f}_M-f^*\|_n^2]\lesssim\frac{1}{M^{2\alpha}}+\sigma^2\ \frac{(2M+1)}{n}$$

因此，对于一个给定的样本大小 n，假设知道光滑度 α 和噪声方差 σ_2，我们可以选择 $M=M(n,\alpha,\sigma^2)$ 来平衡逼近误差和估计误差. 通过代数运算可以得到最优选择 $M\simeq(n/\sigma^2)^{\frac{1}{2\alpha+1}}$，这就导出了总体速度

$$\mathbb{E}_{X,w}[\|\hat{f}_M-f^*\|_n^2]\lesssim\left(\frac{\sigma^2}{n}\right)^{\frac{2\alpha}{2\alpha+1}}$$

正如将在第 15 章中验证的，均方误差的这种 $n^{-\frac{2\alpha}{2\alpha+1}}$ 衰减对一般的单变量 α 光滑函数是能够得到的最好结果. ♣

我们现在来看最优不等式在高维稀疏线性回归中的应用.

例 13.16(最佳稀疏近似)　考虑标准线性模型 $y_i=f_{\boldsymbol{\theta}^*}(x_i)+\sigma w_i$，其中 $f_{\boldsymbol{\theta}^*}(x):=\langle\boldsymbol{\theta}^*,\boldsymbol{x}\rangle$ 是一个未知的线性回归函数，并且 $w_i\sim\mathcal{N}(0,1)$ 是独立同分布噪声序列. 对于某个稀疏度指标 $s\in\{1,2,\cdots,d\}$，基于 s 稀疏向量考虑所有的线性回归函数类，即类

$$\mathscr{F}_{\text{spar}}(s):=\{f_{\boldsymbol{\theta}}\mid\boldsymbol{\theta}\in\mathbb{R}^d,\|\boldsymbol{\theta}\|_0\leqslant s\}$$

其中 $\|\boldsymbol{\theta}\|_0=\sum_{j=1}^{d}\mathbb{I}[\theta_j\neq 0]$ 表示向量 $\boldsymbol{\theta}\in\mathbb{R}^d$ 中非零系数的个数.

不考虑计算问题，一个自然的估计为

$$\hat{\boldsymbol{\theta}}\in\arg\min_{\boldsymbol{\theta}\in\mathscr{F}_{\text{spar}}(s)}\|\boldsymbol{y}-\boldsymbol{X}\boldsymbol{\theta}\|_n^2 \tag{13.48}$$

对应于对至多有 s 个非零系数的所有回归向量运用最小二乘. 作为定理 13.13 的一个结论，该估计的 $L^2(\mathbb{P}_n)$ 误差上界

$$\|f_{\hat{\boldsymbol{\theta}}}-f_{\boldsymbol{\theta}^*}\|_n^2\lesssim\inf_{\boldsymbol{\theta}\in\mathscr{F}_{\text{spar}}(s)}\|f_{\boldsymbol{\theta}}-f_{\boldsymbol{\theta}^*}\|_n^2+\underbrace{\sigma^2\ \frac{s\log\left(\frac{ed}{s}\right)}{n}}_{\delta_n^2} \tag{13.49}$$

在高概率下成立. 因此，不考虑常数项，其误差与最佳 s 稀疏预测加上由估计误差引起的惩罚项 δ_n^2 一样好. 注意惩罚项关于稀疏度 s 线性增长，但在维数 d 上仅呈对数形式增长，因此即使维数指数阶大于样本大小 n，惩罚项也可能非常小. 实际上，这一结果确保了当我们事先不知道要使用的最佳大小 s 的系数子集时，付出相对较小的代价.

为了作为定理 13.13 的一个结论推导出这个结果，我们需要计算这里函数类的局部高斯复杂度(13.42a). 由包含关系 $\partial\mathscr{F}_{\text{spar}}(s)\subset\mathscr{F}_{\text{spar}}(2s)$，我们有 $\mathcal{G}_n(\delta;\partial\mathscr{F}_{\text{spar}}(s))\leqslant\mathcal{G}_n(\delta;\mathscr{F}_{\text{spar}}(2s))$. 现在设 $S\subset\{1,2,\cdots,d\}$ 是一个任意 $2s$ 大小的下标子集，并令 $\boldsymbol{X}_S\in\mathbb{R}^{n\times 2s}$ 为下标在 S 中的列的子矩阵. 我们然后可以写出

$$\mathcal{G}_n(\delta;\mathscr{F}_{\text{spar}}(2s))=\mathbb{E}_w\left[\max_{|S|=2s}Z_n(S)\right],\text{其中 }Z_n(S):=\sup_{\substack{\boldsymbol{\theta}_S\in\mathbb{R}^{2s}\\ \|\boldsymbol{X}_S\boldsymbol{\theta}_S\|_2/\sqrt{n}\leqslant\delta}}\left|\frac{\boldsymbol{w}^{\mathrm{T}}\boldsymbol{X}_S\boldsymbol{\theta}_S}{n}\right|$$

作为标准高斯向量 $\boldsymbol{w}$ 的一个函数，变量 $Z_n(S)$是 Lipschitz 的，常数至多为$\frac{\delta}{\sqrt{n}}$，由此定理 2.26 可以推出尾部概率界

$$\mathbb{P}[Z_n(S)\geqslant\mathbb{E}[Z_n(S)]+t\delta]\leqslant e^{-\frac{nt^2}{2}}\quad 对于所有\ t>0 \tag{13.50}$$

我们现在控制期望的上界. 考虑奇异值分解 $\boldsymbol{X}_S=\boldsymbol{U}\boldsymbol{D}\boldsymbol{V}^{\mathrm{T}}$，其中 $\boldsymbol{U}\in\mathbb{R}^{n\times 2s}$ 和 $\boldsymbol{V}\in\mathbb{R}^{d\times 2s}$ 分别是左、右奇异向量的矩阵，而 $\boldsymbol{D}\in\mathbb{R}^{2s\times 2s}$ 是奇异值的一个对角矩阵. 注意 $\|\boldsymbol{X}_S\boldsymbol{\theta}_S\|_2=\|\boldsymbol{D}\boldsymbol{V}^{\mathrm{T}}\boldsymbol{\theta}_S\|_2$，我们可以得到上界

$$\mathbb{E}[Z_n(S)]\leqslant\mathbb{E}\left[\sup_{\substack{\boldsymbol{\beta}\in\mathbb{R}^{2s}\\ \|\boldsymbol{\beta}\|_2\leqslant\delta}}\left|\frac{1}{\sqrt{n}}\langle\boldsymbol{U}^{\mathrm{T}}\boldsymbol{w},\boldsymbol{\beta}\rangle\right|\right]\leqslant\frac{\delta}{\sqrt{n}}\mathbb{E}[\|\boldsymbol{U}^{\mathrm{T}}\boldsymbol{w}\|_2]$$

由于 $\boldsymbol{w}\sim\mathcal{N}(0,\boldsymbol{I}_n)$且矩阵 $\boldsymbol{U}$ 具有标准正交列，我们有 $\boldsymbol{U}^{\mathrm{T}}\boldsymbol{w}\sim\mathcal{N}(0,\boldsymbol{I}_{2s})$，因此 $\mathbb{E}\|\boldsymbol{U}^{\mathrm{T}}\boldsymbol{w}\|_2\leqslant\sqrt{2s}$. 结合此上界以及之前的尾部概率界(13.50)，应用联合界得到

$$\mathbb{P}\left[\max_{|S|=2s}Z_n(S)\geqslant\delta\left(\sqrt{\frac{2s}{n}}+t\right)\right]\leqslant\binom{d}{2s}e^{-\frac{nt^2}{2}}，对所有\ t\geqslant 0\ 成立$$

通过对这个尾部概率界积分，我们得到

$$\frac{\mathbb{E}[\max_{|S|=2s}Z_n(S)]}{\delta}=\frac{\mathcal{G}_n(\delta)}{\delta}\lesssim\sqrt{\frac{s}{n}}+\sqrt{\frac{\log\binom{d}{2s}}{n}}\lesssim\sqrt{\frac{s\log\left(\frac{ed}{s}\right)}{n}}$$

因此临界不等式(13.17)对于 $\delta_n^2\simeq\sigma^2\,\frac{s\log(ed/s)}{n}$成立，正是所要证的. ♣

13.3.2　定理 13.13 的证明

我们现在来看看最优不等式的证明；它是定理 13.5 证明的一个相对直接的扩展. 给定一个任意的 $\widetilde{f}\in\mathscr{F}$，由于它是可行的并且 $\hat{f}$ 是最优的，我们有

$$\frac{1}{2n}\sum_{i=1}^{n}(y_i-\hat{f}(x_i))^2\leqslant\frac{1}{2n}\sum_{i=1}^{n}(y_i-\widetilde{f}(x_i))^2$$

利用关系式 $y_i=f^*(x_i)+\sigma w_i$，通过一些代数运算可以得到

$$\frac{1}{2}\|\hat{\Delta}\|_n^2\leqslant\frac{1}{2}\|\widetilde{f}-f^*\|_n^2+\left|\frac{\sigma}{n}\sum_{i=1}^{n}w_i\widetilde{\Delta}(x_i)\right| \tag{13.51}$$

其中 $\hat{\Delta}:=\hat{f}-f^*$ 和 $\widetilde{\Delta}=\hat{f}-\widetilde{f}$.

下面需要分析右侧部分涉及 $\widetilde{\Delta}$ 的项. 我们把分析分成两种情形.

情形 1： 首先假设$\|\hat{\Delta}\|_n\leqslant\sqrt{t\delta_n}$. 然后有

$$\begin{aligned}\|\hat{\Delta}\|_n^2&=\|\hat{f}-f^*\|_n^2=\|(\widetilde{f}-f^*)+\widetilde{\Delta}\|_n^2\\&\overset{\text{(i)}}{\leqslant}\{\|\widetilde{f}-f^*\|_n+\sqrt{t\delta_n}\}^2\\&\overset{\text{(ii)}}{\leqslant}(1+2\beta)\|\widetilde{f}-f^*\|_n^2+\left(1+\frac{2}{\beta}\right)t\delta_n\end{aligned}$$

其中，步骤(i)由三角不等式得到，步骤(ii)对任何 $\beta>0$ 都成立，利用了 Fenchel-Young 不

等式. 现在对于某个 $\gamma\in(0,1)$，设 $\beta=\frac{\gamma}{1-\gamma}$，注意 $1+2\beta=\frac{1+\gamma}{1-\gamma}$，并且 $1+\frac{2}{\beta}=\frac{2-\gamma}{\gamma}\leqslant\frac{2}{\gamma(1-\gamma)}$，因此所述结论(13.42b)成立.

情形 2：否则，我们可以假设 $\|\widetilde{\Delta}\|_n>\sqrt{t\delta_n}$. 注意函数 $\widetilde{\Delta}$ 属于差分类 $\partial\mathscr{F}:=\mathscr{F}-\mathscr{F}$，我们然后应用引理 13.12，其中 $u=\sqrt{t\delta_n}$ 和 $\mathscr{H}=\partial\mathscr{F}$. 这样可以得到

$$\mathbb{P}\left[2\left|\frac{\sigma}{n}\sum_{i=1}^{n}w_i\widetilde{\Delta}(x_i)\right|\geqslant 4\sqrt{t\delta_n}\|\widetilde{\Delta}\|_n\right]\leqslant \mathrm{e}^{-\frac{nt\delta_n}{2\sigma^2}}$$

结合基本不等式(13.51)，我们发现，在概率至少为 $1-2\mathrm{e}^{-\frac{nt\delta_n}{2\sigma^2}}$ 下，平方误差的界为

$$\begin{aligned}\|\hat{\Delta}\|_n^2&\leqslant\|\widetilde{f}-f^*\|_n^2+4\sqrt{t\delta_n}\|\widetilde{\Delta}\|_n\\&\leqslant\|\widetilde{f}-f^*\|_n^2+4\sqrt{t\delta_n}\{\|\hat{\Delta}\|_n+\|\widetilde{f}-f^*\|_n\}\end{aligned}$$

其中第二步由三角不等式得到. 应用 Fenchel-Young 不等式，其中参数 $\beta>0$，我们得到

$$4\sqrt{t\delta_n}\|\hat{\Delta}\|_n\leqslant 4\beta\|\hat{\Delta}\|_n^2+\frac{4}{\beta}t\delta_n$$

和

$$4\sqrt{t\delta_n}\|\widetilde{f}-f^*\|_n\leqslant 4\beta\|\widetilde{f}-f^*\|_n^2+\frac{4}{\beta}t\delta_n$$

综上所述

$$\|\hat{\Delta}\|_n^2\leqslant(1+4\beta)\|\widetilde{f}-f^*\|_n^2+4\beta\|\hat{\Delta}\|_n^2+\frac{8}{\beta}t\delta_n$$

对于所有 $\beta\in(0,1/4)$，重新整理得到如下界

$$\|\hat{\Delta}\|_n^2\leqslant\frac{1+4\beta}{1-4\beta}\|\widetilde{f}-f^*\|_n^2+\frac{8}{\beta(1-4\beta)}t\delta_n$$

取 $\gamma=4\beta$ 可得到结论.

13.4　正则化估计

到目前为止，我们分析了对函数类施加具体约束的最小二乘估计. 从计算的角度看，基于具体的惩罚项或正则项做估计往往更为方便. 正如我们将看到的，这些估计与它们的约束形式有着相似的统计性质.

更具体地说，给定一个赋有半范数 $\|\cdot\|_{\mathscr{F}}$ 的实函数空间 $\mathscr{F}$，考虑正则化最小二乘类问题

$$\hat{f}\in\arg\min_{f\in\mathscr{F}}\left\{\frac{1}{2n}\sum_{i=1}^{n}(y_i-f(x_i))^2+\lambda_n\|f\|_{\mathscr{F}}^2\right\}\tag{13.52}$$

其中 $\lambda_n\geqslant 0$ 是一个由统计学家设定的正则化权重. 我们阐述一个一般性的最优类型的结果，不要求 f^* 是 $\mathscr{F}$ 中的一个元素.

13.4.1　正则化估计的最优不等式

回顾简写 $\partial\mathscr{F}=\mathscr{F}-\mathscr{F}$. 和我们之前的理论一样，统计误差涉及这个类上的一个局部高

斯复杂度，在这种情况下形式为

$$\mathcal{G}_n(\delta;\mathbb{B}_{\partial\mathscr{F}}(3)):=\mathbb{E}_w\left[\sup_{\substack{g\in\partial\mathscr{F}\\ \|g\|_{\mathscr{F}}\leqslant 3,\|g\|_n\leqslant\delta}}\left|\frac{1}{n}\sum_{i=1}^{n}w_i f(x_i)\right|\right] \tag{13.53}$$

其中 $w_i\sim\mathcal{N}(0,1)$是独立同分布变量. 当函数类 $\mathscr{F}$ 和重尺度化后的球 $\mathbb{B}_{\partial\mathscr{F}}(3)=\{g\in\partial\mathscr{F}|\,\|g\|_{\mathscr{F}}\leqslant 3\}$根据上下文表意明确时，我们采用 $\mathcal{G}_n(\delta)$作为简便记号. 对于一个用户定义的半径 $R>0$，令 $\delta_n>0$ 为满足下列不等式的任意数：

$$\frac{\mathcal{G}_n(\delta)}{\delta}\leqslant\frac{R}{2\sigma}\delta \tag{13.54}$$

定理 13.17　给定上述的观测模型和一个凸函数类 $\mathscr{F}$，假设我们对正则化参数 $\lambda_n\geqslant 2\delta_n^2$ 求解凸规划(13.52). 那么存在普适正常数(c_j,c_j')使得

$$\|\hat{f}-f^*\|_n^2\leqslant c_0\inf_{\|f\|_{\mathscr{F}}\leqslant R}\|f-f^*\|_n^2+c_1R^2\{\delta_n^2+\lambda_n\} \tag{13.55a}$$

在不低于 $1-c_2\mathrm{e}^{-c_3\frac{nR^2\delta_n^2}{\sigma^2}}$ 的概率下成立. 类似地，我们有

$$\mathbb{E}\|\hat{f}-f^*\|_n^2\leqslant c_0'\inf_{\|f\|_{\mathscr{F}}\leqslant R}\|f-f^*\|_n^2+c_1'R^2\{\delta_n^2+\lambda_n\} \tag{13.55b}$$

我们在 13.4.4 节中回来证明这个结论.

13.4.2　核岭回归的结果

回顾第 12 章中我们讨论的核岭回归估计(12.28). 在那里我们展示了这种核岭回归估计具有非常好的计算性质，只需要计算经验核矩阵，然后求解一个线性方程组(见命题 12.33). 这里我们考虑其统计性质的补充问题. 由于它是一般估计(13.52)的一个特例，因此定理 13.17 可用于推导预测误差的上界. 有意思的是，这些界有一个非常直观的解释，其中涉及经验核矩阵的特征值.

由我们先前的定义，(重尺度化)经验核矩阵 $\mathbf{K}\in\mathbb{R}^{n\times n}$ 是对称的和半正定的，元素为 $K_{ij}=\mathcal{K}(x_i,x_j)/n$. 因此它可以通过非负特征值对角化，我们将特征值排序为 $\hat{\mu}_1\geqslant\hat{\mu}_2\geqslant\cdots\geqslant\hat{\mu}_n\geqslant 0$. 定理 13.17 的下列推论给出了基于这些特征值的核岭回归估计的界.

推论 13.18　对于核岭回归估计(12.28)，定理 13.17 的界对于任何满足下述不等式的 $\delta_n>0$ 成立，

$$\sqrt{\frac{2}{n}}\sqrt{\sum_{j=1}^{n}\min\{\delta^2,\hat{\mu}_j\}}\leqslant\frac{R}{4\sigma}\delta^2 \tag{13.56}$$

我们在 13.4.3 节给出证明. 在此之前，我们来理解推论 13.18 对一些特定核的含义.

例 13.19(多项式回归的速度)　给定某个整数 $m\geqslant 2$，考虑核函数 $\mathcal{K}(x,z)=(1+xz)^{m-1}$. 关联的 RKHS 对应最多 $m-1$ 阶多项式的空间，这是一个维数为 m 的向量空间. 据此，经验核

矩阵 $\boldsymbol{K}\in\mathbb{R}^{n\times n}$ 的秩最多为 $\min\{n,m\}$. 因此，对于任何大于 m 的样本大小 n，我们有

$$\frac{1}{\sqrt{n}}\sqrt{\sum_{j=1}^{n}\min\{\delta^2,\hat{\mu}_j\}}\leqslant\frac{1}{\sqrt{n}}\sqrt{\sum_{j=1}^{m}\min\{\delta^2,\hat{\mu}_j\}}\leqslant\delta\sqrt{\frac{m}{n}}$$

由此，对于所有 $\delta\gtrsim\frac{\sigma}{R}\sqrt{\frac{m}{n}}$ 临界不等式(13.56)都成立，所以核岭回归估计满足界

$$\|\hat{f}-f^*\|_n^2\lesssim\inf_{\|f\|_{\mathbb{H}}\leqslant R}\|f-f^*\|_n^2+\sigma^2\frac{m}{n}$$

在高概率下和在期望下都成立. 这个界直观上是合理的：因为 $m-1$ 阶多项式的空间共有 m 个自由参数，我们期待比值 m/n 收敛到零使得相合估计是可能的. 更一般地，这个 $m=r$ 的界对于任何有某个有限秩 $r\geqslant1$ 的核函数成立. ♣

我们现在讨论一个具有无穷个特征值的核函数.

例 13.20(一阶 Sobolev 空间)　在前面，我们介绍了定义在单位方块[0,1]×[0,1]上的核函数 $\mathcal{K}(x,z)=\min\{x,z\}$. 如例 12.16 所述，相关的 RKHS 对应一个一阶 Sobolev 空间

$$\mathbb{H}^1[0,1]:=\{f:[0,1]\to\mathbb{R}\mid f(0)=0,\text{且 } f \text{ 是绝对连续的以及 } f'\in L^2[0,1]\}$$

如例 12.23 所示，与该空间相关的核积分算子具有特征分解

$$\phi_j(x)=\sin(x/\sqrt{\mu_j}),\quad \mu_j=\left(\frac{2}{(2j-1)\pi}\right)^2\quad\text{对于 } j=1,2,\cdots$$

因此特征值以 j^{-2} 的速度衰减. 随着样本量的增加，经验核矩阵 $\boldsymbol{K}$ 的特征值接近总体核算子的特征值. 为了便于计算，图 13.5a 可以启发假设对某个普适常数 c 有 $\hat{\mu}_j\leqslant\frac{c}{j^2}$. 我们稍后在第 14 章的分析中将为这样一个假设给出一种严谨的方法[㊀].

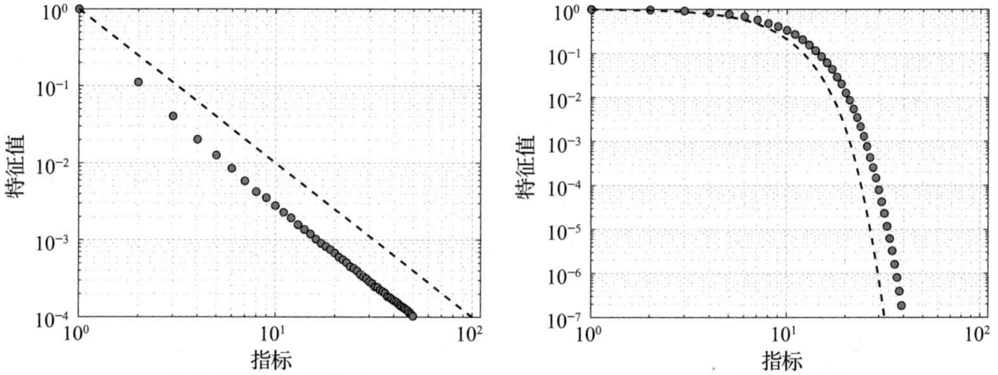

a）经验特征谱（随机）　　b）经验特征谱（随机）

图 13.5　基于两个不同的核函数在区间 $\mathcal{X}$ 上均匀分布的独立同分布的 $n=2000$ 样本的经验核矩阵特征谱的 log-log 关系图. 绘制的圆对应于经验特征值，而虚线则表示总体算子的理论预测的下趋势. a)区间 $\mathcal{X}=[0,1]$上的一阶 Sobolev 核 $\mathcal{K}(x,z)=\min\{x,z\}$. b)区间 $\mathcal{X}=[-1,1]$上 $\sigma=0.5$ 的高斯核 $\mathcal{K}(x,z)=\exp\left(-\frac{(x-z)^2}{2\sigma^2}\right)$

㊀ 特别地，命题 14.25 表明使用总体特征值和经验核特征值计算的临界半径除了常数项外是等价的.

在启发式假设下，我们有

$$\frac{1}{\sqrt{n}}\sqrt{\sum_{j=1}^{n}\min\{\delta^2,\hat{\mu}_j\}}\leqslant\frac{1}{\sqrt{n}}\sqrt{\sum_{j-1}^{n}\min\{\delta^2,cj^{-2}\}}\leqslant\frac{1}{\sqrt{n}}\sqrt{k\delta^2+c\sum_{j=k+1}^{n}j^{-2}}$$

其中 k 是满足 $ck^{-2}\leqslant\delta^2$ 的最小正整数. 通过一个积分来控制最后和式的上界，我们有 $c\sum_{j=k+1}^{n}j^{-2}\leqslant c\int_{k+1}^{\infty}t^{-2}\mathrm{d}t=ck^{-1}\leqslant k\delta^2$，因此

$$\frac{1}{\sqrt{n}}\sqrt{\sum_{j=1}^{n}\min\{\delta^2,\hat{\mu}_j\}}\leqslant c'\sqrt{\frac{k}{n}}\delta\leqslant c''\sqrt{\frac{\delta}{n}}$$

由此，临界不等式(13.56)对于 $\delta_n^{3/2}\simeq\frac{\sigma}{R\sqrt{n}}$或等价地 $\delta_n^2\simeq\left(\frac{\sigma^2}{R^2}\frac{1}{n}\right)^{2/3}$ 成立. 综上所述，推论 13.18 保证了核岭回归估计将满足上界

$$\|\hat{f}-f^*\|_n^2\lesssim\inf_{\|f\|_{\mathbb{H}}\leqslant R}\|f-f^*\|_n^2+R^2\delta_n^2\simeq\inf_{\|f\|_{\mathbb{H}}\leqslant R}\|f-f^*\|_n^2+R^{2/3}\left(\frac{\sigma^2}{n}\right)^{2/3}$$

在高概率下和期望下都成立. 如之后将在第 15 章看到的，这个速度对于一阶 Sobolev 空间是 minimax 最优的. ♣

例 13.21(高斯核) 现在我们对于正方形$[-1,1]\times[-1,1]$上的高斯核 $\mathcal{K}(x,z)=\mathrm{e}^{-\frac{(x-z)^2}{2\sigma^2}}$ 考虑同样的问题. 如例 12.25 中所述，当 $j\to+\infty$时，对应核算子的特征值数量级为 $\mu_j\simeq\mathrm{e}^{-cj\log j}$. 由此，我们启发式的假设经验特征值满足一个形如 $\hat{\mu}_j\leqslant c_0\mathrm{e}^{-c_1j\log j}$ 的界. 图 13.5b 给出了高斯核的这种数量级的经验验证：注意 log-log 尺度上的经验图是如何与理论预测一致的. 同样，第 14 章中的命题 14.25 可以让我们通过一个严格的方法来得到这里概述的结论.

在启发式假设下，对于一个给定的 $\delta>0$，我们有

$$\begin{aligned}\frac{1}{\sqrt{n}}\sqrt{\sum_{j=1}^{n}\min\{\delta^2,\hat{\mu}_j\}}&\leqslant\frac{1}{\sqrt{n}}\sqrt{\sum_{j=1}^{n}\min\{\delta^2,c_0\mathrm{e}^{-c_1j\log j}\}}\\&\leqslant\frac{1}{\sqrt{n}}\sqrt{k\delta^2+c_0\sum_{j=k+1}^{n}\mathrm{e}^{-c_1j\log j}}\end{aligned}$$

其中 k 是满足 $c_0\mathrm{e}^{-c_1k\log k}\leqslant\delta^2$ 的最小正整数.

通过一些代数运算表明临界不等式在 $\delta_n^2\simeq\frac{\sigma^2}{R^2}\frac{\log\left(\frac{Rn}{\sigma}\right)}{n}$下成立，因此高斯核类上的非参数回归满足界

$$\|\hat{f}-f^*\|_n^2\lesssim\inf_{\|f\|_{\mathbb{H}}\leqslant R}\|f-f^*\|_n^2+R^2\delta_n^2=\inf_{\|f\|_{\mathbb{H}}\leqslant R}\|f-f^*\|_n^2+c\sigma^2\frac{\log\left(\frac{Rn}{\sigma}\right)}{n}$$

对某个普适常数 c 成立. 这个上界中的估计误差部分收敛是非常快的——n^{-1} 的速度以及一

个对数项——从而说明高斯核类远小于例 13.20 中的一阶 Sobolev 空间. 然而，代价是作为半径 R 的一个函数近似误差衰减是很慢的. 有关这一重要权衡的进一步讨论见参考文献. ♣

13.4.3 推论 13.18 的证明

这个推论的证明基于一个 RKHS 的单位球的局部高斯复杂度(13.53)的一个界. 因为它本身很重要，我们作为一个单独结果来陈述.

引理 13.22 考虑具有核函数 $\mathcal{K}$ 的一个 RKHS. 对于一个给定的设计点集合 $\{x_i\}_{i=1}^n$，令 $\hat{\mu}_1 \geqslant \hat{\mu}_2 \geqslant \cdots \hat{\mu}_n \geqslant 0$ 为正规化核矩阵 $\boldsymbol{K}$ 的特征值，矩阵元素为 $K_{ij}=\mathcal{K}(x_i,x_j)/n$. 那么对于所有的 $\delta>0$，我们有

$$\mathbb{E}\left[\sup_{\substack{\|f\|_{\mathbb{H}}\leqslant 1\\ \|f\|_n\leqslant\delta}}\left|\frac{1}{n}\sum_{i=1}^n w_i f(x_i)\right|\right] \leqslant \sqrt{\frac{2}{n}}\sqrt{\sum_{j=1}^n \min\{\delta^2,\hat{\mu}_j\}} \tag{13.57}$$

其中 $w_i \sim \mathcal{N}(0,1)$ 是独立同分布的高斯变量.

证明 只需要关注具有下述形式的函数

$$g(\cdot)=\frac{1}{\sqrt{n}}\sum_{i=1}^n \alpha_i \mathcal{K}(\cdot,x_i) \tag{13.58}$$

对于某个系数向量 $\boldsymbol{\alpha}\in\mathbb{R}^n$. 事实上，正如我们在命题 12.33 的证明中所论证的，希尔伯特空间中的任何函数 f 都可以写成 $f=g+g_\perp$ 的形式，其中 $g_\perp$ 是一个与所有(13.58)形式的函数正交的函数. 因此，我们一定有 $g_\perp(x_i)=\langle g_\perp,\mathcal{K}(\cdot,x_i)\rangle_{\mathbb{H}}=0$，所以无论是目标函数还是约束函数 $\|f\|_n\leqslant\delta$ 都不依赖 $g_\perp$. 最后，由毕达哥拉斯定理，我们有 $\|f\|_{\mathbb{H}}^2=\|g\|_{\mathbb{H}}^2+\|g_\perp\|_{\mathbb{H}}^2$，因此不失一般性我们可以假定 $g_\perp=0$.

对于系数向量 $\boldsymbol{\alpha}\in\mathbb{R}^n$ 和核矩阵 $\boldsymbol{K}$，约束 $\|g\|_n\leqslant\delta$ 等价于 $\|\boldsymbol{K\alpha}\|_2\leqslant\delta$，而不等式 $\|g\|_{\mathbb{H}}^2\leqslant 1$ 对应 $\|g\|_{\mathbb{H}}^2=\boldsymbol{\alpha}^{\mathrm{T}}\boldsymbol{K\alpha}\leqslant 1$. 因此，我们可以把局部高斯复杂度写成向量 $\boldsymbol{\alpha}\in\mathbb{R}^n$ 的一个优化问题，有一个线性损失函数和二次型约束，即

$$\mathcal{G}_n(\delta)=\frac{1}{\sqrt{n}}\mathbb{E}_w\left[\sup_{\substack{\boldsymbol{\alpha}^{\mathrm{T}}\boldsymbol{K\alpha}\leqslant 1\\ \boldsymbol{\alpha}^{\mathrm{T}}\boldsymbol{K}^2\boldsymbol{\alpha}\leqslant\delta^2}}|\boldsymbol{w}^{\mathrm{T}}\boldsymbol{K\alpha}|\right]$$

由于核矩阵 $\boldsymbol{K}$ 是对称的且为半正定的，它具有一个特征分解[⊖]形式 $\boldsymbol{K}=\boldsymbol{U}^{\mathrm{T}}\boldsymbol{\Lambda U}$，其中 $\boldsymbol{U}$ 是正交的，$\boldsymbol{\Lambda}$ 是对角元素为 $\hat{\mu}_1\geqslant\hat{\mu}_2\geqslant\cdots\geqslant\hat{\mu}_n>0$ 的对角矩阵. 如果定义变换向量 $\boldsymbol{\beta}=\boldsymbol{K\alpha}$，我们发现(经过一些代数运算)复杂度可以写成

$$\mathcal{G}_n(\delta)=\frac{1}{\sqrt{n}}\mathbb{E}_w\left[\sup_{\boldsymbol{\beta}\in\mathcal{D}}|\boldsymbol{w}^{\mathrm{T}}\boldsymbol{\beta}|\right]\text{，其中 }\mathcal{D}:=\left\{\boldsymbol{\beta}\in\mathbb{R}^n \mid \|\boldsymbol{\beta}\|_2^2\leqslant\delta^2,\sum_{j=1}^n\frac{\beta_j^2}{\hat{\mu}_j}\leqslant 1\right\}$$

⊖ 在这个论述中，为了避免除以零的情况，我们假设 $\boldsymbol{K}$ 具有严格正的特征值；否则，我们可以简单地重复这里的论证，同时将相关的求和限制到正的特征值上.

是两个椭圆的交集. 现在定义椭圆

$$\mathcal{E}:=\left\{\boldsymbol{\beta}\in\mathbb{R}^n \;\middle|\; \sum_{j=1}^{n}\eta_j\beta_j^2\leqslant 2\right\}\text{，其中 }\eta_j=\max\{\delta^{-2},\hat{\mu}_j^{-1}\}$$

我们断言 $\mathcal{D}\subset\mathcal{E}$；事实上，对于任何 $\boldsymbol{\beta}\in\mathcal{D}$，我们有

$$\sum_{j=1}^{n}\max\{\delta^{-2},\hat{\mu}_j^{-1}\}\beta_j^2\leqslant\sum_{j=1}^{n}\frac{\beta_j^2}{\delta^2}+\sum_{j=1}^{n}\frac{\beta_j^2}{\hat{\mu}_j}\leqslant 2$$

应用由 $\mathcal{E}$ 诱导的范数的 Hölder 不等式及其对偶，我们得到

$$\mathcal{G}_n(\delta)\leqslant\frac{1}{\sqrt{n}}\mathbb{E}[\sup_{\boldsymbol{\beta}\in\mathcal{E}}|\langle\boldsymbol{w},\boldsymbol{\beta}\rangle|]\leqslant\sqrt{\frac{2}{n}}\,\mathbb{E}\sqrt{\sum_{j=1}^{n}\frac{w_j^2}{\eta_j}}$$

Jensen 不等式可以让我们将期望移到平方根内，因此

$$\mathcal{G}_n(\delta)\leqslant\sqrt{\frac{2}{n}}\sqrt{\sum_{j=1}^{n}\frac{\mathbb{E}[w_j^2]}{\eta_j}}=\sqrt{\frac{2}{n}}\sqrt{\sum_{j=1}^{n}\frac{1}{\eta_j}}$$

代入 $(\eta_j)^{-1}=(\max\{\delta^{-2},\hat{\mu}_j^{-1}\})^{-1}=\min\{\delta^2,\hat{\mu}_j\}$ 可得结论. □

13.4.4　定理 13.17 的证明

最后，我们考虑正则化 M 估计的一般性定理的证明. 通过用 R 对观测模型进行缩放，我们可以分析一个等价模型，其噪声方差为 $\left(\frac{\sigma}{R}\right)^2$，并且重尺度化后的近似误差为 $\inf_{\|f\|_{\mathscr{F}}\leqslant 1}\|f-f^*\|_n^2$. 我们最终的均方误差应该乘以 R^2 从而得到原始问题的一个结果.

为了保持符号前后一致，我们引入简写 $\widetilde{\sigma}=\sigma/R$. 令 $\widetilde{f}$ 为 $\mathscr{F}$ 的任何元素满足 $\|\widetilde{f}\|_{\mathscr{F}}\leqslant 1$. 在证明的最后，我们最优化这个设定. 由于 $\hat{f}$ 和 $\widetilde{f}$ 分别是规划(13.52)的最优解和可行解，我们有

$$\frac{1}{2}\sum_{i=1}^{n}(y_i-\hat{f}(x_i))^2+\lambda_n\|\hat{f}\|_{\mathscr{F}}^2\leqslant\frac{1}{2}\sum_{i=1}^{n}(y_i-\widetilde{f}(x_i))^2+\lambda_n\|\widetilde{f}\|_{\mathscr{F}}^2$$

定义误差 $\hat{\Delta}=\hat{f}-f^*$ 和 $\hat{\Delta}=\hat{f}-\widetilde{f}$，并回顾 $y_i=f^*(x_i)+\widetilde{\sigma}w_i$，做一些代数运算可得到修正的基本不等式

$$\frac{1}{2}\|\hat{\Delta}\|_n^2\leqslant\frac{1}{2}\|\widetilde{f}-f^*\|_n^2+\frac{\widetilde{\sigma}}{n}\left|\sum_{i=1}^{n}w_i\widetilde{\Delta}(x_i)\right|+\lambda_n\{\|\widetilde{f}\|_{\mathscr{F}}^2-\|\hat{f}\|_{\mathscr{F}}^2\}\tag{13.59}$$

其中 $w_i\sim\mathcal{N}(0,1)$ 是独立同分布的高斯变量.

由假设的 $\|\widetilde{f}\|_{\mathscr{F}}\leqslant 1$，我们一定有可能较弱的界

$$\frac{1}{2}\|\hat{\Delta}\|_n^2\leqslant\frac{1}{2}\|\widetilde{f}-f^*\|_n^2+\frac{\widetilde{\sigma}}{n}\left|\sum_{i=1}^{n}w_i\widetilde{\Delta}(x_i)\right|+\lambda_n\tag{13.60}$$

因此，如果 $\|\hat{\Delta}\|_n\leqslant\sqrt{t\delta_n}$，那么我们可以沿着定理 13.13 证明中的相同技巧，从而证明此界(以及我们的修正基本不等式中的附加项 λ_n).

否则，可以假设 $\|\widetilde{\Delta}\|_n>\sqrt{t\delta_n}$，并且我们在剩余的证明中都这样做. 我们现在把论述分成两种情况.

情形 1：首先，假设 $\|\hat{f}\|_{\mathscr{F}}\leqslant 2$. 界 $\|\widetilde{f}\|_{\mathscr{F}}\leqslant 1$ 结合不等式 $\|\hat{f}\|_{\mathscr{F}}\leqslant 2$ 保证了 $\|\widetilde{\Delta}\|_{\mathscr{F}}\leqslant 3$. 因

此，对函数集$\{g\in\partial\mathscr{F}\mid\|g\|_{\mathscr{F}}\leqslant 3\}$应用引理 13.12，我们得出结论

$$\frac{\widetilde{\sigma}}{n}\left|\sum_{i=1}^{n}w_i\widetilde{\Delta}(x_i)\right|\leqslant c_0\sqrt{t\delta_n}\|\widetilde{\Delta}\|_n \quad \text{成立的概率不小于 } 1-\mathrm{e}^{-\frac{t^2}{2\widetilde{\sigma}^2}}$$

由三角不等式，我们得到

$$\begin{aligned}2\sqrt{t\delta_n}\|\widetilde{\Delta}\|_n&\leqslant 2\sqrt{t\delta_n}\|\hat{\Delta}\|_n+2\sqrt{t\delta_n}\|\widetilde{f}-f^*\|_n\\&\leqslant 2\sqrt{t\delta_n}\|\hat{\Delta}\|_n+2t\delta_n+\frac{\|\widetilde{f}-f^*\|_n^2}{2}\end{aligned} \tag{13.61}$$

其中第二步利用了 Fenchel-Young 不等式. 将这些上界代入基本不等式(13.60)，我们发现

$$\frac{1}{2}\|\hat{\Delta}\|_n^2\leqslant\frac{1}{2}(1+c_0)\|\widetilde{f}-f^*\|_n^2+2c_0t\delta_n+2c_0\sqrt{t\delta_n}\|\hat{\Delta}\|_n+\lambda_n$$

因此结论可由二次公式得到，不考虑常数部分的不同取值.

情形 2：否则，我们可以假设$\|\hat{f}\|_{\mathscr{F}}>2>1\geqslant\|\widetilde{f}\|_{\mathscr{F}}$. 在这种情况下，我们有

$$\|\widetilde{f}\|_{\mathscr{F}}^2-\|\hat{f}\|_{\mathscr{F}}^2=\underbrace{\{\|\widetilde{f}\|_{\mathscr{F}}+\|\hat{f}\|_{\mathscr{F}}\}}_{>1}\underbrace{\{\|\widetilde{f}\|_{\mathscr{F}}-\|\hat{f}\|_{\mathscr{F}}\}}_{<0}\leqslant\underbrace{\{\|\widetilde{f}\|_{\mathscr{F}}+\|\hat{f}\|_{\mathscr{F}}\}}_{<0}$$

记$\hat{f}=\widetilde{f}+\widetilde{\Delta}$并由三角不等式有$\|\hat{f}\|_{\mathscr{F}}\geqslant\|\widetilde{\Delta}\|_{\mathscr{F}}-\|\widetilde{f}\|_{\mathscr{F}}$，我们得到

$$\begin{aligned}\lambda_n\{\|\widetilde{f}\|_{\mathscr{F}}^2-\|\hat{f}\|_{\mathscr{F}}^2\}&\leqslant\lambda_n\{\|\widetilde{f}\|_{\mathscr{F}}-\|\hat{f}\|_{\mathscr{F}}\}\\&\leqslant\lambda_n\{2\|\widetilde{f}\|_{\mathscr{F}}-\|\widetilde{\Delta}\|_{\mathscr{F}}\}\\&\leqslant\lambda_n\{2-\|\widetilde{\Delta}\|_{\mathscr{F}}\}\end{aligned}$$

最后一步再次用到了界$\|\widetilde{f}\|_{\mathscr{F}}\leqslant 1$.

将这个上界代入我们的修正基本不等式(13.59)得到上界

$$\frac{1}{2}\|\hat{\Delta}\|_n^2\leqslant\frac{1}{2}\|\widetilde{f}-f^*\|_n^2+\left|\frac{\widetilde{\sigma}}{n}\sum_{i=1}^{n}w_i\widetilde{\Delta}(x_i)\right|+2\lambda_n-\lambda_n\|\widetilde{\Delta}\|_{\mathscr{F}} \tag{13.62}$$

我们的下一步是控制不等式(13.62)中随机部分的上界.

引理 13.23 存在普适正常数(c_1,c_2)使得，在大于$1-c_1\mathrm{e}^{-\frac{n\delta_n^2}{c_2\widetilde{\sigma}^2}}$的概率下，我们有

$$\left|\frac{\widetilde{\sigma}}{n}\sum_{i=1}^{n}w_i\Delta(x_i)\right|\leqslant 2\delta_n\|\Delta\|_n+2\delta_n^2\|\Delta\|_{\mathscr{F}}+\frac{1}{16}\|\Delta\|_n^2 \tag{13.63}$$

这个界对于满足$\|\Delta\|_{\mathscr{F}}\geqslant 1$的所有$\Delta\in\partial\mathscr{F}$一致成立.

我们现在用这个引理完成定理的证明. 我们首先观察到，由于$\|\widetilde{f}\|_{\mathscr{F}}\leqslant 1$和$\|\hat{f}\|_{\mathscr{F}}>2$，由三角不等式可以推出$\|\widetilde{\Delta}\|_{\mathscr{F}}\geqslant\|\hat{f}\|_{\mathscr{F}}-\|\widetilde{f}\|_{\mathscr{F}}>1$，因此可以使用引理 13.23. 将上界(13.63)代入不等式(13.62)得到

$$\frac{1}{2}\|\hat{\Delta}\|_n^2\leqslant\frac{1}{2}\|\widetilde{f}-f^*\|_n^2+2\delta_n\|\widetilde{\Delta}\|_n+\{2\delta_n^2-\lambda_n\}\|\widetilde{\Delta}\|_{\mathscr{F}}+2\lambda_n+\frac{\|\widetilde{\Delta}\|_n^2}{16}$$

$$\leqslant \frac{1}{2}\|\widetilde{f}-f^*\|_n^2+2\delta_n\|\widetilde{\Delta}\|_n+2\lambda_n+\frac{\|\widetilde{\Delta}\|_n^2}{16} \tag{13.64}$$

其中第二步用到了假设的 $2\delta_n^2-\lambda_n\leqslant 0$.

我们的下一步是将涉及 $\widetilde{\Delta}$ 的项转换为涉及 $\hat{\Delta}$ 的量：特别地，通过三角不等式，我们得到 $\|\widetilde{\Delta}_n\|\leqslant\|\widetilde{f}-f^*\|_n+\|\hat{\Delta}\|_n$. 因此，我们有

$$2\delta_n\|\widetilde{\Delta}\|_n\leqslant 2\delta_n\|\widetilde{f}-f^*\|_n+2\delta_n\|\hat{\Delta}\|_n \tag{13.65a}$$

另外，结合不等式$(a+b)^2\leqslant 2a^2+2b^2$，我们得到

$$\frac{\|\widetilde{\Delta}\|_n^2}{16}\leqslant\frac{1}{8}\{\|\widetilde{f}-f^*\|_n^2+\|\hat{\Delta}\|_n^2\} \tag{13.65b}$$

将不等式(13.65a)和(13.65b)代入上界(13.64)并进行一些代数运算可以得到

$$\left\{\frac{1}{2}-\frac{1}{8}\right\}\|\hat{\Delta}\|_n^2\leqslant\left\{\frac{1}{2}+\frac{1}{8}\right\}\|\widetilde{f}-f^*\|_n^2+2\delta_n\|\widetilde{f}-f^*\|_n+2\delta_n\|\hat{\Delta}\|_n+2\lambda_n$$

结论(13.55a)可以通过将二次公式应用于该不等式而得到.

还需要证明引理 13.23. 我们断言只需要对满足 $\|g\|_{\mathscr{F}}=1$ 的函数 $g\in\partial\mathscr{F}$ 证明界(13.63). 事实上，假设它适用于所有这样的函数，并且我们得到了一个函数 Δ，$\|\Delta\|_{\mathscr{F}}>1$. 由假设，我们可以对新函数 $g:=\Delta/\|\Delta\|_{\mathscr{F}}$ 应用不等式(13.63)，由星形假设函数是属于 $\partial\mathscr{F}$ 的. 对 g 应用界(13.63)然后两边乘以$\|\Delta\|_{\mathscr{F}}$, 我们得到

$$\begin{aligned}\left|\frac{\widetilde{\sigma}}{n}\sum_{i=1}^n w_i\Delta(x_i)\right| &\leqslant c_1\delta_n\|\Delta\|_n+c_2\delta_n^2\|\Delta\|_{\mathscr{F}}+\frac{1}{16}\frac{\|\Delta\|_n^2}{\|\Delta\|_{\mathscr{F}}}\\ &\leqslant c_1\delta_n\|\Delta\|_n+c_2\delta_n^2\|\Delta\|_{\mathscr{F}}+\frac{1}{16}\|\Delta\|_n^2\end{aligned}$$

其中第二个不等式用到了假设的$\|\Delta\|_{\mathscr{F}}>1$.

为了对满足$\|g\|_{\mathscr{F}}=1$ 的函数证明界(13.63)，我们首先在球$\{\|g\|_n\leqslant t\}$上考虑它，对于某个固定半径 $t>0$. 定义随机变量

$$Z_n(t):=\sup_{\substack{\|g\|_{\mathscr{F}}\leqslant 1\\ \|g\|_n\leqslant t}}\left|\frac{\widetilde{\sigma}}{n}\sum_{i=1}^n w_i g(x_i)\right|$$

视为标准高斯向量 w 的一个函数，它是 Lipschitz 的，参数至多为 $\widetilde{\sigma}t/\sqrt{n}$. 因此，定理 2.26 可以推出

$$\mathbb{P}[Z_n(t)\geqslant\mathbb{E}[Z_n(t)]+u]\leqslant e^{-\frac{nu^2}{2\widetilde{\sigma}^2t^2}} \tag{13.66}$$

我们首先对 $t=\delta_n$ 导出一个界. 由 $\mathcal{G}_n$ 和临界半径的定义，我们有 $\mathbb{E}[Zn(\delta_n)]\leqslant\widetilde{\sigma}\mathcal{G}_n(\delta_n)\leqslant\delta_n^2$. 在尾部概率界(13.66)中设 $u=\delta_n$，我们得到

$$\mathbb{P}[Z_n(\delta_n)\leqslant 2\delta_n^2]\leqslant e^{-\frac{n\delta_n^2}{2\widetilde{\sigma}^2}} \tag{13.67a}$$

另一方面，对于任何 $t>\delta_n$，我们有

$$\mathbb{E}[Z_n(t)]=\widetilde{\sigma}\mathcal{G}_n(t)=t\frac{\widetilde{\sigma}\mathcal{G}_n(t)}{t}\overset{\text{(i)}}{\leqslant}t\frac{\widetilde{\sigma}\mathcal{G}_n(\delta_n)}{\delta_n}\overset{\text{(ii)}}{\leqslant}t\delta_n$$

其中不等式(i)由引理 13.6 得到，而不等式(ii)由我们设定的 δ_n 得到. 在均值上使用此上界并在尾部概率界(13.66)中设定 $u=t^2/32$ 得到

$$\mathbb{P}\left[Z_n(t)\geqslant t\delta_n+\frac{t^2}{32}\right]\leqslant \mathrm{e}^{-c_2\frac{nt^2}{\widetilde{\sigma}^2}}\quad 对于每个\ t>\delta_n \tag{13.67b}$$

我们现在可以用一个“削皮”技巧来完成证明. 设 $\mathcal{E}$ 表示对于满足 $\|g\|_{\mathscr{F}}=1$ 的某个函数 $g\in\partial\mathscr{F}$ 界(13.63)不成立的事件. 对于实数 $0\leqslant a<b$，设 $\mathcal{E}(a,b)$ 表示对于满足 $\|g\|_n\in[a,b]$ 和 $\|g\|_{\mathscr{F}}=1$ 的某个函数 g 上述界不成立的事件. 对于 $m=0,1,2,\cdots$，定义 $t_m=2^m\delta_n$. 我们然后有分解 $\mathcal{E}=\mathcal{E}(0,t_0)\cup(\bigcup_{m=0}^{\infty}\mathcal{E}(t_m,t_{m+1}))$，因此，由联合界，

$$\mathbb{P}[\mathcal{E}]\leqslant\mathbb{P}[\mathcal{E}(0,t_0)]+\sum_{m=0}^{\infty}\mathbb{P}[\mathcal{E}(t_m,t_{m+1})] \tag{13.68}$$

最后一步是控制这个求和中的每一项. 因为 $t_0=\delta_n$，我们有

$$\mathbb{P}[\mathcal{E}(0,t_0)]\leqslant\mathbb{P}[Z_n(\delta_n)\geqslant 2\delta_n^2]\leqslant\mathrm{e}^{-\frac{n\delta_n^2}{2\widetilde{\sigma}^2}} \tag{13.69}$$

其中用到了我们之前的尾部概率界(13.67a). 另外，假设 $\mathcal{E}(t_m,t_{m+1})$ 成立，意味着存在某个函数 g，其中 $\|g\|_{\mathscr{F}}=1$ 和 $\|g\|_n\in[t_m,t_{m+1}]$ 使得

$$\begin{aligned}\left|\frac{\widetilde{\sigma}}{n}\sum_{i=1}^{n}w_i g(x_i)\right| &\geqslant 2\delta_n\|g\|_n+2\delta_n^2+\frac{1}{16}\|g\|_n^2\\ &\overset{\text{(i)}}{\geqslant} 2\delta_n t_m+2\delta_n^2+\frac{1}{8}t_m^2\\ &\overset{\text{(ii)}}{=}\delta_n t_{m+1}+2\delta_n^2+\frac{1}{32}t_{m+1}^2\end{aligned}$$

其中步骤(i)成立是因为 $\|g\|_n\geqslant t_m$，而步骤(ii)成立是因为 $t_{m+1}=2t_m$. 这个下界可以推出 $Z_n(t_{m+1})\geqslant\delta_n t_{m+1}+\frac{t_{m+1}^2}{32}$，并且应用尾部概率界(13.67b)得到

$$\mathbb{P}[\mathcal{E}(t_m,t_{m+1})]\leqslant\mathrm{e}^{-c_2\frac{nt_{m+1}^2}{\widetilde{\sigma}^2}}=\mathrm{e}^{-c_2\frac{n2^{2m+2}\delta_n^2}{\widetilde{\sigma}^2}}$$

将这个不等式和我们之前的界(13.69)代入式(13.68)得到

$$\mathbb{P}[\mathcal{E}]\leqslant\mathrm{e}^{-\frac{n\delta_n^2}{2\widetilde{\sigma}^2}}+\sum_{m=0}^{\infty}\mathrm{e}^{-c_2\frac{n2^{2m+2}\delta_n^2}{\widetilde{\sigma}^2}}\leqslant c_1\mathrm{e}^{-c_2\frac{n\delta_n^2}{\widetilde{\sigma}^2}}$$

这里读者应当回顾普适常数的精确数值在不同地方可能会不一样.

13.5　参考文献和背景

非参数回归是统计学中的一个经典问题，有着悠久而丰富的历史. 尽管本章仅限于非参数最小二乘法，还是有许多其他形式的损失函数可用于回归，尤其考虑到稳健性，这些损失函数可能更合适. 本章所描述的技术分析对于任何此类 M 估计都是有用的，即任何基于最小化或最大化某一拟合准则的方法. 此外，非参数回归还可以通过并不是最自然地被视为 M 估

计的一些方法来处理，包括正交函数展开、局部多项式表示、核密度估计、最近邻方法和散点图平滑方法，以及其他方法. 关于这些以及其他方法读者可以参看图书(Gyorfi 等，2002；Härdle 等，2004；Wasserman，2006；Eggermont 和 LaRiccia，2007；Tsybakov，2009)以及书里的参考资料.

本章的一个非常重要的思想是使用局部化形式的高斯或者 Rademacher 复杂度，而不是第 4 章中研究的全局形式. 为了得到非参数估计问题的最优速度，这些局部化复杂度度量是需要的. 局部化思想在经验过程中是非常重要的，我们将在接下来的第 14 章对其进行深入研究. van de Geer(2000)广泛使用了推论 13.7 中给出的局部形式的函数复杂度，而其他学者已经研究了 Rademacher 复杂度和高斯复杂度的局部形式(Koltchinskii，2001，2006；Bartlett 等，2005). 如引理 13.22 阐述的，再生核希尔伯特空间的局部 Rademacher 复杂度的界来自 Mendelson(2002)；相关结果也可参看 Bartlett 和 Mendelson(2002). 引理 13.23 证明中的削皮技巧广泛应用于经验过程理论(Alexander，1987；van de Geer，2000).

例 13.1 和例 13.8 中的岭回归估计是由 Hoerl 和 Kennard(1970)引入的例 13.1 中的 Lasso 估计在第 7 章详细讨论过. 例 13.2 中的三次样条估计和例 13.3 中的核岭回归估计都是标准方法；更多细节请参见第 12 章和图书(Wahba，1990；Gu，2002). Raskutti 等(2011)分析了例 13.1 和例 13.9 中的 ℓ_q 球约束估计，为了得出匹配的下界，他们还用到了第 15 章将要讨论的信息论方法. 本例中 q 凸包度量熵的结果来自 Carl 和 Pajor(1988)以及 Guédon 和 Litvak(2000)；关于这里给出的具体结论细节请参看 Raskutti 等(2011)给出的方法.

例 13.4 中的凸和/或单调回归问题是称为形状约束估计的特例. 它一直是经典研究(Hildreth，1954；Brunk，1955，1970；Hanson 和 Pledger，1976)以及许多最近和正在进行工作(例如 Balabdaoui 等，2009；Cule 等，2010；Dümbgen 等，2011；Seijo 和 Sen，2011；Chatterjee 等，2015)的焦点，尤其是在多元背景下. 这些书(Rockafellar，1970；Hiriart-Urruty 和 Lemaréchal，1993；Borwein 和 Lewis，1999；Bertsekas 等，2003；Boyd 和 Vandenberghe，2004)包括了次梯度及凸分析的其他内容. 有界凸 Lipschitz 函数的 sup-范数(L_∞)度量熵的界(13.34)来自 Bronshtein(1976)；更多细节还可见 Dudley(1999)的 8.4 节. 另一方面，没有任何 Lipschitz 约束的所有凸函数 f：$[0,1]\to[0,1]$的类在 sup 范数度量中不是完全有界的；详见习题 5.1. Guntuboyina 和 Sen(2013)在没有 Lipschitz 条件下，给出了凸函数在 L_p 距离下熵的界，其中 $p\in[1,\infty)$.

Stone(1985)引入了习题 13.9 中讨论的加性非参数回归模型，后续工作探索了这些模型的许多扩展和变体(例如 Hastie 和 Tibshirani，1986；Buja 等，1989；Meier 等，2009；Ravikumar 等，2009；Koltchinskii 和 Yuan，2010；Raskutti 等，2012). 本章的习题 13.9 和第 14 章的习题 14.8 探讨了标准加性模型的一些性质.

13.6 习 题

13.1 (贝叶斯最小二乘估计的刻画)

(a) 给定一个随机变量 Z 有有限的二阶矩，证明在 $t=\mathbb{E}[Z]$时函数 $\mathbb{E}[(Z-t)^2]$取到最

小值.

(b) 假设所有相关期望都存在，证明总体均方误差(13.1)的最小值点为条件期望 $f^*(x)=\mathbb{E}[Y\mid X=x]$.（提示：可能用到塔式性质和(a).）

(c) 设 f 是任何其他函数，其均方误差 $\mathbb{E}_{X,Y}[(Y-f(X))^2]$是有限的. 证明 f 的过度风险为$\|f-f^*\|_2^2$，如式(13.4)所示.

13.2 **(线性回归中的预测误差)**　回顾一下例 13.8 中带有固定设计的线性回归模型. 通过一个直接论证方式证明

$$\mathbb{E}[\|f_{\hat{\theta}}-f_{\theta^*}\|_n^2]\leqslant\sigma^2\,\frac{\operatorname{rank}(\boldsymbol{X})}{n}$$

对任意零均值方差为 σ^2 的观测噪声成立.

13.3 **(三次光滑样条)**　回顾一下例 13.2 中的三次样条估计(13.10)，以及例 12.29 中的核函数 $\mathcal{K}(x,z)=\int_0^1(x-y)_+(z-y)+\mathrm{d}y$.

(a) 证明最优解的形式一定是

$$\hat{f}(x)=\hat{\boldsymbol{\theta}}_0+\hat{\boldsymbol{\theta}}_1x+\frac{1}{\sqrt{n}}\sum_{i=1}\hat{\alpha}_i\mathcal{K}(x,x_i)$$

对于某个向量 $\hat{\boldsymbol{\theta}}\in\mathbb{R}^2$ 和 $\hat{\boldsymbol{\alpha}}\in\mathbb{R}^n$.

(b) 证明这些向量可以通过求解二次规划得到，

$$(\hat{\boldsymbol{\theta}},\hat{\boldsymbol{\alpha}})=\arg\min_{(\boldsymbol{\theta},\boldsymbol{\alpha})\in\mathbb{R}^2\times\mathbb{R}^n}\left\{\frac{1}{2n}\|\boldsymbol{y}-\boldsymbol{X\theta}-\sqrt{n}\boldsymbol{K\alpha}\|_2^2+\lambda_n\boldsymbol{\alpha}^{\mathrm{T}}\boldsymbol{K\alpha}\right\}$$

其中 $\boldsymbol{K}\in\mathbb{R}^{n\times n}$ 是由(a)中的核函数定义的核矩阵，而 $\boldsymbol{X}\in\mathbb{R}^{n\times 2}$ 是第 i 行为$[1\quad x_i]$的设计矩阵.

13.4 **(星形集和凸性)**　在本习题中，我们探讨星形集的一些性质.

(a) 证明一个集合 $\mathcal{C}$ 围绕其中一点 x^* 是星形的，当且仅当对于任意 $x\in\mathcal{C}$ 和任意 $\alpha\in[0,1]$点 $\alpha x+(1-\alpha)x^*$ 属于 $\mathcal{C}$.

(b) 证明一个集合 $\mathcal{C}$ 是凸的当且仅当它围绕其每个点都是星形的.

13.5 **(临界不等式的下界)**　在 $f^*=0$ 的情况下考虑临界不等式(13.17)，这时 $\mathscr{F}^*=\mathscr{F}$.

(a) 证明对于 $\delta^2=4\sigma^2$ 临界不等式(13.17)一定成立.

(b) 假设一个凸函数类 $\mathscr{F}$ 包含常数函数 $f\equiv1$. 证明满足临界不等式(13.17)的任何 $\delta\in(0,1]$一定有下界 $\delta^2\geqslant\min\left\{1,\frac{8}{\pi}\frac{\sigma^2}{n}\right\}$.

13.6 **(局部高斯复杂度和自适应性)**　这个练习说明，即使对于一个固定基函数类，位移后函数类的局部高斯复杂度 $\mathcal{G}_n(\delta;\mathscr{F}^*)$随着目标函数 f^* 的改变变化也会非常大. 对于每个 $\boldsymbol{\theta}\in\mathbb{R}^n$，令 $f_{\boldsymbol{\theta}}(x)=\langle\boldsymbol{\theta},\boldsymbol{x}\rangle$为一个线性函数，并考虑类 $\mathscr{F}_{\ell_1}(1)=\{f_{\boldsymbol{\theta}}\mid\|\boldsymbol{\theta}\|_1\leqslant1\}$. 假设我们观察到的样本形式为

$$y_i=f_{\boldsymbol{\theta}^*}(\boldsymbol{e}_i)+\frac{\sigma}{\sqrt{n}}w_i=\theta_i^*+\frac{\sigma}{\sqrt{n}}w_i$$

其中 $w_i \sim \mathcal{N}(0,1)$ 是一个独立同分布噪声序列. 我们来分析 ℓ_1 约束最小二乘估计的性质

$$\hat{\boldsymbol{\theta}} = \arg\min_{f_{\boldsymbol{\theta}} \in \mathscr{F}_{\ell_1}(1)} \left\{ \frac{1}{n} \sum_{i=1}^{n} (y_i - f_{\boldsymbol{\theta}}(\boldsymbol{e}_i))^2 \right\} = \arg\min_{\substack{\boldsymbol{\theta} \in \mathbb{R}^d \\ \|\boldsymbol{\theta}\|_1 \leqslant 1}} \left\{ \frac{1}{n} \sum_{i=1}^{n} (y_i - \theta_i)^2 \right\}.$$

(a) 对于任意 $f_{\boldsymbol{\theta}^*} \in \mathscr{F}_{\ell_1}(1)$，证明对于某个普适常数 c_1 有 $\mathcal{G}_n(\delta; \mathscr{F}_{\ell_1}^*(1)) \leqslant c_1 \sqrt{\frac{\log n}{n}}$，并因此 $\|\hat{\boldsymbol{\theta}} - \boldsymbol{\theta}^*\|_2^2 \leqslant c_1' \sigma \sqrt{\frac{\log n}{n}}$ 在高概率下成立.

(b) 现在考虑某个 $f_{\boldsymbol{\theta}^*}$，其中 $\boldsymbol{\theta}^* \in \{\boldsymbol{e}_1, \cdots, \boldsymbol{e}_n\}$，即典范基向量中的一个. 证明存在一个普适常数 c_2，使得局部高斯复杂度有界 $\mathcal{G}_n(\delta; \mathscr{F}_{\ell_1}^*(1)) \leqslant c_2 \delta \sqrt{\frac{\mathrm{lon} n}{n}}$，并因此 $\|\hat{\boldsymbol{\theta}} - \boldsymbol{\theta}^*\|_2^2 \leqslant c_2' \frac{\sigma^2 \log n}{n}$ 在高概率下成立.

13.7 **(多项式回归的速度)**　考虑所有 $(m-1)$ 阶多项式的类

$$\mathcal{P}_m = \{ f_{\boldsymbol{\theta}} : \mathbb{R} \to \mathbb{R} \mid \boldsymbol{\theta} \in \mathbb{R}^m \}, \text{其中 } f_{\boldsymbol{\theta}}(x) = \sum_{j=0}^{m-1} \theta_j x^j$$

并假设 $f^* \in \mathcal{P}_m$. 证明存在普适正常数 (c_0, c_1, c_2)，使得最小二乘估计满足

$$\mathbb{P}\left[\|\hat{f} - f^*\|_n^2 \geqslant c_0 \frac{\sigma^2 m \log n}{n} \right] \leqslant c_1 \mathrm{e}^{-c_2 m \log n}$$

13.8 **(二次可微函数的速度)**　考虑函数 $f:[0,1] \to \mathbb{R}$ 的函数类 $\mathscr{F}$. f 是二次可导的且对于某个常数 $C < \infty$ 有 $\|f\|_\infty + \|f'\|_\infty + \|f''\|_\infty \leqslant C$. 证明存在正常数 (c_0, c_1, c_2) 可能依赖于 C 但不依赖于 (n, σ^2)，使得非参数最小二乘估计满足

$$\mathbb{P}\left[\|\hat{f} - f^*\|_n^2 \geqslant c_0 \left(\frac{\sigma^2}{n} \right)^{\frac{4}{5}} \right] \leqslant c_1 \mathrm{e}^{-c_2 (n/\sigma^2)^{1/5}}$$

(提示：可能用到第 5 章的结果.)

13.9 **(加性非参数模型的速度)**　给定一个单变量函数 $g:\mathbb{R} \to \mathbb{R}$ 的凸且对称的类 $\mathcal{G}$ 并赋有范数 $\|\cdot\|_{\mathcal{G}}$，考虑 $\mathbb{R}^d$ 上的加性函数，即

$$\mathscr{F}_{\mathrm{add}} = \{ f:\mathbb{R}^d \to \mathbb{R} \mid f = \sum_{j=1}^{d} g_j \quad \text{对于某些 } g_j \in \mathcal{G} \text{ 其中 } \|g_j\|_{\mathcal{G}} \leqslant 1 \} \tag{13.70}$$

假设我们有形式为 $y_i = f^*(\boldsymbol{x}_i) + \sigma w_i$ 的 n 个独立同分布样本，其中每个 $\boldsymbol{x}_i = (x_{i1}, \cdots, x_{id}) \in \mathbb{R}^d$，$w_i \sim \mathcal{N}(0,1)$，以及 $f^* := \sum_{j=1}^{d} g_j^*$ 是 $\mathscr{F}_{\mathrm{add}}$ 中的某个函数，我们用带约束的最小二乘估计来估计 f^*

$$\hat{f} := \arg\min_{f \in \mathscr{F}_{\mathrm{add}}} \left\{ \frac{1}{n} \sum_{i=1}^{n} (y_i - f(x_i))^2 \right\}$$

对于每个 $j = 1, \cdots, d$，定义第 j 个坐标的高斯复杂度

$$\mathcal{G}_{n,j}(\delta;2\mathscr{G})=\mathbb{E}\left[\sup_{\substack{\|g_j\|_{\mathscr{G}}\leqslant 2\\ \|g_j\|_n\leqslant\delta}}\left|\frac{1}{n}\sum_{i=1}^{n}w_i g_j(x_{ij})\right|\right]$$

并设 $\delta_{n,j}>0$ 为满足不等式 $\dfrac{\mathcal{G}_{n,j}(\delta;2\mathscr{G})}{\delta}\leqslant\dfrac{\delta}{2\sigma}$ 的最小正解.

(a) 定义 $\delta_{n,\max}=\max\limits_{j=1,\cdots,d}\delta_{n,j}$，证明对于每个 $t\geqslant\delta_{n,\max}$，我们有

$$\frac{\sigma}{n}\left|\sum_{i=1}^{n}w_i\hat{\Delta}(x_i)\right|\leqslant \mathrm{d}t\delta_{n,\max}+2\sqrt{t\delta_{n,\max}}\left(\sum_{j=1}^{d}\|\hat{\Delta}_j\|_n\right)$$

在不低于 $1-c_1 d\mathrm{e}^{-c_2 nt\delta_{n,\max}}$ 的概率下成立.（注意：对于某些 $\hat{g}_j\in\mathscr{G}$ 有 $\hat{f}=\sum\limits_{j=1}^{d}\hat{g}_j$，因此函数 $\hat{\Delta}_j=\hat{g}_j-g_j$ 对应于坐标 j 中的误差，而 $\hat{\Delta}:=\sum\limits_{j=1}^{d}\hat{\Delta}_j$ 是全部的误差函数.）

(b) 假设存在一个普适常数 $K\geqslant 1$ 使得

$$\sqrt{\sum_{j=1}^{d}\|g_j\|_n^2}\leqslant\sqrt{K}\left\|\sum_{j=1}^{d}g_j\right\|_n \quad 对于所有\ g_j\in\mathscr{G}$$

利用这个界和(a)部分，证明 $\|\hat{f}-f^*\|_n^2\leqslant c_3 Kd\delta_{n,\max}^2$ 在高概率下成立.

13.10 **(正交级数展开)**　回顾一下例 13.14 中的函数类 $\mathscr{F}_{\mathrm{ortho}}(1;T)$，它是由有 T 个系数的正交级数展开来定义的.

(a) 给定一组设计点 $\{x_1,\cdots,x_n\}$，定义 $n\times T$ 矩阵 $\boldsymbol{\Phi}=\boldsymbol{\Phi}(x_1^n)$，其中 (i,j) 位置元素为 $\Phi_{ij}=\phi_j(x_i)$. 证明 $\mathscr{F}_{\mathrm{ortho}}(1;T)$ 上的非参数最小二乘估计 $\hat{f}$ 可以通过求解下述的岭回归问题得到：

$$\min_{\boldsymbol{\theta}\in\mathbb{R}^T}\left\{\frac{1}{n}\|\boldsymbol{y}-\boldsymbol{\Phi\theta}\|_2^2+\lambda_n\|\boldsymbol{\theta}\|_2^2\right\}$$

其中 $\lambda_n\geqslant 0$ 是一个适当选取的正则化参数.

(b) 证明 $\inf\limits_{f\in\mathscr{F}_{\mathrm{ortho}}(1;T)}\|f-f^*\|_2^2=\sum\limits_{i=T+1}^{\infty}\theta_j^2$.

13.11 **(可导函数和傅里叶系数)**　对于一个给定的整数 $\alpha\geqslant 1$ 和半径 $R>0$，考虑函数类 $\mathscr{F}_\alpha(R)\subset L^2[0,1]$ 使得

- 函数 f 是 α 阶可微的，其中 $\int_0^1(f^{(\alpha)}(x))^2\mathrm{d}x\leqslant R$.
- 它及它的导数满足边界条件，即对于所有 $j=0,1,\cdots,\alpha$ 有 $f^{(j)}(0)=f^{(j)}(1)=0$.

(a) 对于一个函数 $f\in\mathscr{F}_\alpha(R)\cap\{\|f\|_2\leqslant 1\}$，令 $\{\beta_0,(\beta_m,\beta_m)_{m=1}^{\infty}\}$ 为其傅里叶系数，如之前在例 13.15 定义的. 证明存在一个常数 c，使得对于所有 $m\geqslant 1$ 有 $\beta_m^2+\widetilde{\beta}_m^2\leqslant\dfrac{cR}{m^{2\alpha}}$.

(b) 验证近似理论结果(13.47).

第 14 章　局部化和一致定律

如之前在第 4 章中所讨论的，一致大数定律研究的是样本和总体平均之间的偏差，偏差是在一个给定的函数类上以一致的方式来度量的. 一致定律的经典形式本质上是渐近的，保证了偏差依概率或者几乎处处收敛到零. 更现代的方法是给出对所有样本大小都适用的非渐近的理论结果，并且给出精细的收敛速度. 为了达到后一个目标，很重要的一步是将偏差局部化到原点附近的一个小邻域上. 在第 13 章关于非参数回归的讨论中我们已经遇到过一种局部化. 在这一章中，我们将更深入地研究这个技巧以及它在几类过程上建立精细一致定律的使用.

14.1　总体和经验 L^2 范数

我们从详细研究总体和经验 L^2 范数之间的关系开始. 给定一个函数 $f: \mathcal{X}\to\mathbb{R}$ 和 $\mathcal{X}$ 上的一个概率分布 $\mathbb{P}$，通常的 $L^2(\mathbb{P})$范数为

$$\|f\|_{L^2(\mathbb{P})}^2 := \int_{\mathcal{X}} f^2(x)\mathbb{P}(\mathrm{d}x) = \mathbb{E}[f^2(X)] \tag{14.1}$$

并且当这个范数有限时我们称 $f\in L^2(\mathbb{P})$. 当概率分布 $\mathbb{P}$ 根据上下文定义清楚时，我们用 $\|f\|_2$ 作为$\|f\|_{L^2(\mathbb{P})}$的一个简便写法.

给定一个 n 个样本的集合$\{x_i\}_{i=1}^n := \{x_1, x_2, \cdots, x_n\}$，每个都是独立同分布来自 $\mathbb{P}$，考虑经验分布

$$\mathbb{P}_n(x) := \frac{1}{n}\sum_{i=1}^n \delta_{x_i}(x)$$

在每个样本上的权重 $1/n$. 它诱导出经验 L^2 范数

$$\|f\|_{L^2(\mathbb{P}_n)}^2 := \frac{1}{n}\sum_{i=1}^n f^2(x_i)\int_{\mathcal{X}} f^2(x)\mathbb{P}_n(\mathrm{d}x) \tag{14.2}$$

再一次，为了简化记号，当内在经验分布 $\mathbb{P}_n$ 根据上下文定义清楚时，我们用$\|f\|_n$ 作为$\|f\|_{L^2(\mathbb{P}_n)}$的简便写法.

在第 13 章关于非参数最小二乘的分析中，我们给出了 $L^2(\mathbb{P}_n)$误差上的界，其中样本$\{x_i\}_{i=1}^n$ 被看作固定的. 相比之下，在这一章中，我们将样本看作随机变量，因此经验范数本身是一个随机变量. 因为每个 $x_i\sim\mathbb{P}$，期望的线性性保证了

$$\mathbb{E}[\|f\|_n^2] = \mathbb{E}\left[\frac{1}{n}\sum_{i=1}^n f^2(x_i)\right] = \|f\|_2^2 \quad 对于任意函数\ f\in L^2(\mathbb{P})$$

由此，在随机变量 $f(x)$相对宽松的条件下，大数定律可以推出$\|f\|_n^2$ 收敛到$\|f\|_2^2$. 这样一个极限定理有它通常的非渐近形式：例如，如果函数 f 是一致有界的，也就是，如果

$$\|f\|_\infty := \sup_{x\in\mathcal{X}}|f(x)|\leqslant b \quad 对于某个\ b<\infty$$

那么 Hoeffding 不等式[见命题 2.5 和式(2.11)]可以推出

$$\mathbb{P}[|\|f\|_n^2-\|f\|_2^2\|\geqslant t]\geqslant 2\mathrm{e}^{-\frac{nt^2}{2b^4}}$$

如在第 4 章那样，我们的关注点是推广这类尾部概率界——对一个函数 f 成立——到某一个特定的函数类 $\mathscr{F}$ 上所有的函数一致成立的一个结果. 然而，这一章中我们的分析将会更加精细：通过使用复杂度的局部形式，得到最优的界.

14.1.1　局部化的一致定律

我们从陈述一个控制随机变量 $|\|f\|_n-\|f\|_2|$ 偏差的定理开始，其中偏差是在一个函数类 $\mathscr{F}$ 上以一致方式来度量的. 我们然后阐述这个结果在非参数回归中的一些应用.

正如之前第 13 章关于非参数最小二乘的结果，我们的结果是基于 Rademacher 复杂度的一种局部化形式来陈述的. 对于当前的问题，从总体上来定义复杂度会更加方便. 对于一个给定的半径 $\delta>0$ 和函数类 $\mathscr{F}$，考虑局部化总体 Rademacher 复杂度

$$\overline{\mathcal{R}}_n(\delta;\mathscr{F})=\mathbb{E}_{\varepsilon,x}\left[\sup_{\substack{f\in\mathscr{F}\\ \|f\|_2\leqslant\delta}}\left|\frac{1}{n}\sum_{i=1}^n\varepsilon_i f(x_i)\right|\right] \tag{14.3}$$

其中 $\{x_i\}_{i=1}^n$ 为来自某个内在分布 $\mathbb{P}$ 的独立同分布样本，而 $\{\varepsilon_i\}_{i=1}^n$ 为在 $\{-1,+1\}$ 上等概率取值的独立同分布的 Rademacher 变量，与序列 $\{x_i\}_{i=1}^n$ 独立.

在下述结果中，我们假设 $\mathscr{F}$ 在原点附近是星形的，也就是说，对于任意 $f\in\mathscr{F}$ 和标量 $\alpha\in[0,1]$，函数 αf 也属于 $\mathscr{F}$. 另外，我们要求函数类是 b 一致有界的，也就是对于所有 $f\in\mathscr{F}$ 存在一个常数 $b<\infty$ 满足 $\|f\|_\infty\leqslant b$.

定理 14.1　给定一个星形以及 b 一致有界的函数类 $\mathscr{F}$，令 δ_n 为不等式

$$\overline{\mathcal{R}}_n(\delta;\mathscr{F})\leqslant\frac{\delta^2}{b} \tag{14.4}$$

的任意正解. 那么对于任意 $t\geqslant\delta_n$，我们有

$$|\|f\|_n^2-\|f\|_2^2|\leqslant\frac{1}{2}\|f\|_2^2+\frac{t^2}{2} \quad 对于所有\ f\in\mathscr{F} \tag{14.5a}$$

成立的概率至少为 $1-c_1\mathrm{e}^{-c_2\frac{nt^2}{b^2}}$. 如果另外有 $n\delta_n^2\geqslant\frac{2}{c_2}\log(4\log(1/\delta_n))$，那么

$$|\|f\|_n-\|f\|_2|\leqslant c_0\delta_n \quad 对于所有\ f\in\mathscr{F} \tag{14.5b}$$

成立的概率至少为 $1-c_1'\mathrm{e}^{-c_2'\frac{n\delta_n^2}{b^2}}$.

值得注意的是，一个类似的结果对于局部化经验 Rademacher 复杂度也成立，也就是依赖数据的量

$$\hat{\mathcal{R}}_n(\delta) \equiv \hat{\mathcal{R}}_n(\delta;\mathscr{F}) := \mathbb{E}_\varepsilon\left[\sup_{\substack{f\in\mathscr{F}\\ \|f\|_n\leqslant\delta}}\left|\frac{1}{n}\sum_{i=1}^n\varepsilon_i f(x_i)\right|\right] \tag{14.6}$$

以及满足不等式

$$\hat{\mathcal{R}}_n(\delta) \leqslant \frac{\delta^2}{b} \tag{14.7}$$

的任意正解 $\hat{\delta}_n$. 因为 Rademacher 复杂度 $\hat{\mathcal{R}}$ 依赖于数据，这个临界半径 $\hat{\delta}_n$ 是一个随机变量，但是与基于总体 Rademacher 复杂度(14.3)的确定性半径 δ_n 密切相关. 更准确地说，令 δ 与 $\hat{\delta}_n$ 分别为不等式(14.4)和(14.7)的最小正解. 那么存在普适常数 $c<1<C$ 使得，至少以概率 $1-c_1\mathrm{e}^{-c_2\frac{n\delta_n^2}{b}}$ 有 $\hat{\delta}_n\in[c\delta_n,C\delta_n]$，并因此

$$\left|\|f\|_n-\|f\|_2\right| \leqslant \frac{c_0}{c}\hat{\delta}_n \quad 对于所有\ f\in\mathscr{F} \tag{14.8}$$

细节和证明请参见附录(14.5 节)中的命题 14.25.

定理 14.1 最好用一些具体例子来理解.

例 14.2(二次函数的界)　对于一个给定的系数向量 $\boldsymbol{\theta}\in\mathbb{R}^3$，定义二次函数 $f_{\boldsymbol{\theta}}(x):=\theta_0+\theta_1 x+\theta_2 x^2$，我们考虑单位区间$[-1,1]$上的所有有界二次函数集合，也就是，函数类

$$\mathcal{P}_2 := \{f_{\boldsymbol{\theta}}\ 对于某个\ \boldsymbol{\theta}\in\mathbb{R}^3\quad 满足\ \max_{x\in[-1,1]}|f_{\boldsymbol{\theta}}(x)|\leqslant 1\} \tag{14.9}$$

假设我们感兴趣的是在这个类上建立总体和经验 L^2 范数的一致联系，其中样本是来自$[-1,1]$上的均匀分布.

我们从探究一个初等方法开始，忽略局部化并因此导出一个次优的速度. 由第 4 章中 VC 维数的结果——特别地，见命题 4.20——可以直接看到 $\mathcal{P}_2$ 的 VC 维数至多为 3. 结合函数类的有界性，引理 4.14 保证了对于任意 $\delta>0$，我们有

$$\mathbb{E}_\varepsilon\left[\sup_{\substack{f_{\boldsymbol{\theta}}\in\mathcal{P}_2\\ \|f_{\boldsymbol{\theta}}\|_2\leqslant\delta}}\left|\frac{1}{n}\sum_{i=1}^n\varepsilon_i f(x_i)\right|\right] \overset{(\mathrm{i})}{\leqslant} 2\sqrt{\frac{3\log(n+1)}{n}} \leqslant 4\sqrt{\frac{\log(n+1)}{n}} \tag{14.10}$$

对于任意样本集合$\{x_i\}_{i=1}^n$成立. 正如我们将看到的，这个上界实际上对于较小的 δ 是相当宽松的，因为不等式(i)没有利用局部化条件$\|f_{\boldsymbol{\theta}}\|_2\leqslant\delta$.

基于初等的上界(14.10)，我们可以推出存在一个常数 c_0 使得对于 $\delta_n=c_0\left(\frac{\log(n+1)}{n}\right)^{1/4}$ 不等式(14.4)成立. 因此，对于任意 $t\geqslant c_0\left(\frac{\log(n+1)}{n}\right)^{1/4}$，定理 14.1 保证了

$$\left|\|f\|_n^2-\|f\|_2^2\right| \leqslant \frac{1}{2}\|f\|_2^2+t^2 \quad 对于所有\ f\in\mathcal{P}_2 \tag{14.11}$$

成立的概率至少为 $1-c_1\mathrm{e}^{-c_2 t^2}$. 这个界说明了对于所有范数$\|f\|_2\geqslant c_0\left(\frac{\log(n+1)}{n}\right)^{1/4}$的函数，$\|f\|_2^2$ 与$\|f\|_n^2$ 是同阶的，但是这个波动的阶数是次优的. 正如我们在习题 14.3 中探究

的，一个熵积分方法可以用来移除这个结果中多余的对数项，但是仍保留了较慢的 $n^{-\frac{1}{4}}$ 速度.

我们现在来看看局部化是如何用来推出最优阶数 $n^{-\frac{1}{2}}$ 的. 为了做到这一点，基于 $L^2[-1,1]$的一个标准正交基来重新参数化我们的二次函数是很方便的. 特别地，勒让德基中的前三个函数形式为

$$\phi_0(x)=\frac{1}{\sqrt{2}},\quad \phi_1(x)=\sqrt{\frac{3}{2}}x \quad 和 \quad \phi_2(x)=\sqrt{\frac{5}{8}}(3x^2-1)$$

由构造可得，这些函数在 $L^2[-1,1]$上是标准正交的，意味着当 $j=k$ 时内积 $\langle\phi_j,\phi_k\rangle_{L^2[-1,1]}:=\int_{-1}^{1}\phi_j(x)\phi_k(x)\mathrm{d}x$ 等于 1，否则等于 0. 利用这些基函数，$\mathcal{P}_2$ 中的任意多项式函数有一个展开形式 $f_\gamma(x)=\gamma_0\phi_0(x)+\gamma_1\phi_1(x)+\gamma_2\phi_2(x)$，由构造可得 $\|f_\gamma\|_2=\|\boldsymbol{\gamma}\|_2$. 给定一个 n 个样本的集合，我们定义一个 $n\times 3$ 的矩阵 $\boldsymbol{M}$，其元素为 $M_{ij}=\phi_j(x_i)$. 基于这个矩阵，我们有

$$\begin{aligned}\mathbb{E}\Big[\sup_{\substack{f_\gamma\in\mathcal{P}_2\\ \|f_\gamma\|_2\leqslant\delta}}\Big|\frac{1}{n}\sum_{i=1}^{n}\varepsilon_i f_\gamma(x_i)\Big|\Big] &\leqslant \mathbb{E}\Big[\sup_{\|\gamma\|_2\leqslant\delta}\Big|\frac{1}{n}\boldsymbol{\varepsilon}^{\mathrm{T}}\boldsymbol{M}\boldsymbol{\gamma}\Big]\\ &\overset{\text{(i)}}{\leqslant}\frac{\delta}{n}\mathbb{E}[\|\boldsymbol{\varepsilon}^{\mathrm{T}}\boldsymbol{M}\|_2]\overset{\text{(ii)}}{\leqslant}\frac{\delta}{n}\sqrt{\mathbb{E}[\|\boldsymbol{\varepsilon}^{\mathrm{T}}\boldsymbol{M}\|_2^2]}\end{aligned}$$

其中步骤(i)是由柯西-施瓦茨不等式得到的，而步骤(ii)是由 Jensen 不等式和平方根函数的凹性得到的. 现在因为 Rademacher 变量是独立的，我们有

$$\mathbb{E}_{\boldsymbol{\varepsilon}}[\|\boldsymbol{\varepsilon}^{\mathrm{T}}\boldsymbol{M}\|_2^2]=\mathrm{trace}(\boldsymbol{M}\boldsymbol{M}^{\mathrm{T}})=\mathrm{trace}(\boldsymbol{M}^{\mathrm{T}}\boldsymbol{M})$$

由基$\{\phi_0,\phi_1,\phi_2\}$的标准正交性，我们有 $\mathbb{E}_{\boldsymbol{x}}[\mathrm{trace}(\boldsymbol{M}^{\mathrm{T}}\boldsymbol{M})]=3n$. 综上所述可得上界

$$\mathbb{E}\Big[\sup_{\substack{f_\gamma\in\mathcal{P}_2\\ \|f_\gamma\|_2\leqslant\delta}}\Big|\frac{1}{n}\sum_{i=1}^{n}\varepsilon_i f_\gamma(x_i)\Big|\Big]\leqslant\frac{\sqrt{3}\delta}{\sqrt{n}}$$

基于这个界，我们可以看到存在一个普适常数 c 使得不等式(14.4)对于 $\delta_n=\frac{c}{\sqrt{n}}$成立. 应用定理 14.1 可以得到对于任意 $t\geqslant\frac{c}{\sqrt{n}}$，我们有

$$\big|\|f\|_n^2-\|f\|_2^2\big|\leqslant\frac{\|f\|_2^2}{2}+\frac{1}{2}t^2 \quad 对于所有\ f\in\mathcal{P}_2 \tag{14.12}$$

这个界成立的概率至少为 $1-c_1\mathrm{e}^{-c_2nt^2}$. 不像之前的界(14.11)，这个结果利用了局部化并因此将速度从较慢的$\left(\frac{\log n}{n}\right)^{1/4}$ 提升到最优的$\left(\frac{1}{n}\right)^{1/2}$. ♣

之前的例子研究了一个参数函数类，定理 14.1 同样适用于非参数的函数类. 因为对于很多这样的类都计算过度量熵，它为得到不等式(14.4)或者不等式(14.7)的解的上界提供了一种直接的方法. 其中一种这样的方法总结如下.

推论 14.3　令 $N_n(t;\mathbb{B}_n(\delta;\mathscr{F}))$ 为集合 $\mathbb{B}_n(\delta;\mathscr{F})=\{f\in\mathscr{F}\mid \|f\|_n\leqslant\delta\}$ 在经验 $L^2(\mathbb{P}_n)$ 范数下的 t 覆盖数. 那么经验的临界不等式(14.7)对于任意 $\delta>0$ 满足下式

$$\frac{64}{\sqrt{n}}\int_{\frac{\delta^2}{2b}}^{\delta}\sqrt{\log N_n(t;\mathbb{B}_n(\delta;\mathscr{F}))}\,\mathrm{d}t\leqslant\frac{\delta^2}{b}\tag{14.13}$$

这个结果的证明本质上等同于推论 13.7 的证明，因此我们将细节留给读者.

为了利用推论 14.3，我们需要在经验 $L^2(\mathbb{P}_n)$ 范数下控制覆盖数 N_n. 其中一种方法是基于覆盖数 N_n 总是能被上确界范数 $\|\cdot\|_\infty$ 下的覆盖数 $N_{\sup}$ 所控制. 我们用一个例子来阐述这种方法.

例 14.4(凸 Lipschitz 函数的界)　回顾例 13.11 中的凸 1-Lipschitz 函数类

$$\mathscr{F}_{\text{conv}}([0,1];1):=\{f:[0,1]\to\mathbb{R}\mid f(0)=0,\quad \text{并且 } f \text{ 是凸的和 1-Lipschitz 的}\}$$

基于已知结果，这个函数类在sup 范数下的度量熵由 $\log N_{\sup}(t;\mathscr{F}_{\text{conv}})\precsim t^{-1/2}$ 所控制，对于所有充分小的 $t>0$ 成立(细节参见参考文献). 因此，为了应用推论 14.3，只需要找到 $\delta>0$ 使得

$$\frac{1}{\sqrt{n}}\int_0^{\delta}(1/t)^{1/4}\mathrm{d}t\ \frac{1}{\sqrt{n}}\ \frac{4}{3}\delta^{3/4}\precsim\delta^2$$

对于一个足够大的常数 $c>0$ 设定 $\delta=cn^{-2/5}$ 即可，然后在这个设定下应用定理 14.1 可得

$$|\,\|f\|_2-\|f\|_n|\leqslant c'n^{-2/5}\quad \text{对于所有 } f\in\mathscr{F}_{\text{conv}}([0,1];1)$$

成立的概率至少为 $1-c_1\mathrm{e}^{-c_2n^{1/5}}$. ♣

在本章最后的习题中，我们将探索多种可以用推论 14.3 推导出的其他结果.

14.1.2　核函数类的特殊化

正如第 12 章讨论的，再生核希尔伯特空间(RKHS)在应用到非参数估计时在计算上有很多好的性质. 在这一节中，我们专门讨论定理 14.1 针对一个函数类 $\mathscr{F}$ 对应一个 RKHS 的单位球的特殊情况.

回顾一下任意 RKHS 可以由一个对称的、半正定核函数 $\mathcal{K}$：$\mathcal{X}\times\mathcal{X}\to\mathbb{R}$ 来确定. 在宽松的条件下，Mercer 定理(如之前在定理 12.20 中陈述的)保证了 $\mathcal{K}$ 有一个可数的非负特征值集合 $(\mu_j)_{j=1}^{\infty}$. 下列推论表明一个 RKHS 的局部化总体 Rademacher 复杂度由这些特征值的衰减速度来确定，以及类似地，经验形式是由经验核矩阵的特征值来确定的.

推论 14.5　设 $\mathscr{F}=\{f\in\mathbb{H}\mid\|f\|_{\mathbb{H}}\leqslant1\}$ 为一个 RKHS 的单位球，其中特征值为 $(\mu_j)_{j=1}^{\infty}$. 那么局部化总体 Rademacher 复杂度(14.3)的上界为

$$\overline{\mathcal{R}}_n(\delta;\mathscr{F})\leqslant\sqrt{\frac{2}{n}}\sqrt{\sum_{j=1}^{\infty}\min\{\mu_j,\delta^2\}}\tag{14.14a}$$

类似地，设 $(\hat{\mu}_j)_{j=1}^{n}$ 是元素为 $K_{ij}=\mathcal{K}(x_i,x_j)/n$ 的正规化核矩阵 $\boldsymbol{K}\in\mathbb{R}^{n\times n}$ 的特征值，局部化经验 Rademacher 复杂度(14.6)的上界为

$$\hat{\mathcal{R}}_n(\delta;\mathscr{F})\leqslant\sqrt{\frac{2}{n}}\sqrt{\sum_{j=1}^{n}\min\{\hat{\mu}_j,\delta^2\}}\tag{14.14b}$$

给定核(算子或者矩阵)的特征值信息，这些关于局部化 Rademacher 复杂度的上界可以让我们具体确定满足不等式(14.4)和不等式(14.7)的值 δ_n，分别对应总体和经验情形. 第 13 章中的引理 13.22 给出了一个核类的经验高斯复杂度的一个上界，由其可以推导出结论(14.14b). 不等式(14.14a)的证明基于类似于引理 13.22 的证明技巧；我们将在习题 14.4 中给出细节.

我们用一些例子来阐述推论 14.5 的用途.

例 14.6(一阶 Sobolev 空间的界)　考虑一阶 Sobolev 空间

$$\mathbb{H}^1[0,1] := \{f:[0,1]\to\mathbb{R} \mid f(0)=0, \text{并且 } f \text{ 绝对连续且 } f'\in L^2[0,1]\}$$

回顾例 12.16，它生成一个核函数为 $\mathcal{K}(x,z)=\min\{x,z\}$ 的再生核希尔伯特空间. 从习题 12.14 的结果中可得，单位球 $\{f\in\mathbb{H}^1[0,1] \mid \|f\|_{\mathbb{H}}\leqslant 1\}$ 是一致有界的且 $b=1$，因此推论 14.5 是适用的. 此外，由例 12.23，这个核函数的特征值为 $\mu_j=\left(\frac{2}{(2j-1)\pi}\right)^2$，其中 $j=1,2,\cdots$.

利用类似于例 13.20 中的计算，可以证明

$$\frac{1}{\sqrt{n}}\sqrt{\sum_{j=1}^{\infty}\min\{\delta^2,\mu_j\}} \leqslant c'\sqrt{\frac{\delta}{n}}$$

对于某个普适常数 $c'>0$ 成立. 由此，推论 14.5 保证了临界不等式(14.4)对于 $\delta_n=cn^{-1/3}$ 成立. 应用定理 14.1，我们可以推出

$$\sup_{\|f\|_{\mathbb{H}^1[0,1]}\leqslant 1} \big|\|f\|_2-\|f\|_n\big| \leqslant c_0 n^{-1/3}$$

成立的概率至少为 $1-c_1 e^{-c_2 n^{1/3}}$. ♣

例 14.7(高斯核的界)　考虑定义在单位方块 $[0,1]\times[0,1]$ 上的高斯核 $\mathcal{K}(x,z)=e^{-\frac{1}{2}(x-z)^2}$ 生成的 RKHS. 如例 13.21 所讨论的，存在普适常数 (c_0,c_1) 使得相伴核算子的特征值满足如下形式的界

$$\mu_j \leqslant c_0 e^{-c_1 j\log j} \quad \text{对于 } j=1,2,\cdots$$

沿着例 13.21 相同的计算可直接得到，对于一个足够大但普适的常数 c_0 不等式(14.14a)对于 $\delta_n=c_0\sqrt{\frac{\log(n+1)}{n}}$ 是成立的. 由此，定理 14.1 可以推出，对于高斯核 RKHS 的单位球，我们有

$$\sup_{\|f\|_{\mathbb{H}}\leqslant 1} \big|\|f\|_2-\|f\|_n\big| \leqslant c_0\sqrt{\frac{\log(n+1)}{n}}$$

成立的概率至少为 $1-2e^{-c_1\log(n+1)}$. 通过与例 14.2 中的参数函数类进行比较，我们可以看出一个高斯核 RKHS 的单位球有一个类似速度的一致定律. 这个结果说明高斯核 RKHS 的单位球——即使本质上是非参数的——仍然是相对比较小的. ♣

14.1.3　定理 14.1 的证明

我们现在回到定理 14.1 的证明. 由一个重尺度化技巧，只需要考虑 $b=1$ 的情形. 此

外，重新定义 δ_n 为不等式

$$\overline{\mathcal{R}}_n(\delta;\mathscr{F})\leqslant\frac{\delta^2}{16} \tag{14.15}$$

的正解是比较方便的. 这个新的 δ_n 只是原来的一个重尺度化形式，我们将用它来证明定理的一个 $c_0=1$ 的形式.

有了这些简化，我们的证明基于随机变量类

$$Z_n(r):=\sup_{f\in\mathbb{B}_2(r;\mathscr{F})}\left|\|f\|_2^2-\|f\|_n^2\right|,\quad 其中\ \mathbb{B}_2(r;\mathscr{F})=\{f\in\mathscr{F}\mid\|f\|_2\leqslant r\} \tag{14.16}$$

由 $r\in(0,1]$标记. 我们分别令 $\mathcal{E}_0$ 和 $\mathcal{E}_1$ 为不等式(14.5a)和(14.5b)不成立的事件集. 我们还定义了辅助事件 $\mathcal{A}_0(r):=\{Z_n(r)\geqslant r^2/2\}$，以及

$$\mathcal{A}_1:=\{Z_n(\|f\|_2)\geqslant\delta_n\|f\|_2\quad 对于某个满足\|f\|_2\geqslant\delta_n\ 的\ f\in\mathscr{F}\}.$$

下面的引理表明只需要控制这两个辅助事件.

引理 14.8 对于任意星形函数类，我们有

$$\mathcal{E}_0\overset{(\mathrm{i})}{\subseteq}\mathcal{A}_0(t)\quad 以及\quad \mathcal{E}_1\overset{(\mathrm{ii})}{\subseteq}\mathcal{A}_0(\delta_n)\cup\mathcal{A}_1 \tag{14.17}$$

证明 从包含关系(i)开始，我们将分析分为两种情形. 首先，假设存在某个范数 $\|f\|_2\leqslant t$ 的函数使得不等式(14.5a)不成立. 对于这个函数，我们一定有 $|\|f\|_n^2-\|f\|_2^2>\frac{t^2}{2}$，说明 $Z_n(t)>\frac{t^2}{2}$因此 $\mathcal{A}_0(t)$成立. 否则，假设不等式(14.5a)对于某个 $\|f\|_2>t$ 的函数不成立. 任意这样的函数满足不等式 $|\|f\|_2^2-\|f\|_n^2|>\|f\|_2^2/2$. 我们然后可以定义重尺度化的函数 $\widetilde{f}=\frac{t}{\|f\|_2}f$；由构造，可得 $\|\widetilde{f}\|_2=t$，由星形条件它也属于 $\mathscr{F}$. 因此，和之前的原因一样，我们发现 $\mathcal{A}_0(t)$在这个情形下也一定成立.

对于包含关系(ii)，它等价于证明 $\mathcal{A}_0^c(\delta_n)\cap\mathcal{A}_1^c\subseteq\mathcal{E}_1^c$. 我们将分析分为两种情形：

情形 1：考虑一个函数 $f\in\mathscr{F}$ 满足 $\|f\|_2\leqslant\delta_n$. 那么在 $\mathcal{A}_0(\delta_n)$的补集上，我们要么有 $\|f\|_n\leqslant\delta_n$，此时 $|\|f\|_n-\|f\|_2|\leqslant\delta_n$；要么有 $\|f\|_n\geqslant\delta_n$，在这种情形下

$$|\|f\|_n-\|f\|_2|=\frac{|\|f\|_2^2-\|f\|_n^2|}{\|f\|_n+\|f\|_2}\leqslant\frac{\delta_n^2}{\delta_n}=\delta_n$$

情形 2：接下来考虑一个函数 $f\in\mathscr{F}$ 有 $\|f\|_2>\delta_n$. 在这种情形下，在 $\mathcal{A}_1$ 的补集上，我们有

$$|\|f\|_n-\|f\|_2|=\frac{|\|f\|_n^2-\|f\|_2^2|}{\|f\|_n+\|f\|_2}\leqslant\frac{\|f\|_2\delta_n}{\|f\|_n+\|f\|_2}\leqslant\delta_n$$

这就完成了证明. □

为了控制事件 $\mathcal{A}_0(r)$和 $\mathcal{A}_1$，我们需要控制随机变量 $Z_n(r)$的尾部概率.

引理 14.9 对于所有 r，$s\geqslant\delta_n$，我们有

$$\mathbb{P}\left[Z_n(r)\geqslant\frac{r\delta_n}{4}+\frac{s^2}{4}\right]\leqslant 2\mathrm{e}^{-c_2 n\min\left\{\frac{s^4}{r^2},s^2\right\}} \tag{14.18}$$

在引理 14.9 中设定 r 和 s 都等于 $t \geqslant \delta_n$ 可以推出 $\mathbb{P}[\mathcal{A}_0(t)] \leqslant 2\mathrm{e}^{-c_2 nt^2}$. 利用引理 14.8 中的包含关系(i)，这也就完成了不等式(14.5a)的证明.

我们现在证明引理 14.9.

证明 从期望开始，我们有

$$\mathbb{E}[Z_n(r)] \overset{\text{(i)}}{\leqslant} 2\mathbb{E}\left[\sup_{f \in \mathbb{B}_2(r;\mathscr{F})} \left|\frac{1}{n}\sum_{i=1}^{n} \varepsilon_i f^2(x_i)\right|\right]$$

$$\overset{\text{(ii)}}{\leqslant} 4\mathbb{E}\left[\sup_{f \in \mathbb{B}_2(r;\mathscr{F})} \left|\frac{1}{n}\sum_{i=1}^{n} \varepsilon_i f(x_i)\right|\right] = 4\mathcal{R}_n(r)$$

其中步骤(i)使用了一个标准的对称化方法(特别地，参见第 4 章中定理 4.10 的证明)；而步骤(ii)归因于有界性假设($\|f\|_\infty \leqslant 1$ 对于所有 $f \in \mathscr{F}$ 一致成立)和第 5 章中的 Ledoux-Talagrand 收缩不等式(5.61). 给定函数类上的星形条件，引理 13.6 保证了函数 $r \mapsto \mathcal{R}_n(r)/r$ 在区间$(0,\infty)$上是非增的. 由此，对于任意 $r \geqslant \delta_n$，我们有

$$\frac{\mathcal{R}_n(r)}{r} \overset{\text{(iii)}}{\leqslant} \frac{\mathcal{R}_n(\delta_n)}{\delta_n} \overset{\text{(iv)}}{\leqslant} \frac{\delta_n}{16} \tag{14.19}$$

其中步骤(iii)是由非增性质得到，而步骤(iv)是由 δ_n 的定义得到. 综上所述，我们得到期望有上界 $\mathbb{E}[Z_n(r)] \leqslant \frac{r\delta_n}{4}$.

接下来我们利用定理 3.27 中的 Talagrand 不等式来得到期望的一个尾部界. 设 f 为 $\mathbb{B}_2(r;\mathscr{F})$的任意一个元素. 因为对所有 $f \in \mathscr{F}$ 有$\|f\|_\infty \leqslant 1$，中心化函数 $g = f^2 - \mathbb{E}[f^2(X)]$ 有上界$\|g\|_\infty \leqslant 1$，此外

$$\operatorname{var}(g) \leqslant \mathbb{E}[f^4] \leqslant \mathbb{E}[f^2] \leqslant r^2$$

用到了结果 $f \in \mathbb{B}_2(r;\mathscr{F})$. 由此，利用 Talagrand 集中不等式(3.83)，我们得到，存在一个普适常数 c 使得

$$\mathbb{P}\left[Z_n(r) \geqslant \mathbb{E}[Z(r)] + \frac{s^2}{4}\right] \leqslant 2\exp\left(-\frac{ns^4}{c(r^2 + r\delta_n + s^2)}\right) \leqslant \mathrm{e}^{-c_2 n \min\left\{\frac{s^4}{r^2}, s^2\right\}}$$

其中最后一步用到了 $r \geqslant \delta_n$. □

余下还需要利用引理 14.8 和 14.9 来证明不等式(14.5b). 结合引理 14.8 中的包含关系(ii)和联合界，只需要控制和 $\mathbb{P}[\mathcal{A}_0(\delta_n)] + \mathbb{P}[\mathcal{A}_1]$. 在界(14.18)中设定 $r = s = \delta_n$ 可以推出界 $\mathbb{P}[\mathcal{A}_0(\delta_n)] \leqslant \mathrm{e}^{-c_1 n\delta_n^2}$，而设定 $s^2 = r\delta_n$ 可以推出界

$$\mathbb{P}\left[Z_n(r) \geqslant \frac{r\delta_n}{2}\right] \leqslant 2\mathrm{e}^{-c_2 n\delta_n^2} \tag{14.20}$$

给定这个界，我们可以尝试通过设定 $r = \|f\|_2$ 来“完成”证明，对变量 $Z_n(\|f\|_2)$应用尾部界(14.20). 这里的微妙之处在于尾部界(14.20)仅适用于一个*确定的*半径 r，而不是随机的[⊖]半径$\|f\|_2$. 这个难点可以通过所谓的“削皮”技巧来解决. 对 $m = 1,2,\cdots$，定义

⊖ 它是随机的，因为不满足界的函数 f 的范数是随机变量.

事件

$$\mathcal{S}_m := \{f \in \mathscr{F} \mid 2^{m-1}\delta_n \leqslant \|f\|_2 \leqslant 2^m \delta_n\}$$

因为由假设可得$\|f\|_2 \leqslant \|f\|_\infty \leqslant 1$，任意函数 $\mathscr{F} \cap \{\|f\|_2 \geqslant \delta_n\}$属于某个 $\mathcal{S}_m$，其中 $m \in \{1, 2, \cdots, M\}$以及 $M \leqslant 4\log(1/\delta_n)$.

由联合界，我们有 $\mathbb{P}(\mathcal{A}_1) \leqslant \sum_{m=1}^{M} \mathbb{P}(\mathcal{A}_1 \cap \mathcal{S}_m)$. 现在如果事件 $\mathcal{A}_1 \cap \mathcal{S}_m$ 发生，那么存在一个满足$\|f\|_2 \leqslant r_m := 2^m \delta_n$ 的函数 f 使得

$$\left| \|f\|_n^2 - \|f\|_2^2 \right| \geqslant \|f\|_2 \delta_n \geqslant \frac{1}{2} r_m \delta_n$$

由此，我们有 $\mathbb{P}[\mathcal{S}_m \cap \mathcal{E}_1] \leqslant \mathbb{P}\left[Z(r_m) \geqslant \frac{1}{2} r_m \delta_n\right] \leqslant \mathrm{e}^{-c_2 n\delta_n^2}$，并且综上所述可得

$$\mathbb{P}(\mathcal{A}_1) \leqslant \sum_{m=1}^{M} \mathrm{e}^{-n\delta_n^2/16} \leqslant \mathrm{e}^{-c_2 n\delta_n^2 + \log M} \leqslant \mathrm{e}^{-\frac{c_2 n\delta_n^2}{2}}$$

其中最终一步是由假设的不等式$\frac{c_2}{2} n\delta_n^2 \geqslant \log(4\log(1/\delta_n))$得到的.

14.2　一个单边一致定律

定理 14.1 的一个潜在的限制方面是它要求内在函数类为 b 一致有界的. 对于一个特定问题，这个条件可以通过施加次高斯或者次指数条件来放松. 这种类型结果的文献请参见参考文献.

然而，在很多应用中——包括第 13 章中的非参数最小二乘问题——$\|f\|_n^2$ 的下界是我们主要关注的. 如在第 2 章中讨论的，对于通常的标量随机变量，这样的单边尾部界相比于双边的结果可以在非常宽松的条件下得到. 具体来说，在当前问题中，对于任意固定函数 $f \in \mathscr{F}$，对独立同分布序列$\{f(x_i)\}_{i=1}^n$ 应用下界(2.23)可以推出结论

$$\mathbb{P}[\|f\|_n^2 \leqslant \|f\|_2^2 - t] \leqslant \mathrm{e}^{-\frac{nt^2}{2\mathbb{E}[f^4(x)]}} \tag{14.21}$$

由此，只要四阶矩可以被某个二阶矩的倍数控制，我们就可以得到非平凡的下尾部界.

这一节我们的目标是对于一个给定函数类推导出这种类型的下尾部界一致成立. 我们来更精确地阐述所要的四阶矩控制. 特别地，假设存在一个常数 C 满足

$$\mathbb{E}[f^4(x)] \leqslant C^2 \mathbb{E}[f^2(x)] \quad \text{对于所有满足} \|f\|_2 \leqslant 1 \text{ 的 } f \in \mathscr{F} \tag{14.22a}$$

什么时候这个类型的界成立？肯定可以由下述的全局条件推出，

$$\mathbb{E}[f^4(x)] \leqslant C^2 (\mathbb{E}[f^2(x)])^2 \quad \text{对于所有 } f \in \mathscr{F} \tag{14.22b}$$

然而，正如下面的例 14.11 阐述的，存在其他的函数类使得更宽松的条件(14.22a)成立但更强的条件(14.22b)不成立.

我们用一些例子来说明这些四阶矩条件.

例 14.10(线性函数和随机矩阵)　对于一个给定的向量 $\boldsymbol{\theta} \in \mathbb{R}^d$，定义线性函数 $f_{\boldsymbol{\theta}}(\boldsymbol{x}) = \langle \boldsymbol{x}, \boldsymbol{\theta} \rangle$，并且考虑所有线性函数的类 $\mathscr{F}_{\text{lin}} = \{f_{\boldsymbol{\theta}} \mid \boldsymbol{\theta} \in \mathbb{R}^d\}$. 正如在接下来的例 14.13 中更详细

讨论的，这样一个函数类上的$\|f\|_n^2$的一致定律与随机矩阵理论密切相关. 注意线性函数类$\mathscr{F}_{\text{lin}}$在一个有意义的方式下从来都不是一致有界的. 不过，对于零均值随机向量$\boldsymbol{x}$的特定条件下更强的矩条件(14.22b)仍然有可能成立.

例如，假设对于每个$\boldsymbol{\theta} \in \mathbb{R}^d$，随机变量$f_{\boldsymbol{\theta}}(x) = \langle \boldsymbol{x}, \boldsymbol{\theta} \rangle$，是高斯的. 在这种情况下，对于一个高斯随机向量利用矩的标准公式(2.54)，我们有$\mathbb{E}[f_{\boldsymbol{\theta}}^4(\boldsymbol{x})] = 3(\mathbb{E}[f_{\boldsymbol{\theta}}^2(\boldsymbol{x})])^2$，这说明条件(14.22b)在$C^2 = 3$下一致成立. 注意$C$不依赖于$f_{\boldsymbol{\theta}}(\boldsymbol{x})$的方差，而方差可以任意大. 习题 14.6 给出了一些非高斯变量的例子，其中四阶矩条件(14.22b)对于线性函数成立. ♣

例 14.11(加性非参数模型)　给定一个单变量函数类$\mathscr{G}$，考虑$\mathbb{R}^d$上的函数类

$$\mathscr{F}_{\text{add}} = \{f : \mathbb{R}^d \to \mathbb{R} \mid f = \sum_{j=1}^{d} g_j \quad \text{对于某个 } g_j \in \mathscr{G}\} \tag{14.23}$$

估计这种类型函数的问题被称为加性回归，它给出了一种避免维数灾难的方式；更多讨论见文献部分.

假设单变量函数类$\mathscr{G}$是一致有界的，也就是对所有$g_j \in \mathscr{G}$有$\|g_j\|_\infty \leqslant b$，并考虑在$\boldsymbol{x} \in \mathbb{R}^d$上的一个分布，其中每个$g_j(x_j)$是一个零均值的随机变量.(后面的假设总是可以通过一个中心化步骤来保证.)进一步假设设计向量$\boldsymbol{x} \in \mathbb{R}^d$有四个方向的独立分量，也就是说，对于任意不同的四元组(j,k,l,m)，随机变量(x_j, x_k, x_l, x_m)是联合独立的. 对于一个给定的$\delta \in (0,1]$，考虑一个满足$\mathbb{E}[f^2(\boldsymbol{x})] = \delta^2$的函数$f = \sum_{j=1}^{d} g_j \in \mathscr{F}$，或者等价地，利用我们的独立性条件，满足

$$\mathbb{E}[f^2(\boldsymbol{x})] = \sum_{j=1}^{d} \|g_j\|_2^2 = \delta^2$$

对于任意这样的函数，四阶矩可以如下控制：

$$\begin{aligned}
\mathbb{E}[f^4(x)] = \mathbb{E}\Big[\Big(\sum_{j=1}^{d} g_j(x_j)\Big)^4\Big] &= \sum_{j=1}^{d} \mathbb{E}[g_j^4(x_j)] + 6\sum_{j \neq k} \mathbb{E}[g_j^2(x_j)]\mathbb{E}[g_k^2(x_k)] \\
&\leqslant \sum_{j=1}^{d} \mathbb{E}[g_j^4(x_j)] + 6\delta^4
\end{aligned}$$

这里我们用到了零均值性质和坐标的四方向独立性. 因为对每个$g_j \in \mathscr{G}$有$\|g_j\|_\infty \leqslant b$，我们有$\mathbb{E}[g_j^4(x_j)] \leqslant b^2 \mathbb{E}[g_j^2(x_j)]$，并且综上所述可得

$$\mathbb{E}[f^4(x)] \leqslant b^2\delta^2 + 6\delta^4 \leqslant (b^2 + 6)\delta^2$$

其中最后一步用到假设的$\delta \leqslant 1$. 由此，对于任意$\delta \in (0,1]$，较弱条件(14.22a)成立，其中$C^2 = b^2 + 6$. ♣

在见识过满足矩条件(14.22a)和(14.22b)的一些函数类例子后，我们现在给出一个单边的一致定律. 回顾一下，$\overline{\mathcal{R}}_n$表示总体 Rademacher 复杂度，考虑常见的不等式

$$\frac{\overline{\mathcal{R}}_n(\delta; \mathscr{F})}{\delta} \leqslant \frac{\delta}{128C} \tag{14.24}$$

其中常数C在四阶矩条件(14.22a)中出现. 我们的论述还涉及缩写$\mathbb{B}_2(\delta) := \{f \in \mathscr{F} \mid \|f\|_2 \leqslant \delta\}$.

定理 14.12 考虑一个星形的函数类 $\mathscr{F}$，其中每个函数在 $\mathbb{P}$ 下均值为零，并且在 $\mathscr{F}$ 上四阶矩条件(14.22a)一致成立，假定样本大小 n 足够大可以保证不等式(14.24)存在一个解 $\delta_n \leqslant 1$. 那么对任意 $\delta \in [\delta_n, 1]$，我们有

$$\|f\|_n^2 \geqslant \frac{1}{2}\|f\|_2^2 \quad 对于所有\ f \in \mathscr{F} \backslash \mathbb{B}_2(\delta) \tag{14.25}$$

成立的概率至少为 $1-\mathrm{e}^{-c_1 \frac{n\delta^2}{c^2}}$.

注：只要集合 $\mathscr{F} \cap \mathbb{B}_2(\delta)$ 是锥形的，那么集合 $\mathscr{F} \backslash \mathbb{B}_2(\delta)$ 可以用 $\mathscr{F}$ 代替，也就是，只要任意非零函数 $f \in \mathbb{B}_2(\delta) \cap \mathscr{F}$ 可以通过 $\alpha := \delta / \|f\|_2 \geqslant 1$ 重尺度化，因此可以得到一个仍然在 $\mathscr{F}$ 中的新函数 $g := \alpha f$.

为了阐述定理 14.12，我们回到之前的例子.

例 14.13(线性函数和随机矩阵，续)　回顾之前在例 14.10 中引入的线性函数类 $\mathscr{F}_{\text{lin}}$. 这个函数类上的一致定律与第 6 章中的关于非渐近随机矩阵理论的早前结果密切相关. 特别地，假设设计向量 $\boldsymbol{x}$ 有一个协方差矩阵为 $\boldsymbol{\Sigma}$ 的零均值分布，函数 $f_{\boldsymbol{\theta}}(\boldsymbol{x}) = \langle \boldsymbol{x}, \boldsymbol{\theta} \rangle$ 有 $L^2(\mathbb{P})$ 范数

$$\|f_{\boldsymbol{\theta}}\|_2^2 = \boldsymbol{\theta}^{\mathrm{T}} \mathbb{E}[\boldsymbol{x}\boldsymbol{x}^{\mathrm{T}}] \boldsymbol{\theta} = \|\sqrt{\boldsymbol{\Sigma}}\boldsymbol{\theta}\|_2^2 \quad 对于每个\ f_{\boldsymbol{\theta}} = \mathscr{F} \tag{14.26}$$

另一方面，给定一个 n 个样本的集合 $\{\boldsymbol{x}_i\}_{i=1}^n$，我们有

$$\|f_{\boldsymbol{\theta}}\|_n^2 = \frac{1}{n}\sum_{i=1}^n \langle \boldsymbol{x}_i, \boldsymbol{\theta} \rangle^2 = \frac{1}{n}\|\boldsymbol{X}\boldsymbol{\theta}\|_2^2 \tag{14.27}$$

其中设计矩阵 $\boldsymbol{X} \in \mathbb{R}^{n \times d}$ 的第 i 行为向量 $\boldsymbol{x}_i^{\mathrm{T}}$. 由此，应用到这个函数类上，定理 14.12 给出了二次型 $\frac{1}{n}\|\boldsymbol{X}\boldsymbol{\theta}\|_2^2$ 的一个一致下界：特别地，只要样本大小 n 足够大以保证 $\delta_n \leqslant 1$，我们有

$$\frac{1}{n}\|\boldsymbol{X}\boldsymbol{\theta}\|_2^2 \geqslant \frac{1}{2}\|\sqrt{\boldsymbol{\Sigma}}\boldsymbol{\theta}\|_2^2 \quad 对于所有\ \boldsymbol{\theta} \in \mathbb{R}^d \tag{14.28}$$

作为一个具体例子，假设协变量向量 $\boldsymbol{x}$ 服从一个 $\mathcal{N}(0, \boldsymbol{\Sigma})$ 分布. 对于任意 $\boldsymbol{\theta} \in \mathbb{S}^{d-1}$，随机变量 $\langle \boldsymbol{x}, \boldsymbol{\theta} \rangle$ 是参数至多为 $\|\sqrt{\boldsymbol{\Sigma}}\|_2$ 的次高斯分布，但是这个量可以非常大，并可能随着维数 d 变大. 然而，如同例 14.10 中讨论的那样，强的矩条件(14.22b)在 $C^2 = 3$ 时总是成立，不管 $\|\sqrt{\boldsymbol{\Sigma}}\|_2$ 的大小如何. 为了应用定理 14.12，我们需要确定不等式(14.24)的一个正解 δ_n. 记 $\boldsymbol{x} = \sqrt{\boldsymbol{\Sigma}}\boldsymbol{w}$，其中 $\boldsymbol{w} \sim \mathcal{N}(0, \boldsymbol{\Sigma})$，注意我们有 $\|f_{\boldsymbol{\theta}}(\boldsymbol{x})\|_2 = \|\sqrt{\boldsymbol{\Sigma}}\boldsymbol{\theta}\|_2$. 据此，由局部 Rademacher 复杂度的定义，我们有

$$\overline{\mathcal{R}}_n(\delta; \mathscr{F}_{\text{lin}}) = \mathbb{E}\left[\sup_{\substack{\boldsymbol{\theta} \in \mathbb{R}^d \\ \|\sqrt{\boldsymbol{\Sigma}}\boldsymbol{\theta}\|_2 \leqslant \delta}} \left|\left\langle \frac{1}{n}\sum_{i=1}^n \varepsilon_i w_i, \sqrt{\boldsymbol{\Sigma}}\boldsymbol{\theta} \right\rangle\right|\right] = \delta \mathbb{E}\left\|\frac{1}{n}\sum_{i=1}^n \varepsilon_i w_i\right\|_2$$

注意随机变量 $\{\varepsilon_i w_i\}_{i=1}^n$ 为独立同分布且标准高斯的(因为通过独立 Rademacher 变量的对

称化不会有任何影响). 由此，之前第 2 章中的结果保证了 $\mathbb{E}\|\frac{1}{n}\sum_{i=1}^{n}\varepsilon_i w_i\|_2 \leqslant \sqrt{\frac{d}{n}}$. 综上所述，我们可以推出 $\delta_n^2 \lesssim \frac{d}{n}$. 因此，对于这个特别的总体，从定理 14.12 可以推出，只要 $n \gtrsim d$，那么

$$\frac{\|\boldsymbol{X\theta}\|_2^2}{n} \geqslant \frac{1}{2}\|\sqrt{\boldsymbol{\Sigma}}\boldsymbol{\theta}\|_2^2 \quad 对于所有\ \boldsymbol{\theta} \in \mathbb{R}^d \tag{14.29}$$

在高概率下成立. 这个下界的关键在于最大特征值 $\|\sqrt{\boldsymbol{\Sigma}}\|_2$ 没有出现在这个结果中.

作为另一个具体例子，在习题 14.6 中描述的四方向独立和 B 有界随机变量也满足矩条件(14.22b)，其中 $C^2=B+6$. 一个相似的计算可以证明，在高概率下，这个总体也满足一个形如(14.29)的下界，其中 $\boldsymbol{\Sigma}=\boldsymbol{I}_d$. 注意这些变量不需要是次高斯的——事实上甚至不需要四阶以上的矩存在. ♣

在习题 14.7 中，我们论证了对于某些随机矩阵总体通过应用定理 14.12 来控制限制特征值(RE).

我们回到一个非参数的例子.

例 14.14(加性非参数模型，续)　在这个例子中，我们回到之前在例 14.11 中引入的加性非参数模型的类 $\mathscr{F}_{\text{add}}$. 我们设 ε_n 为定义(14.23)中的单变量函数类 $\mathscr{G}$ 的临界半径；因此，标量 ε_n 满足不等式 $\overline{\mathcal{R}}_n(\varepsilon;\mathscr{F}) \lesssim \varepsilon^2$. 在习题 14.8 中，我们证明了 d 维加性族 $\mathscr{F}_{\text{add}}$ 的临界半径 δ_n 满足上界 $\delta_n \lesssim \sqrt{d}\varepsilon_n$. 由此，定理 14.12 保证了

$$\|f\|_n^2 \geqslant \frac{1}{2}\|f\|_2^2 \quad 对于所有满足\ \|f\|_2 \geqslant c_0\sqrt{d}\varepsilon_n\ 的\ f \in \mathscr{F}_{\text{add}} \tag{14.30}$$

成立的概率至少为 $1-\mathrm{e}^{-c_1 nd\varepsilon_n^2}$.

作为一个具体例子，假设单变量函数类 $\mathscr{G}$ 由一个一阶 Sobolev 空间给定，对这样一个族，单变量速度的数量级为 $\varepsilon_n^2 \asymp n^{-2/3}$(细节参见例 13.20). 对这个特定的加性模型，在概率至少为 $1-\mathrm{e}^{-c_1 dn^{1/3}}$ 下，我们有

$$\underbrace{\|\sum_{j=1}^{d} g_j\|_n^2}_{\|f\|_n^2} \geqslant \frac{1}{2}\underbrace{\sum_{j=1}^{d}\|g_j\|_2^2}_{\|f\|_2^2} \tag{14.31}$$

在所有形如 $f=\sum_{j=1}^{d} g_j$ 且 $\|f\|_2 \gtrsim \sqrt{d}\,n^{-1/3}$ 的函数上一致成立. ♣

14.2.1　非参数最小二乘法的结论

定理 14.12，结合之前第 13 章中的结果，可以立马得到一些关于非参数最小二乘的结论. 回顾一下非参数回归的标准模型，其中我们观察到形如 $y_i=f^*(x_i)+\sigma w_i$ 的带噪样本，其中 $f^* \in \mathscr{F}$ 是未知的回归函数. 我们的推论涉及位移后函数类 $\mathscr{F}^*=\mathscr{F}-f^*$ 的局部复杂度.

我们设 δ_n 和 ε_n(分别)为下列不等式的任意正解

$$\frac{\overline{\mathcal{R}}_n(\delta;\mathscr{F})}{\delta} \overset{\text{(i)}}{\leqslant} \frac{\delta}{128C} \quad 和 \quad \frac{\mathcal{G}_n(\varepsilon;\mathscr{F})}{\varepsilon} \overset{\text{(ii)}}{\leqslant} \frac{\varepsilon}{2\sigma} \tag{14.32}$$

其中局部高斯复杂度 $\mathcal{G}_n(\varepsilon;\mathscr{F}^*)$在式(13.16)中定义，在定理 13.5 的陈述之前. 说得更清楚些，ε_n 是一个随机变量，因为它依赖于这一章中设定的随机协变量$\{x_i\}_{i=1}^n$.

推论 14.15　在定理 13.5 和定理 14.12 的条件下，存在普适正常数(c_0, c_1, c_2)使得非参数最小二乘估计 $\hat{f}$ 满足

$$\mathbb{P}_{w,x}[\|\hat{f}-f^*\|_2^2 \geqslant c_0(\varepsilon_n^2+\delta_n^2)] \leqslant c_1 \mathrm{e}^{-c_2\frac{n\delta_n^2}{\sigma^2+C^2}} \tag{14.33}$$

证明　我们把论证分成两种情况：

情形 1：假设 $\delta_n \geqslant \varepsilon_n$. 然后我们可以得到 δ_n 是式(14.32)中不等式(ii)的一个解. 由此，一方面，我们可以应用定理 13.5，其中 $t=\delta_n$，得到

$$\mathbb{P}_w[\|\hat{f}-f^*\|_n \geqslant 16\delta_n^2] \leqslant \mathrm{e}^{-\frac{n\delta_n^2}{2\sigma^2}}$$

另一方面，定理 14.12 可以推出

$$\mathbb{P}_{x,w}[\|\hat{f}-f^*\|_2^2 \geqslant 2\delta_n^2+2\|\hat{f}-f^*\|_n^2 \leqslant \mathrm{e}^{-c_2\frac{n\delta_n^2}{C^2}}$$

综上所述可以得到

$$\mathbb{P}_{x,w}[\|\hat{f}-f^*\|_2^2 \geqslant c_0\delta_n^2] \leqslant c_1 \mathrm{e}^{-c_2\frac{n\delta_n^2}{\sigma^2+C^2}}$$

这就推出了结论.

情形 2：否则，我们可以假设事件 $\mathcal{A}:=\{\delta_n<\varepsilon_n\}$成立. 注意这个事件通过随机量 ε_n 依赖于随机协变量$\{x_i\}_{i=1}^n$. 只需要控制事件 $\mathcal{E}\cap\mathcal{A}$ 的发生概率，其中

$$\mathcal{E}:=\{\|\hat{f}-f^*\|_2^2 \geqslant 16\varepsilon_n^2+2\delta_n^2\}$$

为此，我们引入第三个事件，也就是 $\mathcal{B}:=\{\|\hat{f}-f^*\|_n^2 \leqslant 8\varepsilon_n^2\}$，并注意到上界

$$\mathbb{P}[\mathcal{E}\cap\mathcal{A}] \leqslant \mathbb{P}[\mathcal{E}\cap\mathcal{B}]+\mathbb{P}[\mathcal{A}\cap\mathcal{B}^c]$$

一方面，我们有

$$\mathbb{P}[\mathcal{E}\cap\mathcal{B}] \leqslant \mathbb{P}[\|\hat{f}-f^*\|_2^2 \geqslant 2\|\hat{f}-f^*\|_n^2+2\delta_n^2] \leqslant \mathrm{e}^{-c_2\frac{n\delta_n^2}{C^2}}$$

其中最后一个不等式由定理 14.12 得到.

另一方面，设 $\mathbb{I}[\mathcal{A}]$为事件 $\mathcal{A}:=\{\delta_n<\varepsilon_n\}$的一个 0－1 示性函数. 那么应用定理 13.5，其中 $t=\varepsilon_n$ 可以推出

$$\mathbb{P}[\mathcal{A}\cap\mathcal{B}^c] \leqslant \mathbb{E}_x\left[\mathrm{e}^{-\frac{n\varepsilon_n^2}{2\sigma^2}}\mathbb{I}[\mathcal{A}]\right] \leqslant \mathrm{e}^{-\frac{n\delta_n^2}{2\sigma^2}}$$

综上所述可得结论.　□

14.2.2 定理 14.12 的证明

我们现在考虑定理 14.12 的证明. 我们首先断言只需要考虑在 δ 球边界上的函数，即集合 $\partial\mathbb{B}_2(\delta)=\{f\in\mathscr{F}\mid\|f\|_2=\delta\}$. 事实上，假设不等式(14.25)对于某个 $\|g\|_2\geqslant\delta$ 的 $g\in\mathscr{F}$ 不成立. 由星形条件，函数 $f:=\frac{\delta}{\|g\|_2}g$ 属于 $\mathscr{F}$ 并且有度量 $\|f\|_2=\delta$. 最后，通过放缩，不等式 $\|g\|_n^2<\frac{1}{2}\|g\|_2^2$ 等价于 $\|f\|_n^2<\frac{1}{2}\|f\|_2^2$.

对于任意函数 $f\in\partial\mathbb{B}_2(\delta)$，等价于证明

$$\|f\|_n^2\geqslant\frac{3}{4}\|f\|_2^2-\frac{\delta^2}{4} \tag{14.34}$$

为了证明这个界，我们利用一个截断方法. 对于一个待选取的水平 $\tau>0$，考虑截断的二次函数

$$\varphi_\tau(u):=\begin{cases}u^2 & \text{如果}\ |u|\leqslant\tau\\ \tau^2 & \text{否则}\end{cases} \tag{14.35}$$

并且定义 $f_\tau(x)=\operatorname{sign}(f(x))\sqrt{\varphi_\tau(f(x))}$. 由构造可得，对任意 $f\in\partial\mathbb{B}_2(\delta)$，我们有 $\|f\|_n^2\geqslant\|f_\tau\|_n^2$，并因此有

$$\|f\|_n^2\geqslant\|f_\tau\|_2^2-\sup_{f\in\partial\mathbb{B}_2(\delta)}\left|\|f_\tau\|_n^2-\|f_\tau\|_2^2\right| \tag{14.36}$$

剩下的证明是说明一个适当选取的截断水平 τ 可以确保

$$\|f_\tau\|_2^2\geqslant\frac{3}{4}\|f\|_2^2\quad \text{对于所有}\ f\in\partial\mathbb{B}_2(\delta) \tag{14.37a}$$

以及

$$\mathbb{P}\left[Z_n\geqslant\frac{1}{4}\delta^2\right]\leqslant c_1\mathrm{e}^{-c_2n\delta^2}\quad \text{其中}\quad Z_n:=\sup_{f\in\partial\mathbb{B}_2(\delta)}\left|\|f_\tau\|_n^2-\|f_\tau\|_2^2\right| \tag{14.37b}$$

结合这两个界可推出下界(14.34)在概率至少 $1-c_1\mathrm{e}^{-c_2n\delta^2}$ 下，对满足 $\|f\|_2=\delta$ 的所有 f 一致成立.

断言(14.37a)的证明 设 $\mathbb{I}[|f(x)|\geqslant\tau]$ 为事件 $|f(x)|\geqslant\tau$ 的一个 0-1 示性函数，我们有

$$\|f\|_2^2-\|f_\tau\|_2^2\leqslant\mathbb{E}[f^2(x)\mathbb{I}[|f(x)|\geqslant\tau]]\leqslant\sqrt{\mathbb{E}[f^4(x)]}\sqrt{\mathbb{P}[|f(x)|\geqslant\tau]}$$

其中最后一步使用了柯西-施瓦茨不等式. 结合矩的界(14.22a)和 Markov 不等式可得

$$\|f\|_2^2-\|f_\tau\|_2^2\leqslant C\|f\|_2\sqrt{\frac{\mathbb{E}[f^4(x)]}{\tau^4}}\leqslant C^2\frac{\|f\|_2^2}{\tau^2}$$

其中最后一个不等式再次用到矩的界(14.22a). 设 $\tau^2=4C^2$ 可以推出界 $\|f\|_2^2-\|f_\tau\|_2^2\leqslant\frac{1}{4}\|f\|_2^2$，其等价于断言(14.37a).

断言(14.37b)的证明 从期望开始，一个标准的对称化方法(参见命题 4.11)可以保证

$$\mathbb{E}_x[Z_n] \leqslant 2\mathbb{E}_{x,\varepsilon}\left[\sup_{f\in\mathbb{B}_2(\delta;\mathscr{F})}\left|\frac{1}{n}\sum_{i=1}^{n}\varepsilon_i f_\tau^2(x_i)\right|\right]$$

我们的截断方式确保 $f_\tau^2(x)=\varphi_\tau(f(x))$，其中 φ_τ 是一个常数 $L=2\tau$ 的 Lipschitz 函数. 由此，Ledoux-Talagrand 收缩不等式(5.61)可以保证

$$\mathbb{E}_x[Z_n] \leqslant 8\tau\mathbb{E}_{x,\varepsilon}\left[\sup_{f\in\mathbb{B}_2(\delta;\mathscr{F})}\left|\frac{1}{n}\sum_{i=1}^{n}\varepsilon_i f(x_i)\right|\right] \leqslant 8\tau\overline{\mathcal{R}}_n(\delta;\mathscr{F}) \leqslant 8\tau\,\frac{\delta^2}{128C}$$

其中最后一步用到假设的不等式 $\overline{\mathcal{R}}_n(\delta;\mathscr{F}) \leqslant \dfrac{\delta^2}{128C}$. 我们之前设定的 $\tau=2C$ 确保了 $\mathbb{E}_x[Z_n] \leqslant \dfrac{1}{8}\delta^2$.

接下来我们给出随机变量 Z_n 的一个尾部概率上界，特别地利用经验过程的 Talagrand 定理(定理 3.27). 由构造，我们有 $\|f_\tau^2\|_\infty \leqslant \tau^2 = 4C^2$，以及

$$\operatorname{var}(f_\tau^2(x)) \leqslant \mathbb{E}[f_\tau^4(x)] \leqslant \tau^2\|f\|_2^2 = 4C^2\delta^2$$

由此，Talagrand 不等式(3.83)可以推出

$$\mathbb{P}[Z_n \geqslant \mathbb{E}[Z_n]+u] \leqslant c_1\exp\left(-\frac{c_2 n u^2}{C\delta^2+C^2 u}\right) \tag{14.38}$$

因为 $\mathbb{E}[Z_n] \leqslant \dfrac{\delta^2}{8}$，断言(14.37b)由设定 $u=\dfrac{\delta^2}{8}$ 得到.

14.3　Lipschitz 损失函数的一个一致定律

到目前为止，我们已经考虑了经验平方范数 $\|f\|_n^2$ 与它的期望 $\|f\|_2^2$ 之间差的一致定律. 如同推论 14.15 阐述的那样，这样的结果是很重要的，例如，用来推导非参数最小二乘估计的 $L^2(\mathbb{P})$ 误差界. 在这一节中，我们考虑更一般的预测问题，对其中很多问题一致定律都是非常有用的.

14.3.1　一般预测问题

一个一般的预测问题可以通过一个协变量或者预测变量的空间 $\mathcal{X}$ 以及一个响应变量的空间 $\mathcal{Y}$ 来给定. 一个预测器是一个将协变量 $x\in\mathcal{X}$ 映射到预测变量 $\hat{y}=f(x)\in\mathfrak{Y}$ 的函数 f. 这里空间 $\mathfrak{Y}$ 可能与响应变量空间 $\mathcal{Y}$ 相同，或者是它的一个超集. 一个预测器 f 的优良性通过一个损失函数 $\mathcal{L}$：$\mathfrak{Y}\times\mathcal{Y}\to\mathbb{R}$ 来度量，其取值 $\mathcal{L}(\hat{y},y)$ 对应当真实响应是某个 $y\in\mathcal{Y}$ 预测为 $\hat{y}\in\mathfrak{Y}$ 时的损失. 给定一个 n 个样本的集合 $\{(x_i,y_i)\}_{i=1}^n$，其中一个自然的方式是通过最小化下述的经验损失来确定一个预测器，

$$\mathbb{P}_n(\mathcal{L}(f(x),y)) := \frac{1}{n}\sum_{i=1}^{n}\mathcal{L}(f(x_i),y_i) \tag{14.39}$$

尽管估计 $\hat{f}$ 是由最小化经验损失(14.39)得到的，我们的最终目标是通过总体损失函数来度量

$$\mathbb{P}(\mathcal{L}(f(x),y)) := \mathbb{E}_{x,y}[\mathcal{L}(f(x),y)] \tag{14.40}$$

所以我们的目标是理解什么时候经验损失函数(14.39)的最小值点是总体损失函数的一个

邻近最小值点.

正如之前在第 4 章中讨论的，这个问题可以通过推导一个合适的一致大数律来研究. 更准确地说，对每个 $f\in\mathscr{F}$，我们通过 $\mathcal{L}_f(x,y)=\mathcal{L}(f(x),y)$ 来定义函数 $\mathcal{L}_f:\mathcal{X}\times\mathcal{Y}\to\mathbb{R}_+$，并且记

$$\mathbb{P}_n(\mathcal{L}_f)=\mathbb{P}_n(\mathcal{L}(f(x),y))\quad 和\quad \overline{\mathcal{L}}_f:=\mathbb{P}(\mathcal{L}_f)=\mathbb{P}(\mathcal{L}(f(x),y))$$

基于这个简便记号，我们的问题可以理解为推导一个关于所谓损失类 $\{\mathcal{L}_f\mid f\in\mathscr{F}\}$ 的 Glivenko-Cantelli 定律.

在这一节中，我们研究预测问题，其中 $\mathcal{Y}$ 是实轴 $\mathbb{R}$ 的某个子集. 对于一个给定的常数 $L>0$，我们说损失函数 $\mathcal{L}$ 是关于其第一个分量是 L-Lipschitz 的，如果

$$|\mathcal{L}(z,y)-\mathcal{L}(\tilde{z},y)|\leqslant L|z-\tilde{z}| \tag{14.41}$$

对于所有 z，$\tilde{z}\in\tilde{\mathcal{Y}}$ 和 $y\in\mathcal{Y}$ 成立. 我们称总体损失函数 $f\mapsto\mathbb{P}(\mathcal{L}_f)$ 在 f^* 处关于 $L^2(\mathbb{P})$ 范数是 γ 强凸的，如果存在某个 $\gamma>0$ 满足

$$\mathbb{P}\Big[\underbrace{\mathcal{L}_f}_{\mathcal{L}(f(x),y)}-\underbrace{\mathcal{L}_f^*}_{\mathcal{L}(f^*(x),y)}-\underbrace{\frac{\partial\mathcal{L}}{\partial z}\Big|_{f^*}}_{\frac{\partial\mathcal{L}}{\partial Z}(f^*(x),y)}\underbrace{(f-f^*)}_{f(x)-f^*(x)}\Big]\geqslant\frac{\gamma}{2}\|f-f^*\|_2^2 \tag{14.42}$$

对于所有 $f\in\mathscr{F}$. 注意只(不是必要的)要求函数 $z\mapsto\mathcal{L}(z,y)$ 对于每个 $y\in\mathcal{Y}$ 在逐点意义下是 γ 强凸的. 我们用一些例子来阐述这些条件.

例 14.16(最小二乘回归)　在一个标准的回归问题中，响应空间 $\mathcal{Y}$ 为实轴或实轴的某个子集，而我们的目标是估计一个回归函数 $x\mapsto f(x)\in\mathbb{R}$. 在第 13 章中，我们基于最小二乘损失 $\mathcal{L}(z,y)=\frac{1}{2}(y-z)^2$ 研究了非参数回归的方法. 这个损失函数一般来说并不是全局 Lipschitz 的；然而，在某些特殊情况下它确实满足 Lipschitz 性. 例如，在噪声有界的特殊情况下考虑标准观测模型 $y=f^*(x)+\varepsilon$，也就是对于某个常数 c 有 $|\varepsilon|\leqslant c$. 如果我们在一个 b 一致有界函数类 $\mathscr{F}$ 上进行非参数回归，那么对于所有 $f,g\in\mathscr{F}$，我们有

$$\begin{aligned}|\mathcal{L}(f(x),y)-\mathcal{L}(g(x),y)|&=\frac{1}{2}|(y-f(x))^2-(y-g(x))^2|\\&\leqslant\frac{1}{2}|f^2(x)-g^2(x)|+|y\|f(x)-g(x)|\\&\leqslant(b+(b+c))|f(x)-g(x)|\end{aligned}$$

因此最小二乘满足 Lipschitz 条件(14.41)，其中 $L=2b+c$. 当然，这个例子是人为构造的，因为它排除了任意无界类型的噪声变量 ε，包括了高斯噪声的经典情形.

就强凸情形而言，注意，对于任意 $y\in\mathbb{R}$，函数 $z\mapsto\frac{1}{2}(y-z)^2$ 是参数 $\gamma=1$ 的强凸的，因此 $f\mapsto\mathcal{L}_f$ 满足 $\gamma=1$ 的强凸条件(14.42). ♣

例 14.17(回归的稳健形式)在回归中使用平方损失函数的一个担忧是它可能缺少稳健性：如果即使观测值的一个很小的子集被污染了，这对所得的解仍然会有一个非常大的影响. 意识到这一点，考虑一个更一般的损失函数类是非常重要的，也就是形式

$$\mathcal{L}(z,y)=\Psi(y-z) \tag{14.43}$$

其中 Ψ：$\mathbb{R}\to[0,\infty]$是一个关于零点对称且 $\Psi(0)=0$ 的函数，并且几乎处处可导且有 $\|\Psi'\|_\infty\leqslant L$. 注意最小二乘损失无法满足所要求的导数有界，因此它不落在这个类中.

属于损失函数类(14.43)的例子包括 ℓ_1 范数 $\Psi_{\ell_1}(u)=|u|$，以及 Huber 稳健函数

$$\Psi_{\text{Huber}}(u)=\begin{cases}\dfrac{u^2}{2} & \text{如果}\ |u|\leqslant\tau\\ \tau u-\dfrac{\tau^2}{2} & \text{否则}\end{cases} \tag{14.44}$$

其中 $\tau>0$ 是一个待定参数. Huber 损失函数给出了最小二乘损失和 ℓ_1 范数损失函数之间的某种平衡.

由构造，函数 Ψ_{ℓ_1} 是几乎处处可导的且 $\|\Psi'_{\ell_1}\|_\infty\leqslant 1$，而 Huber 损失函数是处处可导的且 $\|\Psi'_{\text{Huber}}\|_\infty\leqslant\tau$. 由此，$\ell_1$ 范数和 Huber 损失函数分别满足参数为 $L=1$ 和 $L=\tau$ 的 Lipschitz 条件(14.41). 此外，因为 Huber 损失函数局部等价于最小二乘损失，诱导出的损失函数(14.43)在随机变量 $y-f(x)$非常宽松的尾部条件下是局部强凸的. ♣

例 14.18(logistic 回归)　二元分类的目标是基于一个协变量向量 $\boldsymbol{x}\in\mathcal{X}$ 来预测一个标签 $y\in\{-1,+1\}$. 假设我们对标签 $y\in(1,+1)$的条件分布进行建模

$$\mathbb{P}_f(y\,|\,\boldsymbol{x})=\frac{1}{1+\mathrm{e}^{-2yf(\boldsymbol{x})}} \tag{14.45}$$

其中 f：$\mathcal{X}\to\mathbb{R}$ 是要估计的判别函数. 那么极大似然方法对应最小化损失函数

$$\mathcal{L}_f(\boldsymbol{x},y):=\mathcal{L}(f(\boldsymbol{x}),y)=\log(1+\mathrm{e}^{-2yf(\boldsymbol{x})}) \tag{14.46}$$

很容易看出函数 $\mathcal{L}$ 对于它的第一个分量是 1-Lipschitz 的. 此外，在总体上，我们有

$$\mathbb{P}(\mathcal{L}_f-\mathcal{L}_{f^*})=\mathbb{E}_{\boldsymbol{x},y}\left[\log\frac{1+\mathrm{e}^{-2f(\boldsymbol{x})y}}{1+\mathrm{e}^{-2f^*(\boldsymbol{x})y}}\right]=\mathbb{E}_{\boldsymbol{x}}[D(\mathbb{P}_{f^*}(\cdot\,|\,\boldsymbol{x})\,\|\,\mathbb{P}_f(\cdot\,|\,\boldsymbol{x}))]$$

对应由 f^* 和 f 标记的两个条件分布之间的 Kullback-Leibler 散度的期望. 当 f 取遍 $\mathscr{F}$ 时，在关于随机变量 $f(\boldsymbol{x})$性质相对宽松的条件下，这个损失函数会是 γ 强凸的. ♣

例 14.19(支持向量机与 hinge 损失)　支持向量机是另外一种二元分类方法，也是基于估计判别函数 f：$\mathcal{X}\to\mathbb{R}$. 在其最常用的实例中，判别函数假设属于某个再生核希尔伯特空间 $\mathbb{H}$，且赋有范数 $\|\cdot\|_{\mathbb{H}}$. 支持向量机基于 hinge 损失函数

$$\mathcal{L}(f(x),y)=\max\{0,1-yf(x)\} \tag{14.47}$$

通过观察可以发现它是 1-Lipschitz 的. 再一次，总体损失 $f\mapsto\mathbb{P}(\mathcal{L}_f)$的强凸性依赖于协变量 x 的分布以及我们优化所在的函数类 $\mathscr{F}$.

给定一个 n 个样本的集合$\{(x_i,y_i)\}_{i=1}^n$，一个常用的选择是最小化经验风险

$$\mathbb{P}_n(\mathcal{L}(f(x),y))=\frac{1}{n}\sum_{i=1}^n\max\{0,1-y_if(x_i)\}$$

在某个再生核希尔伯特空间的一个球 $\|f\|_{\mathbb{H}}\leqslant R$ 上. 正如习题 12.20 中探究的，这个最优化问题可以表述为一个 n 维的二次规划问题，因此很容易求解. ♣

14.3.2　Lipschitz 损失函数的一致定律

以这些例子作为出发点，我们现在陈述一个 Lipschitz 损失函数的一般的一致定律. 设 $f^* \in \mathscr{F}$ 最小化总体损失函数 $f \mapsto \mathbb{P}(\mathcal{L}_f)$，并考虑位移后的函数类

$$\mathscr{F}^* := \{ f - f^* \mid f \in \mathscr{F} \} \tag{14.48}$$

我们的一致定律涉及局部化 Rademacher 复杂度的总体形式

$$\overline{\mathcal{R}}_n(\delta; \mathscr{F}^*) := \mathbb{E}_{x,\varepsilon}\left[\sup_{\substack{g \in \mathscr{F}^* \\ \|g\|_2 \leqslant \delta}} \left| \frac{1}{n} \sum_{i=1}^{n} \varepsilon_i g(x_i) \right| \right] \tag{14.49}$$

定理 14.20（Lipschitz 损失函数的一致定律）　给定一个一致 1－有界函数类 $\mathscr{F}$ 且在总体最小值点 f^* 附近为星形的，令 $\delta_n^2 \geqslant \frac{c}{n}$ 为下列不等式的任意解

$$\overline{\mathcal{R}}_n(\delta; \mathscr{F}^*) \leqslant \delta^2 \tag{14.50}$$

(a) 假设损失函数关于第一个分量是 L-Lipschitz 的，那么我们有

$$\sup_{f \in \mathscr{F}} \frac{|\mathbb{P}_n(\mathcal{L}_f - \mathcal{L}_{f^*}) - \mathbb{P}(\mathcal{L}_f - \mathcal{L}_{f^*})|}{\|f - f^*\|_2 + \delta_n} \leqslant 10 L \delta_n \tag{14.51}$$

成立的概率至少为 $1 - c_1 e^{-c_2 n \delta_n^2}$.

(b) 假设损失函数是 L-Lipschitz 和 γ 强凸的，那么对于任意满足 $\mathbb{P}_n(\mathcal{L}_{\hat{f}} - \mathcal{L}_{f^*}) \leqslant 0$ 的函数 $\hat{f} \in \mathscr{F}$，我们有

$$\|\hat{f} - f^*\|_2 \leqslant \left(\frac{20L}{\gamma} + 1 \right) \delta_n \tag{14.52a}$$

以及

$$\mathbb{P}(\mathcal{L}_{\hat{f}} - \mathcal{L}_{f^*}) \leqslant 10L \left(\frac{20L}{\gamma} + 2 \right) \delta_n^2 \tag{14.52b}$$

两个不等式成立的概率都与(a)中相同.

在关于函数类的某些额外条件下，对于通过 $\mathscr{F}$ 上最小化经验损失 $f \mapsto \mathbb{P}_n(\mathcal{L}_f)$ 来选取 $\hat{f} \in \mathscr{F}$ 的一个方法，(a)可以保证其相合性. 特别地，因为由定义可得 $f^* \in \mathscr{F}$，这个过程保证了 $\mathbb{P}_n(\mathcal{L}_{\hat{f}} - \mathcal{L}_{f^*}) \leqslant 0$. 由此，对于任意 $\|\cdot\|_2$ 直径最多为 D 的函数类 $\mathscr{F}$ [⊖]，不等式(14.51)可以推出

$$\mathbb{P}(\mathcal{L}_{\hat{f}}) \leqslant \mathbb{P}(\mathcal{L}_{f^*}) + 10 L \delta_n \{2D + \delta_n\} \tag{14.53}$$

在高概率下成立. 因此，界(14.53)可以推出经验损失最小化方法在下述意义下的相合性：除了一个数量级为 δ_n 的项，$\mathbb{P}(\mathcal{L}_{\hat{f}})$ 的值跟最优值 $\mathbb{P}(\mathcal{L}_{f^*}) = \min_{f \in \mathscr{F}} \mathbb{P}(\mathcal{L}_f)$ 是一样小的.

⊖ 一个函数类 $\mathscr{F}$ 的 $\|\cdot\|_2$ 直径至多为 D，如果对于所有 $f \in \mathscr{F}$ 有 $\|f\|_2 \leqslant D$. 在这种情形下，我们有 $\|\hat{f} - f^*\|_2 \leqslant 2D$.

定理 14.20 的证明

证明基于随机变量族

$$Z_n(r)=\sup_{\|f-f^*\|_2\leqslant r}|\mathbb{P}_n(\mathcal{L}_f-\mathcal{L}_{f^*})-\mathbb{P}(\mathcal{L}_f-\mathcal{L}_{f^*})|$$

的一个分析，其中 $r>0$ 是一个可变的半径. 下列引理给出这些随机变量上尾部概率界的适当控制.

引理 14.21　对于每个 $r\geqslant\delta_n$，变量 $Z_n(r)$ 满足尾部概率界

$$\mathbb{P}[Z_n(r)\geqslant 8Lr\delta_n+u]\leqslant c_1\exp\left(-\frac{c_2nu^2}{L^2r^2+Lu}\right)\tag{14.54}$$

暂时将这个中间结果的证明推后，我们用它来完成定理 14.20 的证明；证明本身类似于定理 14.1 的证明. 定义事件 $\mathcal{E}_0:=\{Z_n(\delta_n)\geqslant 9L\delta_n^2\}$，以及

$$\begin{aligned}\mathcal{E}_1:=\{\exists f\in\mathscr{F}\mid|\mathbb{P}_n(\mathcal{L}_f-\mathcal{L}_{f^*})-\mathbb{P}(\mathcal{L}_f-\mathcal{L}_{f^*})|\\ \geqslant 10L\delta_n\|f-f^*\|_2\text{ 且 }\|f-f^*\|_2\geqslant\delta_n\}\end{aligned}$$

如果存在某个函数 $f\in\mathscr{F}$ 不满足界(14.51)，那么事件 $\mathcal{E}_0$ 或 $\mathcal{E}_1$ 至少有一个发生. 对 $u=L\delta_n^2$ 应用引理 14.21 可以得到 $\mathbb{P}[\mathcal{E}_0]\leqslant c_1\mathrm{e}^{-c_2n\delta_n^2}$. 此外，利用与定理 14.1 相同的剥皮技巧，我们得到对所有 $\delta_n^2\geqslant\frac{c}{n}$，有 $\mathbb{P}[\mathcal{E}_1]\leqslant c_1\mathrm{e}^{-c_2'n\delta_n^2}$ 成立. 综上所述可以完成(a)中的结论(14.51)的证明.

我们现在证明(b)中的断言. 通过检验(a)中的证明，我们看到它实际上可以推出 $\|\hat{f}-f^*\|_2\leqslant\delta_n$ 或者

$$|\mathbb{P}_n(\mathcal{L}_{\hat{f}}-\mathcal{L}_{f^*})-\mathbb{P}(\mathcal{L}_{\hat{f}}-\mathcal{L}_{f^*})|\leqslant 10L\delta_n\|\hat{f}-f^*\|_2$$

因为由假设可得 $\mathbb{P}_n(\mathcal{L}_{\hat{f}}-\mathcal{L}_{f^*})\leqslant 0$，我们看到任意最小值点一定满足界 $\|\hat{f}-f^*\|_2\leqslant\delta_n$ 或者 $\mathbb{P}(\mathcal{L}_{\hat{f}}-\mathcal{L}_{f^*})\leqslant 10L\delta_n\|\hat{f}-f^*\|_2$ 一方面，如果前面不等式成立，那么不等式(14.52a)也成立. 另一方面，如果后者成立，那么，结合强凸条件(14.42)，我们得到 $\|\hat{f}-f^*\|_2\leqslant\frac{20L}{\gamma}\delta_n$，同样也可以推出不等式(14.52a).

为了证明界(14.52b)，我们利用原不等式(14.51)中的不等式(14.52a)；我们然后进行一些代数运算，回顾一下 $\hat{f}$ 满足不等式 $\mathbb{P}_n(\mathcal{L}_{\hat{f}}-\mathcal{L}_{f^*})\leqslant 0$.

剩下还要证明引理 14.21. 通过一个重尺度化技巧，我们可以假设 $b=1$. 为了控制 $Z_n(r)$ 的上尾部概率界，我们需要对满足 $\|f-f^*\|_2\leqslant r$ 的所有函数 $f\in\mathscr{F}$ 一致地控制差 $\mathcal{L}_f-\mathcal{L}_{f^*}$. 由损失函数的 Lipschitz 条件以及函数 f 的有界性，我们有 $|\mathcal{L}_f-\mathcal{L}_{f^*}|_\infty\leqslant L\|f-f^*\|_\infty\leqslant 2L$. 此外，我们有

$$\operatorname{var}(\mathcal{L}_f-\mathcal{L}_{f^*})\leqslant\mathbb{P}[(\mathcal{L}_f-\mathcal{L}_{f^*})^2]\overset{\text{(i)}}{\leqslant}L^2\|f-f^*\|_2^2\overset{\text{(ii)}}{\leqslant}L^2r^2$$

其中不等式(i)由损失函数的 Lipschitz 条件得到，而不等式(ii)是因为 $\|f-f^*\|_2\leqslant r$. 由此，

由经验过程的 Talagrand 集中度定理(定理 3.27)，我们有

$$\mathbb{P}[Z_n(r)\geqslant 2\mathbb{E}[Z_n(r)]+u]\leqslant c_1\exp\left\{-\frac{c_2 nu^2}{L^2r^2+Lu}\right\} \tag{14.55}$$

只剩下控制期望的上界：特别地，我们有

$$\begin{aligned}\mathbb{E}[Z_n(r)] &\stackrel{(i)}{\leqslant} 2\mathbb{E}\left[\sup_{\|f-f^*\|_2\leqslant r}\left|\frac{1}{n}\sum_{i=1}^{n}\varepsilon_i\{\mathcal{L}(f(x_i),y_i)-\mathcal{L}(f^*(x_i),y_i)\}\right|\right]\\ &\stackrel{(ii)}{\leqslant} 4L\,\mathbb{E}\left[\sup_{\|f-f^*\|_2\leqslant r}\left|\frac{1}{n}\sum_{i=1}^{n}\varepsilon_i(f(x_i)-f^*(x_i))\right|\right]\\ &=4L\overline{\mathcal{R}}_n(r;\mathscr{F}^*)\\ &\stackrel{(ii)}{\leqslant} 4Lr\delta_n，对所有\ r\geqslant\delta_n\ 成立\end{aligned}$$

其中步骤(i)由一个对称化方法得到；步骤(ii)由损失函数关于第一个分量的 L-Lipschitz 条件和 Ledoux-Talagrand 收缩不等式(5.61)得到；而步骤(iii)用到函数 $r\mapsto\frac{\overline{\mathcal{R}}_n(r;\ \mathscr{F}^*)}{r}$ 是非增的结论以及我们关于 δ_n 的选取. 结合尾部概率界(14.55)，引理 14.21 的证明就完成了.

14.4 非参数密度估计的一些结果

到目前为止得到的结果和分析技巧对于非参数核密度估计问题有一些重要的应用. 问题很容易表述：给定一个独立同分布的样本集合$\{x_i\}_{i=1}^n$，假设来自一个密度为 f^* 的未知分布，我们如何估计未知的密度函数. 密度估计问题已经是一个广泛研究的课题，并且有许多处理它的方法. 在这一节中，我们主要关注两种基于当前和之前章节结果的非常容易分析的简单方法.

14.4.1 密度估计的非参数极大似然方法

可能最容易构想到的密度估计方法是通过一个非参数形式的极大似然. 特别地，假设我们固定某个密度函数基础类 $\mathscr{F}$，并在这个类上最大化观测样本的似然函数. 这样可以导出一个带约束形式的非参数极大似然估计(maximum likelihood estimate，MLE)，即

$$\hat{f}\in\arg\min_{f\in\mathscr{F}}\mathbb{P}_n(-\log f(x))=\arg\min_{f\in\mathscr{F}}\left\{-\frac{1}{n}\sum_{i=1}^{n}\log f(x_i)\right\} \tag{14.56}$$

说得更清楚些，密度函数类 $\mathscr{F}$ 一定要适当地限制使得这个估计定义明确，这里我们假设为之前讨论的情形. (一个非参数 MLE$\hat{f}$ 不存在的例子参见习题 14.9.)作为约束估计的另一种方法，也可以定义一个正则化形式的非参数 MLE.

为了阐述本章中的这些界是有用的，我们在简单情形下来分析估计(14.56)，即真实密度函数 f^* 假设属于 $\mathscr{F}$. 在理解了这个情形的基础上，很容易推导出一个更一般的结论，其中误差被估计误差和近似误差的一个组合控制，近似误差当 $f^*\notin\mathscr{F}$ 时是非零的.

用平方 Hellinger 距离来度量误差是非常方便的，原因稍后阐述. 对于关于一个基测度 μ 的密度函数 f 和 g，这个距离定义为

$$H^2(f\|g):=\frac{1}{2}\int_{\mathcal{X}}(\sqrt{f}-\sqrt{g})^2\mathrm{d}\mu \tag{14.57a}$$

正如我们在习题 14.10 中探索的，这里一个重要的联系是 Kullback-Leibler(KL)散度的下界被平方 Hellinger 距离(的一个倍数)控制，也就是

$$D(f\|g)\geqslant 2H^2(f\|g) \tag{14.57b}$$

不考虑前置常数，平方 Hellinger 距离等价于平方根密度的 $L^2(\mu)$范数差. 由于这个原因，平方根函数类 $\mathscr{G}=\{g=\sqrt{f}$ 对于某个 $f\in\mathscr{F}\}$ 在我们的分析中起着重要作用，位移后的平方根函数类 $\mathscr{G}^*:=\mathscr{G}-\sqrt{f^*}$ 也是如此.

在这里给出的相对简单的结果中，我们假设存在正常数(b,ν)使得平方根密度类 $\mathscr{G}$ 是 $\sqrt{b}$ 一致有界的，并且在$\sqrt{f^*}$周围是星形的，此外未知密度 $f^*\in\mathscr{F}$ 有一致的控制下界

$$f^*(x)\geqslant\nu>0\quad \text{对于所有 } x\in\mathcal{X}$$

基于总体 Rademacher 复杂度 $\overline{\mathcal{R}}_n$，我们的结果涉及临界不等式

$$\overline{\mathcal{R}}_n(\delta;\mathscr{G}^*)\leqslant\frac{\delta^2}{\sqrt{b+\nu}} \tag{14.58}$$

有了这个设定，我们有下列结果.

推论 14.22　给定一个满足之前条件的密度类，设 δ_n 为临界不等式(14.58)的任意解且满足 $\delta_n^2\geqslant\left(1+\frac{b}{\nu}\right)\frac{1}{n}$. 那么非参数密度估计 $\hat{f}$ 满足 Hellinger 界

$$H^2(\hat{f}\|f^*)\leqslant c_0\delta_n^2 \tag{14.59}$$

成立的概率至少为 $1-c_1\mathrm{e}^{-c_2\frac{\nu}{b+\nu}n\delta_n^2}$.

证明　我们的证明基于对变换后的函数类

$$\mathcal{H}=\left\{\sqrt{\frac{f+f^*}{2f^*}}\;\middle|\; f\in\mathscr{F}\right\}$$

应用定理 14.20(b)，损失函数为 $\mathcal{L}_h(x)=-\log h(x)$. 因为 $\mathscr{F}$ 是 b 一致有界的并且对于所有 $x\in\mathcal{X}$ 有 $f^*(x)\geqslant\nu$，对于任意 $h\in\mathcal{H}$，我们有

$$\|h\|_\infty=\left\|\sqrt{\frac{f+f^*}{2f^*}}\right\|_\infty\leqslant\sqrt{\frac{1}{2}\left(\frac{b}{\nu}+1\right)}=\frac{1}{\sqrt{2\nu}}\sqrt{b+\nu}$$

此外，对于任意 $h\in\mathcal{H}$，对于所有 $x\in\mathcal{X}$ 我们有 $h(x)\geqslant 1/\sqrt{2}$ 并由此对对数应用介值定理，结合三角不等式，可以推出

$$|\mathcal{L}_h(x)-\mathcal{L}_{\tilde{h}}(x)|\leqslant\sqrt{2}\,|h(x)-\tilde{h}(x)|\ \text{对于所有 } x\in\mathcal{X}, \text{和 } h,\tilde{h}\in\mathcal{H}$$

表明对数损失函数是 L-Lipschitz 的，其中 $L=\sqrt{2}$. 最后，由构造，对于任意 $h\in\mathcal{H}$ 以及 $h^*:=\frac{f^*+f^*}{2f^*}=1$，我们有

$$\|h-h^*\|_2^2=\mathbb{E}_{f^*}\left[\left\{\left(\frac{f+f^*}{2f^*}\right)^{\frac{1}{2}}-1\right\}^2\right]=2H^2\left(\frac{f+f^*}{2}\|f^*\right)$$

因此，基于 KL 散度给出的平方 Hellinger 距离的下界结果(14.57b)等价于断言 $\mathbb{P}(\mathcal{L}_h-\mathcal{L}_h^*)\geqslant\|h-h^*\|_2^2$，意味着损失函数在 h^* 周围是 2—强凸的. 由此，应用定理 14.20(b)得到结论(14.59). □

14.4.2　密度估计的投影方法

密度估计的另外一种非常简单的方法是通过向一个函数类 $\mathscr{F}$ 上投影. 具体来说，同样给定 n 个样本 $\{x_i\}_{i=1}^n$，假设来自一个空间 $\mathcal{X}$ 上的一个未知密度 f^*，考虑基于投影的估计

$$\hat{f}\in\arg\min_{f\in\mathscr{F}}\left\{\frac{1}{2}\|f\|_2^2-\mathbb{P}_n(f)\right\}=\arg\min_{f\in\mathscr{F}}\left\{\frac{1}{2}\|f\|_2^2-\frac{1}{n}\sum_{i=1}^n f(x_i)\right\}\tag{14.60}$$

对于很多潜在函数类 $\mathscr{F}$ 的选取，这个估计的计算有解析形式. 我们考虑一些例子来阐述.

例 14.23(通过级数展开的密度估计)　这是例 13.14 的一个延续，在那里我们考虑了回归中级数展开的应用. 现在我们考虑密度估计中这样展开的应用，具体来说，以[0,1]为支撑集的单变量密度. 对于一个给定的正整数 $T\geqslant1$，考虑一个函数集合$\{\phi_m\}_{m=1}^T$，假设为 $L^2[0,1]$中的正交函数，并考虑线性函数类

$$\mathscr{F}_{\text{ortho}}(T):=\left\{f=\sum_{m=1}^T\beta_m\phi_m\;|\beta\in\mathbb{R}^T,\beta_1=1\right\}\tag{14.61}$$

作为一个具体例子，我们可以定义示性函数

$$\phi_m(x)=\begin{cases}1 & \text{如果 } x\in(m-1,m)/T,\\ 0 & \text{否则}\end{cases}\tag{14.62}$$

在这个选取下，展开形式 $f=\sum_{m=1}^T\beta_m\phi_m(T)$ 可以得到一个分段常数函数，是非负的且积分为 1. 当用在密度估计上时，为一个*直方图估计*，而且可能是密度估计的最简单形式.

另一个例子是之前在例 13.15 中描述的截断傅里叶基的方式. 在这个情形下，因为对于所有 $x\in[0,1]$，第一个函数 $\phi_1(x)=1$ 且余下的函数是正交的，我们能得到函数展开积分为 1. 所得到的密度估计为一个*投影傅里叶级数估计*. 有一个小问题，正弦函数不是非负的，投影傅里叶级数估计可能取负值；这个问题可以通过将函数值投影回象限中来消除.

对于函数类 $\mathscr{F}_{\text{ortho}}(T)$，密度估计(14.60)可以直接计算：一些计算表明

$$\hat{f}_T=\sum_{m=1}^T\hat{\beta}_m\phi_m,\quad\text{其中}\quad\hat{\beta}_m=\frac{1}{n}\sum_{i=1}^n\phi_m(x_i)\tag{14.63}$$

例如，当使用直方图基(14.62)时，系数 $\hat{\beta}$ 对应于落在区间$(m-1,m]/T$ 中的样本比例. 当运用一个傅里叶基展开时，估计 $\hat{\beta}_m$ 对应于一个经验傅里叶系数. 不管在哪种情况中，估计 $\hat{f}_T$ 都是很容易计算的.

图 14.1 展示了一个高斯密度 $N(1/2,(0.15)^2)$的直方图估计，其中图 14.1a 和图 14.1b 中的图像分别对应样本大小 $n=100$ 和 $n=2000$. 除了用浅灰色表示的真实密度，每个图展示了 $T=\{5,20\}$的直方图估计. 由构造，每个直方图估计是分段常数，并且参数 T 决定了分段的长度以及估计值变化有多快. 对于样本大小 $n=100$，$T=20$ 的情形阐述了过拟合现

象，而对于 $n=2000$，$T=5$ 的估计会导致过度光滑.

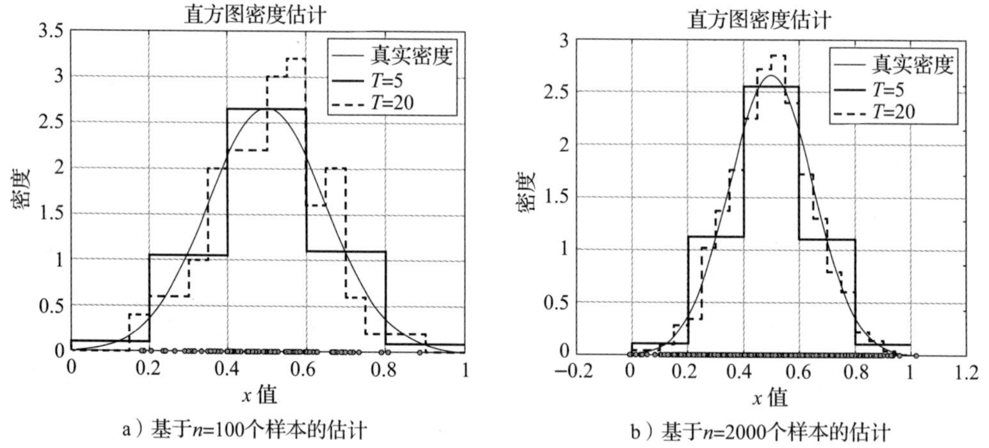

图 14.1 直方图密度估计的示意图. 每个图中用淡灰色展示了真实的函数(在这个情形中，一个高斯分布 $\mathcal{N}(1/2,(0.15)^2)$)以及用 $T=5$ 个柱形(实线)和 $T=20$ 个柱形(虚线)所得的两种密度估计

图 14.2 展示了一些傅里叶级数估计的图，用来估计下述密度

$$f^*(x)=\begin{cases}3/2 & 对于\ x\in[0,1/2]\\ 1/2 & 对于\ x\in(1/2,1]\end{cases} \tag{14.64}$$

如同图 14.1 一样，图 14.2a 和 14.2b 分别代表样本大小 $n=100$ 和 $n=2000$，而真实密度函数 f^* 用灰色线表示. 实线和虚线分别代表 $T=5$ 和 $T=20$ 时截断傅里叶级数估计系数. 再次，我们看到当样本大小较小时($n=100$)，$T=20$ 的估计系数出现过拟合情况. 对于较大的样本大小($n=2000$)，$T=20$ 的估计比 $T=5$ 的估计更加精确，后者会出现过度光滑. ♣

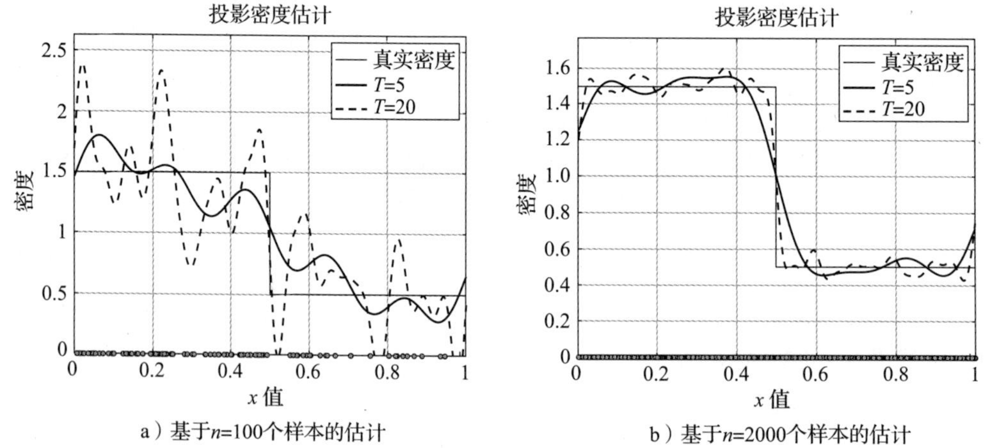

图 14.2 利用傅里叶级数作为正交基得到的正交序列密度估计(14.63)的示意图. 每幅图用浅灰色展示了式(14.64)中的真实函数 f^*，以及 $T=5$(实线)与 $T=20$(虚线)对应的两种密度估计

在考虑了密度估计(14.60)的一些例子后，我们来给出密度估计的一个结果. 和我们之

前的结果一样，这个结果适用于一个星形密度函数类 $\mathscr{F}$ 上的估计，并且假设这个类被某个 b 一致控制. 回顾一下 $\overline{\mathcal{R}}_n$ 表示(局部化的)Rademacher 复杂度，我们设 $\delta_n>0$ 为不等式 $\overline{\mathcal{R}}_n(\delta,\mathscr{F})\leqslant\frac{\delta^2}{b}$ 的任意正解.

推论 14.24　存在普适常数 $c_j, j=0,1,2,3$ 使得对于任意 b 一致控制的密度 f^*，密度估计(14.60)满足最优不等式

$$\|\hat{f}-f^*\|_2^2\leqslant c_0\inf_{f\in\mathscr{F}}\|f-f^*\|_2^2+c_1\delta_n^2 \tag{14.65}$$

的概率至少为 $1-c_2\mathrm{e}^{-c_3n\delta_n^2}$.

这个结果的证明非常类似于非参数回归中的最优不等式(定理 13.13). 因此，我们将细节作为一个习题留给读者.

14.5　附录：总体和经验 Rademacher 复杂度

设 $\delta>0$ 和 $\hat{\delta}_n>0$ 分别为不等式 $\overline{\mathcal{R}}_n(\delta_n)\leqslant\delta_n^2$ 和 $\hat{\mathcal{R}}_n(\hat{\delta}_n)\leqslant\hat{\delta}_n^2$ 的最小正解. 注意这些不等式对应于我们之前的定义 14.4 和定义 14.7，其中 $b=1$. (一般情况 $b\neq1$ 可以通过一个标准化方法来得到.)在该附录中，我们将证明这些量满足一个重要的“三明治”关系.

命题 14.25　对于任意 1—有界和星形函数类 $\mathscr{F}$，总体和经验半径满足“三明治”关系

$$\frac{\delta_n}{4}\overset{\text{(i)}}{\leqslant}\hat{\delta}_n\overset{\text{(ii)}}{\leqslant}3\delta_n \tag{14.66}$$

成立的概率至少为 $1-c_1\mathrm{e}^{-c_2n\delta_n^2}$.

证明　对于每个 $t>0$，我们定义随机变量

$$\overline{Z}_n(t):=\mathbb{E}_\varepsilon\left[\sup_{\substack{f\in\mathscr{F}\\ \|f\|_2\leqslant t}}\left|\frac{1}{n}\sum_{i=1}^n\varepsilon_if(x_i)\right|\right]$$

因此由构造可得 $\overline{\mathcal{R}}_n(t):=\mathbb{E}_x[\overline{Z}_n(t)]$. 定义事件

$$\mathcal{E}_0(t):=\left\{|\overline{Z}_n(t)-\overline{\mathcal{R}}_n(t)|\leqslant\frac{\delta_nt}{8}\right\}\quad 和\quad \mathcal{E}_1:=\left\{\sup_{f\in\mathscr{F}}\frac{|\|f\|_n^2-\|f\|_2^2|}{\|f\|_2^2+\delta_n^2}\leqslant\frac{1}{2}\right\}$$

注意，在给定 $\mathcal{E}_1$ 的条件下，我们有

$$\|f\|_n\leqslant\sqrt{\frac{3}{2}\|f\|_2^2+\frac{1}{2}\delta_n^2}\leqslant2\|f\|_2+\delta_n \tag{14.67a}$$

和

$$\|f\|_2\leqslant\sqrt{2\|f\|_n^2+\delta_n^2}\leqslant2\|f\|_n+\delta_n \tag{14.67b}$$

两个不等式都对所有 $f \in \mathscr{F}$ 成立. 由此，在给定 $\mathcal{E}_1$ 的条件下，我们有

$$\overline{Z}_n(t) \leqslant \mathbb{E}_\varepsilon\left[\sup_{\substack{f \in \mathscr{F} \\ \|f\|_n \leqslant 2t+\delta_n}} \left|\frac{1}{n}\sum_{i=1}^n \varepsilon_i f(x_i)\right|\right] = \hat{\mathcal{R}}_n(2t+\delta_n) \tag{14.68a}$$

和

$$\hat{\mathcal{R}}_n(t) \leqslant \overline{Z}_n(2t+\delta_n) \tag{14.68b}$$

有了这些不等式，我们现在进一步证明我们的结论.

(14.66)中的上界(ii)的证明： 在给定事件 $\mathcal{E}_0(7\delta_n)$和 $\mathcal{E}_1$ 的条件下，我们有

$$\hat{\mathcal{R}}_n(3\delta_n) \overset{\text{(i)}}{\leqslant} \overline{Z}_n(7\delta_n) \overset{\text{(ii)}}{\leqslant} \mathcal{R}_n(7\delta_n) + \frac{7}{8}\delta_n^2$$

其中步骤(i)由 $t=3\delta_n$ 对应的不等式(14.68b)得到，而步骤(ii)由 $\mathcal{E}_0(7\delta_n)$得到. 因为 $7\delta_n \geqslant \delta_n$，用来建立界(14.19)的方法可以保证 $\mathcal{R}_n(7\delta_n) \leqslant 7\delta_n^2$. 综上所述，我们已经证明了

$$\hat{\mathcal{R}}_n(3\delta_n) \leqslant (8\delta_n^2) < (3\delta_n)^2$$

通过定义，$\hat{\delta}_n$ 是满足不等式的最小正数，因此我们可以推出要证明的 $\hat{\delta}_n \leqslant 3\delta_n$.

(14.66)中的下界(i)的证明： 在给定事件 $\mathcal{E}_0(\delta_n)$和 $\mathcal{E}_1$ 的条件下，我们有

$$\delta_n^2 = \overline{\mathcal{R}}_n(\delta_n) \overset{\text{(i)}}{\leqslant} \overline{Z}_n(\delta_n) + \frac{1}{8}\delta_n^2 \overset{\text{(ii)}}{\leqslant} \hat{\mathcal{R}}_n(3\delta_n) + \frac{1}{8}\delta_n^2 \overset{\text{(iii)}}{\leqslant} 3\delta_n\hat{\delta}_n + \frac{1}{8}\delta_n^2$$

其中步骤(i)由 $\mathcal{E}_0(\delta_n)$得到，步骤(ii)由 $t=\delta_n$ 时的不等式(14.68a)得到，而步骤(iii)由导出式(14.19)所用的同样的方法得到. 重新整理可以推出 $\frac{7}{8}\delta_n^2 \leqslant 3\delta_n\hat{\delta}_n$，也就意味着 $\hat{\delta}_n \geqslant \delta_n/4$.

控制 $\mathcal{E}_0(t)$和 $\mathcal{E}_1$ 的概率： 一方面，定理 14.1 可以推出 $\mathbb{P}[\mathcal{E}_0^c] \leqslant c_1 \mathrm{e}^{-c_2 n\delta_n^2}$.

另一方面，我们需要对一个任意常数 $\alpha \geqslant 1$ 来控制概率 $\mathbb{P}[\mathcal{E}_0^c(\alpha\delta_n)]$. 特别地，我们的证明需要控制 $\alpha=1$ 和 $\alpha=7$ 的情形. 由 Bousquet 等(2003)的定理 16，我们有

$$\mathbb{P}[\mathcal{E}_0^c(\alpha\delta_n)] = \mathbb{P}\left[|\overline{Z}_n(\alpha\delta_n) - \overline{\mathcal{R}}_n(\alpha\delta_n)| \geqslant \frac{\alpha\delta_n^2}{8}\right] \leqslant 2\exp\left(-\frac{1}{64}\frac{n\alpha\delta_n^4}{2\overline{R}_n(\alpha\delta_n) + \frac{\alpha\delta_n^2}{12}}\right)$$

对任意 $\alpha \geqslant 1$，我们有 $\overline{\mathcal{R}}_n(\alpha\delta_n) \geqslant \overline{\mathcal{R}}_n(\delta_n) = \delta_n^2$，由此 $\mathbb{P}[\mathcal{E}_0^c(\alpha\delta_n)] \leqslant 2\mathrm{e}^{-c_2 n\delta_n^2}$. □

14.6　参考文献和背景

本章使用的局部形式 Rademacher 和高斯复杂度是数理统计中的标准内容(Koltchinskii，2001，2006；Bartlett 等，2005). 局部化熵积分，例如推论 14.3 中所包含的，是由 van de Geer(2000)引入的. 14.1 节给出的双边结果基于函数上的 b 一致有界条件. 这个假设，在许多非渐近经验过程理论中很常见，这样可以在经验过程中使用标准的集中不等式(例如，定理 3.27)和 Ledoux-Talagrand 不等式(5.61). 对于特定类型的无界函数，双边界也可以由次高斯或次指数尾部概率界来得到；例如，关于这类结果可参看文献(Mendelson 等，2007；Adamczak，2008；Adamczak 等，2010；Mendelson，2010). 与定理 14.12 相关的单边一致定律已经被很多学者证明(Raskutti 等，2012；Oliveira，2013；Mendelson，2015）. 这里给出的证明基于一个截断方法.

有关局部化 Rademacher 复杂度的结果，如推论 14.5 所述，可以在 Mendelson(2002)中找到. 例 14.11 中的加性回归模型类由 Stone(1985)引入，并被深入研究过(例如 Hastie 和 Tibshirani，1986；Buja 等，1989). 一个重要的推广是稀疏加性模型类，其中函数 f 被限制为有一个最多涉及 $s \ll d$ 个一元函数的分解形式；这样的模型是近期研究的焦点(例如 Meier 等，2009；Ravikumar 等，2009；Koltchinskii 和 Yuan，2010；Raskutti 等，2012).

例 14.19 的支持向量机是分类中的一个流行方法，是由 Boser 等(1992)引入的；更多细节请参见 Steinwart 和 Christmann(2008). 14.4 节简单涉及的密度估计问题是重要的研究课题；更多细节读者可以参见图书(Devroye 和 Györfi，1986；Silverman，1986；Scott，1992；Eggermont 和 LaRiccia，2001)及相关参考文献. Good 和 Gaskins(1971)提出了非参数极大似然估计的一种粗糙惩罚形式；对此和一些相关估计的分析请参见 Geman 和 Hwang(1982)以及 Silverman(1982). 在真实密度函数 f^* 属于密度类 $\mathscr{F}$ 的简化假设下，我们分析了带约束形式的非参数 MLE. 在实际中，这个假设可能并不成立，就像第 13 章中讨论的最优不等式那样，分析中会出现一个额外的近似误差.

14.7　习　题

14.1 (控制 Lipschitz 常数)　在命题 14.25 的设定中，证明 $\mathbb{E}\left[\sup_{\|f\|_2 \leqslant t} \|f\|_n\right] \leqslant \sqrt{5}\, t$ 对于所有 $t \geqslant \delta_n$ 成立.

14.2 (局部 Rademacher 复杂度的性质)　回顾一下局部 Rademacher 复杂度

$$\overline{\mathcal{R}}_n(\delta) := \mathbb{E}_{x,\varepsilon}\left[\sup_{\substack{f \in \mathscr{F} \\ \|f\|_2 \leqslant \delta}} \left|\frac{1}{n}\sum_{i=1}^{n} \varepsilon_i f(x_i)\right|\right]$$

并且设 δ_n 为不等式 $\overline{\mathcal{R}}_n(\delta) \leqslant \delta^2$ 的最小正解. 假设函数类 $\mathscr{F}$ 在原点附近为星形的(因此 $f \in \mathscr{F}$ 可以推出对于所有 $\alpha \in [0,1]$ 有 $\alpha f \in \mathscr{F}$).

(a) 证明 $\overline{\mathcal{R}}_n(s) \leqslant \max\{\delta_n^2, s\delta_n\}$.（提示：引理 13.6 可能有用.）

(b) 对于某个常数 $C \geqslant 1$，设 $t_n > 0$ 为不等式 $\overline{\mathcal{R}}_n(t) \leqslant Ct^2$ 的小的正解. 证明 $t_n \leqslant \frac{\delta_n}{\sqrt{C}}$.

（提示：(a)部分可能有用.）

14.3 (由熵积分得到的更精细速度)　在例 14.2 条件下，证明存在一个普适常数 c' 满足

$$\mathbb{E}_\varepsilon\left[\sup_{\substack{f_\theta \in \mathcal{P}_2 \\ \|f_\theta\|_2 \leqslant \delta}} \left|\frac{1}{n}\sum_{i=1}^{n} \varepsilon_i f(x_i)\right|\right] \leqslant c' \sqrt{\frac{1}{n}}$$

14.4 (核类的一致定律)　在这个习题中，我们完成推论 14.5 中界(14.14a)的证明.

(a) 设 $(\phi_j)_{j=1}^{\infty}$ 为核算子的特征函数，证明

$$\sup_{\substack{\|f\|_{\mathbb{H}} \leqslant 1 \\ \|f\|_2 \leqslant \delta}} \left|\sum_{i=1}^{n} \varepsilon_i f(x_i)\right| = \sup_{\theta \in \mathbb{K}} \left|\sum_{j=1}^{\infty} \theta_j z_j\right|$$

其中 $z_j := \sum_{i=1}^{n} \varepsilon_i \phi_j(x_i)$ 以及

$$\mathcal{D} := \{(\theta)_{j=1}^{\infty} \mid \sum_{j=1}^{\infty} \theta_j^2 \leqslant \delta, \sum_{j=1}^{\infty} \frac{\theta_j^2}{\mu_j} \leqslant 1\}$$

(b) 对于 $j=1,2,\cdots$ 定义序列 $\eta_j = \min\{\delta^2, \mu_j\}$，证明 $\mathcal{D}$ 包含在椭球 $\mathcal{E} := \{(\theta)_{j=1}^{\infty} \mid \sum_{j=1}^{\infty} \theta_j^2 / \eta_j \leqslant 2\}$ 中.

(c) 利用(a)和(b)证明

$$\mathbb{E}_{\varepsilon,x}\left[\sup_{\substack{\|f\|_{\mathbb{H}} \leqslant 1 \\ \|f\|_2 \leqslant \delta}} \left| \frac{1}{n} \sum_{i=1}^{n} \varepsilon_i f(x_i) \right| \right] \leqslant \sqrt{\frac{2}{n}} \sqrt{\sum_{j=1}^{\infty} \min\{\delta^2, \mu_j\}}$$

14.5 (核积分算子的经验近似) 设 $\mathcal{K}$ 为一个满足 Mercer 定理(定理 12.20)条件的 PSD 核函数，并定义对应的表示 $R_x(\cdot) = \mathcal{K}(\cdot, x)$. 设 $\mathbb{H}$ 为相伴的再生核希尔伯特空间，考虑在式(12.11a)中定义的积分算子 $T_{\mathcal{K}}$.

(a) 设 $\{x_i\}_{i=1}^{n}$ 为来自 $\mathbb{P}$ 的独立同分布样本，定义随机线性算 $\hat{T}_{\mathcal{K}}$：$\mathbb{H} \to \mathbb{H}$

$$f \mapsto \hat{T}_{\mathcal{K}}(f) := \frac{1}{n} \sum_{i=1}^{n} [R_{x_i} \otimes R_{x_i}](f) = \frac{1}{n} \sum_{i=1}^{n} f(x_i) R_{x_i}$$

证明 $\mathbb{E}[\hat{T}_{\mathcal{K}}] = T_{\mathcal{K}}$.

(b) 利用这一章的技巧控制算子范数

$$\|\hat{T}_{\mathcal{K}} - T_{\mathcal{K}}\|_{\mathbb{H}} := \sup_{\|f\|_{\mathbb{H}} \leqslant 1} \|(\hat{T}_{\mathcal{K}} - T_{\mathcal{K}})(f)\|_{\mathbb{H}}$$

(c) 设 ϕ_j 为 $T_{\mathcal{K}}$ 的第 j 个特征函数，对应特征值为 $\mu_j > 0$，证明

$$\|\hat{T}_{\mathcal{K}}(\phi_j) - \mu_j \phi_j\|_{\mathbb{H}} \leqslant \frac{\|\hat{T}_{\mathcal{K}} - T_{\mathcal{K}}\|_{\mathbb{H}}}{\mu_j}$$

14.6 (线性函数和四方向独立性) 回顾一下例 14.10 中的线性函数类 $\mathscr{F}_{\text{lin}}$. 考虑一个有四方向独立分量的随机向量 $\boldsymbol{x} \in \mathbb{R}^d$，也就是变量 (x_j, x_k, x_l, x_m) 对于所有不同的四元组下标是独立的. 此外，假设每个分量有零均值且方差为 1，并且 $\mathbb{E}[x_j^4] \leqslant B$. 证明强矩条件(14.22b)成立对应 $C = B + 6$.

14.7 (一致定律和稀疏特征值) 在这个习题中，我们利用定理 14.12 来控制稀疏受限特征值(参见第 7 章). 设 $\boldsymbol{X} \in \mathbb{R}^{n \times d}$ 为一个有独立同分布 $\mathcal{N}(0, \boldsymbol{\Sigma})$ 行的随机矩阵. 对于一个给定的参数 $s > 0$，定义函数类 $\mathscr{F}_{\text{spcone}} = \{f_{\boldsymbol{\theta}} \mid \|\boldsymbol{\theta}\|_1 \leqslant \sqrt{s} \|\boldsymbol{\theta}\|_2\}$，其中 $f_{\boldsymbol{\theta}}(\boldsymbol{x}) = \langle \boldsymbol{x}, \boldsymbol{\theta} \rangle$. 令 $\rho^2(\boldsymbol{\Sigma})$ 为 $\boldsymbol{\Sigma}$ 的最大对角元素，证明，只要

$$n > c_0 \frac{\rho^2(\boldsymbol{\Sigma})}{\gamma_{\min}(\boldsymbol{\Sigma})} s \log\left(\frac{ed}{s}\right)$$

对于一个充分大的 c 成立，那么我们就有

$$\underbrace{\|f_{\boldsymbol{\theta}}\|_n^2}_{\|X\boldsymbol{\theta}\|_2^2/n} \geqslant \frac{1}{2} \underbrace{\|f_{\boldsymbol{\theta}}\|_2^2}_{\|\sqrt{\boldsymbol{\Sigma}}\boldsymbol{\theta}\|_2^2} \quad \text{对于所有 } f_{\boldsymbol{\theta}} \in \mathscr{F}\text{spcone}$$

成立的概率至少为 $1-\mathrm{e}^{-c_1 n}$. 因此，我们已经证明了定理 7.16 的一个稍微精细的形式.（提示：习题 7.15 可能有用.）

14.8 **(非参数加性模型的估计)** 回顾例 14.11 中的加性模型类 $\mathscr{F}_{\text{add}}$，其由凸且 1-一致有界的某个基类 $\mathscr{G}$ 构成($\|g\|_\infty \leqslant 1$ 对于所有 $g \in \mathscr{G}$). 设 δ_n 为不等式 $\overline{\mathcal{R}}_n(\delta;\mathscr{F}) \leqslant \delta^2$ 的最小正解. 设 ϵ_n 为不等式 $\overline{\mathcal{R}}_n(\epsilon;\mathscr{G}) \leqslant \epsilon^2$ 的最小正解，证明 $\delta_n^2 \lesssim d\epsilon_n^2$.

14.9 **(非参数极大似然)** 考虑在所有可导密度类上的非参数密度估计(14.56). 证明最小值无法取到.（提示：考虑用一个可导的序列来逼近每个数据点上有质量 $1/n$ 的密度函数.）

14.10 **(Hellinger 距离和 Kullback-Leibler 散度)** 证明用平方 Hellinger 距离给出的 Kullback-Leibler 散度的下界(14.57b).

14.11 **(直方图密度估计的界)** 回顾一下由基(14.62)定义的直方图估计，并假设我们用它来估计一个单位区间[0,1]上的密度函数 f^*，其是可导的并有 $\|f'\|_\infty \leqslant 1$. 用推论 14.24 中的最优不等式证明存在一个普适常数 c 满足

$$\|\hat{f}-f^*\|_2^2 \leqslant c n^{-2/3} \tag{14.69}$$

在高概率下成立.

第 15 章 minimax 下界

在先前的章节中，我们已经得到了不同估计方法的很多收敛速度方面的结果. 在本章中，我们考虑另外一个问题：我们能否得到估计速度的下界. 这个问题可以对一个特定的方法或者算法提出，也可以在一个不依赖于算法的情形下提出. 我们在本节中关注后一个问题. 特别地，我们的目标是得到由*任意方法*达到的估计误差的下界，忽略方法本身的计算复杂度和存储.

这类下界可以导出两个不同但互补的深刻理解. 第一个可能是它们可以导出已知的——且可能是多项式时间内的——估计是统计上“最优的”，意味着它们有匹配下界的估计误差结果. 在这种情形下，寻找具有更小统计误差的估计没有太大意义了，不过还是可以研究具有更小计算量或储存的最优估计，或者具有其他良好性质，例如稳健性. 第二个可能是下界和已知的最优上界不匹配. 在这种情形下，假设下界是紧的，我们就有很强的动机去研究其他估计方法.

在本章中，我们建立不同的方法来得到这种下界. 和推导密切相关的是填装集和度量熵的性质，我们在第 5 章中讨论过这些内容. 除此之外，我们还需要一些信息理论的基本知识，包括熵和 Kullback-Leibler 散度，以及其他类型概率测度之间的散度，这些将在本章中给出.

15.1 基本框架

给定一类分布 $\mathcal{P}$，我们令 θ 为空间 $\mathcal{P}$ 上的一个泛函，即从一个分布 $\mathbb{P}$ 到一个在某空间 Ω 上取值的参数 $\theta(\mathbb{P})$ 的映射. 我们的目标是基于来自未知分布 $\mathbb{P}$ 的样本估计 $\theta(\mathbb{P})$.

在特定的情形下，量 $\theta(\mathbb{P})$ 唯一地确定了相应的分布 $\mathbb{P}$，意味着 $\theta(\mathbb{P}_0)=\theta(\mathbb{P}_1)$ 当且仅当 $\mathbb{P}_0=\mathbb{P}_1$. 在这种情形下，我们可以认为 θ 给出了分布类的一个参数化. 这样的类包括大部分常用的有限维参数分布族，以及特定的非参数问题，其中包括非参回归问题. 对这样的类，我们可以记 $\mathcal{P}=\{\mathbb{P}_\theta \mid \theta\in\Omega\}$，如我们在先前章节所做的.

然而，在其他情形下，我们可能对估计一个不唯一刻画分布的泛函 $\mathbb{P}\mapsto\theta(\mathbb{P})$ 感兴趣. 例如，给定一类特定的单位区间 $[0,1]$ 上具有可导密度函数 f 的分布类 $\mathcal{P}$，我们可能对估计二次泛函 $\mathbb{P}\mapsto\theta(\mathbb{P})=\int_0^1 (f'(t))^2\mathrm{d}t\in\mathbb{R}$ 感兴趣. 或者，对一类单位区间 $[0,1]$ 上的单峰密度函数 f，我们可能对估计密度的众数 $\theta(\mathbb{P})=\arg\max\limits_{x\in[0,1]} f(x)$ 感兴趣. 因此，这里所说的估计泛函要比一个参数化分布族广泛很多.

15.1.1 minimax 风险

假设我们有一个来自分布 $\mathbb{P}$ 的随机变量 X，其中 $\theta(\mathbb{P})=\theta^*$. 我们的目标是基于数据 X

估计未知量 θ^*. 为此得到的一个估计量 $\hat{\theta}$ 可以看成一个从随机变量 X 的定义域 $\mathcal{X}$ 到参数空间 Ω 的一个可测映射. 为了评估任意估计量的好坏，我们令 ρ：$\Omega\times\Omega\to[0,\infty)$ 为一个半度量，[㊀]并考虑量 $\rho(\hat{\theta},\theta^*)$. 这里量 θ^* 是固定但未知的，而 $\hat{\theta}\equiv\hat{\theta}(X)$ 是一个随机变量，因此 $\rho(\hat{\theta},\theta^*)$ 是随机的. 通过对观测值 X 求期望，我们得到确定的量 $\mathbb{E}_{\mathbb{P}}[\rho(\hat{\theta},\theta^*)]$. 当参数 θ^* 是可变的时，我们得到了一个与估计相关的函数，一般称为风险函数.

第一个要注意的性质是，在逐点意义下考虑估计量集合是好的没有任何意义. 对任意固定的 θ^*，永远有一个很好的方法去估计它：简单忽视掉数据并返回 θ^*. 所得到的确定估计量在固定的 θ^* 处的风险函数为零，但显然对于其他的参数其表现会非常差. 有几种方式可以规避这种问题以及相关问题. 贝叶斯方法把未知参数 θ^* 看成一个随机变量；当具有某种先验分布时，我们可以在这个先验上对风险函数取期望. 一个与此密切相关的方法是以一个对抗性的方式来选取 θ^*，然后基于估计在最坏情形下的表现来比较它们. 更准确地说，对每一个估计量 $\hat{\theta}$，我们计算最坏情形下的风险 $\sup\limits_{\mathbb{P}\in\mathcal{P}}\mathbb{E}_{\mathbb{P}}[\rho(\hat{\theta},\theta(\mathbb{P}))]$，并根据这一顺序评定估计量. 在这个意义下最优的估计量定义了一个称为 minimax 风险的量，即

$$\mathfrak{M}(\theta(\mathcal{P});\rho):=\inf_{\hat{\theta}}\sup_{\mathbb{P}\in\mathcal{P}}\mathbb{E}_{\mathbb{P}}[\rho(\hat{\theta},\theta(\mathbb{P}))] \tag{15.1}$$

其中极小是遍历所有可能的估计量，即数据的可测函数. 当估计量是基于 n 个来自分布 $\mathbb{P}$ 的独立同分布样本时，我们用 $\mathfrak{M}_n$ 来记相应的 minimax 风险.

我们通常对估计由一个平方范数定义而不是由一个范数定义的 minimax 风险感兴趣. 可以很容易表述这个延伸：通过令 Φ：$[0,\infty)\to[0,\infty)$ 为一个非负实轴上的增函数，然后定义一个更一般的 ρ-minimax 风险，即

$$\mathfrak{M}(\theta(\mathcal{P});\Phi\circ\rho):=\inf_{\hat{\theta}}\sup_{\mathbb{P}\in\mathcal{P}}\mathbb{E}_{\mathbb{P}}[\Phi(\rho(\hat{\theta},\theta(\mathbb{P})))] \tag{15.2}$$

一个特别常用的设定是 $\Phi(t)=t^2$，可以用来得到对应 ρ 的均方误差的 minimax 风险.

15.1.2　从估计到检验

在这一设定下，我们现在考虑本章的主要目标：建立控制 minimax 风险下界的方法. 我们第一步是说明如何把达到最小下界的问题“退化”成一个特定检验问题中得到错误率下界的问题. 为此我们构造参数空间的一个合适的填装(关于填装数和度量熵的背景知识见第 5 章).

更精确地说，假设 $\{\theta^1,\cdots,\theta^M\}$ 是一个包含在空间 $\theta(\mathcal{P})$ 中的 2δ 分离集[㊁]，意味着对任意 $j\neq k$，满足 $\rho(\theta^j,\theta^k)\geqslant 2\delta$. 对每个 θ^j，我们选择某个代表性的分布 $\mathbb{P}_{\theta^j}$，即一个满足 $\theta(\mathbb{P}_{\theta^j})=\theta^j$ 的分布，然后考虑由分布族 $\{\mathbb{P}_{\theta^j},j=1,\cdots,M\}$ 定义的 M 元的假设检验问题. 特别地，我们通过下列方式生成一个随机变量 Z：

(1) 从指标集 $[M]:=\{1,\cdots,M\}$ 上的均匀分布中抽样产生一个随机整数 J.

㊀ 在我们的使用中，一个半度量满足一个度量的所有性质，除了可能存在 $\theta\neq\theta'$ 使得 $\rho(\theta,\theta')=0$.

㊁ 这里我们只要求了更宽松的条件 $\rho(\theta^j,\theta^k)\geqslant 2\delta$，而不是一个填装集所要求的严格不等式. 这个更松的要求在之后的计算中会非常方便.

(2) 给定 $J=j$，样本 $Z\sim\mathbb{P}_{\theta^j}$.

我们记 $\mathbb{Q}$ 为由这一过程所得的 (Z,J) 的联合分布. 注意 Z 的边缘分布为均匀加权混合分布 $\bar{\mathbb{Q}}:=\frac{1}{M}\sum_{j=1}^{M}\mathbb{P}_{\theta^j}$. 给定来自这个混合分布的一个样本 Z，我们考虑确定随机指标 J 的 M 元假设检验问题. 这个问题的一个检验函数是一个映射 ψ：$\mathcal{Z}\to[M]$，而对应的错误率为 $\mathbb{Q}[\psi(Z)\neq J]$，其中概率对 (Z,J) 的联合分布取. 这个错误率可以用来得到如下的一个 minimax 风险下界.

命题 15.1（从估计到检验）　对任意增函数 Φ 和 2δ 分离集，minimax 风险有下界

$$\mathfrak{M}(\theta(\mathcal{P});\Phi\circ\rho)\geqslant\Phi(\delta)\inf_{\psi}\mathbb{Q}[\psi(Z)\neq J] \tag{15.3}$$

其中极小值在所有检验函数上取.

注意界(15.3)的右端涉及两项，都依赖于设定的 δ. 由假设，函数 Φ 是 δ 的增函数，因此它在 δ 尽可能大的时候达到最大. 另一方面，检验误差 $\mathbb{Q}[\psi(Z)\neq J]$ 是基于一个 2δ 分离集分布而定义的. 当 $\delta\to0^+$ 时，本质上的检验问题会变得更难，因此，至少一般来说，我们可以期待当 δ 减小时 $\mathbb{Q}[\psi(Z)\neq J]$ 增大. 如果我们选择一个充分小的 δ^* 使得这个检验误差至少为 1/2，那么我们可以得出 $\mathfrak{M}(\theta(\mathcal{P}),\ \Phi\circ\rho)\geqslant\frac{1}{2}\Phi(\delta^*)$. 对一个选定的 δ，其他额外自由度是我们可以对填装集的选择，稍后会看到一系列不同的构造.

我们现在考虑命题的证明.

证明　对任意 $\mathbb{P}\in\mathcal{P}$ 以及参数 $\theta=\theta(\mathbb{P})$，我们有

$$\mathbb{E}_{\mathbb{P}}[\Phi(\rho(\hat{\theta},\theta))]\overset{\text{(i)}}{\geqslant}\Phi(\delta)\mathbb{P}[\Phi(\rho(\hat{\theta},\theta))\geqslant\Phi(\delta)]\overset{\text{(ii)}}{\geqslant}\Phi(\delta)\mathbb{P}[\rho(\hat{\theta},\theta)\geqslant\delta]$$

其中步骤(i)是由马尔可夫不等式得到的，而步骤(ii)则是由于 Φ 的增性. 因此，只需控制下述量的下界：

$$\sup_{\mathbb{P}\in\mathcal{P}}\mathbb{P}[\rho(\hat{\theta},\theta(\mathbb{P}))\geqslant\delta]$$

回顾 $\mathbb{Q}$ 表示由构造所定义的 (Z,J) 的联合分布. 注意

$$\sup_{\mathbb{P}\in\mathcal{P}}\mathbb{P}[\rho(\hat{\theta},\theta(\mathbb{P}))\geqslant\delta]\geqslant\frac{1}{M}\sum_{j=1}^{M}\mathbb{P}_{\theta^j}[\rho(\hat{\theta},\theta^j)\geqslant\delta]=\mathbb{Q}[\rho(\hat{\theta},\theta^J)\geqslant\delta]$$

因此我们已经把问题简化成控制 $\mathbb{Q}[\rho(\hat{\theta},\theta^J)\geqslant\delta]$ 的下界.

现在观察到任意估计量 $\hat{\theta}$ 可以用来定义一个检验，即通过

$$\psi(Z):=\arg\min_{\ell\in[M]}\rho(\theta^{\ell},\hat{\theta}) \tag{15.4}$$

(如果存在多个指标都可以取到最小值，那么我们用一个任意但明确的方式来消除这样的结.)假设真实参数是 θ^j：我们接下来断言事件 $\{\rho(\theta^j,\hat{\theta})<\delta\}$ 保证了检验(15.4)是正确的. 为了说明这一含义，注意，对任意其他的指标 $k\in[M]$，应用三角不等式可以得到

$$\rho(\theta^k,\hat{\theta})\geqslant\underbrace{\rho(\theta^k,\theta^j)}_{\geqslant2\delta}-\underbrace{\rho(\theta^j,\hat{\theta})}_{<\delta}>2\delta-\delta=\delta$$

其中下界 $\rho(\theta^j,\theta^k)\geqslant 2\delta$ 是由集合的 2δ 分离性质得到的. 因此，对任意 $k\neq j$，我们有 $\rho(\theta^k,\hat{\theta})>\rho(\theta^j,\hat{\theta})$，据此，由检验的定义(15.4)，一定有 $\psi(Z)=j$. 这一论证的几何解释见图 15.1.

因此，在 $J=j$ 的条件下，事件 $\{\rho(\hat{\theta},\theta^j)<\delta\}$ 包含在事件 $\{\psi(Z)=j\}$ 中，这意味着 $\mathbb{P}_{\theta^j}[\rho(\hat{\theta},\theta^j)\geqslant\delta]\geqslant\mathbb{P}_{\theta^j}[\psi(Z)\neq j]$. 对所有指标 j 求平均，我们得到

$$\mathbb{Q}[\rho(\hat{\theta},\theta^J)\geqslant\delta]=\frac{1}{M}\sum_{j=1}^{M}\mathbb{P}_{\theta^j}[\rho(\hat{\theta},\theta^j)\geqslant\delta]\geqslant\mathbb{Q}[\psi(Z)\neq J]$$

结合我们先前的讨论，我们已经证明了

$$\sup_{\mathbb{P}\in\mathcal{P}}\mathbb{E}_{\mathbb{P}}[\Phi(\rho(\hat{\theta},\theta))]\geqslant\Phi(\delta)\mathbb{Q}[\psi(Z)\neq J]$$

最后，对左端我们可以对所有估计 $\hat{\theta}$ 取极小，而对右端在检验诱导的集合上取极小. 所有检验的极小只会更小，由此得到所需结论. □

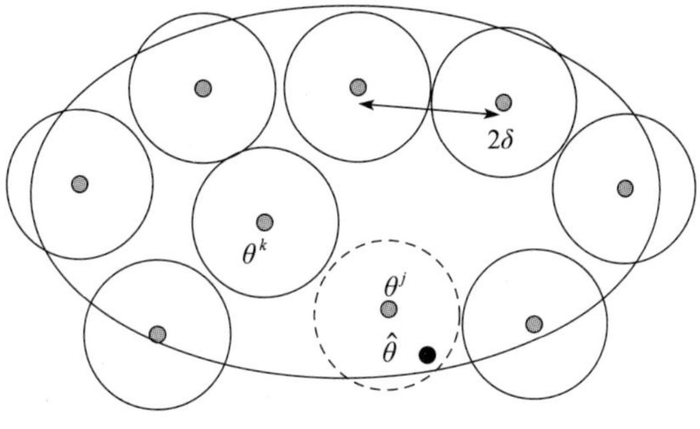

图 15.1　利用半度量 ρ 下空间 Ω 的一个 2δ 分离集将估计简化成检验. 如果当真实参数是 θ^j 时，一个估计 $\hat{\theta}$ 满足界 $\rho(\hat{\theta},\theta^j)<\delta$，那么它可以用来确定相应检验问题中正确的指标 j

15.1.3　一些散度度量

到目前为止，我们已经建立了 minimax 风险和检验问题中错误率之间的一个联系. 我们的下一步是得到控制错误率下界的方法，　为此我们需要关于不同概率分布之间不同类型散度度量的一些背景知识. 三种特别重要的度量是全变差(total variation，TV)距离，Kullback-Leibler(KL)散度和 Hellinger 距离.

令 $\mathbb{P}$ 和 $\mathbb{Q}$ 为 $\mathcal{X}$ 上的两个分布，在基本测度 ν 下密度函数分别为 p 和 q. 注意这里对密度存在性的假设是不失一般性的，因为在基测度 $\nu=\frac{1}{2}(\mathbb{P}+\mathbb{Q})$ 下任意分布对都有密度函数. 两个分布 $\mathbb{P}$ 和 $\mathbb{Q}$ 之间的全变差距离定义为

$$\|\mathbb{P}-\mathbb{Q}\|_{\mathrm{TV}}:=\sup_{A\subseteq\mathcal{X}}|\mathbb{P}(A)-\mathbb{Q}(A)| \tag{15.5}$$

基于密度，我们有等价定义

$$\|\mathbb{P}-\mathbb{Q}\|_{\mathrm{TV}}=\frac{1}{2}\int_{\mathcal{X}}|p(x)-q(x)|\nu(\mathrm{d}x) \tag{15.6}$$

对应了密度之间 $L^1(\nu)$ 范数的一半.(关于这一等价性的细节见第 3 章的习题 3.13.)稍后，我们将看到全变差距离是如何和二元假设检验的贝叶斯误差紧密联系起来的.

一个密切相关的分布之间“距离”的度量是 Kullback-Leibler 散度. 当通过密度 p 和 q 表示时，其形式为

$$D(\mathbb{Q}\|\mathbb{P})=\int_{\mathcal{X}}q(x)\log\frac{q(x)}{p(x)}\nu(\mathrm{d}x) \tag{15.7}$$

其中 ν 为某个定义了密度的基测度. 与全变差距离不同，事实上它并不是一个度量，因为，

例如它通常关于自变量不是对称的(即存在 $\mathbb{P}$ 和 $\mathbb{Q}$ 使得 $D(\mathbb{Q}\|\mathbb{P})\neq D(\mathbb{P}\|\mathbb{Q})$). 然而，它可以用来控制 TV 距离的上界，正如下面的经典结果所述.

引理 15.2(Pinsker-Csiszár-Kullback 不等式) 对任意分布 $\mathbb{P}$ 和 $\mathbb{Q}$,

$$\|\mathbb{P}-\mathbb{Q}\|_{\mathrm{TV}}\leqslant\sqrt{\frac{1}{2}D(\mathbb{Q}\|\mathbb{P})} \tag{15.8}$$

回顾这个不等式是在我们研究测度集中度现象时出现的(第 3 章). 这个不等式在这里同样非常重要，不过是在建立 minimax 下界的背景下. 关于这个不等式证明的一个框架见习题 15.6.

第三个在统计问题中起到重要作用的距离是平方 Hellinger 距离，表示为

$$H^2(\mathbb{P}\|\mathbb{Q}):=\int\left(\sqrt{p(x)}-\sqrt{q(x)}\right)^2\nu(\mathrm{d}x) \tag{15.9}$$

它就是两个平方根密度函数之间的 $L^2(\nu)$范数，而一个简单计算可以说明它在区间[0,2]上取值. 当基测度根据上下文清晰时，我们会交替使用记号 $H^2(p\|q)$和 $H^2(\mathbb{P}\|\mathbb{Q})$.

和 KL 散度一样，Hellinger 距离同样可以用来控制 TV 距离的上界.

引理 15.3(Le Cam 不等式) 对任意分布 $\mathbb{P}$ 和 $\mathbb{Q}$,

$$\|\mathbb{P}-\mathbb{Q}\|_{\mathrm{TV}}\leqslant H(\mathbb{P}\|\mathbb{Q})\sqrt{1-\frac{H^2(\mathbb{P}\|\mathbb{Q})}{4}} \tag{15.10}$$

我们在习题 15.5 中给出这个不等式的证明.

令$(\mathbb{P}_1,\cdots,\mathbb{P}_n)$为 n 个概率测度的一个集合，每个都定义在 $\mathcal{X}$上，并令 $\mathbb{P}^{1:n}=\otimes_{i=1}^n\mathbb{P}_i$ 为 $\mathcal{X}^n$上的乘积测度. 如果我们以类似的方式定义另一个乘积测度 $\mathbb{Q}^{1:n}$，那么很自然地会问 $\mathbb{P}^{1:n}$ 和 $\mathbb{Q}^{1:n}$ 之间的散度是否有基于每一个独立对之间的散度的一个“漂亮”的表示.

在这一背景下，全变差距离表现不好：一般来说，很难把距离$\|\mathbb{P}^{1:n}-\mathbb{Q}^{1:n}\|_{\mathrm{TV}}$ 用每一对的距离$\|\mathbb{P}_i-\mathbb{Q}_i\|_{\mathrm{TV}}$ 来表示. Kullback-Leibler 散度具有一个非常好的解耦性质，我们有

$$D(\mathbb{P}^{1:n}\|\mathbb{Q}^{1:n})=\sum_{i=1}^n D(\mathbb{P}_i\|\mathbb{Q}_i) \tag{15.11a}$$

这一性质可以根据定义直接验证. 在独立同分布乘积分布的特殊情形下——意味着对所有 i 有 $\mathbb{P}_i=\mathbb{P}_1$ 和 $\mathbb{Q}_i=\mathbb{Q}_1$——那么我们有

$$D(\mathbb{P}^{1:n}\|\mathbb{Q}^{1:n})=nD(\mathbb{P}_1\|\mathbb{Q}_1) \tag{15.11b}$$

尽管平方 Hellinger 距离不能以这样一个简单的方式来分解，它也有下面的性质：

$$\frac{1}{2}H^2(\mathbb{P}^{1:n}\|\mathbb{Q}^{1:n})=1-\prod_{i=1}^n\left(1-\frac{1}{2}H^2(\mathbb{P}_i\|\mathbb{Q}_i)\right) \tag{15.12a}$$

因此，在独立同分布情形下，我们有

$$\frac{1}{2}H^2(\mathbb{P}^{1:n}\|\mathbb{Q}^{1:n})=1-\left(1-\frac{1}{2}H^2(\mathbb{P}_1\|\mathbb{Q}_1)\right)^n\leqslant\frac{1}{2}nH^2(\mathbb{P}_1\|\mathbb{Q}_1)\tag{15.12b}$$

关于这些及相关性质的验证见习题 15.3 和习题 15.7，它们稍后将起到非常重要的作用.

15.2 二元检验和 Le Cam 方法

最简单的检验问题仅涉及两个分布，称为二元假设检验. 在本节中，我们介绍二元检验和全变差范数之间的联系，并用它来导出几种形式的下界，最终得到一个一般性的方法即 Le Cam 方法.

15.2.1 贝叶斯误差和全变差距离

在一个等权重的二元检验问题中，我们观测一个来自混合分布 $\overline{\mathbb{Q}}:=\frac{1}{2}\mathbb{P}_0+\frac{1}{2}\mathbb{P}_1$ 的随机变量 Z. 对一个给定的决策方法 ψ：$\mathcal{Z}\to\{0,1\}$，相应的错误率为

$$\mathbb{Q}[\psi(Z)\neq J]=\frac{1}{2}\mathbb{P}_0[\psi(Z)\neq 0]+\frac{1}{2}\mathbb{P}_1[\psi(Z)\neq 1]$$

如果在所有决策方法上对这个错误率取极小，我们得到一个量称为这个问题的贝叶斯风险. 在二元情形下，贝叶斯风险实际上可以通过先前式(15.5)定义的全变差距离 $\|\mathbb{P}_1-\mathbb{P}_0\|_{\mathrm{TV}}$ 显式表达——更精确地，我们有

$$\inf_{\psi}\mathbb{Q}[\psi(Z)\neq J]=\frac{1}{2}\{1-\|\mathbb{P}_1-\mathbb{P}_0\|_{\mathrm{TV}}\}\tag{15.13}$$

注意贝叶斯风险最坏情况下的值是 1/2，在 $\mathbb{P}_1=\mathbb{P}_0$ 时取到，这时假设是完全不可区分的. 在另一个极端，贝叶斯风险最好情况下取值为 0，在 $\|\mathbb{P}_1-\mathbb{P}_0\|_{\mathrm{TV}}=1$ 时取到. 例如，当 $\mathbb{P}_0$ 和 $\mathbb{P}_1$ 有不相交的支撑集的时候，后一个等式会发生.

为了验证等式(15.13)，注意决策方法 ψ 和 $\mathcal{X}$ 的可测划分 (A,A^c) 之间有一一对应关系；更准确地说，任意决策方法 ψ 由集合 $A=\{x\in\mathcal{X}\mid\psi(x)=1\}$ 唯一确定. 因此，我们有

$$\sup_{\psi}\mathbb{Q}[\psi(z)=J]=\sup_{A\subseteq\mathcal{X}}\left\{\frac{1}{2}\mathbb{P}_1(A)+\frac{1}{2}\mathbb{P}_0(A^c)\right\}=\frac{1}{2}\sup_{A\subseteq\mathcal{X}}\{\mathbb{P}_1(A)-\mathbb{P}_0(A)\}+\frac{1}{2}$$

由于 $\sup_{\psi}\mathbb{Q}[\psi(Z)=J]=1-\inf_{\psi}\mathbb{Q}[\psi(Z)\neq J]$，那么结论(15.13)可以通过全变差距离的定义(15.5)得到.

表达式(15.13)，结合命题 15.1，给出了一种推导下界的方法. 特别地，对任意一对分布 $\mathbb{P}_0$，$\mathbb{P}_1\in\mathcal{P}$ 满足 $\rho(\theta(\mathbb{P}_0),\theta(\mathbb{P}_1))\geqslant 2\delta$，我们有

$$\mathfrak{M}(\theta(\mathcal{P}),\Phi\circ\rho)\geqslant\frac{\Phi(\delta)}{2}\{1-\|\mathbb{P}_1-\mathbb{P}_0\|_{\mathrm{TV}}\}\tag{15.14}$$

我们通过一些例子来阐述这一简单下界的应用.

例 15.4(高斯位置分布族) 对一个固定的方差 σ^2，令 $\mathbb{P}_\theta$ 为一个 $\mathcal{N}(\theta,\sigma^2)$ 变量的分布；让均值 θ 在实轴上变化，这就定义了一个高斯位置分布族 $\{\mathbb{P}_\theta,\theta\in\mathbb{R}\}$. 这里基于绝对误差 $|\hat{\theta}-\theta|$ 或平方误差 $(\hat{\theta}-\theta)^2$ 我们考虑估计 θ 的问题，利用 n 个来自一个 $\mathcal{N}(\theta,\sigma^2)$ 分布的独立同分布样本 $Z=(Y_1,\cdots,Y_n)$. 我们用 $\mathbb{P}_\theta^n$ 表示这一乘积分布.

我们运用两点 Le Cam 界(15.14)，其中分布为 $\mathbb{P}_0^n$ 和 $\mathbb{P}_\theta^n$. 我们设定 $\theta=2\delta$，δ 会在稍后的证明中给定，这保证了两个均值是 2δ 分离的. 为了应用两点 Le Cam 界，我们需要控制全变差距离 $\|\mathbb{P}_\theta^n-\mathbb{P}_0^n\|_{\mathrm{TV}}$. 由习题 15.10(b)中的二阶矩界，我们有

$$\|\mathbb{P}_\theta^n-\mathbb{P}_0^n\|_{\mathrm{TV}}^2\leqslant\frac{1}{4}\{\mathrm{e}^{n\theta^2/\sigma^2}-1\}=\frac{1}{4}\{\mathrm{e}^{4n\delta^2/\sigma^2}-1\} \tag{15.15}$$

令 $\delta=\frac{1}{2}\frac{\sigma}{\sqrt{n}}$ 可导出

$$\inf_{\hat{\theta}}\sup_{\theta\in\mathbb{R}}\mathbb{E}_\theta[|\hat{\theta}-\theta|]\geqslant\frac{\delta}{2}\left\{1-\frac{1}{2}\sqrt{\mathrm{e}-1}\right\}\geqslant\frac{\delta}{6}=\frac{1}{12}\frac{\sigma}{\sqrt{n}} \tag{15.16a}$$

和

$$\inf_{\hat{\theta}}\sup_{\theta\in\mathbb{R}}\mathbb{E}_\theta[(\hat{\theta}-\theta)^2]\geqslant\frac{\delta^2}{2}\left\{1-\frac{1}{2}\sqrt{\mathrm{e}-1}\right\}\geqslant\frac{\delta^2}{6}=\frac{1}{24}\frac{\sigma^2}{n} \tag{15.16b}$$

尽管前置项 1/12 和 1/24 不是最优的，但数量级 $\sigma/\sqrt{n}$ 和 σ^2/n 是精细的. 例如，样本均值 $\tilde{\theta}_n:=\frac{1}{n}\sum_{i=1}^n Y_i$ 满足界

$$\sup_{\theta\in\mathbb{R}}\mathbb{E}_\theta[|\tilde{\theta}_n-\theta|]=\sqrt{\frac{2}{\pi}}\frac{\sigma}{\sqrt{n}}\quad 和 \quad \sup_{\theta\in\mathbb{R}}\mathbb{E}_\theta[(\tilde{\theta}_n-\theta)^2]=\frac{\sigma^2}{n}$$

在习题 15.8 中，我们探索另外一种方法，运用引理 15.2 中的 Pinsker-Csiszár-Kullback 不等式计算基于 KL 散度控制 TV 距离的上界. 这个方法可以导出一个常数更优的结果. ♣

均方误差以 n^{-1} 衰减对带有一定规则性的参数问题是常见结果，其中高斯位置模型就是典型例子. 对其他“非常规”问题，更快的速度是可能的，而 minimax 下界会有一种不同的形式. 下面的例子给出了这个现象的一个阐述.

例 15.5(均匀位置族)　我们考虑均匀位置分布族，其中，对每个 $\theta\in\mathbb{R}$，分布 $\mathbb{U}_\theta$ 是区间$[\theta,\theta+1]$上的均匀分布. 我们用 $\mathbb{U}_\theta^n$ 表示 n 个来自 $\mathbb{U}_\theta$ 的独立同分布样本的乘积分布. 在这种情形下，不能使用引理 15.2 来控制全变差范数，因为只要 $\theta\neq\theta'$ 那么 $\mathbb{U}_\theta$ 和 $\mathbb{U}_{\theta'}$ 之间的 Kullback-Leibler 散度是无穷. 因此，我们需要利用另一个距离度量：在这个例子中，我们阐述 Hellinger 距离的使用[见式(15.9)].

给定一对 θ，$\theta'\in\mathbb{R}$，我们计算 $\mathbb{U}_\theta$ 和 $\mathbb{U}_{\theta'}$ 之间的 Hellinger 距离. 由对称性，只需要考虑 $\theta'>\theta$ 的情形. 若 $\theta'>\theta+1$，那么我们有 $H^2(\mathbb{U}_\theta\|\mathbb{U}_{\theta'})=2$. 否则，当 $\theta'\in(\theta,\theta+1]$时，我们有

$$H^2(\mathbb{U}_\theta\|\mathbb{U}_{\theta'})=\int_\theta^{\theta'}\mathrm{d}t+\int_{\theta+1}^{\theta'+1}\mathrm{d}t=2|\theta'-\theta|$$

因此，如果我们取一对 θ，θ'满足 $|\theta'-\theta|=2\delta:=\frac{1}{4n}$，那么关系式(15.12b)保证了

$$\frac{1}{2}H^2(\mathbb{U}_\theta^n\|\mathbb{U}_{\theta'}^n)\leqslant\frac{n}{2}2|\theta'-\theta|=\frac{1}{4}$$

结合引理 15.3，我们发现

$$\|\mathbb{U}_\theta^n-\mathbb{U}_{\theta'}^n\|_{\mathrm{TV}}^2\leqslant H^2(\mathbb{U}_\theta^n\|\mathbb{U}_{\theta'}^n)\leqslant\frac{1}{2}$$

由下界(15.14)，取 $\Phi(t)=t^2$，我们得到结论，对均匀位置族，minimax 风险有下界

$$\inf_{\hat{\theta}}\sup_{\theta\in\mathbb{R}}\mathbb{E}_\theta[(\hat{\theta}-\theta)^2]\geqslant\frac{\left(1-\frac{1}{\sqrt{2}}\right)}{128}\frac{1}{n^2}$$

这个下界的重要之处在于它有更快的速度 n^{-2}，这与通常情形下的 n^{-1} 速度不同. 事实上，这个 n^{-2} 速度对于均匀位置模型是最优的，例如可以由估计 $\tilde{\theta}=\min\{Y_1,\cdots,Y_n\}$ 取到；细节见习题 15.9. ♣

Le Cam 方法同样对各种非参数问题也很有用，例如对于那些目标是在一个密度函数类 $\mathscr{F}$ 上估计某个泛函 θ：$\mathscr{F}-\mathbb{R}$ 的问题. 例如，一个标准例子是估计在一个点 $x=0$ 处的密度，此时 $\theta(f):=f(0)$ 称为一个评估泛函.

对这种问题 Le Cam 方法中一个重要的量是泛函 θ 对应 Hellinger 范数的 Lipschitz 常数，即

$$\omega(\epsilon;\theta,\mathscr{F}):=\sup_{f,g\in\mathscr{F}}\{|\theta(f)-\theta(g)|\mid H^2(f\|g)\leqslant\epsilon^2\}\tag{15.17}$$

这里我们使用 $H^2(f\|g)$ 表示与密度 f 和 g 对应的分布之间的平方 Hellinger 距离. 注意 ω 度量了当 f 在一个半径为 ϵ 的 Hellinger 邻域内扰动时 $\theta(f)$ 的波动程度. 下面的推论揭示了这个 Lipschitz 常数(15.17)的重要性.

推论 15.6(泛函的 Le Cam 方法) 对任意非负实轴上的增函数 Φ 和任意泛函 θ：$\mathscr{F}\to\mathbb{R}$，我们有

$$\inf_{\hat{\theta}}\sup_{f\in\mathscr{F}}\mathbb{E}[\Phi(\hat{\theta}-\theta(f))]\geqslant\frac{1}{4}\Phi\left(\frac{1}{2}\omega\left(\frac{1}{2\sqrt{n}};\theta,\mathscr{F}\right)\right)\tag{15.18}$$

证明 我们在证明中采用简写 $\omega(t)\equiv\omega(t;\theta,\mathscr{F})$. 令 $\epsilon^2=\frac{1}{4n}$，选择 f,g 使得能够达到[⊖]定义 $\omega(1/(2\sqrt{n}))$ 的最值. 结合 Le Cam 不等式(引理 15.3)和 Hellinger 距离的解耦性质(15.12b)，我们有

$$\|\mathbb{P}_f^n-\mathbb{P}_g^n\|_{\mathrm{TV}}^2\leqslant H^2(\mathbb{P}_f^n\|\mathbb{P}_g^n)\leqslant nH^2(\mathbb{P}_f\|\mathbb{P}_g)\leqslant\frac{1}{4}$$

因此，对应 $\delta=\frac{1}{2}\omega\left(\frac{1}{2\sqrt{n}}\right)$ 的 Le Cam 界(15.14)保证了

$$\inf_{\hat{\theta}}\sup_{f\in\mathscr{F}}\mathbb{E}[\Phi(\hat{\theta}-\theta(f))]\geqslant\frac{1}{4}\Phi\left(\frac{1}{2}\omega\left(\frac{1}{2\sqrt{n}}\right)\right)$$

⊖ 如果取不到最值，则我们可以在任意给定的精度下选择逼近最值的函数对，然后重复这一过程.

正是所要证明的结论. □

推论 15.6 的精妙之处在于它把下界的计算简化成一个几何对象的计算，即 Lipschitz 常数(15.17). 一些具体的例子会帮我们理解这个基本思想.

例 15.7(Lipschitz 密度的逐点估计)　我们考虑$[-1/2,1/2]$上一致远离 0，且 Lipschitz 常数为 1 的密度函数族，即对所有 $x,y\in\left[-\frac{1}{2},\frac{1}{2}\right]$，都有$|f(x)-f(y)|\leqslant|x-y|$. 假设我们的目标是估计线性泛函 $f\mapsto\theta(f):=f(0)$. 为了应用推论 15.6，只需要控制 $\omega\left(\frac{1}{2\sqrt{n}};\theta,\mathscr{F}\right)$的下界，为此我们可以选择一对 $f_0,g\in\mathscr{F}$ 满足 $H^2(f_0\|g)=\frac{1}{4n}$，然后评估差$|\theta(f_0)-\theta(g)|$. 令 $f_0\equiv1$ 为$\left[-\frac{1}{2},\frac{1}{2}\right]$上的均匀分布. 对一个待选定的参数 $\delta\in\left(0,\frac{1}{6}\right]$，考虑函数

$$\phi(x)=\begin{cases}\delta-|x| & 对\ |x|\leqslant\delta\\ |x-2\delta|-\delta & 对\ x\in[\delta,3\delta]\\ 0 & 其他\end{cases}\tag{15.19}$$

示意图见图 15.2. 由构造，函数 ϕ 是 1-Lipschitz 的，一致有界$\|\phi\|_\infty=\delta\leqslant\frac{1}{6}$，且积分为 0，即$\int_{-1/2}^{1/2}\phi(x)\mathrm{d}x=0$. 因此，扰动后的函数 $g:=f_0+\phi$ 是属于我们类的一个密度函数，而且由构造，我们有等式$|\theta(f_0)-\theta(g)|=\delta$.

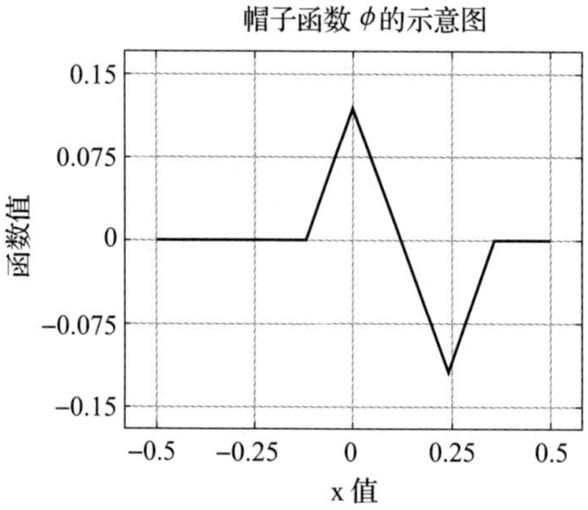

图 15.2　式(15.19)中的帽子函数 ϕ 在$\delta=0.12$ 时的示意图. 它是 1-Lipschitz 的，一致有界$\|\phi\|_\infty\leqslant\delta$，而且积分为零

剩下的还需要控制平方 Hellinger 距离. 由定义，我们有

$$\frac{1}{2}H^2(f_0\|g)=1-\int_{-1/2}^{1/2}\sqrt{1+\phi(t)}\,\mathrm{d}t$$

定义函数 $\Psi(u)=\sqrt{1+u}$，并注意到$\sup\limits_{u\in\mathbb{R}}|\Psi''(u)|\leqslant\frac{1}{4}$. 因此，由泰勒展开，我们有

$$\frac{1}{2}H^2(f_0\|g)=\int_{-1/2}^{1/2}\{\Psi(0)-\Psi(\phi(t))\}\mathrm{d}t\leqslant\int_{-1/2}^{1/2}\left\{-\Psi'(0)\phi(t)+\frac{1}{8}\phi^2(t)\right\}\mathrm{d}t \tag{15.20}$$

注意

$$\int_{-1/2}^{1/2}\phi(t)\mathrm{d}t=0 \quad 和 \quad \int_{-1/2}^{1/2}\phi^2(t)\mathrm{d}t=4\int_0^{\delta}(\delta-x)^2\mathrm{d}x=\frac{4}{3}\delta^3$$

结合我们的泰勒级数界(15.20)，得到

$$H^2(f_0\|g)\leqslant\frac{2}{8}\cdot\frac{4}{3}\delta^3=\frac{1}{3}\delta^3$$

因此，令 $\delta^3=\frac{3}{4n}$保证了 $H^2(f_0\|g)\leqslant\frac{1}{4n}$. 综上所述，$\Phi(t)=t^2$ 时的推论 15.6 保证了

$$\inf_{\hat{\theta}}\sup_{f\in\mathscr{F}}\mathbb{E}[(\hat{\theta}-f(0))^2]\geqslant\frac{1}{16}\omega^2\left(\frac{1}{2\sqrt{n}}\right)\gtrsim n^{-2/3}$$

对于 Lipschitz 族的这个 $n^{-2/3}$ 下界可以由许多估计达到，因此我们已经导出了一个最优的下界. ♣

我们现在考虑一个非参数问题中的一个非线性泛函的两类下界. 尽管所得的界是非平凡的，但它不是一个最优结果——这与先前的例子不同. 之后，我们将对两类方法进行 Le Cam 改良以得到最优速度.

例 15.8(二次泛函的下界) 给定正的常数 $c_0<1<c_1$ 和 $c_2>1$，考虑二阶可导的密度函数类

$$\mathscr{F}_2([0,1]):=\left\{f:[0,1]\to[c_0,c_1]\,\middle|\,\|f''\|_\infty\leqslant c_2 \quad 且 \quad \int_0^1 f(x)\mathrm{d}x=1\right\} \tag{15.21}$$

它是上、下都一致有界的，而且有一致有界的二阶导数. 考虑二次泛函 $f\mapsto\theta(f):=\int_0^1(f'(x))^2\mathrm{d}x$. 注意 $\theta(f)$给出了密度函数“光滑度”的一个度量：对于均匀分布的密度它为零，而当密度函数有更不稳定表现时会变大. 这样的二次泛函的估计会在许多问题中出现；更多讨论详见参考文献.

我们同样用推论 15.6 来推导一个下界. 令 f_0 为$[0,1]$上的均匀分布，它显然属于 $\mathscr{F}_2$. 和例 15.7 一样，我们构造一个 f_0 的扰动 g 使 $H_2(f_0\|g)=\frac{1}{4n}$；推论 15.6 则会给出数量级$(\theta(f_0)-\theta(g))^2$ 的一个 minimax 下界.

为了构造这个扰动，令 ϕ：$[0,1]\to\mathbb{R}$ 为一个固定的二阶可导函数并且一致有界$\|\phi\|_\infty\leqslant\frac{1}{2}$，以及满足

$$\int_0^1\phi(x)\mathrm{d}x=0 \quad 和 \quad b_\ell:=\int_0^1(\phi^{(\ell)}(x))^2\mathrm{d}x>0 \quad 对 \quad \ell=0,1 \tag{15.22}$$

现在把单位区间$[0,1]$划分成 m 个子区间$[x_j,x_{j+1}]$，其中 $x_j=\frac{j}{m}$，对 $j=0,\cdots,m-1$. 对

一个适当小的常数 $C>0$，定义平移和重尺度化后的函数

$$\phi_j(x):=\begin{cases}\dfrac{C}{m^2}\phi(m(x-x_j)) & 若\ x\in[x_j,x_{j+1}]\\ 0 & 其他\end{cases} \tag{15.23}$$

我们然后考虑密度函数 $g(x):=1+\sum_{j=1}^{m}\phi_j(x)$. 可以看到只要常数 C 选得足够小，$g\in\mathscr{F}_2$. 关于这一构造见图 15.3.

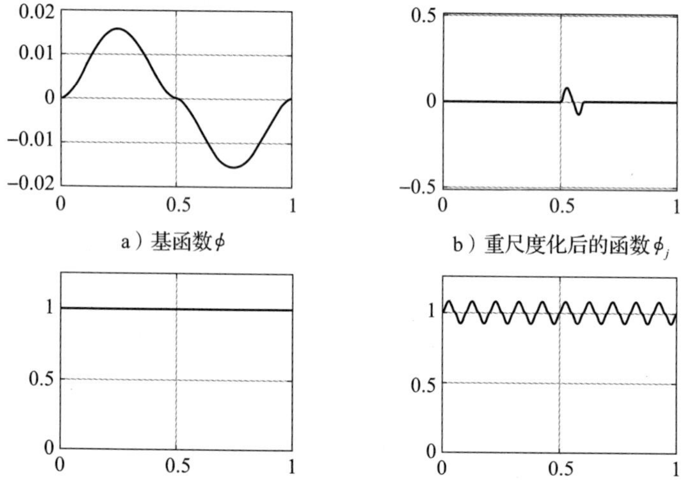

a）基函数 ϕ　　b）重尺度化后的函数 ϕ_j

c）均匀分布 f_0　　d）抖动分布 g

图 15.3　密度函数 g 构造的示意图. a) 一个基函数 ϕ 的例子. b) 函数 ϕ_j 是 ϕ 经平移和重尺度化后得到的. c) 原始的均匀分布. d) 最后的密度函数 g 是均匀分布 f_0 和平移后函数 $\{\phi_j\}_{j=1}^m$ 之和的叠加

我们现在来控制 Hellinger 距离. 沿着例 15.7 中同样的泰勒展开方法，我们有

$$\begin{aligned}\frac{1}{2}H^2(f_0\|g)&=1-\int_0^1\sqrt{1+\sum_{j=1}^{m}\phi_j(x)}\,\mathrm{d}x\leqslant\frac{1}{8}\int_0^1\Big(\sum_{j=1}^{m}\phi_j(x)\Big)^2\mathrm{d}x\\&=\frac{1}{8}\sum_{j=1}^{m}\int_0^1\phi_j^2(x)\mathrm{d}x=cb_0\frac{1}{m^4}\end{aligned}$$

其中 $c>0$ 是一个普适常数. 因此，设定 $m^4:=2cb_0n$ 保证了 $H^2(f_0\|g)\leqslant\frac{1}{n}$，这正是应用推论 15.6 所需要的.

剩下还需评估 $\theta(f_0)$ 和 $\theta(g)$ 之差. 一方面，我们有 $\theta(f_0)=0$，而另一方面，我们有

$$\theta(g)=\int_0^1\Big(\sum_{j=1}^{m}\phi_j'(x)\Big)^2\mathrm{d}x=m\int_0^1(\phi_j'(x))^2\mathrm{d}x=\frac{C^2b_1}{m^2}$$

回顾 m 的选取，我们看到 $|\theta(g)-\theta(f_0)|\geqslant\frac{K}{\sqrt{n}}$ 对某个不依赖于 n 的普适常数 K 成立. 因此，$\Phi(t)=t$ 时的推论 15.6 保证了

$$\sup_{f\in\mathscr{F}_2}\mathbb{E}[|\hat{\theta}(f)-\theta(f)|]\gtrsim n^{-1/2} \tag{15.24}$$

这个下界，当有效时，不是最优的——没有估计量可以在 $\mathscr{F}_2$ 上一致地达到数量级为 $n^{-1/2}$ 的误差. 事实上，我们将会看到 minimax 风险的数量级为 $n^{-4/9}$，但证明这个最优界需要基本的两点技巧的一个延伸，我们在下一节中进行讨论. ♣

15.2.2 Le Cam 凸包方法

到目前为止我们的讨论集中在由单独对假设所得到的下界. 如我们已经看到的，检验问题的困难程度由两个分布之间的全变差距离所控制. Le Cam 方法是这个思想的一个优美的延伸，它可以让我们对两类分布取凸包. 在很多情况下，在凸包上度量分离程度的全变差范数要比两类之间逐点的分离程度小得多，这就导出了更好的下界.

更具体地说，考虑 $\mathcal{P}$ 的两个子集 $\mathcal{P}_0$ 和 $\mathcal{P}_1$，它们是 2δ 分离的，也就是说

$$\rho(\theta(\mathbb{P}_0),\theta(\mathbb{P}_1))\geqslant 2\delta \quad 对所有\ \mathbb{P}_0\in\mathcal{P}_0\ 和\ \mathbb{P}_1\in\mathcal{P}_1 \tag{15.25}$$

引理 15.9(Le Cam) *对 $\mathcal{P}$ 中任意的 2δ 分离的分布类 $\mathcal{P}_0$ 和 $\mathcal{P}_1$，任意估计 $\hat{\theta}$ 的最坏情形风险至少为*

$$\sup_{\mathbb{P}\in\mathcal{P}}\mathbb{E}_{\mathbb{P}}[\rho(\hat{\theta},\theta(\mathbb{P}))]\geqslant\frac{\delta}{2}\sup_{\substack{\mathbb{P}_1\in\operatorname{conv}(\mathcal{P}_1)\\ \mathbb{P}_0\in\operatorname{conv}(\mathcal{P}_0)}}\{1-\|\mathbb{P}_0-\mathbb{P}_1\|_{\mathrm{TV}}\} \tag{15.26}$$

证明 对任意估计 $\hat{\theta}$，我们定义随机变量

$$V_j(\hat{\theta})=\frac{1}{2\delta}\inf_{\mathbb{P}_j\in\mathcal{P}_j}\rho(\hat{\theta},\theta(\mathbb{P}_j)),\quad 对\ j=0,1$$

我们然后有

$$\begin{aligned}\sup_{\mathbb{P}\in\mathcal{P}}\mathbb{E}_{\mathbb{P}}[\rho(\hat{\theta},\theta(\mathbb{P}))]&\geqslant\frac{1}{2}\{\mathbb{E}_{\mathbb{P}_0}[\rho(\hat{\theta},\theta(\mathbb{P}_0))]+\mathbb{E}_{\mathbb{P}_1}[\rho(\hat{\theta},\theta(\mathbb{P}_1))]\}\\&\geqslant\delta\{\mathbb{E}_{\mathbb{P}_0}[V_0(\hat{\theta})]+\mathbb{E}_{\mathbb{P}_1}[V_1(\hat{\theta})]\}\end{aligned}$$

由于右端项对 $\mathbb{P}_0$ 和 $\mathbb{P}_1$ 是线性的，我们可以在凸包上取极值并由此得到下界

$$\sup_{\mathbb{P}\in\mathcal{P}}\mathbb{E}_{\mathbb{P}}[\rho(\hat{\theta},\theta(\mathbb{P}))]\geqslant\delta\sup_{\substack{\mathbb{P}_0\in\operatorname{conv}(\mathcal{P}_0)\\ \mathbb{P}_1\in\operatorname{conv}(\mathcal{P}_1)}}\{\mathbb{E}_{\mathbb{P}_0}[V_0(\hat{\theta})]+\mathbb{E}_{\mathbb{P}_1}[V_1(\hat{\theta})]\}$$

由三角不等式，我们有

$$\rho(\hat{\theta},\theta(\mathbb{P}_0))+\rho(\hat{\theta},\theta(\mathbb{P}_1))\geqslant\rho(\theta(\mathbb{P}_0),\theta(\mathbb{P}_1))\geqslant 2\delta$$

对每个 $j=0,1$ 在 $\mathbb{P}_j\in\mathcal{P}_j$ 上取极小，我们得到

$$\inf_{\mathbb{P}_0\in\mathcal{P}_0}\rho(\hat{\theta},\theta(\mathbb{P}_0))+\inf_{\mathbb{P}_1\in\mathcal{P}_1}\rho(\hat{\theta},\theta(\mathbb{P}_1))\geqslant 2\delta$$

其等价于 $V_0(\hat{\theta})+V_1(\hat{\theta})\geqslant 1$. 由于对 $j=0$，1 有 $V_j(\hat{\theta})\geqslant 0$，TV 距离的变分表示(见习题 15.1)保证了，对任意 $\mathbb{P}_j\in\operatorname{conv}(\mathcal{P}_j)$，我们有

$$\mathbb{E}_{\mathbb{P}_0}[V_0(\hat{\theta})]+\mathbb{E}_{\mathbb{P}_1}[V_1(\hat{\theta})]\geqslant 1-\|\mathbb{P}_1-\mathbb{P}_0\|_{\mathrm{TV}}$$

这就完成了证明. □

为了看到取凸包是如何减小全变差范数的，我们可以回到之前在例 15.4 中介绍的高斯位置模型.

例 15.10（高斯局部族的严格界） 在例 15.4 中，我们使用了 Le Cam 方法的一个两点形式证明了高斯位置分布族中均值估计的一个下界. 其中一个关键步骤是控制分别基于高斯模型 $\mathcal{N}(\theta,\sigma^2)$ 和 $\mathcal{N}(0,\sigma^2)$ 的 n 重乘积分布之间的 TV 距离 $\|\mathbb{P}_0^n-\mathbb{P}_0^n\|_{\mathrm{TV}}$ 上界. 我们在这里说明 Le Cam 方法的凸包形式是如何精细化这一步的，由此可以得到一个具有更紧常数的界. 特别地，和之前一样设定 $\theta=2\delta$，考虑两个类 $\mathcal{P}_0=\{\mathbb{P}_0^n\}$ 和 $\mathcal{P}_1=\{\mathbb{P}_\theta^n,\mathbb{P}_{-\theta}^n\}$. 注意混合分布 $\overline{\mathbb{P}}:=\frac{1}{2}\mathbb{P}_\theta^n+\frac{1}{2}\mathbb{P}_{-\theta}^n$ 属于 $\mathrm{conv}(\mathcal{P}_1)$. 由习题 15.10(c)中探究的二阶矩界，我们有

$$\|\overline{\mathbb{P}}-\mathbb{P}_0^n\|_{\mathrm{TV}}^2\leqslant\frac{1}{4}\left\{\mathrm{e}^{\frac{1}{2}\left(\frac{\sqrt{n}\theta}{\sigma}\right)^4}-1\right\}=\frac{1}{4}\left\{\mathrm{e}^{\frac{1}{2}\left(\frac{2\sqrt{n}\delta}{\sigma}\right)^4}-1\right\} \tag{15.27}$$

对某个待设定的参数 $t>0$，令 $\delta=\frac{\sigma t}{2\sqrt{n}}$，凸包的 Le Cam 界(15.26)导出

$$\min_{\hat\theta}\sup_{\theta\in\mathbb{R}}\mathbb{E}_\theta[|\hat\theta-\theta|]\geqslant\frac{\sigma}{4\sqrt{n}}\sup_{t>0}\left\{t\left(1-\frac{1}{2}\sqrt{\mathrm{e}^{\frac{1}{2}t^4}-1}\right)\right\}\geqslant\frac{3}{20}\frac{\sigma}{\sqrt{n}}$$

这个界是例 15.4 中所得的原始界(15.16a)的一个改进，原来前面的系数项为 $\frac{1}{12}\approx0.08$，而目前的分析得到的是 $\frac{3}{20}=0.15$. 因此，尽管我们使用了同样的基分割 δ，混合分布的运用减小了 TV 距离——对比一下界(15.27)和(15.15)——因此导出了一个更好的结果. ♣

在先前的例子中，扩展到凸包只是带来了前置的常数项上的改进. 我们现在考虑一个例子，改进更为显著. 回顾例 15.8，在那里我们考虑了式(15.21)的类 $\mathscr{F}_2$ 上的二次泛函 $f\mapsto\theta(f)=\int_0^1(f'(x))^2\mathrm{d}x$ 的估计问题. 我们现在阐述在它的整个凸包上的 Le Cam 方法如何导出 minimax 风险的一个最优下界.

例 15.11（二次泛函的最优界） 对每一个二元向量 $\alpha\in\{-1,+1)^m$，定义分布 $\mathbb{P}_\alpha$ 其密度为

$$f_\alpha(x)=1+\sum_{j=1}^m\alpha_j\phi_j(x)$$

注意例 15.8 中构造的扰动密度 g 是这一类中的一个特殊成员，由二值向量 $\alpha=(1,1,\cdots,1)$ 生成. 记 $\mathbb{P}_\alpha^n$ 为来自 $\mathbb{P}_\alpha$ 的 n 次独立抽样得到的 $\mathcal{X}^n$ 上的乘积分布，并定义两个类 $\mathcal{P}_0:=\{\mathbb{U}^n\}$ 和 $\mathcal{P}_1:=\{\mathbb{P}_\alpha^n,\alpha\in\{-1,+1\}^m\}$. 在这些设定下，我们有

$$\inf_{\substack{\mathbb{P}_j\in\mathrm{conv}(\mathcal{P}_j)\\ j=0,1}}\|\mathbb{P}_0-\mathbb{P}_1\|_{\mathrm{TV}}\leqslant\|\mathbb{U}^n-\mathbb{Q}\|_{\mathrm{TV}}\leqslant H(\mathbb{U}^n\|\mathbb{Q})$$

其中 $\mathbb{Q}:=2^{-m}\sum_{\alpha\in\{-1,+1\}^m}\mathbb{P}_\alpha^n$ 是所有 2^m 个 $\mathbb{P}_\alpha^n$ 的等权混合分布.

在这个情况下，由于 $\mathbb{Q}$ 不是一个乘积分布，我们不能再利用分解(15.12a)来通过一个单

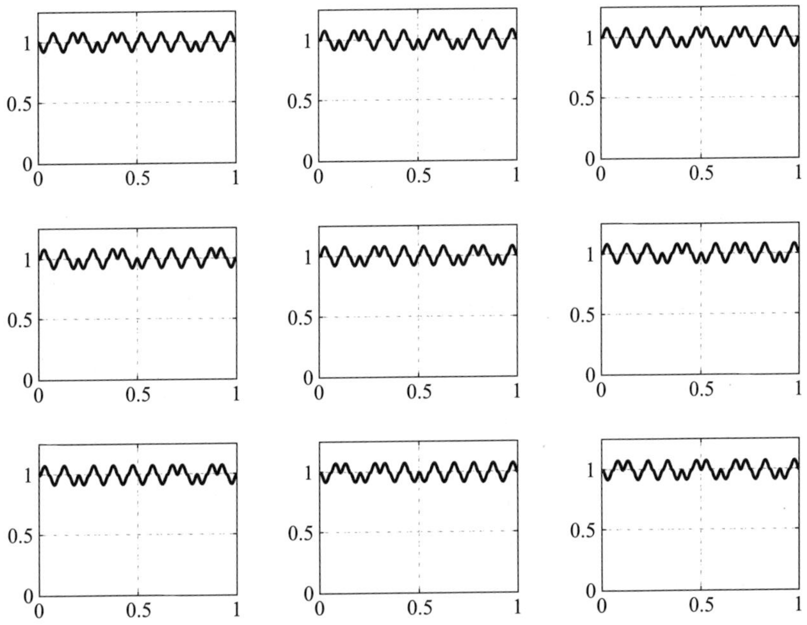

图 15.4　形式为 $f_\alpha(x)=1+\sum_{i=1}^{m}\alpha_j\phi_j(x)$ 的密度函数的示意图，其中 α 为符号向量 $\alpha\in\{-1,1\}^m$ 的不同选择. 注意总共有 2^m 个这样的密度函数

变量形式控制 Hellinger 距离 $H(\mathbb{U}^n\|\mathbb{Q})$. 作为替代，我们需要一些更具技巧性的计算. 一个可能的上界为

$$H^2(\mathbb{U}^n\|\mathbb{Q})\leqslant n^2\sum_{j=1}^{m}\left(\int_0^1\phi_j^2(x)\mathrm{d}x\right)^2 \tag{15.28}$$

关于这个上界以及相关结果的讨论见参考文献. 如果我们取上界(15.28)如给定的，那么利用例 15.8 中的计算——特别地，回顾式(15.22)中常数 b_ℓ 的定义——我们可以得到

$$H^2(\mathbb{U}^n\|\mathbb{Q})\leqslant mn^2\,\frac{b_0^2}{m^{10}}=b_0^2\,\frac{n^2}{m^9}$$

令 $m^9=4b_0^2n^2$ 可以导出 $\|\mathbb{U}^{1:n}-\mathbb{Q}\|_{\mathrm{TV}}\leqslant H(\mathbb{U}^{1:n}\|\mathbb{P}^{1:n})\leqslant 1/2$，以及因此引理 15.9 保证了

$$\sup_{f\in\mathscr{F}_2}\mathbb{E}|\hat{\theta}(f)-\theta(f)|\geqslant\delta/4=\frac{C^2b_1}{8m^2}\gtrsim n^{-4/9}$$

因此，通过使用凸包形式的 Le Cam 方法，我们得到了一个更好的 minimax 风险下界 $(n^{-4/9}\gg n^{-1/2})$. 这个下界是不能再改进的；更多讨论详见参考文献. ♣

15.3　Fano 方法

在本节中，我们介绍另一种用来推导下界的方法，基于信息论中的一个经典结果 Fano 不等式.

15.3.1 Kullback-Leibler 散度和互信息

回顾我们的基本设定：我们感兴趣的是控制一个 M 元假设检验问题中的错误率下界，检验问题基于一类分布 $\{\mathbb{P}_{\theta^1},\cdots,\mathbb{P}_{\theta^M}\}$. 通过随机从指标集 $[M]:=\{1,\cdots,M\}$ 中等概率地选一个指标 J 来生成一个样本 Z，然后根据分布 $\mathbb{P}_{\theta^J}$ 来生成数据. 以这种方式，观测值服从混合分布 $\mathbb{Q}_Z=\overline{\mathbb{Q}}:=\frac{1}{M}\sum_{j=1}^{M}\mathbb{P}_{\theta^j}$. 我们的目标是通过一个抽样得到的样本来确定概率分布的指标 J.

直观上，这个问题的难度取决于观测值 Z 和未知随机指标 J 之间的依赖程度. 在极端情况下，如果 Z 实际上是独立于 J 的，那么观测 Z 不管如何是没有任何信息的. 如何度量一对随机变量之间的依赖性？注意 (Z,J) 是独立的当且仅当其联合分布 $\mathbb{Q}_{Z,J}$ 等于边缘分布的乘积，即 $\mathbb{Q}_Z\mathbb{Q}_J$. 因此，一个自然的度量依赖性的方式是通过计算联合分布和边缘分布乘积之间的某种形式的散度度量. 随机变量 (Z,J) 之间的互信息正是通过这个方式来定义的，利用 Kullback-Leibler 散度作为基本度量，即

$$I(Z,J):=D(\mathbb{Q}_{Z,J}\,\|\,\mathbb{Q}_Z\mathbb{Q}_J) \tag{15.29}$$

由 KL 散度的标准性质，我们总是有 $I(Z,J)\geqslant 0$，而且 $I(Z,J)=0$ 当且仅当 Z 和 J 是独立的.

给定我们的设定和 KL 散度的定义，互信息可以表示成关于分量分布 $\{\mathbb{P}_{\theta^j},j\in[M]\}$ 和混合分布 $\overline{\mathbb{Q}}\equiv\mathbb{Q}_Z$ 的形式——特别地有

$$I(Z;J)=\frac{1}{M}\sum_{j=1}^{M}D(\mathbb{P}_{\theta^j}\,\|\,\overline{\mathbb{Q}}) \tag{15.30}$$

对应了 $\mathbb{P}_{\theta^j}$ 和 $\overline{\mathbb{Q}}$ 之间的平均 KL 散度，对所有的指标 j 求平均. 因此，如果分布 $\mathbb{P}_{\theta^j}$ 和平均混合分布 $\overline{\mathbb{Q}}$ 很难区分，那么互信息就会很小.

15.3.2 minimax 风险的 Fano 下界

我们现在回到当前的问题，即得到 minimax 误差的下界. Fano 方法是基于下述的一个 M 元检验问题错误率的下界，其适用于当 J 是在指标集

$$\mathbb{P}[\psi(Z)\neq J]\geqslant 1-\frac{I(Z;J)+\log 2}{\log M} \tag{15.31}$$

上均匀分布的情形，当结合命题 15.1 中给出的从估计到检验的退化时，我们得到了下面的 minimax 误差下界.

命题 15.12 令 $\{\theta^1,\cdots,\theta^M\}$ 为 $\Theta(\mathcal{P})$ 上基于半度量 ρ 的一个 2δ 分离集，并假设 J 是指示集 $\{1,\cdots,M\}$ 上的均匀分布，以及 $(Z\mid J=j)\sim\mathbb{P}_{\theta^j}$. 那么对任意增函数 Φ: $[0,\infty)\to[0,\infty)$，minimax 风险下界为

$$\mathfrak{M}(\theta(\mathcal{P});\Phi\circ\rho)\geqslant\Phi(\delta)\left\{1-\frac{I(Z;J)+\log 2}{\log M}\right\} \tag{15.32}$$

其中 $I(Z,J)$ 是 Z 和 J 之间的互信息.

我们稍后(见 15.4 节)会给出一个 Fano 界(15.31)的证明，由此可以得到命题 15.12. 现在，为了得到这个结果的直观解释，可以考虑划分大小 $\delta \to 0^+$ 时不同项的表现. 当我们压缩 δ 时，2δ 划分标准变宽松了，因此分母部分的基数 $M \equiv M(2\delta)$ 增大了. 同时，在一般设定下，互信息 $I(Z;J)$ 会变小，因为随机指标 $J \in [M(2\delta)]$ 可以取很多个潜在的值. 在 δ 足够小时，我们可以由此得到

$$\frac{1(Z;J)+\log 2}{\log M} \leqslant \frac{1}{2} \tag{15.33}$$

因此下界(15.32)保证了 $\mathfrak{M}(\theta(\mathcal{P});\ \Phi \circ \rho) \geqslant \frac{1}{2}\Phi(\delta)$. 所以，我们有了一个导出 minimax 风险下界的通用方法.

为了通过这种方式导出下界，还需要两个技术性的并可能很有挑战性的步骤. 第一个要求是确定具有较大基数 $M(2\delta)$ 的 2δ 分离集. 此时第 5 章中讨论的关于度量熵的理论起到一个重要作用，因为在半度量 ρ 下任意的 2δ 填装集(由定义)是 2δ 分离的. 第二个要求是计算——或者更现实的控制上界——互信息 $I(Z;J)$. 一般而言，这个第二步是非平凡的，但有很多可能的方法.

互信息的最简单上界是基于 Kullback-Leibler 散度的凸性(见习题 15.3). 利用这个凸性和混合表示(15.30)，我们得到

$$I(Z;J) \leqslant \frac{1}{M^2}\sum_{j,k=1}^{M} D(\mathbb{P}_{\theta^j} \,\|\, \mathbb{P}_{\theta^k}) \tag{15.34}$$

因此，如果我们可以构造一个 2δ 分离集使得所有分布对 $\mathbb{P}_{\theta^j}$ 和 $\mathbb{P}_{\theta^k}$ 平均上都很接近，互信息就可以被控制. 我们在一个简单参数问题上阐述这个上界的使用.

例 15.13(基于 Fano 方法的正态位置模型) 回顾例 15.4 中的正态位置模型，以及在均方误差下估计 $\theta \in \mathbb{R}$ 的问题. 在那里我们说明了如何用 Le Cam 方法来控制 minimax 风险下界；现在我们用 Fano 方法推导一个类似的下界.

考虑实值参数的 2δ 分离集 $\{\theta^1,\theta^2,\theta^3\}=\{0,2\delta,-2\delta\}$. 由于 $\mathbb{P}_{\theta^j}=\mathcal{N}(\theta^j,\sigma^2)$，我们有

$$D(\mathbb{P}_{\theta^j}^{1:n} \,\|\, \mathbb{P}_{\theta^k}^{1:n}) = \frac{n}{2\sigma^2}(\theta^j-\theta^k)^2 \leqslant \frac{2n\delta^2}{\sigma^2} \quad \text{对任意 } j,k=1,2,3$$

则界(15.34)保证了 $I(Z;J_\delta) \leqslant \frac{2n\delta^2}{\sigma^2}$，而选择 $\delta^2=\frac{\sigma^2}{20n}$ 确保 $\frac{2n\delta^2/\sigma^2+\log 2}{\log 3}<0.75$. 综上所述，$\Phi(t)=t^2$ 的 Fano 界(15.32)保证了

$$\sup_{\theta \in \mathbb{R}} \mathbb{E}_\theta[(\hat{\theta}-\theta)^2] \geqslant \frac{\delta^2}{4} = \frac{1}{80}\frac{\sigma^2}{n}$$

以这种方式，我们重新推导出了一个数量级为 σ^2/n 的 minimax 下界，正如例 15.4 所讨论的，这是一个正确的数量级. ♣

15.3.3 基于局部填装的界

我们现在正式介绍之前例子中所述的方法. 它是基于参数空间 Ω 的一个局部填装，这

本质上是统计文献中的“广义 Fano”方法.（作为一个边注，这个命名非常具有误导性，因为这个方法事实上是基于 Fano 界的一个明显弱化，由不等式(15.34)得到.）

局部填装方法的过程如下. 假设我们可以构造 Ω 中的一个 2δ 分离集，使得对某个量 c，Kullback-Leibler 散度满足一致上界

$$\sqrt{D(\mathbb{P}_{\theta^j} \| \mathbb{P}_{\theta^k})} \leqslant c\sqrt{n}\delta \quad \text{对任意 } j \neq k \tag{15.35a}$$

则界(15.34)保证了 $I(Z;J) < c^2 n\delta^2$，以及因此界(15.33)成立只要

$$\log M(2\delta) \geqslant 2\{c^2 n\delta^2 + \log 2\} \tag{15.35b}$$

总之，如果我们能够找到一个 2δ 分离的分布族使得条件(15.35a)和(15.35b)同时成立，那么我们可以得到结论 minimax 风险有下界 $\mathfrak{M}(\theta(\mathcal{P}), \Phi\circ\rho) \geqslant \frac{1}{2}\Phi(\delta)$.

我们通过一些例子来阐述局部填装方法.

例 15.14(线性回归的 minimax 风险) 考虑标准的线性回归模型 $\boldsymbol{y} = \boldsymbol{X}\boldsymbol{\theta}^* + \boldsymbol{w}$，其中 $\boldsymbol{X} \in \mathbb{R}^{n\times d}$ 是一个固定的设计矩阵，而向量 $\boldsymbol{w} \sim \mathcal{N}(0, \sigma^2 \boldsymbol{I}_n)$ 是一个观测噪声. 把设计矩阵 $\boldsymbol{X}$ 看作固定的，我们在预测(半)范数 $\rho_{\boldsymbol{X}}(\hat{\boldsymbol{\theta}}, \boldsymbol{\theta}^*) := \frac{\|\boldsymbol{X}(\hat{\boldsymbol{\theta}} - \boldsymbol{\theta}^*)\|_2}{\sqrt{n}}$ 下来得到 minimax 风险的下界，这里假设 $\boldsymbol{\theta}^*$ 在 $\mathbb{R}^d$ 上变化.

对一个待定的容忍度 $\delta > 0$，考虑集合

$$\{\boldsymbol{\gamma} \in \mathrm{range}(\boldsymbol{X}) \mid \|\boldsymbol{\gamma}\|_2 \leqslant 4\delta\sqrt{n}\}$$

并设 $\{\gamma^1, \cdots, \gamma^M\}$ 为 ℓ_2 范数下的一个 $2\delta\sqrt{n}$ 填装. 由于这个集合落在一个维数为 $r = \mathrm{rank}(\boldsymbol{X})$ 的空间中，引理 5.7 保证了我们可以找到一个有 $\log M \geqslant r\log 2$ 个元素的填装. 我们因此有一族形式为 $\boldsymbol{\gamma}^j = \boldsymbol{X}\boldsymbol{\theta}^j$ 的向量，对某个 $\boldsymbol{\theta}^j \in \mathbb{R}^d$，并且满足

$$\frac{\|\boldsymbol{X}\boldsymbol{\theta}^j\|_2}{\sqrt{n}} \leqslant 4\delta, \quad \text{对每个 } j \in [M] \tag{15.36a}$$

$$2\delta \leqslant \frac{\|\boldsymbol{X}(\boldsymbol{\theta}^j - \boldsymbol{\theta}^k)\|_2}{\sqrt{n}} \leqslant 8\delta \quad \text{对每个 } j \neq k \in [M]\times[M] \tag{15.36b}$$

记 $\mathbb{P}_{\theta^j}$ 为真实回归向量为 θ^j 时 $\boldsymbol{y}$ 的分布；由模型的定义，在 $\mathbb{P}_{\theta^j}$ 下，观察到的向量 $\boldsymbol{y} \in \mathbb{R}^n$ 满足一个 $\mathcal{N}(\boldsymbol{X}\boldsymbol{\theta}^j, \sigma^2 \boldsymbol{I}_n)$ 分布. 因此，习题 15.13 的结果保证了

$$D(\mathbb{P}_{\boldsymbol{\theta}^j} \| \mathbb{P}_{\boldsymbol{\theta}^k}) = \frac{1}{2\sigma^2}\|\boldsymbol{X}(\boldsymbol{\theta}^j - \boldsymbol{\theta}^k)\|_2^2 \leqslant \frac{32n\delta^2}{\sigma^2} \tag{15.37}$$

其中不等号由上界(15.36b)导出. 因此，对充分大的 r，下界(15.35b)可以通过取 $\delta^2 = \frac{\sigma^2}{64}\frac{r}{n}$ 而得到，我们可以得到

$$\inf_{\hat{\boldsymbol{\theta}}} \sup_{\boldsymbol{\theta}\in\mathbb{R}^d} \mathbb{E}\left[\frac{1}{n}\|\boldsymbol{X}(\hat{\boldsymbol{\theta}} - \boldsymbol{\theta})\|_2^2\right] \geqslant \frac{\sigma^2}{128}\frac{\mathrm{rank}(\boldsymbol{X})}{n}$$

是最优的除了前置的常数项这个下界：如我们在例 13.8 和习题 13.2 中分析的，它可以由通常的线性最小二乘估计达到. ♣

我们现在来看看上界(15.34)和 Fano 方法是如何应用到一个非参数问题上的.

例 15.15(密度估计的 minimax 风险) 回顾表达式(15.21)中的[0,1]上二阶光滑的密度族 $\mathscr{F}_2$，具有一致的上界，一致远离零并有一致有界的二阶导数. 我们考虑估计整个密度函数 f 的问题，使用 Hellinger 距离作为内在度量 ρ.

为了构造一个局部填装，我们利用例 15.11 中的扰动密度函数，形式为 $f_\alpha(x)=1+\sum_{j=1}^{m}\alpha_j\phi_j(x)$，其中 $\alpha\in\{-1,+1\}^m$，而函数 ϕ_j 是之前在表达式(15.23)中定义的. 尽管有 2^m 个这样的扰动密度函数，为了方便，我们只使用它们中一个适当分离的子集. 令 $M_{\mathrm{H}}\left(\frac{1}{4};\mathbb{H}^m\right)$ 为二元超立方体 $\{-1,+1\}^m$ 在重尺度化 Hamming 度量下的 $\frac{1}{4}$ 填装数. 由例 5.3 中的计算，我们知道

$$\log M_{\mathrm{H}}\left(\frac{1}{4};\mathbb{H}^m\right)\geqslant mD\left(\frac{1}{4}\,\Big\|\,\frac{1}{2}\right)\geqslant\frac{m}{10}$$

[特别地见式(5.3).]因此，我们可以找到一个基数至少为 $\mathrm{e}^{m/10}$ 的子集 $\mathbb{T}\subset\{-1,+1\}^m$ 满足

$$d_{\mathrm{H}}(\alpha,\beta)=\frac{1}{m}\sum_{j=1}^{m}\mathbb{I}[\alpha_j\neq\beta_j]\geqslant 1/4\quad\text{对任意 }\alpha\neq\beta\in\mathbb{T}\tag{15.38}$$

我们然后考虑 $M=\mathrm{e}^{m/10}$ 个分布 $\{\mathbb{P}_\alpha,\alpha\in\mathbb{T}\}$ 的类，其中 $\mathbb{P}_\alpha$ 有密度 f_α.

我们首先控制 f_α 和 f_β 之间的 Hellinger 距离. 由于 ϕ_j 仅在区间 $I_j=[x_j,x_{j+1}]$ 上是非零的，我们可以得到

$$\int_0^1\left(\sqrt{f_\alpha(x)}-\sqrt{f_\beta(x)}\right)^2\mathrm{d}x=\sum_{j=0}^{m-1}\int_{I_j}\left(\sqrt{f_\alpha(x)}-\sqrt{f_\beta(x)}\right)^2\mathrm{d}x$$

但是在区间 I_j 上，我们有

$$\left(\sqrt{f_\alpha(x)}+\sqrt{f_\beta(x)}\right)^2=2(f_\alpha(x)+f_\beta(x))\leqslant 4$$

由此

$$\begin{aligned}\int_{I_j}\left(\sqrt{f_\alpha(x)}-\sqrt{f_\beta(x)}\right)^2\mathrm{d}x&\geqslant\frac{1}{4}\int_{I_j}(f_\alpha(x)-f_\beta(x))^2\mathrm{d}x\\&\geqslant\int_{I_j}\phi_j^2(x)\mathrm{d}x\quad\text{只要}\quad\alpha_j\neq\beta_j\end{aligned}$$

由于 $\int_{I_j}\phi_j^2(x)\mathrm{d}x=\int_0^1\phi^2(x)\mathrm{d}x=\frac{b_0}{m^5}$ 以及任意不同的 $\alpha\neq\beta$ 至少在 $m/4$ 个位置上不同，我们可以得到 $H^2(\mathbb{P}_\alpha\|\mathbb{P}_\beta)\geqslant\frac{m}{4}\frac{b_0}{m^5}=\frac{b_0}{m^4}\equiv 4\delta^2$. 因此，我们已经构造了一个 $\delta^2=\frac{b_0}{4m^4}$ 的 2δ 分离集.

接下来我们来控制每一对 KL 散度的上界. 由构造，对任意 $x\in[0,1]$ 我们有 $f_\alpha(x)\geqslant 1/2$，由此

$$\begin{aligned}D(\mathbb{P}_\alpha\|\mathbb{P}_\beta)&\leqslant\int_0^1\frac{\left(\sqrt{f_\alpha(x)}-\sqrt{f_\beta(x)}\right)^2}{f_\alpha(x)}\mathrm{d}x\\&\leqslant 2\int_0^1\left(\sqrt{f_\alpha(x)}-\sqrt{f_\beta(x)}\right)^2\mathrm{d}x\leqslant\frac{4b_0}{m^4}\end{aligned}\tag{15.39}$$

其中最后一个不等式用到了一个类似的计算方式. 综上，我们已经得到上界 $D(\mathbb{P}_\alpha^n \| \mathbb{P}_\beta^n) = nD(\mathbb{P}_\alpha \| \mathbb{P}_\beta) \leqslant 4b_0 \frac{n}{m^4} = 4n\delta^2$. 最后，我们一定要保证

$$\log M = \frac{m}{10} \geqslant 2\{4n\delta^2 + \log 2\} = 2\left\{4b_0 \frac{n}{m^4} + \log 2\right\}$$

当我们对充分小的常数 C 取 $m = \frac{n^{1/5}}{C}$ 时这个表达式成立，在这个设定下，我们有 $\delta^2 \asymp m^{-4} \asymp n^{-4/5}$，以及由此可得

$$\sup_{f \in \mathscr{F}_2} H^2(\hat{f} \| f) \gtrsim n^{-4/5}$$

这个速度对于二阶光滑密度函数是 minimax 最优的；回顾在第 13 章非参数回归的密切相关问题中我们得到过同样的速度. ♣

作为第三个例子，我们回到高维参数的情形，研究稀疏线性回归问题的 minimax 风险，关于稀疏线性回归我们在第 7 章详细讨论过.

例 15.16（稀疏线性回归的 minimax 风险）　考虑高维线性回归模型 $\boldsymbol{y} = \boldsymbol{X}\boldsymbol{\theta}^* + \boldsymbol{w}$，其中回归向量 $\boldsymbol{\theta}^*$ 已知有一个先验是稀疏的，即最多有 $s < d$ 个非零元素. 自然地可以在下述集合上考虑 minimax 风险

$$\mathbb{S}^d(s) := \mathbb{B}_0^d(s) \cap \mathbb{B}_2(1) = \{\boldsymbol{\theta} \in \mathbb{R}^d \mid \|\boldsymbol{\theta}\|_0 \leqslant s, \|\boldsymbol{\theta}\|_2 \leqslant 1\} \tag{15.40}$$

即欧几里得单位球中的 s 稀疏向量.

我们首先构造集合 $\mathbb{S}^d(s)$ 的一个 1/2 填装. 根据之前第 5 章的结果（特别地，见例 5.8），存在一个这个集合的 1/2 填装其对数基数至少为 $\log M \geqslant \frac{s}{2}\log\frac{d-s}{s}$. 我们沿着例 15.14 中同样的缩放步骤构造一个 2δ 填装，使得填装集中所有的向量对都有 $\|\boldsymbol{\theta}^j - \boldsymbol{\theta}^k\|_2 \leqslant 4\delta$. 由于向量 $\boldsymbol{\theta}^j - \boldsymbol{\theta}^k$ 是至多 $2s$ 稀疏的，我们有

$$\sqrt{D(\mathbb{P}_{\boldsymbol{\theta}^j} \| \mathbb{P}_{\boldsymbol{\theta}^k})} = \frac{1}{\sqrt{2}\sigma}\|\boldsymbol{X}(\boldsymbol{\theta}^j - \boldsymbol{\theta}^k)\|_2 \leqslant \frac{\gamma_{2s}}{\sqrt{2}\sigma}4\delta$$

其中 $\gamma_{2s} := \max_{|T|=2s}\sigma_{\max}(\boldsymbol{X}_T)/\sqrt{n}$. 综上所述，我们看到 minimax 风险下界被任意 $\delta > 0$ 控制，其中

$$\frac{s}{2}\log\frac{d-s}{s} \geqslant 128\frac{\gamma_{2s}^2}{\sigma^2}n\delta^2 + 2\log 2$$

只要 $s \leqslant d/2$ 且 $s \geqslant 10$，取 $\delta^2 = \frac{\sigma^2}{400\gamma_{2s}^2}s\log\frac{d-s}{s}$ 即可. 综上所述，我们可以得到在 $10 \leqslant s \leqslant d/2$ 的范围内，minimax 风险有下界

$$\mathfrak{M}(\mathbb{S}^d(s); \|\cdot\|_2) \gtrsim \frac{\sigma^2}{\gamma_{2s}^2}\frac{s\log\frac{ed}{s}}{n} \tag{15.41}$$

通过这种方法得到的常数不是最优的，但这个下界其他部分是不能再改进的：更多细节见参考文献. ♣

15.3.4 高斯熵界的局部填装

我们之前的例子还用到了基于凸性得到的互信息上界(15.34). 我们现在考虑互信息的另一个不同的上界，适用于给定 J 时 Z 的条件分布是高斯的情形.

引理 15.17 假设 J 在 $[M]=\{1,\cdots,M\}$ 上均匀分布，而在给定 $J=j$ 的条件下 Z 服从协方差为 $\boldsymbol{\Sigma}^j$ 的高斯分布. 那么互信息有上界

$$I(Z;J)\leqslant\frac{1}{2}\left\{\log\det\operatorname{cov}(Z)-\frac{1}{M}\sum_{j=1}^{M}\log\det(\boldsymbol{\Sigma}^j)\right\} \tag{15.42}$$

这个上界是多元高斯分布最大熵性质的一个结论；更多细节见习题 15.14. 在对任意 $j\in[M]$都有 $\boldsymbol{\Sigma}^j=\boldsymbol{\Sigma}$ 的特殊情形下，其有简单形式

$$I(Z;J)\leqslant\frac{1}{2}\log\left(\frac{\det\operatorname{cov}(Z)}{\det(\boldsymbol{\Sigma})}\right) \tag{15.43}$$

我们用一些例子来阐述这些界的应用.

例 15.18(稀疏线性回归的变量选择) 我们回到例 15.16 中的稀疏线性回归模型，基于标准的线性模型 $\boldsymbol{y}=\boldsymbol{X}\boldsymbol{\theta}^*+\boldsymbol{w}$，其中未知回归向量 $\boldsymbol{\theta}^*\in\mathbb{R}^d$ 是 s 稀疏的. 这里我们考虑变量选择问题 minimax 风险下界的问题，即确定支撑集 $S=\{j\in\{1,2,\cdots,d\}\mid\theta_j^*\neq 0\}$，假设其基数满足 $s\ll d$.

在这种情形下，感兴趣的问题本身是一个多重假设检验，即从所有 $\binom{d}{s}$ 个可能子集中选择. 因此，直接应用 Fano 不等式可以导出下界，而且我们可以通过构造不同的子问题总体来得到不同的这样的界. 这些子问题可以由(d,s)以及 $\theta_{\min}=\min\limits_{j\in S}|\theta_j^*|$来参数化. 在这个例子中，我们说明，为了达到一个小于 1/2 的错误率，任何方法都需要一个样本大小至少为

$$n>\max\left\{8\,\frac{\log(d+s-1)}{\log\left(1+\dfrac{\theta_{\min}^2}{\sigma^2}\right)},8\,\frac{\log\binom{d}{s}}{\log\left(1+s\,\dfrac{\theta_{\min}^2}{\sigma^2}\right)}\right\} \tag{15.44}$$

只要 $\min\left\{\log(d+s-1),\ \log\binom{d}{s}\right\}\geqslant 4\log 2$.

对于这个问题，我们的观测值由响应变量 $\boldsymbol{y}\in\mathbb{R}^n$ 和设计矩阵 $\boldsymbol{X}\in\mathbb{R}^{n\times d}$ 构成. 为了导出下界，我们首先在给定设计矩阵的一个特定实例 $\boldsymbol{X}=\{\boldsymbol{x}_i\}_{i=1}^n$ 的条件下，利用一种涉及响应变量 $\boldsymbol{y}$ 与设计矩阵 $\boldsymbol{X}$ 固定时随机指标 J 之间的互信息 $I_{\boldsymbol{X}}(\boldsymbol{y};J)$的 Fano 不等式. 特别地，我们有

$$\mathbb{P}[\psi(\boldsymbol{y},\boldsymbol{X})\neq J\mid\boldsymbol{X}=\{\boldsymbol{x}_i\}_{i=1}^n]\geqslant 1-\frac{I_{\boldsymbol{X}}(\boldsymbol{y};J)+\log 2}{\log M}$$

因此对 $\boldsymbol{X}$ 求平均，我们可以得到涉及 $\mathbb{E}_{\boldsymbol{X}}[I_{\boldsymbol{X}}(\boldsymbol{y};J)]$的 $\mathbb{P}[\psi(\boldsymbol{y},\boldsymbol{X})\neq J]$的下界.

总体 A：考虑按照某种固定方式排列的基数为 s 的全体子集类 $M=\binom{d}{s}$. 对第 ℓ 个子集 S^{ℓ}，令 $\boldsymbol{\theta}^{\ell}\in\mathbb{R}^d$ 对所有指标 $j\in S^{\ell}$ 有值 $\theta_{\min}$，而在其他位置取值为 0. 对一个固定的协变量 $\boldsymbol{x}_i\in\mathbb{R}^d$，则一个观测到的响应变量 $y_i\in\mathbb{R}$ 服从混合分布 $\frac{1}{M}\sum_{\ell=1}^{M}\mathbb{P}_{\boldsymbol{\theta}^{\ell}}$，其中 $\mathbb{P}_{\boldsymbol{\theta}^{\ell}}$ 是一个 $\mathcal{N}(\langle\boldsymbol{x}_i,\boldsymbol{\theta}^{\ell}\rangle,\sigma^2)$随机变量的分布.

由互信息的定义，我们有

$$
\begin{aligned}
I_{\mathbf{X}}(\mathbf{y};J)&=H_{\mathbf{X}}(\mathbf{y})-H_{\mathbf{X}}(\mathbf{y}\mid J)\\
&\overset{\text{(i)}}{\leqslant}\Big[\sum_{i=1}^{n}H_{\mathbf{X}}(y_i)\Big]-H_{\mathbf{X}}(\mathbf{y}\mid J)\\
&\overset{\text{(ii)}}{=}\sum_{i=1}^{n}\{H_{\mathbf{X}}(y_1)-H_{\mathbf{X}}(y_1\mid J)\}\\
&=\sum_{i=1}^{n}I_{\mathbf{X}}(y_i;J)
\end{aligned}
\tag{15.45}
$$

其中步骤(i)是由于独立随机变量比相依随机变量有更大的熵(见习题 15.4)，而步骤(ii)则是由于在给定 J 的条件下$(y_1,\cdots,y_n)$是独立的. 下一步，在协变量矩阵 $\mathbf{X}$ 给定的情形下，对每一个 $i\in[n]$以及 $Z=y_i$ 重复使用引理 15.17，可得

$$
I_{\mathbf{X}}(\mathbf{y};J)\leqslant\frac{1}{2}\sum_{i=1}^{n}\log\frac{\operatorname{var}(y_i\mid\boldsymbol{x}_i)}{\sigma^2}
$$

现在对所有 $\mathbf{X}$ 取平均，并利用结论(y_i,x_i)是联合独立同分布的，我们发现

$$
\mathbb{E}_{\mathbf{X}}[I_{\mathbf{X}}(\mathbf{y};J)]\leqslant\frac{n}{2}\mathbb{E}\left[\log\frac{\operatorname{var}(y_1\mid x_1)}{\sigma^2}\right]\leqslant\frac{n}{2}\log\frac{\mathbb{E}_{x_1}[\operatorname{var}(y_1\mid x_1)]}{\sigma^2}
$$

其中最后一个不等式是由于 Jensen 不等式以及对数函数的凹性.

余下还需控制方差项的上界. 由于随机变量 y_1 服从一个 M 个成分的混合分布，我们有

$$
\begin{aligned}
\mathbb{E}_{x_1}[\operatorname{var}(y_1\mid\boldsymbol{x}_1)]\leqslant\mathbb{E}_{\boldsymbol{x}_1}[\mathbb{E}[y_1^2\mid\boldsymbol{x}_1]]&=\mathbb{E}_{x_1}\left[\boldsymbol{x}_1^{\mathrm{T}}\left\{\frac{1}{M}\sum_{j=1}^{M}\boldsymbol{\theta}^j\otimes\boldsymbol{\theta}^j\right\}\boldsymbol{x}_1+\sigma^2\right]\\
&=\operatorname{trace}\left(\frac{1}{M}\sum_{j=1}^{M}(\boldsymbol{\theta}^j\otimes\boldsymbol{\theta}^j)\right)+\sigma^2
\end{aligned}
$$

现在每一个指标 $j\in\{1,2,\cdots,d\}$在所有 $M=\binom{d}{s}$个子集中出现$\binom{d-1}{s-1}$次，因此

$$
\operatorname{trace}\left(\frac{1}{M}\sum_{i=1}^{M}\boldsymbol{\theta}^j\otimes\boldsymbol{\theta}^j\right)=d\,\frac{\binom{d-1}{s-1}}{\binom{d}{s}}\theta_{\min}^2=s\theta_{\min}^2
$$

综上所述，我们可以得到结论

$$\mathbb{E}_{\boldsymbol{X}}[I_{\boldsymbol{X}}(\boldsymbol{y};J)]\leqslant\frac{n}{2}\log\left(1+\frac{s\theta_{\min}^2}{\sigma^2}\right)$$

由此 Fano 下界保证了

$$\mathbb{P}[\psi(\boldsymbol{y},\boldsymbol{X})\neq J]\geqslant 1-\frac{\frac{n}{2}\log\left(1+\frac{s\theta_{\min}^2}{\sigma^2}\right)+\log 2}{\log\binom{d}{s}}$$

由此得出只要 $\log\binom{d}{s}\geqslant 4\log 2$，式(15.44)的第一个下界成立，正是所要证明的.

总体 B： 令 $\bar{\boldsymbol{\theta}}\in\mathbb{R}^d$ 为一个向量，其中前 $s-1$ 个分量为 $\theta_{\min}$，剩下 $d-s+1$ 个分量为 0. 对每个 $j=1,\cdots,d$，令 $\boldsymbol{e}_j\in\mathbb{R}^d$ 为只有第 j 个位置为 1 的标准基向量. 对 $j=s,\cdots,d$，定义 $M=d-s+1$ 个向量 $\boldsymbol{\theta}^j:=\bar{\boldsymbol{\theta}}+\theta_{\min}\boldsymbol{e}_j$ 构成的族. 通过直接计算，我们有 $\mathbb{E}[Y|\boldsymbol{x}]=\langle\boldsymbol{x},\boldsymbol{\gamma}\rangle$，其中 $\boldsymbol{\gamma}:=\bar{\boldsymbol{\theta}}+\frac{1}{M}\theta_{\min}\boldsymbol{e}_{s\to d}$，而向量 $\boldsymbol{e}_{s\to d}\in\mathbb{R}^d$ 在 s 到 d 的位置上为 1，其余位置为 0. 同总体 A 一样的论证，只需控制量 $\mathbb{E}_{x_1}[\mathrm{var}(\boldsymbol{y}_1|\boldsymbol{x}_1)]$的上界. 利用总体的定义，我们有

$$\mathbb{E}_{x_1}[\mathrm{var}(\boldsymbol{y}_1|\boldsymbol{x}_1)]=\sigma^2+\mathrm{trace}\left\{\frac{1}{M}\sum_{j=1}^{M}(\boldsymbol{\theta}^j\otimes\boldsymbol{\theta}^j-\boldsymbol{\gamma}\otimes\boldsymbol{\gamma})\right\}\leqslant\sigma^2+\theta_{\min}^2\tag{15.46}$$

回顾我们已经假设了 $\log(d-s+1)>4\log 2$. 利用 Fano 不等式和上界(15.46)，即可得到下界(15.44)中的第二项. ♣

我们现在考虑一个略微不同的问题，即主成分分析的下界. 回归第 8 章中的穗状协方差总体，其中一个随机向量 $\boldsymbol{x}\in\mathbb{R}^d$ 如下生成：

$$\boldsymbol{x}\stackrel{\mathrm{d}}{=}\sqrt{\nu}\,\xi\boldsymbol{\theta}^*+\boldsymbol{w}\tag{15.47}$$

这里 $\nu>0$ 是一个给定的信噪比，$\boldsymbol{\theta}^*$ 是一个固定的向量，其有单位的欧几里得范数，而随机的量 $\xi\sim\mathcal{N}(0,1)$ 和 $\boldsymbol{w}\sim\mathcal{N}(0,\boldsymbol{I}_d)$是独立的. 注意 d 维随机向量 $\boldsymbol{x}$ 是服从协方差矩阵为 $\boldsymbol{\Sigma}:=\boldsymbol{I}_d+\nu(\boldsymbol{\theta}^*\otimes\boldsymbol{\theta}^*)$的一个零均值高斯分布. 不仅如此，由构造，向量 $\boldsymbol{\theta}^*$ 是协方差矩阵 $\boldsymbol{\Sigma}$ 的唯一最大特征向量.

假设我们的目标是基于 n 个独立同分布随机向量 $\boldsymbol{x}$ 的样本来估计 $\boldsymbol{\theta}^*$. 在下面的例子中，我们推导平方欧几里得范数 $\|\hat{\boldsymbol{\theta}}-\boldsymbol{\theta}^*\|_2^2$ 下 minimax 风险的下界.（如第 8 章讨论的，回顾在估计特征向量时总有一个符号的随意性，因此在计算欧几里得范数时，我们明确假设已经选择了正确的方向.）

例 15.19(PCA 的下界)　令$\{\Delta^1,\cdots,\Delta^M\}$为 $\mathbb{R}^{d-1}$ 中单位球面的一个 1/2 填装；由例 5.8，对任意 $d\geqslant 3$，存在一个基数为 $\log M\geqslant(d-1)\log 2\geqslant d/2$ 的集合. 对一个给定的正交矩阵 $\boldsymbol{U}\in\mathbb{R}^{(d-1)\times(d-1)}$ 和待定的容忍度 $\delta\in(0,1)$，考虑向量族

$$\boldsymbol{\theta}^j(\boldsymbol{U})=\sqrt{1-\delta^2}\begin{bmatrix}1\\ \boldsymbol{0}_{d-1}\end{bmatrix}+\delta\begin{bmatrix}0\\ \boldsymbol{U}\Delta^j\end{bmatrix}\quad 对\ j\in[M]\tag{15.48}$$

其中 $\boldsymbol{0}_{d-1}$ 为$(d-1)$维零向量. 由构造，每个向量 $\boldsymbol{\theta}^j(\boldsymbol{U})$都落在 $\mathbb{R}^d$ 中的单位球面上，而所

有 M 个向量集合构成了一个 $\delta/2$ 填装集. 因此，我们可以通过基于向量族(15.48)构造一个检验问题来得到 minimax 风险下界. 事实上，为了让计算更为清晰，我们对每个标准正交阵 $\boldsymbol{U}$ 构造一个检验问题，然后在一个随机选择矩阵上求平均.

令 $\mathbb{P}_{\boldsymbol{\theta}^j(\boldsymbol{U})}$ 为来自主要特征向量是 $\boldsymbol{\theta}^* := \boldsymbol{\theta}^j(\boldsymbol{U})$ 的穗状总体(15.47)的一个随机向量的分布. 由构造，它是一个零均值高斯随机向量且协方差为

$$\boldsymbol{\Sigma}^j(\boldsymbol{U}) := \boldsymbol{I}_d + \nu(\boldsymbol{\theta}^j(\boldsymbol{U}) \otimes \boldsymbol{\theta}^j(\boldsymbol{U}))$$

现在对一个固定的 $\boldsymbol{U}$，假设我们随机均匀选择了一个指标 $J \in [M]$，然后从分布 $\mathbb{P}_{\boldsymbol{\theta}^j(\boldsymbol{U})}$ 中抽样得到 n 个独立同分布样本. 令 $Z_1^n(\boldsymbol{U})$ 为由此得到的样本，那么 Fano 不等式保证了检验误差的下界为

$$\mathbb{P}[\psi(Z_1^n(\boldsymbol{U})) \neq J \mid \boldsymbol{U}] \geqslant 1 - \frac{I(Z_1^n(\boldsymbol{U}); J) + \log 2}{d/2} \tag{15.49}$$

这里我们使用了结论 $\log M \geqslant d/2$. 对每个固定的 $\boldsymbol{U}$，样本 $Z_1^n(\boldsymbol{U})$ 在给定 J 的条件下是独立的. 因此，用导出式(15.45)同样的方式，我们可以得到结论 $I(Z_1^n(\boldsymbol{U}); J) \leqslant nI(Z(\boldsymbol{U}); J)$，其中 $Z(\boldsymbol{U})$ 为一个单个样本.

由于下界(15.49)对每个选定的标准正交阵 $\boldsymbol{U}$ 成立，当 $\boldsymbol{U}$ 是随机均匀产生的时我们可以对其求平均. 这样可以简化控制互信息界，因为我们只需要控制平均的互信息 $\mathbb{E}_U[I(Z(\boldsymbol{U}); J)]$. 由于对每一个 $j \in [M]$ 有 $\det(\boldsymbol{\Sigma}^j(\boldsymbol{U})) = 1 + \nu$，引理 15.17 保证了

$$\begin{aligned} \mathbb{E}_U[I(Z(\boldsymbol{U}); J)] &\leqslant \frac{1}{2}\{\mathbb{E}_U \log\det(\operatorname{cov}(Z(\boldsymbol{U}))) - \log(1+\nu)\} \\ &\leqslant \frac{1}{2}\{\log\det \underbrace{\mathbb{E}_U(\operatorname{cov}(Z(\boldsymbol{U})))}_{:=\Gamma} - \log(1+\nu)\} \end{aligned} \tag{15.50}$$

其中第二步利用了对数行列式函数的凹性以及 Jensen 不等式. 我们现在计算协方差矩阵期望 $\boldsymbol{\Gamma}$ 的元素. 可以看出 $\boldsymbol{\Gamma}_{11} = 1 + \nu - \nu\delta^2$；此外，利用 $\boldsymbol{U}\Delta^j$ 服从 $d-1$ 维单位球面上均匀分布这一结论，第一列等于

$$\boldsymbol{\Gamma}_{(2\to d),1} = \nu\delta\sqrt{1-\delta^2}\ \frac{1}{M}\sum_{j=1}^{M} \mathbb{E}_U[\boldsymbol{U}\Delta^j] = 0$$

记 $\boldsymbol{\Gamma}_{\text{low}}$ 为边长为 $d-1$ 的下方阵块，我们有

$$\boldsymbol{\Gamma}_{\text{low}} = \boldsymbol{I}_{d-1} + \frac{\delta^2\nu}{M}\sum_{j=1}^{M} \mathbb{E}[(\boldsymbol{U}\Delta^j) \otimes (\boldsymbol{U}\Delta^j)] = \left(1 + \frac{\delta^2\nu}{d-1}\right)\boldsymbol{I}_{d-1}$$

这里再次使用了 $\boldsymbol{U}\Delta^j$ 在 $d-1$ 维球面上均匀分布这一结论. 综上所述，我们已经证明了 $\boldsymbol{\Gamma} = \operatorname{blkdiag}(\boldsymbol{\Gamma}_{11}, \boldsymbol{\Gamma}_{\text{low}})$，由此

$$\log\det\boldsymbol{\Gamma} = (d-1)\log\left(1 + \frac{\nu\delta^2}{d-1}\right) + \log(1 + \nu - \nu\delta^2)$$

结合我们先前的界(15.50)和基本不等式 $\log(1+t) \leqslant t$，我们发现

$$\begin{aligned} 2\mathbb{E}_U[I(Z(\boldsymbol{U}); J)] &\leqslant (d-1)\log\left(1 + \frac{\nu\delta^2}{d-1}\right) + \log\left(1 - \frac{\nu}{1+\nu}\delta^2\right) \\ &\leqslant \left(\nu - \frac{\nu}{1+\nu}\right)\delta^2 = \frac{\nu^2}{1+\nu}\delta^2 \end{aligned}$$

对我们先前的 Fano 界(15.49)求平均并利用这个平均互信息的上界，我们得到在平方欧几里得范数下估计穗状特征向量的 minimax 风险有下界

$$\mathfrak{M}(\mathrm{PCA};\mathbb{S}^{d-1},\|\cdot\|_2^2)\gtrsim \min\left\{\frac{1+\nu}{\nu^2}\frac{d}{n},1\right\}$$

在推论 8.7 中，我们证明了样本协方差矩阵的最大特征向量，除了前置常数项，达到这一平方欧几里得误差，因此已经得到了一个 minimax 风险的最优刻画. ♣

作为前述例子的一个延续，我们现在考虑稀疏形式的主成分分析. 如我们在第 8 章中所讨论的，在 PCA 中研究稀疏性有很多缘由，包括它可以让要估计的特征向量有相当快的速度. 相应地，我们现在证明对稀疏 PCA 中变量选择的一些下界，同样是在穗状模型(15.47)下进行.

例 15.20(稀疏 PCA 变量选择的下界)　假设我们的目标是通过确定所需的样本大小的数量级来确保一个 s 稀疏特征向量 $\boldsymbol{\theta}^*$ 的支撑集可以被还原. 当然，这个问题的困难程度取决于最小值 $\theta_{\min}=\min_{j\in S}|\theta_j^*|$. 这里我们说明如果 $\theta_{\min}\gtrsim\frac{1}{\sqrt{s}}$，那么所有方法都需要 $n\gtrsim\frac{1+\nu}{\nu^2}s\log(d-s+1)$ 个样本来正确地还原支撑集. 在习题 15.15 中，我们对任意尺度 $\theta_{\min}$ 证明了一个更一般的下界.

回顾我们在例 15.18 中对稀疏线性回归中变量选择的分析：这里我们利用一个类似于那个例子中总体 B 的方法. 特别地，固定一个大小为 $s-1$ 的子集 S，并令 $\varepsilon\in\{-1,1\}^d$ 为一个符号变量的向量. 对每个 $j\in S^c:=[d]\setminus S$，我们然后定义向量

$$[\theta^j(\boldsymbol{\varepsilon})]_\ell=\begin{cases}\frac{1}{\sqrt{s}} & 若\ \ell\in S\\ \frac{\varepsilon_j}{\sqrt{s}} & 若\ \ell=j\\ 0 & 其他\end{cases}$$

在例 15.18 中，我们对于一个随机选定的正交矩阵 $\boldsymbol{U}$ 求平均；这里不同的是我们对随机符号向量 $\boldsymbol{\varepsilon}$ 求平均.

记 $\mathbb{P}_{\theta^j(\varepsilon)}$ 为 $\theta^*=\theta^j(\boldsymbol{\varepsilon})$ 的穗状向量的分布，并令 $Z(\boldsymbol{\varepsilon})$ 是一个来自混合分布 $\frac{1}{M}\sum_{j\in S^c}\mathbb{P}_{\theta^j(\boldsymbol{\varepsilon})}$ 的样本. 运用与例 15.19 中类似的计算，我们有

$$\mathbb{E}_{\boldsymbol{\varepsilon}}[I(Z(\boldsymbol{\varepsilon});J)]\leqslant\frac{1}{2}\{\log\det(\boldsymbol{\Gamma})-\log(1+\nu)\}$$

其中 $\boldsymbol{\Gamma}:=\mathbb{E}_{\varepsilon}[\mathrm{cov}(Z(\boldsymbol{\varepsilon}))]$是对所有 Rademacher 向量上均匀分布求平均后的协方差矩阵. 记 $\boldsymbol{E}_{s-1}$ 为一个全部元素为 1 的边长为 $s-1$ 的方阵，直接计算可以导出 $\boldsymbol{\Gamma}$ 是一个分块对角矩阵，其中 $\boldsymbol{\Gamma}_{SS}=\boldsymbol{I}_{s-1}+\frac{\nu}{s}\boldsymbol{E}_{s-1}$ 和 $\boldsymbol{\Gamma}_{S^cS^c}=\left(1+\frac{\nu}{s(d-s+1)}\right)\boldsymbol{I}_{d-s+1}$. 因此，我们有

$$2\mathbb{E}_{\boldsymbol{\varepsilon}}[I(Z(\boldsymbol{\varepsilon});J)]\leqslant\log\left(1+\nu\frac{s-1}{s}\right)+(d-s+1)\log\left(1+\frac{\nu}{s(d-s+1)}\right)+\log(1+\nu)$$

$$=\log\left(1-\frac{\nu}{1+\nu}\frac{1}{s}\right)+(d-s+1)\log\left(1+\frac{\nu}{s(d-s+1)}\right)$$
$$\leqslant\frac{1}{s}\left\{-\frac{\nu}{1+\nu}+\nu\right\}$$
$$=\frac{1}{s}\frac{\nu^2}{1+\nu}$$

回顾我们有 n 个样本以及 $\log M=\log(d-s-1)$，Fano 不等式保证了错误率有远离 0 的界，只要比值

$$\frac{n}{s\log(d-s+1)}\frac{\nu^2}{1+\nu}$$

被一个充分小但是普适的常数控制上界，这正是所要证明的. ♣

15.3.5 Yang-Barron 形式的 Fano 方法

我们到目前为止的分析是基于互信息相对朴素的上界. 正如我们在前面的例子中所做的，这些上界是重要的只要我们可以构造参数空间的一个局部填装. 在本节中，我们建立互信息的另外一种控制上界. 它对非参数问题特别有用，因为它不需要构造一个局部填装.

引理 15.21（Yang-Barron 方法） 令 $N_{\mathrm{KL}}(\epsilon;\mathcal{P})$ 为平方根 KL 散度下 $\mathcal{P}$ 的 ϵ 覆盖数. 那么互信息有上界

$$I(Z;J)\leqslant\inf_{\epsilon>0}\{\epsilon^2+\log N_{\mathrm{KL}}(\epsilon;\mathcal{P})\}\tag{15.51}$$

证明 回顾互信息的形式(15.30)，我们观察到对任意分布 $\mathbb{Q}$，互信息有上界

$$I(Z;J)=\frac{1}{M}\sum_{j=1}^{M}D(\mathbb{P}_{\theta^j}\|\overline{\mathbb{Q}})\overset{\text{(i)}}{\leqslant}\frac{1}{M}\sum_{j=1}^{M}D(\mathbb{P}_{\theta^j}\|\mathbb{Q})\leqslant\max_{j=1,\cdots,M}D(\mathbb{P}_{\theta^j}\|\mathbb{Q})\tag{15.52}$$

其中不等式(i)利用了混合分布 $\overline{\mathbb{Q}}:=\frac{1}{M}\sum_{j=1}^{M}\mathbb{P}_{\theta^j}$ 在类 $\{\mathbb{P}_{\theta^1},\cdots,\mathbb{P}_{\theta^M}\}$ 上最小化了平均 Kullback-Leibler 散度这一结论——细节见习题 15.11.

由于上界(15.52)对任意分布 $\mathbb{Q}$ 都成立，所以我们可以自由选择它：特别地，我们令 $\{\gamma^1,\cdots,\gamma^N\}$ 为平方根 KL 伪距离下 Ω 的一个 ϵ 覆盖，然后令 $\mathbb{Q}=\frac{1}{n}\sum_{k=1}^{N}\mathbb{P}_{\gamma^k}$. 由构造，对每个 $j\in[M]$ 的 θ^j，我们可以找到某个 γ^k 使得 $D(\mathbb{P}_{\theta^j}\|\mathbb{P}_{\gamma^k})\leqslant\epsilon^2$. 因此我们有

$$D(\mathbb{P}_{\theta^j}\|\mathbb{Q})=\mathbb{E}_{\theta^j}\left[\log\frac{d\mathbb{P}_{\theta^j}}{\frac{1}{N}\sum_{\ell=1}^{N}d\mathbb{P}_{\gamma^\ell}}\right]\leqslant\mathbb{E}_{\theta^j}\left[\log\frac{d\mathbb{P}_{\theta^j}}{\frac{1}{N}d\mathbb{P}_{\gamma^k}}\right]$$
$$=D(\mathbb{P}_{\theta^j}\|\mathbb{P}_{\gamma^k})+\log N\leqslant\epsilon^2+\log N$$

由于这个界对任意的 $j\in[M]$ 和任意的 $\epsilon>0$ 都成立，所以结论(15.51)成立. □

结合命题 15.12，引理 15.21 可以让我们证明一个数量级为 δ 的 minimax 下界，只要

选择一组$(\delta,\epsilon)\in\mathbb{R}_+^2$使得

$$\log M(\delta;\rho,\Omega)\geqslant 2\{\epsilon^2+\log N_{\mathrm{KL}}(\epsilon;\mathcal{P})+\log 2\}$$

求找这样的(δ,ε)可以通过一个两步过程：

(A) 首先，选择 $\epsilon_n>0$ 使得

$$\epsilon_n^2\geqslant\log N_{\mathrm{KL}}(\epsilon_n;\mathcal{P}) \tag{15.53a}$$

由于 KL 散度通常的数量级和 n 是一样的，一般情况下 ϵ_n^2 随着 n 一起增长，这就是我们记号中下标的由来.

(B) 其次，选择最大的 $\delta_n>0$ 满足下界

$$\log M(\delta_n;\rho,\Omega)\geqslant 4\epsilon_n^2+2\log 2 \tag{15.53b}$$

和之前一样，这个两步过程最好通过一些例子来理解.

例 15.22(回顾密度估计)　为了阐述 Yang-Barron 方法的使用，我们回到之前例 15.15 所考虑的 Hellinger 度量下的密度估计问题. 我们的分析涉及在式(15.21)中定义的[0,1]上的密度函数类 $\mathscr{F}_2$，有一致的上界，有一致远离零的界，以及二阶导数一致有界. 利用局部形式的 Fano 方法，我们证明了在平方 Hellinger 距离下的 minimax 风险有下界 $n^{-4/5}$. 在这个例子中，我们通过使用已知的度量熵结果来更直接地还原这一结果.

对区间[0,1]上一致有界的密度函数，平方 Hellinger 度量的上、下界被常数倍的 $L^2([0,1])$范数.

$$\|p-q\|_2^2:=\int_0^1(p(x)-q(x))^2\mathrm{d}x$$

控制.

此外，再次使用一致下界，这个族里任意一对分布之间的 Kullback-Leibler 散度被平方 Hellinger 度量的常数倍控制上界，因此其被平方欧几里得距离的一个常数倍控制. [相关的计算见式(15.39).]因此，为了应用 Yang-Barron 方法，我们只需要知道 L^2 范数下度量熵的数量级. 根据经典理论，在 L^2 范数下类 $\mathscr{F}_2$ 的度量熵有数量级 $\log N(\delta;\mathscr{F}_2,\|\cdot\|_2)\asymp(1/\delta)^{1/2}$，其中 $\delta>0$ 充分小.

步骤 A：给定 n 个独立同分布样本，平方根 Kullback-Leibler 散度要乘以一项$\sqrt{n}$，因此不等式(15.53a)成立只要选择 $\epsilon_n>0$ 使得

$$\epsilon_n^2\gtrsim\left(\frac{\sqrt{n}}{\epsilon_n}\right)^{1/2}$$

特别地，设 $\epsilon_n^2\asymp n^{1/5}$ 就足够了.

步骤 B：在这个选定的 ϵ_n 下，第二个条件(15.53b)可以满足，只要选择 $\delta_n>0$ 使得

$$\left(\frac{1}{\delta_n}\right)^{1/2}\gtrsim n^{2/5}$$

或等价地 $\delta_n^2\asymp n^{-4/5}$. 通过这一方式，我们有了 minimax 风险的 $n^{-4/5}$ 下界的一个更直接的重新推导　♣

作为 Yang-Barron 方法的第二个示例，我们现在研究第 13 章中非参数回归问题的一些

minimax 风险. 回顾标准回归模型基于独立同分布观测：

$$y_i = f^*(x_i) + \sigma w_i, \quad 对\ i=1,2,\cdots,n$$

其中 $w_i \sim \mathcal{N}(0,1)$. 假设设计点 $\{x_i\}_{i=1}^n$ 是以一个独立同分布方式来自某个分布 $\mathbb{P}$，我们在 $L^2(\mathbb{P})$ 范数下推导下界：

$$\|\hat{f} - f^*\|_2^2 = \int_{\mathcal{X}} [\hat{f}(x) - f^*(x)]^2 \mathbb{P}(\mathrm{d}x)$$

例 15.23（广义 Sobolev 族的 minimax 风险）　对一个光滑度参数 $\alpha > 1/2$，考虑椭球 $\ell^2(\mathbb{N})$

$$\mathcal{E}_\alpha = \{(\theta_j)_{j=1}^\infty \mid \sum_{j=1}^\infty j^{2\alpha}\theta_j^2 \leqslant 1\} \tag{15.54a}$$

给定 $L^2(\mathbb{P})$ 上一个标准正交序列 $(\phi_j)_{j=1}^\infty$，我们然后可以定义函数类

$$\mathscr{F}_\alpha := \left\{ f = \sum_{j=1}^\infty \theta_j \phi_j \mid (\theta_j)_{j=1}^\infty \in \mathcal{E}_\alpha \right\} \tag{15.54b}$$

如我们在第 12 章中所讨论的，这些函数类可以被看成特定形式的再生核希尔伯特空间，其中 α 对应了光滑的程度. 对任意这样的函数类，我们断言在平方 $L^2(\mathbb{P})$ 范数下的 minimax 风险有下界

$$\inf_{\hat{f}} \sup_{f \in \mathscr{F}_\alpha} \mathbb{E}[\|\hat{f} - f\|_2^2] \gtrsim \min\left\{1, \left(\frac{\sigma^2}{n}\right)^{\frac{2\alpha}{2\alpha+1}}\right\} \tag{15.55}$$

而这里我们通过 Yang-Barron 方法来证明这一断言.

对某个 $\theta \in \ell^2(\mathbb{N})$，考虑一个函数 $f = \sum_{j=1}^\infty \theta_j \phi_j$，并注意由 $(\phi_j)_{j=1}^\infty$ 的标准正交性，Parseval 定理保证了 $\|f\|_2^2 = \sum_{j=1}^\infty \theta_j^2$. 因此，基于我们例 5.12 中的计算，$\mathscr{F}_\alpha$ 度量熵数量级为 $\log N(\delta; \mathscr{F}_\alpha, \|\cdot\|_2) \asymp (1/\delta)^{1/\alpha}$. 相应地，在 $\|\cdot\|_2$ 范数下我们可以找到 $\mathscr{F}_\alpha$ 的一个元素个数为 $\log M \gtrsim (1/\delta)^{1/\alpha}$ 的 δ 填装 $\{f^1, \cdots, f^M\}$.

步骤 A：对这部分的计算，我们首先需要在 KL 散度下控制度量熵的上界. 对每个 $j \in [M]$，令 $\mathbb{P}_{f_j}$ 为当真实回归函数是 f^j 时，给定 $\{x_i\}_{i=1}^n$ 时 y 的分布，并令 $\mathbb{Q}$ 为协变量 $\{x_i\}_{i=1}^n$ 的 n 重乘积分布. 当真实回归函数是 f^j 时，$(y, \{x_i\}_{i=1}^n)$ 的联合分布为 $\mathbb{P}_{f^j} \times \mathbb{Q}$，因此对任意不同的下标 $j \neq k$，我们有

$$\begin{aligned} D(\mathbb{P}_{f^j} \times \mathbb{Q} \| \mathbb{P}_{f^k} \times \mathbb{Q}) &= \mathbb{E}_x[D(\mathbb{P}_{f^j} \| \mathbb{P}_{f^k})] \\ &= \mathbb{E}_x\left[\frac{1}{2\sigma^2}\sum_{i=1}^n (f^j(x_i) - f^k(x_i))^2\right] \\ &= \frac{n}{2\sigma^2}\|f^j - f^k\|_2^2 \end{aligned}$$

由此，我们发现

$$\log N_{\mathrm{KL}}(\epsilon) = \log N\left(\frac{\sigma\sqrt{2}}{\sqrt{n}}\epsilon; \mathscr{F}_\alpha, \|\cdot\|_2\right) \lesssim \left(\frac{\sqrt{n}}{\sigma\epsilon}\right)^{1/\alpha}$$

其中最后一个不等式再次使用了例 5.12 的结果. 因此，通过设定 $\epsilon_n^2 \asymp \left(\frac{n}{\sigma^2}\right)^{\frac{1}{2\alpha+1}}$ 不等式(15.53a)得到可以满足.

步骤 B：剩下的就是选择 $\delta>0$ 来满足不等式(15.53b). 给定我们设定的 ϵ_n 和填装熵的数量级，我们需要

$$(1/\delta)^{1/\alpha} \geqslant c\left\{\left(\frac{n}{\sigma^2}\right)^{\frac{1}{2\alpha+1}} + 2\log 2\right\} \tag{15.56}$$

只要 n/σ^2 大于某个普适常数，选择 $\delta_n^2 \asymp \left(\frac{\sigma^2}{n}\right)^{\frac{2\alpha}{2\alpha+1}}$ 满足条件(15.56). 综上所述可以得到结论(15.55). ♣

在习题中，我们探索 Yang-Barron 方法的一系列其他应用.

15.4 附录：信息论的基本背景

这个附录介绍一些信息论的基本背景，包括 Fano 不等式的一个证明. 最基本的概念是 Shannon 熵：它是概率分布空间上的一个泛函，度量了它们的分散程度.

定义 15.24 令 $\mathbb{Q}$ 为在某个基测度 μ 下密度为 $q=\frac{\mathrm{d}\mathbb{Q}}{\mathrm{d}\mu}$ 的一个概率分布. 当积分有限时，Shannon 熵为

$$H(\mathbb{Q}) := -\mathbb{E}[\log q(X)] = -\int_{\mathcal{X}} q(x)\log q(x)\mu(\mathrm{d}x) \tag{15.57}$$

最简单形式的熵 $\mathbb{Q}$ 的支撑集为一个离散集 $\mathcal{X}$，这时 q 可以取成一个概率质量函数；即一个基于 $\mathcal{X}$ 上计数测度的密度. 在这种情形下，定义(15.57)导出离散熵

$$H(\mathbb{Q}) = -\sum_{x\in\mathcal{X}} q(x)\log q(x) \tag{15.58}$$

可以很容易验证离散熵总是非负的. 此外，当 $\mathcal{X}$ 是一个有限集时，它满足上界 $H(\mathbb{Q})\leqslant\log|\mathcal{X}|$，其中等号在 $\mathbb{Q}$ 为 $\mathcal{X}$ 上均匀分布时取到. 关于这些基本性质的更多讨论见习题 15.2.

在继续之前有一个重要的关于记号的备注：给定一个随机变量 $X\sim\mathbb{Q}$，常用 $H(X)$ 来代替 $H(\mathbb{Q})$. 从某种角度来看，这是记号的滥用，因为熵是分布 $\mathbb{Q}$ 而不是随机变量 X 的一个泛函. 尽管如此，由于它是信息论中的标准惯例，在这个附录中我们使用这个方便的记号.

定义 15.25 给定一对随机变量 (X,Y)，其联合分布为 $\mathbb{Q}_{X,Y}$，$X|Y$ 的条件熵为

$$H(X|Y) := \mathbb{E}_Y[H(\mathbb{Q}_{X|Y})] = \mathbb{E}_Y\left[\int_{\mathcal{X}} q(x|Y)\log q(x|Y)\mu(\mathrm{d}x)\right] \tag{15.59}$$

我们把下面这些熵和互信息的基本性质留给读者验证. 首先，取条件只会减小熵：

$$H(X \mid Y) \leqslant H(X) \tag{15.60a}$$

稍后可以清晰地看到，这个不等式等价于互信息 $I(X; Y)$的非负性. 其次，联合熵可以分解成单个熵和条件熵的和

$$H(X,Y)=H(Y)+H(X \mid Y) \tag{15.60b}$$

这个分解称为熵的链法则. 条件熵同样满足这一形式的链法则

$$H(X,Y \mid Z)=H(X \mid Z)+H(X \mid Y,Z) \tag{15.60c}$$

最后，值得注意的是熵和互信息之间的联系. 通过展开互信息的定义，我们看到

$$I(X;Y)=H(X)+H(Y)-H(X,Y) \tag{15.60d}$$

通过把联合熵用其链法则分解式(15.60b)代替，我们得到

$$I(X;Y)=H(Y)-H(Y \mid X) \tag{15.60e}$$

有了这些结果，我们现在可以证明 Fano 界(15.31). 为此我们首先建立一个稍微更一般的结果. 引入简写 $q_e=\mathbb{P}[\psi(Z)\neq J]$，我们令 $h(q_e)=-q_e\log q_e-(1-q_e)\log(1-q_e)$为二元熵. 在这个记号下，Fano 不等式的标准形式是任意 M 元检验问题的错误率有下界

$$h(q_e)+q_e\log(M-1)\geqslant H(J \mid Z) \tag{15.61}$$

为了看到这个下界如何导出所述的结论(15.31)，我们注意到

$$H(J \mid Z)\overset{\text{(i)}}{=} H(J)-I(Z;J)\overset{\text{(ii)}}{=}\log M-I(Z;J)$$

其中等式(i)是由于互信息基于熵的表示，而等式(ii)则使用了我们假设的 J 在指标集上均匀分布. 由于 $h(q_e)\leqslant\log 2$，我们发现

$$\log 2+q_e\log M\geqslant\log M-I(Z;J)$$

这等价于结论(15.31).

剩下的还需证明下界(15.61). 定义{0, 1}取值的随机变量 $V:=\mathbb{I}[\psi(Z)\neq J]$，并由构造可得 $H(V)=h(q_e)$. 我们现在通过两种不同的方式展开条件熵 $H(V,J \mid Z)$. 根据链法则，我们有

$$H(V,J \mid Z)=H(J \mid Z)+H(V \mid J,Z)=H(J \mid Z) \tag{15.62}$$

其中第二个等号成立是由于 V 是 Z 和 J 的一个函数. 由链法则的另一种应用，我们有

$$H(V,J \mid Z)=H(V \mid Z)+H(J \mid V,Z)\leqslant h(q_e)+H(J \mid V,Z)$$

其中不等式是由于取条件只会减小熵. 通过条件熵的定义，我们有

$$H(J \mid V,Z)=\mathbb{P}[V=1]H(J \mid Z,V=1)+\mathbb{P}[V=0]H(J \mid Z,V=0)$$

如果 $V=0$，那么 $J=\psi(Z)$，因此 $H(J \mid Z,V=0)=0$. 另一方面，若 $V=1$，那么我们知道 $J\neq\psi(Z)$，因此条件随机变量$(J \mid Z,V=1)$可以取至多 $M-1$ 个值，这意味着

$$H(J \mid Z,V=1)\leqslant\log(M-1)$$

这是因为熵通过均匀分布取到最大值. 我们由此已经证明了

$$H(V,J \mid Z)\leqslant h(q_e)+\log(M-1)$$

并结合先前的不等式(15.62)，就得到了结论(15.61).

15.5 参考文献和背景

信息论是在 Shannon(1948, 1949)的开创性工作中被提出的；还可参见 Shannon 和

Weaver(1949). Kullback 和 Leibler(1951)提出了 Kullback-Leibler 散度，并建立了其与大偏差理论和检验问题之间的很多联系. Lindley(1956)的早年工作也建立了信息和统计估计之间的联系. Kol-mogorov 是最早把信息论和度量熵联系起来的人；特别地，参看 Kolmogorov 和 Tikhomirov(1959)文章中的附录 II. Cover 和 Thomas(1991)一书是关于信息论的一本标准的入门级教材. 这里关于 Fano 不等式的证明来自他们的书.

例 15.4 和例 15.5 讨论的参数问题由 Le Cam(1973)研究过，他在文中讨论了现在被熟知为 Le Cam 方法的寻找下界的方法. 在同一篇文章中，Le Cam 同样展示了很多非参数问题可以通过这一方法来处理，利用了度量熵的结果. Hasminskii(1978)的文章使用了弱化的 Fano 方法，基于互信息的上界(15.34)来导出在一致度量下密度估计的下界；同样可参看 Hasminskii 和 Ibragimov(1981)一书及他们的调查论文(Hasminskii 和 Ibragimov，1990). Assouad(1983)基于二元超立方体顶点上放置函数给出了一个推导下界的方法. 同时推导上、下界的进一步改良还可见 Birgé(1983，1987，2005). Yu(1996)的文章中给出了 Le Cam 方法、Fano 方法以及 Assouad 方法(Assouad，1983)的一个比较. 例 15.8、例 15.11 和例 15.15 部分来自她的工作. Birgé 和 Massart(1995)给出了基于平方 Hellinger 距离的上界(15.28)；细节见他们文章中的定理 1. 在他们的文章中，在一般 α 阶光滑性条件下，他们研究了估计密度函数及其前 k 阶导数泛函的更加一般的问题. 例 15.8 和例 15.11 中考虑的二次泛函问题对应了 $k=1$ 和 $\alpha=2$ 的特殊情形. 引理 15.21 中互信息的改良形式上界来自 Yang 和 Barron(1999). 他们的方法展示了 Fano 方法是如何直接用到全局度量熵上的，这与 15.3.3 节中讨论的局部填装形式的 Fano 方法，即构造函数类具体的局部填装不同.

Guntuboyina(2011)给出了一个任意 f 散度的 Fano 不等式推广. 关于 f 散度的背景和性质见习题 15.12. 当内在 f 散度是 Kullback-Leibler 散度时他的结果退化成经典的 Fano 不等式. 他阐述了如何用这样的一般化 Fano 界来导出许多问题的 minimax 界，包括协方差估计问题.

例 15.18 所考虑的，利用 Fano 方法推导稀疏线性模型变量选择的下界是由 Wainwright(2009a)给出的. 关于这类结果还可参看文献(Reeves 和 Gastpar，2008；Fletcher 等，2009；Akcakaya 和 Tarokh，2010；Wang 等，2010). 例 15.20 中关于稀疏 PCA 变量选择的下界的推导由 Amini 和 Wainwright(2009)给出；这里给出的基于 Rademacher 变量对称性的证明在某种意义上相对更加简洁.

本章中讨论的 minimax 风险的概念是经典情形，(除了可测性)没有额外的对估计量的约束. 因此，这里的结果可能会涉及一些由于计算、存储或是交互代价过大的估计量. 最近的研究工作是约束形式的统计 minimax 理论，其中估计量的极小值有适当的约束(Wainwright，2014). 在特定情形下，经典 minimax 风险和其受计算约束后的形式会有明显差距(例如 Berthet 和 Rigollet，2013；Ma 和 Wu，2013；Wang 等，2014；Zhang 等，2014；Cai 等，2015；Gao 等，2015). 类似地，隐私约束也会导致传统和隐私 minimax 风险之间的明显差距(Duchi 等，2014，2013).

15.6 习　题

15.1 (TV 范数的另一种表示) 证明全变差范数有等价表示

$$\|\mathbb{P}_1-\mathbb{P}_0\|_{\mathrm{TV}}=1-\inf_{f_0+f_1\geqslant 1}\{\mathbb{E}_0[f_0]+\mathbb{E}_1[f_1]\}$$

其中极小是在所有非负可测函数上取，而不等式是在逐点意义下取.

15.2 (离散熵的基础知识) 令 $\mathbb{Q}$ 为一个有限集 $\mathcal{X}$ 上的一个离散随机变量的分布. 记 q 为相应的概率质量函数，其 Shannon 熵有显式表达

$$H(\mathbb{Q})\equiv H(X)=-\sum_{x\in\mathcal{X}}q(x)\log q(x)$$

其中我们令 $0\log 0=0$.

(a) 证明 $H(X)\geqslant 0$.

(b) 证明 $H(X)\leqslant\log|\mathcal{X}|$，其中等号当 X 为 $\mathcal{X}$ 上均匀分布时取到.

15.3 (Kullback-Leibler 散度的性质) 在本题中，我们研究 Kullback-Leibler 散度的一些性质. 令 $\mathbb{P}$ 和 $\mathbb{Q}$ 为在同一个基测度下密度分别为 p 和 q 的两个分布.

(a) 证明 $D(\mathbb{P}\|\mathbb{Q})\geqslant 0$，等号成立当且仅当 $p(x)=q(x)$ 在 $\mathbb{P}$ 几乎处处意义下成立.

(b) 给定一组非负权重满足 $\sum_{j=1}^{m}\lambda_j=1$，证明

$$D\Big(\sum_{j=1}^{m}\lambda_j\mathbb{P}_j\,\|\,\mathbb{Q}\Big)\leqslant\sum_{j=1}^{m}\lambda_j D(\mathbb{P}_j\|\mathbb{Q})\tag{15.63a}$$

和

$$D\Big(\mathbb{Q}\,\|\,\sum_{j=1}^{m}\lambda_j\mathbb{P}_j\Big)\leqslant\sum_{j=1}^{m}\lambda_j D(\mathbb{Q}\|\mathbb{P}_j)\tag{15.63b}$$

(c) 证明 KL 散度对乘积测度满足解耦性质(15.11a).

15.4 (Shannon 熵的更多性质) 令(X,Y,Z)为一个随机变量三元组，并回顾条件熵的定义(15.59).

(a) 证明条件会降低熵，即 $H(X|Y)\leqslant H(X)$.

(b) 证明熵的链法则

$$H(X,Y,Z)=H(X)+H(Y|X)+H(Z|Y,X)$$

(c) 由前面部分得到结论

$$H(X,Y,Z)\leqslant H(X)+H(Y)+H(Z)$$

因此联合熵在随机变量独立时取到最大值.

15.5 (Le Cam 不等式) 证明在 Hellinger 距离下全变差范数的上界(15.10). (提示：柯西-施瓦茨不等式可能有用.)

15.6 (Pinsker-Csiszár-Kullback 不等式) 在本题中，我们给出引理 15.2 中 Pinsker-Csiszár-Kullback 不等式(15.8)的一个证明.

(a) 当 $\mathbb{P}$ 和 $\mathbb{Q}$ 分别是参数为 $\delta_p\in[0,1]$和 $\delta_q\in[0,1]$的 Bernoulli 分布时，证明不等式(15.8)退化成

$$2(\delta_p-\delta_q)^2\leqslant\delta_p\log\frac{\delta_p}{\delta_q}+(1-\delta_p)\log\frac{1-\delta_p}{1-\delta_q} \tag{15.64}$$

证明这个特殊情形下的不等式.

(b) 用(a)和 Jensen 不等式证明一般情形下的界.(提示：记 p 和 q 为密度，考虑集合 $A:=\{x\in\mathcal{X}\mid p(x)\geqslant q(x)\}$，并尝试把问题简化成(a)的一个形式，其中 $\delta_p=\mathbb{P}[A]$ 和 $\delta_q=\mathbb{Q}[A]$.)

15.7 (Hellinger 距离的解耦) 证明 Hellinger 距离对乘积测度满足解耦关系(15.12a).

15.8 (高斯位置族的更紧界) 回顾例 15.4 中的正态位置模型. 用两点形式的 Le Cam 方法和引理 15.2 中的 Pinsker-Csiszár-Kullback 不等式推导更紧的下界

$$\inf_{\hat\theta}\sup_{\theta\in\mathbb{R}}\mathbb{E}_\theta[|\hat\theta-\theta|]\geqslant\frac{1}{8}\frac{\sigma}{\sqrt{n}} \quad 和 \quad \inf_{\hat\theta}\sup_{\theta\in\mathbb{R}}\mathbb{E}_\theta[(\hat\theta-\theta)^2]\geqslant\frac{1}{16}\frac{\sigma^2}{n}$$

15.9 (均匀位移族可达到的速度) 在均匀位移族(例 15.5)问题中，证明估计量 $\tilde\theta=\min(Y_1,\cdots,Y_n)$满足界$\sup_{\theta\in\mathbb{R}}\mathbb{E}[(\tilde\theta-\theta)^2]\leqslant\frac{2}{n^2}$.

15.10 (TV 距离的界)

(a) 证明平方全变差距离有上界

$$\|\mathbb{P}-\mathbb{Q}\|_{\mathrm{TV}}^2\leqslant\frac{1}{4}\left\{\int_{\mathcal{X}}\frac{p^2(x)}{q(x)}\nu(\mathrm{d}x)-1\right\}$$

其中 p 和 q 是对应于基测度 ν 的密度函数.

(b) 用(a)证明

$$\|\mathbb{P}_{\theta,\sigma}^n-\mathbb{P}_{0,\sigma}^n\|_{\mathrm{TV}}^2\leqslant\frac{1}{4}\left\{\mathrm{e}^{\left(\frac{\sqrt{n}\theta}{\sigma}\right)^2}-1\right\} \tag{15.65}$$

其中，对任意 $\gamma\in\mathbb{R}$，我们用 $\mathbb{P}_{\gamma,\sigma}^n$ 表示一个 $\mathcal{N}(\gamma,\sigma^2)$变量的 n 重乘积分布.

(c) 用(a)证明

$$\|\overline{\mathbb{P}}-\mathbb{P}_{0,\sigma}^n\|_{\mathrm{TV}}^2\leqslant\frac{1}{4}\left\{\mathrm{e}^{\frac{1}{2}\left(\frac{\sqrt{n}\theta}{\sigma}\right)^4}-1\right\} \tag{15.66}$$

其中 $\overline{\mathbb{P}}=\frac{1}{2}\mathbb{P}_{\theta,\sigma}^n+\frac{1}{2}\mathbb{P}_{-\theta,\sigma}^n$ 是一个混合分布.

15.11 (混合分布和 KL 散度) 给定一个分布集合$\{\mathbb{P}_1,\cdots,\mathbb{P}_M\}$，考虑混合分布 $\overline{\mathbb{Q}}=\frac{1}{M}\sum_{j=1}^M\mathbb{P}_j$.

证明

$$\frac{1}{M}\sum_{j=1}^M D(\mathbb{P}_j\|\overline{\mathbb{Q}})\leqslant\frac{1}{M}\sum_{j=1}^M D(\mathbb{P}_j\|\mathbb{Q})$$

对任意其他分布 $\mathbb{Q}$ 成立.

15.12 (f 散度) 令 f：$\mathbb{R}_+\to\mathbb{R}$ 为一个严格凸函数. 给定两个分布 $\mathbb{P}$ 和 $\mathbb{Q}$(对应密度分别为 p 和 q)，它们的 f 散度为

$$D_f(\mathbb{P}\|\mathbb{Q}):=\int q(x)f(p(x)/q(x))\nu(\mathrm{d}x) \tag{15.67}$$

(a) 证明 Kullback-Leibler 散度对应由函数 $f(t)=t\log t$ 定义的 f 散度.

(b) 计算由 $f(t)=-\log(t)$ 生成的 f 散度.

(c) 证明平方 Hellinger 散度 $H^2(\mathbb{P}\|\mathbb{Q})$ 同样是一个适当选取的 f 下的一个 f 散度.

(d) 计算由 $f(t)=1-\sqrt{t}$ 生成的 f 散度.

15.13 **(多元高斯的 KL 散度)** 对 $j=1,2$，令 $\mathbb{Q}_j$ 为一个均值为 $\boldsymbol{\mu}_j\in\mathbb{R}^d$，方差为 $\boldsymbol{\Sigma}_j>0$ 的 d 元正态分布.

(a) 若 $\boldsymbol{\Sigma}_1=\boldsymbol{\Sigma}_2=\boldsymbol{\Sigma}$，证明

$$D(\mathbb{Q}_1\|Q_2)=\frac{1}{2}\langle\boldsymbol{\mu}_1-\boldsymbol{\mu}_2,\boldsymbol{\Sigma}^{-1}(\boldsymbol{\mu}_1-\boldsymbol{\mu}_2)\rangle$$

(b) 在一般情形下，证明

$$D(\mathbb{Q}_1\|Q_2)=\frac{1}{2}\left\{\langle\boldsymbol{\mu}_1-\boldsymbol{\mu}_2,\boldsymbol{\Sigma}_2^{-1}(\boldsymbol{\mu}_1-\boldsymbol{\mu}_2)\rangle+\log\frac{\det(\boldsymbol{\Sigma}_2)}{\det(\boldsymbol{\Sigma}_1)}+\operatorname{trace}(\boldsymbol{\Sigma}_2^{-1}\boldsymbol{\Sigma}_1)-d\right\}$$

15.14 **(高斯分布和最大熵)** 对一个给定的 $\sigma>0$，令 Q_σ 为所有满足条件 $\int_{-\infty}^{\infty}xq(x)\mathrm{d}x=0$ 和 $\int_{-\infty}^{\infty}q(x)x^2\mathrm{d}x\leqslant\sigma^2$ 的基于实轴上勒贝格测度的密度函数 q 的全体. 证明在这个族上熵最大的分布是高斯分布 $\mathcal{N}(0,\sigma^2)$.

15.15 **(稀疏 PCA 变量选择中更紧的界)** 在例 15.20 的问题中，证明对一个给定的 $\theta_{\min}=\min\limits_{j\in S}|\theta_j^*|\in(0,1)$，稀疏 PCA 中支撑集还原是不可能的只要

$$n<c_0\,\frac{1+\nu}{\nu^2}\,\frac{\log(d-s+1)}{\theta_{\min}^2}$$

对某常数 $c_0>0$ 成立.（注：这个结果比例 15.20 更紧，因为由特征向量的单位范数和 s 稀疏我们一定有 $\theta_{\min}^2\leqslant\frac{1}{s}$.）

15.16 **(稀疏 PCA 在 ℓ_2 误差下的下界)** 考虑基于 n 个独立同分布来自穗状模型(15.47)的样本估计最大特征向量 $\boldsymbol{\theta}^*$ 的问题. 假设 $\boldsymbol{\theta}^*$ 是 s 稀疏的，证明任意估计 $\hat{\boldsymbol{\theta}}$ 满足下界

$$\sup_{\boldsymbol{\theta}^*\in\mathbb{B}_0(s)\cap\mathbb{S}^{d-1}}\mathbb{E}[\|\hat{\boldsymbol{\theta}}-\boldsymbol{\theta}^*\|_2^2]\geqslant c_0\,\frac{\nu+1}{\nu^2}\,\frac{s\log\left(\frac{ed}{s}\right)}{n}$$

对某个普适常数 $c_0>0$ 成立.（提示：例 15.16 中的填装数可能有用. 此外，可以考虑一个和例 15.19 类似的构造，但把其中的随机正交矩阵 $\boldsymbol{U}$ 用一个随机符号的置换矩阵代替.）

15.17 **(广义线性模型的下界)** 考虑一个欧几里得范数至多为 1 的向量 $\boldsymbol{\theta}^*\in\mathbb{R}^d$ 的估计问题，基于一个固定设计向量集合 $\{\boldsymbol{x}_i\}_{i=1}^n$ 和响应变量 $\{y_i\}_{i=1}^n$ 的回归，样本由下述分布抽样产生，

$$\mathbb{P}_{\boldsymbol{\theta}}(y_1,\cdots,y_n)=\prod_{i=1}^n\left[h(y_i)\exp\left(\frac{y_i\langle\boldsymbol{x}_i,\ \boldsymbol{\theta}\rangle-\Phi(\langle\boldsymbol{x}_i,\ \boldsymbol{\theta}\rangle)}{s(\sigma)}\right)\right]$$

其中 $s(\sigma)>0$ 是一个已知的标量，Φ：$\mathbb{R}\to\mathbb{R}$ 是广义线性模型的累积函数.

(a) 基于 Φ 及其导数计算 $\mathbb{P}_{\boldsymbol{\theta}}$ 和 $\mathbb{P}_{\boldsymbol{\theta}'}$ 之间的 Kullback-Leibler 散度的一个表达式.

(b) 假设 $\|\Phi''\|_{\infty}\leqslant L<\infty$，给出 Kullback-Leibler 散度的一个上界，其是欧几里得范数 $\|\boldsymbol{\theta}-\boldsymbol{\theta}'\|_2$ 平方数量级.

(c) 用(b)和先前的讨论证明，存在一个普适常数 $c>0$ 满足

$$\inf_{\hat{\boldsymbol{\theta}}}\sup_{\boldsymbol{\theta}\in\mathbb{B}_2^d(1)}\mathbb{E}[\|\hat{\boldsymbol{\theta}}-\boldsymbol{\theta}\|_2^2]\geqslant\min\left\{1,c\,\frac{s(\sigma)}{L\eta_{\max}^2}\,\frac{d}{n}\right\}$$

其中 $\eta_{\max}=\sigma_{\max}(\boldsymbol{X}/\sqrt{n})$ 为最大奇异值.（这里和之前一样，$\boldsymbol{X}\in\mathbb{R}^{n\times d}$ 是以 $\boldsymbol{x}_i$ 作为第 i 行的设计矩阵.）

(d) 解释(c)是如何导出线性回归的特殊情形下相应下界的.

15.18（加性非参数回归的下界） 回顾最先在习题 13.9 中介绍的加性函数类，即

$$\mathscr{F}_{\text{add}}=\left\{f:\mathbb{R}^d\to\mathbb{R}\;\middle|\;f=\sum_{j=1}^d g_j\quad 对\ g_j\in\mathscr{G}\right\}$$

其中 $\mathscr{G}$ 是某个给定的单变量函数类. 在本题中，我们假设基类的度量熵有数量级 $\log N(\delta;\mathscr{G},\|\cdot\|_2)\asymp\left(\frac{1}{\delta}\right)^{1/\alpha}$ 对某个 $\alpha>1/2$ 成立，以及我们用 $\mathbb{R}^d$ 上的一个乘积测度来计算 $L^2(\mathbb{P})$ 范数.

(a) 证明

$$\inf_{\hat{f}}\sup_{f\in\mathscr{F}_{\text{add}}}\mathbb{E}[\|\hat{f}-f\|_2^2]\gtrsim d\left(\frac{\sigma^2}{n}\right)^{\frac{2\alpha}{2\alpha+1}}$$

通过和习题 14.8 的结果对比，我们看到最小二乘估计除了常数项是 minimax 最优的.

(b) 现在考虑这个模型的稀疏形式，即基于稀疏加性模型类

$$\mathscr{F}_{\text{spam}}=\left\{f:\mathbb{R}^d\to\mathbb{R}\;\middle|\;f=\sum_{j\in S}g_j\quad 对\ g_j\in\mathscr{G},和一个子集\,|S|\leqslant s\right\}$$

证明

$$\inf_{\hat{f}}\sup_{f\in\mathscr{F}_{\text{spam}}}\mathbb{E}[\|\hat{f}-f\|_2^2]\gtrsim s\left(\frac{\sigma^2}{n}\right)^{\frac{2\alpha}{2\alpha+1}}+\sigma^2\,\frac{s\log\left(\frac{ed}{s}\right)}{n}$$

参考文献

Adamczak, R. 2008. A tail inequality for suprema of unbounded empirical processes with applications to Markov chains. *Electronic Journal of Probability*, **34**, 1000–1034.

Adamczak, R., Litvak, A. E., Pajor, A., and Tomczak-Jaegermann, N. 2010. Quantitative estimations of the convergence of the empirical covariance matrix in log-concave ensembles. *Journal of the American Mathematical Society*, **23**, 535–561.

Agarwal, A., Negahban, S., and Wainwright, M. J. 2012. Noisy matrix decomposition via convex relaxation: Optimal rates in high dimensions. *Annals of Statistics*, **40**(2), 1171–1197.

Ahlswede, R., and Winter, A. 2002. Strong converse for identification via quantum channels. *IEEE Transactions on Information Theory*, **48**(3), 569–579.

Aizerman, M. A., Braverman, E. M., and Rozonoer, L. I. 1964. Theoretical foundations of the potential function method in pattern recognition learning. *Automation and Remote Control*, **25**, 821–837.

Akcakaya, M., and Tarokh, V. 2010. Shannon theoretic limits on noisy compressive sampling. *IEEE Transactions on Information Theory*, **56**(1), 492–504.

Alexander, K. S. 1987. Rates of growth and sample moduli for weighted empirical processes indexed by sets. *Probability Theory and Related Fields*, **75**, 379–423.

Alliney, S., and Ruzinsky, S. A. 1994. An algorithm for the minimization of mixed ℓ_1 and ℓ_2 norms with application to Bayesian estimation. *IEEE Transactions on Signal Processing*, **42**(3), 618–627.

Amini, A. A., and Wainwright, M. J. 2009. High-dimensional analysis of semdefinite relaxations for sparse principal component analysis. *Annals of Statistics*, **5B**, 2877–2921.

Anandkumar, A., Tan, V. Y. F., Huang, F., and Willsky, A. S. 2012. High-dimensional structure learning of Ising models: Local separation criterion. *Annals of Statistics*, **40**(3), 1346–1375.

Anderson, T. W. 1984. *An Introduction to Multivariate Statistical Analysis*. Wiley Series in Probability and Mathematical Statistics. New York, NY: Wiley.

Ando, R. K., and Zhang, T. 2005. A framework for learning predictive structures from multiple tasks and unlabeled data. *Journal of Machine Learning Research*, **6**(December), 1817–1853.

Aronszajn, N. 1950. Theory of reproducing kernels. *Transactions of the American Mathematical Society*, **68**, 337–404.

Assouad, P. 1983. Deux remarques sur l'estimation. *Comptes Rendus de l'Académie des Sciences, Paris*, **296**, 1021–1024.

Azuma, K. 1967. Weighted sums of certain dependent random variables. *Tohoku Mathematical Journal*, **19**, 357–367.

Bach, F., Jenatton, R., Mairal, J., and Obozinski, G. 2012. Optimization with sparsity-inducing penalties. *Foundations and Trends in Machine Learning*, **4**(1), 1–106.

Bahadur, R. R., and Rao, R. R. 1960. On deviations of the sample mean. *Annals of Mathematical Statistics*, **31**, 1015–1027.

Bai, Z., and Silverstein, J. W. 2010. *Spectral Analysis of Large Dimensional Random Matrices*. New York, NY: Springer. Second edition.

Baik, J., and Silverstein, J. W. 2006. Eigenvalues of large sample covariance matrices of spiked populations models. *Journal of Multivariate Analysis*, **97**(6), 1382–1408.

Balabdaoui, F., Rufibach, K., and Wellner, J. A. 2009. Limit distribution theory for maximum likelihood estimation of a log-concave density. *Annals of Statistics*, **62**(3), 1299–1331.

Ball, K. 1997. An elementary introduction to modern convex geometry. Pages 1–55 of: *Flavors of Geometry*. MSRI Publications, vol. 31. Cambridge, UK: Cambridge University Press.

Banerjee, O., El Ghaoui, L., and d'Aspremont, A. 2008. Model selection through sparse maximum likelihood estimation for multivariate Gaussian or binary data. *Journal of Machine Learning Research*, **9**(March), 485–516.

Baraniuk, R. G., Cevher, V., Duarte, M. F., and Hegde, C. 2010. Model-based compressive sensing. *IEEE Transactions on Information Theory*, **56**(4), 1982–2001.

Barndorff-Nielson, O. E. 1978. *Information and Exponential Families*. Chichester, UK: Wiley.

Bartlett, P. L., and Mendelson, S. 2002. Gaussian and Rademacher complexities: Risk bounds and structural results. *Journal of Machine Learning Research*, **3**, 463–482.

Bartlett, P. L., Bousquet, O., and Mendelson, S. 2005. Local Rademacher complexities. *Annals of Statistics*, **33**(4), 1497–1537.

Baxter, R. J. 1982. *Exactly Solved Models in Statistical Mechanics*. New York, NY: Academic Press.

Bean, D., Bickel, P. J., El Karoui, N., and Yu, B. 2013. Optimal M-estimation in high-dimensional regression. *Proceedings of the National Academy of Sciences of the USA*, **110**(36), 14563–14568.

Belloni, A., Chernozhukov, V., and Wang, L. 2011. Square-root lasso: pivotal recovery of sparse signals via conic programming. *Biometrika*, **98**(4), 791–806.

Bennett, G. 1962. Probability inequalities for the sum of independent random variables. *Journal of the American Statistical Association*, **57**(297), 33–45.

Bento, J., and Montanari, A. 2009 (December). Which graphical models are difficult to learn? In: *Proceedings of the NIPS Conference*.

Berlinet, A., and Thomas-Agnan, C. 2004. *Reproducing Kernel Hilbert Spaces in Probability and Statistics*. Norwell, MA: Kluwer Academic.

Bernstein, S. N. 1937. On certain modifications of Chebyshev's inequality. *Doklady Akademii Nauk SSSR*, **16**(6), 275–277.

Berthet, Q., and Rigollet, P. 2013 (June). Computational lower bounds for sparse PCA. In: *Conference on Computational Learning Theory*.

Bertsekas, D. P. 2003. *Convex Analysis and Optimization*. Boston, MA: Athena Scientific.

Besag, J. 1974. Spatial interaction and the statistical analysis of lattice systems. *Journal of the Royal Statistical Society, Series B*, **36**, 192–236.

Besag, J. 1975. Statistical analysis of non-lattice data. *The Statistician*, **24**(3), 179–195.

Besag, J. 1977. Efficiency of pseudolikelihood estimation for simple Gaussian fields. *Biometrika*, **64**(3), 616–618.

Bethe, H. A. 1935. Statistics theory of superlattices. *Proceedings of the Royal Society of London, Series A*, **150**(871), 552–575.

Bhatia, R. 1997. *Matrix Analysis*. Graduate Texts in Mathematics. New York, NY: Springer.

Bickel, P. J., and Doksum, K. A. 2015. *Mathematical Statistics: Basic Ideas and Selected Topics*. Boca Raton, FL: CRC Press.

Bickel, P. J., and Levina, E. 2008a. Covariance regularization by thresholding. *Annals of Statistics*, **36**(6), 2577–2604.

Bickel, P. J., and Levina, E. 2008b. Regularized estimation of large covariance matrices. *Annals of Statistics*, **36**(1), 199–227.

Bickel, P. J., Ritov, Y., and Tsybakov, A. B. 2009. Simultaneous analysis of lasso and Dantzig selector. *Annals of Statistics*, **37**(4), 1705–1732.

Birgé, L. 1983. Approximation dans les espaces metriques et theorie de l'estimation. *Z. Wahrsch. verw. Gebiete*, **65**, 181–327.

Birgé, L. 1987. Estimating a density under order restrictions: Non-asymptotic minimax risk. *Annals of Statistics*, **15**(3), 995–1012.

Birgé, L. 2005. A new lower bound for multiple hypothesis testing. *IEEE Transactions on Information Theory*, **51**(4), 1611–1614.

Birgé, L., and Massart, P. 1995. Estimation of integral functionals of a density. *Annals of Statistics*, **23**(1), 11–29.

Birnbaum, A., Johnstone, I. M., Nadler, B., and Paul, D. 2012. Minimax bounds for sparse PCA with noisy high-dimensional data. *Annals of Statistics*, **41**(3), 1055–1084.

Bobkov, S. G. 1999. Isoperimetric and analytic inequalities for log-concave probability measures. *Annals of Probability*, **27**(4), 1903–1921.

Bobkov, S. G., and Götze, F. 1999. Exponential integrability and transportation cost related to logarithmic Sobolev inequalities. *Journal of Functional Analysis*, **163**, 1–28.

Bobkov, S. G., and Ledoux, M. 2000. From Brunn-Minkowski to Brascamp-Lieb and to logarithmic Sobolev inequalities. *Geometric and Functional Analysis*, **10**, 1028–1052.

Borgwardt, K., Gretton, A., Rasch, M., Kriegel, H. P., Schölkopf, B., and Smola, A. J. 2006. Integrating structured biological data by kernel maximum mean discrepancy. *Bioinformatics*, **22**(14), 49–57.

Borwein, J., and Lewis, A. 1999. *Convex Analysis*. New York, NY: Springer.

Boser, B. E., Guyon, I. M., and Vapnik, V. N. 1992. A training algorithm for optimal margin classifiers. Pages 144–152 of: *Proceedings of the Conference on Learning Theory (COLT)*. New York, NY: ACM.

Boucheron, S., Lugosi, G., and Massart, P. 2003. Concentration inequalities using the entropy method. *Annals of Probability*, **31**(3), 1583–1614.

Boucheron, S., Lugosi, G., and Massart, P. 2013. *Concentration inequalities: A nonasymptotic theory of independence*. Oxford, UK: Oxford University Press.

Bourgain, J., Dirksen, S., and Nelson, J. 2015. Toward a unified theory of sparse dimensionality reduction in Euclidean space. *Geometric and Functional Analysis*, **25**(4).

Bousquet, O. 2002. A Bennett concentration inequality and its application to suprema of empirical processes. *Comptes Rendus de l'Académie des Sciences, Paris, Série I*, **334**, 495–500.

Bousquet, O. 2003. Concentration inequalities for sub-additive functions using the entropy method. *Stochastic Inequalities and Applications*, **56**, 213–247.

Boyd, S., and Vandenberghe, L. 2004. *Convex optimization*. Cambridge, UK: Cambridge University Press.

Brascamp, H. J., and Lieb, E. H. 1976. On extensions of the Brunn–Minkowski and Prékopa–Leindler theorems, including inequalities for log concave functions, and with an application to the diffusion equation. *Journal of Functional Analysis*, **22**, 366–389.

Breiman, L. 1992. *Probability*. Classics in Applied Mathematics. Philadelphia, PA: S IAM.

Bresler, G. 2014. *Efficiently learning Ising models on arbitrary graphs*. Tech. rept. MIT.

Bresler, G., Mossel, E., and Sly, A. 2013. Reconstruction of Markov Random Fields from samples: Some observations and algorithms. *SIAM Journal on Computing*, **42**(2), 563–578.

Bronshtein, E. M. 1976. ϵ-entropy of convex sets and functions. *Siberian Mathematical Journal*, **17**, 393–398.

Brown, L. D. 1986. *Fundamentals of statistical exponential families*. Hayward, CA: Institute of Mathematical Statistics.

Brunk, H. D. 1955. Maximum likelihood estimates of monotone parameters. *Annals of Math. Statistics*, **26**, 607–616.

Brunk, H. D. 1970. Estimation of isotonic regression. Pages 177–197 of: *Nonparametric techniques in statistical inference*. New York, NY: Cambridge University Press.

Bühlmann, P., and van de Geer, S. 2011. *Statistics for high-dimensional data*. Springer Series in Statistics. Springer.

Buja, A., Hastie, T. J., and Tibshirani, R. 1989. Linear smoothers and additive models. *Annals of Statistics*, **17**(2), 453–510.

Buldygin, V. V., and Kozachenko, Y. V. 2000. *Metric characterization of random variables and random processes*. Providence, RI: American Mathematical Society.

Bunea, F., Tsybakov, A. B., and Wegkamp, M. 2007. Sparsity oracle inequalities for the Lasso. *Electronic Journal of Statistics*, 169–194.

Bunea, F., She, Y., and Wegkamp, M. 2011. Optimal selection of reduced rank estimators of high-dimensional matrices. *Annals of Statistics*, **39**(2), 1282–1309.

Cai, T. T., Zhang, C. H., and Zhou, H. H. 2010. Optimal rates of convergence for covariance matrix estimation. *Annals of Statistics*, **38**(4), 2118–2144.

Cai, T. T., Liu, W., and Luo, X. 2011. A constrained ℓ_1-minimization approach to sparse precision matrix estimation. *Journal of the American Statistical Association*, **106**, 594–607.

Cai, T. T., Liang, T., and Rakhlin, A. 2015. *Computational and statistical boundaries for submatrix localization in a large noisy matrix*. Tech. rept. Univ. Penn.

Candès, E. J., and Plan, Y. 2010. Matrix completion with noise. *Proceedings of the IEEE*, **98**(6), 925–936.

Candès, E. J., and Recht, B. 2009. Exact matrix completion via convex optimization. *Foundations of Computational Mathematics*, **9**(6), 717–772.

Candès, E. J., and Tao, T. 2005. Decoding by linear programming. *IEEE Transactions on Information Theory*, **51**(12), 4203–4215.

Candès, E. J., and Tao, T. 2007. The Dantzig selector: statistical estimation when p is much larger than n. *Annals of Statistics*, **35**(6), 2313–2351.

Candès, E. J., Li, X., Ma, Y., and Wright, J. 2011. Robust principal component analysis? *Journal of the ACM*, **58**(3), 11 (37pp).

Candès, E. J., Strohmer, T., and Voroninski, V. 2013. PhaseLift: exact and stable signal recovery from magnitude measurements via convex programming. *Communications on Pure and Applied Mathematics*, **66**(8), 1241–1274.

Cantelli, F. P. 1933. Sulla determinazione empirica della legge di probabilita. *Giornale dell'Istituto Italiano degli Attuari*, **4**, 421–424.

Carl, B., and Pajor, A. 1988. Gelfand numbers of operators with values in a Hilbert space. *Inventiones Mathematicae*, **94**, 479–504.

Carl, B., and Stephani, I. 1990. *Entropy, Compactness and the Approximation of Operators*. Cambridge Tracts in Mathematics. Cambridge, UK: Cambridge University Press.

Carlen, E. 2009. Trace inequalities and quantum entropy: an introductory course. In: *Entropy and the Quantum*. Providence, RI: American Mathematical Society.

Carroll, R. J., Ruppert, D., and Stefanski, L. A. 1995. *Measurement Error in Nonlinear Models*. Boca Raton, FL: Chapman & Hall/CRC.

Chai, A., Moscoso, M., and Papanicolaou, G. 2011. Array imaging using intensity-only measurements. *Inverse Problems*, **27**(1), 1—15.

Chandrasekaran, V., Sanghavi, S., Parrilo, P. A., and Willsky, A. S. 2011. Rank-Sparsity Incoherence for Matrix Decomposition. *SIAM Journal on Optimization*, **21**, 572–596.

Chandrasekaran, V., Recht, B., Parrilo, P. A., and Willsky, A. S. 2012a. The convex geometry of linear inverse problems. *Foundations of Computational Mathematics*, **12**(6), 805–849.

Chandrasekaran, V., Parrilo, P. A., and Willsky, A. S. 2012b. Latent variable graphical model selection via convex optimization. *Annals of Statistics*, **40**(4), 1935–1967.

Chatterjee, S. 2005 (October). *An error bound in the Sudakov-Fernique inequality*. Tech. rept. UC Berkeley. arXiv:math.PR/0510424.

Chatterjee, S. 2007. Stein's method for concentration inequalities. *Probability Theory and Related Fields*, **138**(1–2), 305–321.

Chatterjee, S., Guntuboyina, A., and Sen, B. 2015. On risk bounds in isotonic and other shape restricted regression problems. *Annals of Statistics*, **43**(4), 1774–1800.

Chen, S., Donoho, D. L., and Saunders, M. A. 1998. Atomic decomposition by basis pursuit. *SIAM J. Sci. Computing*, **20**(1), 33–61.

Chernoff, H. 1952. A measure of asymptotic efficiency for tests of a hypothesis based on a sum of observations. *Annals of Mathematical Statistics*, **23**, 493–507.

Chernozhukov, V., Chetverikov, D., and Kato, K. 2013. *Comparison and anti-concentration bounds for maxima of Gaussian random vectors*. Tech. rept. MIT.

Chung, F.R.K. 1991. *Spectral Graph Theory*. Providence, RI: American Mathematical Society.

Clifford, P. 1990. Markov random fields in statistics. In: Grimmett, G.R., and Welsh, D. J. A. (eds), *Disorder in physical systems*. Oxford Science Publications.

Cohen, A., Dahmen, W., and DeVore, R. A. 2008. Compressed sensing and best k-term approximation. *J. of. American Mathematical Society*, **22**(1), 211–231.

Cormode, G. 2012. Synopses for massive data: Samples, histograms, wavelets and sketches. *Foundations and Trends in Databases*, **4**(2), 1–294.

Cover, T.M., and Thomas, J.A. 1991. *Elements of Information Theory*. New York, NY: Wiley.

Cule, M., Samworth, R. J., and Stewart, M. 2010. Maximum likelihood estimation of a multi-dimensional log-concave density. *J. R. Stat. Soc. B*, **62**, 545–607.

Dalalyan, A. S., Hebiri, M., and Lederer, J. 2014. *On the prediction performance of the Lasso*. Tech. rept. ENSAE. arxiv:1402,1700, to appear in Bernoulli.

d'Aspremont, A., El Ghaoui, L., Jordan, M. I., and Lanckriet, G. R. 2007. A direct formulation for sparse PCA using semidefinite programming. *SIAM Review*, **49**(3), 434–448.

d'Aspremont, A., Banerjee, O., and El Ghaoui, L. 2008. First order methods for sparse covariance selection. *SIAM Journal on Matrix Analysis and Its Applications*, **30**(1), 55–66.

Davidson, K. R., and Szarek, S. J. 2001. Local operator theory, random matrices, and Banach spaces. Pages 317–336 of: *Handbook of Banach Spaces*, vol. 1. Amsterdam, NL: Elsevier.

Dawid, A. P. 2007. The geometry of proper scoring rules. *Annals of the Institute of Statistical Mathematics*, **59**, 77–93.

de La Pena, V., and Giné, E. 1999. *Decoupling: From dependence to independence*. New York, NY: Springer.

Dembo, A. 1997. Information inequalities and concentration of measure. *Annals of Probability*, **25**(2), 927–939.

Dembo, A., and Zeitouni, O. 1996. Transportation approach to some concentration inequalities in product spaces. *Electronic Communications in Probability*, **1**, 83–90.

DeVore, R. A., and Lorentz, G. G. 1993. *Constructive Approximation*. New York, NY: Springer.

Devroye, L., and Györfi, L. 1986. *Nonparametric density estimation: the L_1 view*. New York, NY: Wiley.

Donoho, D. L. 2006a. For most large underdetermined systems of linear equations, the minimal ℓ_1-norm near-solution approximates the sparsest near-solution. *Communications on Pure and Applied Mathematics*, **59**(7), 907–934.

Donoho, D. L. 2006b. For most large underdetermined systems of linear equations, the minimal ℓ_1-norm solution is also the sparsest solution. *Communications on Pure and Applied Mathematics*, **59**(6), 797–829.

Donoho, D. L., and Huo, X. 2001. Uncertainty principles and ideal atomic decomposition. *IEEE Transactions on Information Theory*, **47**(7), 2845–2862.

Donoho, D. L., and Johnstone, I. M. 1994. Minimax risk over ℓ_p-balls for ℓ_q-error. *Probability Theory and Related Fields*, **99**, 277–303.

Donoho, D. L., and Montanari, A. 2013. *High dimensional robust M-estimation: asymptotic variance via approximate message passing*. Tech. rept. Stanford University. Posted as arxiv:1310.7320.

Donoho, D. L., and Stark, P. B. 1989. Uncertainty principles and signal recovery. *SIAM Journal of Applied Mathematics*, **49**, 906–931.

Donoho, D. L., and Tanner, J. M. 2008. Counting faces of randomly-projected polytopes when the projection radically lowers dimension. *Journal of the American Mathematical Society*, July.

Duchi, J. C., Wainwright, M. J., and Jordan, M. I. 2013. *Local privacy and minimax bounds: Sharp rates for probability estimation*. Tech. rept. UC Berkeley.

Duchi, J. C., Wainwright, M. J., and Jordan, M. I. 2014. Privacy-aware learning. *Journal of the ACM*, **61**(6), Article 37.

Dudley, R. M. 1967. The sizes of compact subsets of Hilbert spaces and continuity of Gaussian processes. *Journal of Functional Analysis*, **1**, 290–330.

Dudley, R. M. 1978. Central limit theorems for empirical measures. *Annals of Probability*, **6**, 899–929.

Dudley, R. M. 1999. *Uniform central limit theorems*. Cambridge, UK: Cambridge University Press.

Dümbgen, L., Samworth, R. J., and Schuhmacher, D. 2011. Approximation by log-concave distributions with applications to regression. *Annals of Statistics*, **39**(2), 702–730.

Durrett, R. 2010. *Probability: Theory and examples*. Cambridge, UK: Cambridge University Press.

Dvoretsky, A., Kiefer, J., and Wolfowitz, J. 1956. Asymptotic minimax character of the sample distribution function and of the classical multinomial estimator. *Annals of Mathematical Statistics*, **27**, 642–669.

Eggermont, P. P. B., and LaRiccia, V. N. 2001. *Maximum penalized likelihood estimation: V. I Density estimation*. Springer Series in Statistics, vol. 1. New York, NY: Springer.

Eggermont, P. P. B., and LaRiccia, V. N. 2007. *Maximum penalized likelihood estimation: V. II Regression*. Springer Series in Statistics, vol. 2. New York, NY: Springer.

El Karoui, N. 2008. Operator norm consistent estimation of large-dimensional sparse covariance matrices. *Annals of Statistics*, **36**(6), 2717–2756.

El Karoui, N. 2013. *Asymptotic behavior of unregularized and ridge-regularized high-dimensional robust regression estimators : rigorous results*. Tech. rept. UC Berkeley. Posted as arxiv:1311.2445.

El Karoui, N., Bean, D., Bickel, P. J., and Yu, B. 2013. On robust regression with high-dimensional predictors. *Proceedings of the National Academy of Sciences of the USA*, **110**(36), 14557–14562.

Elad, M., and Bruckstein, A. M. 2002. A generalized uncertainty principle and sparse representation in pairs of bases. *IEEE Transactions on Information Theory*, **48**(9), 2558–2567.

Fan, J., and Li, R. 2001. Variable selection via non-concave penalized likelihood and its oracle properties. *Journal of the American Statistical Association*, **96**(456), 1348–1360.

Fan, J., and Lv, J. 2011. Nonconcave penalized likelihood with NP-dimensionality. *IEEE Transactions on Information Theory*, **57**(8), 5467–5484.

Fan, J., Liao, Y., and Mincheva, M. 2013. Large covariance estimation by thresholding principal orthogonal components. *Journal of the Royal Statistical Society B*, **75**, 603–680.

Fan, J., Xue, L., and Zou, H. 2014. Strong oracle optimality of folded concave penalized estimation. *Annals of Statistics*, **42**(3), 819–849.

Fazel, M. 2002. *Matrix Rank Minimization with Applications*. Ph.D. thesis, Stanford. Available online: http://faculty.washington.edu/mfazel/thesis-final.pdf.

Fernique, X. M. 1974. Des resultats nouveaux sur les processus Gaussiens. *Comptes Rendus de l'Académie des Sciences, Paris*, **278**, A363–A365.

Feuer, A., and Nemirovski, A. 2003. On sparse representation in pairs of bases. *IEEE Transactions on Information Theory*, **49**(6), 1579–1581.

Fienup, J. R. 1982. Phase retrieval algorithms: a comparison. *Applied Optics*, **21**(15), 2758–2769.

Fienup, J. R., and Wackerman, C. C. 1986. Phase-retrieval stagnation problems and solutions. *Journal of the Optical Society of America A*, **3**, 1897–1907.

Fletcher, A. K., Rangan, S., and Goyal, V. K. 2009. Necessary and Sufficient Conditions for Sparsity Pattern Recovery. *IEEE Transactions on Information Theory*, **55**(12), 5758–5772.

Foygel, R., and Srebro, N. 2011. *Fast rate and optimistic rate for ℓ_1-regularized regression*. Tech. rept. Toyoto Technological Institute. arXiv:1108.037v1.

Friedman, J. H., and Stuetzle, W. 1981. Projection pursuit regression. *Journal of the American Statistical Association*, **76**(376), 817–823.

Friedman, J. H., and Tukey, J. W. 1994. A projection pursuit algorithm for exploratory data analysis. *IEEE Transactions on Computers*, **C-23**, 881–889.

Friedman, J. H., Hastie, T. J., and Tibshirani, R. 2007. Sparse inverse covariance estimation with the graphical Lasso. *Biostatistics*.

Fuchs, J. J. 2004. Recovery of exact sparse representations in the presence of noise. Pages 533–536 of: *ICASSP*, vol. 2.

Gallager, R. G. 1968. *Information theory and reliable communication*. New York, NY: Wiley.

Gao, C., Ma, Z., and Zhou, H. H. 2015. *Sparse CCA: Adaptive estimation and computational barriers*. Tech. rept. Yale University.

Gardner, R. J. 2002. The Brunn-Minkowski inequality. *Bulletin of the American Mathematical Society*, **39**,

355–405.

Geman, S. 1980. A limit theorem for the norm of random matrices. *Annals of Probability*, **8**(2), 252–261.

Geman, S., and Geman, D. 1984. Stochastic Relaxation, Gibbs Distributions, and the Bayesian Restoration of Images. *IEEE Transactions on Pattern Analysis and Machine Intelligence*, **6**, 721–741.

Geman, S., and Hwang, C. R. 1982. Nonparametric maximum likelihood estimation by the method of sieves. *Annals of Statistics*, **10**(2), 401–414.

Glivenko, V. 1933. Sulla determinazione empirica della legge di probabilita. *Giornale dell'Istituto Italiano degli Attuari*, **4**, 92–99.

Gneiting, T., and Raftery, A. E. 2007. Strictly proper scoring rules, prediction, and estimation. *Journal of the American Statistical Association*, **102**(477), 359–378.

Goldberg, K., Roeder, T., Gupta, D., and Perkins, C. 2001. Eigentaste: A constant time collaborative filtering algorithm. *Information Retrieval*, **4**(2), 133–151.

Good, I. J., and Gaskins, R. A. 1971. Nonparametric roughness penalties for probability densities. *Biometrika*, **58**, 255–277.

Gordon, Y. 1985. Some inequalities for Gaussian processes and applications. *Israel Journal of Mathematics*, **50**, 265–289.

Gordon, Y. 1986. On Milman's inequality and random subspaces which escape through a mesh in $\mathbb{R}^n$. Pages 84–106 of: *Geometric aspects of functional analysis*. Lecture Notes in Mathematics, vol. 1317. Springer-Verlag.

Gordon, Y. 1987. Elliptically contoured distributions. *Probability Theory and Related Fields*, **76**, 429–438.

Götze, F., and Tikhomirov, A. 2004. Rate of convergence in probability to the Marčenko-Pastur law. *Bernoulli*, **10**(3), 503–548.

Grechberg, R. W., and Saxton, W. O. 1972. A practical algorithm for the determination of phase from image and diffraction plane intensities. *Optik*, **35**, 237–246.

Greenshtein, E., and Ritov, Y. 2004. Persistency in high dimensional linear predictor-selection and the virtue of over-parametrization. *Bernoulli*, **10**, 971–988.

Gretton, A., Borgwardt, K., Rasch, M., Schölkopf, B., and Smola, A. 2012. A kernel two-sample test. *Journal of Machine Learning Research*, **13**, 723–773.

Griffin, D., and Lim, J. 1984. Signal estimation from modified short-time Fourier transforms. *IEEE Transactions on Acoustics, Speech, and Signal Processing*, **32**(2), 236–243.

Grimmett, G. R. 1973. A theorem about random fields. *Bulletin of the London Mathematical Society*, **5**, 81–84.

Gross, D. 2011. Recovering low-rank matrices from few coefficients in any basis. *IEEE Transactions on Information Theory*, **57**(3), 1548–1566.

Gross, L. 1975. Logarithmic Sobolev inequalities. *American Journal Math.*, **97**, 1061–1083.

Gu, C. 2002. *Smoothing spline ANOVA models*. Springer Series in Statistics. New York, NY: Springer.

Guédon, O., and Litvak, A. E. 2000. Euclidean projections of a p-convex body. Pages 95–108 of: *Geometric aspects of functional analysis*. Springer.

Guntuboyina, A. 2011. Lower bounds for the minimax risk using f-divergences and applications. *IEEE Transactions on Information Theory*, **57**(4), 2386–2399.

Guntuboyina, A., and Sen, B. 2013. Covering numbers for convex functions. *IEEE Transactions on Information Theory*, **59**, 1957–1965.

Gyorfi, L., Kohler, M., Krzyzak, A., and Walk, H. 2002. *A Distribution-Free Theory of Nonparametric Regression*. Springer Series in Statistics. Springer.

Hammersley, J. M., and Clifford, P. 1971. *Markov fields on finite graphs and lattices*. Unpublished.

Hanson, D. L., and Pledger, G. 1976. Consistency in concave regression. *Annals of Statistics*, **4**, 1038–1050.

Hanson, D. L., and Wright, F. T. 1971. A bound on tail probabilities for quadratic forms in independent random variables. *Annals of Mathematical Statistics*, **42**(3), 1079–1083.

Härdle, W. K., and Stoker, T. M. 1989. Investigating smooth multiple regression by the method of average derivatives. *Journal of the American Statistical Association*, **84**, 986–995.

Härdle, W. K., Hall, P., and Ichimura, H. 1993. Optimal smoothing in single-index models. *Annals of Statistics*, **21**, 157–178.

Härdle, W. K., Müller, M., Sperlich, S., and Werwatz, A. 2004. *Nonparametric and semiparametric models*. Springer Series in Statistics. New York, NY: Springer.

Harper, L. H. 1966. Optimal numberings and isoperimetric problems on graphs. *Journal of Combinatorial Theory*, **1**, 385–393.

Harrison, R. W. 1993. Phase problem in crystallography. *Journal of the Optical Society of America A*, **10**(5), 1046–1055.

Hasminskii, R. Z. 1978. A lower bound on the risks of nonparametric estimates of densities in the uniform metric. *Theory of Probability and Its Applications*, **23**, 794–798.

Hasminskii, R. Z., and Ibragimov, I. 1981. *Statistical estimation: Asymptotic theory*. New York, NY: Springer.

Hasminskii, R. Z., and Ibragimov, I. 1990. On density estimation in the view of Kolmogorov's ideas in approximation theory. *Annals of Statistics*, **18**(3), 999–1010.

Hastie, T. J., and Tibshirani, R. 1986. Generalized additive models. *Statistical Science*, **1**(3), 297–310.

Hastie, T. J., and Tibshirani, R. 1990. *Generalized Additive Models*. Boca Raton, FL: Chapman & Hall/CRC.

Hildreth, C. 1954. Point estimates of ordinates of concave functions. *Journal of the American Statistical Association*, **49**, 598–619.

Hiriart-Urruty, J., and Lemaréchal, C. 1993. *Convex Analysis and Minimization Algorithms*. Vol. 1. New York, NY: Springer.

Hoeffding, W. 1963. Probability inequalities for sums of bounded random variables. *Journal of the American Statistical Association*, **58**, 13–30.

Hoerl, A. E., and Kennard, R. W. 1970. Ridge Regression: Biased Estimation for Nonorthogonal Problems. *Technometrics*, **12**, 55–67.

Hölfing, H., and Tibshirani, R. 2009. Estimation of sparse binary pairwise Markov networks using pseudo-likelihoods. *Journal of Machine Learning Research*, **19**, 883–906.

Holley, R., and Stroock, D. 1987. Log Sobolev inequalities and stochastic Ising models. *Journal of Statistical Physics*, **46**(5), 1159–1194.

Horn, R. A., and Johnson, C. R. 1985. *Matrix Analysis*. Cambridge, UK: Cambridge University Press.

Horn, R. A., and Johnson, C. R. 1991. *Topics in Matrix Analysis*. Cambridge, UK: Cambridge University Press.

Hristache, M., Juditsky, A., and Spokoiny, V. 2001. Direct estimation of the index coefficient in a single index model. *Annals of Statistics*, **29**, 595–623.

Hsu, D., Kakade, S. M., and Zhang, T. 2012a. Tail inequalities for sums of random matrices that depend on the intrinsic dimension. *Electronic Communications in Probability*, **17**(14), 1–13.

Hsu, D., Kakade, S. M., and Zhang, T. 2012b. A tail inequality for quadratic forms of sub-Gaussian random vectors. *Electronic Journal of Probability*, **52**, 1–6.

Huang, J., and Zhang, T. 2010. The benefit of group sparsity. *Annals of Statistics*, **38**(4), 1978–2004.

Huang, J., Ma, S., and Zhang, C. H. 2008. Adaptive Lasso for sparse high-dimensional regression models. *Statistica Sinica*, **18**, 1603–1618.

Huber, P. J. 1973. Robust regression: Asymptotics, conjectures and Monte Carlo. *Annals of Statistics*, **1**(5), 799–821.

Huber, P. J. 1985. Projection pursuit. *Annals of Statistics*, **13**(2), 435–475.

Ichimura, H. 1993. Semiparametric least squares (SLS) and weighted (SLS) estimation of single index models. *Journal of Econometrics*, **58**, 71–120.

Ising, E. 1925. Beitrag zur Theorie der Ferromagnetismus. *Zeitschrift für Physik*, **31**(1), 253–258.

Iturria, S. J., Carroll, R. J., and Firth, D. 1999. Polynomial Regression and Estimating Functions in the Presence of Multiplicative Measurement Error. *Journal of the Royal Statistical Society B*, **61**, 547–561.

Izenman, A. J. 1975. Reduced-rank regression for the multivariate linear model. *Journal of Multivariate*

Analysis, **5**, 248–264.

Izenman, A. J. 2008. *Modern multivariate statistical techniques: Regression, classification and manifold learning*. New York, NY: Springer.

Jacob, L., Obozinski, G., and Vert, J. P. 2009. Group Lasso with overlap and graph Lasso. Pages 433–440 of: *International Conference on Machine Learning (ICML)*.

Jalali, A., Ravikumar, P., Sanghavi, S., and Ruan, C. 2010. A Dirty Model for Multi-task Learning. Pages 964–972 of: *Advances in Neural Information Processing Systems 23*.

Johnson, W. B., and Lindenstrauss, J. 1984. Extensions of Lipschitz mappings into a Hilbert space. *Contemporary Mathematics*, **26**, 189–206.

Johnstone, I. M. 2001. On the distribution of the largest eigenvalue in principal components analysis. *Annals of Statistics*, **29**(2), 295–327.

Johnstone, I. M. 2015. *Gaussian estimation: Sequence and wavelet models*. New York, NY: Springer.

Johnstone, I. M., and Lu, A. Y. 2009. On consistency and sparsity for principal components analysis in high dimensions. *Journal of the American Statistical Association*, **104**, 682–693.

Jolliffe, I. T. 2004. *Principal Component Analysis*. New York, NY: Springer.

Jolliffe, I. T., Trendafilov, N. T., and Uddin, M. 2003. A modified principal component technique based on the LASSO. *Journal of Computational and Graphical Statistics*, **12**, 531–547.

Juditsky, A., and Nemirovski, A. 2000. Functional aggregation for nonparametric regression. *Annals of Statistics*, **28**, 681–712.

Kahane, J. P. 1986. Une inequalité du type de Slepian et Gordon sur les processus Gaussiens. *Israel Journal of Mathematics*, **55**, 109–110.

Kalisch, M., and Bühlmann, P. 2007. Estimating high-dimensional directed acyclic graphs with the PC algorithm. *Journal of Machine Learning Research*, **8**, 613–636.

Kane, D. M., and Nelson, J. 2014. Sparser Johnson-Lindenstrauss transforms. *Journal of the ACM*, **61**(1).

Kantorovich, L. V., and Rubinstein, G. S. 1958. On the space of completely additive functions. *Vestnik Leningrad Univ. Ser. Math. Mekh. i. Astron*, **13**(7), 52–59. In Russian.

Keener, R. W. 2010. *Theoretical Statistics: Topics for a Core Class*. New York, NY: Springer.

Keshavan, R. H., Montanari, A., and Oh, S. 2010a. Matrix Completion from Few Entries. *IEEE Transactions on Information Theory*, **56**(6), 2980–2998.

Keshavan, R. H., Montanari, A., and Oh, S. 2010b. Matrix Completion from Noisy Entries. *Journal of Machine Learning Research*, **11**(July), 2057–2078.

Kim, Y., Kim, J., and Kim, Y. 2006. Blockwise sparse regression. *Statistica Sinica*, **16**(2).

Kimeldorf, G., and Wahba, G. 1971. Some results on Tchebycheffian spline functions. *Journal of Mathematical Analysis and Applications*, **33**, 82–95.

Klein, T., and Rio, E. 2005. Concentration around the mean for maxima of empirical processes. *Annals of Probability*, **33**(3), 1060–1077.

Koller, D., and Friedman, N. 2010. *Graphical Models*. New York, NY: MIT Press.

Kolmogorov, A. N. 1956. Asymptotic characterization of some completely bounded metric spaces. *Doklady Akademii Nauk SSSR*, **108**, 585–589.

Kolmogorov, A. N. 1958. Linear dimension of topological vector spaces. *Doklady Akademii Nauk SSSR*, **120**, 239–241–589.

Kolmogorov, A. N., and Tikhomirov, B. 1959. ϵ-entropy and ϵ-capacity of sets in functional spaces. *Uspekhi Mat. Nauk.*, **86**, 3–86. Appeared in English as *1961. American Mathematical Society Translations*, **17**, 277–364.

Koltchinskii, V. 2001. Rademacher penalities and structural risk minimization. *IEEE Transactions on Information Theory*, **47**(5), 1902–1914.

Koltchinskii, V. 2006. Local Rademacher complexities and oracle inequalities in risk minimization. *Annals of Statistics*, **34**(6), 2593–2656.

Koltchinskii, V., and Panchenko, D. 2000. Rademacher processes and bounding the risk of function learning. Pages 443–459 of: *High-dimensional probability II*. Springer.

Koltchinskii, V., and Yuan, M. 2010. Sparsity in multiple kernel learning. *Annals of Statistics*, **38**, 3660–3695.

Koltchinskii, V., Lounici, K., and Tsybakov, A. B. 2011. Nuclear-norm penalization and optimal rates for noisy low-rank matrix completion. *Annals of Statistics*, **39**, 2302–2329.

Kontorovich, L. A., and Ramanan, K. 2008. Concentration inequalities for dependent random variables via the martingale method. *Annals of Probability*, **36**(6), 2126–2158.

Kruskal, J. B. 1969. Towards a practical method which helps uncover the structure of a set of multivariate observation by finding the linear transformation which optimizes a new 'index of condensation'. In: *Statistical computation*. New York, NY: Academic Press.

Kühn, T. 2001. A lower estimate for entropy numbers. *Journal of Approximation Theory*, **110**, 120–124.

Kullback, S., and Leibler, R. A. 1951. On information and sufficiency. *Annals of Mathematical Statistics*, **22**(1), 79–86.

Lam, C., and Fan, J. 2009. Sparsistency and Rates of Convergence in Large Covariance Matrix Estimation. *Annals of Statistics*, **37**, 4254–4278.

Laurent, M. 2001. Matrix Completion Problems. Pages 221—229 of: *The Encyclopedia of Optimization*. Kluwer Academic.

Laurent, M. 2003. A comparison of the Sherali-Adams, Lovász-Schrijver and Lasserre relaxations for 0-1 programming. *Mathematics of Operations Research*, **28**, 470–496.

Lauritzen, S. L. 1996. *Graphical Models*. Oxford: Oxford University Press.

Le Cam, L. 1973. Convergence of estimates under dimensionality restrictions. *Annals of Statistics*, January.

Ledoux, M. 1996. On Talagrand's deviation inequalities for product measures. *ESAIM: Probability and Statistics*, **1**(July), 63–87.

Ledoux, M. 2001. *The Concentration of Measure Phenomenon*. Mathematical Surveys and Monographs. Providence, RI: American Mathematical Society.

Ledoux, M., and Talagrand, M. 1991. *Probability in Banach Spaces: Isoperimetry and Processes*. New York, NY: Springer.

Lee, J. D., Sun, Y., and Taylor, J. 2013. *On model selection consistency of M-estimators with geometrically decomposable penalties*. Tech. rept. Stanford University. arxiv1305.7477v4.

Leindler, L. 1972. On a certain converse of Hölder's inequality. *Acta Scientiarum Mathematicarum (Szeged)*, **33**, 217–223.

Levy, S., and Fullagar, P. K. 1981. Reconstruction of a sparse spike train from a portion of its spectrum and application to high-resolution deconvolution. *Geophysics*, **46**(9), 1235–1243.

Lieb, E. H. 1973. Convex trace functions and the Wigner-Yanase-Dyson conjecture. *Advances in Mathematics*, **11**, 267–288.

Lindley, D. V. 1956. On a measure of the information provided by an experiment. *Annals of Mathematical Statistics*, **27**(4), 986–1005.

Liu, H., Lafferty, J. D., and Wasserman, L. A. 2009. The nonparanormal: Semiparametric estimation of high-dimensional undirected graphs. *Journal of Machine Learning Research*, **10**, 1–37.

Liu, H., Han, F., Yuan, M., Lafferty, J. D., and Wasserman, L. A. 2012. High-dimensional semiparametric Gaussian copula graphical models. *Annals of Statistics*, **40**(4), 2293–2326.

Loh, P., and Wainwright, M. J. 2012. High-dimensional regression with noisy and missing data: Provable guarantees with non-convexity. *Annals of Statistics*, **40**(3), 1637–1664.

Loh, P., and Wainwright, M. J. 2013. Structure estimation for discrete graphical models: Generalized covariance matrices and their inverses. *Annals of Statistics*, **41**(6), 3022–3049.

Loh, P., and Wainwright, M. J. 2015. Regularized M-estimators with nonconvexity: Statistical and algorithmic theory for local optima. *Journal of Machine Learning Research*, **16**(April), 559–616.

Loh, P., and Wainwright, M. J. 2017. Support recovery without incoherence: A case for nonconvex regularization. *Annals of Statistics*, **45**(6), 2455–2482. Appeared as arXiv:1412.5632.

Lorentz, G. G. 1966. Metric entropy and approximation. *Bulletin of the AMS*, **72**(6), 903–937.

Lounici, K., Pontil, M., Tsybakov, A. B., and van de Geer, S. 2011. Oracle inequalities and optimal inference under group sparsity. *Annals of Statistics*, **39**(4), 2164–2204.

Lovász, L., and Schrijver, A. 1991. Cones of matrices and set-functions and 0 – 1 optimization. *SIAM Journal of Optimization*, **1**, 166–190.

Ma, Z. 2010. *Contributions to high-dimensional principal component analysis*. Ph.D. thesis, Department of Statistics, Stanford University.

Ma, Z. 2013. Sparse principal component analysis and iterative thresholding. *Annals of Statistics*, **41**(2), 772–801.

Ma, Z., and Wu, Y. 2013. Computational barriers in minimax submatrix detection. *arXiv preprint arXiv:1309.5914*.

Mackey, L. W., Jordan, M. I., Chen, R. Y., Farrell, B., and Tropp, J. A. 2014. Matrix concentration inequalities via the method of exchangeable pairs. *Annals of Probability*, **42**(3), 906–945.

Mahoney, M. W. 2011. Randomized algorithms for matrices and data. *Foundations and Trends in Machine Learning*, **3**(2), 123–224.

Marton, K. 1996a. Bounding d-distance by information divergence: a method to prove measure concentration. *Annals of Probability*, **24**, 857–866.

Marton, K. 1996b. A measure concentration inequality for contracting Markov chains. *Geometric and Functional Analysis*, **6**(3), 556–571.

Marton, K. 2004. Measure concentration for Euclidean distance in the case of dependent random variables. *Annals of Probability*, **32**(3), 2526–2544.

Marčenko, V. A., and Pastur, L. A. 1967. Distribution of eigenvalues for some sets of random matrices. *Annals of Probability*, **4**(1), 457–483.

Massart, P. 1990. The tight constant in the Dvoretzky-Kiefer-Wolfowitz inequality. *Annals of Probability*, **18**, 1269–1283.

Massart, P. 2000. Some applications of concentration inequalities to statistics. *Annales de la Faculté des Sciences de Toulouse*, **IX**, 245–303.

Maurey, B. 1991. Some deviation inequalities. *Geometric and Functional Analysis*, **1**, 188–197.

McDiarmid, C. 1989. On the method of bounded differences. Pages 148–188 of: *Surveys in Combinatorics*. London Mathematical Society Lecture Notes, no. 141. Cambridge, UK: Cambridge University Press.

Mehta, M. L. 1991. *Random Matrices*. New York, NY: Academic Press.

Meier, L., van de Geer, S., and Bühlmann, P. 2009. High-dimensional additive modeling. *Annals of Statistics*, **37**, 3779–3821.

Meinshausen, N. 2008. A note on the lasso for graphical Gaussian model selection. *Statistics and Probability Letters*, **78**(7), 880–884.

Meinshausen, N., and Bühlmann, P. 2006. High-dimensional graphs and variable selection with the Lasso. *Annals of Statistics*, **34**, 1436–1462.

Mendelson, S. 2002. Geometric parameters of kernel machines. Pages 29–43 of: *Proceedings of COLT*.

Mendelson, S. 2010. Empirical processes with a bounded ψ_1-diameter. *Geometric and Functional Analysis*, **20**(4), 988–1027.

Mendelson, S. 2015. Learning without concentration. *Journal of the ACM*, **62**(3), 1–25.

Mendelson, S., Pajor, A., and Tomczak-Jaegermann, N. 2007. Reconstruction of subgaussian operators. *Geometric and Functional Analysis*, **17**(4), 1248–1282.

Mézard, M., and Montanari, A. 2008. *Information, Physics and Computation*. New York, NY: Oxford University Press.

Milman, V., and Schechtman, G. 1986. *Asymptotic Theory of Finite Dimensional Normed Spaces*. Lecture Notes in Mathematics, vol. 1200. New York, NY: Springer.

Minsker, S. 2011. *On some extensions of Bernstein's inequality for self-adjoint operators*. Tech. rept. Duke University.

Mitjagin, B. S. 1961. The approximation dimension and bases in nuclear spaces. *Uspekhi. Mat. Naut.*, **61**(16), 63–132.

Muirhead, R. J. 2008. *Aspects of multivariate statistical theory*. Wiley Series in Probability and Mathematical Statistics. New York, NY: Wiley.

Müller, A. 1997. Integral probability metrics and their generating classes of functions. *Advances in Applied Probability*, **29**(2), 429–443.

Negahban, S., and Wainwright, M. J. 2011a. Estimation of (near) low-rank matrices with noise and high-dimensional scaling. *Annals of Statistics*, **39**(2), 1069–1097.

Negahban, S., and Wainwright, M. J. 2011b. Simultaneous support recovery in high-dimensional regression: Benefits and perils of $\ell_{1,\infty}$-regularization. *IEEE Transactions on Information Theory*, **57**(6), 3481–3863.

Negahban, S., and Wainwright, M. J. 2012. Restricted strong convexity and (weighted) matrix completion: Optimal bounds with noise. *Journal of Machine Learning Research*, **13**(May), 1665–1697.

Negahban, S., Ravikumar, P., Wainwright, M. J., and Yu, B. 2010 (October). *A unified framework for high-dimensional analysis of M-estimators with decomposable regularizers*. Tech. rept. UC Berkeley. Arxiv pre-print 1010.2731v1, Version 1.

Negahban, S., Ravikumar, P., Wainwright, M. J., and Yu, B. 2012. A unified framework for high-dimensional analysis of M-estimators with decomposable regularizers. *Statistical Science*, **27**(4), 538–557.

Nemirovski, A. 2000. Topics in non-parametric statistics. In: Bernard, P. (ed), *Ecole d'Été de Probabilities de Saint-Flour XXVIII*. Lecture Notes in Mathematics. Berlin, Germany: Springer.

Nesterov, Y. 1998. Semidefinite relaxation and nonconvex quadratic optimization. *Optimization methods and software*, **9**(1), 141–160.

Netrapalli, P., Banerjee, S., Sanghavi, S., and Shakkottai, S. 2010. Greedy learning of Markov network structure. Pages 1295–1302 of: *Communication, Control, and Computing (Allerton), 2010 48th Annual Allerton Conference on*. IEEE.

Obozinski, G., Wainwright, M. J., and Jordan, M. I. 2011. Union support recovery in high-dimensional multivariate regression. *Annals of Statistics*, **39**(1), 1–47.

Oldenburg, D. W., Scheuer, T., and Levy, S. 1983. Recovery of the acoustic impedance from reflection seismograms. *Geophysics*, **48**(10), 1318–1337.

Oliveira, R. I. 2010. Sums of random Hermitian matrices and an inequality by Rudelson. *Electronic Communications in Probability*, **15**, 203–212.

Oliveira, R. I. 2013. *The lower tail of random quadratic forms, with applicaitons to ordinary least squares and restricted eigenvalue properties*. Tech. rept. IMPA, Rio de Janeiro, Brazil.

Ortega, J. M., and Rheinboldt, W. C. 2000. *Iterative Solution of Nonlinear Equations in Several Variables*. Classics in Applied Mathematics. New York, NY: SIAM.

Pastur, L. A. 1972. On the spectrum of random matrices. *Theoretical and Mathematical Physics*, **10**, 67–74.

Paul, D. 2007. Asymptotics of sample eigenstructure for a large-dimensional spiked covariance model. *Statistica Sinica*, **17**, 1617–1642.

Pearl, J. 1988. *Probabilistic Reasoning in Intelligent Systems*. San Mateo, CA: Morgan Kaufmann.

Petrov, V. V. 1995. *Limit theorems of probability theory: Sequence of independent random variables*. Oxford, UK: Oxford University Press.

Pilanci, M., and Wainwright, M. J. 2015. Randomized sketches of convex programs with sharp guarantees. *IEEE Transactions on Information Theory*, **9**(61), 5096–5115.

Pinkus, A. 1985. *N-Widths in Approximation Theory*. New York: Springer.

Pisier, G. 1989. *The Volume of Convex Bodies and Banach Space Geometry*. Cambridge Tracts in Mathematics, vol. 94. Cambridge, UK: Cambridge University Press.

Pollard, D. 1984. *Convergence of Stochastic Processes*. New York, NY: Springer.

Portnoy, S. 1984. Asymptotic behavior of M-estimators of p regression parameters when p^2/n is large: I. Consistency. *Annals of Statistics*, **12**(4), 1296–1309.

Portnoy, S. 1985. Asymptotic behavior of M-estimators of p regression parameters when p^2/n is large: II. Normal approximation. *Annals of Statistics*, **13**(4), 1403–1417.

Portnoy, S. 1988. Asymptotic behavior of likelhoood methods for exponential families when the number of parameters tends to infinity. *Annals of Statistics*, **16**(1), 356–366.

Prékopa, A. 1971. Logarithmic concave measures with application to stochastic programming. *Acta Scien-*

tiarum Mathematicarum (Szeged), **32**, 301–315.

Prékopa, A. 1973. On logarithmic concave measures and functions. *Acta Scientiarum Mathematicarum (Szeged)*, **33**, 335–343.

Rachev, S. T., and Ruschendorf, L. 1998. *Mass Transportation Problems, Volume II, Applications*. New York, NY: Springer.

Rachev, S. T., Klebanov, L., Stoyanov, S. V., and Fabozzi, F. 2013. *The Method of Distances in the Theory of Probability and Statistics*. New York, NY: Springer.

Rao, C. R. 1949. On some problems arising out of discrimination with multiple characters. *Sankhya (Indian Journal of Statistics)*, **9**(4), 343–366.

Raskutti, G., Wainwright, M. J., and Yu, B. 2010. Restricted eigenvalue conditions for correlated Gaussian designs. *Journal of Machine Learning Research*, **11**(August), 2241–2259.

Raskutti, G., Wainwright, M. J., and Yu, B. 2011. Minimax rates of estimation for high-dimensional linear regression over ℓ_q-balls. *IEEE Transactions on Information Theory*, **57**(10), 6976–6994.

Raskutti, G., Wainwright, M. J., and Yu, B. 2012. Minimax-optimal rates for sparse additive models over kernel classes via convex programming. *Journal of Machine Learning Research*, **12**(March), 389–427.

Raudys, V., and Young, D. M. 2004. Results in Statistical Discriminant Analysis: A Review of the Former Soviet Union Literature. *Journal of Multivariate Analysis*, **89**(1), 1–35.

Ravikumar, P., Liu, H., Lafferty, J. D., and Wasserman, L. A. 2009. SpAM: sparse additive models. *Journal of the Royal Statistical Society, Series B*, **71**(5), 1009–1030.

Ravikumar, P., Wainwright, M. J., and Lafferty, J. D. 2010. High-dimensional Ising model selection using ℓ_1-regularized logistic regression. *Annals of Statistics*, **38**(3), 1287–1319.

Ravikumar, P., Wainwright, M. J., Raskutti, G., and Yu, B. 2011. High-dimensional covariance estimation by minimizing ℓ_1-penalized log-determinant divergence. *Electronic Journal of Statistics*, **5**, 935–980.

Recht, B. 2011. A Simpler Approach to Matrix Completion. *Journal of Machine Learning Research*, **12**, 3413–3430.

Recht, B., Xu, W., and Hassibi, B. 2009. *Null space conditions and thresholds for rank minimization*. Tech. rept. U. Madison. Available at http://pages.cs.wisc.edu/ brecht/papers/10.RecXuHas.Thresholds.pdf.

Recht, B., Fazel, M., and Parrilo, P. A. 2010. Guaranteed Minimum-Rank Solutions of Linear Matrix Equations via Nuclear Norm Minimization. *SIAM Review*, **52**(3), 471–501.

Reeves, G., and Gastpar, M. 2008 (July). Sampling Bounds for Sparse Support Recovery in the Presence of Noise. In: *International Symposium on Information Theory*.

Reinsel, G. C., and Velu, R. P. 1998. *Multivariate Reduced-Rank Regression*. Lecture Notes in Statistics, vol. 136. New York, NY: Springer.

Ren, Z., and Zhou, H. H. 2012. Discussion: Latent variable graphical model selection via convex optimization. *Annals of Statistics*, **40**(4), 1989–1996.

Richardson, T., and Urbanke, R. 2008. *Modern Coding Theory*. Cambridge University Press.

Rockafellar, R. T. 1970. *Convex Analysis*. Princeton: Princeton University Press.

Rohde, A., and Tsybakov, A. B. 2011. Estimation of high-dimensional low-rank matrices. *Annals of Statistics*, **39**(2), 887–930.

Rosenbaum, M., and Tsybakov, A. B. 2010. Sparse recovery under matrix uncertainty. *Annals of Statistics*, **38**, 2620–2651.

Rosenthal, H. P. 1970. On the subspaces of ℓ^p ($p > 2$) spanned by sequences of independent random variables. *Israel Journal of Mathematics*, **8**, 1546–1570.

Rothman, A. J., Bickel, P. J., Levina, E., and Zhu, J. 2008. Sparse permutation invariant covariance estimation. *Electronic Journal of Statistics*, **2**, 494–515.

Rudelson, M. 1999. Random vectors in the isotropic position. *Journal of Functional Analysis*, **164**, 60–72.

Rudelson, M., and Vershynin, R. 2013. Hanson–Wright inequality and sub-Gaussian concentration. *Electronic Communications in Probability*, **18**(82), 1–9.

Rudelson, M., and Zhou, S. 2013. Reconstruction from anisotropic random measurements. *IEEE Transactions on Information Theory*, **59**(6), 3434–3447.

Rudin, W. 1964. *Principles of Mathematical Analysis*. New York, NY: McGraw-Hill.

Rudin, W. 1990. *Fourier Analysis on Groups*. New York, NY: Wiley-Interscience.

Samson, P. M. 2000. Concentration of measure inequalities for Markov chains and Φ-mixing processes. *Annals of Probability*, **28**(1), 416–461.

Santhanam, N. P., and Wainwright, M. J. 2012. Information-theoretic limits of selecting binary graphical models in high dimensions. *IEEE Transactions on Information Theory*, **58**(7), 4117–4134.

Santosa, F., and Symes, W. W. 1986. Linear inversion of band-limited reflection seismograms. *SIAM Journal on Scientific and Statistical Computing*, **7**(4), 1307—1330.

Saulis, L., and Statulevicius, V. 1991. *Limit Theorems for Large Deviations*. London: Kluwer Academic.

Schölkopf, B., and Smola, A. 2002. *Learning with Kernels*. Cambridge, MA: MIT Press.

Schütt, C. 1984. Entropy numbers of diagonal operators between symmetric Banach spaces. *Journal of Approximation Theory*, **40**, 121–128.

Scott, D. W. 1992. *Multivariate Density Estimation: Theory, Practice and Visualization*. New York, NY: Wiley.

Seijo, E., and Sen, B. 2011. Nonparametric least squares estimation of a multivariate convex regression function. *Annals of Statistics*, **39**(3), 1633–1657.

Serdobolskii, V. 2000. *Multivariate Statistical Analysis*. Dordrecht, The Netherlands: Kluwer Academic.

Shannon, C. E. 1948. A mathematical theory of communication. *Bell System Technical Journal*, **27**, 379–423.

Shannon, C. E. 1949. Communication in the presence of noise. *Proceedings of the IRE*, **37**(1), 10–21.

Shannon, C. E., and Weaver, W. 1949. *The Mathematical Theory of Communication*. Urbana, IL: University of Illinois Press.

Shao, J. 2007. *Mathematical Statistics*. New York, NY: Springer.

Shor, N. Z. 1987. Quadratic optimization problems. *Soviet Journal of Computer and System Sciences*, **25**, 1–11.

Silverman, B. W. 1982. On the estimation of a probability density function by the maximum penalized likelihood method. *Annals of Statistics*, **10**(3), 795–810.

Silverman, B. W. 1986. *Density esitmation for statistics and data analysis*. Boca Raton, FL: CRC Press.

Silverstein, J. 1995. Strong convergence of the empirical distribution of eigenvalues of large dimensional random matrices. *Journal of Multivariate Analysis*, **55**, 331–339.

Slepian, D. 1962. The one-sided barrier problem for Gaussian noise. *Bell System Technical Journal*, **42**(2), 463–501.

Smale, S., and Zhou, D. X. 2003. Estimating the approximation error in learning theory. *Analysis and Its Applications*, **1**(1), 1–25.

Spirtes, P., Glymour, C., and Scheines, R. 2000. *Causation, Prediction and Search*. Cambridge, MA: MIT Press.

Srebro, N. 2004. *Learning with Matrix Factorizations*. Ph.D. thesis, MIT. Available online: http://ttic.uchicago.edu/ nati/Publications/thesis.pdf.

Srebro, N., Rennie, J., and Jaakkola, T. S. 2005a (December 2004). Maximum-margin matrix factorization. In: *Advances in Neural Information Processing Systems 17 (NIPS 2004)*.

Srebro, N., Alon, N., and Jaakkola, T. S. 2005b (December). Generalization error bounds for collaborative prediction with low-rank matrices. In: *Advances in Neural Information Processing Systems 17 (NIPS 2004)*.

Srivastava, N., and Vershynin, R. 2013. Covariance estimation for distributions with $2+\epsilon$ moments. *Annals of Probability*, **41**, 3081–3111.

Steele, J. M. 1978. Empirical discrepancies and sub-additive processes. *Annals of Probability*, **6**, 118–127.

Steinwart, I., and Christmann, A. 2008. *Support vector machines*. New York, NY: Springer.

Stewart, G. W. 1971. Error bounds for approximate invariant subspaces of closed linear operators. *SIAM Journal on Numerical Analysis*, **8**(4), 796–808.

Stewart, G. W., and Sun, J. 1980. *Matrix Perturbation Theory*. New York, NY: Academic Press.

Stone, C. J. 1982. Optimal global rates of convergence for non-parametric regression. *Annals of Statistics*, **10**(4), 1040–1053.

Stone, C. J. 1985. Additive regression and other non-parametric models. *Annals of Statistics*, **13**(2), 689–705.

Szarek, S. J. 1991. Condition numbers of random matrices. *J. Complexity*, **7**(2), 131–149.

Talagrand, M. 1991. A new isoperimetric inequality and the concentration of measure phenomenon. Pages 94–124 of: Lindenstrauss, J., and Milman, V. D. (eds), *Geometric Aspects of Functional Analysis*. Lecture Notes in Mathematics, vol. 1469. Berlin, Germany: Springer.

Talagrand, M. 1995. Concentration of measure and isoperimetric inequalities in product spaces. *Publ. Math. I.H.E.S.*, **81**, 73–205.

Talagrand, M. 1996a. New concentration inequalities in product spaces. *Inventiones Mathematicae*, **126**, 503–563.

Talagrand, M. 1996b. A new look at independence. *Annals of Probability*, **24**(1), 1–34.

Talagrand, M. 2000. *The Generic Chaining*. New York, NY: Springer.

Talagrand, M. 2003. *Spin Glasses: A Challenge for Mathematicians*. New York, NY: Springer.

Tibshirani, R. 1996. Regression shrinkage and selection via the Lasso. *Journal of the Royal Statistical Society, Series B*, **58**(1), 267–288.

Tibshirani, R., Saunders, M. A., Rosset, S., Zhu, J., and Knight, K. 2005. Sparsity and smoothness via the smoothed Lasso. *Journal of the Royal Statistical Society B*, **67**(1), 91–108.

Tropp, J. A. 2006. Just relax: Convex programming methods for identifying sparse signals in noise. *IEEE Transactions on Information Theory*, **52**(3), 1030–1051.

Tropp, J. A. 2010 (April). *User-friendly tail bounds for matrix martingales*. Tech. rept. Caltech.

Tsybakov, A. B. 2009. *Introduction to non-parametric estimation*. New York, NY: Springer.

Turlach, B., Venables, W.N., and Wright, S.J. 2005. Simultaneous variable selection. *Technometrics*, **27**, 349–363.

van de Geer, S. 2000. *Empirical Processes in M-Estimation*. Cambridge University Press.

van de Geer, S. 2014. Weakly decomposable regularization penalties and structured sparsity. *Scandinavian Journal of Statistics*, **41**, 72–86.

van de Geer, S., and Bühlmann, P. 2009. On the conditions used to prove oracle results for the Lasso. *Electronic Journal of Statistics*, **3**, 1360–1392.

van der Vaart, A. W., and Wellner, J. A. 1996. *Weak Convergence and Empirical Processes*. New York, NY: Springer.

Vempala, S. 2004. *The Random Projection Method*. Discrete Mathematics and Theoretical Computer Science. Providence, RI: American Mathematical Society.

Vershynin, R. 2011. *Introduction to the non-asymptotic analysis of random matrices*. Tech. rept. Univ. Michigan.

Villani, C. 2008. *Optimal Transport: Old and New*. Grundlehren der mathematischen Wissenschaften, vol. 338. New York, NY: Springer.

Vu, V. Q., and Lei, J. 2012. Minimax rates of estimation for sparse PCA in high dimensions. In: *15th Annual Conference on Artificial Intelligence and Statistics*.

Wachter, K. 1978. The strong limits of random matrix spectra for samples matrices of independent elements. *Annals of Probability*, **6**, 1–18.

Wahba, G. 1990. *Spline Models for Observational Data*. CBMS-NSF Regional Conference Series in Applied Mathematics. Philadelphia, PN: SIAM.

Wainwright, M. J. 2009a. Information-theoretic bounds on sparsity recovery in the high-dimensional and noisy setting. *IEEE Transactions on Information Theory*, **55**(December), 5728–5741.

Wainwright, M. J. 2009b. Sharp thresholds for high-dimensional and noisy sparsity recovery using ℓ_1-constrained quadratic programming (Lasso). *IEEE Transactions on Information Theory*, **55**(May), 2183–2202.

Wainwright, M. J. 2014. Constrained forms of statistical minimax: Computation, communication and privacy. In: *Proceedings of the International Congress of Mathematicians*.

Wainwright, M. J., and Jordan, M. I. 2008. Graphical models, exponential families and variational inference. *Foundations and Trends in Machine Learning*, **1**(1–2), 1–305.

Waldspurger, I., d'Aspremont, A., and Mallat, S. 2015. Phase recovery, MaxCut and complex semidefinite programming. *Mathematical Programming A*, **149**(1–2), 47–81.

Wang, T., Berthet, Q., and Samworth, R. J. 2014 (August). *Statistical and computational trade-offs in estimation of sparse principal components*. Tech. rept. arxiv:1408.5369. University of Cambridge.

Wang, W., Wainwright, M. J., and Ramchandran, K. 2010. Information-theoretic limits on sparse signal recovery: dense versus sparse measurement matrices. *IEEE Transactions on Information Theory*, **56**(6), 2967–2979.

Wang, W., Ling, Y., and Xing, E. P. 2015. Collective Support Recovery for Multi-Design Multi-Response Linear Regression. *IEEE Transactions on Information Theory*, **61**(1), 513–534.

Wasserman, L. A. 2006. *All of Non-Parametric Statistics*. Springer Series in Statistics. New York, NY: Springer.

Widom, H. 1963. Asymptotic behaviour of Eigenvalues of Certain Integral Operators. *Transactions of the American Mathematical Society*, **109**, 278–295.

Widom, H. 1964. Asymptotic behaviour of Eigenvalues of Certain Integral Operators II. *Archive for Rational Mechanics and Analysis*, **17**(3), 215–229.

Wigner, E. 1955. Characteristic vectors of bordered matrices with infinite dimensions. *Annals of Mathematics*, **62**, 548–564.

Wigner, E. 1958. On the distribution of the roots of certain symmetric matrices. *Annals of Mathematics*, **67**, 325–327.

Williams, D. 1991. *Probability with Martingales*. Cambridge, UK: Cambridge University Press.

Witten, D., Tibshirani, R., and Hastie, T. J. 2009. A penalized matrix decomposition, with applications to sparse principal components and canonical correlation analysis. *Biometrika*, **10**, 515–534.

Woodruff, D. 2014. Sketching as a tool for numerical linear algebra. *Foundations and Trends in Theoretical Computer Science*, **10**(10), 1–157.

Wright, F. T. 1973. A bound on tail probabilities for quadratic forms in independent random variables whose distributions are not necessarily symmetric. *Annals of Probability*, **1**(6), 1068–1070.

Xu, M., Chen, M., and Lafferty, J. D. 2014. *Faithful variable selection for high dimensional convex regression*. Tech. rept. Univ. Chicago. arxiv:1411.1805.

Xu, Q., and You, J. 2007. Covariate selection for linear errors-in-variables regression models. *Communications in Statistics – Theory and Methods*, **36**(2), 375–386.

Xue, L., and Zou, H. 2012. Regularized rank-based estimation of high-dimensional nonparanormal graphical models. *Annals of Statistics*, **40**(5), 2541–2571.

Yang, Y., and Barron, A. 1999. Information-theoretic determination of minimax rates of convergence. *Annals of Statistics*, **27**(5), 1564–1599.

Ye, F., and Zhang, C. H. 2010. Rate minimaxity of the Lasso and Dantzig selector for the ℓ_q-loss in ℓ_r-balls. *Journal of Machine Learning Research*, **11**, 3519–3540.

Yu, B. 1996. Assouad, Fano and Le Cam. *Research Papers in Probability and Statistics: Festschrift in Honor of Lucien Le Cam*, 423–435.

Yuan, M. 2010. High dimensional inverse covariance matrix estimation via linear programming. *Journal of Machine Learning Research*, **11**, 2261–2286.

Yuan, M., and Lin, Y. 2006. Model selection and estimation in regression with grouped variables. *Journal of the Royal Statistical Society B*, **1**(68), 49.

Yuan, M., and Lin, Y. 2007. Model selection and estimation in the Gaussian graphical model. *Biometrika*, **94**(1), 19–35.

Yuan, X. T., and Zhang, T. 2013. Truncated power method for sparse eigenvalue problems. *Journal of Machine Learning Research*, **14**, 899–925.

Yurinsky, V. 1995. *Sums and Gaussian Vectors*. Lecture Notes in Mathematics. New York, NY: Springer.

Zhang, C. H. 2012. Nearly unbiased variable selection under minimax concave penalty. *Annals of Statistics*, **38**(2), 894–942.

Zhang, C. H., and Zhang, T. 2012. A general theory of concave regularization for high-dimensional sparse estimation problems. *Statistical Science*, **27**(4), 576–593.

Zhang, Y., Wainwright, M. J., and Jordan, M. I. 2014 (June). Lower bounds on the performance of polynomial-time algorithms for sparse linear regression. In: *Proceedings of the Conference on Learning Theory (COLT)*. Full length version at http://arxiv.org/abs/1402.1918.

Zhang, Y., Wainwright, M. J., and Jordan, M. I. 2017. Optimal prediction for sparse linear models? Lower bounds for coordinate-separable M-estimators. *Electronic Journal of Statistics*, **11**, 752–799.

Zhao, P., and Yu, B. 2006. On model selection consistency of Lasso. *Journal of Machine Learning Research*, **7**, 2541–2567.

Zhao, P., Rocha, G., and Yu, B. 2009. Grouped and hierarchical model selection through composite absolute penalties. *Annals of Statistics*, **37**(6A), 3468–3497.

Zhou, D. X. 2013. Density problem and approximation error in learning theory. *Abstract and Applied Analysis*, **2013**(715683).

Zou, H. 2006. The Adaptive Lasso and its oracle properties. *Journal of the American Statistical Association*, **101**(476), 1418–1429.

Zou, H., and Hastie, T. J. 2005. Regularization and variable selection via the elastic net. *Journal of the Royal Statistical Society, Series B*, **67**(2), 301–320.

Zou, H., and Li, R. 2008. One-step sparse estimates in nonconcave penalized likelihood models. *Annals of Statistics*, **36**(4), 1509–1533.